DIE REGISTER INNOCENZ' III.

7. Jahrgang

(1204/1205)

Texte und Indices

ÖSTERREICHISCHE AKADEMIE DER WISSENSCHAFTEN
HISTORISCHES INSTITUT
BEIM ÖSTERREICHISCHEN KULTURINSTITUT IN ROM

PUBLIKATIONEN DES HISTORISCHEN INSTITUTS BEIM ÖSTERREICHISCHEN KULTURINSTITUT IN ROM

HERAUSGEGEBEN VON
HERMANN FILLITZ UND OTTO KRESTEN

II. ABTEILUNG

QUELLEN

1. REIHE

DIE REGISTER INNOCENZ' III.

7. Band

7. Pontifikatsjahr: Texte und Indices

VERLAG DER ÖSTERREICHISCHEN AKADEMIE
DER WISSENSCHAFTEN
WIEN 1997

ÖSTERREICHISCHE AKADEMIE DER WISSENSCHAFTEN
HISTORISCHES INSTITUT
BEIM ÖSTERREICHISCHEN KULTURINSTITUT IN ROM

DIE REGISTER INNOCENZ' III.

7. Band

7. Pontifikatsjahr, 1204/1205

Texte und Indices

Unter der Leitung von

OTHMAR HAGENEDER

bearbeitet von

ANDREA SOMMERLECHNER und HERWIG WEIGL

gemeinsam mit

CHRISTOPH EGGER und RAINER MURAUER

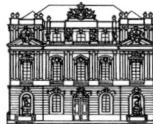

VERLAG DER ÖSTERREICHISCHEN AKADEMIE
DER WISSENSCHAFTEN
WIEN 1997

Vorgelegt von w. M. Othmar HAGENEDER
in der Sitzung am 11. Oktober 1995

Gedruckt mit Unterstützung
durch den Fonds zur Förderung der wissenschaftlichen Forschung

Die Deutsche Bibliothek – CIP-Einheitsaufnahme

Innocentius ⟨Papa, III.⟩:
[Die Register]
Die Register Innocenz' III. – Rom ; Wien : Verlag der
Österr. Akad. d. Wiss.
   (Publikationen des Historischen Instituts beim Österreichischen
   Kulturinstitut in Rom : Abt. 2, Quellen : Reihe 1)
   Literaturangaben
Bd. 7. Pontifikatsjahr, 1204/1205
   Texte und Indices / bearb. von Othmar Hageneder ... – 1997
   ISBN 3-7001-2550-X

Die Vignette auf dem Schmutztitel zeigt das erste Siegel
des Istituto Austriaco di Studii Storici in Roma

INHALTSVERZEICHNIS

EINLEITUNG

I. Die Handschrift

Die Briefe des 7. Pontifikatsjahres Innocenz' III. befinden sich auf den Folien 134—203 des Codex Reg. Vat. 5, welcher zu Beginn des 17. Jahrhunderts durch die Zusammenlegung des Fragments des 3. Jahrganges mit den ursprünglich eine Einheit bildenden 5., 6. und 7. Registerjahrgängen entstand[1].

Schreibstoff und Größe: Allgemein ist hier auf die Beschreibung in den Bänden V und VI zurückzugreifen[2]. Der 7. Jahrgang setzt sich aus 9 Quaternionen (Lagen XVIII—XXVI: fol. 134—141, 142—149, 150—157, 158—165, 166—173, 174—181, 182—189, 190—197, 198—203) zusammen; wie beim 6. Jahrgang bildet je eine Haarseite Anfang und Ende der Lage, während im Innern Fleischseite auf Fleischseite und Haarseite auf Haarseite liegen.

Die Reklamanten wurden gleichzeitig mit der Registrierung angebracht; sie lauten auf den fol.:

133^v: *Incipit liber septimus*
141^v: *ecclesiam vestram*
149^v: *nostro se conspectui* (s. Abb. II)
157^v: *aperiantur ecclesie*
165^v: *curaverit*
173^v: *vobis quod*
181^v: *ut inviolabiliter*
189^v: *ecclesie*
197^v: *partibus*

Die Zeilenzahl wechselt; sie beträgt in den ersten 5 Lagen ca. 43, in den letzten 4 Lagen ca. 38 Zeilen pro Seite.

Für den Schriftspiegel gilt das zu den vorangehenden Jahrgängen Gesagte[3]; er umfaßt ungefähr 22 x 14,5 cm; der Abstand zu den Rändern schwankt: er mißt oben ca. 2 cm, unten 9—9,5 cm, außen 6—7 cm, innen ca. 3 cm. Zirkellöcher sind nur in der 7. und 8. Lage des Jahrgangs gelegentlich sichtbar.

Eine erste römische Foliierung aus dem 14. Jahrhundert zählte (wie schon im 5. und 6. Jahrgang[4]) die Blätter von I—LXX; eine zweite Zählung

---

[1] Vgl. Bd. 5 S. VII; Bd. 6 S. VII; FEIGL, Überlieferung, 243f. S. auch unten Br. 232 Anm. c.
[2] Bd. 5 S. VIIf.; Bd. 6 S. VII.
[3] Bd. 5 S. VIIIf.; Bd. 6 S. VIII.
[4] Bd. 5 S. IX; Bd. 6 S. VIII.

umfaßt den 5. bis 7. Jahrgang, führt dabei den 7. Jahrgang von CX—CLXXIX fort, wobei die erste Zählung teils durchgestrichen, teils in das neue Zahlzeichen korrigiert wurde.

Bei der Briefzählung sind zwei römische Zählhände, beide wahrscheinlich aus dem 14. Jahrhundert, und eine arabische Zählhand, wohl aus dem 15. Jahrhundert, zu unterscheiden. Die erste Zählhand bezeichnet, in Fortsetzung der Zählung des 5. und 6. Jahrganges[5], ungefähr jeden 10. Brief (auffallend ist die Vergabe der Nummer $IIII^cXXIIII$ für den Br. 40 und der Ausfall der Numerierung zwischen V^c und V^cXXX, V^cLX und V^cLXXX); sie findet sich bei den Briefen:

15:	IIII^c	97:	IIII^cLXXX
36:	IIII^cXX	107:	IIII^cIC (wohl statt IIII^cXC)
40:	$IIII^cXXIIII$	117:	V^c
47 (46):	IIII^cXXX	157:	V^cXXX
57 (56):	IIII^cXL	168:	V^cXL
68 (67):	IIII^cL	178:	V^cL
77 (76, 77):	IIII^cLX	188:	V^cLX
87:	IIII^cLXX	211:	V^cLXXX

Die zweite Zählung setzt bei Br. 9 mit der Nummer X ein (der Numerator hat wohl den Annex zu Br. 5, der mit einem wie eine Initiale ausgestalteten Kreuz beginnt, mitgezählt), markiert die Br. 19: XX, 30: XXX (Brief 26 wurde vielleicht übersehen, weil Adresse und kolorierte Initiale fehlen) und 40: XL. Nach dem Zusammentreffen mit der ersten Zählhand beendet der zweite Numerator seine Tätigkeit. Die arabische Zählhand, welche nur bei Br. 11 irrtümlich ein römisches Zahlzeichen setzt, zählt, wie in den Vorgängerbänden[6], alle Briefe des Jahrgangs (der a-pari Brief zu 77 [76, 77] erhält dabei eine eigene Nummer).

Die Adressen wurden vom Registrator am Rande vorgemerkt[7] und am Beginn des Textes in ein Spatium der letzten Zeile des vorangehenden Briefes, in einen ausgesparten Platz in der ersten Zeile oder in eine freigelassene Zeile in roter Tinte eingetragen, und zwar von Hand G, mit Ausnahme des ersten Briefes des Jahrgangs, dessen Adresse wie der Titel des 7. Jahrgangs von Hand D2 stammt[8].

Die rubrizierten Adressen fehlen bei den Br. 26 (der ganze Brief ist auf Rasur nachgetragen[9]), 117—126 (die fol. 163^v—165^r wurden vom Rubrikator wohl überblättert), 167 (der Brief ist unterhalb des Schriftspiegels nachgetragen, die Adresse jedoch am Rande vorgemerkt; s. Abb. III) und 215. Von vornherein keine rubrizierten Überschriften beabsichtigte man bei den

---

[5] Bd. 5 S. IXf.; Bd. 6 S. VIII—X.

[6] Vgl. Bd. 5 S. X; Bd. 6 S. IXf.

[7] Diese Vormerkung ist noch sichtbar bei Br. 15, 17, 20, 31; in schwachen Resten bei 93 und 119; 127, 145, 154, 163, 167, 176, 184—187, 191, 198—200, 203, 206—214, 216—220; s. Abb. III.

[8] Vgl. HAGENEDER, Merkmale, 301; anders KEMPF, Register, 17, Anm. 12.

[9] Siehe unten X.

Einläufen 4, 5, 6, 152, 201, 202, 230; bei der Palliumsverleihung (10) und der Formel des dafür zu leistenden Eides des bulgarischen Primas (11); bei dem separat gezählten a-pari Brief zu Br. 77 (76, 77) und beim Vertrag zwischen Kreuzfahrerheer und Venezianern vor Konstantinopel (205); bei den Briefen des Regenten Andreas von Ungarn (226, s. Abb. IV) und des Primas der Bulgaren (231) hingegen wurde ein Spatium für eine Überschrift gelassen, welche dann nicht eingetragen wurde. In seltenen Fällen ist eine Abweichung der Adresse von der Vormerkung festzustellen[10]. Fehler bei der Adresse weisen die Br. 57 (56) (*archidiacono* statt *archiepiscopo* von Esztergom) und 98 (*capitulo Vticensi* statt *Vicentino*, wohl ein Versehen von Br. 96 her) auf[11].

Die Adressen nennen die Empfänger. Der lateinische Kaiser von Konstantinopel (153, 204, 208) und die Könige von Böhmen (50 [49], 53 [52], 55 [54]), Ungarn (59 [58], 128, 137), England (171), Frankreich (79, 186, 212), Bulgarien (1, 8), Sizilien (129) und Armenien (189) erhalten das Epitheton *illustris*; *nobilis vir* sind der Doge von Venedig (18, 206, 207), die Richter von Cagliari (106) und Torres (113) (*nobilis mulier* die Tochter des Richters von Gallura [103], *nobiles viri* im Judikat Gallura die Adressaten von Br. 105), Wilhelm Capparrone (130), Graf Guido Guerra von Tuszien (176) und die Verwandten des Papstes, *Iohannes Oddonis consobrinus noster* (102) und *Riccardus germanus noster* (133). Gelegentlich wird die Diözese angegeben (48 [47], 72 [71], 85, 183, 216, 227). *Eidem* bzw. *Eisdem* ersetzt meist die Wiederholung gleicher Adressaten aufeinanderfolgender Briefe (58 [57], 141, 143, 156, 157, 158, 214 bzw. 70 [69], 181). Öfters findet sich das *in perpetuum* der Privilegien als Teil der Adresse (1, 2, 39, 60 [59], 95, 115, 145, 149, 162, 184, 185, 221)[12]. Die Wendung *spiritum consilii sanioris* bei Briefen an Exkommunizierte steht vor Schreiben an den Dogen von Venedig (18), an die Kanoniker und Ministerialen von Mainz (54 [53]) und an Wilhelm Capparrone (130). Sonderformen sind die Überschrift *Ordo coronationis Petri, regis Aragonum* (229) und die Bezeichnung der Beilage zu Br. 126 an den König von Ungarn: *Hec cedula fuit interclusa in litteris ad prefatum regem transmissis.*

Die Initialen der Briefe wurden vom Registrator zur Kolorierung vorgemerkt; wie in den früheren Jahrgängen wechseln die Grundfarben rot und blau[13]. Anders als gelegentlich in früheren Jahrgängen[14] wurden die Initien der a-pari Briefe nicht verziert. Die Initiale fehlt vollständig — und mit ihr

---

[10]) Br. 191: Der Rubrikator übergeht die Ergänzung zu *Gualando: subdiacono nostro*; unterschiedliche Orthographie bei 199: *Bertanni — Bertran(n)i*, und 220: *Eliensi — Heliensi*; 214: statt der Wiederholung von *Tornacensi episcopo* schreibt der Rubrikator *Eidem*; bei Br. 216 wird der Gemipunctus von ihm übergangen, bei Br. 219 dafür ergänzt.

[11]) In Br. 69 (68) wurde der *prepositus* von Hereford noch in den *precentor* korrigiert; s. Abb. II. In Br. 75 (74) steht die Adresse auf Rasur.

[12]) S. Abb. I.

[13]) Das Schema wurde durchbrochen bei den Br. 95/96, 169/170, 185/186, 187/188, 218/219.

[14]) Bd. 5 S. XI mit Anm. 32, Bd. 6 S. XIf.

auch die Präposition in der Überschrift — bei Br. 230[15]), fehlt, obwohl vorgemerkt, bei Br. 26 und ist nicht koloriert beim a-pari Brief zu Br. 77 (76, 77) (sie stammt vielleicht aus späterer Zeit), bei den Br. 83 (die kolorierte Initiale wurde ausradiert, die neue in schwarzer Tinte auf Rasur geschrieben), 167 (s. Abb. III), 205 und 231. Eine kolorierte Initiale haben dagegen die Beilage zu Br. 126 und das Insert in Br. 127; das Kreuz als monogrammatische Invokation zu dem Annex des Br. 5 (Anm. k) ist wie eine Initiale ausgestaltet.

Nur vereinzelt finden sich im 7. Jahrgang Randzeichnungen[16]): An der Initiale von Br. 1, welcher die Übersendung der Insignien an den Zaren der Bulgaren beinhaltet, ist eine Krone aufgehängt[17]). Eine Krone und die Büste eines jungen Mannes, in den Farben rot und blau, mit der Unterschrift *regnum Vngar(ie)* befinden sich neben dem Br. des Regenten von Ungarn (226)[18]). Zwei Zeichnungen neben den Br. 93 und 94, zu deren Adressaten der Erzbischof von Santiago de Compostela zählt, sind als Jakobsmuscheln zu deuten.

Der Titel des Jahrganges wurde von Hand D2 geschrieben: *Incipit liber septimus regestorum domini Innocentii pape tercii.*

Die Briefe des 7. Jahrganges wurden hauptsächlich von zwei Registratoren eingetragen: Hand D2 schrieb Br. 1—68 (67), Hand G Br. 69 (68)—228 (Abb. II). Br. 26 wurde von Hand B auf Rasur[19]), Br. 167 von Hand M nach Kolorierung der Initialen und Rubrizierung der Adressen unterhalb des Schriftspiegels nachgetragen[20]). Die Br. 229—231 (zwei Schreiben des bulgarischen Zaren und Primas und der Bericht über die Krönung König Peters von Aragón) wurden am Ende des Jahrganges von Hand H hinzugefügt[21]) (s. die Tabelle S. XXI).

Korrekturen von anderer Hand bzw. mit anderer Tinte wurden u. a. bei Br. 3, 28[22]), 127[23]), 151[24]) und 153[25]) angebracht.

Unter den Korrekturen des jeweiligen Registrators sind mehrmals Nachträge in Lücken[26]) hervorzuheben. Nachträge am Rande[27]) sind nicht

---

[15]) Siehe dort Anm. a.

[16]) Vgl. Bd. 1 S. XX, Bd. 2 S. XVI; Pace, Illustrazioni.

[17]) S. Abb. I.

[18]) Siehe dort Anm. d und Abb. IV.

[19]) Vgl. Kempf, Register, 30.

[20]) Ebd. 26; s. unten Abb. III.

[21]) Derselbe Schreiber trug zwei Stücke im *Liber Censuum* ein; vgl. Elze, Liber Censuum, 260 mit Anm. 4, 5; s. unten Abb. V.

[22]) Anm. e—e, q, r, oo—oo, uu bzw. Anm. i—i.

[23]) Anm. k.

[24]) Anm. e, v—v.

[25]) Anm. f, i.

[26]) Z. B. Br. 226 Anm. b (s. Abb. IV); Br. 227 Anm. k—k.

[27]) Z. B. Br. 20 Anm. b—b; 40 Anm. n—n; 46 (45) Anm. b (mit einem ansonsten nicht verwendeten Asterisk als Verweiszeichen), i—i; 72 (71) Anm. k—k; 81 Anm. d—d; 219 Anm. e—e.

immer eindeutig zu unterscheiden von Vormerkungen zum Nachtrag[28].
Kleine Kreuze am Rande[29], vereinzelt zwei Punkte[30] oder ein waagrechter
Strich[31], merken eine Korrektur vor[32]; sie wurden öfters nach deren Durch-
führung ausradiert[33].

Sichere Nachträge des Datums finden sich bei Br. 63 (62) (Datum und
gekürzte Formel *Nulli ergo*), 81 (Tag und Monat), 83 (Tag und Monat)[34];
vielleicht wurde das Datum bei Br. 48 (47), 74 (73) (Monat), nachgetragen;
am Datum korrigiert wurde bei Br. 121.

Die Umstellung einzelner Worte durch Transpositionszeichen dient
der Korrektur sachlicher Fehler[35], der Wortfolge eines Bibelzitats[36], sonst
meist stilistischen Verbesserungen[37].

Von den Randzeichen und Randnoten aus der Zeit der Niederschrift
des Registers und aus dem 13. Jahrhundert fehlt das *Consultatio* der früheren
Jahrgänge[38]. Das *Nota*-Monogramm, welches mit der Aufnahme des Briefes
in Dekretalensammlungen zusammenhängt, steht neben den Br. 29, 38, 73
(72), 90, 92, 96, 97, 117, 140, 150, 159, 165, 166, 169, 177; es befindet sich
ebenfalls am Rande von Br. 26, dürfte sich dort jedoch auf den ursprünglich
eingetragenen und dann ausradierten Brief bezogen haben[39].

Die Randnote *Census* weist auf Abgaben an den apostolischen Stuhl hin:
Von wohl zeitgenössischen Händen wurde sie neben die Br. 16, 80, 146, 160
und 199, als Zusatz aus dem 15./16. Jahrhundert neben die Br. 39 und 44
(43)[40] geschrieben. Eine ähnliche Funktion hatte die Notiz *pro iure Romane*

---

[28] Br. 40 Anm. b, e; 68 (67) Anm. b (fraglich, s. Abb. II); 104 Anm. e.

[29] Br. 139 Anm. d: Kreuz zusätzlich über dem zu korrigierenden Buchstaben; 154 Anm. o:
nur über dem korrigierten Buchstaben.

[30] Br. 168 Anm. k, l—l.

[31] Br. 3 Anm. p, t; 154 Anm. gg; Schrägstriche: Br. 127 Anm. k; 152 Anm. z.

[32] Neben einer nicht durchgeführten Korrektur bei Br. 15 Anm. p (es fehlt ein Satz); 40
Anm. f, g, k; 41 Anm. m—m, n; 43 (42) Anm. c; 54 (53) Anm. d; 55 (54) Anm. i; 76 (75) Anm. g. —
Neben einer durchgeführten Korrektur: Br. 62 (61) Anm. b; 72 (71) Anm. b; 116 Anm. e, m; 127
Anm. cc, ff.

[33] Br. 15 Anm. t; 85 Anm. e; 93 Anm. o; 94 Anm. b; 95 Anm. g; 97 Anm. b, c; 127 Anm. m;
152 Anm. c, d, xx; 154 Anm. k—k, p; 162 Anm. g; 167 Anm. c; 168 Anm. c, k, l—l; 170 Anm. b;
184 Anm. h; 220 Anm. q, s; 221 Anm. o.

[34] Vgl. KEMPF, Register, 41.

[35] Z. B.: Br. 34 Anm. b—b; 35 Anm. k—k; 46 (45) Anm. i—i; 222 Anm. f—f.

[36] Br. 154 Anm. rr—rr.

[37] In den meisten Fällen handelt es sich um Korrekturen des Cursus. Durch die Umstellung kam ein rhythmischer Satzschluß zustande: Cursus velox (Br. 29 Anm. e—e, i—i, 130
Anm. b—b, 155 Anm. d—d), planus (Br. 14 Anm. e—e, 31 Anm. d—d, 49 [48] Anm. g—g),
tardus (Br. 51 [50] Anm. q—q); ein Cursus velox wurde aus einem tardus (Br. 154 Anm.
x—x) oder trispondaicus (Br. 40 Anm. h—h, 116 Anm. c—c, 193 Anm. f—f) hergestellt; ein
Cursus planus aus einem trispondaicus (Br. 3 Anm. n—n).

[38] Vgl. Bd. 1 S. XXVIIIf.; Bd. 2 S. XXIf.; Bd. 5 S. XVII; Bd. 6 S. XVI.

[39] Vgl. KEMPF, Register, 79.

[40] Vgl. ebd. 21f., Anm. 26.

ecclesie aus der 2. Hälfte des 13. Jahrhunderts[41] neben den Br. 23, 65 (64), 83, 109, 133 und 229.

Die Randnote *dec(retalis)* neben Br. 74 (73) (einer Ermächtigung an das Kapitel von S. Cecilia in Rom, gegen die Kleriker einer Filialkirche vorzugehen) steht im 8. Jahrgang häufiger neben Briefen, die in Dekretalensammlungen aufgenommen wurden.

Ein Minuskel-*f* außen am Blattrand[42] bezeichnet Briefe, deren Registrierung wahrscheinlich im Interesse der Kurie lag, im 7. Jahrgang einige Schreiben von Brisanz wie die Briefe an die päpstlichen Legaten in Südfrankreich (76 [75], 77 [76, 77]), an die Kommune Genua wegen eines Aktes der Piraterie zum Schaden des Papstes (147) und an den Erzbischof von Mailand in der Sache der Vertreibung des Bischofs von Piacenza durch die Kommune (173). Vom Ende des 13. Jahrhunderts stammt vielleicht ein *to* als Merkzeichen für abzuschreibende Briefe neben den Br. 77 (76, 77) und 78[43]; ungeklärt bleibt die Bedeutung eines durchgestrichenen *o* neben Br. 226[44].

Eine Notiz aus dem 13. Jahrhundert am Rande von Br. 134 (Anm. a) betrifft die Reihung der Stücke im Register: *hec ponenda fuit s(upr)a in alio quaterno ubi est hoc signum +* — der Brief an die französischen Prälaten vom 7. August steht zwischen zwei Schreiben vom 9. und 4. Oktober, das Zeichen des verzierten Kreuzes ist jedoch weder im vorangehenden Quaternio, wo der Brief chronologisch zwischen die Br. 121 und 123 vom 2. bzw. 16. August passen würde, noch an anderer Stelle im Jahrgang zu finden und wurde vielleicht weggeschnitten. Einen Verweis auf einen anderen Registerband bringt eine Hand des späten 13. oder 14. Jahrhunderts unterhalb von Br. 229 (Anm. l) an: *Require formam secundum quam dominus Inno(centius) III mandat coronari regem Arag(onum) per archiepiscopum Taraconensem in regesto eiusdem domini I(nnocentii) anni VIII mense Iulii*[45].

Randzeichen aus späterer Zeit, drei Punkte, verschiedene Arten von Kreuzen und Klammern, markieren Briefe, welche seit dem 14. Jahrhundert Abschreibern und „Bearbeitern" wichtig erschienen — im Vordergrund steht dabei der römische Primat.

Drei Punkte[46] finden sich meist neben dem Anfang von politisch relevanten *littere de curia* und Einläufen: Dazu zählen der Briefwechsel mit Zar Kalojan der Bulgaren und die Briefe, welche die bulgarische Legation des Kardinals Leo von S. Croce begleiten[47]; Briefe und Einläufe zum 4. Kreuz-

---

[41]) Vgl. Bd. 6 S. XVII.

[42]) Vgl. KEMPF, Register, 20f.; Bd. 6 S. XVII.

[43]) KEMPF, Register, 18, Anm. 14.

[44]) Ebd., Anm. 15; vgl. PEITZ, Originalregister, 21; s. unten Abb. IV.

[45]) Der Text des Br. VIII 92, auf den hier verwiesen wird, wurde als Br. IX 102 nochmals eingetragen, worauf an den entsprechenden Stellen ebenfalls Marginalnotizen von späteren Händen verweisen. Vgl. LOHRMANN, Register Johannes' VIII., 133f. mit Anm. 67; MIGNE, PL, 215, 665f., 915; s. unten Abb. V.

[46]) Vgl. Bd. 5 S. XVII, Bd. 6 S. XVIIf.

[47]) Br. 1—6, 8—13; bei Br. 5 stehen die drei Punkte auch zu Beginn des Annexes; Br. 230, 231.

zug und zur Etablierung des lateinischen Kaiserreiches in Konstantinopel[48)] und an den König von Armenien[49)]; Zugeständnisse an den König Otakar Přemysl von Böhmen nach dessen Wechsel zur Partei Ottos IV.[50)]; Briefe und Einläufe, die das Königreich Ungarn betreffen[51)]; Ermahnungen an den König von Frankreich, sich in der Häretikerbekämpfung zu engagieren[52)], und an den König von England wegen seiner Auseinandersetzung mit dem Erzbischof von Dublin[53)]; die Beantwortung einer Gesandtschaft König Friedrichs von Sizilien[54)] und der Krönungsordo für König Peter von Aragón[55)]. Die Punkte stehen weiters neben den durch die päpstlichen Legaten zum Fall des Bischofs von Viviers übermittelten Anweisungen[56)], einem päpstlichen Entscheid zugunsten von Innocenz' Bruder Richard Conti mit Bedeutung für den Kirchenstaat und für das diffizile Verhältnis zwischen Papst und Kommune Rom[57)] und zwei Privilegien für das Bistum Forcone (L'Aquila)[58)] und die lange umstrittene Joachimiten-Neugründung Botrano[59)].

Fast alle der oben genannten Schreiben[60)] sind zusätzlich durch ein Kreuz am Rande, meist in der Höhe der ersten Zeile[61)], hervorgehoben; darüber hinaus befindet sich dieses Zeichen neben Briefen verschiedenen Inhalts: „Politische" Betreffe sind der Konflikt zwischen den Königen von England und Frankreich[62)]; das Projekt eines böhmischen Metropolitansitzes[63)]; Zugeständnisse an den König von Ungarn[64)]; die Trennung der Ehe des Königspaars von León[65)]; Anweisungen an die Legaten in Südfrankreich[66)]; Angelegenheiten Sardiniens[67)] und des Königreichs Sizilien[68)]; die genuesische Piraterie[69)] und die Kirchenorganisation im Kaiserreich von Konstanti-

---

[48)] Br. 18, 152—154, 201—208.

[49)] Br. 189.

[50)] Br. 50 (49) (zweimal drei Punkte), 53 (52), 55 (54), 56 (55) (zwei Punkte).

[51)] 59 (58), 126 (neben der Beilage nochmals drei Punkte), 127, 128, 137, 226.

[52)] Br. 79, 186, 212.

[53)] Br. 171.

[54)] Br. 129.

[55)] Br. 229.

[56)] Br. 209.

[57)] Br. 133.

[58)] Br. 115.

[59)] Br. 149.

[60)] Außer den Br. 2, 3, 15, 149, 209.

[61)] Bei kurzen Briefen, wie z. B. Br. 57 (56), auch neben der Briefmitte; bei Br. 229 findet sich ein zweites Kreuz neben der Datumszeile. Vgl. zu den verschiedenen Kreuzen Bd. 5 S. XVIII—XX, Bd. 6 S. XIX—XXI.

[62)] Br. 43 (42), 45 (44), 134.

[63)] Br. 52 (51), 54 (53).

[64)] Br. 57 (56), 58 (57).

[65)] Br. 68 (67), 93, 94.

[66)] Br. 76 (75), 77 (76, 77), 210.

[67)] Br. 103—113.

[68)] Br. 36, 124, 125, 130, 131, 135, 136.

[69)] Br. 147.

nopel[70]. Schreiben wegen der mathildischen Güter im Bistum Mantua[71], wegen zweier Kastelle in der Sabina[72] und an die Kommunen Assisi und Ancona[73] gelten den Interessen des Kirchenstaates. Konflikte zwischen kirchlicher und weltlicher Gewalt betreffen die Br. 20 (Versuche der Kommune von Florenz, das Bistum Fiesole eigenmächtig zu verlegen); 41 (Auseinandersetzung zwischen Kommune und Klerus von Modena); 46 (45), 49 (48) (Auseinandersetzung zwischen dem Bischof von Cambrai und dem Grafen von Namur); 163 (Streit zwischen der Abtei S. Sisto und der Kommune Cremona). Ferner handelt es sich bei den so markierten Briefen um die Beilegung langwieriger Streitigkeiten zwischen kirchlichen Institutionen in Fano, York, Arezzo und Cosenza[74], um Angelegenheiten der Sitze Luni, Rimini und Grado[75], um orthodoxe Mönche in Ungarn und griechische Priester in Süditalien[76], Aufträge an den Erzbischof von Lund[77], ein Schreiben zur Livlandmission[78], die Vergabe von Pfründen in Soissons und St. Gereon in Köln[79], Privilegien und Schutzbriefe für das Bistum Rimini, das Kapitel von Monte Sant'Angelo, die Hospitäler von Petschnitzen, S. Spirito in Sassia, Rivo Cenerente und „Colle Bertanni", die Klöster Botrano und Cluny, die Priorate „Valle Fares" und Val-des-Choux[80] und eine Rechtsauskunft für den Erzbischof von Siponto[81].

Ein schiefliegendes Kreuz[82] außen am Rande aus dem 16. Jahrhundert unterstreicht die Bedeutung der Briefe 50 (49), 68 (67), 77 (76, 77), 79, 93, 99 (Translation des Bischofs von Passau auf den Sitz von Aquileia), 110 (über die Rechte des Erzbischofs von Pisa als päpstlicher Legat auf Sardinien), 154 und 212.

Am Rande der Briefe 7, 12, 33, 50 (49), 79, 116 und 200 befindet sich ein kleines rotes Kreuz — eine Beziehung zum Inhalt der Briefe konnte allerdings nicht festgestellt werden.

Ein kleiner Kreis, welcher schräg über das Kreuz gesetzt wird, kennzeichnet, wie schon im 5. und 6. Jahrgang, Briefe mit Häretikerbelangen[83], hier Schreiben, die in Zusammenhang mit der Häresie in Südfrankreich stehen[84].

---

[70]) Br. 164, 223.

[71]) Br. 65 (64).

[72]) Br. 102.

[73]) Br. 83 und 228.

[74]) Br. 33; 35; 51 (50); 81, 82.

[75]) Br. 24; 37; 75 (74), 200.

[76]) Br. 48 (47), 121.

[77]) Br. 155—158.

[78]) Br. 139.

[79]) Br. 123 (mit einem zweiten Kreuz vor dem a-pari Brief), 71 (70).

[80]) Br. 39; 63 (62); 64 (63); 95; 146; 199; 148 (zwei Kreuze); 185; 160; 218.

[81]) Br. 38. Nur ein Kreuz markiert die Br. 7, 14 und 78.

[82]) Vgl. Bd. 6 S. XX.

[83]) Br. V 32 (33), 35 (36); VI 242 (243): vgl. Bd. 5 S. XX, Bd. 6 S. XXI.

[84]) Br. 76 (75), 77 (76, 77), 78, 79, 210, 212: bei den ersten beiden Br. wurden Kreuz und Kreis gemeinsam gezeichnet, bei den anderen der Kreis später gesetzt.

Ein eigenes Zeichen, ein senkrechter, oben nach links gekrümmter Strich zwischen zwei Punkten, steht neben Briefen, die die Eroberung und das lateinische Kaiserreich von Konstantinopel betreffen (153, 154, 164, 203, 205).

An den Rand von Br. 53 (52) ist eine verweisende Hand gezeichnet.

Klammern und gewellte senkrechte Striche wurden im 16. Jahrhundert am Briefrand angebracht[85], und zwar von derselben Hand, welche mit gleicher Tinte auch die schiefliegenden Kreuze zeichnete (s. oben), oder gemeinsam mit diversen Randglossen (Br. 41, 51 [50], 53 [52], 134; s. unten) oder einer Gliederung des Briefes durch Paragraphenzeichen (Br. 95: Privileg für S. Spirito in Sassia); ansonsten bei den meist auch anders schon hervorgehobenen Briefen 2, 4—8, 12, 15 (Fall einer erschlichenen Pfründe in Woodhorn), 18, 52 (51), 54 (53), 55 (54), 71 (70), 77 (76, 77)—79, 94, 110, 113, 116 (strittige Erzbischofswahl in Reims), 123, 127, 133, 139, 147, 152—154, 194 (Juden), 198 (Zehent in Beauvais), 200, 202, 203, 205, 209, 223, 229 (s. Abb. V), 230 und 231.

Der entsprechende *titulus* im Liber Extra wurde, teilweise von aus früheren Jahrgängen bekannten Händen, im 13. (Br. 3, 10, 28, 29, 43 [42], 67 [66], 90, 97, 117, 150, 159, 165, 166, 169, 177, 216, 217, 224) und im 15./16. Jahrhundert (Br. 27, 69 [68], 96, 169, 192, 219, 227) vermerkt[86]; bei Br. 169 von der selben Hand, die den Text mit Paragraphenzeichen unterteilte.

Randglossen, die auf diverse Inhalte aufmerksam machen, stammen von verschiedenen Händen aus dem Ende des 15. oder Anfang des 16. Jahrhunderts: Sie schrieben neben die Briefe 1: *Rex Bulgarorum constituitur* (s. Abb. I); 41: *Contra Lombardos propter ecclesiasticam libertatem violatam in civitate Mutine*; 51 (50): *Corpus beati Donati est apud Aretinum*; 53 (52): *Digna epistula super creatione metropolitani in Boemia*; 78: *Nota quod archiepiscopus Narbonensis privatur abbatia montis Aragoni, que sibi primo data erat in comendam*; 134: *In favorem regni Franchorum*; 152: *Descriptio aliqualis civitatis Constantin(opolitane)*; 186: *Privileg(ium [?]) pro Iudeis*[87]. Hervorzuheben sind auch die beiden Vermerke am Ende des Bandes nach Br. 232, deren einer über die Vereinigung der Registerjahrgänge 5, 6 und 7 zu einem Band Auskunft gibt, während der andere auf eine Entlehnung im 15. Jahrhundert zurückgeht.

Der Registrierung können sowohl Konzepte als auch Originale als Vorlagen gedient haben[88]. Ein Beispiel für die Verwendung von Konzepten als

---

[85] Bei längeren Briefen nur auf der ersten Seite (Ausnahme Br. 77 [76, 77], 152), meist am äußeren Rand (am inneren Rand bei Br. 79, 116, 127, 139, 152, 154; auf beiden Seiten bei Br. 110, 223). Vgl. auch Bd. 6 S. XVIIIf.

[86] Vgl. Bd. 6 S. XXII, Anm. 184. S. unten Abb. II, III, IV. Die Hand des Vermerks zu Br. 27 scheint jener von Br. VI 89 zu entsprechen.

[87] Bei den Briefen 1, 41, 51 (50), 53 (52) (?) und 134 dürften sie von derselben Hand stammen, die auch in früheren Jahrgängen die meisten derartigen Vermerke anbrachte. Vgl. Bd. 6 S. XXI.

[88] Vgl. Bd. 1 S. XXXII, Bd. 2 S. XXV, Bd. 5 S. XXIII, Bd. 6 S. XXIIf.

Registervorlage stellt Br. 25 dar, ein Justizbrief, von welchem nur Initium und der päpstliche Auftrag eingetragen, der Sachverhalt — der vielleicht aus einem anderen Konzept hätte übernommen werden sollen — jedoch ausgelassen wurde[89]; weiters Br. 61 (60), wo der Inhalt des Vorbriefes fehlt, oder Br. 21, wo eine Textvariante mitübernommen wurde[90].

Für die Registrierung nach dem Original spricht die Nachahmung der Auszeichnungsschrift bei Privilegien: bei *in perpetuum* (Br. 1), beim Papstnamen im Datum (Br. 1, 39, 60 [59], 95, 115, 145, 149, 162, 184, 185, 221), bei der Erwähnung von Vorgängerurkunden (Br. 162, 184, 185, 221) und in der Formel der Palliumsverleihung (Br. 10).

Formale Besonderheiten weisen unter den Einläufen des 7. Jahrgangs die Briefe des Bulgarenzaren Kalojan (4, 6, 230) auf; sie wurden wohl, wie die Schreiben des bulgarischen Primas (5, 231), in Rom aus dem Griechischen ins Lateinische übertragen[91]. Dies und die Tatsache, daß sich die Briefe entfernt und mißverständlich an der byzantinischen Kaiserurkunde orientieren — Br. 4, laut Eigenbezeichnung ein Chrysobull, ist nach dem Vorbild der feierlichen kaiserlichen Privaturkunde gearbeitet[92]; in Br. 6 bittet Kalojan um ein *privilegium bullatum auro ad exemplar ipsius servandum* —, ist für die sprachlichen Unebenheiten in der Registereintragung verantwortlich zu machen.

II. Die Edition

Die Briefe des 7. Pontifikatsjahres Innocenz' III. lagen bisher in zwei Editionen vor:

L.-G.-O. Feudrix de Bréquigny–F. J. G. La Porte du Theil: Diplomata, chartae, epistolae et alia documenta ad res Francicas spectantia ex diversis regni exterarumque regionum archivis et bibliothecis iussu regis christianissimi multorum eruditorum curis plurimum ad id conferente congregatione S. Mauri eruta, II/1. Parisiis 1791, 441—650.

J. P. Migne: Patrologiae cursus completus. Series latina CCXV, Parisiis 1855, 278—554 (hier nach der Ausgabe 1891).

Die Edition Bréquigny–La Porte du Theil stützt sich auf eine Abschrift, welche Kardinal Bernardo Maria Conti in der 1. Hälfte des 18. Jahrhunderts anfertigen ließ[93], und wurde von Migne mit zahlreichen Druckfehlern und irreführenden Emendationen abgedruckt[94].

Die Neuedition nach dem Original des Reg. Vat. 5 ermöglicht auch die Ergänzung der fehlenden Datierungen auf Grund des paläographischen Be-

---

[89] Für KEMPF, Register, 79, eine mechanische Abschrift des Konzeptes.

[90] S. Br. 21 Anm. d, 61 (60) Anm. a.

[91] Vgl. Br. V 114 (115) mit Anm. 3, wo die Etappen der Übersetzung (Bulgarisch — Griechisch — Latein) in der Überschrift festgehalten sind.

[92] Vgl. KRESTEN, Beobachtungen, 44f., Anm. 14.

[93] Der 7. Jahrgang umfaßt Vat. lat. 7215; vgl. FEIGL, Überlieferung, 255f., 282—288.

[94] Ebd. 288—290.

fundes der Registereintragungen. Sie basiert wie in den Vorgängerbänden[95] auf der Feststellung einer im Großen und Ganzen kontinuierlichen Registrierung der ausgehenden Papstbriefe: Br. 134 wurde als verspäteter Eintrag gekennzeichnet[96]; ansonsten befindet sich noch Br. 151 von Ende September zwischen Schreiben aus dem ersten Drittel des November.

52 Briefe beginnen mit einem sicheren, 25 weitere mit einem möglichen Neuansatz (vgl. dazu auch die Tabelle XXIII—XXXVII); gelegentlich wird eine Briefgruppe an gleiche oder benachbarte Empfänger durch Neuansätze oder wahrscheinliche Neuansätze eingegrenzt[97]. Neuansätze finden sich weiters vor größeren Zeitsprüngen, insbesondere im Sommer[98] (zwischen den Br. 117 und 118/119 vom 12. Juli bzw. 30. Juli; 123/124 vom 16. August/ 1. September; 124, 125/126, 127 vom 1./15. September[99]; 128/129 von Mitte September/4. Oktober; 146/147 vom 21. Oktober/4. November[100]).

Festzuhalten ist wiederum, auch als Argument für die fortlaufende Registrierung, die Parallele in der Abfolge der Registratoren in den Hauptregistern und im Thronstreitregister[101]: Im Hauptregister endet die Tätigkeit von Hand D2 mit einem Schreiben vom 22. Mai 1204 und beginnt Hand G mit einem Brief vom 14. Mai (Br. 68 [67]/ 69 [68], s. Abb. II); im Thronstreitregister trägt Hand D2 Briefe vom Januar 1204 ein und beginnt Hand G am 22. Mai 1204[102].

Die Empfängerüberlieferung wurde behandelt wie in den Vorgängerbänden[103]. Anhand von Photos der Originale wurden Varianten zu den Br. 40, 88 und 162 aufgezeigt. Das Original zu Br. 185, einem Privileg für Cluny, ist in einer Abschrift in einem Chartularium aus dem 14. Jahrhundert (BN Paris, Ms. Lat. 5458)[104] und 2 Drucken (Bibliotheca Cluniacensis [1614] 1492; Bullarium Sacri Ordinis Cluniacensis [1680] 97) überliefert, welche ebenfalls berücksichtigt wurden. Ansonsten wurde bei zweifelhafter Interpretation die kopiale Überlieferung herangezogen: für die Br. 100 und 115 ein vom Bischof Jacopo von L'Aquila (1401—1431) in Auftrag gegebener „liber transumptum seu Registrum omnium iurium privilegiorum memorialium spectantium et pertinentium ad ius et iurisdictionem episcopi et ecclesie Aquilani", BAV, Vat. lat. 13279; für Br. 205 eine Abschrift des 13. Jahrhun-

---

[95]) Bd. 1 S. XXXIIIf.; Bd. 2 S. XXV; Bd. 5 S. XXIVf.; Bd. 6 S. XXIII—XXV.

[96]) S. oben XII.

[97]) Z.B. Br. 129—131; 165, 166. Neuansätze am Anfang einer Briefgruppe: vor 103 und 173.

[98]) Obwohl die päpstliche „villeggiatura" in diesem Jahr entfiel, da die Kurie im März 1204 aus Anagni nach Rom zurückkehrte. Vgl. PARAVICINI BAGLIANI, Mobilità, bes. 228—231. Ein Sprung zwischen der Registrierung in Anagni (bis zum 6. März) und in Rom (ab dem 13. März) ausgestellter Briefe ist nicht erkennbar.

[99]) Dazwischen fand die Übersiedlung des Papstes vom Lateran nach St. Peter, wo Innocenz III. bis März 1206 residierte, statt.

[100]) Vgl. KEMPF, Register, 29, Anm. 17.

[101]) Vgl. Bd. 5 S. XXV, Bd. 6 S. XXV.

[102]) KEMPF, RNI, XXIVf.; HAGENEDER, Merkmale, 304—307.

[103]) Bd. 1 S. XXXIV—XXXVII; Bd. 2 S. XXV—XXVII; Bd. 5 S. XXVf.; Bd. 6 S. XXVf.

[104]) Vgl. BERNARD–BRUEL, Recueil, I S. XXXIV—XXXVII.

derts der Ausfertigung des Vertrages für die Venezianer („pactum concordie facte inter dominum Henricum Dandulum, ducem Venetorum, et Venetos, ex una parte et marchionem Montisferrati et barones Francie ex altera, de captione Constantinopolitani"), Archivio di Stato di Venezia, Pacta, I, fol. 151ʳ—152ᵛ.

Wiederum wurden die durch Analysen oder Drucke erschlossenen Dekretalensammlungen, welche Briefe des vorliegenden Jahrgangs enthalten, samt dem genauen Zitat angeführt (s. die Tabelle der Kompilationen auf S. XXf.).

Die technische Einrichtung der Edition folgt im Großen und Ganzen den Vorgängerbänden[105]. Alle paläographischen Einzelheiten und Korrekturen wurden ausgewiesen, ebenso wie die wesentlichen Varianten der Edition von Migne. -u- und -v- wurden normalisiert, außer bei den Eigennamen, wo das graphische Bild der Handschrift wiedergegeben werden soll; bei manchen als Namen behandelten Begriffen wie Vetus bzw. Novum Testamentum, Evangelium, Salvator, November wurden sie dennoch normalisiert. Das gleiche gilt für die Groß- und Kleinschreibung und die Worttrennung. Statt J- wurde I- gesetzt. Interpunktion und Gliederung des Textes sind Werk der Herausgeber, dienen dem Verständnis des Textes und folgen den deutschen Sprachregeln. Unterschiede zur Briefnumerierung bei Migne zeigt die Konkordanz auf S. XXII. Ferner wurde eine Liste aller im Text gekürzten Brief- und Privilegienformeln mit ihren möglichen Varianten zusammengestellt (S. XXXVIII—XLIII). Adressen und Initialen, die in der Handschrift rot oder sonst farbig ausgeführt sind, erscheinen im Fettdruck. Die editorischen Zeichen bleiben:

( )   Auflösung der Kürzungen von Eigennamen; von anderen Worten nur dann, wenn die Schreibung nicht eindeutig ist.
[ ]   Emendationen des Herausgebers
⟨ ⟩   Nachtrag in der Handschrift
| Neuansatz
(|)   Nicht sicherer Neuansatz
‖   Händewechsel
⊔   Nachtrag von Briefen

Der Sachkommentar soll Personen, Orte, Urkunden, die zitierten und erwähnten Stellen aus dem römischen und kanonischen Recht und Zitate antiker Schriftsteller ausweisen und gelegentlich in den spezifischen Fall einführen. Da die Auflösung der Namen oft — besonders bei den Ortsnamen in den Privilegien — intensivere Detailarbeit erfordert hätte, als sie hier möglich war, seien der Lokalforschung Korrekturen unserer Identifizierungsvorschläge vorbehalten. Personennamen wurden, soweit möglich, in deutscher Sprache wiedergegeben.

Für die Liste der Druck- und Regestenausgaben am Kopf der einzelnen Texte wird der terminus post von Potthast, Regesta Pontificum

---

[105]) S. Bd. 1 S. XXXVII—XL, Bd. 2 S. XXVIIf., Bd. 5 S. XXVIf.

Romanorum, I (1874), dargestellt; nur für Spanien tritt an deren Stelle D. Mansilla, Documentación Pontificia hasta Inocencio III (1955). Alles darnach Erschienene und die dort fehlenden Drucke und Regesten sind, soweit sie uns bekannt wurden, aufgenommen worden. Spezialliteratur zu den einzelnen Briefen fand auch diesmal nur in Einzelfällen Berücksichtigung.

Die Bearbeiter dieses Bandes konnten nochmals auf die Abschriften, Karteien und Sammlungen zurückgreifen, welche Fritz Eheim (†), Helmuth Feigl, Herta Hageneder (-Eberstaller), Friederike Hillbrand (-Grill), Gerlinde Möser-Merksy, Kurt Peball, Erich Popp und Christiane Thomas im ersten Jahrzehnt des 1952 begonnenen Unternehmens anlegten. Der vorliegende Band ist vor allem das Ergebnis einer Gemeinschaftsarbeit, die sich im Detail, wie folgt, verteilt: Die editorische Gestalt des Textes und den paläographisch-diplomatischen Kommentar erstellte Andrea Sommerlechner; sie verfaßte, gemeinsam mit Christoph Egger, der Briefe mit theologischen oder liturgischen Belangen kommentierte und die Entlehnungen aus antiken Schriftstellern suchte, und Rainer Murauer, der die Zitate aus dem römischen und kanonischen Recht identifizierte, den Sachkommentar, wobei auch Vorarbeiten von Helmut Matejka verwendet werden konnten. Christoph Egger verzeichnete die Bibelzitate, Rainer Murauer stellte die Übernahmen von Briefen des 7. Jahrganges in die Dekretalensammlungen fest. Beide, die mit Unterstützung des Deutschen Historischen Instituts in Paris Forschungsreisen nach Frankreich durchführten, brachten Ergänzungen für den Sachkommentar und die Empfängerüberlieferung ein. Othmar Hageneder überarbeitete den gesamten Jahrgang. Er, Andrea Sommerlechner und Herwig Weigl zeichnen für die Endredaktion verantwortlich.

Wir danken Anna Grandicelli für die Reinschrift des Textes, Harald Krahwinkler für dessen Kollationierung und viele Hinweise, Heinrich Berg für technische Unterstützung bei der Anfertigung der Indices; für Auskünfte und Anregungen Gerhard Baaken, Christian Gastgeber, Rudolf Hiestand, Otto Kresten, Werner Maleczek, Peter Pieler, Bruno Primetshofer, Peter Schmidtbauer, Juraj Šedivy, Kurt Smolak, Manfred Stoy und Reinhard Willvonseder; nicht zuletzt aber auch dem Präfekten des Archivio Segreto Vaticano, P. Josef Metzler, für die Großzügigkeit, mit der er die oftmalige Benützung der Originale ermöglichte. Die institutionellen und menschlichen Rahmenbedingungen, welche der Bearbeiterin und den Bearbeitern die Herstellung des Bandes ermöglichten, boten das Historische Institut beim Österreichischen Kulturinstitut in Rom und das Institut für Österreichische Geschichtsforschung in Wien.

Rom, im Frühjahr 1995   *Andrea Sommerlechner*

Dekretalensammlungen mit Briefen Innocenz' III.

Sammlung	Abkürzung	Entstehungs-zeit	Analyse oder Edition, nach der zitiert wurde
Compilatio secunda	Comp. II	1210—1212?	E. Friedberg, Quinque compilationes antiquae. Leipzig 1882.
Compilatio tertia	Comp. III	1209/10	
Compilatio quarta	Comp. IV	1216	
Alanus	Alan.	1206	R. von Heckel, Die Dekretalensammlungen des Gilbertus und Alanus nach den Weingartener Handschriften. *ZRG* 60 *kan.* 29 (1940) 116—357, bes. 226—334.
Alanus Kuttner	Alan. K.	1206	St. Kuttner, The Collection of Alanus: A Concordance of its two Recensions. *Rivista di storia del diritto italiano* 26 (1953—1954) 39—55.
Collectio Alcobacensis II	Coll. Alcobac. II	1206	C. R. Cheney–M. G. Cheney, Studies in the Collections of Twelfth-Century Decretals from the Papers of the Late W. Holtzmann (*Monumenta Iuris Canonici*, Series B: Corpus Collectionum, Vol. 3). Città del Vaticano 1979, 297—299, bes. 299.
Bernardus Compostellanus antiquus	Bern.	1208	H. Singer, Die Dekretalensammlung des Bernardus Compostellanus antiquus (*SBWA, phil.-hist. Kl.* 171/2). Wien 1914.
Collectio Dunelmensis II (= IV)	Coll. Dunelm. II	1205	Cheney, Studies, 300—318, bes. 303—318.
Additiones ad Dunelmensem IV	Add. ad Dunelm. IV	1205—1215	C. R. Cheney, An Annotator of Durham Cathedral Ms. C. III 3, and Unpublished Decretals of Innocent III. *Studia Gratiana* 11 (1967) 39—68, und in Ders., The Papacy and England, 12th—14th Centuries. Historical and Legal Studies (*Collected Studies Series*, CS 154. Variorum reprints). London 1982, III.
Collectio Fuldensis	Coll. Fuld.	ca. 1216	R. von Heckel, Gilbertus — Alanus, 335—339.
Gilbert	Gilb.	1202/03	Ebd., bes. 180—225.
Collectio Lambethana	Coll. Lamb.	ca. 1207	Cheney, Studies, 217f.
Collectio Palatina II	Coll. Palat. II	1204	St. Kuttner, Repertorium der Kanonistik (1140—1234). Prodromus Corporis Glossarum (*StT* 71). Città del Vaticano 1937, 314—316.
Rainer v. Pomposa	Rain.	1201	Migne, *PL*, 216, 1173—1271.

Sammlung	Abkürzung	Entstehungs-zeit	Analyse oder Edition, nach der zitiert wurde
Rainer v. Pomposa R(otomagensis) Anh.	Rain. R. Anh.	1212	St. CHODOROW, An Appendix to Rainier of Pomposa's Collection. *BMCL* 3 (1973) 55—61.
Collectio Rotomagensis I	Coll. Rotom. I	1203	CHENEY, Studies, 160—207.
Collectio Rotomagensis III	Coll. Rotom. III	nach 1207 V 25	C.R. CHENEY, Decretals of Innocent III in Paris, B.N. Ms. Lat. 3922 A. *Traditio* 11 (1955) 149—162, und in: The Papacy and England, a.a.O., IV.
Collectio Salmanticensis	Coll. Salm.	1210/12—1220	A. GARCÍA Y GARCÍA, Una colección de decretales en Salamanca, in: Proceedings of the Second International Congress of Medieval Canon Law (*Monumenta Iuris Canonici*, Series C: Subsidia, Vol. 1). Città del Vaticano 1965, 71—92.
Collectio Valentiennensis I	Coll. Valent. I	1201—1205?	G. FRANSEN, Les Collections de Valenciennes. *ZRG* 87 *kan.* 56 (1970) 388—395.
Liber Extra	X	1234	E. FRIEDBERG, *CorpIC*, II.

Schreiber des siebten Pontifikatsjahres

Briefnummer	Blatt	Daten der Briefe	Hand	Anmerkungen
1—25, 27—68 (67)	134^r—140^v, 141^r—149^v	1204 II 25—1204 V 22	D2	
26	140^v	1204 III 30	B	Der Brief wurde auf Rasur nachgetragen; vgl. Anm. a.
69 (68)—166, 168—228	149^v—182^v, 182^v—202^r	1204 V 14—ca. 1205 II	G	
167	182^v	1204 XII 7	M	Der Brief wurde unterhalb des Schriftspiegels nachgetragen; vgl. Anm. a.
229—231	202^r—203^v		H	Die drei Eintragungen bestehen aus einem Krönungsordo (Nov. 1204) und zwei Einläufen, die vor Mitte Nov. 1204 abgeschickt wurden.

Rubrikatoren der Adressen des siebten Pontifikatsjahres

Briefnummer	Blatt	Hand	Anmerkungen
1	134$^\mathrm{r}$	D2	
2—229	134$^\mathrm{v}$—202$^\mathrm{v}$	G	Die Adressen fehlen bei den Br. 4—6, 10, 11, 26, 117—126, 152, 167, 201, 202, 205, 215, 226, 230, 231

Konkordanz der Briefnumerierung mit der von Migne

Brief-Nr.	Nr. bei Migne
1—41	1—41
42	41
43	42
44	43
45	44
46	45
47	46
48	47
49	48
50	49
51	50
52	51
53	52
54	53
55	54
56	55
57	56
58	57
59	58
60	59
61	60
62	61
63	62
64	63
65	64
66	65
67	66
68	67
69	68
70	69
71	70
72	71
73	72
74	73
75	74
76	75
77	76, 77
78—231	78—231

Tabelle über Neuansätze und Handwechsel,
Empfänger oder Impetranten und Briefdaten

	Neuansatz	——— Händewechsel
	Nicht sicherer Neuansatz	☐ Nachtrag

Briefnummer	Empfänger oder Impetrant	Datierung	Datum
1	Bulgarenzar	Anagnie ..., VI Kal. Martii, indictione VII, incarnationis Dominice anno M°CC°III°, pontificatus ... domni Innocentii pape III anno septimo	1204 Februar 25
2	EB. von Trnovo	ut supra	(1204 Februar ca. 25)
3	Demselben	ut supra	(1204 Februar ca. 25)
4	Einlauf: Bulgarenzar	anno sex millesimo septingentesimo duodecimo, indictione septima	1203 (September)
5	Einlauf: EB. von Trnovo		(1203 nach September 8)
6	Einlauf: Bulgarenzar		(1203 nach September 8)
7	EB. von Velbužd und Preslav		(1204 Februar ca. 25)
8	Bulgarenzar		(1204 Februar ca. 25)
9	EB. von Trnovo und Klerus in Bulgarien		(1204 Februar ca. 25)
10	Formel der Pallienverleihung für bulgarische EB.		
11	Gehorsamseid des EB. von Trnovo		
12	Bulgarenzar		(1204 Februar ca. 25)

Briefnummer	Empfänger oder Impetrant	Datierung	Datum
13	Klerus und Laien in Ungarn		(1204 Februar ca. 25)
14	Klerus in Serbien		(1204 Februar ca. 25)
15	Delegierte Richter für römische Kaufleute wegen Kirche von Woodhorn (Northumberland)	Anagnie, VI Non. Martii	(1204) März 2
16	Hospital von Zürich	Laterani, III Idus Martii	(1204) März 13
17	Delegierte Richter wegen EB. von Auch	Laterani, III Idus Martii	(1204) März 13
18	Doge von Venedig	Anagnie, VI Kal. Martii	(1204) Februar 25
19	Kloster Ruesperra	Anagnie, II Non. Martii	(1204) März 6
20	B. von Fiesole	Laterani, III Idus Martii	(1204) März 13
21	Prior von S. Frediano in Lucca wegen Bistum Fiesole	Laterani, Idibus Martii	(1204) März 15
22	Archipresbyter und Domkanoniker von Lucca	Laterani, XIIII Kal. Aprilis	(1204) März 19
23	Konsuln und Volk von Camerano (Marken)	Laterani, VIII Kal. Aprilis	(1204) März 25
24	Bistum Luni	Laterani, VIII Kal. Aprilis	(1204) März 25
25	Abt von S. Stefano und Domkanoniker von Bologna als delegierte Richter	Laterani, XV Kal. Aprilis	(1204) März 18
26	N. N.	Laterani, III Kal. Aprelis	(1204) März 30
27	Priorat S. Stefano in Fano	Anagnie, V Kal. Martii	(1204) Februar 26
28	Delegierte Richter für Kloster Melrose	Anagnie, II Non. Martii	(1204) März 6

Briefnummer	Empfänger oder Impetrant	Datierung	Datum
29	EB. von Canterbury	Laterani, VI Kal. Aprilis	(1204) März 27
30	Stift Sainte-Croix in Étampes	Laterani, VI Kal. Aprilis	(1204) März 27
31	EB. und Domdekan von Rouen für Johanniter	Laterani, X Kal. Aprilis	(1204) März 23
32	Delegierte Richter wegen Stift La Celle-Sainte-Hilaire in Poitiers	Anagnie, Kal. Martii	(1204) März 1
33	Priorat S. Stefano in Fano	Laterani, XIII Kal. Aprilis	(1204) März 20
34	Delegierte Richter wegen Kirche von Filby (Norfolk)	Laterani, XVI Kal. Aprilis	(1204) März 17
35	Delegierte Richter wegen Erzbistum York	Laterani, Kal. Aprilis	(1204) April 1
36	Klerus und Laien in Sizilien und Kalabrien	Laterani, Kal. Aprilis	(1204) April 1
37	Kleriker der Diözese Rimini	Laterani, Non. Aprilis	(1204) April 5
38	EB. von Siponto	Laterani, Kal. Aprilis	(1204) April 1
39	Bistum Rimini	Laterani ..., VI Idus Aprilis, indictione VII[a], incarnationis Dominice anno M°CC°IIII°, pontificatus ... domni Innocentii pape III anno septimo	1204 April 8
40	Abtei La Chaise-Dieu	Laterani	(1204 April 25)
41	EB. von Ravenna wegen Kommune Modena		(1204 April ca. 12)
42 (41)	Justiziar von Monte Sant'Angelo (Gargano)	Laterani, II Idus Aprilis	(1204) April 12
43 (42)	EB. und B. in Frankreich	Laterani	(1204 April Anfang)
44 (43)	Hospital von Pulchicauel. (Frankreich ?)	Laterani, Non. Aprilis	(1204) April 5

Briefnummer	Empfänger oder Impetrant	Datierung	Datum
45 (44)	Gesandter in Frankreich	Laterani	(1204 April Anfang)
46 (45)	Für B. von Cambrai	Laterani, IIII Idus Aprilis	(1204) April 10
47 (46)	Kanoniker von Southwell (Nottinghamshire)		(1204 April erste Hälfte)
48 (47)	B. von Oradea, Abt von Pilis wegen griechisch-orthodoxen Klöstern in Ungarn	Laterani, XVI Kal. Maii	(1204) April 16
49 (48)	Für B. von Cambrai	Laterani, VII Idus Aprilis	(1204) April 7
50 (49)	König von Böhmen	Laterani, XIII Kal. Maii	(1204) April 19
51 (50)	Pieve von Arezzo	Laterani, XIII Kal. Maii	(1204) April 19
52 (51)	EB. von Mainz	Laterani, XII Kal. Maii	(1204) April 20
53 (52)	König von Böhmen	Laterani, XI Kal. Maii	(1204) April 21
54 (53)	Domkanoniker von Mainz	Laterani, XI Kal. Maii	(1204) April 21
55 (54)	König von Böhmen	Laterani, XVII Kal. Maii	(1204) April 15
56 (55)	Für denselben	Laterani, XI Kal. Maii	(1204) April 21
57 (56)	Für König von Ungarn	Laterani, VIII Kal. Maii	(1204) April 24
58 (57)	Für denselben	ut supra	(1204 April ca. 24)
59 (58)	König von Ungarn	ut supra	(1204 April ca. 24)
60 (59)	Abtei Montalto di Castro (Latium)	Laterani... IIII Kal. Maii, indictione VII[a], incarnationis Dominice anno M°CC°IIII°, pontificatus ... domni Innocentii pape III anno septimo	1204 April 28
61 (60)	Delegierte Richter wegen Pfründenvergabe im Erzbistum York	Laterani, V Idus Maii	(1204) Mai 11

Briefnummer	Empfänger oder Impetrant	Datierung	Datum
62 (61)	Sainte-Chapelle in Dijon	Laterani, VIII Idus Maii	(1204) Mai 8
63 (62)	Kapitel von Monte Sant'Angelo (Gargano)	Laterani, VI Idus Maii	(1204) Mai 10
64 (63)	Hospital von Petschnitzen (Kärnten)	Laterani, XII Kal. Iunii	(1204) Mai 21
65 (64)	B. von Mantua	Laterani, II Idus Maii	(1204) Mai 14
66 (65)	Abtei La Sauve-Majeure (Gironde)	Laterani, XI Kal. Iunii	(1204) Mai 22
67 (66)	Delegierte Richter wegen Dekan von Maastricht (?)	Laterani, Idibus Maii	(1204) Mai 15
68 (67)	EB. von Toledo, B. von Burgos und Zamora wegen Königin von León	Laterani, XI Kal. Iunii	(1204) Mai 22
69 (68)	Delegierte Richter wegen St. Leonhard's Hospital in York	Laterani, II Idus Maii	(1204) Mai 14
70 (69)	Denselben in derselben Sache	Laterani, XIII Kal. Iunii	(1204) Mai 20
71 (70)	Stift St. Gereon in Köln	Laterani, V Non. Maii	(1204) Mai 3
72 (71)	Delegierte Richter wegen Bistum Münster	Laterani, V Kal. Iunii	(1204) Mai 28
73 (72)	B. von Zamora	Laterani, XII Kal. Iunii	(1204) Mai 21
74 (73)	Abtei S. Cecilia in Rom	Laterani, VI Kal. Iunii	(1204) Mai 27
75 (74)	Elekt von Grado	Laterani, Kal. Iunii	(1204) Juni 1
76 (75)	Legaten in Süd-Frankreich	Laterani, V Kal. Iunii	(1204) Mai 28
77 (76.77)	Denselben	Laterani, II Kal. Iunii	(1204) Mai 31
78	EB. von Narbonne	Laterani, IIII Kal. Iunii	(1204) Mai 29
79	König von Frankreich	Laterani, V Kal. Iunii	(1204) Mai 28

Briefnummer	Empfänger oder Impetrant	Datierung	Datum
80	Stifter einer Kapelle in Lincoln	Laterani, Kal. Iunii	(1204) Juni 1
81	Domkapitel von Cosenza	Datum et cetera, II Non. Iunii	(1204) Juni 4
82	Bürger von Cosenza	Laterani et cetera	(1204 Juni ca. 4)
83	Kommune Assisi	Laterani, VIII Idus Iunii	(1204) Juni 6
84	Delegierte Richter wegen B. von Vence	Laterani, VI Idus Iunii	(1204) Juni 8
85	Delegierte Richter wegen Priorat Haversholme (Lincolnshire)	Laterani, II Kal. Iunii	(1204) Mai 31
86	Priorat St. Andrews in Ards (Ulster)	Laterani, VII Kal. Iunii	(1204) Mai 26
87	Priorat Folkestone (Kent)	Laterani, VII Kal. Iunii	(1204) Mai 26
88	Priorat St. Andrews in Stogursey (Somerset)	Laterani, III Idus Iunii	(1204) Juni 11
89	Abt von Salem	Laterani, XVII Kal. Iulii	(1204) Juni 15
90	B. und Archidiakon von Pavia	Laterani, XVII Kal. Iulii	(1204) Juni 15
91	Abtei La Chaise-Dieu	Laterani, XV Kal. Iulii	(1204) Juni 17
92	Delegierte Richter für Genueser Bürger	Laterani, XVII Kal. Iulii	(1204) Juni 15
93	EB. von Compostela und Toledo, B. von Tarazona und Coimbra wegen Königin von León	Laterani, XII Kal. Iulii	(1204) Juni 20
94	EB. von Compostela, B. von Zamora und Palencia wegen König von León	Laterani, XIII Kal. Iulii	(1204) Juni 19
95	Hospitaliterorden	Laterani ..., XIIII Kal. Iulii, indictione VII[a], incarnationis Dominice anno M°CC°IIII°, pontificatus ... domni Innocentii pape III anno septimo	1204 Juni 18

Briefnummer	Empfänger oder Impetrant	Datierung	Datum
96	B. und Dompropst von Uzès	Laterani, XVII Kal. Iulii	(1204) Juni 15
97	B. und Domkapitel von Laon	Laterani, X Kal. Iulii	(1204) Juni 22
98	Domkapitel von Vicenza	Laterani, VIIII Kal. Iulii	(1204) Juni 24
99	B. von Passau	Laterani, VIII Kal. Iulii	(1204) Juni 24
100	B. von Forcone (L'Aquila)	Laterani, XVII Kal. Iulii	(1204) Juni 15
101	Delegierte Richter wegen Domkapitel von Sisteron	Laterani, XI Kal. Iulii	(1204) Juni 21
102	Johannes Oddonis wegen Kastellen im Kirchenstaat	Laterani, VIII Kal. Iulii	(1204) Juni 24
103	Richterin von Gallura	Laterani, VI Non. Iulii	(1204) Juli 2
104	EB. von Cagliari	Laterani et cetera ut supra	(1204 ca. Juli 2)
105	Judikat Gallura		(1204 ca. Juli 2)
106	Richter von Cagliari	Laterani, V Non. Iulii	(1204) Juli 3
107	EB. von Torres	Laterani, VI Non. Iulii	(1204) Juli 2
108	Prälaten in Sardinien	Laterani, V Non. Iulii	(1204) Juli 3
109	EB. von Pisa	ut supra	(1204 ca. Juli 3)
110	EB. von Torres	ut supra	(1204 ca. Juli 3)
111	Prälaten in Sardinien	ut supra	(1204 ca. Juli 3)
112	EB. von Torres	ut supra	(1204 ca. Juli 3)
113	Richter von Torres	ut supra	(1204 ca. Juli 3)

Briefnummer	Empfänger oder Impetrant	Datierung	Datum
114	Für Elekten von Merseburg	Laterani, Kal. Iulii	(1204) Juli 1
115	Bistum Forcone (L'Aquila)	Laterani ..., Kal. Iulii, indictione VII[a], incarnationis Dominice anno M°C°IIII°, pontificatus ... domni Innocentii pape III anno septimo	1204 Juli 1
116	Domkapitel von Reims	Laterani, II Non. Iulii	(1204) Juli 6
117	Delegierte Richter wegen Domdekanat von Clermont	Laterani, IIII Idus Iulii	(1204) Juli 12
118	N. N. wegen Domkapitel von Durham	Laterani, XIIII Kal. Iulii	(1204) Juni 18
119	Kanoniker von Saint-Front in Périgueux	Laterani, III Kal. Augusti	(1204) Juli 30
120	[Dekan und Kapitel von Saint-Yrieix-la-Perche (Haute-Vienne)]	Laterani, ut supra	(1204 ca. Juli 30)
121	Bischof (in Süditalien ?)	Laterani, IIII Non. Augusti	(1204) August 2
122	Delegierte Richter für Diakon in Diözese Amiens (?)	Laterani, VI Kal. Augusti	(1204) Juli 27
123	[Offiziale von Soissons]	Laterani, XVII Kal. Septembris	(1204) August 16
124	[Legat im Regno]	Laterani, Kal. Septembris	(1204) September 1
125	[Bürger von Bovino (Apulien)]	ut supra	(1204 ca. September 1)
126	[König von Ungarn]		(1204 September ca. 15 ?)
127	Legat in Ungarn	Rome apud sanctum Petrum, XVII Kal. Octobris	(1204) September 15

Briefnummer	Empfänger oder Impetrant	Datierung	Datum
128	König von Ungarn	Rome apud sanctum Petrum, XVIII Kal. Octobris	(1204) September 14
129	König von Sizilien	Rome et cetera, IIII Non. Octobris	(1204) Oktober 4
130	Wilhelm Capparrone	ut in alia	(1204 ca. Oktober 4)
131	Protonotar von Sizilien	ut in alia	(1204 ca. Oktober 4)
132	B. von Limoges	Rome et cetera, Non. Octobris	(1204) Oktober 7
133	Richard Conti wegen Lehen im Kirchenstaat	Rome apud sanctum Petrum, VII Idus Octobris	(1204) Oktober 9
134	EB. und B. in Frankreich	Laterani, VII Idus Augusti	(1204) August 7
135	Legat im Regno	Rome apud sanctum Petrum, IIII Non. Octobris	(1204) Oktober 4
136	Elekt von Palermo	Rome apud sanctum Petrum, III Non. Octobris	(1204) Oktober 5
137	König von Ungarn	Rome apud sanctum Petrum	(1204 Oktober erste Hälfte)
138	Archidiakon von Pavia wegen Abt von Civate und Wilhelm von Tabiago	Rome apud sanctum Petrum, Non. Octobris	(1204) Oktober 7
139	Kirchenprovinz Bremen	Rome apud sanctum Petrum, IIII Idus Octobris	(1204) Oktober 12
140	EB. von Torres	Rome apud sanctum Petrum, III Idus Octobris	(1204) Oktober 13
141	Demselben	ut in alia	(1204) Oktober ca. 13)
142	B. von Passau	Rome apud sanctum Petrum. Idibus Octobris	(1204) Oktober 15
143	Demselben	ut in alia	(1204 Oktober ca. 15)
144	Domkanoniker von Aquileia	ut in alia	(1204 Oktober ca. 15)
145	Bistum Leighlin	Rome apud sanctum Petrum .... Idibus Octobris, indictione VIIIª, incarnationis Dominice anno MºCCºIIIIº, pontificatus ... domni Innocentii pape III anno septimo	1204 Oktober 15

Briefnummer	Empfänger oder Impetrant	Datierung	Datum
146	Hospital von Rivo Cenerente (Umbrien) (?)	Rome apud sanctum Petrum, XII Kal. Novembris	(1204) Oktober 21
147	Kommune Genua	Rome apud sanctum P(etrum), II Non. Novembris	(1204) November 4
148	Kloster Botrano (Kalabrien)	Rome apud sanctum Petrum, III Kal. Novembris	(1204) Oktober 30
149	Kloster Botrano	Rome apud sanctum Petrum ..., III Non. Novembris, indictione VIII[a], incarnationis Dominice anno M°CC°IIII°, pontificatus ... domni Innocentii pape III anno septimo	1204 November 3
150	Kleriker von Maddaloni (Campagna)	Rome apud sanctum P(etrum), Non. Novembris	(1204) November 5
151	Delegierte Richter wegen B. von Troia und Kirche von Foggia	Rome apud sanctum Petrum, IIII Kal. Octobris	(1204) September 28
152	Einlauf: lateinischer Kaiser von Konstantinopel		(1204 nach Mai 16)
153	Lateinischer Kaiser von Konstantinopel	Rome apud sanctum P(etrum), VII Idus Novembris	(1204) November 7
154	Klerus im Kreuzfahrerheer	Rome apud sanctum P(etrum), Idibus Novembris	(1204) November 13
155	EB. von Lund	Rome apud sanctum P(etrum), VIII Idus Novembris	(1204) November 6
156	Demselben	Rome apud sanctum P(etrum), Idibus Novembris	(1204) November 13
157	Demselben	Rome apud sanctum P(etrum), XIII Kal. Decembris	(1204) November 19
158	Demselben	Rome apud sanctum P(etrum), XII Kal. Decembris	(1204) November 20

Briefnummer	Empfänger oder Impetrant	Datierung	Datum
159	Domkapitel von Esztergom	Rome apud sanctum P(etrum), X Kal. Decembris	(1204) November 22
160	Priorat Valle Fares	Rome apud sanctum P(etrum), VIII Kal. Decembris	(1204) November 24
161	B. und Domkapitel von Novara	Rome apud sanctum P(etrum), IX Kal. Decembris	(1204) November 23
162	Abtei Montmajour (Bouches-du-Rhône)	Rome apud sanctum Petrum ..., III Kal. Decembris, indictione VIII^a, incarnationis Dominice anno M^{o}CC^{o}IIII°, pontificatus ... domni Innocentii pape III anno septimo	1204 November 29
163	B. von Parma	Rome apud sanctum Petrum, VIII Idus Decembris	(1204) Dezember 6
164	B. und Äbte im Kreuzfahrerheer	Rome apud sanctum P(etrum), VII Idus Decembris	(1204) Dezember 7
165	Legaten in Süd-Frankreich	ut in superiori	(1204 Dezember ca. 7)
166	EB. von Arles	Rome apud sanctum P(etrum), IIII Non. Decembris	(1204) Dezember 2
167	Wegen Nonnenklöstern in Rom	Rome apud sanctum Petrum, VII Idus Decembris, pontificatus nostri anno septimo	1204 Dezember 7
168	Delegierte Richter für Königinwitwe von England	Rome apud sanctum Petrum, XVII Kal. Ianuarii	(1204) Dezember 16
169	B. von Ely	Rome apud sanctum P(etrum), XIIII Kal. Ianuarii	(1204) Dezember 19
170	B. von Le Puy	Rome apud sanctum P(etrum), XVII Kal. Ianuarii	(1204) Dezember 16

Briefnummer	Empfänger oder Impetrant	Datierung	Datum
171	König von England	Rome apud sanctum P(etrum), Idibus Decembris	(1204) Dezember 13
172	Dekan und Kapitel von Nesle (Somme)	Rome apud sanctum P(etrum), Kal. Decembris	(1204) Dezember 1
173	EB. von Mailand und Suffragane wegen Kommune Piacenza	Rome apud sanctum P(etrum), XVII Kal. Ianuarii	(1204) Dezember 16
174	Prälaten in der Lombardei wegen derselben	Rome apud sanctum P(etrum), XV Kal. Ianuarii	(1204) Dezember 18
175	B. von Piacenza	ut in alia	(1204 Dezember ca. 18)
176	Graf von Tuszien	Rome apud sanctum P(etrum), XIII Kal. Ianuarii	(1204) Dezember 20
177	B. von Vich	Rome apud sanctum P(etrum), Idibus Decembris	(1204) Dezember 13
178	B. von Padua	Rome apud sanctum P(etrum), X Kal. Ianuarii	(1204) Dezember 23
179	B. von Paris	Rome apud sanctum Petrum, III Kal. Ianuarii	(1204) Dezember 30
180	Priorat von Lenton (Nottinghamshire)	Rome apud sanctum P(etrum), VII Idus Ianuarii	(1205) Januar 7
181	Denselben	Rome apud sanctum P(etrum), VII Idus Ianuarii	(1205) Januar 7
182	B. von London	Rome apud sanctum P(etrum), Idibus Decembris	(1204) Dezember 13
183	Delegierte Richter wegen der Abteien Clairvaux und Saint-Benigne in Dijon	Rome apud sanctum Petrum	(1205 Januar erste Hälfte)
184	Abtei Saint-Vincent in Le Mans	Rome apud sanctum Petrum ..., V Idus Ianuarii, indictione VIIIa, incarnationis Dominice anno McCoIIIIo, pontificatus ... domni Innocentii pape III anno septimo	1205 Januar 9
185	Abtei Cluny	Rome apud sanctum P(etrum) ..., Idibus Ianuarii, indictione VIIIa, incarnationis Dominice anno McCoIIIIo, pontificatus ... domni Innocentii pape III anno septimo	1205 Januar 13

Briefnummer	Empfänger oder Impetrant	Datierung	Datum
186	König von Frankreich	Rome apud sanctum Petrum, XVII Kal. Februarii	(1205) Januar 16
187	Bistum Feltre	Rome apud sanctum P(etrum), V Idus Ianuarii	(1205) Januar 9
188	Bistum Feltre	ut in alia	(1205 Januar ca. 9)
189	König von Armenien	Rome apud sanctum P(etrum), XV Kal. Februarii	(1205) Januar 18
190	Abt von Compiègne	Rome apud sanctum P(etrum), XV Kal. Februarii	(1205) Januar 18
191	Prior von Camaldoli, Domkanoniker von Pisa wegen Bistum Fiesole	Rome apud sanctum P(etrum), XIII Kal. Februarii	(1205) Januar 20
192	B. von Olmütz	Rome apud sanctum P(etrum), XII Kal. Februarii	(1205) Januar 21
193	Für Saint-Martin in Troyes	Rome apud sanctum Petrum, XIII Kal. Februarii	(1205) Januar 20
194	Presbyter von Saint-Colombe (Diöz. Sens ?)	Rome apud sanctum P(etrum), XIII Kal. Februarii	(1205) Januar 20
195	B. von Chartres	Rome apud sanctum P(etrum), IX Kal. Februarii	(1205) Januar 24
196	EB. von Pisa	Rome apud sanctum P(etrum), VII Kal. Februarii	(1205) Januar 26
197	Dekan und Domkapitel von Beauvais	Rome apud sanctum P(etrum), X Kal. Februarii	(1205) Januar 23
198	B. von Beauvais	Rome apud sanctum P(etrum), IX Kal. Februarii	(1205) Januar 24
199	Hospital S. Jacobus de Colle Bertanni (Toscana ?)	Roma apud sanctum P(etrum), VI Kal. Februarii	(1205) Januar 27
200	B. von Ferrara für Elekten von Grado	Rome apud sanctum P(etrum), V Kal. Februarii	(1205) Januar 28
201	Einlauf: Lateinischer Kaiser von Konstantinopel		(1204 zweite Hälfte)
202	Einlauf: Doge von Venedig		(1204 zweite Hälfte)
203	Klerus im Kreuzfahrerheer	Rome apud sanctum Petrum, XII Kal. Februarii	(1205) Januar 21
204	Lateinischer Kaiser von Konstantinopel	ut in alia	(1205 Januar ca. 21)

Briefnummer	Empfänger oder Impetrant	Datierung	Datum
205	Einlauf: Vertrag der Kreuzfahrer mit Venedig	Anno Domini millesimo CC°IIII°, mense Martii, indictione VII	1204 März (abgesandt 1204 zweite Hälfte)
206	Doge von Venedig	Rome apud sanctum Petrum, IIII Kal. Februarii	(1205) Januar 29
207	Demselben	ut in alia	(1205 Januar ca. 29)
208	Lateinischer Kaiser von Konstantinopel (und Doge von Venedig)	Rome apud sanctum P(etrum), VI Idus Februarii	(1205) Februar 8
209	Domkapitel von Viviers	Rome apud sanctum P(etrum), XIII Kal. Februarii	(1205) Januar 20
210	Legat in Süd-Frankreich	Rome apud sanctum P(etrum), VII Kal. Februarii	(1205) Januar 26
211	Abt von Cluny	Rome apud sanctum Petrum, IIII Kal. Februarii	(1205) Januar 29
212	König von Frankreich	Rome apud sanctum Petrum, VII Idus Februarii	(1205) Februar 7
213	B. von Tournai	ut in alia	(1205 Februar ca. 7)
214	Demselben	ut in alia	(1205 Februar ca. 7)
215	Delegierte Richter wegen Johannitern und Abtei Ronceray (Angers)	Rome apud sanctum P(etrum), VI Idus Februarii	(1205) Februar 8
216	Delegierte Richter für Priorat Sainte-Barbe-en-Auge (Calvados)	Rome apud sanctum P(etrum), IIII Idus Februarii	(1205) Februar 10
217	Abt von Molesme (Côte d'Or)	Rome apud sanctum Petrum, V Idus Februarii	(1205) Februar 9
218	Priorat Val-des-Choux (Côte-d'Or)	Rome apud sanctum P(etrum), IIII Idus Februarii	(1205) Februar 10
219	B. von Aquino	Rome apud sanctum P(etrum), II Idus Februarii	(1205) Februar 12
220	Delegierte Richter wegen Fürsten von Nord-Wales	Rome apud sanctum P(etrum), XIII Kal. Martii	(1205) Februar 17

Briefnummer	Empfänger oder Impetrant	Datierung	Datum
221	Priorat La-Charité-sur-Loire (Nièvre)	Rome apud sanctum Petrum ..., XIIII Kal. Martii, indictione VIII, incarnationis Dominice anno M°CC°IIII°, pontificatus ... domni Innocentii pape III anno septimo	1205 Februar 16
222	B. von Vercelli	Rome apud sanctum P(etrum), XIII Kal. Martii	(1205) Februar 17
223	Kreuzzugslegat	ut in alia	(1205 Februar ca. 17)
224	Bewohner der Lombardei	Rome apud sanctum P(etrum), IX Kal. Martii	(1205) Februar 21
225	B. von Piacenza und Tortona	ut in alia	(1205 Februar ca. 21)
226	Einlauf: Regent von Ungarn		(1204 November 30— 1205 Februar)
227	Delegierte Richter wegen Vizegrafen von Aunay	Rome apud sanctum P(etrum), XIII Kal. Martii	(1205) Februar 17
228	Kommune Ancona	et cetera	(1205 Februar)
229	Krönungsordo des Königs von Aragón		(1204 November 11)
230	Einlauf: Bulgarenzar		(1204 November 8—15 ?)
231	Einlauf: EB. von Trnovo		(1204 November 8—15 ?)

Im Text gekürzte Brief- und Privilegienformeln in der Reihenfolge ihres Auftretens innerhalb der Urkunden

Vorbemerkung

Der überwiegende Teil der Formeln wurde in den Bänden 1 XLIV—L, 2 XXXIII—XXXVI, 5 XLV und 6 XLVIIIf. bereits angeführt; dennoch sollen zur leichteren Handhabung für den Benützer hier sämtliche im 7. Jahrgang gekürzten Formeln im vollen Wortlaut und mit ihren bekannten Varianten wiedergegeben werden. Die Ergänzungen stammen aus den Formellisten der Vorgängerbände (siehe dort die verwendete Literatur: Bd. 1 XLIV, Bd. 2 XXXIII), aus der Empfängerüberlieferung der Br. VII 88, 100, 115, 162 und 185. Ergänzungen bieten auch im Register selbst ausgeschriebene Passagen sonst gekürzter Formeln in einzelnen Briefen.

Die Anordnung wurde gegenüber den früheren Bänden insoweit verändert, als die Formularteile für Briefe und Privilegien nur noch bei den Kontextschlußformeln getrennt sind. Sonst richtet sich die Reihenfolge nach dem Auftreten im Text.

Kontextexordien:

1. Cum a nobis petitur, quod iustum est et honestum, tam vigor equitatis quam ordo exigit rationis, ut id per sollicitudinem officii nostri ad debitum perducatur effectum. Eapropter ...

2. Ex commisso nobis apostolatus officio fratres et coepiscopos nostros (tam vicinos quam longe positos) debemus sincero cordis (*oder statt* sincero cordis: caritatis) affectu diligere (*oder statt* fratres—diligere: fratribus et coepiscopis nostris tam vicinis quam longe positis paterna nos convenit provisione consulere) et ecclesiis, in quibus (Domino) militant (*oder* militare noscuntur), suam (dignitatem et) iustitiam (*oder* iura) conservare. (Equum tamen [*oder* est enim] et rationabile [est], ut qui [*oder* que] beato Petro eiusque vicariis devotiores esse noscuntur et sancte Romane ecclesie patrocinio cupiunt confoveri, eiusdem pie matris uberibus foveantur [*oder* nutriantur] et in suis iustis postulationibus audiantur). Eapropter ...

3. In eminenti apostolice sedis specula licet immeriti disponente Domino constituti fratres nostros episcopos, tam propinquos quam longe positos, fraterna debemus caritate diligere et ecclesiis sibi a Deo commissis pastorali sollicitudine providere.

4. Iustis petentium desideriis dignum est nos facilem prebere assensum (*oder* effectum; consensum) et vota, que a rationis tramite non discordant, effectu prosequente complere. Eapropter ...

5. Quotiens a nobis petitur, quod religioni et honestati convenire dinoscitur, animo nos decet libenti concedere et petentium desideriis congruum suffragium impertiri. Eapropter ...

6. Religiosam vitam eligentibus apostolicum convenit adesse (*oder* interesse) presidium, ne forte cuiuslibet temeritatis incursus aut eos a proposito revocet aut robur, quod absit, sacre religionis infringat. Eapropter ...

7. Solet annuere sedes apostolica piis votis et honestis petentium precibus (*oder* desideriis) favorem benevolum impertiri. Eapropter ...

Kontext:

8. Eapropter (, dilecti in Domino filii, *oder* venerabilis in Christo frater [episcope; *oder* coepiscope],) vestris (*oder* tuis) (iustis) postulationibus (*oder* precibus; petitionibus) (clementer) annuentes (*oder* inclinati; grato [*oder* benigno] concurrentes assensu; annuimus) ...

9. prefatum (*oder* idem) monasterium (*oder* hospitale), in quo divino mancipati estis obsequio (*oder* ecclesiam, cui auctore Deo preesse dinosceris), sub beati Petri ... *(wie Nr. 12)*.

10. personas (vestras) et monasterium (...) (*oder* hospitale ...; ecclesiam vestram ...) vestrum (, in quo [*oder* qua] divino estis obsequio mancipati) (*oder* personam tuam ...) cum omnibus (bonis; bonis vestris), que impresentiarum iuste et canonice (*oder* rationabiliter) possidet (*oder* possidetis; possides) (aut in futurum iustis modis [prestante Domino] poterit [*oder* poteritis; poteris] adipisci) (*oder* cum pertinentiis suis), sub beati Petri ... *(wie Nr. 12)*.

11. que impresentiarum ... *(wie Nr. 10)*.

12. sub (beati Petri et) nostra protectione suscipimus et presentis scripti patrocinio (*oder* privilegio) communimus.

13. auctoritate apostolica confirmamus et presentis scripti patrocinio (*oder* pagina) communimus.

14. statuentes, ut ordo monasticus, qui secundum Deum et beati Benedicti regulam (ac institutionem Cluniacensium fratrum) in eodem monasterio (*oder* loco) institutus esse dinoscitur, perpetuis ibidem temporibus inviolabiliter observetur.

15. statuentes, ut (*oder* Preterea) quascumque possessiones (et) quecumque bona idem monasterium (*oder* eadem ecclesia) inpresentiarum rationabiliter (*oder* iuste et canonice) possidet aut in futurum concessione pontificum, largitione (regum vel) principum, oblatione fidelium seu aliis iustis modis Deo propitio (*oder* prestante Domino) poterit adipisci, firma vobis vestrisque (*oder* tibi tuisque) successoribus et illibata permaneant. In quibus hec propriis duximus exprimenda vocabulis (*oder* vocabulis exprimenda).

16. Sane laborum (*oder* novalium) vestrorum, quos (*oder* que) propriis manibus aut sumptibus colitis, sive de nutrimentis animalium vestrorum nullus (omnino) a vobis decimas exigere vel extorquere presumat.

17. Statuimus preterea, ut nullus clericus cuiuscumque ordinis ecclesias sibi commissas ad ius episcopi pertinentes sine tua conscientia vel consensu aut successorum tuorum faciat censuales vel in cuiusquam transferat potestatem, et, si factum fuerit, irritum habeatur.

18. Prohibemus autem, ne prepositi vel presbyteri capellani ecclesiarum ad ius ecclesie tue spectantium possessiones eorum distrahere, vendere, obligare seu alio quolibet modo illicite alienare presumant; quod si factum fuerit extunc revocetur.

19. Liceat quoque vobis clericos vel laicos liberos et absolutos (*oder* liberas et absolutas personas) e seculo fugientes ad conversionem recipere et eos absque contradictione aliqua retinere.

20. Prohibemus insuper, ut nulli fratrum vestrorum post factam in loco vestro (*oder* eo loco; domo vestra; locis vestris; monasterio vestro) professionem fas sit absque abbatis (*oder* magistri) (sui) licentia (nisi arctioris religionis obtentu) de eodem loco (*oder* de ... claustro; inde) discedere.

21. Discedentem vero absque (*oder* sine) communium (*oder* communi) litterarum (vestrarum) cautione nullus audeat retinere; quodsi quis ...*(wie Nr. 22)*.

22. Quodsi quis forte retinere presumpserit, licitum sit vobis (*oder* vobis sit) in ipsos monachos vel conversos regularem sententiam promulgare.

23. Illud districtius inhibentes, ne terras seu quodlibet beneficium ecclesie vestre collatum liceat alicui personaliter dari sive alio modo alienari absque consensu totius capituli vel maioris aut sanioris partis ipsius.

24. Si que vero donationes aut alienationes aliter, quam dictum est, facte fuerint, eas irritas esse censemus.

25. Ad hec etiam prohibemus, ne aliquis monachus sive conversus sub professione vestre domus astrictus sine consensu et licentia abbatis et maioris partis capituli vestri pro aliquo fideiubeat vel ab aliquo pecuniam mutuo accipiat ultra summam capituli vestri providentia constitutam (*oder* pretium ... constitutum), nisi propter manifestam domus vestre utilitatem. Quodsi facere forte presumpserit, non teneatur conventus pro hiis aliquatenus respondere.

26. Licitum pretera sit vobis in causis propriis, sive civilem sive criminalem contineant questionem, fratrum vestrorum testimoniis uti, ne pro defectu testium ius vestrum valeat in aliquo (*oder* in aliquo valeat) deperire.

27. Insuper auctoritate apostolica inhibemus, ne ullus episcopus vel quelibet alia (*oder* alia quecumque) persona ad synodus (*oder* synodos) vel conventus (forenses) vos ire (vel iudicio seculari de vestra propria substantia vel possessionibus vestris subiacere) compellat nec ad domos vestras causa ordines celebrandi, causas tractandi vel aliquos conventus (*oder* conventus aliquos) publicos convocandi venire presumat nec regularem electionem abbatis vestri impediat aut de instituendo vel removendo eo, qui pro tempore fuerit, sine mandato Romani pontificis se aliquatenus intromittat (*oder* *statt* convocandi ... intromittat: convocandi vel missas etiam celebrandi, nisi ab abbate fuerit invitatus, accedat).

28. In parrochialibus autem ecclesiis, quas habetis, liceat vobis sacerdotes eligere et diocesano episcopo presentare, quibus, si idonei fuerint, tantum ad representationem vestram animarum curam committat, ut de plebis quidem cura episcopo, vobis autem de temporalibus debeat respondere.

29. Crisma vero, oleum sanctum, consecrationes altarium (seu ecclesiarum vestrarum, benedictionem abbatis), ordinationes (etiam) clericorum et cetera ecclesiastica sacramenta per diocesanum episcopum sine pravitate et exactione aliqua (*oder* gratis) vobis precipimus (*oder* volumus) exhiberi (*oder statt* per ... exhiberi: a quocumque malueritis catholico suscipiatis episcopo, (gratiam atque communionem apostolice sedis habente, qui (nimirum) nostra suffultus (*oder* fultus; fretus) auctoritate (vobis), quod postulatur, impendat (*oder* indulgeat).

30. Alioquin liceat vobis quemcumque malueritis (*oder* Alioquin quemcumque malueritis liceat vobis) catholicum adire antistitem, gratiam et communionem sacrosancte Romane sedis habentem, ... *(wie Nr. 29)*.

31. Licitum preterea vobis sit a quocumque malueritis catholico episcopo ... *(vgl. Nr. 29)*.

32. Porro si in mercennarios vestros pro eo, quod decimas non solvitis, sive aliqua occasione eorum, que ab apostolica benignitate vobis indulta sunt, seu benefactores vestros pro eo, quod aliqua vobis beneficia vel obsequia ex caritate prestiterint et (*oder* vel) ad laborandum adiuverint in illis diebus, in quibus vos laboratis et alii feriantur, eandem sententiam protulerint, ipsam tamquam contra sedis apostolice indulta prolatam duximus irritandam.

33. Cum autem generale interdictum terre fuerit, liceat (*oder* fas sit) vobis (*oder* in ecclesias vestras) clausis ianuis, exclusis excommunicatis et interdictis, non pulsatis campanis, suppressa voce divina officia celebrare (*oder* celebrari).

34. Sepulturam quoque ipsius loci liberam esse decernimus, ut eorum, qui se illic sepelire deliberaverint, devotioni et extreme voluntati, nisi forte excommunicati vel interdicti sunt, nullus obsistat.

35. Obeunte vero te, nunc eiusdem loci abbate vel tuorum quolibet successorum, nullus ibi qualibet surreptionis astutia seu violentia preponatur, nisi quem (tantum) fratres communi consensu (*oder* assensu) vel (fratrum) pars consilii sanioris secundum Deum (*oder* Dei timorem; Dei et beati Benedicti regulam) (canonice) (de eodem collegio vel alterius cenobii, si ibi aliquis ad hoc regimen dignus repertus non fuerit) providerint eligendum.

36. Paci quoque et tranquillitati vestre paterna imposterum sollicitudine providere volentes, auctoritate apostolica (districtius) prohibemus, ut infra (terminos sacri banni seu) clausuras locorum (vestrorum seu grangiarum vestrarum) nullus (homo, cuiuscumque conditionis aut potestatis existat, invasionem, predam aut) rapinam seu (*oder* vel) furtum facere, ignem apponere, sanguinem fundere, hominem temere capere vel interficere seu violentiam audeat exercere (*oder statt* capere vel ...: capere seu homicidium perpetrare presumat).

37. Libertates quoque (*oder* preterea omnes libertates; libertates preterea) et immunitates a (supradictis) predecessoribus nostris (Romanis pontificibus) monasterio vestro (*oder* ordini vestro; ecclesie vestre; ecclesie commisse tibi) concessas nec non (et) libertates et exemptiones secularium ex-

actionum a regibus et principibus vel aliis fidelibus (rationabiliter) vobis (*oder* ecclesie tue) indultas auctoritate apostolica confirmamus et presentis privilegii pagina (*oder* scripti privilegio) communimus (*oder* *statt* libertates— communimus: antiquas et rationabiles consuetudines monasterio vestro (*oder* ecclesie vestre) concessas et hactenus observatas ratas habemus easque futuris temporibus illibatas manere sancimus).

38. Statuatis (*oder* assignetis; *oder* prefigentes; *oder* statuentes) (autem) partibus terminum competentem, quo (cum instrumentis et attestationibus) (per [se vel] responsales idoneos) nostro se conspectui representent (sententiam recepture).

39. Preterea sententiam, quam in contumaces et rebelles duxeris canonice promulgandam, ratam habentes et firmam, ipsam faciemus auctore Domino inviolabiliter observari.

Kontextschlußformeln der Privilegien:

40. Decernimus ergo, ut nulli omnino hominum liceat prefatum monasterium (*oder* prefatam ecclesiam) (beati Petri) temere perturbare aut eius (*oder* vel vestras) possessiones auferre vel ablatas retinere, minuere seu quibuslibet (*oder* aut aliquibus) vexationibus fatigare, sed omnia integra conserventur (*oder* serventur) eorum, pro quorum gubernatione ac (*oder* et; aut) sustentatione concessa sunt (usibus omnimodis profutura).

41. Nulli ergo omnino hominum liceat predicta loca (*oder* predictum locum; monasterium) temere perturbare (*oder* hanc paginam nostre confirmationis infringere) aut eius possessiones auferre vel ablatas retinere, minuere seu quibuscumque vexationibus fatigare; sed omnia integra conserventur eorum, pro quorum gubernatione ac sustentatione concessa sunt, usibus omnimodis profutura.

42. Si qua igitur (*oder* amodo) in futurum ecclesiastica secularisve persona hanc paginam nostre constitutionis (*oder* confirmationis; protectionis; *oder* hanc nostre constitutionis paginam) sciens contra eam temere venire temptaverit, secundo tertiove (a vobis) commonita, nisi reatum suum congrua (*oder* digna) satisfactione correxerit, potestatis honorisque sui dignitate careat (*oder* careat dignitate), (indignationem incurrat), reamque se divino iudicio (existere) de perpetrata iniquitate cognoscat et a sacratissimo (*oder* sanctissimo) corpore et sanguine Dei et Domini redemptoris nostri Iesu Christi aliena fiat atque in (extremo) examine districte ultioni subiaceat (*oder* subiaceat ultioni).

43. Cunctis autem eidem loco (*oder* eisdem locis) sua iura servantibus sit pax Domini nostri Iesu Christi, quatenus et hic fructum bone actionis percipiant et apud districtum iudicem premia eterne pacis inveniant.

Kontextschlußformeln der Briefe:

44. facientes, quod statueritis (*oder* decreveritis), per censuram (*oder* districtionem) ecclesiasticam (a partibus) inviolabiliter (*oder* firmiter) observari.

45. contradictores (, si qui fuerint, vel rebelles) appellatione remota (*oder* postposita) per districtionem (*oder* censuram) ecclesiasticam monitione premissa compescen(te)s.

46. Testes autem, qui nominati fuerint, si se gratia, odio vel timore subtraxerint, ut testimonium perhibeant veritati, ad id per districtionem (*oder* censuram) ecclesiasticam (*oder* eadem districtione) appellatione remota cogatis (*oder* cogantur; compellas) (*oder statt* ut — cogatis: per censuram ecclesiasticam appellatione cessante cogatis veritati testimonium perhibere).

47. Nullis litteris obstantibus (, si que apparuerint,) preter assensum partium (*oder* harum mentione non habita; harum tenore tacito; veritati et iustitie preiudicium facientibus *oder* preiudicantibus; veritate tacita) a sede apostolica impetratis (*oder* impetrate) (*oder* Nullis litteris veritati et iustitie ...).

48. Quod si non ambo (*oder* omnes) hi(i)s exequendis potueritis (*oder* valueritis aut volueritis; volueritis aut potueritis) interesse, duo (*oder* tres; alter) vestrum (*oder* tu, frater episcope [*oder* archiepiscope], cum eorum altero) ea nihilominus exequantur (*oder* exequatur; exequaris).

49. Decernimus ergo, ut nulli omnino hominum liceat hoc privilegium (hanc paginam) nostre constitutionis et concessionis (*oder* confirmationis; concessionis) infringere vel ei ausu temerario contraire.

50. Nulli ergo omnino hominum liceat hanc paginam nostre protectionis et confirmationis (*oder* constitutionis; constitutionis et investitionis; concessionis; dispensationis; confirmationis; protectionis) infringere vel ei ausu temerario contraire.

51. Si quis autem hoc attemptare presumpserit, indignationem omnipotentis Dei et beatorum Petri et Pauli, apostolorum eius, (et nostram) se noverit incursurum.

Abkürzungsverzeichnis

AASS	*Acta Sanctorum*
AfD	*Archiv für Diplomatik*
AHP	*Archivum Historiae Pontificiae*
ASI	*Archivio Storico Italiano*
ASPN	*Archivio Storico per le Provincie Napoletane*
ASRSP	*Archivio della Società Romana di Storia Patria*
AUF	*Archiv für Urkundenforschung*
BAV	Biblioteca Apostolica Vaticana
BDHIR	*Bibliothek des Deutschen Historischen Instituts in Rom*
BECh	*Bibliothèque de l'École des Chartes*
BEFAR	*Bibliothèque des Écoles Françaises d'Athènes et de Rome*
BFW	Böhmer–Ficker–Winkelmann, Regesta Imperii
BISI	*Bullettino dell'Istituto Storico Italiano per il Medio Evo*
BLGS	*Biographisches Lexikon zur Geschichte Südosteuropas*
BMCL	*Bulletin of Medieval Canon Law*
BN	Bibliothèque Nationale Paris
CCCM	*Corpus Christianorum. Continuatio Mediaevalis*
CDRS	*Codex diplomaticus regni Siciliae*
CFHB	*Corpus Fontium Historiae Byzantinae*

COD	*Conciliorum Oecumenicorum Decreta*
CSEL	*Corpus Scriptorum Ecclesiasticorum Latinorum*
CSHB	*Corpus Scriptorum Historiae Byzantinae*
DA	*Deutsches Archiv*
DBI	*Dizionario Biografico degli Italiani*
DHEE	*Diccionario de Historia eclesiástica de España*
Dict. BF	*Dictionnaire de Biographie Française*
Dict. HGE	*Dictionnaire d'Histoire et de Géographie ecclésiastiques*
Dict. NB	*Dictionary of National Biography*
DIP	*Dizionario degli Istituti di Perfezione*
EEA	*English Episcopal Acta*
EHR	*English Historical Review*
FRA	*Fontes Rerum Austriacarum*
FSI	*Fonti per la Storia d'Italia*
GP	*Germania Pontificia*
Hist. Jb.	*Historisches Jahrbuch*
IP	*Italia Pontificia*
JL	JAFFÉ–LOEWENFELD, Regesta Pontificum Romanorum
LMA	*Lexikon des Mittelalters*
LThK	*Lexikon für Theologie und Kirche*
MGH	*Monumenta Germaniae Historica (AA: Auctores Antiquissimi, DD: Diplomata,*
	EE: Epistolae, LL: Leges, SS: Scriptores)
MIÖG	*Mitteilungen des Instituts für Österreichische Geschichtsforschung*
NDB	*Neue Deutsche Biographie*
PL	MIGNE, Patrologia Latina
Potth. Reg.	POTTHAST, Regesta pontificum Romanorum
QFIAB	*Quellen und Forschungen aus italienischen Archiven und Bibliotheken*
RBS	*Rerum Britannicarum Scriptores*
RD	Rationes Decimarum
RHF	*Recueil des Historiens des Gaules et de la France*
RHM	*Römische Historische Mitteilungen*
RIS (RIS²)	MURATORI, Rerum Italicarum Scriptores (editio altera)
RNI	KEMPF, Regestum ... super negotio imperii
SB	*Sitzungsberichte*
StMB	*Studien und Mitteilungen zur Geschichte des Benediktinerordens und seiner Zweige*
StT	*Studi e Testi*
TRE	*Theologische Realenzyklopädie*
VSWG	*Vierteljahrschrift für Sozial- und Wirtschaftsgeschichte*
ZRG kan.	*Zeitschrift der Savigny-Stiftung für Rechtsgeschichte, kanonistische Abteilung*

Arr.	Arrondissement	Gde.	Gemeinde
B.	Bischof	gest.	gestorben
Bar.	Baronie	Gft.	Grafschaft
Ben.	Benediktiner	ht.	heute
Bez.	Bezirk	Jb.	Jahrbuch
Br.	Brief	(K.-)B.	(Kardinal-)Bischof
Cant.	Canton	KD.	Kardinaldiakon
Com.	Comune	KP.	Kardinalpresbyter
Comm.	Commune	Prov.	Provinz
Dép.	Département	PU	Papsturkunde(n)
Diöz.	Diözese	Reg.	Regesten
EB.	Erzbischof	Suffr.	Suffragan
Fraz.	Frazione	UB	Urkundenbuch
GB.	Gerichtsbezirk	Zist.	Zisterzienser

Verzeichnis der gekürzt zitierten Literatur

P. D. ABBOTT, Provinces, Pays and Seigneuries of France. Myrtleford/Australia 1981.

I. AFFÒ, Istoria della città, e ducato di Guastalla, I—IV. Guastalla 1785—1787.

A. ALBERGOTTI, De Vita, et Cultu Sancti Donati Arretinae Ecclesiae Episcopi et Martyris Commentarius. Arezzo 1782.

Alberici Monachi Trium Fontium Chronicon, ed. P. SCHEFFER-BOICHORST (*MGH SS* XXIII). Hannover 1874, 631—950.

G. ALESSIO, Saggio di Toponomastica Calabrese (*Bibl. dell"Archivium Romanicum"*, Ser. II, Bd. 25). Florenz 1939.

J.-M. ALLIOT, Cartulaire de Notre-Dame d'Étampes (*Documents publiés par la Société Historique et Archéologique du Gatinais* 3). Paris–Orleans 1888.

K. J. ALLISON, The Sites and Remains of the Religious Houses, in: P. M. TILLIOTT (ed.), A History of Yorkshire: The City of York (*Victoria History of the Counties of England*). London 1961, 357—365.

D. G. M. ALLODI, Serie cronologica dei Vescovi di Parma, I. Parma 1856.

M. AMARI, Storia dei Musulmani di Sicilia, ed. C. A. NALLINO, I—III. Catania ²1933—1939.

A. AMATI, L'Italia sotto l'aspetto fisico, storico, letterario, artistico, militare e statistico, I bis VIII. Mailand 1878.

A. J. ANDREA, Conrad of Krosigk, Bishop of Halberstadt, Crusader and Monk of Sittichenbach: His Ecclesiastical Career, 1184—1225. *Analecta Cisterciensia* 43 (1987) 11—91.

A. J. ANDREA, The *Devastatio Constantinopolitana*, a Special Perspective on the Fourth Crusade: An Analysis, New Edition, and Translation. *Historical Reflections* 19/1 (1993) 107—149.

A. ANGOT, Dictionnaire historique, topographique et biographique de la Mayenne, I—IV. Ndr. Mayenne 1975.

Annales Aretinorum Maiores, ed. A. BINI (*RIS²* XXIV/1). Città di Castello 1909, 3—38.

Annales S. Benigni Divionensis, ed. G. WAITZ (*MGH SS* V). Hannover 1844, 37—50.

H. APPELT, Böhmische Königswürde und staufisches Kaisertum, in: DERS., Kaisertum, Königtum, Landesherrschaft. Gesammelte Studien zur mittelalterlichen Verfassungsgeschichte (*MIÖG* Erg.bd. 28). Wien–Köln–Graz 1988, 40—60.

B. ARDURA, Abbayes, prieurés et monastères de l'ordre de Prémontré en France, des origines à nos jours. Dictionnaire historique et bibliographique (*Collection Religions*). Nancy 1993.

J. S. ASSEMANUS, Kalendaria ecclesiae universae, in quibus tum ex vetustis marmoribus, tum ex codicibus, tabulis, parietinis, pictis, scriptis sculptisve sanctorum nomina, imagines et festi per annum dies ecclesiarum orientis et occidentis, praemissis uniuscuiusque ecclesiae originibus, recensentur, describuntur notisque illustrantur, V. Rom 1755.

L. ASTEGIANO, Codex diplomaticus Cremonae 715—1334, I—II (*Historiae Patriae Monumenta*, Ser. 2, Bd. 21/1—2). Turin 1898.

L. ASTEGIANO, Il Comune di Cremona e il possesso di Guastalla e Luzzara nel secolo XII. *Archivio Storico Lombardo* 8 (1882) 193—251.

Atlas historique Provence, Comtat Venaissin, Principauté d'Orange, Comté de Nice, Principauté de Monaco, ed. E. BARATIER–G. DUBY–E. HILDESHEIMER, I—II. Paris 1969.

L. AUVRAY, Les Registres de Grégoire IX, Bd. I—IV. Paris 1896—1955.

G. BAAKEN, Regesten des Kaiserreiches unter Heinrich VI. (*Regesta Imperii* IV/3). Köln–Wien 1972.

L. M. BÅÅTH, Acta pontificum Suecica, I/1: Acta cameralia, I: Ann. 1062—1348. Stockholm 1936.

P. BABEY, Le pouvoir temporel des évêques de Viviers au Moyen age, 815—1452. Lyon 1956.

N. BACKMUND, Monasticon Praemonstratense, I/1—2: Berlin–New York ²1983; II—III: Straubing 1952—1956.

F. BAETHGEN, Die Regentschaft Papst Innocenz' III. im Königreich Sizilien (*Heidelberger Abhandlungen zur mittleren und neueren Geschichte* 44). Heidelberg 1914.

R. BAILLY, Dictionnaire des communes: Vaucluse. Géologie, Préhistoire, Histoire, Archéologie, Coutumes, Ressources. Avignon o. J. (1961).

J. W. BALDWIN, The Government of Philip Augustus. Foundations of French Royal Power in the Middle Ages. Berkeley–Los Angeles–London 1986.

J. W. BALDWIN, Masters, Princes and Merchants. The Social Views of Peter the Chanter and His Circle, I—II. Princeton 1970.

✓ J. W. BALDWIN, Les registres de Philippe Auguste (*RHF, Documents financiers et administratifs* VII). Paris 1992.

G. BALLADORE PALLIERI–G. VISMARA, Acta pontificia iuris gentium usque ad annum MCCCIV. Mailand 1946.

E. BALUZE, Epistolarum Innocentii III Romani pontificis libri undecim, I—II. Paris 1682.

C. BARAUT, Per la storia dei monasteri Florensi. *Benedictina* 4 (1950) 241—268.

P. BARLETTA, Leggi e documenti antichi e nuovi relativi alla Sila di Calabria. Turin 1864.

C. BARONIUS, Annales ecclesiastici denuo excusi et ad nostra usque tempora perducti ab A. THEINER, XX: 1198—1228. Bar-le-Duc 1870.

G. W. S. BARROW–W. W. SCOTT, The Acts of William I King of Scots 1165—1214 (*Regesta Regum Scottorum* 2). Edinburgh 1971.

J. BARROW, English Episcopal Acta, VII: Hereford 1079—1234. Oxford 1993.

L. BARTOCCETTI, Serie dei Vescovi delle diocesi Marchigiane. *Studia Picena* 13 (1938) 61—73.

A. BARTOLI LANGELI, La realtà sociale assisana e il patto del 1210, in: Assisi al tempo di San Francesco. Atti del V convegno internazionale, Assisi 13—16 ott. 1977. Assisi 1978, 271—336.

F. BARTOLONI, Codice diplomatico del Senato Romano dal MCXLIV al MCCCXLVIII (*FSI* 87). Rom 1948.

F. BARTOLONI, Per la Storia del Senato Romano nei secoli XII e XIII. *BISI* 60 (1946) 1—108.

G. BATTELLI, Rationes Decimarum Italiae nei secoli XIII e XIV: Latium (*StT* 128). Città del Vaticano 1946.

B. BAUDI DI VESME, Guglielmo giudice di Cagliari e d'Arborea. *Archivio Storico Sardo* 1 (1905) 21—52, 173—209.

Ch. BAUDOIN DE MONY, Relations politiques des comtes de Foix avec la Catalogne jusqu'au commencement du XIVe siècle, I—II. Paris 1896.

I. BAUMGÄRTNER, Regesten aus dem Kapitelarchiv von S. Maria in Via Lata (1201—1259), I. *QFIAB* 74 (1994) 42—171.

H. BEAUCHET-FILLEAU, Dictionnaire historique et généalogique des familles du Poitou, I—II. Poitiers ²1891—1895.

D. BEAUNIER–J. M. BESSE, Recueil historique des Archevêchés, Évêchés, Abbayes et Prieurés de France. Nouvelle édition revue et completée par les Bénédictins de Ligugé, I—XII. Paris 1905—1941.

A. BECKER, Papst Urban II. (1088—1099), I—II (*MGH Schriften* 19/I—II). Stuttgart 1964 bis 1988.

Th. BEHRMANN, Domkapitel und Schriftlichkeit in Novara (11.—13. Jahrhundert). Sozial- und Wirtschaftsgeschichte von S. Maria und S. Gaudenzio im Spiegel der urkundlichen Überlieferung (*BDHIR* 77). Tübingen 1994.

R. BÉKEFI, A Pilis apátság (Die Abtei Pilis). Pest 1912.

Benedicti Regula, ed. R. HANSLIK (*CSEL* 75). Wien ²1977.

F. BENNINGHOVEN, Der Orden der Schwertbrüder. Fratres milicie Christi de Livonia (*Ostmitteleuropa in Vergangenheit und Gegenwart* 9). Köln–Graz 1965.

R. L. BENSON, The Bishop-Elect. A Study in Medieval Ecclesiastical Office. Princeton (N. J.) 1968.

R. L. BENSON, Plenitudo potestatis: Evolution of a Formula from Gregory IV to Gratian. *Studia Gratiana* 14 (1967) 193—217.

É. BERGER, Les registres d'Innocent IV, Bd. I—IV. Paris 1884—1921.

A. BERNARD–A. BRUEL, Recueil des chartes de l'abbaye de Cluny, I: 802—952; V: 1091—1210 (*Collection de documents inédits sur l'histoire de France*). Paris 1876 und 1894.

S. Bernardi opera, ed. J. LECLERCQ–H. M. ROCHAIS, III: Tractatus et opuscula. Rom 1963.

J. BERNOULLI, Acta pontificum Helvetica. Quellen schweizerischer Geschichte aus dem päpstlichen Archiv in Rom veröffentlicht durch die Historische und Antiquarische Gesellschaft zu Basel, I. Basel 1891.

C. A. Bertini, La storia delle famiglie Romane di Teodoro Amayden, I—II. Rom 1910 bis 1914.

E. Bertuzzi, La Badia Cisterciense Piacentina di Chiaravalle della Colomba. Piacenza 1922.

C. Bescapè, La Novara Sacra, übers. und hrg. G. Ravizza. Novara 1878.

Biblia sacra iuxta vulgatam versionem, rec. R. Weber–B. Fischer, Stuttgart ³1983.

Bibliotheca Sanctorum, I—XII. Rom 1961—1970.

Bibliotheca Cluniacensis in qua SS. Patrum Abbatum Cluniacensium Vitae, Miracula, Scripta, Statuta, Privilegia Chronologiaque duplex ... collegerunt ... Martinus Marrier et Andreas Quercetanus. Paris 1614.

Biographie Nationale de Belgique, 1—44. Brüssel 1866—1980.

Biographisches Lexikon zur Geschichte Südosteuropas, ed. M. Bernath (u. a.), I—IV. München 1974—1981.

Das Bistum Konstanz — Das Erzbistum Mainz — Das Bistum St. Gallen, I—II, red. B. Degler-Spengler (*Helvetia Sacra* I: *Erzbistümer und Bistümer* 2/1—2). Basel–Frankfurt a. M. 1993.

M. Bláhová, Die Beziehung Böhmens zum Reich in der Zeit der Salier und der Frühen Staufer im Spiegel der zeitgenössischen Geschichtsschreibung. *Archiv f. Kulturgeschichte* 74 (1992) 23—48.

W. H. Bliss, Calendar of Entries in the Papal Registers Relating to Great Britain and Ireland, I: 1198—1304. London 1893.

J. F. Böhmer–C. Will, Regesten zur Geschichte der Mainzer Erzbischöfe, I—II. Innsbruck 1877—1886.

J. F. Böhmer, Regesta Imperii V, bearb. v. J. Ficker und E. Winkelmann, I—IV. Innsbruck 1881—1901.

Anicii Manlii Severini Boethii Philosophiae consolationis libri quinque, ed. W. Weinberger (*CSEL* 67). Wien–Leipzig 1934.

G. Bois, La mutation de l'an mil. Lournand, village mâconnais, de l'Antiquité au Féodalisme. Paris 1989.

T. Bonanni, La Corografia dei comuni e dei villaggi della Provincia del 2° Abbruzzo ulteriore. L'Aquila 1883.

Bonizo von Sutri, Liber de vita Christiana, ed. E. Perels (*Texte zur Geschichte des römischen und kanonischen Rechts im Mittelalter* 1). Berlin 1930.

F. Bonnard, Histoire de l'Abbaye royale et de l'Ordre des Chanoines Réguliers de St.-Victor de Paris, I. Paris o. J. (1904).

S. Bormans–E. Schoolmeesters, Cartulaire de l'Église Saint-Lambert de Liège, I. Brüssel 1893.

E. Boshof, Köln, Mainz, Trier — Die Auseinandersetzung um die Spitzenstellung im deutschen Episkopat in ottonisch-salischer Zeit. *Jb. des Kölnischen Geschichtsvereines* 48 (1978) 11—48.

E. Boshof, Die Regesten der Bischöfe von Passau, I: 731—1206 (*Regesten zur bayerischen Geschichte* I). München 1992.

K. Bosl (ed.), Handbuch der Geschichte der böhmischen Länder, I—IV. Stuttgart 1967—1970.

F. Bosquet, In epistolas Innocentii III. Pontificis Maximi Notae. Toulouse 1635.

J. Boussard, Le comté d'Anjou sous Henri Plantagenêt et ses fils (1151—1204) (*Bibliothèque de l'École des Hautes Études. Sciences Historiques et Philologiques* 271). Paris 1938.

J. Boussard, Philippe Auguste et les Plantagenêts, in: La France de Philippe Auguste: Le Temps des Mutations, ed. R.-H. Bautier. Paris 1982, 263—289.

Th. Boutiot–É. Socard, Dictionnaire topographique du département de l'Aube. Paris 1874.

J. Bouvet, Adam de Perseigne: Lettres. Paris 1960.

H. Boyer–R. Latouche, Dictionnaire topographique du département du Cher. Paris 1926.

Ch. M. Brand, Byzantium Confronts the West 1180—1204. Cambridge/Mass. 1968.

J. Braun, Der christliche Altar in seiner geschichtlichen Entwicklung, I—II. München 1924.

L.-G.-O. Feudrix de Bréquigny–F. J. G. La Porte du Theil, Diplomata, chartae, epistolae et alia documenta ad res Francicas spectantia ..., II/1. Paris 1791.

L.-G.-O. Feudrix de Bréquigny, Table chronologique des diplomes, chartes, titres et actes imprimes concernant l'histoire de France, continué J. M. Pardessus, IV. Paris 1836.

G. Brom, Bullarium Trajectense. Romanorum pontificum diplomata, quotquot olim usque ad Urbanum pp. VI (1378) in veterem episcopatum Trajectensem destinata, I—II. Den Haag 1891—1896.

C. Brühl, Rogerii II. Regis diplomata latina (*CDRS* II/1). Köln–Wien 1978.

C. Brühl, Urkunden und Kanzlei König Rogers II. von Sizilien (*Beihefte zum CDRS* 1). Köln–Wien 1978.

J. Brun-Durand, Dictionnaire topographique du département de la Drôme. Paris 1891.

R. Brunelli, Diocesi di Mantova (*Storia religiosa della Lombardia*, ed. A. Caprioli–A. Rimoldi–L. Vaccaro, 8). Brescia 1986.

Bullarium Sacri Ordinis Cluniacensis. Lyon 1680.

M. L. Bulst-Thiele, Sacrae Domus Militiae Templi Hierosolymitani Magistri. Untersuchungen zur Geschichte des Templerordens 1118/1119—1314 (*Abh. d. Akad. d. Wiss. in Göttingen, phil.-hist. Kl.* III/86). Göttingen 1974.

K. Bund, Untersuchungen zu Magister Heinrich von Köln, dem Abschreiber der Abbreviatio de animalibus des Avicenna (1232), und zur Frage seiner Identifizierung mit dem Dichter Magister Heinrich von Avranches. *Jahrbuch des Kölnischen Geschichtsvereins* 53 (1982) 1—20.

J. E. Burton, English Episcopal Acta V: York 1070—1154. Oxford 1988.

A. Bzovius, Annalium Ecclesiasticorum post ... Caesarem Baronium ... tomus XIII, rerum in orbe christiano ab anno Dom. 1198 usque ad annum Dom. 1299 gestarum narrationem complectens. Köln 1621.

C. Cahen, La Syrie du Nord à l'époque des croisades et la principauté franque d'Antioche. Paris 1940.

J. Calmette–É. Clouzot, Pouillés des provinces de Besançon, de Tarantaise et de Vienne (*RHF, Pouillés* VII). Paris 1940.

P. M. Campi, Dell'historia ecclesiastica di Piacenza, II. Piacenza 1651.

G. Cappelletti, Le chiese d'Italia dalla loro origine sino ai nostri giorni, I—XXI. Venedig 1844—1870.

F. Carabellese, Il comune pugliese durante la Monarchia Normanno-sveva (*Documenti e Monografie* 17). Bari 1924.

C. Carbonetti Venditelli, La curia dei *magistri edificiorum urbis* nei secoli XIII e XIV e la sua documentazione, in: Roma nei secoli XIII e XIV. Cinque saggi, ed. E. Hubert (*Collection de l'École Française de Rome* 170). Rom 1993, 1—42.

A. Carile, Partitio terrarum Imperii Romanie. *Studi Veneziani* 7 (1965) 125—305.

A. Carile, Per una storia dell'impero latino di Constantinopoli (1204—1261). Bologna 1972.

S. Carocci, Baroni di Roma. Dominazioni signorili e lignaggi aristocratici nel Duecento e nel primo Trecento (*Istituto storico Italiano per il Medioevo* 23. Collection de l'École française de Rome 181). Roma 1993.

Carta topografica d'Italia dell'Istituto geografico militare, Florenz 1870ff.

A. Cartellieri, Philipp II. August, König von Frankreich, I—IV. Leipzig 1899—1922.

G. Cascioli, Memorie storiche di Poli con molte notizie inedite della celebre famiglia Conti. Rom 1896.

F. Chalandon, Histoire de la domination normande en Italie et en Sicilie, I—II. Paris 1907.

R. Charles–S. Menjot d'Elbenne, Cartulaire de l'abbaye de Saint-Vincent du Mans. Mamers–Le Mans 1886—1913.

T. Chavot, Le Mâconnais. Géographie historique. Paris–Mâcon 1884.

Ch. R. Cheney, An Annotator of Durham Cathedral Ms. C. III 3, and Unpublished Decretals of Innocent III. *Studia Gratiana* 11 (1967) 39—68, und in ders., The Papacy and England, 12th—14th Centuries. Historical and Legal Studies (*Collected Studies Series*, CS 154. Variorum Reprints). London 1982, III.

Ch. R. Cheney, From Becket to Langton. English Church Government 1170—1213. Manchester 1956.

Ch. R. Cheney, Hubert Walter. London 1967.

Ch. R. Cheney, The Office and Title of the Papal Chancellor 1187—1216. *AHP* 22 (1984) 369 bis 376.

Ch. R. Cheney, Pope Innocent III and England (*Päpste und Papsttum* 9). Stuttgart 1976.

Ch. R. Cheney–M. Cheney, The Letters of Pope Innocent III (1198—1216) Concerning England and Wales. A Calendar. Oxford 1967.

Ch. R. Cheney–M. Cheney, Studies in the Collections of Twelfth-Century Decretals. From the

Papers of the Late Walther Holtzmann (*Monumenta Iuris Canonici*, Series B: Corpus Collectionum 3). Città del Vaticano 1979.

Ch. R. CHENEY–E. JOHN, English Episcopal Acta III: Canterbury 1193—1205. London 1986.

Ch. R. CHENEY–J. H. SEMPLE, Selected Letters of Pope Innocent III Concerning England. London 1953.

U. CHEVALIER, Regeste dauphinois ou répertoire chronologique et analytique de documents imprimés et manuscrits relatifs à l'histoire du Dauphiné des origines chrétiennes à l'année 1349, I—VII. Valence 1913—1926.

Choniates s. Niketas Choniates

Chronica regia Coloniensis (Annales maximi Colonienses), ed. G. WAITZ (*MGH SS rer. Germ. in usum scholarum* [18]). Hannover 1880.

The Chronicle of Novgorod 1016—1471, hrg. u. übersetzt v. R. MICHELL–N. FORBES (*Camden Third Series* XXVI). London 1914.

Chronicon Montis Sereni, ed. E. EHRENFEUCHTER (*MGH SS* XXIII). Hannover 1874, 130—226.

Chronicon universale anonymi Laudunensis von 1154 bis zum Schluß, ed. A. CARTELLIERI, bearb. W. STECHELE. Leipzig–Paris 1909.

Clarembald von Arras, Tractatus super librum Boetii „De Trinitate", in: N. M. HÄRING, Life and Works of Clarembald of Arras. A Twelfth Century Master of the School of Chartres (*Studies and Texts* 10). Toronto 1965, 63—186.

Iohannis Codagnelli Annales Placentini, ed. O. HOLDER-EGGER (*MGH SS rer. Germ. in usum scholarum* [23]). Hannover–Leipzig 1901.

Codex Justinianus, ed. P. KRUEGER (*Corpus Iuris Civilis* 2). Berlin 1895.

Collectio bullarum Sacrosanctae Basilicae Vaticanae, I. Rom 1747.

Conciliorum Oecumenicorum Decreta, ed. J. ALBERIGO–P. P. JOANNOU (u. a.). Bologna ³1973.

G. CONSTABLE, The Abbot and Townsmen of Cluny in the Twelfth Century, in: Church and City 1000—1500. Essays in Honour of Christopher BROOKE, ed. D. ABULAFIA–M. FRANKLIN–M. RUBIN. Cambridge 1992, 151—171.

J. COSSÉ-DURLIN, Cartulaire de Saint-Nicaise de Reims (XIIIᵉ siècle). Paris 1991.

J. COSTE, Localizzazione di un possesso farfense: Il „Castrum Caminata". *ASRSP* 103 (1980) 53 bis 77.

G. M. CRESCIMBENI, L'Istoria della Basilica di S. Anastasia titolo cardinalizio. Rom 1722.

J. L. CSÓKA, Geschichte des benediktinischen Mönchtums in Ungarn (*StMB* Erg.bd. 24). St. Ottilien 1980.

Curia Regis Rolls of the Reign of Henry III Preserved in the Public Record Office, Printed under the Superintendence of the Deputy Keeper of the Records, 9 to 10 Henry III, Bd. XII (1225/26). London 1957.

A. M. CUSANNO, Turris Comitum. Vicende storiche ed ipotesi sulla „Torre della Città". *L'Urbe* 51 (1988)/5—6, 20—38.

A. J. DA COSTA–M. A. F. MARQUES, Bulário Português. Inocêncio III (1198—1216) (*Instituto Nacional de Investigaça Científica. Série História* 7). Coimbra 1989.

Andreas Dandulus, Chronicon Venetum (*RIS* XII). Mailand 1728, 1—523.

H. D'ARBOIS DE JUBAINVILLE, Catalogue d'actes des comtes de Brienne (950—1356). *BECh* 33 (1872) 141—186.

R. DAVIDSOHN, Forschungen zur älteren Geschichte von Florenz, I—IV. Berlin 1896—1908.

R. DAVIDSOHN, Geschichte von Florenz, I—IV. Berlin 1896—1927.

R. DAVIDSOHN, Una monaca del duodecimo secolo. *ASI*, Ser. V, Bd. 22 (1898) 225—241.

F. N. DAVIS, Rotuli Roberti Grosseteste, episcopi Lincolniensis (*Canterbury and York Series* 10, Diocese of Lincoln 4). London 1913.

F. N. DAVIS–C. W. FOSTER–A. HAMILTON THOMPSON, Rotuli Ricardi Gravesend diocesis Lincolniensis (*Canterbury and York Series* 31, Diocese of Lincoln 6). Oxford 1925.

P. DE ANGELIS, L'Ospedale di Santo Spirito in Saxia, I: Dalle Origini al 1300. Rom 1960.

P. DE ANGELIS, „Regula sive Statuta Hospitalis Sancti Spiritus". La più antica regola ospitaliera di Santo Spirito (*Collana di Studi Storici sull'ospedale di Santo Spirito e sugli ospedali Romani* 14). Rom 1954.

A. DE BARTHÉLEMY, Numismatique clunisienne. *Revue Numismatique* IV/9 (1905) 14—26.

Decretales Pseudo-Isidorianae, ed. P. HINSCHIUS. Leipzig 1863.

J. DEETERS, Servatiusstift und Stadt Maastricht. Untersuchungen zu Entwicklung und Verfassung (*Rheinisches Archiv* 73). Bonn 1970.

E. DEGANI, La diocesi di Concordia. Udine 1924.

L. DE GRANDMAISON, Cartulaire de l'Archevêché de Tours (Liber bonarum gentium), I—II (*Mémoires de la Société Archéologique de Touraine* 37, 38). Tours 1892—1894.

H. F. DELABORDE–Ch. PETIT-DUTAILLIS, Recueil des actes de Philippe Auguste, roi de France, Bd. II (*Chartes et diplômes relatifs à l'histoire de France*). Paris 1943.

L. DE LA ROQUE, Les Évêques de Maguelone et de Montpellier. Paris 1893.

J. M. A. DELAVILLE LE ROULX, Cartulaire général de l'ordre des hospitaliers de S. Jean de Jérusalem (1100—1310), I—IV. Paris 1894—1906.

P. DE LEO, Gioacchino da Fiore. Aspetti inediti della vita e delle opere (*Biblioteca di storia e cultura meridionale. Studi e testi* 1). Soveria Manelli 1988.

R. DE LESPINASSE, Cartulaire du prieuré de la Charité-sur-Loire (Nièvre), ordre de Cluni. Nevers–Paris 1887.

L. DELISLE, Recueil des actes de Henri II roi d'Angleterre et duc de Normandie concernant les provinces françaises et les affaires de France, Introduction. Paris 1909.

É. DE MOREAU, Histoire de l'église en Belgique, III: L'Église féodale 1122—1378. Brüssel 1945.

H. DENIFLE, Specimina palaeographica Regestorum Romanorum pontificum ab Innocentio III ad Urbanum V. Rom 1888.

M. DENIS-PAPIN–J. L. MARTIN, Dictionnaire national des communes de France. Paris [19]1970.

N. DENSUŞIANU, Documente privitóre la Istoria Românilor 1199—1345 (*Documente privitóre la Istoria Românilor*, ed. E. HURMUZAKI, I/1). Bukarest 1887.

L. DE PERSIIS, La Badia o Trappa di Casamari nel suo doppio aspetto monumentale e storico. Rom 1878.

G. DE SOULTRAIT, Dictionnaire topographique du département de la Nièvre. Paris 1865.

S. DE VAJAY, Der Kamelaukion-Charakter der heiligen Krone Ungarns — die typologische Rechtfertigung einer Benennung, in: Insignia Regni Hungariae I. Studien zur Machtsymbolik des mittelalterlichen Ungarn, hrg. v. ungar. Nationalmuseum. Budapest 1983, 101—116.

G. DE VALOUS, Le domaine de l'abbaye de Cluny aux Xe et XIe siècles. Paris 1923.

C. DE VIC–J. VAISSÈTE, Histoire générale de Languedoc, I—XV. Toulouse 1872—1892.

A. DEVILLE, Histoire du château et des sires de Tancarville. Rouen 1834. Ndr. Saint-Pierre-de-Salerne 1980.

Diccionario de Historia eclesiástica de España, I—IV. Madrid 1972—1975.

Ch. DICKSON, Le cardinal Robert de Courson. Sa vie. *Archives d'histoire doctrinale et littéraire du moyen âge* 9 (1934) 53—134.

G. B. DI CROLLALANZA, Dizionario storico-blasonico delle famiglie nobili et notabili italiane estinte et fiorenti, I—III. Bologna 1886. Ndr. Bologna 1965.

Dictionary of National Biography, ed. L. STEPHEN–S. LEE, 1—29. London 1908—1949.

The Oxford Dictionary of Byzantium, I—III. New York–Oxford 1991.

Dictionnaire de Biographie Française, 1—17. Paris 1933—1989.

Dictionnaire d'Histoire et de Géographie ecclésiastiques, 1—25. Paris 1912—1996.

Dictionnaire de Théologie Catholique, 1—15. Paris 1910—1950.

A. DIEUDONNÉ, Monnaies féodales françaises (*Manuel de numismatique française*, ed. A. BLANCHET–A. DIEUDONNÉ, 4). Paris 1936.

Digesta, ed. Th. MOMMSEN (*Corpus Iuris Civilis* 1). Berlin 1902.

M. DI GIOIA, Monumenta Ecclesiae Sanctae Mariae de Fogia (*Archivum Fodianum* 1). Foggia 1961.

Disticha Catonis, ed. M. BOAS. Amsterdam 1952.

Dizionario Biografico degli Italiani, 1—45. Rom 1960—1995.

Dizionario degli Istituti di Perfezione, 1—8. Frascati 1974—1988.

F. DÖLGER, Bulgarisches Zartum und byzantinisches Kaisertum, in: DERS., Byzanz und die europäische Staatenwelt. Ausgewählte Vorträge und Aufsätze. Ettal 1953, 140—158.

F. DONDI DALL'OROLOGIO, Dissertazioni sopra l'istoria ecclesiastica di Padova, I—IX. Padua 1802—1817.

P. Doppler, Lijste der Dekenen van het Vrije Rijkskapittel van Sint Servaas in Maastricht (1000—1797), in: Publications de la Société historique et archéologique dans le Limbourg 73 (1937) 191—274.

P. Doppler, Verzameling van charters en bescheiden betrekkelijk het Vrije Rijkskapittel van Sint Servaas te Maastricht, in: Publications de la Société historique et archéologique dans le Limbourg 66 (1930) 201—316.

H. Dopsch, Geschichte Salzburgs: Stadt und Land, I/1. Salzburg ²1983.

G. Dubois, Historia ecclesiae Parisiensis, I—II. Paris 1690—1710.

H. Dubrulle, Cambrai a la fin du moyen age (XIIIᵉ—XVIᵉ siecle). Lille 1903.

Ch. Du Fresne Sieur Du Cange, Glossarium mediae et infimae Latinitatis, I—X, ed. L. Favre. Ndr. Graz 1954.

A. Ducellier, La façade maritime d'Albanie au Moyen Age. Durazzo et Valona du XIᵉ au XVᵉ siècle (*École pratique des hautes études, VIᵉ section. Documents et recherches sur l'économie des pays byzantins, islamiques et slaves et leurs relations commerciales au Moyen Age* 13). Thessaloniki 1981.

F. Duchesne, Historiae Francorum Scriptores, V. Paris 1649.

W. Dugdale, Monasticon Anglicanum, I—VIII. London 1817—1830.

I. Dujčev, Innocentii pp. III Epistolae ad Bulgariae Historiam spectantes. Sofia 1942.

P. J. Dunning, The Letters of Innocent III to Ireland. *Traditio* 18 (1962) 229—253.

H. Duplès-Agier, Chroniques de Saint-Martial de Limoges. Paris 1874.

J.-A. Durbec, Les Templiers en Provence. Formation des Commanderies et répartition géographique de leurs biens. *Provence Historique* 9 (1954) 3—37, 99—130.

M. Dykmans, D'Innocent III à Boniface VIII. Histoire des Conti et des Annibaldi. *Bull. Inst. hist. Belge de Rome* 45 (1975) 19—211.

B. Ebels-Hoving, Byzantium in Westerse Oogen 1096—1204. Assen 1971.

G. J. Ebers, Das Devolutionsrecht, vornehmlich nach katholischem Kirchenrecht (*Kirchenrechtliche Abhandlungen*, ed. U. Stutz, 37/38). Stuttgart 1906.

R. W. Edwards, The Fortifications of Armenian Cilicia (*Dumbarton Oaks Studies* 23). Washington D. C. 1987.

Ch. Egger, Ein Benützer der Register Papst Innocenz' III. im 15. Jahrhundert. *RHM* 38 (1996) 181—188.

V. M. Egidi, Il „Diplomatico" dell'Archivio Capitolare di Cosenza. *Calabria Nobilissima* 9 (1955) 7—25.

E. Ekwall, The Concise Oxford Dictionnary of English Place-Names. Oxford ⁴1960.

K. Elm, Christi cultores et novelle ecclesie plantatores. Der Anteil der Mönche, Kanoniker und Mendikanten an der Christianisierung der Liven und dem Aufbau der Kirche in Livland, in: Gli inizi del cristianesimo in Livonia-Lettonia (*Pontificio Comitato di scienze storiche. Atti e Documenti* 1). Città del Vaticano 1988, 127—170.

R. Elze, Der Liber Censuum des Cencius (Cod. Vat. Lat. 8486) von 1192 bis 1228. *Bull. Archivio paleografico italiano*, N. S. 2/3 (1956/59)/1 251—270.

R. Elze, Die päpstliche Kapelle im 12. und 13. Jahrhundert. *ZRG* 67 kan. 36 (1950) 145—204.

Enciclopedia Dantesca, ed. Istituto della Enciclopedia Italiana, Bd. I—VI. Rom 1970—1978.

H. Enzensberger, Beiträge zum Kanzlei- und Urkundenwesen der normannischen Herrscher Unteritaliens und Siziliens (*Münchner Hist. Studien, Abt. geschichtl. Hilfswissenschaften*, ed. P. Acht, 9). Kallmünz 1971.

C. J. Erben, Regesta diplomatica nec non epistolaria regni Bohemiae et Moraviae, I: 600—1253. Prag 1855.

J. Escher—P. Schweizer, Urkundenbuch der Stadt und Landschaft Zürich, I. Zürich 1888.

Eusebius von Caesarea, Kirchengeschichte, ed. E. Schwartz–Th. Mommsen (*Die griechischen christlichen Schriftsteller der ersten drei Jahrhunderte* 9/1). Leipzig 1903.

A. Everitt, Continuity and Colonisation. The Evolution of Kentish Settlement. Leicester 1986.

P. Fabre—L. Duchesne, Le Liber censuum de l'Église Romaine, I—III. Paris 1910—1952.

E. Falconi—R. Peveri, Il „Registrum Magnum" del Comune di Piacenza, I. Mailand 1983.

D. Farlati, Illyrici sacri tomi I—VIII. Venedig 1751—1819.

M.-L. FAVREAU, Die italienische Levante-Piraterie und die Sicherheit der Seewege nach Syrien im 12. und 13. Jahrhundert. *VSWG* 65 (1978) 461—510.

G. FEDALTO, La Chiesa latina in Oriente, I: Verona ²1981; II—III: Verona 1976—1978.

P. FEDELE, Un diplomatico dei tempi di Federico II. Tommaso da Gaeta. *ASPN* 31 (1906) 345 bis 359.

H. FEIGL, Die Überlieferung der Register Papst Innocenz' III. Handschriften und Druckausgaben. *MIÖG* 65 (1957) 242—295.

G. FEJÉR, Codex diplomaticus Hungariae ecclesiasticus et civilis, I—XLIII. Buda 1829—1866.

J.-J.-M. FÉRAUD, Histoire, géographie et statistique du département des Basses-Alpes. Digne 1861 (Ndr. *Bibliothèque d'Histoire et d'Études régionales* 10, Nyons 1972).

H. FICHTENAU, Ketzer und Professoren. Häresie und Vernunftglaube im Hochmittelalter. München 1992.

J. FICKER, Forschungen zur Reichs- und Rechtsgeschichte Italiens, I—IV. Innsbruck 1868 bis 1874.

L. FILLET, Colonies Dauphinoises de l'abbaye de Montmajour, I. *Bulletin de la Société départementale d'archéologie et de statistique de la Drôme* 25 (1891) 201—215, 313—324; II. *Ebd.* 26 (1892) 55—69, 136—144.

H. FINKE, Die Papsturkunden Westfalens bis zum Jahre 1304 (*Westfälisches Urkunden-Buch* V/1). Münster 1888.

R. G. FLETCHER, The Episcopate in the Kingdom of León in the Twelfth Century. Oxford 1978.

J. FONT-RÉAULX, Pouillés de la Province de Bourges (*RHF, Pouillés* IX). Paris 1961.

A. FORTINI, Nova Vita di San Francesco, I—IV. O. O., o. J. [Assisi 1959].

J. K. FOTHERINGHAM, Genoa and the Fourth Crusade. *EHR* 25 (1910) 26—57.

R. C. FOWLER–A. G. LITTLE, Ecclesiastical History, in: The Victoria History of the Counties of England: Kent, ed. W. PAGE, II. Folkestone/London 1974, 112—242.

A. FRANZ, Die Messe im deutschen Mittelalter. Beiträge zur Geschichte der Liturgie und des religiösen Volkslebens. Freiburg 1902.

W. FRESACHER, Zur Geschichte der Herrschaften Finkenstein und Rosegg. *Carinthia* I 150 (1960) 753—803.

J. FRIED, Der päpstliche Schutz für Laienfürsten. Die politische Geschichte des päpstlichen Schutzprivilegs für Laien (11.—13. Jahrhundert) (*Abh. d. Heidelberger Akad. d. Wiss., phil.-hist. Kl.*, Jg. 1980/1). Heidelberg 1980.

Ae. FRIEDBERG, Quinque compilationes antiquae. Leipzig 1882.

Ae. FRIEDBERG, Corpus Iuris Canonici, I—II. Leipzig 1879.

G. FRIEDRICH, Codex diplomaticus et epistolaris regni Bohemiae, I—II. Prag 1904—1912.

W. H. FRITZE, Corona regni Bohemiae. Die Entstehung des böhmischen Königtums im 12. Jahrhundert im Widerspiel von Kaiser, Fürst und Adel, in: DERS., Frühzeit zwischen Ostsee und Donau. Ausgewählte Beiträge zum geschichtlichen Werden im östlichen Mitteleuropa vom 6. bis 13. Jahrhundert, ed. L. KUCHENBUCH–W. SCHICH (*Berliner Historische Studien* 6 = *Germania Slavica* 3). Berlin 1982, 209—296.

E. B. FRYDE–D. E. GREENWAY–S. PORTER–I. ROY, Handbook of British Chronology. London ³1986.

B. GALLAND, Deux archevêchés entre la France et l'Empire. Les archevêques de Lyon et les archevêques de Vienne du milieu du XIIe siècle au milieu du XIVe siècle (*BEFAR* 282). Rom 1994.

P. L. GALLETTI, Del Primicero della Santa Sede Apostolica e di altri uffiziali maggiori del sacro palagio Lateranense. Rom 1776.

Gallia Christiana, in provincias ecclesiasticas distributa ..., I—XVI. Paris 1715—1865.

Gallia Christiana Novissima. Histoire des archevêchés, évêchés et abbayes de France, ed. J. H. ALBANÈS–U. CHEVALIER, I—VII. Montbéliard–Valence 1899—1920.

K. GANZER, Zur Beschränkung der Bischofswahl auf das Domkapitel in Theorie und Praxis des 12. und 13. Jahrhunderts. *ZRG* 88 kan. 57 (1971) 22—82.

K. GANZER, Die Entwicklung des auswärtigen Kardinalats im hohen Mittelalter. Ein Beitrag zur Geschichte des Kardinalskollegiums vom 11. bis 13. Jahrhundert (*BDHIR* 26). Tübingen 1963.

A. García y García, Constitutiones Concilii quarti Lateranensis una cum Commentariis glossatorum (*Monumenta Iuris Canonici*, Ser. A, 2). Città del Vaticano 1981.

P. R. Gaussin, L'Abbaye de la Chaise-Dieu (1043—1518). Paris 1962.

Genealogie medioevali di Sardegna, ed. L. L. Brook–F. C. Casula–M. M. Costa–A. M. Oliva–R. Pavoni–M. Tangheroni. Cagliari–Sassari 1983.

Germania Pontificia IV, 4: Provincia Maguntinensis: S. Bonifatius, Archidioecesis Maguntinensis, Abbatia Fuldensis, ed. H. Jakobs. Göttingen 1978.

F. Gianani, Opicino da Canistris. L'„anonimo ticinese" e la sua descrizione di Pavia (Cod. Vaticano Palatino Latino 1993). Pavia 1976.

A. Gibelli, L'antico monastero de' Santi Andrea e Gregorio al Clivo di Scauro sul Monte Celio. I suoi abati, i castelli e le chiese. Faenza 1892.

J. Gillingham, Richard I. and Berengaria of Navarre. *Bulletin of the Institute of Historical Research* 53 (1980) 157—173.

Giraldi Cambrensis Opera I—VIII, ed. J. S. Brewer–J. F. Dimock–G. F. Warner (*RBS* 21/1 bis 8). London 1861—1891.

J. Glover, The Place Names of Kent. London 1976.

H. Goetting, Die Hildesheimer Bischöfe von 815 bis 1221 (1227) (*Germania Sacra*, N. F. 20: Die Bistümer der Kirchenprovinz Mainz. Das Bistum Hildesheim 3). Berlin–New York 1984.

P. Golinelli, La città del santo. Sull'origine di alcune città medievali lungo la via Emilia, in: DERS., Città e culto dei santi nel medioevo italiano (*Biblioteca di storia urbana medievale* 4). Bologna 1991, 15—32.

P. Golinelli, Culti comuni su versanti opposti: Venerio, Prospero, Geminiano, in: DERS., Città e culto dei santi nel medioevo italiano (*Biblioteca di storia urbana medievale* 4). Bologna 1991, 91—100.

J. González, Alfonso IX, Bd. I—II. Madrid 1944.

Th. Gottlob, Der kirchliche Amtseid der Bischöfe (*Kanonistische Studien und Texte* 9). Bonn 1936.

J. E. B. Gover–A. Mawer–F. M. Stenton, The Place-Names of Northamptonshire (*English Place-Name Society* 10). Cambridge 1933.

J. E. B. Gover–A. Mawer–F. M. Stenton, The Place-Names of Nottinghamshire (*English Place-Name Society* 17). Cambridge 1940.

S. Grayzel, The Church and the Jews in the XIIIth Century. New York ²1966.

D. R. Gress-Wright, The 'Gesta Innocentii III': Text, Introduction and Commentary. Phil. Diss., Bryn Mawr 1981.

M. Groten, Köln im 13. Jahrhundert. Gesellschaftlicher Wandel und Verfassungsentwicklung (*Städteforschung* A/36). Köln–Weimar–Wien 1995.

M. Groten, Priorenkolleg und Domkapitel von Köln im Hohen Mittelalter (*Rheinisches Archiv* 109). Bonn 1980.

H. Grundmann, Zur Biographie Joachims von Fiore und Rainers von Ponza. *DA* 16 (1960) 437 bis 546.

H. Grundmann, Rotten und Brabanzonen. Söldnerheere im 12. Jahrhundert. *DA* 5 (1942) 419 bis 492.

M. Guérard, Cartulaire de l'Église Notre-Dame de Paris, I—IV. Paris 1850.

P. Guidi, Rationes Decimarum Italiae nei secoli XIII e XIV: Tuscia, I: La decima degli anni 1274—1280 (*StT* 58). Città del Vaticano 1932.

E. Gunnes, Regesta Norvegica, I: 822—1263. Oslo 1989.

W. Haberstumpf, Regesto dei marchesi di Monferrato di stirpe aleramica e paleologa per l'„Outremer" e l'oriente (secoli XII—XIV) (*Biblioteca Storica Subalpina* 205). Turin 1989.

R. Härtel, Die älteren Urkunden des Klosters Moggio (*Publikationen des Hist. Instituts beim Österr. Kulturinstitut in Rom*, II/6/1). Wien 1985.

G. Hagedorn, Papst Innocenz III. und Byzanz am Vorabend des Vierten Kreuzzuges (1198 bis 1203). *Ostkirchliche Studien* 23 (1974) 3—20, 105—136.

O. Hageneder, Innocenz III. und die Eroberung Zadars (1202). Eine Neuinterpretation des Br. V 160 (161). *MIÖG* 100 (1992) 197—213.

O. Hageneder, Die äußeren Merkmale der Originalregister Innocenz' III. *MIÖG* 65 (1957) 296 bis 339.

O. Hageneder, Probleme des päpstlichen Kirchenregiments im hohen Mittelalter (Ex certa scientia, non obstante, Registerführung) (*Lectiones eruditorum extraneorum in facultate philosophica universitatis Carolinae Pragensis factae* 4). Prag 1995, 49—77.

L. Halphen, Études sur l'administration de Rome au moyen age (751—1252). Paris 1907.

T. Haluščynskyj, Acta Innocentii PP. III (1198—1216) (*Pontificia Commissio ad redigendum codicem iuris canonici orientalis. Fontes*, Ser. III, Bd. II). Città del Vaticano 1944.

K. Hampe, Ein sizilischer Legatenbericht an Innocenz III. aus dem Jahre 1202. *QFIAB* 20 (1928/1929) 40—50.

Th. D. Hardy, Rotuli chartarum in Turri Londinensi asservati, I/1 (1199—1216). London 1837.

Th. D. Hardy, Rotuli litterarum clausarum in Turri Londinensi asservati, I (1204—1224). London 1833.

Th. D. Hardy, Rotuli litterarum patentium in Turri Londinensi asservati, I/1 (1201—1216). London 1835.

R. von Heckel, Die Dekretalensammlungen des Gilbertus und Alanus nach den Weingartener Handschriften. *ZRG* 60 kan. 29 (1940) 116—357.

H. Heger, Das Lebenszeugnis Walthers von der Vogelweide. Die Reiserechnungen des Passauer Bischofs Wolfger von Erla. Wien 1970.

B. Hendrickx, Les chartes de Baudouin de Flandre comme source pour l'histoire de Byzance. *Byzantina* 1 (1969) 59—80.

B. Hendrickx, Οἱ πολιτικοὶ καὶ στρατιωτικοὶ θεσμοὶ τῆς λατινικῆς αὐτοκρατορίας τῆς Κωνσταντινουπόλεως κατὰ τοὺς πρώτους χρόνους τῆς ὑπάρξεώς της. Thessalonikē 1970.

B. Hendrickx, Recherches sur les documents diplomatiques non conservés, concernant la quatrième croisade et l'empire latin de Constantinople pendant les premières années de son existence (1200—1206). *Byzantina* 2 (1970) 111—184.

B. Hendrickx, Régestes des empereurs latins de Constantinople (1204—1261/1273). *Byzantina* 14 (1988) 7—221.

R.-I. Hesbert, Corpus Antiphonalium officii, I—VI (*Rerum ecclesiasticarum documenta. Series maior: Fontes* 7—12). Rom 1963—1979.

R. Hiestand, Papsturkunden für Kirchen im Heiligen Land. Vorarbeiten zum Oriens Pontificius, III (*Abh. d. Akad. d. Wiss. in Göttingen, phil.-hist. Kl.* III/136). Göttingen 1985.

R. Hiestand, Papsturkunden für Templer und Johanniter. Vorarbeiten zum Oriens Pontificius, II (*Abh. d. Akad. d. Wiss. in Göttingen, phil.-hist. Kl.* III/135). Göttingen 1984.

R. Hiestand–H. E. Mayer, Die Nachfolge des Patriarchen Monachus von Jerusalem. *Basler Zeitschrift für Geschichte u. Altertumskunde* 74 (1974) 109—130.

P. Hinschius, System des katholischen Kirchenrechts, I—VI. Berlin 1869—1897.

Th. Hirschfeld, Das Gerichtswesen der Stadt Rom vom 8. bis 12. Jahrhundert wesentlich nach stadtrömischen Urkunden. *AUF* 4 (1912) 419—562.

Histoire du Vivarais, dir. E. Cholvy (*Pays et Villes de France* [24]). Toulouse 1988.

Historians of the Church of York and its Archbishops, III, ed. J. Raine (*RBS* 71/3). London 1894.

K. Höflinger–J. Spiegel, Ungedruckte Stauferurkunden für S. Giovanni in Fiore. *DA* 49 (1993) 75—111.

D. Höroldt, Geschichte des Stiftes St. Cassius zu Bonn von den Anfängen der Kirche bis zum Jahre 1580 (*Bonner Geschichtsblätter* 11). Bonn 1957.

P. Hofmeister, Cluny und seine Abteien. *StMB* 75 (1964) 183—239.

W. Holtzmann, Der Katepan Boioannes und die kirchliche Organisation der Capitanata. *Nachrichten d. Akad. d. Wiss. in Göttingen, phil.-hist. Kl.*, Jg. 1960, 19—39.

W. Holtzmann, Papst Alexander III. und Ungarn, in: Ders., Beiträge zur Reichs- und Papstgeschichte des hohen Mittelalters. Ausgewählte Aufsätze (*Bonner Historische Forschungen* 8). Bonn 1957, 139—167.

W. Holtzmann, Papst-, Kaiser- und Normannenurkunden aus Unteritalien, II. *QFIAB* 36 (1956) 1—85; III. *QFIAB* 42/43 (1963) 56—103.

W. Holtzmann, Papsturkunden in England, II (*Abh. d. Gesellschaft d. Wiss. zu Göttingen, phil.-hist. Kl.* III/14). Berlin 1935.

W. Honselmann, Adelige Chorherren. Verzeichnis der Mitglieder des Clarholzer Konvents, in: J. Meier (ed.), Clarholtensis Ecclesia. Forschungen zur Geschichte der Prämonstratenser in Clarholz und Lette (1133—1803) (*Studien und Quellen zur westfälischen Geschichte* 21). Paderborn 1983, 75—126.

K. Hopf, Veneto-Byzantinische Analekten. *SB d. Kais. Akad. d. Wiss., phil.-hist. Kl.* 32 (Wien 1859) 365—528. Ndr. Amsterdam 1964.

K. Horváth, Zirc története. Veszprém 1930.

B. U. Hucker, Kaiser Otto IV. (*MGH Schriften* 34). Hannover 1990.

Ch. Huelsen, Le Chiese di Roma nel medio evo. Cataloghi ed appunti. Florenz 1927.

A. Huillard-Bréholles, Historia diplomatica Friderici secundi, I—VI. Paris 1852—1861.

H. Imbert, Notice sur les vicomtes de Thouars de la famille de ce nom. *Mémoires de la Societé des Antiquaires de l'Ouest* 29 (1864) 321—431.

W. Imkamp, Das Kirchenbild Innocenz' III. (*Päpste und Papsttum* 22). Stuttgart 1983.

C. Imperiale di Sant'Angelo, Genova e le sue relazioni con Federico II di Svevia. Venedig 1923.

Innocenz III., Lotharii Cardinalis (Innocentii III) De miseria humane conditionis, ed. M. Maccarrone (*Thesaurus mundi*). Lucca o. J. (1955).

Institutiones, ed. P. Krueger (*Corpus Iuris Civilis* 1). Berlin 1902.

W. K. Isenburg, Stammtafeln zur Geschichte der europäischen Staaten, I—II. Berlin 1936.

Italia Pontificia, bearb. v. P. F. Kehr—W. Holtzmann—D. Girgensohn, I—X. Berlin–Zürich 1906—1975.

E. von Ivanka, Griechische Kirchen und griechisches Mönchtum im mittelalterlichen Ungarn. *Orientalia Christiana Periodica* 8 (1942)/1—2 183—194.

D. Jacoby, The Venetian Presence in the Latin Empire of Constantinople (1204—1261): The Challenge of Feudalism and the Byzantine Empire. *Jahrbuch der österr. Byzantinistik* 43 (1993) 141—201.

P. Jaffé–S. Loewenfeld, Regesta Pontificum Romanorum, I—II. Leipzig 1885—1888.

H. Jakobs, Eugen III. und die Anfänge europäischer Städtesiegel nebst Anmerkungen zum Bande IV der Germania Pontificia (*Studien und Vorarbeiten zur Germania Pontificia* 7). Köln–Wien 1980.

A. von Jaksch, Monumenta Historica Ducatus Carinthiae, I: Die Gurker Geschichtsquellen 864—1232. Klagenfurt 1896.

K. Janicke, Urkundenbuch des Hochstiftes Hildesheim und seiner Bischöfe, I: bis 1221 (*Publicationen aus den K. Preußischen Staatsarchiven* 65). Leipzig 1896.

R. Janin, Constantinople byzantine (*Archives de l'Orient chrétien* 4). Paris ²1964.

M. Janora, Memorie storiche, critiche e diplomatiche della città di Montepeloso (oggi Irsina). Matera 1901.

C. Jireček, Geschichte der Serben, I (*Geschichte der europäischen Staaten* 38/1). Gotha 1911.

Joachim von Fiore, Expositio in Apocalypsim. Venedig 1527, Nachdr. Frankfurt/Main 1964.

P. Joerres, Urkunden-Buch des Stiftes St. Gereon zu Köln. Bonn 1893.

Johannes Cinnamus, Epitome rerum ab Joanne et Alexio Comnenis gestarum, ed. A. Meineke (*CSHB*). Bonn 1836.

N. Kamp, Kirche und Monarchie im staufischen Königreich Sizilien, I: Prosopographische Grundlagen: Bistümer und Bischöfe des Königreiches 1194—1266, I—IV (*Münstersche Mittelalter-Schriften* 10/I, 1—4). München 1973—1982.

N. Kamp, Konsuln, Podestà, balivus comunis und Volkskapitän in Viterbo im 12. und 13. Jahrhundert, in: Biblioteca degli Ardenti della città di Viterbo. Studi e ricerche nel 150° della fondazione. Viterbo 1960, 49—127.

E. H. Kantorowicz, Inalienability. A Note on Canonical Practice and the English Coronation Oath in the Thirteenth Century, in: ders., Selected Studies. Locust Valley 1965, 138—150.

S. Katona, Historia critica regum Hungariae stirpis Arpadianae, IV. Pest 1781.

P. Kehr, Das Briefbuch des Thomas von Gaeta, Justiziars Friedrichs II. *QFIAB* 8 (1905) 1 bis 76.

P. Kehr, Urkundenbuch des Hochstifts Merseburg, I (962—1357). Halle 1899.

F. Kempf, Zur politischen Lehre der früh- und hochmittelalterlichen Kirche. *ZRG* 78 kan. 47 (1961) 305—319.

F. Kempf, Regestum Innocentii III papae super negotio Romani imperii (*Miscellanea Historiae Pontificiae* 12). Rom 1947.

F. Kempf, Die Register Innocenz III. Eine paläographisch-diplomatische Untersuchung (*Miscellanea Historiae Pontificiae* 9). Rom 1945.

F. Kempf, Zu den Originalregistern Innocenz' III. *QFIAB* 36 (1956) 86—137.

F. Kempf, Die zwei Versprechen Ottos IV. an die römische Kurie 1200—1201, in: Festschrift Edmund E. Stengel zum 70. Geburtstag. Marburg–Köln 1952, 359—384.

C. Klimke, Quellen zur Geschichte des 4. Kreuzzuges. Breslau 1875.

F. Knauz, Monumenta ecclesiae Strigoniensis, I. Gran 1874.

R. Knipping, Die Regesten der Erzbischöfe von Köln im Mittelalter, II—III (*Publikationen der Gesellschaft für Rheinische Geschichtskunde* 21/2—3). Bonn 1901—1913.

D. Knowles–C. N. L. Brooke–V. C. M. London, The Heads of Religious Houses. England and Wales 940—1216. Cambridge 1972.

D. Knowles–R. N. Hadcock, Medieval Religious Houses. England and Wales. London ²1972.

Th. Kölzer, Urkunden und Kanzlei der Kaiserin Konstanze, Königin von Sizilien (1195—1198) (*Beihefte zum CDRS* 2). Köln–Wien 1983.

W. Kohl, Das Domstift St. Paulus zu Münster (*Germania Sacra*, N. F. 17/1—3: Bistum Münster 4/1—3). Berlin–New York 1987—1989.

F. Kos, Gradivo za zgodovino Slovencev v srednjem veku, V (1201—1246). Ljubljana 1928.

W. J. Koudelka, Neu aufgefundene Papsturkunden des 12. Jahrhunderts. *RHM* 3 (1958/1960) 114—128.

A. Krarup, Bullarium Danicum. Pavelige aktstykker vedrørende Danmark 1198—1316. Kopenhagen 1932.

O. Kresten, Diplomatische und historische Beobachtungen zu den in den Kanzleiregistern Papst Innocenz' III. überlieferten Auslandsschreiben byzantinischer Kaiser. *RHM* 37 (1995) 41—79.

O. Kresten–A. E. Müller, Die Auslandsschreiben der byzantinischen Kaiser des 11. und 12. Jahrhunderts: Specimen einer kritischen Ausgabe. *Byzantinische Zeitschrift* 86/87 (1993/1994) 402—429.

Th. Krzenck, Die politischen Beziehungen Böhmens zum Reich in der Stauferzeit (1158—1253). *Jahrbuch für Geschichte des Feudalismus* 14 (1990) 159—179.

P. Kürten, Das Stift St. Kunibert in Köln von der Gründung bis zum Jahre 1453 (*Kölner Schriften zu Geschichte und Kultur* 10). Köln 1985.

I. Kukuljević-Sakcinski, Regesta documentorum regni Croatiae, Dalmatiae et Slavoniae saeculi XIII. Zagreb 1896.

St. Kuttner, Ecclesia de occultis non iudicat. Problemata ex doctrina poenali decretistarum et decretalistarum a Gratiano usque ad Gregorium pp. IX, in: Acta Congressus iuridici internationalis VII saeculo a decretalibus Gregorii IX et XIV a Codice Iustiniano promulgatis. Romae 12—17 Nov. 1934, III. Rom 1936, 225—246.

St. Kuttner–E. Rathbone, Anglo-Norman Canonists of the Twelfth Century. *Traditio* 7 (1949/51) 279—358.

L.-H. Labande, Chartes de Montmajour aux Archives du palais de Monaco (XIme—XIVme siècles). Aix 1908.

Ch. Lackner, Studien zur Verwaltung des Kirchenstaates unter Papst Innocenz III. *RHM* 29 (1987) 127—214.

P. Ladewig–Th. Müller, Regesta episcoporum Constantiensium, I. Innsbruck 1895.

G. Laehr, Die konstantinische Schenkung in der abendländischen Literatur des Mittelalters bis zur Mitte des 14. Jahrhunderts (*Historische Studien* 166). Berlin 1926.

Ch. Lalore, Cartulaire de l'Abbaye de Saint-Loup de Troyes (*Collection des principaux cartulaires du diocèse de Troyes*, ed. Ch. Lalore, 1). Paris 1875.

P. Landau, Jus Patronatus. Studien zur Entwicklung des Patronats im Dekretalenrecht und der Kanonistik des 12. und 13. Jahrhunderts (*Forschungen zur kirchlichen Rechtsgeschichte und zum Kirchenrecht* 12). Köln–Wien 1975.

A. Landgraf, Dogmengeschichte der Frühscholastik, I/1—IV/2. Regensburg 1952—1956.

J. Lebeuf, Histoire de la ville et de tout le diocèse de Paris, I—V. Paris 1883. Ndr. Brüssel 1969.

M. LE GLAY, Cameracum Christianum ou Histoire Ecclésiastique du diocèse de Cambrai. Lille 1849.

K. LEHMANN, Das langobardische Lehnrecht. Handschriften, Textentwicklung, ältester Text und Vulgattext nebst den capitula extraordinaria. Göttingen 1896.

O. LEHMANN-BROCKHAUS, Abruzzen und Molise. Kunst und Geschichte (*Römische Forschungen der Bibliotheca Hertziana* 23). München 1983.

A. LEIDL, Die Bischöfe von Passau 739—1968 in Kurzbiographien (*Neue Veröffentlichungen des Instituts für Ostbairische Heimatsforschung* 38). Passau ²1978.

J. LE NEVE, Fasti Ecclesiae Anglicanae, ed. T. D. HARDY, I—III. Oxford 1854.

J. LE NEVE, Fasti Ecclesiae Anglicanae 1066—1300, compiled by D. GREENWAY, I—IV. London 1968—1991.

J.-F. LEONHARD, Die Seestadt Ancona im Spätmittelalter. Politik und Handel (*BDHIR* 55). Tübingen 1983.

M. A. LEROUX, Chronologie de l'histoire de Saint-Yrieix-la-Perche. *Bulletin de la Société archéologique et historique du Limousin* 40 (1893) 562—643.

Lexikon des Mittelalters I—VIII (1980—1996).

Lexikon für Theologie und Kirche, ed. J. HÖFER—K. RAHNER, I—X. Freiburg ²1957—1965, bzw. ed. W. KASPER, I—IV. Freiburg—Basel—Rom—Wien ³1993—1995.

A. L'HUILLIER, I Priorati Cluniacensi in Italia. Appunti di Storia Monastica. O. O., o. J. (Estratto aus *Brixia Sacra*, a. III, Nr. 1, Januar 1912).

Liber Diurnus Romanorum Pontificum, ed. H. FOERSTER. Bern 1958.

Le Liber Pontificalis. Texte, introduction et commentaire, ed. L. DUCHESNE, I. Paris 1886.

Liber Sanctae Mariae de Melrose. Monumenta vetustiora monasterii cisterciensis de Melrose, I. Edinburgh 1837.

R. LIMOUZIN-LAMOTHE, Le diocèse de Limoges des origines à la fin du moyen âge. Straßburg—Paris 1951.

R. A. LIPSIUS—M. BONNET, Acta Apostolorum Apokrypha. Leipzig 1891.

J. E. LLOYD, A History of Wales from the Earliest Times to the Edwardian Conquest, I—II. London—New York—Toronto ³1948.

D. LOHRMANN, Das Register Papst Johannes' VIII. (872—882). Neue Studien zur Abschrift Reg. Vat. I, zum verlorenen Originalregister und zum Diktat der Briefe (*BDHIR* 30). Tübingen 1968.

A. LONGNON, Dictionnaire topographique du département de la Marne. Paris 1891.

A. LONGNON, Pouillés de la province de Reims, I—II (*RHF, Pouillés* VI/1—2). Paris 1908.

A. LONGNON, Pouillés de la province de Sens (*RHF, Pouillés* IV). Paris 1904.

A. LONGNON, Pouillés de la province de Tours (*RHF, Pouillés* III). Paris 1903.

J. LONGNON, Les compagnons de Villehardouin. Recherches sur les croisés de la quatrième croisade (*Hautes études médiévales et modernes* 30). Genf 1978.

Lotharius Cardinalis *siehe* Innocenz III.

F. LOTTER, Talmudisches Recht in den Judenprivilegien Heinrichs IV.? Zu Ausbildung und Entwicklung des Marktschutzrechts im frühen und hohen Mittelalter. *Archiv f. Kulturgeschichte* 72 (1990) 23—61.

A. LUCHAIRE, Innocent III et le peuple romain. *Revue historique* 81 (1903) 225—257.

J. Ch. LÜNIG, Codex Germaniae Diplomaticus, II. Frankfurt—Leipzig 1733.

J. Ch. LÜNIG, Codex Italiae Diplomaticus, IV. Frankfurt—Leipzig 1735.

M. LUPO GENTILE, Il Regesto del Codice Pelavicino (*Atti della Società Ligure di Storia Patria* 44). Genua 1912.

M. MACCARRONE, Chiesa e Stato nella dottrina di papa Innocenzo III (*Lateranum* N. S. VI/3—4). Rom 1940.

M. MACCARRONE, Innocenzo III e la feudalità: „non ratione feudi, sed occasione peccati", in: Structures féodales et féodalisme dans l'occident méditerranéen (Xᵉ—XIIIᵉ siècles) (*Collection de l'École Française de Rome* 44). Rom 1980, 457—514.

M. MACCARRONE, La Papauté et Philippe Auguste: La décrétale „Novit ille", in: La France de Philippe Auguste: Le Temps de Mutations, ed. R.-H. BAUTIER. Paris 1982, 385—409.

M. MACCARRONE, I papi e gli inizi della cristianizzazione della Livonia, in: Gli inizi del cristianesimo in Livonia-Lettonia (*Pontificio Comitato di scienze storiche. Atti e Documenti* 1). Città del Vaticano 1988, 31—80.

M. MACCARRONE, Sacramentalità e indissolubilità del matrimonio nella dottrina di Innocenzo III. *Lateranum* N. S. 44 (1978) 449—514.

M. MACCARRONE, Studi su Innocenzo III (*Italia Sacra* 17). Padua 1972.

M. MAGISTRETTI, Appunti per la storia dell'Abbazia di Civate. *Archivio storico lombardo* 25 (1898) 80—120.

J.-C. MAIRE VIGUEUR, Comuni e signori in Umbria, Marche e Lazio, in: Storia d'Italia, dir. G. GALASSO, Bd. VII/2. Turin 1987, 323—606.

L. MAÎTRE, Dictionnaire topographique du département de la Mayenne. Paris 1878.

W. MALECZEK, Papst und Kardinalskolleg von 1191 bis 1216. Die Kardinäle unter Coelestin III. und Innocenz III. (*Publikationen des Hist. Instituts beim Österr. Kulturinstitut in Rom* I/6). Wien 1984.

W. MALECZEK, Petrus Capuanus. Kardinal, Legat am Vierten Kreuzzug, Theologe († 1214) (*Publikationen des Hist. Instituts beim Österr. Kulturinstitut in Rom* I/8). Wien 1988.

C. MANARESI, Gli Atti del Comune di Milano fino all'anno MCCXVI. Mailand 1919.

V. MANDELLI, Il Comune di Vercelli nel medio evo. Studi Storici, I—IV. Vercelli 1857—1861.

A. MANRIQUE, Cisterciensium seu verius ecclesiasticorum annalium a condito Cistercio tomus tertius: 1174—1212. Lyon 1649.

G. D. MANSI, Sacrorum conciliorum nova et amplissima collectio, I—XXXI. Florenz–Venedig 1759—1798.

D. MANSILLA, La Documentación pontificia hasta Inocencio III (*Monumenta Hispaniae Vaticana. Sección Registros* 1). Rom 1955.

G. MANTESE, Memorie storiche della chiesa vicentina, II. Vicenza o. J. (1954).

J. MARION, Cartulaires de l'Église cathédrale de Grenoble, dits Cartulaires de Saint-Hugues (*Collection de documents inédits sur l'histoire de France*). Paris 1869.

R. MARSINA, Codex diplomaticus et epistolaris Slovaciae, I (805—1235). Preßburg 1971.

J.-M. MARTIN, Les chartes de Troia. Bari 1976.

P. MASSON (ed.), Bouches-du-Rhone. Encyclopédie départementale, 1—16. Marseille 1920 bis 1930.

A. MATTON, Dictionnaire topographique du département de l'Aisne. Paris 1871.

Gerardi Maurisii Cronica dominorum Ecelini et Alberici fratrum de Romano, ed. G. SORANZO (*RIS*² VIII/4). Città di Castello 1913/1914.

A. MAWER–F. M. STENTON, The Place-Names of Bedfordshire and Huntingdonshire. Cambridge 1926.

O. H. MAY, Regesten der Erzbischöfe von Bremen, I (878—1306) (*Veröffentlichungen d. Hist. Kommission f. Hannover, Oldenburg, Braunschweig, Schaumburg-Lippe und Bremen* XI). Hannover 1937.

A. MERCATI–E. NASALLI-ROCCA–P. SELLA, Rationes Decimarum Italiae nei secoli XIII e XIV: Aemilia (*StT* 60). Città del Vaticano 1933.

L. MERLET, Dictionnaire topographique du département d'Eure-et-Loir. Paris 1861.

L. MERLET–R. MERLET, Dignitaires de l'église Notre-Dame de Chartres. Paris 1900.

H. MEYER–R. SUNTRUP, Lexikon der mittelalterlichen Zahlenbedeutungen (*Münstersche Mittelalter-Schriften* 56). München 1987.

J. F. MICHAUD, Histoire des croisades, ed. J. L. A. HUILLARD-BRÉHOLLES, I—IV. Paris 1849.

J. P. MIGNE, Patrologia Latina, 221 Bde. Paris 1844—1865, ²1878—1891.

J. MIHÁLY, Diplome Maramusene. Maramures–Sziget 1900.

L. MINGHETTI, Alberto vescovo di Vercelli (1185—1205). Contributo per una biografia. *Aevum* 59 (1985) 267—304.

J. B. MITTARELLI–A. COSTADONI, Annales Camaldulenses ordinis Sancti Benedicti, IV. Venedig 1759.

W. MOHR, Geschichte des Herzogtums Lothringen, I—IV. Saarbrücken 1974—1986.

Monasticon belge, Bd. IV: Province de Brabant, ed. Centre National de Recherches d'Histoire Religieuse, I. Liège 1964.

Monasticon Italiae; Repertorio topo-bibliografico dei monasteri italiani, a cura del Centro storico Benedettino italiano, I: Roma e Lazio, ed. F. Caraffa. Cesena 1981; III: Puglia e Basilicata, ed. G. Lunardi–H. Houben–G. Spinelli. Cesena 1986.

F. Monsalvatje y Fossas, El Obispado de Elna, I—IV. Olot 1911—1915.

Monumenta Boica 28, ed. Academia Scientiarum Boica. München 1829.

Monumenta Romana episcopatus Vesprimiensis, I. Budapest 1896.

J. C. Moore, Peter of Lucedio (Cistercian Patriarch of Antioch) and Pope Innocent III. *RHM* 29 (1987) 221—249.

J. C. Moore, Pope Innocent III, Sardinia and the Papal State. *Speculum* 62 (1987) 81—101.

Ph. S. Moore, The Works of Peter of Poitiers, Master in Theology and Chancellor of Paris (1193—1205) (*Publications in Medieval Studies* 1). Notre Dame, Indiana 1936.

É.-É. Morel, Cartulaire de l'abbaye de Saint-Corneille de Compiègne, I (877—1216). Montdidier 1904.

F. Muciaccia, Gualtiero „De Palear" Cancelliere del Regno di Sicilia. *Archivio Storico Pugliese* IV/1 (1951) 74—107.

W. P. Müller, Huguccio. The Life, Works, and Thought of a Twelfth-century Jurist (*Studies in Medieval and Early Modern Canon Law* 3). Washington 1994.

G. A. von Mülverstedt, Regesta archiepiscopatus Magdeburgensis. Sammlung von Auszügen aus Urkunden und Annalisten zur Geschichte des Erzstifts und Herzogthums Magdeburg, II. Magdeburg 1881.

P. A. Munch, Chronica Regum Manniae et Insularum. Christiania 1860.

L. A. Muratori, Antiquitates Italicae medii aevi, I—VI. Mailand 1738—1742.

L. A. Muratori, Rerum Italicarum Scriptores, I—XXV. Mailand 1723—1751.

L. A. Muratori, Rerum Italicarum Scriptores. Editio altera, ed. G. Carducci–V. Fiorini–P. Fedele, I—XXXIV. Città di Castello–Bologna 1900—1975.

R. Murauer, Innozenz III. und das Reich anhand von ausgewählten Briefen aus dem 7. und 8. Jahrgang seiner Register (*masch. Diplomarbeit*). Wien 1992.

R. Murauer, Plebes ..., quas quadraginta annorum spatio habuerunt, continue ac pacifice possederunt. Bemerkungen zur Frühgeschichte der Pfarren Stadlau und St. Agatha (Hausleiten). *Wiener Geschichtsblätter* 52 (1997) (im Druck).

J. Nanglard, Pouillé historique du diocèse d'Angoulême, I—IV. Angoulême 1894.

J. C. Nattermann, Die goldenen Heiligen. Geschichte des Stiftes St. Gereon zu Köln (*Veröffentlichungen des Kölnischen Geschichtsvereins* 22). Köln 1960.

Neue Deutsche Biographie, hrg. v. d. Hist. Kommission bei der bayerischen Akad. d. Wiss., 1—16. Berlin 1952—1990.

W. M. Newman, Les seigneurs de Nesle en Picardie (XIIe—XIIIe siècle). Leurs chartes et leur histoire, I—II (*Bibliothèque de la Société d'Histoire du Droit des Pays Flamands, Picards et Wallons* 27/1—2). Paris 1971.

Niketas Choniates, Historia, ed. J. A. van Dieten, I—II (*CFHB* 11/1—2). Berlin–New York 1975.

Novellae, ed. R. Schoell–W. Kroll (*Corpus Iuris Civilis* 3). Berlin 1959.

J. Obersteiner, Die Bischöfe von Gurk (1072—1822) (*Aus Forschung und Kunst* 5). Klagenfurt 1969.

F. W. Oediger, Die Regesten der Erzbischöfe von Köln im Mittelalter, I (*Publikationen der Gesellschaft für Rheinische Geschichtskunde* 21/1). Bonn 1954.

Ogerii Panis Annales Ianuenses, in: Annali Genovesi di Caffaro e de' suoi continuatori dal MXCIX al MCCXCIII, ed. L. T. Belgrano–C. Imperiale di Sant'Angelo, II (*FSI* 12). Rom 1901, 70—154.

A. Oliver, Táctica de propaganda y motivos literarios en las cartas antiheréticas de Innocencio III. Rom 1957.

G. H. Orpen, Ireland under the Normans, II: 1169—1216. Oxford 1911.

S. Orvietani Busch, Luni in the Middle Ages: The Agony and the Disappearance of a City. *Journal of Medieval History* 17 (1991) 283—296.

A. Overmann, Gräfin Mathilde von Tuszien. Ihre Besitzungen. Geschichte ihres Gutes von 1115—1230 und ihre Regesten. Innsbruck 1895.

V. Pace, Cultura dell'Europa medievale nella Roma di Innocenzo III: Le illustrazioni marginali del Registro Vaticano 4. *Röm. Jb. für Kunstgeschichte* 22 (1985) 47—61.

P. F. Palumbo, Tancredi conte di Lecce e re di Sicilia e il tramonto dell'età normanna (*Istituto per la storia del Mezzogiorno. Biblioteca* 2). Roma 1991.

A. Papadakis–A. M. Talbot, John X Camaterus Confronts Innocent III: An Unpublished Correspondence. *Byzantinoslavica* 33 (1972) 26—41.

A. Paravicini Bagliani, La mobilità della curia romana nel secolo XIII. Riflessi locali, in: Società e istituzioni dell'Italia comunale: l'esempio di Perugia (secoli XII—XIV), atti del congresso storico internazionale, Perugia 6—9 novembre 1985, Bd. I. Perugia 1988, 155—278.

M. Parisse, La noblesse lorraine. XIe—XIIIe s. Thèse présentée devant l'Université de Nancy II. Lille–Paris 1976.

U. Pasqui, Documenti per la storia della città di Arezzo nel medio evo, II (1180—1337) (*Documenti di Storia Italiana pubbl. a cura della R. Dep. Toscana sugli studi di Storia Patria* 13). Florenz 1920.

L. Passerini, Una monaca del duodecimo secolo. *ASI*, Ser. III, Bd. 23 (1876) 61—79, 205—217, 385—403.

D. Pastor, Diocesi di Ventimiglia, in: Liguria monastica (*Italia Benedettina. Studi e documenti di storia monastica a cura del Centro storico Benedettino* 2). Cesena 1979, 209—226.

J.-B. Payrard, Chartes inédites concernant l'histoire du Velay, IV. *Tablettes historiques du Velay* VIII/3 (1878) 195—226.

W. M. Peitz, Das Originalregister Gregors VII. im Vatikanischen Archiv (Reg. Vat. 2) nebst Beiträgen zur Kenntnis der Originalregister Innocenz III. und Honorius III. (Reg. Vat. 4 bis 11) (*SB d. Kais. Akad. d. Wiss. in Wien, phil.-hist. Kl.* 165/5). Wien 1911.

W. M. Peitz, Regestum domini Innocentii III papae super negotio Romani imperii (*Codices e Vaticanis selecti* 16). Rom 1928.

E. Petrucci, Innocenzo III e i Comuni dello Stato della Chiesa. Il potere centrale, in: Società e istituzioni dell'Italia comunale: l'esempio di Perugia (secoli XII—XIV), atti del congresso storico internazionale, Perugia 6—9 novembre 1985, Bd. I. Perugia 1988, 91—135.

Magistri Petri Lombardi Sententiae in IV libris distinctae, ed. Collegium s. Bonaventurae ad Claras Aquas (*Spicilegium Bonaventurianum* 4—5). Grottaferrata 1971—1981.

Petrus Mallius, Descriptio Basilicae Vaticanae, ed. R. Valentini–G. Zucchetti, Codice topografico della città di Roma III (*FSI* 90). Rom 1946, 382—442.

V. Pfaff, Sankt Peters Abteien im 12. Jahrhundert. *ZRG* 88 *kan.* 57 (1971) 150—195.

V. Pfaff, Der Liber Censuum von 1192 (Die im Jahre 1192/93 der Kurie Zinspflichtigen). *VSWG* 44 (1957) 78—96 (Nr. 1—194), 105—120 (Nr. 195—361), 220—242 (Nr. 362—537), 325—351 (Nr. 538—682).

V. Pfaff, Untersuchungen zu den Zinsbüchern der römischen Kirche am Ende des zwölften Jahrhunderts. *AfD* 34 (1988) 325—342.

J. von Pflugk-Harttung, Iter Italicum. Stuttgart 1883.

W. Phillimore, Rotuli Hugonis de Welles, episcopi Lincolniensis, I—III (*Canterbury and York Series* 1, 3, 4. Diocese of Lincoln 1—3). London 1907—1909.

S. Pintus, Sardinia Sacra. Iglesias 1904.

S. Pintus, Vescovi di Fausania, Civita, Ampurias. *Archivio Storico Sardo* 4 (1908) 97—115.

P. Piolin, Histoire de l'Église du Mans, I—VI. Paris 1851—1863.

P. B. Pixton, The German Episcopacy and the Implementation of the Decrees of the Fourth Lateran Council, 1216—1245. Watchmen on the Tower (*Studies in the History of Christian Thought* 64). Leiden 1995.

A. Podlaha, Series praepositorum, decanorum, archidiaconum aliorumque praelatorum et canonicorum metropolitanae ecclesiae Pragensis a primordiis usque ad praesentia tempora. Prag 1912.

P. A. Poggioli, From Politician to Prelate: The Career of Walter of Coutances, Archbishop of Rouen, 1184—1207. Phil. Diss., Johns Hopkins University, Baltimore 1984.

V. Polonio–J. Costa Restagno, Chiesa e città nel basso medioevo: vescovi e capitoli cattedrali in Liguria: Luni — Sarzana. *Atti della Società Ligure di Storia Patria*, N. S. 29 (103)/1 (1989) 185—210.

F. Pometti, Carte delle Abbazie di S. Maria di Corazzo e di S. Giuliano di Rocca Fallucca in Calabria. Rom 1901.

O. Pontal, L'Albigéisme en Vivarais, in: Mediaevalia Christiana XIᵉ—XIIIᵉ siècles. Hommage à Raymonde Foreville, ed. C. É. Viola. Tournai 1989, 270—275.

Le Pontifical Romain au moyen-âge, ed. M. Andrieu, I—IV (StT 86—88, 99). Città del Vaticano 1938—1941.

Le Pontifical Romano-Germanique du dixième siècle, ed. C. Vogel–R. Elze, I—III (StT 226, 227, 269). Città del Vaticano 1963—1972.

O. Posse, Urkunden der Markgrafen von Meissen und Landgrafen von Thüringen 1196—1234 (Codex diplomaticus Saxoniae Regiae I/3). Leipzig 1898.

A. Potthast, Regesta Pontificum Romanorum, I—II. Berlin ²1874—1875.

F. M. Powicke, The Loss of Normandy 1189—1204. Studies in the History of the Angevin Empire. Manchester ²1961.

M. Pozza–G. Ravegnani, I trattati con Bisanzio 992—1198 (Pacta Veneta, ed. A. Bartoli Langeli–G. Ortalli–M. Pozza, 4). Venedig 1993.

A. Pratesi, Carte latine di abbazie calabresi provenienti dell'Archivio Aldobrandeschi (StT 197). Città del Vaticano 1958.

G. Pray, Annales Regum Hungariae ab anno Christi CMXCVII ad annum MDLXIV, I—II. Wien 1764.

G. Pray, Specimen Hierarchiae Hungaricae, I—II. Preßburg 1779.

P. Pressutti, Regesta Honorii Papae III, Bd. I—II. Rom 1888—1895.

W. Prevenier, De oorkonden der graven von Vlaanderen (1191—aanvang 1206), II: uitgave (Koninklijke academie van Belgie. Koninklijke commissie voor geschiedenis. Verzameling van de akten der belgische vorsten 5). Brüssel 1964.

A. Prévost, Recueil des chartes et bulles de Clairvaux. Revue Mabillon 14 (1924)—19 (1929).

G. Prinzing, Die Bedeutung Bulgariens und Serbiens in den Jahren 1204—1219 im Zusammenhang mit der Entstehung und Entwicklung der byzantinischen Teilstaaten nach der Einnahme Konstantinopels infolge des 4. Kreuzzuges (Miscellanea Byzantina Monacensia 12). München 1972.

M. Prou–É. Clouzot, Pouillés des Provinces d'Aix, d'Arles et d'Embrun (RHF, Pouillés VIII). Paris 1923.

H. Pryce, Native Law and the Church in Medieval Wales (Oxford Historical Monographs). Oxford 1993.

D. Puncuh, Liber Privilegiorum Ecclesiae Ianuensis (Fonti e studi di storia ecclesiastica 1). Genua 1962.

M. Quantin, Dictionnaire topographique du département de l'Yonne. Paris 1862.

D. E. Queller, The Fourth Crusade. The Conquest of Constantinople 1201—1204. Leicester 1978.

B. Quilici, La chiesa di Firenze nei primi decenni del secolo XIII. Florenz 1965.

M.-C. Ragut, Cartulaire de Saint-Vincent de Macon sous le nom de Livre Enchainé (Collection des documents inédits sur l'histoire de France). Mâcon 1864.

J. Ramackers, Papsturkunden in Frankreich, N. F. V (Touraine, Anjou, Maine und Bretagne) (Abh. d. Akad. d. Wiss. in Göttingen, phil.-hist. Kl. III/35). Göttingen 1956.

G. Raspini, Una pagina oscura della storia di Fiesole: Il vescovo Ranieri (1192—1219). Corrispondenza ⟨Diözesanzeitschrift von Fiesole⟩ 11 (1991) 8—12.

D. Rattinger, Der Patriarchat- und Metropolitansprengel von Constantinopel und die bulgarische Kirche zur Zeit der Lateinerherrschaft in Byzanz. Hist. Jb. 1 (1880) 77—106.

O. Raynaldus, Annales Ecclesiastici ab anno 1198 ubi desinit Cardinalis Baronius, ed. J. D. Mansi, I. Lucca 1747.

Theologische Realenzyklopädie, ed. G. Krause–G. Müller, I—XXII. Berlin–New York 1977 bis 1992.

Recueil des Historiens des Gaules et de la France, ed. D. M. Bouquet, nouvelle édition publiée sous la direction de L. Delisle, I—XXIV. Paris 1878—1880.

L. Rédet, Dictionnaire topographique du département de la Vienne. Paris 1881.

Regesta Diplomatica Historiae Danicae, Ser. I, Bd. I: 822—1536. Kopenhagen 1847.

The Register of Walter Giffard, Lord Archbishop of York 1266—1279 (Publ. Surtees Society 109). Durham 1904.

Ch. REISINGER, Tankred von Lecce. Normannischer König von Sizilien 1190—1194 (*Kölner Historische Abhandlungen* 38). Köln–Weimar–Wien 1992.

A. REMONDINI, Parrocchie suburbane di Genova, I. Genua 1882.

Ch. RENARDY, Les maîtres universitaires dans la diocèse de Liège. Repertoire biographique 1140—1350 (*Bibliothèque de la Faculté de Philosophie et Lettres de l'Université de Liège* 232). Paris 1981.

P. RIANT, Exuviae sacrae Constantinopolitanae, I—II. Genf 1877—1878.

T. RICCARDI, Storia dei Vescovi Vicentini. Vicenza 1786.

P. V. RILEY jr., Francis' Assisi: its Political and Social History, 1175—1225. *Franciscan Studies* 34 (1974) 393—424.

J. C. S. RILEY-SMITH, The Templars and the Teutonic Knights in Cilician Armenia, in: The Cilician Kingdom of Armenia, ed. T. S. R. BOASE. Edinburgh–London 1978, 92—117.

J. F. RIVERA RECIO, Los arzobispos de Toledo en la baja edad media (s. XII—XV) (*Vestigios del Pasado* 3). Toledo 1969.

U. L. L. ROBERT, Bullaire du pape Calixte II (1119—1124), I—II. Paris 1891.

R. RÖHRICHT, Regesta Regni Hierosolymitani (MXCVII—MCCXCI). Innsbruck 1893. Additamentum Innsbruck 1904.

R. RÖLKER, Adel und Kommune in Modena. Herrschaft und Administration im 12. und 13. Jahrhundert (*Europ. Hochschulschriften* III 604). Frankfurt 1994.

G. RÖSCH, Der venetianische Adel bis zur Schließung des Großen Rates. Zur Genese einer Führungsschicht (*Kieler Historische Studien* 33). Sigmaringen 1989.

Roger von Hoveden, Chronica, ed. W. STUBBS, I—IV (*RBS* 51/1—4). London 1868—1871.

G. ROHLFS, Dizionario Toponomastico e onomastico della Calabria. Ravenna 1974.

J. B. RÓKA, Vitae Vesprimiensium praesulum. Preßburg 1779.

M. J. ROMAN, Dictionnaire topographique du département des Hautes-Alpes. Paris 1884.

H. ROSCHER, Papst Innocenz III. und die Kreuzzüge (*Forschungen zur Kirchen- und Dogmengeschichte* 21). Göttingen 1969.

B. H. ROSENWEIN, La question de l'immunité clunisienne. *Bulletin de la Société des fouilles archéologiques et des monuments historiques de l'Yonne* 12 (1995) 1—11.

A. ROSEROT, Dictionnaire topographique du département de la Côte-d'Or. Paris 1924.

A. ROSEROT, Dictionnaire topographique du département de la Haute-Marne. Paris 1903.

J. ROSEROT DE MELIN, Le diocèse de Troyes des origines à nos jours. Troyes 1957.

J. ROUQUETTE–A. VILLEMAGNE, Bullaire de l'église de Maguelone, I. Montpellier 1911.

Ch. F. ROUSSEL, Le diocèse de Langres; histoire et statistique, I—IV. Langres 1873—1879.

K. ROYER, Die Verfassungsgeschichte des Stiftes S. Aposteln in Köln im Mittelalter. Phil. Diss., Bonn 1921.

Rupert von Deutz, De divinis officiis, ed. H. HAACKE (*CCCM* 7). Turnhout 1967.

F. RUSSO, Gioacchino da Fiore e le fondazioni florensi in Calabria (*Dep. di Storia Patria per la Calabria. Collana Storica* 1). Neapel o. J. (1959).

F. RUSSO, Regesto Vaticano per la Calabria, I. Rom 1974.

A.-A. SABARTHÈS, Dictionnaire topographique du département de l'Aude. Paris 1912.

G. SACCANI, I vescovi di Reggio-Emilia. Reggio-Emilia ²1902.

Le Sacramentaire Grégorien. Ses principales formes d'après les plus anciens manuscrits, ed. J. DESHUSSES (*Spicilegium Friburgense* 16, 24, 28). Freiburg ²1979—1982.

A. SANSI, Storia di Spoleto: Documenti storici inediti. Foligno 1879.

Santa Maria di Rosano 780—1956. Parma 1957.

L. SANTIFALLER, Beiträge zur Geschichte des Lateinischen Patriarchats von Konstantinopel (1204—1261), und der venezianischen Urkunde (*Historische diplomatische Forschungen* 3). Weimar 1938.

P. SANTINI, Documenti dell'antica costituzione del comune di Firenze (*Documenti di Storia Italiana pubbl. a cura della R. Dep. sugli studi di Storia Patria per le Provincie di Toscana e dell'Umbria* 10). Florenz 1895.

M. SARTI–M. FATTORINI, De claris Archigymnasii Bononiensis professoribus a saeculo XI usque ad saeculum XIV, ed. C. ALBICINI–C. MALAGOLA, I—II. Bologna ²1888—1898.

A. SARTORETTO, Cronotassi dei Vescovi di Treviso (569—1564). Treviso 1970.

R.-N. Sauvage, Les chroniques de Sainte-Barbe-en-Auge (*Memoires de l'académie nationale des sciences, arts et belles-lettres de Caen* 1906). Caen 1906.

V. Saxer, Le culte de Marie Madeleine en occident des origines à la fin du moyen âge (*Cahiers d'archéologie et d'histoire* 3). Auxerre–Paris 1959.

D. Scano, Codice diplomatico delle relazioni fra la Santa Sede e la Sardegna, I: Da Innocenzo III a Bonifacio IX (*Pubblicazioni della R. Deputazione di Storia Patria per la Sardegna* II). Cagliari o. J. (1940).

D. Scano, Serie cronologica dei giudici sardi. *Archivio Storico Sardo* 21 (1939) 17—125.

O. Scarzello–G. B. Morandi–A. Leone, Le carte dello Archivio capitolare di S. Maria di Novara, III: 1172—1205 (*Biblioteca della Società Storica Subalpina* 80). Turin 1924.

H. M. Schaller, Die Kanzlei Kaiser Friedrichs II. Ihr Personal und ihr Sprachstil, I—II. *AfD* 3 (1957) 207—286; 4 (1958) 264—327.

B. Schamper, S. Benigne de Dijon. Untersuchungen zum Necrolog der Handschrift Bibl. mun. de Dijon, ms. 634 (*Münstersche Mittelalter-Schriften* 63). München 1989.

K. Schatz, Papsttum und partikularkirchliche Gewalt bei Innocenz III. (1198—1216). *AHP* 8 (1970) 61—111.

J. P. Schneider, Propst Friedrich von Clarholz. Ein Beitrag zur Geschichte Westfalens im 13. Jahrhunderte. *Zeitschrift f. Vaterländ. Geschichte u. Alterthumskunde*, hrg. v. d. Verein f. Gesch. u. Alterthumskunde Westfalens, 46 (1888) 107—128.

R. Schneider (ed.), Salem. 850 Jahre Reichsabtei und sein Schloß. Konstanz 1984.

P. E. Schramm, Böhmen und das Regnum. Die Verleihungen der Königswürde an die Herzöge von Böhmen (1085/86, 1158, 1198/1203), in: Adel und Kirche. Gerd Tellenbach zum 65. Geburtstag dargebracht von Freunden und Schülern, ed. J. Fleckenstein–K. Schmid. Freiburg–Basel–Wien 1968, 346—364.

H. Schreckenberg, Die christlichen Adversus-Judaeos-Texte (11.—13. Jh.) (*Europ. Hochschulschriften* XXIII 335). Frankfurt 1988.

G. Schreiber, Kurie und Kloster im 12. Jahrhundert, I—II. (*Kirchenrechtliche Abhandlungen*, ed. U. Stutz, 65—68). Stuttgart 1910.

P. Schreiner, Die byzantinischen Kleinchroniken. 2. Teil: Historischer Kommentar (*CFHB* XII/2). Wien 1977.

A. Schulte, Geschichte des mittelalterlichen Handels und Verkehrs zwischen Westdeutschland und Italien mit Ausschluß von Venedig, I—II. Leipzig 1900.

D. Schwennicke, Europäische Stammtafeln, N. F. I—XIV. Marburg 1980—1991.

W. Seegrün, Das Papsttum und Skandinavien bis zur Vollendung der nordischen Kirchenorganisation (1164) (*Quellen und Forschungen zur Geschichte Schleswig-Holsteins* 51). Neumünster 1967.

H. Seibert, Reichsbischof und Herrscher. Zu den Beziehungen zwischen Königtum und Wormser Bischöfen in spätsalisch-frühstaufischer Zeit (1107—1217). *Zeitschrift für Geschichte des Oberrheins* 143 (1995) 97—144.

A. Seibold, Livland, Ostpreußen und Finnland in den Briefen Innocenz' III. Edition mit einem wissenschafts- und provenienzgeschichtlichen Appendix (Staatsprüfungsarbeit am Institut für Österr. Geschichtsforschung 1989).

P. Sella, Rationes Decimarum Italiae. Aprutium-Molisium. Le decime dei secoli XIII—XIV (*StT* 9). Città del Vaticano 1936.

Serie cronologica dei Vescovi di Padova. Padua 1786.

Series Episcoporum V/2: Series Episcoporum Ecclesiae Catholicae Occidentalis, Series V: Germania, Tomus II: Archiepiscopatus Hammaburgensis sive Bremensis, ed. S. Weinfurter–O. Engels. Stuttgart 1984.

M. P. Sheehy, Pontificia Hibernica. Medieval Papal Chancery Documents Concerning Ireland 640—1261, I—II. Dublin 1962—1965.

S. Sienell, Papst Innocenz III. (1198—1216) und die Kölner Erzbischöfe. *Jb. des Kölnischen Geschichtsvereins* 65 (1994) 13—53.

G. Silvestrelli, Città, castelli e terre della regione Romana, I—II. Rom ²1940.

S. Simonsohn, The Apostolic See and the Jews. Documents: 492—1404 (*Pontifical Institute of Mediaeval Studies: Studies and Texts* 94). Toronto 1988.

H. Singer, Neue Beiträge über die Dekretalensammlungen vor und nach Bernhard von Pavia (*SB d. Kais. Akad. d. Wiss. in Wien, phil.-hist. Kl.* 171/1). Wien 1913.

H. Singer, Die Dekretalensammlung des Bernardus Compostellanus antiquus (*SB d. Kais. Akad. d. Wiss. in Wien, phil.-hist. Kl.* 171/2). Wien 1914.

S. Singer, Kultur- und Kirchengeschichte des oberen Rosentales, II: Dekanat Rosegg mit Einschluß des Wörther-See-Gebietes. Kappel 1935.

B. Sinogowitz, Über das byzantinische Kaisertum nach dem Vierten Kreuzzuge (1204—1205). *Byzantinische Zeitschrift* 45 (1952)/2 345—356.

N. Skyum-Nielsen, Diplomatarium Danicum, I/4: 1200—1210. Kopenhagen 1958.

T. Smičiklas, Codex diplomaticus regni Croatiae, Dalmatiae et Slavoniae, III: 1201—1235. Zagreb 1905.

D. M. Smith, English Episcopal Acta, I: Lincoln 1067—1185. London 1980.

D. M. Smith, English Episcopal Acta, IV: Lincoln 1186—1206. London 1986.

A. Solmi, Un nuovo documento per la storia di Guglielmo di Cagliari e dell'Arborea. *Archivio Storico Sardo* 4 (1908) 193—212.

R. Somerville, The Council of Clermont (1095), and Latin Christian Society. *AHP* 12 (1974) 55—90.

G. N. Spada, Della Insigne Abbaziale Basilica di S. Stefano di Bologna libri due. Bologna 1747.

D. S. Spear, Les Doyens du chapitre cathédral de Rouen durant la période ducale. *Annales de Normandie* 33 (1983) 91—119.

P. Spufford, Handbook of Medieval Exchange (*Royal Historical Society Guides and Handbooks* 13). London 1986.

T. Štefanovičová, Bratislavský hrad v 9.—12. storoči. Bratislava 1975.

H. Stein, Dictionnaire topographique du département de Seine-et-Marne, ed. J. Hubert. Paris 1954.

M. Stieberová, Die Siedlungsentwicklung der Stadt Bratislava bis Ende des 13. Jhs., in: R. Marsina (ed.), Städte im Donauraum. Sammelband der Beiträge aus dem Symposion in Smolenice 30. 9.—3. 10. 1991: Bratislava-Preßburg 1291—1991. Bratislava 1993, 81—89.

G. Storm, Regesta Norvegica. Kronologisk Fortegnelse over Dokumenter vedkommende Norge, Nordmænd og den norske Kirkeprovins, I: 991—1263. Christiania 1898.

C. Stra, I piu antichi documenti del monastero di S. Maria di Rosano (secoli XI—XIII) (*Monumenta Italiae Ecclesiastica* 6. *Cartularia* 1). Rom 1982.

W. Stüwer, Die Reichsabtei Werden an der Ruhr (*Germania Sacra*, N. F. 12. Das Erzbistum Köln 3). Berlin–New York 1980.

P. F. Suhm, Historie af Danmark fra Aar 1202 til 1241: Bd. IX. Kopenhagen 1808.

J. R. Sweeney, Basil of Trnovo's Journey to Durazzo: A Note on Balkan Travel at the Beginning of the 13th Century. *The Slavonic and East European Review* 51 (1973) 118—123.

J. R. Sweeney, Innocent III and the Esztergom Election Dispute. The Historical Background of the Decretal *Bone Memorie* II (X. I. 5. 4). *AHP* 15 (1977) 113—137.

J. R. Sweeney, Innocent III, Hungary and the Bulgarian Coronation: A Study in Medieval Papal Diplomacy. *Church History* 42 (1973) 320—334.

J. R. Sweeney, Papal-Hungarian Relations During the Pontificate of Innocent III, 1198—1216. Phil. Diss., Cornell University, Ithaca, N. Y., 1971.

J. R. Sweeney, The Problem of Inalienability in Innocent III's Correspondence with Hungary: A Contribution to the Study of the Historical Genesis of *Intellecto*. *Mediaeval Studies* 37 (1975) 235—251.

E. Szentpétery, Regesta regum stirpis Arpadianae critico-diplomatica, I: 1001—1270. Budapest 1923.

G. L. F. Tafel–G. M. Thomas, Urkunden zur älteren Handels- und Staats-Geschichte der Republik Venedig, I (*FRA* II/12). Wien 1856.

A. Tafi, I vescovi di Arezzo dalla origine della diocesi ad oggi. Cortona 1986.

M. Tangl, Die päpstlichen Kanzleiordnungen von 1200—1500. Innsbruck 1894.

L. Tăutu, Le conflit entre Johanitsa Asen et Eméric roi de Hongrie (1202—1204). Contribution à l'étude du problème du second empire valaque-bulgare, in: Mélanges E. Tisserant III (*StT* 233). Città del Vaticano 1964, 367—393.

L. Tăutu, Margherita di Ungheria imperatrice di Bisanzio. *Antemurale* 3 (1956) 51—79.

L. Thallóczy–A. Áldásy, Codex diplomaticus partium regno Hungariae adnexarum, II (*Monumenta Hungariae Historica: Diplomataria* XXXIII). Budapest 1907.

L. Thallóczy–C. Jireček–E. De Sufflay, Acta et diplomata res Albaniae mediae aetatis illustrantia, I: 344—1343. Wien 1913.

A. Theiner, Codex diplomaticus dominii temporalis S. Sedis. Recueil de documents pour servir à l'histoire du gouvernement temporel des états du Saint-Siège extraits des archives du Vatican, I—III. Rom 1861—1862.

A. Theiner, Vetera Monumenta Slavorum meridionalium historiam illustrantia, I—II. Rom–Zagreb 1863—1875.

E. Thomas, Dictionnaire topographique du département de l'Hérault. Paris 1865.

M. Thumser, Rom und der römische Adel in der späten Stauferzeit (*BDHIR* 81). Tübingen 1995.

B. Tierney, The Continuity of Papal Political Theory in the XIIIth Century: some Methodological Considerations. *Mediaeval Studies* 27 (1965) 227—245.

H. Tillmann, Die päpstlichen Legaten in England bis zur Beendigung der Legation Gualas (1218). Phil. Diss., Bonn 1926.

H. Tillmann, Papst Innocenz III. (*Bonner Historische Forschungen* 3). Bonn 1954.

H. Tillmann, Das Schicksal der päpstlichen Rekuperationen nach dem Friedensabkommen zwischen Philipp von Schwaben und der römischen Kirche. *Hist. Jb.* 51 (1931) 341—365.

G. Tiraboschi, Memorie storiche modenesi con codice diplomatico, IV. Modena 1794.

Th. Toeche, Kaiser Heinrich VI. (*Jahrbücher der deutschen Geschichte*). Leipzig 1867.

L. Tonini, Rimini nel secolo XIII, I—VI/2. Rimini 1846—1888.

T. D. Tremlett–N. Blakiston, Stogursey Charters (*Somerset Record Society* 61). London 1949.

E. Trinks, Die Rechtsstellung des obersten Mühlviertels 1010—1765. *Mitteilungen des Oberösterr. Landesarchivs* 3 (1954) 256—283.

R. V. Turner, Men Raised from the Dust. Administrative Service and Upward Mobility in Angevin England. Philadelphia 1988.

A. Ubieto Arteta, Listas episcopales medievales, I—II. Zaragoza 1989.

F. Ughelli, Italia Sacra sive de episcopis Italiae et insularum adjacentium rebusque ab iis praeclare gestis, deducta serie ad nostram usque aetatem ..., I—X. Venedig 1717—1722.

W. Ullmann, A Scottish Charter and its Place in Medieval Canon Law. *The Juridical Review* 61 (1949) 225—241, und in ders., Scholarship and Politics in the Middle Ages. London 1978, IV.

K. Utz Tremp, St. Petersinsel, in: Die Cluniazenser in der Schweiz, red. v. H.-J. Gilomen (*Helvetia Sacra* III: *Die Orden mit Benediktinerregel* 2). Basel–Frankfurt a. M. 1991, 707 bis 729.

E. Vallée–R. Latouche, Dictionnaire topographique du département de la Sarthe. Paris 1950.

St. J. P. Van Dijk, The Ordinal of the Papal Court from Innocent III to Boniface VIII and Related Documents (*Spicilegium Friburgense* 22). Fribourg 1975.

P. Varin, Archives administratives de la ville de Reims ..., I/1—2 (*Collection des documents inédits sur l'histoire de France*). Paris 1839.

A. Vattier, Cartulaire du prieuré de Saint-Christophe en Halatte. Senlis 1876.

E.-R. Vaucelle, La collégiale de Saint-Martin de Tours. Des origines à l'avènement des Valois (397—1328) (*Bulletin et Mémoires de la Société Archéologique de Touraine, Mémoires* 46). Tours 1907.

A. Vázquez Martínez, Documentos pontificios de Galicia (1088—1341), I: Relación de bulas — breves — epístolas. La Coruña 1941.

M. Venditelli, Mercanti romani del primo Duecento „in urbe potentes", in: Roma nei secoli XIII e XIV. Cinque saggi, ed. E. Hubert (*Collection de l'École Française de Rome* 170). Rom 1993, 87—135.

D. Vendola, Documenti tratti dai Registri Vaticani (da Innocenzo III a Nicola IV) (*Deputazione di Storia Patria per le Puglie. Documenti vaticani relativi alla Puglia* 1). Trani 1940.

D. Vendola, Rationes Decimarum Italiae nei secoli XIII e XIV: Apulia-Lucania-Calabria (*StT* 84). Città del Vaticano 1939.

J. F. Verbruggen, Het leger en de vloot van de graven van vlaanderen vanaf het ontstaan tot in 1305. Brüssel 1960.

L. Verheijen, La Règle de Saint Augustin, I—II. Paris 1967.

E. P. Vicini, I Podestà di Modena (1156—1796). Rom 1913.

Villehardouin, La conquête de Constantinople, ed. E. Faral (*Les classiques de l'histoire de France au Moyen-âge* 18, 19). Paris 1938—1939.

J. Villemagne, Bullaire du bienheureux Pierre de Castelnau, martyr de la foi (16 février 1208). Montpellier 1917.

J. Vincke, Documenta selecta mutuas civitatis Arago-Cathalonicae et ecclesiae relationes illustrantia (*Bibl. Histórica de la Biblioteca Balmes*, Ser. 2, Bd. 14). Barcelona 1936.

J. Vincke, Der Eheprozeß Peters II. von Aragon (1206—1213) mit Veröffentlichung der Prozeßakten, in: Gesammelte Aufsätze zur Kulturgeschichte Spaniens 5 (*Spanische Forschungen der Görresgesellschaft* I/5). Münster 1935, 108—189.

C. Violante, Cronotassi dei vescovi e degli arcivescovi di Pisa dalle origini all'inizio del secolo XIII. Primo contributo a una nuova „Italia Sacra", in: Miscellanea Gilles Gérard Meersseman, Bd. 1 (*Italia Sacra* 15). Padua 1970, 3—56.

G. Volpe, Lunigiana medievale (*Biblioteca storica toscana* 2). Florenz 1923.

G. Volpe, Studi sulle istituzioni comunali a Pisa; città e contado, consoli e podestà secoli XII bis XIII, ed. C. Violante. Florenz 1970.

D. Waley, Le istituzioni comunali di Assisi nel passaggio dal XII al XIII secolo, in: Assisi al tempo di San Francesco. Atti del V convegno internazionale, Assisi 13—16 ott. 1977. Assisi 1978, 53—70.

H. Walther, Proverbia sententiaeque latinitatis medii aevi. Lateinische Sprichwörter und Sentenzen des Mittelalters in alphabetischer Anordnung (*Carmina medii aevi posteriores latina* 2), I—VI. Göttingen 1963—1969.

A. Wauters, Table chronologique des chartes et diplômes imprimés concernant l'histoire de la Belgique, III (1191—1225). Brüssel 1871.

L. Weibull, Necrologium Lundense. Lund 1923.

H.-J. Weiers, Studien zur Geschichte des Bistums Münster im Mittelalter (*Kölner Schriften zur Geschichte und Kultur*, ed. C. D. Dietmar–G. Mölich, 8). Köln 1984.

U.-R. Weiss, Die Konstanzer Bischöfe im 12. Jahrhundert; ein Beitrag zur Untersuchung der reichsbischöflichen Stellung im Kräftefeld kaiserlicher, päpstlicher und regional-diözesaner Politik (*Konstanzer Geschichts- und Rechtsquellen*, hrg. vom Stadtarchiv Konstanz, 20). Sigmaringen 1975.

G. Wentz–B. Schwineköper, Das Domstift St. Moritz in Magdeburg (*Germania Sacra*: Die Bistümer der Kirchenprovinz Magdeburg: Das Erzbistum Magdeburg I/1). Berlin–New York 1972.

G. Wenzel, Codex diplomaticus Arpadianus continuatus, VI: 890—1235 (*Monumenta Hungariae Historica: Diplomataria* XI). Pest 1867.

L. T. White, Latin Monasticism in Norman Sicily (*Mediaeval Academy of America Publications* 31). Cambridge/Mass. 1938.

W. Wiederhold, Papsturkunden in Frankreich, I—VII (*Nachr. d. K. Ges. d. Wiss. zu Göttingen, phil.-hist. Kl.* 1906—1913), Berlin 1906—1913. Ndr. Ders., Papsturkunden in Frankreich. Reiseberichte zur Gallia Pontificia, I—II (*Acta Pontificum Romanorum* 7—8). Città del Vaticano 1985.

P. Wiegand, Papst Innocenz III. und die Fürsten des Reiches im welfisch-staufischen Thronstreit unter besonderer Berücksichtigung Böhmens, Thüringens, Meißens und der Ostmark (*masch. Staatsexamensarbeit*). Marburg 1990.

R. Wilmans, Die Urkunden des Bisthums Münster von 1201—1250 (*Westfälisches Urkunden-Buch* 3: Die Urkunden Westfalens vom Jahre 1201—1300, Bd. 1). Münster 1859.

E. Winkelmann, Philipp von Schwaben und Otto IV. von Braunschweig, I—II (*Jahrbücher der deutschen Geschichte*). Leipzig 1873—1878.

P. Wirth, Zur Frage eines politischen Engagements Patriarch Johannes' X. Kamateros nach dem vierten Kreuzzug. *Byzantinische Forschungen* 4 (1972) 239—252.

E. Wisplinghoff, Das Priorenkollegium in Köln und die Bischofswahlen des 12. und 13. Jahrhunderts. *Annalen des Historischen Vereins für den Niederrhein* 159 (1957) 30—47.

R. L. WOLFF, Baldwin of Flanders and Hainaut, First Latin Emperor of Constantinople: His Life, Death, and Resurrection, 1172—1225. *Speculum* 27 (1952) 281—322.

R. L. WOLFF, The „Second Bulgarian Empire". Its Origin and History to 1204. *Speculum* 24 (1949) 167—206.

Nationaal Biografisch Woordenboek, 1—13. Brüssel 1964—1990.

Die Zähringer. Anstoß und Wirkung, ed. H. SCHADEK–K. SCHMID (*Veröffentlichungen zur Zähringer-Ausstellung* 2). Sigmaringen 1986.

J. ZAHN, Urkundenbuch des Herzogthums Steiermark, I. Graz 1875.

K. ZEILLINGER, Konstantinische Schenkung, Kaisertum und Papsttum in salisch-staufischer Zeit (1035—1265). Studien zur politischen Wirkungsgeschichte des Constitutum Constantini im Hochmittelalter (*masch. Habilitationsschrift*). Wien 1984.

B. ZENKER, Die Mitglieder des Kardinalkollegiums von 1130 bis 1159. Diss. Würzburg 1964.

H. ZIELINSKI, Tancredi et Willelmi III regum diplomata (*CDRS* I/5). Köln–Wien 1982.

H. ZIELINSKI, Zu den Urkunden der beiden letzten Normannenkönige Siziliens, Tankreds und Wilhelms III. (1190—1194). *DA* 36 (1980) 433—486.

F. ZIMMERMANN–C. WERNER, Urkundenbuch zur Geschichte der Deutschen in Siebenbürgen, I. Hermannstadt 1892.

H. ZIMMERMANN, Die päpstliche Legation in der ersten Hälfte des 13. Jahrhunderts. Vom Regierungsantritt Innocenz' III. bis zum Tode Gregors IX. (1198—1241) (*Görres-Gesellschaft, Veröffentlichungen der Sektion für Rechts- und Sozialwissenschaften* 17). Paderborn 1913.

H. ZIMMERMANN, Papsturkunden 896—1046, I—III (*Österr. Akad. d. Wiss., phil.-hist. Kl., Denkschriften* 174, 177, 198). Wien ²1988—1989.

N. ZUCCHELLI, Cronotassi dei vescovi e arcivescovi di Pisa. Pisa 1907.

G. ZURITA, Indices rerum ab Aragoniae regibus gestarum ab initiis regni ad annum MCDX. Zaragoza 1578.

*Incipit liber septimus regestorum domini Innocentii pape tercii[a]).

---

[a]) *Von Hand D2.*

1.

Innocenz III. erhebt den Bulgarenfürsten Kalojan zum König der Bulgaren und Walachen und sendet ihm durch seinen Legaten, den Kardinalpresbyter L(eo) von S. Croce, Zepter und Krone, um ihn damit zu krönen. Er gestattet ihm,
5 *Münzen mit seinem Bild zu prägen, und teilt ihm mit, daß er den Erzbischof (Basilius) von Trnovo zum Primas von Bulgarien und der Walachei erhebt.*

Anagni, 1204 Februar 25.

    Reg. Vat. 5, fol. 134ʳ—134ᵛ ⟨Nr. 1⟩.
    Bréquigny, Diplomata, II/1 441, Nr. 1 = Migne, PL, 215, 277, Nr. 1; Gesta Innocentii, c. 73
10 *(Baluze I 35; Gress-Wright 128—132); Assemanus, Kalendaria, V 139 (teilweise); Densuşianu, Documente Românilor, I 17, Nr. 15; Dujčev, Epistolae, 34, Nr. 12; Haluščynskyj, Acta Innocentii, 253, Nr. 50. — Dujčev, Epistolae, T. 5 (teilweise); s. unten Abb. I. — Potth. Reg. 2135; Balladore Pallieri–Vismara, Acta pontificia, 30, Nr. 127, 146, Nr. 13.*

Caloioh(ann)i[a)]**, illustri Bulgarorum et Blachorum regi**[1)]**, eiusque posteris ei**
15 **tam in regno quam in devotione sedis apostolice successuris in perpetuum**[b)]**.**

  ||[c)] **Rex**[d)] regum et Dominus dominantium Iesus Christus, sacerdos in   <small>1Tim 6, 15; Apok 17, 14; 19, 16</small>
eternum secundum ordinem Melchisedech, cui dedit omnia pater in manu,   <small>vgl. Ps 109, 4; Hebr 5, 6; 7, 17
vgl. Jo 3, 35; 13, 3</small>
pedibus eius subiciens universa, cuius est terra et plenitudo eius, orbis ter-   <small>vgl. Ps 8, 8; 1Kor 15,
26; Eph 1, 22; Hebr 2, 8</small>
rarum et omnes habitantes in eo, immo cui flectitur omne genu celestium,   <small>Ps 23, 1; 1Kor 10, 26</small>
20 terrestrium et infernorum, summum apostolice sedis et ecclesie Romane   <small>vgl. Phil 2, 10</small>
pontificem, quem in beato Petro sibi vicarium ordinavit, super gentes et
regna constituit evellendi, destruendi, disperdendi et dissipandi et edificandi
et plantandi ei conferens potestatem, loquens ad eum in Propheta, qui fuit de   <small>vgl. Ir 1, 10</small>
sacerdotibus Anathot: «Ecce constitui te super gentes et regna, ut evellas et   <small>vgl. Ir 1, 1</small>
25 destruas et disperdas et dissipes et edifices et plantes». Ut autem id expressius   <small>Ir 1, 10</small>
demonstraret non per alium sed per[e)] se ipsum, cum pro hominibus carnem
assumpsisset humanam et calciamentum suum extendisset in Ydumeam, ut ei   <small>vgl. Ps 59, 10; 107, 10</small>
Allophili subderentur, et oves suas, que de hoc ovili non erant, adduceret et   <small>vgl. Ps 55, 1</small>
fieret unum ovile et unus pastor, in se, qui est super omnia Deus[f)] benedictus[f)]   <small>vgl. Jo 10, 16</small>

---

30 **1.**   [a)] *Am Rande ein Kreuz und drei Punkte. Auf fol. 134ʳ längs des Briefes ein senkrechter, z. T. gewellter Strich.*   [b)] *Stilisiert nach Art der Privilegien.*   [c)] *Es beginnt Hand D2.*   [d)] *An der Initiale ist links oben eine Krone aufgehängt.*   [e)] *Fehlt bei Migne.*   [f—f)] *Durch Zeichen umgestellt aus* benedictus Deus.

1.   [1)] Kalojan (Joannitza), Fürst („Zar") der Bulgaren und Walachen 1197—1207. Vgl. *BLGS*
35 II (1977) 330—332. Zu seinen Verhandlungen mit Innocenz III. siehe die Br. II 255 (266), V 114 (115), 115 (116), 116 (117), VI 140, 142, 143 (143, 144) und vgl. SWEENEY, *Papal-Hungarian Relations*, 134—173.

Röm 9,5; vgl. Röm 1, 25; 2Kor 11, 31 vgl. 1Kor 3, 11
in secula, universalis ecclesie posuit fundamentum eiusque apostolorum principi Petro magisterium contulit et primatum, dicens ad eum: «Tu es Petrus et super hanc petram hedificabo ecclesiam meam et porte inferi non prevale- Mt 16, 18f. bunt adversus eam et tibi dabo claves regni celorum». Ubi etiam consequenter adiecit: «Quodcumque ligaveris super terram, erit ligatum et in celis; et 5 Mt 16, 19 quodcumque solveris super terram, erit solutum et in celis». Post passionem quoque suam ascensurus in celum, ovile suum — videlicet ecclesiam — ei committens et commendans in ovibus[g], dixit ei: «Pasce oves meas» vocabulo vgl. Jo 21, 15—17 tercio repetito; per hoc patenter ostendens, quod ad eius ovile non pertinent oves ille, que se commissas et subiectas esse beato Petro contumaciter dene- 10 garint et eius noluerint erudiri doctrina et magisterio subiacere. Siquidem ecclesia est archa illa, in qua pauce anime pereuntibus ceteris in diluvio sunt vgl. Gn 6, 14—8, 19 salvate. Unde sicut omnes, quos archa non cepit, in diluvio perierunt, sic omnes, qui extra ecclesiam inventi fuerint, in iudicio dampnabuntur. Archa enim ecclesiam, cathaclismus iudicium et pastorem ecclesie Petrum Nohe 15 vgl. Gn 6, 9 rector arche figurant. Ille cum Domino legitur ambulasse, hic autem super undas maris, quod hunc mundum significat, ad Dominum scribitur pervenis- vgl. Mt 14, 29 se. In quo etiam expresse notatur, quod Petro non specialiter aliqua specialis ecclesia sed totus mundus commissus fuerit et ecclesia generalis. Nam sicut vgl. Apok 17, 15 vgl. Ps 103, 25 aque multe sunt populi multi, sic mare magnum et spaciosum mundum 20 significat universum. Unde vocatis ceteris in partem sollicitudinis hunc assumpsit Dominus in plenitudinem potestatis, cum inquit ad eum: «Tu voca- Jo 1, 42 beris Cephas», quod Petrus interpretatur et caput, ut Petrum caput ecclesie demonstraret, qui, sicut unguentum, quod a capite Aaron descendit in bar- vgl. Ps 132, 2 bam, in menbra diffunderet, ut nichil sibi penitus deperiret, quoniam in 25 capite viget sensuum plenitudo, ad membra vero pars eorum aliqua deriva- tur[2]. Insuper querenti Petro, si quotiens peccaret in eum frater eius, dimitteret ei usque septies, Dominus legitur respondisse: «Non dico tibi usque Mt 18, 21f. septies, sed usque septuagies septies». Sane cum omne tempus septem dierum numero concludatur, multiplicatus in se[h] septenarius in hoc loco notat uni- 30 versorum universa peccata[3], cum solus Petrus non solum omnia, sed et omnium possit crimina relaxare. Ipsi enim et non alii dictum a Domino vgl. Jo 21, 19. 22 reperitur: «Tu me sequere», id est in veri pastoris officio et potestatis ecclesiastice plenitudine imitare, quia eum in officio vicarium sibi substituit Dominus et in magisterio successorem, sic hereditatem, in cuius preclaris funes eius 35 vgl. Ps 15, 6 ceciderant, transferens in eundem, ut aliis post[i] eum et sub eo quasi partialia[k] faceret[k] de hereditate legata.

     Cum igitur licet immeriti eius vices geramus in terris, qui dominatur in vgl. Dn 4, 14. 22. 29 regno hominum et, cui voluerit, dabit illud, utpote per quem reges regnant et

---

[g] *Migne:* omnibus.   [h] *Migne:* seipsum.   [i] *Migne:* possit per.   [k—k] *Migne:* patrem fa- 40 cere.

[2] Zu dieser Argumentation vgl. IMKAMP, *Kirchenbild*, 279—289.

[3] Diese Auslegung findet sich bereits bei Augustinus, *De consensu evangelistarum*, II 4, 13 (*CSEL* 43 S. 94 Z. 17—20). Vgl. MEYER–SUNTRUP, *Lexikon*, 767.

principes dominantur, cum Petro et successoribus eius[l] et nobis in eo noveri- vgl. Spr 8, 15. 16
mus esse dictum: «Ego pro te rogavi, Petre, ut non deficiat fides tua, sed[m] tu
aliquando conversus confirma fratres tuos»; cum ex precepto Domini oves Lk 22, 32
eius pascere teneamur, populis Bulgarorum et Blachorum, qui multo iam vgl. Jo 21, 15—17
5 tempore ab uberibus matris sue alienati fuerunt[4], in spiritualibus et temporalibus paterna sollicitudine providere volentes, eius auctoritate confisi, per
quem Samuel D(aui)d in regem inunxit, regem te statuimus super eos et per vgl. 1Sam 16, 12f.
dilectum filium L(eonem), tituli sancte Crucis presbyterum cardinalem[5],
apostolice sedis legatum, virum providum et honestum, nobis inter ceteros
10 fratres nostros acceptum, sceptrum[n] regni ac regium tibi mittimus diadema,
eius quasi nostris tibi manibus imponendum; recipiendo a te * iuratoriam * fol. 134ᵛ
cautionem, quod nobis et successoribus nostris et ecclesie Romane devotus et
obediens permanebis et cunctas terras et gentes tuo subiectas imperio in
obedientia et devotione sedis apostolice conservabis. Ad petitionem insuper
15 venerabilis fratris nostri[o] Blasii, Branduziberensis[p] episcopi, quem ad sedem
apostolicam destinasti[6], publicam in regno tuo cudendi monetam tuo carac-
tere insignitam liberam tibi concedimus facultatem.

Venerabili etiam fratri nostro .. archiepiscopo Trinouitano[7] in terris,
quibus[q] imperas[q], universis privilegium concedimus primatie[8], qui et suc-
20 cessores ipsius tuos in posterum successores simili ab eis iuramento recepto
apostolice sedis auctoritate coronent et in terra tua primatus obtineant dignitatem, eisque[r] metropolitani[9] tam in Bulgarie quam Blachie provinciis constituti subiaceant et iuxta formam canonicam reverentiam primati debitam
exhibeant et honorem.

25 Sic ergo, fili karissime, gratiam, quam apostolica sedes mater tua tibi
facit, agnoscas, sic retribuas nobis pro omnibus, que tribuimus ipsi[s] tibi, sic
regnum tuum in apostolice sedis subiectione ac devotione confirmes, ut, cum
sub[t] Petro in illius petre fuerit firmitate fundatum, de qua inquit Apostolus: vgl. Mt 16, 18

---

[l]) *Migne:* suis. *Am Rande ein kleines, schiefliegendes Kreuz.*   [m]) *Migne:* et.   [n]) *Am Rande*
30 *von einer Hand des späten 15. oder 16. Jhs.:* rex Bulgarorum constituitur.   [o]) *Am Rande ein kurzer,*
waagrechter Strich.   [p]) *Migne:* Brandizuberensis.   [q—q]) *Migne:* in quibus imperis.   [r]) *Migne:*
eique.   [s]) *Fehlt bei Migne.*   [t]) *Migne fügt hinzu:* beato.

[4]) Seit der Zeit Papst Hadrians II. (867—872), als sich die Bulgaren der griechischen Kirche
zugewandt hatten. S. Br. V 115 (116) Bd. 5 S. 228 Z. 3—14. Vgl. Wolff, *Second Bulgarian*
35 *Empire*, 170, Anm. 9.

[5]) Leo Brancaleonis, KP. von S. Croce in Gerusalemme 1202—1224, Legat in Bulgarien im
Sommer/Herbst 1204. Vgl. Maleczek, *Papst und Kardinalskolleg*, 137—139, bes. 138.

[6]) Blasius, 1202 bezeugt als Elekt, dann B. von Braničevo (Suffr. von Trnovo), 1202 und
1203/4 als Gesandter Kalojans an der Kurie. Vgl. Br. V 114 (115) Bd. 5 S. 225 Z. 16—20, VII 6;
40 *Dict. HGE* 10 (1937) 426.

[7]) Basilius, als EB. von Trnovo (auch nach Zagora, Gegend in Nordbulgarien, benannt)
bezeugt seit 1186. Vgl. Haluščynskyj, *Acta Innocentii*, 84, 89f.; Sweeney, *Basil of Trnovo's*
Journey.

[8]) Br. VII 2.

45 [9]) Die Erzbischöfe von Preslav und Velbužd. S. Br. VII 5 Anm. 13, 14.

1 Kor 10, 4
vgl. Mt 7, 25. 27 «Petra autem erat Christus», nec pluviarum ymbres nec impulsus ventorum nec fluminum formidet incursus. Tu quoque preter auxilium apostolice sedis, quod iuxta devotionem tuam senties in presenti, de temporali regno ad regnum pervenias sempiternum.

Decernimus ergo, ut nulli[u] omnino et cetera hoc privilegium nostre con-   5
stitutionis et concessionis[v] infringere vel ei et cetera. Si quis autem et cetera.

Datum Anagnie per manum Io(hannis), sancte Romane ecclesie subdiaconi et notarii[10], VI Kal. Martii, indictione VII, incarnationis Dominice anno
M° CC° III°, pontificatus vero domni Innocentii[w] pape III anno septimo.

2.   10

*Innocenz III. erhebt den Erzbischof (Basilius) von Trnovo zum Primas der
Bulgaren und Walachen. Er verleiht ihm das Privileg, den König zu krönen,
belehrt ihn über die zukünftige Wahl des Primas, über das Ansuchen um das
Pallium und dessen Empfang, erteilt ihm das Recht, Erzbischöfe und Bischöfe zu
bestätigen und zu konsekrieren, und die Vollmacht, das Chrisma und Öl zu   15
weihen, legt ihm die Notwendigkeit der Salbung bei der Bischofs- und Priesterweihe dar und gewährt ihm das Recht auf ein Vortragekreuz.*

(Anagni, 1204 Februar ca. 25).

Reg. Vat. 5, fol. 134ᵛ—135ʳ ⟨Nr. 2⟩.
Bréquigny, Diplomata, II/1 443, Nr. 2 = Migne, PL, 215, 280, Nr. 2; Gesta Innocentii, c. 75   20
(Baluze I 36; Gress-Wright 133—136); Assemanus, Kalendaria, V 140 (teilweise); Densuşianu,
Documente Românilor, I 20, Nr. 16; Dujčev, Epistolae, 37, Nr. 13; Haluščynskyj, Acta Innocentii,
256, Nr. 51. — Potth. Reg. 2137.

.. Archiepiscopo Trinouitano[1], **Bulgarorum et Blachorum primati, eiusque
successoribus canonice substituendis et in devotione sedis apostolice   25
successuris[a] in perpetuum.**

Rex[b] regum et cetera usque ad Samuel D(aui)d inunxit [in] regem[c],
karissimum in Christo filium nostrum Kaloioh(ann)em[2], hactenus ipsorum

---

[u] -li *vielleicht auf Rasur, jedenfalls korr.*   [v] *Migne:* confirmationis.   [w] *In verlängerter*
Schrift.   30

[10] Johannes Ferentinus, Subdiakon und Notar 1203; 1204 KD. von S. Maria in Via Lata;
1212—1215 KP. von S. Prassede. Vgl. ELZE, *Kapelle,* 173f.; MALECZEK, *Papst und Kardinalskolleg,* 146f.; CHENEY, *Office,* 371f.

2.   [a] succesuris.   [b] *Am Rande drei Punkte, ferner auf fol. 134ᵛ längs des Briefes am Rande ein*
senkrechter, z. T. gewellter Strich.   [c] *Br. VII 1 S. 5 Z. 7.*   35

2.   [1] S. Br. VII 1 Anm. 7.
       [2] S. Br. VII 1 Anm. 1.

dominum, regem statuimus super eos per dilectum filium et cetera usque
devotione sedis apostolice conservabit[d]. Te quoque in regno Bulgarorum et
Blachorum primatem statuimus et[e] ecclesie Trinouitane presenti privilegio
auctoritatem concedimus primatie, statuentes, ut tu et successores tui, qui
5 tibi in apostolice sedis devotione successerint, ceteros metropolitanos Bulgarie et Blachie precellatis ratione primatus[f] et ipsi tibi et eis iuxta formam
canonicam reverentiam primati debitam exhibeant et honorem; fraternitatem tuam scire volentes, quod apud nos hec duo nomina, primas et patriarcha[3], pene penitus idem sonant, cum primates[g] et patriarche[g] teneant
10 unam formam, licet eorum nomina sint diversa[4]. Presenti quoque privilegio
tibi et per te tuis successoribus inungendi, benedicendi et coronandi reges
Bulgarorum et Blachorum in posterum liberam concedimus facultatem.

    Obeunte vero te, nunc ecclesie memorate primate, nullus ibi qualibet
surreptionis astutia preponatur, nisi qui canonice fuerit electus ad eam se-
15 cundum consuetudinem approbatam. Electus autem per metropolitan(os) et
alios suffraganeos[5] eiusdem ecclesie, qui poterunt interesse, in episcopum
sollempniter consecretur. Consecratus vero ad sedem apostolicam nuncios
suos mittat, palleum de corpore beati Petri sumptum — insigne videlicet
plenitudinis pontificalis officii[6] — petituros, in cuius susceptione iuramen-
20 tum illud nobis et successoribus nostris et ecclesie Romane prestabit, quod
alii primates et metropolitani secundum generalem consuetudinem nobis
prestant et tu ipse in susceptione pallei[7] prestitisti, cuius formam bulla
nostra signatam ad perpetuam memoriam destinamus, exprimentes in ea, ut,
cum in regem quemlibet ex predicti regis successoribus coronarit[h], prescrip-
25 tum ab eo recipiat[i] iuramentum[8].

    Cum autem aliquis metropolitanorum[k], qui tibi iure subiacent primatie,
viam fuerit universe carnis ingressus, confirmabis electionem canonicam de   vgl. Jos 23, 14; 1Kg 2, 2
persona idonea celebratam et personam electam in episcopum consecrabis,
pro palleo vero nuncios tuos cum nunciis ecclesie, cui preest, ad apostolicam
30 sedem mittes, nosque illud tibi per eos libenter et hilariter transmittemus, per
te metropolitano episcopo iuxta formam, quam[l] sub bulla nostra recipies[9],

---

[d]) *Ebd. Z. 14.*   [e]) *Fehlt bei Migne.*   [f]) *Migne:* primatiae.   [g—g]) *Migne:* patriarchae
et primates.   [h]) *Migne:* coronarint.   [i]) *Migne:* recipiant.   [k]) metrapolitanor(um).
[l]) *Fehlt bei Migne.*

35   [3]) Kalojan hatte für den EB. von Trnovo um den Titel eines Patriarchen angesucht. S. Br.
VI 142 Bd. 6 S. 235 Z. 4f., VII 6 S. 19 Z. 29; vgl. Prinzing, *Bedeutung Bulgariens*, 149.
    [4]) Vgl. *Decretum Gratiani* D. 99 c. 1 (Friedberg, *CorpIC*, I 350).
    [5]) Die EB. von Preslav und Velbužd, die B. von Skopje, Niš, Vidin, Priština und Braničevo.
Vgl. Rattinger, *Patriarchat- und Metropolitansprengel.*
40   [6]) Vgl. *JL* 6570 (Paschal II.) = Comp. I 1. 4. 21 = X 1. 6. 4 (Friedberg, *CorpIC*, II 49f.). Vgl.
Benson, *Plenitudo potestatis*, 210f.; ders., *Bishop-Elect*, 167—172; Schatz, *Papsttum*, 96f. Innocenz III. gebrauchte die Wendung in seinen Briefen häufig.
    [7]) Am 8. September 1203 durch den päpstlichen Kaplan Johannes (s. Br. VII 3 Anm. 16).
    [8]) Br. VII 11.
45   [9]) Br. VII 10.

sollempniter conferendum, ita tamen, quod, si legatum vel nuntium nostrum contigerit interesse, id cum^{m)} eo pariter exequeris.

Crisma vero et oleum cathecuminorum et infirmorum singulis annis in cena Domini tam in ecclesia tua quam in qualibet cathedraliⁿ⁾ ecclesia Bulga-rieⁿ⁾ etⁿ⁾ Blachie fieri secundum consuetudinem ecclesie Romane concedimus, 5 ut, quotiens neccesse fuerit, qui baptizandi fuerint, baptizentur et confirmen-tur per diocesanos episcopos, qui fuerint confirmandi; nec episcoporum consecratio nec ordinatio sacerdotum propter defectum huiusmodi vel impe-diatur penitus vel diutius differatur, quia licet hactenus apud vos nec in sua ordinatione presbyteri nec in consecratione sua episcopi consueverint sacram 10 recipere unctionem[10], volumus tamen, ut deinceps non tam ritum nostrum * quam mandatum divinum sequentes — per quod in lege precipitur, ut ponti-fices et sacerdotes ungantur —, manus eorum, qui ordinandi sunt in presby-teros, et tam manus quam caput eorum, qui consecrandi sunt in episcopos, sollempniter inungantur[11]. 15

Preterea crucem, vexillum videlicet Dominice passionis, ante te per totam Bulgariam et Blachiam deferendi fraternitati tue licentiam impertimur[12].

Decernimus ergo et cetera ut supra.

Datum ut supra.

* fol. 135^r

vgl. Ex 28, 41; 29, 29; 30, 30

3.

20

Innocenz III. belehrt den Erzbischof B(asilius) von Trnovo, Primas der Bulga-ren und Walachen, anläßlich der in Rom nachgeholten Salbung des Bischofs (Blasius) von Braničevo über die Salbung innerhalb der Römischen Kirche im allgemeinen und über ihre Notwendigkeit bei der Bischofsweihe im besonderen und trägt ihm auf, sobald er selbst vom Kardinallegaten L(eo) von S. Croce 25 *gesalbt worden sei, seine Erzbischöfe und Bischöfe zu salben und durch diese die Priester salben zu lassen. Er übersendet ihm die Pontifikalien.*

(Anagni, 1204 Februar ca. 25).

Reg. Vat. 5, fol. 135^r—136^r ⟨Nr. 3⟩.

Bréquigny, Diplomata, II/1 444, Nr. 3 = Migne, PL, 215, 282, Nr. 3; Gesta Innocentii, c. 76 30 (Baluze I 37; Gress-Wright 136—143); Assemanus, Kalendaria, V 142 (teilweise); Densuşianu,

---

^{m)} *Migne:* eum.   ⁿ⁾ *Fehlt bei Migne.*

[10] Die griechische Liturgie, der die bulgarische Kirche bisher gefolgt war, sieht bei der Priester- und Bischofsweihe keine Salbung mit Öl vor. S. Br. VII 121.

[11] Vgl. Br. VII 3. 35

[12] Dieses Ehrenrecht besaßen neben dem Primas von Bulgarien auch die Primaten von Toledo, Bourges, Pisa, Canterbury und Armagh und der Erzbischof von Nikosia. Vgl. HINSCHIUS, *System*, I 626; JL 17461.

*Documente Românilor, I 22, Nr. 17; Dujčev, Epistolae, 39, Nr. 14; Haluščynskyj, Acta Innocentii,
258, Nr. 52. — Comp. III 1. 11. un.; Alan. 6. 9; Alan. K. 6. 4. 2; Bern. 1. 12. un.; Coll. Fuld. 6. 2.
8; X 1. 15. un. — Dujčev, Epistolae, T. 6 (teilweise). — Potth. Reg. 2138.*

B(asilio), archiepiscopo Trinouitano, Bulgarorum et Blachorum primati[a, 1].

5   **C**um venisset ad apostolicam sedem venerabilis frater noster .. episcopus
Branduziberensis[b, 2], clara nobis insinuatione monstravit, quod in consecratione sua sacram non[c] acceperat[d] unctionem, quoniam apud vos non consue-
vere pontifices, cum consecrantur, inungi[3]. Nos ergo, quod illi defuerat,
mandavimus in[e] ipso suppleri, facientes[e] caput eius et manus per venerabi-
10 lem fratrem nostrum Io(hannem), episcopum Albanensem[4], assistentibus ei
duobus episcopis secundum morem ecclesiasticum sacro crismate deliniri[5].

    Hoc enim catholica tenet ecclesia non solum ex precepto divino, verum
etiam apostolorum exemplo. In Exodo quippe legitur precepisse Dominus
Moysi, ut Aaron et filios eius ungeret[f], quatinus ei sacerdotio fungerentur. Et   vgl. Ex 28, 41; 29, 29;
15 Anacletus origine[g] Grecus, qui a beato Petro fuit in presbyterum ordinatus   30, 30
et postea in apostolatus officio Clementi successit[6], tradit in ordinatione sua
ungendos episcopos more apostolorum et Moysi[h], quia omnis sanctificatio in
Spiritu sancto consistit, cuius invisibilis virtus sancto crismati est permixta[7].

    Unde[8] scire te volumus duas esse species unctionis: exteriorem, que ma-
20 terialis est et visibilis, et interiorem, que est spiritualis et invisibilis. Exterio-
re visibiliter ungitur corpus, interiore invisibiliter ungitur cor. De prima
Iacobus apostolus ait: «Infirmatur quis in vobis? Inducat presbyteros ecclesie, et orent super eum ungentes eum oleo in nomine Domini, et oratio fidei
salvabit infirmum». De secunda Ioh(anne)s apostolus inquit[i]: «Vos unctio-   Jak 5, 14f.
25 nem, quam accepistis ab eo, maneat in vobis, et non neccesse habetis, ut

---

3.   [a] *Am Rande drei Punkte; ferner von einer Hand des 13. Jhs.:* hoc c(apitulum) est Extra de
sacra unctione *(X 1. 15. un.).*   [b] *Migne:* Brandizuberensis.   [c] *Am Rande ein kurzer, waagrechter Strich.*   [d] *Migne:* receperat.   [e–e] *Von anderer Hand auf Rasur nachgetragen.*
[f] *Migne:* inungeret.   [g] *Migne:* natione.   [h] *So auch im Decretum Gratiani (wie Anm. 7); vgl.*
30 *ebd. Anm. i.*   [i] *Migne:* ait.

3.   [1] S. Br. VII 1 Anm. 7.
    [2] S. Br. VII 1 Anm. 6.
    [3] S. Br. VII 2 Anm. 10.
    [4] Johannes, (K.-)B. von Albano 1199—1210/1211. Vgl. Maleczek, *Papst und Kardinals-*
35 *kolleg,* 94f.
    [5] Vgl. *Decretum Gratiani* D. 23 c. 1 § 3, D. 64 a. c. 6 (Friedberg, *CorpIC,* I 77, 248).
    [6] Vgl. Liber Pontificalis (Ed. Duchesne I 52—55, 123, 125), wo, wie seit dem 4. Jh. häufig,
die Abfolge von Papst Anaklet I. und Papst Clemens I., dem zweiten und dem dritten Nachfolger des Hl. Petrus, vertauscht ist. Vgl. *ebd.* LXIX—LXXIII; *LThK³* 1 (1993) 573f.
40   [7] *Decretum Gratiani* D. 75 c. 1 (Friedberg, *CorpIC,* I 265).
    [8] Die folgenden Gedankengänge weisen Anklänge an Hugo von St. Victor, *De sacramentis
christianae fidei,* II 15, 1 (Migne, *PL,* 176, 577 B—D) bzw. Petrus Lombardus, *Sentenzen,* IV, 23,
2f. (II 390f.), sowie liturgische Quellen (s. unten Anm. 11, 12) auf, die aber in eigenständiger
Weise weiterentwickelt und angeordnet sind. Inhaltliche Parallelen gibt es auch zu Innocenz'
45 III. Werk *De quadripartita specie nuptiarum* (Migne, *PL,* 217, 940 A—C).

1Jo 2, 27   aliquis doceat vos, sed sicut unctio eius vos docet de omnibus». Unctio
visibilis et exterior signum est interioris et invisibilis unctionis, nec[k] solummodo
signum[k] sed etiam sacramentum, quia, si digne sumatur, vel agit vel auget
absque dubio, quod designat. Ad exhibendam igitur exteriorem et visibilem
unctionem benedicitur oleum, quod dicitur cathecuminorum vel infirmorum,   5
et conficitur crisma, quod ex oleo fit et balsamo mystica ratione. Per oleum
enim nitor consciencie designatur, iuxta quod legitur: «Prudentes virgines

Mt 25, 4   acceperunt oleum in vasis suis cum lampadibus». Per balsamum autem expri-
mitur odor fame, propter quod dicitur: «Sicut balsamum aromatizans odorem

Sir 24, 20   dedi[l]». Hoc igitur crismate ungi debet episcopus non tam in corpore quam in   10
corde, ut et interius habeat nitorem consciencie quoad Deum et exterius
habeat odorem fame quantum[m] ad[m] proximum. De nitore consciencie dicit

2Kor 1, 12   Apostolus: «Gloria nostra hec est, testimonium consciencie nostre». Nam

Ps 44, 14   omnis gloria est[n] filie regis[n] abintus. De odore fame idem Apostolus ait:
«Christi bonus odor sumus in omni loco et aliis sumus odor vite in vitam, aliis   15

vgl. 2Kor 2, 15. 16   odor mortis in mortem». Debet enim episcopus[o] bonum habere testimonium
vgl. 1Tim 3, 7   et ab hiis, qui sunt intus, et ab hiis, qui sunt foris, ut cortina cortinam trahat
vgl. Ex 26, 3—5; 36, 10—12

Apok 22, 17   et qui audit, dicat: veni[9]. Hoc unguento caput et manus episcopi consecrantur. Per caput enim mens intelligitur[p] iuxta illud: «Unge caput tuum et

Mt 6, 17   faciem tuam lava». Per manus opera designantur secundum illud: «Manus   20

Hl 5, 5   mee distillaverunt[q] mirram[r]». Manus igitur unguntur oleo pietatis, ut episco-

vgl. Gal 6, 10   pus operetur bonum ad omnes, maxime autem ad domesticos fidei. Caput
autem inungitur balsamo caritatis, ut episcopus diligat Deum ex toto corde et

vgl. Mt 22, 37. 39; Mk 12,   ex tota mente, ex tota anima et proximum suum sicut se ipsum. Caput
30f.; Lk 10, 27   inungitur[s] propter auctoritatem et dignitatem, manus propter ministerium   25
et officium[t]. Caput[10] inungitur, ut ostendatur illius representare personam,
de quo dicit[u] Propheta[u]: «Sicut unguentum in capite eius, quod descendit in

Ps 132, 2   barbam, barbam Aaron». Caput enim viri Christus, caput Christi Deus[v], qui
vgl. 1Kor 11, 3   de se dicit: «Spiritus Domini super me, propter quod unxit me, evangelizare

Lk 4, 18; vgl. Is 61, 1   pauperibus misit me»[10]. Manus unguntur episcopo, ut ostendatur accipere   30

[k—k] *Migne:* unctio vero invisibilis et interior non solummodo est signum.   [l] -di *nachgetragen, vielleicht auf Rasur.*   [m—m] *Migne:* quoad.   [n—n] *Durch Zeichen umgestellt aus* filie regis
est.   [o] *Migne:* episcopum.   [p] *Am Rande ein waagrechter Strich, vielleicht als Vormerkung zur
Korrektur (Anm. q).*   [q] -r(unt) *knapp außerhalb des Schriftspiegels von anderer Hand nachgetragen.*   [r] *Auf Rasur von anderer Hand nachgetragen.*   [s] *Das erste* -u- *vielleicht teilweise auf*   35
Rasur.   [t] *Am Rande ein waagrechter Strich, vielleicht als Vormerkung zur Korrektur (Anm. s).*
[u—u] *Migne:* dicitur per prophetam.   [v] *Migne fügt hinzu:* est.

[9] Diese Wendung, die wohl auf Ex 26, 3—5 und Apok 22, 17 zurückgeht, findet sich bereits
im Psalmenkommentar des Petrus Lombardus (Kommentar zum Titel des Psalmenbuches und
zu Ps 74, 2: Migne, *PL*, 191, 58 BC, 699 AB), in den *Distinctiones* des Alanus von Lille (*ebd.*, 110,   40
753 CD), in Petrus Cantor, *Verbum abbreviatum* c. 1 (*ebd.*, 205, 25 BC) und häufig auch bei
Innocenz selbst: *De missarum mysteriis* V 16 (*ebd.*, 217, 897 D), *Sermo de tempore* XXVIII (*ebd.*
441 A), *Sermo de sanctis* XX (*ebd.* 547 BC), *Sermo de diversis* II (*ebd.* 659 BC) und VII (*ebd.* 685 BC).
Vgl. auch Br. VII 213 S. 375 Z. 12.

[10—10] Fast wörtlich auch in einer bisher nicht edierten Predigt Innocenz' III., zitiert bei   45
Imkamp, *Kirchenbild*, 284.

potestatem benedicendi et consecrandi. Unde cum eas consecrator inungit, «Consecrare», inquit, «et sanctificare digneris, Domine, manus istas per istam[w]) unctionem et nostram benedictionem, ut, quecumque consecraverint, consecrentur et, quecumque benedixerint, benedicantur in nomine Do-
5 mini»[11]).

Verum in Veteri Testamento non solum ungebatur sacerdos sed et rex et propheta, sicut in libro Regum Dominus precepit Elye: «Vade et revertere in viam tuam per desertum in Damascum. Cumque perveneris illuc, unges Azael regem super Siriam et Ieu filium Namsi unges regem super Isr(ae)l. Elyseum
10 autem filium Saphat, qui est de Abelmaula, unges prophetam pro * te». Sed   * fol. 135ᵛ
ubi Iesus Nazarenus, quem unxit Deus Spiritu sancto, sicut in Actibus Apo-   1Kg 19, 15f.
stolorum habetur, unctus est oleo pre consortibus suis, qui secundum Aposto-   vgl. Apg 10, 38
lum est caput ecclesie, que est corpus ipsius, principis unctio a capite ad[x)   vgl. Ps 44, 8
brachium est translata, ut princeps ex tunc non ungatur in capite sed in   vgl. Eph 1, 22f.; Kol 1, 18
15 brachio vel[y) in humero sive armo[y), in quibus principatus congrue designa-
tur, iuxta quod legitur: «Factus est principatus super humerum eius». Ad   Is 9, 6
quod etiam designandum Samuel fecit poni armum ante Saul, cui dederat
locum in capite ante eos, qui[z) fuerant invitati. In capite vero pontificis   vgl. 1Sam 9, 22. 24
sacramentalis est delibutio[aa) conservata, quia personam capitis in pontificali
20 officio representat. Refert[bb) autem inter pontificis et principis unctionem,
quia caput pontificis crismate consecratur, brachium vero principis oleo
delinitur, ut ostendatur, quanta sit differentia inter auctoritatem pontificis
et principis potestatem.

Quia vero Christus in sanguine suo fecit nos Deo nostro regnum et sacer-
25 dotes, propter[cc) quod Petrus apostolus ait: «Vos estis genus electum, regale   vgl. Apok 1, 5f.; 5, 9f.
sacerdotium», iccirco in Novo Testamento non solum sacerdotes et reges   vgl. 1Petr 2, 9
unguntur, sed omnes etiam Christiani bis ante baptismum, scilicet[dd) oleo
benedicto primum in pectore deinde inter scapulas, et bis post baptismum,
scilicet[dd) crismate sacro primum in vertice demum[ee) in fronte. In pectore
30 namque ungitur baptizandus, ut per Spiritus[ff) sancti donum abiciat errorem   vgl. Hab 2, 4; Röm 1, 17;
et ignorantiam et suscipiat fidem rectam, quia iustus ex[gg) fide vivit. Inter   Gal 3, 11; Hebr 10, 38
scapulas autem baptizandus inungitur, ut per Spiritus sancti gratiam excu-
tiat negligentiam et torporem et bonam operationem exerceat, quia fides sine
operibus mortua est, ut per fidei sacramentum sit mundicia cogitationum in   vgl. Jak 2, 26
35 pectore, per operis exercitium sit fortitudo laborum in scapulis, quatinus

---

[w]) *Migne fügt hinzu:* sanctam.   [x]) *Migne:* scilicet in.   [y—y]) *Migne:* sive in humero vel in armo.   [z]) *Fehlt bei Migne.*   [aa]) *Migne:* delibatio.   [bb]) *Migne:* Differt.   [cc]) *Am Rande ein kurzer, waagrechter Strich.*   [dd]) s(ed); scilicet *schon bei Migne.*   [ee]) *Migne:* deinde.   [ff]) -s *korr., wahrscheinlich aus* -c.   [gg]) *Am Rande ein kurzer, waagrechter Strich.*

40 [11]) Gebet zur Handsalbung während der Priesterweihe: *Pontificale Romano Germanicum,* Nr. XVI 35 (Ed. Vogel–Elze I 35), *Pontificale Romanum saeculi XII,* Nr. IX 24 (Ed. Andrieu I 136f.), *Pontificale* der römischen Kurie (13. Jh.), Nr. X 28 (Ed. Andrieu II 347). Als Gebet im Rahmen der Priesterweihe zitiert es auch Innocenz III. in *De missarum mysteriis* I 9 (Migne, *PL,* 217, 779 D).

vgl. Gal 5, 6 fides per dilectionem secundum Apostolum operetur. In vertice vero baptiza-
vgl. 1Petr 3, 15 tus inungitur, ut sit paratus omni poscenti de fide reddere rationem, quia per
Koh 2, 14 caput intelligitur mens^{hh)}, iuxta quod legitur: «Oculi sapientis in capite eius»;
cuius superior pars est ratio et inferior sensualitas. Unde bene per verticem,
qui est supprema pars capitis, intelligitur ratio, que superior pars est mentis. 5
In fronte ungitur baptizatus, ut libere confiteatur, quod credit, quia corde
Röm 10, 10 creditur ad iusticiam, ore autem confessio fit ad salutem, memor eius, quod
Dominus ait: «Qui me confessus fuerit coram hominibus, confitebor et ego
vgl. Mt 10, 32; Lk 12, 8 eum coram Patre meo».

Ante baptismum vero inungitur oleo benedicto et post baptismum cris- 10
mate sacro, quia crisma soli competit Christiano. Christus enim a crismate
dicitur vel potius a Christo dicitur crisma, non secundum nominis formam,
sed secundum fidei rationem. A Christo vero^{ii)} Christiani dicuntur, tamquam
vgl. Hl 4, 10 uncti deriventur ab uncto, ut omnes currant in odore^{kk)} unguentorum illius,
vgl. Hl 1, 2 cuius nomen oleum est effusum. Per frontis crismationem manus impositio 15
designatur, que alio nomine dicitur confirmatio, quia per eam Spiritus
sanctus ad augmentum datur et robur. Unde cum ceteras unctiones simplex
sacerdos, id est presbyter, valeat exhibere, hanc non nisi summus sacerdos, id
est episcopus, debet conferre, quia de solis apostolis legitur, quorum vicarii
vgl. Apg 8, 17 sunt episcopi, quod per manus^{ll)} impositionem Spiritum sanctum dabant, 20
quemadmodum Actuum Apostolorum lectio manifestat: «Cum audissent»,
inquit, «apostoli, qui erant I(e)r(oso)limis, quia recepisset Samaria verbum Dei,
miserunt ad eos Petrum et Ioh(ann)em; qui, cum venissent, oraverunt pro
ipsis, ut acciperent Spiritum sanctum; nondum enim in quemquam illorum
venerat, sed baptizati tantum^{mm)} erant in nomine Domini Iesu. Tunc impo- 25
Apg 8, 14—17 nebant manus super illos et accipiebant Spiritum sanctum»^{12)}, cuius adventus
per unctionis misterium designatur, quia^{nn)} columba, in qua Spiritus sanctus
vgl. Mt 3, 16; Mk 1, super Christum in baptismo descendit, ad vesperam in cathaclismo revertens
10; Lk 3, 22; Jo 1, 32 ramum retulit virentis olive. Cuius utique sacramentum Dauid propheta
vgl. Gn 8, 10f. prenoscens exhilarandam^{oo)} faciem in oleo^{oo)} predicavit. Unguntur preterea 30
vgl. Ps 103, 15 secundum ecclesiasticum morem, cum consecratur altare, cum dedicatur
templum et cum benedicitur calix, non solum ex mandato legis divine, verum
etiam exemplo beati Silu(est)ri, qui, cum consecrabat altare, illud crismate
perungebat^{13)}. Precepit enim Dominus Moysi, ut faceret oleum unctionis,

---

^{hh)} -n- *korr. aus einem anderen Buchstaben.*   ^{i)} *Migne:* enim.   ^{kk)} *Migne:* odorem. 35
^{ll)} *Über dem* -u- *ein Kürzungsstrich.*   ^{mm)} *Migne:* tunc.   ^{nn)} *Migne:* quam.   ^{oo—oo)} *Von anderer
Hand auf Rasur nachgetragen.*

^{12)} Diese Argumentation findet sich ausführlicher in Rupert von Deutz, *De divinis officiis,*
V 16 (Ed. Haacke 169f.), der seinerseits wieder liturgische Quellen benützt: *Pontificale Romano
Germanicum* Nr. XCIX 302 (Ed. Vogel–Elze II 84). 40
^{13)} Daß Papst Silvester I. den über dem Grab des hl. Petrus errichteten Altar mit Chrisam
gesalbt und diesen Ritus zur allgemeinen Regel gemacht habe, ist erstmals bei Bonizo von Sutri,
Liber de vita Christiana, III 98 (Ed. Perels 164 Z. 26—28) überliefert, steht aber im Widerspruch
dazu, daß man in Rom wahrscheinlich noch im 6. Jh. überhaupt keine Altarweihe kannte. Vgl.
Braun, *Altar,* I 671. 45

de quo ungeret tabernaculum testimonii et archam testamenti mensamque
cum vasis, de quibus etiam unctionibus, si forsitan dubitaveris, cum a te   vgl. Ex 30, 25—27
fuerimus requisiti, fraternitatem tuam plenius instruemus. Verumptamen
unctionis sacramentum aliud quidem efficit et figurat^{pp)} in Novo quam in
5 Veteri Testamento. Unde non iudaizat ecclesia, cum unctionis celebrat sacramentum, sicut aliqui mentiuntur, qui neque scripturas neque Dei novere
virtutem^{qq, 14)}.   vgl. Mt 22, 29; Mk 12, 24
    Monemus igitur fraternitatem tuam et exhortamur at(tentius) per aposto-
lica tibi scripta mandantes, quatinus ad mandatum dilecti filii nostri
10 L(eonis), tituli sancte Crucis presbyteri cardinalis¹⁵⁾, apostolice sedis legati,
tu quoque sacram suscipias unctionem, ne quid tibi desit ad plenitudinem
sacramenti, et^{rr)}, cum sacro fueris crismate delibutus, archiepiscopos et episcopos tuos similiter ungas et per eos facias * manus sacerdotum inungi oleo   * fol. 136^r
benedicto, illum decetero in ordinandis presbyteris et consecrandis episcopis
15 morem servans et faciens observari, quem apostolica sedes observat, que
disponente Domino cunctorum fidelium mater est et magistra.
    Mittimus autem tibi per cardinalem predictum pontificalia^{ss)} ornamen-
ta^{tt)}: caligas et sandalia, amictum et albam, cingulum et succinctorium,
orarium^{uu)} et manipulum, tunicam et dalmaticam, cirothecas et anulum,
20 planetam et mitram. Palleum vero per dilectum filium I(ohannem), capellanum nostrum¹⁶⁾, antea miseramus. Et licet Romanus pontifex non utatur
baculo pastorali tum propter ystoricam tum etiam propter misticam ratio-
nem^{vv, 17)}, tu tamen ad similitudinem aliorum pontificum poteris eo uti,
quorum^{ww)} omnium rationem idem cardinalis, sicut a nobis accepit, te
25 poterit edocere^{ww)}.
    Datum ut supra.

---

^{pp)} *Migne:* figuram.   ^{qq)} *Migne:* veritatem.   ^{rr)} *Migne:* ut.   ^{ss)} -a, *vielleicht irrtümlich,*
unterpungiert.   ^{tt)} orname(n)tu(m).   ^{uu)} -ar- *auf größerer Rasur, mit Verbindungsstrich; Kor-*
rektur wahrscheinlich von anderer Hand.   ^{vv)} *Migne schließt an:* quod idem cardinalis, sicut a
30 nobis accepit poterit edoceri.   ^{ww—ww)} *Fehlt bei Migne.*

    ¹⁴⁾ Der Vorwurf des „iudaizare" spielte seit dem Schisma von 1054 in der Auseinanderset-
zung mit der griechischen Kirche eine Rolle. Hinsichtlich der Verwendung von ungesäuertem
Brot in der Messe weist ihn Innocenz III. in *De missarum mysteriis* IV 4 (Migne, *PL*, 217, 856
D—857 A) zurück.
35   ¹⁵⁾ S. Br. VII 1 Anm. 5.
    ¹⁶⁾ Johannes, Zisterziensermönch aus Casamari (Diöz. Veroli, Prov. Frosinone), päpstlicher
Kaplan, Legat in Dalmatien und Serbien sowie Konstantinopel 1199/1200, 1202/1203 Legat in
Bosnien und Bulgarien, 1204—1205 bezeugt als B. von Forcone (ht. L'Aquila), 1206/07—1230
B. von Perugia. Vgl. Elze, *Kapelle*, 181f.; Kamp, *Kirche und Monarchie*, I 18—20. Zur Übersen-
40 dung des Palliums an den EB. von Trnovo vgl. Br. VI 143 (143, 144) Bd. 6 S. 237 Z. 5—7, VII
2 Anm. 7.
    ¹⁷⁾ Der Papst spielt hier auf die Legende von Eucharius und Maternus an, die er in *De*
missarum mysteriis I 62 (Migne, *PL*, 217, 796 D—797 A) genauer erläutert. Vgl. Oediger,
Regesten, I 1—8, Nr. 1.

4.

Zar (Kalojan) von Bulgarien und der Walachei unterwirft sein Reich und die bulgarische Kirche der Römischen Kirche.

(*Trnovo,*) *1203* (*September*)[1].

Reg. Vat. 5, fol. 136ʳ ⟨Nr. 4⟩.   5
Bréquigny, Diplomata, II/1 447, Nr. 4 = Migne, PL, 215, 287, Nr. 4; Raynaldus, Annales, I 183f.; Gesta Innocentii, c. 70 (Baluze I 33; Gress-Wright 121—123); Assemanus, Kalendaria, V 133, 173; Wenzel, Codex diplomaticus Arpadianus, VI 277, Nr. 171; Farlati, Illyrici sacri tom. VIII 216; Lünig, Codex Italiae, IV 11, Nr. 10; Theiner, Monumenta Slavorum meridionalium, I 27, Nr. 43; Densuşianu, Documente Românilor, I 26, Nr. 18; Dujčev, Epistolae, 43, Nr. 15; Haluščynskyj, 10
Acta Innocentii, 252, Nr. 49. — Dujčev, Epistolae, T. 6.

(|) In[a] nomine Patris et Filii et Spiritus sancti, Amen.

Cum placuit Domino nostro Iesu Christo me dominum et imperatorem totius Bulgarie et Vlachie[2] facere, inquisivi antiquorum nostrorum scripturas et libros et beate memorie imperatorum nostrorum predecessorum 15 leges, unde ipsi sumpserunt regnum Uulgarorum et firmamentum imperiale, coronam super caput eorum et patriarchalem benedictionem. Et diligenter perscrutantes in eorum invenimus scripturis, quod beate memorie illi imperatores Uulgarorum et Blachorum Symeon, Petrus et Samuel[3] et nostri predecessores coronam pro[b] imperio[b] eorum et patriarchalem benedictionem acce- 20 perunt a sanctissima Dei Romana ecclesia et ab apostolica sede, principe apostolorum Petro.

Sic[c] et[c] imperium meum voluit benedictionem et imperiale firmamentum corone capitis imperii sui suscipere et patriarchalem[d] benedictionem ab ecclesia Romana, ab apostolica[e] sede[e], principe apostolorum Petro et a 25 sanctissimo patre nostro et[f] universali papa tercio Innocentio. Et a[g] quocumque[g] patriarchalis benedictio et mandatum in civitate imperii mei Trinoui[4] data et concessa fuerit a domino papa faciendi et consecrandi archiepi-

---

4. [a] *Am Rande drei Punkte und ein Kreuz. Längs des Briefes am Rande ein senkrechter, z. T. gewellter Strich.* [b—b] *Migne:* imperii. [c—c] *Migne.* sed. [d] *Migne:* patriarcham. [e—e] *Migne:* 30 apostolicae sedis. [f] *Fehlt bei Migne.* [g—g] *Zu erwarten wäre ein Dativ; der Übersetzer des griechischen Originals hat den griechischen Dativ der Vorlage mißverständlich als Ablativ übersetzt.*

4. [1] Zur Datierung: Das vorliegende „Chrysobull", datiert 6712 (1. September 1203—31. August 1204), wurde wohl dem päpstlichen Gesandten, dem Kaplan Johannes, der am 35 8. September 1203 (s. Br. VII 5 S. 17 Z. 13) dem EB. von Trnovo das Pallium überreichte und wahrscheinlich bald darnach die Rückreise antrat, mitgegeben. Es dürfte daher im September 1203 abgefaßt worden sein.
[2] S. Br. VII 1 Anm. 1.
[3] Die Bulgarenfürsten Simeon (893—927), Peter I. (927—969) und Samuel (997—1014), die 40 den Titel eines Basileus trugen. Das Kaisertum Simeons wurde möglicherweise von Papst Johannes X. anerkannt. Vgl. Br. V 114 (115) Bd. 5 S. 225 Z. 25—226 Z. 1; *BLGS* III (1979) 431; IV (1981) 79f., 125; DÖLGER, *Zartum und Kaisertum*, 144—155, bes. 152 mit Anm. 30; WOLFF, *Second Bulgarian Empire*, 170, Anm. 9; HALUŠČYNSKYJ, *Acta Innocentii*, 82 mit Anm. 106.
[4] Trnovo.   45

scopos, metropolitas et episcopos et reliquas ecclesiasticas obsequutiones
sacramentales, concedit imperium meum, ut plenissimam in omni tenumento
et imperii mei pertinentiis ipsi[h]) habeant potestatem. Ecclesie enim omnes
totius imperii mei[i]) tenumenti et patriarcha[k]) meus, metropolitani, archiepi-
5 scopi, episcopi[k]) et cuncti sacerdotes Romane subsint ecclesie et teneant
legem[l]), consuetudinem et obsequutionem[m]), quas tenuerunt beate memorie
imperatores totius Bulgarie et Ulachie prisci illi nostri predecessores, et nos
eodem modo vestigia eorum imitantes. Subsignat autem imperium meum ad
securitatem chrysobolum[n]) suum, quod numquam ab ecclesia Romana et ab
10 apostolica sede, principe apostolorum Petro, ipsum videlicet imperium meum
discedet neque alii imperii mei principes disgregabuntur, sed ut vocatus
dilectus filius sacrosancte et apostolice sedis Romane, principis apostolorum
Petri, ero. Et deinceps, quascumque terras Christianorum seu paganorum
meum acquisierit imperium, sub potestate et mandato eiusdem sacrosancte[o])
15 et apostolice sedis Romane[o]) erunt. Et ut presens chrysobolum imperii mei[p])
ratum et firmum habeatur, dedit[q]) imperium meum in manibus reverentissi-
mi viri Ioh(ann)is, sacrosancte Romane sedis legati et domini pape capellani[5]), in quo et nostrum pium et a Deo promotum subsignavit imperium.
    Anno sex millesimo septingentesimo duodecimo, indictione septima.

20 **5.**

Erzbischof Basilius (von Trnovo) berichtet Papst Innocenz III., daß er gezwun-
gen wurde, seine Romreise in Durrës abzubrechen, dankt für die Übersendung des
Palliums durch den päpstlichen Kaplan Joh(anne)s und bittet um Belehrung,
vor allem bezüglich des Chrismas, und um das Pallium für die Erzbischöfe von
25 *Preslav und Velbužd.*
Die Erzbischöfe Anastasius von Velbužd und Sava von Preslav bitten Papst
Innocenz III. mit Unterstützung der Bischöfe Marinus von Skopje, Abraham von
Priština, Ciricus von Niš und Clemens von Vidin um das Pallium.
(Trnovo, 1203 nach September 8)[1]).

---

30   [h]) *Fehlt bei Migne.*   [i]) *Migne fügt hinzu:* et.   [k—k]) *Migne:* patriarcha meus metropolitanus,
episcopi, archiepiscopi.   [l]) *Migne fügt hinzu:* et.   [m]) *Migne:* observationem.   [n]) chrysolu(m).
[o—o]) *Migne:* sacrosanctae Romanae Ecclesiae et apostolice sedis.   [p]) *Über der Zeile*
nachgetragen.   [q]) *Migne:* dedi.

    [5]) S. Br. VII 3 Anm. 16.

35 **5.** [1]) Zur Datierung: Der Brief muß nach der in ihm angesprochenen Übergabe des Palliums
am 8. September abgefaßt worden sein. S. auch Br. VII 4 Anm. 1.

Reg. Vat. 5, fol. 136ʳ—136ᵛ ⟨Nr. 5⟩.

Bréquigny, Diplomata, II/1 448, Nr. 5 = Migne, PL, 215, 288, Nr. 5; Gesta Innocentii, c. 72 (Baluze I 34; Gress-Wright 126—128); Raynaldus, Annales, I 185; Assemanus, Kalendaria, V 137; Wenzel, Codex diplomaticus Arpadianus, VI 279, Nr. 172; 281, Nr. 173; Farlati, Illyrici sacri tom. VIII 218; Theiner, Monumenta Slavorum meridionalium, I 28, Nr. 44; 29, Nr. 45; Densuşianu, Documente Românilor, I 27, Nr. 19; 29, Nr. 20; Dujčev, Epistolae, 44, Nr. 16; 46, Nr. 17; Haluščyn-skyj, Acta Innocentii, 574, Nr. 14. — Dujčev, Epistolae, T. 6, 7. — Thallóczy–Jireček–De Sufflay, Acta Albaniae, I 41, Nr. 128.

Multasᵃ⁾ inclinationes et magnas preces ad ᵇ⁾ dominum et gloriosissimum et concathedralem ᵇ⁾ apostolice sedis, patri totius Christianitatis et domino meo Innocentio tercio pape, archiepiscopus Basilius²⁾ de minoribus et humillimis totius Bulgarie et Blachie vestram perfectam benedictionem.

Adoro clementissimum Deum et beatissimam Dei genitricem, ut sanam et gaudentem vestram sanctitatem meum inveniat scriptum, et, quod mea anima desideravit per octavum decimum annum, ecce hodie dedit nobis Deus et sancta tua oratio benedictionem sedis beati apostoli Petri et tue sanctitatis. Noscat sanctitas tua, qualiter ego conversatus sum tuam querens benedictionem. Mota ᶜ⁾ est per mensem Iulii quarta die, sex millesimo septingentesimo XI°, indictione VI³⁾, mea humilitas ad sanctum et gloriosissimum patrem nostrum Innocentium, papam Romanum, et feci ᵈ⁾ dies triginta in Dyrrachio⁴⁾ iuxta mare. Et cum vellem introire navim gratia transfretandi, tunc retinuerunt me Greci et non dimiserunt transire, sed tenuerunt me apud Durachium per octo dies, et multa mea deprecatione erga Deum et beatissimum principem apostolorum Petrum per sanctas tuas orationes dimiserunt me Latini⁵⁾. Nam consilium acceperant proiciendi me in mari, sed eripuit me Deus ᵉ⁾ tuaque sancta oratio. Exiens autem de civitate reversus sum in villa nuncupata * Crauatochori ᶠ⁾ ⁶⁾ et ibi dies XV permansi et inde misi duos bonos homines meos⁷⁾ Romam sanctitati tue, et, utrum transierunt necne, novit

* fol. 136ᵛ

---

5. ᵃ⁾ *Am Rande drei Punkte und ein Kreuz. Längs des Briefes am Rande ein senkrechter, z. T. gewellter Strich.* ᵇ⁻ᵇ⁾ *Migne:* Domino et gloriosissimo et concathedrali. ᶜ⁾ *-a korr. aus* -u, *darüber ein Kürzungsstrich getilgt.* ᵈ⁾ *Migne:* fui. ᵉ⁾ *Migne:* Dominus. ᶠ⁾ *Migne:* Cavatochori.

²⁾ S. Br. VII 1 Anm. 7.

³⁾ 4. Juli 1203.

⁴⁾ Durrës (Dyrrhachium, Durazzo) (Albanien). Vgl. zu diesem Zwischenfall die ausführlichere Darstellung des EB. in Br. VI 142 Bd. 6 S. 235 Z. 6—13 und SWEENEY, *Basil of Trnovo's Journey.*

⁵⁾ Vielleicht der schon 1200 bezeugte lateinische Archidiakon und Klerus in Durrës. Vgl. Br. III 250 (*Potth. Reg.* 1229; THALLÓCZY–JIREČEK–DE SUFFLAY, Acta Albaniae, I 40, Nr. 126) und Br. VI 142 Bd. 6 S. 235 Z. 11—13. Auch mit der Anwesenheit der Boten des Grafen Walter (von Brienne ?) und Teilen des Kreuzfahrerheeres ist zu rechnen. Vgl. DUCELLIER, *Façade maritime d'Albanie,* 109, 121—125, 145; Br. VI 142 Anm. 10, 13.

⁶⁾ Wahrscheinlich Kavaja (südwestlich von Durrës). Vgl. SWEENEY, *Basil of Trnovo's Journey,* 119.

⁷⁾ Den Konnetabel Sergius und den Presbyter Constantinus. Vgl. Br. VI 142 Bd. 6 S. 235 Z. 13—15.

Deus. Sed littere michi ex parte domini mei imperatoris venerunt, domini Ioh(ann)is[8], dicentes michi: «Revertere cito, quia hic pervenit cardinalis a domino papa». Legens ego litteras imperatoris et videns, quoniam me voca-bat, reversus sum et perveni Drinaum[9] per[g] mensem Septembrem et inveni
5 virum sanctum, iustum et rectum, a tua sanctitate directum, nomen eius Ioh(anne)s capellanus[10]. Et dedit michi omnes litteras[11] ex parte vestre sanctitatis, et perlecte michi fuerunt. Unde valde anima mea est letata, et manus meas ad celum extendens gratias Deo egi, quia visitavit Dominus plebem suam et pater noster, beatus papa, querens ovem, que perierat, ut et
10 eam reducat in sancto ovili. Et sicuti continebatur in litteris vestre sanctita-tis, sic dominus Io(hannes) capellanus fecit, secundum edictum[h] magne ve-stre sanctitatis vestram michi dedit benedictionem et largiens palleum ad plenitudinem pontificalis officii, mense Septembris, VIII die, in festo nativi-tatis sanctissime nostre Dei genetricis. Et ego cum multa devotionis humili-
15 tate recepto palleo exhibui fidelitatis obedientiam[12] presentibus episcopis, qui scribunt sanctitati vestre, et principe nostro et multis aliis in ecclesia assistentibus. Et iterum, pater sancte, vestram rogo sanctitatem, ut dispen-ses et adimpleas ordinem ecclesiasticum et qualiter debeam regere ovile, quod michi est commissum a Deo et sanctitate tua. Sanctum crisma non habemus,
20 imo a Grecis receperamus. Sed decetero nos tamquam et vos Greci exosos habent. Et sciatis, domine mi, quoniam hec omnia in sanctitate tua remanse-runt, quod debeat in omnibus dispensare, et de sancto crismate nos doceas, qualiter gentem baptizare debeamus, et ne remaneat gens absque crismate sancto et erit peccatum. Sed in omnibus nos, filios tuos perditos et pereuntes,
25 moneas et mittas michi, pater bone, pallea ad opus duorum metropoli-tanorum P(ri)sthlaue[i, 13] et Belebusdii[14] et, quicquid aliud noverit vestra sanctitas, que sit ad opus mei pontificalis officii plenitudinem[15], michi illud vestra dirigat sanctitas.

Colla[k] eorum sui dominii bravio supponentes[l], ut sanctissimo patri et domi-
30 no, domino pape, prona cervice flexisque poplitibus inclinationem: In primis peccator et humilis mitropolitanus sanctissime ecclesie Belesbudii, Anastasi-

vgl. Sir 51, 37
vgl. Ex 9, 22; 10, 21. 22; Sir 51, 26
vgl. Röm 1, 8; 1Kor 1, 4 u.ö.
vgl. Lk 1, 68

vgl. Mt 18, 12f.; Lk 15, 4f.

vgl. Ri 7, 6

---

g) *Fehlt bei Migne.* h) *Migne:* editum. i) *Migne:* Priosthlavae. k) *Davor ein Kreuz als monogrammatische Invokation, wie eine Initiale verziert; am Rande drei Punkte; längs des Abschnit-tes ein senkrechter, z. T. gewellter Strich.* l) *Korr. aus subponentes.*

35 8) S. Br. VII 1 Anm. 1.
  9) Trnovo.
  10) S. Br. VII 3 Anm. 16.
  11) Br. VI 143.
  12) Vgl. Br. VII 11.
40 13) Sava, EB. von Preslav (die alte Hauptstadt der Bulgaren). Vgl. RATTINGER, *Patriarchat-und Metropolitansprengel*, 90.
  14) Anastasius, EB. von Velbužd (K'ustendil, Bulgarien).
  15) Siehe Br. VII 2 Anm. 6.

us; post eum peccator et humilis mitropolitanus Sauas[m] magne ecclesie
Prostlaue[n]; et episcopus licet indignus sanctissime ecclesie Dei genitricis de
Scopia, Marinus[16]; humilis episcopus sanctissimi episcopatus Prisdiani[o],
Abraham[17]; peccator et humilis episcopus[o] sanctissime ecclesie beati et gloriosissimi magni martyris P(ro)copii de Niso, Kiricus[18]; et indignus episcopus   5
atque peccator sanctissime ecclesie Dei genitricis Bydinen(sis)[p], Clemens[19],
ut nostrum singularem pastorem et universalem patrem et dominum, quatinus palleum ad pontificalis officii plenitudinem mittere dignemini, humote-
nus rogitamus, ut et nos omnibus diebus vite nostre pro vestra magnificentia
orare non desistamus[q].   10

6.

*Zar Kalojan der Bulgaren und Walachen sendet den Bischof Blasius von Bra-
ničevo mit Geschenken nach Rom; er bittet Papst Innocenz III., den Primas von
Bulgarien zum Patriarchen zu erheben, der Kirche von Trnovo die Erlaubnis zu
erteilen, den Patriarchen zu wählen und zu weihen, und ihm selbst durch einen*   15
*Kardinallegaten Krone, Zepter und ein Privileg mit Goldbulle zur Bestätigung
seiner Herrschaft zu übersenden, und überläßt ihm die Entscheidung in seinem
Konflikt mit dem König von Ungarn.*

(Trnovo, 1203 nach September 8)[1].

Reg. Vat. 5, fol. 136ᵛ—137ʳ ⟨Nr. 6⟩.   20
    Bréquigny, Diplomata, II/1 449, Nr. 6 = Migne, PL, 215, 290, Nr. 6; Gesta Innocentii, c. 71
(Baluze I 33; Gress-Wright 123—125); Assemanus, Kalendaria, V 135 (teilweise); Pray, Annales,
I 189; Róka, Vitae Vesprimiensium praesulum, 72 (teilweise); Katona, Historia, IV 628, 702
(teilweise); Farlati, Illyrici sacri tom. VIII 217 (teilweise); Theiner, Monumenta Slavorum meridionalium, I 29, Nr. 46; Wenzel, Codex diplomaticus Arpadianus, VI 281, Nr. 174; Densuşianu,   25
Documente Românilor, I 29, Nr. 21; Dujčev, Epistolae, 47, Nr. 18; Haluščynskyj, Acta Innocentii,
572, Nr. 13. — Dujčev, Epistolae, T. 7, 8.

| Sanctissimo[a] dominatori et universali pape sedenti in sede beati Petri et
domino patri regni mei tercio Innocentio, pape sedis apostolice et ecclesie
Romane et magistro totius mundi.   30

---

[m]) *Migne:* Saccas.   [n]) *Migne:* Prostave.   [o—o] *Fehlt bei Migne.*   [p]) *Migne:* Hydmens.
[q]) *Darnach ein Kreuz.*

[16]) Marinus, B. von Skopje (Makedonien).
[17]) Abraham, B. von Priština (Kosovo).
[18]) Ciricus, B. von Niš (Serbien).   35
[19]) Clemens, B. von Vidin (Widin, Bulgarien).

6. [a]) *Am Rande ein Kreuz und drei Punkte. Längs des Briefes am Rande ein senkrechter, z. T.
gewellter Strich. Migne fügt hinzu: et.*

6. [1]) Zur Datierung s. Br. VII 5 Anm. 1.

Spero in Deum Salvatorem hominum[b], quod bene et multum bene valet
sanctitas tua cum omnibus sedentibus circa tronum sanctitatis tue cardinalibus sancte ecclesie Romane. Noverit magna sanctitas tua, quod[c] filius tuus
et Romane ecclesie, imperator omnium Bulgarorum et Blachorum[2], cum
5 omnibus principibus imperii mei multum bene sum per Deum et sanctam[d]
orationem tuam.

Multotiens misit imperium meum nuncios suos ad sanctitatem tuam, sed
non invenerunt oportunitatem transeundi ad sanctitatem tuam. Ideo certe
non potuerunt transire, quia illi, qui non habebant[e] pacem cum imperio meo,
10 servabant vias[3]. Postea, mense Iunio preterito, misit imperium meum archiepiscopum meum et totius Bulgarice[f] regionis et universalem sancte et
magne ecclesie Trinoue et magnum hominem imperii mei, nunc[g] nominatum
primatem et archiepiscopum totius Bulgarie et Blachie, nomine Basilium[4],
qui, cum pervenisset Durachium, non fuit permissus transire ad sanctitatem
15 tuam[5], ut compleret desiderium imperii mei sanctitas tua secundum consuetudinem predecessorum meorum, imperatorum Bulgarorum et Blachorum
Symeonis, Petri et Samuelis[6], progenitorum meorum, et ceterorum omnium
imperatorum Bulgarorum. Verum Deo adiuvante et intervenientibus orationibus sanctitatis tue venit ad me presens nuncius apostolice cathedre et prime
20 sedis principis apostolorum et sancte et universalis ecclesie Romane,
Ioh(anne)s capellanus[7], et detulit michi palleum[h] ex precepto sanctitatis
tue[i] et apostolice sedis et palleavit dictum archiepiscopum et fecit eum primatem et[k] archiepiscopum[k] totius Bulgarie et Blachie et portavit imperio meo
litteras sanctitatis tue[8] et exposuit, quicquid ei sanctitas vestra mandavit,
25 et repletum est cor[l] * meum gaudio magno, quoniam secundum voluntatem   * fol. 137ʳ
imperii mei donavit michi Deus et sanctitas tua; et rogo et deprecor magnam
sanctitatem tuam, ut compleat desiderium imperii mei et mittat virgam
pastoralem ad congregandas oves et cetera, que patriarcha consuevit habere,
et faciat presentem primatem[m] patriarcham in sancta et magna ecclesia
30 Trinoue, prime civitatis totius Bulguarie, et habeat ecclesia ipsa etiam post
mortem istius patriarche patriarcham in perpetuum ex precepto sanctitatis
tue. Et quoniam grave esset propter longitudinem vie et guerram hominum
in obitu cuiuslibet[n] patriarche recurrere ad ecclesiam Romanam, concedatur[o]

---

b) *Migne:* omnium.   c) *Migne fügt hinzu:* ego.   d) *Fehlt bei Migne.*   e) heba(n)t.   f) *Migne:*
35 Bulgariae.   g) *Migne:* merito.   h) *Migne:* litteras.   i) *Migne:* vestrae.   k—k) *Fehlt bei Mig-*
ne.   l) cor *auf dem nächsten Blatt wiederholt.*   m) *Migne fügt hinzu:* et.   n) *Migne:* cuiusque.
o) *Migne fügt hinzu:* ab Ecclesia Romana.

2) S. Br. VII 1 Anm. 1.
3) Ungarn oder Byzanz. Zu früheren Legationen vgl. Br. V 114 (115).
40   4) S. Br. VII 1 Anm. 4.
5) S. Br. VI 142, VII 5.
6) S. Br. VII 4 Anm. 3.
7) S. Br. VII 3 Anm. 16.
8) Br. VI 143.

ecclesie Trinoue, ut sibi possit eligere et consecrare patriarcham, ne ex eius
absentia terra illa sine benedictione remaneat et tua consecratio imperfecta
et redundet peccatum in sanctitatem tuam. Nunc autem petimus, ut fiat
crisma ex precepto sanctitatis tue in sancta et magna ecclesia civitatis Trinoue pro baptismate Christianorum. Sciat sanctitas tua, quod cum scierint 5
Romei[p, 9], quod receperimus consecrationem a sanctitate tua, non dabunt
michi crisma. Et aliud peto a sanctitate tua, ut mittas cardinalem ad imperium meum, seu istum, qui venit ad me, sive alium a sede apostolica, et des
eis[q] diadema et sceptrum secundum apostolice sedis et apostolorum principis
benedictionem et mittat[r] privilegium bullatum auro[s] ad exemplar ipsius 10
servandum perpetuo in ecclesia Trinoue, et hec omnia dent imperio meo et
consecrent et coronent imperium meum. Omnia autem predicta, que mitti
debent ad imperium meum a sanctitate tua, videat presens nuncius[t], episcopus Blandizube[u] Blasius[10], ut possit referre, quod[v] tu scripseris manu propria; et si hec omnia compleverit[w] sanctitas tua, ita reputabo cum prosapia 15
imperii mei et omnium Bulgarorum et Blachorum, quod sum[x] dilectus filius[x] orthodoxe sancte ecclesie Romane.

Et de confinio Hungarie, Bulgarie et Blachie relinquo iudicio sanctitatis
tue, ut dirigas negocium istud recte et iuste, ut non habeat peccatum anima
sanctitatis tue, et ita habeat imperium meum iusticias Bulgarie et Blachie, 20
quod rex Hungar(ie)[11] habeat iusticias Hungarie, et cessent occisiones Christianorum in me et ipsum[y]. Sciat autem sanctitas tua, quoniam[z] V episcopatus Bulgarie[12] pertinent ad imperium meum, quos invasit et detinet rex
Hungarie cum iusticiis ecclesiarum; et episcopatus ipsi sunt annichilati, et si
iustum est hoc fiat. Quicquid dicturus est presens nuncius imperii mei, epi- 25
scopus Blandizube[u] Blasius, sanctitati tue, habeas vera[aa], quoniam ex parte
mea dicet[bb]. Misi sanctitati tue examita[13] duppla tria et cupam auream et
Yperperorum[14] libras quatuor et scutellas argenteas tres et gradale argente-
um.

Imperator Bulgarie Caloioh(anne)s. 30

---

[p]) *Migne:* Romae. [q]) *Migne:* ei. [r]) *Migne:* mittas. [s]) *Migne:* aurea bulla. [t]) *Am Rande ein kurzer, waagrechter Strich.* [u]) *Migne:* Brandizuberensis. [v]) *Migne:* quid. [w]) *Migne:* impleverit. [x—x]) *Migne:* sumus dilecti filii. [y]) *Migne:* imperium. [z]) *Migne:* quod. [aa]) *Migne:* verum. [bb]) *Am Rande ein waagrechter Strich.*

[9]) Die Byzantiner. 35
[10]) S. Br. VII 1 Anm. 6.
[11]) Emmerich (Heinrich), König von Ungarn 1196—1204 November 30.
[12]) Die fünf Bistümer sind nicht eindeutig zu identifizieren; vgl. SWEENEY, *Papal-Hungarian Relations*, 143 mit Anm. 91. TĂUTU, *Conflit*, 391, schlägt die Bistümer Sirmium, Belgrad, Bra- 40 ničevo, Niš und Vidin vor.
[13]) Aus einem besonderen Stoff angefertigte Gewänder. Vgl. KRESTEN–MÜLLER, *Auslands-schreiben*, 428, Anm. 14.
[14]) Von Kaiser Alexios I. Komnenos eingeführte byzantinische Goldmünze. Vgl. *Oxford Dictionary of Byzantium* II 964f.; SPUFFORD, *Handbook*, 286.

7.

Innocenz III. übersendet dem Erzbischof Anastasius von Velbužd (und dem Erzbischof S[a]va von Preslav) durch den Kardinallegaten L(eo) von S. Croce das Pallium und trägt ihm auf, dieses an den ihm von dem Legaten mitzuteilen-
5 *den Tagen während der Messe innerhalb seiner Kirche zu tragen.*

(Anagni, 1204 Februar ca. 25)[1].

Reg. Vat. 5, fol. 137ʳ ⟨Nr. 7⟩.
Bréquigny, Diplomata, II/1 451, Nr. 7 = Migne, PL, 215, 292, Nr. 7; Densuşianu, Documente Românilor, I 31, Nr. 22; Dujčev, Epistolae, 49, Nr. 19; Haluščynskyj, Acta Innocentii, 265, Nr. 55.
10 *— Dujčev, Epistolae, T. 8. — Potth. Reg. 2139.*

Anastasio, archiepiscopo Belebusdiensi[a, 2].

Cum omnes unum corpus simus in Christo, singuli autem alter alterius membra, nec omnia membra eundem actum habere noscantur, sed non solum in officiis sed in forma etiam a se distent, distantia huiusmodi vel differentia
15 potius non deformitatem corporis sed decorem potius operante, cum stella etiam in claritate distet a stella, decet, ut, qui maiorem locum in ecclesia Dei tenent, honorentur amplius et specialibus honoris insignibus adornentur.

Cum igitur venerabilem fratrem nostrum .. archiepiscopum Trinouita-num[3] in omnibus terris, in quibus karissimus in Christo filius noster
20 Caloioh(anne)s, rex Bulgarorum et Blachorum[4] illustris, imperat, primatem duxerimus statuendum, honoris insignia, que ad officium eius spectant, ei[b] iuxta sedis apostolice consuetudinem concedentes, ut te quoque tamquam honorabile membrum ecclesie Trinouitane et metropolitanum Belebusdiensis ecclesie ac suffraganeis eius metropolitico iure prelatum specialiter honore-
25 mus, per dilectum filium L(eonem), tituli sancte Crucis presbyterum cardina-lem[5], apostolice sedis legatum, virum honestate morum et dote scientie commendandum[c], quem inter ceteros fratres nostros specialis dilectionis brachiis amplexamur, palleum de corpore beati Petri sumptum — insigne videlicet plenitudinis pontificalis officii[6] — tibi dirigimus conferendum iuxta
30 formam bulle nostre munimine roboratam.

Monemus igitur fraternitatem tuam et exhortamur in Domino et per apostolica tibi scripta mandamus, quatinus illud humiliter et devote susci-pias et eo non ad elationem sed humilitatem potius infra ecclesiam tuam in missarum sollempnibus diebus illis utaris, quos idem tibi cardinalis exponet,

---

35 **7.** ᵃ) *Migne:* Bellebusdiensi. *Am Rande ein Kreuz, längs des Briefes am Rande ein senkrechter, z. T. gewellter Strich.* ᵇ) *Migne:* et. ᶜ) *Migne:* commendatum. *Am Rande ein rotes Kreuz.*

7. ¹) Die Briefe VII 1—3, 7—9 und 12—14 wurden wohl gleichzeitig verfaßt.
²) S. Br. VII 5 Anm. 14.
³) S. Br. VII 1 Anm. 7.
40 ⁴) S. Br. VII 1 Anm. 1.
⁵) S. Br. VII 1 Anm. 5.
⁶) S. Br. VII 2 Anm. 6.

vgl. Röm 12, 4f.

vgl. 1Kor 15, 41

talemque te studeas exhibere, ut interior virtutum ornatus exteriorem vestium ornatum excedat et amictus exterior interiorem mentis habitum non
imaginaria tantum simulatione sed vera potius expressione figuret.

In^{d)} eundem modum S(a)ue, Prosthlauensi⁷⁾ archiepiscopo^{d)}.

8.

*Innocenz III. teilt dem König (Kalojan) der Bulgaren und Walachen die Legati-
on des Kardinalpresbyters L(eo) von S. Croce mit, der ihm Krone und Zepter
überbringen, ihn zum König salben und krönen und den Erzbischöfen das Pallium verleihen wird, und ermahnt ihn, den Legaten ehrenvoll zu empfangen und
seinen Weisungen zu gehorchen.*

(Anagni, 1204 Februar ca. 25)[1].

Reg. Vat. 5, fol. 137^r—137^v ⟨Nr. 8⟩.
Bréquigny, Diplomata, II/1 451, Nr. 8 = Migne, PL, 215, 292, Nr. 8; Densuşianu, Documente
Românilor, I 32, Nr. 23; Dujčev, Epistolae, 50, Nr. 20; Haluščynskyj, Acta Innocentii, 249, Nr. 47.
— Dujčev, Epistolae, T. 8, 9. — Potth. Reg. 2140.

.. Illustri regi Bulgarorum et Blachorum^{a, 2)}.

Licet ex eo, quod per apostolorum principis merita universalis^{b)} ecclesie
sub eo sumus pastore pastores, qui oves alias, que de ipsius ovili non fuerant,
in unum adduxit ovile ac pascendas eas Petro pastori commisit: «Pasce»,
inquiens, «oves meas», instantia nostra cotidiana sit universarum ecclesiarum
sollicitudo continua et profectus omnium populorum, quos mater ecclesia
fermento veteri expurgato in novam regeneravit^{c)} infantiam et in sinum
suum, * sicut gallina pullos suos congregat, congregavit.

Bulgarorum et Blachorum populis tanto nos reputamus specialius debitores, quanto non solum fidem catholicam per sedem apostolicam olim devotius
receperunt³⁾, sed descenderunt etiam ex sanguine Romanorum⁴⁾, quorum

vgl. Jo 10, 16
Jo 21, 17
vgl. 2Kor 11, 28
vgl. 1Kor 5, 7
vgl. 1Petr 2, 2
* fol. 137^v
vgl. Mt 23, 37

---

^{d—d)} *Fehlt bei Migne.*

⁷⁾ S. Br. VII 5 Anm. 13.

8. ^{a)} *Am Rande drei Punkte und ein Kreuz. Längs des Briefes am Rande ein senkrechter, z. T.
gewellter Strich.* ^{b)} *-a- korr. aus einem anderen Buchstaben.* ^{c)} *regnavit mit Kürzungsstrich
über -na-.*

8. ¹⁾ Zur Datierung s. Br. VII 7 Anm. 1.
²⁾ S. Br. VII 1 Anm. 1.
³⁾ Unter Papst Nikolaus I. 858—867. S. Br. V 115 (116) Bd. 5 S. 228 Z. 3—7 mit Anm. 13.
⁴⁾ Zur angeblichen römischen Abstammung der Walachen und Kalojans vgl. Br. II 255
(266) Bd. 2 S. 486 Z. 14, Br. V 115 (116) Bd. 5 S. 227 Z. 14; vgl. auch V 114 (115) ebd. S. 225 Z.
7 mit Anm. 7; Johannes Cinnamus, *Epitome,* 260; WOLFF, *Second Bulgarian Empire,* 191f., Anm.
62; PRINZING, *Bedeutung Bulgariens,* 30f.

sumus profectui et ministerio specialius deputati, qui tamquam peculiaris
populus noster nobis tam in spiritualibus quam temporalibus nullo subiacent   vgl. Dt 7, 6 u.ö.
mediante. Ut igitur eius magisterium recognoscant, a qua sciunt[d] se spiritualiter didicisse quod credunt, et quod sunt carnaliter accepisse, cum secundum
5 carnem descenderint ex nobilibus Romanorum, nos, pro quibus Dominus
tamquam beati Petri successoribus exoravit, ne deficiat fides nostra, sed
fratres nostros conversi aliquando confirmemus, eos confirmare volumus in   vgl. Lk 22, 32
fide catholica et in devotione sedis apostolice roborare. Ut autem paterne
dilectionis affectus, quem gerimus circa ipsos, omnibus innotescat et in filiis
10 matris liberalitas commendetur, in spiritualibus et temporalibus eos tamquam speciales ecclesie Romane filiòs volumus honorare.

    Ideoque dilectum filium L(eonem), tituli sancte Crucis presbyterum car-
dinalem[5], apostolice sedis legatum, virum litteratura conspicuum et predi-
tum honestate, quem inter ceteros fratres nostros specialis dulcedinis brachiis
15 amplexamur, in Bulgariam et Blachiam a nostro latere destinamus, qui te
auctoritate ac vice nostra inungat, sceptrum tibi regale tribuat et imponat
regium diadema. Cumque venerabili fratri nostro .. archiepiscopo Trinouitano[6] per dilectum filium I(ohannem), capellanum nostrum[7], palleum duxerimus destinandum et statuerimus eum totius Bulgarie ac Blachie primatem,
20 per eundem legatum metropolitanis, quos idem capellanus instituens ei de
novo subiecit, palleum — insigne videlicet plenitudinis pontificalis officii[8] —
destinamus[e] eis iuxta formam, quam sub bulla nostra interclusam mittimus conferendum[9]. Eidem quoque legato plenam contulimus facultatem cor-
rigendi, que corrigenda cognoverit, et statuendi, que duxerit statuenda, man-
25 dantes eisdem, ut tam clerum quam populum in hiis, que pertinent ad fidei
Christiane profectum, informent et de benivolentia nostra efficiant certiores.

    Monemus igitur serenitatem regiam et exhortamur at(tentius), quatinus
legatum ipsum sicut personam nostram — immo nos et beatum Petrum in
ipso — benigne recipias et honorifice studeas pertractare, salubria monita et
30 statuta ipsius et tu ipse recipiens et observans et ab universa terra tua recipi
faciens et servari; taliter super hoc, quod scribimus, impleturus, ut devotionis
affectum, quam[f] circa nos et Romanam [ecclesiam][g] habere te credimus, in
effectu operis cognoscamus.

---

[d] -u- *korr. aus* -a-.   [e] D- *ist ein Großbuchstabe und korr. aus einem anderen Buchstaben.*
35 [f] *Migne:* quem.   [g] *So schon bei Migne.*

[5] S. Br. VII 1 Anm. 5.
[6] S. Br. VII 1 Anm. 7.
[7] S. Br. VII 3 Anm. 16.
[8] S. Br. VII 2 Anm. 6.
40 [9] Br. VII 10.

9.

Innocenz III. trägt dem Erzbischof (Basilius) von Trnovo, den Erzbischöfen und Bischöfen, Klerus und Volk in Bulgarien und der Walachei auf, den Legaten (Kardinalpresbyter Leo von S. Croce) ehrenvoll zu behandeln und seinen Weisungen zu gehorchen. 5

(Anagni, 1204 Februar ca. 25)[1].

Reg. Vat. 5, fol. 137ᵛ ⟨Nr. 9⟩.

Bréquigny, Diplomata, II/1 452, Nr. 9 = Migne, PL, 215, 294, Nr. 9; Densuşianu, Documente Românilor, I 34, Nr. 24; Dujčev, Epistolae, 51, Nr. 21; Haluščynskyj, Acta Innocentii, 251, Nr. 48. — *Dujčev, Epistolae, T. 9.* — *Potth. Reg. 2142.* 10

Archiepiscopo Trinouitano, totius Bulgarie et Blachie primati[2], et aliis archiepiscopis, episcopis, clero et populo in Bulgaria et Blachia constitutis[a].

Licet ex eo et cetera usque certiores[b]. Monemus igitur universitatem vestram et exhortamur at(tentius) et per apostolica vobis scripta mandamus, quatinus legatum ipsum[3] et cetera usque honorifice[c] pertractetis, ea, que 15 inter vos corrigenda duxerit vel etiam statuenda, suscipientes hilariter et inviolabiliter observantes, ut, etsi fueritis hactenus sicut oves errantes, ex quo tamen conversi estis ad episcopum et pastorem animarum vestrarum, eius sequamini doctrinam et formam, cui Dominus totius ecclesie magisterium contulit et primatum. Cavete autem, ne de facili moveamini a constantia 20 mentis vestre, sed in bono perseverantes proposito in devotione sedis apostolice humiliter persistatis, ut in illius videamini petre soliditate firmati, supra quam Dominus ecclesie posuit fundamentum, claves regni celorum concedens, ut esset, quibus Petrus aperiret, apertum et, quibus clauderet, non pateret. 25

vgl. 1Petr 2, 25 *(margin, at line 17)*

vgl. Mt 16, 18f. *(margin, at line 24)*

vgl. Is 22, 22; Apok 3, 7 *(margin, at line 25)*

10.

Die Formel der Verleihung des Palliums an die bulgarischen Erzbischöfe.

Reg. Vat. 5, fol. 137ᵛ ⟨Nr. 10⟩.

Bréquigny, Diplomata, II/1 453, Nr. 10 = Migne, PL, 215, 294, Nr. 10; Gesta Innocentii, c. 77 (Baluze I 38; Gress-Wright 143f.); Bzovius, Annalium tom. XIII, 115; Assemanus, Kalendaria, V 30 *142 (teilweise); Farlati, Illyrici sacri tom. VIII, 216 (teilweise); Theiner, Monumenta Slavorum meridionalium, I 31, Nr. 50; Wenzel, Codex diplomaticus Arpadianus, VI 288, Nr. 177; Densuşianu,*

---

9. [a] *Am Rande ein Kreuz und drei Punkte. Außen am Rande die zweite römische Briefzählung:* X *(siehe Einleitung VIII).* [b] *Br. VII 8 S. 23 Z. 26.* [c] *Ebd. Z. 29.*

9. [1] Zur Datierung s. Br. VII 7 Anm. 1. 35
[2] S. Br. VII 1 Anm. 7.
[3] S. Br. VII 1 Anm. 5.

Documente Românilor, I 34, Nr. 25; Dujčev, Epistolae, 52, Nr. 22; Haluščynskyj, Acta Innocentii, 263, Nr. 53. — Comp. III 1. 7. 2; Coll. Fuld. 1. 8. 5; X 1. 8. 4. — Dujčev, Epistolae, T. 9. — Potth. Reg. 2145.

Ad[a)] honorem Dei omnipotentis et beate Marie virginis et beatorum apo-
5 stolorum Petri et Pauli et domini pape Innocentii[b)] et Romane ecclesie
necnon et ecclesie tibi commisse tradimus tibi palleum de corpore beati Petri
sumptum — insigne videlicet plenitudinis pontificalis officii[1)] —, quo ad
missarum sollempnia infra ecclesias tibi subiectas utaris in Nativitate Domini, festivitate prothomartyris St(e)ph(an)i, Circumcisione Domini, Epipha-
10 nia, Ypapanti[2)], Dominica in ramis palmarum, Cena Domini, Sabbato
sancto, Pascha, feria II[a] post Pascha, Ascensione Domini, Pentecoste, tribus
festivitatibus sancte Marie, nathali beati Ioh(ann)is Baptiste, sollempnitatibus Omnium apostolorum, commemoratione Omnium sanctorum, dedicatio-
nibus ecclesiarum, consecrationibus episcoporum, ordinationibus clericorum,
15 ecclesie tue principalibus festivitatibus et anniversario consecrationis tue
die[c)]. Sane solus Romanus pontifex in missarum sollempniis palleo semper
utitur et ubique[d)], quoniam assumptus est in plenitudinem ecclesiastice potestatis, que per palleum figuratur[3)]. Alii autem eo nec semper nec ubique sed
in ecclesia sua, in qua iurisdictionem ecclesiasticam acceperunt, certis debent
20 uti diebus[4)], quoniam vocati sunt in partem sollicitudinis, non in plenitudinem potestatis[5)].

11.

Der vom Erzbischof von Trnovo, Primas der Bulgaren und Walachen, dem apostolischen Stuhl zu leistende Gehorsamseid.

25   *Reg. Vat. 5, fol. 137ᵛ—138ʳ ⟨Nr. XI⟩.*

      Bréquigny, Diplomata, II/1 453, Nr. 11 = Migne, PL, 215, 295, Nr. 11; Gesta Innocentii, c. 77 (Baluze I 39; Gress-Wright 144f.); Bzovius, Annalium tom. XIII, 116; Assemanus, Kalendaria, V 142; Farlati, Illyrici sacri tom. VIII, 216; Theiner, Monumenta Slavorum meridionalium, I 32, Nr. 51; Wenzel, Codex diplomaticus Arpadianus, VI 290, Nr. 179; Densuşianu, Documente Românilor,
30 *I 35, Nr. 26; Dujčev, Epistolae, 52, Nr. 23; Haluščynskyj, Acta Innocentii, 264, Nr. 54. — Dujčev, Epistolae, T. 9, 10.*

---

10. [a)] *Am Rande ein Kreuz und drei Punkte; außen am Rande von einer Hand des 13. Jhs.:* hoc
c(apitulum) est Extra de usu pallij *(X 1. 8. 4).*   [b)] *In verlängerter Schrift.*   [c)] *Fehlt bei Migne.*
[d)] *Migne:* utique.

35 **10.** [1)] S. Br. VII 2 Anm. 6.
    [2)] 2. Februar.
    [3)] S. Br. VII 2 Anm. 6.
    [4)] *Decretum Gratiani* D. 100 p. c. 3; D. 100 a. c. 6; D. 100 c. 6 (Friedberg, *CorpIC*, I 353).
    [5)] *Decretum Gratiani* C. 2 q. 6 c. 11, c. 12; C. 3 q. 6 c. 8; C. 9 q. 3 pr. (Friedberg, *CorpIC*, I
40 469f., 521, 606).

Ego[a] .. archiepiscopus Trinouitanus[1], primas totius Bulgarie et Blachie, ab hac [hora][b] in antea ero fidelis et obediens beato Petro sancteque Romane[c] apostolice sedi et domino meo pape[d] Innocentio[e] eiusque catholicis successoribus. Non ero in facto vel consilio vel consensu, ut perdant vitam aut
* fol. 138ʳ membrum vel capiantur * aut spolientur. Consilium, quod michi crediderint, 5
ad eorum dampnum me sciente nemini pandam. Eorum certum malum, si scivero, impedire studebo. Quod si non potero impedire, eis, quam cito potero, intimabo[f, 2]. Papatum Romanum, honores, dignitates et rationes apostolice sedis defendam pro posse, salvo ordine meo, contra omnem viventem. Vocatus ad synodum veniam, nisi prepeditione canonica fuerim impeditus. 10
Apostolorum limina singulis quadrienniis per me vel per meum nuncium visitabo, nisi eorum absolvar[g] licentia. Legatum apostolice sedis, quem pro certo scivero esse legatum, devote suscipiam et in suis neccessitatibus adiuvabo[3]. Cum quemlibet de meis suffraganeis in[h] episcopum[h] consecravero, faciam illum[i] iurare, ut Romano pontifici et ecclesie Romane perpetuam 15
obedientiam et debitum honorem impendat. Ceterum cum aliquem coronavero in regem Bulgarorum et Blachorum iuxta indulgentiam michi et successoribus meis ab apostolica sede concessam, ab eo iuratoriam recipiam cautionem, quod ei, qui tunc apostolice sedi prefuerit, successoribus eius et ecclesie Romane devotus et obediens permanebit et cunctas terras et gentes suo 20
subiectas imperio in obedientia et devotione sedis apostolice conservabit. Hec omnia bona fide servabo; sic me Deus adiuvet et hec sancta evangelia in presenti et in futuro. Amen[k].

12.

Innocenz III. übersendet dem König Kaloj(an) der Bulgaren und Walachen 25
durch den Kardinallegaten L(eo) von S. Croce eine Fahne mit Kreuz und Schlüsseln, erklärt ihm deren Bedeutung und trägt ihm auf, unter ihr im Gehorsam gegenüber den Lehren der Römischen Kirche zu kämpfen.

(Anagni, 1204 Februar ca. 25)[1].

Reg. Vat. 5, fol. 138ʳ ⟨Nr. 12⟩. 30
Bréquigny, Diplomata, II/1 454, Nr. 12 = Migne, PL, 215, 295, Nr. 12; Gesta Innocentii, c. 74
(Baluze I 36; Gress-Wright 132f.); Assemanus, Kalendaria, V 140 (teilweise); Densuşianu, Docu-

---

11. [a] *Am Rande ein Kreuz und drei Punkte.* [b] *So schon Migne.* [c] *Migne fügt hinzu:* et.
[d] *Fehlt bei Migne.* [e] *In verlängerter Schrift.* [f] *Migne:* intimare curabo. [g] *Migne:* absolvat. [h—h] *Fehlt bei Migne.* [i] *Migne:* illi. [k] *Nach Art der Privilegien stilisiert.* 35

11. [1] S. Br. VII 1 Anm. 7.
[2] Vgl. *Liber Diurnus: Indiculum episcopi* (Ed. Foerster, 137 Z. 2—8). Vgl. Kantorowicz, *Inalienability*, 146f., Anm. 47, 52.
[3] Vgl. Gottlob, *Amtseid*, 54f.; zum Ganzen vgl. Tangl, *Kanzleiordnungen*, 50f., Nr. 18.

12. [1] Zur Datierung s. Br. VII 7 Anm. 1. 40

mente Românilor, I 38, Nr. 29; Dujčev, Epistolae, 53, Nr. 24; Haluščynskyj, Acta Innocentii, 266, Nr. 56. — Dujčev, Epistolae, T. 10. — Potth. Reg. 2141.

Caloioh(ann)i, regi Bulgarorum et Blachorum[2] illustri.

| Ut[a] in cruce Domini nostri Iesu Christi cum Apostolo glorieris et non   vgl. Gal 6, 14

5 tibi sed ei, cui flectitur omne genu[b], tuos decetero triumphos ascribas, qui   vgl. Röm 14,11; Phil 2, 10

docet[c] manus ad prelium et digitos movet ad bellum, et inter varios bellorum   vgl. Ps 143, 1

eventus eius suffragio sentias te muniri, cui Dominus claves regni celorum et   vgl. 2Sam 11, 25

ligandi atque solvendi contulit potestatem, preter regie dignitatis insignia,   vgl. Mt 16, 19

que tibi per dilectum filium L(eonem), tituli sancte Crucis presbyterum car-

10 dinalem[3], apostolice sedis legatum, virum providum et honestum, tue sereni-

tati dirigimus[4], per eundem vexillum, quo contra illos utaris, qui honorant

labiis Crucifixum, cor autem eorum est longinquum ab ipso, ad petitionem   vgl. Is 29, 13; Mt 15, 18;

venerabilis fratris nostri B(lasii), Brandizib(er)ensis[d] episcopi[5], tibi duximus   Mk 7, 6

destinandum. Pretendit autem[e] non sine misterio crucem et claves, quia[f]

15 beatus Petrus apostolus et crucem pro Christo sustinuit et claves a Christo

suscepit. Representat itaque signum crucis, utpote in quo Christus[g], qui   vgl. Mt 16, 19

vincit, regnat et imperat, debellavit aereas potestates et in quo capiens preda

predonem absorbuit, moriens vita mortem et Behemot cepit in suis oculis

quasi hamo. Clavem[h] autem geminam representat, discretionis alteram, reli-   vgl. Iob 40, 19

20 quam potestatis, ut, cum discreveris inter bonum [et] malum, lucem et tene-   vgl. 1Kg 3, 9

bras, sanctum etiam[i] et prophanum, commissum tibi materialem gladium ad   vgl. Lv 10, 10

vindictam malefactorum et[k] laudem[l] bonorum exerceas[6] et arma contra   vgl. 1Petr 2, 14

illos apprehendas et scutum, qui non posuerunt Deum adiutorem sibi, sed in   vgl. Ps 34, 2

feritate sua et multitudine confidentes nituntur contra stimulum calcitrare.   vgl. Jdt 9, 9

25 Monemus igitur serenitatem regiam et exhortamur at(tentius) et per aposto-

lica tibi scripta mandamus, quatinus eodem vexillo in humilitate[m] cordis

utaris et inter acies bellicas memor Dominice passionis existas eiusque magi-

sterium recognoscas, cui Dominus ipse dicit: «Tu es Petrus et super hanc

petram edificabo ecclesiam meam et porte inferi non prevalebunt adversus

30 eam; et tibi dabo claves regni celorum». Sic etenim[n] inimici tui non solum   Mt 16, 18f.

contra[o] te[o] prevalere non poterunt, sed ante faciem tuam dante Domino non

subsistent.   vgl. 1Makk 3, 53

---

vgl. Lk 22, 38   vgl. Apg 9, 5; 26, 14

12. [a] *Am Rande drei Punkte und ein Kreuz. Längs des Briefes am Rande ein senkrechter, z. T. gewellter Strich.* [b] *Migne:* genus. [c] *-c- vielleicht korr. aus -t-.* [d] *Migne:* Brandizuberen-

35 sis. [e] *Am Rande ein waagrechter Strich, daneben ein rotes Kreuz.* [f] *Migne:* qui. [g] *Migne setzt hier das* utpote. [h] *Am* -e(m) *Ansatz eines Schluß-s.* [i] *Über der Zeile nachgetragen; fehlt bei Migne.* [k] *Migne:* in. [l] *Migne fügt hinzu:* vero. [m] *Am Rande ein kurzer, waagrechter Strich.* [n] *Migne:* enim. [o—o] *Vielleicht auf Rasur.*

[2] S. Br. VII 1 Anm. 1.
40 [3] S. Br. VII 1 Anm. 5.
[4] Vgl. Br. VII 1 S. 5 Z. 10 und VII 8 S. 23 Z. 16f.
[5] S. Br. VII 1 Anm. 6.
[6] Vgl. *Decretum Gratiani* C. 15 q. 6 c. 2; C. 23 q. 8 a. c. 1; C. 33 q. 2 p. c. 5 (Friedberg, *CorpIC,* I 755, 953, 1152).

13.

Innocenz III. trägt den Erzbischöfen und Bischöfen, Äbten und sonstigen Prälaten, Klerus und Volk Ungarns auf, den Kardinalpresbyter L(eo) von S. Croce, den er als Legaten zu den Bulgaren und Walachen gesandt und mit voller Gerichtsgewalt in den von ihm durchreisten Ländern versehen hat, auf seiner Durchreise ehren- 5
voll zu behandeln und für seine Sicherheit Sorge zu tragen.

(Anagni, 1204 Februar ca. 25)[1].

Reg. Vat. 5, fol. 138ʳ—138ᵛ ⟨Nr. 13⟩.

Bréquigny, Diplomata, II/1 455, Nr. 13 = Migne, PL, 215, 296, Nr. 13; Densuşianu, Documente Românilor, I 36, Nr. 27; Dujčev, Epistolae, 54, Nr. 25; Haluščynskyj, Acta Innocentii, 267, Nr. 57. 10
— Dujčev, Epistolae, T. 10 (teilweise). — Potth. Reg. 2143.

Archiepiscopis, episcopis, abbatibus et aliis ecclesiarum prelatis et omnibus tam clericis quam laicis in regno Vngarie constitutis[a, 2].

| **V**olens apostolica sedes filios suos per varias mundi partes dispersos[b] in
unum, sicut[c] gallina sub alis pullos suos congregat, congregare, ut ipsa suas 15
oves agnoscat et agnoscatur ab eis fiatque unum ovile ac unus pastor, sicut
Dominus ipse dicit, Bulgarorum et Blachorum ecclesiam, [que][d], tamquam
non cognosceret semetipsam illo pastore relicto, cui Christus pascendas commiserat oves suas: «Pasce», inquiens, «oves meas», post vestigia gregum abie-
rat et velut ovis errans recesserat ab ovili, ad se desiderat revocare, ut sit 20
iuxta verbum propheticum bonum pariter et iocundum habitare fratres in
unum fiatque maius gaudium ecclesiis Dei super ecclesia illa, cum ad apostolice sedis devotionem redierit et reconciliata fuerit ecclesiastice unitati[e],
quam supra nonaginta novem aliis, quas nec mors nec gladius ab ecclesie
Romane reverentia separavit. 25

Ut igitur eius exemplo, qui filium prodigum redeuntem induit stola prima
et anulum dedit ei, Bulgarorum et Blachorum populos ad devotionem et
reverentiam sedis apostolice redeuntes in spiritualibus et temporalibus honoremus, per dilectum filium L(eonem), tituli sancte Crucis presbyterum cardinalem[3], apostolice sedis legatum, virum providum et honestum et inter 30
ceteros fratres nostros prerogativa quadam dilectionis acceptum, ipsos duximus visitandos, qui eos in fide catholica et ecclesie Romane devotione studeat confirmare. Ne autem primogenito scandalum pariat et hii[f], qui nobiscum sunt semper, quadam velut invidia moveantur, si[g] ecclesiam illam nunc
primo[f] ad matris ubera redeuntem taliter honoremus, occidentes in eius 35

Marginal references (left):
vgl. Mt 23, 37
vgl. Jo 10, 14
vgl. Jo 10, 16
vgl. Jo 21, 17
vgl. Hl 1, 7
vgl. Mt 18, 12; Lk 15, 4
vgl. Ps 132, 1
vgl. Mt 18, 13; Lk 15, 7
vgl. Lk 15, 22

---

13. ᵃ) *Am Rande drei Punkte und ein Kreuz.*   ᵇ) *Fehlt bei Migne.*   ᶜ) seu. *Emendiert nach Br. VII
8 S. 22 Z. 23.*   ᵈ) *So schon Migne.*   ᵉ) *Migne:* veritati.   ᶠ⁻ᶠ) *Migne:* his qui nobiscum sunt
semper quamdam velut invidiam moveat, si ecclesiam illam cum primogenito.   ᵍ) sic.

13. ¹) Zur Datierung s. Br. VII 7 Anm. 1.
²) Königreich Ungarn. 40
³) S. Br. VII 1 Anm. 5.

reditu vitulum saginatum, ei autem * nec edum etiam, quem cum amicis suis   * fol. 138ᵛ
comedat, tribuamus, sed ipse gaudeat et pariter epuletur, quoniam epulari
eum[h]) convenit et gaudere, quia frater eius, qui mortuus fuerat, iam revixit
et, qui perierat, est inventus, eidem legato plenam concessimus facultatem, ut   vgl. Lk 15, 25—32
5 in provinciis, per quas transit, causas, que ad eius audientiam perferentur[i]),
audiat et decidat, si potuerit, vel deleget metatque in earum decisione et
delegatione de ipsis omnia scandala et seminans semen pacis controversias   vgl. Zach 8, 12
studeat sepelire et fiat odor vite in vitam omnibus, per quos transit.   vgl. 2Kor 2, 16

Monemus igitur universitatem vestram et exhortamur at(tentius) et per
10 apostolica vobis scripta mandamus, quatinus cardinalem ipsum sicut apostolice sedis legatum recipiatis hilariter et honorifice pertractetis et tam in
eundo quam redeundo in neccessariis omnibus et securo conductu ita liberaliter provideatis eidem, ut patronum eum decetero apud sedem apostolicam
habeatis tantoque citius ab ea exaudiatur pro vobis, quanto a vobis pro ipsa
15 fuerit amplius honoratus.

14.

Innocenz III. befiehlt den Erzbischöfen, Bischöfen, Äbten, den sonstigen Prälaten
und dem Klerus Serbiens, den Legaten (Kardinalpresbyter Leo von S. Croce),
dessen Legation auch der Kirche in Serbien gilt, ehrenvoll aufzunehmen und
20 *seinen Befehlen zu gehorchen.*

(Anagni, 1204 Februar ca. 25)[1]).

Reg. Vat. 5, fol. 138ᵛ ⟨Nr. 14⟩.

Bréquigny, Diplomata, II/1 456, Nr. 14 = Migne, PL, 215, 297, Nr. 14; Densuşianu, Documente
Românilor, I 37, Nr. 28; Dujčev, Epistolae, 56, Nr. 26; Haluščynskyj, Acta Innocentii, 268, Nr. 58.
25 *— Potth. Reg. 2144.*

Archiepiscopis, episcopis, abbatibus et aliis ecclesiarum prelatis et universo
clero in Seruie provincia[a, 2]) **constitutis**[b]).

Volens apostolica sedes et cetera in eundem fere modum usque est inventus[c]), in Saruia[d]) quoque ipsi legationis officium duximus iniungendum, ut
30 evellat, destruat, disperdat et dissipet, edificet et plantet, iuxta quod ad   vgl. Ir 1, 10
profectum catholice fidei, statum ecclesie, correctionem et utilitatem vestram viderit expedire.

---

[h]) *Vielleicht nachgetragen.*   [i]) *Über -fe- ein kleines Kreuz.*

14. [a]) provincie.   [b]) *Am Rande ein Kreuz.*   [c]) *Br. VII 13 oben Z. 4.*   [d]) *Migne:* Servia.

35 **14.** [1]) Zur Datierung s. Br. VII 7 Anm. 1.
[2]) Serbien.

Monemus igitur universitatem vestram et exhortamur in Domino et per apostolica vobis scripta precipiendo[e] mandamus[e], quatinus legatum ipsum[3] sicut personam nostram, immo nos in eo, recipientes hilariter et honorifice pertractantes, statuta et mandata ipsius suscipiatis humiliter et inviolabiliter observetis; alioquin sententiam, quam tulerit in rebelles, ratam habebi- 5 mus et faciemus auctore Domino inviolabiliter[f] observari.

15.

Innocenz III. trägt dem Bischof (Eustach) von Ely und dem Abt (Samson) von Bury St. Edmunds — für den Fall, daß der Bischof (Philipp) von Durham und der Abt (Johannes) von St. Albans einen gleichlautenden Befehl nicht ausführen 10
sollten — auf, die Kirche (von Woodhorn), die nach dem Tod ihres Inhabers Rog(er) von St. Edmunds aufgrund erschlichener päpstlicher Briefe dem Neffen des (Kardinal-)Bischofs J(ohannes) von Albano übertragen worden war, in die eigene Verwaltung zu nehmen und aus ihren Einkünften die Schulden zu bezahlen, die Rog(er) anläßlich seiner Kreuznahme bei römischen Bankiers gemacht 15
hatte.

Anagni, (1204) März 2.

Reg. Vat. 5, fol. 138ᵛ—139ʳ ⟨Nr. 15⟩.
Bréquigny, Diplomata, II/1 456, Nr. 15 = Migne, PL, 215, 298, Nr. 15. — Coll. Dunelm. II 9.
— Potth. Reg. 2149; Bliss, Calendar, 16; Cheney, Calendar, 547.   20
Vgl. Hageneder, Probleme.

.. Eliensi episcopo[1] et .. abbati sancti Edmundi[a, 2].

Etsi devotionem illius in Domino comendemus, qui mandatorum nostrorum est diligens executor, quia tamen intentionis nostre non est iniusta mandare, ne inde nascantur iniurie unde iura nascuntur[b, 3], mirari cogimur 25 et moveri, siquando forte mandata per surreptionem a nobis fraudulenter extorta scienter executioni demandet, cum non debeat ignorare[c], quod se-

---

[e—e] *Durch Zeichen umgestellt aus* mandamus precipiendo.   [f] inviobilit(er).
[3] S. Br. VII 1 Anm. 5.

15. [a] *Adresse am Rande vorgemerkt. Außen am Rande die erste römische Briefzählung:* IIIIᶜ. 30
[b] *Darnach eine kleine Rasur.*   [c] -a- *korr. aus* -e-.

15. [1] Eustach, B. von Ely (Suffr. von Canterbury) 1197—1215. Vgl. Fryde–Greenway–
Porter–Roy, *Handbook*, 244.
[2] Samson von Tottington, Abt von Bury St. Edmunds (Ben.-Abtei, Diöz. Norwich, Gft.
Suffolk) 1182—1211. Vgl. Knowles–Brooke–London, *Heads of Religious Houses*, 32.   35
[3] Codex 8. 4. 6 (Ed. Krueger 332).

cundum canonicas et legitimas sanctiones mendax precator carere debet penitus impetratis[4], quia fraus vel dolus alicui patrocinari non debet[5] et iura non deceptoribus subveniunt sed deceptis[6].

Gravem itaque nobis dilecti filii Ia(quintus)[d] de Tosto[d, 7], S(tephanus)[e]
5 Bobonis de Maximo[8], M(athias) Guidonis Marronis[9], Se.[f] Ioh(ann)is Pantaleonis et He(rus) frater ipsius[10], S(tephanus) Capharellus[11], Nich(olaus) Octouian(i) Deustegardet[12] et L(eonardus) Pizulinus[13], mercatores Romani, proposuere querelam, quod, cum bone memorie Ro(gerius) de sancto Edmundo[14] ex illa licentia generali, quam apostolica sedes omnibus crucesignatis
10 indulsit[15], et ex alia speciali, quam nos eidem crucesignato concessimus[16], usque ad triennium obligasset eisdem sua beneficia universa pro certa pecu-

---

[d—d] *Migne:* Jacobus de Josto.   [e] *Darnach irrtümlich ein Absatzzeichen.*   [f] *Migne:* S.

[4] *Decretum Gratiani* C. 25 q. 2 p. c. 16 (FRIEDBERG, *CorpIC*, I 1015f.); Codex 1. 22. 5 (Ed. KRUEGER 75).

15   [5] *JL* 13870 (Alexander III.) = Comp. I 2. 20. 20 = X 2. 28. 15; *JL* 14091 (Alexander III.) = Comp. I 4. 11. 2 = X 4. 11. 2 (FRIEDBERG, *CorpIC*, II 414, 694).

[6] Vgl. Digesten 16. 1. 2 § 3 (Ed. MOMMSEN 205).

[7] Iaquintus de Tosto, als Senator von Rom bezeugt 1188, als Gläubiger des Bischofs von Utrecht vor 1197, als Urkundenzeuge 1207, 1218. Vgl. BARTOLONI, *Codice*, 74, Nr. 42 Z. 24;
20 LACKNER, *Verwaltung*, 139 mit Anm. 33; Br. VI 214 (215) Bd. 6 S. 365 Z. 15—18 mit Anm. 3, 5; BAUMGÄRTNER, *Regesten*, I 99f., Nr. 50, 51; 135, Nr. 105.

[8] Stephanus Bobonis de Maximo, als römischer Bankier mit Geschäftsinteressen in England bezeugt 1221. Vgl. PRESSUTTI, *Regesta Honorii III*, 3330; VENDITELLI, *Mercanti*, 99, 126.

[9] Mathias Guidonis Marronis, römischer Bankier, bezeugt als Gläubiger des EB. von Köln
25 1214, 1219 und 1221 (KNIPPING, *Regesten*, III 23, Nr. 124; 61, Nr. 339; SCHULTE, *Geschichte*, II 285f.), der Bischöfe von Worms 1225 (*ebd.* I 249; PRESSUTTI, *Regesta Honorii III*, 5547) und Le Puy (1226: *ebd.* 5979; 1235: AUVRAY, *Registres Grégoire IX*, 2490—2497). Vgl. VENDITELLI, *Mercanti*, 109, 114f., 126.

[10] Erus Iohannis Pantaleonis, 1186 als Senator von Rom bezeugt. Vgl. BARTOLONI, *Codice*,
30 Nr. 40, S. 68 Z. 19. Ein Johannes Pantaleonis ist 1218 als Gläubiger des EB. von Köln bezeugt (PRESSUTTI, *Regesta Honorii III*, 1351).

[11] Stephanus Capharellus, 1191 als Senator von Rom bezeugt. Vgl. HALPHEN, *Étude*, 161; BARTOLONI, *Codice*, Nr. 44, S. 80 Z. 6f.; vielleicht derselbe als Bankier bezeugt 1221 als Geschäftspartner des Stephanus Bobonis de Maximo (PRESSUTTI, *Regesta Honorii III*, 3330), 1240 und 1241
35 als Gläubiger der Bischöfe von Lüttich (Liège) und Metz (AUVRAY, *Registres Grégoire IX*, 5237, 6069, 6081), 1225 als Urkundenzeuge in Rom (BAUMGÄRTNER, *Regesten*, I 151, Nr. 132). Vgl. VENDITELLI, *Mercanti*, 99, 112f., 126f.

[12] Wahrscheinlich identisch mit Nicolaus Octaviani Sabactarii, der 1221 als „quondam" und Geschäftspartner von Stephanus Bobonis de Maximo und Stephanus Capharellus genannt
40 ist (PRESSUTTI, *Regesta Honorii III*, 3330). Vgl. VENDITELLI, *Mercanti*, 99, 126.

[13] Leonardus Pizulinus, 1221 ebenfalls als „quondam" genannt (wie Anm. 12).

[14] Magister Roger von St. Edmunds, königlicher Kaplan, Inhaber der Kirche von Woodhorn (s. unten Anm. 23). Gest. 1202. Vgl. Br. V 53 (54, 55); CHENEY, *Innocent III and England*, 84f.

45   [15] Gemeint ist wohl Br. III 83 (*Potth. Reg.* 1045; Dr.: *Gesta Innocentii*, c. 84 [MIGNE, *PL*, 214, CXXXII—CXXXVIII; GRESS-WRIGHT 164—174]), wo der Papst, allerdings nur den Klerikern Frankreichs, u. a. erlaubt, zur Erfüllung ihrer Kreuzzugsgelübde ihre Einkünfte bis auf drei Jahre zu verpfänden (*ebd.* CXXXVI B). Vgl. Br. VI 202 (204) Anm. 6; ROSCHER, *Innocenz III.*, 74.

[16] Das „speciale mandatum" für Roger wird auch in Br. VI 202 (204) Bd. 6 S. 341 Z. 18
50 erwähnt. Vgl. CHENEY, *Calendar*, 430.

nie quantitate, quam recepit ab eis in Terre sancte subsidium profecturus, et nos[g] post eius decessum generaliter mandaverimus omnia beneficia, que tempore mortis habebat, prefatis mercatoribus assignari, ut de ipsorum[h] proventibus pecuniam reciperent usuris cessantibus mutuatam[17], venerabilis frater noster .. Dunelmensis episcopus[18], qui pro mercatoribus ipsis primo 5 et secundo apostolicum mandatum[19] suscepit, occasione mandati ad ipsum[20] vel ad dilectum filium .. abbatem sancti Albani[21] pro[i] nepote[i] venerabilis fratris nostri I(ohannis)[k], Albanensis episcopi[22], predictorum omnium veritate tacita impetrati super ecclesia, quam idem R(ogerius) ab eiusdem abbatis possederat monasterio[23], ipsius episcopi conferenda nepoti eandem illi 10 ecclesiam dicitur assignasse, qui per procuratorem suum[24] non solum illam[l] accepit, verum etiam percipit fructus ipsius in preiudicium mercatorum, qui de proventibus ipsius ecclesie potuissent plenius quietari.

Unde per effectum operis patet, qualis fuit impetrantis affectus. Recolimus etiam ipsum abbatem ad primum mandatum nostrum[25] id[m] facere[m] 15 noluisse, sicut per suas nobis litteras intimavit; tum quia, priusquam prefatus Rog(erius) ipsam ecclesiam per favorem regium accepisset, ipse ad illam vacantem quendam clericum canonice presentavit[26], iure sibi ex sola presentatione sua in eadem ecclesia secundum canones acquisito, quia ius patronatus pinguius a clericis quam a laicis[n] possidetur[27], tum etiam quia eadem 20

---

[g] *Migne:* inde.   [h] ip(s)aru(m). -u- *vielleicht au*ᶠ *Rasur. Die Korrektur schon bei Migne.* [i—i] *Migne:* pronepotem.   [k] *Migne:* S.   [l] *Migne:* illum.   [m—m] *Auf Rasur nachträglich eingefügt.*   [n] *Bis hieher am Rande ein senkrechter, z. T. gewellter Strich.*

[17] Vgl. Cheney, *Calendar*, 458.

[18] Philipp von Poitiers, B. von Durham (Suffr. von York) 1196—1208. Vgl. Fryde–Greenway–Porter–Roy, *Handbook*, 241. 25

[19] Vgl. Cheney, *Calendar*, 459, 460.

[20] Erwähnt auch im a-pari Brief Cheney, *Calendar*, 535, S. 239 Z. 15.

[21] Johannes von Cella, Abt von St. Albans (Ben.-Abtei, Diöz. Lincoln, Hertfordshire) 1195—1214. Vgl. Knowles–Brooke–London, *Heads of Religious Houses*, 67. Die Mandate s. 30 Cheney, *Calendar*, 451, 461.

[22] H., Neffe des Johannes, (K.-)B. von Albano (s. Br. VII 3 Anm. 4), der in Paris studierte. Vgl. Cheney, *Calendar*, 461, und ders., *From Becket to Langton*, 194, Nr. XII.

[23] Es handelt sich um die Kirche von Woodhorn (Diöz. Durham, Northumberland), die dem Patronat von St. Albans unterstand. Vgl. Cheney, *Calendar*, 461, bzw. dessen Druck bei 35 Cheney, *From Becket to Langton*, 195, Nr. XII. Vgl. auch Br. VI 202 (204).

[24] Sein Name war Wiscardus, s. Br. VIII 33 (Migne, *PL*, 215, 592 B).

[25] Cheney, *Calendar*, 451.

[26] Den Kleriker G., dessen Einsetzung der Bischof von Durham verzögert hatte, bevor auf königlichen Druck Roger von St. Edmunds in Woodhorn installiert wurde. Cheney, *From Becket* 40 *to Langton*, 195, Nr. XII.

[27] So die Argumentation des Abtes von St. Albans. Vgl. Br. VI 202 (204) Bd. 6 S. 341 Z. 10—12; Cheney, *Calendar*, 535, S. 239. Er konnte sich dabei auf eine, besonders von Bernhard von Pavia, vertretene Rechtsmeinung stützen, der wiederum teilweise eine Dekretale Papst Lucius' III. zu Grunde liegt. *JL* 14029 = Comp. I 3. 33. 30 = X 3. 38. 24 (Friedberg, *CorpIC*, II 45 617). Vgl. Landau, *Jus Patronatus*, 156—170, bes. 170, Anm. 596.

ecclesia, que curam habet animarum annexam, maxime cum sit magna, debet ad regimen suum non mercennarium sed pastorem habere. Cumque vgl. Jo 10, 12f. predictus clericus super iure suo sibi^{o)} reintegrando^{o)} litteras apostolicas impetrasset^{p, 28)}, nulla de litteris illis in primo mandato²⁹⁾ mentio facta fuit, de
5 quibus licet in secundo mandato³⁰⁾ fecerimus mentionem, quia proponebantur per vicium falsitatis^{q)} obtente, mandavimus³¹⁾ tamen cum inquisitione procedi, ne posset eidem clerico preiudicium generari, sed ipse, sicut accepimus, conqueritur vehementer grave sibi preiudicium esse factum, sive per fraudem adhibitam, sive per violentiam irrogatam.
10 Quia vero, sicut de dubiis iudicare non possumus³²⁾, donec plene certificemur de illis, ita de certis ambigere non debemus, quin de illis libere decernamus³³⁾, predictis episcopo³⁴⁾ et abbati³⁵⁾ per scripta nostra precepimus^{r)}, ut, cum exigente iusticia carere debeat robore firmitatis, quod occasione mandati per surreptionem obtenti noscitur attemptatum, memoratam ecclesiam
15 sublato cuiuslibet contradictionis et appellationis obstaculo idem episcopus ad manus eiusdem abbatis et ipse abbas ad manus suas non differat revocare, remoto ab eo procuratore seu vicario nepotis predicti episcopi Albanensis vel alio quolibet detentore proventus ipsius fideliter colligentes, * ut ad manda- * fol. 139^r tum nostrum in solutionem prelibate pecunie convertantur. Fructus quoque
20 medio tempore perceptos³⁶⁾ ex ea requirere^{s)} ac accipere non postponant et fructus, quos idem episcopus inde perceperit, eidem abbati tribuat nichilominus conservandos; contradictores, si qui fuerint, per excommunicationis sententiam appellatione postposita compescendo. Interim autem ipsam ecclesiam nulli penitus assignare presumant^{t)}, donec de ipsa nostre receperint bene-
25 placitum voluntatis, mandatum apostolicum taliter impleturi, ut diligentius exequantur, quod de scientia certa procedit, quam quod de tacita veritate prorupit.
Quocirca discretioni vestre per apostolica scripta mandamus, quatinus, si prenominati episcopus et abbas mandatum nostrum infra viginti dies negle-

---

30   ^{o—o)} s(ibi) rei(n)- *auf Rasur.*   ^{p)} *Über der Zeile zwei Punkte schräg übereinander und ein Schrägstrich. Es fehlt ein Satz: Vgl. den a-pari Brief bei Cheney, Calendar, 239, Nr. 535, Z. 28f.:* quarum optentu causa rei servande missus fuisse in possessionem ipsius ecclesie perhibetur. ^{q)} *Migne:* facilitatis.   ^{r)} *Migne:* praecipimus.   ^{s)} *Migne:* recipere.   ^{t)} -es- *auf Rasur,* -mant *ab dem zweiten Schaft des* -m- *auf Rasur; auch am Rande eine Rasur.*

35   ²⁸⁾ Vgl. Cheney, *Calendar*, 429.
       ²⁹⁾ *Ebd.* 451.
       ³⁰⁾ *Ebd.* 461.
       ³¹⁾ An den B. von Ely. Vgl. Cheney, *Calendar*, 457, erwähnt in *ebd.* 461.
       ³²⁾ Vgl. Kuttner, *Ecclesia*, 238ff., bes. 238, Anm. 18.
40   ³³⁾ Vgl. *Decretum Gratiani* C. 2 q. 1 c. 12; C. 11 q. 3 c. 74; C. 30 q. 5 p. c. 11 (Friedberg, *CorpIC*, I 444, 664, 1108).
       ³⁴⁾ Cheney, *Calendar*, 535 (mit irriger Datierung auf „c. Jan. 15"), ein an den Bischof von Durham gerichteter a-pari Brief zu vorliegendem Schreiben.
       ³⁵⁾ Vielleicht Br. VI 202 (204) vom 15. Januar 1204.
45   ³⁶⁾ Vgl. Digesten 35. 2. 88. 3 (Ed. Mommsen 517).

xerint adimplere, vos omni contradictione, appellatione et excusatione
ces(sante) illud exequi nullatenus omittatis; non obstantibus litteris, quas
super hoc ipso negotio alia vice eisdem episcopo et abbati meminimus desti-
nasse[37], si tamen eedem ad ipsos littere pervenerunt, sed nec quibuslibet aliis,
si que apparuerint, harum tenore tacito impetrate. Nosque nichilominus 5
eorum curaremus pro meritis inobedientiam castigare, quia quantumcumque
prefatum Albanensem episcopum tamquam honorabile membrum ecclesie
diligamus, plus tamen Deum celi timemus, qui iubet, ne sit apud nos acceptio

vgl. Dt 1, 17; Jak 2, 1 u.ö.
vgl. Spr 20, 23
personarum aut in manu nostra pondus et pondus quasi statera dolosa. Quod
si non ambo et cetera, alter et cetera.   10

Datum Anagnie, VI Non. Martii[u].

16.

Innocenz III. nimmt das Hospital von Zürich (?) und seine Besitzungen in den
päpstlichen Schutz und setzt einen jährlichen Zins von einer Goldmünze fest.

Lateran, (1204) März 13. 15

Reg. Vat. 5, fol. 139[r] ⟨Nr. 16⟩.

Bréquigny, Diplomata, II/1 458, Nr. 16 = Migne, PL, 215, 300, Nr. 16; Escher–Schweizer, UB
Zürich, I 240, Nr. 359; Die Zähringer 460, Nr. 14. — Die Zähringer 292, Abb. 170. — Potth. Reg.
2206; Bernoulli, Acta pontificum Helvetica, I 25, Nr. 34.

.. Priori et fratribus hospitalis de Thuregum[a, 1].   20

Solet annuere et cetera usque annuentes, personas et hospitale vestrum,
quod dilectus filius nobilis vir .. dux Zeringie[2] pro suorum peccatorum
remedio fabricavit, cum omnibus bonis, que impresentiarum et cetera in
modum protectionis usque communimus. Ad indicium autem huius protectionis a nobis obtente aureum unum nobis nostrisque successoribus annis 25
singulis persolvetis[3].

Nulli ergo et cetera.

Datum Laterani, III Idus Martii[b].

---

[u]) *Migne:* Maii.

[37]) Cheney, *Calendar,* 451, 461; vgl. oben Anm. 21, 25, 29, 30.   30

16. [a]) *Am Rande ein längerer, waagrechter Strich. Außen am Rande von einer Hand des 13. Jhs.*
cens-, *der Rest weggeschnitten. Migne:* Thuregano.   [b]) *Migne:* Maii.

16. [1]) Wahrscheinlich das Spital von Zürich. Vgl. Escher–Schweizer, *UB Zürich,* I 240, Anm.
1; Die Zähringer 292f., Nr. 254.

[2]) Berthold (IV.), Herzog von Zähringen 1152—1186, oder Berthold (V.), 1186—1218. Vgl. 35
Escher–Schweizer, *ebd.*; Die Zähringer, *ebd.*

[3]) Vgl. Fabre–Duchesne, *Liber Censuum,* I 158a mit Anm. 3.

17.

Innocenz III. trägt dem Bischof (Bernhard) von Oloron und den Äbten (Fulcher ?)
von Pleinselve und (Arsius ?) von Saint-Sever-Cap-de-Gascogne (?) auf, dem
Erzbischof (Bernhard) von Auch für den Fall, daß er an Epilepsie leidet,
5 *Koadjutoren zu bestellen, über die Anzeige, dieser habe als Exkommunizierter das*
Pallium erhalten und sich seither um keine Absolution bemüht, zu befinden, und
schließlich den Domkanoniker G. Donati von Auch, der die Exkommunikation
und Epilepsie des Erzbischofs angezeigt hat, wegen der bisherigen Verschweigung
der zur Zeit des Palliumsempfangs bereits vorhandenen Krankheit zu bestrafen.

10   *Lateran, (1204) März 13.*

Reg. Vat. 5, fol. 139ʳ ⟨Nr. 17⟩.
Bréquigny, Diplomata, II/1 458, Nr. 17 = Migne, PL, 215, 300, Nr. 17. — Potth. Reg. 2152.

.. Olerensi[a)] **episcopo**[1)] **et .. de Plana Silua**[2)] **et .. sancti Seueri**[3)] **abbatibus**[b)]**.**

Ad audientiam nostram dilecto filio G. Donati, canonico Auxitane eccle-
15 sie[4)], significante pervenit, quod venerabilis frater noster .. Auxitanus archiepiscopus[5)] vinculo excommunicationis astrictus palleum usurpavit et ab eo
tempore usque modo nolens a se iugum excommunicationis excutere pertrac-
tavit ecclesiastica sacramenta. Idem etiam, postquam palleum sic accepit,
morbo laboravit caduco et periurii crimine indignationem in se Altissimi
20 provocavit. Quia vero nobis super premissis non potuit fieri plena fides,
discretioni vestre per apostolica scripta mandamus, quatinus inquisita super
hiis diligentius veritate, si eundem archiepiscopum inveneritis laborare, auctoritate nostra coadiutores[c)] assignetis eidem iuxta canonicas sanctiones[6)],
super aliis, quod canonicum fuerit, sublato appellationis obstaculo statuen-
25 tes. Ceterum, quia[d)] dictus canonicus, cum eum tali morbo sciverit laborare,
in susceptione pallei minime reclamavit, immo fraudulenter veritatem sup-
pressisse videtur, volumus et mandamus, ut, si vobis ita esse constiterit,
ipsum remoto appellationis obstaculo canonice puniatis.

---

17. [a)] *Migne:* Olorensi.   [b)] *Adresse am Rande vorgemerkt.*   [c)] *Migne:* coadiutorem.   [d)] *-a viel-*
30 *leicht korr. aus* -d *mit Kürzung für* quid(am).

17. [1)] Bernhard (I.), als B. von Oloron (Suffr. von Auch) bezeugt 1179—1205. Vgl. *Gallia*
Christiana I 1269f.
    [2)] Pleinselve (Prämonstratenser-Abtei, Diöz. Bordeaux, Dép. Gironde). Vielleicht Fulcher,
als Abt bezeugt um 1200. Vgl. Backmund, *Monasticon Praemonstratense*, III 193; Ardura,
35 *Abbayes*, 421.
    [3)] Vielleicht Saint-Sever-Cap-de-Gascogne (Ben.-Abtei, Diöz. Aire, Dép. Landes). Vielleicht
Arsius, als Abt bezeugt 1200. Vgl. *Gallia Christiana* I 1177.
    [4)] Domkanoniker von Auch.
    [5)] Bernhard (IV.) von Montaut, EB. von Auch 1200—1214. Vgl. *Dict. HGE* 5 (1931) 280.
40 Innocenz III. hatte schon nach der Postulation des damaligen Bischofs von Lectoure zum
Erzbischof von Auch 1202 eine diesbezügliche Untersuchung angeordnet: Br. V 95 (96). S. auch
Br. XIV 32 (Migne, *PL*, 216, 408f.) und XVI 5 (*ebd.* 789f.).
    [6)] *Decretum Gratiani* C. 7 q. 1 c. 1, p. c. 11, c. 12, 14, 17, 18 (Friedberg, *CorpIC*, I 566, 571
bis 575).

Nullis litteris et cetera. Quod si non et cetera, tu, frater episcope, cum eorum altero et cetera.

Datum Laterani, III Idus Martii[e].

18.

Innocenz III. hält dem Dogen (Heinrich) von Venedig die Eroberung der zum 5
Königreich Ungarn gehörigen Stadt Zadar durch das Kreuzfahrerheer vor und
trägt ihm und den Venezianern auf, sich um die Absolution von der Exkommu-
nikation, der sie deshalb verfallen sind, zu bemühen und sich künftig der Befrei-
ung des Hl. Landes zu widmen.

Anagni, (1204) Februar 25. 10

Reg. Vat. 5, fol. 139r—139v ⟨Nr. 18⟩.

Bréquigny, Diplomata, II/1 459, Nr. 18 = Migne, PL, 215, 301, Nr. 18; Smičiklas, Codex diplomaticus Croatiae, III 39, Nr. 37. — Potth. Reg. 2136; Kukuljević-Sakcinski, Regesta, 13, Nr. 43; Haluščynskyj, Acta Innocentii, 499, Nr. 1; Balladore Pallieri–Vismara, Acta pontificia, 321, Nr. 234. 15

Nobili viro .. duci Venetorum[1] spiritum consilii sanioris[a, 2].

| **P**redecessorum nostrorum vestigiis inherentes, qui civitatem Vene-
tiarum in pluribus honorarunt, ad honorem eius intendimus et profectum,
nec difficiles nos exhibuimus in petitionibus nobis pro ipsa porrectis, sed eas,
quantum cum Deo et honestate potuimus, curavimus promovere, sicut et ipsi 20
novimus et te credimus meminisse. Verum quanto magis ad eius aspiravimus
comodum et augmentum, tanto desideravimus amplius, ne illius in se provo-
caret offensam, qui exaltat humiles et humiliat exaltatos.

vgl. Mt 23, 12; Lk 1, 52; 14, 11; 18, 14

Noverat autem tua nobilitas, noverat et populus Venetorum, qualiter
karissimus[b] in Christo filius noster H(emericus), rex Hungarorum[3] illustris, 25
et nobilis vir A(ndreas) dux frater ipsius[4] assumpserant signum crucis[5] et in

---

[e]) *Migne fügt hinzu:* anno septimum.

18. [a]) *Am Rande drei Punkte und ein Kreuz. Längs des Briefes am Rande ein senkrechter, z. T. gewellter Strich.*   [b]) k- *vielleicht korr. aus* h-.

18. [1]) Heinrich Dandolo, Doge von Venedig 1192—1205. Vgl. *DBI* 32 (1986) 450—458. 30
[2]) Aufgrund der Exkommunikation wegen der Eroberung der zum Königreich Ungarn
gehörigen Stadt Zadar. S. Br. V 160 (161), 161 (162), Br. VI 48, 99—102.
[3]) S. Br. VII 6 Anm. 11.
[4]) Andreas (II.), Herzog von Dalmatien und Kroatien, König von Ungarn 1205—1235.
[5]) König Bela III. von Ungarn nahm 1192 das Kreuz und hinterließ bei seinem Tod 1196 35
diese Verpflichtung seinem zweiten Sohn, Andreas. S. Br. I 10 vom 29. Januar 1198; vgl.
SWEENEY, *Papal-Hungarian Relations*, 28, 32—34. König Emmerich verpflichtete sich im Sommer 1202 zum Kreuzzug, den er allerdings nie antrat. Vgl. *ebd.* 56f.

Terre sancte subsidium proposuerant transfretare, quorum profectus vobis
impedientibus hactenus est dilatus. Preterea te ac Uenetos non latebat,
qualiter post excidium[c] Terre sancte apostolica sedes universos, qui eius
reliquiis subvenirent, a die, qua signum crucis acciperent, usque ad obitum
5 vel reditum eorundem in sua protectione susceperit et tam familias eorum
quam bona sub ecclesiastica defensione preceperit manere secura[6]. Ad noticiam quoque tuam novimus pervenisse, qualiter etsi rex ipse ac terra ipsius
ex eo, quod crucem assumpserat, auctoritate constitutionis super hoc a predecessoribus nostris edite apostolica protectione gauderet[7]; quia tamen plus
10 timeri solet, quod specialiter pollicetur, quam, quod generali[d] concluditur
sponsione[8], protectionis nostre litteras[9] specialiter petierit et receperit ad
cautelam, quas ei[e] nec potuimus nec debuimus denegare, ne illi subtrahere
videremur, quod signatis omnibus est indultum. Credimus etiam novisse,
qualiter nunciis[10] tuis, qui ad sedem apostolicam[f] cum crucesignatorum
15 nunciis[f] accesserunt, petentibus pactiones[11] inter vos initas confirmari, et
per eos tibi et Venetis duxerimus inhibendum, ne terram regis ipsius aliquatenus lederetis[12]. Insuper, ut iter Domini fieret in timore nec modicum
fermenti corrumperet totam massam, per litteras nostras[13], quas ad audien- vgl. 1Kor 5, 6; Gal 5, 9
tiam [tuam][g] et Venetorum credimus pervenisse, curavimus districtius inhi-
20 bere, ne terras Christianorum invadere vel ledere temptaretis, nisi vel ipsi
vestrum iter nequiter impedirent, vel alia iusta et neccessaria causa forsan[h]
occurreret, propter quam aliud agere accedente consilio apostolice sedis lega-

---

[c] -ci- *vielleicht auf Rasur.*   [d] *Migne:* generaliter.   [e] *Migne:* si.   [f-f] a(postolicam)
c(um) c(ru)cesignator(um) n(un)- *auf Rasur nachgetragen.*   [g] *So schon bei Migne.*   [h] *Migne:*
25 tamen.

[6] Vgl. Br. I 336 Bd. 1 S. 503 Z. 19—23; vgl. auch Br. II 258 (270) Bd. 2 S. 496 Z. 27—31,
II 259 (271) Bd. 2 S. 501 Z. 11—15.
[7] Vgl. Conc. Lat. I, c. 10 (*COD³* 191 Z. 22—192 Z. 1) und den Kreuzzugsaufruf Papst
Gregors VIII. vom 29. Oktober 1187 (Migne, *PL*, 202, 1542 CD).
30 [8] *Decretum Gratiani* D. 23 c. 6 (Friedberg, *CorpIC*, I 81).
[9] Vgl. Br. VI 156 (157) für Herzog Andreas.
[10] Zu den Gesandtschaften der Venezianer und Kreuzfahrer im Frühjahr 1201 in Rom vgl.
Villehardouin, c. 31.
[11] Der Chartervertrag zwischen Venedig und den Kreuzfahrern vom April 1201; Dr.: Ta-
35 fel–Thomas, *Urkunden*, I 362—368.
[12] Aus diesen Ermahnungen werden in den *Gesta Innocentii*, c. 83 (Migne, *PL*, 214,
CXXXIf.; Gress-Wright 163f.) Bedingungen für die Anerkennung des Chartervertrages durch
den Papst, zu der es — nach den Aussagen der *Gesta* und gegen die Aussage Villehardouins (c. 31) —
durch die Weigerung der Venezianer nicht gekommen ist. Vgl. Queller, *Fourth Crusade*, 16—18,
40 Sweeney, *Papal-Hungarian Relations*, 78—80, und zuletzt zusammenfassend Maleczek, *Petrus
Capuanus*, 258—263.
[13] Die folgenden Formulierungen stehen wohl erstmals in dem nicht erhaltenen Brief an das
Kreuzfahrerheer vor Zadar, den die Zisterzienseräbte von Vaux-de-Cernay und Lucedio im
November 1202 überbrachten. Vgl. Br. V 160 (161) Bd. 5 S. 316 Z. 27—S. 317 Z. 4; VI 101 Bd.
45 6 S. 165 Z. 10—13, VI 231 (232) Bd. 6 S. 391 Z. 19—24; Maleczek, *Petrus Capuanus*, 142f.; 261;
Hageneder, *Eroberung Zadars*, 208f.

ti[14]) possetis. Si qui autem contra presumerent, se scirent excommunicationis
* fol. 139v vinculo innodatos et indulgentie, quam sedes apostolica crucesignatis * indulsit, immunes.

 Tu autem et tui omnibus hiis despectis et legato nostro repulso[15]) contra
regem ipsum primo impetum facientes ante Iaderam[16]) primas acies expandi- 5
stis et, in auxilium vestrum convocantes Gallorum[i]) exercitum[i, 17]), obtinuistis[k])
ab eis, ut vestris consentirent et manus suas fraterno sanguine macularent.
Cepistis igitur et evertistis per violentiam civitatem, destruxistis ecclesias et
altaria suffodistis et in divine maiestatis offensam et ecclesie Romane contemptum commisistis facinus iam notorium pene penitus toti mundo. Non 10
enim crucem sumpsistis aut sumere debuistis in obsequium Iesu Christi, ut
vgl. Gn 25, 12 expugnaretis Christianos, sed potius Agarenos[18]), crucis ipsius perfidos inimi-
vgl. Phil 3, 18 cos. Hec autem ad correctionem vestram referimus ex caritate sincera, quia
vgl. Spr 3, 12; Sir 30, 1;
Hebr 12, 7 pater filium, quem diligit, corripit, et Deus, quos amat, arguit et castigat.
vgl. Hebr 12, 6; Apok 3, 19
 Recepimus vero litteras Constantinopolitani imperatoris[19]) et tuas et, que 15
significastis per eas, notavimus diligenter. Verum quamvis obtemus, ut per
studium et sollicitudinem tuam ad devotionem apostolice sedis Constantinopolitana ecclesia revertatur, quia tamen ad subsidium Terre sancte propensius aspiramus, ne succursus eius dilatus hactenus diutius differatur, monemus
nobilitatem tuam et exhortamur in Domino et per apostolica tibi scripta 20
mandamus, quatinus tu et Veneti reconciliati ecclesiastice unitati peccatorum vestrorum maculas penitentie lacrimis expietis, ut a criminum labe
purgati bellum Domini possitis in puritate cordis et corporis preliari, nec de
multitudine vel potentia vestra vel ex eo, quod prospere vobis successit
hactenus, presumatis, sed quanto plura Dominus vobis preter merita vestra 25
concessit, tanto vos amplius in eius oculis humiliare curetis et patientia eius
ad penitentiam vos adducat, ut absolutione in humilitate quesita et cum
devotione suscepta recuperationi Terre sancte totis viribus insistatis, quoniam id potissimum erit vobis et meritorium apud Deum et apud homines
gloriosum. Nos autem, quod ipsi terre videbimus expedire, studebimus dante 30
Domino efficaciter procurare.

 Datum Anagnie, VI Kal. Martii.

[i—i]) *Durch Zeichen umgestellt aus* exercitum Gallorum. [k]) ebtinuistis; eb- *korr. aus* ex(er)-,
wobei die er-*Kürzung nicht getilgt wurde.*

[14]) Petrus Capuanus (KD. von S. Maria in Vialata, KP. von S. Marcello 1200, gest. 1214) traf 35
im Juli 1202 als Legat beim Kreuzfahrerheer in Venedig ein. Vgl. Maleczek, *Petrus Capuanus,*
bes. 135; ders., *Papst und Kardinalskolleg,* 117—124.
 [15]) Zur Weigerung der Venezianer, den KP. Petrus von S. Marcello als Legaten am Kreuzzug teilnehmen zu lassen, vgl. Br. VI 48; Maleczek, *Petrus Capuanus,* 139.
 [16]) Die Eroberung von Zadar am 24. November 1202. 40
 [17]) Der fränkische Teil des Kreuzfahrerheers, der sich dem Unternehmen Zadar nur gezwun-
genermaßen angeschlossen hatte.
 [18]) Die Araber als Nachfahren der Hagar.
 [19]) Br. Kaiser Alexios' IV. (s. Br. VII 152 Anm. 8) vom 25. August 1203: VI 209 (210).

19.

Innocenz III. nimmt das Nonnenkloster von Ruesperra und seine Besitzungen in den päpstlichen Schutz und verbietet insbesondere, den Zehent von ihren Neubrüchen und Weiden zu erheben.

5   *Anagni, (1204) März 6.*

Reg. Vat. 5, fol. 139ᵛ ⟨Nr. 19⟩.
Bréquigny, Diplomata, II/1 460, Nr. 19 = Migne, PL, 215, 302, Nr. 19. — Potth. Reg. 2150.

.. Priorisse et monialibus de Ruesperraᵃ⁾.

Solet annuere et cetera usque assensu, personas vestras cum omnibus
10 bonis vestris, que impresentiarum et cetera in modum protectionis usque
communimus, districtius inhibentes, ne quis de novalibus vestris, que propriis manibus aut sumptibus colitis, sive de vestrorum animalium nutrimentis a vobis exigere decimasᵇ⁾ vel extorquereᵇ⁾ presumat¹⁾.
   Nulli ergo et cetera.
15 Datum Anagnie, II Non. Martii.

20.

Innocenz III. verurteilt den Beschluß der Konsuln von Florenz, den Bischofssitz von Fiesole in die Benediktinerinnen-Abtei S. Pier Maggiore ihrer Stadt zu verlegen, und befiehlt dem Bischof (Rainer) von Fiesole, die deshalb von Seiten
20 *der Stadt erfolgte Aufhebung dieser Abtei für ungültig zu erklären und Konsuln und Volk von Florenz zu ermahnen, den Nonnen das Kloster zurückzustellen, sie zu entschädigen und überdies ein Statut über die städtische Gerichtsbarkeit in Angelegenheiten des Kirchenpatronats aufzuheben. Kommen sie dieser Aufforderung innerhalb von 15 Tagen nicht nach, soll er die Konsuln und Ratsmitglieder*
25 *und ihre hauptsächlichen Helfer exkommunizieren. Andernfalls wird er suspendiert und hat sich innerhalb eines Monats vor dem Papst zu verantworten.*

Lateran, (1204) März 13.

Reg. Vat. 5, fol. 139ᵛ—140ʳ ⟨Nr. 20⟩.
Bréquigny, Diplomata, II/1 460, Nr. 20 = Migne, PL, 215, 303, Nr. 20. — Potth. Reg. 2153;
30 BFW *5880.

---

19. ᵃ⁾ *Am Rande die zweite römische Briefzählung:* XX.   ᵇ⁻ᵇ⁾ *Fehlt bei Migne.*

19. ¹⁾ Vgl. *Decretum Gratiani* C. 16 q. 1 c. 47 (Friedberg, *CorpIC*, I 775).

.. Fesulano episcopo[a, 1].

Lacrimabilem dilectarum in Christo filiarum monialium sancti Petri Florentini[2] querelam accepimus, quod consules civitatis[3] eiusdem iuramento se illicito astrinxerunt, ut episcopatum Fesulanum ad suam transferant civitatem, proponentes sedem episcopatus ipsius in eodem monasterio collocare[4]. In suis etiam constitutionibus addiderunt, ut de iure patronatus cognitio ad eorum referatur examen ecclesiastico iudicio pretermisso[5]. Unde dilecto filio .. priori sancti Fridiani Lucan(i)[6] dedimus in mandatis[7], ut consulibus ipsis ex parte nostra districtius inhiberet, ne translationem Fesulane sedis facere attemptarent, cum hoc, si etiam fieri ad locum oporteret idoneum, non ad eos sed ad nos specialiter pertineret[8], et eisdem iniungeret, ut constitutiones illas rescinderent, quas super iure patronatus in preiudicium ecclesiastici iuris fecisse dicuntur, tibi etiam et capitulo tuo firmiter inhibendo, ne super hiis consulibus acquiesceretis eisdem. Verum cum idem prior consules et populum Florentin(os) ab hac presumptione desistere monuisset, ipsi, monitiones non attendentes ipsius nec maiestati divine nec apostolice sedi nec muliebri sexui deferentes, moniales ipsas suum exire monasterium compulerunt et ipsis monialibus in capella quadam intrusis ipsum tibi monasterium tradidere.

Sane cum nobis et ecclesie Romane iuramento fidelitatis tenearis astrictus, in quo continetur expressum, ut papatum Romanum salvo ordine tuo contra[b] omnem hominem[b] pro posse defendas[9] et malum nostrum, si nosti, studeas impedire[10], de tua discretione mirari cogimur et moveri, quod, cum episcopalis sedis mutatio, sicut scire te novimus et alios etiam docuisse, ad

5

10

15

20

---

20. [a] *Adresse am Rande vorgemerkt. Ferner am Rande ein Kreuz.*   [b–b] *Am Rande nachgetragen.* 25

20. [1] Rainer, Graf von Turicchi, B. von Fiesole 1192—1219, vorher Archidiakon von Florenz. Vgl. MITTARELLI–COSTADONI, *Annales Camaldulenses*, IV 180; DAVIDSOHN, *Geschichte*, I 642 mit Anm. 2; RASPINI, *Vescovo Ranieri*.

[2] S. Pier Maggiore, Benediktinerinnen-Abtei in Florenz.

[3] „Guido Uberti, Rogerius Giandonati, Albertinus Odenrighi de Scotta, Conpagnus Ariguci, Ildebrandinus Cavalcantis, Berlingeri Iacoppi, Iacopus Nerli, Gerardus Russus et Balduinitus quondam Borgognonis Ugonis Iude, consules comunis civitatis Florentie", senden am 15. April 1204 den Konsul Tiniosus Lamberti als Prokurator in u. a. dieser Angelegenheit zum Papst: SANTINI, *Documenti*, 137, Nr. 51.

[4] Vgl. zu diesem Vorhaben DAVIDSOHN, *Geschichte*, I 642—644.

[5] Die Statuten, die jährlich von einer von Podestà oder Konsuln eingesetzten Kommission kompiliert wurden, für ein Jahr Gültigkeit besaßen und jeweils am Jahresbeginn von Magistrat und Volk beschworen wurden. Vgl. DAVIDSOHN, *Forschungen*, I 137—141; DERS., *Geschichte*, I 665f.; QUILICI, *Chiesa*, 24, Anm. 38.

[6] Johannes von Velletri, als Prior des Augustiner-Kollegiatkapitels S. Frediano in Lucca bezeugt seit 1187, B. von Florenz 1205—1230. Vgl. *IP* III 437, Nr. 123; QUILICI, *Chiesa*, passim.

[7] Br. VII 21.

[8] Vgl. *Decretum Gratiani* C. 7 q. 1 c. 44 (FRIEDBERG, *CorpIC*, I 584). Vgl. Br. I 50 Bd. 1 S. 77 Z. 23f.

[9] Vgl. TANGL, *Kanzleiordnungen*, 51, Nr. 19, 4. Satz.

[10] Vgl. *Liber Diurnus: Indiculum episcopi* (Ed. FOERSTER, 137 Z. 2—8).

30

35

40

45

Romanum tantum pontificem de iure pertineat[11] et consuetudine approbata, tu papatum Romanum in hac parte non defendis, ut debes, sed magis[c]
impugnas, nec malum nostrum impedis, sed procuras, dum preter auctoritatem nostram immo contra prohibitionem expressam cum predictis consuli-
5 bus machinaris Fesulanam sedem ad Florentinam civitatem in monasterio
memorato transferre. In quo etiam graviter ledis ecclesiasticam libertatem,
dum monasterium illud quocumque modo de manu recipis laicali, cum scias,
quod laicis, quantumcumque religiosis, non est de rebus ecclesiasticis disponendi atributa facultas[12].

10   Licet autem archidiaconus tuus ad presentiam nostram accesserit et nisus[d] sit te multipliciter excusare, quia tamen non caret scrupulo societatis
oculte, qui manifesto facinori desinit obviare[13], fraternitati tue per apostolica scripta mandamus et in virtute obedientie districte precipimus, quatinus
receptis litteris istis ad civitatem accedas personaliter Florentinam et, quod
15 est de prefato monasterio taliter attemptatum vel decetero fuerit attemptan-
dum, auctoritate nostra denuncies irritum et inane. Consules etiam et populum Florentin(os) ex parte nostra moneas diligenter, ut[e] monialibus ipsis
prefato monasterio restituto de dampnis et iniuriis irrogatis infra quindecim
dies satisfacere non postponant et rescindant constitutiones, quas super iure
20 * patronatus ecclesiarum contra libertatem ecclesiasticam statuisse dicuntur.   * fol. 140[r]
Alioquin consules ipsos, consiliarios et principales fautores ipsorum vinculo
excommunicationis innodes et facias excommunicationis sententiam latam in
eos per tuam diocesim singulis diebus Dominicis et festivis pulsatis campanis et
candelis accensis usque ad satisfactionem idoneam sollempniter publicari.
25 Quod si pretermiseris adimplere, ab officio pontificali suspensus infra mensem
in persona propria te nostro conspectui representes, nobis de tanto satisfacturus excessu, quia coram nobis positus pro certo cognosces, utrum pecunia tua,
sicut diceris[f] te iactasse, possit apud[g] nos[g] redimere culpam tuam.

    Datum Laterani, III Idus Martii.

30   **21.**

*Innocenz III. verurteilt den Beschluß der Konsuln von Florenz, den Bischofssitz
von Fiesole in die Benediktinerinnen-Abtei S. Pier Maggiore ihrer Stadt zu verlegen, und befiehlt dem Prior (Johannes) von S. Frediano in Lucca für den Fall,*

---

[c] *-g- wahrscheinlich korr. aus -n-.*   [d] *Migne:* visus.   [e] *-t korr. aus -n oder -ti.*   [f] *Migne:*
30 dicitur.   [g—g] *Außerhalb des Schriftspiegels nachgetragen.*

[11] S. oben Anm. 8.
[12] Vgl. *Decretum Gratiani* D. 96 a. c. 1; c. 1 pr., § 6 (FRIEDBERG, *CorpIC*, I 335, 337).
[13] Vgl. *Decretum Gratiani* D. 83 c. 3; D. 86 c. 3; C. 2 q. 7 c. 55; C. 23 q. 3 c. 8 (FRIEDBERG,
CorpIC, I 293f., 298, 501, 898).

*daß der Bischof (Rainer) von Fiesole den ihm darüber (im Br. VII 20) übermit-
telten Befehl nicht befolge, die Konsuln und ihre hauptsächlichen Helfer zu
exkommunizieren und über die Stadt eine Handelssperre zu verhängen. Weiters
soll er den Florentinern die Festnahme ihrer Kaufleute, die Beschlagnahmung
ihrer Waren und die Zweiteilung des Bistums Florenz androhen.*   5

Lateran, (1204) März 15.

Reg. Vat. 5, fol. 140^r ⟨Nr. 21⟩.

Bréquigny, Diplomata, II/1 461, Nr. 21 = Migne, PL, 215, 304, Nr. 21. — Potth. Reg. 2154.

.. Priori sancti Fridiani Lucan(i)[1].

Lacrimabilem et cetera in eundem fere modum usque tradidere[a]. Dole- 10
mus autem non tam pro monialibus ipsis[2] quam pro consulibus memoratis[3],
cum non sit minus iniuriam perpetrare quam perpeti, magis vero dolemus
propter apostolicam sedem, cuius singulare privilegium violare nituntur,
cum ad eam tantum pertineat[b] episcopalis sedis mutatio[4], et propter universalem ecclesiam, cuius intendunt infringere libertatem, cum laicis nulla sit de 15
rebus ecclesiasticis disponendi attributa facultas[5]. Unde nos eidem episcopo[6] in virtute obedientie districte precipiendo mandavimus[7], ut receptis
litteris nostris et cetera usque excessu[c].

Ideoque discretioni tue per apostolica scripta mandamus et districte precipimus, quatinus[d], nisi ad commonitionem tuam predictam curaverint 20
adimplere, tu consules ipsos et principales fautores eorum vinculo excommunicationis astringas et sententiam ipsam facias per circumadiacentes civitates pulsatis campanis et candelis accensis sollempniter publicari, quibus auctoritate nostra districtius facias inhiberi, ne cum illis aliqua contrahant mer-
cimonia, sed eos potius tamquam excommunicatos evitent, ipsisque consuli- 25
bus et toti populo Florentinis[e] ex parte nostra denuncies, quod, si forte in sua
pertinacia duxerint persistendum, mercatores eorum per terras, ad quas
devenerint, capi ac detineri cum omnibus mercimoniis faciemus, et, cum duos
episcopos in sua velint statuere civitate, illis erit merito formidandum, ne
unicum episcopatum eorum dividamus in duos.   30

Datum Laterani, Idibus Martii.

---

21. [a]) Br. VII 20 S. 40 Z. 19.   [b]) *Migne:* pertinebat.   [c]) Br. VII 20 S. 41 Z. 27.
[d]) *Folgt überflüssig:* predictos consules et populum Florentin(os). Vgl. Einleitung XVI.
[e]) Florentin(n)i: *Kürzungsstrich über dem zweiten* -n-.

21. [1]) S. Br. VII 20 Anm. 6.   35
[2]) S. Br. VII 20 Anm. 2.
[3]) S. Br. VII 20 Anm. 3.
[4]) Vgl. Br. VII 20 Anm. 8.
[5]) Vgl. Br. VII 20 Anm. 12.
[6]) S. Br. VII 20 Anm. 1.   40
[7]) Br. VII 20.

22.

Innocenz III. trägt dem Archipresbyter und den Magistern G. und R., Domkano-
nikern von Lucca, auf, im Streitfall zwischen dem päpstlichen Subdiakon Nora-
dus und dessen Brüdern einen ungerechten Schiedsspruch zu kassieren und den
5 *Noradus in den Genuß seines Erbteils zu setzen.*

Lateran, (1204) März 19.

Reg. Vat. 5, fol. 140ʳ ⟨Nr. 22⟩.
Bréquigny, Diplomata, II/1 462, Nr. 22 = Migne, PL, 215, 305, Nr. 22. — Potth. Reg. 2157.

Archipresbytero et G. et R. magistris, canonicis Lucan(is)[1].

10   Significavit nobis dilectus filius Noradus, subdiaconus noster, quod, cum
inter ipsum ex una parte et S. et S. fratres suos[a], Pisane diocesis[2], ex altera
super patrimonio[a] suo controversia suborta fuisset, B. avunculus, R. et C.
cognati eorum, quod eorum super hoc essent arbitrio parituri, sibi astrinxerunt eos per iuratoriam cautionem et eidem subdiacono sub debito iuramenti
15 secreto postmodum iniunxerunt, ut relicto habitu clericali matrimonium
contrahere non differret et usque ad sedecim annos aliquam hereditatis sue
non peteret portionem, quorum arbitrio predictus subdiaconus noluit, sicut
nec debuit, obedire. Cum igitur mandatum huiusmodi fuerit illicitum et
iniquum, discretioni vestre per apostolica scripta mandamus, quatinus eum
20 super hoc non permittatis alicuius infamie molestatione vexari, cum [sint][b]
ipsi potius, qui non sunt veriti taliter arbitrium promulgare, culpabiles
iudices, et predicto iuramento vel arbitrio non obstante faciatis eidem per
censuram ecclesiasticam appellatione remota patrimonii sui portionem debitam exhiberi.
25   Nullis litteris et cetera. Quod si non omnes et cetera.
    Datum Laterani, XIIII Kal. Aprilis.

23.

Innocenz III. befiehlt Konsuln und Volk von Camerano, dem Bürger von Ancona
Bald(uin), der die entfremdeten Besitzungen und Rechte der Römischen Kirche
30 *in Camerano rekuperieren und verwalten wird, darüber Rechenschaft zu geben.*

Lateran, (1204) März 25.

Reg. Vat. 5, fol. 140ʳ ⟨Nr. 23⟩.
Bréquigny, Diplomata, II/1 462, Nr. 23 = Migne, PL, 215, 305, Nr. 23. — Potth. Reg. 2160.

---

22. ᵃ⁻ᵃ⁾ *Fehlt bei Migne.*   ᵇ⁾ *So schon bei Migne.*

35 **22.** ¹⁾ Lucca.
   ²⁾ Erzdiözese Pisa.

Consulibus et populo Cameran(is)[a, 1].

| **Ad** audientiam nostram noveritis pervenisse, quod possessiones et iura, que in castro Camerano debemus[b] habere[b], male tractantur et per incuriam et negligentiam deperduntur. Quocirca universitati vestre per apostolica scripta mandamus atque precipimus, quatinus dilecto filio Bald(uino), civi 5 Anconitano, de possessionibus et iusticiis omnibus, quas habemus in castro vel eius pertinentiis, respondere curetis. Ipse enim Bald(uinus) nobis iuravit, quod possessiones et iura ad ecclesiam Romanam spectantia in castro predicto et circa illud et eius pertinentiis constituta bona fide recuperabit ad nomen et utilitatem Romane ecclesie, et, quecumque ad manus suas[c] sive iam 10 acquisita sive in posterum acquirenda in supradicto castro et eius pertinentiis quocumque modo pervenerint, bona fide ad nomen et utilitatem Romane ecclesie conservare, non minuere, non alienare nec alienanti consentire, sed ad mandatum nostrum vel successorum nostrorum ea omnia cum integritate qualibet et augmento restituere sub eadem fidei religione promisit. Nos au- 15 tem, ne possessiones vel iura ipsius castri alienari possint vel minui, omnem talem[d] contractum[e] decernimus irritum et inanem.

Datum Laterani, VIII Kal. Aprilis.

24.

Innocenz III. bestätigt die mit päpstlicher Erlaubnis vorgenommene Verlegung 20
des Bischofssitzes von Luni nach Sarzana.

Lateran, (1204) März 25.

Reg. Vat. 5, fol. 140ʳ—140ᵛ ⟨Nr. 24⟩.
Bréquigny, Diplomata, II/1 463, Nr. 24 = Migne, PL, 215, 306, Nr. 24. — Potth. Reg. 2161.

.. Episcopo et capitulo Lunen(sibus)[a, 1].   25

| **Per** litteras vestras olim nostro apostolatui presentatas intelleximus evidenter, quod, cum Lunensis civitas, in qua sedes esse dinoscitur cathedralis, sic suos habitatores devoret et consumat, quod pauci vel nulli commorentur in ea, nec sit populus, qui iura et libertates ecclesie vestre protegat et defendat[2], deliberato tandem consilio statuistis, si vobis hoc sedes apostolica 30

---

23. ᵃ) *Am Rande von einer Hand des 13. Jhs.:* pro iure Romane ecclesie.   ᵇ⁻ᵇ) *Migne:* habemus. ᶜ) *Über der Zeile nachgetragen.*   ᵈ) *Migne:* alium.   ᵉ) cotractu(m).

23. ¹) Kastell Camerano, zwischen Ancona und Osimo, Marken. Vgl. Leonhard, *Ancona*, 100.

24. ᵃ) *Am Rande ein Kreuz.*

24. ¹) Walter (II.), B. von Luni 1195—1212. Vgl. Cappelletti, *Chiese*, XIII 445—447.   35
     ²) Zum Niedergang von Luni vgl. Volpe, *Lunigiana*, 93—95; Orvietani Busch, *Luni*.

indulgeret, ut ad locum alium populosum, Sarzanam[3] nomine, episcopalem
cathedram transferretis[4], et tempore sancte memorie Greg(orii) pape, predecessoris nostri[5], usque adeo proposuistis fuisse processum, quod, cum ille per
partes illas transitum faceret, ipsius traslationis licentiam apostolica vobis
5 auctoritate concessit[6] et pro construenda ecclesia dedit vobis, filii canonici,
lapidem benedictum. * Sed quia post paucos dies idem predecessor noster   * fol. 140ᵛ
viam fuit universe carnis ingressus, vos in ipso negotio procedere dubitastis,   vgl. Jos 23, 14; 1Kg 2, 2
credentes mandatum eius in ipsius obitu expirasse; propter quod, consideran-
tes attentius utilitatem et neccessitatem cleri et populi ecclesie Lunensi com-
10 missi, ad presentiam nostram dilectum filium Ph(ilippum), vestrum canonicum[7], transmisistis, per eum devote ac humiliter supplicantes, ut vobis
transferendi sedem episcopalem ad locum predictum licentiam preberemus[8].
Nos autem petitionem vestram favore sedis apostolice prosequentes, de ,
fratrum nostrorum consilio, ut sedem episcopalem nullius contradictione vel
15 appellatione ob(stante) ad locum predictum auctoritate apostolica transferretis, liberam vobis concessimus facultatem[9]. Cumque iuxta indulgentiam
nostram in eodem negotio procedere curassetis, tu, frater episcope, cum
quibusdam ex canonicis tuis ad apostolicam[b] sedem accedens humiliter supplicasti, ut, quod auctoritate nostra factum fuerat de traslatione predicta,
20 apostolico dignaremur munimine roborare. Tuis igitur et canonicorum ipsorum precibus inclinati translationem episcopalis[c] sedis in Sarzanam ex
indulgentia sedis apostolice factam auctoritate apostolica confirmamus et
cetera.

     Decernimus ergo et cetera.
25 Datum Laterani, VIII Kal. Aprilis.

---

[b]) apostolica.   [c]) -a- *vielleicht teilweise auf Rasur.*

[3]) Sarzana, Prov. La Spezia.

[4]) Zu den Bemühungen um die Verlegung des Bischofssitzes in das aufstrebende „burgum"
Sarzana vgl. Volpe, *Lunigiana,* 91—104; Polonio–Costa Restagno, *Luni–Sarzana,* 189ff.
30 [5]) Papst Gregor VIII., 21./25. Oktober—17. Dezember 1187.

[6]) *IP* VI/2 383, Nr. *9 vom Dezember 1187, vgl. *JL* 16092—16094.

[7]) Der Kanoniker Philippus ist in einer Einigung des Bischofs mit dem Kapitel (4. Juni
1201; Lupo Gentile, *Codice Pelavicino,* Nr. 56, S. 93) und einer Urkunde der Konsuln von Sarzana
(23. April 1201; *ebd.,* Nr. 64, S. 101), welche die Translation des Bistums betreffen, genannt.
35 (1222 wird er — im Verdacht, am Tod des Bischofs Marzucco von Luni beteiligt zu sein —
suspendiert [Pressutti, *Regesta Honorii III,* Nr. 3767; vgl. Volpe, *Lunigiana,* 141]).

[8]) Vgl. Br. VII 20 Anm. 8.

[9]) Die erste Genehmigung durch Innocenz III. erfolgte vor dem 4. Juni 1201, als B. Walter
unter Berufung auf diese mit dem Kapitel eine Einigung über die neue Kathedralkirche traf (zit.
40 in Anm. 7).

25.

Innocenz III. trägt dem Abt (Azzo) von S. Stefano und dem Magister Lanfrank, Domkanoniker von Bologna, auf, über die Exekution eines zwischen einer Frau und Kanonikern gefällten Urteils, von dem an ihn appelliert worden war, zu entscheiden. 5

Lateran, (1204) März 18.

> Reg. Vat. 5, fol. 140ᵛ ⟨Nr. 25⟩.
> Bréquigny, Diplomata, II/1 463, Nr. 25 = Migne, PL, 215, 307, Nr. 25. — Potth. Reg. 2156.

Abbati[a] **sancti St(e)ph(an)i**[1] **et magistro Lanfranco, canonico Bononiensi**[2].

Dilecto[b] filio C. clerico et cetera usque mandamus, quatinus inquiratis de 10 premissis diligentius veritatem, et si eidem mulieri noveritis a prefatis canonicis non obstante appellatione, quam super hoc ab ipso abbate se asserunt emisisse, cum illi per subsequentem concessionem parendo sententie renunciasse penitus videantur[c], faciatis per censuram ecclesiasticam sine difficultate concedi. Alioquin ipsius abbatis sententiam auctoritate nostra suffulti quoad 15 hunc articulum penitus irritetis, cum in hac parte contra pacti[d] tenorem sit expresse prolata. In aliis autem articulis latam sententiam mandamus firmiter observandam.
Testes et cetera. Nullis litteris et cetera.
Datum Laterani, XV Kal. Aprilis. 20

26.

Innocenz III. beauftragt (einen Erzbischof), in seiner Kirchenprovinz Personen, die vorgeben, päpstliche Privilegien oder Indulgenzen zu besitzen, unter Androhung geistlicher Strafen zu zwingen, diese vorzulegen, und, falls Verdachtsgründe bestehen, die Briefe an den Papst zu senden oder geistlichen Personen zu überlassen, die ihm darüber berichten. 25

Lateran, (1204) März 30.

> Reg. Vat. 5, fol. 140ᵛ ⟨Nr. 26⟩.
> Bréquigny, Diplomata, II/1 464, Nr. 26 = Migne, PL, 215, 307, Nr. 26. — Potth. Reg. 2164.

---

25. [a] *Davor eine Rasur.* [b] *Die Vorlage des Eintrags ist wohl ein (Teil-)Konzept, das die Anwei-* 30 *sung an die delegierten Richter enthielt. Vgl. Einleitung XVf.* [c] *Der Satz ist offenkundig verstümmelt.* [d] p(er)acti; *die* p(er)-*Kürzung teilweise radiert.*

25. [1] Azzo, Abt von S. Stefano (Ben.-Abtei von Cluny in Bologna) 1204—1237. Vgl. SPADA, *S. Stefano*, 156f.

    [2] Magister Lanfrank, Lehrer der Theologie in Bologna, Domkanoniker von Bologna. Vgl. 35 SARTI-FATTORINI, *De claris Archigymnasii Bononiensis professoribus*, I 629.

Cum^a) sint diligentius inquirenda, que gravem suspitionem inducunt, unde posset grave scandalum suboriri, si pretermitterentur segniter indiscussa, fraternitati tue per apostolica scripta mandamus, quatinus personas provincie tue, que privilegia seu indulgentias ab apostolica sede asserunt se
5 habere, de quibus suspitio merito habeatur^b), ad ostensionem eorum monitione premissa per censuram ecclesiasticam appellatione remota compellas. Que si fuerint de ratione suspecta, nostro precipias conspectui presentari aut ipsa tamdiu apud religiosas detineri personas, donec per rescriptum^c) eorum de ipsis plenam notitiam habeamus.
10 Datum Laterani, III Kal. Aprelis.

<hr />

27.

Innocenz III. entscheidet in einem Prozeß, den das Augustiner-Chorherrenpriorat S. Stefano (in Palude) gegen den Bischof M(onaldus) von Fano um seine Exemtion führt, daß das Priorat außer einer jährlichen Zahlung nur anläßlich der Visitation eine procuratio schuldig sei.

15
Anagni, (1204) Februar 26.

Reg. Vat. 5, fol. 141^r ⟨Nr. 27⟩.
Bréquigny, Diplomata II/1 464, Nr. 27 = Migne, PL, 215, 308, Nr. 27. — Comp. III 3. 37. 6;
Alan. 5. 16. 6; Alan. K. 5. 17. 8; Bern. 3. 36. 6; X 3. 39. 21. — Kempf, Zu den Originalregistern,
136, T. Ib (teilweise). — Potth. Reg. 2146.
20

.. Priori sancti St(e)ph(an)i Fanen(sis)^a, 1).

* **C**um venerabilis frater noster M(onaldus), Fanensis episcopus^2), et tu in   * fol. 141^r
nostra essetis presentia constituti et de questione, que inter vos super ecclesia
sancti St(e)ph(an)i Fanensis vertebatur, velletis ad invicem litigare, dilectum
filium I(ohannem), tituli sancte Prisce presbyterum^3), et I(ohannem), sancte
25

<hr />

26. ^a) *Der gesamte Brief ist auf Rasur — der ursprüngliche, dann getilgte Text enthielt vier Zeilen mehr — von der Hand B nachgetragen. Vgl. Kempf, Register, 26, 30. Der Rest der Seite ist freigelassen. Am Rande das* Nota-*Monogramm, nach Kempf, ebd., 89, Anm. 6, auf den getilgten Brief bezogen, und ein Kreuz sowie zwei Rasuren. Die Initiale ist nicht in Farbe ausgestaltet, am Rande*
30 *jedoch zur Ausführung vorgemerkt (·c·).*   ^b) *Migne:* habetur.   ^c) *Migne:* scriptum.

27. ^a) *Am Rand von einer Hand des 15./16. Jhs.:* hoc est c(apitulum) de censibus *(X 3. 39. 21).*

27. ^1) I., Prior von S. Stefano in Palude bzw. Padule (Augustiner-Chorherrenpriorat der Kongregation von Brettino, bei Fano). S. Br. VII 33.
^2) Monaldus, B. von Fano 1178—nach 1208/1214. Vgl. *Dict. HGE* 16 (1967) 479; Bartoccet-
35 ti, *Vescovi,* 70.
^3) Johannes von S. Paolo, KP. von S. Prisca 1193, (K.-)B. von Sabina 1204—1214. Vgl.
Maleczek, *Papst und Kardinalskolleg,* 114—117.

Marie in Cosmidin diaconum[4], cardinales, vobis concessimus auditores, coram quibus allegando proponere curavisti, quod, cum predicta ecclesia sancti St(e)ph(an)i quarundam monialium, que in ea videbantur sub religionis habitu conversari, malitia faciente fuerit fere ad desolationem redacta, illas bone memorie Carbo[b], Fanensis episcopus[5], auctoritate felicis recordationis 5 Eugenii pape, predecessoris nostri[6], ab ecclesia memorata removit et canonicos in ipsa instituit regulares, statuens, ut ordo canonicus perpetuis in ea temporibus debeat observari, et eam ab omni exactione tam sua quam successorum suorum et Fanensis ecclesie prorsus absolvit, retento sibi et ecclesie sue uno cereo trium librarum ab ea annis singulis exolvendo; et quia prefatus 10 episcopus te super libertate predicta tam a felicis memorie Cel(estino) papa, predecessore nostro[7], quam a nobis etiam confirmata multipliciter aggravabat[8], apostolicum tibi petivisti patrocinium suffragari. Prefatus vero episcopus proposuit ex adverso, quod privilegium predicti predecessoris sui sibi et ecclesie sue nullum preiudicium inferebat, quia eo tempore, quo[c] illud indul- 15 sit ecclesie memorate, episcopatui resignarat et habitum in ipsa ecclesia receperat regularem et post tres dies penitens illud privilegium revocavit. Preterea tu et canonici illius ecclesie non estis privilegio illo usi, sed omnia obsequia sicut ante indultum privilegium sic et post universis successoribus illius episcopi et sibi presertim in hospitiis usque ad hec tempora curavistis sine difficultate 20 qualibet exhibere; asserens confirmationem prefati predecessoris nostri fuisse per surreptionem elicitam et hactenus occultatam, propter quod, si forsan in aliquo lesa erat Fanensis ecclesia, restitutionem sibi fieri humiliter postulabat. Ceterum ad proposita sic respondere curasti, quod ipsum[d] privilegium[d] de iure valebat, quia idem[e] episcopus, cum[f] illud concessit, nec episcopatui resignave- 25 rat nec habitum receperat regularem et ipsum de canonicorum suorum indulserat voluntate, sicut ex eodem instrumento evidenter apparet, in quo nomina canonicorum Fanensis ecclesie sunt subscripta, et idem in palatio Fanensis[g] episcopi[g] datum fuerit, sicut in eo continetur expressum.

Nos autem, cum dicti cardinales ea, que audierant, nobis fideliter retulis- 30 sent, dicto instrumento diligenter inspecto re vera cognovimus, quod prefatus episcopus spallas, quas ab eadem ecclesia tam ipse quam predecessores sui recipere consueverant, ecclesie prefate remisit et statuit, quod aliud ei servitium non imponeret, sibi et ecclesie sue annuatim trium librarum cereo pensionis nomine reservato. Quia vero visitationi annexa est procuratio[9], 35

---

b) -bo *über der Zeile nachgetragen.*   c) -o *radiert.*   d–d) ip(su)m privile- *auf Rasur.*   e) *Über der Zeile nachgetragen. Fehlt bei Migne.*   f) *Migne:* dum.   g–g) *Migne:* Fanensi.

4) Johannes, KD. von S. Maria in Cosmedin 1200—1213. Vgl. *ebd.* 136f.

5) Carbo, B. von Fano 1165—1177. Vgl. CAPPELLETTI, *Chiese,* VII 360—364; *Dict. HGE* 16 (1967) 479; BARTOCCETTI, *Vescovi,* 69f. (bis 1174).

6) Papst Eugen III. 1145—1153 (*IP* IV 191, Nr. *1). Der Bischof in diesem Zeitraum war allerdings Rainald (II.) 1135—1159. Vgl. BARTOCCETTI, *Vescovi,* 69.

7) Papst Coelestin III. 1191—1198 (*IP* IV 191, Nr. *2).

8) Vgl. Br. VI 168 (170) Bd. 6 S. 278 Z. 12—S. 279 Z. 28.

9) Vgl. *JL* 15342 (Lucius III.) = X 3. 39. 14 (FRIEDBERG, *CorpIC,* II 625f.).

cum nemo suis stipendiis debeat militare nec os bovi alligandum sit trituran- vgl. 1Kor 9, 7
ti et episcopus ratione spiritualis iurisditionis, quam habet in ea, teneatur vgl. Dt 25, 4; 1Kor 9, 9;
1Tim 5, 18
causa correctionis prefatam ecclesiam visitare nec intelligatur quasi novum
imponi, quod ab ipsa fundatione de communi fuerat iure impositum, de
5 consilio fratrum nostrorum decrevimus, quod idem episcopus, cum ad ipsam
ecclesiam causa correctionis accesserit, moderatam ab ea procurationem percipiat bis in anno, sed nichil aliud preter pensionem et procurationes prescriptas
idem episcopus ab eadem ecclesia exigere valeat aut etiam extorquere.

    Decernimus ergo, ut nulli et cetera.

10 Datum Anagnie, V Kal. Martii.

28.

Innocenz III. befiehlt den Äbten R(adulf) von Jedburgh und G(alfrid) von Dry-
burgh sowie dem Magister I., Rektor der Kirche von Lilliesleaf, den Prozeß, welchen
der Adelige Alan wegen der von seinem Vater der Kirche von Mauchline geschenk-
15 *ten Ländereien gegen die Abtei Melrose führt, im Sinne einer vom Papst erteilten*
Interpretation der Schenkungsurkunde zugunsten der Abtei zu entscheiden.

Anagni, (1204) März 6.

    Reg. Vat. 5, fol. 141ʳ—141ᵛ ⟨Nr. 28⟩.
    Bréquigny, Diplomata, II/1 465, Nr. 28 = Migne, PL, 215, 309, Nr. 28. — Comp. III 3. 18. 3;
20 *Alan. 2. 12. 3; Alan. K. 2. 13. 3; Coll. Dunelm. II 149; Bern. 3. 19. 3; Coll. Fuld. 2. 19. 6; X 3. 24.*
6. — Potth. Reg. 2151.
    Vgl. Ullmann, Charter.

R(adulfo) de Gedewrd'ᵃ, ¹⁾, G(alfrido) de Driburg'ᵇ, ²⁾ et magistro I.ᶜ⁾,
rectori ecclesie de Lilleschaeᵈ, ³⁾.

25   (|) **C**um dilecti filii .. abbas et monachi de Melros⁴⁾ proposuerint coram
nobis, quod nobilis vir Alanusᵉ, ⁵⁾ quasdam terras aᶠ⁾ W(a)l(ter)oᶠ⁾ quondam
patre ipsius⁶⁾ eorum ecclesie de Machelin in helemosinam assignatas violenter

---

28. ᵃ⁾ *Migne:* Geclewerds.   ᵇ⁾ *Migne:* Dricurg.   ᶜ⁾ *Migne:* T.   ᵈ⁾ -schae *auf Rasur. Am Rande*
von einer Hand des 13. Jhs.: hoc est c(apitulum) Extra de donation(ibus) *(X 3. 24. 6).*   ᵉ⁾ *Migne:*
30 Albanus.   ᶠ⁻ᶠ⁾ *Migne:* Willelmo.

    28. ¹⁾ Radulf, Abt von Jedburgh (Augustiner-Chorherrenabtei, Diöz. Glasgow, Region Bor-
ders), gest. 1205. Vgl. Ullmann, *Charter*, 235.
    ²⁾ Galfried, Abt von Dryburgh (Prämonstratenser-Abtei, Diöz. St. Andrews, Region Bor-
ders) 1203—1209, 1209—vor 1212 Abt von Alnwick (Prämonstratenser-Abtei, Diöz. Durham,
35 Northumberland). Vgl. Backmund, *Monasticon Praemonstratense*, II 103, 33.
    ³⁾ Lilliesleaf, Region Borders.
    ⁴⁾ Melrose (Zist.-Abtei, Diöz. Glasgow, Region Borders).
    ⁵⁾ Alan, Truchseß König Wilhelms I. von Schottland 1177—1204. Vgl. Barrow–Scott, *Acts*
of William I, 484 (Index).
40   ⁶⁾ Walter, Truchseß König Wilhelms I., gest. 1177. Vgl. *ebd.* 535 (Index).

redigere cupiens in forestam[7] eos super ipsis indebite molestaret, vobis
dedisse recolimus in mandatis, ut ipsum A(lanum) ab ipsorum super illis
terris indebita molestatione desistere per censuram ecclesiasticam appellatione postposita cogeretis. Verum ut super causa ipsa mandatum apostolicum
impleretis, diligentius procedentes in causam partibus in vestra presentia 5
constitutis testes recepistis hinc inde ac super attestationibus eorum et[g]
etiam instrumentis diu disputationibus ac disceptationibus habitis in causa
ipsa usque ad sentientie calculum procecistis et causam ipsam sufficienter
instructam ad nostram audientiam remittentes octavas sancti Andree proximo preteritas[8] pro termino partibus assignastis. Parte igitur abbatis et mo- 10
nachorum ad ipsum terminum veniente, tandem, quia pars adversa diutius
expectata non venit, super instrumentis iamdictis, depositionibus testium et
partis allegationibus utriusque cum fratribus nostris tractatum habuimus
diligentem et inquisita veritate diligentius et discussa evidenter agnovimus
super ipsa causa sententiam pro iamdicto monasterio esse dandam. Ut autem 15
per diligentiam vestram finis cause imponatur eidem, instrumentorum tenorem, depositiones testium, allegationes etiam, prout ea receperamus sigillorum vestrorum munimine consignata, vobis sub bulla nostra remittimus
interclusa per apostolica vobis scripta precipiendo mandantes, quatinus auctoritate nostra suffulti ad sententiam pro ipso monasterio proferendam non 20
obstante contradictione vel appellatione cuiuslibet procedatis[h]; contradictores per censuram ecclesiasticam compescentes et facientes, quod iudicaveri-
tis, auctoritate nostra firmiter observari, cum ex tenore instrumenti evidenter appareat, quod hec fuit mens et intentio donatoris, ut clausula de foresta,
que in fine ponitur instrumenti, non ad superiorem donationem, que tam 25
libera et pura fuit, ut immunis esset ab omni exactione ac consuetudi*ne
seculari, sed ad inferiorem concessionem, que pensionem et determinationem
habet insertam, iuxta sanum referri debeat intellectum, quia in contractibus
plena, in[i] testamentis plenior[i], in beneficiis quoque plenissima est interpre-
tatio adhibenda[9]. 30

*fol. 141ᵛ

Quod si non omnes et cetera.
Datum Anagnie, II Non. Martii.

---

[g] *Migne:* ut.   [h] proferatis. *So schon Migne.*   [i—i] *Fehlt im Text; eine andere Hand brachte
ein Verweiszeichen an und schrieb ein Wort über die Zeile, dieses wurde wieder ausradiert und die
fehlenden Worte wurden am Rande für einen Nachtrag vorgemerkt (der Anfang wurde später weg-* 35
geschnitten: -tis plenior*). Ergänzt nach der Dekretalenüberlieferung.*

[7] Die Schenkung Walters an die Mönche von Melrose in Mauchline (Strathclyde) ist zur
Erläuterung des Entscheids Innocenz' III. aufgenommen in die Coll. Dunelmensis II 148 (Dr.:
Liber S. M. de Melrose I 55f., Nr. 66; ULLMANN, *Charter,* 238f.); sie wurde zwischen 1165 und 1174
von König Wilhelm bestätigt (BARROW–SCOTT, *Acts of William I,* 176f., Nr. 78). Vgl. ULLMANN, 40
Charter, bes. 235f.
[8] 7. Dezember.
[9] Vgl. Digesten 1. 4. 3, 50. 17. 12 (Ed. MOMMSEN 7, 868).

29.

Innocenz III. antwortet auf eine Anfrage des Erzbischofs (Hubert) von Canter-
bury betreffend die Vollmacht päpstlicher delegierter Richter, Subdelegaten zu
bestimmen, und betreffend die Möglichkeiten, von den subdelegierten Richtern zu
5 *appellieren.*

Lateran (1204) März 27.

Reg. Vat. 5, fol. 141ᵛ ⟨Nr. 29⟩.
Bréquigny, Diplomata, II/1 466, Nr. 29 = Migne, PL, 215, 310, Nr. 29. — Comp. III 1. 18. 6;
Coll. Rotom. I 31. 43 (als Nachtrag); Coll. Dunelm. II 190; Alan. 1. 13. 3; Alan. K. 1. 17. 3; Coll.
10 *Alcobac. II 41; Bern. 1. 21. 8; Coll. Lamb. 40; Coll. Palat. II 1. 14. 4; X 1. 29. 27. — Potth. Reg.*
2163; Bliss, Calendar, I 16; Cheney, Calendar, 550.

.. Cantuariensi archiepiscopo^{a, 1)}.

Super questionum articulis, de quibus nos consulere voluisti, fraternitati
tue taliter respondemus, quod per constitutionem nostram[2] consultationi
15 bone^{b)} memorie Al(exandri) pape, predecessoris nostri[3], nullatenus derogatur, sed illa per istam exponitur, immo in ista verius^{c)}, que in illa fuerant
pretermissa, supplentur. Ipse namque respondit^{d)}, quod, si super causa, que
alicui ex apostolica delegatione committitur, a personis ecclesiasticis una vel
pluribus, quibus delegatus, ut parcat laboribus partium et expensis, cause
20 cognitionem ipsius et testium examinationem sententia sibi reservata committit, appellatio fuerit interposita, huius appellationis intuitu causam indif-
finitam relinquere non tenetur.

Nos autem statuimus, quod licet is, cui causa committitur appellatione
remota, non possit eam aliis sine provocationis obstaculo delegare, si tamen
25 delegatus a nobis aut iudex quicumque non tam cognitorem quam executo-
rem ad aliquem certum articulum quempiam deputarit, ab eo, nisi modum
excedat, non liceat appellari, dummodo de partium deputetur vel recipiatur
assensu. Quod si delegatus a nobis vel litis exordium vel cause finem nedum
totum ei duxerit committendum, ab ipso tanquam a iudice licite^{e)} provoce-
30 tur^{e)}, cum et lis ante iudicem debeat contestari et causa per iudicem diffiniri.
Intentionis igitur nostre fuit, sicut ex tenore constitutionis^{f)} premisse potest

---

29. ^{a)} *Am Rande von einer Hand des 13. Jhs.:* hoc c(apitulum) est Extra de officio delegati *(X 1.*
29. 27). Darunter das Nota-Monogramm.   ^{b)} *Auf Rasur nachgetragen.*   ^{c)} *Darüber eine Rasur,*
35 *vielleicht ein getilgter Kürzungsstrich.*   ^{d)} *-d- korr. aus einem Ansatz zu* -l- *oder* -b-.   ^{e—e)} *Durch*
Zeichen umgestellt aus provocetur licite.   ^{f)} *Korr. aus* constitutus.

29. ¹⁾ Hubert Walter, EB. von Canterbury 1193—1205. Vgl. Fryde–Greenway–Porter–Roy,
Handbook, 232; Cheney, *Hubert Walter.*
   ²⁾ Br. IV 2 *(Potth. Reg.* 1280). Dieser Brief war damals bereits in folgende Dekretalensammlun-
40 gen aufgenommen worden: Rain. 24. 4; Gilb. 1. 13. 3; Coll. S. Germ. App. 1; Coll. Rotom. I 31,
38; Coll. Hal. 89; Coll. Berol. II 45. Vgl. von Heckel, *Gilbertus — Alanus,* 187; Singer, *Neue*
Beiträge, 354; Cheney, *Studies,* 242, 273, 334.
   ³⁾ JL 13796 (Alexander III.) = X 1. 29. 18 (Friedberg, *CorpIC,* II 163).

liquido deprehendi, quod, ut iudicialis auctoritas liberius valeat exerceri, delegatus a nobis licite possit et principium et finem et medium cause sibi commisse non solum coniunctim[g] sed et divisim[g] alii delegare, non obstante, quod dicitur, quia iudex debet cognoscere per se ipsum in principio et in medio et in fine[4], cum, antequam ferat sententiam, universa, que acta sunt 5 in iudicio, investigare debeat diligenter. Verum cum totam causam committit alicui vel principium vel finem ipsius, ab eo tamquam a iudice potest licite provocari. Cum autem alicui media tantum committit, ab ipso tamquam ab auditore provocari non potest, nisi mandati fines excedat vel merito sit suspectus. Unde ne valeat recusari, provide constituimus, ut de partium 10 detur vel recipiatur assensu; porro cum delegatus a[h] nobis iurisdictionem suam in alium transfert totam, si fuerit appellandum, non ad eum, sed ad nos appellari debebit. Cum autem aliquid sibi de iurisdictione reservat, si causa sit ei appellatione remota commissa, non ad nos, sed ad eum de iure poterit appellari. Unde si forsitan appelletur ab eo, cui media queque committit, sive 15 cognitor aut executor dicatur vel, quod melius est, auditor, pro eo, quod vel mandati fines excedat vel merito sit suspectus, nichilominus tamen delegatus a nobis iuxta consultationem premissam causam poterit diffinire, ut parcatur laboribus partium[i] et expensis[i]. Eum vero, quem delegatus a nobis deputaverit auditorem, neutra partium poterit recusare, nisi coram eo iustam 20 recusationis causam ostendat. Si ergo duo sunt a principe delegati et unus committit alteri voces[k] suas, ille nec potest appellatione remota procedere nec causam alii delegare, quamvis in commissione facta duobus contineatur expressum, ut appellatione remota alter possit procedere sine reliquo, si non possint ambo pariter interesse, quia, quod potest ex sola iurisdictione sibi a 25 principe delegata, non potest cum iurisdictione a condelegato sibi concessa[5]. Unde si ab eo fuerit appellandum, licet aliquibus visum fuerit, quod ad condelegatum etiam valeat appellari, nobis tamen videtur, quod ad primum dumtaxat appellandum[l] est delegantem[m] propter rationem superius assignatam.

Eius igitur appellatio, de quo tua fraternitas nobis scripsit, si nostre 30 constitutionis occasione ad nostram audientiam appellavit pro eo, quod delegatus a nobis reservata sibi diffinitiva[n] sententia audientiam cause commisit quibusdam, qui de ipsius assensu nec dati sunt nec recepti, nisi contra eos iustam recusationis causam ostenderit vel paratus fuerit ostendere coram iudice delegato, non debuit impedire, quominus procederent auditores. Qui, 35 si etiam tamquam suspecti fuissent merito recusati, delegatus tamen a nobis nichilominus potuisset sublato appellationis diffugio causam ipsam iudicialiter expedire. Quod si iustam recusationis causam noluit admittere delegatus, sed coram suspectis eum audiri cogebat, a tali gravamine licite potuit ad

---

g) *Das letzte* -i- *korr. aus* -u-.   h) *Fehlt bei Migne.*   i—i) *Durch Zeichen umgestellt aus* et 40 expensis partium.   k) *Migne:* vices.   l) -d(um) *vielleicht auf Rasur.*   m) *Migne:* delegatum.   n) diffinita(m).

4) Vgl. Novellen 60, 2 (Ed. Schoell–Kroll 327f.).
5) Vgl. Codex 3. 1. 5 (Ed. Krueger 120).

nostram audientiam appellare, quodque post appellationem huiusmodi est presumptum, iudicari debet irritum et inane.

Datum Laterani, VI Kal. Aprilis.

30.

Innocenz III. nimmt das Kollegiatstift Sainte-Croix in Étampes, das von König Ph(ilipp II. August) von Frankreich anstelle einer ehemaligen Synagoge gegründet wurde, in den päpstlichen Schutz, untersagt Forderungen von Seiten der umliegenden Kirchen und der Laien, setzt die Einrichtung zweier Lehrstühle in der Klosterschule fest, gewährt Zehentfreiheit von Neubrüchen und Weiden, Schutz vor ungerechtfertigten Kirchenstrafen, eine beschränkte Freiheit vom allgemeinen Interdikt und die Erlaubnis, für die Klosterinsassen einen Friedhof anzulegen.

Lateran, (1204) März 27.

Reg. Vat. 5, fol. 141ᵛ—142ʳ ⟨Nr. 30⟩.

Bréquigny, Diplomata, II/1 467, Nr. 30 = Migne, PL, 215, 312, Nr. 30; Grayzel, The Church and the Jews, 104, Nr. 13; Simonsohn, The Apostolic See and the Jews, 81, Nr. 78. — Potth. Reg. 2162.

.. Decano et canonicis sancte Crucis de Stampis[1].

Loca[a] divinis cultibus mancipata et ea maxime, que post Iudaice perfidie cecitatem lumen gratie sub Christiane fidei titulo perceperunt, apostolicis sunt munienda presidiis et perpetue donanda munere libertatis, cum constet non iam esse filios ancille sed libere, qui elegerunt ibi in libertate spiritus Domino deservire. vgl. Gal 4, 31
vgl. 2Kor 3, 17

Eapropter, dilecti in Domino filii, predictam * ecclesiam vestram, quam karissimus in Christo filius noster Ph(ilippus), rex Francorum[2] illustris, de assensu bone memorie G(uidonis), Senonensis archiepiscopi[3], in synagoga, de qua Iudeos eiecerat[4], in honorem victoriosissime crucis edificari constituit[5], cum omnibus, que impresentiarum et cetera usque adipisci, ad instar felicis recordationis Lucii[6] et Vrbani[7], predecessorum nostrorum, Romanorum * fol. 142ʳ

---

30. [a]) *Am Rande die zweite römische Briefzählung:* XXX.

30. [1]) Kollegiatstift Sainte-Croix in Étampes (Diöz. Sens, Dép. Seine-et-Oise). 1184 ist Roger als Dekan bezeugt (vgl. unten Anm. 6), 1210 Hugo (vgl. ALLIOT, *Notre-Dame d'Étampes*, Nr. 13, S. 7).

[2]) Philipp II. August, König von Frankreich 1180—1223.

[3]) Guido (I.) von Noyers, EB. von Sens 1176—1193. Vgl. *Gallia Christiana* XII 53—55.

[4]) Die Vertreibung der Juden aus Frankreich 1181. Vgl. GRAYZEL, *The Church and the Jews*, App. F, S. 357.

[5]) Zwischen November 1183 und März 1184: DELABORDE—PETIT-DUTAILLIS, *Actes de Philippe Auguste*, II 121f., Nr. 99.

[6]) Papst Lucius III. am 26. Juli 1184 oder 1185 (*JL* 15223) bzw. im Oktober/November 1184 (*JL* 15108).

[7]) Papst Urban III. 1185—1187.

pontificum, sub beati Petri et nostra[b] et cetera usque communimus; statuentes, ut clerici, qui in circumpositis morantur ecclesiis, sicut nichil in loco ipso
Iudeis possidentibus capiebant, ita deinceps ecclesie inibi constitute conditionem aliquam vel[c] gravamen in libertatis preiudicium non imponant, ne
deterior efficiatur status ecclesie, si ea, que fuerat Iudeis inhabitantibus 5

vgl. Gal 4, 31

libera, sub observantia fiat Christiane pietatis ancilla; preterea, ut magisterium scolarum unum in musica et aliud in aliis disciplinis sine contradictione
qualibet habeatis, ad exemplar dictorum predecessorum nostrorum auctoritate vobis apostolica indulgemus; prohibentes, ut de novalibus vestris et
animalium nutrimentis nullus a vobis decetero extorquere presumat. Prohi- 10
bemus insuper, ne de possessionibus vestris decetero a laicis exigantur. Ad
hec presentium auctoritate decernimus, ne quis in ipsam ecclesiam interdicti
vel in canonicos eius excommunicationis aut suspensionis sententiam absque
manifesta et rationabili causa promulget. Cum autem generale interdictum
terre et cetera usque celebrare. Concedimus quoque vobis cimiterium, in quo 15
decedentium fratrum et familie corpora tumulentur. Libertates quoque et
cetera usque sanccimus.

Decernimus ergo, ut nulli omnino et cetera.

Datum Laterani, VI Kal. Aprilis[d].

<h1 style="text-align:center">31.</h1>

 20

Innocenz III. befiehlt dem Erzbischof (Walter) und dem Domdekan (Richard)
von Rouen, innerhalb der Kirchenprovinz Rouen Kleriker oder Laien, welche
Besitzungen des Johanniterordens entfremdet haben, mit geistlichen Strafen zur
Rückgabe zu zwingen und für eine Wiedergutmachung zu sorgen.

Lateran, (1204) März 23. 25

Reg. Vat. 5, fol. 142ʳ ⟨Nr. 31⟩.
   Bréquigny, Diplomata, II/1 468, Nr. 31 = Migne, PL, 215, 313, Nr. 31; Delaville le Roulx,
Cartulaire, II 29, Nr. 1188. — Potth. Reg. 2159.

<h3 style="text-align:center">.. Archiepiscopo[1] et .. decano[2] Rothomagen(sibus)[a].</h3>

Quoniam[b] nimis dispendiosum esset et grave dilectis filiis fratribus 30
I(e)r(oso)limitani hospitalis de Normannia[3], cum sint in remotis partibus

---

   [b] *Migne fügt hinzu:* protectione suscipimus.   [c] vl.   [d] *Migne fügt hinzu:* anno septimo.

31. [a] *Adresse am Rande vorgemerkt.*   [b] *Am Rande von einer Hand des 14. (?) Jhs.*
CE-, *darunter* le-, *der Rest weggeschnitten.*

31. [1] Walter von Coutances, EB. von Rouen 1184—1207. Vgl. *Dict. NB* 4 (1941) 1276—1279; 35
Dict. HGE 21 (1984) 87f.; Poggioli, *Walter.*
   [2] Richard (I.) von Malpalu, als Domdekan von Rouen bezeugt 1200/1201—1206. Vgl.
Gallia Christiana XI 117; Spear, *Doyens,* 105f.; Poggioli, *Walter,* 240f., 355f.
   [3] Johanniterorden der Provinz Normandie. Vgl. Poggioli, *Walter,* 341.

constituti, pro singulis querelis apostolicam sedem adire, cum frequenter a multis tam clericis quam laicis gravibus sint iniuriis$^{c)}$ lacessiti$^{c)}$, ad supplicationem eorum super hoc eis duximus providendum. Quocirca discretioni vestre per apostolica scripta precipiendo$^{d)}$ mandamus$^{d)}$, quatinus, cum a
5 dictis fratribus fueritis requisiti, malefactores eorum in Rothomagensi provincia constitutos, ut eis ablata restituant et de dampnis et iniuriis irrogatis satisfaciant competenter vel in aliquos compromittant, qui appellatione remota iustitia mediante procedant, per censuram ecclesiasticam sublato appellationis diffugio compescatis.
10 Nullis litteris et cetera. Quod si non ambo et cetera, tu, frater archiepiscope, et cetera.

Datum Laterani, X Kal. Aprilis$^{e)}$.

32.

Innocenz III. befiehlt dem Abt (Robert) von La Couronne, dem Archidiakon von
15 *Briançay und dem Subdekan von Saint-Pierre in Poitiers, das Augustiner-Chorherrenstift La Celle-Saint-Hilaire auf Grund einer Anzeige seines Priors (Seguinus) zu reformieren.*

Anagni, (1204) März 1.

Reg. Vat. 5, fol. 142^r ⟨Nr. 32⟩.
20 Bréquigny, Diplomata, II/1 469, Nr. 32 = Migne, PL, 215, 314, Nr. 32. — Potth. Reg. 2148.

.. Abbati de Corona[1], .. archidiacono Briocensi[2] et .. subdecano beati Petri[3] Pictauen(sis).

| **D**ilectus filius .. prior sancti Hylarii de Cella Pictauensis[4] per suas nobis litteras intimavit, quod, cum in ecclesia sua regula beati Aug(ustini) a retro-
25 actis temporibus fuerit instituta et ordo canonicus secundum eandem regulam institutus ibidem a nostris predecessoribus confirmatus[5] et fratres ipsius sub eiusdem professione regule habitum induerint regularem, contra institutiones sui ordinis proprium sibi retinere presumunt[6], prosilientes a claustro

---

$^{c-c)}$ *Migne wiederholt stattdessen irrtümlich* in remotis partibus constituti. $^{d-d)}$ *Durch Zei-*
30 *chen umgestellt aus* m(andam)us pre(cipiendo). $^{e)}$ *Migne fügt hinzu:* anno septimo.

32. [1]) Robert, Abt von La Couronne (Augustiner-Chorherrenstift, Diöz. Angoulême, Dép. Charente) 1194—1210. Vgl. Nanglard, *Pouillé Angoulême*, I 338f.
[2]) Archidiakon von Briançay oder Brioux, Diöz. Poitiers. Vgl. Rédet, *Vienne*, XIII.
[3]) Subdekan des Domkapitels von Saint-Pierre in Poitiers.
35 [4]) Seguinus, als Prior von La Celle-Saint-Hilaire (Augustiner-Chorherrenpriorat in Poitiers) bezeugt 1204, 1223/24. Vgl. *Dict. HGE* 12 (1953) 111.
[5]) Die Augustinerregel wurde im 11. Jh. in La Celle-Saint-Hilaire eingeführt (vgl. *ebd.* 110), diesbezügliche Papsturkunden sind nicht bekannt.
[6]) Vgl. Verheijen, *Règle*, I 418f., § I 3, 4; 428f., § V 1; 430, § V 3; vgl. auch *ebd.* 150, § 4.

vgl. 2Tim 2, 4 exeunt ad plateas et more secularium negociationibus se immiscent[7]), alie-
narum causarum litigiis insistentes et in splendore vestium et ornatu se potius
seculares quam regulares ostendunt[8]), in aliis pluribus Deum multipliciter
offendentes. Verum ecclesia ipsa edificia congrua non habente et ipsis etiam,
que solebat habere, fere collapsis, cum idem prior ad innovationem eorum et 5
reformationem ordinis velit operam adhibere, ipsi non solum ad hoc non
assentiunt faciendum, verum etiam, ne fiat, se violenter opponunt.

Quia igitur ea, que in ecclesiis perperam attemptantur, sunt severius
corrigenda, discretioni vestre per apostolica scripta precipiendo[a]) mandamus,
vgl. Ps 53, 5 quatinus ad ipsam ecclesiam pariter accedentes et eum habentes pre oculis, 10
vgl. Ps 7, 10; Ir 11, 20; 17, / 10; Apok 2, 23 qui secreta cordium scrutatur et renes, de consilio prefati prioris tam in
capite quam in membris, que regulariter fuerint corrigenda, auctoritate no-
stra suffulti appellatione postposita corrigatis et statuatis, quod ad religionis
augmentum et gloriam nominis Domini videritis statuendum, et faciatis,
quod statueritis, auctoritate nostra per censuram ecclesiasticam firmiter 15
observari, religiosas personas de aliis ecclesiis evocantes et in ipsa instituentes
ecclesia, si neccesse fuerit et regularis observantia id requirat. Quod si aliquos
contradictores inveneritis aut rebelles, eos a presumptione sua per districtionem ecclesiasticam appellatione postposita compescatis.

Nullis litteris et cetera. Quod si non omnes et cetera. 20
Datum Anagnie, Kal. Martii[b]).

33.

*Innocenz III. verbietet, daß über das Augustiner-Chorherrenpriorat von S. Stefa-
no (in Palude) ohne ausreichenden Grund Interdikt, Exkommunikation oder
Suspension verhängt werden, daß ohne Präsentation oder Zustimmung des Pri-* 25
*ors ein Kanoniker dieser Kirche die Weihen empfängt oder gegen den Prior in
Schutz genommen wird, daß Personen, die wegen Übergriffen gegen diese Kirche
exkommuniziert wurden, absolviert werden, bevor sie Genugtuung geleistet
haben, und daß der Prior und die Brüder bei Meßfeier, Exequien u. a. behindert
werden.* 30

Lateran, (1204) März 20.

Reg. Vat. 5, fol. 142ʳ—142ᵛ ⟨Nr. 33⟩.
Bréquigny, Diplomata, II/1 469, Nr. 33 = Migne, PL. 215, 315, Nr. 33. — Potth. Reg. 2158.

---

32. [a]) *Fehlt bei Migne.*   [b]) *Migne fügt hinzu:* anno septimo.

[7]) Vgl. vielleicht *ebd.* 419f., § I 7; 151, § 8. 35
[8]) Vgl. *ebd.* 423, § IV 1, 428f., § V 1.

I. priori et fratribus ecclesie sancti Steph(an)i Fanen(sis)[a, 1].

Quoniam elegistis abiecti esse in domo Domini magis quam habitare in
tabernaculis peccatorum et eorum estis vitam professi[b], quibus erat cor   vgl. Ps 83, 11
unum et anima una, quieti vestre paterna volumus sollicitudine providere,   vgl. Apg 4, 32
5 ne, cum partem obtimam elegeritis cum Maria[c], per inquietudines aliquorum   vgl. Lk 10, 42
cogamini ultra quam deceat cum Martha satagere circa multa. Ideoque paci   vgl. Lk 10, 40
vestre in posterum providentes auctoritate presentium distri(ctius) inhibemus, ne quis in vos vel ecclesiam vestram sine[d] manifesta et rationabili causa
interdicti, suspensionis vel excommunicationis sententiam audeat promulga-
10 re vel canonicos eiusdem ecclesie absque presentatione vel assensu tuo, fili
prior, ad ordines promovere vel eorum aliquem in protectione recipere in
elusionem canonice discipline, quominus in eum, cum excesserit, districtionem exerceas regularem. Similiter etiam dis(tricte) vetamus, ne quis
molesta*tores vestros et ecclesie vestre ac invasores bonorum ipsius, cum per   * fol. 142ᵛ
15 vos aut delegatos ab apostolica sede iudices interdicti vel excommunicati
fuerint, preter debitam satisfactionem absolvat aut vos in divinorum celebratione, in exequiis mortuorum et aliis rationabilibus consuetudinibus ecclesie
vestre indebita molestatione fatiget[2].

     Nulli ergo et cetera.
20 Datum Laterani, XIII Kal. Aprilis.

34.

*Innocenz III. erklärt ein von Ernald Bil als Patron der Kirche von Filby in
seinem Prozeß gegen den Kleriker Jo(hannes) de Burgo impetriertes und von
seinem Gegner angefochtenes Delegationsreskript für echt und trägt dem Erz-
25 bischof (Hubert) von Canterbury, dem Bischof (Eustach) von Ely und dem Abt
(Samson) von Bury St. Edmunds auf, für die Befolgung des auf Grund dieses
Reskripts zugunsten des Ernald Bil gefällten Urteils zu sorgen.*

Lateran, (1204) März 17.

Reg. Vat. 5, fol. 142ᵛ ⟨Nr. 34⟩.
30 *Bréquigny, Diplomata, II/1 470, Nr. 34 = Migne, PL, 215, 315, Nr. 34. — Potth. Reg. 2155;
Bliss, Calendar, I 16; Cheney, Calendar, 548.*

---

33. [a] *Am Rande ein Kreuz.*   [b] *Das erste -s- korr., vielleicht aus -c- oder -t-.*   [c] *Am Rande ein
kleines rotes Kreuz.*   [d] *Migne:* si.

33. [1] S. Br. VII 27 Anm. 1.
35   [2] Vgl. dazu die auf eben dieser Ebene geführte Auseinandersetzung des Priorats mit dem
Bischof Monaldus von Fano: Br. VI 168 (170).

.. Cantuariensi archiepiscopo[1], .. episcopo Eliensi[2] et .. abbati sancti Edmundi[3].

Ex litteris tuis[4], frater archiepiscope, nostris auribus est relatum, quod, cum Io(hannes) de Burgo clericus Ernaldum Bil[5] laicum super presentatione Rob(er)ti de Brom clerici ad ecclesiam de Filebi[6], in qua idem E(rnaldus)[a] 5 ius obtinet patronatus, molestaret iniuste, idem E(rnaldus) super hoc ad dilectum filium .. abbatem de Sibeton'[7] et coniudices[8] suos per nuncium suum litteras apostolicas[9] impetravit, qui cause meritis diligenter inspectis et cognitis contra clericum ipsum diffinitivam sententiam protulerunt.

Elapso vero postmodum spatio temporis aliquanti predictus Io(hannes) 10 litteras illas, quas, sicut proposuit, semper suspectas habuerat, cepit impetere falsitatis, instanter postulans, quod earum auctoritate fuerat attemptatum in irritum revocari; propter quod iudices ipsi predictas litteras, quamvis a tempore late sententie superinductis atramenti lineis cancellatas ab ipsis, tibi, qui super huiusmodi falsitatis cognitione recepisti mandatum apostolicum specia- 15 le, per fidelem nuncium transmiserunt. Cum autem prefatus Io(hannes) in presentia tua easdem proponeret esse falsas, adversa pars clericum quendam W. de Brom nomine ad sui defensionem exhibuit, qui litteras supradictas a nobis se proposuit impetrasse. Recepta igitur ab utraque parte sufficienti super hiis, que proposuerant, cautione, litteras ipsas sub sigillis partium atque tuo 20 fideliter interclusas per dilectum filium R.[b] de Maregni latorem presentium[b], ad hoc electum de unanimi voluntate partium, nostro fecisti conspectui presentari, quas nos in stilo et filo[c], carta et bulla comperimus esse veras.

Quocirca discretioni vestre per apostolica scripta mandamus, quatinus, denunciantes ipsas litteras esse veras, predictum E(rnaldum) super iuste lata 25 ipsarum litterarum auctoritate sententia non permittatis ab aliquo indebite molestari, quinpotius faciatis sententiam ipsam, sicut est iusta, sublato appellationis obstaculo firmiter observari. Contradictores et cetera.

Quod[d] si non omnes et cetera, duo et cetera[d].

Datum Laterani, XVI Kal. Aprilis.   30

---

34. [a] *Migne:* F.   [b—b] *Durch Zeichen umgestellt aus* R. latorem p(resentium) de Maregni. *So auch Migne.*   [c] *Migne:* filio.   [d—d] *Fehlt bei Migne.*

34. [1] S. Br. VII 29 Anm. 1.
　　[2] S. Br. VII 15 Anm. 1.
　　[3] S. Br. VII 15 Anm. 2.   35
　　[4] Vgl. CHENEY–JOHN, *EEA III: Canterbury*, 11f., Nr. *339, auf Januar 1204 datiert.
　　[5] Ernald Bil prozessiert in dieser Angelegenheit noch 1225 vor dem königlichen Gericht: *Curia Regis Rolls* XII 133, Nr. 658. Vgl. CHENEY, *Innocent III and England*, 112 mit Anm. 60; Br. IX 210 (MIGNE, *PL*, 215, 1051—1053).
　　[6] Kirche von Filby (Diöz. Norwich, Gft. Norfolk).   40
　　[7] Laurenz, Abt von Sibton (Zist.-Abtei, Diöz. Norwich, Gft. Suffolk) 1199—1208. Vgl. KNOWLES–BROOKE–LONDON, *Heads of Religious Houses*, 142.
　　[8] Gilbert, als Abt von Langley (Prämonstratenser-Abtei, Diöz. Norwich, Gft. Norfolk) bezeugt 1202—1209 (KNOWLES–BROOKE–LONDON, *Heads of Religious Houses*, 196), und der Dekan von Brooke (Diöz. Norwich, Gft. Norfolk). Vgl. Br. IX 210 (MIGNE, *PL*, 215, 1051).   45
　　[9] Vgl. CHENEY, *Calendar*, 528.

35.

Innocenz III. befiehlt dem Bischof (Eustach) von Ely, dem Abt (Samson) von Bury
St. Edmunds und dem Domdekan (Nikolaus) von Chichester, den schon lange
andauernden Streit zwischen dem Domdekan (Simon) und dem Domkapitel von
5 *York einerseits und dem Erzbischof (Gottfried), der dem Kapitel vorwirft, ein Privi-*
leg Papst Coelestins (III.) ungebührlich auszunützen, andererseits zu untersuchen,
die Ergebnisse an die Kurie zu schicken und die Parteien dorthin zu laden.

Lateran, (1204) April 1.

Reg. Vat. 5, fol. 142ᵛ—143ʳ ⟨Nr. 35⟩.
10 Bréquigny, Diplomata, II/1 471, Nr. 35 = Migne, PL, 215, 316, Nr. 35. — Potth. Reg. 2167;
Bliss, Calendar, I 16; Cheney, Calendar, 552.

.. Eliensi episcopo[1]**, .. abbati sancti Edmundi**[2] **et .. decano Cicestrensi**[a, 3].

(|) **Quia**[b] omne regnum in se ipsum divisum iuxta verbum evangelicum
desolatur, proximam Eboracensis ecclesie[4] desolationem[c] ex diutina eius   vgl. Mt 12, 25; Lk 11, 17
15 divisione timemus, in qua filii, quod dolentes referimus, in patrem insurgunt
et armatur pater in dispendium filiorum. Invalescente siquidem multorum   vgl. Mt 10, 21
malicia caritas refriguit inter eos et superseminante inter ipsos zizania homi-   vgl. Mt 24, 12
ne inimico concordia[d] in discordiam transiit, dilectio periit et odium apud[e]   vgl. Mt 13, 25
eos pro dilectione regnavit. Quamvis autem apostolica sedes ad removendam   vgl. Ps 108, 5
20 ab ipsis dissensionis materiam sepius laborarit, quia tamen inveteraverat
morbus et cicatrix induruerat, non profecit, nec sanavit, quia ferrum distulit
adhibere radici vel, quod verius esse credimus, quoniam causam ignoravit   vgl. Mt 3, 10; Lk 3, 9
ulceris, non curavit. Quia ergo boni[f] iudicis est lites minuere non augere, ut
extingamus penitus discordie fomitem et odii materiam auferamus, causas
25 discordie plenius perscrutari proponimus et rimari profundius vias morbi, ut
extirpata radice arbor prorsus pereat et siccetur, que hactenus in suis semi-
putata ramusculis uberiore partu fortius pullulavit, facta fecundior suo
dampno.
Videtur etenim et est verum, quod privilegium illud, quod bone memorie
30 C(elestinus) papa, predecessor noster[5], dilectis filiis .. decano[6] et canonicis
Eboracensibus olim indulsit et per quod eis dignitates, libertates, immunitates et consuetudines proprias confirmavit, inter eos et venerabilem fratrem

---

35. [a]) *Migne:* Cicterciensi.   [b]) *Am Rande ein Kreuz.*   [c]) -at(i)o- *vielleicht auf Rasur.*   [d]) -or-
vielleicht auf Rasur.   [e]) -p- *vielleicht auf Rasur.*   [f]) -i *korr. aus* -a.

35 **35.** [1]) S. Br. VII 15 Anm. 1.
[2]) S. Br. VII 15 Anm. 2.
[3]) Nikolaus von Aquila, Domdekan von Chichester (Suffr. von Canterbury) ca. 1197—1217,
1209 zum B. gewählt, wahrscheinlich jedoch nie konsekriert. Vgl. Kuttner–Rathbone, *Anglo-*
Norman Canonists, 317f., Anm. 7.
40 [4]) Kirche von York.
[5]) Papst Coelestin III. am 14. Juni 1194: Holtzmann, *PU in England*, II 464f., Nr. 271.
[6]) Simon von Apulien, 1194 Domdekan von York, 1214—1223 B. von Exeter (Suffr. von
Canterbury). Vgl. Le Neve, *Fasti*, III 120; Kuttner–Rathbone, *Anglo-Norman Canonists*, 306.

nostrum .. Eboracensem archiepiscopum[7] scandalum foveat et originem pariat iurgiorum. Verum quamvis habeant singula fere capitula conditionem insertam, ita ut omnia, que in eodem privilegio conceduntur, pendere de antiqua Eboracensis ecclesie dignitate, immunitate capituli et approbata eiusdem ecclesie consuetudine videantur, sicut per inspectionem privilegii plenius poteritis edoceri, et archiepiscopus universa deducat in dubium et super eis moveat questionem, decanus tamen et canonici, sicut idem archiepiscopus nostris auribus intimavit, tamquam de conditione constaret, non solum privilegio utuntur eodem, sed etiam abutuntur, et quedam, que recte intelligi potuerant, depravantes, adversus archiepiscopum cornua elationis assumunt et fere omnimodam sibi vendicant libertatem[g], iurisdictionem archiepiscopalem pene penitus vacuantes.

Ne igitur nascantur iniurie, unde iura nascuntur[8], et apostolica sedes, que pacem aliis predicat, occasione huiusmodi privilegii actrix et auctrix discordie censeatur, discretioni vestre per apostolica scripta mandamus atque precipimus, quatinus non obstantibus litteris tibi, frater episcope, ac coniudicibus tuis[9] contra dictum archiepiscopum super faci*enda inquisitione directis partibus convocatis inquiratis appellatione remota super dignitatibus, immunitatibus et consuetudinibus Eboracensis[h] ecclesie ac canonicorum ipsius et archiepiscopali iurisdictione ac iure et, utrum predicti decanus et capitulum prefato privilegio abusi fuerint, sollicite veritatem, recipiatis[i] testes[k], quos[k] partes coram vobis duxerint producendos, et examinetis omnia diligenter et, quod inveneritis, nobis per litteras vestras fideliter intimetis, ut per vestram relationem instructi Eboracensi ecclesie melius consulamus. Statuatis autem partibus et cetera.

Quod si non omnes et cetera, duo et cetera.

Datum Laterani, Kal. Aprilis.

* fol. 143^r

36.

Innocenz III. kündigt den Prälaten und dem Adel, dem Klerus und den Laien in Sizilien und Kalabrien die Ankunft des Kardinaldiakons G(erhard) von S. Adriano, seines Legaten mit Vollmachten in geistlichen und weltlichen Belangen, an und trägt ihnen auf, ihn ehrenvoll zu empfangen und ihm zu gehorchen.

Lateran, (1204) April 1.

---

g) lib(er)tate.   h) *Außen am Rande:* x.   i) recipias.   k—k) *Durch Zeichen umgestellt aus* quos testes.

7) Gottfried, EB. von York 1189—1211. Vgl. Fryde–Greenway–Porter–Roy, *Handbook,* 281.

8) Vgl. Codex 8. 4. 6 (Ed. Krueger 332).

9) Br. V 57 (59) an den B. von Ely, den Dekan von Lincoln Roger von Rolleston und den Archidiakon Gottfried von Bedford.

Reg. Vat. 5, fol. 143ʳ—143ᵛ ⟨Nr. 36⟩.

Bréquigny, Diplomata, II/1 472, Nr. 36 = Migne, PL, 215, 317, Nr. 36. — Potth. Reg. 2165; BFW 5881; Russo, Regesto, I 102, Nr. 529.

Archiepiscopis, episcopis, abbatibus, comitibus, baronibus et universo clero et populo in Sicilia et Calabria constitutis[a, 1].

Egressus Sathan a facie Domini et non solum super omnibus, que posside- $\qquad$ Iob 1, 12
re videbamini, sed in[b] personis etiam[c] quorundam ex vobis ab eo potestate
suscepta cribravit vos hactenus sicut triticum et ut manipulos[d] palearum $\qquad$ vgl. Lk 22, 31
excussit, ita ut nichil inconcussum relinqueret, sed immisso vento a regione
deserti elementa etiam[e] in concussionem vestram et excidium commoveret. $\qquad$ vgl. Iob 1, 19
Licet enim noverit Dominus, qui sunt eius, utpote cui secreta etiam[e] cordi- $\qquad$ vgl. Jo 10, 14; 2Tim 2, 19
um sunt aperta, probare tamen voluit et probavit, an fides vestra proficeret $\qquad$ vgl. Ps 43, 22
an deficeret in adversis et utrum resisteretis flatibus aquilonis, qui flante
austro videbamini floruisse. Utinam igitur vexatio vobis dederit intellectum, $\qquad$ vgl. Is 28, 19
utinam in hac sitis cribratione purgati[f], ut probatio fidei vestre sit multo
preciosior[g] quam aurum, quod per ignem probatur, et quoniam in quibus- $\qquad$ vgl. 1Petr 1, 7
dam ex vobis aurum eruginaverat et argentum, nunc saltem consumpta
rubigine[h] ac scoria expurgata utrumque splendidius elucescat! $\qquad$ vgl. Ez 24, 11

Sane quia non fuerat vita vobis aliena magistra, ut non longe decetero
peteretis exempla, in vobis ipsis vos voluit Dominus experiri, quod omne
regnum[i] in se ipsum divisum desolatur et domus concidit supra domum et $\qquad$ vgl. Mt 12, 25; Lk 11, 17
quod ea, que per concordiam crescunt, per discordiam dilabuntur. Siquidem,
si fuissetis unanimes et alter[k] alterius onera portassetis nec invidus suam $\qquad$ vgl. Apg 1, 14 u. ö.
reputasset gloriam miseriam fratris sui, sed putasset agi rem propriam, cum $\qquad$ vgl. Gal 6, 2
paries vicinus arderet[2], in pace servassetis atrium vestrum ut fortes armati
nec timuissetis impetum fortioris. Verum quia fere singuli singulas fecerant
sibi partes nec restitistis communiter inimicis, sed singulariter potius con-
fovistis, rediit caput ad caudam et primis novissimis et novissimis primis $\qquad$ vgl. Is 9, 14; 19, 15
effectis facti sunt in capite hostes vestri et hereditatibus vestris ad alienos et $\qquad$ vgl. Mt 19, 30; 20, 16; Mk 10, 31; Lk 13, 30
domibus ad extraneos devolutis nobilium et sullimium colla ignobiles et $\qquad$ vgl. Klgl 1, 5
deiecti calcarunt et servi etiam super vos dominium acceperunt. $\qquad$ vgl. Klgl 5, 2

Et quoniam asperius nichil est humili, cum surgit in altum, utpote qui
desevit[l] in omnes, ut se posse putent[3], et tyrannidem potentiam suam ponit,
multi inter vos ceci et imbecilles et gigantes vestri gemunt sub aquis et $\qquad$ vgl. Iob 26, 5

---

36. [a] *Am Rande ein Kreuz. Daneben die erste römische Briefzählung:* IIIICXX.   [b] *Migne:* et in.
[c] *Fehlt bei Migne.*   [d] *Migne:* manipulum.   [e] *Migne:* et.   [f] -g- *vielleicht korr. aus einem anderen Buchstaben.*   [g] preciosiosior. *Durch Unterpungierung des ersten* -sio- *korr.*   [h] -g- *korr. aus* -b- *oder* -h-.   [i] -u- *korr. aus einem anderen Buchstaben.*   [k] *Fehlt bei Migne.*   [l] *Zweiter Schaft des* -u- *auf Rasur.*

36. [1] Sizilien und Kalabrien.
[2] Vgl. Horaz, *Epistulae* I, 18, 84. Für das Mittelalter: WALTHER, *Proverbia*, III 11, Nr. 15871.
[3] Vgl. Claudian, *In Eutropium*, I, 181—183 (*MGH AA* 10, 80). Vgl. WALTHER, *Proverbia*, I 177, Nr. 1565.

magnates ignibus traditi vix sic etiam servorum illorum rabiem placaverunt, qui superiorum in vos indignationem et odium concitabant. Potuerat autem in vobis tante non humane sed divine animadversionis vindicta peccatorum vestrorum multitudinem expiasse, nisi crevisset in aliquibus infidelitatis vicium sub flagello et, qui in profundum peccatorum venerant, contempsissent, 5 ita ut in suam etiam perniciem indurati mallent hostibus contra fratres quam contra hostes fratribus adherere. Ideoque in omnibus hiis non est aversus furor Domini, sed adhuc manus eius extenta, nisi per viam aliam redeatis et per concordiam resurgatis in statum felicitatis antique, a qua per discordiam decidistis. Siquidem, sicut plenitudo legis est dilectio, sic odium non solum 10 legem evacuat, sed reges et regna expugnat et non minus quam mus in pera, ignis in gremio, serpens in sinu male suos remunerat hospites[4], sed gravius in proprios desevit auctores, cum gladius eorum intrat in cor ipsorum et laqueo proprio pereunt, dum incidunt in foveam, quam pararunt.

Licet autem propter offensas multiplices et immoderatos excessus aliquorum ex vobis, qui gloriantur, cum male fecerint, et in pessimis rebus 15 exultant, vestram possemus dissimulare iacturam, quia tamen innocentis regis[5] infantie deesse nec volumus nec debemus[m] et tantam regni miseriam clausis oculis pertransire, ne puniatur iustus pro impio et pro patre filius vel pater pro filio condempnetur, sed anima, que peccaverat, nisi adiciat, ut 20 resurgat, in iniquitate propria moriatur, dilectum filium G(erardum)[n], sancti Adriani diaconum cardinalem[6], apostolice sedis legatum, virum providum et honestum, quem inter ceteros fratres nostros specialis dilectionis brachiis amplexamur, ad vos duximus destinandum, vices nostras ei tam in spiritualibus quam temporalibus committentes, ut confirmet in devotione nostra et 25 regia fidelitate fideles, errantes revocet et[o] in eos, quos revocare non poterit, tam spiritualiter quam[p] temporaliter aggravet manus suas.

Monemus igitur universitatem vestram et exhortamur in Domino et per apostolica scripta mandamus, quatinus legatum ipsum sicut personam nostram, immo nos in[q] eo, recipientes[q] hilariter * et honorifice pertractantes, 30 que inter vos in spiritualibus vel temporalibus duxerit statuenda, suscipiatis humiliter et inviolabiliter observetis. Alioquin sententiam, quam spiritualiter[r] vel temporaliter tulerit in rebelles, faciemus auctore Domino firmiter observari.

Datum Laterani, Kal. Aprilis.   35

---

[m] debe- *vielleicht auf Rasur.*   [n] *Migne:* C.   [o] *Fehlt bei Migne.*   [p] *Migne:* quem. [q-q] *Durch Zeichen umgestellt aus* recipientes in eo.   [r] spualit(er).

[4] Vgl. *Decretum Gratiani* C. 13 q. 1 p. c. 1 § 11 (Friedberg, *CorpIC*, I 720) und Walther, *Proverbia*, II 1023, Nr. 15778.

[5] Friedrich II., König von Sizilien 1198, deutscher König 1211, Kaiser 1220. Gest. 1250.   40

[6] Gerhard, KD. von S. Adriano 1182—1208. Vgl. Maleczek, *Papst und Kardinalskolleg*, 78f., und zur Legation: Hampe, *Legatenbericht*; Baethgen, *Regentschaft*, 85—87.

Marginal references (left column):
vgl. Spr 18, 3
vgl. Is 5, 25; 9, 12. 17. 21; 10, 4
vgl. 1Kg 13, 9f.; Mt 2, 12
Röm 13, 10
Ps 36, 15
vgl. Sir 27, 29
vgl. Ps 7, 16; 56, 7; Spr 26, 27; Sir 27, 29 u.ö.
vgl. Spr 2, 14
vgl. Gn 18, 23
vgl. Dt 42, 16; 2Kg 14, 6; 2Chr 25, 4
vgl. Ez 18, 20
vgl. Is 24, 20
vgl. Ri 1, 35; 1Sam 5, 6; Iob 23, 2
* fol. 143v

37.

Innocenz III. befiehlt dem Abt (Nikolaus ?) von S. Giuliano (Martire), dem Kreuzherrenorden und anderen Klerikern der Diözese Rimini, vom Bischof (Ventura) von Rimini als Häretiker exkommunizierte Personen von den Sakra-
5 *menten auszuschließen und ihnen das kirchliche Begräbnis zu verweigern, auch wenn sie darüber Privilegien erhalten haben sollten. Den Bischof (Guelfo) von Forlimpopoli hat er beauftragt, ein etwa deshalb vom Bischof von Rimini über sie gefälltes Urteil bis zu einer Genugtuung aufrecht zu erhalten.*

Lateran, (1204) April 5.

10   *Reg. Vat. 5, fol. 143ᵛ ⟨Nr. 37⟩.*
      Bréquigny, Diplomata, II/1 473, Nr. 37 = Migne, PL, 215, 319, Nr. 37. — Potth. Reg. 2169.

.. Abbati et monachis sancti Iuliani[1]), hospitalariis Cruciferis[2]) et aliis clericis Ariminensis diocesis[a]).

Cum pastoris sententia sit servanda[3]) et merito puniendus, qui contra eam
15 venire presumit, per apostolica vobis scripta mandamus atque precipimus, quatinus eos, in quos venerabilis frater noster .. Ariminensis episcopus[4]) excommunicationis vel interdicti sententias pro hereseos crimine promulgaverit, ad divina nullatenus admittatis nec corpora defunctorum tradatis ecclesiastice sepulture; non obstantibus privilegiis super hiis vobis indultis,
20 cum propter immanitatem huius sceleris, quod etiam leges civiles fortius persecuntur[5]), hoc de certa scientia iniungamus. Nos enim venerabili fratri nostro .. Pop(u)liensi episcopo[6]) dedimus in mandatis, ut sententiam, quam propter[b]) hoc idem episcopus[b]) in vos de licentia nostra rationabiliter promulgaverit, usque ad satisfactionem debitam faciat appellatione remota inviola-
25 biliter observari.

Datum Laterani, Non. Aprilis.

---

37. ᵃ) *Am Rande ein Kreuz.*   ᵇ⁻ᵇ) *Durch Zeichen umgestellt aus* idem episcopus propter hoc.

37. ¹) S. Giuliano Martire (Ben.-Abtei in Rimini). Als Äbte sind bezeugt: Philipp 1197—1200 und Nikolaus 1206—1222. Vgl. Tonini, *Rimini*, II 530.
30   ²) Die italienischen Kreuzherren, ein von einem Kreuzfahrer Cleto in Bologna gegründeter Hospitaliterorden, der 1169 von Papst Alexander III. bestätigt und 1656 aufgehoben wurde. Vgl. *DIP* 3 (1976) 311—313, *IP* V 284f.
      ³) Vgl. *Decretum Gratiani* C. 11 q. 3 p. c. 77 § 1; c. 1, c. 27 (Friedberg, *CorpIC*, I 664; 642, 652).
35   ⁴) Ventura, B. von Rimini 1203—1230. Vgl. Tonini, *Rimini*, III 284—288.
      ⁵) Codex 1. 5. 4 (Ed. Krueger 51).
      ⁶) Guelfo (Guardo) Belmonte, B. von Forlimpopoli (Suffr. von Ravenna) 1201—vor 1214. Vgl. *Dict. HGE* 17 (1971) 1068.

38.

Innocenz III. beantwortet eine Anfrage des Erzbischofs (Hugo) von Siponto bezüglich einer Eheangelegenheit.

Lateran, (1204) April 1.

Reg. Vat. 5, fol. 143ᵛ ⟨Nr. 38⟩.   5
Bréquigny, Diplomata, II/1 474, Nr. 38 = Migne, PL, 215, 320, Nr. 38. — Alan. 4. 8. un.; Alan.
K. 4. 8. un.; Bern. 4. 1. 6. — Potth. Reg. 2166; Vendola, Documenti, 47, Nr. 49.
Vgl. Maccarrone, Sacramentalità, 490f. mit Anm. 128.

.. Sipontino archiepiscopo[a, 1)].

Sicut ex litteris tuis nobis presentatis accepimus, cum quedam puella tue 10
diocesis fuisset cuidam viro nature frigide matrimonialiter copulata et in eius
domum traducta, quia continere non poterat, quendam iuvenem adamavit
et, antequam de impotentia viri, quem acceperat, apud ecclesiam proclamas-
set, se ad iuvenem transtulit memoratum, qui eam desponsavit de facto et
ipsam carnis commixtione cognovit, quod ut ad noticiam tuam pervenit, 15
iuvenem ipsum ab ea discedere compulisti et iuramento firmare, quod eam
non teneret nec tangeret commixtione carnali viro predicto vivente, a quo
non fuerat per sententiam separata. Vir vero primus eam in suam iterato
recipiens, pre impotentia verecundus habitum religionis suscepit et post dies
vgl. Jos 23, 14;
1Kg 2, 2 aliquot exolvit carnis debitum universe. Iuvenis autem, qui eam sicut pre- 20
missum desponsaverat, eandem recipiens et ducens in domum propriam
ipsam maritali affectione tractavit et, cum prolem susceperit ex eadem, nunc
querit ab ea discedere ac aliam ducere in uxorem[b)]. Unde, quid faciendum sit,
super hoc articulo nostris postulasti litteris edoceri. Cum igitur multa sint,
que, licet in principio non valeant, postmodum tamen aliis causis emergenti- 25
bus convalescunt, fraternitati tue per apostolica scripta mandamus, quatinus, si res ita se habet, antedictum iuvenem, ut mulierem prefatam tamquam
uxorem teneat et maritali affectione pertractet, per censuram ecclesiasticam
appellatione remota compellas.

Datum Laterani, Kal. Aprilis.   30

39.

Innocenz III. nimmt die Kirche von Rimini in den päpstlichen Schutz, bestätigt die ihr vom apostolischen Stuhl überlassenen Güter und die Exemtion und setzt einen jährlichen Zins von einem Pfund Silber fest.

Lateran, 1204 April 8. 35

---

38. [a)] *Am Rande ein Kreuz.*   [b)] *Am Rande das* Nota-*Monogramm.*

38. [1)] *Magister Hugo von Troia, EB. von Siponto 1195—zwischen 1210 und 1212. Vgl.* Kamp,
Kirche und Monarchie, II 532—534.

Reg. Vat. 5, fol. 143ᵛ ⟨Nr. 39⟩.
Bréquigny, Diplomata, II/1 474, Nr. 39 = Migne, PL, 215, 321, Nr. 39. — Potth. Reg. 2173.

Venture, Ariminensi episcopo[1], eiusque successoribus canonice substituendis in perpetuum[a].

5 Ex commisso nobis apostolatus officio et cetera usque salvo in omnibus iure ac reverentia Romane ecclesie. Eidem etiam[b] Ariminensi ecclesie locamus portam sancti Donati, que vocatur sancti Andree[2], totam in integrum; medietatem de porta Gallica, que vocatur sancti Petri[3]; porticum totum integrum, per quod pergitur ad mare, et porticum, unde ingressus est ad[c] episcopium[c, 4];
10 medietatem totam ex integro ripe litoris maris cum medietate de districto suo, que ad ripas litoris pertinet, sive de Iudeis sive de Christianis; verum etiam[d] et litus maris a flumicello[5] decurrens usque ad fluvium, qui vocatur Maricula[6]. De predictis autem rebus iuris sancte Romane ecclesie, quas prefata Ariminensis ecclesia detinet, tu et successores tui pro pensione libram unam puri[e]
15 argenti nobis nostrisque successoribus annis singulis persolvetis[7].

Ad hec predecessorum nostrorum vestigiis inherentes[8], sicut ab eis sanccitum est, ita et nos mansuro[f] in perpetuum decreto[g] sancimus, ut Ariminensis ecclesia nulli alii metropoli nisi tantum sancte Romane et[h] apostolice ecclesie[h] sit subiecta ipsiusque antistes tantum a Romano pontifice omni
20 tempore consecretur. Plebem vero sancti Pat(er)niani[9] cum decimis et ceteris suis pertinentiis et cum aliis, que beati Petri pariter iuris existunt in fundo Arginarie, sub annuo censu viginti quatuor denariorum Lucensium[10] nobis nostrisque successoribus annualiter persolvendo tibi et successoribus tuis committimus et presentis scripti pagina confirmamus. Preterea sententiam
25 et cetera usque in finem.

Datum Laterani per manum Ioh(ann)is, sancte Romane ecclesie subdiaconi et notarii[11], VI Idus Aprilis, indictione VIIᵃ, incarnationis Dominice anno M°CC°IIII°, pontificatus vero domni Innocentii[i] pape III anno septimo.

---

39. [a] *Am Rande ein Kreuz; ferner am Rande von einer Hand des 16. Jhs.:* Census.   [b] *Migne:*
30 et.   [c—c] *Migne:* episcoporum.   [d] *Fehlt bei Migne.*   [e] *Fehlt bei Migne.*   [f] *Migne:* mansurum.
[g] *Migne:* de caetero.   [h—h] *Durch Zeichen umgestellt aus* ecclesie et apostolice. Et apostolice *fehlt bei*
Migne.   [i] *In verlängerter Schrift.*

39. [1] S. Br. VII 37 Anm. 4.
[2] Porta S. Donato oder S. Andrea oder Montanea in Rimini.
35 [3] Porta Gallica oder S. Pietro oder S. Giuliano in Rimini.
[4] Porta del Gattolo, beim alten Bischofspalast. Vgl. TONINI, *Rimini*, I/2 572, Anm. 7.
[5] Fluß Fiumicino.
[6] Fluß Marecchia.
[7] Vgl. FABRE–DUCHESNE, *Liber Censuum*, I 86b.
40 [8] Papst Lucius II. am 21. Mai 1144: *IP* IV 162, Nr. 20; *JL* 8617; Dr.: TONINI, *Rimini*, II 570,
Nr. 72.
[9] Pieve di S. Patrignano (Prov. Rimini). Vgl. FABRE–DUCHESNE, *Liber Censuum*, I 87a mit
Anm. 1; MERCATI–NASALLI-ROCCA–SELLA, *RD Aemilia*, 499.
[10] Die in Lucca geprägte Pfennigmünze. Vgl. SPUFFORD, *Handbook*, 39f.
45 [11] S. Br. VII 1 Anm. 10.

40.

Innocenz III. trägt dem Abt (Armandus) und dem Konvent von La Chaise-Dieu auf, zu Verhandlungen um die Wiederaufnahme des Prozesses zwischen Klerus und Volk von Montepiloso und dem Priorat von La Chaise-Dieu, S. Maria Nuova, um die Restituierung des aufgehobenen Bistums Montepiloso innerhalb 5 *zweier Monate einen geeigneten Vertreter an die Kurie zu senden.*

Lateran, (1204 April 25)[1].

Reg. Vat. 5, fol. 143ᵛ—144ʳ ⟨Nr. 40⟩.
Bréquigny, Diplomata, II/1 475, Nr. 40 = Migne, PL, 215, 321, Nr. 40. — Potth. Reg. 2175.
Empfängerüberlieferung: Orig. Arch. dép. Haute-Loire, H 171/3 (La Chaise-Dieu); Dr.: Payrard, 10
Chartes, 224—226; Janora, Memorie, 138—140, Nr. 2.

.. Abbati et conventui Case Dei[a, 2].

| **G**ravem et lacrimabilem dilectorum filiorum clericorum et laicorum de Montepil(oso)[3] recepimus questionem, quod, cum ipsorum civitas inter vicinas sit populosior civitates, licet olim episcopali donata fuerit dignitate[4] ac 15 episcopalis sedes ei fuerit multorum predecessorum nostrorum privilegiis confirmata, immo etiam aliquotiens restituta, tandem bone memorie C(elestinus) papa, predecessor noster, super hoc sententiam protulit contra eos[5] et sede prius habita spoliavit, quod ad infamiam redundat corporum[b] et

* fol. 144ʳ perniciem animarum. In hoc autem ecclesiam suam asserunt * enormiter esse 20 lesam, cum coram eodem predecessore nostro pars eorum fuerit indefensa, utpote cum plures et potiores rationes ipsius in iudicio exhibite non fuissent, quare ad audientiam de gratia nostra restitui postulabant.

Nos autem inspectis rescriptis privilegiorum, que super hoc ecclesie de Montepil(oso) fuerant a predecessoribus nostris indulta, invenimus, quod 25 bone memorie Cal(istus)[c] papa, predecessor noster, modum congruentem invenit, per quem tam ecclesie sancte Marie noue, quam vos apud Montem

---

40. [a] *Am Rande die beiden römischen Briefzählungen:* IIIIᶜ XXIIII, *darunter* XL.   [b] *Mit Verweiszeichen klein an den Rand geschrieben, wohl zur Korrektur vorgemerkt. Fehlt bei Migne.*
[c] *Migne:* Coel.   30

40. *Empfängerüberlieferung (kollationiert nach einer Photographie des Arch. dép. Haute-Loire):*

12: .. Abbati] Innocentius episcopus, servus servorum Dei, dilectis filiis .. abbati.   12: Case Dei] Case Dei salutem et apostolicam benedictionem.   16: privilegiis] privilegis.

40. [1] Aus der Empfängerüberlieferung.
    [2] Armandus von Brezons, Abt von La Chaise-Dieu (Ben.-Abtei, Diöz. Clermont, ht. Le 35 Puy, Dép. Haute-Loire) 1203—1227. Vgl. *Dict. HGE* 12 (1953) 265; Gaussin, *Chaise-Dieu*, 187 bis 189.
    [3] Montepiloso, ht. Irsina, Prov. Matera, Basilicata.
    [4] Montepiloso ist seit der Mitte des 11. Jhs. als Bischofssitz bezeugt. Zur Diskussion um eine eventuelle Entstehung in der Antike vgl. *IP* IX 476.   40
    [5] Papst Coelestin III. (1191—1198) am 13. Dezember 1193: *IP* IX 479f., Nr. 11 (Dr.: Janora, *Memorie*, 69—72); vgl. auch 479, Nr. *9, *10.

pilosum habetis, quam[d]) ecclesie sancte Marie ueteris[e]) honori fuerat et utilitati provisum, cum suo privilegio statuisset, ut utraque unius episcopalis
sedis dignitate ac nomine censeretur et ad episcopatus officium per electionem monachorum et clericorum pariter assumeretur aliquis monachorum,

5 qui ambabus ecclesiis presideret et tam episcopi quam abbatis officio funge-
retur[6]), quod postmodum felicis recordationis Inno(centius) papa, predecessor noster, suo privilegio confirmavit[7]). Verum quoniam abbatia in prioratum fuit postmodum immutata[f, 8]) nec decebat, ut episcopus abbati cuiquam
subiaceret, forma ipsa convenienter non potuit observari.

10   Licet autem contra latam a dicto predecessore nostro sententiam non sit
aliquid temere presumendum, quia tamen iustum clamorem cleri et populi
Montispilosi nec debuimus nec voluimus obaudire[g]), dilecto filio .. priori
sancte Marie noue Montispilosi dedimus in mandatis[9]), quatinus infra mensem per se vel idoneum responsalem nostro se conspectui presentaret, ut ipso

15 vel eius responsali presente illi proponerent rationes, per quas nos intendunt
ad restituendam sibi audientiam inclinare. Ipse vero per suas nobis duxit[h])
litteras[h]) respondendum, quod, cum prioratus ipse ad vestrum monasterium
pertineret et ipse per vos in eo prior fuerit institutus, preter[i]) mandatum
vestrum respondere super tam arduo negotio non auderet.

20   Monemus igitur discretionem vestram et exhortamur in[k]) Domino et per
apostolica vobis scripta mandamus, quatinus aliquem virum idoneum infra
duos menses post susceptionem presentium ad nostram presentiam destinetis,
cum quo super hiis plenius tractare possimus. Cum enim in prioratu ipso fere
penitus ordo deperierit regularis, ita ut in eo vix etiam religionis vestigia

25 videantur et ex ipso monasterium vestrum vel nichil vel modicum consequa-
tur[l]) tantaque populi multitudo ex deffectu pastoris in spiritualibus sustineat
detrimentum et, quia sunt tamquam oves errantes, merito timeant periculum
animarum, tam vobis quam eis credimus expedire, ut de ordine vestro aliquis
in eiusdem loci episcopum assumatur et, ne in hoc vestrum videatur mona-

vgl. 1Petr 2, 25
vgl. 2Sam 23, 17;
1Chr 11, 19

---

30   [d]) *Migne:* quem.   [e]) *Mit Verweiszeichen klein an den Rand geschrieben, wohl zur Korrektur
vorgemerkt.*   [f]) *Am Rande ein kleines* x *wohl als Vormerkung zur Korrektur von* immutata *zu*
imminuta, *vgl. die Empfängerüberlieferung.*   [g]) ob- *vielleicht auf Rasur. Am Rande ein kleines* x.
[h–h]) *Durch Zeichen umgestellt aus* litteras duxit.   [i]) *Migne:* per.   [k]) *Auf Rasur. Am Rande ein
kleines* x.   [l]) -at(ur) *auf Rasur, auch darnach eine Rasur.*

35   8: immutata] imminuta.

    [6]) Calixt II. (1119—1124) am 11. September 1123: *IP* IX 478, Nr. 5, mit welchem Br. die
Domkirche S. Maria Vecchia von Montepiloso und die Benediktinerabtei S. Maria Nuova (oder
di Juso) zusammengelegt werden, sodaß von Domklerus und Mönchen gemeinsam ein Mönch als
Bischof und Abt gewählt wird.

40   [7]) Papst Innocenz II. (1130—1143): *IP* IX 478f., Nr. *6.

    [8]) König Roger II. von Sizilien, der die Stadt 1133 zerstören ließ, wobei auch der zweite und
letzte Abt-Bischof ums Leben kam (JANORA, *Memorie*, 58 mit Anm. 1), veranlaßte zwischen 1139
und 1143 die Neugründung von S. Maria Nuova als Priorat der Ben.-Abtei La Chaise-Dieu. *IP*
IX 479, Nr. *7. Vgl. auch GAUSSIN, *Chaise-Dieu*, 288f.

45   [9]) Br. VI 193 (195) vom 3. Januar 1204.

sterium[m)] aggravari, competens statuatur pensio vobis annis singulis exol-
venda vel[n)] alius modus inveniatur idoneus, per quem vobis et ipsis salubriter
consulatur[n)]. Quod si forsan mandatum nostrum neglexeritis exaudire, nos,
magis quod animarum saluti quam quod temporalibus utilitatibus vestris
expediat attendentes, super hiis dante Domino statuemus, quod viderimus 5
statuendum.

    Datum Laterani.

41.

Innocenz III. befiehlt dem Erzbischof (Albert) von Ravenna, Podestà, Konsuln,
Rat und Volk von Modena unter Androhung von Interdikt und Exkommunikati- 10
on für sie und ihre Nachfolger im Amt, einer Verkehrssperre von Seiten der
lombardischen Städte, des Verlustes des Erwerbs kirchlicher Pfründen durch die
Nachkommen der Amtsträger, der Verlegung des Bischofssitzes in eine andere
Stadt und einer Aufteilung der Diözese sowie des Wegzugs aller Kleriker zu
zwingen, von den Übergriffen gegen die Rechte der Kirche von Modena hinsicht- 15
lich Steuer und Gericht abzulassen.

(Lateran, 1204 April ca. 12)[1)].

    Reg. Vat. 5, fol. 144[r]—144[v] ⟨Nr. 41⟩.
    Bréquigny, Diplomata, II/1 476, Nr. 41 = Migne, PL, 215, 323, Nr. 41. — Potth. Reg. 2177;
BFW *5885. 20
    Vgl. Conc. Lat. III, c. 19.

.. Archiepiscopo Rauennat(i)[a, 2)].

vgl. Ps 73, 22

vgl. Jo 5, 22. 27

vgl. Ps 9, 26
vgl. Mt 21, 12f.; Mk 11,
15—17; Lk 19, 45f.;
Jo 2, 14—16
vgl. Gal 4, 31—5, 1

| Si iudicaret Dominus causam suam, ne is, cui omne iudicium dedit
Pater, eos iudicaret gravius in futuro, qui a facie sua iudicium et iusticiam
auferentes iniuste iudicant et domum orationis quondam liberam, utpote 25
quam Filius liberavit, sub iugo redigunt servitutis, iampridem sicut So-

---

    [m)] moast(er)ium.   [n—n)] *Steht am Ende des Briefes vor dem Datum und wurde hier mit Zeichen*
eingefügt.

    4f.: quam quod temporalibus] quam temporalibus.   7: Laterani] Laterani VII kal. Aprilis
pontificatus nostri anno septimo. 30

    41. [a)] *Am Rande des Briefes auf fol. 144[r] ein senkrechter, gewellter Strich, daneben von derselben*
Hand des späten 15. oder 16. Jhs.: Contra Lombardos propter ecclesiasticam libertatem violatam
in civitate Mutine. *Ferner am Rande ein Kreuz.*

    41. [1)] Das Datum der folgenden Eintragung (Br. VII 42 [41]) gilt wahrscheinlich auch für diesen
Brief. 35
    [2)] Albert Oseletti, EB. von Ravenna 1201—1207.

domam et Gomorram Lombardie[3]) provinciam subvertisset, ut ipsa[b]) in pena vgl. Gn 19, 24f.
saltem cognosceret, quem in donis non vult, sicut debuerat, revereri. Siquidem ex adipe procedit iniquitas et multa Dei benignitas Lombardos provocat vgl. Ps 72, 7
ad contemptum, qui, quoniam confregit iugum servitutis[c]) eorum et arcum
5 fortium infirmavit, cui erant tamquam signum ad sagittam expositi, dilatati vgl. Ps 57, 8
vgl. Klgl 3, 12
iam et ingrassati non solum a Deo recesserint, sed in ipsum converterint vgl. Dt 32, 15
manus suas et sponsam eius — ecclesiam scilicet — nitantur modis omnibus
ancillare. Ecce qualiter Dei beneficia recognoscunt, ecce qualiter retribuunt
Domino pro omnibus, que retribuit ipse illis, qui, quoniam cessare fecit
10 exactorem ab eis, ipsi facti sunt exactores in eum et liberam sponsam eius, vgl. Is 14, 4
vgl. 2Sam 19, 9 u.ö.
qui eos de inimicorum manibus liberavit, nituntur facere sub tributo! Gemit vgl. Klgl 1, 1
etenim Geminianus[4]) et mutilari se dolet ecclesia Mutinensis[5]), dum eius filii
subacti iugo pessime servitutis publicis functionibus fatigantur, patent
violent(ie) laicorum, gravantur exactionibus et angariis et perangariis oppri-
15 muntur[d]).

Sane, sicut venerabilis frater noster .. Mutinensis episcopus[6]) per suas
nobis litteras intimavit, .. Mutinensis potestas[7]), ut dupplici contritione tam
ecclesiam quam clericos conterat et addat afflictionem afflictis, oneribus,
quibus predecessores eius interdum fatigarant ecclesiam Mutinensem, super-
20 addit onera graviora: Nam non solum clericos exactionibus[e]) subiacere ac
effodiendis fossatis servire compellit, sed terminis, quos patres eius posu-
erant, non contentus, episcopalem iurisdictionem prorsus evacuat[8]), nec atten- vgl. Spr 22, 28
dens, quod servus suo domino stat aut cadit[9]), clericos in foro seculari respon- vgl. Röm 14, 4
dere ac in causis laicorum testimonium perhibere compellit. Preterea, ut
25 divine legis regulas vacuaret[f]) in divine maiestatis offensam, tam Vetus quam
Novum volens solvere Testamentum, decimas et primicias, quas Dominus in
horrea[g]) sua precepit inferri et filiorum Leui usibus applicari, clericis et vgl. Mal 3, 10
vgl. Nm 18, 21. 24, 26
ecclesiis sub voce preconia prohibuit exhiberi et alia debita vetuit eis solvi,
addens, quod nulli clerico de laico iusticiam faceret, nisi clerici laicis[h]) * sub * fol. 144ᵛ

---

30   [b]) *Migne:* ipsum.   [c]) se(r)vvitutis.   [d]) *Darnach ein dünner, senkrechter Strich.*
[e]) exat(i)o(n)ib(us).   [f]) *Am Rande ein kurzer, waagrechter Strich.*   [g]) h- *korr. vielleicht aus* o-.
[h]) *Fehlt bei Migne.*

    [3]) Lombardei, umfaßt im Mittelalter die heutige Lombardei, Piemont, Ligurien und die
westliche Emilia bis Modena.
35   [4]) Der Hl. Geminianus, Stadtpatron von Modena. Vgl. GOLINELLI, *Città*, 24—29, und DERS.,
Culti, 97—100.
    [5]) Modena, Emilia-Romagna.
    [6]) Egidio (II.) Gargione, B. von Modena (Suffr. von Ravenna) 1199—1207, EB. von Raven-
na 1207. Vgl. RÖLKER, *Adel und Kommune*, 287f., Anm. 866.
40   [7]) Aimerico Dodone aus Cremona, Podestà von Modena 1204, bezeugt bis 1227. Vgl. VICINI,
Podestà di Modena, 45f.; RÖLKER, *Adel und Kommune*, 267f.
    [8]) Vgl. Conc. Lat. III, c. 19 (*COD³* 221) = X 3. 49. 4 (FRIEDBERG, *CorpIC*, II 654f.). Vgl. auch
Br. VI 45.
    [9]) Vgl. *Decretum Gratiani* C. 2 q. 1 c. 18 § 2, c. 20; C. 23 q. 1 a. c. 1 § 3; C. 30 q. 5 c. 10
45 (FRIEDBERG, *CorpIC*, I 447—449, 890, 926, 1107).

eius examine responderent. Cumque dilectus filius Gui(do ?) de Manfr(edo)[10],

vgl. Gal 2, 11 subdiaconus noster, canonicus Mutinensis, ei restitisset in facie ac dixisset,
quod eius iudicium non subiret, potestas eum protinus capi fecit et custodie
mancipari, de qua non prius liberari [fecit], quam amici eius sub pena XL
librarum promitterent, quod eum standi mandatis eius iuratoriam prestare 5
facerent cautionem. Clericos quoque publico banno subdit et, ne campane ad
divina[i] pulsentur officia preter eius arbitrium, sub pena pecuniaria interdicit
et in castris episcopi potestatem sibi presumit indebitam usurpare, habitato-
res eorum pro sue puniens arbitrio voluntatis.

Quia igitur hec nec debemus nec volumus equanimiter sustinere, fraterni- 10
tati tue per apostolica scripta mandamus et districte precipimus, quatinus
personaliter ad civitatem ipsam accedas[k] et tam potestatem et consules
quam consiliarios[11] et populum universum moneas at(tentius) et inducas, ne
ecclesias et ecclesiasticos viros exactionibus subiacere compellant vel fodiendis
fossatis et huiusmodi servilibus officiis deservire, sed eis potius violenter 15
extorta restituant et extorquenda dimittant. Quod si huiusmodi non potuerint
monitis emolliri, civitatem eorum interdicto supponas, ita quod preter baptisma
parvulorum et penitentias morientium nullum in ea divinum celebretur
officium vel exhibeatur ecclesiasticum sacramentum, et tam potestatem
quam consules et consiliarios et omnes principales actores[l] et fautores iniqui- 20
tatis ipsius singulis diebus Dominicis et festivis pulsatis campanis et candelis
accensis excommunicatos publice nuncies et per totam provinciam tuam
facias sub sollempnitati simili nunciari. Quos etiam ab universis civitatibus
et civibus[m] Lombardie[m] tam in colloquiis quam contractibus omnibus sicut
excommunicatos artius evitari precipias, ita quod, si qui eis communicare 25
presumpserint, sententiam excommunicationis incurrant, quam tu postmodum sollempniter publices, denuncians similiter sic predictos potestatem,
consules et consiliarios Mutinenses excommunicationi subesse, ut non possint
absolutionis beneficium[n] obtinere, nisi satisfacturi plenarie de commissis
apostolico se conspectui personaliter presentarint. Constitutiones insuper et 30
sententias, que ab excommunicatis ipsis vel de ipsorum mandato fuerint
promulgate, decernas irritas et inanes, nullo unquam tempore valituras, et
illos, qui eis in predictorum officiorum amministratione successerint, in
excommunicationis sententia successuros, nisi satisfecerint infra mensem,

---

[i] -a korr. vielleicht aus -e.   [k] -a- vielleicht korr. aus -e-. Migne: accedens.   [l] Migne: 35
auctores.   [m—m] Irrtümlich verschränkt: civitatibardie, wobei das zweite -a- aus einer -us-Kürzung
korrigiert wurde. Am Rande ein kleines x, wohl als Vormerkung zur Korrektur. Die Berichtigung
schon bei Migne.   [n] Am Rande ein kleines x, vielleicht als Vormerkung zu einer Korrektur.

[10] Guido (oder Guidotto) aus der Modeneser Familie der Manfredini. Zur Familie vgl.
TIRABOSCHI, Memorie, IV 118—133; RÖLKER, Adel und Kommune, 119—131.   40
[11] Die Namen vieler Ratsmitglieder finden sich in einem Ausgleich von 1204 zwischen
Modena und Bologna: TIRABOSCHI, Memorie, IV, Nr. 659, S. 35. Das Amt der Konsuln war 1204
wahrscheinlich vakant. Vgl. RÖLKER, Adel und Kommune, 268f., 304; zum Rat ebd. 307f.

cum succedat in onere, qui substituitur in honore[12]. Cumque predicti potestas, consules et consiliarii graviter persequantur ecclesiasticam libertatem, presentium auctoritate [decernimus][o], ut, nisi resipuerint infra mensem, filii eorum usque in terciam et quartam generationem ad honores ecclesiasticos et
5 beneficia decetero nullatenus assumantur. Ut autem, quam moleste Dei et ecclesie generalis feramus iniuriam, sentiant plenius in effectu, denuncies eisdem, quod, nisi resipuerint infra mensem, civitatem ipsorum episcopali privabimus dignitate ac sedem ipsorum ad locum alium trasferemus. Quod si nec infra mensem alium poterunt ad satisfactionem induci, ne ad recuperan-
10 dam dignitatem[p] dimissam[p] ullo tempore valeant aspirare, per vicinos episcopatus Mutinensem diocesim dividemus et divisionem mandabimus inviolabiliter observari. Adicimus etiam, ut canonicos, clericos et universos viros ecclesiasticos tam exemptos quam alios in civitate Mutinensi et eius districtu manentes, cum ab eodem episcopo fueris requisitus, civitatem et
15 eius districtum eggredi nec regredi ad eosdem, donec fuerit satisfactum, per suspensionis et excommunicationis sententiam sublato appellationis impedimento compescas et eis, cum non tam pro sua quam ecclesie generalis exulaverint libertate, facias per ecclesias tue provincie iuxta tue discretionis arbitrium congrue provideri, contradictores ecclesiastica districtione com-
20 pescens. Preterea tam I(e)r(oso)limitani hospitalis[13] quam fratrum Militie Templi[14] fratres cogas appellatione remota non obstantibus privilegiis vel indulgentiis suis interdicti sententiam inviolabiliter observare.

42 (41).

Innocenz III. trägt dem W., königlichem Justiziar in Monte Sant'Angelo, auf, die
25 *königlichen Einkünfte in der Stadt gegen jene, die sie entfremden wollen, zu verteidigen und zu bewahren.*

Lateran, (1204) April 12.

Reg. Vat. 5, fol. 144ᵛ.
Bréquigny, Diplomata, II/1 476, Nr. 41 = Migne, PL, 215, 325, Nr. 41.

---

30   [o]) *Ergänzt nach Br. VI 182 (184) Bd. 6 S. 305 Z. 18.*   [p—p]) *Durch Zeichen umgestellt aus* dimissam dignitatem.

    [12]) Diese Formulierung findet sich auch in Br. VI 45 und 182 (184) Bd. 6 S. 68 Z. 15f., S. 305 Z. 16 (die ganze Passage vgl. *ebd.* Z. 4—S. 306 Z. 3. Vgl. auch Conc. Lat. IV, c. 46 (GARCÍA Y GARCÍA, *Constitutiones*, 86 Z. 16f.) = X 3. 49. 7 (FRIEDBERG, *CorpIC*, II 656).
35   [13]) Der Johanniterorden.
    [14]) Der Templerorden.

Scriptum est W. balistario regio iusticiario civitatis Montis sancti Angeli[1],
ut illis, qui regios redditus in eadem civitate distrahere non verentur, viriliter
se opponens, eos auctoritate nostra, quamdiu nobis placuerit, recipiat fideliter et conservet.

Datum Laterani, II Idus Aprilis.   5

43 (42).

*Innocenz III. begründet gegenüber den Erzbischöfen und Bischöfen Frankreichs,
daß er „ratione peccati" berechtigt sei, in der auf dem Lehensrecht basierenden
Auseinandersetzung zwischen den Königen Ph(ilipp II. August) von Frankreich
und (Johann) von England zu richten, und befiehlt ihnen, ein darüber vom Abt* 10
*(Gerald) von Casamari als päpstlichem Beauftragten zu fällendes Urteil zu
befolgen.*

Lateran, (1204 April Anfang)[1].

Reg. Vat. 5, fol. 144ᵛ—145ᵛ ⟨Nr. 42⟩.

Bréquigny, Diplomata, II/1 478, Nr. 42 = Migne, PL, 215, 325, Nr. 42; Cheney–Semple, Selected 15
*Letters, 63, Nr. 21. — Comp. III 2. 1. 3; Alan. 1. 16. 1; Alan. K. 1. 18. 1; Bern. 2. 1. 3; Coll. Fuld.
1. 22. 5; X 2. 1. 13. — Potth. Reg. 2181; Bréquigny, Table chronologique, IV 367; Balladore Pallieri–
Vismara, Acta pontificia, 358, Nr. 38; 396, Nr. 106; Cheney, Calendar, 556.*

*Vgl. Maccarrone, Chiesa e Stato, 109—118; ders., Innocenzo III e la feudalità, bes. 486—491;
ders., Papauté.*   20

Archiepiscopis et episcopis per Franciam constitutis[a, 2].

vgl. 1Chr 28, 9; Ps 7, 10; | **N**ovit ille, qui nichil ignorat, qui scrutator est cordium ac conscius
Ir 17, 10; Röm 8, 27

vgl. Ez 28, 3   secretorum, quod karissimum in Christo filium nostrum Ph(ilippum), regem

vgl. 1Tim 1, 5   Francorum[3] illustrem, de corde puro et conscientia bona et fide non ficta
diligimus et ad honorem ac profectum et incrementum ipsius efficaciter 25
aspiramus, exaltationem regni Francorum sublimationem sedis apostolice
reputantes, cum hoc regnum benedictum a Deo semper in ipsius devotione
permanserit et ab eius devotione nullo, sicut credimus, sit tempore discessu-

---

42. [1] Justiziar von Monte Sant'Angelo auf dem Gargano (Prov. Foggia, Apulien).

43. [a] *Am Rande von einer Hand des 13. Jhs.:* hoc c(apitulum) est Extra de iudiciis *(X 2. 1. 13).* 30
Darunter ein Kreuz; ferner ein Schrägstrich, darunter zwei Punkte.

43. [1] Zur Datierung: Die wohl gemeinsam an den Abt Gerald von Casamari (s. unten Anm. 16)
abgesandten Briefe VII 43 (42) und 45 (44) stehen im Register in einer Reihe kontinuierlicher
Eintragungen zwischen Briefen vom 12. (Br. 42 [41]) und vom 10. April (Br. 46 [45]); zwischen
diesen beiden Schreiben für den Gesandten ist der Br. 44 [43] vom 5. April, der vielleicht für 35
ihren Überbringer ausgestellt wurde, eingetragen. Sie sind daher wohl ebenfalls auf Anfang April
zu datieren.

[2] Erzbischöfe und Bischöfe in Frankreich.

[3] S. Br. VII 30 Anm. 2.

rum, quia, licet interdum hinc inde fiant immissiones per angelos malos, nos vgl. Ps 77, 49
tamen, qui Sathane non ignoramus astutias, circumventiones ipsius studebimus evitare, credentes, quod idem rex illius seduci se fallaciis non permittet. vgl. Eph 4, 14
   Non ergo putet aliquis, quod iurisdictionem aut potestatem ipsius minu-
5 ere vel perturbare velimus, cum ipse iurisdictionem et potestatem nostram
impedire non debeat aut etiam coartare. Cumque iurisdictionem propriam
non sufficiamus explere, cur alienam usurpare vellemus? * Sed cum Dominus * fol 145ʳ
dicat in Evangelio: «Si peccaverit[b] in te frater tuus, vade et corripe eum inter
te et ipsum solum; si te audierit, lucratus eris fratrem tuum; si te autem non
10 audierit, adhibe tecum adhuc unum vel duos, ut in ore duorum vel trium
testium stet omne verbum; quod si non audierit eos, dic ecclesie; si autem
ecclesiam non audierit, sit tibi sicut ethnicus et publicanus», et rex Anglie[4], Mt 18, 15—17
sicut asserit, sit paratus sufficienter ostendere, quod rex Francorum peccat in
eum et ipse circa illum in correctione processit secundum regulam evangeli-
15 cam et tandem, quia nullo modo profecit, dicat ecclesie, quomodo nos, qui vgl. Mt 18, 15—17
vgl. Mt 18, 17
sumus ad regimen universalis[c] ecclesie superna dispositione vocati, manda-
tum divinum possumus exaudire, ut non procedamus secundum formam ipsius, nisi forsan ipse coram nobis vel delegato nostro sufficientem in contrari-
um rationem ostendat[5]? Non enim intendimus iudicare de feudo[d], cuius ad
20 ipsum spectat iudicium, nisi forte iuri communi[e] per speciale privilegium[6]
vel contrariam consuetudinem aliquid sit detractum, sed decernere de peccato, cuius ad nos pertinet sine dubitatione censura, quam in quemlibet exercere possumus et debemus[7].
   Non igitur iniuriosum sibi debet regia sublimitas reputare, si super hoc
25 apostolico iudicio se committat, cum Valentinianus inclitus imperator suffraganeis Mediolanensis ecclesie dixisse legatur[8]: «Talem in pontificali sede
constituere procurate, cui et nos, qui gubernamus imperium, sincere nostra
capita summittamus et[f] eius monita, dum tanquam homines deliquerimus,
suscipiamus neccessario velut medicamenta curantis»; ut illud humiliter
30 omittamus, quod Theodosius statuit imperator[9] et Carolus innovavit[10], de
cuius genere rex ipse noscitur descendisse[11]: «Quicumque videlicet litem

---

   [b]) pecav(er)it.   [c]) *Am Rande ein kleines* x, *vielleicht als Vormerkung zu einer Korrektur.*
[d]) *Migne:* fundo.   [e]) *Migne:* eorum.   [f]) *Fehlt bei Migne.*

   [4]) Johann I. Ohneland, König von England 1199—1216.
35   [5]) Zum Engagement Innocenz' III. in dieser Angelegenheit s. die Br. VI 162 (163, 164)—165
(167); vgl. Cheney, *Innocent III and England*, 287—290.
   [6]) Wahrscheinlich ein gewohnheitsrechtliches Privileg König Johanns von England, als
Herzog der Normandie nur an deren Grenze und nicht in das Innere Frankreichs zitiert werden
zu dürfen. Vgl. Boussard, *Philippe Auguste*, 281, Anm. 69.
40   [7]) Vgl. dazu Br. VI 162 (163, 164) Bd. 6 S. 267 Z. 10—S. 269 Z. 10.
   [8]) *Decretum Gratiani* D. 63 c. 3 (Friedberg, *CorpIC*, I 236).
   [9]) *Decretum Gratiani* C. 11 q. 1 c. 35 (Friedberg, *CorpIC*, I 636).
   [10]) *Decretum Gratiani* C. 11 q. 1 c. 37 (Friedberg, *CorpIC*, I 636f.).
   [11]) König Philipp II. August ließ bevorzugt seine Abstammung von Karl dem Großen
45 hervorheben. Vgl. Cartellieri, *Philipp II. August*, I 145; Maccarrone, *Innocenzo III e la feudalità*, 488, Anm. 88.

habens sive petitor fuerit vel in inicio litis vel decursis temporum curriculis
sive cum negocium peroratur sive cum iam ceperit promi sententia, si iudicium elegerit sacrosancte sedis antistitis, ilico sine aliqua dubitatione, etiamsi
pars alia refragaverit, ad episcoporum iudicium cum sermone litigantium
dirigatur», cum non humane constitutioni sed divine legi potius innitamur, 5

vgl. Röm 13, 1   quia nostra potestas non est ex homine sed ex Deo.

     Nullus enim, qui sit sane mentis, ignorat, quin ad officium nostrum
spectet de quocumque mortali peccato corripere quemlibet Christianum et, si
correctionem contempserit, ipsum per districtionem ecclesiasticam coercere.
Quod enim debeamus corripere ac possimus, ex utriusque patet pagina Testa- 10
menti, cum clamet Dominus per Prophetam: «Clama, ne cesses, quasi tuba

Is 58, 1   exalta vocem tuam et annuntia populo meo scelera eorum»; et subiungat
ibidem: «Nisi annunciaveris impio impietatem suam, ipse in iniquitate, quam

vgl. Ez 3, 18f.   operatus est, morietur, sanguinem autem eius de tua manu requiram». Apo-

vgl. 1Thess 5, 14   stolus quoque nos monet corripere inquietos et alibi dicit idem: «Argue, 15

2Tim 4, 2   obsecra, increpa in omni patientia et doctrina». Quod autem possimus et
debeamus etiam coercere, patet ex eo, quod inquit Dominus ad Prophetam,

vgl. Ir 1, 1   qui fuit de sacerdotibus Anathot: «Ecce constitui te super gentes et regna, ut

Ir 1, 10   evellas et destruas et dissipes et edifices et plantes». Constat vero, quod
evellendum, destruendum et dissipandum est omne mortale peccatum. Pre- 20
terea cum Dominus claves regni celorum beato Petro tradidit, dixit ei:
«Quodcumque ligaveris super terram, erit ligatum et in celis; et quodcumque

Mt 16, 19   solveris super terram, erit solutum et in celis». Verum nullus dubitat, quin
omnis mortaliter peccans apud Dominum sit ligatus. Ut ergo Petrus divinum
iudicium imitetur, ligare debet in terris, quos ligatos esse constat in celis. 25

     Sed forsan dicetur, quod aliter cum regibus et aliter cum aliis est agen-
dum. Ceterum scriptum novimus in lege divina: «Ita magnum iudicabis ut

vgl. Dt 1, 17
vgl. 2Chr 19, 7;   parvum, nec erit apud te acceptio personarum», quam beatus Iacobus inter-
Jak 2, 1   venire testatur: «Si dixeris ei, qui indutus est veste preclara: Tu sede hic bene;

Jak 2, 3   pauperi autem: Tu sta illic aut sede sub scabello pedum meorum». 30

     Et licet hoc modo procedere valeamus super quolibet criminali peccato, ut
peccatorem revocemus ab errore ad veritatem et a vicio ad virtutem, preci-

vgl. Kol 3, 14   pue tamen cum contra pacem peccatur, que est vinculum caritatis, de qua
Christus specialiter precepit apostolis: «In quamcumque domum intraveritis
primum dicite: pax huic domui; et si fuerit ibi filius pacis, requiescet super 35

Lk 10, 5f.   illum pax vestra. Quicumque autem non receperint vos nec audierint sermones vestros, exeuntes foras excutite pulverem de pedibus vestris in testimoni-

Mt 10, 14; Mk 6, 11   um illis». Quid enim est[g] a talibus exire foras apostolos, nisi communionem
eis apostolicam denegare? Quid est excutere pulverem de pedibus suis, nisi
districtionem ecclesiasticam exercere? Hic est etenim pulvis ille, qui Moyse 40
cinerem de camino spargente fuit ad plagam ulceris super omnem terram

vgl. Ex 9, 8—11   Egipti. Quam gravis autem districtionis sententia in ultimo sint examine
feriendi, qui non recipiunt pacis nuncios nec audiunt sermones eorum, per se

---

[g]) *Über der Zeile nachgetragen.*

ipsa veritas consequenter ostendit, non simpliciter, sed cum quadam affirma-
tione proponens: «Amen dico vobis; tolerabilius erit terre[h)] Sodomorum et
Gomorreorum in die iudicii quam illi civitati», in civitate cives intelligens, a   Mt 10, 15
quibus non excipit ipsos reges. Porro cum secundum legitimas sanctiones,
5 quod quisque iuris in alterum statuit, alius eo uti valeat contra illum[12)], et
sapiens protestetur: «patere legem[i)] quam ipse tuleris»[13)], et rex ipse Francorum contra[k)] clare memorie R(iccardum), quondam Anglorum regem[l)], * qui —   * fol. 145ᵛ
ut salva ipsius regis pace[m)] loquamur, quia non ad confusionem eius sed ad
excusationem nostram hoc dicimus — non erat eo deterioris conditionis, in
10 bello fuerit officio et beneficio nostro usus, quomodo, quod pro se adversus
illum admisit, contra se pro alio non admittet[14)]? Numquid apud nos debet
esse pondus et pondus, mensura et mensura, quorum utrumque est abomina-
bile apud Deum? Postremo cum inter reges ipsos formata fuerint pacis federa   Spr 20, 10
et utrimque prestito iuramento firmata, que tamen servata usque ad pre-
15 fixum terminum non fuerunt[15)], numquid non poterimus de iuramenti religione cognoscere, quod ad iudicium ecclesie non est dubium pertinere, ut
rupte pacis federa reformentur?

     Ne igitur tantam discordiam videamur sub dissimulatione fovere, dissi-
mulare religiosorum locorum excidium et stragem negligere populi Christiani,
20 dilecto filio .. abbati Casemarii[16)] dedimus in preceptis[17)], ut, nisi rex ipse vel
solidam pacem cum predicto rege reformet vel treugas ineat competentes vel
saltem humiliter patiatur, ut idem abbas et venerabilis frater noster .. archiepiscopus Bituricensis[18)] de plano cognoscant, utrum iusta sit querimonia,
quam contra eum proponit apud ecclesiam rex Anglorum, vel eius exceptio[n)]
25 sit legitima[19)], quam contra illum per suas nobis duxit litteras exprimendam,
iuxta formam sibi datam a nobis procedere non omittat. Ideoque universitati

---

     [h)] *Am Rande eine Rasur.*   [i)] *Migne:* legi.   [k)] *Über der Zeile nachgetragen.*   [l)] -ege(m)
außerhalb des Schriftspiegels. Das Wort ist vielleicht nachgetragen.   [m)] -e *vielleicht korr. aus einem
anderen Buchstaben.*   [n)] *Migne:* exemptio.

30   [12)] Digesten 2. 2 Rubrum (Ed. Mommsen 19); vgl. *Decretum Gratiani*, De pen. D. 1 c. 17
(Friedberg, *CorpIC*, I 1161).
    [13)] *Disticha Catonis, Breves sententiae*, Nr. 49. Vgl. Walther, *Proverbia*, III 729, Nr. 20828a.
    [14)] Innocenz III. vermittelte 1198/1199 im Konflikt zwischen König Richard I. von Eng-
land (1189—1199) und Philipp II. August, der im Januar 1199 mit einem vom Kardinallegaten
35 Petrus Capuanus, damals KD. von S. Maria in Via Lata, ausgehandelten und auf fünf Jahre
abgeschlossenen Waffenstillstand unterbrochen wurde. S. Br. II 23—25; vgl. Cheney, *Innocent
III and England*, 276—281; Maccarrone, *Innocenzo III e la feudalità*, 465—469.
    [15)] Der Friede von Le Goulet am 22. Mai 1200: Delaborde–Petit-Dutaillis, *Actes de
Philippe Auguste*, II 178, Nr. 633.
40   [16)] Gerald, als Abt von Casamari (Zist.-Abtei, Diöz. Veroli, Prov. Frosinone) bezeugt 1182/
1185—1209; März 1203—Ende 1204 Legat für England und Frankreich. Vgl. De Persiis, *Casamari*, 148f.; Tillmann, *Legaten*, 90—92. Eventuell identisch mit Giraldus, als EB. von Reggio di
Calabria bezeugt 1215—1216 (resigniert). Vgl. Kamp, *Kirche und Monarchie*, II 922—925.
    [17)] Br. VII 45 (44).
45   [18)] Wilhelm von Donjeon, EB. von Bourges 1200—1209, heiliggesprochen 1218. Vgl. *LThK²*
10 (1965) 1130; *Bibliotheca Sanctorum* 7 (1966) 459; *Dict. HGE* 22 (1988) 862f.
    [19)] Vgl. Anm. 6.

vestre per apostolica scripta mandamus et in virtute obedientie districte
precipimus, quatinus, postquam idem abbas super hoc mandatum fuerit
apostolicum executus, sententiam eius immo nostram verius recipiatis humiliter et vos ipsi servetis et faciatis ab aliis observari; scituri[o], quod, si secus
egeritis, inobedientiam vestram puniemus.   5

Datum Laterani[p].

44 (43).

Innocenz III. nimmt den Rektor Petrus de Malian(o) des Hospitals von Pulchica-
uel. und seine Gründung mit allen Besitzungen in den päpstlichen Schutz und setzt
eine jährliche Abgabe von einem Pfund Wachs an den apostolischen Stuhl fest.   10
Lateran, (1204) April 5.

Reg. Vat. 5, fol. 145[v] ⟨Nr. 43⟩.
Bréquigny, Diplomata, II/1 480, Nr. 43 = Migne, PL, 215, 328, Nr. 43. — Potth. Reg. 2168.

Petro de Malian(o), rectori hospitalis de Pulchicauel.[a, 1]

Iustis petentium et cetera usque assensu, personam tuam et hospitale 15
predictum, quod ad receptionem pauperum pro tuorum peccaminum remedio
fabricasti, cum omnibus[b] bonis, que impresentiarum et cetera usque communimus. Ad indicium autem huius a sede apostolica protectionis obtente unam
libram cere gratis oblatam persolves nobis nostrisque successoribus annuatim.

Nulli ergo omnino et cetera.   20

Datum Laterani, Non. Aprilis.

45 (44).

Innocenz III. erteilt seinem Gesandten, dem Abt (Gerald) von Casamari, Anwei-
sungen, wie er zur Beilegung des Konflikts zwischen den Königen Ph(ilipp II.
August) von Frankreich und J(ohann) von England vorgehen solle.   25
Lateran, (1204 April Anfang)[1].

---

[o] *Migne:* securi.   [p] *Migne fügt hinzu:* anno septimum.

44. [a] *Am Rande von einer Hand des 15./16. Jhs.:* Census.   [b] omib(us).

44. [1] Der Brief ist zwischen zwei Schreiben für den päpstlichen Gesandten in England und
Frankreich, den Abt Gerald von Casamari, eingetragen und wurde vielleicht an deren Überbrin- 30
ger gerichtet oder ging mit diesen ab. Vgl. Br. VII 43 (42) Anm. 1. Das Hospital von Pulchicauel.
befände sich somit vielleicht in England oder wahrscheinlicher in Frankreich.

45. [1] S. Br. VII 43 (42) Anm. 1.

Reg. Vat. 5, fol. 145ᵛ ⟨Nr. 44⟩.

Bréquigny, Diplomata, II/1 480, Nr. 44 = Migne, PL, 215, 329, Nr. 44. — Potth. Reg. 2180;
Bliss, Calendar, I 16; Cheney, Calendar, 555.

.. Abbati Casemarii[2].

5   **Fidem**[a] et prudentiam tuam in Domino commendamus nec minus acceptamus fidem quam[b] prudentiam, immo magis, quia et mandatum prudenter exequeris et fideliter consulis, que consulenda cognoscis, plene nobis
circumstantias negocii, quod instat, exponens. Licet autem status karissimi
in Christo filii nostri, regis Ottonis[3] illustris, satis sit per Dei gratiam prospe-
10 ratus[4], nondum tamen est roboratus et solidatus in tantum, quod de festina-
ta eius victoria presumamus[5]. Instabis igitur apud karissimum in Christo
filium nostrum Ph(ilippum), regem Francorum[6] illustrem, tam per te quam
per alios, quorum studium ad hoc cognoveris fructuosum, non semel solummodo sed frequenter, ut iuxta formam litterarum nostrarum[7] cum karissimo
15 in Christo filio nostro I(ohanne), rege Anglorum[8] illustri, vel solidam pacem
statuat vel treugas ineat competentes vel saltem humiliter patiatur, ut de
plano tu et venerabilis frater noster .. Bituricensis archiepiscopus[9] cognosca-
tis, utrum, iuxta quod rex ipse Francorum allegat, rex Anglorum in hac
causa discordie, que vertitur inter eos, subire curie ipsius iudicium teneatur,
20 an contra hoc legitima se possit exceptione tueri[10]; ac per hoc, utrum iusta sit
eius querela, quam proponit apud ecclesiam contra illum, an illius exceptio
sit legitima, quam nobis contra ipsum exponit[11]. Quod si forsan nichil horum
facere voluerit sepius requisitus, litteras, quas prelatis[c] direximus[d] et quas
nunc etiam destinamus[12], studeas exhibere et, si fuerit appellatum, appella-
25 tioni deferas ad cautelam, terminum prosequendi prefigens, quia eo ipso,
quod ad nostram audientiam appellabitur, melius procedere poterimus,
prout fuerit procedendum. Denuncies tamen hoc regi Anglie, ut ad terminum, quem prefixeris, mittat ad nos nuncios sufficienter instructos, qui suas
coram nobis rationes allegent. Quod si non fuerit appellatum et videris, quod
30 grave scandalum non sequatur, quod tue discretioni committimus intuen-

---

45. [a] *Am Rande ein Kreuz.*   [b] *Migne:* et.   [c] p(re)latus.   [d] irexim(us).

[2] S. Br. VII 43 (42) Anm. 16.

[3] Otto IV. von Braunschweig, römisch-deutscher König 1198, Kaiser 1209, gest. 1218.

[4] Vgl. *RNI* Nr. 106, Ed. Kempf 264 Z. 12f.

35 [5] Zur sich rasch wandelnden Lage Ottos und ihrer Einschätzung vgl. *RNI* Nr. 106; 107;
Ed. Kempf 263—267; Winkelmann, *Philipp von Schwaben*, I 283—315, vgl. aber *ebd.* 319—337;
Hucker, *Otto IV.*, 78f.

[6] S. Br. VII 30 Anm. 2.

[7] Br. VII 43 (42) S. 75 Z. 20—26.

40 [8] S. Br. VII 43 (42) Anm. 4.

[9] S. Br. VII 43 (42) Anm. 18.

[10] Vgl. Br. VII 43 (42) Anm. 6.

[11] Wohl der Hinweis König Philipps II. August auf das Lehensrecht. Vgl. Kempf, *Lehre*, 312.

[12] Br. VI 162 (163, 164) a-pari und VII 43 (42).

dum, iuxta formam tibi datam in negocio memorato[13] procedas. Ceterum quicquid dicant aliqui et quantumlibet[e] extenuent dicta nostra, rationes tamen, quas in litteris nostris posuimus, quasdam probabiles credimus, quasdam vero validas reputamus, unde quasdam earum in aliis litteris, quas modo mittimus ad prelatos, expressius duximus exponendas.   5

Datum Laterani[f].

46 (45).

Innocenz III. befiehlt den Erzbischöfen (Adolf) von Köln, (Johannes) von Trier und (Peter) von Sens, dem Domkapitel von Reims sowie den Suffraganen der Erzbistümer, die Exkommunikation, welche der Bischof (Johannes) von Cam- 10
brai über den Grafen (Philipp) von Namur und dessen Verbündete, die Herzöge (Heinrich) von Brabant und (Heinrich) von Limburg und die Grafen (Ludwig) von Looz und (Albert) von Dagsburg (?) verhängt hat, in ihren Diözesen zu verkünden und, falls innerhalb eines Monats keine Genugtuung geleistet wird, über deren Länder das Interdikt und über den Grafen von Namur das interdictum 15
deambulatorium zu verhängen. (Sollten sie diesem Befehl nicht nachkommen, sind die Bischöfe [Rainald] von Noyon und [Gottfried] von Senlis beauftragt, für die Durchführung zu sorgen.)

Lateran, (1204) April 10.

    Reg. Vat. 5, fol. 145ᵛ—146ʳ ⟨Nr. 45⟩.   20
    Bréquigny, Diplomata, II/1 481, Nr. 45 = Migne, PL, 215, 330, Nr. 45. — Potth. Reg. 2176;
BFW 5884; Knipping, Regesten, II 339, Nr. 1646; Wauters, Table chronologique, III 219.

.. Coloniensi[1], .. Treuerensi[2] et .. Senonensi[3] archiepiscopis et capitulo Remensi[4] et eorum suffraganeis[5].

vgl. Ps 72, 7
vgl. Ps 27, 3 Quasi[a] ex adipe prodit iniquitas impiorum et mala, que corde concipiunt, 25
iam exercent publice presumptores, dum ecclesiam, quam Dominus suo san-

---

    [e]) qntu(m)libet.   [f]) *Migne fügt hinzu:* anno septimo.

    [13]) Br. VI 163 (165).

46. [a]) *Am Rande ein Kreuz.*

46. [1]) Adolf von Altena, EB. von Köln 1193—1205 (abgesetzt); gest. 1220. Vgl. *LMA* 1 (1980) 30
159—161; Sienell, *Innocenz,* 13—36.
    [2]) Johannes, EB. von Trier 1198—1212.
    [3]) Peter von Corbeil, EB. von Sens 1200—1222; 1199/1200 B. von Cambrai; Magister der Theologie und ehemaliger Lehrer Innocenz' III. in Paris. Vgl. *Gallia Christiana* XII 57—60;
Tillmann, *Innocenz III.,* 5—7, 34f., 244, 264f.; Baldwin, *Masters,* I 46, II 36f.   35
    [4]) Domkapitel von Reims; der Sitz war zu dieser Zeit vakant. Vgl. Br. VI 9, VII 116.
    [5]) Suffragane von Köln: Lüttich (Liège), Minden, Münster, Osnabrück, Utrecht; von Trier:
Metz, Toul, Verdun; von Sens: Auxerre, Chartres, Meaux, Nevers, Orléans, Paris, Troyes; von
Reims: Amiens, Arras, Beauvais, Cambrai, Châlons-sur-Marne, Laon, Noyon, Senlis, Soissons,
Thérouanne, Tournai.   40

guine liberavit, moliuntur nefandis presumptionibus ancillare, personas ecclesiasticas, in quibus se idem Dominus honorari asserit et contempni, et   vgl. Mt 25, 40. 45
iniuriis afficere gravibus et dampnis intolerabilibus[b] non metuunt molestare.
Insurgunt nunc quidem instinctu diabolico filii contra matrem et ipsi eius   vgl. Mt 10, 21
5 dilaniant viscera, qui eam ab aliorum impugnationibus debuerant defensare,
bona ipsius per violentiam rapientes et diripientes etiam per rapinam, ut iam
recte mater contra filios, * quos regeneravit in Domino, valeat exclamare: * fol. 146ʳ
«Filios enutrivi et exaltavi, ipsi autem spreverunt me», non attendentes, quod   Is 1, 2
a Domino dicitur: «Honora patrem tuum et matrem» et: «Qui maledixerit   Ex 20, 12; Dt 5, 16;
                                                                          Mt 15, 4 u.ö.
10 patri et matri, morte moriatur».   Ex 21, 17; Lv 20, 9;
                                                                          Mt 15, 4; Mk 7, 10
      Sane ad audientiam nostram venerabili fratre nostro .. Cameracensi epi-
scopo[6] lacrimabiliter[c] significante pervenit, quod, cum nobilis vir .. comes
Namurchensis[7] contra eundem episcopum rancorem indebitum concepisset
occasione domus de Reumont[8], que iuxta castellum in Cambresis[9] contra ius
15 et consuetudinem terre fabricata fuerat in ecclesie Cameracensis preiudicium
et iacturam, quam destruxit postmodum episcopus memoratus, licet domus
eadem ad iurisdictionem comitis nullatenus[d] pertineret, idem tamen episcopus volens in bono vincere malum post multas illatas eidem iniurias ab ipso   vgl. Röm 12, 21
comite ac depredationem ville de Melin[10] et incarcerationem hominum ipsius
20 episcopi, cum iam ipse comes in terra episcopi per tres noctes cum magno
exercitu iacuisset, ipsi comiti iuxta bonorum hominum arbitrium voluit satisfacere competenter, vel, si mallet, iusticie plenitudinem exhibere; qui oblatam sibi satisfactionem et iusticiam recipere omnino recusans — sicut in
testimonialibus litteris, quas a multis super negotio ipso recepimus, perspexi-
25 mus contineri — cum nobilibus viris .. Louanie[11] et .. de Lemborc[e, 12]

---

    [b] *Am Rande nachgetragen, mit einem Asterisk als Einfügungszeichen.*   [c] lacrimibilit(er).
[d] *Am Rande ein längerer, waagrechter Strich, darunter ein Kreuz.*   [e] *Migne:* de Lembore.

    [6] Johannes (III.) von Béthune, B. von Cambrai (Suffr. von Reims) 1201—1219 (vgl. Le
Glay, *Cameracum Christianum*, 40f.), ein entschiedener Anhänger König Ottos IV. (vgl. *RNI* Nr.
30 54, Ed. Kempf 145; Winkelmann, *Philipp von Schwaben*, I 225, Anm. 2; Hucker, *Otto IV.*, 437f.).
Die folgenden Vorfälle sind wohl auch im Zusammenhang mit dem Konflikt zwischen dem B.
und der Kommune von Cambrai, welche bei Philipp von Schwaben Rückhalt findet und den B.
ab 1204 ins Exil zwingt, zu sehen. Vgl. Dubrulle, *Cambrai*, 25f.; De Moreau, *Histoire*, III 161f.
    [7] Philipp (I.), Markgraf von Namur, Bruder Balduins (IX.) von Flandern, Regent von
35 Flandern und Hennegau seit 1203, gest. 1212. Vgl. *Biographie Nationale de Belgique* 17 (1903)
316—319; zur politischen Lage auch Mohr, *Lothringen*, II, bes. 134.
    [8] Vielleicht Reumont, Cant. Câteau, Arr. Cambrai, Dép. Nord. Vgl. Longnon, *Pouillés
Reims*, II 960 (Index).
    [9] Le Câteau, Câteau-Cambresis, Arr. Cambrai. Vgl. *ebd.* 784 (Index).
40   [10] Meslin-l'Évêque, Cant. Ath, Hainaut, Belgien. Vgl. *ebd.* 904 (Index).
    [11] Heinrich (I.) von Leuwen (Louvain), Herzog von Brabant-Lothringen 1172/1190—1235.
Vgl. Mohr, *Lothringen*, II 15—17, 113ff., 221.
    [12] Heinrich (III.), Herzog von Limburg 1167—1221. Vgl. Mohr, *Lothringen*, II 221.

ducibus, .. de Aubroc[13]) et .. de Los[14]) comitibus et quampluribus aliis propriis
nominibus exprimendis, qui cum eo manu armata terram intraverant Cameracensis ecclesie, castellum ipsius episcopi, consanguineos, homines et amicos
ipsius modis, quibus potuit, impugnavit, et tam ipse quam fautores sui
terram ecclesie Cameracensis hostili predatione vastantes, quandam partem 5
ipsius non timuerunt incendio concremare.

Et licet venerabilis frater noster .. Prenestinus episcopus[15]), apostolice
sedis legatus, eidem comiti post preces, quas illi direxerat, auctoritate, qua
fungitur, curaverit districtius inhibere, ne Cameracensem ecclesiam vel ipsum aliquatenus molestaret, sed cum eo, si vellet, experiretur de iusticia 10
coram ipso, idem tamen comes, legati nostri preces et inhibitionem obaudi-
ens, cum predictis nobilibus et aliis, quos in favorem sue iniquitatis vocave-
rat — ut viderentur in unum convenisse principes adversus Dominum et
adversus christum eius, qui noscuntur in sua virtute confidere ac in suarum
divitiarum abundantia[f]) gloriari, dicentes: «Manus nostra excelsa et non Deus 15
fecit hec omnia» —, terram intravit episcopi antedicti[g]) et in ea nequitiam,
quam mente conceperat, non est veritus exercere.

Episcopus autem, quoniam comitem ipsum et fautores[h]) suos datos esse
vidit in reprobum sensum, ut non solum nollent malefacta corrigere, sed ei et
terre sue deteriora minarentur inferre, in eos excommunicationis sententiam 20
promulgavit, qui nec sic a sua malicia desistentes sententiam ecclesiasticam
parvipendunt.

Quia igitur presumptiones huiusmodi nec debemus nec volumus equanimiter sustinere, universitati vestre presentium auctoritate mandamus firmiter-
que precipimus, quatinus eandem excommunicationis sententiam a prefato 25
episcopo in malefactores suos rationabiliter promulgatam per universas vestras
dioceses publicantes faciatis per censuram ecclesiasticam sublato cuiuslibet
contradictionis et appellationis obstaculo usque ad satisfactionem idoneam
inviolabiliter observari; non obstante, si forte quidam eorum alias illi non sint
diocesana lege subiecti, cum ratione delicti, quod in ipsius diocesim perpetra- 30
runt, animadvertere potuerit in eosdem[16]). Quod si nec sic infra mensem eorum
poterit duricia emolliri, ut redeuntes ad cor eidem episcopo satisfaciant de
commissis, terras eorum subicientes ecclesiastico interdicto, ad quemcumque
locum comes ipse devenerit, qui prefate malicie principalis est actor, eo presen-

vgl. Ps 2, 2
vgl. Ps 48, 7
Dt 32, 27

vgl. Röm 1, 28

vgl. Is 46, 8

---

f) abundatia.   g) -c- *vielleicht korr. aus einem anderen Buchstaben.*   h) fantores.   35

13) Wahrscheinlich Albert (II.), Graf von Dagsburg (Dagsbourg, Dabo, Arr. Sarrebourg,
Dép. Moselle) und Moha, gest. 1211. Vgl. ABBOTT, *Provinces*, 524; SCHWENNICKE, *Stammtafeln*, VI,
T. 160: 1175—1212; MOHR, *Lothringen*, II 134; PARISSE, *Noblesse*, 521—523, 856f. Zur ungewöhn-
lichen Namensform vgl. BORMANS-SCHOOLMEESTERS, *Cartulaire Saint-Lambert*, I 168, Nr. 106: „de
Dauborc".   40

14) Ludwig (II.), Graf von Looz (Borgloon, Prov. Limburg) 1194/7—1218. Vgl. MOHR,
Lothringen, II 222.

15) Guido von Paredo, (K.-)B. von Palestrina 1200—1206; EB. von Reims 1204—1206,
päpstlicher Legat in Deutschland seit 1201. Vgl. MALECZEK, *Papst und Kardinalskolleg*, 133f.

16) Vgl. *Decretum Gratiani* C. 3 q. 6 c. 1, C. 6 q. 3 c. 4 (FRIEDBERG, *CorpIC*, I 519, 563).   45

te divina prohibeatis officia celebrari, ut sic saltem eius impleatur facies ignominia et nomen Domini querat, cum ei vexatio prebuerit intellectum. vgl. Ps 82, 17
vgl. Is 28, 19

Si vero, quod non credimus, vos in mandati nostri executione negligentes
essetis aliquatenus vel remissi, venerabilibus fratribus nostris .. Nouiomensi[17]
5 et .. Siluanectensi[18] episcopis damus nostris litteris in preceptis, ut ipsi mandatum nostrum sublato cuiuslibet contradictionis et appellationis obstaculo
exequantur, et, cum ad nos de vobis super hiis querela pervenerit, inobedientiam vestram curabimus[i] actore[i] Domino severitate debita castigare.

Nullis litteris et cetera.

10 Datum[k] Laterani, IIII Idus Aprilis.

Illis scriptum est super hoc.

47 (46).

*Innocenz III. bestätigt dem Magister Thomas de Disce, Kanoniker von Southwell,
den Besitz der Kirche von Muskham.*

15   *(Lateran, 1204 April erste Hälfte)*[1]

Reg. Vat. 5, fol. 146ʳ—146ᵛ ⟨Nr. 46⟩.
Bréquigny, Diplomata, II/1 482, Nr. 46 = Migne, PL, 215, 332, Nr. 46. — Potth. Reg. 2182;
Bliss, Calendar, I 16; Cheney, Calendar, 557.

Magistro Thome de Disce, canonico Suellensi[a, 2].

20 Cum ecclesia Suellensis in proventibus et in clericorum numero penuriam
patiatur, venerabilis frater noster Gaufr(idus), Eboracensis archiepisco-

---

ⁱ⁻ⁱ) *Durch Zeichen umgestellt aus* actore curabimus; curabimus *außerhalb des Schriftspiegels,
vielleicht nachgetragen.*   ᵏ) *Der Schaft des* D- *korr. aus einem tironischen* et.

17) Rainald, als B. von Noyon (Suffr. von Reims) bezeugt 1175—1221. Vgl. *Gallia Christia-*
25 *na* IX 1004—1006.
18) Gottfried (II.), B. von Senlis (Suffr. von Reims) 1185—1213, gest. 1214. Vgl. *Gallia
Christiana* X 1405—1409.

47. ª) *Migne:* Vuellensi. *Am Rande die erste römische Briefzählung:* IIIIᶜ XXX.

47. 1) Der Brief steht im Register in einer Reihe relativ kontinuierlich fortschreitender Eintra-
30 gungen ohne Neuansatz zwischen zwei Briefen vom 10. (Br. VII 46 [45]) und 16. April (Br. VII
48 [47]). Am 3. April erging ein vom Kapitel von Southwell in seinem Prozeß gegen das
Domkapitel von York impetriertes päpstliches Schreiben an delegierte Richter (CHENEY, *Calendar*, 553). Der vorliegende Brief wurde wohl gemeinsam mit diesem abgesandt und dürfte in der
ersten Hälfte des April ausgestellt worden sein.
35 2) Thomas von Diss (?), Kanoniker von Southwell (Diöz. York, Nottinghamshire), wahrscheinlich der 1202 als Kleriker des EB. von York genannte spätere Precentor von Salisbury.
Vgl. LE NEVE–GREENWAY, *Fasti*, IV 14, 75; BURTON, *EEA V: York 1070—1154*, 142 (Index);
GOVER–MAWER–STENTON, *Nottinghamshire*, 175.

pus[3], ad supplendum defectum huiusmodi et cultum divini nominis ampliandum cum consensu capituli eiusdem ecclesie de quadam magna prebenda in
eadem ecclesia tunc vacante duas prebendas instituit, duobus clericis in
perpetuum conferendas, quarum unam, scilicet ecclesiam de Muscham[4], cum
pertinentiis suis idem archiepiscopus tibi liberaliter assignavit, quam postu-   5
lasti tibi per sedem apostolicam confirmari. Nos igitur, tuis iustis postulationibus grato[b] concurrentes assensu, prebendam ipsam, sicut eam iuste possi-
*fol. 146ᵛ des et quiete, auctoritate tibi apostolica confirmamus et presentis * scripti
patro(cinio) communimus.

Nulli ergo et cetera.   10

48 (47).

Innocenz III. trägt dem Bischof (Simon) von Oradea und dem Abt (Demeter)
von Pilis auf, den vom König (Emmerich) von Ungarn beklagten Zustand
griechischer Klöster im Königreich Ungarn zu untersuchen und ihm darüber zu
berichten, damit er, der Bitte des Königs entsprechend, entscheiden könne, ob er   15
einen exemten Bischof für diese Kirchen bestellen wolle. Inzwischen sollen sie für
eine Reformierung sorgen.

Lateran, (1204) April 16.

Reg. Vat. 5, fol. 146ᵛ ⟨Nr. 47⟩.
Bréquigny, Diplomata, II/1 483, Nr. 47 = Migne, PL, 215, 332, Nr. 47; Pray, Specimen, I 376;   20
Monumenta episcopatus Vesprimiensis I 12, Nr. 14; Békefi, Pilis, 308, Nr. 6; Densuşianu, Documen-
te Românilor, I 39, Nr. 30; Haluščynskyj, Acta Innocentii, 269, Nr. 60. — Potth. Reg. 2184.

.. Waradiensi episcopo[1] et .. abbati de Pelis[a, 2], Vesprimiensis diocesis[b].

Significavit nobis karissimus in Christo filius noster .. rex Vngarorum[3]
illustris, quod quedam ecclesie monachorum Grecorum in[c] regno Vngarie   25
constitute[4] per incuriam diocesanorum episcoporum et per ipsos Grecos, qui
valde sunt, sicut asserit, dissoluti, penitus destruuntur, a nobis supplicans

---

[b]) -o *vielleicht korr. aus einem anderen Buchstaben.*

[3]) S. Br. VII 35 Anm. 7.

[4]) Muskham, Nottinghamshire. Vgl. GOVER–MAWER–STENTON, *Nottinghamshire*, 191.   30

48. [a]) *Migne:* Petis.   [b]) *Am Rande ein Kreuz.*   [c]) *Fehlt bei Migne.*

48. [1]) Simon, als B. von Oradea (Nagy-Várad, Großwardein) (Suffr. von Kalocsa) bezeugt
1204—1217. Vgl. PRAY, *Specimen*, II 162f.

[2]) Demeter Estorasi (Eszterhazi), als Abt von Pilis (Ben.-Abtei, Diöz. Veszprém, Komitat
Pest) seit 1190 bezeugt. Vgl. BÉKEFI, *Pilis*, 238f.   35

[3]) S. Br. VII 6 Anm. 11.

[4]) Vgl. HALUŠČYNSKYJ, *Acta Innocentii*, 96—98, 270.

humiliter et devote, ut auctoritate nostra unus fieret episcopatus ex ipsis, qui nobis nullo mediante subesset[5], vel abbates aut prepositi Latini constituerentur in illis, per quorum studium et diligentiam[d] earundem ecclesiarum status posset in melius reformari.

5 Nos igitur, eiusdem regis petitionibus inclinati, discretioni vestre per apostolica scripta mandamus, quatinus ad predictas ecclesias[e] accedentes inquiratis diligentius veritatem, utrum per ipsos monachos Grecos eadem monasteria in religionis observantia valeant reformari, utrumve[f] de diocesanorum episcoporum consensu[f] unus fieri possit[g] episcopatus ex illis, qui 10 nobis sit immediate subiectus, et, quod super hiis[h] inveneritis, fideliter conscribentes sub testimonio sigillorum vestrorum ad nostram presentiam destinetis, ut per inquisitionem[i] vestram instructi securius in eodem negotio procedere valeamus. Interim autem ad correctionem eorum impendatis operam efficacem.

15 Datum[k] Laterani, XVI Kal. Maii[k].

49 (48).

Innocenz III. befiehlt dem Abt (Hugo) von Saint-Aubert, dem Archidiakon S. von Cambrai und dem Magister Ren., Domkanoniker von Cambrai, den Gläubigern des durch den Grafen (Philipp) von Namur und dessen Anhänger bedräng- 20 *ten Bischofs (Johannes) von Cambrai als Garantie einige Güter und Einkünfte des Bistums zuweisen zu lassen.*

Lateran, (1204) April 7.

Reg. Vat. 5, fol. 146ᵛ ⟨Nr. 48⟩.
Bréquigny, Diplomata, II/1 483, Nr. 48 = Migne, PL, 215, 333, Nr. 48. — Potth. Reg. 2172;
25 Wauters, Table chronologique, III 219.

.. Abbati sancti Aub(er)ti[1] et S., archidiacono, et magistro Ren., canonico, Cameracen(sibus)[a, 2].

(|) **C**um peccatis exigentibus multa sit hodie malitia hominum super terram et contra ecclesias[b] et viros ecclesiasticos audatiam habeant non ₍vgl. Gn 6, 5₎

---

30   d) diligetia(m).   e) e- *korr. aus* c-.   f—f) *Fehlt bei Migne.*   g) *Migne:* potuerit.   h) *Migne:* lis.   i) inquisione(m).   k—k) *Vielleicht nachgetragen.*

5) Über die Errichtung eines solchen Bistums ist nichts bekannt. Vgl. MIHÁLY, *Diplome Maramusene*, 72f., Nr. 40.

49. a) *Am Rande ein Kreuz.*   b) eccl(esi)ast.

35 **49.** 1) Hugo, als Abt von Saint-Aubert (Augustiner-Chorherrenstift, Diöz. Cambrai, Dép. Nord) bezeugt 1204. Vgl. *Gallia Christiana* III 155.
   2) Cambrai (Suffr. von Reims).

modicam presumptores, ecclesiarum iura et libertates pervertere molientes coguntur prelati earum, ut ipsorum valeant impugnationes repellere et patrimonium et iura ecclesiastica defensare, graves labores subire pariter et expensas et non solum illa, que expendenda fuerant in usus pauperum, stipendiariis[c] erogare, immo etiam multa alia recipere sub usuris; nec ecclesiarum   5 status, dum eas iniqui sic aggravant, potest suscipere incrementum.

Cum igitur venerabilis frater noster .. Cameracensis episcopus[3] a nobili viro .. comite Nomurchensi[d, 4] et aliis nobilibus fautoribus eius[5] multas passus sit iniurias et iacturas et terra eius sit fere[e] penitus desolata et pro impugnatione, quam ab hostibus suis sustinuisse dicitur[f], non modico pre- 10 matur onere debitorum, volentes, prout convenit, eius indigentie subvenire et utilitatem ecclesiasticam procurare, discretioni vestre per apostolica scripta precipiendo[g] mandamus[g], quatinus debitorum suorum quantitate taxata de bonis episcopalibus et redditibus, prout expedire videritis, faciatis auctoritate nostra sublato cuiuslibet contradictionis et appellationis obstaculo per 15 eum suis creditoribus assignari, ut idem episcopus pro defectu rerum succumbere non cogatur et creditores, qui ei subvenerunt in neccessitatibus, unde promeruerunt gratiam, detrimentum aliquod non incurrant. Contradictores et cetera. Nullis et cetera. Quod si non omnes et cetera.

Datum Laterani, VII Idus Aprilis[h].   20

50 (49).

Innocenz III. erkennt (Otakar Přemysl), dessen Krönung durch Herzog Ph(ilipp) von Schwaben er für ungültig erklärt, als König von Böhmen an, nachdem er auf seine Ermahnungen hin zur Partei des römisch(-deutsch)en Königs Otto (IV.), der ihn nunmehr krönen soll, übergewechselt ist.   25

Lateran, (1204) April 19.

    Reg. Vat. 5, fol. 146ᵛ ⟨Nr. 49⟩.

    Bréquigny, Diplomata, II/1 484, Nr. 49 = Migne, PL, 215, 333, Nr. 49; Friedrich, Codex Bohemiae, II 37, Nr. 41. — Potth. Reg. 2186; BFW 5887· Balladore Pallieri–Vismara, Acta pontificia, 30, Nr. 128.   30

---

[c] *Migne:* stipendiis.   [d] *Migne:* Namuracensi.   [e] *Migne fügt hinzu:* et.   [f] *Darnach eine Lücke.*   [g⁻g] *Durch Zeichen umgestellt aus* mandamus precipiendo.   [h] *Migne fügt hinzu:* anno septimo.

[3] S. Br. VII 46 (45) Anm. 6.
[4] S. Br. VII 46 (45) Anm. 7.   35
[5] S. Br. VII 46 (45) Anm. 11—14.

.. Regi Boemorum[1] illustri[a].

Licet ante tue promotionis tempora multi fuerint in Boemia regio diademate insigniti[2], numquam tamen potuerunt a predecessoribus nostris Romanis pontificibus obtinere, ut reges eos in suis litteris nominarent. Nos quoque,
5 tum predecessorum nostrorum vestigiis inherentes, tum considerantes sollicite, quod a nobili viro Ph(ilippo), duce Sueuie, te feceras coronari[3], qui, cum coronatus legitime non fuisset[4], nec te nec alium poterat legitime coronare, regem te hactenus non duximus[b] nominandum[5]. Verum cum ad commonitionem[c] apostolice sedis et nostram relicto duce Sueuie ad karissimum in
10 Christo filium nostrum, illustrem regem Ottonem, in Roman(orum) imperatorem electum, te converteris[6] usus consilio saniori, et ipse habeat te pro rege, tam intuitu precum eius quam tue devotionis obtentu regem te decetero reputare volumus et vocare. Tu igitur taliter gratiam tibi factam agnoscas et sic ingratitudinis vicium studeas evitare, ut tua devotio mereatur, quod et
15 gratia tibi detur ex gratia et data gratis perpetuo conservetur, provisurus attentius, ut, quamcicius poteris, ab eodem rege Ottone te facias sollempniter coronari.

Datum Laterani, XIII Kal. Maii.

51 (50).

20 *Innocenz III. entscheidet im Streit zwischen der Pieve (S. Maria) und der Kirche von S. Pietro Maggiore, die kürzlich mit der Kathedralkirche S. Donato von Arezzo zusammengelegt wurde, um Vorzugsrechte bezüglich des Festes des Stadtpatrons, der Aschermittwochsliturgie, der Taufen und der Prozessionen.*

Lateran, (1204) April 19.

---

25 **50.** [a] *Am Rande ein Kreuz und drei Punkte. Außen am Rande ein schiefliegendes Kreuz, ferner (wahrscheinlich in derselben Tinte) unterhalb der Initiale nochmals drei Punkte und ein senkrechter Strich.* [b] *Migne:* diximus. [c] -nitione(m) *ab dem zweiten Schaft des* -n- *auf Rasur. Neben dem Brief am Rande ein rotes, schiefliegendes Kreuz.*

50. [1] Otakar I. Přemysl, König von Böhmen 1198—1230.
30 [2] Wratislaw II. 1085/86 und Wladislaw II. 1158 (*MGH D* F. I. 201). Vgl. Schramm, *Böhmen*; Fritze, *Corona regni Bohemiae*; Appelt, *Königswürde*; zur tschechischen Forschung Bláhová, *Beziehung*, 23f., Anm. 4; zuletzt Wiegand, *Papst Innocenz III.*, 38—43, und Krzenck, *Beziehungen*.
[3] Die Erhebung Böhmens zum Königreich und die Krönung Otakars durch Philipp von Schwaben (1198—1208) im September 1198 in Mainz. Vgl. *BFW* *20; Winkelmann, *Philipp von*
35 *Schwaben*, I 138 mit Anm. 3.
[4] Vgl. *RNI* Nr. 44; 62, Ed. Kempf 124 Z. 18; 171 Z. 9—172 Z. 1.
[5] Vgl. *RNI* Nr. 44, *ebd.* 124 Z. 14—23.
[6] Otakar wechselt im Laufe des Jahres 1202, auch nach päpstlicher Ermahnung, zu Otto von Braunschweig (s. Br. VII 45 [44] Anm. 3). Vgl. *RNI* Nr. 44; 106, Ed. Kempf 124f.; 264 Z. 14 bis
40 16. Vgl. Hucker, *Otto IV.*, 203f.

Reg. Vat. 5, fol. 146ᵛ—147ʳ ⟨Nr. 50⟩.

Bréquigny, Diplomata, II/1 484, Nr. 50 = Migne, PL, 215, 334, Nr. 50; Crescimbeni, S. Anastasia, 46—49; Albergotti, De Vita, et Cultu, 190f. (teilweise); Pasqui, Documenti, II 68, Nr. 443. — Potth. Reg. 2187.

.. Archipresbytero et clericis plebis Aretine[a, 1].

| **Cum**[b] dilectus filius .. concanonicus vester[2] pro plebe vestra et dilecti filii .. prepositus[3] et quidam canonici Aretini pro ecclesia sancti Petri, que nuper auctoritate nostra unita est ecclesie cathedrali[4], ad sedem apostolicam accessissent, presente venerabili fratre nostro .. Aretino episcopo[5] super diversis articulis in nostra presentia litigarunt.

Sane vester proposuit procurator, quod, cum festum beati Donati martyris[6] in plebe vestra sollempniter consueverit celebrari, .. prepositus et canonici Aretini nuper illud apud ecclesiam sancti Petri contra consuetudinem[c] hactenus observatam in iuris vestri preiudicium sollempnius[d] celebrarunt, ut non solum oblationes subtraherent, que vobis in festo ipso solebant magnifice provenire, sed et quosdam cereos, quos census nomine plebi eidem quidam nobiles annuatim solvere tenebantur, quorum restitutionem procu*rator ipse vobis fieri postulabat. Addebat etiam, quod mine vobis inferebantur multiplices, non tam a preposito et canonicis quam potestate[7] ac civibus Aretinis, super capitulo, quod in ecclesia vestra in Capite ieiunii fieri consuevit, celebratione baptismi, letaniis et aliis dignitatibus, quibus hactenus ecclesia vestra usa fuerat sine lite, unde super hiis indempnitati vestre petebat per sedem apostolicam provideri.

* fol. 147ʳ

---

51. ᵃ) *Am Rande ein Kreuz.*   ᵇ) *Tintenwechsel.*   ᶜ) co(n)suetuedine(m).   ᵈ) sollepni(us).

51. ¹) Pieve di S. Maria, gegen 1000 errichtet, Taufkirche und Kirche der Kommune Arezzo. Magister Johannes, als Archipresbyter bezeugt 1195—1210. Vgl. Pasqui, *Documenti*, II, Nr. 415, S. 34; Nr. 441, S. 67; S. VIII, Anm. 3.

²) 1207 vertritt ein Magister Rainer, Kanoniker von S. Pietro Maggiore, als Prokurator die Interessen des Kapitels. Vgl. Pasqui, *Documenti*, II 75f., Nr. 449.

³) Gregor, als Dompropst von Arezzo bezeugt 1203—1207. Vgl. Pasqui, *Documenti*, II, Nr. 441, S. 67; Nr. 442, S. 67; Nr. 448, S. 75.

⁴) Innocenz III. bestätigt am 26. April 1203 die Zusammenlegung der Kathedrale S. Donato extra moenias (auf dem Hügel Pionta im Südwesten Arezzos, wo die Bischöfe seit dem 4. Jh. residierten) mit der Kirche S. Pietro Maggiore in Arezzo, die der Ben.-Abtei SS. Flora e Lucilla entzogen wird, und beendet damit den im 12. Jh. virulenten Konflikt zwischen Kommune und Bischof um die Residenz des Bischofs in der Stadt. Pasqui, *Documenti*, II 63—65, Nr. 438; vgl. auch Br. VI 50.

⁵) Gregor (II.), B. von Arezzo 1203 Mai 28—1212. Vgl. Pasqui, *Documenti*, II 66f., Nr. 441; Tafi, *Vescovi*, 67f.

⁶) Das Fest des Hl. Donatus, des zweiten B. von Arezzo (gest. 304), am 7. August, das Patronsfest der Kommune. S. unten Z. 15—17 zu den „oblationes" des Adels und explizit S. 87 Z. 12f.

⁷) Acerbus aus Florenz, 1203 Podestà von Arezzo, oder Tebaldus Catonis aus Florenz, 1204 Podestà. Vgl. Pasqui, *Documenti*, II, Nr. 437, S. 62; Nr. 477, S. 152; *Annales Aretinorum Maiores* (RIS² XXIV/1) 3 Z. 16f.

Verum prepositus proposuit ex adverso, quod, cum corpus beati Donati[e],
sicut ex multis privilegiis pontificum Romanorum apparet, apud cathedralem ecclesiam requiescat[8], videretur absurdum, si sollempnitate huiusmodi
privaretur vobisque celebrantibus festum eius ecclesia sancti Petri, que
5 sancti Donati ecclesie in unam cathedralem ecclesiam est coniuncta, in speciali[f] patroni[g] sui annua sollempnitate sileret. Preterea, cum de unione
predictarum ecclesiarum apud sedem apostolicam tractaretur, mandasse
nos[9] aiebat civibus Aretinis, ut honorificentias universas, quas cathedralibus
ecclesiis exhibent alie civitates, eidem ecclesie sancti[h] Petri humiliter in
10 posterum exhiberent eo nequaquam[e] obstante, quod servatum fuerat hactenus propter odium civitatis, unde ipsi, mandatis apostolicis devote parentes,
omnes et singuli id se facturos hilariter iuraverunt. Cum igitur festum istud sit
specialis sollempnitas civitatis[i], capitulum quoque, baptismus et letanie in
cathedralibus ecclesiis celebrari soleant apud alias civitates, hec omnia ecclesie
15 sancti Petri competere auctoritate mandati nostri et ratione iuramenti a civibus prestiti proponebant; addens, quod cereos, de quibus procurator vester
querimoniam deposuerat coram nobis, non ex debito census nomine, sed de
gratia spontanee devotionis obtentu predicti nobiles offerebant, sed, etsi ex
debito etiam solverentur, cum ipsi non subtraxerint eos vobis, non ab eis
20 restitutionem petere, sed contra debitores ius vestrum prosequi debebatis.

Nos igitur auditis hiis et aliis, que fuerunt utrimque proposita, utriusque
partis quieti[k] providere volentes presentium auctoritate decernimus, ut, cum
sedes episcopalis non sit ab ecclesia beati Donati ad ecclesiam sancti Petri
translata, sed ecclesia beati Petri ecclesie sancti[l] Donati[l] coniuncta[m], unde
25 illa, etsi sua privilegia communicaverit isti, dignitates tamen non amisit antiquas, festum beati Donati decetero in ipsa primitiva ecclesia, que in eius
memoriam est fundata, sollempniter ab episcopo et canonicis celebretur, quia,
sicut indecens esset, ut festum beati Petri celebraretur ab episcopo et canonicis
in ecclesia beati Donati, sic procul dubio esset absurdum, ut festum beati
30 Donati celebraretur ab eis in ecclesia sancti Petri, cum et nos in similibus id
servemus festum apostolorum principis apud eius basilicam et festum beati
Ioh(ann)is apud Lateranensem ecclesiam celebrantes, licet utraque sit ecclesia
cathedralis. Verum quoniam iniuria non fit sancto sed honorificentia[n] potius
exhibetur, cum in diversis locis eius merita fidelis populus veneratur, celebrandi
35 festum eiusdem martyris in ecclesia vestra vobis non adimimus facultatem,
libertatem quibuslibet relinquentes, utram ecclesiarum ipsarum maluerint eo

[e-e] *Am Rande eine Klammer und daneben mit derselben Tinte von einer Hand des späten 15.
oder 16. Jhs.:* Corpus beati Donati est apud Aretium.   [f] *Migne:* specialis. [g] *Über der Zeile
nachgetragen.* [h] *Fehlt bei Migne.* [i] *Tintenwechsel.* [k] *-i korr. aus -e.* [l-l] *Fehlt bei Migne.*
40 [m] *-c- vielleicht korr. aus -t-.* [n] *-ti- vielleicht korr. aus einem anderen Buchstaben.*

[8] Der Streit um die angebliche Schädelreliquie des Heiligen, die sich seit dem 11. Jh. in der
Pieve di S. Maria befinden soll, wird 1361 zuungunsten dieser Kirche entschieden. Vgl. ALBER-
GOTTI, *De Vita, et Cultu,* 131—172.
[9] S. Br. Innocenz' III. vom 26. April 1203: PASQUI, *Documenti,* II, Nr. 438, S. 64 Z. 8—12.

die devotionis gratia visitandi, ut nec retrahantur ab altera nec[o] ad reliquam compellantur. Ab impetitione vero[p] vestra super cereis et oblationibus prepositum et canonicos reddimus absolutos, vos tamen super huiusmodi[q] cereis[q], qui vobis nomine census debentur, convenire poteritis debitores. De capitulo autem id statuimus observandum, ut episcopus illud apud ecclesiam 5 vestram in Capite ieiunii celebret summo mane, ita, quod eo congrue celebrato cum universo clero adeat ecclesiam sancti Petri officium ibi cineris expleturus, cum et nos eodem die apud sanctam Anastasiam collectam et apud sanctam Sauinam stationem et missarum sollempnia celebremus[10]. Quia vero nimis videretur absurdum, si baptisma non fieret in ecclesia cathedrali, 10 statuimus, ut in ecclesia sancti Petri baptismus sollempniter celebretur vosque iuxta consuetudinem hactenus observatam in ecclesia vestra parrochianos vestri[r] plebatus[s], qui vobis presentati fuerint, babtizetis[t], cum et nos licet in ecclesia Lateranensi baptizantis[u] officium celebremus, nichilominus tamen in titulis Urbis exhibeatur sacramentum baptismatis baptizandis[v]. 15 Ceterum, cum letanie primo et tercio die ante festum Ascensionis Dominice apud ecclesiam vestram, secundo vero apud ecclesiam sancti Petri consueverint terminari, nos, volentes ecclesie cathedrali deferre, ordinem decernimus immutandum, ut videlicet primo die apud ecclesiam sancti Petri, sequentibus vero apud ecclesiam vestram letanie processio finiatur, sicut etiam apud 20 nos primo die huiusmodi celebratur processio apud ecclesiam primitivam[11], deceatque, ut Aretina ecclesia ecclesie Romane consuetudinem imitetur et eius sequatur exemplar, cui nullo subiacet mediante[12].

Nulli ergo et cetera constitutionis[w] et cetera.

Datum Laterani, XIII Kal. Maii. 25

52 (51).

Innocenz III. fordert den Erzbischof (Siegfried) von Mainz auf, zum Ansuchen des Königs (Otakar Přemysl) und Volks von Böhmen um die Errichtung eines eigenen Metropolitansitzes Stellung zu nehmen.

Lateran, (1204) April 20. 30

---

[o] -c *nachträglich eingefügt.* [p] -o *korr. aus* -i. [q—q] *Durch Zeichen umgestellt aus* cereis huiusmodi. [r] -i *korr. aus* -o. [s] p- *korr. aus einem anderen Buchstaben.* [t] b- *korr. aus* p-. [u] bapta(n)tis. [v] -p- *korr. aus* -b-. [w] costit(uti)o(n)is.

[10] Die liturgischen Gewohnheiten der Kurie sahen für den Aschermittwoch die Feier der Aschenweihe bei S. Anastasia und darnach den Stationsgottesdienst bei S. Sabina vor. Vgl. 35 FABRE–DUCHESNE, *Liber Censuum*, I 294a, Nr. 15; VAN DIJK, *Ordinal*, 180—182; vgl. auch CRESCIMBENI, *S. Anastasia*, 43—45.

[11] Für Rom führte Papst Leo III. die Begehung der drei Tage vor Christi Himmelfahrt als Bittage (Litanie minores oder Rogationes) mit Prozessionen ein; am ersten dieser Bittage bewegte sich die Prozession von S. Maria Maggiore zur Lateranbasilika. Vgl. Liber Pontificalis 40 (Ed. DUCHESNE II 12 Z. 8—12); Petrus Mallius, *Descriptio Basilicae Vaticanae*, c. 61 (Ed. VALENTINI–ZUCCHETTI 442 Z. 10f.).

[12] Vgl. FABRE–DUCHESNE, *Liber Censuum*, I 63a, II 110b; PFAFF, *Liber Censuum*, 90, Nr. 110.

Reg. Vat. 5, fol. 147ʳ—147ᵛ ⟨Nr. 51⟩.
Bréquigny, Diplomata, II/1 486, Nr. 51 = Migne, PL, 215, 336, Nr. 51; Friedrich, Codex
Bohemiae, II 39, Nr. 43. — Potth. Reg. 2188; BFW 5888; Böhmer–Will, Regesten, II 131, Nr. 49.

.. Archiepiscopo Maguntino[a, 1].

5 | Usque adeo se nobis in facto tuo hactenus pro maiori parte opposuit
ecclesia Maguntina et sic contumaciter in sua obstinatione permansit[2] nec
adhuc etiam adicit, ut resurgat, ut, si ei vellemus pro meritis respondere, non
solum, quia te caput * suum admittere despicit, membris possemus eam
penitus mutilare, sed quia non intelligit, quante dignitatis privilegium[3] et
10   honoris augmentum per sedem sit apostolicam consecuta, deberemus reducere caput ad caudam et primam novissimam facere ac novissimam prime
preferre in perpetuam memoriam rebellionis ipsius et eius obprobrium sempiternum, ut ex pena ipsius alii discerent, quod non est tutum contra torrentem
brachia dirigere[4] et contra stimulum calcitrare. Verum, quia personam tuam
15   sincera diligimus in Domino caritate, pro te adhuc eidem ecclesie duximus
deferendum, licet quanto magis differimus penam eius, tanto simus etiam
eam gravius punituri, nisi quantotius expiaverit culpam suam et genimina
viperarum, que in ea latebras suas fovent, pedibus tuis exhibuerint se calcan-
da et apud te cum filio prodigo proclamarint: Pater iam non sumus digni
20   vocari filii tui, fac nos sicut aliquos ex mercennariis tuis et inter ipsos admit-
te, qui te pastorem nostrum et animarum nostrarum episcopum non admisi-
mus hactenus nec fuimus venerati.
    Sane supplicarunt nobis karissimus in Christo filius noster .. illustris rex[5]
et populus Boemorum, ut, cum tu propter locorum distantiam et diversi-
25   tatem linguarum minus sufficias circa eos metropoliticum officium exercere,
nos, qui vice Christi tenemur universis fidelibus providere sollicitudine pastorali, tum propter evidentem utilitatem, tum etiam propter neccessitatem
urgentem, in Boemia, cum spaciosa et populosa sit multum, sedem metropoliticam statuere dignaremur, per quam non tam honori eorum quam saluti
30   utiliter consulatur[6]. Licet autem propter contumaciam ecclesie Maguntine
petitio hec accelerari deberet potius quam differri, ne tamen contra te aliquid

vgl. Ps 40, 9;
Is 24, 20; Am 5, 1

* fol. 147ᵛ

vgl. Is 9, 14; 19, 15
vgl. Mt 19, 30;
20, 16; Mk 10, 31;
Lk 13, 30

vgl. Apg 9, 5; 26, 14

vgl. Mt 23, 33; Lk 3, 7
vgl. Lk 10, 19
Lk 15, 19
vgl. 1Petr 2, 25

---

52. [a]) *Am Rande ein Kreuz. Längs des Briefes am Rande ein senkrechter, z. T. gewellter Strich.*

52. [1]) Siegfried (II.) von Eppstein, EB. von Mainz 1200—1230. Vgl. *LMA* 7 (1995) 1866f.
    [2]) Das bezieht sich auf die Mainzer Doppelwahl vom November/Dezember 1200 und auf die
35   Weigerung eines Teils des Kapitels, Siegfried auch nach der päpstlichen Bestätigung seiner Wahl
(Br. V 14 [14, 15]) als EB. anzuerkennen. Vgl. Br. VI 38—41.
    [3]) Mainz galt als „specialis filia" des apostolischen Stuhles. Vgl. *GP* IV 99, Nr. 149, und Br.
V 14 (15) Bd. 5 S. 34 Z. 2f. Es handelt sich hiebei um einen 1071 von Erzbischof Siegfried (I.) zur
Erlangung der ständigen Legatenwürde entwickelten Anspruch, der seit der Mitte des 12. Jhs.
40   auch im Mainzer Stadtsiegel seinen Ausdruck fand. Der Titel eines päpstlichen Legaten wurde
jedoch nur von Erzbischof Adalbert (I.) zwischen 1119 und 1137 geführt und ging dann an Trier
verloren. Vgl. Jakobs, *Eugen III.*, 10f., 29; Boshof, *Köln, Mainz, Trier*, 44f.
    [4]) Vgl. Juvenal, *Satura* 4, 89f.
    [5]) S. Br. VII 50 (49) Anm. 1.
45   [6]) Vgl. Wiegand, *Papst Innocenz III.*, 47—49.

agere videremur, eam non statim [duximus] admittendam, sed super hiis, que circa eam inquirenda fuerunt, mandamus inquiri, ut, si forsan evidens utilitas et urgens neccessitas id exposcat, provideamus ecclesie Maguntine, dum tamen a suo resipiscens errore ad mandatum apostolicum humiliter revertatur, ut per hoc non tam aliquid honori eius subtractum sed additum 5 videatur. Hec igitur fraternitati tue duximus intimanda, ut tuam nobis significes voluntatem, sciturus quod, si super hoc duxerimus procedendum, honori tuo sufficienter dante Domino curabimus providere.

Datum Laterani, XII Kal. Maii.

53 (52). 10

Innocenz III. fordert den König (Otakar Přemysl) von Böhmen auf, sein An-
suchen um die Errichtung eines Metropolitansitzes in Böhmen in feierlicher
Form zu wiederholen und den päpstlichen Kaplan T., der den Auftrag hat,
Untersuchungen über diese Angelegenheit zu führen, sicher zum Erzbischof
S(iegfried) von Mainz zu geleiten, damit er auch dem dortigen Domkapitel den 15
päpstlichen Brief (VII 54 [53]) präsentiere.

Lateran, (1204) April 21.

Reg. Vat. 5, fol. 147ᵛ—148ʳ ⟨Nr. 52⟩.

Bréquigny, Diplomata, II/1 487, Nr. 52 = Migne, PL, 215, 337, Nr. 52; Friedrich, Codex
Bohemiae, II 40, Nr. 44. — Potth. Reg. 2191; BFW 5890; Böhmer–Will, Regesten, II 131, Nr. 50. 20

.. Regi Boemorum[1] illustri[a].

Monet nos tue nobilitatis devotio et fidei sinceritas exhortatur, ut, in quibus cum Deo et honestate valemus, petitiones tuas benignius admittamus. Cum enim consiliis nostris acquieveris hactenus et in posterum mandatis apostolicis te exponas[2], decet, ut devotioni tue dilectio nostra respondeat 25 et sedes apostolica te honoret, cum tu eius honorem studeas efficaciter promovere. Sane per tuos nobis nuncios supplicasti et karissimus in Christo filius noster .. Hung(arorum) rex[3] illustris pro te apud nos suppliciter intercessit, ut in Boemia metropolim construere dignaremur[b], cum spaciosa et populosa sit terra et ab ecclesia Maguntina[4], cui est metropolitico iure subiecta, tam[c] 30 locorum distantia quam linguarum diversitate divisa, ut, cum per

---

53. [a]) *Am Rande ein Kreuz und drei Punkte; ferner eine kleine verweisende Hand. Auf fol. 147ᵛ*
längs des Briefes am Rande ein senkrechter, z. T. gewellter Strich. Ferner von derselben Hand des
späten 15. oder 16. Jhs.: Digna epistula super creatione metropolitani in Boemia. [b] *Migne:*
dignaretur. [c]) quam. *Die Emendation schon bei Migne.* 35

53. [1]) S. Br. VII 50 (49) Anm. 1.
[2]) S. Br. VII 50 (49) Anm. 6.
[3]) S. Br. VII 6 Anm. 11.
[4]) Erzbistum Mainz.

Roman(um) imperium obtinere meruerit regiam dignitatem[5], per Romanam ecclesiam mereatur dignitatem metropoliticam obtinere. Licet autem tam te quam terram tuam velimus, in quibus honeste possumus, honorare, quia tamen arduum est negocium et petitio continet novitatem, mirari te nolumus
5 et moveri[d], si non protinus preces tuas duximus consumandas, cum magna deliberatione res egeat, ut, quod dispositum fuerit, tanto stabilius perseveret, quanto cum maiori fuerit maturitate statutum. Siquidem ostendenda nobis est prius et urgens neccessitas et utilitas evidens, que fieri hoc exposcat, facultas et voluntas ecclesie, in qua sedes debet metropolitica stabiliri, et
10 utrum in Boemia dioceses possint[e] statui competenter statuende metropoli supponende. Preterea convenienda et commonenda super hoc est ecclesia Maguntina, ne, si aliter factum fuerit, venerabilem fratrem nostrum S(ifridum)[f], Maguntinum archiepiscopum[6], quem ereximus, deicere videamur, si ex hoc concitaverimus plus in eum ecclesie sue odium et scandalum
15 civitatis. Ut reddamur igitur de omnibus certiores, dilectum filium T., subdiaconum et capellanum[g] nostrum, virum utique litteratum, providum et discretum, nobis et fratribus nostris merito sue probitatis acceptum, in Boemiam destinamus, qui super hiis et aliis, de quibus viderit inquirendum, inquirat et plene nobis super hiis, que contingunt negocium ipsum, significet
20 veritatem. Tu quoque non tantum per litteras tuas et populi sed per sollempnes nuncios tuos et episcopi[h] ac ecclesie, quos talia petere deceat, petitionem tuam poteris innovare, ut super hiis melius procedere valeamus, prout viderimus expedire. Nos enim promptam gerimus voluntatem in hiis et aliis petitiones tuas, quantum cum Deo possumus, exaudire. Tu ergo facias eun-
25 dem subdiaconum secure ad presentiam predicti archiepiscopi Maguntini perduci[i] et presentari litteras nostras[7] capitulo Maguntino, ne, si aliquid omissum fuerit ex hiis, que ipsi inquirenda commisimus, * in negotio ipso   * fol. 148ʳ plene procedere non possimus.

Datum Laterani, XI Kal. Maii.

30 **54 (53).**

Innocenz III. teilt den Domkanonikern und Ministerialen von Mainz mit, daß König und Volk von Böhmen um die Errichtung eines eigenen Metropolitansitzes angesucht haben, und stellt für den Fall ihres weiteren Widerstandes gegen die Wahl ihres Erzbischofs (Siegfried) die Erfüllung dieser Bitte in Aussicht.

35   *Lateran, (1204) April 21.*

---

[d] mirari. *Die Emendation schon bei Migne.*   [e] *Migne:* possit.   [f] *Migne:* G.
[g] capllan(um).   [h] *Migne:* episcopos.   [i] *Migne:* produci.

[5] S. Br. VII 50 (49) Anm. 2.
[6] S. Br. VII 52 (51) Anm. 1.
40   [7] Br. VII 54 (53).

Reg. Vat. 5, fol. 148ʳ ⟨Nr. 53⟩.
Bréquigny, Diplomata, II/1 488, Nr. 53 = Migne, PL, 215, 338, Nr. 53; Friedrich, Codex Bohemiae, II 41, Nr. 45. — Potth. Reg. 2192; BFW 5889; Böhmer–Will, Regesten, II 131, Nr. 51.

Canonicis et ministerialibus Maguntin(is) spiritum consilii sanioris[a, 1].

| Supplicarunt nobis humiliter et devote et cetera ut in ea, que mittitur 5
archiepiscopo[2], in eundem fere modum usque consulatur[b], ut, sicut per
Roman(um) imperium obtinere meruit regiam dignitatem, ita quoque per
Romanam ecclesiam mereatur dignitatem metropoliticam obtinere[3]. Licet
autem multi[c] de ecclesia Maguntina, si[d] tamen dicendi sunt de ecclesia, qui
suis exigentibus culpis precisi sunt ab ecclesiastica unitate, propter rebellio- 10
nis excessum et inobedientie vicium, in quo contra maiestatem divinam,
Romanam ecclesiam[e] et[e] archiepiscopum suum obstinata mente perdurant,
gravi meruerint animadversione puniri, nos tamen, qui correctionem paterno
desideramus affectu, memores eius, que filia specialis[4] et honorabile membrum apostolice sedis existit, non statim petitionem huiusmodi duximus 15
admittendam, sed prius inquirere disposuimus, que super hiis fuerint inquirenda, ut, si forte petitionem ipsam admittendam esse noverimus, provideamus in ea, sicut expedire viderimus, ecclesie Maguntine, dum tamen a suo
resipiscens errore se non reddat indignam. Alioquin non nobis sed vobis
merito poteritis imputare, si[f] forte, qui caput abicitis, membrum aliquod 20
amittatis. Vestrum igitur erit taliter honori nostro deferre, ut et nos vestro
debeamus deferre honori, providentes vobis in tempore oportuno, ne forte
post tempus non providentie sed penitentie vobis locus merito reservetur.
  Datum Laterani, XI Kal. Maii.

55 (54). 25

*Innocenz III. bestätigt das vom römisch(-deutsch)en König Otto (IV.) dem König
(Otakar Přemysl) von Böhmen gewährte Privileg.*

Lateran, (1204) April 15.

Reg. Vat. 5, fol. 148ʳ ⟨Nr. 54⟩.
*Bréquigny, Diplomata, II/1 488, Nr. 54 = Migne, PL, 215, 339, Nr. 54; Friedrich, Codex 30
Bohemiae, II 35, Nr. 39. — Potth. Reg. 2179; BFW *5886.*

---

54. [a]) *Am Rande ein Kreuz. Längs des Briefes am Rande ein senkrechter, z. T. gewellter Strich.*
[b]) *Br. VII 52 (51) S. 89 Z. 30.*   [c]) *Die ersten beiden Schäfte des* m- *korr. aus* d-.   [d]) *qusi: das* -s-
aus dem zweiten Schaft des -u- *herausgezogen, offensichtlich als Vorbereitung zur Korrektur; am
Rande ein kleines* x *als Vormerkung zur Korrektur.*   [e—e]) *Migne:* et ecclesiam.   [f]) *Migne:* sic. 35

54. [1]) Domkapitel und Ministerialen von Mainz. Zu ihrer Exkommunikation vgl. Br. VII 52 (51)
Anm. 2.
  [2]) S. Br. VII 52 (51) Anm. 1.
  [3]) S. Br. VII 53 (52) S. 90 Z. 31—S. 91 Z. 2.
  [4]) S. Br. VII 52 (51) Anm. 3. 40

.. Illustri regi Boemorum[a, 1].

Sic sibi spiritualis et materialis gladius[2] mutue mutuant subventionis
auxilium et vicissim[b] communicant vires suas, ut defectus suos[c] ope vicaria
suppleant et uterque alterius perficiat imperfectum. Decet enim, ut sibi
5 adinvicem suffragentur et apud eos, qui gladium spiritualem non timent, ius
ipsius armis gladius materialis alleget et spiritualis temporali, cum neccesse   vgl. Lk 22, 38
fuerit, auctoritatis sue robur impendat et tribuat super hiis, que minus essent
valida sine ipso, valorem.

Cum igitur karissimus in Christo filius noster, illustris rex Otto, in
10 Roman(orum) imperatorem[d] electus[3], iura[e] et privilegia, que ab antiquo
tibi et tuis predecessoribus ab imperatoribus fuere concessa, suo tibi duxerit
privilegio[4] confirmanda et tam libertates quam[f] terras et castra et alia tibi
concesserit, ut dispositioni regie auctoritas[g] pontificalis[h] accedat: concessiones ipsas, sicut ad honorem tam ecclesie quam imperii [facte][i] sunt, auctori-
15 tate apostolica confirmamus[5] et cetera.

Nulli ergo et cetera.
Datum Laterani, XVII Kal. Maii.

56 (55).

Innocenz III. befiehlt den Bischöfen (Daniel) von Prag und (Robert) von Olmütz
20 *und dem Archidiakon (Wecemilus) von Bechyně, gegen alle, die versuchen*
sollten, den König (Otakar) P(řemysl) von Böhmen, während er in päpstlichem
Auftrag dem römisch(-deutsch)en König Otto Hilfe leistet, zu schädigen, vorzu-
gehen, und zwar gegen Laien mit geistlichen Strafen, gegen Kleriker mit dem
Entzug der Pfründen.

25   *Lateran, (1204) April 21.*

---

55. [a]) *Am Rande drei Punkte und ein Kreuz.*   [b]) *Das erste -i- korr. aus einem anderen Buch-*
staben.   [c]) *Fehlt bei Migne.*   [d]) *Migne:* imperium.   [e]) *Bis hieher am linken Briefrande eine*
Klammer.   [f]) tam. *Die Emendation schon bei Migne.*   [g]) *Migne:* auctoritatis.   [h]) *Migne:* pontificatus.   [i]) *Stattdessen* concesse *durchgestrichen. Am Rande ein schiefliegendes Kreuz als Vor-*
30 *merkung zu einer Korrektur, die nicht ausgeführt wurde. Vgl. RNI, S. 252 Z. 25.*

55. [1]) S. Br. VII 50 (49) Anm. 1.
[2]) S. Br. VII 12 Anm. 5.
[3]) S. Br. VII 45 (44) Anm. 3.
[4]) Wahrscheinlich das anläßlich der Krönung Otakars durch Otto IV. am 24. August 1203
35 vor Merseburg ausgestellte, nicht erhaltene Privileg. Vgl. FRIEDRICH, *Codex Bohemiae*, II 31f.,
Nr. 34; *BFW* 230b; WINKELMANN, *Philipp von Schwaben*, I 290 mit Anm. 1; WIEGAND, *Papst*
Innocenz III., 36ff., bes. 45—47.
[5]) Vgl. die mutatis mutandis textgleichen Bestätigungen der Verträge mit Otto IV. für den
König von Dänemark und den Landgrafen von Thüringen, *RNI* Nr. 97, Ed. KEMPF 252f. Vgl.
40 WIEGAND, *Papst Innocenz III.*, 37f.

Reg. Vat. 5, fol. 148ʳ ⟨Nr. 55⟩.
Bréquigny, Diplomata, II/1 489, Nr. 55 = Migne, PL, 215, 339, Nr. 55; Friedrich, Codex Bohemiae, II 42, Nr. 46. — Potth. Reg. 2190; BFW 5891.

.. Pragensi[1] et .. Olomucensi[2] episcopis et .. archidiacono de Behin[a, 3].

Cum karissimus in Christo filius noster P(remizl), illustris rex Boemie[4], ₅ iuxta mandatum nostrum[5] ad subsidium karissimi in Christo filii nostri, illustris regis Ottonis, in Roman(orum) imperatorem electi[6], sit expositus et paratus, pati nolumus nec debemus, ut ab aliquibus pregravetur, maxime dum in eius fuerit obsequio constitutus. Ut autem indempnitati ipsius auctoritate apostolica consulatur, discretioni vestre per apostolica scripta manda- 10 mus atque precipimus, quatinus, si qui forsan in preiudicium eius aliquid presumpserint machinari, unusquisque vestrum parrochianos suos laicos per censuram ecclesiasticam, clericos vero per subtractionem beneficiorum sublato appellationis obstaculo ab huiusmodi presumptione auctoritate nostra compescat.   15
Datum Laterani, XI Kal. Maii.

57 (56).

Innocenz III. trägt dem Erzbischof (Ugrin) von Esztergom auf, der Bitte des Königs (Emmerich) von Ungarn entsprechend die Verlegung der Propstei von Bratislava an einen Ort außerhalb der Burg zu veranlassen.   20

Lateran, (1204) April 24.

Reg. Vat. 5, fol. 148ʳ ⟨Nr. 56⟩.
Bréquigny, Diplomata, II/1 489, Nr. 56 = Migne, PL, 215, 340, Nr. 56; Knauz, Monumenta, I 170, Nr. 158; Marsina, Codex diplomaticus Slovaciae, I 104, Nr. 125. — Potth. Reg. 2195.

---

56. [a] *Am Rande ein Kreuz, darunter zwei Punkte.*   25

56.   [1] Daniel (II.), B. von Prag/Praha (Suffr. von Mainz, ht. Erzbistum) 1197—1214. Vgl. BOSL, *Handbuch,* I 577.

[2] Robert, B. von Olmütz/Olomouc (Suffr. von Mainz, ht. Prag) 1202—1240. Vgl. BOSL, *Handbuch,* I 579.

[3] Wecemilus, Archidiakon von Bechyně (Bechin, Bez. Tábor) 1194—1219, Kanoniker des 30 Domkapitels von Prag. Vgl. PODLAHA, *Series,* 7, Nr. 77.

[4] S. Br. VII 50 (49) Anm. 1.

[5] S. Br. VII 50 (49) Anm. 6.

[6] S. Br. VII 45 (44) Anm. 3.

.. Strigoniensi archiepiscopo[a, 1)].

Suplicavit nobis karissimus in Christo filius noster .. rex Hungarorum[2)] illustris, ut, quia in quodam castro suo Posoniensi[b, 3)] prepositura consistit et ex accessu hominum ad eandem timet sibi de castro ipso periculum proveni-
5 re, ei licentiam concedere dignaremur, ut preposituram ipsam extra munitionem construere de[c)] licentia nostra valeret. Nos autem eius petitionibus annuentes fraternitati tue per apostolica scripta mandamus, quatinus super translatione ipsius prepositure[d)] illud auctoritate nostra statuas, quod necessitati regni et utilitati ecclesie noveris expedire; provisurus, ne corpus
10 beati martyris, qui in dicta ecclesia requiescit, debita veneratione fraudetur.
Datum Laterani, VIII Kal. Maii.

58 (57).

Innocenz III. trägt dem Erzbischof (Ugrin) von Esztergom auf, der Bitte des Königs (Emmerich) von Ungarn entsprechend dessen minderjährigen Sohn (La-
15 *dislaus) zu krönen, nachdem der König anstelle seines Sohnes den Krönungseid geleistet habe.*

(Lateran, 1204 April ca. 24).

Reg. Vat. 5, fol. 148ʳ ⟨Nr. 57⟩.
Bréquigny, Diplomata, II/1 489, Nr. 57 = Migne, PL, 215, 340, Nr. 57; Knauz, Monumenta, I
20 *170, Nr. 159. — Potth. Reg. 2196; Balladore Pallieri–Vismara, Acta pontificia, 30, Nr. 129.*

Eidem[a, 1)].

Supplicavit[2)] nobis et cetera ut supra usque ut[b)], quia transire proposuit in subsidium Terre sancte[3)], ne regnum suum remaneret quasi regimine destitutum, tibi scribere dignaremur, ut karissimum in Christo filium nostrum

---

25 **57.** [a)] archid(iacono) *(s. Anm. 1). Die Emendation schon bei Migne. Am Rande, ca. in der Mitte des Briefes, ein Kreuz, ferner die erste römische Briefzählung:* IIIICXL.   [b)] *Migne:* Posomensi. [c)] *Migne:* ei. [d)] p(re)poiture.

57. [1)] Ugrin, EB. von Esztergom (Gran) 1204—ca. August; vgl. Br. VII 159 S. 274 Z. 7f. Daß es sich um den EB. und nicht um den Archidiakon handelt, geht aus der Anrede (fraternitas tua)
30 und dem Inhalt des folgenden, an denselben adressierten, Br. VII 58 (57) hervor.
    [2)] S. Br. VII 6 Anm. 11.
    [3)] Das Kollegiatstift St. Salvator (später St. Martin) in Bratislava (Preßburg, Pozsony). Vgl. Štefanovičová, *Bratislavský hrad,* 152f.

58. [a)] *Am Rande ein Kreuz.* [b)] *Br. VII 57 (56) oben Z. 3.*
35 **58.** [1)] S. Br. VII 57 (56) Anm. 1.
    [2)] König Emmerich von Ungarn, s. Br. VII 6 Anm. 11.
    [3)] S. Br. VII 18 Anm. 5.

.. natum suum[4] regali diademate insignires. Quocirca fraternitati tue per apostolica scripta mandamus, quatinus, cum ab eodem rege fueris requisitus, iuxta petitionem suam predictum filium eius, quamvis minorem, non differas coronare, recepturus ab ipso patre filii sui vice corporaliter iuramentum[5] tam[c] super apostolice sedis obedientia quam super ecclesie Hungarice liber- 5 tate, sicut progenitores sui cum humilitate ac devotione debita impenderunt.
    Datum ut supra.

59 (58).

Innocenz III. teilt dem König (Emmerich) von Ungarn mit, daß der von Erz-
bischof J(ob) von Esztergom impetrierte Brief (VI 56), in dem er diesem die 10
kirchliche Jurisdiktion über die königlichen Abteien und Kollegiatstifte bestätigt
hatte, die mit dem König getroffenen Regelung der Abt- und Propstwahlen in
diesen Kirchen nicht beeinträchtige, da der eine Brief päpstliche Rechte, der
andere hingegen solche des Erzbischofs betroffen habe.

(Lateran, 1204 April ca. 24). 15

    Reg. Vat. 5, fol. 148ʳ—148ᵛ ⟨Nr. 58⟩.
    Bréquigny, Diplomata, II/1 490, Nr. 58 = Migne, PL, 215, 340, Nr. 58; Knauz, Monumenta, I
171, Nr. 161; Marsina, Codex diplomaticus Slovaciae, I 104, Nr. 124. — Potth. Reg. 2197.

.. Regi Vngarorum[1] illustri[a].

    (|) **O**lim[b] nobis regalis magnificentia per suas litteras[2] supplicavit, ut, 20
* fol. 148ᵛ cum * regales prepositure[3], que sunt in Hungaria, sicut ad te in temporalibus sic ad nos in spiritualibus nullo pertineant mediante, statuere dignaremur, quatinus novus prepositus ad sedem apostolicam infra annum vel in persona propria vel per idoneum nuncium cum litteris regalis assensus accederet, confirmationis gratiam obtenturus. Nos ergo tuis precibus inclinati statui- 25 mus, ut quicumque decetero ad regimen prepositurarum[c] illarum, que ad nos in spiritualibus nullo pertineant mediante, fuerint evocati, ad apostolice sedis presentiam infra annum in personis propriis vel per idoneum nuncium cum[d]

---

   [c] *Fehlt bei Migne.*
   [4] Der damals fünfjährige Ladislaus III., König von Ungarn 1204—1205.   30
   [5] Zum Eid vgl. Sweeney, *Problem of Inalienability*, 247 mit Anm. 58.

  59. [a] *Am Rande drei Punkte und ein Kreuz.*   [b] *Tintenwechsel.*   [c] p(re)poituraru(m).
[d] *Migne:* eum.

  59. [1] S. Br. VII 6 Anm. 11.
   [2] Brief Emmerichs, erwähnt in Br. V 101 (102) Bd. 5 S. 203 Z. 24f. und VI 7, 56.   35
   [3] Königliche Propsteien sind die Kollegiatstifte Székesfehérvár (Stuhlweißenburg), Buda (Ofen), Nitra (Nyitra, Neutra), Bratislava (Preßburg, Pozsony), Dömös, Vasvár (Eisenburg), Titel, Arad, Sibiu (Nagy-Szeben, Hermannstadt) und Spiš (Zips). Vgl. Br. V 101 (102) Anm. 3.

litteris regalis assensus accedant pro confirmationis munere obtinendo, ita quod interim in spiritualibus non ministrent[4]. Qui[e] si forte infra dictum terminum venire neglexerint, ex tunc prep: osituris illis se noverint spoliandos. Consequenter autem bone memorie I(ob), Strigoniensis archiepiscopus[5], ad
5 presentiam nostram accedens in nostra et fratrum nostrorum presentia proposuit viva voce, quod in abbatiis et preposituris regalibus ad eum et Strigoniensem ecclesiam iurisdictio ecclesiastica pertinebat, unde petebat constitutionem prescriptam tamquam per surreptionem elicitam revocari.

Nos autem viam mediam eligentes provida deliberatione decrevimus, ut
10 occasione litterarum, quas primo direximus circa prep[osituras et abbatias ecclesie Strigoniensi per Hungariam ubicumque subiectas, nullum ei vel successoribus[f] suis preiudicium generetur[6]. Regalem igitur excellentiam volumus non latere, quod nec per secundas litteras iuri tam nostro quam regio nec per primas ipsius archiepiscopi et Strigoniensis ecclesie iusticie derogatur,
15 cum in primis fuerit constitutum de illis, que in spiritualibus ad nos nullo mediante pertinere noscuntur, in secundis vero decretum de hiis, que Strigoniensi ecclesie asseruntur esse subiecte.

Datum ut supra.

60 (59).

20 *Innocenz III. nimmt die Benediktiner-Abtei S. Agostino in Montalto (di Castro) in den päpstlichen Schutz, bestätigt die Verlegung des Klosters, den gesamten Besitz, das Recht, Mönche aufzunehmen und ihnen zu verbieten, nach der Profeß das Kloster ohne Erlaubnis des Abtes wieder zu verlassen, den Empfang der heiligen Öle und der Weihen vom Diözesan- oder jedem beliebigen, in Gemein-*
25 *schaft mit dem Papst stehenden Bischof, die freie Abtwahl und alle Freiheiten und Rechte. Dafür setzt er einen jährlichen Zins von einer Goldmünze fest.*

Lateran, 1204 April 28.

Reg. Vat. 5, fol. 148ᵛ ⟨Nr. 59⟩.
Bréquigny, Diplomata, II/1 490, Nr. 59 = Migne, PL, 215, 341, Nr. 59. — Potth. Reg. 2198.

---

30   [e] *Migne:* Quod.   [f] *Das erste -c- korr., vielleicht aus -b-.*

[4] Br. VI 7.
[5] Job, EB. von Esztergom (Gran) 1184—1204. Vgl. *Dict. HGE* 15 (1963) 1102.
[6] Br. VI 56.

Hug(oni), abbati monasterii sancti Aug(ustini) de Monte alto[1], eiusque fratribus tam presentibus quam futuris regularem vitam professis in perpetuum.

| **Q**uotiens a nobis petitur et cetera usque annuentes, prefatum monasterium sancti Augustini, in quo divino[a] estis obsequio mancipati, sub beati 5
Petri et nostra protectione suscipimus et ad exemplar pie recordationis
Alex(andri) pape II, predecessoris nostri, translationem ipsius monasterii a
Monte cardello[b] in Montem gentilem[2] auctoritate apostolica confirmamus et
cetera usque communimus; statuentes, ut quascumque possessiones et cetera
usque vocabulis: locum ipsum, in quo prefatum monasterium situm est, cum 10
omnibus pertinentiis suis, cum pratis, vineis, terris, vineis, nemoribus, usua-
giis et pascuis in bosco et plano, in aquis et molendinis, in viis et semitis et
omnibus aliis libertatibus et immunitatibus suis; ecclesias[c] sancte Marie et
sancti Ioh(ann)is positas in Monte alto[3]; ecclesias sancti Nicholai, sancti
Leonardi, sancti Petri de Podio, sancti Pauli iuxta mare et sancti Mamiliani[4] 15
cum cellis et totam silvam de Anglo[5] et domum leprosorum de Montealto;
ecclesiam sancti Nicholai de Ponteclo; plebem de Valentano[6]; ecclesiam
sancte Marie de Bulzia[7]; sancti St(e)ph(an)i de Piscia[8] et sancti Petri de
Cann(ino)[9] ecclesias cum omnibus pertinentiis suis; iura quoque et consuetudines, quas habetis in Monte alto; portum de Morell(a)[d, 10] et portum fluminis 20
Montisalti et redditus, quos habetis ex eis. Prohibemus insuper, ut nulli
fratrum vestrorum et cetera. Discedentem vero et cetera. Licitum preterea
vobis sit[e] a quocumque malueritis et cetera. Obeunte vero te et cetera.
Preterea omnes libertates et cetera usque communimus. Ad indicium autem
huius privilegii ab apostolica sede obtenti obolum unum aureum nobis annis 25
singulis persolvetis[11]. Decernimus ergo et cetera; salva sedis apostolice auctoritate et in predictis capellis[f] diocesani episcopi canonica iusticia.

Si qua igitur et cetera. Cunctis autem et cetera.

---

60. [a] *Migne:* diurno.   [b] *Migne:* Castello.   [c] eccl(esi)am.   [d] *Migne:* Morallis.   [e] *Fehlt bei Migne.*   [f] *Migne:* capitulis. 30

60. [1] Hugo, Abt von S. Agostino di Montalto di Castro (Ben.-Abtei, Diöz. Castro, ht. Tarquinia, Prov. Rom). Im Sommer 1205 wird über die Wahl seines Nachfolgers gehandelt. S. Br. VIII 128 (MIGNE, *PL*, 215, 703).

[2] Papst Alexander II. (1061—1073). Nach einer Urkunde Gregors IX. vom 20. Dezember 1235 fand die Translation von Monte Castello nach Monte Gentile (ht. S. Agostino Nuovo bei 35 Montalto di Castro) jedoch unter Papst Leo IX. (1049—1054) statt. Vgl. *IP* II 220 und Nr. *1; *Monasticon Italiae* I: Roma e Lazio 149, Nr. 132.

[3] S. Maria und S. Giovanni in Montalto di Castro.

[4] Vielleicht S. Mamiliano al Ponte, Badia al Ponte. Vgl. SILVESTRELLI, *Città*, II 827.

[5] Vgl. BERGER, *Registres Innocent IV*, 6798: „silva Angeli" im „territorium castri Montis Alti". 40

[6] Valentano.

[7] Vielleicht Vulci.

[8] Vielleicht Péscia, Com. Montalto.

[9] Canino.

[10] Fluß Morella. 45

[11] Vgl. PFAFF, *Liber Censuum*, 88, Nr. 93.

Datum Laterani per manum Ioh(ann)is, sancte Romane ecclesie subdiaconi et notarii[12], IIII Kal. Maii, indictione VII[a], incarnationis Dominice
anno M[o]CC[o]IIII[o], pontificatus vero domni Innocentii[g] pape III anno septimo.

5   **61 (60).**

Innocenz III. befiehlt den Bischöfen (Wilhelm) von Lincoln und (Mauger) von
Worcester, zu untersuchen, inwieweit der Erzbischof (Gottfried) von York der
päpstlichen Anordnung nachgekommen ist, dem Neffen des Kardinaldiakons
G(regor) von S. Giorgio in Velabro eine Pfründe zu verleihen; die Einkünfte der
10 *Pfründe sollen, falls sie nicht der Bezahlung von Schulden des verstorbenen*
Inhabers dienen, dem Beauftragten des Kardinals übergeben werden; der Vertre-
ter des Neffen soll im Besitz der Pfründe geschützt und die ganze Angelegenheit
nach Rom berichtet werden.

Lateran, (1204) Mai 11.

15   *Reg. Vat. 5, fol. 148[v]—149[r] ⟨Nr. 60⟩.*
      Bréquigny, Diplomata, II/1 491, Nr. 60 = Migne, PL, 215, 342, Nr. 60. — Potth. Reg. 2205;
Bliss, Calendar, I 16; Cheney, Calendar, 558.

.. Lincolniensi[1] et .. Wigorniensi[2] episcopis.

| **C**um olim venerabili fratri nostro .. Eboracensi archiepiscopo[3] dederi-
20 mus in preceptis[4], ut nuncio dilecti filii .. nepotis dilecti filii nostri G(regorii),
sancti Georgii ad Uelum Aureum[5] et cetera[a] usque districte precipiendo
mandamus, quatinus inquisita super hiis diligentius veritate, nisi constiterit
fructus sepedictos ex approbata consuetudine cedere debuisse in solutionem
debitorum canonici predefuncti, eos cum blado ablato[b] per censuram ecclesi-
25 asticam faciatis restitui nuncio cardinalis predicti, de dampnis tam in domibus prebende quam in aliis rebus datis facientes eidem satisfactionem congruam[c] exhiberi, nichilominus inquirentes de iniuriis eiusdem cardinalis

---

[g] *In verlängerter Schrift.*

[12] S. Br. VII 1 Anm. 10.

30 **61.** [a] *Der Inhalt des Vorbriefes fehlt. Registervorlage war wohl ein Konzept. Vgl. Einleitung XVI.*
[b] *Migne:* oblato.   [c] *cogruam.*

61. [1] Wilhelm, B. von Lincoln (Suffr. von Canterbury) 1203—1206. Vgl. Fryde–Greenway–
Porter–Roy, *Handbook,* 255.

[2] Mauger, B. von Worcester (Suffr. von Canterbury) 1199—1212. Vgl. *ebd.* 279.

35 [3] S. Br. VII 35 Anm. 7.

[4] Vgl. Cheney, *Calendar,* 527.

[5] Gregor Cecarello, KD. von S. Giorgio in Velabro 1190—1211. Vgl. Maleczek, *Papst und*
Kardinalskolleg, 96f.

nunciis irrogatis et, si archiepiscopus post sepedictam sententiam missarum
sollempnia celebrarit, et quod super hiis inveneritis, per vestras nobis litteras
intimetis[d] et nuncium nepotis cardinalis eiusdem facientes pacifica ipsius
prebende possessione gaudere ipsum a molestatione cuiuslibet defendatis,
quia, si quis in sepefata prebenda se ius habere confidit, per nos suam poterit 5
iusticiam obtinere; mandatum apostolicum taliter impleturi, quod obedientiam vestram possimus merito commendare.

Testes et cetera. Quod si non ambo et cetera.

* fol. 149ʳ Nullis litteris et cetera harum mentione non habita * et cetera.

Datum Laterani, V Idus Maii.   10

62 (61).

Innocenz III. befreit den Dekan und das Kapitel des Kollegiatstiftes Sainte-
Chapelle in Dijon von allen ohne päpstliches Mandat verhängten oder ungerech-
ten Exkommunikationen und Interdikten.

Lateran, (1204) Mai 8. 15

Reg. Vat. 5, fol. 149ʳ ⟨Nr. 61⟩.
Bréquigny, Diplomata, II/1 492, Nr. 61 = Migne, PL, 215, 343, Nr. 61. — Potth. Reg. 2203.

.. Decano et capitulo capelle ducis in Diuion(e)[a, 1].

vgl. 2Kor 11, 28 **E**tsi ecclesiarum omnium sollicitudo nobis immineat generalis, cum specu-
vgl. Ez 3, 17; 33, 7 latores simus super domum Domini constituti, eis tamen specialiter adesse 20
tenemur, que apostolice sedis sunt filie speciales. Cum igitur ecclesia vestra
nos nullo respiciat mediante, volentes vobis paterna sollicitudine precavere[b],
districtius inhibemus, ne quis in vos vel ecclesiam vestram preter auctoritatem apostolice sedis excommunicationis vel interdicti sententias audeat
promulgare, nisi forte ratione alterius beneficii vel occasione delicti alibi 25
perpetrati, sed nec sic absque manifesta et rationabili causa sententias huiuscemodi quisquam in vos ferre presumat, quas, si quis alio modo ferre
presumpserit, in primo casu decernimus irritas, in secundo decernimus irri-
tandas.

Nulli ergo et cetera.   30

Datum Laterani, VIII[c] Idus Maii.

---

[d]) intimate.

62. [a]) *Die Adresse fehlt bei Migne.*   [b]) *Auf Rasur;* p(re) *korr. aus* p(ro). *Am Rande ein kleines* x
als Vormerkung zur Korrektur.   [c]) *Migne:* VI.

62. [1]) Sainte-Chapelle in Dijon, Diöz. Langres. Als Dekan sind bezeugt: Hugo (I.) de Cippo 35
1186—1195 und Robert (I.) von Ancenoys 1214—1233. Vgl. *Gallia Christiana* IV 856.

63 (62).

Innocenz III. verbietet, das Kapitel von (Monte Sant'Angelo auf dem) Gargano in der Ausübung seiner Rechte, besonders hinsichtlich seines Sprengels, der Festtage, des Archidiakonats und Archipresbyterats sowie der Nomination und
5 *Repräsentation, zu behindern.*

Lateran, (1204) Mai 10.

Reg. Vat. 5, fol. 149ʳ ⟨Nr. 62⟩.
Bréquigny, Diplomata, II/1 492, Nr. 62 = Migne, PL, 215, 343, Nr. 62; Vendola, Documenti, 48,
Nr. 50. — Potth. Reg. 2204.

10 **.. Archidiacono, .. archipresbytero et universo capitulo Garganice ecclesie**[a, 1]).

Suscepti regiminis aministratione compellimur et cetera usque satagere videamur[b]). Ex parte siquidem vestra fuit nobis olim humiliter supplicatum, ut super dignitatibus ecclesie vestre, parrochia videlicet et festivitatibus[2]), archidiaconatu et archipresbyteratu, consueta et canonica nominatione ac
15 representatione et aliis antiquis et rationabilibus consuetudinibus ecclesie vestre[3]), ne super hiis possetis[c]) ab aliquibus contra iusticiam fatigari, apostolice provisionis dignaremur presidium adhibere. Nos igitur paterna vobis super hiis volentes in posterum sollicitudine providere, auctoritate presentium dis(trictius) inhibemus, ne cui liceat vos vel ecclesiam ipsam super digni-
20 tatibus antedictis et honestis consuetudinibus hactenus observatis indebite molestare.

Nulli[d]) ergo et cetera.

Datum Laterani, VI Idus Maii[d]).

64 (63).

25 *Innocenz III. nimmt das von seinen Gründern dem Deutschen Orden übergebene Hospital von Petschnitzen und seine Besitzungen in den päpstlichen Schutz und setzt einen jährlichen Zins von 51 Denaren Friesacher Währung fest.*

Lateran, (1204) Mai 21.

---

63. [a]) *Am Rande ein Kreuz. Die Adresse fehlt bei Migne.*   [b]) *Br. VI 167 (169) Bd. 6 S. 277 Z. 8.*
30 [c]) p- *korr. aus* s-.   [d—d]) *Nachgetragen.*

63. [1]) Archipresbyter, Archidiakon und Kapitel von Monte Sant'Angelo auf dem Gargano (Diöz. Siponto, Prov. Foggia).
      [2]) Die Passage über den Sprengel und die Festtage ist ein Zusatz gegenüber dem sonst wörtlich wiederholten Br. VI 167 (169).
35   [3]) Es handelt sich dabei um die Rechte, die Papst Alexander III., als er 1176 der Kirche von Sant'Angelo den Rang einer zweiten Kathedrale im Erzbistum Siponto abgesprochen hatte, dem dortigen Kapitel vorbehielt. Vgl. Br. VI 167 (169); *IP* IX 246, Nr. 4; Holtzmann, *Katepan Boioannes*, 36 Z. 61f., und die Bulle Papst Bonifaz' IX. von 1400 in Ughelli, *Italia Sacra*, VII 852 B.

Reg. Vat. 5, fol. 149ʳ ⟨Nr. 63⟩.
Bréquigny, Diplomata, II/1 492, Nr. 63 = Migne, PL. 215, 344, Nr. 63. — Potth. Reg. 2216; Kos,
Gradivo, V 48, Nr. 72.

.. Magistro et fratribus hospitalis de Bekeneiz[a, 1].

Cum a nobis petitur et cetera usque annuentes, personas vestras et hospi-   5
tale de Bekeniz[b], ab A(lramo) de Rase[c, 2] et H. uxore ipsius, fundatoribus
eius, hospitali Teutonicorum sancte Marie in I(e)r(usa)l(e)m pia liberalitate
concessum, in quo divino estis obsequio mancipati, cum omnibus, que impresentiarum et cetera in modum protectionis usque communimus. Ad indicium
autem huius protectionis a nobis obtente quinquaginta et unum denarios   10
Frisacensis[d] monete[3] gratis oblatos nobis nostrisque successoribus annis
singulis persolvetis[4].
Nulli ergo et cetera.
Datum Laterani, XII Kal. Iunii.

65 (64).   15

Innocenz III. ermächtigt den Bischof (Heinrich) von Mantua, die in seiner Diözese
gelegenen Güter aus der Hinterlassenschaft der Gräfin Mathilde (von Tuszien) im
Namen des Papstes in seine Verwaltung zu übernehmen und zu nutzen.

Lateran, (1204) Mai 14.

Reg. Vat. 5, fol. 149ʳ ⟨Nr. 64⟩.   20
Bréquigny, Diplomata, II/1 493, Nr. 64 = Migne, PL, 215, 344, Nr. 64. — Potth. Reg. 2207;
*BFW *5894.*

.. Episcopo Mantuano[a, 1].

Fidem et devotionem tuam in multis[b] experti presentium tibi auctoritate
concedimus, ut terras, que fuerunt bone memorie comitisse Matildis, in tua   25

---

64. [a]) *Am Rande ein Kreuz. Die Adresse fehlt bei Migne.*   [b]) *Migne:* Bekekeg.   [c]) *Migne:*
Raze.   [d]) *Migne:* Trisacensis.
64. [1]) Petschnitzen (Pečnica, Pečníce und Podpečníce), Gde. Rosegg (bei Villach, Kärnten).
Vgl. SINGER, *Kultur- und Kirchengeschichte*, II 135f.
     [2]) Alram von Rosegg, bezeugt 1183. Vgl. ZAHN, *UB Steiermark*, I 590, Nr. 621. Zur Herr-   30
schaft Rase (Rosegg) siehe FRESACHER, *Geschichte*, 772—803.
     [3]) Die von den Salzburger Erzbischöfen in Friesach (Kärnten) geschlagenen Pfennige. Vgl.
DOPSCH, *Geschichte Salzburgs*, I/1 265, 303, 435.
     [4]) Vgl. FABRE–DUCHESNE, *Liber Censuum*, I 170a, Nr. 6.

65. [a]) *Am Rande ein Kreuz, darüber mit anderer Tinte ein kurzer, waagrechter Strich; ferner am*   35
Rande von einer Hand des 13. Jhs.: pro iure Romane ecclesie. *Die Adresse fehlt bei Migne.*   [b]) multi.
65. [1]) Heinrich delle Carceri, B. von Mantua (Suffr. von Aquileia) 1192—1227. Vgl. BRUNELLI,
Diocesi di Mantova, 209.

diocesi consistentes vel etiam[c] tuo[d] episcopatui adiacentes[2] nomine nostro recipias et possessionem ingrediaris earum et fructus ex illis percipias, prout videris expedire.

Datum Laterani, II Idus Maii.

66 (65).

Innocenz III. nimmt die Benediktiner-Abtei La Sauve-Majeure mit allen Besitzungen in den päpstlichen Schutz.

Lateran, (1204) Mai 22.

Reg. Vat. 5, fol. 149[r] ⟨Nr. 65⟩.
Bréquigny, Diplomata, II/1 493, Nr. 65 = Migne, PL, 215, 344, Nr. 65. — Potth. Reg. 2217.

.. Abbati et conventui Silue maioris[a, 1].

| Iustis petentium et cetera usque assensu, personas et monasterium vestrum cum omnibus bonis, que impresentiarum et cetera usque communimus.

Nulli ergo et cetera.
Datum Laterani, XI Kal. Iunii.

67 (66).

Innocenz III. erteilt eine Rechtsauskunft darüber, unter welchen Bedingungen ein Novize noch vor der Profeß in den weltlichen Stand zurückkehren dürfe, und trägt dem Abt (Robert) von Afflighem, dem Magister R., Pfründner der Kirche von Tirlemont, und dem Magister Gilbert, Domkanoniker von Utrecht (?), auf, den Fall des Dekans W. von Maastricht (?) darnach zu entscheiden.

Lateran, (1204) Mai 15.

---

[c] *Migne:* et.   [d] t- *und der erste Schaft des* -u- *vielleicht korr. aus* n-.

[2] Zu den Besitzungen aus dem Erbe der Markgräfin Mathilde von Tuszien (gest. 1115) in der Grafschaft Mantua vgl. Overmann, *Mathilde von Tuszien,* 15—19; *LMA* 6 (1993) 393—395.

66. [a] *Die Adresse fehlt bei Migne.*

66. [1] La Sauve-Majeure (La Grande-Sauve, Ben.-Abtei, Diöz. Bordeaux, Dép. Gironde). Die Abtlisten führen zwischen Peter (II.), der im letzten Jahrzehnt des 12. Jhs., und Amalvinus, der ab 1206/1208 bezeugt ist, einen Gombaldus an. Vgl. *Gallia Christiana* II 870f.; *AASS* Aprilis I 432. Am 2. November 1202 (Br. V 95 [96] Bd. 5 S. 194 Z. 5f.) ist allerdings ein H(er)bert als Abt genannt.

Reg. Vat. 5, fol. 149ʳ ⟨Nr. 66⟩.

Bréquigny, Diplomata, II/1 493, Nr. 66 = Migne, PL, 215, 344, Nr. 66; Brom, Bullarium Trajectense, I 17, Nr. 46; Doppler, Verzameling Maastricht, 259, Nr. 66. — Comp. III 3. 24. 7; Alan. 3. 16. 3; Alan. K. 3. 16. 3; Coll. Alcobac. II 28; Coll. Rotom. III 83; Bern. 3. 25. 7; Coll. Fuld. 3. 21. 10; X 3. 31. 20. — Potth. Reg. 2209; Wauters, Table chronologique, III 221.   5

Abbati de Affligeim[1] et magistris R., persone ecclesie de Tenis[2], et Gilib(er)to, canonico Traiecten(si)[a, 3].

Consulti sumus frequenter a multis, utrum is, qui monasterium est ingressus habitum assumendo novicii, si ante professionem[b] emissam infra tempus probationis voluerit exire, licite possit absque apostasie nota vel noxa, pre-   10
sertim cum debita morum correctione, ad seculum remeare. Licet autem super hoc senserint diversi diversa[4], nos tamen credimus distinguendum, utrum is proposuerit absolute vitam mutare, ut sub habitu regulari omnipotenti Deo decetero famuletur, an condicionaliter experiri observantiam regularem, ut ita demum, si sibi placuerit, profiteatur ordinis disciplinam aut, si   15
forsitan non placuerit, moribus emendatus ad statum pristinum revertatur. In primo casu debet, ut regulariter vivat, ad laxiorem saltem regulam pertransire. In secundo potest ad seculum, non tamen ut vivat seculariter, remeare. Ut ergo, que sit eius intentio, plenius agnoscatur, propositum suum in principio protestetur. Hac ergo distinctione diligenti meditatione pensata   20
circa dilectum filium W., Traiectensem decanum[5], inquiratis sollicite, que videritis inquirenda, et statuatis canonice, que statuenda noveritis, facientes et cetera.

Quod si non omnes et cetera, duo et cetera.

Datum Laterani, Idibus Maii.   25

---

67. [a] *Am Rande von einer Hand des 13. Jhs.:* hoc est c(apitulum) Extra de regularibus *(X 3. 31. 20).* Die Adresse fehlt bei Migne.   [b] *Migne:* possessionem.

67. [1] Robert, Abt von Afflighem (Ben.-Abtei, Diöz. Cambrai, ht. Mechelen, Prov. Brabant, Belgien) 1203—1227. Vgl. *Monasticon belge* IV/1 32—34.

    [2] Tirlemont, Diöz. Lüttich (Liège), Prov. Brabant. Vgl. WAUTERS, *Table chronologique*, III   30
768 (Index).

    [3] Wahrscheinlich Domkanoniker von Utrecht. Vgl. BROM, *Bullarium Trajectense*, II 368, dagegen *ebd.* 417 (Index) und DOPPLER, *Verzameling Maastricht*, 259, Nr. 66.

    [4] *Decretum Gratiani* C. 20 q. 1 c. 1—10 (FRIEDBERG, *CorpIC*, I 843—845).

    [5] Vielleicht auf das Servatiusstift in Maastricht (Diöz. Lüttich/Liège) zu beziehen, wo   35
1195—1209 ein Dekan Winricus bezeugt ist. Vgl. DOPPLER, *Lijste*, 212—214; BROM, *Bullarium Trajectense*, II 417 (Index). Zur Auflösung der Vita communis der Maastrichter Kanoniker vgl. DEETERS, *Servatiusstift*, 55—57. Anders PIXTON, *Episcopacy*, 132, der den Dekan mit dem Utrechter Domdekan Wilbrand von Oldenburg (B. von Utrecht 1228—1235) identifiziert.

68 (67).

*Innocenz III. trägt dem Erzbischof (Martin) von Toledo und den Bischöfen
(Ferdinand) von Burgos und (Martin) von Zamora auf, die Tochter des Königs
(Alfons) von Kastilien, B(erengaria), die wegen ihrer Ehe mit dem blutsver-*
5 *wandten König (Alfons) von León exkommuniziert war, nunmehr jedoch Genugtuung versprochen hat, zu absolvieren, nachdem sie sich eidlich zum Gehorsam
gegenüber dem Papst verpflichtet habe.*

Lateran, (1204) Mai 22.

Reg. Vat. 5, fol. 149ʳ—149ᵛ ⟨Nr. 67⟩.
10 *Bréquigny, Diplomata, II/1 494, Nr. 67 = Migne, PL, 215, 345, Nr. 67; Mansilla, Documentación, 332, Nr. 299. — Peitz, Regestum, T. IV 4 (teilweise); s. unten Abb. II. — Potth. Reg. 2219.*

.. Archiepiscopo Toletano[1] **et .. Burgensi**[2] **et .. Zamorensi**[3] **episcopis**[a].

Cum eius locum licet immeriti teneamus in terris, qui non vult mortem
peccatoris, sed ut convertatur et vivat, et qui etiam, cum iratus fuerit, non
15 obliviscitur misereri, decet nos circa illos misericorditer agere, qui ad gremi-
um matris ecclesie humiliter redire desiderant et de commissis satisfactionem
debitam exhibere. Licet autem nobilis mulier B(erengaria)[4], nata karissimi
in Christo filii nostri .. illustris regis Castelle[5], graviter suum offenderit
Creatorem ex eo, quod illustri regi Legionensi[6] adherere presumpserit per
20 incestum ac propter hoc excommunicationis meruerit * vinculo innodari[7],
quia tamen, sicut ex litteris vestris[b], fratres archiepiscope et episcope Burgensis, accepimus, ad cor rediens ab eo ex toto recessit et de commissis
satisfactionem promittens debitam exhibere absolutionis beneficium humiliter sibi postulat indulgeri, ipsius petitioni misericorditer duximus annuen-
25 dum.

Quocirca fraternitati vestre per apostolica scripta mandamus, quatinus
ab ea publice ac sollempniter iuxta formam ecclesie iuratoria cautione recep-

vgl. Ez 18, 23; 18, 32; 33, 11
vgl. Tob 3, 13; Hab 3, 2

* fol. 149ᵛ

vgl. Is 46, 8

---

68. [a] *Am Rande die erste römische Briefzählung IIIIᶜL; ferner ein Kreuz. Außen am Rande ein
schiefliegendes Kreuz und mit derselben Tinte längs des Briefes auf fol. 149ʳ eine Klammer.* [b] *Mit*
30 *Verweiszeichen an den Rand geschrieben, wohl zum Nachtrag vorgemerkt.*

68. [1] Martín (I.) López de Pisuerga, EB. von Toledo 1192—1208. Vgl. RIVERA RECIO, *Arzobispos*, 39—44; UBIETO ARTETA, *Listas*, II 387.
[2] Fernando González, B. von Burgos (exemt) 1202—1205. Vgl. UBIETO ARTETA, *Listas*, I 71.
[3] Martín Arias, B. von Zamora (Suffr. von Santiago de Compostela, ht. Valladolid) 1193 bis
35 c. 1218. Vgl. *DHEE* IV 2799; FLETCHER, *Episcopate*, 42, 44f. und passim; UBIETO ARTETA, *Listas*,
II 433f.
[4] Berengaria, Tochter König Alfons' VIII. von Kastilien, 1180—1246. Vgl. SCHWENNICKE,
Stammtafeln, II, T. 62.
[5] Alfons VIII., König von Kastilien 1158—1214.
40 [6] Alfons IX., König von León 1188—1230, seit 1217 König von Kastilien.
[7] Die Ehe wurde 1197 geschlossen. Zum Vorgehen Innocenz' III. gegen diese Verbindung
— die Väter der Könige von Kastilien und León waren Brüder — s. Br. I 92, I 93, II 72 (75),
VI 80. Vgl. GONZÁLEZ, *Alfonso IX*, I 91—117.

ta, quod nostris debeat parere mandatis, auctoritate nostra eidem absolutionis beneficium impendere procuretis, iniungentes eidem sub debito iuramenti
salvis aliis mandatis, que sibi duxerimus[c] facienda, ut ad predictum regem
nullatenus revertatur.

Quod si non omnes et cetera, duo et cetera.   5

Datum Laterani, XI Kal. Iunii.

69 (68).

Innocenz III. trägt dem Bischof (Aegidius), dem Domdekan (Hugo) und dem
Precentor (Wilhelm) von Hereford auf, im Prozeß zwischen dem Erzbischof
(Gottfried) und dem Domdekan und Domkapitel von York um die Bestellung des   10
Spitalmeisters des St. Leonard's Hospitals in York jede nach der Appellation an
den Papst erfolgte Entscheidung zu kassieren, ein Urteil in Übereinstimmung
mit beiden Parteien zu fällen oder die Unterlagen an die Kurie zu senden und
beiden Parteien dort einen Termin zu setzen.

Lateran, (1204) Mai 14.   15

Reg. Vat. 5, fol. 149ᵛ ⟨Nr. 68⟩.

Bréquigny, Diplomata, II/1 494, Nr. 68 = Migne, PL, 215, 346, Nr. 68. — Comp. III 2. 19. 6;
Add. ad Dunelm. IV 77; Bern. 2. 18. 8; X 2. 28. 48. — Peitz, Regestum, T. IV 4 (teilweise); s. unten
Abb. II. — Potth. Reg. 2208; Bliss, Calendar, I 17; Cheney, Calendar, 559.

.. Episcopo[1], .. decano[2] et .. precentori[a, 3] Hereforden(sibus).   20

|| Significavit[b] nobis dilectus filius Ioh(anne)s, magister hospitalis Ebora-
censis[4], quod, cum P(aulinus), quondam rector hospitalis ipsius[5], diem clau-
sisset extremum, venerabilis frater noster .. Eboracensis archiepiscopus[6], ad
quem et predecessores suos hospitalis eiusdem ordinatio pertinuit ab antiquo,
nolens ipsum ex defectu rectoris dispendium sustinere, dictum Ioh(ann)em,   25

---

[c] *Migne:* duximus.

69. [a] -centori *übergeschrieben anstelle eines durchgestrichenen* -posito.   [b] *Tintenwechsel. Es*
beginnt Hand G. Am Rande von einer Hand des 15./16. Jhs.: hoc c(apitulum) est Extra de
appellatione *(X 2. 28. 48).*

69. [1] Aegidius von Braose, B. von Hereford (Suffr. von Canterbury) 1200—1215. Vgl. FRYDE–   30
GREENWAY–PORTER–ROY, *Handbook,* 250.

     [2] Hugo von Mapenore, Domdekan von Hereford 1201/1202—1216, B. 1216—1219. Vgl.
BARROW, *EEA VII: Hereford,* 304, 319.

     [3] Wilhelm Foliot, Precentor von Hereford 1187/1188—vor 1216. Vgl. *ebd.* 305.

     [4] Johannes aus der Umgebung des EB. von York, Spitalmeister von St. Leonard's (St.   35
Peter's) Hospital in York. Vgl. *Historians of the Church of York* III *(RBS 71/3 164).*

     [5] Paulinus von Leeds, Kaplan König Heinrichs II., Spitalmeister des Hospitals von York,
gest. 1201 oder 1202. Vgl. *ebd.* 163; CHENEY, *Calendar,* 360.

     [6] S. Br. VII 35 Anm. 7.

presbyterum eiusdem domus, a suis fratribus unanimiter in rectorem electum, prefecit[c] ibidem sperans, quod domus ipsa per ipsum tam in temporalibus quam spiritualibus susciperet incrementum.

Procedente vero tempore .. decanus[7] et capitulum Eboracensis ecclesie,
5 tamquam ad ipsos hospitalis eiusdem ordinatio pertineret[8], magistrum ipsum a sue amministrationis officio removere volentes, litteras apostolicas[9]
super hoc ad .. decanum Lincolniensem[10] et suos coniudices[11] impetrarunt,
quarum auctoritate in ius vocari fecerunt[d] tam archiepiscopum quam rectorem. Partibus igitur die sibi peremptorie assignata coram ipsis iudicibus
10 constitutis iudices vices suas aliis commiserunt sola sibi diffinitiva sententia
reservata[12]. Preterea capitulum Eboracense auctoritate quarundam[e] litterarum, in quarum sigillo continebatur sigillum capituli[f] ad citationes tantum, cum aliud sigillum capitulum illud noscatur habere, per ipsum quendam
constituebat actorem, sed licet pars allegasset adversa, quod idem occasione
15 litterarum illarum actor[g] non debebat admitti, et insuper adiunxisset, quod
auctoritate litterarum quarundam a nobis super hoc ad venerabilem fratrem
nostrum .. Eliensem episcopum[13] et suos coniudices obtentarum[14] prius erat
conventa, quare non debuit per litteras posteriores, in quibus nulla fiebat
mentio de prioribus, conveniri[15]: iudices tamen exceptiones huiusmodi ad-
20 mittere noluerunt, quapropter pars eadem vocem ad nos appellationis emisit.

Quocirca discretioni vestre per apostolica scripta mandamus, quatinus
inquiratis super premissis diligentius veritatem et, si vobis constiterit ob
dictas causas vel ob earum aliquam[h] ad nostram fuisse audientiam[i] appellatum, in irritum revocato, quicquid post appellationem ad nos legitime inter-
25 positam inveneritis attemptatum, partes ad vestram presentiam convocetis
et audiatis diligenter appellatione remota, que hinc inde duxerint proponen-

---

[c] *Migne:* praeferit.   [d] *Migne:* forcerunt.   [e] q- *korr. vielleicht aus* t- *oder* c-.
[f] capitolii.   [g] *Migne:* auctor.   [h] a(n)liqua(m).   [i] *Migne:* sententiam.

[7] S. ebd. Anm. 6.
30 [8] Zum Recht des Kapitels auf die Wahl des Spitalmeisters s. Br. Coelestins III. vom 16.
Juni 1194 (*JL* 17127; Dr.: *RBS* 71/3 94, Nr. 75 = MIGNE, *PL*, 206, 1044 A, Nr. 163) und *Historians
of the Church of York* III (*RBS* 71/3 74, Nr. 58; 162—164, Nr. 113).
[9] Br. vom 15. Mai 1203 (CHENEY, *Calendar*, 475; Dr.: *ebd.*, S. 236).
[10] Magister Roger von Rolleston, Domdekan von Lincoln ca. 1195—1223. Vgl. CHENEY,
35 *Calendar*, 499; LE NEVE–GREENWAY, *Fasti*, III 9f.; SMITH, *EEA IV: Lincoln 1186—1206*, 235
(Index).
[11] Wilhelm von Bramfeld, Subdekan von Lincoln, gest. 1205 (CHENEY, *Calendar*, Index; LE
NEVE–GREENWAY, *Fasti*, III 22, 80; SMITH, *EEA IV: Lincoln 1186—1206*, 148, Nr. 223, Anm., u.
ö.), und Gottfried, als Archidiakon von Bedford (Diöz. Lincoln) bezeugt 1203/1205 (LE NEVE–
40 GREENWAY, *Fasti*, III 42, 111; SMITH, *EEA IV: Lincoln 1186—1206*, 153). Vgl. Br. zit. in Anm. 9.
[12] Die delegierten Richter bestätigen die Wahl des Kapitels, den Magister Radulf von
Nottingham, als Spitalmeister des Hospitals. Vgl. *Historians of the Church of York* III (*RBS*
71/3 110, Nr. 80; 105, Nr. 78; Nr. 113, S. 164).
[13] S. Br. VII 15 Anm. 1.
45 [14] CHENEY, *Calendar*, 450.
[15] *JL* 14156 = Comp. I 1. 2. 3 = X 1. 3. 3 (FRIEDBERG, *CorpIC*, II 17).

da, et, si partes consenserint, ad diffinitivam sententiam procedatis. Alioquin omnia in scriptis fideliter redigentes eadem nobis sub sigillis vestris inclusa mittere procuretis, prefigentes partibus terminum competentem, quo cum ipsis recepture sententiam nostro se conspectui representent.

Nullis litteris obstantibus harum tenore tacito et cetera. Quod si non et 5 cetera, tu, frater episcope, cum eorum altero et cetera.

Datum Laterani, II Idus Maii.

70 (69).

Innocenz III. teilt dem Bischof (Aegidius), dem Domdekan (Hugo) und dem Precentor (Wilhelm) von Hereford mit, daß die Brüder und Schwestern des St. 10 *Leonard's Hospitals in York an ihn appelliert haben, um zu verhindern, daß J(ohannes), den sie einstimmig zum Spitalmeister gewählt haben, durch einen von Dekan und Domkapitel bestimmten Laien ersetzt werde. Er wiederholt seinen Auftrag (Br. VII 69 [68]).*

Lateran, (1204) Mai 20. 15

Reg. Vat. 5, fol. 149ᵛ—150ʳ ⟨Nr. 69⟩.

*Bréquigny, Diplomata, II/1 495, Nr. 69 = Migne, PL, 215, 347, Nr. 69. — S. unten Abb. II. —
Potth. Reg. 2213; Bliss, Calendar, I 17; Cheney, Calendar, 560.*

Eisdem[1].

Significarunt nobis dilecti filii fratres et sorores hospitalis Eboracensis[2], 20 quod, cum inter venerabilem fratrem nostrum .. Eboracensem archiepiscopum[3] et I(ohannem), rectorem hospitalis[4], ex una parte et .. decanum[5] et capitulum Eboracen(ses) ex altera super amotione ipsius rectoris coram dilectis filiis .. decano Lincolniensi[6] et suis coniudicibus[7] delegatis a nobis questio verteretur, ipsi, ne idem I(ohannes), quem elegerant unanimiter in rectorem, 25 amoveretur in eorum preiudicium et gravamen, neve quisquam in seculari habitu constitutus[8] eis invitis et reclamantibus domus sue amministrationem per dictos decanum et capitulum usurparet, quia de quibus[9] in litteris

---

70. [1] S. Br. VII 69 (68) Anm. 1—3.

    [2] St. Leonard's (St. Peter's) Hospital in York. Vgl. Allison, *Sites*, 363f.   30

    [3] S. Br. VII 35 Anm. 7.

    [4] S. Br. VII 69 (68) Anm. 4.

    [5] S. Br. VII 35 Anm. 6.

    [6] S. Br. VII 69 (68) Anm. 10.

    [7] S. Br. VII 69 (68) Anm. 11.   35

    [8] S. Br. VII 69 (68) Anm. 12.

    [9] Damit ist wohl das im Br. VII 69 (68) erwähnte Delegationsreskript an den Bischof von Ely und andere gemeint. Vgl. S. 107 Z. 16f. und Cheney, *Calendar*, 450.

nostris[10] nulla mentio habebatur, non erat inhibitum appellare, nostram audientiam appellarunt[11].

Quocirca discretioni vestre per apostolica scripta mandamus, quatinus inquiratis de premissis diligentius veritatem et, si rem noveritis ita esse, in irritum revocato, quicquid post appellationem ad nos legitime interpositam inveneritis attemptatum, partes ad vestram presentiam convocetis et audiatis diligenter appellatione remota, que hinc inde duxerint proponenda, et, si partes consenserint, diffinitivam sententiam proferatis. Alioquin gesta omnia in scriptis fideliter redigentes eadem nobis sub sigillis vestris inclusa mittere procuretis, prefigentes partibus terminum competentem, quo cum ipsis recepture sententiam * nostro se conspectui representent.   * fol. 150ʳ

Nullis litteris obstantibus harum tenore tacito et cetera.

Quod si non omnes et cetera, tu, frater episcope, cum eorum altero et cetera.

Datum Laterani, XIII Kal. Iunii.

71 (70).

Innocenz III. befiehlt dem Propst (Dietrich) und dem Kapitel des Stiftes St. Gereon in Köln, dem päpstlichen Scriptor Magister Ric(hard) gemäß des an sie ergangenen päpstlichen Auftrags, welchen sie bisher nicht ausgeführt haben, eine Pfründe in ihrer Kirche zu verleihen; andernfalls suspendiert er sie von ihrem Recht der Pfründenvergabe. Er befiehlt dem Propst, dem Scholaster H(einrich) und dem Kanoniker Everardus, sich in Rom zu verantworten. (Der Propst [Dietrich] von St. Andreas und die Dekane [Christian] von [St. Kassius in] Bonn und [Ivo] von St. Aposteln in Köln sollen für die Durchführung sorgen und gegebenenfalls Exkommunikation und Interdikt über St. Gereon verhängen. Das Kölner Priorenkolleg soll für deren Einhaltung sorgen.)

Lateran, (1204) Mai 3.

Reg. Vat. 5, fol. 150ʳ—150ᵛ ⟨Nr. 70⟩.

*Bréquigny, Diplomata, II/1 496, Nr. 70 = Migne, PL, 215, 348, Nr. 70; Joerres, St. Gereon, 47, Nr. 43. — Potth. Reg. 2200; BFW *5893.*

---

[10] S. Br. VII 69 (68) Anm. 9.

[11] Vgl. Br. VII 69 (68) Anm. 15. Der Gedankengang ist wohl folgender: Im Delegationsreskript an den Domdekan und seine Kodelegaten (Cheney, *Calendar*, 475) ist das in derselben Sache bereits früher an den Bischof von Ely und andere ergangene und wohl vom Erzbischof von York und dem Spitalmeister Johannnes impetrierte Mandat (*ebd.* 450) nicht erwähnt, sodaß ersteres als erschlichen erscheint und damit ungültig ist. Deshalb darf auch appelliert werden, obwohl das im Mandat untersagt wurde (*ebd.*, Nr. 475, S. 236 Z. 11f.).   ·

.. Priori[1] et canonicis sancti Gereonis in Colonia[a].

(|) **Etsi** rem grandem postulassemus a vobis, non credebamus sustinere repulsam, set, ut videmus, ingratitudinis vitium non vitatis nec voluistis facere de necessitate virtutem, cum precum nostrarum primitias, quas pro dilecto filio magistro Ricc(ardo), scriptore nostro[2], vobis porreximus, reppu- 5 listis. Ut autem preces et preceptum nostrum utcumque possetis eludere, imperatorum indulgentiam allegastis in sugillationem ecclesiastice potestatis, cui si forsan in hoc articulo deferretur, scandalizarentur decetero ceteri, ut[b] executionem mandati nostri penitus impedirent. Sicque melior esset status rebellium quam conditio devotorum[c]. Sane, cum olim pro eodem 10 scriptore nostro scripta vobis apostolica misissemus, ut unam de tribus prebendis, que in ecclesia vestra vacabant[d], ei pro reverentia beati Petri et nostra liberaliter conferretis, vos mandatum nostrum surdis auribus transeuntes id efficere non curastis. Venerabilis quoque fratris nostri G(uidonis), Prenestini episcopi[3], apostolice sedis legati, cui super[e] hoc commisimus vices 15 nostras et litteris apostolicis dedimus in mandatis, ut vos ad id monere attentius et inducere procuraret, preces et monita penitus[f] obaudistis. Qui, cum post diligentem commonitionem apud vos in nullo proficeret, quia tandem vos in elusionem mandati nostri ad electionem procedere velle cognovit — nam propter hoc conveneratis frequenter, sed nondum vota vestra concur- 20 rebant in unum —, vobis ex parte nostra districte prohibuit, ne presumeretis electionem aliquam facere de prebendis, quarum ad nos erat donatio devoluta[4], nisi magistrum ipsum in una trium illarum prebendarum quam malletis in canonicum reciperetis et fratrem. Sed et idem magister, ne quid fieret in suum preiudicium et contemptum mandati nostri, sedem apostolicam appel- 25 lavit; vos autem dicentes, quod ius electionis ab imperatoribus haberetis[5] nec deberetis super hoc per aliquem impediri vel cogi, et negantes nobis ius aliquod in ecclesia vestra de longa prebendarum vacatione deberi, mandato nostro, prohibitione legati et appellatione ipsius magistri contemptis duos pueros in duabus prebendarum illarum et in tertia quendam extraneum 30 elegistis, quibus post iteratam appellationem eiusdem magistri tu, fili prepo-

---

71. [a] *Am Rande ein Kreuz. Die Adresse fehlt bei Migne.*   [b] *Fehlt bei Migne.*   [c] *Bis hieher am Rande eine Klammer.*   [d] *-n- korr. aus -u-.*   [e] *Migne:* per.   [f] *p- auf Rasur, davor ein Buchstabe, vielleicht* u-, *ausradiert.*

71. [1] Dietrich (von Blankenheim), als Propst des Kollegiatstiftes St. Gereon in Köln bezeugt 35 1196—1213, als solcher Mitglied des Kölner Priorenkollegs (s. unten Anm. 19). Vgl. KNIPPING, *Regesten*, II 376, III/2 383 (Index); GROTEN, *Priorenkolleg*, 50 mit Anm. 71, 72.
    [2] Magister Richard, 1201 als päpstlicher Skriptor (*RNI* Nr. 77, Ed. KEMPF 211 Z. 18), 1218 als Kanoniker von St. Gereon (*Potth. Reg.* 5761; KNIPPING, *Regesten*, III/1 37, Nr. 192) bezeugt.
    [3] S. Br. VII 46 (45) Anm. 15.   40
    [4] Vgl. Conc. Lat. III, c. 8 (*COD³* 215) = Comp. I 3. 8. 2 = X 3. 8. 2 (FRIEDBERG, *CorpIC*, II 488). Vgl. EBERS, *Devolutionsrecht*, 171—178.
    [5] Ein entsprechendes kaiserliches Privileg hat vermutlich nicht existiert. Anders NATTERMANN, *St. Gereon*, 125f.

site, donum panis et tu, fili decane[6], stallum chori et locum capituli contulistis[g]; quare predictus legatus, rebellionem vestram expertus in opere ac
grave ferens se presentem fuisse contemptum, venerabili fratre nostro ..
archiepiscopo[7] et universo fere clero[h] Colonien(sibus) congregatis in unum
5 eundem magistrum de prebenda, que diutius in ecclesia ipsa vacaverat,
auctoritate[i] apostolica investivit[8]. Licet autem, quod a vobis presumptum
fuerat, multis de clero plurimum displiceret, tamen H(enricus) scolasticus[9] et
Euerardus canonicus vestri semper contumaciter restiterunt et ei cum quibusdam suis fautoribus minabantur. Unde dictus magister eo, quod propter
10 metum illorum ad ecclesiam illam accedere non valebat, nominatim eosdem
scolasticum et Euerardum, qui precipue rebellantium caput erant[k], ad
sedem apostolicam appellavit, festum beati Ioh(ann)is Baptiste proximo
preteritum[10] sue terminum appellationi prefigens, ad quem nec venerunt[l]
nec pro se curaverunt mittere responsalem.
15   Volentes igitur adhuc, utrum aliqua in vobis obedientie scintilla remanserit, experiri, universitati vestre per apostolica scripta mandamus et districte
precipimus, quatinus ducti consilio saniori eundem scriptorem nostrum saltem hac vice pro reverentia beati Petri et nostra intuitu quoque ipsius, qui
vobis et ecclesie vestre in multis potest existere fructuosus, recipiatis in
20 canonicum et in fratrem et prebendam a prefato episcopo eidem auctoritate
nostra collatam amoto ab eadem quolibet illicito detentore ipsi vel procuratori eius nomine suo sublato cuiuslibet contradictionis, excusationis[m] et
appellationis obstaculo assignetis et faciatis pacifice possidere, et vos, preposite et decane, donum panis[n], stallum in choro et locum in capitulo ei, prout
25 est ecclesie vestre consuetudinis, conferatis. Alioquin quia, quod de ipso
incepimus, relinquere nolumus[o] imperfectum, et, que in contemptum nostrum temere attemptantur, clausis non possumus sicut nec debemus oculis
pertransire, electionem a vobis factam post prohibitionem prefati[p] legati[p] et
appellationem ad nos interpositam de prebendis, que vacaverunt ultra tem-
30 pus in Lateranensi concilio diffinitum[11], apostolica auctoritate cassatam et
vos a collatione prebendarum noveritis esse suspensos, quia privilegium me-

---

g) *Migne:* contulisti.   h) *Darnach eine Rasur.*   i) *Darnach vielleicht eine Rasur, darauf ein*
Punkt.   k) *Migne:* errant.   l) *Das zweite -e- korr. aus -i-.*   m) *e- vielleicht korr. aus einem*
tironischen et.   n) *-s vielleicht auf Rasur.*   o) *-m- vielleicht korr. aus -n-.*   p—p) *Durch Zeichen*
35 *umgestellt aus* legati prefati.

6) Heinrich, als Dekan von St. Gereon bezeugt 1204—1205. Vgl. KNIPPING, *Regesten*, II 376
(Index).
7) S. Br. VII 46 (45) Anm. 1.
8) KNIPPING, *Regesten*, II 330, Nr. 1611, datiert die Investitur durch den Legaten in die
40 1. Hälfte 1202.
9) Mag. Heinrich, Scholaster von St. Gereon 1198—1219, Propst des Kollegiatstiftes St.
Mariengraden in Köln 1219—1223, und bekannt als Gelehrter und Diplomat. Vgl. *ebd.* II 376,
III/2 383, 384 (Indices); BUND, *Untersuchungen*, 12—14.
10) 24. Juni 1203.
45   11) S. oben Anm. 4.

* fol. 150ᵛ retur amittere, qui concessa sibi abutitur potestate[12]. * Ceterum ne facilitas venie incentivum pariat delinquendi[13], cum ferro abscidenda sint vulnera, que fomentorum non sentiunt medicinam[14], volumus et precipiendo mandamus, ut tu, fili preposite, cum predictis scolastico et Euerardo concanonicoq) tuis usque ad festum beati Luce proximo venturum[15] satisfac- 5
turus der) contemptu nostro te conspectui representes. Quod si nec sic vexatio
vgl. Is 28, 19 vobis dederit intellectum, noveritis contradictores et rebelles extunc excommunicationis vinculo innodatos et ecclesiam vestram suppositam interdicto.

Nos enim dilectis filiis .. preposito sancti Andree[16] et .. Bunnensi[17] et .. 10
sanctorum Apostolorum[18] decaniss), Coloniensibus, nostris damus litteris in
mandatis, ut vobis in executione mandati nostri cessantibus tam suspensionis quam excommunicationis et interdicti sententias non differant publicare
ac, prescripti magistri procuratorem in stallum chori et locum capituli corporaliter inducentes, per districtiones iamdictas auctoritate nostra sublato ap- 15
pellationis obstaculo tueantur inductum. Prioribus quoque Coloniensibus[19]
precipiendo mandamus, ut, cum delegati nostri sententias a nobis in vos et
ecclesiam vestram latas duxerint publicandas, et ipsi eas studeant sine refragatione servare ac faciant a clero Coloniensi auctoritate nostra firmiter observari. 20

Datum Laterani, V Non. Maii.

Scriptum est super hoc .. preposito sancti Andree et .. Bunnensi et ..
sanctorum Apostolorum decanis, Coloniensibus.

Scriptum est etiam prioribus Coloniensibus.

---

q) *Migne:* concanonicis.   r) de *irrtümlich wiederholt.*   s) *Migne:* decano.   25

[12] Vgl. *Decretum Gratiani* D. 74 c. 7, C. 11 q. 3 c. 63, C. 25 q. 2 p. c. 21 II pars § 2, c. 23 (FRIEDBERG, *CorpIC*, I 263, 660, 1018).

[13] *Decretum Gratiani* C. 23 q. 4 c. 33 (FRIEDBERG, *CorpIC*, I 915).

[14] *Decretum Gratiani* D. 82 c. 4; C. 16 q. 1 c. 57 § 4 (FRIEDBERG, *CorpIC*, I 292, 780).

[15] 18. Oktober 1204.   30

[16] Magister Dietrich von Friesheim, Propst des Kollegiatstiftes St. Andreas in Köln 1192 bis 1229, seit 1207/1208 auch Dekan von St. Lambert in Lüttich (Liège). Vgl. KNIPPING, *Regesten*, II 376, III/2 382 (Index); RENARDY, *Maîtres*, 159f.

[17] Christian, als Dekan des Kollegiatstiftes St. Kassius in Bonn bezeugt 1194—1203. Vgl. HÖROLDT, *St. Cassius*, 214.   35

[18] Ivo, Dekan des Kollegiatstiftes St. Aposteln in Köln 1197—1206. Vgl. ROYER, *S. Aposteln*, 82; GROTEN, *Köln*, 53f.

[19] Das Kölner Priorenkolleg bildete den engeren bischöflichen Rat und bestand aus den Mitgliedern des Domkapitels, den Pröpsten, Dekanen und Scholastern der sieben stadtkölnischen Stifte und einer Reihe von Äbten und Pröpsten der Kölner Diözese. Vgl. WISPLINGHOFF, 40
Priorenkollegium; GROTEN, *Priorenkolleg*.

72 (71).

Innocenz III. trägt dem Abt (Heribert) von Werden und den Pröpsten (Bruno)
von (St. Kassius in) Bonn und (Dietrich) von St. Kunibert in Köln auf, die
Doppelwahl zum Bischof von Münster zwischen dem Dompropst (Otto) von
5 *Bremen und dem Propst (Friedrich) von Clarholz zu untersuchen, die von ihnen*
für rechtmäßig befundene Wahl zu bestätigen und die andere zu kassieren oder
gegebenenfalls beide Wahlen zu kassieren und eine Neuwahl zu veranlassen oder,
falls diese nicht zustande kommt, selbst einen Bischof zu bestimmen. Falls sich
herausstellt, daß der Propst von Clarholz, wie seine Gegner behaupten, unehelich
10 *cher Geburt sei, sollen jene Kleriker, die ihn somit entgegen den Bestimmungen*
des Laterankonzils gewählt haben, von der Neuwahl ausgeschlossen werden.

Lateran, (1204) Mai 28.

Reg. Vat. 5, fol. 150ᵛ—151ʳ ⟨Nr. 71⟩.

Bréquigny, Diplomata, II/1 498, Nr. 71 = Migne, PL, 215, 350, Nr. 71; Wilmans, Urkunden des
15 Bisthums Münster, 15, Nr. 25. — Potth. Reg. 2223; BFW 5897.

.. **Abbati de Werdon(a)**[a, 1], **Coloniensis diocesis, et .. Bunnensi**[2]
et .. sancti Cunib(er)ti[3] **prepositis, Colonien(sibus).**

Ex litteris venerabilis fratris nostri G(uidonis)[4], Prenestini episcopi, apostolice sedis legati, et dilectorum filiorum .. prepositi[5], .. decani[6] et maioris
20 — ut asseritur — partis canonicorum Monasteriensis ecclesie ac quorundam
abbatum accepimus, quod, cum bone memorie .. Monasteriensis episcopus[7]
in commisse sibi amministrationis officio dies suos feliciter consumasset,
canonici eiusdem ecclesie ad electionem de substituendo pontifice faciendam
statuto termino convenerunt, quorum pars quedam dilectum filium ..
25 Bremensem[8], altera vero Claholtensem[9] prepositum nominavit, unde fuit

---

72. [a]) *Migne:* Werden.

72. [1]) Heribert (II.), Abt von Werden (Ben.-Abtei, Diöz. Köln, ht. Essen, Nordrhein-Westfalen)
1198—1225. Vgl. Stüwer, *Werden*, 320f.

[2]) Bruno von Sayn, Propst des Kollegiatstiftes St. Kassius in Bonn 1192—1205, EB. von
30 Köln 1205—1208. Vgl. Höroldt, *St. Cassius*, 206; Sienell, *Innocenz*, 36—47.

[3]) Dietrich von Wied, Propst von St. Kunibert (Augustiner-Chorherrenstift in Köln) 1196
bis 1212, EB. von Trier 1212—1242. Vgl. Kurten, *St. Kunibert*, 281f.; *NDB* 3 (1957) 685f.

[4]) S. Br. VII 46 (45) Anm. 15. Vgl. Sienell, *Innocenz*, 38f.

[5]) Hermann, Propst des Domstiftes St. Paulus in Münster (Suffr. von Köln) 1192—1206.
35 Vgl. Kohl, *Münster*, II 7f.

[6]) Heinrich von Bork, Dekan des Domstiftes St. Paulus in Münster 1201—1206. Vgl. *ebd.* II 93f.

[7]) Hermann (II.) von Katzenellenbogen, B. von Münster 1174—1203 Juni 9. Vgl. Weiers,
Münster, 113—115.

[8]) Otto von Oldenburg, Dompropst von Bremen 1157, B. von Münster 1204—1218. Vgl.
40 May, *Regesten Bremen*, I 426 (Index).

[9]) Friedrich, als Propst von Clarholz (Prämonstratenser-Abtei, Diöz. Münster, Nordrhein-
Westfalen) bezeugt seit 1187, 1216 abgesetzt; 1226 Abt von Knechtsteden (Prämonstratenser-
Abtei, Diöz. Köln, Nordrhein-Westfalen), gest. 1232. Vgl. Schneider, *Propst Friedrich von
Clarholz*; Backmund, *Monasticon Praemonstratense*, I/1 191; Honselmann, *Adelige Chorherren*, 76f.

ex parte ipsius Bremensis prepositi ad eiusdem legati[b) audientiam appellatum.

Partibus igitur in eius presentia constitutis electores prefati Bremensis prepositi suum ei presentantes electum proponere curaverunt, quod .. prepositus et .. decanus cum ceteris ecclesie sue prelatis ac duplo maior et sanior 5
pars capituli Monasteriensis abbatibus totius episcopatus consentientibus in capitulo ipsum elegerant unanimiter in pastorem. Quia ergo Bremensis prepositus fuerat a maiori[c) parte capituli (utpote a duplo, immo multo pluribus) et a prelatis ecclesie (scilicet preposito maiore, decano, cantore[10), custode[11))
— parti alteri nullo consentiente prelato — et antiquioribus ecclesie — 10
quoniam electores ipsius omnibus alterius partis[d) electoribus, uno excepto, erant in introitu et stallo priores —, a saniori quoque parte capituli (quia consilio abbatum totius episcopatus in anima sua hoc consulentium et iudicio conscientie sue respicientium ad solam utilitatem Monasteriensis ecclesie et a ieiunis in loco congruo bono per omnia zelo remota omni affectione consagui- 15
nitatis et familiaritatis) electus et quia dictus Claholtensis[e) prepositus electus non fuerat a prelatis, immo pauci canonici multa ei familiaritate ac consaguinitate coniuncti post prandium loco indebito, videlicet extra civitatem, post appellationem ad predictum legatum interpositam eundem perperam nominarunt, postulabant instantius Bremensis prepositi electores, ut 20
alterius partis electione[f) cassata electionem eorum dictus legatus auctoritate apostolica confirmaret. Preterea dilecti filii nuntii eiusdem Bremensis prepositi coram nobis asseveravere constanter, quod idem Claholtensis prepositus de legitimo non fuerat matrimonio procreatus[12) et hoc erat in suis partibus manifestum. 25

Licet autem ab altera parte primitus in eiusdem legati presentia constituta fuisset propositum quandam inter ministeriales et canonicos compromissionem fuisse illicite celebratam et, quod canonici, qui ius in electione habebant, contempti fuerant nec etiam advocati[13) consensus et quorundam aliorum nobilium et virorum religiosorum, prout fieri debuit, fuerat requisi- 30
tus et quod ministeriales et cives Monasterienses portas civitatis sue serari ac turres muniri fecerunt presidiis, cum deberet electio celebrari, quare pars
* fol. 151ʳ eadem cum * quibusdam nobilibus coacta fuit ad locum alium se transferre ac processit in electionem ibidem, nichil tamen pro electione sua vel pro suo

---

[b) *Darnach eine kleine Rasur; am Rande ein schiefliegendes Kreuz, vielleicht als Vormerkung* 35 *zur Korrektur.* [c) *-i wohl nachträglich eingefügt.* [d) partib(us). *Die Emendation schon bei Migne.* [e) C- *auf Rasur.* [f) electionis. *Die Emendation schon bei Migne.*

[10) Rembold, Domkantor von Münster 1203—1204, Propst 1206—1238. Vgl. KOHL, *Münster*, II 8—10.

[11) Domkustos von Münster. 40

[12) Friedrich stammt vielleicht von den Grafen von Tecklenburg ab. Vgl. SCHNEIDER, *Propst Friedrich von Clarholz*, 127f. Innocenz III. dispensiert ihn im September/Oktober 1205 vom „defectus natalium": Br. VIII 137 (MIGNE, *PL*, 215, 715f.).

[13) Obervogt von Münster war Graf Otto von Tecklenburg, ein Anhänger Ottos IV. (gest. 1263). Vgl. SCHNEIDER, *ebd.*, 108, Anm. 3; SCHWENNICKE, *Stammtafeln*, VIII, T. 101. 45

allegabat electo, sed instanter indutias postulabat; ad quod pars respondit
adversa, quod ei iam fuerant indutie decem et octo septimanarum indulte,
quapropter super indutiis, quas petebat, eius erat petitio reprobanda, presertim cum ex viduatione pastoris magnum Monasterien(si) ecclesie periculum
5 immineret[14].

Prefatus vero episcopus auditis, que in eius presentia[g] fuerant allegata,
quia[h] propter ardua negotia, que ipsi fuerant a nobis iniuncta, idem non
poterat negotium terminare, ne partes fatigarentur inanibus laboribus et
expensis, eisdem iniunxit, ut Dominica, qua cantatur Inuocauit, proximo
10 preterita[15] nostro se conspectui presentarent[i].

Nos[k] ergo, licet nuntii prefati Bremensis prepositi cum litteris eiusdem legati
nostro se conspectui presentarint[k], quia tamen pro parte altera nullus comparuit responsalis et ideo de premissis nobis non potuit fieri plena fides,
discretioni vestre per apostolica scripta mandamus, quatinus veritate plenius
15 inquisita electionem, quam de persona idonea inveneritis canonice celebratam, sublato appellationis obstaculo confirmetis, reliqua penitus reprobata;
contradictores censura ecclesiastica compescentes. Si vero utraque fuerit
electio reprobanda, cassetis utramque, facientes eidem ecclesie infra quindecim dies de persona idonea per electionem canonicam provideri; quam si forte
20 infra idem tempus Monasterienses canonici neglexerint celebrare, vos auctoritate nostra suffulti virum idoneum preficiatis eidem ecclesie in pastorem,
ita quod, si vobis constiterit dictum Claholtensem prepositum fuisse illegiti-
me natum — cum in Lateranensi concilio sit statutum, ut nullus in episcopum eligatur, nisi qui iam etatis annum tricesimum egerit et de legitimo sit
25 matrimonio natus et qui etiam vita et scientia commendabilis demonstretur,
et clerici, qui contra formam istam quemquam[l] elegerint, et eligendi tunc
potestate privatos et ab ecclesiasticis beneficiis triennio noverint se suspensos[16] —, ante omnia electionem illam non tam irritandam quam irritam
iudicetis[m], clericos, qui eum eligere presumpserunt, pena predicta sublato
30 appellationis obstaculo punientes. Unde si nova forsan occurrerat electio
celebranda illis exclusis, qui ad electionem contra statutum Lateranensis
concilii processerunt, ceteris iniungatis, ut iuxta prescriptam formam electionem non differant celebrare. Quod si non omnes et cetera, duo vestrum [et
cetera].
35 Datum Laterani, V Kal. Iunii.

---

g) present- *auf Rasur.*   h) -a *auf Rasur, auch darnach eine kleine Rasur.*   i) *Das letzte -e- korr.*
aus -i-.   k—k) *Wohl aufgrund eines Augensprungs bei der Abschrift zunächst übersehen und mit*
Verweiszeichen am Rande nachgetragen.   l) *Nach* -m- *eine kleine Rasur.*   m) *Migne:* indicetis.

14) Die *Chronica regia Coloniensis* (*MGH SS rer. Germ.* [18] 202) gliedert die Parteien dieser
40 Bischofswahl in Kapitel und Ministerialen einerseits, Grafen und Freie andererseits. Vgl. auch
KOHL, *Münster*, I 179f.
15) 14. März 1204.
16) Conc. Lat. III, c. 3 (*COD³* 212) = Comp. I 1. 4. 16 = X 1. 6. 7 (FRIEDBERG, *CorpIC*, II 51f.).

73 (72).

Rechtsauskunft für den Bischof (Martin) von Zamora: Jemand, der durch einen Unglücksfall den Tod seines Vaters mitverschuldet hat und darnach in einen Orden eingetreten ist, darf die Weihen empfangen.

Lateran, (1204) Mai 21. 5

Reg. Vat. 5, fol. 151ʳ ⟨Nr. 72⟩.
Bréquigny, Diplomata, II/2 499, Nr. 72 = Migne, PL, 215, 353, Nr. 72; Mansilla, Documentación, 331, Nr. 298. — Comp. III 5. 7. 5; Alan. 5. 9. 2; Alan. K. 5. 10. 4; Bern. 5. 9. 8; Coll. Fuld. 5. 9. 8. — Potth. Reg. 2215.

.. Zemorensi episcopo[a, 1].   10

Ex parte tua nostris est auribus intimatum, quod, cum quidam puer quendam canem percuteret, alter puer, cuius erat canis, illum in facie manu percussit[b], qui percusserat eius canem, sed, cum ille fustem arriperet, ut repercuteret illum, a quo fuerat ipse percussus, et ambo fustem tenerent hinc inde, pater illius, qui canem percusserat, supervenit, ut filium castigaret. 15 Pueri vero in fugam conversi fustem, quem tenebant, ad invicem dimiserunt et, cum per aliquantulum spatium essent ab eodem iam loco remoti, iamdictus pater unius in fustem illum taliter incidit, quod per unum oculum casu inopinato fustis intravit, ex quo cerebro statim emisso de medio est sublatus. Postmodum autem puer, qui canem percusserat, habitum religionis assump- 20 sit et, cum ad ordines recipiendos accederet, per eius et aliorum multorum confessionem questio incidit huius facti, que tibi tantum dubitationis induxit, quod nos consulere voluisti, utrum hoc facto non impediente ad sacros ordines valeat promoveri. Nos igitur tue fraternitati super hoc taliter respondemus, quod ex premissis puerum illum non credimus ita esse culpabilem, ut 25 eius ordinatio[c] de iure valeat impediri.
Datum Laterani, XII Kal. Iunii.

74 (73).

Innocenz III. ermächtigt das Kapitel von S. Cecilia (in Rom), die Suspension des Archipresbyters M. und der Kleriker der Kirche von S. Lorenzo in Piscinula 30 *öffentlich zu verkünden, falls diese sich weiterhin weigern, den ihnen durch ein Urteil des Papstes im Streit mit S. Cecilia auferlegten Verpflichtungen nachzukommen.*

Lateran, (1204) Mai 27.

73. [a] *Am Rande das* Nota-Monogramm.   [b] *Darnach eine kleine Rasur, vielleicht eines Satz-* 35 *zeichens.*   [c] -d- *vielleicht auf Rasur.*
73. [1] S. Br. VII 68 (67) Anm. 3.

Reg. Vat. 5, fol. 151ʳ—151ᵛ ⟨Nr. 73⟩.
Bréquigny, Diplomata, II/1 500, Nr. 73 = Migne, PL, 215, 353, Nr. 73. — Potth. Reg. 2222.

Capitulo sancte Cecilie[a, 1].

Cum olim inter vos et M., archipresbyterum ecclesie sancti Laurentii in
5 Pusciola[2], super subiectione, quam in ipsa ecclesia petebatis, questio verteretur, nos auditis, que fuerunt hinc inde proposita, yconomum eiusdem ecclesie sindico vestro condempnavimus in processionibus, scrutinio et baptismo,
ita tamen, ut hoc ecclesie Romane nullum preiudicium generaret, siquando
ius suum duceret prosequendum. In institutione autem et destitutione ac
10 capitulo yconomum[b] eiusdem ecclesie * sancti Laurentii ab impetitione sin-   * fol. 151ᵛ
dici vestri prorsus absolvimus, eidem sindico super hoc perpetuum silentium
imponentes[3]. Quia vero archipresbyter et clerici eiusdem ecclesie interdum
late sententie non parebant, ne decetero lucrum ex sua rebellione reportent,
suspensionis sententiam ferimus in rebelles, auctoritate vobis presentium
15 indulgentes, ut, quotiens debitum vobis obsequium in scrutinio, baptismo et
processionibus denegarint, latam a nobis in eos suspensionis sententiam pu-
blicetis.

Nulli ergo et cetera hanc paginam nostre concessionis et cetera. Si quis
autem et cetera.
20 Datum Laterani, VI[c] Kal. Iunii[d].

75 (74).

Innocenz III. teilt dem Elekten (Benedikt) von Grado mit, daß er ihm, weil er
versäumt hat, um die Weihe und das Pallium zu bitten, und um die Venezianer
für das Unrecht an dem König (Emmerich) von Ungarn, in dem sie verharren,
25 *zu strafen, die Weihe bis auf weiteres verweigert.*

Lateran, (1204) Juni 1.

Reg. Vat. 5, fol. 151ᵛ ⟨Nr. 74⟩.
Bréquigny, Diplomata, II/1 500, Nr. 74 = Migne, PL, 215, 354, Nr. 74. — Potth. Reg. 2232.

---

74. [a]) *Am Rande von einer Hand der zweiten Hälfte des 13. Jhs.:* dec(retalis).   [b]) *-u- vielleicht auf*
30 *Rasur.*   [c]) *Darnach ein kleiner Abstand.*   [d]) *Außerhalb des Schriftspiegels, vielleicht nachgetragen.*
Vgl. Kempf, Register, 41.

74. [1]) S. Cecilia, Benediktinerinnen-Abtei in Rom, Trastevere.
[2]) S. Lorenzo in Piscinula (beim Ponte Rotto in Trastevere, ht. zerstört). Vgl. HUELSEN,
Chiese, 295.
35 [3]) Br. IV 196 vom November 1201: *Potth. Reg.* 1523; Comp. III 3. 29. un.; X 3. 37. 2
(FRIEDBERG, *CorpIC*, II 607).

.. Electo Gradensi[a, 1].

(|) Licet preter negligentie tue culpam, quia videlicet contra canonicas sanctiones consecrationis beneficium et pallei ornamentum petere[2] distulisti[3], propter excessum etiam Venetorum[4], quem in Deum et Romanam ecclesiam et carissimum in Christo filium nostrum .. regem Vngarorum[5] 5 illustrem, immo totum populum Christianum temere commiserunt et adhuc contra Christianos committere non desistunt, non solum differre consecrationem tuam, sed spem tibi promotionis auferre merito valeremus, ut de persone tue meritis taceamus, quia tamen correctionem Venetorum paterno desideramus affectu, circa te ad presens non duximus aliud disponendum, nisi, ut in 10 eo statu permaneas, quem es ex electione tua et confirmatione pariter assecutus, donec aliud disponamus.

Datum Laterani, Kal. Iunii.

76 (75).

Innocenz III. befiehlt seinen Legaten, dem Abt (Arnald) von Cîteaux und den 15 *(Zisterzienser-)Mönchen P(eter) und R(adulf) aus Fontfroide, die Anschuldigungen gegen den Erzbischof (Berengar) von Narbonne zu untersuchen, diesen gegegebenenfalls abzusetzen, für die Wahl eines Nachfolgers Sorge zu tragen und, falls die Wahlberechtigten innerhalb eines Monats nicht entscheiden sollten, selbst einen Erzbischof zu bestimmen.* 20

Lateran, (1204) Mai 28.

Reg. Vat. 5, fol. 151ᵛ—152ʳ ⟨Nr. 75⟩.

Bréquigny, Diplomata, II/1 501, Nr. 75 = Migne, PL, 215, 355, Nr. 75; Gallia Christiana Novissima II: Marseille 705, Nr. 1125 (teilweise); Villemagne, Bullaire Pierre de Castelnau, 78, Nr. 22; Mansilla, Documentación, 333, Nr. 300 (teilweise). — Potth. Reg. 2224. 25

---

75. [a]) *Die Adresse auf Rasur. Am Rande ein Kreuz.*

75. [1]) Benedikt Falier, (nach) 1201 zum Patriarchen von Grado gewählt, bezeugt bis März 1207, sein Nachfolger Angelo Barozzi ab August 1207. Vgl. *Potth. Reg.* 1475, 1565; Ughelli, *Italia Sacra*, III 1134f.; *DBI* 6 (1964) 494f.; 44 (1994) 420—422.

[2]) *Decretum Gratiani* D. 100 c. 1 (Friedberg, *CorpIC*, I 352); Conc. Lat. III, c. 3 (*COD³* 212) 30 = Comp. I 1. 4. 16 = X 1. 6. 7 § 1 (Friedberg, *CorpIC*, II 52).

[3]) Vgl. Br. VI 239 (240).

[4]) Die Eroberung von Zadar am 24. November 1202 und das Versäumnis der Venezianer, dafür um die Absolution zu bitten.

[5]) S. Br. VII 6 Anm. 11. Vgl. Br. VII 127 S. 207 Z. 29—S. 208 Z. 2. 35

.. Abbati Cisterciensi[1] et P(etro)[2] et R(adulfo)[3], monachis Fontis frigidi, apostolice sedis legatis.

Quia[a] omne caput languidum et omne cor merens a planta pedis usque ad verticem non est in eo sanitas, ut prophetica vox testatur, non est mirum, si   Is 1, 5f.
5   membra capite languente languescunt[4] et ad subditos derivatur corruptio   vgl. Is 1, 5f.
prelatorum, presertim cum canes muti non valentes latrare ad vomitum   vgl. Is 56, 10
redeunt vel, que vomuisse debuerant, amplexantur et pastores pascentes   vgl. Spr 26, 11; 2Petr 2, 22
potius semetipsos nec voce nec baculo fugant lupos in ovile Dominicum   vgl. Ez 34, 2.8
sevientes. Sane si sacerdos peccaverit, faciet delinquere populum et, cum   vgl. Jo 10, 12; vgl. Lv 4, 3
10   fuerit sacerdos ut populus, pastore tam in mente quam lingua percusso,   vgl. Is 24, 2; Os 4, 9
disperguntur ovicule ac perduntur et, cum non habeant doctorem in bono,   vgl. Zach 13, 7; Mt 26, 31; Mk 14, 27
declinant ad dogmata seductorum et insidiantium preda fiunt.

Sicut enim nostris est auribus intimatum, .. archiepiscopus Narbonensis[5] in tantum est in pontificalis officii executione remissus, ut non immerito
15   videatur tamquam arbor sterilis terram inutiliter occupare, cum Narbonen-   vgl. Lk 13, 7
sem ecclesiam iam per tredecim annos tenuerit occupatam et nec semel etiam Narbonensem provinciam vel diocesim visitarit. Unde, cum non sit, qui pro domo Domini se murum opponat ascendentibus ex adverso, eiusdem archi-   vgl. Ez 13, 5
episcopi negligentia faciente in partibus illis heretica pravitas plurimum
20   pullulavit, ita ut heretici passim et publice dogmatizent et seducant incautos, quos tanto facilius post se trahunt, quanto ex vita ipsius archiepiscopi et aliorum prelatorum ecclesie contra ecclesiam sumunt pernitiosius argumentum et aliquorum crimina refundunt in ecclesiam generalem.

Nam idem archiepiscopus, tamquam non bene notaverit, qualem se de-
25   beat episcopus exhibere, neglecta pontificalis officii honestate quasi ad idola- triam se convertit, dum servit avaritie, non doctrine, et docere presumit,   vgl. Kol 3, 5
quod non sapiat heresim simonia, quod ipse non saperet, si quid super hoc sentiant canones[6] sapuisset[b]. Preterea cum in Lateranensi concilio sit sta- tutum[7], ut, qui Brabantiones[c], Aragonenses, Nauarros, Basc(u)los et Cota-

---

30   **76.** [a] *Am Rande ein Kreuz mit einem kleinen Kreis darüber; ferner außen am Rande ein Minuskel*-f. [b] *Darnach mit anderer Tinte ein Schrägstrich; am Rande eine Rasur.*   [c] B- *korr. aus* b-.

76. [1] Arnald Amalrici (Amaury), Abt von Cîteaux (Zist.-Abtei, Diöz. Châlons-sur-Marne, ht. Dijon, Dép. Côte-d'Or) 1201—1212, EB. von Narbonne 1212—1225. Vgl. *Dict. HGE* 12 (1953) 866; *LMA* 1 (1980) 996f.

35   [2] Peter von Castelnau, Zisterziensermönch in Fontfroide (Diöz. Narbonne, ht. Carcassonne, Dép. Aude), 1204—1208 päpstlicher Legat bei der Bekämpfung der Albigenser, 1208 ermordet. Vgl. *LMA* 3 (1983) 1560.

[3] Radulf, Zisterziensermönch in Fontfroide, gest. 1207. Vgl. DE VIC–VAISSÈTE, *Languedoc*, VI 252.

40   [4] Vgl. *Decretum Gratiani* C. 6 q. 1 p. c. 11, c. 13 (FRIEDBERG, *CorpIC*, I 556f.).

[5] Berengar (II.), EB. von Narbonne 1191—1212, 1170—1204 Abt von Montearagón (Augustiner-Chorherrenabtei bei Huesca), wo er auch residiert. Vgl. *DBF* 5 (1951) 1488f.; s. auch Br. VI 81; VII 78.

[6] *Decretum Gratiani* C. 1 q. 1 p. c. 18, a. c. 21, p. c. 22, C. 1 q. 7 c. 27 (FRIEDBERG, *CorpIC*,
45   I 364, 366, 437).

[7] Conc. Lat. III, c. 27 (*COD³* 224f.).

rellos[8] conducere presumpserint vel fovere, per ecclesias in diebus Dominicis[d] et aliis sollempnitatibus excommunicati publice nuntientur et eidem
omnino cum eis sententie ac pene subiaceant nec ad communionem recipiantur ecclesie, nisi societate illa pessima et heresi abiuratis, archiepiscopus ipse
non solum huiusmodi non evitat, sed Nicol(aum), ducem Aragonensium et 5
populatorem patrie et monasteriorum et ecclesiarum quasi assiduum de-
structorem, quem bone memorie .. predecessor ipsius archiepiscopi[9] excommunicatum publice nuntiavit, in duobus castris suis, videlicet Capitis
stagni[10] et de Cruscadas[11], ubi de novo pedagium statuit, villicum stabilivit,
qui archiepiscopo presente predam, quam de quodam castro catholicorum 10
abduxerat, ad unum castrorum ipsorum ducere non expavit. * Cumque iuxta
verbum Apostoli episcopum esse oportet hospitalem, ipse hospitalitatem
non exhibet et elemosinam non largitur et corpore sepe sanus per unam vel
duas ebdomadas ad ecclesiam non accedit, unde a quibusdam hereticus repu-
tatur. Insuper ecclesias Capitis stagni et de Montell(o)[12], cum dudum vaca- 15
verint, in manu sua contra canonicas detinet sanctiones[13] et a .. quondam
Elenensi episcopo[14] ecclesiam de Tessous[e, 15], priusquam eum consecraret,
extorsit, quam adhuc detinet occupatam. Similiter etiam a ..[f] quondam
Magalonensi episcopo[16], priusquam ei consecrationis munus impenderet,
exegit et accepit solidos quadringentos, prout Magalonenses canonici parati 20
fuerunt coram venerabili fratre nostro .. tunc Massiliensi preposito, nunc
episcopo Foroiuliensi[17], probare. Preterea, cum decem et otto canonici anti-
quitus esse soleant in ecclesia Narbonensi, nunc per negligentiam vel malitiam potius archiepiscopi memorati dimidiatus est numerus, cum iam non sint
canonici nisi novem, quorum tres licet alibi suas habeant dignitates, preben- 25

*fol. 152ʳ (margin)
vgl. 1Tim 3, 2; Tit 1, 8 (margin)

---

[d] -ci- *korr. aus* -u-.   [e] *Migne:* Jessous.   [f] *Gemipunctus außerhalb des Schriftspiegels nachgetragen.*

[8] Bezeichnungen für Söldner- und Räuberbanden im 12. und 13. Jh. in Frankreich. Vgl. *Dict. Théologie Catholique* 3 (1910) 1924f.; Du Cange, *Glossarium*, I 592, 725; III 598; V 576; Oliver, *Táctica*, 191f.; Grundmann, *Rotten*, 434—436; Fichtenau, *Ketzer*, 121, 135f. 30

[9] Bernard-Gauscelin, EB. von Narbonne 1181—1191.

[10] Capestang, Arr. Béziers, Dép. Hérault. Vgl. Thomas, *Hérault*, 83.

[11] Cruscades, Comm., Cant. Lézignan, Arr. Narbonne, Dép. Aude. Vgl. Sabarthès, *Aude*, 113.

[12] Montels, Cant. Capestang. Vgl. Thomas, *Hérault*, 119. 35

[13] S. Br. 71 (70) Anm. 4.

[14] Wahrscheinlich Wilhelm von Céret, als B. von Elne (ht. Perpignan, Suffr. von Narbonne) bezeugt 1187, 1197, oder Artald (IV.), bezeugt 1200—1201. Vgl. Monsalvatje y Fossas, *Elna*, I 188f.; *Dict. HGE* 15 (1963) 256.

[15] Vielleicht San Pedro de Théza, Diöz. Elne, Gft. Roussillon. Vgl. Monsalvatje y Fossas, 40 *Elna*, III 299f.

[16] Wilhelm (II.) von Fleix, B. von Maguelonne (Suffr. von Narbonne) 1195—1202. Vgl. De la Roque, *Évêques de Maguelone*, 31—34.

[17] Raimund von Capella, 1184—1203 Propst von Marseille, 1203—1206 B. von Fréjus (Suffr. von Aix). Vgl. *Gallia Christiana Novissima* II: Marseille 700—705; *Gallia Christiana* 45 *Novissima* I: Aix 345—347; *Dict. HGE* 18 (1977) 1238.

das tamen ibidem detinere presumunt in ecclesie detrimentum, que defectum maximum patitur ministrorum. In[g] tantum autem idem archiepiscopus se in spiritualibus exhibet negligentem, licet sit in temporalibus circumspectus, ut non solum non inhibeat, sed permittat, ut Berengarius de Morian(o)[18], licet
5 sit canonicus regularis, immo a biennio iam prelatus sit canonicis regularibus in abbatem, archidiaconatum et tam locum quam redditus vestiarii detineat in ecclesia Narbonensi et quatuor vel quinque parrochiales ecclesias et cano- nicam[h] Biterrensem[h, 19]. Similiter etiam magister P(etrus), licet abbas sit in ecclesia sancti Pauli[20] et in eadem maiorem obtineat sacristiam, archidiaco-
10 natum tamen detinet Narbonensem. Cumque ratione abbatie deberet esse sacerdos, nondum tamen in presbyterum est promotus[21]. Et quamvis annus integer sit elapsus, quod magister B., quondam archidiaconus Narbonensis, viam fuit universe carnis ingressus, nulli[i] tamen adhuc archidiaconatus, quem ipse habuerat, est collatus. W(illelmus ?) etiam de Boian(o)[22], licet
15 focariam publice teneat, ex qua filios et filias populo sciente suscepit, canoni- cam detinet Narbonensem, qui, cum archidiaconatum detineat Bit(er)ren- sem, nondum tamen in subdiaconum est promotus[23]. Tantam autem ex infirmitate capitis membra contrahunt corruptelam, ut multi monachi et canonici regulares et alii viri religiosi habitu religionis abiecto focarias publice
20 teneant, quarum quasdam subtraxerunt ab amplexibus maritorum, usuras exerceant, aleis et venationibus vacent, advocati, assessores et iudices in causis secularibus pro certa pecunie summa fiant, personas in se ioculatorum as- sumant et usurpent officium medicorum[24]. Ex hoc quoque perditionis exem- plum ad laicos derivatur, cum plerique viventibus uxoribus propriis adulteras
25 superducant, quas persone quedam ecclesiastice in scandalum populi[k] et insul- tationem hereticorum ad processionem recipere non verentur, et quamplures prelati ecclesias suas hereticorum fautoribus committere non formidant.

Quia igitur tante temeritatis et enormitatis excessus dissimulare nec volumus nec debemus, discretioni vestre per apostolica scripta mandamus et
30 districte precipimus, quatinus ad Narbonensem ecclesiam accedentes inqui- ratis super hiis et aliis, que fuerint inquirenda, plenius veritatem et, si vobis

vgl. Jos 23, 14; 1Kg 2, 2

---

g) *Am Rande ein schiefliegendes Kreuz, vielleicht als Vormerkung zu einer Korrektur.* h—h) *Migne:* caronicas *(sic)* Biternenses. i) *Migne:* nullus. k) *Außerhalb des Schriftspiegels nachgetragen.*

18) Berengar von Moujan, als Archidiakon von Narbonne bezeugt 1185—1204, zwischen
35 1197 und 1207 Abt von Quarente (Augustiner-Chorherrenstift, Diöz. Narbonne, Dép. Hérault). Vgl. *Gallia Christiana* VI 129, 194.
19) Bistum Béziers, Suffr. von Narbonne.
20) Peter (II.), als Abt von Saint-Paul (Augustiner-Chorherrenstift in Narbonne) bezeugt 1204—1221. Vgl. *Gallia Christiana* VI 146.
40 21) Vgl. *Decretum Gratiani* C. 16 q. 1 p. c. 39 (Friedberg, *CorpIC*, I 771f.).
22) Vielleicht Stephan Wilhelm von Popiano, 1180 bezeugt als Archidiakon von Béziers. Vgl. *Gallia Christiana* VI 380.
23) Entgegen dem Conc. Lat. III, c. 3 (*COD³* 212) = Comp. I 1. 4. 16 = X 1. 6. 7 § 2 (Friedberg, *CorpIC*, II 52).
45 24) Vgl. dazu die Verbote des Conc. Lat. II, c. 9 (*COD³* 198).

constiterit de premissis vel aliquibus predictorum, propter que idem archiepiscopus sit merito deponendus, ponentes[l] ad radicem arboris infructuose
vgl. Mt 3, 10; Lk 3, 9 securim, ipsum auctoritate nostra suffulti sublato appellationis obstaculo
deponatis; mandantes hiis, ad quos ius pertinet eligendi, ut de consilio vestro
personam idoneam sibi eligant in pastorem. Quod si consiliis vestris acquie- 5
vgl. Ps 53, 5 scere forte noluerint infra[m] mensem, vos Deum habentes pre oculis
non obstante contradictione vel appellatione illorum personam[n] talem
vgl. 1Petr 5, 3 preficiatis ecclesie Narbonensi, que facta forma gregis ex animo subditorum vitam verbo instruat et exemplo[25] nec tam preesse noverit quam prodesse.   10

Quod si non omnes et cetera, duo[o] vestrum [et cetera].
Datum Laterani, V Kal. Iunii[p].

77 (76, 77).

Innocenz III. trägt seinen Legaten, dem Abt (Arnald) von Cîteaux und den
(Zisterzienser-)Mönchen R(adulf) und P(eter) von Fontfroide, auf, den König 15
Ph(ilipp II. August) von Frankreich, dessen Sohn L(udwig) und alle Adeligen
der betroffenen Gegenden zu ermahnen, gegen Häretiker mit Proskription und
Konfiskation des Besitzes vorzugehen, wofür er ihnen einen Kreuzzugsablaß
verleiht. Die Legaten erhalten ferner alle Vollmachten in Aix, Arles, Narbonne
und den benachbarten Diözesen und sollen im Zweifelsfall den Rat des Papstes 20
einholen. (Den Erzbischöfen [Guido] von Aix, [Michael] von Arles und [Beren-
gar] von Narbonne, ihren Suffraganen und den Prälaten ihrer Kirchenprovinzen
befiehlt er, sie dabei zu unterstützen und dafür zu sorgen, daß ihre Bestimmungen
eingehalten werden; andernfalls wird er deren Urteil gegen Widersetzliche be-
stätigen.)   25

Lateran, (1204) Mai 31.

Reg. Vat. 5, fol. 152^r—153^r ⟨Nr. 76, 77⟩.
Bréquigny, Diplomata, II/1 503, Nr. 76, und 505, Nr. 77 = Migne, PL, 215, 358, Nr. 76, und
360, Nr. 77; Villemagne, Bullaire Pierre de Castelnau, 52, Nr. 16, und 57, Nr. 17. — Potth. Reg.
2229, 2230; Gallia Christiana Novissima III: Arles 306, Nr. 763, 764.   30
Vgl. Oliver, Táctica, 60—62.

---

[l] *Das erste -e- korr. aus -t-.*   [m] *Davor eine kleine Rasur.*   [n] *Davor eine Rasur.*
[o] *Darnach eine Rasur.*   [p] *Migne fügt hinzu:* anno septimo.

[25] Vgl. *Decretum Gratiani* D. 63 c. 34 (FRIEDBERG, *CorpIC*, I 246).

.. Cistertiensi abbati[1] et R(adulfo)[a, 2] et[a] P(etro)[a, 3], monachis Fontis[a] frigidi, apostolice sedis legatis[b].

Etsi nostri navicula piscatoris interdum iactetur fluctibus et ventorum impulsibus quatiatur, cum ab hiis, qui foris existunt, persecutiones patitur et vgl. Mt 8, 24; 14, 24
vgl. 2Tim 3, 12 u. ö.
5 pressuras, de illius tamen protectione confisa, qui Petrum ambulantem in fluctibus, ne mergeretur, erexit, et promissione secura, qui[c] ait: «Porte inferi vgl. Mt 14, 29—31 non prevalebunt adversus eam», exterius non ti*met naufragium, sed interius Mt 16, 18
* fol. 152ᵛ periculum in falsis fratribus plus veretur. Ecce etenim inconsutilis vestis vgl. 2Kor 11, 25f. Christi, cui manus crucifigentium pepercerunt[d], per eos rumpitur, qui eum in vgl. Jo 19, 23f.
10 membris suis iterum crucifigunt, et non pre multitudine sed malitia piscium scinditur rete Petri, dum conversi, qui oves putabantur, in lupos oves rapiunt vgl. Lk 5, 6
vgl. Mt 7, 15 et dispergunt et exeuntes a nobis, qui non erant ex nobis, nos tanto gravius vgl. Jo 10, 12 persequuntur, quanto familiaris nocet amplius inimicus[4] et[e] minus lupi[e] vi- tantur ab ovibus in ovium vestimentis. Ecce reptilia, quorum non est numerus, vgl. Mt 7, 15
vgl. Ps 103, 25
15 que olim, licet insidiarentur calcaneo, ut cum equo prosternerent ascensorem, vgl. Gn 3, 15
vgl. Gn 49, 17 occulte tamen repentia in pulvere[f] latitabant[g], nunc insurgunt in faciem et apertas insidias moliuntur; animalia quoque pusilla, que suas foventes foveas vgl. Ps 103, 25
vgl. Mt 8, 20; Lk 9, 58 vineam Domini latenter consueverant demoliri, nunc messem Dei facibus ad vgl. Hl 2, 15 caudas ligatis patenter exurunt et non sicut catulus leonis in abditis latitans[h], vgl. Ri 15, 4f.
20 sed sicut leo paratus ad predam animalia magna circumeunt[i] et querunt, quos vgl. Ps 16, 12 devorent, concepta fiducia, quod Iordanis in os influat eorundem. Ecce fru- vgl. 1Petr 5, 8
vgl. Job 40, 18 mentum, quod pater familias evangelicus seminarat, excrescentibus zizaniis, que inimicus homo superseminaverat, suffocatur, et brucus et locusta consu- vgl. Mt 13, 25—28
vgl. Joel 1,4; 2, 25 munt, que videbantur fructum centesimum polliceri, et Dathan et Abiron in vgl. Mt 13, 8; Lk 8, 8
vgl. Nm 16, 1—33
25 Moisen et Aaron impudenter insurgunt et oves post vestigia gregum abeunt et vgl. Hl 1, 7 unicum unius pastoris ovile contempnunt, diversa sibi tabernacula facientes. vgl. Jo 10, 16 Et licet sic quodammodo innovari videantur tempora Dominice passionis[k], cum rursus in necem Christi Herodes conveniant et Pilatus, Simon[l] tamen, vgl. Lk 23, 12; Apg 4, 27 tamquam graventur sompno eius oculi, adhuc dormit, nec exerit in Malchum vgl. Mt 26, 40. 43;
Mk 14, 37. 40
30 gladium, sed torpere[m] ipsum patitur in vagina, dum hii, quos in partem vgl. Jo 18, 10 sollicitudinis evocavit, ut Isr(ae)l populum custodirent, super grege suo vigilias vgl. Ps 120, 4

---

77. [a] *Fehlt bei Migne.* [b] *Am Rande ein Kreuz mit einem kleinen Kreis darüber; ferner die erste römische Briefzählung:* IIIIᶜLX; *von einer Hand des späteren 13. Jhs.* to *(vgl. Kempf, Register, 18 mit Anm. 14); sowie ganz außen am Rande ein Minuskel-*f. *Weiters außen am Rande ein*
35 *schiefliegendes Kreuz und mit derselben Tinte längs des Briefes am Rande auf fol. 152ʳ und auf fol. 152ᵛ bis Anm.* k *ein senkrechter, z. T. gewellter Strich.* [c] *Migne:* quae. [d] *Am Schaft des* p- *eine Kürzung für* p(er) *ausradiert.* [e—e] *Migne:* ut lupi minus. [f] *Über* -e *ein Kürzungsstrich aus-radiert.* [g] *Migne:* letitabant. [h] *Migne:* habitans. [i] *Kürzungsstrich über dem ersten* -u- *mit anderer Tinte nachgetragen.* [k] *Bis hieher am Rande ein senkrechter, z. T. gewellter Strich.*
40 [l] S- *auf Rasur.* [m] -e- *vielleicht korr. aus* -r-.

77. [1] S. Br. VII 76 (75) Anm. 1.
    [2] S. Br. VII 76 (75) Anm. 3.
    [3] S. Br. VII 76 (75) Anm. 2.
    [4] Boethius, *Philosophiae consolationis libri quinque*, 3 pr. 5 (Ed. WEINBERGER 55 Z. 23—25).

vgl. Ps 120, 4; Is 5, 27
vgl. Ir 48, 10
vgl. Nm 25, 6—8
vgl. Jo 10, 12f.
vgl. Ez 34, 2f.; 34, 8
vgl. Jo 10, 12f.

noctis non vigilant, sed dormiunt potius et dormitant et prohibent a sanguine
manus suas, licet in eorum oculis cum Madianitide coeat vir Iudeus. In merce-
narium quoque pastor degenerat, dum pascens non populum sed se ipsum
querit in ovibus lac et lanam nec lupis in ovile insurgentibus se opponit nec se

vgl. Ez 13, 5

obicit obicem aut murum pro domo Domini ascendentibus ex adverso, sed quia 5

vgl. Jo 10, 12f.

mercenarius est conversus in fugam, cum possit perturbare perversos et negligat,
eorum convincitur iniquitati favere⁵⁾. Cumque declinaverint fere omnes et

vgl. Ps 13, 1; 52, 4;
Röm 3, 12
vgl. Ex 32, 26—28
vgl. Ex 32, 11—13
vgl. Nm 25, 6—8. 11

facti simul inutiles sint quamplures, vix est, qui cum Moyse causam Dei
gladio in populo exequatur et causam populi alleget precibus apud Deum vel
cum Finee sanguine proximiⁿ⁾ Deum placet et in populis faciat ultionem. 10
Gaudemus autem et bonorum omnium largitori, quas possumus, gratiarum

vgl. 1Makk 2, 54;
Röm 10, 2
vgl. Lk 24, 19; Apg 7, 22
vgl. 1Petr 3, 15

exolvimus actiones, quod in ordine vestro multi reperiuntur habentes zelum
Dei secundum scientiam potentes in opere et sermone ac parati de ea, que in
nobis est, fide et spe omni poscenti reddere rationem, in quibus etiam eam

vgl. 1Jo 3, 16

vigere credimus caritatem, ut animas suas pro fratribus suis ponant, si neces- 15
sitas ecclesie postularit, qui tanto sunt ad confutandos fabricatores perversorum dogmatum aptiores, quanto minus in eis, quid reprehendere valeat,
valebit emulus invenireᵒ⁾, cum bonum testimonium habeant ab hiis etiam,

vgl. 1Tim 3, 7

qui sunt foris, quod in eis vita sanctiorᵖ⁾ sane doctrine concordet et non
minus vivificet vita doctrinam, ut sit videlicet sermo eorum vivus et efficax et 20

vgl. Hebr 4, 12

penetrabilior omni gladio ancipiti�q⁾, quam doctrinaʳ⁾ vitam informet, ut hoc
in eorum legatur moribus, quod sermonibus explicatur.

vgl. Hl 2, 15
vgl. 1Petr 5, 8
vgl. Ps 31, 9
vgl. Jo 19, 23f.

    Licet igitur ad conterendumˢ⁾ caput reptilium, vulpes parvulas capiendas
et sevientis lupi et rugientis leonis maxillas in freno cohibendas et camo, ne
lacerarent decetero vestem Christi et ecclesiam laniarent, vos, filii R(adulfe) 25
et P(etre), ad verbum exhortationis nostre duxeritis laborandum nec fuerit

vgl. 1Kor 15, 58;
1Thess 3, 5
vgl. Ps 36, 23;
Spr 16, 9; 20, 24
vgl. Mt 9, 37; Lk 10,2

labor vester inanis, cum Dominus direxeritᵗ⁾ gressus vestros, quia tamen
messis est multa, operarii autem pauci⁶⁾, tibi, fili abbas, onus sollicitudinis
huius in remissionem tuorum peccaminum de consilio fratrum nostrorum
imponimus, discretioni vestre per apostolica scripta mandantes, quatinus 30

* fol. 153ʳ

omnes pariter ad extirpandam hereticam pravitatem in nomine Domini *

vgl. Is 53, 6; 1Petr 2, 25

procedatis, ut ad ovile Christi oves reducatis errantes et, si que in contumacia
sua forte persistant, que vocem pastoris illius, qui beato Petro successit in

vgl. Jo 10, 3—5

officio pastorali, non audiant nec redire velint ad ecclesiasticam unitatem,

vgl. 1Kor 5, 5

Sathane in interitum carnis traditas nuntietis et expositas personas earumᵘ⁾ 35
exilio et iudicio seculari et bona confiscationi subiecta, ad confiscationem
bonorum ipsorum et proscriptionem perpetuam personarum tam karissi-

---

ⁿ⁾ *Am Rande ein kurzer, waagrechter Strich.*   ᵒ⁾ *Am Rande ein senkrechter, gewellter und durch drei Punkte unterbrochener Strich.* ᵖ⁾ *Migne:* sanctorum. q⁾ -pi- *auf Rasur.* ʳ⁾ *Über* -a *ein Kürzungsstrich ausradiert.* ˢ⁾ *Migne:* conferendum. ᵗ⁾ *Migne:* dixerit. ᵘ⁾ -a- *korr. aus* -o-. 40

⁵⁾ Vgl. *Decretum Gratiani* D. 83 c. 3, C. 2 q. 7 c. 55 (FRIEDBERG, *CorpIC*, I 293, 501).
⁶⁾ Im Februar 1204 (Br. VI 242 [243] a-pari) erhielt Arnald erst den Auftrag, den beiden anderen, bereits tätigen Legaten (vgl. Br. VI 241 [242]) auf deren Wunsch Helfer beizugeben.

mum in Christo filium nostrum Ph(ilippum), regem Francorum[7] illustrem, et
L(udouicum) natum ipsius[8] quam comites, vicecomites et barones in ipsis
partibus constitutos ad id ex parte nostra propensius commonentes et iniungentes eis in remissionem omnium pec(catorum), cum illos, qui contra[v] here-
5 ticos fideliter laborarint, eadem indulgentia gaudere velimus, quam in Terre
sancte subsidium transfretantibus indulgemus[9]. Ut autem iniuncte[w] vobis
non tam nostre quam divine legationis officium possitis melius et liberius
exercere, plenam vobis in Aquensi, Arelatensi et Narbonensi provinciis[10] et
vicinis etiam diocesibus, si que sunt hereticorum labe pollute, concedimus
10 facultatem destruendi, disperdendi et evellendi, que destruenda, disperdenda
et evellenda noveritis, et edificandi et plantandi, que edificanda fuerint et
plantanda. Sub interpositione[x] vero[y] anathematis prohibete, ne qui pro   vgl. Ir 1, 10
ecclesiasticis sacramentis quicquam audeant extorquere[11], illos, qui contra
prohibitionem vestram venire presumpserint, canonice punituri. Si qui vero
15 pro violenta manuum iniectione in late sentenție canonem incider(int), auctoritate nostra suffulti eis absolutionis beneficium impendatis[12], iniungentes
eisdem, ut contra hereticos accingantur. Si quid vero difficile vobis occurre-
rit, quod consilium apostolice sedis exposcat, nos super eo per vestras litteras
consuletis. Taliter autem vos procedere volumus et monemus, ut modestia
20 vestra, cum nota fuerit universis, obmutescere faciat imprudentum hominum ignorantiam nec appareat quicquam in verbis vel actibus vestris, quod
hereticus etiam valeat reprobare.

Quod si non omnes [et cetera], duo vestrum et cetera.

Datum Laterani, II Kal. Iunii[z].

25 Scriptum[aa] est .. Aquensi[13], .. Arelatensi[14] et .. Narbonensi[15] archiepiscopis et suffraganeis eorum[16] et abbatibus, prioribus, decanis, archidiaconis

---

[v] *Auf Rasur.*   [w] i(n)iunte.   [x] -positione *auf Rasur.*   [y] *Fehlt bei Migne.*   [z] *Migne fügt
hinzu:* anno septimo.   [aa] Sscriptum. *Am Rande ein waagrechter Strich in derselben Tinte wie die
— später eingetragene — Initiale. Eine Initiale war wohl vorgeschrieben, wurde aber nicht koloriert.*

30   [7] S. Br. VII 30 Anm. 2.
   [8] Ludwig VIII., König von Frankreich 1223—1226.
   [9] Vgl. Br. I 336 Bd. 1 S. 503 Z. 6—10, II 258 (270) Bd. 2 S. 496 Z. 13—17, II 259 (271) Bd.
2 S. 500 Z. 30—501 Z. 3.
   [10] Kirchenprovinzen Aix, Arles und Narbonne.
35   [11] *Decretum Gratiani* C. 1 q. 1 c. 99—106, Conc. Turon. c. 6 = Comp. I 5. 2. 7 = X 5. 3. 8,
Conc. Lat. III, c. 7 (*COD*[3] 215) = Comp. I 5. 2. 8 = X 5. 3. 9 (Friedberg, *CorpIC*, I 398—400,
II 750f.).
   [12] Vgl. *Decretum Gratiani* C. 11 q. 3 p. c. 24 § 3, C. 17 q. 4 c. 29 (Friedberg, *CorpIC*, I 651,
822).
40   [13] Guido von Fos, EB. von Aix 1186—1212. Vgl. *Gallia Christiana Novissima* I: Aix 62—64.
   [14] Michael von Mouriès, EB. von Arles 1202—1217. Vgl. *Atlas Provence* II 109.
   [15] S. Br. VII 76 (75) Anm. 5.
   [16] Suffragane von Aix: Apt, Fréjus, Gap, Riez, Sisteron; von Arles: Avignon, Carpentras,
Cavaillon, Marseille, Orange, Saint-Paul-Trois-Châteaux, Toulon, Vaison; von Narbonne: Agde,
45 Béziers, Carcassonne, Elne, Lodève, Montpellier, Nîmes, Toulouse, Uzès.

et aliis ecclesiarum prelatis in eorum provinciis constitutis, in virtute obedientie districte precipiendo, ut predictis .. abbati et monachis tamquam
apostolice sedis legatis potenter et efficaciter assistentes, que inter eos presertim ad fidei catholice munimentum et impugnationem heretice pravitatis
duxerint statuenda, recipiant[bb]) humiliter et inviolabiliter observare procu- 5
rent[cc]), correctionem eorum sine contradictione qualibet admittentes. Alioquin sententiam, quam illi tulerint in rebelles, ratam habebimus et faciemus
auctore Domino inviolabiliter observari.

78.

Innocenz III. setzt den Erzbischof (Berengar) von Narbonne als Abt der Augusti- 10
ner-Chorherrenabtei Montearagón ab. (Den dortigen Kanonikern trägt er auf,
einen neuen Abt zu wählen. Falls dies innerhalb eines Monats nicht geschieht, soll
der Erzbischof [Ramón] von Tarragona eine geeignete Person bestimmen.)

Lateran, (1204) Mai 29.

Reg. Vat. 5, fol. 153^r—153^v ⟨Nr. 78⟩.   15
Bréquigny, Diplomata, II/1 505, Nr. 78 = Migne, PL, 215, 360, Nr. 78; Villemagne, Bullaire
Pierre de Castelnau, 86, Nr. 23; Mansilla, Documentación, 333, Nr. 301. — Potth. Reg. 2226.

.. Archiepiscopo Narbonensi[a, 1)].

Sicut is, qui inventus est in pauca fidelis, constitui meruit supra multa, ita
servus, qui talentum sibi creditum non tradit nummulariis ad usuras, sed in 20
sudario religavit[b]), eo est sententia divina privatus. Hoc autem pro te dicimus, qui non attendens, quando Dominus tuus venturus sit et positurus
tecum districtissimam rationem, talento tibi credito, ut in sudario sordeat,
religato tamquam canis mutus latrare non valens non opponis te murum pro
domo Domini ascendentibus ex adverso, sed occasione abbatie Montis Arago- 25
n(i)[2]), super qua olim tecum sedes apostolica dispensavit[3]), debitum officii
pastoralis subtrahis tam ecclesie quam provincie Narbonen(sibus) et, dum

vgl. Mt 25, 14—30;
Lk 19, 15—24

vgl. Mt 25, 19
vgl. Lk 19, 20

vgl. Is 56, 10

vgl. Ez 13, 5

---

bb) *Migne:* recipiatis.   cc) *Migne:* procuretis.

78. a) *Am Rande ein Kreuz, darüber mit anderer Tinte ein kleiner Kreis; ferner* v. e. *und außen am*
Rande to *(siehe Br. 77 [76, 77] Anm. b). Auf fol. 153^r längs des Briefes am Rande ein senkrechter,* 30
z. T. gewellter Strich.   b) *Das erste -i- auf Rasur.*

78. 1) S. Br. VII 76 (75) Anm. 5.
    2) Augustiner-Chorherrenabtei Jesús Nazareno de Montearagón bei Huesca, deren Abt
Berengar seit 1170 ist und wo er residiert. S. Br. VI 81 Bd. 6 S. 128 Z. 2f., 32—34. Vgl. *DHEE*
III 1602.   35
    3) Papst Coelestin III. 1191—1198. *JL* 16731 vom 22. Juli 1191 enthält nur die Wahlbestä-
tigung, über eine Dispens ist nichts bekannt.

preesse cupis utrique, quod dolentes dicimus, neutri prodes, utpote qui vix
uni sufficis providere. Nos[c] autem iampridem volentes incomodis, que ex hoc
sequuntur, occurrere, ne[d] commissus tibi grex Dominicus luporum pateret
morsibus et heretica pravitas in provincia Narbonensi amplius pullularet,   vgl. Jo 10, 12
5 tibi dedimus in mandatis[4], ut relicta penitus abbatia contentus esses ecclesia
Narbonensi, cui sic tanto posses melius providere, quanto te decetero minus
sollicitudo traheret abbatie. Quia vero nondum es mandatum apostolicum
executus, attendens[e] sollicite, quod privilegium meretur ammittere, qui concessa sibi abutitur potestate[5], nos ipsi eadem te abbatia privamus, mandan-
10 tes canonicis constitutis in ea, ut personam idoneam canonice sibi eligant in
abbatem. Venerabili quoque fratri nostro .. archiepiscopo Terraconensi[6]
mandamus, ut, nisi illi mandatum nostrum executi fuerint infra mensem,
ipse illis * idoneam personam preficiat, que ipsis non tam preesse[f] noverit   * fol. 153ᵛ
quam prodesse[f].
15 Datum Laterani, IIII Kal. Iunii[g].
Scriptum est illis super hoc.
Scriptum[h] est etiam super hoc Terraconensi archiepiscopo[h].

79.

Innocenz III. ermahnt den König Ph(ilipp II. August) von Frankreich, entweder
20 *selbst, durch seinen Sohn L(udwig) oder jemanden anderen die Grafen, Barone*
und Bürger (Südfrankreichs) unter Androhung des Verlustes ihrer Güter und
deren Einziehung zur königlichen Domäne zu zwingen, gegen die Häretiker mit
Vermögensentzug und Proskription vorzugehen. Ferner soll er den päpstlichen
Legaten, dem Abt (Arnald) von Cîteaux und den (Zisterzienser-)Mönchen
25 *P(eter) und R(adulf) aus Fontfroide, beistehen. Dafür gewährt ihm der Papst*
einen Kreuzzugsablaß. (Der Erzbischof [Peter] von Sens und dessen Suffragane
sollen den König in diesem Sinn ermahnen.)

Lateran, (1204) Mai 28.

Reg. Vat. 5, fol. 153ᵛ ⟨Nr. 79⟩.
30 *Bréquigny, Diplomata, II/1 506, Nr. 79* = *Migne, PL, 215, 361, Nr. 79; Villemagne, Bullaire*
Pierre de Castelnau, 172, Nr. 44. — *Potth. Reg. 2225; Bréquigny, Table chronologique, IV 350.*

[c] *Am Rande von einer Hand des 15./16. Jhs.:* Nota quod archiepiscopus Narbonensis privatur abbatia Montis Aragoni, que sibi primo data erat in comendam.   [d] *Darnach eine kleine Rasur.*   [e] *Migne:* attendantes.   [f—f] *Vertauscht. Die Emendation schon bei Migne.*   [g] *Migne*
35 *fügt hinzu:* anno septimo.   [h—h] *Fehlt bei Migne.*

[4] Br. VI 81.
[5] S. Br. VII 71 (70) Anm. 12.
[6] Ramón von Rocabertí, EB. von Tarragona 1199—1215. Vgl. *DHEE* IV 2531; UBIETO
ARTETA, *Listas*, II 378.

Ph(ilippo)[a], illustri[a] regi Francorum[b, 1].

Ad[c] sponse sue, universalis videlicet ecclesie, munimentum pontificalem et regiam Dominus instituit dignitatem: unam, que foveret filios, aliam, que adversarios expugnaret, unam, que subditorum vitam verbo instrueret et

vgl. Ps 31, 9 exemplo[2], aliam, que iniquorum maxillas in freno cohiberet et camo, ne   5 pacem ecclesie perturbarent, unam, que inimicos diligeret et pro persecutori-

vgl. Mt 5, 44; Lk 6, 27f. bus etiam exoraret, aliam, que ad vindictam malefactorum et laudem bo-

vgl. 1Petr 2, 14 norum gladium materialem exereret[3] et armis quietem ecclesiasticam tue-
retur. Expedit igitur, ut et spiritualis auctoritas et secularis potestas sue causam institutionis attendens concurrant ad ecclesie defensionem in unum   10 et utraque alteri suffragetur, ut, quos a malo ecclesiastica non revocat disciplina, brachium seculare compescat et eos, qui de feritate propria confidentes gladium materialem non timent, spiritualis ultio subsequatur. Ne igitur sine

vgl. Röm 13, 4 causa portare gladium videaris, oportet, ut apprehendens arma et scutum in

vgl. Ps 34, 2 adiutorium eius potenter assurgas, cuius vestis, quod dolentes referimus, in   15

vgl. Jo 19, 23
vgl. Hl 2, 15 regno Francorum scissuram patitur, cuius vineam vulpes parvula demolitur

vgl. Jo 10, 12 et cuius oves luporum insultibus exponuntur. Intrarunt etenim regnum ip-

vgl. Mt 7, 15
vgl. Jo 10, 12 sum lupi rapaces in ovium vestimentis, qui oves rapiunt et dispergunt et, cum ecclesiasticam non timeant[d] disciplinam, utpote ab ecclesia separati, tanto in ovile Christi licentius debachantur, quanto minus invenerunt hacte-   20

vgl. Ex 32, 26—28 nus, qui temporaliter ipsis resisteret et causam Dei apud eos gladiis allegaret.

Monemus igitur serenitatem regiam et exhortamur in Domino et in remis-
sionem iniungimus peccatorum, quatinus vel per te ipsum, si fieri poterit, vel per karissimum in Christo filium nostrum L(udouicum) natum tuum[4] aut alium virum prudentem perversitati eorum potenter occurretis[e] [et], quan-   25 tum ecclesiasticam diligas unitatem, patenter ostendas et tam comites quam barones, ut eorum bona confiscent et personas proscribant, tradita tibi celitus potestate compellas. Ceterum quia non caret scrupulo societatis occulte, qui manifesto facinori desinit obviare[5], ut facientes et consentientes par pena constringat[6], si qui comitum, baronum vel civium eos de terra sua eliminare   30 noluerint aut eos receptare presumpserint aut ausi fuerint confovere, ip-

---

79. [a—a] *Fehlt bei Migne.*   [b] *Am Rande ein Kreuz, darüber mit anderer Tinte ein kleiner Kreis, ferner drei Punkte. Außen am Rande ein schiefliegendes Kreuz, darunter eine Schleife und mit derselben Tinte längs des Briefes am rechten Rande ein senkrechter, z. T. gewellter Strich.*   [c] *Neben dem Schaft der Initiale ein schräges rotes Kreuz.*   [d] *-a- korr. vielleicht aus -e-.*   [e] *Migne:*   35 occurrens.*

79. [1] S. Br. VII 30 Anm. 2.
    [2] Vgl. *Decretum Gratiani* D. 63 c. 34 (Friedberg, *CorpIC,* I 246).
    [3] S. Br. VII 12 Anm. 5.
    [4] S. Br. VII 77 (76, 77) Anm. 8.   40
    [5] S. Br. VII 20 Anm. 13.
    [6] *Decretum Gratiani* C. 2 q. 1 c. 10; C. 17 q. 4 c. 5; C. 22 q. 5 a. c. 1; vgl. C. 11 q. 1 c. 22; C. 27 q. 1 c. 2 § 2; *JL* 13770 (Alexander III.) = Comp. I 1. 21. 2 = X 1. 29. 1 (Friedberg, *CorpIC,* I 443, 816, 882f., 632, 1048; II 158).

sorum bona confisces et totam terram eorum demanio regio non differas applicare. Dilectis quoque filiis .. Cisterciensi abbati[7] et P(etro)[8] et R(adulfo)[9], monachis Fontis frigidi, apostolice sedis legatis, quos ad hoc specialiter destinamus, sic assistat regia magnitudo, ut gladii spiritualis de-
5 fectum materialis supplere gladius comprobetur et tu preter gloriam temporalem, quam ex tam pio et laudabili opere consequeris[f], eam obtineas veniam peccatorum, quam in Terre sancte subsidium transfretantibus indulgemus[10].

Datum Laterani, V Kal. Iunii[g].

Scriptum[h] est .. Senonensi archiepiscopo[11] et suffraganeis eius[12], ut eum
10 ad hoc efficaciter moneant et inducant[h].

80.

Innocenz III. teilt dem Petrus de Parisio mit, daß er die von ihm und seinem Vater W(ilhelm) gestiftete Kapelle auf der Brücke der Stadt Lincoln in den päpstlichen Schutz nimmt, die ihr von beiden übertragenen Besitzungen bestätigt
15 *und eine jährliche Abgabe von einem Bezant an den apostolischen Stuhl festsetzt.*

Lateran, (1204) Juni 1.

Reg. Vat. 5, fol. 153ᵛ ⟨Nr. 80⟩.
Bréquigny, Diplomata, II/1 507, Nr. 80 = Migne, PL, 215, 362, Nr. 80. — Potth. Reg. 2231;
Cheney, Calendar, 564.

20   **Petro de Parisio**[a, 1].

Cum a nobis petitur et cetera usque inclinati, capellam, quam W(illelmus) de Parisio quondam pater tuus supra pontem civitatis Lincolniensis, quem ipse construxit propriis sumptibus, in honore beati Thome martiris edificare incepit et tu etiam[b] consumare proponis eandem et possessionibus augmen-
25 tare, sub beati Petri et nostra protectione suscipimus. Preterea possessiones,

---

[f]) -er- *korr. auf Rasur aus* -a-.   [g]) *Migne fügt hinzu:* pontificatus nostri anno septimo.
[h—h]) *Fehlt bei Migne.*

[7]) S. Br. VII 76 (75) Anm. 1.
[8]) S. Br. VII 76 (75) Anm. 2.
30   [9]) S. Br. VII 76 (75) Anm. 3.
[10]) S. Br. VII 77 (76, 77) Anm. 9.
[11]) S. Br. VII 46 (45) Anm. 3.
[12]) S. Br. VII 46 (45) Anm. 5.

80. [a]) *Migne fügt hinzu:* capellano supra pontem Lincolniensem. *Am Rande von einer Hand des*
35 *13. Jhs.:* Census.   [b]) e- *auf Rasur; auch davor eine Rasur.*

80. [1]) Peter, Sohn des Wilhelm de Parisio, wird am 27. April 1200 von König Johann als Inhaber der Kapelle an der Brücke von Lincoln bestätigt: HARDY, *Rotuli chartarum*, I/1 53b. Vgl. weiters SMITH, *EEA IV: Lincoln 1186—1206*, 121, Nr. 182, 151, Nr. 230.

quas tu vel idem pater tuus eidem capelle legitime contulistis, sicut eas iuste possidet et quiete, auctoritate ipsi apostolica confirmamus et presentis scripti pa(trocinio) communimus. Ad indicium autem huius protectionis ab apostolica sede percepte Bisantium[2] unum nobis gratis oblatum singulis annis nobis et successoribus nostris capella memorata persolvet.   5

Nulli ergo et cetera nostre protectionis et confirmationis et cetera. Si quis autem et cetera.

Datum Laterani, Kal. Iunii.

81.

Innocenz III. befiehlt dem Domkapitel von Cosenza, einem zwischen dem Erzbi- 10
schof (Lukas) von Cosenza und dem Konvent von Fiore, der seinen Sitz verlegen
will, vereinbarten und vom Domkapitel bisher beeinspruchten Gütertausch, den
die bestellten päpstlichen Exekutoren mehrheitlich billigten, zuzustimmen.

(Lateran, 1204) Juni 4.

Reg. Vat. 5, fol. 153[v]—154[v] ⟨Nr. 81⟩.   15
Bréquigny, Diplomata, II/1 507, Nr. 81 = Migne, PL, 215, 363, Nr. 81. — Potth. Reg. 2235;
Russo, Regesto, I 103, Nr. 531.

Canonicis Cusentinis[a, 1].

vgl. 1Kor 3, 7f.

vgl. Hl 2, 13

| * **A**ttendentes olim, quod nove religionis plantatio, quam bone memorie
.. abbas Ioachim[2], immo Deus[b] ministerio eius, plantaverat et rigarat, tribu- 20
ens ei misericorditer incrementum, floreret in flore, ne intemperies frigoris,
que in partibus illis non solum ver sibi vendicat et autumpnum, sed menses
etiam metitur estivos, florentem Dei vineam congelaret, sed flos potius transiret in botrum et botrus fructum odoris et honestatis afferret, venerabili
fratri nostro .. archiepiscopo vestro[3] dedimus in mandatis[4], ut a dilectis filiis 25
.. abbate[5] et fratribus Florensis monasterii competenti recompensatione recepta locum Botran(um)[6], religioni congruum, pertinentem ad ecclesiam

fol. 154r (margin)

---

[2]) Bezant, Bezeichnung für verschiedene Goldmünzen des Mittelmeerraumes. Vgl. Spufford, *Handbook*, 294.

81. [a]) *Am Rande ein Kreuz.*   [b]) *Darnach* mi- *durchgestrichen.*   30
81. [1]) Domkanoniker von Cosenza.
[2]) Joachim von Fiore, gründet um 1190 das Kloster (S. Giovanni in) Fiore (Diöz. und Prov.
Cosenza), gest. 1202. Vgl. De Leo, *Gioacchino*, 3—24.
[3]) Lukas, EB. von Cosenza 1203—1227. Vgl. Kamp, *Kirche und Monarchie*, II 833—839.
[4]) Br. VI 137.   35
[5]) Matthäus, Abt von S. Giovanni in Fiore 1202—1234, 1234 bezeugt als B. von Cerenzia
(Suffr. von Santa Severina), gest. vielleicht 1240. Vgl. Kamp, *Kirche und Monarchie*, II 902—904.
[6]) Botrano, in der Diözese Cosenza; die Lage ist nur annähernd zu bestimmen, s. Br. VII 148
Anm. 23. Vgl. Russo, *Gioacchino da Fiore*, 173f.

Cusentinam, cum pertinentiis suis eis liberum assignaret; dilectis filiis ..
sancti Spiritus[7]) et .. de Coratio[8]) abbatibus et fratre R(ogerio) de Tortian(o)[9])
super hoc executoribus deputatis. Idem autem archiepiscopus, tamquam
obedientie filius malens humiliter obedire quam contra stimulum calcitrare,   vgl. Apg 9, 5; 26, 14
5 certa recompensatione nec equivalenti solummodo sed in quadruplum melio-
ri recepta locum Botran(um) predictis fratribus assignavit, sed vos commutationi huiusmodi vestrum denegastis assensum, propter quod executores ipsi
vos a perceptione prebendarum vestrarum auctoritate apostolica suspenderunt[c]). Cumque postmodum quidam ex vobis propter hoc ad sedem apostoli-
10 cam accessissent, abbate ipso presente vicinitatem loci Botran(i) et ex vicinitate multum ecclesie vestre comodum et remotionem excambii et ex ea
plurimum incomodum et civium scandalum allegarunt, qui consuetudine,
quam habebant in Sila[10]), non paterentur equanimiter se privari[11]).

Nos autem, tam Florensibus fratribus quam ecclesie vestre providere
15 volentes, licet archiepiscopus ex permissione canonica certam partem possessionum suarum in favorem religionis conferre potuisset eisdem, venerabili
tamen fratri nostro .. Marturanensi episcopo[12]) et predicto .. de Coratio et ..
sancte[d]) Marie[d]) de Formosa[13]) abbatibus et .. thesaurario[e]) Marturanensi[14])
dedimus in mandatis[15]), ut inquirerent de premissis diligentius veritatem et,
20 si competens esset recompensatio, quam archiepiscopus ipse receperat vel
competens offerretur, ipsa recepta commutationem predictam facerent per
censuram ecclesiasticam appellatione remota inviolabiliter observari. Alioquin, cum iuxta mandati nostri tenorem absque recompensatione congrua
fieri minime debuisset, ipsam in irritum revocarent. Quod si non omnes hiis
25 exequendis interesse valerent, tres eorum ea nichilominus exequi procurarent. Quamvis autem unus executorum[f]) ipsorum viam fuerit universe carnis
ingressus, duo tamen dissentiente tertio recompensationem congruam iudi-   vgl. Jos 23, 14; 1Kg 2, 2
carunt.

---

[c]) *Migne:* suspendarum.   [d—d]) *Am Rande nachgetragen; das Verweiszeichen irrtümlich vor*
30 *dem Gemipunctus.*   [e]) *Migne:* thesaurio.   [f]) *Migne:* executor.

[7]) Zist.-Abtei S. Spirito in Palermo. Vielleicht Alexander, der im Zeitraum zwischen 1208
und 1222 als Abt bezeugt ist. Vgl. PRATESI, *Carte*, 196.
[8]) S. Maria di Corazzo (Zist.-Abtei, Diöz. Martirano, Prov. Catanzaro). Als Äbte sind bezeugt: Antonius 1195; Johannes 1210—1213. Vgl. POMETTI, *Carte*, 121; *Dict. HGE* 13 (1956) 805.
35   [9]) Roger von Turzano (Diöz. Cosenza, Com. Pietrafitta, Prov. Calabria Citeriore). Vgl.
AMATI, *Italia*, VIII/1 729; VENDOLA, *RD Apulia-Lucania-Calabria*, Nr. 4583. Vgl. Br. VII 148
S. 237 Z. 9.
[10]) Sila, Landschaft in Kalabrien, an deren östlichem Ende sich das Kloster Fiore befindet.
[11]) S. Br. VI 219 (220) Bd. 6 S. 376 Z. 20f.
40   [12]) Vielleicht Philipp, als B. von Martirano (Suffr. von Cosenza) bezeugt 1205—1238. Vgl.
KAMP, *Kirche und Monarchie*, II 864—866.
[13]) S. Maria di Acquaformosa (Zist.-Abtei, Diöz. Cassano, ht. Lungro, Prov. Cosenza). Vgl.
Dict. HGE 1 (1912) 351; *IP* X 26.
[14]) Thesaurar von Martirano.
45   [15]) Br. VI 219 (220).

Movemur igitur non modicum et miramur, quod mandatum nostrum,
quod vobis esse debuerat odor vite in vitam, factum est vobis odor mortis in
vgl. 2Kor 2, 16 mortem, cum nec predictorum fratrum religio vos movere nec emollire apostolice sedis auctoritas potuisset, ut consentientes^{g)} operibus pietatis propositum vestrum mutaretis in melius et tamquam membra consentientia capiti 5
unum et idem cum eodem archiepiscopo sentiretis. Quod autem nec zelus Dei
nec indempnitas ecclesie Cusentine moveat^{h)} vos ad istud, ex eo evidenter
apparet, quod predecessoribus archiepiscopi memorati super concessionibus,
quas consaguineis suis fecisse noscuntur, non solum prestitistis assensum sed
eas propriis subscriptionibus roborastis; sed timetis forsitan, ne per religio- 10
sorum virorum accessum vestra irreligio detegatur et honestas ipsorum ex
vicinitate locorum inhonestatem vestram amplius manifestet. Sane cum eundem archiepiscopum in patrem vobis assumpseritis et pastorem et ei amministrationem commiseritis totius ecclesie Cusentine ac de ipso laudabile nobis
testimonium curaveritis perhibere, potuissemus nos, quod vir sincere opinio- 15
nis et approbate vite super modica possessione fecerat, approbare. Preterea
vgl. Jos 23, 14; 1Kg 2, 2 cum duo ex executoribus nostris uno viam universe carnis ingresso commutationem ipsam duxerint approbandam, licet tertius dissentiret, quia tamen
sententia plurium tenet secundum canonicas sanctiones¹⁶⁾, possemus de iure,
quod ipsi approbaverant, approbare ac in vos animadvertere gravius, quia 20
latam in vos a primis executoribus suspensionis sententiam non servastis.
vgl. Röm 12, 21 Volentes autem in bono vincere malum et invitis etiam beneficium exhibere
ac facere vos participes orationum fratrum Florensium, cum translati fuerint
in Botran(um), monemus universitatem vestram et exhortamur at(tentius)
et per apostolica vobis scripta precipiendo mandamus, quatinus commuta- 25
tioni eidem sine difficultate qualibet vestrum tribuatis assensum et, facti
voluntarii de invitis, tam pio et laudabili operi vestras accomodetis hilariter
voluntates. Nos enim, si hoc ad commonitionem nostram feceritis et manda-
* fol. 154^v tum, acceptabimus vestram * obedientiam licet seram et in vestris et ecclesie
vestre negotiis propter hoc libentius vos curabimus exaudire. Alioquin, quod 30
expedire viderimus, ex collata nobis potestatis plenitudine statuemus eritque
vobis non immerito formidandum, ne inde nostram incurratis offensam, unde
mereri gratiam poteratis. Utinamⁱ⁾ igitur eligatis obedientie potius viam
sequi, ut et benivolentie nostre digni et orationum Florensium fratrum mere-
amini esse consortes, quam in contumacia persistentes debeatis de inobedien- 35
tia reprehendi, nec minus auctoritate apostolica compleatur, quod voluntarie
per vos exequi poteratis.

Datum et cetera, II^{k)} Non. Iunii^{k)}.

---

^{g)} *Migne:* non consentiens.   ^{h)} *Migne:* noveat.   ⁱ⁾ *Migne:* Unitam.   ^{k—k)} *Nachgetragen,*
Non. Iunii außerhalb des Schriftspiegels.   40

¹⁶⁾ *Decretum Gratiani* D. 64 c. 5; D. 65 pr., c. 1, c. 2 II pars § 1, c. 3 § 1; D. 79 c. 10 (Friedberg,
CorpIC, I 248—250, 279).

82.

Innocenz III. ermahnt die Bürger von Cosenza, ihr Domkapitel zu veranlassen,
einem zwischen dem Erzbischof (Lukas) von Cosenza und dem Konvent von
Fiore, der seinen Sitz verlegen will, vereinbarten Gütertausch, den das Domkapi-
5 *tel bisher beeinspruchte, die bestellten päpstlichen Exekutoren jedoch mehrheit-*
lich billigten, zuzustimmen.

Lateran, (1204 Juni ca. 4).

Reg. Vat. 5, fol. 154ᵛ ⟨Nr. 82⟩.
Bréquigny, Diplomata, II/1 509, Nr. 82 = Migne, PL, 215, 365, Nr. 82. — Potth. Reg. 2236;
10 *Russo, Regesto, I 103, Nr. 532.*

Civibus Cusentinis[a, 1].

Attendentes[b] olim et cetera in eundem fere modum usque iudicarunt[c].
Cum igitur spiritualiter et temporaliter vobis expedire credamus, ut religiosorum virorum monasterium in diocesi Cusentina consurgat, utpote quorum
15 orationibus apud Deum et suffragiis apud homines in vestris poteritis opor-
tunitatibus adiuvari, monemus universitatem vestram et exhortamur
at(tentius) et in remissionem vobis iniungimus pec(catorum), quatinus non
solum non impediatis opus huiusmodi pietatis, sed expediatis potius et inste-
tis apud canonicos Cusentinos, ut predicte commutationi[2] present assensum
20 et precedentem duritiam per obedientiam expient subsequentem. Quod si ad
id nequiverint emolliri, eis saltem materiam auferatis, ne in excusationem
suam vestram sicut hactenus contradictionem allegent et in vos contumacie[d]
sue causam valeant retorquere[e, 3]. Hoc autem universitatis vestre discretio
non ignoret, quod, si super hoc commonitioni nostre parueritis et mandato, in
25 communibus et privatis negotiis vestris, quantum honestas permiserit, favorem vobis apostolicum propter hoc libentius impendemus et civitatem vestram diligere curabimus et fovere.
Datum Laterani et cetera.

83.

30 *Innocenz III. drückt dem Podestà (Ugolinus ?) und Volk von Assisi seine*
Zufriedenheit darüber aus, daß sie dem Kardinallegaten L(eo) von S. Croce
einen Eid geleistet haben, in der Sache, die zum Interdikt der Stadt führte, dem
Papst zu gehorchen, und befiehlt ihnen, keinen Exkommunizierten oder Feind

---

82. [a] *Am Rande ein Kreuz.* [b] -tt- *auf Rasur.* [c] *Br. VII 81 S. 131 Z. 28. Migne:* indicarunt.
35 [d] cotumacie. [e] -t- *und* -rq- *auf Rasur.*

82. [1] Bürger von Cosenza.
[2] S. Br. VI 219 (220) und VII 81.
[3] S. Br. VII 81 Anm. 11 und S. 131 Z. 12f.

der Kirche zum Rektor zu wählen und den Gewählten, außer es handelt sich um einen Assisaner Vasallen des Papstes, dem Papst zur Bestätigung zu präsentieren.

Lateran, (1204) Juni 6.

Reg. Vat. 5, fol. 154ᵛ ⟨Nr. 83⟩.   5
Bréquigny, Diplomata, II/1 509, Nr. 83 = Migne, PL, 215, 365, Nr. 83. — Potth. Reg. 2237; BFW *5898.

.. Potestati[1] et populo Asisinat(ibus)[a].

Gratum[b] gerimus et acceptum et devotionem vestram in Domino commendamus, quod, sicut dilectus filius noster L(eo), tituli sancte Crucis pres- 10
byter cardinalis, apostolice sedis legatus, per suas nobis litteras intimavit, eum hilariter et humiliter recepistis et studuistis honorifice pertractare[2]. Tu quoque, fili potestas, cum quinquaginta de maioribus et melioribus civitatis, quos ipse nominatim expressit, stare mandatis apostolicis iuravisti super eo, pro quo civitas vestra fuerat interdicta, et hoc idem unus pro populo[3] non 15
consentiente solummodo sed mandante iuravit, vosque postmodum, iuxta quod cardinalis vobis iniunxerat, dilectos[c] filios[c] magistrum Barnabam[4] et nobilem virum magistrum Michaelem ad nostram presentiam destinastis pro vobis mandatum apostolicum recepturos. Attendentes igitur, quod propterea civitas vestra fuerat interdicta, quod Girardum Gilib(er)ti[5] excommunica- 20
tum a nobis in potestatem recipere presumpsistis et nec moniti nec iussi a nobis sepius eum[d] ante statutum terminum removistis ab officio rectoratus, ut vos in eo, in quo nostram incurristis offensam, paterno corrigamus affectu, sicut eisdem nuntiis precepimus viva voce, sic nunc per apostolica vobis scripta mandamus et precipimus sub debito iuramenti, quatinus decetero 25
nullum excommunicatum vel ecclesie inimicum scienter ad civitatis vestre

---

83. [a] *Am Rande ein Kreuz; ferner von einer Hand des 13. Jhs.:* pro iure Romane ecclesie.   [b] *Die kolorierte Initiale wurde ausradiert; darauf* G *mit schwarzer Tinte. Am Rande* G, *vielleicht als Vormerkung zur Korrektur.*   [c—c] *Migne:* dilectum filium.   [d] *Über der Zeile nachgetragen.*

83. [1] Wahrscheinlich Ugolinus, im November 1203 Konsul oder Podestà, am 1. September 30
1204 bezeugt als Podestà von Assisi. Vgl. FORTINI, *Nova Vita*, III 556—559, 560; BARTOLI LANGELI, *Realtà sociale*, 318, Anm. 101; 334f.

   [2] S. Br. VII 1 Anm. 5. Vielleicht auf seiner Reise nach Bulgarien. Vgl. MALECZEK, *Papst und Kardinalskolleg*, 138, Anm. 90.

   [3] Der Konflikt zwischen „boni homines" und „populus" der — erst seit 1198 — Kommune 35
von Assisi wurde im November 1203 zugunsten der ersteren beigelegt. Vgl. RILEY, *Francis' Assisi*, 409f.; MAIRE VIGUEUR, *Comuni*, 386—390; zur Terminologie „maiores et meliores" vgl. BARTOLI LANGELI, *Realtà sociale*, 312ff., bes. 318.

   [4] Magister Barnabas, am 1. September 1204 als Zeuge in einem Schiedsspruch des Podestà Ugolinus genannt. Vgl. FORTINI, *Nova Vita*, III 560. 40

   [5] Gerardus Giliberti, im Juni 1201 als Podestà von Spoleto bezeugt. Vgl. SANSI, *Storia di Spoleto: Documenti*, 215f.; zweimal Podestà oder einziger Konsul von Assisi, wahrscheinlich Ende 1201—Anfang 1203, bezeugt am 2. Dezember 1202. Vgl. FORTINI, *Nova Vita*, II 181f., III 553 (mit falschem Jahresdatum 1203); BARTOLI LANGELI, *Realtà sociale*, 332.

regimen assumatis. Ne autem in hoc ex ignorantia delinquere vos contingat[e]), cum libere vobis aliquem elegeritis in rectorem, antequam recipiatis ipsum vel iuretis eidem, ipsum per nuntios vestros a sede apostolica humiliter postuletis, que vobis eum, nisi vel excommunicatus vel ecclesie fuerit inimi-
5 cus, sine difficultate concedet. Si vero aliquos ex civibus vestris vassallis nostris, qui nobis fideles sint et devoti[6]), duxeritis in consules[7]) eligendos, nolumus, ut pro eis ex debito iuramenti ad sedem apostolicam laboretis. Sub eadem quoque districtione mandamus, quatinus per litteras vestras apertas nobis infra quindecim dies significare curetis vos mandatum huiusmodi rece-
10 pisse.

Datum Laterani, VIII[f]) Idus Iunii[f]).

84.

Innocenz III. befiehlt dem Erzbischof (Raimund) von Embrun und dem Abt (Wilhelm) von Boscodon, den Fall des Bischofs (Peter) von Vence, der schon
15 *suspendiert wurde und gegen den zusätzliche Anschuldigungen des Dompropstes und der Kanoniker von Vence beim Papst vorliegen, erneut zu untersuchen, den Bischof gegebenenfalls abzusetzen und den Kanonikern die Neuwahl zu gestatten.*

Lateran, (1204) Juni 8.

Reg. Vat. 5, fol. 154^v—155^r ⟨Nr. 84⟩.
20 *Bréquigny, Diplomata, II/1 510, Nr. 84 = Migne, PL, 215, 366, Nr. 84. — Potth. Reg. 2238.*

.. Ebredunensi archiepiscopo[1]) et[a]) .. abbati Boscaudunensi[b, 2]).

(|) Cum tu, frater archiepiscope, bone memorie C(elestino) pape, predecessori nostro[3]), excessus et enormitates .. episcopi Ventiensis[c, 4]) per tuas litteras intimasses, idem predecessor noster tibi et venerabilibus fratribus nostris

---

25   [e]) cotingat.   [f—f]) *Nachgetragen.* Iunii *außerhalb des Schriftspiegels.*

    [6]) Vgl. dazu Petrucci, *Innocenzo,* 114f., 119f.

    [7]) Zur institutionellen Unsicherheit und zu den wechselnden Bezeichnungen von Podestà und Konsul für einen Rektor der Kommune in den ersten beiden Jahrzehnten des 13. Jhs. vgl. Waley, *Istituzioni,* 62f.

30 **84.** [a]) *Migne fügt hinzu:* dilecto filio.   [b]) Roscaudunensi.   [c]) *Migne:* Vinciensis.

84. [1]) Raimund Sédu, als EB. von Embrun (ht. Gap, Suffr. von Aix) bezeugt 1203—1212. Vgl. *Atlas Provence* II 112.

    [2]) Wilhelm (Elias?), als Abt von Boscodon (Ben.-Abtei, Diöz. Embrun, Dép. Hautes-Alpes) bezeugt 1201—1205. Vgl. *Gallia Christiana* III 1104f.
35   [3]) Papst Coelestin III. 1191—1198.

    [4]) Peter (II.) Grimaldi, als B. von Vence (Suffr. von Embrun) bezeugt 1193—1210. Vgl. *Atlas Provence* II 117.

.. Dignensi[5]) et .. Senecensi[6]) episcopis mandare curavit, quod, si vobis de eius
inhonesta conversatione constaret, ipsum ab officio et amministratione suspensum ad sedem apostolicam cum vestrarum litterarum testimonio mittere-
tis procuratoribus eidem ecclesie deputatis, qui de officio et rebus ecclesiasticis disponerent sollicitudine diligenti. Subsequenter vero tu nobis tuas lit- 5
teras destinasti, per eas nobis insinuans, quod tu et predicti episcopi dictum

* fol. 155ʳ episcopum Ventiensem inveneratis gravioribus et dete*rioribus maculatum,
quam sedi apostolice nuntiasses, unde preceperatis ipsi, ut suspensus apostolico se conspectui presentaret; qui tamen neque ad ecclesiam Romanam
accessit neque propter suspensionem episcopalia desiit exercere, qua de causa 10
nos tibi districte[d]) precipiendo[d]) mandavimus[7]), ut predictum episcopum, qui
suspensionis sententiam in se latam contempserat observare, excommunicatum publice nuntiares et faceres ab omnibus artius evitari, donec ad presentiam nostram accederet cum tuarum testimonio litterarum coram nobis super hiis responsurus. Porro tu licet nobis rescripseris, quod eius inobedienti- 15
as[e]), rebelliones et enormitates excessuum nemo est, qui ignoret, et eius error

vgl. Mt 27, 64 peior priore cotidie reperitur, tamen iuxta mandatum nostrum, unde miramur plurimum et movemur, procedere non curasti, sed tamquam inobedi-
ens et districti nostri precepti contemptor predicta non dubitasti sub dissi-
mulatione transire, que poteras et debueras sine speciali mandato nostro 20
executioni mandare. Unde ex parte[f]) dilectorum filiorum .. prepositi et canonicorum ecclesie Ventiensis fuit in auditorio nostro lacrimabilis conquestio
replicata, quod ecclesia Ventiensis propter culpam episcopi est fere usque ad
fundamentum ad extremam inanitionem deducta, cum per eum edificia ecclesie sint pene penitus dissipata nec aliter ibi quam in aliqua parrochiali 25
ecclesia divina officia celebrentur et idem episcopus quadam vidua publice in
mensa et in domo, sicut est notorium, abutatur — licet eam ad tuam instantiam abiurarit, unde manifeste periurium dicitur incurrisse — et alias tam in
executione sui ordinis quam in aliis sit adeo dissolutus, quod ex hoc tota
diocesis maxime in spiritualibus grave sustinet detrimentum et non solum 30
per Ebredunensem provinciam[8]) sed per alias remotiores merito sue conversationis est eius infamia divulgata, ita ut ab omnibus reputetur episcopalis
obprobrium dignitatis.

    Quoniam igitur putridi dentes excutiendi sunt de faucibus ecclesie, discre-
tioni vestre per apostolica scripta mandamus et in virtute obedientie districte 35
precipimus, quatinus super hiis et aliis, que super hoc fuerint inquirenda,

---

d—d) *Auf Rasur nachgetragen, wahrscheinlich von anderer Hand.*   e) *Darnach ein Punkt auf
Rasur, vielleicht ein tironisches* et *radiert.*   f) *Migne:* patre.

⁵) B. von Digne (Suffr. von Embrun). Bertrand (I.) von Turriers bezeugt 1196, Ismidon
1206. Vgl. *Dict. HGE* 14 (1960) 461.   40
⁶) Vielleicht Raimund, B. von Senez (Suffr. von Embrun), bezeugt 1200. Vgl. *Atlas Provence*
II 116.
⁷) Br. II 34 vom 8. April 1199.
⁸) Kirchenprovinz Embrun.

studeatis veritatem indagatione sollicita perscrutari et, si eum noveritis deponendum, ipsum auctoritate nostra sublato cuiuslibet contradictionis et appellationis obstaculo deponatis, dantes canonicis licentiam personam idoneam in episcopum eligendi.

5   Nullis litteris et cetera.
Datum Laterani, VI Idus Iunii[g].

85.

Innocenz III. trägt dem Prior (Alexander) von Ashby, dem Domkanoniker von Lincoln Magister H(einrich) von Gileuill' und dem Rektor von Barkwith (?) Magister A. de Wilna auf, in dem an sie delegierten Prozeß einer Agnes gegen ihre Verwandten, von denen sie gegen ihren Willen im Kloster Haversholme festgesetzt wurde, den beeideten Aussagen der Zeugen der Klägerin gegenüber den ohne Eid gemachten Angaben ihrer Gegner den Vorzug zu geben.

Lateran, (1204) Mai 31.

15   *Reg. Vat. 5, fol. 155ʳ ⟨Nr. 85⟩.*
Bréquigny, Diplomata, II/1 511, Nr. 85 = Migne, PL, 215, 368, Nr. 85. — Comp. III 2. 11. 3; Coll. Rotom. III 84; Bern. 1. 28. 3; Add. ad Dunelm. IV 78. — Potth. Reg. 2228; Bliss, Calendar, I 17; Cheney, Calendar, 563.

.. Priori[a] de Essebi[1] et magistro H(enrico) de Gilleuill', canonico
20   Lincolniensi[2], et magistro A. de Wilna, rectori ecclesie de Bareswrth[b],
Lincolniensis diocesis[3].

Litteras vestras accepimus continentes[c], quod, cum Agnes mulier in nostra fecisset presentia recitari, quod .. pater et .. noverca ipsius, Lincolniensis diocesis, ut eam sua hereditate fraudarent, renitentem penitus et invitam in
25   monasterium de Hawerholm[4] detruserunt et fecerunt ibidem in vinculis diutius detineri, unde, quamcitius fuit a vinculis expedita, recessit, nos vobis causam super hoc duximus committendam; coram quibus, cum ipsa testibus fide dignis et omni exceptione maioribus predicta omnia in iure probasset,

---

g) *Migne fügt hinzu:* anno septimo.

30 **85.** a) *Gemipunctus fehlt bei Migne.*   b) *Migne:* Bareswuh.   c) cotinentes.

85. [1]) Alexander, als Prior von Ashby (Augustiner-Chorherrenstift, Diöz. Lincoln, Northamptonshire) bezeugt 1181—1205. Vgl. Smith, *EEA IV: Lincoln 1186—1206*, 25, Nr. 31, Anm.
[2]) Magister Heinrich von Gileuill., Domkanoniker von Lincoln. Vgl. *ebd.* 58, Nr. 79; 59, Nr. 80; 150, Nr. 228; 157, Nr. 239.
35   [3]) Magister A. de Wilna, Rektor von Barkwith (?) (Lincolnshire).
[4]) Haversholme, Priorat der Kongregation des Hl. Gilbert von Sempringham, Diöz. Lincoln, Lincolnshire.

canonici et moniales ordinis de Sep(re)pingham[d, 5)], in quorum monasterio
dicebatur fuisse detrusa, firmiter asserebant eam devote religionis habitum
suscepisse, suam tamen assertionem simplicem[e)] sacramento semper affirma-
re negantes, quare merito dubitastis, utrum esset eorum[f)] simplici assertioni
credendum et utrum veritas esset ab actricis adversariis elicienda, de quorum   5
iniuria suam semper deposuerat questionem.

Nos igitur attendentes[g)], quod contra depositiones testium iuratorum[6)]
eorum simplici non est assertioni credendum, discretioni vestre per apostolica
scripta mandamus, quatinus in eodem negotio, si res ita se habet, secundum
attestationes receptas ratione previa appellatione postposita procedatis.   10

Nullis litteris et cetera. Quod si non omnes et cetera, duo vestrum [et
cetera].

Datum Laterani, II Kal. Iunii.

86.

Innocenz III. nimmt das Benediktiner-Priorat St. Andrews in Ards und seine   15
Besitzungen in den päpstlichen Schutz.

Lateran, (1204) Mai 26.

Reg. Vat. 5, fol. 155[r]—155[v] ⟨Nr. 86⟩.
Bréquigny, Diplomata, II/1 511, Nr. 86 = Migne, PL, 215, 368, Nr. 86; Sheehy, Pontificia
Hibernica, I 126, Nr. 59. — Potth. Reg. 2220; Bliss, Calendar, I 17; Dunning, Letters, 241, Nr. 30.   20

.. Priori et monachis sancti Andree de Arce[1)].

Solet annuere et cetera usque assensu, monasterium sancti Andree, in quo
divino estis obsequio mancipati, cum omnibus, que impresentiarum iuste et
canonice possidet aut in futurum iustis modis et cetera usque suscipimus.
Specialiter autem ecclesiam de Ynchemackargi[2)], ecclesiam de Arkien'[3)], ec-   25
clesiam de Donanachti[4)], ecclesiam sancti Andree de Du(n)cro[a, 5)], ecclesiam

---

[d)] *Migne:* Sempingham.   [e)] Simplice(m); *darnach ein Buchstabe, wohl* -s, *ausradiert; auch
am Rande eine Rasur.*   [f)] -or- *auf Rasur.*   [g)] attendetes.

[5)] Zur Kongregation von Sempringham vgl. *DIP* 4 (1977) 1178—1182.
[6)] Vgl. *Decretum Gratiani* C. 3 q. 9 c. 20 (Friedberg, *CorpIC,* I 533f.).   30

86. [a)] *Migne:* Duero.

86. [1)] St. Andrews in Ards (Ben.-Priorat von Stogursey und Lonlay, Diöz. Armagh, Gft. Down,
Ulster, Irland). Gilbert ist vielleicht 1202 als Prior bezeugt. Vgl. Sheehy, *Pontificia Hibernica,*
I 126, Anm. 1.
[2)] Inishargey, Gft. Down, Bar. Upper Ards. Vgl. *ebd.* 127, Anm. 2.   35
[3)] Ardkeen, Gft. Down, Bar. Upper Ards. Vgl. *ebd.,* Anm. 3.
[4)] Donaghadee, Gft. Down, Bar. Lower Ards. Vgl. *ebd.,* Anm. 4.
[5)] Drumreagh, Gft. Down, Bar. Iveagh Upper. Vgl. *ebd.,* Anm. 5.

sancti Nicolai in Arte[6], ecclesiam de Kilkoikernau[7], ecclesiam de Kilbracti[8], ecclesiam sancti Corcani, ecclesiam de Statherole[b, 9] et ecclesiam de Erderacheth[10] et omnes ecclesias et ecclesiastica beneficia totius Modernie[c, 11] et Vuech[12] et omnes ecclesias et ecclesiastica beneficia totius[c] dominici * * fol. 155ᵛ
5 Ioh(ann)is de Curci[d, 13] ab aqua de Dalenard[14] usque ad aquam de Kerlingford[15], excepta ecclesia castelli de Mai(n)coue[e, 16], per diocesanos episcopos propriis monachorum usibus deputata, sicut in ipsorum episcoporum autenticis continetur et ea iuste et pacifice possidetis, vobis et per vos monasterio vestro auctoritate apostolica confirmamus et presentis scripti pa(trocinio)
10 communimus.

Nulli ergo et cetera hanc paginam nostre protectionis et confirmationis et cetera. Si quis autem et cetera.

Datum Laterani, VII Kal. Iunii.

87.

15 *Innocenz III. nimmt das Benediktiner-Priorat Folkestone und seine Besitzungen in den päpstlichen Schutz.*

Lateran, (1204) Mai 26.

Reg. Vat. 5, fol. 155ᵛ ⟨Nr. 87⟩.
Bréquigny, Diplomata, II/1 512, Nr. 87 = Migne, PL, 215, 369, Nr. 87. — Potth. Reg. 2221;
20 *Bliss, Calendar, I 17; Cheney, Calendar, 561.*

ᵇ) *Migne:* Stakerole.   ᶜ⁻ᶜ) *Fehlt bei Migne.*   ᵈ) *Migne:* Curcei.   ᵉ) *Migne:* Maicone.

[6]) Ards. Vgl. *ebd.,* Anm. 6.
[7]) Vielleicht Kilcolmock, Pfarre Carrowdore. Vgl. *ebd.,* Anm. 7.
[8]) Vielleicht Kilbright, Gft. Down, Bar. Lower Ards. Vgl. *ebd.,* Anm. 8.
25 [9]) Staghreel, ht. Tyrella, Gft. Down, Bar. Lecale Upper. Vgl. *ebd.,* Anm. 10.
[10]) Heute Derryaghy, Gft. Antrim, Bar. Belfast Upper. Vgl. *ebd.,* Anm. 11.
[11]) Mourne (Modhama), Gft. Down. Vgl. *ebd.,* Anm. 12.
[12]) Iveagh, Gft. Down. Vgl. *ebd.,* Anm. 13.
[13]) Johannes von Courcy, erobert 1176—1178 das Königreich Ulster; gest. ca. 1219. Vgl.
30 *Dict. NB* 4 (1908) 1255—1258, und zu seinen Stiftungen ORPEN, *Ireland under the Normans,* II 20—22. Die Schenkung für Ards ist gedruckt bei DUGDALE, *Monasticon,* VI/2 1123.
[14]) Fluß Ravel. Vgl. SHEEHY, *Pontificia Hibernica,* I 127, Anm. 14.
[15]) Carlingford Lough und Newry River. Vgl. *ebd.,* Anm. 15.
[16]) Dromore (Magh Cobha). Vgl. *ebd.,* Anm. 16.

.. Priori et monachis de Folkestan'[1].

Solet[a] annuere et cetera usque assensu, monasterium de Folkestan', in quo divino estis obsequio mancipati, cum omnibus, que impresentiarum iuste et canonice possidet, et cetera usque suscipimus. Specialiter autem ecclesiam de Kauekinge[b, 2], ecclesiam de Aukeham[3], medietatem decimationum de 5 Niweton'[4], decimas de Teterling'ham[c, 5], de Waleton'[6], de Northewode[7] et de Standene[8] et tertiam partem decimationum de Fliete[9], sicut eas iuste ac pacifice possidetis, vobis et per vos monasterio vestro auctoritate apostolica confirmamus[d] et cetera.

Nulli ergo et cetera paginam nostre protectionis et confirmationis [et 10 cetera]. Si quis autem et cetera.

Datum Laterani, VII Kal. Iunii.

88.

Innocenz III. nimmt das Benediktiner-Priorat St. Andrews in Stogursey und seine Besitzungen in den päpstlichen Schutz.   15

Lateran, (1204) Juni 11.

Reg. Vat. 5, fol. 155ᵛ ⟨Nr. 88⟩.

Empfängerüberlieferung: Original Eton College Mun. Stogursey deeds 148; Dr.: Tremlett–Blakiston, Stogursey Charters, 75, Nr. 151.

Bréquigny, Diplomata, II/1 512, Nr. 88 = Migne, PL, 215, 370, Nr. 88; Sheehy, Pontificia 20 *Hibernica, I 127, Nr. 60. — Potth. Reg. 2239; Bliss, Calendar, I 17f.; Dunning, Letters, 242, Nr. 31; Cheney, Calendar, 565.*

---

87. [a] *Am Rande die erste römische Briefzählung:* IIIICLXX.   [b] *Migne:* Kanekinge.
[c] *Migne:* Teteriingham.   [d] cofirmam(us).

87. [1] Folkestone, Ben.-Priorat von Lonlay, Diöz. Canterbury, Kent. Vgl. FOWLER–LITTLE, 25 *Ecclesiastical History*, 236—238.

[2] Hawkinge, Kent. Vgl. DUGDALE, *Monasticon*, IV 673, 675; FOWLER–LITTLE, *Ecclesiastical History*, 236; GLOVER, *Kent*, 92.

[3] Alkham, Kent. Vgl. FOWLER–LITTLE, *Ecclesiastical History*, 236; EKWALL, *Dictionnary*, 6; GLOVER, *Kent*, 4f.   30

[4] Wahrscheinlich Newington bei Folkestone, Kent. Vgl. GLOVER, *Kent*, 135; EVERITT, *Continuity*, 382.

[5] Wahrscheinlich Terlingham südl. von Hawkinge, Kent. Vgl. GLOVER, *Kent*, 188.

[6] Walton Farm bei Folkestone, Kent. Vgl. EKWALL, *Dictionnary*, 495; GLOVER, *Kent*, 201.

[7] Northwood oder Norwood, Kent (welches?). Vgl. EKWALL, *Dictionnary*, 344; GLOVER, 35 *Kent*, 136.

[8] Wahrscheinlich (Upper, Lower) Standen bei Folkestone, Kent. Vgl. GLOVER, *Kent*, 179; EVERITT, *Continuity*, 164, 283.

[9] Fleet, Kent (welches?). Vgl. GLOVER, *Kent*, 73.

.. Priori et monachis monasterii sancti Andree de Stokes[1].

| Iustis[a] petentium et cetera usque assensu, personas vestras cum omnibus bonis, que impresentiarum et cetera usque suscipimus. Specialiter autem ecclesiam de Wotone[b, 2], ecclesiam de Lullinstoch'[3], ecclesiam de Hoilefort[4]
5 et ecclesiam de Hichestoh'[5] cum omnibus earum pertinentiis, duas partes decime de Corniton'[6], totam decimam unius falde de Cumba[7], duas partes decime de Wileton'[8], duas partes decime de Lullinstoh'; ius, quod habetis in capellania castelli de Stokes[9], in territorio eiusdem castelli unam hidam[c] terre, terram de Tinelande[10], unum ferlingum terre, unam acram prati,
10 dimidiam virgatam de Brechei[11] et molendinum novum; in Walis[d] ius patronatus ecclesie de Traigru[12]; in Hib(er)nia apud Wltoniam[e, 13] omnes ecclesias et ecclesiastica beneficia totius dominici Ioh(ann)is de Curci[14] ab aqua de Dalnart usque ad aquam de Kerlingfort[f, 15] excepto castello de Maincoue[16]; decem carrucatas terre in Arte[17], in terra scilicet Maccollochan[18], in

---

15 **88.** [a] *Tintenwechsel.*   [b] *Migne:* Wotene.   [c] *Migne:* bidam.   [d] *Migne:* Walliis.   [e] *Migne:* Woltoniam.   [f] *Migne:* Ketlingfort.

88. *Empfängerüberlieferung (kollationiert nach einer Photographie des Eton College und dem Druck bei Tremlett–Blakiston, Stogursey Charters):*

1: .. Priori] Innocentius episcopus, servus servorum Dei, dilectis filiis .. priori.   1: Stokes]
20 Sthokes salutem et apostolicam et apostolicam *(sic!)* benedictionem.   2: et cetera usque] desideriis dignum est nos facilem prebere consensum et vota, que a rationis tramite non discordant, effectu prosequente complere. Eapropter, dilecti in Domino filii, vestris iustis postulationibus grato concurrentes.   3: et cetera usque] rationabiliter possidetis aut in futurum iustis modis prestante Domino poteritis adipisci, sub beati Petri et nostra protectione.   4: Lullin-
25 stoch'] Lullinstoh'.   8: Stokes] Sthokes.   11: Hib(er)nia] Ybernia.   11f.: W- — totius *Original beschädigt.*   13: Dalnart] Dalnac.   13: Kerlingfort] Kerlingefort.   14: Maccollochan] Maccollocan.

88. [1] St. Andrews in Stogursey (Ben.-Priorat von Lonlay, Diöz. Bath, Somerset). Als Prioren sind bezeugt Gottfried 1175 und G. 1219. Vgl. Knowles–Brooke–London, *Heads of Religious*
30 *Houses*, 110.
   [2] Wootton Courtney, Somerset. Vgl. Tremlett–Blakiston, *Stogursey Charters*, XIV und Index.
   [3] Lilstock, Somerset. Vgl. *ebd.*
   [4] Holford, Somerset. Vgl. *ebd.*
   [5] Edstock bei Cannington, Somerset. Vgl. *ebd.*
35   [6] Cockington, Devon. Vgl. *ebd.*
   [7] Combe, Somerset (?). Vgl. *ebd.*
   [8] Williton, Somerset. Vgl. *ebd.*
   [9] Kastell Stogursey.
   [10] Tinelande, Stogursey. Vgl. *ebd.*
40   [11] Breche, Stogursey. Vgl. *ebd.*
   [12] Treigru (Tref y Cruk oder Llangibbi) bei Usk (Wales). Vgl. *ebd.*
   [13] Ulster, Irland.
   [14] S. Br. VII 86 Anm. 13. Die Schenkung für Stogursey, ca. 1183/84, ist gedruckt bei Tremlett–Blakiston, *Stogursey Charters*, 50f.
45   [15] Ravel und Carlingford, s. Br. VII 86 Anm. 14 und 15.
   [16] Dromore, s. Br. VII 86 Anm. 16.
   [17] The Ards of Ulster, Gft. Down, Bar. Upper and Lower Ards.
   [18] Tuath des Clann Breasail Mac Duileacháin. Vgl. Sheehy, *Pontificia Hibernica*, I 128, Anm. 5.

Dalboing'[19]), in Hailo scilicet villam et ecclesiam de Arderashac[20]) cum pertinentiis suis et decem carrucatas terre, in Kinelmolan tres carrucatas terre, sicut ea omnia iuste et pacifice possidetis, vobis et per vos monasterio vestro auctoritate apostolica confirmamus et presentis scripti pa(trocinio) communimus.   5

Nulli ergo omnino hominum et cetera paginam nostre protectionis et confirmationis et cetera. Si quis et cetera.

Datum Laterani, III Idus Iunii.

89.

Innocenz III. trägt dem Abt (Eberhard) von Salem auf, den Bischof (Diethelm)   10
von Konstanz, sobald er sich gegenüber dem apostolischen Stuhl zum Gehorsam
verpflichtet hat, von der Exkommunikation zu lösen.

Lateran, (1204) Juni 15.

Reg. Vat. 5, fol. 155ᵛ ⟨Nr. 89⟩.

Bréquigny, Diplomata, II/1 513, Nr. 89 = Migne, PL, 215, 370, Nr. 89. — Potth. Reg. 2244;   15
BFW 5899; Ladewig–Müller, Regesta episcoporum Constantiensium, I 134, Nr. 1186.

.. Abbati de Salem[a, 1]).

(|) Sicut nostris est auribus intimatum, etsi in .. Constantiensem episcopum[2]) fuerit excommunicationis sententia promulgata[3]), id tamen ad eius

---

1: Dalboing'] Dalboing.   4: pa(trocinio)] patrocinio.   6: et cetera] liceat hanc.   7: et   20
cetera] infringere vel ei ausu temerario contraire.   7: et cetera] autem hoc attemptare presumpserit, indignationem omnipotentis Dei et beatorum Petri et Pauli apostolorum eius se noverit incursurum.   8: Iunii] Iunii, pontificatus nostri anno septimo.

[19]) Dál mBuain, Gft. Antrim, Bar. Upper Massereene, Upper Iveagh und Upper Castlereagh. Vgl. *ebd.*, Anm. 6.   25

[20]) Pfarre Derryaghy, Gft. Antrim. Vgl. *ebd.*, Anm. 8.

89. [a]) *Migne:* Selem.

89. [1]) Eberhard von Rohrdorf, Abt von Salem (Zist. Abtei, Diöz. Konstanz, Baden-Württemberg) 1191—1240. Vgl. SCHNEIDER, *Salem*, 140.

[2]) Diethelm von Krenkingen, Abt von Reichenau 1170, B. von Konstanz (Suffr. von Mainz)   30
1189—1206. Vgl. WEISS, *Konstanzer Bischöfe*, 145—175; Bistum Konstanz I 273f.

[3]) Wohl die allgemeine Exkommunikation der Gegner Ottos IV. durch den Legaten Guido von Palestrina. Vgl. WINKELMANN, *Philipp von Schwaben*, I 219; TILLMANN, *Innocenz III.*, 108 bis 110 mit Anm. 100; WEISS, *Konstanzer Bischöfe*, 196f.

audientiam non pervenit, priusquam .. Pampebergensis episcopus[4]), cui fuerat apud apostolicam sedem obiectum, quod ab ipso excommunicato diaconatus ordinem suscepisset, ad propria remearet. Quia vero reconciliari desiderat ecclesiastice unitati et absolutionis sibi postulat beneficium exhiberi,
5 discretioni tue[b]) per apostolica scripta mandamus, quatinus ab eo publice
iuratoria cautione recepta, quod mandatis nostris pareat super eo, pro quo
est excommunicationis vinculo innodatus, ei auctoritate nostra iuxta
formam ecclesie beneficium absolutionis impendas et processum tuum cum
litteris eius patentibus nobis infra duos menses cures fideliter intimare.
10 Datum Laterani, XVII Kal. Iulii.

90.

*Innocenz III. erklärt die Besetzung vakanter Domkapitelspfründen in Asti, die
der dortige Bischof (Bonifaz) und der Erzbischof (Philipp) von Mailand aufgrund der Bestimmungen des (dritten) Laterankonzils glaubten vornehmen zu
15 können, für ungültig, trägt jedoch dem Bischof (Bernhard) und dem Archidiakon von Pavia auf, falls die entsprechenden Mittel dafür vorhanden sind, die
Kaniker, gegen welche persönlich nichts einzuwenden ist, in deren Besitz zu
lassen.*

Lateran, (1204) Juni 15.

20 *Reg. Vat. 5, fol. 155ᵛ—156ʳ ⟨Nr. 90⟩.*
Bréquigny, Diplomata, II/1 513, Nr. 90 = Migne, PL, 215, 371, Nr. 90. — Comp. III 3. 8. 7;
Alan. 1. 7. 2; Alan. K. 1. 9. 2; Bern. 3. 10. 9; Coll. Fuld. 1. 9. 5; Coll. Dunelm. II 51; X 3. 8. 10. —
Potth. Reg. 2240.

.. Episcopo[1]) et archidiacono[2]) Papien(sibus)[a]).

25 **Ex** parte Astensis ecclesie[3]) fuit nostris auribus intimatum, quod, cum
quedam prebende in ipsa per quatuor annos et amplius vacavissent, venerabilis frater noster .. Astensis episcopus[4]) canonicos suos monuit diligenter, ut
ecclesiam[b]) ordinarent, quibus non admittentibus monitionem ipsius episco-

---

[b]) *Migne:* vestre.
30 [4]) Ekbert von Andechs, B. von Bamberg 1203—1237, war 1203 von Diethelm zum Diakon
geweiht worden. Vgl. Br. vom 22. Dezember 1203: *Potth. Reg.* 2070, Migne, *PL*, 217, 129f.: 130 B.

90. [a]) -pien(sibus) *auf Rasur. Migne wiederholt als Adresse irrtümlich* .. abbati de Salem. *Am
Rande das* Nota-Monogramm, *darunter von einer Hand des 13. Jhs.:* hoc c(apitulum) est Extra de
concessione prebende *(X 3. 8. 10).* [b]) *Migne:* ecclesia.

35 **90.** [1]) Der Kanonist Bernhard von Pavia, B. von Pavia 1198—1213. Vgl. *DBI* 9 (1967) 279—284.
[2]) Archidiakon von Pavia.
[3]) Asti (Suffr. von Turin).
[4]) Bonifaz (I.), als B. von Asti bezeugt 1198, 1206. Vgl. *Dict. HGE* 4 (1930) 1173.

pus quosdam in ecclesia ipsa instituit, credens hoc sibi ex concilio Lateranensi[5] licere. Instituti autem sentientes[c] non esse firmam institutionem huiusmodi, ad venerabilem fratrem nostrum .. Mediolanensem archiepiscopum[6]
recurrerunt, qui eosdem in canonicos Astensis ecclesie ordinavit et in corporalem prebendarum possessionem induxit capitulo eiusdem ecclesie prebente 5
consensum tribus tantum exceptis; quibus contra institutionem illam proponere in presentia nostra volentibus et parti ecclesie ipsam defensare parate

dilectum filium G(regorium), tituli sancti Vitalis presbyterum * cardinalem[7],
dedimus auditorem, in cuius presentia tres illi dicebant electionem illam
debere cassari, quia nec episcopus nec archiepiscopus supradictus de conces- 10
sione Lateranensis concilii potuerat prefatam ecclesiam ordinare, cum uterque circa tempus eis indultum a canone in ordinatione illa negligens fuerit et
remissus[d]. Pars vero altera dicebat econtra, quod licet institutio episcopi non
valeret, archiepiscopi tamen ordinatio de iure valebat, quia ei tempus indultum a canone — nisi a tempore, quo illi declaratum fuerat — non curre- 15
bat, ad quod probandum inducebat multiplices rationes. Hiis autem utrimque propositis tandem utraque pars concorditer est confessa, quod in predicta ecclesia non erant distincte prebende nec canonicorum numerus erat cer-
tus. Nos igitur hiis et aliis, que fuerunt utrimque proposita, diligenter auditis
intelleximus evidenter statutum Lateranensis concilii de beneficiis ultra sex 20
menses vacantibus locum in hoc articulo nullatenus habuisse, cum, etsi forsan Astensis ecclesia canonicorum pateretur defectum, nulle tamen in ea
prebende vacabant, cum in illa nec sint distincte prebende nec canonicorum
numerus diffinitus. Unde institutio per episcopum vel[e] archiepiscopum facta[f] occasione concilii memorati carere debebat[g] robore firmitatis; quia ta- 25
men totum capitulum tribus tantum exceptis predictorum receptionem ap-
probat et affectat nec ab illis tribus aliquid rationabile contra ipsos obiectum
est et ostensum, discretioni vestre per apostolica scripta mandamus, quatinus inquisita diligencius veritate, si Astensis ecclesie suppetunt facultates,
secundum consuetudinem hactenus observatam predictos clericos sublato 30
cuiuslibet contradictionis et appellationis obstaculo pro canonicis faciatis
haberi. Contradictores et cetera. Quod si non ambo et cetera, tu, frater
episcope, et cetera.

     Datum Laterani, XVII Kal. Iulii.

     ᶜ) *Davor* co- *ausradiert;* s- *auf Rasur.*   ᵈ) *Darnach eine Rasur von ca. zwei Buchstaben.* 35
ᵉ) *Migne:* et.   ᶠ) -a- *korr. aus einem anderen Buchstaben.*   ᵍ) -a- *auf Rasur.*

     ⁵) S. Br. 71 (70) Anm. 4.
     ⁶) Philipp (I.) von Lampugnano, EB. von Mailand 1196—1206. Vgl. M. P. ALBERZONI,
Filippo de Lampugnano, in: *Dizionario della Chiesa ambrosiana* II (1988) 1234—1236.
     ⁷) Gregorius de Crescentio, KP. von S. Vitale 1200—nach 1207. Vgl. MALECZEK, *Papst und* 40
Kardinalskolleg, 90—92.

91.

Innocenz III. lädt den Abt (Armandus) und den Konvent von La Chaise-Dieu im Prozeß (zwischen Klerus und Volk von Montepiloso und dem Priorat von La Chaise-Dieu, S. Maria Nuova,) über (die Restituierung des aufgehobenen Bistums) Montepiloso neuerlich an die Kurie und setzt den 29. September als Termin.

Lateran, (1204) Juni 17.

Reg. Vat. 5, fol. 156ʳ ⟨Nr. 91⟩.

Bréquigny, Diplomata, II/1 514, Nr. 91 = Migne, PL, 215, 373, Nr. 91; Janora, Memorie, 140f.
— Potth. Reg. 2246.

.. Abbati et conventui Casedei[1].

| Grave[a] gerimus et indignum, quod, cum vos super facto Montispilosi duxerimus peremptorio edicto citandos[2], ad nostram venire presentiam noluistis; quasdam tamen[b] excusationes pretendistis per litteras vestras, quod ad presens ad nos non poteratis accessum habere, quia messes habebatis pre manibus et intemperiem aeris timebatis, unde nos rogabatis suppliciter, ut a facta citatione vobis parcere dignaremur ad presens. Unam igitur excusationum illarum frivolam reputantes, aliam de gratia duximus admittendam, ut, nisi veneritis interim, post fervorem saltem estatis in festo sancti Michaelis proximo venturo[3], quod vobis pro peremptorio assignamus, ad nostram venire presentiam sine dilatione ac excusatione aliqua non tardetis aut pro vobis mittatis idoneos responsales. Alioquin pro certo noveritis, quod nos extunc in ipso negotio, cum ipsum amplius protelari nolimus, vobis absentibus nec super hoc requisitis decetero procedemus.

Datum Laterani, XV Kal. Iulii.

92.

Innocenz III. trägt dem Erzbischof (Otto) von Genua und dem Propst (Columbanus?) von S. Maria (del Prato) in Albaro auf, die Klage der Schwiegermutter S. des Genueser Bürgers N. de Camilla, die nach dessen Aussage dessen rechtmäßig geschlossene Ehe anficht, um von ihm Geld zu erpressen, falls sich dies so verhält, abzuweisen.

Lateran, (1204) Juni 15.

---

91. [a] *Tintenwechsel.* [b] *Migne:* tantum.

91. [1] S. Br. VII 40 Anm. 2.

[2] Br. VII 40.

[3] 29. September 1204.

Reg. Vat. 5, fol. 156ʳ ⟨Nr. 92⟩.
Bréquigny, Diplomata, II/1 515, Nr. 92 = Migne, PL, 215, 373, Nr. 92. — Comp. III 4. 13. 3;
Alan. 4. 13. 1; Alan. K. 4. 13. 1; Bern. 4. 13. 4; Coll. Fuld. 4. 13. 5; X 4. 18. 5. — Potth. Reg. 2241.

.. Archiepiscopo[1]) et .. preposito sancte Marie de Albario[2]), Ianuen(sibus)[a]).

Significante N. de Camilla, cive Ianuensi, nostro est apostolatui declara- 5
tum, quod, cum ipse I. mulierem duxisset legitime in uxorem, S. mater
mulieris ipsius nisa est[b]) matrimonium accusare, ut ab eo pecuniam extorqueret, et licet intellectui suo prava non possint opera respondere, nichilominus
tamen vult habere pecuniam, ut a matrimonii eiusdem decetero accusatione
desistat. Cum igitur non sit malitiis hominum indulgendum, discretioni ve- 10
stre per apostolica scripta mandamus, quatinus, si verum est, quod proponi-
tur, prefatam mulierem ab accusatione ipsius matrimonii repellentes, eidem
super hoc silentium imponatis.

Testes et cetera. Quod si non omnes et cetera, tu, frater archiepiscope,
cum eorum altero [et cetera]. 15

Datum Laterani, XVII Kal. Iulii.

93.

Innocenz III. befiehlt den Erzbischöfen (Peter) von Compostela und (Martin)
von Toledo sowie den Bischöfen (García) von Tarazona und (Peter) von Coim-
bra, die Tochter (Berengaria) des Königs (Alfons) von Kastilien, welche, nach- 20
dem sie sich zu Gehorsam gegenüber dem Papst verpflichtet hatte, von der wegen
ihrer inzestuösen Ehe mit dem König (Alfons) von León inkurrierten Exkommu-
nikation absolviert wurde, zu zwingen, 30 Burgen und Orte im Königreich León,
welche ihr anläßlich der Eheschließung übertragen worden waren, zurückzuer-
statten oder den oben genannten Erzbischöfen und Bischöfen auszuliefern, bis 25
durch gewählte Schiedsrichter oder durch den Papst selbst endgültig darüber
entschieden wird. Widrigenfalls sollen über sie, ihre Eltern, den König (Alfons)
und die Königin (Eleonore) von Kastilien, und alle, die sie daran hindern, dem
Mandat nachzukommen, die Exkommunikation und ein interdictum deambula-
torium verhängt werden. 30

Lateran, (1204) Juni 20.

Reg. Vat. 5, fol. 156ʳ—157ʳ ⟨Nr. 93⟩.
Bréquigny, Diplomata, II/1 515, Nr. 93 = Migne, PL, 215, 373, Nr. 93; Mansilla, Documenta-
ción, 336, Nr. 305; Da Costa–Marques, Bulário, 213, Nr. 101. — Potth. Reg. 2250; Vázquez Martínez,
Documentos, 20, Nr. 48. 35

---

92. [a]) *Am Rande das* Nota-*Monogramm.*   [b]) Migne: et.

92. [1]) Otto Ghilini, EB. von Genua 1203—1239. Vgl. *Dict. HGE* 20 (1984) 404.
    [2]) Vielleicht Columbanus, als Prior von S. Maria de Albario (del Prato) (Augustiner-Chor-
herrenpriorat von Mortara, Albaro [Genua]) bezeugt 1205. Vgl. Puncuh, *Liber Privilegiorum,*
Nr. 198, S. 303; Remondini, *Parrocchie,* 16—19. 40

.. Compostellano[1]) et .. Toletano[2]) archiepiscopis, .. Tirasonensi[3]) et .. Colimbriensi[4]) episcopis[a]).

| Cum olim ad nostram audientiam pervenisset, quod .. rex Legionensis[5]), qui a nata karissimi in Christo filii .. regis Portugalensis illustris, quam
5 incestuose duxerat, fuerat separatus[6]), filiam[7]) karissimi in Christo filii nostri .. Castelle regis illustris[8]) — neptem videlicet propriam — sibi presumpserat copulare, dilectum filium fratrem Rainer(ium)[9]) in Hispaniam duximus destinandum, ut iuxta verbum propheticum solveret colligationes impietatis, solveret fasciculos deprimentes. Ipse igitur ingressus Hispaniam regem Le- vgl. Is 58, 6
10 gionensem semel et iterum ex parte nostra commonuit, ut a tam detestanda et nefanda copula resiliret univer*sis obligationibus dissolutis, que fuerant * fol. 156ᵛ pro ipsa copula consumanda contracte. Verum, cum apud eum nichil penitus profecisset nec rex ipse die sibi et loco prefixo eius se conspectui presentasset ultra terminum etiam expectatus, ipse iuxta formam mandati nostri[10]) proce-
15 dens in regem excommunicationis et in regnum eius interdicti sententias promulgavit. In regem vero Castelle ac terram ipsius[b]), cum se mandatis eius exponeret et .. filiam suam, si sibi redderetur, se assereret recepturum, non duxit aliquatenus procedendum.

Postmodum autem rex ipse Castelle per te, frater Toletane, ac venerabi-
20 lem fratrem nostrum .. episcopum Palentinum[11]) et rex Legionensis per venerabilem fratrem nostrum .. Zamorensem episcopum[12]) nobis humiliter supplicarunt, ut dignaremur super huiusmodi copula dispensare. Sed, cum in hac

---

93. [a]) *Am Rande ein Kreuz; ferner die Zeichnung einer Jakobsmuschel als Hinweis auf den EB. von Santiago de Compostela als Adressaten. Außen am Rande ein schiefliegendes Kreuz und vielleicht mit*
25 *derselben Tinte längs des Briefes am linken Rande auf fol. 156ʳ und auf fol. 156ᵛ bis Anm. d ein senkrechter, z. T. gewellter Strich. Die Adresse ist am Rande vorgemerkt, jedoch großteils weggeschnitten.* [b]) *-u- vielleicht auf Rasur.*

93. [1]) Pedro Suárez de Deza, EB. von Santiago de Compostela 1173—1206. Vgl. *DHEE* IV 2201; Ubieto Arteta, *Listas*, II 331.
30 [2]) S. Br. VII 68 (67) Anm. 1.
[3]) García Frontín, B. von Tarazona (Suffr. von Zaragoza) 1195—1219. Vgl. *DHEE* IV 2565; Ubieto Arteta, *Listas*, II 373.
[4]) Pedro Suárez, B. von Coimbra (Suffr. von Braga) 1192—1232/1233. Vgl. *Dict. HGE* 13 (1956) 210; Ubieto Arteta, *Listas*, I 110.
35 [5]) S. Br. VII 68 (67) Anm. 6.
[6]) Teresa, Tochter König Sanchos I. von Portugal (1185—1211). Die 1191 geschlossene Ehe wurde 1194 gelöst. Vgl. González, *Alfonso IX*, I 66. Gest. 1250 als Nonne in der Zisterzienserinnen-Abtei Lorvão; seliggesprochen. Vgl. *Bibliotheca Sanctorum* 12 (1969) 428f.
[7]) S. Br. VII 68 (67) Anm. 4.
40 [8]) S. Br. VII 68 (67) Anm. 5.
[9]) Rainer von Ponza, Zisterziensermönch von Fossanova, 1198/1199 als Legat in Spanien und Südfrankreich, gest. 1207/1209 als Eremit auf Ponza. Vgl. Grundmann, *Joachim von Fiore und Rainer von Ponza*. S. auch Br. I 92, 93.
[10]) Vgl. Br. I 92 Bd. 1 S. 133 Z. 17—23, I 93.
45 [11]) Ardericus, B. von Palencia (Suffr. von Toledo, ht. Burgos) 1183 (?)—1208. Vgl. *DHEE* III 1870; Ubieto Arteta, *Listas*, II 288.
[12]) S. Br. VII 68 (67) Anm. 3.

petitione fuissent passi repulsam, postulastis^{c)} a nobis, ut relaxaremus saltim
sententiam interdicti, cum ex eo toti regno periculum immineret. Nos igitur

vgl. 1Jo 4, 1 probare volentes spiritus, si essent ex Deo, et utrum ex^{d)} hoc sperata et a
vobis proposita utilitas proveniret, relaxavimus non ex toto nec perpetuo,
sed in una parte solummodo et ad tempus, quamdiu scilicet expediret et 5
placitum nobis esset, sententiam interdicti, sic videlicet, ut in regno ipso
divina celebrarentur officia, sed decedentium corpora non^{e)} traderentur ecclesiastice sepulture; clericis dumtaxat exceptis, quibus de gratia concessimus speciali, ut possent in ecclesiastico cimiterio tumulari, solita tamen
sollempnitate cessante. Ne vero remittere penam, sed commutare potius 10
videremur, dictum regem Legionensem et memoratam filiam regis Castelle ac
omnes principales eorum consiliarios et fautores vinculo excommunicationis
astrinximus, et ad quamcumque civitatem, villam vel opidum devenirent,
divina in eis illis presentibus vetuimus officia celebrari¹³⁾.

Quia vero castra quedam, que rex Legionensis filie regis Castelle tradidisse 15
dicebatur^{f)} in dotem vel in donationem potius propter nuptias¹⁴⁾, ita^{g)} ut, si
eam aliqua occasione relinqueret, ipsa cederent in ius eius, videbantur dissolu-
tionem huiusmodi copule^{h)} plurimum^{h)} impedire — cum castra ipsa non tam ob
turpem quam ob nullam causam potius essent data, utpote cum manifeste
constaret, quod matrimonium non existeret inter eos et ideo nec dos nec 20
donatio propter nuptias, ne filie regis Castelle ad comodum cederet, quod in
penam eius debebat potius retorqueri —, restitui voluimus castra ipsa et ad id
eam per excommunicationis sententiam coartariⁱ⁾, auctoritate apostolica de-
cernentes, ut, si proles suscepta esset tunc temporis vel susciperetur in posterum
ex tam incestuosa copula^{k)} et dampnata, spuria et inlegitima penitus habe- 25
retur, que in bonis paternis nulla occasione succedit secundum legitimas
sanctiones¹⁵⁾. Ceterum rex Castelle, de quo miramur non modicum, callide
procuravit, ut totum regnum Legionense proli¹⁶⁾ ex copula tam incestuosa
suscepte iuraret, unde nos ei sub divini iudicii obtestatione mandavimus¹⁷⁾, ut

vgl. Is 58, 6 dissolveret penitus colligationes iniquitatis istius et non solum reciperet natam 30
suam, sed etiam revocaret, ut subductam incestuosis amplexibus, cui vellet,

---

^{c)} *Migne:* postulatis.   ^{d)} *Bis hieher am Rande ein senkrechter, z. T. gewellter Strich.*   ^{e)} *Über
der Zeile nachgetragen.*   ^{f)} *Korr. aus* dicebantur *durch je einen Punkt ober- und unterhalb des* -n-.
^{g)} i- *vielleicht auf Rasur.*   ^{h—h)} *Auf Rasur nachgetragen. Migne:* complere plurimum.   ⁱ⁾ *Korr.
aus* cohartari *durch einen Punkt unter und über dem* -h-.   ^{k)} *Migne:* copulata. 35

¹³⁾ S. Br. II 72 (75) Bd. 2 S. 132 Z. 17—S. 133 Z. 2.
¹⁴⁾ Alfons IX. übertrug Berengaria im Ehevertrag zu ihrer Sicherstellung 30 Kastelle in
León. Vgl. GONZÁLEZ, *Alfonso IX*, I 92—95; II 194—197, Nr. 135 (Schenkungs- [oder Ratifikati-
ons-]urkunde vom 8. Dezember 1199).
¹⁵⁾ S. Br. II 72 (75) Bd. 2 S. 133 Z. 15—27. Vgl. *Decretum Gratiani* C. 35 q. 7 c. un. 40
(FRIEDBERG, *CorpIC*, I 1281); Codex 6. 57. 5. 1 (Ed. KRUEGER 285); Novellen 89. 12. 5, 89. 15 (Ed.
SCHOELL–KROLL 442f., 444); vgl. auch Novellen 74. 6 (*ebd.* 377).
¹⁶⁾ Ferdinand III., 1217 König von Kastilien, 1230 König von León, gest. 1252. Insgesamt
entstammten der Ehe fünf Kinder.
¹⁷⁾ Br. VI 80.   45

tantum in Domino iungeret federe coniugali. Alioquin in eum et terram ipsius, prout videremus expedire[l]), procedere curaremus et ammonitionem nostram acrior vindicta, quam crederet, sequeretur. Ipse autem per dilectum filium magistrum L., nuntium suum, se nisus est multipliciter excusare, ne
5 castra predicta restituere cogeretur, cum non ab eo, sed ab eius filia tenerentur.

Licet igitur huiusmodi sit copula dissoluta, unde tam regem Legionensem quam filiam regis Castelle mandavimus a vinculo excommunicationis absolvi[18]) et regnum eius a sententia interdicti prestita secundum formam ecclesie iuratoria cautione, quod nostris debeant parere mandatis, ut tamen penitus
10 dissolvatur, quicquid ob illam incestuosam copulam nequiter fuerat[m]) colligatum, fraternitati vestre per apostolica scripta mandamus et in virtute obedientie districte precipimus, quatinus, postquam rex Legionensis fuerit absolutus, sepedictam filiam regis Castelle monere diligentius et inducere procuretis, precipientes hoc ei ex parte nostra sub debito prestiti iuramenti,
15 ut castra ipsa, sive in dotem sive in donationem propter nuptias vel quocumque modo propter huiusmodi copulam data fuerint, ipsi regi Legionensi restituat vel saltem, si quid fuerit questionis, assignet et tradat in manibus vestris tamdiu detinenda, donec per arbitros electos communiter vel, si noluerint vel nequiverint in arbitros convenire, per nos mediante iustitia ter-
20 minetur. Quod si man*datis nostris et monitis vestris noluerit obedire, ipsam   * fol. 157ʳ
omni gratia et timore postposita sublato appellationis obstaculo in excommunicationis sententiam reducatis, eadem sententia ferientes tam patrem et[n]) matrem[n]) ipsius[19]), regem et reginam Castelle, quam omnes, qui presumpserint impedire, quominus mandatum apostolicum super hoc valeat adimple-
25 ri[o]), et ad quemcumque locum devenerint, eis presentibus divina prohibeatis officia celebrari.

Quod si non omnes volueritis[p]) aut potueritis interesse, tres vestrum ea et cetera.

Datum Laterani, XII Kal. Iulii.

30
94.

Innocenz III. trägt dem Erzbischof (Peter) von Compostela und den Bischöfen (Martin) von Zamora und (Ardericus) von Palencia auf, den König (Alfons) von León, der sich von der mit ihm in kanonisch ungültiger Ehe verheirateten Tochter (Berengaria) des Königs (Alfons) von Kastilien getrennt hat, und seine
35 *hauptsächlichen Räte und Helfer von der wegen dieser Verbindung über sie*

---

[l]) *Migne:* expediret.   [m]) +t *vielleicht auf Rasur.*   [n—n]) et ma- *auf Rasur; am Rande zwei Punkte ausradiert.*   [o]) -leri *auf Rasur; auch am Rande eine Rasur.*   [p]) *Migne:* nolueritis.

[18]) Br. VII 68 (67) und 94.

[19]) Eleonore von Anjou-Plantagenet, Tochter König Heinrichs II. von England, 1162 bis
40 1214. Vgl. Schwennicke, *Stammtafeln*, II, T. 62.

verhängten Exkommunikation zu absolvieren, sobald sie sich in dieser Angele-
genheit zum Gehorsam gegenüber dem Papst verpflichtet haben.

Lateran, (1204) Juni 19.

Reg. Vat. 5, fol. 157ʳ ⟨Nr. 94⟩.

Bréquigny, Diplomata, II/1 517, Nr. 94 = Migne, PL, 215, 376, Nr. 94; Mansilla, Documenta- 5
ción, 335, Nr. 304. — Potth. Reg. 2249; Vázquez Martínez, Documentos, 20, Nr. 47.

.. Archiepiscopo Compostellano¹⁾, .. Zamorensi²⁾ et .. Palentino³⁾ episcopisᵃ⁾.

| Cum eius locum, licet immeriti, teneamus in terris, qui non vult mortem

vgl. Ez 18, 23; 33, 11 peccatoris, sed ut convertatur et vivat, et qui etiam, cum iratus fuerit, non

vgl. Tob 3, 13;
Ps 59, 3 obliviscitur misereri⁴⁾, decet nos circa illos misericorditer agere, qui ad gremi- 10
um matris ecclesie humiliter redire desiderant⁵⁾ et de commissis satisfactio-
nem debitam exhibereᵇ⁾. Licet autem .. illustris rex Legionensis⁶⁾ graviter
suum offenderit Creatorem ex eo, quod nobili mulieri .. nate⁷⁾ karissimi in
Christo filii nostri .. illustris regis Castelle⁸⁾ adherere presumpserat per
incestum ac propter hoc excommunicationis meruerit vinculo innodari⁹⁾, 15

vgl. Is 46, 8 quia tamen, sicut accepimus, ad cor rediens ab ea ex toto recessit et de
commissis promittens satisfactionem debitam exhibere absolutionis beneficium humiliter sibi postulat indulgeri, ipsius petitioni misericorditer duximus
annuendum.

Quocirca fraternitati vestre per apostolica scripta mandamus, quatinus 20
ab eo et principalibus consiliariis et fautoribus eius, qui eandem secum propter hoc sententiam subierunt, nec non et ab illis, qui communicaverunt
eidem, publice ac sollempniter iuxta formam ecclesie iuratoria cautione recepta, quod nostris debeant parere mandatisᶜ⁾, auctoritate nostra eis absolutionis beneficium impendatis et latam in regnum ipsius relaxetis sententiam 25
interdicti, iniungentes ipsi sub debito iuramenti salvis aliis mandatis nostris,
que sibi duxerimus facienda, quod ad predictam nobilem nullatenus revertatur nec illam recipiat etiam redire volentem.

Quod si non omnes valueritis aut volueritisᵈ⁾ et cetera, duo vestrum [et
cetera]. 30

Datum Laterani, XIII Kal. Iulii.

---

94. ᵃ⁾ *Am Rande ein Kreuz; ferner die Zeichnung einer Jakobsmuschel (s. Br. VII 93 Anm. a);*
längs des Briefes am Rande ein senkrechter, z. T. gewellter Strich.   ᵇ⁾ *-hib- auf Rasur; auch am*
Rande eine kleine Rasur.   ᶜ⁾ *Das zweite -a- auf Rasur.*   ᵈ⁾ *v- vielleicht auf Rasur.*

94. ¹⁾ S. Br. VII 93 Anm. 1. 35
²⁾ S. Br. VII 68 (67) Anm. 3.
³⁾ S. Br. VII 93 Anm. 11.
⁴⁾ Vgl. *Decretum Gratiani* De pen. D. 3 c. 41 (Friedberg, *CorpIC*, I 1224).
⁵⁾ Vgl. *Decretum Gratiani* C. 6 q. 1 c. 3 § 1; C. 17 q. 4 c. 23 § 1 (Friedberg, *CorpIC*, I 554, 821).
⁶⁾ S. Br. VII 68 (67) Anm. 6. 40
⁷⁾ S. Br. VII 68 (67) Anm. 4.
⁸⁾ S. Br. VII 68 (67) Anm. 5.
⁹⁾ S. Br. I 92, 93, II 72 (75), VI 80.

95.

Innocenz III. inkorporiert das von ihm gegründete Hospital zu Santo Spirito in Sassia in Rom in den Orden vom Hl. Geist zu Montpellier, regelt seine Stellung und Rechte innerhalb dieser Gemeinschaft und erteilt ihm ein Exemtionsprivileg.

Lateran, 1204 Juni 18.

Reg. Vat. 5, fol. 157ʳ—158ʳ ⟨Nr. 95⟩.

Bréquigny, Diplomata, II/1 517, Nr. 95 = Migne, PL, 215, 376, Nr. 95; Rouquette–Villemagne, Bullaire de Maguelone, I 292, Nr. 171; De Angelis, Ospedale, I 381, Nr. 7. — Potth. Reg. 2248.

Guid(oni), magistro[1] hospitalium[a] sancte Marie in Saxia[2] et[b] sancti Spiritus in Monte Pesulano[b], eiusque fratribus tam presentibus quam futuris regularem vitam professis in perpetuum[c].

| Inter[d] opera pietatis, que secundum Apostolum promissionem[e] habent[f] vite, que nunc[g] est pariter et future, hospitalitatem nobis specialiter et   *vgl. 1Tim 4, 8*
frequenter divina Scriptura commendat, utpote que illa omnia comprehendit, propter[d] que Dominus in ultime discussionis examine remuneraturum se
bonos et malos asserit puniturum. Hec enim pascit esurientes, sitientes potat,   *vgl. Mt 25, 31—33*
colligit hospites, nudos vestit et non solum infirmos visitat, sed eorum in se
infirmitates assumens infirmantium curam agit, in carcere positis subvenit
et, quibus vivis in infirmitate communicat, participat in sepultura defunctis.   *vgl. Mt 25, 35f.*
Per hanc quidem angelis receptis hospitio placuerunt, cum Abraham et Lot
hospitalitati vacantes angelos meruerint[h] hospitari[i], per quos Abraham iam
senex future sobolis promissionem accepit et Lot fuit de incendio Sodome   *vgl. Gn 18, 1—16*
liberatus. Duo quoque discipuli, qui Iesum hospitio coegerunt, quem in expo-   *vgl. Gn 19, 1—17*
sitione Scripture non noverant, in panis fractione noverunt. Per hanc super-   *vgl. Lk 24, 13—35*
flua divitum, que congregata forte servarentur ad mortem, in necessitates
pauperum erogantur[k] ad vitam. Per hanc terrena in celestia et transitoria in
eterna felici commertio commutantur, dum per manus pauperum thesauriza-
mus in celis, ubi nec erugo nec tinea[l] demolitur et ubi fures non effodiunt nec
furantur, et facimus nobis de mammona iniquitatis amicos, qui, cum defece-   *vgl. Mt 6, 20*
rimus, in eterna tabernacula nos admittant[m].   *vgl. Lk 16, 9*

---

95. [a]) *Migne:* hospitalis.   [b—b]) *Fehlt bei Migne.*   [c]) *Am Rande ein Kreuz; darunter ein weiteres Kreuz, mit drei kurzen, senkrechten Strichen in hellerer Tinte durchgestrichen (?). Auf fol. 157ʳ längs des Briefes am Rande ein senkrechter, z. T. gewellter Strich.*   [d—d]) *Am linken Rande eine Klammer mit einem schiefliegenden Kreuz in der Mitte.*   [e]) *Neben der Unterlänge des p- eine kleine Rasur.* [f]) habet.   [g]) -c *auf Rasur; auch am Rande eine Rasur.*   [h]) *Migne:* meruerunt.   [i]) *Migne:* hospitali.   [k]) *Migne:* erogatur.   [l]) -a *korr. aus einem anderen Buchstaben, vielleicht aus* -e. [m]) *Darnach ein Paragraphenzeichen.*

95. [1]) Guido von Montpellier, Gründer des Hospitals Saint-Esprit in Montpellier, Gründer und erster Superior des Hospitaliterordens, gest. 1208. Vgl. *Dict. HGE* 22 (1988) 1280f.; Br. I 95, 97.
[2]) Das heutige Santo Spirito in Sassia, von Innocenz III. an Stelle der alten „Schola Saxonum" gegründet; Br. vom 10. Dezember 1201; Dr.: De Angelis, *Ospedale*, I 380f.

Hec igitur attendentes non solum pro nostra sed predecessorum ac successorum et fratrum nostrorum episcoporum, presbyterorum atque diaconum
Romane ecclesie cardinalium tam vivorum quam etiam defunctorum salute
apud sanctam Mariam in Saxia, locum utique satis idoneum ad hospitalitatis
officium exercendum, elemosinis ecclesie Romane venerabile construximus 5
hospitale, in quo futuris temporibus dante Domino recipiantur et refician-
tur[n)] pauperes et infirmi et exhibeantur alia opera pietatis[o)]; statuentes, ut
regularis ordo[3)], qui secundum Deum et institutionem fratrum hospitalis
sancti Spiritus in eodem loco per nos institutus esse dinoscitur, perpetuis
ibidem temporibus inviolabiliter observetur, hoc tamen adiecto, ut in eadem 10
ecclesia quatuor semper adminus sint clerici regulam eiusdem hospitalis *
professi, qui pro nobis et predecessoribus ac[p)] successoribus[p)] et fratribus
nostris vivis pariter ac defunctis specialiter obsecrantes omnia spiritualia
libere amministrent et super hiis nullius nisi Romani pontificis correctioni
subiaceant, ad quem, quotiens expedierit, monitione premissa caritativa 15
fiat[q)] a fratribus proclamatio propter Deum, ut ipse cognita veritate decer-
nat, quod suo prudenti consilio duxerit providendum. Ipsi autem victu et
vestitu contenti, quem eis secundum eandem regulam precipimus exhiberi,
divinis vacent officiis et intendant ecclesiasticis sacramentis, ita quod de aliis
hospitalis negotiis preter concessionem magistri se nullatenus intromittant, 20
sed omnia dispositioni tue, fili magister, et successorum tuorum vel eorum,
qui per te vel eos[r)] ad hoc fuerint deputati, sine contradictione ac murmura-
tione relinquant.

Ceterum quoniam in hospitali sancti Spiritus diebus nostris per Dei gratiam hospitalitas valde viget, illud isti et istud illi de consilio[s)] fratrum no- 25
strorum unimus, ut et istud illi tanto utilius munimen impendat, quanto
vicinius nobis existens defensionem nostram illi facilius poterit implorare
illudque isti tanto comodius subveniat in ministris, quanto persone[t)] conver-
santes in illo ad hospitalitatis sunt[u)] officium aptiores, ita tamen, ut per hanc
unionem predictum sancti Spiritus hospitale iurisditioni Magalonensis eccle- 30
sie minime subtrahatur; illa dumtaxat constitutione servata, quam inter
eandem Magalonensem ecclesiam et predictum sancti Spiritus hospitale decrevimus observandam[4)]. Statuimus insuper, ut unus tantum magister hospi-
talibus preficiatur ambobus, qui utrumque visitet annuatim et, que statuen-

---

[n)] recificiant(ur).   [o)] *Darnach eine kleine Rasur.*   [p—p)] *Fehlt bei Migne.*   [q)] *Außerhalb des* 35
Schriftspiegels nachgetragen.   [r)] *-o- korr., vielleicht aus -a-.*   [s)] *Migne:* concilio.   [t)] *Am Rande*
ein kurzer, waagrechter Strich.   [u)] *-n- korr. aus -u-.*

[3)] Guido nimmt für seinen Orden die Augustinerregel an. Innocenz III. äußert sich sehr
vage hinsichtlich der „consuetudo", die auch auf Santo Spirito übertragen wird. Vgl. Maccarrone, *Studi*, 279f., Anm. 3; 290, 291 mit Anm. 2. Die *Regula Sancti Spiritus*, deren Approbation 40
verschiedentlich Innocenz III. zugeschrieben wurde, wurde wohl erst in der Mitte des 13. Jhs.
redigiert. Vgl. auch De Angelis, *Regula*.

[4)] Vielleicht der Vergleich zwischen dem Bistum Maguelonne und dem Spital von c. 1193,
dessen Inhalt nicht bekannt ist. Vgl. Br. VI 107 Bd. 6 S. 173 Z. 15—18; Rouquette–Villemagne,
Bullaire de Maguelone, I 290.

da vel emendanda^{v)} viderit, statuat et emendet et transferendi fratres, ubicumque fuerint, prout melius viderit expedire, liberam habeat facultatem.
Qui^{w)} si forsan apud Vrbem vel ubilibet citra montes viam fuerit universe
carnis ingressus, fratres hospitalis sancte Marie in Saxia fratribus hospitalis   vgl. Jos 23, 14;
5 sancti Spiritus eius non differant obitum nuntiare, illique Romam duos vel   1Kg 2, 2
tres de fratribus suis mittant, qui cum fratribus hospitalis sancte Marie in
Saxia electionem celebrent regularem. Quod si forsan apud Montem Pesulanum obierit vel ubilibet ultra montes, per fratres sancti Spiritus fratribus
sancte Marie ipsius obitus nuntietur, qui, ut prediximus, duos vel tres de
10 fratribus suis Montem Pesulanum transmittant ad electionem regulariter
celebrandam^{x)}. Ceterum cum ecclesia sancte Marie in Saxia et hospitale
constructum ibidem ad nos nullo pertineant mediante — salvo quod clerici
eiusdem ecclesie debent ex nostro mandato basilice principis apostolorum^{w)}
in scrutinio, baptismo et letania⁵⁾ —, ne disparis conditionis homo preferatur
15 eidem et servus, qui^{y)} alii domino^{y)} stet aut cadat, preponatur hospitali   vgl. Röm 14, 4
predicto, quod nostre tantum est iurisditioni subiectum, personam tuam^{z)},
fili magister, et successorum tuorum a quorumlibet prelatorum eximimus
potestate, ut nullus in te vel eos interdicti vel excommunicationis^{aa)} sententiam sine mandato apostolice sedis audeat promulgare, quam, si aliter prola-
20 ta^{bb)} fuerit, decernimus non tenere.

Licet^{cc)} autem^{bb)} predicta hospitalia uniamus, ne tamen huiusmodi unio
confusionem inducat, cum, etsi unio Deo sit placita, discretio tamen ei nichilominus sit accepta, privilegio presenti statuimus, ut fratres, qui colligendis
elemosinis pro pauperibus hospitalis sancte Marie in Saxia fuerint deputati,
25 tantum Italia et Sicilia^{dd)} et Anglia et Vngaria sint contenti^{ee)}. Fratres autem
hospitalis sancti Spiritus in Monte Pesulano libere in provinciis aliis elemosi-
narum statuant collectores, ita quod utrique suis terminis sint contenti nec
invadant alteri terminos aliorum nec elemosine, que pro hospitali sancte Marie
in Saxia collecte fuerint, ad hospitale sancti Spiritus transferantur nec, que
30 fuerint illi fidelium devotione collate, occasione qualibet deferantur ad istud^{cc)}.

Si qui vero fratrum vestrorum, qui destinati fuerint ad elemosinas colli-
gendas, in quamlibet civitatem, castellum vel vicum advenerint, si forte^{ff)}
locus ille a divinis fuerit officiis interdictus, pro omnipotentis Dei reverentia
in eorum adventu iocundo semel in anno pulsatis campanis * aperiantur   * fol. 158^r
35 ecclesie, ut super elemosinis acquirendis verbum exhortationis ad populum in
ecclesia proponatur. Decernimus insuper, ut receptores fraternitatum sive
collectarum vestrarum salvo iure dominorum suorum in beati Petri et nostra
protectione consistant et^{gg)} pace in terris, in quibus fuerint, potiantur. Simili

---

^{v)} *Migne:* emendata.   ^{w—w)} *Am Rande eine Klammer.*   ^{x)} *Darnach ein Paragraphenzei-*
40 *chen.*   ^{y—y)} *Vielleicht auf Rasur.*   ^{z)} *Am Rande ein kleines Kreuz.*   ^{aa)} exco(mmun)icatiois.
^{bb—bb)} *Fehlt bei Migne.*   ^{cc—cc)} *Am Rande eine Klammer.*   ^{dd)} *Am Rande ein kurzer, waagrechter*
Strich.   ^{ee)} *Darnach ein Paragraphenzeichen.*   ^{ff)} force.   ^{gg)} *Darnach* in *durchgestrichen und*
unterpungiert.

⁵⁾ S. Br. I 296 Bd. 1 S. 418 Z. 25f.

etiam modo sanccimus, ut quicumque in vestra fuerit fraternitate receptus,
si forsan parrochialis ecclesia, cuius ipse parrochianus extiterit, a divinis
fuerit officiis interdicta eumque mori contigerit, ipsi sepultura ecclesiastica
non negetur, nisi excommunicatus vel nominatim fuerit interdictus.

Decimas autem de terris et vineis, quas ad opus infirmorum et pauperum 5
propriis[hh]) manibus aut sumptibus colitis, sive de nutrimentis animalium seu
de fructibus ortorum vestrorum nullus exigere vel extorquere presumat.
Liceat autem vobis in domibus vestris, quas impresentiarum habetis vel in
futurum eritis habituri, ad opus vestrum et familie vestre nec non infirmorum et pauperum ibidem manentium oratorium et cimiterium sine impedi- 10
mento cuiuslibet contradictionis habere. Crisma vero et cetera a diocesanis
episcopis et cetera. Alioquin liceat vobis quemcumque malueritis et cetera.
Cum autem generale interdictum terre fuerit, liceat in ecclesiis vestris et
cetera usque celebrari. Liceat quoque vobis liberas et absolutas personas e
seculo fugientes et cetera. Prohibemus insuper, ut nulli fratrum vestrorum 15
post factam in locis vestris professionem[ii]) fas sit absque magistri sui licentia
inde discedere, nisi artioris religionis obtentu. Discedentem vero et cetera
usque retinere. Si[kk]) qui vero fratrum vestrorum post factam professionem
turbatores religionis vestre vel inutiles fuerint fortassis inventi, liceat tibi, fili
magister, et successoribus tuis eos cum assensu et consilio sanioris partis 20
capituli amovere ipsisque dare licentiam ad alium ordinem, ubi secundum
Deum vivere valeant, transeundi et loco eorum alios subrogandi, qui unius
anni spatio in vestra societate probentur; quo peracto, si mores eorum exe-
gerint et ipsi utiles fuerint ad servitium hospitalis inventi, professionem
faciant regularem. 25

Ad hec districtius inhibemus, ne a te, fili magister, vel successoribus tuis
et fratribus hospitalium eorundem exigat ulla ecclesiastica secularisve persona fidelitates, hominia, iuramenta vel securitates[kk]) reliquas, que a laicis
frequentantur[ll]). Postremo decimas, quas consilio et assensu episcoporum a
clericis vel laicis potueritis obtinere, illasque, quas consentientibus diocesanis 30
episcopis et clericis, ad quos pertinent, acquiretis, auctoritate vobis apostolica confirmamus.

Nulli ergo omnino hominum liceat predicta loca et cetera; salva in omnibus apostolice sedis auctoritate. Decetero successores nostros obsecramus et
vgl. 2Tim 4, 1 obtestamur in Christo Iesu, qui venturus est iudicare vivos et mortuos, ut 35
loca vestra cum personis et rebus ad hospitalitatis officium deputatis tamquam speciales patroni specialiter foveant et defendant, quoniam, etsi ceteris
piis locis teneantur ex apostolice servitutis officio providere, huic tamen
hospitali, quod de bonis ecclesie Romane fundatum est et dotatum et tam
nostris quam successorum nostrorum diebus credimus ampliandum, curam 40
debent impendere specialem. Si qua igitur et cetera. Cunctis autem eisdem
locis et cetera.

[hh]) -op- *auf Rasur.*   [ii]) *Migne:* possessionem.   [kk—kk]) Am Rande eine Klammer.
[ll]) *Migne:* frequentatur.

Datum Laterani per manum Io(hannis), sancte Romane ecclesie subdiaconi et notarii[5], XIIII Kal. Iulii, indictione VII[a], incarnationis Dominice anno M°CC°IIII°, pontificatus vero domni Innocentii[mm] pape III anno septimo.

96.

Innocenz III. trägt dem Bischof (Eberhard) und dem Dompropst (Alberich) von Uzès auf, päpstliche Briefe, welche einige Regularkanoniker der Kirche von Nîmes erschlichen haben, für ungültig zu erklären.

Lateran, (1204) Juni 15.

Reg. Vat. 5, fol. 158[r]—158[v] ⟨Nr. 96⟩.
Bréquigny, Diplomata, II/1 520, Nr. 96 = Migne, PL, 215, 380, Nr. 96. — Comp. III 2. 20. 2; Alan. 2. 18. 2; Alan. K. 2. 20. 2; Coll. Rotom. III 85; Bern. 2. 19. 2; Coll. Salm. 2. 9. 3; X 2. 30. 5. — Potth. Reg. 2242.

.. Episcopo[1] et .. preposito[2] Vticen(sibus)[a].

| **A**d audientiam[b] nostram dilecto filio .. preposito Nemausensi[3] significante pervenit, quod quidam canonici Nemausensis ecclesie super dilapidatione vel aliis criminibus infamati a nobis litteras confirmationis super amministrationibus suis obtinere laborant religionis ac professionis sue conditione suppressa. Cum igitur regularibus personis non consueverit apostolica sedes aliqua personaliter confirmare, discretioni vestre per apostolica scripta mandamus, quatinus confirmationes, quas ab ipsis canonicis, cum regulares existant, noveritis taliter impetratas, auctoritate nostra suffulti denuntietis irritas et inanes.

Quod si non ambo et cetera, tu, frater episcope [et cetera].

* Datum Laterani, XVII Kal. Iulii[c].

* fol. 158[v]

[mm]) *In verlängerter Schrift.*

[5]) S. Br. VII 1 Anm. 7.

96. [a]) *Am Rande das* Nota-*Monogramm; ferner von einer Hand des 15./16. Jhs. ein Paragraphenzeichen und:* hoc c(apitulum) est Extra de confir(matione) utili vel inuti(li) *(X 2. 30. 5).* [b]) -nt- *auf Rasur.* [c]) *Migne fügt hinzu:* anno septimo.

96. [1]) Eberhard, als B. von Uzès (Suffr. von Narbonne) bezeugt 1203—1207. Vgl. *Gallia Christiana* VI 623.

[2]) Alberich, als Dompropst von Uzès bezeugt 1205—1212. Vgl. *ebd.* 649.

[3]) Vielleicht Frotardus, als Dompropst von Nîmes (Suffr. von Narbonne) bezeugt 1199. Vgl. *ebd.* 466.

97.

Innocenz III. trägt dem Bischof (Reginald) und dem Domkapitel von Laon auf,
die nächste in ihrer Kirche freiwerdende priesterliche Pfründe an denjenigen zu
vergeben, den der päpstliche Subdiakon Hubald bestimmen wird. Andernfalls
sollen sie der Kanzler (Peter) und die Kanoniker Helloin und Adam von Paris 5
unter Androhung geistlicher Strafen dazu zu zwingen.

Lateran, (1204) Juni 22.

> *Reg. Vat. 5, fol. 158ᵛ ⟨Nr. 97⟩.*
> *Bréquigny, Diplomata, II/1 520, Nr. 97 = Migne, PL, 215, 381, Nr. 97. — Comp. III 3. 8. 8;*
> *Alan. 3. 7. 5; Alan. Anh. 9; Alan. K. 3. 7. 5; Bern. 3. 10. 10; Coll. Fuld. 3. 8. 7; X 3. 8. 11. — Potth.* 10
> *Reg. 2252.*

.. Episcopo[1] et capitulo Laudunen(sibus)[a].

Constitutus in presentia nostra dilectus filius Hubaldus, subdiaconus noster[2], ecclesie vestre canonicus, nobis humiliter intimavit, quod tu, frater
episcope, potestatem ipsi dedisti sacerdotalem conferendi prebendam, que 15
primo in vestra esset ecclesia vacatura, et bone memorie W(illelmus), Remensis archiepiscopus[3], tunc apostolice sedis legatus, vobis, filii capitulum, auctoritate nostra districte precepit, sicut per litteras suas ad vos directas apparet, que coram nobis lecte fuerunt, ut, cum sacerdotalis prebenda in ecclesia
vestra vacaret, personam illam, cui prefatus subdiaconus vellet illam confer- 20
re, reciperetis ad eam sine alterius interpositione persone et eandem personam curaretis de illa sine difficultate qualibet investire. Asseruit etiam idem
subdiaconus, quod, cum esset ad sedem apostolicam accessurus, ipse preca-
vens appellavit, ne tu, frater episcope, si forte interim aliquam sacerdotalem
contingeret vacare prebendam, eam ulli conferres nec vos, filii capitulum[b], 25
reciperetis aliquem presentatum ad illam, nisi quem duxerit prefatus subdiaconus presentandum[c]. Quocirca discretioni vestre per apostolica scripta mandamus, quatinus
personam illam, cui memoratus subdiaconus sacerdotalem prebendam, cum
contigerit illam vacare, duxerit canonice conferendam, sine contradictione 30
qualibet admittatis[d], tibi, frater episcope, firmiter inhibentes, ne interim
aliquam sacerdotalem prebendam alicui contra formam concessionis tue con-

---

97. [a] *Am Rande das* Nota-Monogramm; *ferner die erste römische Briefzählung:* IIIIᶜ LXXX *und*
von einer Hand des 13. Jhs.: hoc c(apitulum) est Extra de concessione prebende *(X 3. 8. 11).*
[b] -it(u)l(u)m *auf Rasur; auch am Rande eine Rasur.*   [c] *Auf Rasur; auch am Rande eine Ra-* 35
sur.   [d] *Migne:* admittetis.

97. [1] Reginald von Serdelle, B. von Laon (ht. Diöz. Soissons, Suffr. von Reims) 1201—1210.
Vgl. *Gallia Christiana* IX 536.
[2] Hubald, päpstlicher Subdiakon, Kanoniker von Laon.
[3] Wilhelm von Champagne, EB. von Reims 1176—1202, 1179 KP. von S. Sabina, Legat in 40
Frankreich. Vgl. *Dict. HGE* 22 (1988) 857—859; GANZER, *Auswärtiges Kardinalat,* 125—129.

ferre presumas. Alioquin noveritis nos dilectis filiis .. cancellario[4] et Helui-
no[5] et Ade, canonicis Parisiensibus, in mandatis dedisse, ut vos ad hec per
censuram ecclesiasticam appellatione remota compellant, in irritum reducentes, si quid post appellationem a prefato subdiacono ad nos legitime interpo-
5 sitam contra concessionem sibi factam de[e] sacerdotali prebenda noverint
attemptatum. Quia vero concessiones huiusmodi, si ad consequentiam trahe-
rentur, fieri possent in fraudem canonice sanctionis, per quam prohibentur
ecclesiastica beneficia concedi sive promitti, antequam vacent[6], nolumus[f],
quod huius occasione[g] mandati, quod gratiam continet personalem, fraudem
10 adhibere volentibus licentia concedatur.
Datum Laterani, X Kal. Iulii[h].

98.

Innocenz III. teilt dem Domkapitel von Vicenza mit, daß er die dortige Domprop-
stei seinem Subdiakon Nikolaus verliehen habe, und befiehlt ihnen, diesen bei der
15 *Ausübung seines Amtes nicht zu behindern. (Den Kanoniker Bonusioh[ann]es*
von S. Maria [Maggiore] in Vercelli, den Domkanoniker Tiso von Treviso, beide
päpstliche Subdiakone, und den Domkanoniker Dionisius von Padua bestellt er
zu Exekutoren der Verleihung.)

Lateran, (1204) Juni 24.

20   *Reg. Vat. 5, fol. 158ᵛ—159ʳ ⟨Nr. 98⟩.*
Bréquigny, Diplomata, II/1 521, Nr. 98 = Migne, PL, 215, 382, Nr. 98. — Potth. Reg. 2254.

Capitulo Vicentino[a, 1].

| **D**e singulorum provisione solliciti circa illos benedictionis apostolice
rorem diffusius instillare debemus, in quibus dulci quadam mixtura bonorum
25 scientia et honestas sociali federe coniunguntur. Tales enim, qui scientia
condiunt[b] honestatem et scientiam honestate decorant, tanto debent ad

---

e) d- *korr., wahrscheinlich aus* t-.   f) n- *auf Rasur.*   g) o- *vielleicht korr. aus einem anderen*
Buchstaben.   h) *Migne fügt hinzu:* anno septimo.

4) Peter von Poitiers, Theologe, Kanzler von Notre-Dame in Paris 1193—1205. Vgl. Moore,
30 *Peter of Poitiers*, bes. 1—24.
5) Vielleicht Helloinus, als Kanoniker von Paris bezeugt 1217, 1222/23. Vgl. Guérard,
Cartulaire, II 474, Nr. CXIV; 528, Nr. IX.
6) *Decretum Gratiani* C. 7 q. 1 p. c. 39 (Friedberg, *CorpIC*, I 581); Conc. Lat. III, c. 8 (*COD*³
215) = Comp. I 3. 8. 2 = X 3. 8. 2 (Friedberg, *CorpIC*, II 488).

35 **98.** a) Vticensi. *Wohl irrtümlich von Br. VII 96 übernommen, s. aber unten S. 158 Z. 22, S. 159 Z. 4.*
Die Berichtigung schon bei Migne.   b) *Migne:* condunt.

98. 1) Domkapitel von Vicenza.

ecclesiastica beneficia facilius promoveri, quanto per provisionem talium non minus ecclesiarum, in quibus recepti fuerint, quam ipsorum utilitas procuratur.

Sane cum prepositura ecclesie vestre, sicut nuper nostris auribus est relatum, tamdiu vacavisset, quod iuxta Lateranensis statuta concilii[2] ad nos 5 eius esset donatio devoluta, de nostro volentes vobis gratiam facere specialem proposueramus vos litteris commonere ac commonendo precipere, ut ipsam dilecto filio Nicolao, subdiacono nostro[3], quem sue devotionis intuitu, quam ad nos et Romanam ecclesiam habere dinoscitur, carum habemus pariter et acceptum, presertim cum multi vestrum in eum, sicut nobis intima- 10 tum fuerat, consentirent, pro reverentia beati Petri et nostra sublato cuiuslibet contradictionis et[c] appellationis[c] obstaculo conferretis de nostro vobis gratiam comparantes.

Cumque super hoc littere conscripte fuissent et in audientia publice recitate, .. clericus supervenit et ex parte vestra, filii archidiacone[4], Al. de 15 Bragantiis[5], Gabriel[d, 6], Pizo[d, 7], Clari[8] et A. presbyter[9], litteras exhibuit continentes vos[e] quibusdam vestris fratribus percepisse[f], quod eundem N(icolaum) sibi preficere in prepositum intendebant[g], licet nulla in ecclesia vestra vacaret dignitas vel prebenda, preter quam unius canonici simplicis, qui hoc anno fuerat viam universe carnis ingressus. Hoc etiam predicte littere 20 continebant, quod prepositura nec dignitas nec personatus fuerat in ecclesia Vicentina, sed amministratio[h] quedam simplex, que interdum clericis interdum laicis conferri iuxta canonicorum arbitrium consuevit. Novissime vero, cum huiusmodi amministrationis officium fuisset olim magistro Guidoni commissum, quia prudenter iniunctam sibi sollicitudinem exercebat, non 25 prius fuit eodem officio quam vita privatus nec ante cessit amministrationi huiusmodi quam decessit. Ceterum cum idem P. ex parte quorundam vestrum litteras procuratorias exhiberet, per dilectum filium M(attheum), sancti Theodori diaconum cardinalem[10], * quem ei concessimus auditorem, intelleximus, que proponere voluit et que predicte littere continebant. 30

vgl. Jos 23, 14; 1Kg 2, 2

* fol. 159ʳ

ᶜ⁻ᶜ) *Fehlt bei Migne.*   ᵈ⁻ᵈ) *Migne:* Gabriel Piza.   ᵉ) *Migne:* nos.   ᶠ) *Migne:* praecepisse.
ᵍ) *Migne:* intenderent.   ʰ) *Der Kürzungsstrich über dem* a- *auf Rasur.*

2) S. Br. 71 (70) Anm. 4.
3) Niccolò Maltraversi, 1204—1211 Dompropst von Vicenza, 1211—1243 B. von Reggio Emilia, 1213—1219 Administrator des Bistums Vicenza. Vgl. MANTESE, *Memorie*, II 221—224; 35 SACCANI, *Vescovi*, 65—70.
4) Florasius, als Archidiakon von Vicenza bezeugt 1205, 1206, 1217. Vgl. RICCARDI, *Storia*, 72f., 83; *Potth. Reg.* 2776.
5) Aus der Vicentiner Familie Breganze.
6) Gabriel, als Kanoniker von Vicenza bezeugt 1205, 1206, 1226. Vgl. RICCARDI, *Storia*, 72, 40 75, 85.
7) Pitius, als Kanoniker von Vicenza bezeugt 1205, 1206. Vgl. *ebd.* 72, 75.
8) Clarus, Diakon, als Kanoniker von Vicenza bezeugt 1205, 1206. Vgl. *ebd.*
9) Vielleicht Albertus, Presbyter, als Kanoniker von Vicenza bezeugt 1205—1226. Vgl. *ebd.* 72ff. 45
10) Matthäus, KD. von S. Teodoro 1200—1205. Vgl. MALECZEK, *Papst und Kardinalskolleg*, 137.

Attendentes igitur, quod non minor est auctoritas nostra quam vestra in gratia facienda, gratiam, quam vos predicto magistro fecistis, eidem subdiacono facientes amministrationis officium, quod idem magister habuit in ecclesia Vicentina, ipsi committimus, quamdiu vixerit et bene aministraverit,
5 detinendum. Si vero, quod absit, inventus fuerit prodigus dispensator nec prudenter officium suum fuerit executus, ad querimoniam vestram inquisita super hoc et cognita veritate ipsum ab eodem officio iuxta suorum exigentiam meritorum curabimus amovere. Monemus igitur discretionem vestram et exhortamur at(tentius) et per apostolica scripta mandamus atque precipi-
10 mus, quatinus non impediatis, quominus commissum sibi a nobis officium laudabiliter exequatur; scituri nos dilectis filiis Bonoioh(ann)i sancte Marie V(er)cellensis[11] et Tisoni Taruisino[12], subdiaconis nostris, et Dionisio Paduano[13], canonicis, precipiendo mandasse, ut[i] in corporalem eum[k] possessionem inducant et auctoritate nostra tueantur inductum, contradictores
15 per censuram ecclesiasticam appellatione postposita compescentes.
Datum Laterani, VIII Kal. Iulii.
Scriptum est illis super hoc.

99.

*Innocenz III. trägt dem Bischof (Wolfger) von Passau auf, seiner Postulation
20 durch das Domkapitel von Aquileia auf den dortigen Patriarchenstuhl binnen
acht Tagen zuzustimmen, falls er das ohne Schaden für die Passauer Kirche tun
könne. (Den Erzbischof [Eberhard] von Salzburg und den Bischof [Walter] von
Gurk beauftragt er für diesen Fall, die Translation vorzunehmen.)*

Lateran, (1204) Juni 24.

25 *Reg. Vat. 5, fol. 159ʳ ⟨Nr. 99⟩.*
Bréquigny, Diplomata, II/1 522, Nr. 99 = Migne, PL, 215, 383, Nr. 99; Jaksch, Monumenta Ducatus Carinthiae, I 296, Nr. 404. — Potth. Reg. 2255; BFW 5900; Kos, Gradivo, V 49, Nr. 74; Boshof, Regesten Passau, 341, Nr. 1171.

---

[i] *Migne:* et. [k] *Migne:* eius.

30 [11] Bonusiohannes, 1191 als Kanoniker von S. Maria Maggiore in Vercelli bezeugt, 1207 bis 1210 Archidiakon; vielleicht identisch mit dem gleichnamigen Archidiakon von S. Maria Maggiore und Elekten von Capua, der im Nekrolog ohne Jahresangabe geführt wird. Vgl. Mandelli, *Comune di Vercelli*, III 106 mit Anm. 1. S. auch Br. VIII 53 (Migne, *PL*, 215, 619—621); Pflugk-Harttung, *Iter Italicum*, 513, Nr. 91.
35 [12] Vielleicht Tiso da Vidor, Domdekan, 1209—1245 B. von Treviso. Vgl. Sartoretto, *Cronotassi*, 56—61.
[13] Dionisius, als Domkanoniker von Padua bezeugt 1203, 1204. Vgl. Dondi dall'Orologio, *Dissertazioni*, IV 191, Nr. 165, Nr. 166.

.. Patauiensi episcopo[a, 1].

vgl. Jos 23, 14;
1Kg 2, 2

vgl. Ps 47, 5;
1Kor 11, 20 u. ö.

Cum[b] bone memorie P(eregrinus), Aquilegensis patriarcha[2], nuper, sicut Domino placuit, viam fuerit universe carnis ingressus, canonici Aquilegensis ecclesie convenientes in unum assentientibus nobilibus et ministerialibus in te postulandum a nobis unanimiter convenerunt et ad impetrandum postula- 5 tioni[c] sue[d] apostolice sedis assensum venerabilem fratrem nostrum .. Concordiensem episcopum[3] et dilectos filios S(tephanum) magistrum scolarum[4] et W.[5], canonicos Aquilegenses[e], et quosdam vassallos et ministeriales Aquilegensis ecclesie ad nostram presentiam destinarunt.

Nos[f] autem, licet nobis de prudentia tua et honestate constaret, quia 10 tamen de proposito non constabat, non potuimus, sicut nec debuimus, postulationem huiusmodi absolute protinus approbare, ne in honoris tui redundaret dispendium potius quam augmentum. Sane cum Patauiensi ecclesie sponse tue spiritualis coniugii vinculo sis astrictus, non posses[g] alii nubere secundum canonicas sanctiones[6], nisi prius a lege prioris et priori ligamine 15 solvereris[f]. Unde si prius spirituale coniugium, quod inter te ac Patauiensem ecclesiam faciente[h] Domino intervenit, nos eius vicarii solveremus, quam nobis constaret, utrum in Aquilegensem ecclesiam consentires, et tu soluto huiusmodi[i] vinculo non patereris ad Aquilegensem metropolim te transferri, sic ammitteres alteram, quod reliquam non haberes, et in honoris tui ver- 20 geret detrimentum, quod crederetur in augmentum amplioris honoris et oneris procuratum.

Volentes igitur Aquilegensi ecclesie, que filia est sedis apostolice specialis, sine Patauiensis ecclesie consulere lesione ac tue nichilominus honestati deferre, fraternitatem tuam monemus et exhortamur at(tentius) et per aposto- 25 lica tibi[k] scripta[k] mandamus, quatinus diligenter utriusque statu pensato, si absque detrimento Patauiensis ecclesie Aquilegensi metropoli te credideris profuturum, facte de te postulationi non differas[l] infra VIII[to] dies, postquam requisitus fueris, consentire. Alioquin, si altera iuvari nequiverit abs-

---

99. [a] *Am Rande ein schiefliegendes Kreuz.*   [b] -m *auf Rasur.*   [c] *Migne:* postulationis. 30   [d] *Migne:* tuae.   [e] *Zwischen* -e- *und* -g- *eine kleine Rasur.*   [f—f] *Am Rande eine Klammer.*   [g] *Migne:* possis.   [h] *Migne:* furiente.   [i] *Der letzte Schaft des* -m- *korr.*   [k—k] *Durch Zeichen umgestellt aus* scripta tibi.   [l] *Migne:* dieras.

99. [1] Wolfger von Erla, B. von Passau (Suffr. von Salzburg) 1191—1204, Patriarch von Aquileia 1204—1218. 35

[2] Pilgrim (Peregrinus) (II.), Patriarch von Aquileia 1195—1204 Mai 15. Vgl. *Dict. HGE* 3 (1924) 1141.

[3] Woldericus, als B. von Concordia (Suffr. von Aquileia) bezeugt 1203—1213. Vgl. Degani, *Concordia*, 187—189.

[4] Stephan, als magister scholarum von Aquileia bezeugt 1201 und 1206. Vgl. Heger, 40 *Lebenszeugnis*, 179, Anm. 29.

[5] Die Namen mehrerer der damaligen Kanoniker von Aquileia beginnen mit „W.". Vgl. *ebd.*, und Hartel, *Moggio*, 101, Nr. U 31.

[6] *Decretum Gratiani* C. 7 q. 1 c. 39 (Friedberg, *CorpIC*, I 581).

que alterius lesione, tutius est iuvare neutram quam alteram ledere[7], sicut
novimus te legisse. Ne autem Aquilegensis ecclesia pro te denuo postulando
ad sedem apostolicam rursum laborare cogatur, venerabilibus fratribus
nostris .. Salseburgensi archiepiscopo[8] et .. episcopo Gurcensi[9] dedimus in
5 mandatis, ut, si postulationi huiusmodi assensum tuum duxeris impenden-
dum, ipsi auctoritate nostra suffulti a vinculo, quo tibi iuncta fuerat, ecclesiam Patauiensem absolvant et tibi ab[m] ea similiter absoluto licentiam
tribuant ad Aquilegensem ecclesiam transeundi.

Datum Laterani, VIII Kal. Iulii.
10 Scriptum est illis super hoc.

100.

*Innocenz III. bestätigt dem Bischof J(ohannes) von Forcone die — dem Brief
inserierte — Schenkung von Sant'Eusanio (Forconese), welches dem Bischof
Berardus von Forcone durch König Roger von Sizilien übertragen wurde.*

15   *Lateran, (1204) Juni 15.*

Reg. Vat. 5, fol. 159ʳ—159ᵛ ⟨Nr. 100⟩.
Bréquigny, Diplomata, II/1 523, Nr. 100 = Migne, PL, 215, 385, Nr. 100. — Potth. Reg. 2243.

I(ohanni), episcopo Furconensi[1].

Solet anuere et cetera usque impertiri. Eapropter, venerabilis in Christo
20 frater, tuis iustis precibus annuentes donationem casalis sancti Eusanii[a, 2] ab
inclite recordationis Rog(erio), rege Sicilie[3], factam bone memorie Berardo,
episcopo Furconensi[4], prout in eiusdem regis autentico[5] continetur, auctoritate apostolica confirmamus et cetera usque communimus. Ad maiorem
autem huius rei firmitatem habendam autenticum regis predicti de verbo ad
25 verbum huic nostre pagine duximus inserendum, cuius tenor talis existit:

---

[m] *Fehlt bei Migne.*

[7] *Decretum Gratiani* C. 14 q. 5 c. 10 (FRIEDBERG, *CorpIC*, I 740).

[8] Eberhard (II.), EB. von Salzburg 1200—1246.

[9] Walter von Vatz, B. von Gurk (Suffr. von Salzburg) 1200—1213. Vgl. OBERSTEINER,
30 *Bischöfe von Gurk*, 70—76.

100. [a] *Migne:* Gusanii.

100. [1] S. Br. VII 3 Anm. 16.

[2] Sant'Eusanio Forconese (Prov. L'Aquila).

[3] Roger II., 1101 Graf von Sizilien, 1127 König von Apulien, 1130—1154 König von
35 Sizilien. Vgl. ISENBURG, *Stammtafeln*, II, T. 116.

[4] Berardus, sonst zwischen 1160 und 1170 als B. von Forcone bezeugt. Vgl. *Dict. HGE* 19
(1981) 435.

[5] BRÜHL, *Diplomata*, 207, Nr. 72.

In nomine Domini Dei eterni et Salvatoris nostri Iesu Christi. Roger(ius), divina faciente clementia rex Sicilie, ducatus Apulie et principatus Capue. Residentibus nobis in palatio nostro Terracin(e) apud Sal(er)num[6] cum ka-

* fol. 159ᵛ rissimo filio nostro Rog(erio), * duce Apulie[7], et comitibus et magnatibus aliisque baronibus regni nostri, Berardus, venerabilis Furconensis episcopus, 5 ad nos veniens nostram admodum[b] deprecatus est clementiam, quatinus in territorio sui episcopatus castellum fieri ei concederemus[c], quod Collepaydo-nis[8] vocatur. Nos autem de more solito precibus eius annuentes ei postulata concessimus. Insuper etiam casale sancti Eusanii[a], de quo altercatio inter predictum episcopum et Sinicien(ses)[d, 9] coram nostra presentia facta fuit et 10 iudicio curie ad nostra regalia pervenit, eidem episcopo ex nostra solita largitate et pietate concessimus, credentes predictum episcopum fore inde fideliorem et obedientiorem regno nostro. Ad huius sane dationis et conces-sionis nostre memoriam et inviolabile firmamentum presens scriptum sigillo nostro insigniri et per manum Rob(er)ti, notarii nostri[10], scribi fecimus. 15

Datum in civitate Sal(er)ni per manum Rob(er)ti cancellarii[11] anno incar-nationis Dominice MᵒCᵒXL VII, mense Novembris, indictione XI, anno vero regni domini Rog(erii), Dei gratia gloriosissimi regis Sicilie, ducatus Apulie et principatus Cap(ue) XVII. Feliciter. Amen, Amen, Amen.

Nulli ergo et cetera hanc paginam nostre confirmationis [et cetera]. Si quis 20 autem et cetera.

Datum Laterani, XVII Kal. Iulii.

101.

Innocenz III. befiehlt den Bischöfen (Rostagnus) von Avignon, (Bertrand) von Saint-Paul-Trois-Châteaux und (Bertrand) von Cavaillon, den Dompropst 25 (Wilhelm) und das Domkapitel von Sisteron durch Exkommunikation und Pfründenentzug sowie deren Helfer und Anhänger mittels kirchlicher Strafen zu

---

ᵇ) *Das zweite -d- auf Rasur.*   ᶜ) *Migne:* consederemus.   ᵈ) *Die Auflösung der Kürzung folgt der Empfängerüberlieferung (Vat. lat. 13279, fol. 13ᵛ—14ʳ, Abschrift vom Ende des 14./Anfang des 15. Jhs.):* Senithienses. *Migne:* Siniciensem. 30

⁶) Terracina, Königspalast bei Salerno. Vgl. BRÜHL, *Diplomata*, 355 (Index).
⁷) Roger, Sohn König Rogers II., 1135 Herzog von Apulien, gest. 1149. Vgl. ISENBURG, *Stammtafeln*, II, T. 116.
⁸) BONANNI, *Corografia*, 18, identifiziert das Kastell mit Collebrincioni (Com. L'Aquila), allerdings werden „Collepaydunum" und Collebrincioni im Privileg Br. VII 115 als verschiedene 35 Kastelle angeführt. Vgl. unten S. 181 Z. 2, S. 182 Z. 13.
⁹) Sinizzo, abgekommen, ht. S. Demetrio nei Vestini (Prov. L'Aquila).
¹⁰) Robert, Hofgerichtsnotar in Salerno, bezeugt 1147—1155. Vgl. BRÜHL, *Urkunden*, 42 mit Anm. 71—73; ENZENSBERGER, *Beiträge*, 114.
¹¹) Robert von Selby, als Kanzler Rogers II. bezeugt ab 1140, gest. 1152. Vgl. BRÜHL, 40 *Urkunden*, 45—47.

zwingen, dem Templerorden für Schäden, die sie ihm zufügten, indem sie entgegen einem päpstlichen Urteil den Bau eines Oratoriums durch diesen verhinderten, Genugtuung zu leisten und ihn nicht weiter zu hindern.

Lateran, (1204) Juni 21.

5 *Reg. Vat. 5, fol. 159ᵛ—160ʳ ⟨Nr. 101⟩.*
Bréquigny, Diplomata, II/1 524, Nr. 101 = Migne, PL, 215, 386, Nr. 101. — Potth. Reg. 2251; Gallia Christiana Novissima IV: Saint-Paul-Trois-Châteaux 64, Nr. 101; Gallia Christiana Novissima VII: Avignon 103, Nr. 337; Chevalier, Regeste dauphinois, II 6, Nr. 5881.

.. Auinionensiᵃ, ¹⁾, **.. Tricastrensi**ᵇ, ²⁾ **et .. Cauellicensi**ᶜ, ³⁾ **episcopis.**

10 (|) **C**um olim inter dilectos filios fratres militie Templi⁴⁾ ex una parte et .. prepositum⁵⁾ et canonicos Sistericen(ses)ᵈ ex altera super constructione oratorii, quod apud Sistoricensemᵉ civitatem construere proponebant, fuisset questio diutius agitata, tandem utraque parte in nostra presentia constituta et eorum rationibus plenius intellectis de communi fratrum nostrorum consi-
15 lio taliter duximus super ipso negotio statuendum⁶⁾, ut prepositus et capitulum Sistericen(ses)ᵈ, si vellent, a Templariis infra duos menses sufficientem reciperent cautionem, quod de oratorio illo dampnum aut preiudicium nullatenus posset matrici ecclesie generari, et ita, secundum quod in eorum habetur privilegiis⁷⁾, liberam facultatem haberent prefatum oratorium con-
20 sumandi. Quod si forte predicti prepositus et canonici cautionem ipsam non ducerent admittendam, Templariis ipsis auctoritate dedimus apostolica potestatem, ultra locum illum, in quo construere inceperuntᶠ, ubicumque mallent in suo tamen solo non obstante contradictione vel appellatione cuiuslibet iuxta privilegiorum suorum tenorem oratorium fabricandi.
25 Vobis etiam, fratres Auinionensisᵍ et Tricastrensis, dedimus in mandatis, ut prefatos prepositum et canonicos moneretis attentius et inducere curaretis, ut sibi et Sistericensiʰ ecclesie aⁱ Templariis, ut dictum est, reciperent cautionem et constructionem oratorii ultra locum illum, sicut superius est distinctum, decetero nullatenus impedirent, eos, si forte contra hoc venire

30 **101.** ᵃ⁾ *Migne:* Avenionensi. ᵇ⁾ *Migne:* Tricastrinensi. ᶜ⁾ *Migne:* Cavallicensi. ᵈ⁾ *Migne:* Sistaricenses. ᵉ⁾ *Migne:* Sistaricensem. ᶠ⁾ *Migne:* incoeperant. ᵍ⁾ *Migne:* Avenionensis. ʰ⁾ *Migne:* Sistaricensi. ⁱ⁾ ac. *Vgl. jedoch Br. II 35 Bd. 2 S. 58 Z. 25.*

101. ¹⁾ Rostagnus (IV.) Autorgat, B. von Avignon (Suffr. von Arles) 1198—1209. Vgl. *Gallia Christiana Novissima* VII: Avignon 90—110.
35 ²⁾ Bertrand von Pierrelatte, B. von Saint-Paul-Trois-Châteaux (Suffr. von Arles) 1180 bis 1206. Vgl. *Gallia Christiana Novissima* IV: Saint-Paul-Trois-Châteaux 56—64.
³⁾ Bertrand von Durfort, B. von Cavaillon (Suffr. von Arles) 1203, bezeugt bis 1222. Vgl. *Atlas Provence* II 111.
⁴⁾ Zur Niederlassung der Templer in Sisteron vgl. Durbec, *Templiers*, 100f.
40 ⁵⁾ Wilhelm Brunelli, als Dompropst von Sisteron (Suffr. von Arles) bezeugt 1180—1205. Vgl. *Gallia Christiana Novissima* I: Aix 781f.
⁶⁾ Br. II 35 vom 7. April 1199.
⁷⁾ Vgl. das Privileg Papst Alexanders III. „Omne datum optimum" (*JL* 10807a und Hiestand, *Papsturkunden Templer*, 101, vgl. 86f.) sowie Schreiber, *Kurie und Kloster*, I 97 und II 21f.

presumerent, censura ecclesiastica compescentes. Vos autem, sicut ex litterarum vestrarum tenore nobis innotuit, cum predicti prepositus et canonici a
vobis per litteras vestras tertio fuissent commoniti diligenter, ne fratres ipsos
oratorium in solo suo edificare volentes aliquatenus impedirent, ipsi ammoni-
tiones vestras penitus contempnentes litteras transmissas a vobis turpiter   5
proiecerunt et inceptum opus oratorii armata manu non sunt veriti demoliri,
propter quod in eos tamquam in contumaces interdicti sententiam[k] protuli-
stis, quam ipsi observare minime voluerunt.

    Ne igitur de sua rebellione valeant impune letari et, qui nolunt per devo-
tionem, saltem per penam severitatis ecclesiastice ad obedientiam revocen-   10
vgl. Is 46, 8   tur, si forte datum eis fuerit, ut redeant ad cor suum et vexatio dederit
vgl. Is 28, 19   intellectum, fraternitati vestre per apostolica scripta mandamus et districte
precipimus, quatinus predictam interdicti sententiam facientes firmiter observari prefatos prepositum et canonicos, ut de dampnis et iniuriis irrogatis
fratribus domus militie Templi plenariam satisfactionem impendant, ab   15
eorum super oratorio construendo iuxta formam datam a nobis molestatione
deinceps omnino cessantes, per excommunicationis sententiam et privatio-
nem beneficiorum suorum sublato cuiuslibet occasionis et appellationis
obstaculo compellatis et prescriptas sententias mandetis et faciatis per ecclesias vicinarum diocesum singulis Dominicis et festivis diebus pulsatis cam-   20
panis et candelis accensis publice nuntiari, donec a suo resipiscentes errore
cum debita humilitate ad mandatum ecclesie revertantur. Nichilominus etiam complices et fautores eorum, ut predictis fratribus super hoc debitam
satisfactionem impendant ab ipsorum fratrum infestatione penitus desistentes, per censuram ecclesiasticam appellatione postposita compellatis.   25
* fol. 160ʳ   Quod si non omnes et cetera, * duo vestrum [et cetera].
    Datum Laterani, XI Kal. Iulii[l].

102.

Innocenz III. setzt seinen Verwandten Joh(ann)es Oddonis, gemäß dem inserier-
ten Consilium der Iudices dativi und Advokaten der Stadt (Rom), in den Besitz   30
der Kastelle Montorio (Romano) und Caminata und ihrer Zugehörungen, deren
Inhaber, Abaiamons de Montorio und sein Sohn O(ddo), sich hartnäckig wei-
gern, vor dem Gericht des Papstes auf eine Klage des Joh(ann)es Oddonis zu
antworten.

                                          Lateran, (1204) Juni 24.   35

Reg. Vat. 5, fol. 160ʳ ⟨Nr. 102⟩.
Bréquigny, Diplomata, II/1 525, Nr. 102 = Migne, PL, 215, 387, Nr. 102. — Potth. Reg. 2253.

---

[k] *Migne:* sententias.   [l] *Migne fügt hinzu:* anno septimo.

Nobili viro Ioh(ann)i Oddonis, consobrino nostro[a, 1].

Iustis petentium et cetera usque complere. Recepimus sane consilium, quod sapientes Vrb(is) super tuo nobis negotio prebuerunt, ad maiorem illud cautelam presentibus litteris inserentes:

5   In[b] nomine Domini, amen. Damus consilium vobis, domine Innocen(ti), Dei gratia summo et universali pape, nos, iudices videlicet Henr(icus) Transtib(er)im[2], Paulus Consolin(i)[c, 3], Oddo de Insula[4], Petrus Malpilii[5], Andreas Transtib(er)im[6] et Andreas Bulgaminum[7] dat(ivi) et advocati Nicolaus Tullii[8], Ioh(anne)s Bartholomei[9], Oddo Ioh(ann)is Tiniosi[d, 10], Bar-
10 tholomeus Petri Nicolai[11], Nicolaus Ioh(ann)is Bonifatii, quatinus investiatis Ioh(ann)em Oddonis Roman(um) de toto castro, quod dicitur Montorium[12], et[e] toto castro, quod dicitur Caminate[e, 13], intus et deforis cum omnibus possessionibus, pertinentiis et tenimentis ipsorum castrorum et ipsum Ioh(ann)em dictorum castrorum, possessionum et tenimentorum eorum
15 verum possessorem faciatis ac constituatis ipsumque in possessione iamdicta

---

102. [a] *Am Rande ein Kreuz.*   [b] I- *ist graphisch hervorgehoben.*   [c] *Migne:* Consalin.   [d] *Am Rande ein kurzer, waagrechter Strich.*   [e–e] *Fehlt bei Migne.*

102. [1] Johannes Oddonis, Verwandter Innocenz' III., vielleicht mit Johannes Oddonis Romani zu identifizieren. Vgl. LACKNER, *Verwaltung*, 178, 213f.; FABRE–DUCHESNE, *Liber Censuum*,
20 I 257b, Nr. 23; anders DYKMANS, *D'Innocent III à Boniface VIII*, 22 (4) mit Anm. 18.

    [2] Heinrich aus dem Rione Trastevere, als „iudex dativus" bezeugt 1193 (?)/1204—1226. Vgl. FABRE–DUCHESNE, *Liber Censuum*, I 424, Nr. 166; 256, Nr. 23; 466, Nr. 213.

    [3] Paulus Consolini, als Advokat bezeugt 1195, als „iudex dativus" 1209, 1212. Vgl. FABRE–DUCHESNE, *Liber Censuum*, I 430, Nr. 178; BARTOLONI, *Codice*, Nr. 67, S. 103 Z. 1; Nr. 68, S. 105
25 Z. 1; BAUMGÄRTNER, *Regesten*, I 121, Nr. 83b.

    [4] Oddo de Insula, als „iudex dativus" bezeugt 1212. Vgl. BARTOLONI, *Codice*, Nr. 68, S. 104 Z. 4; BAUMGÄRTNER, *Regesten*, I 121, Nr. 83a.

    [5] Petrus Malpelii, als „iudex dativus" bezeugt 1204—1233, als „magister edificiorum" bezeugt 1227 und 1233. Vgl. HALPHEN, *Études*, 49, Anm. 1; HIRSCHFELD, *Gerichtswesen*, 500, Anm.
30 5; CARBONETTI VENDITELLI, *Curia*, 39; BAUMGÄRTNER, *Regesten*, I 135, Nr. 105; 150, Nr. 132.

    [6] Andreas aus dem Rione Trastevere, als „iudex dativus" bezeugt 1212. Vgl. BAUMGÄRTNER, *Regesten*, I 121, Nr. 83a.

    [7] Zur Familie Bulgamini, römische Kaufleute und Amtsträger der Kommune Rom, vgl. BERTINI, *Famiglie*, I 197—201.

35   [8] Nicolaus de Tullio (Nicolaus Tullii), als Advokat bezeugt 1185—1212, als „causidicus" 1204, als „iudex palatinus" vor 1213. Vgl. BARTOLONI, *Codice*, Nr. 54, S. 88 Z. 5; FABRE–DUCHESNE, *Liber Censuum*, I 256, Nr. 23; HIRSCHFELD, *Gerichtswesen*, 515 mit Anm. 19; BAUMGÄRTNER, *Regesten*, I 80, Nr. 24; 87, Nr. 33; 121, Nr. 83b.

    [9] Johannes Bartholomaei, 1187/88 und 1190/91 Senator. Vgl. HALPHEN, *Études*, 159f.;
40 BARTOLONI, *Codice*, Nr. 42, S. 74 Z. 25; Nr. 43, S. 77 Z. 7f., bezeugt auch 1204. Vgl. *ebd.*, Nr. 57, S. 93 Z. 10.

    [10] Zu den besonders im 13. Jh. als Kaufleute und Amtsträger der Kommune Rom bekannten Mitgliedern der Familie Tignosi vgl. VENDITELLI, *Mercanti*, ad indicem.

    [11] Bartholomaeus Petri, 1188, 1190/91 Senator. Vgl. HALPHEN, *Études*, 160; BARTOLONI,
45 *Codice*, Nr. 42, S. 74 Z. 17; Nr. 43, S. 78 Z. 16f.

    [12] Montorio Romano (Prov. Rom). Vgl. COSTE, *Castrum Caminata*, 61, Anm. 25.

    [13] Caminata, abgekommen, im Gebiet der Com. Montelibretti. Zur — bisher umstrittenen — Lokalisierung und Geschichte Caminatas, das seit dem Ende des 11. Jhs. als feudum der Grafen von Palombara bezeugt ist, vgl. COSTE, *Castrum Caminata*.

vos et successores vestri, qui per[f] tempora[f] erunt, perpetuo defendatis et
viriliter defendere faciatis, quia liquet nobis, quod, cum ad conquestionem[g]
dicti Ioh(ann)is Oddonis Abaiamontem de Montorio et O(ddonem) filium
eius, qui dicta castra — videlicet Montorium et Caminatas — per violentiam
detinere[h] presumunt, pluries legitime citari feceritis, ut iamdicto Ioh(ann)i 5
Oddonis super dictis castris, possessionibus, pertinentiis et tenimentis ipsorum coram vobis iustitiam exhiberent, eisdem prefatis Abaiam(onti) et
O(ddoni) eius filio plenissimam securitatem in eundo, redeundo ac litigando
prestantes, ipsi vero venire et iuri parere contempserunt et semper contumaces extiterunt et rebelles, propter quod ipsos Abaiamontem et Oddon(em) 10
filium eius excommunicastis et excommunicationem publicari fecistis. Ipsi
vgl. Röm 1, 28 autem in reprobum[i] sensum dati in prescripta[k] anathema[k] et excommunicatione per plures annos pertinaciter perduraverunt et adhuc in eadem[l] perdura-
re non desinunt[m] et semper contumaces extiterunt et existunt adhuc; et
cognoscimus hoc ita de iure et consuetudine fieri debere, et hanc cartam 15
sigillo sancte Romane ecclesie imprimi faciatis.

Datum coram domino Hug(olino), Dei gratia sancti Eustachii diacono
cardinali[14], anno vero pontificatus vestri[n] septimo, indictione VII, mense
Iunii, die VIIII, de communi voluntate et mandato prelibatorum iudicum ac
advocatorum, scriptum per manus Andree, dativi iudicis de Transtib(er)o. 20

Nos igitur iuxta prescripti tenorem consilii te per dilectos filios nobiles
viros Od(donem) de Palumbaria[15] et Rainer(ium) Ioh(ann)is de Paulo[16]
fecimus in corporalem possessionem predictarum rerum induci et ex secundo
decreto de ipsis verum te constituimus possessorem.

Nulli ergo et cetera hanc paginam nostre constitutionis et investitionis 25
infringere et cetera. Si quis autem et cetera.

Datum Laterani, VIII Kal. Iulii.

103.

Innocenz III. trägt der Tochter (Helena) des verstorbenen Richters (Bariso) von
Gallura auf, sich hinsichtlich ihrer Vermählung an den Rat des Erzbischofs 30
(Blasius) von Torres zu halten (, und trägt ferner ihrer Mutter [Helena] auf, sie

---

[f—f] *Migne:* pro tempore.   [g] co(n)- *über der Zeile nachgetragen.*   [h] *Migne:* destinare.   [i] -b-
korr. vielleicht aus -l-.   [k—k] *Migne:* praedictis anathemate.   [l] *Außerhalb des Schriftspiegels.*
Migne: eisdem.   [m] sinunt. *Die Emendation schon bei Migne.*   [n] *Migne:* nostri.

[14] Hugolinus, KD. von S. Eustachio 1198, (K.-)B. von Ostia und Velletri 1206, Papst 35
Gregor IX. 1227—1241. Vgl. Maleczek, *Papst und Kardinalskolleg,* 126—133.

[15] Oddo von Palombara (Palombara Sabina), Verwandter Innocenz' III. Vgl. Br. II 217
(226) Bd. 2 S. 423 Z. 3; Lackner, *Verwaltung,* 165f. mit Anm. 130.

[16] Rainerius Johannis Pauli, 1204 als Zeuge eines Instruments über das Kastell Ninfa
zugunsten der Kurie bezeugt. 1214 entscheidet Innocenz III. in einem Streitfall um ein Darlehen 40
zwischen seinen Erben und dem Kapitel von St. Peter. Vgl. Fabre–Duchesne, *Liber Censuum,* I
257b, Nr. 23; *Collectio bullarum* I 97f.; Venditelli, *Mercanti,* 120, 121 mit Anm. 174.

bis dahin mit niemandem anderen zu verheiraten und den Bischof [Bernhard ?]
von Civita in dieser Angelegenheit an die Kurie zu senden).

Lateran, (1204) Juli 2.

Reg. Vat. 5, fol. 160ʳ ⟨Nr. 103⟩.
5   *Bréquigny, Diplomata, II/1 526, Nr. 103 = Migne, PL, 215, 389, Nr. 103. — Potth. Reg. 2258;*
Scano, Codice, I 14, Nr. 20.

Nobili mulieri .. filie[1] quondam iudicis Gallurensis[a, 2].

| Gratum gerimus et acceptum, quod vestigiis .. quondam patris tui,
iudicis Gallurensis, inherens, in ecclesie devotione persistis et iuxta providen-
10 tiam et consilium eius disponere[b] desideras actus tuos. Ille siquidem tam te
quam terram suam sub apostolice sedis tutela reliquit. Tu vero in contrahen-
do matrimonio nostro consilio[c] te committis[3], propter quod ad honorem
tuum tanto amplius aspiramus, quanto ex hoc maioris sumimus tue devotionis indicium et reverentie certius argumentum.

15   Monemus igitur nobilitatem tuam et exhortamur in Domino et per apostolica tibi scripta mandamus, quatinus, sicut de tua devotione confidimus et
tu de gratia nostra speras, super hoc venerabilis fratris nostri .. Turritani
archiepiscopi[4] consiliis acquiescas.

     Datum Laterani, VI Non. Iulii.

20   In eundem fere modum .. matri[5] puelle scriptum est usque mandamus[d],
quatinus, super hoc beneplacitum et mandatum nostrum expectans, eam
non presumas cuiquam copulare, sed potius venerabilem fratrem nostrum ..
Ciuitatensem episcopum[6] ad presentiam nostram mittas, cum quo disponamus plenius, quod fuerit disponendum, et, quod fuerit dispositum, im-
25 pleamus.

104.

Innocenz III. befiehlt dem Erzbischof (Riccus) von Cagliari, die in seiner Gewalt
befindlichen Festungen des Judikats Gallura niemandem auszuliefern, bevor
nicht der Papst (Helena,) die Tochter des verstorbenen dortigen Richters (Bari-

---

30 **103.** [a]) *Am Rande ein Kreuz.*   [b]) *-i- vielleicht korr. aus* -e-.   [c]) *Migne:* concilio.   [d]) *Oben*
Z. 16.

     103. [1]) Helena, Tochter und Erbin des Richters Bariso von Gallura. Sie heiratete 1206/07 —
gegen den Willen Innocenz' III. — Lambertino Visconti. Gest. vor 1220. Vgl. SCANO, *Serie,* 112—117,
119f.; *Genealogie di Sardegna* 185f.; MOORE, *Sardinia,* 93.
35   [2]) Bariso, als Richter von Gallura bezeugt 1173—vor 1203. Vgl. *Genealogie di Sardegna* 64, 185.
     [3]) Vgl. zu Helenas Verheiratung die Br. VI 29, VI 144 (145), VI 145 (146).
     [4]) Blasius, EB. von Torres (ht. Sassari) 1202—1214/17. Vgl. *DBI* 10 (1968) 1—3.
     [5]) Helena von Lacon, bezeugt 1173—1206. Vgl. *Genealogie di Sardegna* 64.
     [6]) B. von Civita (Tempio Pausania, Sardinien, wohl schon im 12. Jh. exemt gegen Ansprü-
40 che Pisas, ht. Suffr. von Torres-Sassari). 1173 ist ein Bernardus bezeugt. Vgl. CAPPELLETTI,
Chiese, XIII 64; PINTUS, *Vescovi di Fausania,* 100; *IP* X 422.

so,) mit einem geeigneten Mann vermählt hat, weiters in dieser Angelegenheit
dem Rat des Erzbischofs (Blasius) von Torres zu folgen und den Bischof (Bernhard ?) von Civita an die Kurie zu senden.

Lateran, (1204 ca. Juli 2).

Reg. Vat. 5, fol. 160ʳ—160ᵛ ⟨Nr. 104⟩.   5
Bréquigny, Diplomata, II/1 527, Nr. 104 = Migne, PL, 215, 389, Nr. 104. — Potth. Reg. 2261;
Scano, Codice, I 15, Nr. 21.

.. Calaritano archiepiscopo[a, 1].

Fraternitatem tuam novimus non latere, qualiter ..[b] quondam[c] Gallurensis iudex[2] in mortis articulo constitutus tam terram quam filiam suam[3] sub   10
apostolice sedis tutela reliquit. Nos igitur eidem puelle iuxta in*tentionem
patris sui providere volentes eam viro legitimo, per quem nulla in Sardinia
suscitetur discordia sed potius sopiatur et qui nulli iudicum merito sit suspectus ideoque iudicatum Gallurensem in pace melius valeat gubernare, tradere
proponimus in uxorem.   15
Monemus igitur fraternitatem tuam et exhortamur in Domino et per
apostolica scripta mandamus et districte precipimus, quatinus, cum tu deti-
neas castra eius, ea nulli prius assignare presumas, quam puelle ipsi provide-
rimus in maritum[d], sed super hoc venerabilis fratris nostri .. Turritani archiepiscopi[4] consiliis et monitis acquiescas. Alioquin satisfacturus de tanto   20
contemptu nostro te conspectui representes. Ut autem intentio nostra melius
compleatur, interim venerabilem fratrem nostrum .. Ciuitatensem episcopum[5] ad presentiam nostram mittas, cum quo disponamus[e] plenius, quod
fuerit disponendum, et, quod fuerit dispositum, impleamus.
Datum Laterani et cetera ut supra.   25

*fol. 160ᵛ (left margin)

105.

Innocenz III. teilt den Bischöfen, Adeligen und Freien des Judikats Gallura mit,
daß er (Helena,) die Tochter des verstorbenen dortigen Richters (Bariso,) mit
einem geeigneten Mann vermählen werde, und trägt ihnen auf, sie bis dahin mit

---

104. [a]) Am Rande ein Kreuz.   [b]) Gemipunctus über der Zeile nachgetragen.   [c]) Darnach Gemi-   30
punctus durchgestrichen.   [d]) -u- korr. aus einem anderen Buchstaben.   [e]) Rasur zwischen -n- und
-m-; am Rande ein a (Vormerkung zur Korrektur).

104. [1]) Riccus, EB. von Cagliari 1198—1217. Vgl. Pintus, Sardinia Sacra, 30f.; Dict. HGE 11
(1949) 173.
    [2]) S. Br. VII 103 Anm. 2.   35
    [3]) S. Br. VII 103 Anm. 1.
    [4]) S. Br. VII 103 Anm. 4.
    [5]) S. Br. VII 103 Anm. 6.

niemandem anderen zu verheiraten sowie den Bischof (Bernhard?) von Civita in
dieser Angelegenheit an die Kurie zu senden.

(Lateran, 1204 ca. Juli 2).

Reg. Vat. 5, fol. 160ᵛ ⟨Nr. 105⟩.
5   Bréquigny, Diplomata, II/1 527, Nr. 105 = Migne, PL, 215, 390, Nr. 105. — Potth. Reg. 2259.

Episcopis et nobilibus[a)] viris, liberis in Gallurensi existentibus iudicatu[a, 1)].

Universitatem vestram novimus[b)] non latere et cetera usque in uxorem[c)].
Monemus igitur universitatem vestram et exhortamur at(tentius) et per
apostolica vobis scripta mandamus, quatinus super hoc mandatum nostrum
10 et beneplacitum et cetera[d)] ut in ea, que mittitur matri puelle[2)].

106.

Innocenz III. lobt den Richter (Wilhelm) von Cagliari dafür, daß er die Heirat
H(elenas), der Tochter des verstorbenen Richters (Bariso) von Gallura, mit dem
Markgrafen G(uillelmus) durch dessen Entfernung aus dem Judikat Gallura
15 *verhindert und den Sohn (Bariso) des Richters (Peter) von Arborea freigelassen*
hat. Ferner trägt er ihm auf, die Genannte mit niemandem zu vermählen, da er
selbst bald in geeigneter Weise dafür sorgen wird. (Ähnlich schreibt er an den
Richter [Comita] von Torres.)

Lateran, (1204) Juli 3.

20   Reg. Vat. 5, fol. 160ᵛ ⟨Nr. 106⟩.
Bréquigny, Diplomata, II/1 527, Nr. 106 = Migne, PL, 215, 390, Nr. 106. — Potth. Reg. 2262;
Scano, Codice, I 17, Nr. 24.

Nobili viro .. iudici Kalaritano[a, 1)].

Quod ad tollendum scandalum, quod in Sardinia motum fuerat, et concor-
25 diam reformandam nobilem virum G(uillelmum) marchionem[2)], qui nobilem

---

105. [a—a)] *Auf Rasur. Am Rande ein Kreuz.*   [b)] *Der erste Schaft des n- auf Rasur; auch davor eine*
Rasur.   [c)] *Br. VII 104 S. 168 Z. 15.*   [d)] *Br. VII 103 a-pari S. 167 Z. 21—25.*

105. [1)] Judikat Gallura.
      [2)] S. Br. VII 103 a-pari mit Anm. 5.

30 **106.** [a)] *Am Rande ein Kreuz.*

106. [1)] Wilhelm (von Lacon-Massa), Markgraf von Massa, Richter von Cagliari und Arborea
1190—1214. Vgl. *Genealogie di Sardegna*, Index; BAUDI DI VESME, *Guglielmo*.
      [2)] Wilhelm Malaspina, Schwager des Wilhelm von (Lacon-)Massa, bezeugt 1192—1220. S.
Br. VI 144 (145) Bd. 6 S. 238 Z. 30—S. 239 Z. 2. Vgl. *Genealogie di Sardegna* 309.

mulierem H(elenam)[3], filiam .. quondam iudicis Gallurensis[4], ducere volebat
uxorem, a iudicatu Gallurensi provide removisti et .. filium ..[b] quondam
iudicis Arborensis[5] ad preces et mandatum apostolicum liberasti, tanto habemus gratius et acceptius reputamus, quanto ex hoc maius sumimus tue
devotionis inditium et sinceritatis expressius argumentum. Super eo quoque 5
prudentiam tuam in Domino commendamus, quod nos[c] per tuas litteras
exorasti, ut predictam puellam, quam memoratus pater ipsius sub nostra
tutela reliquit, non suspecte persone in coniugem traderemus, que nobis
exhiberet debitum famulatum et cuius occasione Sardinia denuo nequeat
perturbari.   10

Quia igitur consilium tuum, quod salubre credimus, acceptamus, nobilitatem tuam monemus et exhortamur at(tentius) et per apostolica scripta
mandamus, quatinus puellam ipsam non permittas cuiquam matrimonialiter
copulari, cum nos in brevi dante Domino in viro idoneo ei providere velimus,
qui nec tibi nec nobili viro .. iudici Turritano[6] merito sit suspectus. Taliter 15
igitur super hoc mandatum apostolicum exequaris, quod propter hoc ad
honorem et profectum tuum specialiter intendere debeamus.

Datum Laterani, V Non. Iulii.

In eundem fere modum iudici Turritano.

107. 20

Innocenz III. überträgt dem Erzbischof (Blasius) von Torres die Entscheidung
über die Ehe des Richters (Comita) von Torres und seiner Frau (Sinispella), die
im vierten und fünften Grad miteinander verwandt sind.

Lateran, (1204) Juli 2.

   Reg. Vat. 5, fol. 160[v] ⟨Nr. 107⟩.   25
   Bréquigny, Diplomata, II/1 528, Nr. 107 = Migne, PL, 215, 390, Nr. 107. — Potth. Reg. 2260;
Scano, Codice, I 15, Nr. 22.

---

   [b]) *Gemipunctus fehlt bei Migne.*   [c]) *Migne:* nec.

   [3]) S. Br. VII 103 Anm. 1.
   [4]) S. Br. VII 103 Anm. 2.   30
   [5]) Bariso (II.) von Serra, Sohn Peters (I.) von Serra (1185 Richter von Arborea, 1203
ebenfalls von Wilhelm von [Lacon-]Massa gefangengesetzt. Vgl. *Genealogie di Sardegna* 170),
heiratet 1214 Benedicta von (Lacon-)Massa, 1214—1217/18 Richter von Cagliari und Arborea.
Vgl. Scano, *Serie,* 71f.; *Genealogie di Sardegna* 343.
   [6]) Comita (I.), Richter von Torres 1198—1218. Vgl. *DBI* 27 (1982) 600—602.   35

.. **Archiepiscopo Turritano**[a, 1)].

| **Per** tuas nobis litteras intimasti, quod nobilis vir .. Turritanus iudex[2)] et
.. uxor ipsius[3)] in quarto et quinto gradu consaguinitatis invicem se attin-
gunt[4)] et tamdiu coniugalem sibi exhibuerunt affectum, quod filium[5)], cui iam
5 terra iuravit, et duas[b)] filias[b, 6)] susceperunt, quarum altera viro nupsit.
Cumque mulier ipsa mater sit nobilis viri Hug(onis) de Basso, iudicis Arbo-
ree[7)], si celebretur divortium inter illos, huiusmodi scandalum formidatur,
quod et illis etiam creditur displicere, cum a tempore felicis recordationis
A(lexandri) pape, predecessoris nostri[8)], manserint sic coniuncti. Verumta-
10 men iudex hoc petit, ut vel cum uxore sua ei de permissione nostra liceat
remanere vel celebrato divortio ad alias nuptias convolare[9)], quo facto dimis-
surum se asserit concubinas, quas, quoniam a coniuge iam dudum abstinuit,
secundum pravam terre consuetudinem detinet et quas interim non posse
dimittere se testatur. Cum igitur tu de iure non dubites, nos autem de
15 scandalo dubitemus, negotium ipsum tue discretioni committimus, ut auctoritate nostra fretus id agas, quod magis videris expedire.

Datum Laterani, VI Non. Iulii.

108.

Innocenz III. befiehlt den Erzbischöfen, Bischöfen und sonstigen Prälaten Sardi-
20 *niens, den in päpstlichen Aufträgen in Sardinien reisenden Erzbischof (Blasius)*
von Torres — was bisher versäumt wurde — zu verpflegen, widrigenfalls er sie
mittels Suspension zur Verantwortung vor dem Papst zwingen soll.

Lateran, (1204) Juli 3.

---

107. [a)] *Am Rande ein Kreuz; ferner die erste römische Briefzählung:* IIII[CIC].   [b)] *-a- korr. aus -o-.*

25 **107.** [1)] S. Br. VII 103 Anm. 4.

[2)] S. Br. VII 106 Anm. 6.

[3)] Sinispella (Ispella) von Lacon-Serra, Tochter Barisos (I.), Richters von Arborea und
Königs von Sardinien (gest. 1185), Frau des Richters Comita von Torres, bezeugt bis 1204. Vgl.
Scano, *Serie*, 71f.

30 [4)] Innocenz III. hatte die EB. von Cagliari, Torres und Arborea aufgefordert, die Rechtmä-
ßigkeit der Ehen der Richter zu untersuchen. S. Br. III 207, 208 (36) (*Potth. Reg.* 1175; Migne,
PL, 214, 918).

[5)] Marianus (II.) von Lacon-Gunale, Richter von Torres 1218—1232. Vgl. Scano, *Serie*, 103;
Genealogie di Sardegna 202f.

35 [6)] Maria, die mit dem Markgrafen Bonifaz von Saluzzo verheiratet war, und Preziosa. Vgl.
DBI 27 (1982) 600.

[7)] Sinispella hatte in erster Ehe 1177 den Vizegrafen von Bas, Hugo von Cervara (gest.
1185), geheiratet. Ihr Sohn Hugo-Poncio von Bas (gest. 1211) war ab 1192 Mit-Richter von
Arborea. Vgl. Scano, *Serie*, 69—71; *Genealogie di Sardegna* 381f.

40 [8)] Papst Alexander III. 1159—1181.

[9)] Comita heiratete in zweiter Ehe ca. 1205 Agnes von Saluzzo. Vgl. *Genealogie di Sardegna* 201.

Reg. Vat. 5, fol. 160ᵛ—161ʳ ⟨Nr. 108⟩.
Bréquigny, Diplomata, II/1 528, Nr. 108 = Migne, PL, 215, 391, Nr. 108. — Potth. Reg. 2263;
Scano, Codice, I 17, Nr. 25.

Archiepiscopis, episcopis et aliis ecclesiarum prelatis per Sardiniam constitutis[a, 1].

5

vgl. 1Kor 9, 7   **C**um nemo suis cogatur stipendiis militare, miramur non modicum et movemur, quod, quando venerabilis frater noster .. Turritanus archiepisco-pus[2] pro negotiis nostris ad diversas Sardinie partes accedit, necessaria ei cupiditate detestabili denegatis, licet exhibere vos deberetis tam ipsi quam aliis hospitales, presertim cum in quibusdam Sardinie partibus victualia 10 nequeant venalia repperiri. Quia igitur id in apostolice sedis redundat dispendium et contemptum, universitati vestre per apostolica scripta mandamus atque precipimus, quatinus, cum idem archiepiscopus ad negotia nostra exiverit procuranda, si ad vos forsitan declinarit, in moderatis expensis taliter provideatis eidem, quod devotionem vestram merito valeat commendare. 15 Alioquin noveritis nos eidem archiepiscopo mandavisse, ut per suspensionis *fol. 161ʳ sententiam vos compellat * satisfacturos de tanto[b] contemptu[b] idoneos nuntios ad sedem apostolicam destinare.
Datum Laterani, V Non. Iulii.

109.

20

Innocenz III. befiehlt dem Erzbischof (Hubald) von Pisa, den Richter (Wilhelm) von Cagliari aufzufordern, der Römischen Kirche den Treueeid zu leisten, dem ein zuvor dem Erzbischof von Pisa geleisteter Eid nicht entgegenstehen soll.

(Lateran, 1204 ca. Juli 3).

Reg. Vat. 5, fol. 161ʳ ⟨Nr. 109⟩.   25
Bréquigny, Diplomata, II/1 529, Nr. 109 = Migne, PL, 215, 391, Nr. 109. — Potth. Reg. 2264;
Balladore Pallieri–Vismara, Acta pontificia, 231, Nr. 15.

.. Pisano archiepiscopo[a, 1].

Quod insula Sardinie iuris ac proprietatis apostolice sedis existat[2] et iudices eius ecclesie Romane iuramentum fidelitatis debeant et soleant exhi- 30

---

108. [a] *Am Rande ein Kreuz.*   [b—b] *Durch Zeichen umgestellt aus* contemptu tanto.
108. [1] Sardinien.
        [2] S. Br. VII 103 Anm. 4.

109. [a] *Am Rande ein Kreuz und von einer Hand des 13. Jhs.:* pro iure Romane ecclesie.
109. [1] Hubald Lanfranchi, EB. von Pisa 1176—1207. Vgl. Zucchelli, *Cronotassi*, 73—81; Vio- 35
lante, *Cronotassi*, 51f.; *Dict. HGE* 24 (1993) 1380.
        [2] Vgl. Br. V 123 (124) Bd. 5 S. 245 Z. 10f. Die Ansprüche der Päpste auf Sardinien gehen bis ins 9. Jh. zurück. Vgl. Moore, *Sardinia*, 82, 84, 88; Zeillinger, *Konstantinische Schenkung*, 28; Laehr, *Konstantinische Schenkung*, 32—35.

bere[3]), tua fraternitas non ignorat. Unde cum iura nostra defendere tenearis, non possumus non mirari, quod, ne nobilis vir .. marchio Kalarritanus[4]) nobis et ecclesie Romane iuraret, exacti et recepti ab eo iuramenti occasione diceris impedisse; licet ei iam secundo dederimus in mandatis, ut iuramento tibi
5 exhibito non obstante prestaret nobis fidelitatis debite iuramentum. Quia igitur iura nostra tibi usurpare vel aliter turbare non debes, fraternitati tue per apostolica scripta mandamus atque precipimus, quatinus eidem marchioni per litteras tuas mandes, ut iuramento, quod tibi exhibuit, non obstante fidelitatem nobis et ecclesie Romane, sicut mandavimus iam bis ipsi, iurare
10 procuret[5]); sollicite provisurus, ne, si aliter egeris, dum fidelitatem ab ipso receptam ultra debitum tibi volueris observari[b]), iuramentum fidelitatis ecclesie Romane prestitum male serves, sicque privilegium merearis amittere, dum permissa tibi abusus fueris potestate[6]).

Datum ut supra.

15 # 110.

Innocenz III. trägt dem Erzbischof (Blasius) von Torres auf, dem Erzbischof (Hubald) von Pisa gemäß den der Kirche von Pisa verliehenen Privilegien nur dann Folge zu leisten, wenn sich dieser als päpstlicher Legat in Sardinien aufhält.

20 *(Lateran, 1204 ca. Juli 3).*

Reg. Vat. 5, fol. 161ʳ ⟨Nr. 110⟩.
Bréquigny, Diplomata, II/1 529, Nr. 110 = Migne, PL, 215, 392, Nr. 110. — Potth. Reg. 2265; Scano, Codice, I 18, Nr. 26.

.. Archiepiscopo Turritano[a, 1)].

25 Licet venerabilem fratrem nostrum .. Pisanum archiepiscopum[2]) et eius ecclesiam non velimus super collato sibi a predecessoribus nostris privilegio

---

[b]) -i *korr. aus* -e.

[3]) Vgl. *IP* X 424—426. Das Gebiet der Richter von Torres war schon vor 1192 der römischen Kirche zinspflichtig.
30 [4]) S. Br. VII 106 Anm. 1.
[5]) Zum Eid des Richters von Cagliari an den EB. von Pisa und den Einwänden Innocenz' III. dagegen vgl. Br. VI 146 (147).
[6]) S. Br. VII 71 (70) Anm. 12.

110. [a]) *Am Rande ein Kreuz; außen am Rande ein schiefliegendes Kreuz. Auf beiden Seiten des*
35 *Briefes am Rande ein senkrechter, z. T. gewellter Strich.*

110. [1]) S. Br. VII 103 Anm. 4.
[2]) S. Br. VII 109 Anm. 1.

legationis et primatie[3], quod nos postmodum confirmavimus[4], molestare, pati tamen nec volumus nec debemus, ut beneficio sedis apostolice abutatur[b] et in gravamen subditorum assumat, quod ei ad illorum provisionem et commodum est indultum. Cum igitur certis temporibus auctoritate nostra legationis officium in Sardinia valeat exercere, fraternitati tue per apostolica 5 scripta mandamus, quatinus, cum terram ipsam iuxta tenorem privilegii ecclesie Pisane concessi datis temporibus visitarit, quamdiu in eadem provincia fuerit, ei tamquam legato apostolice sedis intendas, absenti autem vel alio tempore venienti non teneberis auctoritate legationis aliquatenus respondere. Auctoritate vero primatie non plus potest in provincia Turritana, quam 10 primatibus universis concedunt canonice sanctiones[5].

Datum ut supra.

111.

Innocenz III. befiehlt den Prälaten der exemten Kirchen in Sardinien, ihre Konflikte in Zukunft nicht vor weltlichen Richtern, sondern vor dem Papst, 15 seinen Legaten oder gewählten Schiedsrichtern auszutragen, andernfalls sie ihre Exemtion verlieren.

(Lateran, 1204 ca. Juli 3).

Reg. Vat. 5, fol. 161ʳ ⟨Nr. 111⟩.
Bréquigny, Diplomata, II/1 530, Nr. 111 = Migne, PL, 215, 392, Nr. 111. — Potth. Reg. 2267; 20
Scano, Codice, I 18, Nr. 27.

Exemptarum ecclesiarum prelatis in Sardinia[1] constitutis[a].

vgl. Röm 8, 28   Cum diligentibus Deum omnia cooperentur in bonum, ex eo, quod Deum non diligatis, conicimus, quod bona vobis cooperantur in malum et libertas in

---

[b] -a- *vielleicht korr. aus* -e-.   25

[3] Papst Urban II. zwischen 1092—1098 (*IP* III 321, Nr. *11 = X 381, Nr. *34); Innocenz II. am 22. April 1138 (*IP* III 325, Nr. 26 = X 382, Nr. 40); Eugen III. am 29. Mai 1146 (*IP* III 325, Nr. 29 = X 383, Nr. 42); Anastasius IV. (1153—1154) (*IP* III 326, Nr. *34); Hadrian IV. am 31. Mai 1157 (*IP* III 326, Nr. 36 = X 383, Nr. 46); Alexander III. am 26. Januar 1162 und am 11. April 1176 (*IP* III 326, Nr. 38; 327, Nr. 42 = X 384, Nr. 50); Lucius III. am 12. November 30 1181 (*IP* III 328, Nr. 47); Urban III. am 30. Oktober 1186 (*ebd.* 329, Nr. 49); Clemens III. am 7. Januar 1188 (*ebd.* 329, Nr. 53); Coelestin III. am 5. Februar 1192 (*ebd.* 329, Nr. 54). Vgl. Zimmermann, *Legation*, 261.

[4] Br. I 56 vom 15.—31. März 1198.

[5] Vgl. *Decretum Gratiani* D. 65 a. c. 4, c. 4, 5; D. 80 c. 1, 2; C. 6 q. 4 c. 3; C. 9 q. 2 c. 8; 35 C. 9 q. 3 c. 1, 8; Comp. I 2. 2. 4 = X 2. 2. 3; Comp. I 5. 1. 8 = X 5. 1. 2 (Friedberg, *CorpIC*, I 250f., 279f., 564, 604f., 606, 608f., II 249, 733).

111. [a] *Am Rande ein Kreuz.*
111. [1] Sardinien.

pessimam degenerat servitutem. Accepimus etenim, quod exemptionis occasione, qua sedes apostolica vos donavit, in libertatem, que vera servitus est, vos et ecclesias vestras nitimini vendicare, dum ecclesiasticum forum contempnitis et super causis ecclesiasticis etiam contenditis coram iudice seculari
5 nec aliis quam terrenis iudicibus vos asseritis subiacere. Quia vero in preiudicium ecclesiastice^b) libertatis insolentia hec^c) redundat^c), universitati vestre per apostolica scripta mandamus atque precipimus, quatinus, cum inter vos aliquid habueritis questionis, ad seculare forum contra sanctiones canonicas vos invicem non trahatis^2) nec coram terre iudicibus vel officialibus eorun-
10 dem presertim super causis ecclesiasticis contendatis, sed per nos vel legatum nostrum, cum in Sardinia fuerit, aut arbitros electos a partibus vestram prosequimini adversus personas ecclesiasticas rationem. Alioquin, quia privilegium meretur amittere, qui permissa sibi abutitur potestate^3), quoniam uti libertate nescitis, redigemus vos in perpetuam servitutem.
15 Datum ut supra.

112.

Innocenz III. bevollmächtigt den Erzbischof (Blasius) von Torres, in der Kirche von Torres Regularkanoniker einzusetzen.

(Lateran, 1204 ca. Juli 3).

20   *Reg. Vat. 5, fol. 161^r—161^v ⟨Nr. 112⟩.*
     Bréquigny, Diplomata, II/1 530, Nr. 112 = Migne, PL, 215, 393, Nr. 112. — Potth. Reg. 2266;
Scano, Codice, I 16, Nr. 23.

.. Turritano archiepiscopo^a, 1).

| **Si** ab agro Dominico, cuius culture te Dominus deputavit, spinas et
25 tribulos eradicare desideras, ut semen, quod est verbum Dei, in spineta non cadat, sed tanto fructificet amplius, quanto terra, in quam ceciderit^b), profundius purgata fuerit et magis diligenter exculta, laudabiliter officium tuum imples illudque notasse non superficietenus sed medullitus te ostendes^c), quod ait Dominus ad Prophetam: «Ecce constitui te super gentes et regna, ut
30 evellas et destruas et disperdas et edifices et plantes».

vgl. Mt 13, 3—8; Mk 4, 3—8; Lk 8, 4—8

Ir 1, 10

---

^b) *Migne:* Ecclesiae.   ^c—c) -c r- *auf Rasur.*

^2) Vgl. *Decretum Gratiani* C. 11 q. 1 c. 3, 5, 6, 10, 12, 33, a. c. 38, c. 39, 42, 43, a. c. 44, c. 46; Comp. I 2. 2. 1 = X 2. 2. 1 (Friedberg, *CorpIC*, I 627—629, 635, 637—641, II 248).

^3) S. Br. VII 71 (70) Anm. 12.

35 **112.** ^a) *Am Rande ein Kreuz.*   ^b) *Migne:* cecidit.   ^c) *Das zweite -e- korr. aus -i-. Migne:* ostendis.

112. ^1) S. Br. VII 103 Anm. 4.

Gaudemus ergo, quod perditis male malis vineam tuam aliis agricolis vis
locare amotisque ab ecclesia Turritana .. archipresbytero et canonicis, qui nil
canonicum sapiunt, sed desipiunt potius et mundanis illecebris se involvunt,
plantare in ea palmites canonice religionis intendis. Quia ergo rectis disposi-
tionibus nichil more debet vel difficultatis afferri[2], fraternitati tue presenti- 5
um auctoritate concedimus, ut, si absque scandalo fieri poterit, in eadem
ecclesia sublato appellationis obstaculo iuxta pium tue mentis propositum
canonicos instituas regulares, archipresbytero et canonicis * memoratis alibi
congrue provisurus, nisi forsan eorum aliqui velint in eadem ecclesia induere
religionis amictum et in ea decetero regulariter conversari. Quod si ex hoc 10
scandalum sequeretur, ad correctionem archipresbyteri et canonicorum ipsorum, sicut ad te noscitur pertinere, diligenter ac prudenter intendas; eos,
qui correctioni tue se duxerint opponendos, monitione premissa per censuram ecclesiasticam appellatione remota compescens[d].

Datum ut supra.   15

vgl. Mt 21, 41 (margin, line 2)

* fol. 161ᵛ (margin, line 8)

113.

*Innocenz III. ermahnt den Richter (Comita) von Torres, keine Kleriker und
deren Knechte vor ein weltliches Gericht zu ziehen und erstere nicht zu zwingen,
bei Gottesurteilen anwesend zu sein oder einen Segen zu spenden. Falls er und die
anderen Richter Sardiniens dieses Gebot nicht einhalten, sollen die Erzbischöfe* 20
*(Blasius) von Torres, (Riccus) von Cagliari, (Bernhard ?) von Arborea und
ihre Suffragane die Exkommunikation über sie verhängen.*

(Lateran, 1204 ca. Juli 3).

Reg. Vat. 5, fol. 161ᵛ—162ʳ ⟨Nr. 113⟩.

Bréquigny, Diplomata, II/1 531, Nr. 113 = Migne, PL, 215, 394, Nr. 113. — Potth. Reg. 2268; 25
Scano, Codice, I 19, Nr. 28.

Nobili viro .. iudici Turritano[a, 1].

vgl. Tob 4, 16;
Mt 7, 12; Lk 6, 31

Cum lex inhibeat naturalis, ne aliis[b] facias, quod fieri non vis tibi[2], debes
studiosius precavere, ne in divinam attemptes iniuriam, quod in offensam

---

[d]) copescens.   30

[2]) Vgl. *Decretum Gratiani* D. 65 c. 4 (Friedberg, *CorpIC*, I 250).

113. [a]) *Am Rande ein Kreuz; auf fol. 161ᵛ längs des Briefes am Rande ein senkrechter, z. T. gewellter
Strich. Links neben der Initiale ein schiefliegendes Kreuz mit einem Schnörkel.*   [b]) alii.

113. [1]) S. Br. VII 106 Anm. 6.

[2]) Vgl. *Decretum Gratiani* D. 1 a. c. 1 (Friedberg, *CorpIC*, I 1); Petrus Lombardus, *Senten-* 35
zen, III, 37, 5, Nr. 5 (II 212).

hominis facere prohiberis. Sane cum^{c)} pondus et pondus, mensura et mensura utrumque sit abhominabile apud Deum, sollicita debes meditatione pensare, ne aliter metiaris Domino, quam tibi homines vis metiri^{d)}, et in ministros eius eam tibi iurisdictionem usurpes, quam in ministros tuos non patereris alios^{e)} 5 vendicare.

Licet enim aliqui clericorum clericalem non sapiant honestatem, sed militie clericalis insignia infami turpis vite titulo dehonestent, eorum tamen infamia divine ipsos auctoritati non subtrahit, quominus ecclesiastico subsint iudicio, quod est eius, et sicut servus stat suo domino, sic et cadat³⁾, sicut 10 in familiaribus et^{f)} servis tuis^{f)} familiare tibi iugiter demonstrat exemplum, ut magnis minima comparemus. Si enim deliquerit servus tuus et merito super commisso crimine fuerit infamatus, numquid^{g)} ideo iurisdictio tua devolvetur ad alium, ut, qui^{h)} subditus tuus fuerat ante culpam, in servitutem alterius transeat post delictum, et excessum eiusⁱ⁾ non valeas vindicare nec animad-15 vertere in eundem, quantumcumque graviter te offendat?

Dolemus autem, quod hoc minus quam deceret attendens tamquam in parem tibi Dominum reputares, clericos in sortem vocatos ipsius et, qui sunt hereditas Domini et Dominus hereditas eorundem, non solummodo ipse iudicas, sed a tuis facis subditis iudicari, et in eam ipsos redigis servitutem, ut ad 20 laicale mandatum cogantur in causis civilibus coram seculari iudice testimonium perhibere. Cumque candentis ferri et aque frigide ac similia iudicia lex canonica non admittat⁴⁾, benedicere ac interesse talibus compelluntur miseri sacerdotes et, si compellentibus parere noluerint, a curatoribus, in quorum habitant iurisditione, pena pecuniaria percelluntur. Preterea quamvis eccle-25 sie secundum terre consuetudinem habeant servos suos⁵⁾, in eos tamen non possunt iurisditionem debitam exercere, cum tam in causis civilibus quam aliis subire seculare iudicium compellantur. Insuper — quod est peius — non solum simplices sacerdotes iudicas, sed maiores, et in christos Domini et per eos in Christum dominum iurisditionem tibi niteris vendicare.

30 Utinam, fili karissime, diligenter attenderes, quam orribile sit in manus Dei viventis incidere, thesaurizare iram in die ire ac indignationem in te Altissimi provocare! Utinam diligenti meditatione pensares, quod nil prodest homini, si universum mundum lucretur et patiatur sue anime detrimentum, nec potest homo dignam commutationem pro anima sua dare! Utinam me-35 moreris novissima tua iuxta sententiam sapientis, ut, cum intelligeres, quod

Marginalia:
Spr 20, 10
vgl. Mt 7, 2;
Mk 4, 24; Lk 6, 38

vgl. Röm 14, 4

vgl. 1Sam 24, 7. 11;
26, 9 u. ö.

vgl. Hebr 10, 31
vgl. Röm 2, 5

vgl. Mt 16, 26;
Mk 8, 36f.; Lk 9, 25
vgl. Sir 7, 40; 28, 6

---

^{c)} *Fehlt bei Migne.* ^{d)} meditari. *Migne:* metiari. ^{e)} -o- *korr. aus* -a-. ^{f—f)} *Durch Zeichen umgestellt aus* tuis et servis. ^{g)} *Migne:* namque. ^{h)} *Migne:* cui. ⁱ⁾ *Fehlt bei Migne.*

³⁾ S. Br. VII 41 Anm. 9.
⁴⁾ Vgl. *Decretum Gratiani* C. 2 q. 5 c. 7 § 1, c. 20, 22 (FRIEDBERG, *CorpIC*, I 457, 462—464);
40 *JL* 14091 (Alexander III.) = Comp. I 5. 12. 1 = X 5. 14. 1; *JL* 17662 (Coelestin III.) = X 5. 14. 2;
JL 17626 (Coelestin III.) = Coll. Hal. 24 = Coll. Luc. 91 = X 5. 35. 1 (FRIEDBERG, *CorpIC*, II 805, 877f.).
⁵⁾ *Decretum Gratiani* C. 12 q. 2 c. 57, 67, p. c. 67, c. 68, p. c. 68, c. 69 (FRIEDBERG, *CorpIC*, I 705, 708f.).

nulla est redemptio in inferno[6]), nunc, dum tempus habes, operareris bonum
vgl. Gal 6, 10 ad omnes et presertim ecclesias et viros ecclesiasticos honorares et foveres in
propria libertate, cavens sollicite, ne, si ecclesiam despexeris in presenti,
frustra requiras eius suffragium in futuro[k]) nec valeas obtinere, ut aliquis
simplicium sacerdotum intinguat extremum digiti sui in aqua et refrigeret 5
vgl. Lk 16, 24 linguam tuam, si nunc illos superbe contempnas, in quibus Dominus honorari
vgl. Mt 25, 40. 45 se asserit et contempni[l]) et quibus in Evangelio ipse dicit: «Qui vos tangit, me
vgl. Zach 2, 8 tangit, et qui tangit vos, tangit pupillam oculi mei».

Monemus igitur nobilitatem tuam et exhortamur in Domino et in remissionem iniungimus pec(catorum), quatinus, cum omne datum optimum et 10
vgl. Jak 1, 17 omne donum perfectum a Patre luminum sit desursum, contra eum, qui
terrenum tibi contulit potentatum, non extendas improvidus[m]) manus tuas
nec in ministros et servos ipsius indebitam tibi iurisditionem usurpes, ne
spolieris propriis, dum inhiaveris alienis; sciens, quod privilegium meretur
ammittere, qui permissa sibi abutitur potestate[7]). Sic igitur presumptionis et 15
abusionis huiusmodi[n]) vitium de terra tua studeas extirpare sicque viros
ecclesiasticos et ecclesias in sua libertate conserves, ecclesiastico iudicio relin-
quens eosdem, ut, cum Dei ministros honoraris in terris, honorari ab eo
merearis in celis illudque[o]) non cum reprobis sed cum iustis audire, «quod uni
vgl. Mt 25, 40 ex minimis meis fecisti, michi fecisti».   20

Nos autem venerabilibus fratribus nostris .. Turritano[8]), .. Kallaritano[9]) et
* fol. 162r .. Arborensi[10]) archiepiscopis et eorum suffraganeis[11]) precipiendo * mandavimus, ut tam te quam alios Sardinie iudices, qui clericos in seculari foro contra
sanctiones canonicas[12]) coegerint litigare vel in aliis temere violaverint privilegium clericorum, nisi ad commonitionem eorum destiteritis[p]) a predictis, ex- 25
communicationis sententia feriant et excommunicatos faciant publice nuntiari.

Datum ut supra.

---

[k]) *Migne:* futura.   [l]) *Migne:* contempnit.   [m]) *Migne:* improvidas.   [n]) hi(us)mo(d)i.
[o]) -d- *über der Zeile, korr. aus dem Kürzungsstrich über dem* -u-.   [p]) *Migne:* destiteris.

[6]) Der Satz „in inferno est nulla redemptio" stammt aus dem Responsorium „Peccantem me" 30
des Stundengebetes (HESBERT, *Corpus Antiphonalium,* IV 342, Nr. 7368; vgl. auch VAN DIJK,
Ordinal, 477 Z. 12) und diente um 1200 verschiedenen Autoren als Argument in der Diskussion
über die Wirkung der Suffragia für die Verdammten. Vgl. LANDGRAF, Dogmengeschichte, IV/2
263 mit Anm. 10, 279 mit Anm. 52, 282, 292 mit Anm. 9. Innocenz zitiert ihn auch an anderer
Stelle. Vgl. Innocenz III., De miseria humane condi<ionis, III 13 (Ed. MACCARRONE, 88, Z. 17). 35
[7]) S. Br. VII 71 (70) Anm. 12.
[8]) S. Br. VII 103 Anm. 4.
[9]) S. Br. VII 104 Anm. 1.
[10]) Wahrscheinlich Bernhard, als EB. von Arborea (Oristano) bezeugt 1206. Vgl. SOLMI,
Documento, 196.   40
[11]) Suffragane von Torres: Ampurias (ht. Teil von Tempio Pausania), Bisarcio (ht. Ozieri),
Bosa, Castro, Ottana (beide ht. Teil von Alghero), Ploaghe und Sorres (beide ht. Teil von Torres-
Sassari); Suffragane von Cagliari: Dolianova (ht. Teil von Cagliari), Suelli (ht. Ogliastra-Lanu-
sei), Sulcis (ht. Iglesias); Suffragane von Arborea: Ales, Santa Giusta (ht. Teil von Arborea-
Oristano), Terralba (ht. Teil von Ales).   45
[12]) Vgl. *Decretum Gratiani* C. 11 q. 1 c. 3, 5, a. c. 12, 33, 40, a. c. 43 (FRIEDBERG, *CorpIC,*
I 627, 629, 635, 638f.).

114.

Innocenz III. trägt dem Bischof (Hartbert) von Hildesheim und dem Dompropst (Albrecht) von Magdeburg auf, den Elekten (Dietrich) von Merseburg von der durch den (Kardinal-)Bischof G(uido) von Palestrina als päpstlichem Legaten
5 *verhängten Exkommunikation zu absolvieren, wofür er sich eidlich verpflichten soll, dem Papst bedingungslos zu gehorchen. Der Bischof von Hildesheim soll gemeinsam mit zwei anderen Bischöfen die Bischofsweihe vornehmen, falls der zuständige Erzbischof (Ludolf) von Magdeburg nicht innerhalb zweier Monate die Absolution von der Exkommunikation erlangt haben sollte.*

10   *Lateran, (1204) Juli 1.*

Reg. Vat. 5, fol. 162ʳ ⟨Nr. 114⟩.
Bréquigny, Diplomata, II/1 532, Nr. 114 = Migne, PL, 215, 395, Nr. 114; Kehr, UB Merseburg, I 125, Nr. 148; Janicke, UB Hildesheim, I 562, Nr. 588; Posse, Urkunden der Markgrafen von Meissen, 67, Nr. 81. — Potth. Reg. 2256; BFW 5901; Mülverstedt, Regesta archiepiscopatus Magde-
15 *burgensis, II 87, Nr. 201.*

.. Hildesemensi episcopo[1]**) et ..**[a]**) preposito Magdeburgensi**[2]**).**

Ex litteris .. electi Merseb(ur)gensis[b, 3] accepimus, quod venerabilis frater noster G(uido), Prenestinus episcopus[4], apostolice sedis legatus, in eum, cum eius non posset obedire mandatis[5], post appellationem ad nos interpositam
20 excommunicationis sententiam promulgavit, unde idem electus humiliter postulavit a nobis, ut misericorditer ei, cum mandatis nostris paratus sit in omnibus obedire, faceremus absolutionis beneficium exhiberi.

Quocirca discretioni vestre, de[c] qua plene confidimus, per apostolica scripta mandamus, quatinus ab ipso electo iuratoria cautione recepta, quod
25 nostris mandatis obediat absolute, absolutionis ei beneficium impendatis; iuramenti tenorem eiusdem in litteris redigi facientes, in quibus idem confiteatur electus se huiusmodi iuramentum in nostris manibus prestitisse, ac litteras ipsas eius sigillo signatas nobis mittere non tardetis.

---

114. [a]) *Gemipunctus fehlt bei Migne.*   [b]) *Migne:* Mesenburgensis.   [c]) d- *korr. aus einem anderen*
30 *Buchstaben, vielleicht aus* t-.

114. [1]) Hartbert von Dahlum, B. von Hildesheim (Suffr. von Mainz, ht. Paderborn) 1199—1216. Vgl. GOETTING, *Hildesheimer Bischöfe*, 477—509.

[2]) Albrecht, Graf von Käfernberg, Dompropst von Magdeburg 1200—1205, EB. 1205 bis 1232. Vgl. WENTZ–SCHWINEKÖPER, *Magdeburg*, 313.

35 [3]) Dietrich von Meissen, 1201 zum B. von Merseburg (Suffr. von Magdeburg) gewählt, 1202 durch Innocenz III. vom „defectus natalium" dispensiert (Chronicon Montis Sereni [*MGH SS* XXIII 169 Z. 29—33]) und 1203 als Bischof anerkannt (Br. VI 87), B. bis 1215. Vgl. GOETTING, *Hildesheimer Bischöfe*, 491.

[4]) S. Br. VII 46 (45) Anm. 15.

40 [5]) Er war vom Kardinallegaten wahrscheinlich deshalb exkommuniziert worden, weil er dessen Auftrag, die Bischofsweihe durch den B. von Hildesheim zu empfangen, nicht nachgekommen war, da König Otto IV. die Gewähr des freien Geleites nach Hildesheim vom vorausgehenden Empfang der Regalien abhängig gemacht hatte. Vgl. Chronicon Montis Sereni (*MGH SS* XXIII 171 Z. 37—40); WINKELMANN, *Philipp von Schwaben*, I 303; PIXTON, *Episcopacy*, 126f.

Verum si Magdeburgensis archiepiscopus[6] infra duos menses post receptionem presentium non redierit ad ecclesie unitatem, ut absolutionis beneficium mereatur, ex tunc tu, frater episcope, associatis[d] tibi duobus episcopis eidem electo, postquam a te fuerit in presbyterum ordinatus, iuxta canonicas sanctiones auctoritate nostra suffultus sublato appellationis obstaculo munus consecrationis impendas[7] et consecrato districtius inhibere procures, ne ipsi archiepiscopo, dum contumax nobis et rebellis extiterit, obedientiam exhibeat vel honorem.

Datum Laterani, Kal. Iulii.

115.

Innocenz III. nimmt die Kirche von Forcone in den päpstlichen Schutz und bestätigt ihre Besitzungen, Privilegien und Immunitäten.

Lateran, 1204 Juli 1.

Reg. Vat. 5, fol. 162ʳ—162ᵛ ⟨Nr. 115⟩.
Bréquigny, Diplomata, II/1 533, Nr. 115 = Migne, PL, 215, 396, Nr. 115. — Potth. Reg. 2257.

I(ohanni), Furconensi episcopo[1], eiusque[a] successoribus canonice substituendis in perpetuum[b].

| In eminenti apostolice sedis specula divina disponente clementia constituti fratres et coepiscopos nostros ampliori debemus caritate diligere et ecclesias eorum gubernationi commissas apostolico patrocinio communire.

Eapropter et cetera usque annuimus[c] et ad exemplar felicis recordationis Alex(andri) pape, predecessoris nostri[2], ecclesiam Furconensem, cui auctore Deo preesse dinosceris, sub beati Petri et nostra protectione suscipimus et cetera usque communimus; statuentes, ut quascumque possessiones, quecumque bona eadem ecclesia et cetera usque vocabulis exprimenda: ecclesiam maiorem sancti Maximi[d] cum villa, que vocatur Ciuitas[3], cuius medietas est eiusdem ecclesie, cum hominibus et possessionibus suis; ecclesiam sancti

---

ᵈ) *Migne:* associaris.

⁶) Ludolf, EB. von Magdeburg 1192—1205. Zu seiner Exkommunikation vgl. *RNI* Nr. 73; 109, Ed. Kempf 200—203; 269—274; Br. V 8.

⁷) *Decretum Gratiani* D. 64 c. 1—8; D. 65 c. 9; D. 66 c. 2 (Friedberg, *CorpIC*, I 247—249, 252f.).

115. ᵃ) *Migne:* ejusdem.   ᵇ) *Am Rande drei Punkte.*   ᶜ) *Fehlt bei Migne.*   ᵈ) *Migne:* Martini.

115. ¹) S. Br. VII 3 Anm. 16, 100 Anm. 1.

²) Papst Alexander III. am 19. Mai 1178 (*IP* IV 236, Nr. 5).

³) S. Massimo di Forcone, Civita di Bagno, südlich von L'Aquila, verlor im 12. Jh. den Civitas-Charakter. Vgl. Kamp, *Kirche und Monarchie*, I 16 mit Anm. 2.

Eusanii[4] cum capell(is) et hominibus et tenimentis suis; castrum Collepaidun(um)[e, 5] cum ecclesia et tenimentis suis; Rodium[f, 6] cum ecclesiis et tenimentis suis; ecclesiam sancte Iuste[7] cum capella et hominibus et[g] tenimentis suis[g]; ecclesiam sancti Iustini[8] cum hominibus et tenimentis suis;

5 ecclesiam sancte Marie de Paganica[9] cum capell(is) et hominibus et tenimentis suis; ecclesiam sancte Eufemie[10] cum pertinentiis suis; ecclesiam[h] sancte Marie de Guasto[11] cum hominibus et tenimentis suis; ecclesiam sancti Petri de Guasto cum hominibus et tenimentis suis; ecclesiam sancti Nycholai de Lagenca[i, 12] cum possessionibus suis; ecclesiam sancte Marie de Picentia[13]

10 cum possessionibus suis; ecclesiam sancti Martini de Picentia cum hominibus et tenimentis suis; ecclesiam sancti Ang(e)li de Besegne[14] cum hominibus et tenimentis suis; ecclesiam sancti Petri de Limignan[k, 15] cum hominibus et tenimentis suis; ecclesiam sancti Nuntii[16] cum hominibus et tenimentis suis; ecclesiam sancte Lucie[17] cum capella, hominibus et tenimentis suis; ecclesiam

15 sancti Martini de Oruella[18] cum capell(is), hominibus et tenimentis suis; ecclesiam sancte Scolastice[19] cum tenimentis suis; ecclesiam sancte Marie de Vnda[20] cum tenimentis suis; ecclesiam sancti Candidi cum capell(is) et hominibus et tenimentis suis; ecclesiam sancte Marie in Planule[l, 21] cum hominibus et tenimentis suis; ecclesiam sancte Marie de Bannu[m, 22] cum hominibus et

20 tenimentis suis; ecclesiam sancti Martiani[n, 23] cum hominibus et tenimentis

---

e) *Migne:* Collepaydonis.   f) *Migne:* Podium.   g—g) *Durch Zeichen umgestellt aus* suis et tenimentis.   h) ecc(lesi)a.   i) *Migne:* Sagetica.   k) *Migne:* Limignam.   l) *Migne:* Planula.   m) *Migne:* Banne.   n) *Migne:* Martini.

4) Sant'Eusanio Forconese; die im Folgenden genannten Orte liegen alle in der Prov. L'Aquila.

25   5) S. Br. VII 100 S. 162 Z. 7f. mit Anm. 8.

6) Rojo Piano, Com. L'Aquila.

7) S. Giusta di Bazzano, Com. Paganica.

8) S. Giustino di Paganica. Vgl. SELLA, *RD Abrutium-Molisium*, 422.

9) S. Maria di Paganica.

30   10) S. Eufemia di Paganica. Vgl. SELLA, *RD Abrutium-Molisium*, 417.

11) Il Vasto, Com. L'Aquila. Vgl. *ebd.* 393.

12) Ienca, Com. L'Aquila. „Lagenca" auch in der Empfängerüberlieferung Vat. lat. 13279, fol. 12^r–13^v (Abschrift Ende 14./Anfang 15. Jh.).

13) Picenze, Com. Barisciano.

35   14) Villa S. Angelo. Vgl. SELLA, *RD Abrutium-Molisium*, 381.

15) „Sanctus Petrus de Vinialibus", in der Empfängerüberlieferung (wie Anm. 12): Vignan(ibus). Vgl. SELLA, *RD Abrutium-Molisium*, Nr. 4, 130, 188, 281.

16) „S. Leuntius de Rocca de Medio", Rocca di Mezzo. Vgl. SELLA, *RD Abrutium-Molisium*, Nr. 5, S. 408, 423.

40   17) S. Lucia in Rocca di Cambio. Vgl. *ebd.*, Nr. 6, S. 408, 424.

18) Vielleicht S. Martino in Ocre. Vgl. *ebd.*, Nr. 7.

19) Vgl. *ebd.*, Nr. 8, 275.

20) Vielleicht Onna, Com. Paganica.

21) Pianula.

45   22) Vielleicht „S. Maria de Balneo", Bagno, Com. L'Aquila. Vgl. SELLA, *RD Abrutium-Molisium*, 380, 425.

23) „S. Marcianus de Rodio". Vgl. *ebd.*, Nr. 190, 268.

suis; ecclesiam sancti Laurentii de Saxa[24] cum hominibus et tenimentis suis; ecclesiam sancte Marie de Barano[25] cum hominibus et tenimentis suis; ecclesiam sancti Felicis de Monte[26] cum tenimentis suis; ecclesiam sancti Thome de Troila[27] cum tenimentis suis; ecclesiam sancti Steph(an)i de Rocca[28] cum capell(is) et hominibus et tenimentis suis; preterea[o] subscripta castella dioce-   5
sana tibi[p] lege subiecta, sicut ea rationabiliter possides, tibi nichilominus confirmamus: Bagnum[29] scilicet cum villis, ecclesiis et pertinentiis suis; Castellion(em)[q, 30], Bazanum[r, 31] et Paganicam[32] cum ecclesiis, villis et perti- nentiis suis; Asserece[s, 33] cum ecclesiis et pertinentiis suis[s]; Felettum[t, 34] cum ecclesiis et pertinentiis suis; Int(er)ueram[35] cum ecclesiis, vill(is) et pertinentiis   10
suis; Camardam[36] cum ecclesiis et pertinentiis suis; Podium et villam de Picentia[37] cum ecclesiis et pertinentiis suis; Guastum[38] cum ecclesiis, vill(is) et pertinentiis suis; Collebrenzun(um)[u, 39] cum ecclesiis et pertinentiis suis; Ra-

* fol. 162^v gnum[40] * cum ecclesiis et pertinentiis suis; Pescu maiure[v, 41] cum ecclesiis et pertinentiis suis; Sinicium cum sancto Demetrio[42] et sancto Ioh(ann)e et   15
sancto Martino et sancto Mauro cum pertinentiis suis; Stisiam[w, 43] cum eccle- siis et pertinentiis suis; Barrili[x, 44] cum ecclesiis et pertinentiis suis; Roccam[y] de Celici cum ecclesiis et pertinentiis suis[y]; Roccam Attonescam[45] cum eccle- siis et pertinentiis suis; Ocre[z, 46] et Fossam[47] cum ecclesiis et pertinentiis suis;

---

[o] P- *ist ein Großbuchstabe und graphisch hervorgehoben.*   [p] t- *vielleicht auf Rasur.*   20
[q] *Migne:* Castellian.   [r] *Migne:* Bagagnium.   [s—s] *Fehlt bei Migne.*   [t] Fe lettum. *Migne:* Telettum.   [u] *Migne:* Collebrengun.   [v] *Migne:* Pescumavire.   [w] -s- *auf Rasur.*   [x] *Migne:* Bamili.   [y—y] *Fehlt bei Migne.*   [z] *Migne:* Pere.

[24] Sassa.
[25] Barano.   25
[26] Vielleicht S. Felice, Fraz. von Ocre.
[27] Troia.
[28] S. Stefano in Rocca S. Silvestro. Vgl. SELLA, *RD Abrutium-Molisium*, Nr. 51, 162, 247, S. 408.
[29] Bagno, s. oben Anm. 22.
[30] Castiglione, ht. zerstört, bei Tornimparte.   30
[31] Bazzano, Com. Paganica.
[32] Paganica.
[33] Assergi, Com. Camarda.
[34] Filetto, Com. Camarda.
[35] Tempera, Com. Paganica.   35
[36] Camarda.
[37] Poggio-Picenze.
[38] S. oben Anm. 11.
[39] Collebrincioni, Com. L'Aquila.
[40] Aragno, Com. Camarda.   40
[41] Pescomaggiore, Com. Camarda.
[42] Sinizzo, abgekommen; S. Demetrio nei Vestini.
[43] Stiffe, Com. S. Demetrio nei Vestini; in der Empfängerüberlieferung (s. Anm. 12): Stifia(m).
[44] Barili, Com. L'Aquila.   45
[45] Rocca Ottonesca, Rocca di Cambio. S. oben Anm. 17. Vgl. LEHMANN-BROCKHAUS, *Abruzzen*, 711 (Index).
[46] Ocre.
[47] Fossa.

villam de Vnda[48]) cum ecclesiis et pertinentiis suis; Turrim[49]) cum ecclesiis, vill(is) et suis pertinentiis; Gignanum[aa, 50]) cum ecclesiis, villis et suis pertinentiis; Rodium[51]) cum ecclesiis, villis et pertinentiis suis; Pile[52]) cum ecclesiis, vill(is) et pertinentiis suis; Saxam[53]) cum ecclesiis, villis et pertinentiis
5 suis; Podium sancte Marie[54]) cum ecclesiis, villis et pertinentiis suis[bb]); Luculum[55]) cum ecclesiis, villis et aliis pertinentiis suis; Colementum[56]) cum ecclesiis, villis et pertinentiis suis; Roccam[cc]) sancti Viti[57]) cum ecclesiis, villis et pertinentiis suis[cc]); Tornamparte[58]) cum ecclesiis, villis[dd]) et pertinentiis suis[dd]); civitatem Forule[59]) cum[ee]) duabus ecclesiis et pertinentiis suis; Roccam
10 sancti St(e)ph(an)i[60]) cum villis suis; Castellion(em) de Ballo[61]) cum ecclesiis et pertinentiis suis; ecclesiam sancti Ioh(ann)is de Colimentis[62]) cum capellis et hominibus et tenimentis suis; ecclesiam sancti Angeli de Lupesclu[ff, 63]) cum capell(is) et hominibus et tenimentis suis.

   Statuimus preterea, ut nullus clericus cuiuscumque[gg]) ordinis et cetera
15 usque[hh]) irritum habeatur. Prohibemus autem, ne prepositi vel presbyteri[ii]) et cetera usque revocetur. Ad hec presenti decreto districte[kk]) inhibemus, ne aliquis in diocesi tua ecclesiam vel oratorium aliquod sine tuo vel successorum tuorum assensu construere de novo presumat, salvis tamen privilegiis pontificum[ll]) Romanorum. Libertates preterea et immunitates a predecessoribus nostris et
20 cetera usque communimus. Decernimus ergo et cetera; salva in omnibus apostolice sedis auctoritate. Si qua igitur et cetera. Cunctis autem et cetera.

   Datum Laterani per manum Io(hannis), sancte Romane ecclesie subdiaconi et notarii[64]), Kal. Iulii, indictione VII[a], incarnationis Dominice anno M°CC°IIII°, pontificatus vero domni Innocentii[mm]) pape III anno septimo[nn]).

---

25   aa) *Migne:* Gegnarum.   bb) *Am Rande ein kurzer, waagrechter Strich.*   cc—cc) *Fehlt bei Migne.*   dd—dd) *Fehlt bei Migne.*   ee) *Migne fügt hinzu:* villis et pertinentiis suis.   ff) *Migne:* Tupeselu.   gg) -c(um)- *über der Zeile nachgetragen.*   hh) *Über der Zeile nachgetragen.*   ii) *Fehlt bei Migne.*   kk) *Fehlt bei Migne.*   ll) *Migne:* pontificatum.   mm) *In verlängerter Schrift.*   nn) *Migne fügt Kardinalsunterschriften hinzu.*

30   48) Onna, Com. Paganica.
   49) Torre, Com. L'Aquila.
   50) Gignano, Com. L'Aquila. Vgl. BONANNI, *Corografia*, 20.
   51) Rojo Piano; s. oben Anm. 6.
   52) Pile, Ortsteil von L'Aquila.
35   53) Sassa.
   54) Poggio S. Maria, Com. Sassa.
   55) Lucoli.
   56) Collimento, Com. Lucoli.
   57) Rocca di S. Vito, bei Tornimparte.
40   58) Tornimparte.
   59) Fóruli, ht. Civitatomassa, Ortsteil von Scoppito.
   60) Rocca S. Stefano, Com. Tornimparte.
   61) Castiglione di Baglo, Com. L'Aquila.
   62) S. Giovanni di Collimento, bzw. Lucoli, Ben.-Abtei. Vgl. *IP* IV 237.
45   63) Vielleicht S. Angelo in Lucoli. Vgl. SELLA, *RD Abrutium-Molisium*, Nr. 108.
   64) S. Br. VII 1 Anm. 10.

116.

Innocenz III. kassiert die Wahlen des Dompropstes (Milo?) und des Archidia-
kons (Theobald) von Reims zum dortigen Erzbischof, bestellt als solchen den
(Kardinal-)Bischof G(uido) von Palestrina und befiehlt dem Domkapitel, ihm
zu gehorchen; andernfalls sollen es der Erzbischof (Peter) von Sens und die Äbte 5
(Guido) von Clairvaux und (Johannes) von Saint-Victor in Paris notfalls unter
Anwendung geistlicher Strafen dazu zu zwingen oder, falls der Kardinal die
päpstliche Provision nicht annimmt, einen neuen Erzbischof ernennen.

Lateran, (1204) Juli 6.

Reg. Vat. 5, fol. 162ᵛ—163ᵛ ⟨Nr. 116⟩.   10

Bréquigny, Diplomata, II/1 534, Nr. 116 = Migne, PL, 215, 398, Nr. 116. — Potth. Reg. 2269;
Varin, Archives administratives, I/2 456, Nr. 21; Bréquigny, Table chronologique, IV 352.

Capitulo Remensi[a, 1)].

Licet nec reprehensibile sit nec novum, quod in electionibus prelatorum
vota eligentium variantur, per huiusmodi tamen scismata, que interdum 15
potius ex impetuosa levitate quam bono zelo procedunt, ecclesie solent incurrere detrimentum, sicut ecclesie vestre accidisse conspicimus et dolemus.

Sane cum bone memorie W(illelmus), archiepiscopus vester[2)], universe
carnis debitum exolvisset, quia non potuistis in unum omnes pariter convenire, sed contradicentibus quibusdam ex vobis[3)] quidam venerabilem fratrem 20
nostrum .. Beluacensem episcopum[4)] per impetuosam presumptionem ex
indiscreto zelo post appellationem ad nos interpositam in archiepiscopum
nominarunt, laboravit Remensis ecclesia et expensis se gravibus oneravit.
Nos autem partibus in nostra presentia constitutis et inquisita plenius et
cognita veritate postulationem[b)] factam de episcopo Beluacensi exigente iusti- 25
tia repellentes de gratia vobis electionem liberam duximus concedendam, per
apostolica vobis scripta mandantes[5)], ut infra mensem post susceptionem
litterarum nostrarum convenientes in unum invocata Spiritus sancti gratia
canonice vobis eligeretis personam idoneam in pastorem et faceretis, quamcitius posset[c)] fieri[c)] oportune, in pontificem consecrari. Adiecimus etiam, ut in 30
examine districti iudicii a vobis requireret Dominus, nisi humano favore ac
mundano timore postpositis personam in spiritualibus et temporalibus se-

vgl. Ps 47, 5;
1Kor 11, 20 u. ö. (margin, left, lines 19)

vgl. Ps 47, 5;
1Kor 11, 20 u. ö. (margin, left, lines 27)

---

116. [a)] *Auf fol. 162ᵛ und 163ʳ längs des Briefes am Rande ein senkrechter, z. T. gewellter Strich.*
[b)] *Am Rande ein rotes Kreuz.*   [c—c)] *Durch Zeichen umgestellt aus* fierit (sic) *posset.*

116. [1)] Domkapitel von Reims.   35
[2)] S. Br. VII 97 Anm. 3.
[3)] Der Archidiakon Theobald von Le Perche (s. unten Anm. 11) und sein Anhang. Vgl. Br. VI
9 Bd. 6 S. 18 Z. 7—9, VI 198 (200) ebd. S. 335 Z. 3f.; Chronicon anonymi Laudunensis zu 1204 (Ed.
CARTELLIERI 62); Alberici Monachi Trium Fontium Chronicon (*MGH SS* XXIII 884 Z. 26—28).
[4)] Philipp (I.) von Dreux, B. von Beauvais (Suffr. von Reims) 1175—1217. Vgl. *Dict. HGE* 40
7 (1934) 298.
[5)] Br. VI 198 (200) vom 10. Januar 1204.

cundum conscientiam vestram idoneam vobis preficere curaretis. Venerabili
quoque fratri nostro .. Autisiodorensi[d] episcopo[6] et dilectis filiis .. abbati de
Persenia[7] et magistro R(oberto) de Corzon'[8], canonico Nouiomensi, dedimus
in mandatis, ut, si negligeretis forsitan mandatum apostolicum adimplere,
5 ipsi auctoritate nostra suffulti contradictione qualibet et appellatione
ces(sante) Deum habentes pre oculis personam, que tanto congrueret oneri et   vgl. Ps 53, 5
honori, vobis in pontificem assignarent et eum facerent per suffraganeos
Remensis ecclesie[9] consecrari.

Vos autem receptis litteris nostris loco convenientes eodem sed animo
10 discordantes, utpote qui nondum ab oculis cordis vestri prioris rancoris
nebulam terseratis, personas vobis varias nominastis, quibusdam ex vobis ..
prepositum[10], quibusdam maiorem archidiaconum[11] eligentibus in pastorem. Quia igitur predictorum executorum audientiam et presentiam evitan-
tes maluistis ad sedem apostolicam laborare discordantium partium concor-
15 dia nostrum iudicium eligente, dilecto filio I(acobo) de Porta carceris[12],
procuratori partis illius, que prepositum duxerat eligendum, et sociis eius et
O., procuratori partis adverse, ac collegis ipsius audientiam concedentes,
propositiones partium et confessiones audivimus, recepimus testes et publicantes depositiones eorum examinavimus omnia diligenter. Fuit ergo propo-
20 situm coram nobis, quod pars illa, que prepositum nominarat, non solum
adversa parte contempta, sed neglectis etiam quibusdam ex illis, qui * cum   * fol. 163ʳ
eis postmodum in electione prepositi concordarunt, in domo Hug(onis) de
Sparnaco[13], concanonici sui, seorsum habuerant super electione tractatum,
communiter statuentes, quod, si non possent in personam eandem omnes
25 pariter convenire, illum ex compromisso reciperent in pastorem, quem decanus[14] et predictus I(acobus) de Porta carceris et Geruasius prepositi nepos, in

---

d) *Migne:* Antissiodorensi.

6) Hugo von Noyon, B. von Auxerre (Suffr. von Sens) 1183—1206. Vgl. *Dict. HGE* 5 (1931)
945.
30   7) Adam, Abt von Perseigne (Zist.-Abtei, Diöz. Le Mans, Dép. Sarthe) 1188—1221, ein
bekannter Autor und Prediger. Vgl. *Dict. BF* 1 (1933) 492f.; Bouvet, *Adam de Perseigne*, 7—29.
8) Robert von Courson, Domkanoniker von Noyon (Suffr. von Reims), Lehrer der Theologie in Paris 1204—1210, 1212 KP. von S. Stefano in Celiomonte, gest. 1219. Vgl. Dickson, *Robert
de Courson*; Maleczek, *Papst und Kardinalskolleg*, 175—179.
35   9) S. Br. VII 46 (45) Anm. 5.
10) Milo von Châtillon-Nanteuil, Dompropst von Reims ab ca. 1202/1203, B. von Beauvais
1217—1234, oder sein Vorgänger Balduin (II.), Dompropst ab 1192. Vgl. *Gallia Christiana* IX
167; Baldwin, *Government*, 181; 512, Anm. 28. S. unten Anm. 15.
11) Theobald von Le Perche, Archidiakon von Reims. Vgl. *Gallia Christiana* IX 101.
40   12) Ein Jacobus de Porta Carceris (Porte Cérès in Reims) ist in einem Anniversarienver-
zeichnis der Abtei Saint-Nicaise in Reims aus dem frühen 13. Jh. bezeugt. Vgl. Cossé-Durlin,
Cartulaire Saint-Nicaise, 389, Nr. 272, mit Anm. 12.
13) Hugo von Spernay (Dép. Marne), Domkanoniker von Reims.
14) Balduin, als Domdekan von Reims bezeugt 1202/1203—1210, oder Leo, bezeugt 1199
45 bis 1206. S. Br. V 148 (149) Bd. 5 S. 291 Z. 9 mit Anm. 8. Vgl. Cossé-Durlin, *Cartulaire Saint-
Nicaise*, 422, Nr. 327; *Gallia Christiana* IX 173.

quos compromiserunt communiter sub hac forma, eis in archiepiscopum nominarent[e]. Adiectum est etiam, quod, cum .. vicedominus predictum archidiaconum elegisset appellans, ne quis in preiudicium electionis ipsius aliquid attemptaret, decanus velut in furorem conversus nullo prorsus consilio de preposito in capitulo habito nec communi deliberatione premissa subito prepositum capiens «et nos istum», inquit sociis, «capiamus», sicque capientes eum quidam alii cum[f] decano intronizaverunt eundem et laudes solitas decantarunt.

Sive igitur ex deliberatione in domo Hug(onis) extra capitulum habita sive repente in capitulo nulla deliberatione[g] premissa decanus prepositum nomina- 10 vit, patet[h] eum[i] preter formam electionis canonice nominatum. Obiectum est insuper, quod prepositus erat super simonie vitio infamatus, quod abusus fuerat sigillo capituli, quod tamquam erniosus rupture vitio laborabat et quod medio digito sinistre manus fuerat mutilatus[15], licet testes super hoc varia retulissent deponentibus quibusdam eorum, quod tantum extrema uncia digiti 15 carebat eiusdem, et addentibus aliis, quod secundam[k] integram non habebat.

Canonibus igitur revolutis inventi sunt diversi super[l] hoc articulo non adversi. Nam etsi aliqui habeant, quod quidam corpore vitiati et hii specialiter, qui casu partem digiti ammiserunt, ad clericatus officium admittantur[16], aliqui tamen habent, quod, qui membrorum sunt dampna perpessi, 20 sunt a sacris ordinibus prohibendi[17], qui super hoc sibi nullatenus adversantur, cum multi ad minores possint ordines promoveri, qui ad superiores cum effectu non debent aliquatenus aspirare. Nam maior sufficientia in hiis requiritur, qui ad sacros sunt ordines promovendi, quam in hiis, qui sunt in minoribus ordinibus constituti, sicut[m] et maior in presbytero quam diacono, 25 episcopo quam presbytero, archiepiscopo quam episcopo, primate quam archiepiscopo et maior hiis omnibus est in summo pontifice perfectio requirenda. Quatuor igitur opposita sunt in factum et quatuor in personam: in factum illicita compromissio, contemptus fratrum, canonica provocatio et impetuosus processus; in personam infamia simonie, abusus sigilli, rupture vitium et 30 digiti mutilatio.

Licet autem contra personam archidiaconi nichil ostensum fuerit vel obiectum, immo multipliciter a multis fuerit commendata, contra factum

---

[e] -nt *auf Rasur; am Rande ein kleines* x. [f] *Migne:* dum. [g] *Am Rande ein kurzer, waagrechter Strich radiert.* [h] -e- *korr. aus einem anderen Buchstaben.* [i] *Migne:* cum. [k] *Auf* 35 *Rasur; am Rande ein kurzer, waagrechter Strich.* [l] *Auf Rasur.* [m] -c(ut) *auf Rasur; am Rande ein kleines* x.

[15] Das Chronicon anonymi Laudunensis (Ed. CARTELLIERI 62) bezieht den letztgenannten Vorwurf auf Balduin, erwähnt aber im selben Zusammenhang eine weitere Einrede des Archidiakons Theobald gegen Milo wegen dessen jugendlichen Alters. 40

[16] *Decretum Gratiani* D. 55 c. 6. Vgl. auch D. 55 c. 7—11; *JL* 14091 (Alexander III.) = Comp. I 1. 12. 1 = X 1. 20. 1; Comp. I 1. 12. 2; *JL* 16604 (Clemens III.) = Gilb. 1. 11. un. = X 1. 20. 3 (FRIEDBERG, *CorpIC*, I 216—218, II 144f.).

[17] Vgl. *Decretum Gratiani* D. 55 c. 3. Vgl. auch D. 55 c. 1 § 1, c. 4, 5; D. 34 c. 10; D. 36 c. 1; D. 50 c. 59 (FRIEDBERG, *CorpIC*, I 128, 133, 200, 215f.). 45

tamen electionis ipsius fuit propositum ex adverso, quod, cum decanus ad
sedem apostolicam appellasset, ne quis sine communi vel maioris et sanioris
partis assensu ad electionem procederet celebrandam, vicedominus et sequa-
ces ipsius pauciores numero: cum vix tertia pars capituli sequeretur eundem,
5 et dignitate minores: cum nulla personarum[n] Remensis ecclesie vicedomino
consentiret, et inferiores ordine: cum nullus presbyterorum faveret eidem,
eundem archidiaconum nominarat et quod ad hoc zelo processerat indiscreto,
cum pars altera tam Remensem quam Carnotensem decanum[18], ecclesie
Remensis canonicum, qui quondam in priori negotio eidem archidiacono
10 faverat, eligendum et quamplures viros providos et honestos postulandos a
nobis duxerint nominandos, quorum nullum pars ipsius archidiaconi voluit
acceptare, utpote que non ad utilitatem ecclesie sed promotionem illius
potius intendebat. Preterea ex utriusque confessione patebat, quod archidiaconus ipse in subdiaconatus erat ordine constitutus, canon autem subdiaco-
15 nes, quia et ipsi ministrant altaribus, exigente oportunitate[o] concedit, si[p]
spectate religionis et scientie fuerint, non tamen sine Romani pontificis vel
metropolitani scientia in episcopos eligendos[19]; unde cum Remensis ecclesia
metropolitanum non habeat alium quam Romanum pontificem nec nos
conscii essemus electionis ipsius, constabat eam contra formam canonicam
20 attemptatam.

Cumque super hiis et aliis coram nobis fuisset varie disceptatum, nos
attestationibus, confessionibus et allegationibus diligenter auditis et plenarie
intellectis de communi fratrum nostrorum consilio exigente iustitia electionem utramque curavimus reprobare. Verum quoniam officii nostri debitum
25 et Remensis ecclesie comodum requirebat, ut ei provideremus personam
idoneam in pastorem, ne, si denuo restitueremus vobis licentiam eligendi,
denuo apostolice sedis beneficio abutentes Remensem scinderetis ecclesiam et
labores novos veteribus laboribus cumulantes afflictionem adderetis afflicte,
ad venerabilem fratrem nostrum G(uidonem), Prenestinum episcopum, apo-
30 stolice sedis legatum, virum providum et honestum, oriundum de regno
Francorum, qui fuerat in Cist(er)tiensi ordine primus abbas[20] et sue religionis exigentibus meritis a nobis assumptus fuerat in episcopum Prenestinum,
* virum utique coram Deo et hominibus potentem in opere ac sermone,   * fol. 163[v]
oculos nostre considerationis extendimus et vobis et eidem ecclesie providi-   vgl. Lk 24, 19
35 mus in rectorem, dum tamen eius super hoc accedat assensus, quem invitum
cogere nolumus, sed consentientem assumi.

---

[n] -na- *über der Zeile nachgetragen.*   [o] oport- *auf Rasur.*   [p] *Fehlt bei Migne.*

[18] Hugo (II.), Domdekan von Chartres 1203—1206. Vgl. MERLET–MERLET, *Chartres*, 13,
Nr. 19.
40   [19] *Decretum Gratiani* D. 60 c. 4 (FRIEDBERG, *CorpIC*, I 227).
[20] Guido de Paredo (s. Br. VII 46 [45] Anm. 15) stammt aus Paray (-le-Monial?), ist 1189
Abt von Val (Zist.-Abtei, Diöz. Paris), 1194 Abt von Cîteaux, 1200 (K.-)B. von Palestrina, seit
1201 Legat in Deutschland, behielt den Kardinalstitel auch als EB. von Reims bei, gest. 1206.
Vgl. MALECZEK, *Papst und Kardinalskolleg*, 133f.

Monemus igitur universitatem vestram et exhortamur in Domino et per
apostolica vobis scripta mandamus et districte precipimus, quatinus, si episcopus ipse dispositioni nostre consenserit, ipsum sicut pastorem et episco-
vgl. 1Petr 2, 25 pum animarum vestrarum recipiatis humiliter et honorifice pertractetis debitam ei obedientiam et reverentiam impendentes; scituri nos venerabili 5
fratri nostro .. Senonensi archiepiscopo[21] et dilectis filiis .. Clareuallensi[22] et
.. sancti Victoris Parisiensis[23] abbatibus dedisse firmiter in mandatis, ut, si
qui — quod non credimus — facto nostro se duxerint opponendos, eos per
districtionem ecclesiasticam sublato appellationis impedimento compescant.
Eisdemque mandavimus, ut, si forsan idem episcopus non pateretur ad Re- 10
mensem ecclesiam se transferri, omni gratia et timore post(positis) personam
idoneam et honori tanto et oneri congruentem solum Deum habentes pre
vgl. Ps 53, 5 oculis auctoritate nostra suffulti vobis appellatione postposita preficiant in
pastorem, contradictores modo simili compescentes.

Datum Laterani, II Non. Iulii[q].   15

117.

*Innocenz III. entscheidet im Prozeß, den G(erardus) von Cros, Archidiakon von
Clermont, und Parentius, päpstlicher Subdiakon und Kanoniker von St. Peter in
Rom, um das Domdekanat von Clermont führen, über die Zulassung neuer
Zeugen und trägt (den Äbten [Stephan?] von Neuffontaines und [Armandus] von 20
La Chaise-Dieu)[1] auf, ein Urteil zu fällen und die Domkanoniker von Clermont
für eine etwaige Zeugenaussage von der Exkommunikation zu absolvieren, die
im Verlauf des Prozesses über sie verhängt worden ist.*

Lateran, (1204) Juli 12.

Reg. Vat. 5, fol. 163ᵛ—164ʳ ⟨Nr. 117⟩.   25
    Bréquigny, Diplomata, II/1 537, Nr. 117 = Migne, PL, 215, 402, Nr. 117. — Comp. III 2. 12.
11; Alan. 1. 18. un., 2. 11. 9; Alan. K. 1. 22. 2, 2. 12 9; Bern. 2. 11. 13; Add. ad Dunelm. IV 82;
Coll. Fuld. 2. 17. 12; X 2. 20. 38. — Potth. Reg. 2270.

---

    q) *Migne fügt hinzu:* pontificatus nostri anno septimo.

    [21] S. Br. VII 46 (45) Anm. 3.   30
    [22] Guido, Abt von Clairvaux 1193—1213, gest. 1214. Vgl. *Dict. HGE* 12 (1953) 1053f.
    [23] Johannes (I.), Abt von Saint-Victor in Paris (Augustiner-Chorherrenstift) 1203—1228.
Vgl. Bonnard, *St.-Victor de Paris*, I 277—303.

117. [1]) Adressaten sind die Äbte von Neuffontaines (Prämonstratenser-Abtei, Diöz. Clermont,
ht. Moulins, Dép. Allier; wahrscheinlich Stephan, nach 1188 bezeugt, oder B., bezeugt 1213 bis 35
1233 [*Gallia Christiana* II 415; Backmund, *Monasticon Praemonstratense*, III 153; Ardura,
Abbayes, 406]) und La Chaise-Dieu, s. VII 40 Anm. 2. Vgl. von Heckel, *Gilbertus — Alanus*,
162f., Anm. 1, zu Alan. 1. 18. un., 2. 11. 9 (*ebd* 241, 251); Bern. 2. 11. 13 (Ed. Singer,
Dekretalensammlung, 64); Cheney, *Annotator*, 62f., zu Add. ad Dunelm. IV 82; X 2. 20. 38
(Friedberg, *CorpIC*, II 331).   40

| Veniens[a] ad apostolicam sedem dilectus filius G(erardus) de Cros, archi-
diaconus Claromontensis[2], nobis humiliter supplicavit, ut sententiam per
venerabilem fratrem nostrum .. Lemouicensem episcopum[3] super decanatu
Claromontensis ecclesie pro eo rationabiliter latam, que iam in parte fuerat
5 executioni mandata, faceremus in totum executioni mandari.

Cum autem dilecti filii .. abbas[4] et G. Dalmas, canonicus Claromontensis,
procuratores dilectorum filiorum capituli Claromontensis, in nostra essent
presentia constituti, nobis proponere curaverunt, quod sententia illa contra
iustitiam et post appellationem ad nos legitime interpositam fuerat promul-
10 gata et ideo idem archidiaconus in petitione sua non erat aliquatenus audiendus. Idem vero archidiaconus proposuit ex adverso, quod dicti abbas et
canonicus tamquam procuratores recipi non debebant, cum tam ipsi quam
illi, pro quibus venerant, excommunicationis essent vinculo innodati, quia
predictus episcopus omnes illos excommunicationis vinculo innodarat, qui
15 sententie per eum pro memorato archidiacono late se ducerent opponendos;
et cum super hoc fuisset aliquamdiu litigatum, tandem ad cautelam procuratores absolvi fecimus antedictos. Postmodum vero, cum idem abbas et canonicus vellent agere contra illum, ipse archidiaconus nec sic eos ut procuratores admittere voluit, pro eo, quod illorum se procuratores gerebant, qui
20 adhuc erant excommunicationis vinculo innodati, et ideo pro eis in iure non
poterant experiri[5].

Cumque idem archidiaconus ipsos tamquam procuratores nollet admittere vel dictis eorum aliquatenus respondere, dilectus filius Parentius, subdiaconus noster, basilice principis apostolorum canonicus[6], se ipsi opposuit ex
25 adverso asserens canonice se fuisse in decanum ecclesie Claromontensis electum, propter quod dictus archidiaconus in sua petitione non erat aliquatenus
audiendus, quia decanatus ipse non ad illum sed ad se potius pertinebat. Ad
quod memoratus archidiaconus replicabat, quod donec sententia lata pro
ipso plenarie foret executioni mandata, predictus P(arentius) ad impedien-
30 dam executionem sententie non debebat audiri. Ad hoc dictus P(arentius)
respondebat sententiam pro ipso archidiacono a supradicto[b] episcopo latam
nullum sibi preiudicium generare, cum res inter alios acta non preiudicet aliis
secundum legitimas sanctiones[7]. Cumque super hiis aliquamdiu disceptas-

---

117. [a]) *Die Adresse fehlt, obwohl Raum dafür gelassen wurde. Am Rande das* Nota-Monogramm,
35 *darüber von einer Hand des 13. Jhs.:* hoc c(apitulum) est Extra de testibus *(X 2. 20. 38); ferner
die erste römische Briefzählung:* V[C]. [b]) *Am Rande ein kurzer, waagrechter Strich.*

[2]) Vielleicht Gerardus von Cros, als Archidiakon von Clermont (Suffr. von Bourges) bezeugt 1195, EB. von Bourges 1209—1218. Vgl. *Dict. HGE* 20 (1984) 1475.
[3]) Johannes von Veirac, B. von Limoges (Suffr. von Bourges) 1198—1218. Vgl. Limouzin-
40 Lamothe, *Limoges,* 91—93, 182.
[4]) Abt des Domkapitels von Clermont. Vielleicht Bertrand von Murol, bezeugt 1203, oder
Wilhelm von Aubusson, bezeugt 1207. Vgl. *Gallia Christiana* II 308.
[5]) Vgl. *JL* 14054 (Alexander III.) = Comp. I 2. 1. 9 = X 2. 1. 7 (Friedberg, *CorpIC,* II 241).
[6]) Parentius, päpstlicher Subdiakon, Kanoniker von St. Peter in Rom.
45 [7]) Digesten 42. 1. 63; 44. 2. 1; 48. 2. 7. 2 (Ed. Mommsen 669, 707, 791).

sent, interlocuti fuimus, ut dictus[c] P(arentius), si posset, in continenti suam
intentionem fundaret, qui demum ad suam intentionem fundandam testes et
instrumenta produxit, super quibus, cum utrinque fuisset aliquamdiu dispu-
tatum, nos interloquendo pronuntiavimus — quoniam per ea, que fuerant
ostensa, constabat, quod sua intererat —, ut idem Par(entius) se opponeret 5
archidiacono memorato.

Lite igitur inter eos tam super electione quam super sententia legitime
contestata[d] quesitum fuit ab ipso archidiacono[e] coram nobis, utrum attestationes prius exhibitas in articulo supradicto in hoc iudicio vellet admittere,
qui prehabita[f] deliberatione respondit, quod vellet, dummodo posset, obice- 10
re tam in personas testium[8] quam in dicta. Quo audito pars adversa respondit, quod attestationibus illis in hoc iudicio uti nolebat, cum non super
principali negotio sed super articulo incidenti fuissent lite non contestata[g]
recepte[9]. Unde super toto negotio vel illos vel alios volebat producere testes.
Pars autem respondit adversa, quod, cum testes illi tam super sententia 15
quam super electione dixissent et eorum attestationes fuissent in iudicio
publicate, non licebat eidem, postquam testificata didicerat, super eisdem
articulis alios producere testes, presertim, cum in hoc ipso iudicio pars eadem
attestationibus illis usa fuisset.

Nos igitur auditis, que fuerunt hinc inde proposita, iustitia pronuntiavi- 20
mus exigente, quod testes essent recipiendi super toto negotio, quos utraque
* pars duceret producendos. Quocirca discretioni vestre per apostolica scripta
mandamus, quatinus receptis testibus et instrumentis inspectis et confessionibus et allegationibus diligenter auditis causam ipsam tam super principali
quam super incidenti sublato cuiuslibet contradictionis et appellationis 25
obstaculo fine canonico terminetis, facientes et[h] cetera[h]. Quia vero, que in
capitulo aguntur, non facile possunt nisi per canonicos ipsos probari, volumus et mandamus, ut ad cautelam absolvatis eosdem, ut vocati ad testimonium libere valeant pro utralibet parte testari.

Testes et cetera. Nullis litteris et cetera. 30

Datum Laterani, IIII Idus Iulii[i].

*fol. 164ʳ (left margin)

---

[c] *Davor eine kleine Rasur.*   [d] cotestata.   [e] -d(iacono) *vielleicht auf Rasur; darnach eine*
kleine Lücke.   [f] pre- *und* -habita *mit einem Strich verbunden.*   [g] *Migne:* contesta.   [h—h] *Migne:*
quod decreveritis firmiter observari.   [i] *Migne fügt hinzu:* anno septimo.

[8] Vgl. *JL* 17649 (Coelestin III.) = Gilb. 2. 12. 2 = Coll. Rotom. I 1. 40l = Coll. Rotom. I 21. 35
10 = Coll. Mon. 69 = Coll. Luc. 74h = Coll. Berol. II 7 = Coll. Clar. II 47 (Cheney, *Studies*, 222f.,
265, 272, 288) = X 2. 25. 1 (Friedberg, *CorpIC*, II 374).

[9] Vgl. Br. I 362 Bd. 1 S. 547 Z. 3—5 = Gilb. 2. 8. 1 = Rain. 24. 1 = X 2. 6. 1 (Friedberg,
CorpIC, II 258f.).

118.

Innocenz III. trägt (mehreren englischen Klerikern ?) auf, den Prior (Bertram)
und die Mönche des Domkapitels von Durham unter Androhung kirchlicher Stra-
fen zum Gehorsam gegenüber dem Bischof (Philipp) von Durham zu zwingen.

5   *Lateran, (1204) Juni 18.*

    Reg. Vat. 5, fol. 164ʳ ⟨Nr. 118⟩.
    Bréquigny, Diplomata, II/1 539, Nr. 118 = Migne, PL, 215, 405, Nr. 118. — Potth. Reg. 2247;
Bliss, Calendar, I 18; Cheney, Calendar, 566.

    Conquerente[a]) venerabili fratre nostro .. episcopo Dunelmensi[1]) ad no-
10 stram noveritis audientiam pervenisse, quod .. prior[2]) et monachi Dunelmenses
ei consuetam obedientiam et debitam reverentiam subtrahunt et iura ipsius
ac libertates antiquas et laudabiles consuetudines et hactenus observatas
temere perturbantes et attemptantes[b]) plurima contra inhibitionem nostram[3]) factam eisdem ipsi super hiis et multis aliis iniuriosi et graves existunt.
15   Nos igitur fratribus et coepiscopis[c]) nostris in sua volentes ratione adesse,
qui sumus omnibus in iustitia debitores, discretioni vestre per apostolica
scripta mandamus, quatinus dictos priorem et monachos, ut eidem episcopo
reverentiam et obedientiam debitam et consuetam exhibeant humiliter et
devote et de dampnis et iniuriis irrogatis satisfaciant competenter, monitione
20 premissa per censuram ecclesiasticam appellatione postposita compellatis;
reducentes in statum pristinum, quicquid contra iura ipsius episcopi, libertates solitas et laudabiles consuetudines et hactenus observatas ac inhibitionem
nostram ab eisdem temere inveneritis[d]) attemptatum.
    Nullis litteris et cetera. Quod si non omnes et cetera, duo vestrum [et cetera].
25 Datum Laterani, XIIII Kal. Iulii.

119.

Innocenz III. dispensiert (den Assalitus)[1]) vom defectus natalium.

                        Lateran, (1204) Juli 30.

    Reg. Vat. 5, fol. 164ʳ ⟨Nr. 119⟩.
30   *Bréquigny, Diplomata, II/1 539, Nr. 119 = Migne, PL, 215, 405, Nr. 119. — Potth. Reg. 2273.*

---

118. [a]) *Raum für Adresse gelassen.*   [b]) *Migne:* attentes.   [c]) *Migne:* episcopis.   [d]) *Migne:* noveritis.

118. [1]) S. Br. VII 15 Anm. 18.
    [2]) Bertram, Prior des Domkapitels St. Cuthbert in Durham 1183—1212/1213. Vgl.
35 KNOWLES–BROOKE–LONDON, *Heads of Religious Houses*, 43.
    [3]) Vgl. Br. I 459.

119. [1]) Assalitus, Kanoniker von Saint-Front (Augustiner-Chorherrenstift in Périgueux), er-
wirkte einen Auftrag des (K.-)B. Oktavian von Ostia an das Kapitel von Saint-Yrieix-la-Perche,
ihn dort als Kanoniker aufzunehmen, wurde aber aufgrund seiner unehelichen Geburt zurückge-
40 wiesen. S. Br. VI 98 und VII 120.

| Ad^{a)} hoc Deus in apostolica sede constituit plenitudinem ecclesiastice potestatis, ut diligenter inspectis variis circumstantiis personarum et rerum, temporum et locorum nunc rigorem exerceat, nunc mansuetudinem anteponat, interdum exequatur iustitiam, interdum gratiam largiatur, prout in causis diversis diverso modo viderit dispensandum.   5

Eapropter, dilecte in Domino^{b)} fili, tuis amaris devicti lacrimis et devotis supplicationibus inclinati, cum pro te multorum^{c)} religiosorum virorum laudabile receperimus testimonium et nos ipsi noverimus te in litterali scientia laudabiliter profecisse, devotioni tue auctoritate presentium indulgemus, ut non obstante defectu natalium usque ad sacerdotii gradum per ecclesiasticos 10 ordines valeas promoveri et tam prebendas quam dignitates recipere, quibus ordo non fuerit sacerdotalis annexus, ita dumtaxat, ut vitam ducas honestam, ne paterne incontinentie appareas imitator²⁾, quatinus, cum magis te reddideris gratiosum, maiorem gratiam debeas obtinere.

Nulli ergo et cetera hanc paginam nostre dispensationis et cetera. Si quis 15 autem et cetera.

Datum Laterani, III Kal. Augusti^{d)}.

120.

Innocenz III. befiehlt (dem Dekan Girardus [?] und Kapitel von Saint-Yrieix-la-Perche)¹⁾, den Kleriker Assalitus in ihr Kapitel aufzunehmen, nachdem ihr 20 *Einwand seiner unehelichen Geburt durch eine päpstliche Dispens hinfällig wurde. (Widrigenfalls sollen der Domkantor und die Domkanoniker Arnald de Montel und Guido Guahan von Limoges mit geistlichen Strafen für die Ausführung dieses Mandats sorgen.)*

Lateran, (1204 ca. Juli 30). 25

Reg. Vat. 5, fol. 164^r ⟨Nr. 120⟩.
Bréquigny, Diplomata, II/1 540, Nr. 120 = Migne, PL, 215, 406, Nr. 120. — Potth. Reg. 2272.

---

119. ^{a)} *Raum für Adresse gelassen. Am Rande vielleicht spärliche Reste der Adressenvormerkung.*
^{b)} *Gekürzt: do.*   ^{c)} *Kürzungsstrich für -(um) vielleicht auf Rasur.*   ^{d)} *Migne fügt hinzu:* anno
septimo.   30

²⁾ Vgl. *Decretum Gratiani* D. 56 p. c. 1 (FRIEDBERG, *CorpIC*, I 219). Br. VI 98 Bd. 6 S. 157
Z. 17f.: Assalitus ist „ex duplici adulterio procreatus".

120. ¹⁾ Adressaten sind der Dekan und das Kapitel von Saint-Yrieix-la-Perche (Kollegiatstift,
Diöz. Limoges, Dép. Haute-Vienne). Vielleicht Girardus de Marchia, Dekan ca. 1200—1215. S.
Br. VI 98; vgl. LEROUX, *Saint-Yrieix-la-Perche*, 590, 608.   35

Ad[a]) hoc Deus et cetera in eundem fere modum usque obtinere[b]). Verum cum venerabilis frater noster O(ctauianus), Hostiensis episcopus[2]), olim in partibus vestris apostolice sedis legatus, vobis dederit in mandatis, ut prefatum Assalittum[3]) in canonicum reciperetis[c]) et fratrem, tandem, quia contra
5 ipsum fuit exceptum a vobis, quod ei natalium defectus obstaret ipsumque propter hoc recusaretis recipere[d]), idem A(ssalittus) ad presentiam nostram accedens ad .. Burdegalensem archiepiscopum[4]) et .. Albat(er)rensem abbatem[5]) litteras impetravit, ut compelleremini ad receptionem illius, sed vos ad nos voce appellationis emissa Bernardum pro vobis presbyterum et ipse pro
10 se magistrum P. Haimerici Boiol ad nostram presentiam destinastis[e]), quibus petentibus suas rationes audiri dilectum filium L(eonem), tituli sancte Crucis presbyterum cardinalem[6]), dedimus auditorem; per quem auditis, que fuerunt proposita coram eo, venerabili fratri nostro .. episcopo[7]) et dilecto filio W(illelmo) Alboini, subdiacono nostro canonico[8]), Lemouicen(sibus), sub ex-
15 pressa forma litteras[9]) duximus destinandas, a quorum examine idem A(ssalittus), cum sibi videret imminere gravamen, vocem ad nos appellationis emisit. Cum igitur, quam pretendebatis adversus eum, exceptio sit per nostram dispensationem abolita, prout superius est expressum, discretioni vestre per apostolica scripta mandamus atque precipimus, quatinus eum pro
20 reverentia beati Petri et nostra in canonicum et fratrem, nisi aliud obsistat canonicum, admittatis, ne apostolice benignitati, que illum ad beneficium ecclesiasticum percipiendum admittit, videamini contraire. Alioquin noveritis nos dilectis filiis .. cantori et Arnaldo de Montel et Guidoni Guahan[10]), canonicis Lemouicensibus, in mandatis dedisse, ut vos ad hoc per censuram
25 ecclesiasticam appellatione remota compellant.

Datum Laterani[f]) ut supra.

Illis scriptum est super hoc.

---

120. [a]) *Raum für Adresse gelassen.*   [b]) Br. VII 119 S. 192 Z. 14.   [c]) *Migne:* reciperitis. [d]) *Darnach* tandem *irrtümlich wiederholt.*   [e]) *Migne:* destinatis.   [f]) *Fehlt bei Migne.*

30   [2]) Oktavian, (K.-)B. von Ostia und Velletri 1189—1206. 1186/87, 1191/92, 1200/01 Legat in Frankreich. Vgl. MALECZEK, *Papst und Kardinalskolleg,* 80—83.

[3]) S. Br. VII 119 Anm. 1.

[4]) Elias von Malemort, EB. von Bordeaux 1188—1207. Vgl. *Dict. HGE* 9 (1937) 1190.

[5]) Aubeterre (Ben.-Abtei, dann Kollegiatstift, Diöz. Périgueux, ht. Angoulême, Dép.
35 Charente). Als Äbte sind bezeugt: Wilhelm (II.) 1188—1201 und Itier (I.) 1212 (*Dict. HGE* 5 [1931] 242), vgl. jedoch Br. VI 216 (217) mit Anm. 4.

[6]) S. Br. VII 1 Anm. 5.

[7]) S. Br. VII 117 Anm. 3.

[8]) Wilhelm Alboini, Domkanoniker von Limoges, päpstlicher Subdiakon, gest. 1208. Vgl.
40 DUPLÈS-AGIER, *Chroniques de Saint-Martial,* 72f.

[9]) Br. VI 98.

[10]) Guido Guahan (Gahans, Gaanz), Domkanoniker von Limoges, als Mönch von Saint-Martial (Ben.-Abtei in Limoges) bezeugt 1226. Vgl. DUPLÈS-AGIER, *Chroniques de Saint-Martial,* 291, 294.

121.

Innocenz III. trägt (einem Bischof) auf, Priester des griechischen und lateini-
schen Ritus seiner Diözese, die ohne seine oder seines Vorgängers Erlaubnis von
griechischen Bischöfen in kanonisch ungesetzlicher Weise geweiht wurden, zu
suspendieren und solches unter gleicher Strafe auch künftighin zu verbieten.   5

Lateran, (1204) August 2.

    Reg. Vat. 5, fol. 164ʳ—164ᵛ ⟨Nr. 121⟩.
    Bréquigny, Diplomata, II/1 540, Nr. 121 = Migne, PL, 215, 407, Nr. 121; Haluščynskyj, Acta
Innocentii, 271, Nr. 61. — Potth. Reg. 2274.

    | **Ex**[a)] parte tua fuit propositum coram nobis, quod quidam presbyteri, 10
Greci pariter et Latini, a Grecis episcopis absque unctione manuum[1)] se
faciunt[b)] ordinari et simul accipiunt omnes ordines extra quatuor tempora *
contra canonicas sanctiones[2)]. Cum igitur huiusmodi presumptio sit sagaciter
extirpanda, fraternitati tue per apostolica scripta mandamus, quatinus
huiusmodi presbyteros tue diocesis ab executione ordinis sic suscepti appel- 15
latione remota nostra fretus auctoritate suspendas, nisi forsan eorum aliqui
de tua vel predecessoris tui licentia fuerint ab episcopis Grecis taliter ordinati,
circa quos suppleas, quod ab illis fuerat pretermissum. Provideas tamen
attente, ne clericos tue diocesis ab episcopis Grecis ulterius ordinari permittas et, si qui preter tuam licentiam ab eis se fecerint ordinari, tu eos suspen- 20
das perpetuo ab executione ordinum taliter susceptorum.

    Datum Laterani, IIII[c)] Non. Augusti[d)].

* fol. 164ᵛ

122.

Innocenz III. befiehlt (dem Abt [Hugo] von Saint-Aubert, dem Domdekan
[Adam] und dem Domkantor von Cambrai)[1)], ein von päpstlichen delegierten 25
Richtern im Prozeß um einen Zehent zugunsten des Diakons G. gefälltes Urteil
gegen den Widerstand des im Verfahren unterlegenen F. de Canduetre zu voll-
strecken.

Lateran, (1204) Juli 27.

    Reg. Vat. 5, fol. 164ᵛ ⟨Nr. 122⟩.   30
    Bréquigny, Diplomata, II/1 541, Nr. 122 = Migne, PL, 215, 407, Nr. 122. — Potth. Reg. 2271.

---

121. [a)] *Am Rande ein Kreuz.*   [b)] *-ci- korr. aus anderen Buchstaben.*   [c)] *Die beiden ersten und das*
letzte I auf Rasur; Migne: VI.   [d)] *Darnach drei kleine Rasuren.*

121. [1)] Vgl. Br. VII 2 Anm. 10.
    [2)] *Decretum Gratiani* D. 75 c. 7; D. 77 c. 2, 3, 9 (Friedberg, *CorpIC*, I 267, 272—275).   35

122. [1)] Adressaten sind der Abt Hugo von Saint-Aubert (s. Br. VII 49 [48] Anm. 1), der
Domdekan Adam (bezeugt 1192—1219; vgl. Le Glay, *Cameracum Christianum*, 96) und der
Domkantor von Cambrai. S. Br. IX 153 (Migne, *PL*, 215, 981 A).

| Constitutus in presentia nostra dilectus filius G. diaconus nobis humiliter intimavit, quod, cum quedam decima, que a venerabili fratre nostro .. Ambianensi episcopo[2] sibi collata fuerat intuitu pietatis, quam etiam F.[a] de Canduetre, Nouiomensis diocesis[3], postmodum contra iustitiam occupavit
5 illam hereditario iure ad se asserens pertinere, a dilectis filiis .. abbate Longi pontis[4] et W. Normanno, Suessionensi canonico[5], per diffinitivam sententiam eidem G. adiudicata fuisset et in ipsum F.[a], quia restituere nolebat ablata et ab eius molestatione cessare, excommunicationis sententia promulgata et demum per dilectos filios .. decanum[6], .. prepositum[7] et .. archidiaconum
10 Ambianenses auctoritate nostra tam diffinitiva quam excommunicationis sententia confirmata fuisset et executioni mandata, tandem prefatus F.[a] ad venerabilem fratrem nostrum .. Nouiomensem episcopum[8] et coniudices suos premissorum tacita veritate litteras impetravit a nobis, per quas se asserit absolutum, propter quod supradictus G. ad sedem apostolicam tertio labora-
15 vit et ultra quam per octo menses non sine magno rerum dispendio fecit moram, sed pro parte altera nullus comparuit idoneus responsalis.

Nos igitur predictam diffinitivam sententiam, sicut est iusta, ratam habentes discretioni vestre per apostolica scripta mandamus et districte precipimus, quatinus, cum de premissis tam per delegatorum quam predicti Am-
20 bianensis episcopi litteras nobis facta sit plena fides, sepedictum F.[a], I.[b] patrem et fautores ipsius ab eiusdem G. indebita molestatione cessare et ablata cum integritate restituere universa et illos etiam, ad quos pertinet decimam solvere memoratam, ut ipsam eidem G. sine difficultate persolvant, per excommunicationis sententiam appellatione remota cogatis; mandatum
25 nostrum[c] taliter impleturi, quod idem G. pro defectu iustitie ad nos non cogatur iterum laborare.

Nullis litteris obstantibus harum[d] tenore tacito[d] et cetera. Quod si non omnes et cetera, duo vestrum[e] [et cetera].

Datum Laterani, VI Kal. Augusti[f].

---

30 **122.** [a]) *Migne:* J.   [b]) *Migne stattdessen Gemipunctus.*   [c]) *Auf Rasur.*   [d—d]) *Fehlt bei Migne.*
[e]) *Migne fügt hinzu:* ea nichilominus exsequantur.   [f]) *Migne fügt hinzu:* anno septimo.

[2]) Theobald (II.) von Heilly, B. von Amiens (Suffr. von Reims) 1169—1204. Vgl. *Dict. HGE* 12 (1914) 1270.

[3]) Aus der Diöz. Noyon. Vgl. Br. IX 153 (Migne, *PL*, 215, 980 C): „F. de Canduerre".

35 [4]) Galcherus de Ochies, als Abt von Longpont (Zist.-Abtei, Diöz. Soissons, Dép. Aisne) bezeugt 1201—1219. Vgl. *Gallia Christiana* IX 475f.

[5]) Domkanoniker von Soissons (Suffr. von Reims).

[6]) Richard von Gerberoy, als Domdekan von Amiens bezeugt ab 1191, B. 1204—1210. Vgl. *Gallia Christiana* X 1218.

40 [7]) Vielleicht Peter, als Dompropst von Amiens bezeugt 1202. Vgl. Wauters, *Table chronologique*, III 185f.

[8]) S. VII 46 (45) Anm. 17.

123.

Innocenz III. befiehlt (den Offizialen des Bistums Soissons)[1]*, dem Diakon Rob(er)t von Vailly eine Kanonikatspfründe zu verleihen oder zu reservieren (, und dem Dompropst [Radulf], dem Domdekan [Johannes] und dem Domkapitel von Soissons, niemanden anderen aufzunehmen. Den Domdekan, den Succentor und den Kanoniker Bliardus von Écry [?] von Reims bestellt er zu Exekutoren dieser Provision).*

Lateran, (1204) August 16.

Reg. Vat. 5, fol. 164ᵛ ⟨Nr. 123⟩.

Bréquigny, Diplomata, II/1 542, Nr. 123 = Migne, PL, 215, 408, Nr. 123. — Potth. Reg. 2276.

(|) **Et**[a] officii nostri servitus[b], quo debitores sumus omnibus, nos inducit et clericorum conditio, qui sunt[c] in dominicam sortem assumpti ac vivere debent de patrimonio Iesu Christi, nos vehementer hortatur, ut eos rore provisionis apostolice perfundamus illosque presertim, quos morum honestas informat et commendabiles reddit[2] scientia litterarum.

Inde siquidem est, quod pro dilecto filio Rob(er)to Vaisliaci[3] diacono ecclesiasticum beneficium non habente discretionem vestram rogandam duximus et monendam per apostolica vobis scripta precipiendo mandantes, quatinus eidem pro reverentia beati Petri et nostra prebendam in ecclesia Suessionensi, si qua vacat ibidem, sine difficultate qualibet liberaliter conferatis. Alioquin primo vacaturam donationi nostre precipimus reservari persone idonee conferendam.

Datum Laterani, XVII Kal. Septembris[d].

Scriptum[e] est super hoc .. preposito[4], .. decano[5] et capitulo in eundem fere modum usque conferendam[f]. Ideoque discretioni vestre per apostolica scripta mandamus atque precipimus, quatinus ad prebendam, si qua in ecclesia vestra vacat ad presens, vel primo vacaturam nullum in canonicum recipere presumatis, nisi cui eam duxerimus conferendam.

Scriptum est super hoc .. decano[6], .. succentori et Bliardo de Acreio[7] canonico, Remensibus, in eundem fere modum usque in finem hoc addito:

---

123. [a] *Am Rande ein Kreuz; längs des Briefes am Rande ein senkrechter, z. T. gewellter Strich.*
[b] *Migne:* severitas.	[c] *Darnach ein (?) Wort ausradiert.*	[d] *Migne fügt hinzu:* anno septimo.	[e] *Am Rande ein Kreuz.*	[f] *Oben Z. 22.*

123. [1] Adressaten sind die Offiziale des Bistums Soissons (Suffr. von Reims). S. Br. IX 184 (Migne, *PL*, 215, 1022—1024: 1022 C).

[2] Vgl. *Decretum Gratiani* D. 56 p. c. 1 (Friedberg, *CorpIC*, I 219).

[3] Vailly-sur-Aisne (Arr. Soissons, Dép. Aisne). Vgl. Wauters, *Table chronologique*, III 770 (Index); Matton, *Aisne*, 278.

[4] Radulf (II.) von Oulchy, Dompropst von Soissons 1193—1208. Vgl. *Gallia Christiana* IX 385.

[5] Johannes (I.), Domdekan von Soissons 1193—1204. Vgl. *Gallia Christiana* IX 387.

[6] S. Br. VII 116 Anm. 14.

[7] Wahrscheinlich Écry, ht. Asfeld, Diöz. Reims, Arr. Rethel, Dép. Ardennes; vgl. Longnon, *Pouillés Reims*, II 810 (Index); zur dortigen Adelsfamilie vgl. Newman, *Seigneurs de Nesle*,

Ideoque discretioni vestre per apostolica scripta mandamus, quatinus preceptum nostrum denuntietis inviolabiliter observandum; mandatum apostolicum taliter adimplentes, ut devotio vestra per effectum operis comprobetur
et obedientiam vestram debeamus dignis in Domino laudibus commendare.

5

124.

Innocenz III. trägt (dem Kardinallegaten Gerhard von S. Adriano[1] ?) auf, dem
Rog(er) von Bisaccia die Stadt Bovino bis zum Beginn der Großjährigkeit König
F(riedrichs) von Sizilien zu übertragen — und zwar als Ersatz für die von
Rog(er) dem päpstlichen Marschall und Justiziar Apuliens und der Terra di
10 *Lavoro, Jakob (von Andria), überlassene Stadt Minervino — und die Bürger*
von Bovino zu der dafür nötigen Zustimmung zu veranlassen.

Lateran, (1204) September 1.

Reg. Vat. 5, fol. 164ᵛ—165ʳ ⟨Nr. 124⟩.
Bréquigny, Diplomata, II/1 542, Nr. 124 = Migne, PL, 215, 409, Nr. 124; Vendola, Documenti,
15 48, Nr. 51. — Potth. Reg. 2278; BFW *5902; D'Arbois, Catalogue, 167, Nr. 134; Russo, Regesto, I
103, Nr. 534.

| **D**ilectus[a] filius Iacobus, consobrinus et marescalcus noster, magister
iustitiarius Ap(ulie) et Ter(re) La(boris)[2], nobis humiliter supplicavit, ut,
cum nobilis vir Rog(erius) de Bisatiis[3] nobis semper fidelis extiterit et devo-
20 tus et mandatorum nostrorum diligens executor, ita quod ad mandatum
nostrum et monitionem dilecti filii nobilis viri G(ualteri), comitis Brenensis[4],
qui pro eo nobis pariter supplicavit, civitatem Minerbiensem[5], quam ipse

---

I 145—148. Ein Nekrolog von Reims notiert am 25. Januar 1188 [?] den Propst Blihardus, der
dem Hospital von Reims den Zehent der Kirche von Écry übertragen hat. Vgl. VARIN, *Archives*
25 *administratives*, I/1 409, Nr. 277. Allerdings wird auch Alberich von Bussy, der Bruder des um
1215 mehrfach bezeugten Reimser Archidiakons Blihardus, als Herr von Écry bezeichnet. Vgl.
COSSÉ-DURLIN, *Cartulaire Saint-Nicaise*, 292, Nr. 130; 420, Nr. 324.

124. [a]) *Am Rande ein Kreuz.*

124. [1]) Adressat ist wohl Gerhard, KD. von S. Adriano, s. Br. VII 36 Anm. 6.
30   [2]) Jakob (Johannis Oddoline) von Andria, Vetter Innocenz' III., päpstlicher Marschall,
1202 Großjustiziar von Apulien und Terra di Lavoro, gest. nach 1227. Vgl. DYKMANS, *D'Innocent*
III à Boniface VIII, 22 (4) mit Anm. 17; LACKNER, *Verwaltung*, 200—203; KAMP, *Kirche und*
Monarchie, II 562; THUMSER, *Rom*, 138f.
[3]) Roger von Bisaccia (Prov. Campobasso, Irpinia). Ein „Rogerius de tribus byzatiis" wird
35 unter den im Dezember 1194 von Heinrich VI. gefangengesetzten Adeligen genannt. Vgl.
TOECHE, *Heinrich VI.*, 574; CHALANDON, *Domination*, II 487 mit Anm. 12.
[4]) Walter (III.), Graf von Brienne, kämpft, im Auftrag Innocenz' III. und um sich das aus
seiner Ehe mit einer Tochter König Tancreds beanspruchte Fürstentum Lecce zu sichern, seit
1202 in Süditalien gegen die deutsche Partei. Gest. 1205. Vgl. *Dict. BF* 7 (1956) 296f.
40   [5]) Minervino, Minervino Murge, Prov. Bari, Apulien.

* fol. 165ʳ tenebat, eidem reliquerit marescalco, in recompen*sationem ipsius ei civitatem Biu(inu)m[b, 6] concedere dignaremur, cum ipsius concessio sine alicuius gravamine fieri valeat et offensa.

Verum quia voluntatis nostre non est nec aliquando fuit demania regis distrahere, sicut quidam[c] fecisse noscuntur, qui potius dissipatores quam[d] procuratores[d] fuere, nolumus, ut homines civitatis ipsius ad hoc aliqua violentia compellantur, sed, si de ipsorum fieri poterit voluntate, ipsi curam civitatis illius usque ad etatem legitimam karissimi in Christo filii nostri F(riderici), Sicilie regis[7] illustris, auctoritate nostra concedas, ita quod, cum dictus rex etatis legitime fuerit[8], de civitate ipsa disponat iuxta sue beneplacitum voluntatis. Quocirca fraternitati tue per apostolica scripta mandamus, quatinus cives ipsos ad hoc moneas et inducas et, ut ei tamquam rectori suo intendant humiliter et devote, operam tribuas efficacem.

Datum Laterani, Kal. Septembris.

125.

Innocenz III. trägt (den Bürgern von Bovino[1]) auf, dem R(oger) von Bisaccia, dem er die Stadt übertragen hat, bis zum Beginn der Großjährigkeit König F(riedrichs) von Sizilien zu gehorchen.

(Lateran, 1204 ca. September 1).

Reg. Vat. 5, fol. 165ʳ ⟨Nr. 125⟩.

Bréquigny, Diplomata, II/1 543, Nr. 125 = Migne, PL, 215, 410, Nr. 125; Vendola, Documenti, 49, Nr. 52. — Potth. Reg. 2279; Russo, Regesto, I 103, Nr. 525.

Cum[a] dilectus filius nobilis vir R(ogerius) de Bisatiis[2] nobis et karissimo in Christo filio nostro F(riderico), illustri Sicilie regi[3], fidelis semper extiterit ac devotus et in eius servitio laudabiliter insudarit, civitatem vestram sub ipsius regimine suscipere posse credimus incrementum, eo[b] quod sit vir discretus et prudens[b]. Quocirca universitatem vestram monemus et exhortamur at(tentius) per apostolica vobis scripta mandantes, quatinus ipsi tamquam rectori[c] usque ad etatem legitimam regis[4] ipsius intendatis humiliter et devote, ut per eius industriam civitas vestra valeat melius gubernari.

Datum ut supra.

---

b) *Migne:* Bisin.   c) *Migne:* quidem.   d—d) *Fehlt bei Migne.*

6) Bovino, Prov. Foggia, Apulien.
7) S. Br. VII 36 Anm. 5.
8) 1208.

125. a) *Am Rande ein Kreuz.*   b—b) *Fehlt bei Migne.*   c) *Darnach ein (?) Wort ausradiert.*
125. 1) Adressat ist die Stadt Bovino (s. Br. VII 124 Anm. 6): s. unten Z. 25, 30.
2) S. Br. VII 124 Anm. 3.
3) S. Br. VII 36 Anm. 5.
4) S. Br. VII 124 Anm. 8.

126.

Innocenz III. tadelt den König (Emmerich von Ungarn), weil er den Kardinal-
legaten Leo von S. Croce auf dessen Reise nach Bulgarien an der Grenze zwischen
Ungarn und dem Reich der Bulgaren aufhalten ließ, und ermahnt ihn, das
5 *Unrecht wiedergutzumachen. (Er fordert die Suffragane von Esztergom auf, den*
König in diesem Sinn zu ermahnen.) In einem beigelegten Brief warnt er den
König, sich nicht einer Bestrafung der vielen Mißstände in seinem Reich durch
den apostolischen Stuhl auszusetzen.

(Rom, St. Peter, 1204 September ca. 15 ?)[1].

10 *Reg. Vat. 5, fol. 165ʳ—165ᵛ ⟨Nr. 126⟩.*
  Bréquigny, Diplomata, II/1 543, Nr. 126 = Migne, PL, 215, 410, Nr. 126; Gesta Innocentii, c. 78
  (Baluze I 39f.; Gress-Wright 145—149); Assemanus, Kalendaria, V 143 (teilweise); Pray, Annales,
  I 191 (teilweise); Farlati, Illyrici sacri tom. VIII 225 (teilweise); Densuşianu, Documente Români-
  lor, I 40, Nr. 31; Dujčev, Epistolae, 57, Nr. 27; Haluščynskyj, Acta Innocentii, 271, Nr. 62. — Potth.
15 *Reg. 2282.*
  Vgl. Sweeney, Papal-Hungarian Relations, 146—152; ders., Bulgarian Coronation.

| **Inter**ᵃ⁾ alios reges catholicos et principes Christianos de te specialiter, fili
karissime[2], gloriamur, quod Deo fidelis nobisque devotus existas, ita ut et tu
merito valeas gloriari, quod gratiam et favorem apostolice sedis obtineas
20 specialem, sicut hinc inde plurima probant non solum indicia sed exempla:
Rediens enim ad apostolicam sedem Ioh(anne)s, tuncᵇ⁾ capellanus noster,
nunc Furconensis episcopus[3], constanti nobis assertione suggessit, quod a te
cum ingenti honore ac devotione susceptus clementer obtinuit non solum,
quod circa negotium Culini bani[4] a regia celsitudine requisivit, verum etiam
25 impetravit, quod tam ipsi quam aliis ecclesie Romane nuntiis et legatis liber
pateret per regnum tuum progressus pariter et regressus in Bulgariam et
Blachiam[5]. Tu quoque nobis, si bene recolimus, suggessisti, quod tue serenitati placebat, ut megaiuppanus Saruieᶜ⁾[6] debitam et devotam apostolice sedi

---

126. ᵃ⁾ *Am Rande drei Punkte und ein Kreuz; Tintenwechsel.*   ᵇ⁾ *-c korr. vielleicht aus* -o.
30 ᶜ⁾ *Migne:* Serviae.

126. [1] Zur Datierung: Der Br. wurde vielleicht gemeinsam mit Br. VII 127 abgesandt.
  [2] Adressat ist König Emmerich von Ungarn (vgl. Br. VII 127). S. Br. VII 6 Anm. 11.
  [3] S. Br. VII 3 Anm. 16.
  [4] Kulin, als Banus von Bosnien bezeugt 1180—1204. Vgl. *BLGS* II (1976) 524f. Die
35 Denunziation als Häretiker durch den Fürsten Vukan (s. Anm. 6) führte zur Legation Johannes'
von Casamari, die im April 1203 mit der Unterwerfung führender Häresieverdächtiger in Bosni-
en unter den Papst endete. S. Br. II 167 (176), V 109 (110), VI 140, 141.
  [5] An Gesandtschaften Innocenz' III. nach Bulgarien sind bekannt: die Gesandtschaft des
Archipresbyters Dominikus von Brindisi 1199 (Br. II 255 [266]; V 114 [115]), des Johannes von
40 Casamari 1203 (s. Br. VII 3 Anm. 16 und oben Anm. 4), des KP. Leo von S. Croce (s. Br. VII 1
Anm. 5) 1204.
  [6] Vukan, seit 1196 Fürst von Dalmatien und Dioklitien unter der Oberhoheit seines
jüngeren Bruders, des Großžupans Stephan von Serbien. Er wird 1202 nach der Eroberung
Serbiens durch König Emmerich von Ungarn anstelle seines Bruders als Großžupan eingesetzt,
45 1204, nach dessen Restituierung, wieder Fürst von Dalmatien, gest. um 1207. Vgl. JIREČEK,
Geschichte der Serben, I 288f.

reverentiam et obedientiam exhiberet et a nobis salvo in temporalibus iure tuo regium susciperet diadema. Unde nos huius executionem negotii venerabili fratri nostro .. Colocensi archiepiscopo[7] meminimus iniunxisse[8].

Per has ergo non tam generales quam speciales causas inducti dilectum filium nostrum Leonem, tituli sancte Crucis presbyterum cardinalem[9], apostolice sedis legatum, in Bulgariam et Blachiam per regnum tuum ad propagationem fidei Christiane duximus destinandum, qui, sicut nobis suis litteris intimavit, a tua regia celsitudine ultra etiam, quam crediderit, extitit honoratus, ita ut quasi deposita gravitate regali universa conareris efficere, que sibi crederes complacere[d], dato prius cum omni iocunditate ducatu nuntiis, quos in Bulgariam duxerat transmittendos, datoque pacis osculo et facta cum magno gaudio mutua promissione amicitie specialis ac muneribus elargitis non solum licentiam obtinuit transeundi, verum etiam tuis nuntiis precepisti, ut eum transferrent in Bulgariam cum honore; promittens, quod tuum sibi scriptum in confinio destinares, quod ipse apud se secretius retineret et secundum illud ad reformationem pacis fideliter laboraret.

Procedens ergo cum nuntiis tuis usque ad regni terminum pervenit ad castrum, quod vocatur Keue[10], ubi solo Danubio mediante regnum Vngarie a Bulgarorum provincia[e] separatur, multis eum cum desiderio[f] expectantibus ex altera parte, sed post unius horam diei nuntios[g] tuos ex insperato recepit, qui cum festinatione maxima venientes sibi et .. episcopo Bulgaro[11] transitum fecerunt omnino precludi, ex parte regia proponentes, ut ad quoddam tuum predium retroiret, quod itinere trium dierum reliquerat iam post tergum, ibique morans domino Bulgarorum[12] per nuntios demandaret, quod ad quandam insulam festinus accederet in confinio constitutam[13], ut ibi prius de controversia, que vertitur inter vos, plene cognosceret et eam fine debito terminaret, alias ei transitus non pateret. Ipse vero cardinalis inter multa respondit, quod hoc tali modo facere non debebat, tum quia, si eum cum huiusmodi pactionibus reciperet ad matris hubera redeuntem, cum super hoc non tam seculare quam spirituale negotium ageretur, videretur intervenire species simoniace[h] pravitatis, tum quia non posset eum compellere ad aliquid faciendum, donec obligatus esset apostolice sedi per vinculum specia-

---

[d]) coplac(ar)e.   [e]) -c- korr. aus -t-.   [f]) *Am Rande ein kurzer, waagrechter Strich.*   [g]) -o- korr. vielleicht aus -a-.   [h]) -a- korr. vielleicht aus -e-.

[7]) Johannes, EB. von Kalocsa–Bács 1202, EB. von Esztergom (Gran) 1205—1223. Vgl. SWEENEY, *Esztergom Election Dispute.*

[8]) Vgl. dazu Br. VI 24 und 25 vom 22. März 1203.

[9]) S. Br. VII 1 Anm. 5.

[10]) Kovin (Keve), am linken Donauufer westlich der Morava-Mündung, Serbien. Vgl. DUJČEV, *Epistolae*, 100, Anm.; TĂUTU, *Conflit*, 384; SWEENEY, *Papal-Hungarian Relations*, 149, Anm. 103.

[11]) Der B. von Braničevo, s. Br. VII 1 Anm. 6; vgl. auch SWEENEY, *Papal-Hungarian Relations*, 149, Anm. 105.

[12]) S. Br. VII 1 Anm. 1.

[13]) Vielleicht Ada-Kaleh, bei Orşova (Rumänien). Vgl. TĂUTU, *Conflit*, 376, Anm. 31; anders SWEENEY, *Bulgarian Coronation*, 323, Anm. 35.

le. Unde * cum nollet ab incepto itinere retroire, protinus exiit edictum a   <small>* fol. 165ᵛ</small>
comite castri[14], quod quicumque sibi et suis aut etiam episcopo memorato
auderent aliquid vendere seu aliquod humanitatis solatium exhibere, penam
incurrerent personarum et rerum, et ipse cardinalis cum episcopo sepedicto a
5   trecentis ad minus circumfusis satellitibus custoditur, qui adeo ipsum com-
primunt, quod hostium camere, si camera dici debet, observant, ut taceamus,
que sibi et suis circa necessaria nature viliter irrogantur.

Heu, heu, fili karissime, ubi est regalis clementia, ubi religio Christiana,
ubi specialis devotio, quam ad nos et Romanam ecclesiam predicaris habere?
10 Mutatus est color optimus et aurum in scoriam est conversum? Parcat igitur   <small>vgl. Is 1, 22; Klgl 4, 1</small>
eis Deus, qui animum tuum tam pravo consilio seduxerunt[i], volentibus inter
regnum et sacerdotium discordiam seminare! Sed nos pro certo speramus,
quod aut per te ipsum iam errata correxeris aut ad commonitionem[k] nostram
taliter debeas emendare, ut iniuria transeat in honorem et offensa in gratiam
15 convertatur. Quocirca serenitatem regiam, de qua plene confidimus, rogamus
at(tentius) et monemus in remissionem tibi pec(caminum) iniungentes, quatinus iniuriam cardinali predicto, immo verius nobis in ipso, quin potius illatam
domino Iesu Christo in nobis, ita satagas abolere, ut nos in hoc devotionem
tuam experiri possimus et non cogamur propter hoc aliquid agere, quod tibi
20 possit esse molestum; quia quantumcumque nobis molestum existeret te in
aliquo molestare, non possemus tam perversum exemplum relinquere incorrec-
tum et propositum nostrum auctore[l] Deo[l] nichilominus exequemur.

Scriptum est suffraganeis Strigoniensis ecclesie[15], ut ipsum regem ad hoc
moneant[m] at(tentius) et inducant et tales se circa negotium istud omni gratia
25 et timore postpositis exhibere procurent, quod fidem et devotionem, quam
erga matrem suam Romanam ecclesiam habere tenentur, in opere cognoscamus.

Hec cedula fuit interclusa in litteris ad prefatum regem transmissis[n]:
Mitius et benignius tibi scribimus, quam instans materia postularet, ne[o]
30 quis forte litteras nostras inspiciens extimaret apostolice sedis favorem tibi
esse subtractum. Quod utique utilitati ac honori tuo nullatenus expediret,
quia multa gesta sunt et geruntur in regno tuo, que, si deducerentur ad
limam, correctionem exposcerent graviorem, non solum de voto tuo[16], captione fraterna[17] et electionibus prelatorum[18] sed etiam multis aliis, que, ne

---

35   [i] *Migne:* seduxerint.   [k] *Migne:* commotionem.   [l–l] *Migne:* quod auctore Deo inchoavi-
mus.   [m] *Migne:* maneant.   [n] *Am Rande ein Kreuz und drei Punkte.*   [o] n- *auf Rasur.*

[14] Graf des Comitats Keve; vielleicht Botho, Graf von Temes (Timiş) 1203, Palatin 1209
bis 1212. Vgl. SWEENEY, *Papal-Hungarian Relations,* 150, Anm. 108.
[15] Suffragane von Esztergom (Gran): Pécs (Fünfkirchen), Vác (Waitzen), Veszprém, Nitra
40 (Nyitra, Neutra). Das Erzbistum war zu dieser Zeit vakant: S. Br. VII 57 (56) Anm. 1; VII 159.
[16] Vgl. Br. VII 18 Anm. 5.
[17] Die Gefangensetzung Herzog Andreas' (s. Br. VII 18 Anm. 4) in der zweiten Hälfte des
Jahres 1203. Vgl. SWEENEY, *Papal-Hungarian Relations,* 158, Anm. 120.
[18] Das bezieht sich vielleicht auf das Eingreifen König Emmerichs bei der Abtwahl in
45 Somogyvár, s. Br. VII 128, vgl. SWEENEY, *Papal-Hungarian Relations,* 232.

nimium conturberis, ad presens duximus supprimenda. Provideas ergo tibi, ne in eam te difficultatem inducas, de qua non facile[p) valeas expediri.

127.

Innocenz III. teilt seinem Legaten, dem Kardinalpresbyter L(eo) von S. Croce, den Inhalt eines an den König (Emmerich) von Ungarn gerichteten Briefes mit, 5 *in dem er diesen an die seinem Reich erwiesene päpstliche Gunst erinnert sowie seine eigene Politik gegenüber Serbien, Bulgarien und dem Kreuzfahrerheer rechtfertigt. Ferner befiehlt er dem Legaten, den Bulgarenfürsten Kalojan zum König zu krönen und den Streit zwischen diesem und dem König von Ungarn zu entscheiden.* 10

Rom, St. Peter, (1204) September 15.

Reg. Vat. 5, fol. 165ᵛ—167ʳ ⟨Nr. 127⟩.

Bréquigny, Diplomata, II/1 545, Nr. 127 = Migne, PL, 215, 413, Nr. 127; Gesta Innocentii, c. 79 (Baluze I 40—42; Gress-Wright 149—157); Assemanus, Kalendaria, V 36, 145 (teilweise); Farlati, Illyrici sacri tom. VIII 26 (teilweise); Thallóczy-Áldásy, Codex, 3, Nr. 7; Friedrich, Codex Bohemi- 15 *ae, II 43, Nr. 47 (teilweise); Densuşianu, Documente Românilor, I 42, Nr. 32; Dujčev, Epistolae, 59, Nr. 28; Haluščynskyj, Acta Innocentii, 273, Nr. 63. — Potth. Reg. 2283, 2284; BFW 5903; Erben, Regesta, I 221, Nr. 486; Szentpétery, Regesta, I 68, Nr. 212; Kukuljević-Sakcinski, Regesta, 13, Nr. 44; Balladore Pallieri-Vismara, Acta pontificia, 30, Nr. 130; 105, Nr. 62; 256, Nr. 163; 299, Nr. 86;* *321, Nr. 235; 396, Nr. 107.* 20

Vgl. Sweeney, Papal-Hungarian Relations, 156—168; ders., Bulgarian Coronation.

**L(eoni), tituli sancte Crucis presbytero cardinali[1), apostolice sedis legato[a).

| **A**d litteras, quas nobis karissimus in Christo filius noster .. rex Vngarie[2) destinavit[3), rescribimus in hunc modum:

Regie celsitudinis litteras, quas nobis per dilectum filium nobilem virum 25 E. militem destinasti, benigne recepimus et, que significasti per eas, notavimus diligenter.

Ad primum ergo capitulum respondemus, quod utique pie recordationis progenitores tui, ex quo regnum Vngarie ad catholice fidei unitatem per beati Steph(an)i regis[4) diligentiam divina gratia precedente pervenit, cum multa 30

---

p) *Fehlt bei Migne.*

127. a) *Adresse am Rande vorgemerkt, z. T. weggeschnitten. Am Rande ein Kreuz und drei Punkte. Auf fol. 165ᵛ und 166ʳ längs des Briefes am Rande ein senkrechter, z. T. gewellter Strich.*

127. 1) S. Br. VII 1 Anm. 5.
2) S. Br. VII 6 Anm. 11. 35
3) Als „litterae excusatoriae" des Königs wegen der Behinderung des Kardinallegaten bezeichnet in den *Gesta Innocentii,* c. 79 (Migne, *PL*, 214, CXXIX A; Gress-Wright 149 Z. 3).
4) Stephan der Heilige, 997 Großfürst, König von Ungarn 1000—1038.

devotione sedem sunt apostolicam venerati et omnes, qui ex eius progenie
descenderunt, sicut in regno ita sibi et in reverentia beati Petri successoribus
exhibenda pariter successerunt, presertim inclite recordationis Bela rex pater
tuus[5], qui toto tempore vite sue sedem apostolicam studuit honorare, cui tu
5 tam in regno quam in devotione succedens ea facere studuisti, que ad ipsius
procederent comodum et honorem. Porro sicut nos ea, que dicta sunt, absque
dubio recognoscimus esse vera, ita tu ea, que sunt dicenda, vera esse proculdubio recognoscas. Licet enim predecessores nostri progenitores tuos inter
alios reges catholicos diligere ac honorare studuerint quadam gratia speciali,
10 satagens[b] illis secundum Deum in omni necessitate favere, specialiter tamen
clare memorie patrem tuum apostolica sedes toto conamine promovere curavit, ita quod, cum propter quasdam causas — sicut credimus — tibi notas
regalem non posset obtinere coronam, felicis recordationis Alex(ander) papa,
predecessor noster, post multas exhortationes, preceptiones et commonitio-
15 nes Strigoniensi archiepiscopo factas, ut ei regium diadema conferret, cum
ipse non posset ad hoc aliquatenus inclinari, tandem .. Colocensi archiepiscopo districte precepit, ut ipse illum absque preiudicio Strigoniensis ecclesie
coronaret in regem, et sic ad mandatum apostolice sedis obtinuit coronari[6].

Quantum etiam circa principium regni tui, quod utique propter dissentio-
20 nes multorum non leviter estitit perturbatum, apostolica sedes tibi * curave-   * fol. 166ʳ
rit subvenire, ipse rerum ostendit effectus, que tandem per legatum suum ad
hoc specialiter destinatum te ac tuos ex una parte nec non et fratrem tuum ac
fautores eius ex altera reduxit ad pacem[7], que licet formata fuerit et firmata[c], utinam tamen melius observata fuisset[8]!

25 Ad secundum vero capitulum respondemus hoc modo, quod revera tu
nuntiis nostris in terram Iannitii[d], domini Bulgarorum[9], et ipsius nuntiis ad
ecclesiam Romanam ire volentibus per terram tuam securum conductum et
liberum[e] transitum concessisti[10]; dimittens exercitum ad preces legati nostri, quem congregaveras contra ipsum, sumptibus frustra[f] consumptis, su-
30 per quibus serenitati tue copiosas gratiarum referimus actiones. Quod autem

---

b) *Migne:* satagentes.   c) *Migne:* formata.   d) *Migne:* Joannitii.   e) -um *korr. aus* -nm.
f) frusta. *Vgl. aber auch unten Anm. u.*

5) Bela III., König von Ungarn 1172—1196.
6) Papst Alexander III. (1159—1181) veranlaßt gegen den Widerstand des EB. Lukas
35 Bánffy von Esztergom (Gran) (1158—1174) und angesichts von dessen Weigerung, Bela zum
König zu krönen, 1173 die Krönung durch den EB. Chemma (?) von Kalocsa (bezeugt 1169; vgl.
HOLTZMANN, *Alexander III. und Ungarn*, 165). Vgl. Br. XII 42 (MIGNE, *PL*, 216, 50 AB); HOLTZ-
MANN, *ebd.*, 163f.
7) Im Konflikt zwischen König Emmerich von Ungarn und dessen Bruder Andreas (s. VII
40 18 Anm. 4) vermittelt 1199/1200 als Legat der KD. Gregor von S. Maria in Aquiro (KP. von S.
Vitale 1200—nach 1207; vgl. MALECZEK, *Papst und Kardinalskolleg*, 90—92). Vgl. Br. VI 155
(156); *Gesta Innocentii*, c. 128 (MIGNE, *PL*, 214, CLXVIII A; GRESS-WRIGHT 317 Z. 7—9);
SWEENEY, *Papal-Hungarian Relations*, 55—58.
8) Das bezieht sich auf die Gefangensetzung Herzog Andreas', s. Br. VII 126 Anm. 17.
45 9) S. Br. VII 1 Anm. 1.
10) S. Br. VI 140 Bd. 6 S. 230 Z. 5—7, 11—14; VII 126 Anm. 5.

scripsisti, quoniam prefatus Iannitius[g] terram, quam pater tuus .. sorori tue
imperatrici Grecorum[11] dedit in dotem[12], detinet occupatam et terram Seruie tue corone subiectam adiuncta sibi paganorum multitudine copiosa crude-
liter devastavit[13], ita quod preter eos, qui per eius tirannidem sunt perempti,
non pauci Christiani sunt in paganorum captivitatem deducti, eo videlicet   5
tempore, quo precibus nostris inductus rege Boemie a Ph(ilippi) consortio
separato et regi Ottoni coniuncto cum ipso pro isto validum contra illum
exercitum destinasti[14], certissime noveris nobis esse valde molestum, quicquid in tuam iniuriam et iacturam noscitur[h] attemptatum et, ut tibi congrue
satisfiat, nos diligens studium impensuros et operam efficacem.   10

Ad tercium vero capitulum taliter respondemus, quoniam, etsi scripseris,
quod prefatus Iannitius[g] nullius terre de iure sit dominus, licet aliquam
partem tui et aliam alterius regni[15] ad tempus detineat occupatam, unde
miraris, quod tam manifestum inimicum tuum te inconsulto tam subito in
regem proposuerimus coronare[16], secus est tamen ex aliqua parte, ut salva   15
tui pace loquamur, cum super hoc non plene noveris veritatem. Nam antiqui-
tus in Bulgaria multi reges successive fuerunt auctoritate apostolica coronati,
sicut Petrus et Samuel[17] et alii nonnulli post illos. Nam et ad predicationem
sancte memorie Nicol(ai) pape, predecessoris nostri[18], rex Bulgarorum[19], ad
quorum consulta sepissime respondebat[20], cum toto regno sibi[i] commisso   20

---

g) *Migne:* Joannitius.   h) *Am Rande ein kurzer, waagrechter Strich.*   i) *Migne:* suo.

[11] Margarethe, Tochter Belas III., heiratet 1185 den Kaiser Isaak II. Angelos; 1204 (vor
dem 16. Mai) den Markgrafen von Montferrat und späteren König von Thessalonike, Bonifaz;
1207 den Grafen Nikolaus von Saint-Omer. Gest. nach 1223. Vgl. TĂUTU, *Margherita di Ungheria;*
SWEENEY, *Papal-Hungarian Relations,* 136 mit Anm. 73.   25

[12] Die Meinungen darüber, wo sich die Gebiete, die die Mitgift Margarethes ausmachten,
befunden haben, divergieren: TĂUTU, *Conflit,* lokalisiert sie um Sirmium, im späteren Banat von
Temesvar (Timişoara); SWEENEY, *Papal-Hungarian Relations,* 158, Anm. 121, plädiert für das
südliche Morava-Tal bis zur Höhe von Sofia. Vgl. auch PRINZING, *Bedeutung Bulgariens,* 33, 40
bis 42, Anm. 32.   30

[13] Kalojan, zu dem der vertriebene Großžupan Stephan (s. unten Anm. 24) geflohen war,
greift im Sommer 1203 mit Hilfe der heidnischen Kumanen Serbien an und setzt Stephan wieder
in seine Herrschaft ein. Vgl. HALUŠČYNSKYJ, *Acta Innocentii,* 64f.

[14] König Otakar von Böhmen, der Schwager Emmerichs, löst 1202 seine Allianz mit
Philipp von Schwaben und wechselt zu Otto von Braunschweig (s. Br. VII 50 [49]); er beteiligt   35
sich im Sommer 1203 an einem Feldzug gegen Philipp und dessen Verbündete in Thüringen. Vgl.
WINKELMANN, *Philipp von Schwaben,* I 283—290, bes. 288; SWEENEY, *Papal-Hungarian Relations,*
159, Anm. 123.

[15] Serbien, das dem König von Ungarn untersteht, und die Mitgift Margarethes, die zum
Herrschaftsbereich von Byzanz gehört. Es ist allerdings nicht sicher, ob sich Emmerich auf das   40
byzantinische Kaiserreich bezog oder auf das lateinische, zu welch letzterem das Margarethes
zweitem Gatten zugesprochene Thessalonike gehörte. Vgl. PRINZING, *Bedeutung Bulgariens,* 33f.

[16] S. Br. VII 1.

[17] S. Br. VII 4 Anm. 3.

[18] Papst Nikolaus I. 858—867.   45

[19] Zar Boris-Michael der Bulgaren 853—888.

[20] Die „Responsa ad consulta Bulgarorum" von 866; *MGH EE* VI 568—600, Nr. 99.

meruit baptizari, sed tandem prevalentibus Grecis Bulgari perdiderunt regiam dignitatem, quinimmo compulsi sunt gravi[k] sub iugo[l] Constantinopolitano servire[m, 21], donec novissime duo fratres, Petrus videlicet et Iannitius[g],
de priorum regum prosapia descendentes[22], terram patrum suorum non tam
5 occupare quam recuperare ceperunt, ita quod una die de magnis principibus
et innumeris populis mirabilem sunt victoriam consecuti. Non ergo negamus,
quin forsan aliquam partem terre violenter invaserint[n], sed constanter as-
serimus, quod plurimam terre partem de iure recuperavere paterno. Unde[o]
nos eum non super alienam terram sed super propriam ad instar predeces-
10 sorum nostrorum regem intendimus coronare, volentes, ut et ipse terram
restituat iniuste detentam et terra iniuste detenta restituatur eidem, cum
ipse postulaverit hoc a nobis, ut de terris invasis faciamus inter te et ipsum
utrique parti iustitiam exhiberi[o]. Cum igitur nuntiis nostris ad eum et
nuntiis eius ad nos non solum liberum concesseris transitum, verum etiam
15 securum ducatum, non debuimus opinari, quod ipse tibi esset infestissimus
inimicus, licet per nostre sollicitudinis studium inimicitiarum occasione sublata de inimicis fieri valeatis amici, nec repente processimus ad hoc negotium
consumandum, cum frequenter ad eum nuntios cum litteris nostris propter
hoc curaverimus destinare, ut filiam revocaremus ad matrem et membrum
20 reduceremus ad caput, quatinus esset unum ovile et unus pastor[23].   vgl. Jo 10, 16
Verum et illud non ab re potuissemus attendere in hoc casu, quod, cum
nobilis vir St(e)ph(anu)s, megaiuppanus Saruie, per honorabiles nuntios nobis humiliter supplicaverit, ut in terram suam dirigeremus[p] legatum, qui
eam ad obedientiam ecclesie Romane reduceret et regium sibi diadema con-
25 ferret[24], nosque petitionem ipsius de communi fratrum nostrorum consilio
decreverimus[q] admittendam, huius legationis officium venerabili fratri nostro I(ohanni), Albanensi episcopo[25], iniungentes[26]; intellecto tandem, quod
hoc tue sublimitati plurimum displiceret, ob tui gratiam non sine quadam
nostri confusione destitimus ab incepto. * Tu vero, postquam expugnasti   * fol. 166ᵛ

---

30   k) *Mit anderer Tinte in eine Lücke nachgetragen; darüber zwei schräge Striche.*   l) *Migne fügt*
hinzu: imperatori.   m) *Außen am Rande ca. drei Worte in zwei Zeilen getilgt.*   n) *Migne:* invase-
runt.   o—o) *Am Rande eine Art Paragraphenzeichen.*   p) *Migne:* dirigemus.   q) *Am Rande ein*
kurzer, waagrechter Strich.

21) Die Niederwerfung des ersten Bulgarischen Reiches durch Kaiser Basileos II., 1018.
35   22) Peter und Kalojan (Joannitza). Das „zweite Bulgarische Reich" entsteht seit 1185 im
Aufstand gegen Byzanz durch die walachischen Bojaren Peter, Asen und Joannitza Belgun. Zur
von Kalojan behaupteten Abstammung von früheren Zaren vgl. Br. VII 6 S. 19 Z. 16f.; TĂUTU,
Conflit, 371f., Anm. 12.
23) S. Br. II 255 (266), V 115 (116), VII 1, 8.
40   24) Stephan II. Nemanja, seit 1196 Großžupan von Serbien, 1217 bis zu seinem Tod 1228 (?)
König von Serbien. Vgl. *BLGS* IV (1980) 180—182; *LMA* 8 (1996) 86f. Er schreibt 1199 an
Innocenz III. (THEINER, *Monumenta Slavorum meridionalium*, I 6, Nr. 11); die Bitte um eine
Krone geht hervor aus Br. V 17 (18) Bd. 5 S. 38 Z. 7—11; vgl. SWEENEY, *Papal-Hungarian*
Relations, 97.
45   25) S. Br. VII 3 Anm. 4.
26) Vgl. Br. V 17 (18) Bd. 5 S. 38 Z. 8f.

Saruiam amoto St(e)ph(an)o et Vulco substituto in locum ipsius[27] per tuos
nobis nuntios intimasti, quod terram illam ad obedientiam ecclesie Romane
reducere cupiebas et salvo in temporalibus iure tuo equanimiter sustinebas,
ut dictus Wulcus regalem susciperet ab apostolica sede coronam. Unde nos
huius executionem negotii de consilio nuntiorum tuorum venerabili fratri 5
nostro .. Colocensi archiepiscopo duximus committendam[28]. Sed cum iam
biennium sit transactum, in nullo novimus esse processum[29].

   Ad quartum vero capitulum respondemus hoc modo, quod licet dilectum
filium L(eonem), tituli sante Crucis presbyterum cardinalem, apostolice sedis
legatum, devote receperis et honoraveris studiose, ita quod eum in osculo 10
pacis benigne dimissum fecisti usque ad regni fines honeste conduci, ut iam
non superesset, nisi Danubii transitus de Vngaria in Bulgariam, quia tamen
iuxta verbum poeticum «turpius eicitur, quam non admittitur hospes»[30],
miramur non modicum et[r] movemur[r, s], magis[s] quidem pro te quam pro
nobis, quod mox eum retroducere precepisti, cum minus indecens extitisset, 15
si non admisisses[t] euntem, quam admissum non sineres proficisci. Rationibus ergo, quas ob hoc in tuis litteris expressisti, sufficeret illud Salomonicum
Spr 1, 17 respondere: «Frustra[u] iacitur rete ante oculos pennatorum», nisi respondere
nos oporteret ad illud, quod per litteras tuas suppliciter postulasti, ut vel a
proposito coronationis illius desisteremus omnino vel saltem tamdiu cessare- 20
mus, donec discordia inter vos iudicio posset vel[v] arbitrio terminari, cum tu
paratus existas iudicio vel arbitrio legati nostri parere. Reddemus ergo pau-
cissimas de plurimis rationes, ne nimis expressa responsio te nimium contur-
baret. Cum enim cardinalis predictus in regno tuo longam fecerit moram et
tam a te quam ab aliis non solum honeste[w] receptus, sed et magnifice fuerit 25
honoratus, profecto non posset esse mediator communis ad concordiam reformandam aut iudex equalis ad controversiam dirimendam, nisi pari modo in
terra sua reciperetur ab illo, ut omnis suspitio tolleretur. Preterea non posset
illum compellere ad faciendam concordiam vel iustitiam exhibendam, antequam iugum susciperet apostolice discipline nostroque se subiceret magiste- 30
rio et precepto. Ad hec, cum idem legatus procedat ad propagandum Christiane fidei sacramentum et promovendum apostolice sedis honorem, si forsan impedires eundem, profecto divinam indignationem incurreres et nostram merereris offensam illumque tibi redderes amplius inimicum nichilque
proficeres, quia nos modo alio possemus nostre voluntatis propositum adim- 35

   [r—r] et mo- *auf Rasur.*   [s—s] *Getrennt durch Striche über und unter der Zeile.* -vemur ma-
vielleicht in eine Lücke nachgetragen.   [t] *Migne:* admisses.   [u] Frusta. *Vgl. aber auch oben Anm. f.*
[v] *Am Rande ein späteres* I.   [w] h- *korr. aus* b-.

   [27] S. Br. VII 126 Anm. 6.
   [28] S. Br. VII 126 Anm. 7, 8.   40
   [29] Die Krönung kam nicht zustande, vielleicht weil Emmerich als „rex Serviae" eine
Krönung Vukans schließlich doch verhindern wollte. Vgl. SWEENEY, *Papal-Hungarian Relations,*
102 mit Anm. 117.
   [30] Ovid, *Tristia,* V, 6, 13. Vgl. WALTHER, *Proverbia,* V 232, Nr. 30917; 416, Nr. 31987.

plere. Attende nichilominus diligenter, quale denique reputares, si nos impedire vellemus, ne filius tuus carnalis coronari[x] posset in regem[31], et tale nos reputare cognosce, si tu impedire coneris, ne filius noster spiritualis in regem valeat coronari, filius, inquam, prodigus, qui olim cum meretricibus vivendo
5 luxuriose substantiam dissipavit, sed tandem ad se ipsum reversus ad[y] patrem revertitur, qui accurrens amplectitur et osculatur filium revertentem precipiens servis suis, ut eum induant stolam primam et dent anulum in manu eius et calciamenta in pede ipsius occidantque vitulum saginatum, ut manducent et epulentur, quia filius eius mortuus fuerat et revixit, perierat et
10 inventus est. Qualiter ergo pater indignationem sedaverit filii senioris[z], parabola te doceat evangelica, cuius doctrinam te cupimus et in hoc et in aliis vgl. Lk 15, 11—32 imitari. Quod si forsitan[aa] vearis[bb], ne, postquam coronam acceperit, insolentior fiat subito sublimatus, scire debes[cc] pro certo, quod non tantum ex procurata fraude proficeret, quantum deficeret ex fide mentita, nosque mi-
15 nus dicimus tibi, ut tu intelligas per te magis.

Ad[dd] V ergo capitulum respondemus, quoniam, etsi scripseris, quod de hiis, qui sedis apostolice sententiam contempnentes tibi sub securitate nostra contra fraudem inimicorum nil providenti Iadaram[32] destruxerunt, elapso iam fere biennio nichil adhuc iustitie super tam irreperabili dampno per
20 Romanam ecclesiam consequi potuisti, unde si permitteres prefatum Iannitium[ee] coronari, antequam inter te et ipsum discordia sopiretur, numquam amplius per Romanam ecclesiam tibi posset iustitia exhiberi, nolumus te, fili karissime, ignorare, quod tam stolium Venetorum quam Francorum exercitum propter destructionem Iadere anathematis vinculo cura*vimus innoda- * fol. 167ʳ
25 re[33]. Cumque maiores exercitus Gallicani absolutionis beneficium postularent, non prius potuerunt absolvi, quam iuraverint nostris stare mandatis et obligaverint non solum se ipsos sed suos etiam successores per litteras[ff] autenticas[gg] et patentes, quod ad mandatum nostrum super illo excessu satisfacere procurabunt[34]. Quia vero .. dux Venetorum[35] et sui nondum
30 absolutionis gratiam postularunt[36], nos in tantum iam processimus contra eos, quod dilectum filium .. suum patriarcham electum[37] noluimus consecra-

---

[x] c- und das erste -r- korr. aus anderen Buchstaben.   [y] Fehlt bei Migne.   [z] Darnach eine kleine Rasur.   [aa] -it- über der Zeile nachgetragen.   [bb] vertaris. Die Emendation schon bei Migne.   [cc] Am Rande ein kleines x.   [dd] Davor ein kleines Absatzzeichen.   [ee] Migne: Joanniti-
35 um.   [ff] Am Rande ein schiefliegendes Kreuz.   [gg] Das erste -t- teilweise auf Rasur.

[31] Die Krönung von Ladislaus III. (s. VII 58 [57]) war schon am 26. August durch den EB. Johannes von Kalocsa vollzogen worden. Vgl. SWEENEY, Papal-Hungarian Relations, 164f., Anm. 140.
[32] Die Eroberung Zadars durch das Kreuzfahrerheer am 24. November 1202.
40 [33] Br. V 160 (161) Bd. 5 S. 317 Z. 11—16.
[34] Br. V 161 (162) Bd. 5 S. 319 Z. 20—28; VI 99.
[35] S. Br. VII 18 Anm. 1.
[36] Br. VI 99—102.
[37] S. Br. VII 75 (74) Anm. 1.

re, immo cum ad nos personaliter accessisset, remisimus eum[38] non sine
multo pudore confusum. Significavimus quoque tibi, ut apud Iadaram, que
hactenus cum tota provincia sua subiecta fuit patriarche Gradensi, faceres
electionem canonicam de persona idonea celebrari et electum ad nos conse-
crandum et palleandum dirigeres, ut sic inciperemus punire superbiam Vene- 5
torum. Pari modo prefatus Iannitius[g] puniretur, si post susceptionem corone
nollet super discordia, que vertitur inter vos, arbitrio[hh] vel iudicio legati

nostri parere fierentque novissima sua deteriora prioribus et error novissimus
peior priore. Quia vero, quantumcumque sepedictum Iannitium[ee] diligamus,
te tamen diligimus incomparabiliter magis, modum, sicut credimus, inveni- 10
mus congruentem, per quem honori et iuri tuo debeat provideri, sicut per
litteras, quas super hoc modo dirigimus, advertere poteris evidenter[39].

    Quocirca serenitatem regiam rogamus at(tentius) et monemus, quatinus
Deo dans gloriam et nobis honorem non impedias propagationem fidei Christiane[ii] nec dilatationem apostolice sedis, cuius consilium experieris absque 15
dubio fructuosum.

    Hactenus regi predicto; decetero devotioni tue per apostolica scripta pre-
cipiendo mandamus, quatinus prefatum Iannitium[ee] non super alienam terram, sed super propriam corones in regem et ad terminandam[kk] discordiam,
que vertitur inter ipsum et prefatum regem Vngarie, cognita plenius veritate 20
iustitia mediante procedas; faciens, quod decreveris, per censuram ecclesiasticam appellatione postposita firmiter observari.

    Datum Rome apud sanctum Petrum, XVII Kal. Octobris[ll].

128.

Innocenz III. ermahnt den König (Emmerich) von Ungarn, der dem von den 25
Mönchen der Benediktinerabtei St. Ägyd in Somogyvár gewählten Abt seine
Zustimmung verweigert und die Abtei dem Erzbischof B(ernhard) von Split
übertragen hat, welcher mit Gewalt gegen das Kloster vorging und die lateinischen
durch ungarische Mönche ersetzte, die Mönche in ihrer rechtmäßigen Wahl nicht
zu behindern. (Dem Bischof [Simon] von Oradea, dem Abt von Zircz und dem 30
Dompropst [Peter] von Esztergom trägt er auf, den Fall zu untersuchen und,
wenn es sich so verhält, den Erzbischof von Split mit kanonischen Strafen zur
Wiedergutmachung zu zwingen. Dem Erzbischof von Split kündigt er, falls er
nicht selbst für Entschädigung sorgt, Bestrafung an.)

                                      Rom, St. Peter, (1204) September 14. 35

---

hh) *Am Rande ein kurzer, waagrechter Strich.*   ii) *Migne:* catholicae.   kk) *Am Rande ein
kleines* x.   ll) *Am Rande ein schräger Strich.*

38) Vgl. Br. VII 75 (74).
39) Sehr wahrscheinlich Br. VII 126, bes. S. 201 Z. 29—31.

Reg. Vat. 5, fol. 167ʳ—167ᵛ ⟨Nr. 128⟩.

Bréquigny, Diplomata, II/1 548, Nr. 128 = Migne, PL, 215, 417, Nr. 128; Knauz, Monumenta,
I 175, Nr. 164 (2. Teil); Monumenta episcopatus Vesprimienis I 12, Nr. 15 (1. Teil). — Potth. Reg.
2280, 2281; Kukuljević-Sakcinski, Regesta, 13, Nr. 45; Horváth, Zirc, 206; Haluščynskyj, Acta
5 *Innocentii, 499, Nr. 2.*

.. Illustri regi Vngarie[a, 1)].

Venientes ad apostolicam sedem dilecti filii H., G., A. et D., monachi
sancti Egidii[2)] de Vngaria, nobis lacrimabiliter intimarunt, quod eorum abbate defuncto alium sibi secundum antiquum et approbatum morem sui
10 monasterii elegerunt, quod hactenus tam abbates quam monachos consuevit
habere Latinos[3)], sed tu, fili karissime, quod cum devotione ac reverentia
retulerunt, regium sibi noluisti prebere consensum, affirmans, quod in alium
quam Hvngarum minime consentires.

Venerabilis autem frater noster B(ernardus), Spalatensis archiepiscopus[4)],
15 hoc attendens ad presentiam tuae[b)] serenitatis accessit et monasterium ipsum
velociter impetravit, de quo, si verum est, valde miramur, quia[c)], licet professione sit monachus et natione Latinus, cum tamen pontificis gerat officium,
abbatis non debuit ministerium usurpare, presertim et in aliena diocesi et per
laicam potestatem; qui non multo post cum servis monasterii memorati
20 monachos universos super thesauro monasterii apud regiam celsitudinem
graviter accusavit; sed ipsi voluntatem presentientes illius statim ipso presente cuidam homini tuo, quem ipse secum adduxerat, et multis aliis bonis
viris thesaurum ecclesie non solum integrum assignarunt sed etiam augmen-
tatum. Verum idem archiepiscopus voluntatem suam cupiens adimplere
25 oportunitate captata in eos armata manu irruit violenter et quosdam ex ipsis
manu propria flagellavit, quosdam vero coniecit in vincula cunctisque penitus destitutis monachos Vngaros pro sua instituit voluntate, appellationi non
deferens, quam idem monachi super tanto gravamine ad sedem apostolicam
emiserunt, terminum in Assumptione beate Marie proximo preterite prefi-
30 gentes[5)].

Quia vero nec novum est nec absurdum, ut in regno tuo diversarum
nationum conventus uni Domino sub regulari habitu famulentur, licet hoc
unum sit ibi[d)] Latinorum cenobium, cum tamen ibidem sint multa Gre-

---

128. [a)] *Am Rande drei Punkte und ein Kreuz.*   [b)] *Korr. aus* tua(m).   [c)] *Migne:* qui.   [d)] *Migne:*
35 tibi.

128. [1)] S. Br. VII 6 Anm. 11.
   [2)] Somogyvár (Ben.-Abtei, Diöz. Veszprém).
   [3)] Die Abtei Somogyvár wurde 1091 von König Ladislaus I. für französische Mönche aus
Saint-Gilles gegründet. Vgl. Ivanka, *Griechische Kirchen*, 190 mit Anm. 4; Csóka, *Geschichte*, 78,
40 196, 198f.
   [4)] Bernhard, EB. von Split (Spalato, Dalmatien) 1198—1217, stammte aus Perugia, war
Mönch in S. Maria del Farneta (Diöz. Arezzo), wahrscheinlich Lehrer in Bologna und dürfte mit
Innocenz III. persönlich bekannt gewesen sein. Vgl. *Dict. HGE* 8 (1935) 748f.; *DBI* 9 (1967) 284f.
   [5)] 15. August 1204.

corum[6], serenitatem regiam rogamus at(tentius) et monemus, quatinus in statum debitum revocato, quod non tam proprio motu quam alieno consilio diceris concessisse, non impedias nec impediri permittas, quominus prefati monachi secundum consuetudinem hactenus observatam assumant sibi * fol. 167ᵛ perso*nam idoneam per electionem canonicam in abbatem. 5

Nos enim venerabili fratri nostro .. Waradiensi episcopo[7] et dilectis filiis .. abbati de Bucca(no)[8] et .. preposito Strigoniensi[9] damus firmiter in mandatis, ut inquisita diligentius veritate, si rem invenerint taliter processisse, nisi prefatus Spalatensis archiepiscopus ad commonitionem eorum excessum suum per se ipsum curaverit emendare, ipsi ei pro tanta presumptione cano- 10 nicam penam infligant et eo a prelibato monasterio prorsus excluso faciant illud iuxta formam prescriptam appellatione postposita ordinari. Contradictores et cetera.

Datum Rome apud santum Petrum, XVIII Kal. Octobris.

Illis scriptum est super hoc, districte precipiendo, ut omni gratia et timore 15 postposito[e] et cetera.

Scriptum est B(ernardo), Spalatensi archiepiscopo, in eundem fere modum usque prefigentes[f]. Ecce qualiter ecclesiasticam libertatem diligis et defendis, qualiter apostolice sedis honorem promoves et procuras, qualiter pontificalem modestiam exhibes et observas, qualiter monasticam regulam 20 prosequeris et zelaris! Certe nisi prescriptos excessus per te ipsum corrigas et emendes et a similibus abstineas et attendas, nos quanto familiarius te diligimus, tanto districtius puniemus, ut pena unius sit cautela multorum[10] et vgl. Ps 57, 11 iusti lavent manus suas in sanguine peccatoris.

129. 25

Innocenz III. teilt dem König (Friedrich) von Sizilien mit, daß er, was ihm von den Gesandten des Königs unterbreitet wurde, an den Kardinallegaten G(erhard) von S. Adriano weitergeleitet hat, und ermahnt ihn, dessen Weisungen zu folgen.

Rom, (St. Peter, 1204) Oktober 4.

Reg. Vat. 5, fol. 167ᵛ ⟨Nr. 129⟩. 30
Bréquigny, Diplomata, II/1 549, Nr. 129 = Migne, PL, 215, 419, Nr. 129. — Potth. Reg. 2287; BFW 5904; Balladore Pallieri–Vismara, Acta pontificia, 396, Nr. 108.

---

[e]) *Migne:* postpositis. [f]) Oben S. 209 Z. 30.

[6]) Vgl. Br. VII 48 (47).
[7]) S. Br. VII 48 (47) Anm. 1. 35
[8]) Abt von Zircz (Zist.-Abtei, Diöz. und Komitat Veszprém).
[9]) Peter, als Dompropst von Esztergom (Gran) bezeugt 1209. Vgl. KNAUZ, *Monumenta,* I 193, Nr. 184; 194, Nr. 185.
[10]) Vgl. Codex 9. 27. 1 (Ed. KRUEGER 384).

.. Illustri regi Sicilie[a, 1].

| **R**egie celsitudinis litteras, quas nobis per dilectum filium .. abbatem de Refesia[2] et Alb(ertinum) prepositum[3] adiunctis sibi venerabili fratre nostro An(selmo), Neapolitano archiepiscopo[4], et dilecto filio Thoma de Gaieta,
5 regio iustitiario[5], destinasti, paterna benignitate recepimus et, que significata sunt nobis tam per nuntios quam per litteras, notavimus diligenter gaudentes in eo, qui est Dei virtus et sapientia, quod de die in diem sicut etate sic   vgl. 1Kor 1, 24
etiam sapientia proficis et virtute.   vgl. Lk 2, 52

Cum igitur ad honorem et salutem persone tue, regni quoque tui tranquil-
10 litatem et pacem efficaciter aspiremus, misimus nuper ad tue serenitatis presentiam dilectum filium G(erardum), sancti Adriani diaconum cardinalem[6], apostolice sedis legatum, virum providum et honestum, qui vice nostra illa tractet[b] et agat, que tam tibi quam regno tuo debeant expedire. Unde nos ea, que per nuntios memoratos oblata et postulata fuerunt, referimus ad
15 eundem, exprimentes ei nostre beneplacitum voluntatis, ut utrimque concessis, que fuerint oportuna, pax procuretur et salus, ne miserabile regnum continuis guerrarum cladibus destruatur.

Quocirca serenitatem regiam rogamus at(tentius) et monemus, quatinus eiusdem cardinalis consiliis et monitis acquiescas; sciturus pro certo, quod
20 nos, qui pro defensione persone ac terre tue multos et magnos labores hactenus sustinuimus[c], grandes quoque fecimus ac graves expensas, numquam tibi deerimus, quin ad honorem et profectum tuum[d] efficaciter intendentes contra malignantum incursus apostolicum tibi patrocinium impendamus.

25   Datum Rome et cetera, IIII Non. Octobris.

---

129. [a] *Am Rande ein Kreuz und drei Punkte.*   [b] *-t- korr. vielleicht aus -e-.*   [c] *Darnach eine kleine Rasur.*   [d] *Über dem ersten -u- vielleicht ein Kürzungsstrich getilgt.*

129. [1] S. Br. VII 36 Anm. 5.
[2] Abt von Refesia (Zist.-Abtei, Diöz. Agrigent); 1198 ist ein Wilhelm bezeugt. Vgl. WHITE,
30 *Latin Monasticism*, 291.
[3] Zum Namen vgl. Br. VII 135 S. 221 Z. 18.
[4] Anselm, EB. von Neapel 1191/5—1214/15. Vgl. KAMP, *Kirche und Monarchie*, I 213 bis 215.
[5] Magister Thomas von Gaeta, 1191—1193 als Notar König Tancreds bezeugt, 1195, 1198
35 im Auftrag der Königin Konstanze an der Kurie, 1199/1200 Notar Friedrichs II., 1202 Justiziar; Verfasser eines Briefbuchs; gest. nach 1226. Vgl. KÖLZER, *Urkunden Konstanze*, 23f., Anm. 93; SCHALLER, *Kanzlei*, I 283f., Nr. 80; ZIELINSKI, *Urkunden*, 451f.; KEHR, *Briefbuch*; FEDELE, *Diplomatico*.
[6] S. Br. VII 36 Anm. 6.

130.

Innocenz III. trägt dem W(ilhelm) Capparrone, der eine Botschaft an ihn ge-
sandt hat, auf, mit dem Kardinallegaten G(erhard) von S. Adriano über einen
Frieden zu verhandeln und dessen Weisungen zu folgen.

(Rom, St. Peter, 1204 ca. Oktober 4). 5

Reg. Vat. 5, fol. 167ᵛ—168ʳ ⟨Nr. 130⟩.

Bréquigny, Diplomata, II/1 550, Nr. 130 = Migne, PL, 215, 419, Nr. 130. — Potth. Reg. 2288;
BFW 5905; Balladore Pallieri–Vismara, Acta pontificia, 396, Nr. 109.

Nobili viro W(illelm)o Caparon(o)¹⁾ spiritum consilii sanioris^a).

Quoniam Marcualdus²⁾ cum fautoribus suis excommunicationis fuit vinculo 10
innodatus³⁾ et tu ei pro posse favisti, mirari non debes, si tibi, antequam
absolutionis gratiam^b) merearis^b), salutationem et benedictionem apostolicam
denegamus. Recepimus tamen benignitate paterna nuntios, quos cum litteris
regiis ad nostram presentiam destinasti⁴⁾, et, que non tam promissa quam
requisita fuerunt, pensavimus diligenter. Porro si non solum ex equo, verum 15
etiam e vicino respondissent postulatis oblata, satisfecissemus utique postulatis, cum ad regis⁵⁾ salutem et regni pacem efficaciter aspiremus, tuum quoque,
si per te ipsum non steterit, procurare velimus honorem pariter et profectum.
Sperantes igitur, quod tu intellecto beneplacito nostro sine difficultate debeas
nostre acquiescere voluntati, tractate pacis negotium ad dilectum filium 20
G(erardum), sancti Adriani diaconum cardinalem⁶⁾, apostolice sedis legatum,
duximus referendum, quem in Siciliam ad regis presentiam curavimus destinare.

Quocirca nobilitatem tuam monemus at(tentius) per apostolica tibi scripta mandantes, quatinus eiusdem cardinalis monitis^c) et consiliis acquiescas *
et ad consumationem pacis utique necessarie cum eodem cardinale, cui bene- 25
placitum nostrum expressimus, diligens studium et operam efficacem impendas; sciturus pro certo, quod et apud Deum et apud homines et in presenti et
in futuro gratia nostra tibi poterit esse plurimum^d) fructuosa. Si vero correctionem et ammonitionem nostram^e) superbe contempseris, ultionem^e) divinam et indignationem apostolicam poteris gravissime formidare. 30

Datum ut in alia.

* fol. 168ʳ

---

130. ^a) *Am Rande ein Kreuz.* ^b—b) *Durch Zeichen umgestellt aus* merearis gratiam.
^c) mo(n)itis *korr. aus* motus. ^d) *Darnach* esse *irrtümlich wiederholt.* ^e—e) *Fehlt bei Migne.*

130. ¹⁾ Wilhelm Capparrone, Nachfolger des im September 1202 verstorbenen Markward von
Annweiler als Anführer der deutschen Partei im Königreich Sizilien. Vgl. Baethgen, *Regent-* 35
schaft, 80—82.
²⁾ Markward von Annweiler, ca. 1140—1202, nach 1195 Markgraf von Ancona, Herzog der
Romagna und von Ravenna, versuchte 1199 die Regentschaft im Königreich Sizilien an sich zu
reißen und kämpfte bis zu seinem Tod gegen die päpstlichen Truppen.
³⁾ Br. I 38, II 158 (167) Bd. 2 S. 307 Z. 22—309 Z. 10, II 170 (179). 40
⁴⁾ Br. VII 129 mit Anm. 2—5.
⁵⁾ S. Br. VII 36 Anm. 5.
⁶⁾ S. Br. VII 36 Anm. 6.

131.

Innocenz III. trägt dem königlichen Protonotar L. auf, sich vom Kardinallegaten
G(erhard) von S. Adriano absolvieren zu lassen, falls er sich von der Exkommuni-
kation der Anhänger des Markward (von Annweiler) betroffen fühlt. Er ermahnt
5 *ihn, im Sinne der Römischen Kirche für das Königreich (Sizilien) zu wirken.*

(Rom, St. Peter, 1204 ca. Oktober 4).

Reg. Vat. 5, fol. 168ʳ ⟨Nr. 131⟩.
Bréquigny, Diplomata, II/1 550, Nr. 131 = Migne, PL, 215, 420, Nr. 131. — Potth. Reg. 2289;
Balladore Pallieri–Vismara, Acta pontificia, 397, Nr. 110.

10   **L., regio protonotario**[a, 1].

Licet Marcualdus[2] cum fautoribus suis excommunicationis vinculo fuerit
innodatus, quia tamen nescimus, utrum faveris illi presertim in malo, cum
potius audierimus, quod fidelis et devotus nobis existas, salutationis et benedictionis nostre tibi gratiam impertimur, super quo tamen, si conscientia te
15 remordet, per dilectum filium G(erardum), sancti Adriani diaconum cardinalem[3], apostolice sedis legatum, facias te absolvi. Ut ergo devotioni tue debitum gratiarum non tam verbo quam opere rependamus, discretionem tuam
rogamus at(tentius) et monemus per apostolica tibi scripta mandantes, quatinus erga matrem tuam Romanam ecclesiam de bono procedens[b] in melius
20 ea satagas operari, que ad honorem et profectum eius accedant, regis[4] quoque ac regni pacem respiciant et salutem; sciturus pro certo, quod nos grata[c]
tibi vicissitudine curabimus respondere, ita quod de gratia nostra merito
poteris gloriari.

Datum ut in alia.

25   ## 132.

Innocenz III. befiehlt dem Bischof (Johannes) von Limoges, das Domkapitel von
Angoulême bei Androhung von Suspension und Exkommunikation zu zwingen,
den Magister W(ilhelm) Brunatier, dem vom Papst ein Kanonikat in der Kirche
von Angoulême verliehen worden war, als Kanoniker aufzunehmen und ihm die
30 *dazu gehörigen Einkünfte anzuweisen, sobald die Mittel des Bistums dafür*
ausreichen.

Rom, (St. Peter, 1204) Oktober 7.

---

131. [a]) *Am Rande ein Kreuz.*   [b]) -e(n)s *korr. aus* -as.   [c]) *Migne:* gratia.

131. [1]) L., Protonotar, Kanzleichef Wilhelm Capparrones. Vgl. SCHALLER, *Kanzlei*, I 212.
35   [2]) S. Br. VII 130 Anm. 2.
       [3]) S. Br. VII 36 Anm. 6.
       [4]) S. Br. VII 36 Anm. 5.

Reg. Vat. 5, fol. 168ʳ—168ᵛ ⟨Nr. 132⟩.
Bréquigny, Diplomata, II/1 551, Nr. 132 = Migne, PL, 215, 421, Nr. 132. — Potth. Reg. 2294.

.. Lemouicensi episcopo[1].

(|) **Veniens** ad apostolicam sedem dilectus filius magister W(illelmus) Brunater(ii)[2], pro quo canonicando in Engolismensi ecclesia scripseramus[3], nostris auribus intimavit, quod, cum venerabilis frater noster Hen(ricus), Xanctonensis episcopus[4], et dilectus filius G., subdiaconus noster, archidiaconus Alnisiensis[5], quos super Engolismensi canonica executores concesseramus eidem, diutius apud eiusdem ecclesie canonicos laborarint, ut de ipso canonicando magistro mandatum apostolicum adimplerent, eisdem canonicis non admittentibus monitiones eorum nec proponentibus rationabile aliquid, cur a mandati nostri executione cessarent, ipsum magistrum auctoritate nostra suffulti de ipsa canonica investire curarunt, contradictores excommunicationis sententia innodantes; sed ipsi canonici eum recipere contempserunt, unde nobis idem magister graviter querebatur.

Arnaudus vero Chatet clericus ab ipsis canonicis destinatus proponebat econtra, quod ipsi executores favorabiles erant nimium iamdicto magistro et ecclesie ipsi suspecti ac tu, qui iuxta mandatum apostolicum debueras arbitros[a] eligere non suspectos, per quos de suspitione inquireretur executorum ipsorum[6], tales pro tuo beneplacito elegisti. qui executores ipsos reverebantur in tantum, ut potius eos super isto facto et alio iustos esse assererent quam suspectos. Proposuit etiam idem Ar(naudus), quod, cum ecclesia ipsa sit viduata pastore[7], ad receptionem ipsius magistri compelli capitulum non debebat, cum ipsum vel alium, dum vacaret ecclesia, recipere non valerent, nec etiam ad ipsum recipiendum suppetebant ecclesie facultates, unde ipsam ecclesiam ab eius impetitione petebat absolvi. Verum cum idem Ar(naudus) requireretur a nobis, si proponere vellet aliquid in personam aut aliquid coram prefatis[b] executoribus fuisset propositum contra eum, respondit, quod nichil contra eum proponere intendebat nec sciebat aliquid fuisse propositum, nisi quod eum ecclesie facultates non poterant sustinere.

Nos igitur attendentes, quod liberalis et larga debet esse manus principis ad beneficia conferenda, ipsum magistrum, cuius provisioni[c] benignius intendere ceperamus, de canonica Engolismensis ecclesie manu propria curavi-

---

132. [a]) -s *korr. aus einem anderen Buchstaben.*   [b]) *Migne:* praelatis.   [c]) *Migne:* provisione.

132. [1]) S. Br. VII 117 Anm. 3.
[2]) Magister Wilhelm Brunatier (Brunaterii), 1213 als Kantor von Angoulême (Suffr. von Bordeaux) bezeugt, 1249—1253 als Dekan. Vgl. Nanglard, *Pouillé Angoulême*, I 118, 142.
[3]) Br. IV 258 (*Potth. Reg.* 1598), V 132 (133) vom 19. Dezember 1202.
[4]) Heinrich, B. von Saintes (Suffr. von Bordeaux) 1189—1217 (resigniert).
[5]) Aulnay-de-Saintonge (Dép. Charente-Maritime, Arr. Saint-Jean-d'Angely).
[6]) Vgl. Br. VI 36 Anm. 30.
[7]) Johannes von Saint-Vallier, B. von Angoulême seit 1182, stirbt am 7. März 1203 (s. Br. VI 187 [189]); sein Nachfolger, Wilhelm (II.), ist seit 1206 bezeugt. Vgl. *Gallia Christiana* II 1007.

mus investire et, ut eidem ecclesie parceremus, cuius facultates propter guerrarum discrimina diminute dicebantur ad presens, iniunximus ei, ut tamdiu
a perceptione fructuum abstineret, donec de ipsis secundum solitum cursum
ecclesie illi sicut et aliis debita et consueta provisio posset impendi.

5   Ideoque fraternitati tue per apostolica scripta mandamus et districte
precipimus, quatinus ipsum magistrum a canonicis ipsis auctoritate nostra
suffultus nullius contradictionis vel appellationis obstaculo facias tamquam
canonicum suum et fratrem benigne tractari et recipi ad^d) illa plenissime, que
pertinent ad canonicatus honorem; contradictores per suspensionis et excom-
10 municationis sententiam appellatione remota compescens et faciens sententiam, quam protuleris, per Engolismensem diocesim sollempniter publicari. De
facultatibus autem ipsius ecclesie inquiras diligentius veritatem * et, si eas   * fol. 168^v
secundum consuetudinem observatam sufficere posse cognoveris, facias ei de
illis sicut uni ex aliis provideri. Alioquin si eas constiterit adeo imminutas^e),
15 quod secundum cursum consuetum ecclesie provideri non possit eidem, tu,
postquam ad illum statum redierint, secundum quem possit consueta provisio singulis ministrari, canonicos ipsos vel eos, qui pro tempore fuerint, ut
eidem magistro canonicalem portionem impendant, per districtionem ecclesiasticam appellatione remota compellas.

20 Datum Rome et cetera, Non. Octobris^f).

133.

Innocenz III. trägt seinem Bruder Richard (Conti) auf, die Orte, welche die
Familie Poli von der Römischen Kirche zu Lehen erhielt, die sie jedoch, während
ein Prozeß vor päpstlichen Richtern mit der Abtei (SS. Andrea e Gregorio) in
25 *Clivio di Scauro (sul Celio) um diese Orte in Schwebe und ein weiterer mit*
Richard Conti in Aussicht war, der Kommune Rom übertragen hat, im Auftrag
der Kirche zu befestigen und zu halten, bis er für die Schäden, die er in diesem
Konflikt erlitten hat, und für seinen Aufwand entschädigt wird oder der Papst sie
zurückfordert.

Rom, St. Peter, (1204) Oktober 9.

30

Reg. Vat. 5, fol. 168^v—169^r ⟨Nr. 133⟩.
Bréquigny, Diplomata, II/1 552, Nr. 133 = Migne, PL, 215, 422, Nr. 133. — Potth. Reg. 2297;
*BFW **5907.*

---

^d) *Migne:* ac.   ^e) *Davor eine kleine Rasur; Migne:* immunitas.   ^f) *Migne fügt hinzu:* anno
35 septimo.

Nobili viro Riccardo, germano nostro[a, 1].

| **Ex** publico instrumento[2] scripto per manum Astaldi[3], sancte Romane ecclesie scriniarii, cognovimus evidenter, quod Rolandus, presbyter cardinalis tituli sancti Marci, Romane ecclesie cancellarius[4], et Boso, sanctorum Cosme et Damiani diaconus cardinalis, felicis memorie Adriani pape, prede- 5 cessoris nostri[5], camerarius[6], ex mandato eius et voluntate concesserunt et investientes tradiderunt in feudum Odoni de Polo[7] et heredibus eius legitimis et heredibus heredum suorum, quos in testamento sibi constituerent, in perpetuum, videlicet Polum[8], Fustinianum[b, 9], Antic(u)l(u)m[10], Roccam de Nibblis[11], Montem magnum[12], Guada(r)nolum[13], Sarracenescum[14], Roc- 10 cam de Sorecis[15], Castellum nouum[16] cum omnibus pertinentiis et utilitatibus suis, tali tenore, quod ipse ac heredes sui et heredes heredum suorum in perpetuum predicto Romano pontifici et successoribus suis sine alio feudo fidelitatem prestarent, ita quod idem pontifex et successores ipsius predicto nobili et heredibus suis non possent prefatum feudum auferre, nisi nobilis ipse 15 vel heredes ipsius in eum vel successores eiusdem aliquid tale committerent,

---

133. [a]) *Am Rande ein Kreuz und drei Punkte; ferner von einer Hand des 13. Jhs.:* pro iure Romane ecclesie. *Auf fol. 168ᵛ längs des Briefes am Rande ein senkrechter, z. T. gewellter Strich.* [b]) *Migne:* Justinianum.

133. [1]) Richard Conti, Bruder Innocenz' III., Herr von Poli, Valmontone, 1208 Graf von Sora, 20 gest. 1226. Vgl. DYKMANS, *D'Innocent III à Boniface VIII,* 21—27, 46—48 (3—9, 28—30); *DBI* 28 (1983) 466—468; CAROCCI, *Baroni,* 372f.; THUMSER, *Rom,* 80—85.
[2]) Urkunde vom 17. Januar 1157 (*IP* II 81, Nr. 4; Dr.: CASCIOLI, *Poli,* 301f., Nr. 7). Vgl. auch *IP* II 81, Nr. 3; Dr.: THEINER, *Codex dominii temporalis,* I 17, Nr. 22; FABRE–DUCHESNE, *Liber Censuum,* I 387f., Nr. 101, 102. 25
[3]) Astaldus, als „scriniarius" bezeugt auch 1161. Vgl. GALLETTI, *Primicero,* 321.
[4]) Roland Bandinelli, 1151 KP. von S. Marco, 1153 Kanzler, 1159—1181 Papst Alexander III.
[5]) Papst Hadrian IV. 1154—1159.
[6]) Boso, 1154 Kämmerer, 1156 KD. von SS. Cosma e Damiano, gest. 1178. Vgl. ZENKER, *Mitglieder,* 149—151. 30
[7]) Odo (II.) von Poli, bezeugt 1139—1159. Vgl. CASCIOLI, *Poli,* 63—70.
[8]) Poli, zwischen Tivoli und Palestrina, Prov. Rom. Vgl. *IP* II 80f.; GIBELLI, *Monastero,* 199f.; CASCIOLI, *Poli,* 1—15; SILVESTRELLI, *Città,* I 292f.
[9]) Faustiniano, ht. zerstört, bei Poli. Vgl. GIBELLI, *Monastero,* 199f.; CASCIOLI, *Poli,* 45; SILVESTRELLI, *Città,* I 289. 35
[10]) Anticoli Corrado, bei Tivoli. Vgl. CASCIOLI, *Poli,* 53; SILVESTRELLI, *Città,* I 361—366.
[11]) Rocca de Nibli, Rocca d'Annibali, ht. zerstört, bei Cervara di Subiaco. Vgl. CASCIOLI, *Poli,* 57.
[12]) Monte Manno, ht. zerstört, zwischen Poli und Capranica Prenestina. Vgl. *ebd.*; SILVESTRELLI, *Città,* I 294. 40
[13]) Guadagnolo, bei Tivoli. Vgl. GIBELLI, *Monastero,* 199.
[14]) Saracinesco, bei Anticoli Corrado. Vgl. CASCIOLI, *Poli,* 57f.; SILVESTRELLI, *Città,* I 366f.
[15]) Rocca de Soricis, Rocca Sorci, ht. zerstört, bei Anticoli Corrado. Vgl. CASCIOLI, *Poli,* 56f. Stattdessen wird 1157 (s. oben Anm. 2) die nahegelegene Rocca de Murri angeführt. Vgl. CAROCCI, *Baroni,* 112, Anm. 18. 45
[16]) Castel Nuovo, ht. zerstört, zwischen Capranica Prenestina, S. Vito Romano, Pisoniano und Guadagnolo. Vgl. CASCIOLI, *Poli,* 57; SILVESTRELLI, *Città,* I 294; zu den genannten Orten auch CAROCCI, *Baroni,* 372, 377f., Karte 8, und zum gesamten Prozeß *ebd.* 109—112; THUMSER, *Rom,* 80—82.

propter quod iudicio bonorum suorum parium non habentium inimicitias
contra ipsos feudum deberent amittere prelibatum.

Cum igitur prefatus Odo et Greg(orius) filius eius[17] predecessoribus nostris, qui pro tempore fuerant, pro supradicto feudo fidelitatem iurassent et
5 illud ultra quadraginta annos per Romanam ecclesiam possedissent, tandem
temporibus nostris dilectus filius .. abbas monasterii Cliuiscauri[18] prenominatum Greg(orium)[c] et Odonem[c] filium eius[19] coram senatore Vrbis impe-
tens eos super terris prescriptis traxit in causam[20], qui ad nostram presentiam recurrentes postulaverunt instanter a nobis, ut eos super feudo, quod ab
10 ecclesia Romana tenebant, non permitteremus coram alio conveniri, sed
potius feudum ipsum defenderemus eisdem. Nos igitur eos a senatus curia
retrahentes, quia non poteramus prefato monasterio iustitiam denegare, causam inter eos in curia nostra tractandam commisimus bone memorie Saxoni,
iudicum primicerio[21], et Petro Ioh(ann)is Ade advocato[22] nec non Marsica-
15 no, subdiacono nostro[23], coram quibus in Lateranensi palatio per advocatos
suos aliquamdiu disceptarunt.

Interim autem prefatus Odo de Polo — vivente patre ac post decessum
ipsius — super coniugali copula contrahenda inter filium tuum[24] et filiam
suam[25] tecum cepit habere tractatum, et multis pactis intercedentibus tan-
20 dem coram venerabili fratre nostro Octauiano, Hostiensi episcopo[26], ipsoque

---

[c—c] *Migne:* Odonem et Gregorium.

[17] Gregor von Poli, Sohn Odos (II.), 1169 erwähnt. Vgl. Cascioli, *Poli*, 70f. Gest. zwischen
1198 und 1204. Vgl. unten Z. 17f.

[18] Abt von SS. Andrea e Gregorio sul Celio (in Clivio di Scauro) (Ben.-Abtei in Rom);
25 vielleicht Johannes (V.), bezeugt 1177—1193, oder Gregor (IV.), bezeugt 1215—1236. Vgl. Gibelli,
Monastero, 70—72, bzw. 72—78.

[19] Odo (III.) von Poli. Vgl. Cascioli, *Poli*, 71f.

[20] Zuvor hatte die Abtei bereits unter Abt Peter (III.) 1139 auf dem Laterankonzil die
widerrechtlich von Odo (II.) und seinen Vorfahren in Besitz genommenen Burgen Poli, Fausti-
30 niano und Guadagnolo eingeklagt. Vgl. Mansi, *Collectio*, XXI 542—546; Gibelli, *Monastero*, 66,
Anm. 1.

[21] Sasso, als Primicerius bezeugt 1185—1199 Dezember 23. Vgl. Halphen, *Études*, 101f.;
Hirschfeld, *Gerichtswesen*, 468, Anm. 1, 492f.

[22] Petrus Johannis Ade, seit 1161 als Advokat bezeugt, 1188 Senator, 1200 „causidicus".
35 Vgl. Bartoloni, *Per la Storia*, 47f., Anm. 6, 82.

[23] Marsicanus, päpstlicher Kaplan und Subdiakon, seit 1198 bezeugt und wiederholt im
Auftrag Innocenz' tätig. Vgl. Br. I 283 mit Anm. 7, I 369, II 128 (137) mit Anm. 6, V 67 (69) mit
Anm. 2; Elze, *Kapelle*, 178, 182f.

[24] Vielleicht Johannes (I.) Conti von Poli, Graf von Alba, gest. 1261. Vgl. Cascioli, *Poli*,
40 71; Dykmans, *D'Innocent III à Boniface VIII*, 48—54, 84f. (30—36, 66f.); Carocci, *Baroni*, 377f.;
Thumser, *Rom*, 86f., 89—93.

[25] Costanza, Tochter Odos (III.) von Poli. Vgl. Cascioli, *Poli*, 71. In den *Gesta Innocentii*,
c. 137 (Migne, *PL*, 214, CLXXXVI AB; Gress-Wright 332 Z. 11—14), ist dagegen von einem
Sohn Odos von Poli und einer Tochter Richard Contis die Rede. Die Heirat fand möglicherweise
45 nie statt.

[26] Oktavian, (K.-)B. von Ostia und Velletri (s. Br. VII 120 Anm. 2) war ein Onkel Odos
(III.) von Poli (*Gesta Innocentii*, ebd.; Gress-Wright 332 Z. 15).

mediante apud sanctam Martinam[27] in eius palatio adinvicem convenistis.
Cumque prescriptam terram, quam ipse ac progenitores ipsius multis debitis
obligaverant, tu a debitorum onere liberasses, ipse ac fratres eius[28], qui, cum
terra subiaceret debitis obligata, vix poterant ex ea tenuem ducere vitam,
ceperunt ad eam anxius aspirare. Verum[d] cum suam contra te querelam 5
proponerent coram nobis, tu sepissime respondisti, quod paratus eras sub
examine nostro vel fratrum nostrorum aut iudicum vel etiam ad arbitrium
bonorum virorum[e] sive communium personarum plenariam eis iustitiam
exhibere, nosque necessarios sibi sumptus in lite promisimus misericorditer
elargiri. 10

Sed ipsi pravo ducti consilio ceperunt non solum contra te, verum etiam
contra nos multa confingere falsa, ut quasi sub specie pietatis clamorem
populi concitarent, ita quod nudati per Vrbem frequenter cum crucibus ad
ecclesias discurrebant. Et[f] licet prohibiti fuissent a nobis, ne contra nos[g] tale
aliquid attemptarent, ab incepto tamen desistere noluerunt, sed peiora prio- 15
ribus attemptantes secunda feria post Pascha[29] tumultum et seditionem

* fol. 169ʳ populi concitarunt, ita quod blasphemis[h] clamoribus incessanter * emissis in
ipsa beati Petri basilica divinum officium perturbarunt. Et[i] cum de more
coronati reverteremur per Vrbem, quot et quantas sustinuerimus insidias et
iniurias, referre nos pudet, quamvis pene omnibus fuerint manifeste. Porro 20

vgl. Mt 27, 64 nec hiis contenti fuere, sed, ut error novissimus esset peior priore, cum
Romanus populus quibusdam subreptionibus esset coram senatore[30] in Capi-
tolio congregatus[31], sepedictam terram ad ius et proprietatem sedis apostolice pertinentem verbo — quia facto non poterant — et scripto — quia iure
nequibant — senatui populoque Romano, quantum in eis erat, concedere 25
presumpserunt[i, 32]. Sed nos in continenti ius nostrum convocato populo per
quosdam fratrum nostrorum fecimus protestari. Et ne ius ecclesie deperiret,
precepimus tibi, ut terram ipsam per Romanam ecclesiam recognoscens eam

---

[d]) *Migne:* Vitam.   [e]) *Migne:* vivorum.   [f]) *Am Rande zwei parallele, schräge Striche.*
[g]) *Migne:* non.   [h]) -h- *korr. aus* -b-.   [i—i] *Am Rande eine Klammer und zwei parallele, waagrechte* 30
Striche.

[27]) SS. Luca e Martina am Forum Romanum.
[28]) Agapito und Ottonello. Vgl. CASCIOLI, *Poli*, 71.
[29]) Am Ostermontag, dem 7. April 1203. Vgl. über den Vorfall *Gesta Innocentii*, c. 137
(MIGNE, *PL*, 214, CLXXXVI C—CLXXXVII A; GRESS-WRIGHT 333 Z. 5—14). 35
[30]) Pandulf de Suburra, Senator 1202 November—1203 November, 1209/1210 und 1217/
1218 Podestà von Perugia, 1223/1224 Podestà von Viterbo. Vgl. BARTOLONI, *Per la Storia*, 60 bis
62, 87; KAMP, *Konsuln*, 114, Anm. 43; VENDITELLI, *Mercanti*, 96, Anm. 30; THUMSER, *Rom*, 201 bis
203.
[31]) Die Versammlung, auf welcher die Poli ihre Rechte der Kommune Rom übertrugen, 40
fand zwischen dem 7. April und dem 3. Mai 1203, an dem sich Innocenz III., der auf diesen
Schritt noch in Rom reagierte, schon in Palestrina befand, statt. Vgl. BARTOLONI, *Per la Storia*,
61f.; PARAVICINI BAGLIANI, *Mobilità*, 228.
[32]) BARTOLONI, *Per la Storia*, 62, Anm. 1, postuliert gegen LUCHAIRE, *Innocent III.*, 244, eine
mündliche Tradierung. 45

defenderes et munires. Verum ipsi cum complicibus suis falsis contra te
comentis populum seducentes ipsum adversum te adeo comoverunt, ut armis
ad conflictum assumptis turrem tuam[33] acriter expugnarent, ita quod eam[k]
te vix tandem per fugam liberato ceperunt et adhuc quidam sub nomine
5 communitatis detinent occupatam multis tam tibi quam adiutoribus tuis
dampnis et iniuriis irrogatis[34].

Licet[l] ergo filii Greg(orii) de Polo nos et Romanam ecclesiam vehementer
offenderint, eis tamen preiudicare minime volumus, cum nondum in curia
nostra fuerint iudicati. Verum paterna tibi volentes sollicitudine providere de
10 communi fratrum nostrorum consilio et assensu concedimus et mandamus,
ut terram prescriptam teneas et possideas, donec de dampnis, que te propter
hoc incurrisse monstrabis, et expensis, quas te fecisse propter idem ostendes,
maxime postquam tibi precepimus, ut terram ipsam ad opus ecclesie Romane
defenderes et munires, tibi fuerit congrue satisfactum — salva[m] tibi nichi-
15 lominus omni alia ratione, quamcumque habes in terra predicta —, ita quod
tu de ipsa facias guerram et pacem ad mandatum Romani pontificis et ipse te
manuteneat et defendat, sicut secundum bonam et approbatam consuetudinem dominus debet defendere ac manutenere vassallum[35]. Tu vero de terra
ipsa nullam transactionem facere attemptabis absque ipsius licentia speciali,
20 quam tamen ipse tibi concedet, si vel urgens necessitas vel evidens utilitas
postulabit. Quia vero inter ecclesiam[n] Romanam[n] et Vrbem et te ac nobiles
memoratos pacem et concordiam affectamus, si forte necessitas faciende
pacis exegerit, ut ipsam terram vel partem ipsius accipiamus ad manus
nostras, tu recepta satisfactione pecunie vel excambio competenti eam nobis
25 propter hanc causam tradere procurabis.

Nulli ergo[o] et cetera hanc paginam nostre concessionis et cetera. Si quis
autem et cetera.

Datum Rome apud sanctum Petrum, VII Idus Octobris.

---

k) *Am Rande ein kurzer, waagrechter Strich.*   l) L- *ist graphisch hervorgehoben.*   m) *Am*
30 *Rande ein Kreuz.*   n—n) *Durch Zeichen umgestellt aus* Romanam ecclesiam.   o) *Davor eine kleine*
Rasur.

33) Der Stadtturm der Conti, den Richard auf Veranlassung Innocenz' III. zwischen Kapitol und Quirinal errichten läßt. Vgl. Luchaire, *Innocent III.*, 242f. mit Anm. 3, Dykmans,
D'Innocent III à Boniface VIII, 22f. (4f.) mit Anm. 23; Cusanno, *Turris Comitum.*

35   34) Die *Gesta Innocentii*, c. 137 (Migne, *PL*, 214, CLXXXVII B; Gress-Wright 333 Z. 232
bis 334 Z. 5), ersetzen in dieser Passage Richard Conti durch den Senator Pandulf, der zusätzlich
vor dem Verlust seines Familienturms auf dem Quirinal und noch vor der Abreise des Papstes als
Papstfreund im Kapitol von den Gegnern belagert worden sein soll. Der Verlust des Conti-Turms
und die Flucht Richard Contis sind nicht genau zu datieren; sie fanden möglicherweise nach der
40 Spaltung des Senats 1203/04 und im Zuge der Fehden der Adelsfraktionen 1204 statt, in denen
Richard Conti gemeinsam mit Pandulf de Suburra und Pietro Annibaldi die propäpstliche Partei
gegen die von Giovanni Capocci und Iacopo Frangipane angeführten „Popolaren" vertrat. Vgl.
Bartoloni, *Per la storia*, 61f., Anm. 4; Lackner, *Verwaltung*, 138, Anm. 30; *DBI* 28 (1983) 466f.;
Thumser, *Rom*, 249f.

45   35) Vgl. Lehmann, *Lehnrecht*, 149, Tit. 25; 184, Tit. 57 (58) § 4.

134.

Innocenz III. erläßt den Erzbischöfen und Bischöfen Frankreichs ihre Verpflich-tung, die gegen den Abt (Gerald) von Casamari als päpstlichen Friedensvermitt-ler eingebrachte Appellation unter der Strafe der Suspension zum festgesetzten Zeitpunkt zu verfolgen. 5

Lateran, (1204) August 7.

Reg. Vat. 5, fol. 169ʳ—169ᵛ ⟨Nr. 134⟩.
Bréquigny, Diplomata, II/1 554, Nr. 134 = Migne, PL, 215, 425, Nr. 134. — Potth. Reg. 2275;
Bréquigny, Table chronologique, IV 352; Cheney, Calendar, 569.

Archiepiscopis et episcopis per Franciam constitutis[a, 1]. 10

(|) **A**d nostram noveritis audientiam pervenisse, quod, cum dilectus filius .. abbas Casemar(ii)[2], nuntius noster, vos Meldis ad colloquium convocas-set[3], exhibitis litteris[4], que vobis pro reformanda pace inter karissimos in Christo filios nostros Ph(ilippum) Francorum[b, 5] et I(ohannem) Anglorum[6] reges illustres a sede apostolica mittebantur, habito consilio[c] respondistis, 15 quod, cum predictus rex Anglie iuxta nostrarum continentiam litterarum minime processisset, vos propter perplexitates multas et magnas[d], quas imminere verebamini ecclesie Gallicane, nos consulere decrevistis et, ne inte-rim prefatus abbas procederet, ad nostram audientiam appellastis[7], certum appellationi terminum prefigentes, ad quam prosequendam data fide in 20 manu eiusdem abbatis vos per pacis osculum astrinxistis, ita quod post terminum esset ab officio pontificali suspensus, si quis appellationem ipsam in termino prosequi non curaret, presentibus nuntiis[e] regis vestri, qui hoc ipsum vobiscum pariter approbabant. Utrum autem prefatus abbas exegerit huiusmodi cautionem an vos spontanei obtuleritis, ignoramus. Commenda- 25 mus tamen et in illo zelum, si gratis[f] recepit oblatam, * et[g] in vobis devotio-nem, si spontaneam obtulistis. Verum quia fidem et obedientiam vestram nos et predecessores nostri sumus frequenter experti, ut ostendamus affectum, quem non solum ad vos et ecclesias Gallicanas, verum etiam ad ipsum regem

* fol. 169ᵛ

---

134. [a]) *Am Rande ein Kreuz. Darüber von einer Hand des 13. Jhs.:* hec ponenda fuit *(am -t radiert)* 30 s(upr)a *(auf Rasur)* in alio quaterno ubi est hoc signum + *(verziertes Kreuz). S. Einleitung XII.*
[b]) F- *korr. aus* e-.   [c]) *Migne:* concilio.   [d]) *Migne fügt hinzu:* calamitates.   [e]) *Migne:* nuntii.
[f]) -is *auf Rasur.*   [g]) *Von hier bis zum Ende des Briefes am Rande eine Klammer; daneben von derselben Hand des späten 15. oder 16. Jhs.:* in favorem regni Franchorum.

134. [1]) EB. und B. in Frankreich. 35
   [2]) S. Br. VII 43 (42) Anm. 16.
   [3]) Ende Juni 1204 in Meaux.
   [4]) Br. VII 43 (42).
   [5]) S. Br. VII 30 Anm. 2.
   [6]) S. Br. VII 43 (42) Anm. 4. 40
   [7]) Zum Aufenthalt der französischen Prälaten (der EB. von Sens und Bourges, der B. von Paris, Meaux, Châlons-sur-Marne, Nevers) an der Kurie vgl. *Gesta Innocentii*, c. 129 (MIGNE, *PL*, 214, CLXX—CLXXI; GRESS-WRIGHT 318f.); MACCARRONE, *Innocenzo III e la feudalità*, 491f.

et regnum Francorum habemus, nolumus vos hoc vinculo tenere ligatos, sed appellationem interpositam prosequamini, prout regno et sacerdotio noveritis expedire, quia nos ita volumus sacerdotii iura integra conservare, ut etiam regni iura custodiamus illesa.

5   Datum Laterani, VII Idus Augusti[h].

135.

Innocenz III. übermittelt seinem Legaten, dem Kardinaldiakon G(erhard) von S. Adriano, die ihm von den Gesandten des W(i)l(helm) Capparrone unterbreiteten Bitten und Zusagen, auf welche er selbst keine endgültige Antwort geben wollte,
10   *und trägt ihm auf, über einen Friedensvertrag zu entscheiden.*

Rom, St. Peter, (1204) Oktober 4.

Reg. Vat. 5, fol. 169ᵛ ⟨Nr. 135⟩.

Bréquigny, Diplomata, II/1 554, Nr. 135 = Migne, PL, 215, 425, Nr. 135. — Potth. Reg. 2291; BFW *5906; Balladore Pallieri–Vismara, Acta pontificia, 397, Nr. 111.

15   **G(erardo), sancti Adriani diacono cardinali[1], apostolice sedis legato[a].**

Recepimus nuntios, quos ex parte regia W(i)ll(elmu)s Capparon(us)[2] nuper ad nostram presentiam destinavit, abbatem videlicet de Refesia[3] et Alb(er)tinum prepositum, quibus per mandatum regale fecit[b] adiungi venerabilem fratrem nostrum Anselmum, Neapolitanum archiepiscopum[4], et di-
20   lectum filium Thomam, regium iustitiarium de Gaieta[5], diligentique meditatione pensavimus, que per eos petita sunt et oblata insuperque promissa, que omnia cum hiis, que requirimus[c], scedula continet interclusa. Volentes autem tibi deferre, cui commisimus vices nostras[6], noluimus eis finale dare responsum, sed ad te cuncta decrevimus referenda, discretioni tue per aposto-
25   lica scripta mandantes, quatinus statu Sicilie prudenti meditatione pensato tractatum pacis aut consumes[d] aut rumpas seu protrahas, sicut videris expedire, quod totum idcirco tue discretioni sub trina disiunctione committimus faciendum, quia tu plenius causarum et temporum necnon rerum ac

---

h) *Migne fügt hinzu:* anno septimo.

30 **136.** a) *Darnach von einer Hand des 15. oder 16. Jhs.:* Siciliae. *Am Rande ein Kreuz.*   b) *Migne:* feci.
c) *Migne:* requisivimus.   d) *Migne:* consummes.

136. 1) S. Br. VII 36 Anm. 6.
2) S. Br. VII 130 Anm. 1.
3) S. Br. VII 129 Anm. 2.
35 4) S. Br. VII 129 Anm. 4.
5) S. Br. VII 129 Anm. 5.
6) Br. VII 36.

personarum potes circumstantias intueri. Tu ergo, de plenitudine gratie
vgl. Ps 53, 5 nostre securus, Deum habens pre oculis, nos etiam ac te ipsum et tam apostolice
sedis honorem quam regis[7] salutem et regni quietem attendens, studiose
procedas ad omnia cum illorum consilio[e], quos fideles expertus es ac devotos,
primam a Deo et secundam a nobis recepturus pro tuo labore mercedem. Ad 5
hec scribimus universis, quibus scribendum per tuas litteras suggessisti[8], per
apostolica tibi scripta mandantes, ut negotium Romanum et Messanense[9]
studeas temperare, prout necessitas postulaverit utrorumque.

Datum Rome apud sanctum Petrum, IIII Non. Octobris.

136.   10

*Innocenz III. versichert den Elekten P(eter) von Palermo seines Wohlwollens
und ermahnt ihn, sich nicht vom Augenschein täuschen zu lassen.*

Rom, St. Peter, (1204) Oktober 5.

Reg. Vat. 5, fol. 169ᵛ ⟨Nr. 136⟩.
Bréquigny, Diplomata, II/1 555, Nr. 136 = Migne, PL, 215, 426, Nr. 136. — Potth. Reg. 2292; 15
Balladore Pallieri–Vismara, Acta pontificia, 397, Nr. 112.

P(etro) episcopo, Panormitano electo[a, 1].

(|) Cum gratiam nostram sis in multis expertus, dubitare non debes, quin
personam tuam in Domino diligamus, et cum in nobis virtus constantie sit
probata, mobilitatis non debet vitium formidari, verum discretio, que virtu- 20
tum est condimentum[2], inter adversos eventus diversa nos cogit pro tempore
temperare[3]. Tu ergo de gratia nostra securus ea studeas operari, per que

---

[e]) *Migne:* concilio.

[7]) S. Br. VII 36 Anm. 5.

[8]) Br. VII 129, 130, 131 an König Friedrich, Wilhelm Capparrone und den Protonotar L. 25
vom selben Datum.

[9]) Messina.

136. [a]) *Am Rande ein Kreuz.*

136. [1]) Peter, B. von Mazara del Vallo, 1201 Elekt von Palermo, gest. zwischen 1204 und 1208.
Er unterstützte stetig die Politik Innocenz' III. und wurde durch Markward von Annweiler und 30
Wilhelm Capparrone 1201—1204 am Betreten Palermos gehindert. Vgl. KAMP, *Kirche und
Monarchie*, III 1125—1127; 1174—1176.

[2]) Vgl. *Benedicti Regula* 64, 19 (Ed. HANSLIK 166); WALTHER, *Proverbia*, II 490, Nr. 12090.

[3]) Anlaß für diesen Brief sind die Verhandlungen der Kurie mit Wilhelm Capparrone; vgl.
Br. VII 129—131, 135; BAETHGEN, *Regentschaft*, 85f. Daß darüber hinaus erwogen wurde, dem 35
Kanzler Walter von Pagliara (s. Br. VII 151 Anm. 21) das Erzbistum Palermo zu übertragen,
bestreiten explizit die *Gesta Innocentii*, c. 36 (MIGNE, *PL*, 214, LXVf.; GRESS-WRIGHT 51 Z. 19 bis
52 Z. 3); vgl. BAETHGEN, *Regentschaft*, 87 mit Anm. 1, und dagegen KAMP, *Kirche und Monarchie*,
III 1126, Anm. 117.

magis ac magis in te fidei puritas et devotionis sinceritas elucescant, quia nos
nichil auctore Deo, quantum homini datur, de contingentibus[b] omittemus,
quin erga fideles et devotos ex una parte ac infideles et indevotos ex altera
equitatis lance pensata regio tramite procedamus. Quia vero frequenter ange- vgl. Nm 21, 22
5 lus Sathane transfigurat se in angelum lucis, non facile credas omni spiritui, vgl. 2Kor 11, 14
donec veraciter probes, utrum[c] huiusmodi[c] spiritus sit ex Deo, ne forte vgl. 1Jo 4, 1
maligno deceptus errore dicas bonum malum aut malum bonum ponasque
lucem tenebras aut tenebras lucem.   vgl. Is 5, 20

Datum Rome apud sanctum Petrum, III Non. Octobris.

10   **137.**

*Innocenz III. dankt dem König (Emmerich) von Ungarn, daß er sich besonnen
und dem Kardinallegaten L(eo) von S. Croce die Weiterreise nach Bulgarien
gestattet hat, und ermahnt ihn, den Legaten auch auf seinem Rückweg ehrenvoll
zu behandeln.*

15   *Rom, St. Peter, (1204 Oktober erste Hälfte)*[1].

Reg. Vat. 5, fol. 169^v—170^r ⟨Nr. 137⟩.

Bréquigny, Diplomata, II/1 555, Nr. 137 = Migne, PL, 215, 427, Nr. 137; Densuşianu, Documente Românilor, I 47, Nr. 33; Dujčec; Epistolae, 64, Nr. 29. — Potth. Reg. 2290; Haluščynskyj,
Acta Innocentii, 499, Nr. 3.

20   **.. Illustri regi Vngarie**[a, 2].

G̲ratum gerimus et acceptum et serenitatem tuam in Domino commendamus, quod licet primo quibusdam occasionibus motus dilecto filio L(eoni),
tituli sancte Crucis presbytero cardinali[3], apostolice sedis legato, transitum
feceris denegari, ne procederet ad coronandum Iannitium[b], dominum Bul-
25 garorum[4], donec controversiam, que inter te et illum super terrarum terminis vertitur, iudicio vel concordia terminaret[c], postmodum tamen ob reverentiam apostolice sedis et nostram usus consilio[d] saniori ei transeundi pro

---

    b) cotinge(n)tib(us).   c—c) *Durch Zeichen umgestellt aus* huiusmodi utrum.

137. a) *Am Rande ein Kreuz und drei Punkte.*   b) *Migne:* Joanitium.   c) terminares. *Vgl.*
30 *Br. VII 126 S. 200 Z.26f., 127 S. 206 Z. 21, 208 Z. 19—22.*   d) *Migne:* concilio.

137. 1) Zur Datierung: Der Brief ist in einer Phase kontinuierlicher Registerführung ohne Neuansatz zwischen zwei Schreiben vom 5. bzw. 7. Oktober (Br. VII 136 und 138) eingetragen und
ist eine Reaktion auf die Nachricht, daß der König von Ungarn noch vor Erhalt des Br. VII 126
vom ca. 15. September die Weiterreise des Legaten gestattet hat. Er kann daher wohl in die erste
35 Hälfte des Oktober datiert werden.
    2) S. Br. VII 6 Anm. 11.
    3) S. Br. VII 1 Anm. 5.
    4) S. Br. VII 1 Anm. 1.

voto concessisti liberam facultatem. Sane quamcito verbum illud ad aures
nostras pervenit, quasi previdimus et prediximus, quod nunc videmus et
gaudemus impletum, quod videlicet non receptis litteris nostris[5] nec etiam
*fol. 170ʳ tuis nun*tiis expectatis corrigeres per te ipsum, quod in iniuriam apostolice
sedis videri poterat attemptatum. Cum igitur cardinalem predictum devote 5
receperis et honorifice pertractaris, ut bonum initium meliori fine concludas,
celsitudinem tuam rogamus at(tentius) et monemus, quatinus eum in reditu
suo benigne recipiens et honeste pertractans per regnum tuum facias secure
conduci, ut et ipse, qui magnum in ecclesia Dei obtinet locum et nobis inter
ceteros fratres nostros carus existit, ad honorem et profectum tuum fortius 10
obligetur et nos, qui persone nostre reputamus impensum, quicquid honoris
exhibetur eidem, magnificentiam tuam propter hoc debeamus propensius
commendare.
  Datum Rome apud sanctum Petrum.

138. 15

Innocenz III. trägt dem Archidiakon von Pavia auf, in einem Streitfall zwischen
Wil(helm) von Tabiago und dem Abt von Civate zu entscheiden, obwohl die
Appellation des ersteren an den Papst nicht in dem von seinem Prokurator an
den Archidiakon impetrierten Reskript erwähnt wurde.

Rom, St. Peter, (1204) Oktober 7. 20

Reg. Vat. 5, fol. 170ʳ ⟨Nr. 138⟩.
Bréquigny, Diplomata, II/1 556, Nr. 138 = Migne, PL, 215, 427, Nr. 138. — Potth. Reg. 2295.

.. Archidiacono Papiensi[1].

Significante dilecto filio Guil(lelmo) de Tabiaco[2] nos accepisse cognoscas,
quod, cum ipse et .. abbas de Clauat(e), Mediolanensis diocesis[3], super quo- 25
dam feudo sub examine venerabilis fratris nostri .. Mediolanensis archiepiscopi[4], iudicis ordinarii, litigarent, idem archiepiscopus eandem causam P(etro ?)
Menclotio[a], canonico Mediolanensi[5], commisit fine debito decidendam, qui
contra eundem G(uillelmum) sententiam promulgavit, a qua fuit ab ipso

---

  [5] Br. VII 126, 127 (Insert). 30

138. [a] *Migne:* Menelotio.

138. [1] Pavia.
  [2] Tabiago, Prov. Como.
  [3] Civate, SS. Pietro e Calocero, Ben.-Abtei, Diöz. Mailand, Prov. Como. Als Äbte sind
bezeugt: Augustinus 1193 und Rodulfus de Caruga 1230. Vgl. MAGISTRETTI, *Appunti*, 91. 35
  [4] S. Br. VII 90 Anm. 6.
  [5] Vielleicht Petrus Menclozzi, „clericus", bezeugt 1183. Vgl. MANARESI, *Atti*, 179, Nr. 131.
Zur Familie vgl. DI CROLLALANZA, *Dizionario*, II 127.

G(uillelmo) ad nostram audientiam appellatum. Quamvis autem procurator ipsius ad apostolicam sedem accedens ad te commissionis litteras impetrave-rit nullam de appellatione predicta faciens[b)] mentionem, ne tamen propter hoc tua possit iurisditio impediri, discretioni tue per apostolica scripta man-
5 damus, quatinus legitime in appellationis causa procedens sententiam ipsam appellatione remota, sicut iustum fuerit, confirmare vel infirmare procures.

   Nullis litteris veritati et cetera.

   Datum Rome apud sanctum Petrum, Non. Octobris.

139.

10 *Innocenz III. befiehlt dem Erzbischof (Hartwig) von Bremen, dessen Suffraga-*
nen und allen Prälaten seiner Kirchenprovinz, die vom Bischof Al(bert) von
Livland zur Bekehrung der Heiden bestellten Prediger zu unterstützen und die
begrenzte Freiheit vom Interdikt, die er den von ihnen besuchten Orten gewährte,
zu beachten.

15   *Rom, St. Peter, (1204) Oktober 12.*

   Reg. Vat. 5, fol. 170ʳ—170ᵛ ⟨Nr. 139⟩.

   Bréquigny, Diplomata, II/1 556, Nr. 139 = Migne, PL, 215, 428, Nr. 139; Manrique, Annales,
   III 428. — Potth. Reg. 2299; BFW 5908; May, Regesten Bremen, I 189, Nr. 708; Balladore Pallieri–
   Vismara, Acta pontificia, 571, Nr. 97.
20   *Vgl. Seibold, Livland, 10—15.*

   .. Archiepiscopo Bremensi[1)] et suffraganeis eius[2)] et abbatibus, prioribus et
   aliis ecclesiarum prelatis in Bremensi provincia constitutis[a)].

   Etsi verba evangelizantium pacem et evangelizantium bona in omnem
terram exierint et in fines etiam orbis terre, ita quod mundus merito argui   vgl. Röm 10, 15. 18
25 possit de iustitia et peccato, Beemot tamen sub umbra calami dormiens, qui,   vgl. Jo 16, 8
cum flumen absorbeat, non miratur, sed fiduciam habet, quod Iordanis
influat in os eius, sic quosdam a veritatis lumine reddidit alienos et mentes   vgl. Job 40, 16. 18
infidelium excecavit, ut illuminatio Evangelii glorie Christi fulgere non possit   vgl. 2Kor 4, 4
in illos nec ipsi eum cognoscere valeant, qui splendescere de tenebris fecit
30 lucem, traditi in reprobum sensum, ut ira Dei de celo super impietatem   vgl. 2Kor 4, 6
                                                                                 vgl. Röm 1, 28
eorum et iniustitiam reveletur, eo quod in iniustitia detinent veritatem. Licet   vgl. Röm 1, 18

   [b)] *Migne:* facientes.

   139. [a)] *Am Rande ein Kreuz. Darunter mit Bleistift* a(nno) 7. *Längs des Briefes auf fol. 170ʳ am*
   Rande ein senkrechter, z. T. gewellter Strich.

35 **139.** [1)] Hartwig (II.) von Uthlede, EB. von Bremen-Hamburg 1185—1192, 1194—1207. Vgl.
   Series Episcoporum V/2 49—52.
      [2)] Suffragane von Bremen-Hamburg: Livland, Lübeck, Ratzeburg, Schwerin.

vgl. Ps 4, 7; 66, 2　enim lumen vultus Domini[b] signatum fuerit[c] super eos, ut invisibilia eius

vgl. Röm 1, 20　possent conspicere intellecta, quia tamen, cum cognovissent Dominum, ip-

vgl. Röm 1, 21　sum sicut Deum glorificare minime curaverunt, facti sunt velut arida in Ade

vgl. Sir 35, 24
vgl. Gn 3, 17f.　opere maledicta, spinas et tribulos germinans, que fructum afferre debuit[d]

vgl. Mt 13, 8;
Mk 4, 8　tricesimum, sexagesimum et centenum[e]. Verum Dominus, qui non angelos, 5

vgl. Hebr 2, 16f.　sed semen Habrae apprehendit, ut fieret[f] pontifex fidelis ad Deum, ne omni-

no perderet, quod crearat, dedit in solitudine cedrum, spinam, mirtum pari-

vgl. Is 41, 19
vgl. Ps 106, 35　ter et olivam, ut terram sine aqua in aquarum exitus[g] collocaret.

Sane cum Liuonum gens[3] usque ad hec tempora fuisset infidelitatis tene-

vgl. 1Tim 2, 4　bris involuta et ad agnitionem non venerit veritatis, ut quasi solitudo fruc- 10

tum boni operis non afferret, nuper in ea Dominus misit sancte predicationis

fluenta, ut ipsam, ad quam pro asperitate proprie siccitatis via predicatori-

bus non patuit usque modo, aquis, que pertranseunt inter medium montium,

vgl. Ps 103, 10f.　feliciter irrigaret, ex quibus iam bestie agri potant, quas Petrus mactans

vgl. Apg 10, 11—15;
11, 5—10　incorporando fidei catholice manducavit. In ipsa siquidem Dominus dedit 15

vgl. 2Kor 2, 15　cedrum eos videlicet, qui virtutibus preminent et Christi sunt bonus odor,

vgl. Is 41, 19　spinam etiam posuit in eadem, ut per sancte predicationis officium et commi-

nationem[h] iudicii mentes ipsorum compunctionis dolore quasi quibusdam

vgl. Job 30, 17　aculeis perforentur, qui lacrimas quasi sanguinem anime ab eorum oculis

vgl. Is 41, 19　faciant emanare. Mirtum quoque posuit et olivam eos videlicet, qui desolatos 20

vgl. 2Kor 1, 4　consolari valeant in pressura, ne pro immoderata tribulatione desperent, et

illos, qui misericordie operibus insistendo indigentibus satagant subvenire.

Verum quia[i] ex parte compluit Dominus terram illam et ex parte ipsam

vgl. Am 4, 7　reliquit hactenus incomplutam, venerabilis frater noster Al(bertus), eorun-

dem episcopus[4], ad conversionem illorum operam tribuens efficacem, tres 25

* fol. 170ᵛ　religiosorum ordines, Cisterciensium videlicet monachorum * et canonicorum

regularium, qui discipline insistentes pariter et doctrine spiritualibus armis

contra bestias terre pugnent, et fidelium laicorum, qui sub Templariorum

habitu[5] barbaris infestantibus ibi novellam plantationem fidei Christiane

resistant viriliter et potenter, studuit ordinare, ad agnitionem fidei revocare 30

pro viribus satagens aberrantes[6]. At cum messis sit multa, operarii vero

vgl. Mt 9, 37;
Lk 10, 2　pauci, a nobis idem episcopus humiliter postulavit, ut sacerdotes et clericos

circumadiacentium regionum, qui affixo suis humeris signo crucis voverunt

Ier(oso)limam proficisci, in messem ipsius ad annuntiandum gentibus Iesum

---

[b] *Migne:* Dei.　　[c] *Migne:* sit.　　[d] affebuit. *Über aff- ein Kreuz als Korrekturvormerkung;* 35
auch am Rande ein Kreuz (in anderer Tinte).　　[e] *Migne:* centesimum.　　[f] *Migne:* fleret.
[g] *Migne:* exitu.　　[h] com(m)inationu(m).　　[i] *Migne:* qui.

[3] Die Livländer.

[4] Albert, B. von Livland (Riga-Üxküll/Ikšķile) (Suffr. von Bremen, ht. Erzbistum) 1198
bis 1229.　　　　　　　　　　　　　　　　　　　　　　　　　　　　　　　　　　　　　40

[5] Der 1202 gegründete Rigaer Schwertritterorden („militia Christi in Livonia"), der die
Templerregel übernahm und dem B. von Riga unterstand. Vgl. ROSCHER, *Innocenz III.*, 201, 203
mit Anm. 48; BENNINGHOVEN, *Schwertbrüder*, 54—59.

[6] Zu den an der Missionierung Beteiligten vgl. MACCARRONE, *Papi*, 48ff.; ELM, *Cultores*.

Christum mittere dignaremur et nichilominus laicos, qui propter rerum defectum et corporum debilitatem terram Ier(oso)limitanam adire non possunt, permitteremus in Liuoniam contra barbaros proficisci voto in votum de nostra licentia commutato.

5   Nos igitur eius precibus benivolum prebentes favorem postulata ipsi duximus indulgenda, ut sermo Dei in eos currere valeat et Christiana religio propagari, adicientes insuper, ut, cum dictus episcopus divini verbi seminatores in gentem illam duxerit^k) destinandos, in quamcumque Bremensis provincie civitatem, castellum vel vicum intraverint, si locus ille fuerit suppositus interdic-
10 to, in eorum iocundo adventu semel in anno aperiantur ecclesie et excommunicatis et nominatim interdictis exclusis divina ibi officia celebrentur^l) propter Evangelii reverentiam^m), quod assumpserunt in gentibus predicandum, per quod abolito vetustatis errore ad viam ab invio et a tenebris reducantur ad   vgl. Ps 106, 40
                                                                                                                                                                                vgl. Apg 26, 18
lucem, liberati a servitute corruptionis in libertatem glorie filiorum Dei et   vgl. Röm 8, 21
15 ipsius revelata facie gloriam speculantes in eandem himaginem transformen-
tur. Quoniam autem, qui seminat et qui metit, non erit vacuus a mercede,   2Kor 3, 18
                                                                               vgl. Jo 4, 36; 2Kor 9, 6
volentes vos participes fieri mercedis eorum, universitati vestre per apostolica
scripta precipiendo mandamus, quatinus eis in evangelizando prebentes auxilium oportunum, que a nobis eisdem misericorditer sunt indulta, per vestras
20 parrochias nuntiari et observari firmiter faciatis, ad subventionem eorum
nichilominus commissum^n) vobis populum exhortando, ut euntes flendo, qui
semina sua mittunt, cum exultatione veniant manipulos reportantes.   vgl. Ps 125, 6
Datum Rome apud sanctum Petrum, IIII Idus Octobris.

140.

25 *Innocenz III. trägt dem Erzbischof (Blasius) von Torres auf, den Ythocor von Zori, der einen entlaufenen Akolythen getötet hat, falls er dessen geistlichen Stand nicht erkennen konnte, nicht als Exkommunizierten zu behandeln oder ihn andernfalls zu absolvieren und ihm aufzuerlegen, das Geld für die ihm erlassene Romreise guten Werken zuzuführen.*

30   *Rom, St. Peter, (1204) Oktober 13.*

Reg. Vat. 5, fol. 170^v ⟨Nr. 140⟩.

Bréquigny, Diplomata, II/1 558, Nr. 140 = Migne, PL, 215, 430, Nr. 140. — Bern. 5. 22. 15. — Potth. Reg. 2300; Scano, Codice, I 19, Nr. 29.

---

^k) dux(er)int.   ^l) *Migne:* celebrantur.   ^m) rev(er)enti- *auf Rasur.*   ^n) *Anstelle des* com-
35 *eine Rasur.*

.. Turritano archiepiscopo[a, 1)].

Sua nobis Ythocor de Thorum[2)] significatione monstravit, quod, cum bone memorie .. Empuriensis episcopus[3)] .. quondam acolitum a domo sua propter excessus quosdam et enormia, que commiserat, expulisset, ipse habitum abiciens[b)] clericalem intonso crine et sine corona in laicali habitu 5 incedebat. Ipse autem et .. pater eius, qui adversus eundem I(thocorem) graves inimicitias exercebant, sibi quandam vineam fere totaliter inciderunt, quandam in ea partiunculam relinquentes[c)]. Cumque postmodum dictus acolitus partiunculam illam, que remanserat et quam se destructurum predixerat, devastaret, idem I(thocor) casu fortuito superveniens ipsum acolitum 10 instigante diabolo interemit. Super quo cum iniunctam sibi penitentiam peregisset et tu eum adhuc excommunicationis laqueo propter hoc asseras innodatum, humiliter postulavit a nobis, ut eum, cum ad nostram presentiam venire non possit, faceremus absolvi.

Quocirca fraternitati tue per apostolica scripta mandamus, quatinus, cum 15 secundum predicta ex habitu vel tonsura in eo deprehendere non potuerit ordinem clericatus, nisi per alia tibi constiterit argumenta, quod eum clericum esse cognosceret, nec tu ipsum tamquam excommunicatum evites nec ab aliis facias evitari. Alioquin eum secundum ecclesie formam absolvas et eidem iniuncto, quod talibus consuevit iniungi, expensas, quas facturus fuis- 20 set ad sedem apostolicam veniendo, itineris nichilominus redempto labore in opera pietatis facias erogari.

Datum Rome apud sanctum Petrum, III Idus Octobris.

141.

Innocenz III. ermächtigt den Erzbischof (Blasius) von Torres auf dessen Bitte, 25 *daß er die Schulden seines Vorgängers B(andinus) nur dann zu bezahlen verpflichtet sei, wenn diese zum Nutzen der Kirche von Torres gemacht wurden.*

(Rom, St. Peter, 1204 Oktober ca. 13).

Reg. Vat. 5, fol. 170ᵛ—171ʳ ⟨Nr. 141⟩.
Bréquigny, Diplomata, II/1 558, Nr. 141 = Migne, PL, 215, 430, Nr. 141. — Potth. Reg. 2301; 30 *Scano, Codice, I 20, Nr. 30.*

---

140. [a)] *Am Rande das* Nota-*Monogramm.*   [b)] *Migne:* adjiciens.   [c)] *Migne:* relinquente.
140. [1)] S. Br. VII 103 Anm. 4.
[2)] Ythocor (Isidor) aus der Familie Zori, die mit der Familie der Lacon-Gunale, der Richter von Torres, verwandt war. Vgl. *Genealogie di Sardegna,* T. 8.   35
[3)] Vielleicht Comita de Martis, als B. von Ampurias (Suffr. von Torres) bezeugt 1170, 1179. Vgl. PINTUS, *Vescovi di Fausania,* 104; *Dict. HGE* 2 (1914) 1360.

Eidem[1].

Ad audientiam nostram pluribus referentibus est delatum, quod bone memorie B(andinus), predecessor tuus[2], quibusdam quedam instrumenta concessit, per que non modicam compelleris solvere pecunie quantitatem, 5 propter quod Turritana ecclesia incurrit non modicum detrimentum. Volentes igitur Turritane ecclesie, sicut tenemur, indempnitatibus precavere, auctoritate tibi presentium indulgemus, * ne debita illa solvere iuxta sanctiones   * fol. 171ʳ
legitimas[3] tenearis, que conversa in usus ecclesie non probantur.

Nulli ergo et cetera[a] nostre concessionis [et cetera]. Si quis autem et cetera. 10 Datum ut in alia.

142.

Innocenz III. bestätigt auf Bitten des Elekten Poppo von Passau die seit vierzig Jahren bestehende Inkorporation der Pfarren von Krems, St. Agatha und Stadlau in die bischöfliche Mensa.

15   *Rom, St. Peter, (1204) Oktober 15.*

Reg. Vat. 5, fol. 171ʳ ⟨Nr. 142⟩.
Bréquigny, Diplomata, II/1 559, Nr. 142 = Migne, PL, 215, 431, Nr. 142; Murauer, Plebes. —
Potth. Reg. 2303; Boshof, Regesten Passau, 351, Nr. 1207.
Vgl. Murauer, Innozenz, 33—36; ders., Plebes.

20 ## Poponi, Patauiensi electo[1].

Ex parte tua fuit propositum coram nobis, quod tres predecessores tui[2] propter destructionem et inopiam episcopatus Patauiensis[3] in Krehms[4], sancte Agathe[5] et in Stadelow[a, 6] plebes episcopali mense liberaliter contule-

---

141. [a]) *Darnach eine kleine Lücke.*

25 **141.** [1]) S. Br. VII 103 Anm. 4.
    [2]) Bandinus, B. von Torres ca. 1198—1202. Vgl. Scano, *Codice,* I 4, Anm. 3; 20, Anm. 1.
    [3]) Novellen 120. 6. 3 (Vulg. und Apparat) (Ed. Schoell–Kroll 585).

142. [a]) *Migne:* Stadeloit.

142. [1]) Poppo, B. von Passau (Suffr. von Salzburg) 1204—1206. Sein Vorgänger Wolfger war im 30 Mai oder Juni 1204 zum Patriarchen von Aquileia postuliert worden. Vgl. Br. VII 99; *RNI* Nr. 110, Ed. Kempf 274, mit Anm. 1; Boshof, *Regesten Passau,* 349, Nr. 1202.
    [2]) Die Passauer Bischöfe Heinrich von Berg (1169—1172), Diepold von Berg (1172—1190) und Wolfger von Erla (1191—1204). Vgl. Leidl, *Bischöfe,* 24f.
    [3]) In der zweiten Hälfte des 12. Jhs. wurde das Bistum von den Wirren des alexandrini-35 schen Schismas und den Dynastiewechseln in Bayern betroffen. 1181 fielen Stadt und Domkirche einem Brand zum Opfer. Vgl. Murauer, *Innozenz,* 34.
    [4]) Krems (Niederösterreich).
    [5]) St. Agatha (ht. Hausleiten, GB. Stockerau, Niederösterreich).
    [6]) Stadlau (ht. Teil Wiens, 22. Bezirk).

runt, quas quadraginta annorum spatio habuerunt continue ac pacifice possederunt[7]; quare nobis humiliter supplicasti, ut easdem plebes tam tibi quam
ecclesie tue auctoritate dignaremur[b] apostolica confirmare. Nos igitur tuis
precibus inclinati presentium tibi auctoritate concedimus, ut salvo apostolice
sedis mandato plebes teneas memoratas, sicut predecessores tui noscuntur 5
hactenus pacifice possedisse. Decernimus ergo et cetera hanc nostre concessionis et cetera. Si quis et cetera.

Datum Rome apud sanctum Petrum, Idibus Octobris.

143.

Innocenz III. bestätigt dem Bischof (Poppo) von Passau das Patronatsrecht über 10
die Benediktinerinnen-Abtei St. Maria (Niedernburg) in Passau, die seinem
Vorgänger Wolfger und der Kirche von Passau von Kaiser Heinr(ich VI.) über-
tragen wurde.

(Rom, St. Peter, 1204 Oktober ca. 15).

Reg. Vat. 5, fol. 171ʳ ⟨Nr. 143⟩.   15
Bréquigny, Diplomata, II/1 559, Nr. 143 = Migne, PL, 215, 431, Nr. 143. — Potth. Reg. 2304;
Boshof, Regesten Passau, 351, Nr. 1208.

Eidem[1].

Cum a nobis petitur et cetera usque assensu, ius patronatus ecclesie sancte
Marie Patauiensis[2], in qua moniales morantur, quod Henr(icus), quondam 20
imperator[3] bone memorie, Wolffero[a], predecessori tuo[b, 4], et ecclesie Patauiensi concessit[5] intuitu pietatis cum pertinentiis suis, sicut illud iuste possides
et quiete[c], tibi et ecclesie tue auctoritate[d] apostolica confirmamus[6] et cetera. Decernimus et cetera nostre confirmationis [et cetera]. Si quis [et cetera].

Datum ut in alia.   25

---

[b]) *Davor eine kleine Rasur.*

[7]) Dieser Zeitraum stimmt etwa mit der Amtszeit der drei Vorgänger Poppos überein. S.
oben Anm. 2.

143. [a]) *Migne:* Wolfkero.   [b]) *Migne:* suo.   [c]) q(ui)e- *auf Rasur.*   [d]) *Migne:* auctoritas.

143. [1]) S. Br. VII 142 Anm. 1.   30
  [2]) St. Maria in Passau, Niedernburg, Benediktinerinnen-Abtei.
  [3]) Kaiser Heinrich VI. 1191—1197.
  [4]) S. Br. VII 99 Anm. 1.
  [5]) Am 28. März 1193: BAAKEN, *Reg. Heinrich VI.*, 116, Nr. 285; BOSHOF, *Regesten Passau*,
297, Nr. 980. Vgl. TRINKS, *Rechtsstellung*, 264—269.   35
  [6]) Innocenz III. hatte das Patronatsrecht über Niedernburg schon am 27. April 1200
Poppos Vorgänger Wolfger bestätigt: Br. III 74 (*Potth. Reg.* 1009; BOSHOF, *Regesten Passau*, 319,
Nr. 1053; Dr.: *Monumenta Boica* 28b, 265, Nr. 42).

144.

Innocenz III. nimmt den Domkanoniker von Aquileia, Karl, in den päpstlichen Schutz und bestätigt ihm insbesondere seine Pfründe in der Kirche von Aquileia.

(Rom, St. Peter, 1204 Oktober ca. 15).

5   *Reg. Vat. 5, fol. 171ʳ ⟨Nr. 144⟩.*
    Bréquigny, Diplomata, II/1 559, Nr. 144 = Migne, PL, 215, 431, Nr. 144. — Potth. Reg. 2305.

Karolo, canonico Aquilegensi[a, 1].

Iustis petentium et cetera usque assensum, personam tuam et cetera usque suscipimus. Specialiter autem prebendam, quam habes in Aquilegensi
10 ecclesia, sicut eam iuste possides et quiete, auctoritate tibi apostolica confirmamus et cetera.

Nulli ergo et cetera hanc paginam nostre protectionis et confirmationis [et cetera]. Si quis autem et cetera.

Datum ut in alia.

15   ## 145.

Innocenz III. nimmt das Bistum Leighlin in den päpstlichen Schutz und bestätigt seinen Besitz.

Rom, St. Peter, 1204 Oktober 15.

    Reg. Vat. 5, fol. 171ʳ ⟨Nr. 145⟩.
20 *Bréquigny, Diplomata, II/1 560, Nr. 145 = Migne, PL, 215, 432, Nr. 145; Sheehy, Pontificia Hibernica, I 129, Nr. 61. — Potth. Reg. 2306; Bliss, Calendar, I 18; Dunning, Letters, 242, Nr. 33.*

Herluino, Lethglenensi episcopo[1], eiusque[a] successoribus canonice substituendis in perpetuum[b].

| In eminenti apostolice[c] sedis specula et cetera usque providere. Eaprop-
25 ter et cetera usque annuimus et prefatam Lethglennensem ecclesiam, cui auctore Deo et cetera usque communimus; statuentes, ut quascumque possessiones et cetera usque vocabulis exprimenda: ipsam Lethglennensem civitatem, in qua cathedralis sedes est, cum ecclesiis, possessionibus, nativis et omnibus aliis pertinentiis suis; Cluam[d] Eidnec[2] cum ecclesiis, possessionibus

30 **144.** [a]) -legen(si) *auf Rasur.*

144. [1]) Aquileia.

145. [a]) eius- *auf Rasur.*   [b]) *Adresse am Rande vorgemerkt, zum größten Teil weggeschnitten.*
[c]) *Auf Rasur.*   [d]) *Migne:* Clavam.

145. [1]) Herlewin, B. von Leighlin (Suffr. von Dublin) 1202—1217. Vgl. Fryde–Greenway–
35 Porter–Roy, *Handbook*, 364.

    [2]) Clonenagh, Bar. Cullenagh, Gft. Laois. Vgl. Sheehy, *Pontificia Hibernica*, I 129, Anm. 2.

et nativis et omnibus aliis pertinentiis suis; Thechmochua[3] cum ecclesiis, possessionibus et nativis et aliis pertinentiis suis; Techmoedoch[e, 4] in Nua-congbail cum ecclesiis, possessionibus et nativis et omnibus aliis pertinentiis suis; Domnachescrach, Tulach[5] et Collabbain[f, 6] cum ecclesiis, possessioni-bus et nativis et omnibus pertinentiis suis; Sruthar[g, 7], Glondussen[8] cum[h] 5 ecclesiis, possessionibus et nativis et omnibus aliis pertinentiis suis; Cetor-locth, Slebre[i, 9] cum ecclesiis, possessionibus et nativis et omnibus aliis perti-nentiis suis; Glotach[10] cum ecclesiis, possessionibus, nativis et aliis perti-nentiis suis; Cluaine(r)na[11], Achadarglaiss[12] cum ecclesiis, possessionibus, nativis et aliis pertinentiis suis; Iurnaide[13], Lenidruim[14], Vrard[15] cum eccle- 10 siis, possessionibus, nativis et omnibus[k] aliis pertinentiis suis; Techmolling'[16] cum ecclesiis, possessionibus et nativis et omnibus aliis pertinentiis suis; Midis-sell'[17] cum ecclesiis, possessionibus, nativis et omnibus aliis pertinentiis suis; Berrech[18] cum ecclesiis, possessionibus, nativis et omnibus aliis pertinentiis suis; Athfadat[19], Cellasnad[20] et Artingenaeda[21]; Ircullend[l, 22] cum ecclesiis, 15 possessionibus, nativis et omnibus aliis pertinentiis suis; Dissurtbrich[m, 23]; Balanna[24] cum ecclesiis, possessionibus, nativis et omnibus aliis pertinentiis suis; Cellederggidam[25], Radmor[26] cum ecclesiis, possessionibus, nativis et omnibus aliis pertinentiis suis; Tilachfortchin[27]; Cluammormoedoc[28] cum

---

e) *Migne:* Thechmocdoch.   f) *Das erste -b- über der Zeile nachgetragen.*   g) *Migne:* 20
Strutar.   h) *Migne fügt hinzu:* aliis.   i) *Migne:* Stebre.   k) *Über der Zeile nachgetragen.*
l) *Migne:* lirecellend.   m) *Migne:* Dissurtrich.

3) Timahoe, Bar. Stradbally, Gft. Laois. Vgl. *ebd.*, Anm. 3.
4) Timogue, Bar. Stradbally. Vgl. *ebd.*, Anm. 4.
5) Tullamoy, Bar. Stradbally und Ballyadams, Gft. Laois. Vgl. *ebd.*, Anm. 6.   25
6) Killabban, Bar. Ballyadams. Vgl. *ebd.*, Anm. 7.
7) Shrule, Bar. Slievemargy, Gft. Laois. Vgl. *ebd.*, Anm. 8.
8) Killeshin, Bar. Slievemargy. Vgl. *ebd.*, Anm. 9.
9) Sletty, Gft. Carlow. Vgl. *ebd.*, Anm. 10.
10) Cloydagh, Bar. Idrone West, Gft. Carlow. Vgl. *ebd.*, Anm. 11.   30
11) Clonee East, Bar. Forth, oder Cloneen, Bar. Idrone East, beide Gft. Carlow. Vgl. *ebd.*, Anm. 12.
12) Agha, Bar. Idrone East. Vgl. *ebd.*, Anm. 13.
13) Nurney, Bar. Idrone East. Vgl. *ebd.*, 130, Anm. 14.
14) Lorum, Bar. Upperwoods, Gft. Laois. Vgl. *ebd.*, Anm. 15.   35
15) Ullard, Bar. Idrone East. Vgl. *ebd.*, Anm. 16.
16) St. Mullins, Gft. Carlow. Vgl. *ebd.*, Anm. 17.
17) Myshall, Bar. Forth, Gft. Carlow. Vgl. *ebd.*, Anm. 18.
18) Barragh, Bar. Forth. Vgl. *ebd.*, Anm. 19.
19) Ahade, Bar. Forth. Vgl. *ebd.*, Anm. 20.   40
20) Kellistown, Bar. und Gft. Carlow. Vgl. *ebd.*, Anm. 21.
21) Ardnehue, Bar. und Gft. Carlow. Vgl. *ebd.*, Anm. 22.
22) Urglin, Bar. und Gft. Carlow. Vgl. *ebd.*, Anm. 23.
23) Killbrickin, Bar. Forth. Vgl. *ebd.*, Anm. 24.
24) Ballon, Bar. Forth. Vgl. *ebd.*, Anm. 25.   45
25) Killerig, Bar. und Gft. Carlow. Vgl. *ebd.*, Anm. 26.
26) Rathmore, Bar. Rathvilly, Gft. Carlow. Vgl. *ebd.*, Anm. 27.
27) Tullow, Bar. Rathvilly. Vgl. *ebd.*, Anm. 28.
28) Clonmore, Bar. Rathvilly. Vgl. *ebd.*, Anm. 29.

ecclesiis, possessionibus, nativis et omnibus aliis pertinentiis suis; Achadadall[n, 29)] cum ecclesiis, possessionibus, nativis et omnibus aliis pertinentiis suis; Druimcosinti[30)] et ecclesiam Ratbilec[o, 31)] et Cellmecchatil[32)]; in parrochias[p)] Hubargay[q, 33)], Hubuy[q, 34)], Leys[r, 35)], Hofelmeht[s, 36)], Fode-
5 reth[37)], Odron[38)], Thathmolig[t, 39)] cum[t)] possessionibus, nativis et omnibus aliis pertinentiis suis.

Decernimus ergo et cetera usque profutura; salva sedis apostolice auctoritate et Dublinensis archiepiscopi debita reverentia. Si qua igitur et cetera. Cunctis autem et cetera.
10 Datum Rome apud sanctum Petrum per manum Ioh(ann)is, sancte Romane ecclesie subdiaconi et notarii[40)], Idibus Octobris, indictione VIII[a], incarnationis Dominice anno M°CC°IIII°, pontificatus vero domni Innocentii[u)] pape III anno septimo.

146.

15 *Innocenz III. nimmt das Hospital von Rivo Cenerente (?) mit all seinen Besitzungen in den päpstlichen Schutz und bestimmt einen jährlichen Zins von 3 Luccheser Soldi.*

Rom, St. Peter, (1204) Oktober 21.

Reg. Vat. 5, fol. 171ʳ—171ᵛ ⟨Nr. 146⟩.
20 *Bréquigny, Diplomata, II/1 560, Nr. 146 = Migne, PL, 215, 433, Nr. 146. — Potth. Reg. 2308.*

[n)] *Migne:* Achadadell.   [o)] *Migne:* Dathilec.   [p)] parrochia(m). *Wegen der folgenden Aufzählung von Gegendnamen emendiert nach Sheehy.*   [q—q)] *Migne:* Hubargaühuby.   [r)] *Migne:* Leus.   [s)] *Migne:* Hofclmeth.   [t—t)] cum Thathmolig. *Die beiden letztgenannten Namen scheinen aber nicht zusammenzugehören.*   [u)] *In verlängerter Schrift.*

25 [29)] Aghowle, Bar. Shillelagh, Gft. Wicklow. Vgl. *ebd.*, Anm. 30.
[30)] Abgekommener Name für die ehemalige Kirche von Kilmurry, Bar. Forth, Gft. Carlow. Vgl. *ebd.*, Anm. 31.
[31)] Rathvilly. Vgl. *ebd.*, Anm. 32.
[32)] Kilmaccahill, Bar. Gowran, Gft. Kilkenny. Vgl. *ebd.*, Anm. 33.
30 [33)] Uí Bairrche, ca. die Bar. Slievemargy, Gft. Laois. Vgl. *ebd.*, Anm. 34.
[34)] Uí Buidhe, Bar. Ballyadams, Gft. Laois. Vgl. *ebd.*, Anm. 35.
[35)] Laois. Vgl. *ebd.*, Anm. 36.
[36)] Uí Feidhlimidh, Bar. Rathvilly, Gft. Carlow. Vgl. *ebd.*, Anm. 37.
[37)] Bar. Forth, Gft. Carlow. Vgl. *ebd.*, Anm. 38.
35 [38)] Uí Drona, Bar. Idrone, Gft. Carlow. Vgl. *ebd.*, Anm. 39.
[39)] Vielleicht Timolin, Bar. Narragh and Reban East, Gft. Kildare. Vgl. *ebd.*, Anm. 40.
[40)] S. Br. VII 1 Anm. 10.

Ioh(ann)i presbytero, rectori, et fratribus hospitalis Riui Cenerarii[1].

* | **Cum**[a] a nobis petitur et cetera usque inclinati, personas vestras et hospitale Riui cenerarii, in quo divino estis obsequio mancipati, cum omnibus, que impresentiarum rationabiliter possidetis aut in futurum iustis modis et cetera usque suscipimus et presentis scripti p(atrocinio) communimus. Ad 5 indicium autem huius protectionis percepte nobis et successoribus nostris tres solidos Lucan(e)[b] monete[2] gratis oblatos annis singulis persolvetis.

Nulli ergo et cetera nostre protectionis [et cetera]. Si quis autem et cetera. Datum Rome apud sanctum Petrum, XII Kal. Novembris.

147.

10

Innocenz III. befiehlt dem Podestà (Guifredottus) und Volk von Genua, den Heinr(ich) Belamuto und den W(ilhelm) Porco, die ein Schiff mit einer Botschaft und Geschenken des Kaisers Balduin von Konstantinopel an den Papst aufgebracht haben, zu zwingen, das Geraubte dem Erzbischof (Otto) von Genua auszuliefern. Andernfalls soll dieser die Schuldigen und ihre Komplizen exkom- 15 *munizieren und über die Stadt das Interdikt verhängen.*

Rom, St. Peter, (1204) November 4.

Reg. Vat. 5, fol. 171ᵛ ⟨Nr. 147⟩.

Bréquigny, Diplomata, II/1 561, Nr. 147 = Migne, PL, 215, 433, Nr. 147; Riant, Exuviae, II 56, Nr. 2 (Komm. I CLV). — Potth. Reg. 2318; Wauters, Table chronologique, III 227; Balladore 20 Pallieri–Vismara, Acta pontificia, 299, Nr. 87.

.. Potestati[1] et populo Ianuen(sibus)[a].

| **Grave**[b] gerimus et indignum nec ulterius[c] possumus sub dissimulatione transire, quod plurimi Ianuenses, nobis iniuriam pro honore, offensam pro gratia et maleficia pro beneficiis rependentes, sacrosanctam Romanam ec- 25 clesiam tam in capite quam in membris graviter persecuntur, benignitate nostra nequiter abutentes, ut, quia nos ad indulgendum sibi sepe faciles ac

---

146. [a] *Am Rande ein Kreuz und von einer Hand des 13. Jhs.:* Census.   [b] *Migne:* Mucanensis.

146. [1] Vielleicht Rivo Cenerente, nordöstlich von Perugia. Vgl. Fabre–Duchesne, *Liber Censuum,* I 85b mit Anm. 1. 30
    [2] Soldi von Lucca, vgl. Spufford, *Handbook,* 39f.

147. [a] *Am Rande ein Kreuz; außen am Rande Minuskel-*f. *Längs des Briefes am Rande ein senkrechter, z. T. gewellter Strich.*   [b] *Tintenwechsel.*   [c] *Migne:* alterius.

147. [1] Guifredottus Grassellus aus Mailand, Podestà von Genua 1202—1204. Vgl. Ogerii Panis Annales Ianuenses (*FSI* XII 89); Imperiale, *Genova,* 184f.; 1196 Podestà von Vicenza (Maurisii 35 Cronica [*RIS*² VIII/4 7f.]), 1207 Podestà von Florenz (Santini, *Documenti,* XLIX), 1214 Podestà von Piacenza (Codagnelli Annales Placentini [*MGH SS rer. Germ.* (23) 47]).

favorabiles invenerunt, ipsi ad offendendum nos proni semper inveniantur et
prompti.

Nuper enim, cum karissimus in Christo filius noster Baldoinus, Constantinopolitanus imperator[2]) illustris, per[d]) dilectum filium fratrem Barrochium,
5 dudum in Lombardia domorum Templi magistrum[3]), ad exhibendas sue
devotionis primitias quedam nobis donaria destinaret — videlicet carbuncu-
lum unum[e]) emptum, ut asserit, mille marc(arum) argenti, unum anulum
pretiosum, examita quinque palliumque peroptimum ad altaris ornatum —
et per eundem ad opus Templi transmitteret duas yconas, unam habentem
10 tres marcas auri et aliam decem marcas argenti, cum ligno vivifice crucis[4]) et
multis lapidibus pretiosis, duas cruces aureas et inter topazios, smaragdos et
rubinos pene ducentos, unam cristallinam ampullam et duos scifos argenteos,
unam sacellam desuper deauratam, duas capsellas et unam ampullam argenteas et insuper quinquaginta marcas argenti: Henr(icus) Belamuto et
15 W(illelmus) Porcus[5]) cives vestri cum septem galeis in portu de Mothone[6]) ei
supradicta omnia nequiter abstulerunt[7]), quamvis ex parte nostra et imperatoris predicti fortiter reclamaret et diligenter exponeret, quantum civitas
Ianuensis propter hoc posset incurrere detrimentum, qui, cum nullo modo
proficeret apud illos, tandem eis videntibus universa distinxit, ostendens,
20 que ad domum Templi et que ad sedem apostolicam pertinerent.

Cum igitur apostolice sedis iniuria et predicti imperatoris offensa vobis
nec ad honorem proficiat nec ad profectum accedat, devotionem vestram
monemus et hortamur at(tentius), per apostolica vobis scripta precipiendo[f])
mandantes, quatinus prenominatos cives vestros ad restituenda ablata[g]) effi-
25 caciter compellatis et ea[h]) in manu venerabilis fratris nostri .. archiepiscopi

---

d) *Darnach zwei kleine Löcher im Pergament.*   e) *Am Rande zwei parallele, schräge Striche.*
f) *Fehlt bei Migne.*   g) *Migne:* oblata.   h) *Migne:* eo.

2) Balduin, 1194 (IX.) Graf von Flandern, 1195 (VI.) Graf von Hennegau, am 9. Mai 1204
zum Kaiser von Konstantinopel gewählt, verschollen nach der Schlacht von Adrianopel am 4.
30 April 1205. Vgl. Wolff, *Baldwin of Flanders*; *Nationaal Biografisch Woordenboek* 1 (1964) 226 bis
238.
3) Mitglied der venezianischen Familie Barozzi, Herren von Santorini und Therasia (vgl.
Hopf, *Veneto-Byzantinische Analekten*, 381f. [20]), Praeceptor des Templerordens in der Lombardei, bezeugt 1201 und 1205 anläßlich der Investitur mit dem Spital „S. Eustachii in Verzaro"
35 (Verzolo) durch B. Bernhard von Pavia (vgl. Gianani, *Opicino*, 200, Anm. 172), Überbringer von
Br. VII 152 an Innocenz III (vgl. Br. VII 153 S. 262 Z. 25f.).
4) Porto Venere, das eine der am Überfall beteiligten Galeeren ausgerüstet hatte, wird vom
genuesischen Podestà am 3. Januar 1205 mit Handelsimmunitäten für die nach Genua gebrachte
Kreuzreliquie belohnt. Vgl. Fotheringham, *Genoa*, 43.
40 5) Guglielmo Porco, später Admiral von Sizilien, bezeugt bis 1221. Vgl. Ogerii Panis Annales Ianuenses (*FSI* XII 93f. mit Anm. 3, 96); Amari, *Musulmani*, III 612f., Anm. 2; Favreau,
Levante-Piraterie, 477 mit Anm. 51, 498.
6) Hafen von Methone (Modone) an der Ostküste des Peloponnes, die bei der Aufteilung des
Kaiserreiches im Sommer/Herbst 1204 Venedig zufällt. Vgl. Carile, *Partitio*, 161.
45 7) Zu dem Überfall vgl. Ogerii Panis Annales Ianuenses (*FSI* XII 93 Z. 17—24); Fotheringham, *Genoa*, 42f.; Favreau, *Levante-Piraterie*, 498f.

vestri[8] faciatis integre resignari. Alioquin cum negligere perturbare perversos nichil sit aliud quam fovere nec careat[i] scrupulo societatis occulte, qui manifesto facinori desinit obviare[9], noveritis nos eidem archiepiscopo sub debito fidelitatis in virtute obedientie iniunxisse, ut remoto cuiuslibet appellationis obstaculo malefactores predictos cum complicibus suis pulsatis cam- 5 panis et candelis accensis excommunicationis mucrone percellat et civitatem vestram generali subiciat interdicto, ita quod preter baptisma parvulorum et penitentias morientium nullum in ea divinum officium celebretur, et, si nec sic fuerit satisfactum, manus nostras in vos curabimus durius aggravare. Prefatus etiam imperator dignam sumet de vobis pro tanta presumptione vindictam.   10

Datum Rome apud sanctum P(etrum), II Non. Novembris.

148.

Innocenz III. bestätigt die inserierte Urkunde des Erzbischofs Lukas von Cosenza über einen Gebietstausch zwischen der Kirche von Cosenza und der Zisterzienserabtei Fiore: Die Mönche verlegen ihren Sitz nach Botrano in der Nähe von 15 *Cosenza und treten dem Kapitel dafür ein Gebiet in der Sila ab.*

Rom, St. Peter, (1204) Oktober 30.

Reg. Vat. 5, fol. 171ᵛ—173ʳ ⟨Nr. 148⟩.
Bréquigny, Diplomata, II/1 563, Nr. 148 = Migne, PL, 215, 434, Nr. 148. — Kempf, Register, T. II (teilweise). — Potth. Reg. 2315; Russo, Regesto, I 103, Nr. 533, 536.   20

Matheo[1] et fratribus monasterii sancte Marie de Botrano[a, 2].

vgl. Jo 15, 1—6
vgl. Hl 2, 13
vgl. Gn 8, 21;
Lv 2, 9; Eph 5, 2 u. ö.
vgl. Is 5, 7
vgl. Hl 4, 16

* fol. 172ʳ

Ut palmes, quem Pater celestis plantaverat, non tam floreret in flore, quam fructificaret in botro et uberiorem fructum odoris et honestatis afferret pluresque currerent in odorem suavitatis illius, si habundantius auster perflaret ortum aromatum, nec pateret vinea Domini Sabaoth flatibus aquilonis[b],   25 venerabili fratri nostro Luce archiepiscopo[3] et dilectis filiis capitulo Cusentin(is) dedimus in mandatis[4], ut, quoniam in loco Floris[5] * non solum

---

[i]) *Migne:* carent.

[8]) S. Br. VII 92 Anm. 1.

[9]) S. Br. VII 20 Anm. 13.   30

148. [a]) *Am Rande zwei Kreuze und ein gamma-artiges Zeichen.*   [b]) *Darnach ein Paragraphenzeichen und am Rande* i(nfra) *(?).*

148. [1]) S. Br. VII 81 Anm. 5.

[2]) S. Br. VII 81 Anm. 6.

[3]) S. Br. VII 81 Anm. 3.   35

[4]) Br. VI 137.

[5]) S. Br. VII 81 Anm. 2.

ver et autumpnum acerbitas sibi frigoris vendicabat, sed menses etiam metie-
batur estivos locusque Botran(us) ad ecclesiam pertinens Cusentinam religioni congruus dicebatur, a vobis iuxta estimationem ipsius archiepiscopi recepto excambio competenti predictum locum cum pertinentiis suis vobis assi-
5 gnare curarent, illum in vos ita libere conferentes, sicut excambium ad ipsos
libere transferretur, ut, sicut monasterium Floris ad nos nullo medio pertinebat, sic monasterium, quod in Botran(o) consurgeret, ad nos nullo mediante
spectaret. Dilectis etiam filiis .. sancti Spiritus[6] et .. de Coratio[7] abbatibus et
fratri Rog(erio) de Turcian(o)[c, 8] dedimus firmiter in mandatis[9], ut eos ad id
10 per censuram ecclesiasticam appellatione remota compellere[d] procurarent.

Cumque idem archiepiscopus mandatum nostrum, quantum in[e] eo fuit,
humiliter fuerit executus, canonici vero eius contradicerent voluntati, executores predicti canonicos ipsos a perceptione prebendarum suarum auctoritate
apostolica suspenderunt. Quamvis autem quidam ex canonicis ipsis tecum,
15 fili abbas, in nostra presentia constituti vicinitatem Botran(i) et compensa-
tionis distantiam et scandalum civium allegassent, nos tamen vobis providere volentes, cum archiepiscopus vobis in favorem religionis certam partem
possessionum suarum conferre de canonica permissione valeret, venerabili
fratri nostro .. Marturanensi episcopo[10] et predicto .. de Coracio et .. de
20 Formosa[11] abbatibus et .. thesaurario Marturanensi[12] mandavimus[13], ut
inquirerent super hiis sollicite veritatem et, si competens esset excambium,
quod archiepiscopus idem receperat, vel competens offerretur, ipso recepto
commutationem huiusmodi facerent inviolabiliter observari. Alioquin, cum
iuxta mandati nostri tenorem absque recompensatione congrua fieri minime
25 debuisset, eam in irritum revocarent, ita quod, si non omnes hiis exequendis
interesse valerent, tres eorum ea nichilominus adimplerent. Licet vero unus
executorum ipsorum viam fuerit universe carnis ingressus et tertius dissenti- vgl. Jos 23, 14; 1Kg 2, 2
ret, duo tamen recompensationem congruam iudicarunt. Quia ergo tenet
sententia plurium secundum canonicas sanctiones[14], licet potuissemus de
30 iure, quod predicti duo dissentiente tertio approbaverant, approbare ac in
canonicos animadvertere gravius, quia latam in se a primis executoribus
sententiam non servarant, in bono tamen malum vincere cupientes eis preci- vgl. Röm 12, 21
piendo mandavimus, ut commutationi eidem sine difficultate qualibet
consentirent[15].

---

35   [c]) *Migne:* Tarcian.   [d]) *Migne:* compellerent.   [e]) *Migne:* id.

[6]) S. Br. VII 81 Anm. 7.
[7]) S. Br. VII 81 Anm. 8.
[8]) S. Br. VII 81 Anm. 9.
[9]) Br. VI 137 Bd. 6 S. 227 Z. 20—23.
40   [10]) S. Br. VII 81 Anm. 12.
[11]) S. Br. VII 81 Anm. 13.
[12]) S. Br. VII 81 Anm. 14.
[13]) Br. VI 219 (220).
[14]) S. Br. VII 81 Anm. 16.
45   [15]) Br. VII 81.

Ipsi ergo, sicut in eorum litteris perspeximus contineri, auctoritate mandati nostri et operis pietate prospecta, considerata quoque multa utilitate
possessionis de Syla[16], quam vos obtulistis eisdem de assensu et voluntate
communi, quod mandavimus, humiliter exequentes, locum Botran(um) certis terminis limitatum cum ecclesiis ibidem positis vobis libere concesserunt;   5
possessione de Syla certis distincta limitibus, ecclesia sancti Nycholai de
Botulo cum omnibus tenimentis suis et ecclesia sancti Martini de Ioue[17] cum
tenimentis suis, quodam molendino in fluvio Cardon(e)[18] posito et tenimento, quod Canale[19] vocatur, a vobis pro commutatione receptis. Ut igitur,
quod de mandato nostro laudabiliter est impletum, auctoritate nostra robur   10
maioris obtineat firmitatis, commutationem ipsam, sicut in partium autenticis continetur, auctoritate apostolica confirmamus et presentis scripti
pa(trocinio) communimus. Ceterum, ne de forma commutationis ipsius in
posterum dubitetur, autenticum a predictis archiepiscopo et capitulo
Cusentin(is) super ipsa confectum de verbo ad verbum huic confirmationi   15
nostre duximus subscribendum. Cuius tenor est talis:

In nomine Patris et Filii et Spiritus sancti, eterne, omnipotentis et indivi-
due Trinitatis, Amen. Apostolica sedes, que principale tenet in orbe dominium, potestate sibi tradita salubre semper subditis dat mandatum, cui nullus,
qui iustitie semitas proponit incedere, pertinaci debet animo contraire. Pa-   20
terna siquidem pietas, que diversos filiorum ordines indifferenter in suo
gremio colligit, cunctis omni tempore sic providit, ut bonis temporalibus
convenienti statu dispositis donis perpetuis fideles per ea gaudeant acquisitis.
Hinc est, quod dominus papa precibus venerabilis[f] abbatis et fratrum de
Flore pulsatus nobis archiepiscopo et capitulo Cusentin(is) huiusmodi lit-   25
teras[20] destinavit:

* fol. 172ᵛ   Innocentius episcopus, * servus servorum[g] Dei, venerabili fratri .. archiepiscopo et dilectis filiis capitulo Cusentin(is) salutem et apostolicam benedictionem. Cum in habitu regulari sub religionis monastice disciplina tu, frater
vgl. Klgl 3, 27   archiepiscope, portaveris iugum Domini ab adolescentia tua et sic fueris   30
fidelis in pauca, quod constitui merueris supra multa, ut in futuro supra
vgl. Mt 25, 21. 23   plurima statuaris, illorum debes necessitatibus specialiter subvenire, qui se-
vgl. Lk 10, 39
vgl. Ps 1, 2   dentes secus pedes Domini cum Maria in lege ipsius iugiter meditantur,
vgl. Lk 10, 42   partem obtimam eligentes. Sane significantibus dilectis filiis .. abbate ac
fratribus monasterii de Flore nos noveritis accepisse, quod monasterium ipsum   35
positum in montanis usque adeo est ventis expositum, ut pre acerbitate et
assiduitate frigoris yemps non solum sibi ver vendicaverit et autumpnum,

---

[f]) -rab- *auf Rasur; über* -n- *ein Kürzungsstrich radiert.*   [g]) *Tintenwechsel.*

[16]) S. Br. VII 81 Anm. 10.

[17]) S. Martino di Monte Giove, S. Martino di Canale, Diöz. und Provinz Cosenza. Vgl.   40
Russo, *Gioacchino da Fiore*, 14, 60, 170f.

[18]) Fluß Cardone.

[19]) Vielleicht Canale bei Pietrafitta, Prov. Cosenza. Vgl. *ebd.*

[20]) Br. VI 137.

sed in menses estivos suos terminos dilatarit. Patet etiam locus ipse incursibus malignorum, per hoc non modicum quieti fratrum adversus et per primum contrarius sospitati.

Cum ergo locus quidam, qui Botranus dicitur et ad ecclesiam pertinet
5 Cusentinam, religioni esse idoneus referatur, devotionem vestram monemus et exhortamur at(tentius) et per apostolica vobis scripta mandamus atque precipimus, quatinus ab abbate ac fratribus ipsis iuxta estimationem tuam, frater archiepiscope, recepto excambio competenti predictum locum cum pertinentiis suis ipsis assignare curetis; illud in eos ita libere conferentes, sicut
10 excambium ad vos libere devolvetur, ut, sicut monasterium Floris ad nos nullo pertinet mediante, sic monasterium, quod in Botran(o) consurget, nobis nullo medio supponatur.

Alioquin noveritis nos dilectis filiis .. sancti Spiritus et .. de Coratio abbatibus et fratri Rog(erio) de Turcian(o) dedisse firmiter in mandatis, ut
15 vos ad id monitione premissa per censuram ecclesiasticam appellatione remota compellant.

Datum Ferent(ini), Kal. Septembris, pontificatus nostri anno sexto.

Hiis ergo receptis litteris, cum ego predictus archiepiscopus recepto ab antedictis fratribus competenti excambio mandatum apostolicum executioni
20 mandassem, sed canonici nostri pro ipsa mandati[h] magnitudine minus facile ad id possent induci, ad sedem apostolicam quibusdam ex ipsis euntibus commutationis arbitrium aliis a domino papa[i] executoribus est commissum[21]. Quibus renuntiantibus, quod esset competens commutatio, et summo pontifice, ut fieret, iterum per apostolica scripta iubente[22] prospecta pietate
25 simul et virtute mandati et considerata multa utilitate possessionis, quam in Syla nobis memorati abbas et fratres Floris longe melius, quam prius ostenderant, obtulerunt, de communi tandem voluntate atque consensu mandatum apostolicum humiliter et fideliter, sicut debuimus, curavimus adimplere.

Damus itaque vobis, domine Mathee, venerabilis abbas Floris, et fratribus
30 successoribusque[k] vestris in perpetuum ecclesiam sancte Marie et ecclesiam sancti Nycholai et ecclesiam sancti Ang(e)li positas in tenimento Botran(o) cum ipso tenimento, quod hiis divisis et finibus terminatur[23]: Incipit a fonte sancti Ioh(ann)is de Clauco et ascendit ab orientali parte per viam publicam usque ad petras fixas, que dividunt inter nemus Botran(i) et nemus Crepisci-
35 ti[24], et a meridie vadit quedam semita per medium ipsius nemoris et descendit ad flumen Aiasse[25] transitque ipsum flumen per terminum sancti Vitalis

---

[h]) *Über der Zeile nachgetragen.*   [i]) *Über der Zeile nachgetragen.*   [k]) -que *fehlt bei Migne.*

[21]) Br. VI 219 (220).

[22]) Br. VII 81.

40 [23]) Das zu Botrano gehörige Gebiet liegt, wie aus einigen wenigen identifizierten Ortsnamen der Beschreibung zu erschließen ist, südlich von Paterno Cálabro, zu Seiten des Iassa.

[24]) Crepessito (Crapassito), abgekommener Name für Belsito. Vgl. ROHLFS, *Dizionario*, 83.

[25]) Fluß Iassa, Nebenfluß des Busento südlich von Cosenza.

et ferit ad vallonem Tornaricium[26] et ascendit per ipsum[l] vallonem[m] ad
viam de Pantanell' et vadit ipsa via usque ad locum, qui dicitur Tres aree; et
a parte occidentali descendit per valloncellum de Bub(er)net(o), qui coniun-
gitur cum vallone de Vrsaria[n, 27], et descendit a parte septemtrionali per
ipsum vallonem de Vrsaria[o] usque ad memoratum flumen Aiasse[p] et vadit 5
ipsum flumen[p] usque ad vallonem, qui dicitur de[q] Clauc(o), et ascendit per
ipsum vallonem usque ad terras, que vocantur de Abiuso, et ascendit per
fines ipsarum terrarum et ferit ad viam, que vadit ad Casale Pulian(um)[28], et
vadit ipsa via usque ad terminum terre Iac(obi ?) de Pulian(o)[29] et vadit per
ipsum terminum usque ad valloncellum siccum, qui descendit usque ad val- 10
lonem de Clauc(o) et ascendit per ipsum vallonem usque ad predictum fontem sancti Ioh(ann)is de Clauco et concludit in priori fine.

Hoc tenimentum commutamus et concedimus vobis cum nemore, vineis,
arboribus, aquis, molendino et omnibus, que ibidem Cusentina ecclesia in
episcopalis mense demanio pacifice * hactenus ac libere tenuit et possedit, 15
concedentes nichilominus vobis vestrisque posteris potestatem construendi
ibidem monasterium, sicut in prenotatis apostolicis litteris continetur, et
possidendi locum ipsum libere ac pacifice, sicut possedit et habuit hactenus
ecclesia Cusentina, et faciendi in eo et de eo, quicquid vobis posterisque
vestris placuerit, reservato ecclesie nostre tantum usu incidendorum li- 20
gnorum in parte nemoris hiis finibus designata: Incipit a fonte sancti
Ioh(ann)is de Clauco et descendit per[r] ipsum vallonem Clauc(i) usque ad
rivulum serronis[30] alti et ascendit per ipsum rivulum usque ad viam serre et
vadit ipsa via iuxta serram versus orientem usque ad viam publicam et
revertitur per ipsam viam et concludit in priori fine. Nichil autem iuris seu 25
potestatis infra huius partis finem nobis et nostre ecclesie reservamus nec
licebit nobis nostrisque posteris glandes ibi percipere vel in terra ipsa, quam
vobis sicut totam aliam concedimus, aliquid construere aut in dampnum et
scandalum vestri monasterii aliquatenus operari, sed solo usu lignorum, sicut
dictum est, contenti erimus vobis in perpetuum usu glandium et fundi pro- 30
prietate relicta. Hoc totum tenimentum, sicut superius descriptum est, vobis
commutando concedimus et tam vobis quam vestris posteris, sicut iustum
fuerit, omni tempore defendemus.

Recepimus autem a vobis ecclesiam sancti Nich(olai) de Bottulo cum
tenimento ipso, vineis, arboribus, fulla et molendino, que ibi sunt, et alio 35

* fol. 173^r

---

[l] *Darnach eine kleine Rasur.*   [m] v- *auf Rasur.*   [n] *Migne:* Ursata.   [o] *Migne:* Ursai.
[p-p] *Fehlt bei Migne.*   [q] *Über der Zeile nachgetragen.*   [r] *Fehlt bei Migne.*

[26] Tornarizzo, Gegend südlich von Paterno Cálabro. Vgl. *Carta Istituto geografico militare,*
fol. 236 (Cosenza).

[27] Valle Orsara, westliches Seitental des Iassa. Vgl. *ebd.*   40

[28] Casale Pugliano, südöstlich von Paterno Cálabro. Vgl. *ebd.*

[29] Pugliano, Flurname südöstlich von Paterno Cálabro. Vgl. *ebd.*

[30] „serro" steht in kalabresischen Urkunden manchmal als Variante für „serra". Vgl.
PRATESI, *Carte,* 575.

molendino in fluvio Cardonis posito et tenimentum, quod Canale[19] vocatur,
cum ecclesia sancti Martini de Ioue[17] cum tenimento suo, quam vobis bone
memorie archiepiscopus[s] And(reas), predecessor noster[31], cum communi capituli consensu concesserat[t, 32] sub annuo censu libre[u] unius cere, quem nos
5 recepta ipsa ecclesia vobis absolute remisimus, et tenimentum in Sila, quod
hiis divisis et finibus terminatur: Incipit in flumine, quod dicitur Loric(a)[33],
et vadit a meridie via publica per Vallem bonam[34] usque ad flumen
Argentiol(am ?) et transit per eandem viam ad rivum, qui dicitur
Cassand(rella ?)[35], et inde vadit usque ad maclam[v] de Aren(a). A parte
10 autem orientis ascendit a predicta macla de Aren(a) et tendit per nemus
usque ad serram, que dicitur sancti Angeli, et ferit ad cristas[w], que dividunt
Mesocampum[36] et Frag(ulum)[x, 37], et descendit in directum ad flumen
Garg(am)[38], in districto ipsius fluminis per caput maclarum et inde transito
flumine Garg(a) per directum ascendit ad cacumen montis et inde descendit
15 recte usque ad flumen Net(um)[39] et ab aquilone ascendit ipse fluvius usque
ad vadum castelli[y] de Sclauis[40] et ab occidente revertitur via publica per
Trigiam[41] et per petram Caroli magni[42] et per serram de Grimald(o) usque
ad predictum fluvium[z] Loric(am) et[aa] concludit in priori fine. Hoc totum
tenimentum cum nemoribus, aquis et omnibus, que infra se continet[bb], a

20   [s] *Fehlt bei Migne.*   [t] *Darnach eine kleine Rasur.*   [u] *Migne:* libix.   [v] *Migne:* Macla.
[w] *Migne:* Oristas.   [x] *Migne:* Trag.   [y] *Migne:* Castili.   [z] *Über dem* -i- *Rasur;* -u(m) *auf
Rasur nachgetragen.*   [aa] *Fehlt bei Migne.*   [bb] *Migne:* continent.

[31] Andreas, als EB. von Cosenza bezeugt 1201—1202. Vgl. Kamp, *Kirche und Monarchie*,
II 832.
25   [32] Zur Schenkung von 1201 s. Baraut, *Monasteri Florensi*, 246: Bullae archiepiscoporum
Nr. *1.
[33] Fluß Lorica. Es handelt sich, wie bei den beiden folgenden Flüssen, wahrscheinlich um
einen nördlichen Nebenfluß des Arvo (ein Ort am Nordufer des Lago Arvo ist so genannt). Das
umschriebene Gebiet liegt nordwestlich von S. Giovanni in Fiore.
30   [34] Zum „tenimentum" Vallisbona am Rande der Sila vgl. Pratesi, *Carte*, 122; Kölzer,
Urkunden Konstanze, 44, Anm. 101.
[35] Cassandrella, Flurname südlich des Monte Carrumango. Vgl. *Carta Istituto geografico
militare*, fol. 237/4 (S. Giovannni in Fiore).
[36] Streitigkeiten zwischen S. Giovanni in Fiore und dem Kloster Tre Fanciulli bei Caccuri
35 betreffen die Gegend von „Misocampus" als Weideland und die „tenimenta" Faraclovus, Mixi,
wohl im Neto-Tal zwischen S. Giovanni und Caccuri, sowie die Obödienz von S. Martinus de
Neto. S. Br. Papst Honorius' III. vom 22. Januar 1218 (Pressutti, *Regesta Honorii III*, 1017;
Dr.: Ughelli, *Italia Sacra*, IX 203—205).
[37] Fragula, Gegend bei Bivio Garga, nördlich des Monte Carrumango. Vgl. *Carta Istituto
40 geografico militare*, fol. 237/4, und Rohlfs, *Dizionario*, 115. Zur Namensform s. Br. VII 149 S. 244
Z. 6.
[38] Fluß Garga.
[39] Fluß Neto.
[40] Castello degli Schiavi, Gegend bei S. Giovanni in Fiore. Vgl. Rohlfs, *Dizionario*, 311.
45   [41] Bei der Grenzziehung des „tenimentum Tria capita" (s. Br. VII 149 Anm. 27) wird die
Kirche „S. Nicolai de Trigia" genannt.
[42] Monte Carrumango.

vobis recepimus, sicut illud monasterium Floris ex imperiali dono[43] hactenus tenuit et possedit.

Ut autem hec commutatio de mandato domini pape et voluntate nostra unanimi ad utriusque ecclesie comodum facta inviolabile robur obtineat, omnes, qui pro parte ecclesie nostre aliquo tempore illam impedire vel irritare 5 presumpserint, nisi bis et ter ammoniti resipuerint, excommunicationis pene subiacere decernimus et presens privilegium per manus Alb(er)ti, scriptoris nostri[44], scribere precepimus, impressione sigilli ecclesie nostre necnon nostra et fratrum nostrorum subscriptione munitum.

Anno ab incarnatione Domini nostri Iesu Christi M°CC°IIII°, regni[cc] vero 10 domini nostri[cc] Fred(er)ici, gloriosissimi regis Sicilie[45], ducatus Apulie et principatus Capue, anno VII, mense Iulii, indictione VII, pontificatus autem nostri anno primo.

Ego Luc(as), Dei gratia Cusentinus archiepiscopus, propria manu subscripsi. Ego Iac(obus), Cusentinus decanus[46]. Ego Pet(ru)s, cantor Cusenti- 15 nus[47]. Ego Michael thesaurarius[48]. Ego Ruf(us), Cusentinus canonicus[49]. Ego Pag(anus), Cusentinus canonicus. Ego Bern(ardus), Cusentinus canonicus. Ego Suardus, Cusentinus canonicus. Ego Ysaac, Cusentinus canonicus. Ego Nic(holaus), Cusentinus canonicus. Ego W., Cusentinus canonicus. Ego magister Romoaldus, Cusentinus canonicus[50]. 20

Nulli ergo et cetera nostre confirmationis [et cetera]. Si quis autem et cetera.

Datum Rome apud sanctum Petrum, III Kal. Novembris.

149.

Innocenz III. nimmt das Kloster S. Maria von Botrano in den päpstlichen Schutz, 25 *bestätigt die Benediktinerregel, den Besitz, die Exemtion, verleiht die Zehentfreiheit von den in Eigenregie bewirtschafteten Gründen, das Recht, Mönche aufzu-*

[cc—cc] *Fehlt bei Migne.*

[43] Privileg Kaiser Heinrichs VI. vom 21. Oktober 1194: BAAKEN, *Reg. Heinrich VI.*, 154, Nr. 379; Dr.: HOLTZMANN, *Papst-, Kaiser- und Normannenurkunden* II 5, Nr. 1; III 89, Nr. 1; Reg.: 30 EGIDI, *Diplomatico*, 14, Nr. 1.

[44] Albert, 1202 bezeugt als Skriptor des EB. Lukas, damals noch Abt von Sambucina. Vgl. PRATESI, *Carte*, Nr. 69, S. 178.

[45] S. Br. VII 36 Anm. 5.

[46] Jakob, als Domdekan von Cosenza bezeugt 1204—vor 1222. Vgl. PRATESI, *Carte*, 192, 35 266, 196.

[47] Peter, als Domkantor von Cosenza bezeugt 1199, 1204. Vgl. BARLETTA, *Leggi*, 24; PRATESI, *Carte*, 192.

[48] Michael, als Thesaurar von Cosenza bezeugt 1204, 1209. Vgl. PRATESI, *Carte*, 192, 233.

[49] Rufus, als Domkanoniker von Cosenza bezeugt 1188—1222. Vgl. *ebd.* 83, 84, 308, 309. 40

[50] Paganus, Magister Romualdus, Suardus, Ysaac, als Domkanoniker von Cosenza bezeugt 1204, 1209. Vgl. *ebd.* 192f., 233; Bernardus 1204 (*ebd.* 193).

*nehmen und diesen zu verbieten, nach der Profeß das Kloster ohne Erlaubnis des
Abtes zu verlassen, trifft Maßnahmen gegen die Entfremdung von Klosterbesitz,
gewährt das Recht auf Zeugenaussage in eigener Sache, auf den Empfang der
heiligen Öle und Weihen von jedem beliebigen, in Gemeinschaft mit dem Papst*
5 *stehenden Bischof, befreit von allen ohne päpstliches Mandat verhängten Kirchenstrafen und verleiht eine beschränkte Freiheit vom allgemeinen Interdikt und
die freie Abtwahl. Dafür setzt er einen jährlichen Zins von einer Goldmünze fest.*

Rom, St. Peter, 1204 November 3.

Reg. Vat. 5, fol. 173ʳ—174ʳ ⟨Nr. 149⟩.
10 *Bréquigny, Diplomata, II/1 565, Nr. 149 = Migne, PL, 215, 439, Nr. 149. — Potth. Reg. 2317;
Russo, Regesto, I 103, Nr. 537.*

**Math(e)o, abbati monasterii sancte Marie de Botrano[1], eiusque fratribus
tam presentibus quam futuris regularem vitam professis in perpetuum[a].**

Hiis, qui abiecti[b] esse malunt in domo Domini quam habitare in taberna-
15 culis peccatorum et sub regulari habitu ei, cui servire regnare est[2], humiliter   vgl. Ps 83, 11
deservire quam per seculares illecebras evagari, apostolicum convenit tam
presidium quam subsidium adhiberi, ut tanto licentius in lege Domini
medi*tentur, quanto utilius eis in necessitatibus suis sollicitudine nostra   * fol. 173ᵛ
fuerit et auctoritate provisum.   vgl. Ps 1, 2

20 Eapropter, dilecti in Domino filii, vestris olim postulationibus inclinati,
ut palmes, quem Pater celestis et cetera usque ad nos nullo mediante spectaret[c]. Quia ergo archiepiscopus[3] et canonici memorati mandatum nostrum[4]
tandem receperunt humiliter et unanimiter impleverunt, ut, quod auctoritate nostra laudabiliter est impletum, favoris nostri gratia fortius roboremus,
25 monasterium sancte Marie in Botran(o) in ius et proprietatem beati Petri et
sub eius et nostra protectione suscipimus et presentis scripti privilegio communimus; in primis siquidem statuentes, ut ordo monasticus, qui secundum Deum
et beati Benedicti regulam in eodem monasterio et cetera usque observetur.

Preterea quascumque possessiones et cetera usque vocabulis exprimenda:
30 locum ipsum Botran(um)[5] cum ecclesiis sancti Nicol(ai) et sancti Ang(e)li et
aliis omnibus suis pertinentiis, sicut vobis est ab eisdem archiepiscopo et
canonicis assignatus[6]; locum Floris[7] cum pertinentiis suis; locum, qui dicitur

---

149. [a]) *Am Rande drei Punkte.*   [b]) *Migne:* objecti.   [c]) *Br. VII 148 S. 237 Z. 8.*

149. [1]) S. Br. VII 81 Anm. 5, 6. Es liegt nur eine spätere Erwähnung der Kirchen von „Butrani"
35 vor (Urkunde Friedrichs II. von 1206: Höflinger–Spiegel, *Ungedruckte Stauferurkunden*, 80,
Nr. I). Die Gründung kam wahrscheinlich nicht, die Verlegung Fiores sicher nicht zustande. Vgl.
auch Russo, *Gioacchino da Fiore*, 173f.
[2]) Aus der Postcommunio der Missa pro pace. Vgl. Sacramentarium Gregorianum, Nr. 1345
(Ed. Deshusses I 444).
40 [3]) S. Br. VII 81 Anm. 3.
[4]) Br. VI 137.
[5]) S. Br. VII 81 Anm. 6.
[6]) Br. VII 148 S. 239 Z. 30—32.
[7]) S. Br. VII 81 Anm. 2.

Calosub(er)[8], cum pertinentiis suis; locum, qui dicitur Faraclomitus[d, 9], et alium locum, qui dicitur Semigari[10], cum suis pertinentiis; locum, qui dicitur Eremita, cum suis pertinentiis; locum, qui dicitur Campus de Manna[11], cum alio loco, qui dicitur Missi[e, 12], cum omnibus pertinentiis suis; locum, qui dicitur Gimellara[f, 13], cum omnibus pertinentiis suis; tenimenta de Garga[14];   5 tenimenta de Fragul(o)[15], de Tassetan(o)[16] et de Caput rose[17] cum omnibus pertinentiis[g] suis; terras laboratorias, pascua, silvas, aquas et quicquid contingit a flumine, qui dicitur Lorica[18], et vadit per viam publicam a parte occidentali usque ad serraric(um)[h] et descendit per ipsam viam usque ad flumen Sabuti[19] et ascendit per ipsum flumen usque ad fontem et vadit inde   10 terminus usque ad flumen Ampulini[20], quod est a meridie, et descendit ipsum flumen usque ad eum locum, ubi iungitur cum flumine Neto[21], et ascendit per ipsum flumen usque ad serram, que respicit Gimellara, et est in finaita[i, 22] monasterii sancti Trispedii[23] a parte orientis, et inde vadit terminus per fines monasterii abbatis Marci[24] usque ad viam, que venit a Cherentea[25] et vadit   15 per portium[k], que videlicet via manet in confinio a parte aquilonis usque ad locum, qui dicitur Frassinetum[26], ex quo loco ascendit terminus per flumen

---

[d]) *Migne:* Paraclomitus.   [e]) *Migne:* Misdi.   [f]) *Migne:* Gimellaria.   [g]) p(er)ne(n)tiis.
[h]) *Vielleicht* serraticum *gemeint.*   [i]) *Migne:* finibus.   [k]) *Migne:* porticum.

[8]) Colosuber, Bonoligno, ht. Bordò, zwischen Caccuri und Cerenzia (Prov. Cosenza). Vgl.   20
Russo, *Gioacchino da Fiore,* 140; *MGH DD* Ks. Depp. 3, 4.
[9]) S. Br. VII 148 Anm. 36.
[10]) Semigala, Gegend östlich von S. Giovannni in Fiore. Vgl. *Carta Istituto geografico militare,* fol. 237/1 (Savelli).
[11]) Campo di Manno, oberhalb der Mündung des Ampollino zwischen den Flüssen Ampol-   25
lino und Neto.
[12]) S. Br. VII 148 Anm. 36.
[13]) Giammella, Gegend östlich von S. Giovanni in Fiore. Vgl. *Carta Istituto geografico militare,* fol. 237/1 (Savelli).
[14]) S. Br. VII 148 Anm. 38.   30
[15]) S. Br. VII 148 Anm. 37.
[16] Tassitano, Diöz. Cerenzia, Prov. Cosenza; Vgl. Russo, *Gioacchino da Fiore,* 141.
[17]) Caporosa, Gegend im Westen des Lago Ampollino.
[18]) S. Br. VII 148 Anm. 33.
[19]) Fluß Savuto.   35
[20]) Fluß Ampollino.
[21]) S. Br. VII 148 Anm. 39.
[22]) „finaita" steht in kalabresischen Urkunden manchmal als Variante für „fines". Vgl. Pratesi, *Carte,* 574.
[23]) Kloster Tre Fanciulli, Basilianer-, seit 1217 Florenserkloster bei Caccuri. Vgl. Russo,   40
Gioacchino da Fiore, 181f.; sonst „monasterium Sanctorum Trium Puerum": Vgl. Privileg Heinrichs VI. vom 21. Oktober 1194 (wie Br. VII 148 Anm. 43: Holtzmann II S. 6 bzw. III S. 90), und dessen Bestätigung durch Kaiserin Konstanze (*MGH D* Ks. 47).
[24]) „Monasterium abbatis Marci", bzw. „ecclesia Montis Marci" (Monte Marco) bei Cerenzia. Vgl. Kamp, *Kirche und Monarchie,* II 897, Anm. 5; *MGH D* Ks. 47 Anm. 3.   45
[25]) Cerenzia, Cerenzia Vecchia, abgekommen, Prov. Cosenza.
[26]) Frassineto, Gegend zwischen den Flüssen Garga und Neto. Vgl. *Carta Istituto geografico militare,* fol. 237/4 (S. Giovannni in Fiore).

Netum et ascendit per ipsum flumen usque ad eum locum, qui respicit ad
cristas, ubi[l] dicitur Tria capita[27], et vadit in directum ad cristas[l], que
dividunt Mesocampum et Fragulum[28], et vadit ad serram, que dicitur sancti
Ang(e)li, et descendit ad viam publicam, ubi dicitur maccla[m] de Arena, et
5 vadit per ipsam viam de Valle bona[29] et concludit in priori fine; tenimentum
Fluce[30] cum omnibus tenimentis suis; redditum saline de Neto, quinquaginta
videlicet aureorum Bisantiorum[31]; monasterium abbatis Marci et obedientiam sancti Martini de Neto[32] et quicquid habetis in tenimento fluminis Frigidi[33]; domos, quas habetis in civitate Cusentie[34]; domum etiam, quam emistis
10 in arce Cusentie; casalinos sitos circa domum eandem vobis a W°. iustiiario
intuitu pietatis collatos et domum, quam monasterio vestro obtulit frater
Ioh(anne)s de Rublan(o)[35].

Statuimus et presenti decreto sancimus, ut monasterium vestrum nulli
nisi Romane ecclesie, cuius iuris existit, debeat subiacere. Sane laborum[n]
15 vestrorum, quos propriis manibus aut sumptibus colitis, sive de nutrimentis
animalium vestrorum nullus et cetera usque presumat. Liceat quoque vobis
clericos vel laicos et cetera. Prohibemus insuper et cetera fas sit absque
abbatis licentia de eodem loco discedere. Discedentem[o] vero[o] et cetera usque
retinere. Illud districtius inhibentes, ne terras et cetera. Si que vero donatio-
20 nes et cetera. Ad hec etiam prohibemus, ne aliquis monacus et cetera usque
utilitatem. Quod si facere forte presumpserit et cetera usque respondere.
Licitum preterea sit vobis in causis propriis et cetera usque deperire. Insuper
auctoritate apostolica inhibemus, ne[p] ullus episcopus et cetera usque vel
removendo eo, qui pro tempore fuerit, sine mandato Romani pontificis se
25 aliquatenus intromittat. Prohibemus insuper, ut nullus archiepiscopus, episcopus vel alii ecclesiarum rectores in vestrum monasterium interdicti vel
fratres inibi constitutos suspensionis vel excommunicationis sententiam audeant[q] promulgare. Quod si factum fuerit, irritam sententiam illam decernimus et inanem. Porro si in mercennarios vestros pro eo, quod decimas non
30 solvitis, sive aliqua occasione eorum et cetera usque duximus irritandam.

[l—l] *Am Rande nachgetragen.*   [m] *Migne:* Macula.   [n] *Migne:* lanorum.   [o—o] *Migne:*
discedente viro.   [p] *Auf Rasur.*   [q] *Migne:* audeat.

[27] Das „tenimentum Tria capita", Streitgegenstand zwischen S. Giovanni in Fiore und
dem Basilianerkloster S. Maria del Patire bei Rossano, lag am Neto bei Castello degli Schiavi
35 (Schiedsspruch des EB. Lukas von Cosenza vom 11. August 1223; Dr.: UGHELLI, *Italia Sacra,* IX
213 AB).
[28] S. Br. VII 148 Anm. 37.
[29] S. Br. VII 148 Anm. 34.
[30] Fiuca, bei Rocca di Neto (Prov. Catanzaro), zwischen den Flüssen Neto und Vitravo.
40 Vgl. RUSSO, *Gioacchino da Fiore,* 187.
[31] Vgl. Br. VII 80 Anm. 2.
[32] S. Br. VII 148 Anm. 36.
[33] Fiumefreddo Bruzio, Prov. Cosenza.
[34] Cosenza.
45 [35] Rogliano, Prov. Cosenza.

Cum autem generale interdictum et cetera. Crisma vero et cetera usque ordinationes clericorum et cetera ecclesiastica sacramenta, a quocumque malueritis catholico suscipiatis episcopo, gratiam atque communionem apo-

* fol. 174ʳ stolice sedis habente, qui nostra suffultus auctoritate * vobis, quod postulatur, impendat. Obeunte vero et cetera usque eligendum. Electus autem a 5 Romano pontifice vel a quo ipse preceperit munus benedictionis accipiat. Paci quoque et cetera. Decernimus ergo et cetera; salva in omnibus apostolice sedis auctoritate. Ad indicium autem, quod idem monasterium specialiter beati Petri iuris existat, annuatim unum aureum nobis nostrisque successoribus persolvetis[36]. Si qua igitur [et cetera]. Cunctis autem [et cetera].   10

Datum Rome apud sanctum Petrum per manum Ioh(ann)is, sancte Romane ecclesie subdiaconi et notarii[37], III Non. Novembris, indictione VIIIᵃ, incarnationis Dominice anno MᵒCCᵒIIIIᵒ, pontificatus vero domni Innocentii[r] pape III anno septimo.

150.   15

Innocenz III. beantwortet den Klerikern von S. Pietro in Maddaloni (?) Fragen hinsichtlich des Fastens an der Vigil von Festtagen und der Feier des Meßopfers.

Rom, St. Peter, (1204) November 5.

Reg. Vat. 5, fol. 174ʳ ⟨Nr. 150⟩.

Bréquigny, Diplomata, II/1 567, Nr. 150 = Migne, PL, 215, 442, Nr. 150. — Comp. III 3. 35. 20
1, 3. 33. 4; Alan. 6. 10, 6. 3; Alan. K. 6. 5. 1, 6. 2. 3; Bern. 3. 34. 1, 3. 32. 4; Coll. Salm. 3. 28.
2 (?); Coll. Fuld. 6. 2. 9, 6. 2. 2; X 3. 46. 1, 3. 41. 5. — Potth. Reg. 2319.

Clericis sancti Petri in Magdalon(a)[a, 1].

Ex parte vestra fuit quesitum a nobis, utrum, si Nativitatem Domini vel Assumptionem beate Virginis vel festivitatem alicuius apostolorum in secun- 25 da feria contigerit evenire, die sabbati precedenti vigilia debeat ieiunari et utrum in beati Mathie apostoli vigilia sit ieiunium iniungendum[2]. Ad quod

---

[r] *In verlängerter Schrift.*

[36] Vgl. Fabre–Duchesne, *Liber Censuum*, I 22b, und Kamp, *Kirche und Monarchie*, II 902—904.
[37] S. Br. VII 1 Anm. 10.   30

150. [a] *Am Rande das* Nota-*Monogramm und von einer Hand des 13. Jhs.:* hoc c(apitulum) est Extra de observatione ieiuniorum *(X 3. 46. 1).*

150. [1] Vielleicht S. Pietro in Maddaloni (Diöz. und Prov. Caserta, Campagna). In der Dekretalenüberlieferung auf Maguelonne bezogen: Alan. 6. 10: Magdolan.; Comp. III 3. 35. 1, 3. 33. 4: Magdalon. (Friedberg, *Compilationes antiquae*, 125f.); X 3. 46. 1, 3. 41. 5: Magalonensis (Fried- 35 berg, *CorpIC*, II 650, 636).
[2] Da die Vortage großer Feste als Fasttage zu halten waren, konnte, wenn das Fest auf einen Montag fiel, ein Widerspruch zum Fastenverbot für Sonntage entstehen. Vgl. *Decretum Gratiani* D. 30 c. 7; C. 26 q. 7 c. 6; De cons. D. 3 c. 14f. (Friedberg, *CorpIC*, I 108, 1042f., 1356).

breviter duximus respondendum, quod et die sabbati prelibatas festivitates secunde ferie precedenti[b] et beati Mathie debet vigilia ieiunari.

Insuper postulastis[c], quando sacerdos in missa perfundere debeat, per litteras apostolicas edoceri[3]. Ad quod taliter respondemus, quod semper
5 sacerdos debet vino perfundere, postquam totum perceperit Eucharistie sacramentum, nisi cum eodem die aliam missam debuerit celebrare, ne, si forte vinum perfusionis acciperet, celebrationem aliam impediret.

Datum Rome apud sanctum P(etrum), Non. Novembris.

151.

10 *Innocenz III. befiehlt dem Bischof (Alferius ?) von Termoli und dem Abt von S. Giovanni in Lamis, im Streit zwischen dem Bischof von Troia und der Kirche von Foggia, welche die Restituierung des antiken Bischofsitzes fordert und die Verletzung ihrer Privilegien durch den Bischof von Troia anklagt, einen Frieden zu vermitteln, wobei etwa noch strittige Punkte einem päpstlichen Schiedsspruch*
15 *vorbehalten bleiben sollen, oder den Fall zu untersuchen, dem Papst darüber zu berichten und den Parteien einen Termin an der Kurie festzusetzen.*

Rom, St. Peter, (1204) September 28.

Reg. Vat. 5, fol. 174ʳ—175ʳ ⟨Nr. 151⟩.
Bréquigny, Diplomata, II/1 567, Nr. 151 = Migne, PL, 215, 442, Nr. 151; Vendola, Documenti,
20 *49, Nr. 53; Di Gioia, Monumenta, 40, Nr. 24. — Potth. Reg. 2286.*

.. **Episcopo Termulano**[1] **et abbati sancti Ioh(ann)is in Lamis**[2].

Proposuit nobis dilectus filius .. archipresbyter Fogitanus[3] ex parte[a] tam cleri quam populi de Fogia conquerendo, quod, cum in eo loco, in quo Arpa[4]

---

[b] *Migne:* praecedentis.   [c] *Migne:* postulatis.

25 [3] Die Frage betrifft das Abspülen von Hostienteilchen im Kelch und an den Händen des Priesters nach der Kommunion; da es üblich war, die verwendete Flüssigkeit zu trinken, fürchtete man für eine allfällige zweite Messe am selben Tag einen Verstoß gegen das Gebot der eucharistischen Nüchternheit. Eine andere Vorgangsweise vertritt Innocenz III. in *De missarum mysteriis* VI 8 (Migne, *PL*, 217, 910f.). Vgl. Franz, *Messe*, 105—107.

30 **151.** [a] *Kürzungsstrich über dem -e durchgestrichen.*

151. [1] B. von Termoli (Suffr. von Benevent); 1196 ist ein Alferius bezeugt. Vgl. Kamp, *Kirche und Monarchie*, I 295 mit Anm. 5.
[2] Abt von S. Giovanni in Lamis (Ben.-Abtei, ht. Franziskanerkonvent S. Matteo, Diöz. Siponto, ht. Foggia, Prov. Foggia). Vgl. *Monasticon Italiae* III: Puglia e Basilicata 95f., Nr. 273.
35 [3] Jordanus, als Archipresbyter von S. Maria in Foggia (Diöz. Troia, ht. Foggia) bezeugt 1201—1208. Vgl. Martin, *Chartes*, Nr. 126, S. 355; Di Gioia, *Monumenta*, Nr. 25, S. 45.
[4] Das antike Arpi, der Legende nach Bistum seit der 1. Hälfte des 1. Jhs. Vgl. *Dict. HGE* 17 (1971) 701.

quondam civitas populosa[b] et magna fuerat, sit Fogia constituta[5], sicut ex antiquis edificiis et fossatorum ambitu demonstratur, gravamen non modicum reputant, quod ille preficitur ipsis, qui eis nequaquam preesse deberet. Nam post destructionem civitatis ipsius[c] partem diocesis sue Sipontus et partem Luceria[6] occupavit, quare aliquanto tempore fuerunt ecclesie Luce- 5 rine subiecti.

Postmodum vero Troia, que fuerat diocesis Lucerine, a sede apostolica impetravit episcopali cathedra insigniri[7]; et cum Lucerinus episcopus ipsius civitate destructa apud Alesin(am)[8] latitaret, Troianus episcopus et populus sibi commissus Fogetanam ecclesiam, que tunc sub nullius erat constituta 10 regimine, occuparunt, Fogiam, que sicut Arpensis civitas fuerat de camera principum, ne[d] ipsius ecclesie dominio privarentur, semel sub Rob(er)to Guiscardo[9], secundo sub duce Rainone[10], tertio sub imperatore Lothario[11], quarto sub clare memorie rege[e] Rogerio[12] penitus destruentes. Verumtamen episcopus ipse contradicentibus clero et populo Fogetanis numquam episco- 15 palium possessionem pacificam potuit obtinere nec maximam partem Lucerine diocesis, quam occupaverat, possidet, sed sive illa extiterit Lucerine diocesis, sive fuerit de Arpensi, Lucerinus episcopus ipsam possidet sine lite, quare Troianus episcopus ad Fogiam transitum habere[f] non potest[f] nisi per diocesim Lucerinam. At ubi regni tempestas fuit tranquillitate sedata et 20 Fogia effecta est auxiliante Domino populosa, a regibus, qui per tempora regnaverunt, obtinuerunt privilegia libertatis[13].

Unde cum episcopus et populus Troian(i) a regibus non possent aliquatenus impetrare, ut Fogiam eorum iurisdicioni submitterent, ipsorum furor est accensus in tantum, quod ad destructionem ipsius inimicos regni iterum et 25 iterum adduxerunt. Tempore namque, quo inclite recordationis rex

vgl. Jos 23, 14; 1Kg 2, 2 W(illelmus)[14] viam est universe carnis ingressus, adducentes quotcumque

---

[b] *Das zweite* -o- *korr. aus* -a-. [c] *Korr. aus* ip(s)is. [d] *Migne:* me. [e] *Vielleicht auf Rasur, mit anderer Tinte, nachgetragen.* [f–f] *Durch Zeichen umgestellt aus* non potest habere.

[5] Foggia entwickelt sich in der 2. Hälfte des 11. Jhs. am südlichen Rand des Stadtgebietes 30 des ehemaligen Arpi. Vgl. *ebd.* 702f.

[6] Die Bistümer Siponto und Lucera.

[7] Troia wird kurz nach der Neugründung der Stadt durch den Katepan Basilius Boioannes, 1018, zum Bistum erhoben. Vgl. *IP* IX 201f.

[8] Lesina (Prov. Foggia), wohin der Sitz des B. von Lucera nach den Sarazeneneinfällen 35 verlegt wurde. Vgl. *Dict. HGE* 17 (1971) 702.

[9] Robert Guiscard, 1057 Graf, 1059—1085 Herzog von Apulien. Diese und die im Folgenden angeführten drei Zerstörungen Foggias sind sonst nicht bekannt.

[10] Vielleicht Rainulf, Graf von Alife, Herzog von Apulien, Führer des Aufstands gegen König Roger II. von Sizilien, gest. 1139 in Troia. Vgl. CHALANDON, *Domination*, II, bes. 76—88. 40

[11] Lothar III. von Süpplingenburg, 1125 römisch-deutscher König, 1133—1137 Kaiser, während seines zweiten Italienzuges 1137.

[12] S. Br. VII 100 Anm. 3.

[13] Königliche Privilegien für Foggia sind nicht bekannt.

[14] Wilhelm II., König von Sizilien 1166—1189. 45

inimicos regni potuerunt ad eorum excidium congregare[15] exceptis hominibus interfectis dampna intulerunt eisdem viginti milium unciarum, et destruentes ecclesias extra Fogiam constitutas, altare quoddam, quod bone memorie Alex(ander) papa, predecessor noster[16], consecrarat in honore beati
5 Ioh(ann)is, non sunt veriti violare, sanctorum reliquias in eodem reconditas
auferentes. Cumque ipsis nequaquam possent resistere, eo quod Fogia sicut
alie civitates[g] regni eo tempore munita non fuerat, episcopo et capitulo
obtulerunt, quod parati erant ipsorum stare mandatis et eis tam in temporalibus, licet fieri non deberet de iure, quam etiam spiritualibus obedire, per
10 suos * eisdem nuntios supplicantes, ut, si terre parcere forte[h] nollent[i], ad   * fol. 174ᵛ
ecclesias saltem miserationis oculos inclinarent, scituri pro certo, quod, si ab
ecclesiarum nollent destructione cessare, ipsis in spiritualibus decetero nullatenus responderent. Ipsi vero una cum populo responderunt, quod non solum
terram destruere, sed ecclesias ipsas evertere et[j] campanas et sanctorum
15 reliquias apud Troiam proposuerant asportare, nolentes decetero ius aliquod
temporale vel spirituale in Fogia obtinere, eo quod locus ipse per eos fieri
habebat inhabitabilis, ab ipsis in pascuum aut terram arabilem redigendus.
   Tandem vero ipsis, sicut Domino placuit, effugatis et cum confusione
reversis[k] ad propria, rei[l] seriem clare memorie regi Tancredo[17] exponere cura-
20 verunt, qui confirmans eisdem privilegia libertatis adiunxit, ut, sicut ex
ipsius concessione poterat fieri, uteretur decetero Fogia vocabulo civitatis,
scribens et supplicans bone memorie Clem(enti)[18] et Cel(estino)[19], predecessoribus nostris, ut eis episcopum concedere dignarentur, qui eorum votis
favorem prestantes benignum, quod eos pontificali deberent infula decorare,
25 spem ipsis per suas litteras tribuerunt. Verum cum imperator Hen(ricus)[20]
regnum fuisset adeptus et cancellarius regni esset Troianus antistes[21], ab
imperatore predicto Fogiam impetravit et Fogetanorum bona Troianis ab

---

   [g] *Am Rande ein kurzer, waagrechter Strich.*   [h] *Darnach eine kleine Rasur.*   [i] no- *auf*
Rasur.   [j] *Über der Zeile nachgetragen.*   [k] reversi.   [l] *Fehlt bei Migne.*

30   [15] Die Belagerung Foggias, das sich für Tancred von Lecce erklärt hatte, 1190 durch den
Führer der deutschen Partei, den Grafen Roger von Andria, und durch Walter von Pagliara (s.
unten Anm. 21), seit 1189 B. von Troia. Vgl. MARTIN, *Chartes*, Nr. 139, S. 380f. (aus einem
Untersuchungsbericht von 1220/24); REISINGER, *Tankred*, 250f.
   [16] Papst Alexander III. im Januar oder Februar 1177. Vgl. *IP* IX 222, Nr. *1.
35   [17] Die Privilegien König Tancreds von Sizilen (1189—1194) für Foggia sind nur diesem Br.
zu entnehmen. Vgl. ZIELINSKI, *Tancredi et Willelmi diplomata*, 117, Nr. 10; PALUMBO, *Tancredi*,
300, Nr. 43.
   [18] Papst Clemens III. 1187—1191: *IP* VIII 57, Nr. *226; *IP* IX 220, Nr. *6, bzw. ZIELINSKI,
Tancredi et Willelmi diplomata, 117, Nr. 11.
40   [19] Papst Coelestin III. 1191—1198: *IP* IX 221, Nr. *7, bzw. ZIELINSKI, *Tancredi et Willelmi
diplomata*, 132, Nr. 35.
   [20] Heinrich VI., König 1169, römisch-deutscher Kaiser 1191—1197, ergreift im November
1194 Besitz von Sizilien.
   [21] Walter von Pagliara, 1189—1200 B. von Troia; 1195 Kanzler von Sizilien und Familiar,
45 1208 B. von Catania (Suffr. von Monreale), gest. 1229/1231. Vgl. KAMP, *Kirche und Monarchie*, II
509—514; III 1122—1125, 1210—1215; MUCIACCIA, *Gualtiero*.

eodem fecit imperatore concedi[22]. Obtinuit etiam ab eodem menia Fogie[23] dirui, ut sic saltem eam postmodum destruere possent ex[m] toto[m]. Quod cum ad eorum audientiam pervenisset, ut possent a servitute huiusmodi liberari, octo milia unciarum auri predicto imperatori dederunt, qui sic eis privilegium contulit libertatis, retinens eos in demanio suo, sicut fecerant reges predeces- 5 sores ipsius.

At tamen eo tempore clerici Fogetani ab eodem fuere imperatore coacti Troiano[n] episcopo respondere, quos cum idem episcopus in custodia coartasset, trecentas unc(iarum) auri ab ipsis extorsit, hunc eis vicarium statuens, quem nunc habet ecclesia Troiana pastorem[24], qui, cum sit ambitiosus, sicut 10 asserunt, pariter et protervus, beneficia clericis abstulit Fogetanis et Troianis ea studuit assignare, libertates quoque ac privilegia ecclesie supradicte[25] penitus destruens. Quanta gravamina in vicaria et in presulatu postmodum predecessorum suorum sequens vestigia eisdem intulerit, ex subsequentibus poterit elucere. Nam cum ipse pater communis esse deberet, idem velut hostis 15 et inimicus, cum non possit persequi eos armis, astutiis utitur contra eos, ut sub pretextu gladii spiritualis eos valeat aggravare, interdicti et excommunicationis sententias in eos sine causa promulgat et iuris ordine pretermisso, clericos etiam occasione levissima et nulla quandoque vocat ad[o] Troiam et, quod gravissimum reputant, ipsos inter inimicos suos faciens commorari eis 20 officium vel beneficium nequaquam restituit nisi precibus Troianorum, quibus eos necessitate compulsos supplicare oportet, ut sic per Troianos destitui et restitui videantur. Insuper terram ipsorum, que membrum est sue diocesis — sicut idem episcopus asserit — speciosum, debitis et certis temporibus[p] visitare non curat, immo nullatenus accedit ad ipsam, ut sic eos Troiam adire 25 compellat et se coram Troianis non pastorem sed hostem exhibeat eorundem. Cum igitur pretiosiora membra digna sint amplius honorari, ex premissis colligitur manifeste, quod idem nec pater est neque pastor, cum eis nullum honorem exhibeat, sed tantum ipsis opprobria inferat et gravamen. Preterea,

---

[m—m] *Durch zwei schräge Striche ober- und unterhalb der Zeile getrennt.*   [n] *Am Rande ein* 30 *kurzer, waagrechter Strich.*   [o] *Migne:* ac.   [p] *Migne:* temporalibus.

[22] Eine Urkunde Heinrichs VI. bezügl. Foggia ist nicht bekannt.

[23] Der Mauerbau dürfte in die Regierungszeit König Tancreds fallen. S. oben Anm. 17 und S. 249 Z. 6f.

[24] Magister Petrus, 1200—1201 Vikar in Troia, 1201—1206 als B. bezeugt. Vgl. KAMP, 35 *Kirche und Monarchie,* II 515f.

[25] Die angebliche Konzession des B. Wilhelm (IV.) von Troia an die Kirche von Foggia, vom 6. Mai 1187, angeblich bestätigt von Papst Clemens III., am 20. März 1190: *IP* IX 220, Nr. +5; DI GIOIA, *Monumenta,* 21, Nr. 15; MARTIN, *Chartes,* 324, Nr. 110. Das — vielleicht im Zusammenhang mit der Klage vor Innocenz III. gefälschte — Privileg enthält, worauf sich die 40 folgenden gravamina u. a. beziehen: die Anerkennung von S. Maria in Foggia als Kapitel mit dem Recht, Nachbesetzungen selbst zu entscheiden; die eigenständige Abhandlung von „cause matrimoniales"; den jährlichen Besuch des B. von Troia in Foggia in der Oktav von Ostern; das Recht der Foggianer, sich bei einer Versäumnis des B. von Troia an jeden beliebigen B. zu wenden; die Zusicherung, daß ohne die Zustimmung des Kapitels in Foggia keine neuen Kirchen 45 errichtet werden dürfen.

cum Fogetani pro iustitia alicui^{q)} exhibenda secundum privilegia sibi concessa Fogiam non teneantur exire^{r)} nisi de nostro vel regis speciali mandato, et
episcopus ipse clericorum correctiones et confirmationes infantium in Fogia
debeat exercere et causas matrimoniales cognoscere, prout in eorum privile-
5 giis continetur, idem eos Troiam adire compellit ibique matrimonii causas
audit, nullatenus parcens eorum laboribus vel expensis nec periculis, que
ipsis^{s)} a^{t)} castrorum^{t)} latronibus inferuntur. Et cum Fogia per quindecim
miliaria distet a Troia, pueri, qui^{u)} ad confirmandum^{u)} illuc a matribus deferuntur, inter ulnas ipsarum multotiens deficiunt in eundo. Ceterum, cum
10 secundum privilegia ipsis indulta sine rationabili causa et ordine iudiciario
clericos Fogetanos non debeat officio beneficioque privare, idem in eos nunc
depositionis nunc suspensionis et excommunicationis sententias profert iuris
ordine pretermisso pro sue arbitrio voluntatis, iuri vel consuetudini seu privilegio nullatenus deferens nec appellationi legitime ad apostolicam sedem
15 ab^{v)} eisdem^{v)} emisse. Archipresbyterum quoque, cantorem et prebendarios
instituere presumit et destituere inrequisita^{w)} capituli voluntate, licet electio
eiusdem archipresbyteri ad capitulum ipsum et institutio cantoris²⁶⁾ et pre-
bendariorum ex privilegiis et consue*tudine approbata ad archipresbyterum   * fol. 175^r
pertinere noscatur. Exigit insuper a singulis ecclesiis Fogetanis de decimis
20 duas quartas, cum in una ei solummodo teneantur et cathedratico respondere, non erubescens eorum temporalia metere, quibus minime studet spiritua-
lia seminare; libertates etiam et dignitates ecclesie Fogetane, sicut ex compo-   vgl. Mt 25, 24. 26;
sitione quadam inita inter ipsos et roborata per publicum instrumentum   Lk 19, 21. 22
[habentur], non solum observare contempnit, verum etiam, quantum potest,
25 evacuat et infringit. Cumque nullam ecclesiam in eorundem parrochia in
ipsorum preiudicium construi permittere debeat, idem ad illorum destructionem indifferenter omnibus licentiam tribuit ecclesias construendi, ut sic a
parrochianis ipsorum non possint percipere debitas rationes dictis parrochianis
apud loca religiosa eligentibus sepulturam. Ut autem addat afflictionem afflic-
30 tis, quasdam petias terre ad Fogetanam ecclesiam pertinentes, prout predicti
regis Tancredi autentico demonstratur, ipsis conatur auferre, pro ratione con-
stituens propriam voluntantem. Trecentas insuper unc(iarum), quas tum
nomine mutui tum imperiali potentia suus ab eisdem clericis predecessor
extorsit, solvere contradicit, licet idem predecessor ipsius in pignus eis suos
35 redditus obligarit, de quibus episcopus ipse pro solutione huiusmodi debiti eos
aliquid percipere non permittit. Sane legatos apostolice sedis apud Fogiam de
redditibus ad hoc specialiter deputatis procurare contempnit, ut ipsos contra
eorum consuetudinem sit necesse predictos legatos de bonis propriis procurare.
Ad maius autem opprobrium eorundem, cum eum ordinationes clericorum

---

40   ^{q)} *Über* -cu- *Rasur.*   ^{r)} *Über der Zeile nachgetragen.*   ^{s)} *Darnach eine kleine Rasur.*   ^{t—t)} a cast-
auf Rasur.   ^{u—u)} *Rasur unter* q(ui) *und über* ad co-.   ^{v—v)} *Außerhalb des Schriftspiegels in anderer
Tinte und vielleicht von anderer Hand nachgetragen.*   ^{w)} i(n)- *über der Zeile nachgetragen.*

   ²⁶⁾ Ein angeblicher Brief Innocenz' III. vom 10. März 1201 bestätigt der Kirche von Foggia
u. a. die Einsetzung des Kantors: MARTIN, *Chartes*, 354, Nr. 125.

celebrare contingit, post omnes clericos sue diocesis vocat ad ordines Fogetanos; sanctum crisma ipsis conferens subsanando prius illud casalibus tribuit
et castellis. Unde exclamant alii contra eos in eorum capite stercora proicien-
tes et herbas, equorum stramenta quandoque ac ipsos equos multotiens
subtrahendo. Sed ut episcopi, qui prefuerunt per tempora, ignominia Foge- 5
tanorum facies adimplerent, iuxta hostium sue domus Fogiam fecere depingi,
ut quasi tam in spiritualibus quam temporalibus fuerit ecclesie Troiane commissa, desuper scriptitantes «Troie Fogie casale concessum». Preterea ipsorum ecclesias dedicare ac consecrare altaria pretermittit nec patitur eas ab
aliis episcopis consecrari. Licet autem bone memorie Cel(estinus) papa, pre- 10
decessor noster[27], eis duxerit indulgendum, ut, donec discordia, que inter
Troianos et eos existit, pacis esset reformatione sedata, crisma, oleum
sanctum et alia ecclesiastica sacramenta a quocumque catholico mallent
episcopo, qui gratiam apostolice sedis haberet, perciperent, idem tamen episcopus omnibus prohibet, ne ministrent eis sacramenta predicta, quare in 15
sabbato vigilie Pasche multotiens non celebravere baptisma et infantes sine
sacramento decessere predicto et crismatis unctione.

Adiecit insuper archipresbyter memoratus, quod, si ad statum antiquum
vellemus habere respectum, restituendi potius essent Lucerie, que utcumque
ipsos primitus habuit et possedit. Si vero ad statum antiquiorem et debitum 20
prospicere dignaremur, terram ipsorum in statum pristinum reducentes, ipsis
concederemus antistitem, quem civitatem Arpensem, in qua Fogia est con-
structa, constat aliquando habuisse. Cum enim propter destructionem terre
ac defectus populi cathedralem amiserint dignitatem, aliis propter pauci-
tatem adiuncti, a rationis tramite nullatenus discordaret[x], si eandem per Dei 25
gratiam populosam effectam curaremus dignitate pristina insignire. At si ad
gravamina per Troianam ecclesiam eisdem illata nostrum extenderemus in-
tuitum, eos ab ipsius iurisdictione[y] eximeremus omnino, eo quod privilegia
sue dignitatis meretur amittere, qui concessa sibi abutitur potestate[28].

Ut igitur tante dissentionis scandalum sopiatur, discretioni vestre per 30
apostolica scripta precipiendo mandamus, quatinus personaliter tam Troiam
quam Fogiam adeuntes ad reformandam inter eos pacem efficaciter intendatis et, si tractatum pacis admiserint, ut vel potior pars discordie amicabili
possit conventione sedari, vos universa redigentes in scriptum ad sedem
apostolicam transmittatis, ut modicum illud discordie, quod remanserit, auc- 35
toritatis nostre arbitrio deleatur. Alioquin super premissis et aliis, que partes
duxerint proponenda, inquiratis diligentissime veritatem et, que inveneritis,
per vestras nobis litteras fideliter intimetis, prefigentes eis terminum competentem, quo cum eisdem litteris nostro se conspectui representent.

Datum Rome apud sanctum Petrum, IIII Kal. Octobris. 40

---

[x]) *Migne:* discordaremus.   [y]) *Der zweite Kürzungsstrich über dem -e getilgt.*

[27]) Die überlieferten Mandate Coelestins III. entscheiden im Gegenteil für den B. von Troia.
Vgl. *IP* IX 222, Nr. *12.

[28]) S. Br. VII 71 (70) Anm. 12.

152.

Kaiser Balduin von Konstantinopel berichtet Papst Innocenz (III.) über die Ereignisse, die zur Eroberung Konstantinopels durch das Kreuzfahrerheer führ-ten, und über seine eigene Wahl und Krönung zum Kaiser. Er bittet ihn, im Westen für die Unterstützung des Lateinischen Kaiserreichs zu werben, auch entsprechende Ablässe zu verleihen, ferner Kleriker zu senden, in Konstantinopel ein allgemeines Konzil einzuberufen und dieses selbst zu besuchen. Außerdem empfiehlt er ihm den Dogen H(einrich) Dandolo von Venedig und die im Heer befindlichen Venezianer.

                                          (Konstantinopel, 1204 nach Mai 16)[1]*.*

Reg. Vat. 5, fol. 175ʳ—177ᵛ ⟨Nr. 152⟩.

Bréquigny, Diplomata, II/1 570, Nr. 152 = Migne, PL, 215, 447, Nr. 152; Gesta Innocentii, c. 91 (Baluze I 52—55; Gress-Wright 197—208); Bosquet, Notae, 87—92; Duchesne, Scriptores, V 282 (teilweise), 797—801; Raynaldus, Annales, I 174—180; RHF XVIII 524; Tafel–Thomas, Urkun-den, I 509, Nr. 122; Prevenier, Oorkonden, 564, Nr. 271; Carile, Storia, 269—278. — Bréquigny, Table chronologique, IV 366; Wauters, Table chronologique, III 220; Klimke, Quellen, 23, Nr. 36; Hendrickx, Régestes, 13, Nr. 3.

A-pari Briefe an den EB. von Köln, den Abt von Cîteaux und die Äbte des Zisterzienserordens und an alle Christgläubigen: Prevenier, Oorkonden, 577, Nr. 272; 583, Nr. 273; 591, Nr. 274; Hendrickx, Régestes, 14, Nr. 4; 15, Nr. 5, 6.

Sanctissimo[a] patri et domino karissimo I(nnocentio), Dei gratia summo pontifici, Bald(uinus)[2], eadem gratia Constantinopolitanus imperator et semper augustus, * Flandrensis et Hain(onie)[b] comes, miles suus, cum devo-ta semper obsequii voluntate oscula pedum.   * fol. 175ᵛ

Cum paterne sollicitudinis zelo et nostre congregrationis[c] in id ipsum amore speciali, que circa nos aguntur[d], sanctitas vestra scire desideret, seria-tim vobis declarandum esse decrevimus, quam mira circa nos usa sit[e] divina clementia novitate[f] quamque non nobis quidem sed nomini suo gloriam dederit omnibus seculis ammirandam. Mirabilibus eius circa nos semper mi-rabiliora[g] succedunt, ut etiam in fidelibus dubium esse non debeat, quin manus Domini operetur hec omnia, cum nichil a nobis speratum aut provi-sum ante contigerit, sed tunc demum nova nobis Dominus procurarit auxilia, cum nichil humani videretur superesse consilii[3].   vgl. Ps 113, 9

---

152. [a] *Am Rande drei Punkte und ein Kreuz; auf fol. 175ʳ·ᵛ und 176ʳ links längs des Briefes am Rande ein senkrechter, z. T. gewellter Strich. Migne fügt hinzu:* in Christo.   [b] Ham(onie). [c] *Darüber eine Rasur, vielleicht von zwei Kreuzen;* nostre congregrationis *ist möglicherweise nachgetragen.*   [d] *Davor eine Rasur;* a- *auf Rasur; über* a- *ein kleines Kreuz radiert.*   [e] *Migne:* est.   [f] *Migne:* bonitate.   [g] -ra *auf Rasur.*

152. [1] Zur Datierung: Das Schreiben wurde wohl kurz nach der Kaiserkrönung Balduins am 16. Mai, die als letztes Ereignis im Bericht erwähnt wird, verfaßt. Es wird allerdings abgefangen (s. VII 147) und trifft mit Verspätung in Rom ein.

[2] S. Br. VII 147 Anm. 2.

[3] Vielleicht ein Anklang an eine sprichwortartige Redewendung, die auf Josephus Flavius zurückgeht, durch die Historia ecclesiastica des Eusebius in der Übersetzung des Rufinus II, 5,

Et quidem, si bene meminimus[h], per litteras paternitati vestre transmissas[4] nostri progressus et status narrationem eo usque deduximus, ut urbe populosa capta violenter[5] a paucis, tiranno[6] fugato ac filio Ysachii[7] Alexio coronato[8] mora nostra[i] promissa foret et ordinata per yemem, ut potenter obtinerentur[k], si qui resistere videbantur[l] Alexio. 5

Et nunc breviter narranda suscipimus, que circa nos postea contigerunt, eo[m] prenotato, quod, sicut non opera hominum fuere sed Dei, que Grecis intulimus, ita non hominum opera fuere sed demonum, que cum imperatore novo Grecoque per omnia Grecia nobis ex perfidia consueta[n] retribuit. Nos siquidem[o], ne discordie inter nos et Grecos fomitem[o] ministraret moribus 10 nostris adversa barbaries, de civitate exeuntes ex adverso civitatis interiacente portu ad preces imperatoris castra posuimus[9], et ex insperato — seu innata malitia seu Grecorum seductus perfidia — animo recedit a nobis, cui tanta beneficia contulimus, imperator et in omnibus cum patre, patriarcha[10] et mole nobilium nobis promissis periurus[p] et mendax tot incurrit periuria, 15 quot nobis prestitit iuramenta[11]. Unde nostro tandem destitutus auxilio prelia contra nos meditatur incassum et navigii, quod eum adduxerat et sublimaverat ad coronam, procurat incendia[12], sed voto tam crudeli Deo nos[q] protegente fraudatur. Fit pars sua per cuncta deterior et hominum suorum cedes, incendia et rapine proveniunt. Imminente foris pugna intus 20 timoribus[13] coartatur, imperatorem[14] ei emulum parantibus Grecis ea occasione captata, quod nullum ad auxilium nostrum deberet habere confugium.

---

[h]) *Migne:* meminerimus.   [i]) *Fehlt bei Migne.*   [k]) *Migne:* obruerentur.   [l]) *Migne:* viderentur.   [m]) *Migne:* et.   [n]) cosueta.   [o—o]) siquidem ... fo- *fehlt bei Migne.*   [p]) *Über dem zweiten -u- zwei i-Striche ausradiert.*   [q]) *Migne:* non. 25

5 (Ed. MOMMSEN 119) tradiert und von Zeitgenossen häufig verwendet wurde. Vgl. etwa Giraldus Cambrensis, De rebus a se gestis II, c. 4 (*RBS* 21/1 49f.); De iure et statu Menevensis ecclesiae, Dist. V (*RBS* 21/3 294); Speculum ecclesie, Dist. 3, c. 21 (*RBS* 21/4 255f.); De principis instructione, Dist. 1, c. 17 (*RBS* 21/8 67).

[4]) Br. VI 210 (211) vom ca. 25. August 1203. 30

[5]) Der Angriff auf Konstantinopel am 17. Juli 1203, der nicht zur Eroberung der Stadt, aber zur Flucht Kaiser Alexios' III. führte. Vgl. BRAND, *Byzantium*, 240f.

[6]) Alexios III. Angelos, der 1195 seinen Bruder Isaak II. stürzte und ihn blenden ließ. Gest. nach 1211. Vgl. BRAND, *Byzantium*, 117—157.

[7]) Isaak II. Angelos, Kaiser 1185—1195. Vgl. BRAND, *Byzantium*, 76—116. Er wird am 17./ 35 18. Juli 1203 restituiert. Vgl. Choniates 549 Z. 14ff.

[8]) Alexios IV. Angelos, am 1. August 1203 zum Mitkaiser gekrönt.

[9]) Das Lager des Kreuzfahrerheeres befand sich auf der Halbinsel Pera, in der jüdischen Vorstadt Estanor. Vgl. Villehardouin, c. 191.

[10]) Johannes (X.) Kamateros, griechischer Patriarch von Konstantinopel 1198—1206. Vgl. 40 PAPADAKIS–TALBOT, *John X*, 26f.; WIRTH, *Frage*, 239—248.

[11]) S. unten Anm. 24.

[12]) Zum Einsatz von Brandern gegen die venezianische Flotte am 1. Januar 1204 vgl. Villehardouin, c. 217—220.

[13]) Über die interne Opposition gegen die Herrschaft der Angeloi vgl. BRAND, *Byzantium*, 45 248—251.

[14]) Zur Wahl eines Gegenkaisers Ende Januar s. unten Anm. 18.

Cumque eidem evadendi spes unica restaret in nobis, iuratum sibi quendam
Marchuflum[r, 15)] nomine, sanguine sibi propinquum, de quo pro beneficiis
impensis super omnes alios confidebat, mittit ad exercitum nostrum, qui
Blakerne palatium nobis sub imperatoris et suo iuramento promittit[16)] in[s)]
5 obsidium, donec nobis cuncta promissa reddantur. Accedit ad palatium recipiendum nobilis marchio[17)], illudit Alexius marchioni et, quos iam nobis
dederat spretis obsidibus, consueta periuria non veretur. Nocte insecuta
Marchuflus[t)], domino suo periurus et nobis, Grecis reddendi nobis palatii
revelat archana atque ex hoc in perpetuum eis eripi libertatem et ad hoc
10 modis omnibus veniendum esse declarat, nisi deiciatur Alexius. Cuius prodi-
tionis merito tertius in urbe imperator attollitur, in dominum dormientem et
rei nescium sacrilegas mittit manus eumque carcere tetro[u)] concludens, tertium Nicol(aum) quendam[18)], qui apud sanctam Sofiam imperiales infulas
noviter usurparat, traditum sibi Grecorum, qui eum creaverant, proditione,
15 rursus incarcerat mortuoque postmodum Ysachio[19)], qui animum filii sui a
nobis pre omnibus, ut dicebatur, averterat, acclamante clero Grecorum et
populo, ut de terra tolleremur in brevi, tantum sanguinem nostrum sitienti-
bus Grecis prelia contra nos proditor iamdictus instaurat, urbem machinis et
propugnaculis munit, quorum similia nemo viderit umquam.
20   Cumque[v)] murus mire latitudinis lapidibus minutis cementoque tenacita-
tis et firmitatis antique constructus in altum valde consurgens[w)] turres haberet amplissimas pedibus circiter quinquagenis paulo plus minusve distantes,
inter quaslibet duas a parte maris, quo noster timebatur assultus[x)], turris
lignea erigitur super murum stationibus tribus aut quatuor multitudinem

---

25   [r)] *Migne:* Marculfum.   [s)] *Fehlt bei Migne.*   [t)] *Migne:* Marculfus.   [u)] treto.   [v)] *Am Ran-*
de von einer Hand des 15./16. Jhs.: Descriptio aliqualis civitatis Constantin(opolitane).
[w)] cosurge(n)s.   [x)] *Migne:* assaltus.

[15)] Alexios Dukas, genannt Murtzuphlos, von Alexios IV. zum Protovestiarios ernannt. Vgl.
BRAND, *Byzantium*, 248f.
30   [16)] Alexios IV. bietet den Kreuzfahrern die Kaiserresidenz Blacherne im Nordwesten der
Stadt, in der Nähe der Befestigungen und des Hafens (vgl. JANIN, *Constantinople*, 123—128), als
Sicherheit für ihren Beistand gegen die byzantinische Opposition an. Die Verhandlungen (wahrscheinlich am 28. Januar) werden von Murtzuphlos initiiert, getragen und zum Sturz Alexios'
IV. benutzt. Vgl. Choniates 563 Z. 70ff.; BRAND, *Byzantium*, 250; QUELLER, *Fourth Crusade*, 131f.
35   [17)] Bonifaz, Markgraf von Montferrat, Führer des Kreuzfahrerheeres, 1204 König von Thessalonike, gest. 1207. Vgl. *Dict. HGE* 9 (1935) 958—966; *DBI* 12 (1970) 118—124.
[18)] Nikolaus Kanabos wird Ende Januar von einer Versammlung hauptsächlich des Volkes
in der Hagia Sophia zum Kaiser gewählt, residiert dort und wird von Murtzuphlos kurz nach
seiner Machtergreifung beseitigt. Choniates 562 Z. 51ff.; ANDREA, *Devastatio*, 136; *Chronicle of*
40 *Novgorod* 45.
[19)] Die Chronologie dieser Ereignisse — Ausrufung Alexios' V. (am 29. Januar; vgl. SCHREI-
NER, *Kleinchroniken*, 185), Wahl und Beseitigung des Nikolaus Kanabos (wahrscheinlich am 28./
29. Januar; vgl. *ebd.* 184f.), Krönung Alexios' V. (wahrscheinlich am 5. Februar: *Chronicle of*
Novgorod 45), Ermordung Alexios' IV. (nach Choniates 564 am 8. Februar) und Tod des schon
45 längere Zeit kranken und bedeutungslosen Isaak II. — differiert in den Quellen (Choniates
562ff.; ANDREA, *Devastatio*, 136f.; *Chronicle of Novgorod* 45f.; Villehardouin, c. 222f.).

continentibus armatorum. Nichilominus etiam inter quaslibet duas turres
seu petraria seu mangonellus erigitur. * Turribus autem supereriguntur li-
gnee turres altissime stationum sex, superque supremam stationem adversum nos porriguntur scale, appodiationes ex utraque parte et propugnacula
continentes, paulo minus excelsis scalarum capitibus, quam iacere in altum 5
posset arcus a terra. Murum^{y)} etiam ipsum murus circumcingit inferior du-
plexque fossatum, ne muris^{z)} ulla applicari possent ingenia, sub quibus valerent latitare fossores.

Interim^{aa)} terra marique nos temptat perfidus imperator nos semper Domino protegente et suos frustante conatus. Nam preter^{bb)} ordinationem no- 10
stram ad predam victualium procul exeuntibus nostris usque ad mille animas
hominum pugnatorum imperator occurrit in multitudine gravi; primoque
congressu dissipatur omnino cesis captisque non paucis sine dampno nostrorum, fuga ignominiosa consulens sibi clipeum abicit^{cc)}, arma deponit et
nostris vexillum imperiale dimittit nobilemque, quam sibi preferri faciebat, 15
yconiam, quam ordini Cisterciensi nostri dedicavere victores²⁰⁾. Iterato navi-
gium nostrum flammis aggreditur intempesteque noctis silentio sedecim suas
naves incensas, velis in altum expansis et inferius colligatis ad proram, flante
fortiter austro nostras mittit in naves²¹⁾, sed Domino faciente cum multo
labore^{dd)} nostrorum^{dd)} custodimur indempnes, et ardentibus navibus clavis 20
infixis^{ee)} cathenis herentibus nostrorum remigio trahuntur in pelagus et ab
imminenti mortis periculo a Domino liberamur. Nos igitur terrestrem eum
provocamus ad pugnam et ponte atque amne transmisso, qui exercitum nostrum separabat a Grecis, cuneis ordinatis ante portam diu stetimus regie
civitatis²²⁾ et palatii imperialis^{ff)}, quod Blakerna nuncupatur, in nomine Domi- 25
ni agmina^{gg)} Isr(ae)l precedente cruce vivifica parati ad prelium Grecos excipe-
re, si eis placuisset exire. Et quidem pro militie exercitio exeuntem nobilem
quendam nostri pedites trucidarunt. Sic in castra reversi terra marique sepius
provocamur, sed dante Domino semper ac triumphaliter obtinemus.

Mittit ad nos pacis ficte legatos perfidus incubator imperii, postulat et 30
obtinet cum duce colloquium²³⁾. Cumque eidem dux magnanimus obiecisset,

* fol. 176^r

vgl. 2Makk 10, 1

---

^{y)} muru(m). *Vielleicht* -s *getilgt.*   ^{z)} *Über* -r- *und nach dem Wort eine Rasur; am Rande ein
kurzer, schräger Strich.*   ^{aa)} *Punkt unter dem* -t-; er-*Kürzung korr. aus Kürzungsstrich über dem* -i-.
^{bb)} *Migne:* propter.   ^{cc)} *Migne:* adjicit.   ^{dd—dd)} *Durch Zeichen umgestellt aus* nostrorum labo-
re.   ^{ee)} *Das letzte* -i- *korr. aus* -a-.   ^{ff)} *Das letzte* -i- *korr. aus* -e-.   ^{gg)} -a *korr. aus* -e.   35

²⁰⁾ Zum Gefecht kommt es bei der Rückkehr eines Truppenteils unter Heinrich von Henne-
gau von einem Plünderungszug gegen Philea. Vgl. Villehardouin, c. 227f.; ANDREA, *Devastatio*,
136. Zur Ikone der Hodegitria, die dabei von den Kreuzfahrern erbeutet wird, vgl. Alberici
Monachi Trium Fontium Chronicon (*MGH SS* XXIII 883 Z. 24—28).
²¹⁾ Zu dem zweiten Angriff mit Brandern vgl. CARILE, *Storia*, 338.   40
²²⁾ Konstantinopel.
²³⁾ Zu den Verhandlungen zwischen Alexios V. und dem Dogen Enrico Dandolo (s. Br. VII
18 Anm. 1) im Februar vgl. Choniates 567 Z. 56ff. Die Bedingungen des Dogen für den Abzug des
Kreuzfahrerheeres waren die Zahlung der Restschuld Alexios' IV., umfassende Privilegien für
Venedig, Unterstützung des Kreuzzuges und Anerkennung der päpstlichen Suprematie. Alexios 45
IV. war zu diesem Zeitpunkt wohl schon tot. Vgl. CARILE, *Storia*, 336—338.

quod nulla cum eo pacis posset esse securitas, qui dominum suum carcere
conclusisset postposita iusiurandi religione et fidei ac federis inter quantumlibet infideles firmiter obtinentis et ipsi preripuisset imperium, eidemque
bona fide[hh] consuleret[hh], ut dominum suum restitueret et humiliter veniam
5 postularet, nostras etiam pro se promitteret preces et, quod cum eodem domino
suo misericorditer, si vellet, agere deberemus ac, quicquid contra nos egerat
venenose, si rediret ad animum, imputare vellemus etati[ii] lapsuive consilii, ille
vana verba subintulit, quia, que responderet, rationabiliter non haberet.
Obedientiam[kk] autem Romane ecclesie et subventionem Terre sancte, quam
10 iuramento et scripto imperiali[24] firmarat Alexius, adeo refutavit, ut vitam
amittere preeligeret Greciamque subverti, quam quod Latinis pontificibus
orientalis ecclesia subderetur. Nocte igitur insequenti dominum suum latenter
laqueo suffocat in carcere, cum quo ipsa[ll] die prandium sumpserat Iude, et clava
ferrea, quam tenebat in manu, latera morientis et costas inaudita crudelitate
15 confringit, casuque vitam, quam laqueo extorserat, confingit ereptam ac
imperiali sepultura concessa propalatum omnibus scelus funeris honore dis-
simulat.

vgl. Mk 14, 20;
Lk 22, 21; Jo 13, 26

Sic nobis yemps tota perficitur, donec navibus nostris scalis aptatis et
instrumentis bellicis preparatis nos et nostra recipientes in navibus V Idus
20 Aprilis[25], hoc est feria VI ante Passionem Domini, unanimiter pro honore
sancte Romane ecclesie et subventione Terre sancte navali prelio invadimus
civitatem et ea die sine multo tamen nostrorum sanguine fuimus tanta perpessi, ut inimicis nostris in opprobrium verteremur, quorum ea die pars fuit
per cuncta superior, adeo, ut tracta in terram Grecis compelleremur bellica
25 nostra machinamenta relinquere et infecto negotio ad ripam redire cogere-
mur adversam, ea die, ut videbatur, inutiliter fatigati. Conturbati ergo plurimum et conterriti, sed demum in Domino roborati, definito consilio[mm]
rursum instauramur ad pugnam et IIII° die, II Idus Aprilis[26], hoc est feria
II[a] post Passionem Domini, flante borea rursum applicamur ad muros, scalis
30 navium scalis turrium applicatis cum multo labore nostrorum permultum
resisten*tibus Grecis. Sed ex quo cominus gladios sensere nostrorum, non diu
belli[nn] anceps[nn] duravit eventus. Due siquidem naves pariter colligate[oo],

* fol. 176ᵛ

---

hh—hh) *Durch Zeichen umgestellt aus* consuleret fide.   ii) -ti *über der Zeile nachgetragen.*
kk) *Am Rande von einer Hand des 16. Jhs. ein Paragraphenzeichen.*   ll) -a *korr. aus* -i.
35 mm) *Migne:* concilio.   nn—nn) *Durch Zeichen umgestellt aus* anceps belli.   oo) *Über* -at- *Rasur.*

24) Das „iuramentum et scriptum imperiale", mit welchem Alexios IV. die Suprematie des
Papsttums und die Unterstützung des Kreuzzugs garantiert hätte, ist vielleicht der Vertrag von
Zadar (Dezember 1202/Januar 1203: HENDRICKX, *Chartes de Baudouin*, 68—75, Nr. 2; HEN-
DRICKX, *Documents non conservés*, 122—124, Nr. 8 [XXIV], 9 [XXV]) oder dessen Ratifikation
40 durch ein Chrysobull Isaaks II. (18. Juli/1. August 1203: HENDRICKX, *Documents non conservés*,
127—129, Nr. 14 [XXX]); weniger wahrscheinlich ein neuer Vertrag zwischen August und
November 1203: *ebd.* 156—158, Nr. 6 (XXXIV). Vgl. *ebd.* 157f. Vgl. auch Br. VI 209 (210).

25) 9. April 1204.
26) 12. April 1204.

que nostros episcopos Suessionensem[27] videlicet ac Trecensem[28] deferebant, quarum erant insignia «paradisus» et «peregrina», prime scalis suis scalas turrium attigerunt et felici auspitio[pp] peregrinos pro paradiso certantes hostibus admoverunt[qq]. Prima muros obtinent vexilla pontificum, ministrisque celestium secretorum prima conceditur de celo victoria. Irruentibus igitur nostris cedit Domino iubente multitudo infinita[rr] perpaucis, et propugnacula reliquentibus Grecis nostri audacter militibus portas aperiunt, quorum cum imperator, qui non procul a muris in tentoriis stabat armatus, conspicaretur ingressum, statim tentoria derelinquit et fugit; nostri cedibus occupantur, civitas capitur populosa, recipiuntur in palatiis imperialibus, qui nostrorum enses effugiunt, multaque cede facta Grecorum nostri sese recolligunt advesperascente iam die, arma fessi deponunt, de assultu palatiorum in crastino tractaturi. Suos recolligit imperator et crastinam ortatur ad pugnam, asserens, quod nostros in potestate nunc habeat intra murorum septa conclusos. Sed nocte latenter dat terga devictus[29]. Quo comperto Grecorum plebs attonita de substituendo imperatore[ss] pertractat, et, dum mane facto ad nominationem cuiusdam Constantini[30] procedunt, pedites nostri non expectata deliberatione maiorum ad arma prosiliunt et terga dantibus Grecis fortissima et munitissima palatia reliquuntur totaque in momento civitas obtinetur.

Diripitur equorum innumera multitudo auri et argenti, sericorum pretiosarumque vestium atque gemmarum et omnium eorum, que ab hominibus inter divitias computantur, tam inestimabilis abundantia reperitur, ut tantum tota non videretur possidere Latinitas, et, qui admodum pauca negaverant, cuncta nobis divino iudicio reliquerunt, ut secure dicamus, quia maiora hiis mirabilia circa bellorum casus nulla umquam narret ystoria, ut impleta prophetia manifeste videatur in nobis, que dicit, «persequetur unus ex vobis centum alienos», quia, si inter singulos victoriam partiamur, quilibet ex nostris non pauciores quam centum et obsedit et vicit. Nunc autem non nobis

vgl. Lv 26, 8

[pp] *Migne:* augurio.   [qq] amoverunt. *Emendiert nach dem Text der a-pari Briefe an den EB. von Köln, die Zisterzienser und alle Christgläubigen: Prevenier, Oorkonden, Nr. 272, S. 581 Z. 21f., Nr. 273, S. 588 Z. 13f., Nr. 274, S. 599 Z. 11.*   [rr] finita. *Emendiert nach dem Text der a-pari Briefe (wie Anm. qq), ebd. Nr. 272, S. 581 Z. 24, Nr. 273, S. 588 Z. 16, Nr. 274, S. 599 Z. 13. Die Emendation schon bei Migne.*   [ss] -atore *auf Rasur.*

[27] Nivelo von Quierzy, B. von Soissons (Suffr. von Reims) 1176—1207. Vgl. LONGNON, Compagnons, 115f.

[28] Garnerius von Traînel, B. von Troyes (Suffr. von Sens) 1193—1205. Vgl. ROSEROT DE MELIN, *Troyes,* 80—82, 424f., Nr. 58.

[29] Alexios V. flieht am 12./13. April nach Thrakien, wird auf Veranlassung Alexios' III. geblendet, nach seiner Gefangennahme durch die Lateiner im Nov. 1204 in Konstantinopel hingerichtet. Vgl. Villehardouin, c. 270f., 307.

[30] Konstantin Laskaris wird in der Nacht vom 12. zum 13. April gegen Konstantin Dukas zum Kaiser gewählt. Er versucht vergeblich, die Verteidigung zu organisieren und flieht, ohne gekrönt worden zu sein. Vgl. Choniates 571f.; SINOGOWITZ, *Kaisertum,* 351—353, und, zusammenfassend über die Kontroverse, ob es sich um Konstantin Laskaris oder dessen Bruder Theodor handelt, QUELLER, *Fourth Crusade,* 147, 216f., Anm. 84.

victoriam usurpamus, quia salvavit sibi dextera Domini, et brachium virtu- vgl. Ps 97, 1; Is 59, 16
tis eius revelatum est in nobis. A Domino tantum factum est istud et super vgl. Ps 88, 11
omnia mirabilia mirabile est in oculis nostris. vgl. Ps 117, 23; Mt 21, 42;
Mk 12, 11

Ordinatis igitur diligenter, que disponenda rerum poscebat eventus, ad
5 electionem imperatoris unanimiter et devote procedimus[31] et omni ambitio-
ne seclusa cum sex baronibus Venetorum[32] venerabiles viros episcopos nostros .. Suessionensem, Halb(er)statensem[33], Trecensem dominumque Beth-
leemitanum[34], qui a partibus transmarinis auctoritate apostolica nobis fuerat delegatus, Acconensem electum[35] abbatemque Lucedii[36] imperatoris
10 nostri sub Domino constituimus electores. Qui oratione premissa, ut decuit,
Dominica Misericordia Domini personam nostram, quod a nostris meritis
procul erat, unanimiter ac sollempniter elegerunt divinis laudibus clero et
populo pariter acclamante sequentique Dominica, qua Iubilate cantatur[37],
precipiente apostolo Petro regem honorificari[tt] eique obediri quasi precellen- vgl. 1Petr 2, 17
15 ti et Evangelio nuntiante, quod gaudium nostrum nemo tollet a nobis, cum vgl. 1Petr 2, 13
vgl. Jo 16, 22
ingenti honore atque tripudio more etiam suo applaudentibus Grecis ad
honorem Dei et sancte Romane ecclesie ac subventionem Terre sancte glorio-
se coronatum ad imperii fastigia Deo et hominibus amabiles patres memorati
pontifices cum universorum applausu et piis lacrimis sublimarunt.

20 Aderant incole Terre sancte, ecclesiastice militaresque[uu] persone, quorum
pre omnibus inestimabilis erat et gratulabunda letitia, exhibitumque Deo
gratius obsequium asserebant, quam si civitas sancta Christianis esset cultibus restituta, cum ad confusionem perpetuam inimicorum crucis sancte Ro- vgl. Phil 3, 18
mane ecclesie terreque Ier(oso)limitane sese regia civitas devoveret, que tam-
25 diu iam potenter adversaria stetit et contradixit utrique[vv]. Hec est enim, que
spurcissimo gentilium ritu, pro fraterna societate sanguinibus alternis ebibi-
tis, cum infidelibus ausa est sepius amicitias firmare ferales et eosdem mamil-
la diu lactavit huberrima et extulit in superbiam seculorum arma, naves et

---

30   [31]) Zu den Modalitäten der Kaiserwahl nach der Übereinkunft vom März 1204 vgl. Br. VII
205 S. 361 Z. 29—S. 362 Z. 7.

[32]) Die Namen der 6 venezianischen Wahlmänner sind in der späteren venezianischen
Chronistik überliefert: Michele oder Giovanni Baseggio, Vitale Dandolo, Ottone Querini, Bertuzi
Contarini, Nicolò Navagaioso, Pantaleone Barbo. Vgl. Carile, *Storia*, 182 mit Anm. 26.

35   [33]) Konrad von Krosigk, B. von Halberstadt (Suffr. von Mainz) 1201—1208 (resigniert).
Gest. 1225. Vgl. Andrea, *Conrad of Krosigk*.

[34]) Peter, B. von Bethlehem–Askalon 1202—1205. Vgl. Fedalto, *Chiesa latina*, I 151, II 58.

[35]) Johannes Faicete von Noyon, Kanoniker von Saint-Quentin, Elekt von Akkon (Suffr.
von Tyros), Kanzler des Lateinischen Kaiserreiches, gest. 1204. Vgl. Longnon, *Compagnons*,
40 165—167.

[36]) Peter, Abt von Lucedio (Zist.-Abtei, Diöz. und Prov. Vercelli) 1184, B. von Ivrea 1206,
providierter Erzbischof von Thessalonike 1208, Patriarch von Antiochia 1209, gest. 1217. Vgl.
Moore, *Peter of Lucedio*.

[37]) Die Kaiserwahl findet am 9., die Krönung am 16. Mai statt. Vgl. Villehardouin, c. 256 bis
45 263.

victualia ministrando[38]); quid econtrario fecerit peregrinis, magis edocere sufficiunt in omni Latinorum gente exempla quam verba. Hec est, que in
* fol. 177ʳ odium apostolici culminis * apostolorum principis nomen audire vix poterat nec unam eidem inter Grecos ecclesiam concedebat, qui omnium ecclesiarum accepit ab ipso Domino principatum. Hec est, que Christum solis didicerat 5 honorare picturis, et inter ritus nefandos, quos sibi spreta Scripturarum auctoritate confinxerat, etiam lavacri salutaris plerumque facere presumebat iterando iacturam. Hec est, que Latinos omnes non hominum nomine dignabatur sed canum, quorum sanguinem effundere pene inter merita reputabant nec ulla penitentie satisfactione pensabant laici monachi[ww]), penes quos sa- 10 cerdotibus spretis tota ligandi atque solvendi consistebat auctoritas. Hec et huiusmodi deliramenta, que epistolaris explicare non valet angustia, impletis
vgl. Mt 17, 16; Mk 9, 18; Lk 9, 41 iniquitatibus eorum, que ipsum Dominum ad nauseam provocabant[xx]), divina iustitia nostro ministerio digna ultione percussit et expulsis hominibus Deum odientibus et amantibus sese terram nobis dedit omnium bonorum 15 copiis affluentem, frumento, vino et oleo stabilitam, fructibus opulentam[yy]), nemoribus[zz]), aquis et pascuis speciosam, spatiosissimam ad manendum et cui similem non continet orbis aere[a]) temperatam. Sed nec in hiis desideria nostra subsistunt nec ab humeris nostris sustinebimus vexillum regale deponi, donec terra ipsa incolatu stabilita nostrorum partes debeamus invisere transmarinas 20 et Deo dante propositum peregrinationis explere. Speramus enim in Domino Iesu, quod, qui cepit in nobis opus bonum ad laudem et gloriam nominis sui,
vgl. Phil 3, 18 inimicorum crucis depressionem perpetuam perficiet, confirmabit solidabitque.

Paternitatem igitur vestram propensius exoramus et obsecramus in Do- 25 mino, ut glorie huius atque victorie et spei preobtate, cuius hostium magnum nobis apertum est, principes esse velitis et duces, vestrisque temporibus et operibus ascribatis decus eternum, quod absque ulla vobis dubitatione continget, si apostolice sanctitati devotos vestri precipue incolas Occidentis, nobiles et ignobiles cuiuslibet conditionis aut sexus eisdem desideriis[b]) accen- 30 sos, ad veras immensasque divitias capescendas temporales pariter et eternas salutaribus monitis accendatis, proposita venientibus omnibus apostolica indulgentia nobis et imperio nostro aut temporaliter aut perpetuo fideliter servituris. Universis enim Deo dante sufficimus, quos nobis Christiane religionis zelus adduxerit, universos volumus simul et possumus secundum sta- 35 tus suos varietatemque natalium[c]) et augere divitiis et honoribus ampliare. Specialiter autem Deo amabiles ecclesiasticos viros cuiuslibet religionis aut ritus sollicitudo vestra paterna potenter inducat, ut ad idem populum predicationibus publicis et potentibus verbis accendant et exemplis edoceant,

---

ww) *Migne:* monachive.   xx) -ba(n)t *auf Rasur; auch am Rande eine Rasur.*   yy) *Migne:* 40 opulentis.   zz) *Migne:* memoribus.   a) *Migne:* acre.   b) *Das letzte -i- über der Zeile nachgetragen.*   c) *Migne:* naturalium.

38) Zum Vorwurf der Verträge mit den Sarazenen vgl. Ebels-Hoving, *Byzantium*, 234f.

catervatimque et ipsi venire festinent in locis amenissimis et huberrimis, non
iam in sanguine sed in multa libertate et pace omniumque bonorum affluen-
tia ecclesiam plantaturi, salva semper, ut decet, suorum canonica licentia
prelatorum.

5   Ad laudem etiam et gloriam Redemptoris et sanctitatis vestre perpetuum
decus utilitatemque precipuam generalis ecclesie pertinere credentium nullus
ambigeret, si in civitate Constantinopolitana veteribus honorata conciliis[39]
vestra paternitas generale concilium convocaret beatissime persone vestre
presentia confirmandum novamque Romam veteri couniret sanctionibus
10   sacris ac perpetuo valituris. Iam enim ad concilium Greciam rebellem vos
invitasse didicimus[40], quasi, que nunc videtis, tempora presignando, licet
sive pro rebellione Grecorum sive pro utilitatibus mundi et variis occupationibus interim videamini distulisse. Ecce nunc tempus acceptabile, pater
sancte, ecce nunc dies salutis! Cogitasse videtur Dominus temporibus vestris   vgl. 2Kor 6, 2
15   cogitationes pacis, qui scabellum pedum vestrorum vestros posuit inimicos.   vgl. Ir 29, 11
                                                                                    vgl. Ps 109, 1;
Canite, quesumus, tuba sacerdotali in Syon, amantissime pater, vocate ce-   Mt 22, 44; Apg 2, 35;
                                                                                    Hebr 1, 13; 10, 13
tum, congregate populum, coadunate senes et suggentes hubera, sanctificate   vgl. Joel 2, 15f.
diem acceptabilem Domino, diem stabiliende unitatis et pacis et, quam ad   vgl. Is 58, 5
Dominum custodimus, nostre fortitudinis confirmande. Quantumlibet enim   vgl. Ps 58, 10
20   insufficientes simus ex nobis, sperare audemus in Domino, quod gaudium
Domini sit fortitudo nostra ad evacuandum scandalum crucis et subiciendam   vgl. 2Esr 8, 10
                                                                                    vgl. Gal 5, 11
in terris omnem adversariam potestatem erigentem se adversus Dominum et
adversus christum eius. Recordamini, pater sancte, cathedre vestre ses-
sorum, quorum in[d] celo gaudent anime et in terris vivit gloriosa memoria,
25   Ioh(ann)is, Agapiti et Leonis[41] * seu[e] aliorum, qui ex variis causis Constan-   * fol. 177ᵛ
tinopolitanam leguntur ecclesiam presentialiter visitasse, sicut in apostolicis
continetur archivis, et invenietis manifeste, si nos, qui asserunt se legisse, non
fallunt, quod pro causis longe minoribus eorum quilibet adventarit.

Si quid ex ardenti desiderio, ultra quam decet, ingerimus, ex benignitate
30   consueta, reverende pater, ignoscite affectumque nostrum apicemque negotii
ulterius et potius quam verba spectate. Illud autem silere nulla ratione

---

d) *Über der Zeile nachgetragen.*   e) *Migne:* et.

39) Im Westen anerkannte Konzile in Konstantinopel wurden 381, 553, 680/681, 869/870
und 879/880 abgehalten.
35   40) Zum Thema des Konzils im Briefwechsel Innocenz' III. mit dem Kaiser und Patriarchen
vgl. die Br. II 200 (209) Bd. 2 S. 388 Z. 26—389 Z. 19, II 201 (210) ebd. S. 393 Z. 19—22, II 202
(211) ebd. 396 Z. 20—397 Z. 18 und HAGEDORN, *Innozenz III.*, 115—118.
41) Papst Johannes I. (523—526) reiste 525/526 an der Spitze einer Gesandtschaft König
Theoderichs zu Kaiser Justin nach Konstantinopel. Papst Agapit I. (535/536) setzte in Konstan-
40   tinopel den Patriarchen Antimos ab, weihte den Patriarchen Menas und starb kurz vor der
Eröffnung des Konzils in Konstantinopel (Mai/Juni 536; MANSI, *Collectio*, VIII 873—1162), dem
er präsidieren wollte. Papst Konstantin I. (708—715) hielt sich 710/711 auf dem Weg nach
Nikomedia zu Kaiser Justinian II. auch in Konstantinopel auf, war jedoch schon als Gesandter
Papst Leos II. dort gewesen, was Anlaß zu einer Verwechslung gegeben haben mag. Vgl. etwa
45   Liber Pontificalis (Ed. DUCHESNE I 275 Z. 3f., 287 Z. 5—288 Z. 5, 390 Z. 12—16).

debemus, quod reverendi pontifices et abbates nostri et inferioris status
venerabilis clerus tam magnifice ac decenter tam honeste inter nos se habuit
ac prudenter et armis Deo potentibus tam constanter ac triumphaliter dimi-
cavit, ut coronam victorie de manu Domini merito debeant expectare et
eorum inperpetuum esse meruerit in benedictione memoria et, ne^{f)} quid^{f)} eis 5
in ulla gratia desit, apostolici favoris et gratie cumulum pro tam bene meritis
evidentius reportare. Illustrem virum H(enricum) Dandal(um), ducem Venetorum, dilectum nobis ac merito diligendum, cum amicis ac sociis nostris
Venetis, quos fideles ac industrios per cuncta reperimus, paternitati vestre
pro sue probitatis merito plurimum commendamus.   10

153.

*Innocenz III. nimmt den Kaiser Balduin von Konstantinopel, sein Reich und
seine Leute in den päpstlichen Schutz und befiehlt allen geistlichen und weltlichen Personen unter Androhung geistlicher Strafen, das Kaiserreich zu beschüt-
zen. Er ermahnt den Kaiser, die griechische Kirche und sein Reich in Gehorsam* 15
*zum apostolischen Stuhl zu halten und die kirchlichen Güter zu bewahren, bis der
Papst über ihre Zukunft befunden hat.*

Rom, St. Peter, (1204) November 7.

Reg. Vat. 5, fol. 177^v—178^r ⟨Nr. 153⟩.

Bréquigny, Diplomata, II/1 575, Nr. 153 = Migne, PL, 215, 454, Nr. 153; Haluščynskyj, Acta 20
Innocentii, 276, Nr. 64. — Potth. Reg. 2321; Bréquigny, Table chronologique, IV 367; Wauters, Table
chronologique, III 227; Santifaller, Lateinisches Patriarchat, 167, Nr. 1; Balladore Pallieri–Vismara, Acta pontificia, 79, Nr. 374; 525, Nr. 215.

Balduino, illustri Constantinopolitano imperatori^{a, 1)}.

(|) **Litteras**²⁾ imperatorie dignitatis, quas nobis per dilectum filium Ba- 25
rochium, fratrem militie Templi³⁾, tua devotio destinavit, paterna benignitate
recepimus earumque tenore plenissime intellecto gavisi sumus in Domino et
vgl. Eph 1, 19; 6, 10 in potentia virtutis ipsius, quod is, qui superbis resistit, humilibus autem dat
Jak 4, 6; 1Petr 5, 5 gratiam, magnifica tecum miracula dignatus est operari ad laudem et gloriam
nominis sui, ad honorem et profectum apostolice sedis et ad utilitatem et 30
exaltationem populi Christiani, ut de tua taceamus magnificentia et virtute.

---

^{f—f)} *Getrennt durch schräge Striche ober- und unterhalb der Zeile.*

153. ^{a)} *Am Rande ein Kreuz und drei Punkte; ferner außen am Rande ein senkrechter, gekrümmter
Strich zwischen zwei Punkten. Auf fol. 177^v längs des Briefes am Rande ein senkrechter, z. T.
gewellter Strich.*   35

153. ¹⁾ S. Br. VII 147 Anm. 2.
    ²⁾ Br. VII 152.
    ³⁾ S. Br. VII 147 Anm. 3.

Illud autem inter cetera nobis gratum est et acceptum et super eo tuam
prudentiam commendamus, quod potentie tue parum aut nichil, Deo autem
et nobis totum ascribis, ut exaltet humilitas, quem[b)] superbia non extollit. vgl. Lk 1, 51. 52

Sperantes igitur, immo pro certo tenentes, quod tu[c)] sacrosanctam Ro-
5 manam ecclesiam, que cunctorum fidelium mater est et magistra, de corde
puro et conscientia bona et fide[d)] non ficta semper cupias venerari, ad hono- 1Tim 1, 5
rem et profectum tuum diligens studium impendere volumus et operam
efficacem. Unde tam te quam terram et homines tuos sub principali beati
Petri et speciali nostra protectione suscipimus, dantes firmiter in preceptis
10 universis archiepiscopis et episcopis nec non aliis ecclesiarum prelatis, regibus
quoque, ducibus ac comitibus ceterisque principibus et populis universis, ut
terras et homines tuos manuteneant et defendant nec eos ipsi molestent nec
ab aliis faciant molestari, sed archiepiscopi et episcopi molestatores eorum
per districtionem ecclesiasticam appellatione remota compescant et eos ad
15 satisfactionem omnimodam tam per excommunicationem in personas quam
per interdictum in terras omni occasione cessante compellant; universis etiam tam clericis quam laicis crucesignatis consistentibus tecum in exercitu
Christiano sub spe remissionis et indulgentie, quam eis sedes apostolica pollicetur[4)], iniungimus et mandamus, ut ad defendendum et retinendum Constan-
20 tinopolitanum imperium, per cuius subventionis auxilium Terra sancta facilius
poterit de paganorum manibus liberari, tibi prudenter et potenter assistant, et
nos interim de succursu tibi pro utraque terra mittendo ita disponere satagemus,
quod affectum animi nostri per exhibitionem operis comprobabis.

Illud autem, fili karissime, sollicita debes meditatione pensare, quod,
25 postquam regnum Grecorum ab obedientia sedis apostolice deviavit, de malo
semper declinavit in peius, donec a superbis ad humiles, ab inobedientibus ad
devotos, a scismaticis ad catholicos[e)] iusto Dei iudicio est translatum, ut per vgl. 2Makk 9, 18;
2Thess 1, 5
obedientie virtutem resurgat ad bonum, quod per inobedientie vitium[f)] de-
fluxit ad malum. Quocirca sublimitatem tuam monemus et exhortamur
30 at(tentius) in remissionem tibi pec(caminum) iniungentes, quatinus Grecorum ecclesiam et Constantinopolitanum imperium, quod ad invocationem
apostolice sedis gratia tibi[g)] divina[h)] subiecit, in ipsius obedientia studeas
conservare, per quam et ipsum imperium[i)] tibi melius conservabis; attentius
provisurus, ut ecclesiastica bona tam immobilia quam mobilia diligenter facias
35 et fideliter * custodiri, donec per nostre dispositionis arbitrium salubriter * fol. 178ʳ
ordinentur, ut[k)], que sunt Cesaris, Cesari et, que sunt Dei, Deo sine confusione vgl. Mt 22, 21;
Mk 12, 17; Lk 20, 25
reddantur.

Datum Rome apud sanctum P(etrum), VII Idus Novembris.

---

b) *Am Rande ein kurzer, waagrechter Strich.*   c) *Migne:* ut.   d) *Migne:* fides.
40 e) catholios.   f) *Über der Zeile mit anderer Tinte nachgetragen.*   g) *Migne:* sibi.   h) *Die Ober-*
länge des d- *fehlt.*   i) *Über der Zeile mit anderer Tinte nachgetragen.*   k) *Über der Zeile nachgetra-*
gen; ursprünglich ein tironisches et.

4) S. Br. VII 77 (76, 77) Anm. 9.

154.

*Innocenz III. erklärt den Bischöfen, Äbten und dem Klerus im Kreuzfahrerheer
in Konstantinopel die heilsgeschichtliche Bedeutung der Eroberung dieser Stadt
und trägt ihnen auf, sie dem Heer zu erläutern und den Kaiser B(alduin) und
die Kreuzfahrer zum Gehorsam gegenüber dem apostolischen Stuhl anzuleiten.* 5

Rom, St. Peter, (1204) November 13.

Reg. Vat. 5, fol. 178ʳ—179ᵛ ⟨Nr. 154⟩.

Bréquigny, Diplomata, II/1 576, Nr. 154 = Migne, PL, 215, 455, Nr. 154; Haluščynskyj, Acta
Innocentii, 277, Nr. 65. — Potth. Reg. 2324; Wauters, Table chronologique, III 228; Santifaller,
Lateinisches Patriarchat, 167, Nr. 2.   10

Episcopis, abbatibus ceterisque clericis[a] in exercitu crucesignatorum apud Constantinopolim existentibus[b, 1].

vgl. Dn 2, 28   Legimus in Daniele propheta, quod est Deus in celo, qui revelat misteria,
vgl. Dn 2, 21   ipse mutat tempora et transfert regna. Hoc autem in regno Grecorum temporibus nostris videmus et gaudemus impleri, quoniam is, qui dominatur in 15
vgl. Dn 4, 14. 22. 29   regno hominum et, cui voluerit, dabit illud. Constantinopolitanum imperium
a superbis ad humiles, ab inobedientibus ad devotos, a scismaticis ad catholicos, a Grecis videlicet transtulit ad Latinos. Sane a Domino factum est istud
vgl. Ps 117, 23; Mt 21, 42; Mk 12, 11   et est mirabile in oculis nostris. Hec est profecto dextere Excelsi mutatio, in
vgl. Ps 76, 11   qua dextera Domini fecit virtutem, ut sacrosanctam Romanam ecclesiam 20
vgl. Ps 117, 16   exaltaret, dum filiam reducit ad matrem, partem ad totum et membrum ad
caput. Tempus[2] enim advenisse videtur, in quo destructis vitulis aureis
Isr(ae)l revertatur ad Iudam et ad Ier(usa)l(e)m Samaria convertatur, quatinus atrio, quod secundum Apocalipsim Ioh(ann)is est extra templum, foras
vgl. Apok 11, 2 vgl. 1Kg 12, 28f. vgl. Ir 31, 6 vgl. Jak 1, 17   eiecto, non iam in Dan et Bethel, sed in montem Syon ad Dominum ascenda- 25
tur. Nos igitur ei, a quo est omne datum obtimum et omne donum perfectum,
etsi non quantas debemus, quantas tamen valemus gratiarum exolvimus
vgl. Os 14, 3   actiones et ei labiorum nostrorum vitulos immolamus, qui temporibus nostris
vgl. Ps 113, 9   dedit hanc gloriam nomini suo sancto et glorioso, quod invocatum est super
vgl. Jak 2, 7 u. ö.   nos.   30

Iam enim secundum spiritum adimpletur, quod olim secundum litteram
extitit consumatum. Legitur enim, quod Maria Magdalena mane, cum adhuc
tenebre essent, venit ad monumentum et vidit lapidem sublatum a monu-
Jo 20, 1   mento et cetera, que secuntur in evangelica lectione[c]. Sane per Mariam

---

154. [a]) *Migne:* cleris.   [b]) *Am Rande drei Punkte und zwei Kreuze; ferner ein schiefliegendes Kreuz.* 35
*Am linken Rande ein senkrechter, gekrümmter Strich zwischen zwei Punkten. Auf fol. 178ʳ (links)
und 178ᵛ längs des Briefes am Rande ein senkrechter, z. T. gewellter Strich. Adresse am Rande
vorgemerkt und zum größten Teil weggeschnitten.*   [c]) electione. *Die Korrektur schon bei Migne.*

154. [1]) Bischöfe, Äbte und Klerus im Kreuzfahrerheer in Konstantinopel.

[2]) Innocenz III. gibt im Folgenden eine Erklärung des Auferstehungsberichtes nach Jo 20, 40
1—17, die, zum Teil in wörtlicher Entsprechung, auf Abschnitten der Auslegung von Apok 11,
2 durch Joachim von Fiore beruht: *Expositio in Apocalypsim,* fol. 142ᵛᵃ—145ᵛᵇ.

Magdalenam intelligitur Sinagoga, per monumentum vero Vetus accipitur
Testamentum, per lapidem monumenti Legis littera designatur, que fuit in
tabulis lapideis exarata. Maria igitur, videlicet Sinagoga, mane, id[d] est[d]:   vgl. Ex 24, 12 u. ö.
tempore primitivo, cum adhuc tenebre essent — tempus videlicet cecitatis et
5 ignorantie, antequam Lex per Moysen data fuisset, de qua dicit Apostolus:
«Concupiscentiam nesciebam, nisi lex diceret: non concupisces» —, venit ad   Röm 7, 7
monumentum, id[d] est[d]: Vetus Testamentum accepit, in quo misteria scripturarum clausa tamquam corpora in monumento latebant, et rarescentibus
tandem tenebris et illucescente plenius vero die — luce videlicet illa, que
10 illuminat omnem hominem venientem in hunc mundum, in cuius eclipsi petre   vgl. Jo 1, 9
scisse ac monumenta leguntur aperta — vidit in primitivis[e] fidelibus, qui ex   vgl. Mt 27, 45. 51f.
circumcisione fuerunt — nam salus ex Iudeis est —, lapidem amotum ab   vgl. Kol 4, 11
vgl. Jo 4, 22
hostio monumenti, videlicet intelligentiam littere a Veteri Testamento dis-   vgl. Mt 28, 2;
Mk 16, 4; Lk 24, 2;
cretam, quia legem non tam litteraliter quam spiritualiter intelligendam esse   Jo 20, 1
15 cognovit per doctores evangelice veritatis, sicut unus ex eis, videlicet Paulus
apostolus, protestatur: «Littera occidit, spiritus autem vivificat»; et sicut   2Kor 3, 6
idem alibi dicit: «Scriptum est, quoniam Habraham duos filios habuit, unum
de ancilla et unum de libera. Sed qui de ancilla[f] secundum carnem natus est,
qui autem de libera per repromissionem: que sunt per allegoriam dicta»;   Gal 4, 22—24
20 itemque: «Non omnes, qui ex Isr(ae)l, hii sunt Isr(ae)lite, neque, qui sunt
semen Habrahe, omnes filii, sed in Ysahac vocabitur tibi semen, id est: non
qui filii carnis[g], hii filii Dei, sed qui filii[g] sunt promissionis, extimantur in
semine».   Röm 9, 6—8

    Currens igitur Maria Magdalena venit ad Symonem Petrum et ad alium
25 discipulum, quem amabat Iesus, et dicit eis: «Tulerunt Dominum meum et
nescimus, ubi posuerunt eum». Sicut per Mariam Magdalenam Iudeorum   Jo 20, 2
intelligitur Sinagoga, ita per Petrum, qui ad Latinos est specialiter destinatus
et apud eos Rome sepulturam accepit, populus intelligitur Latinorum, Grecorum vero populus per Ioh(ann)em, qui missus ad Grecos Ephesi tandem in
30 Domino requievit. Petrus unam construxit ecclesiam, videlicet ecclesiarum
omnium unum caput. Unde Dominus dixit ei: «Tu es Petrus et super hanc
petram edificabo ecclesiam meam». Ioh(anne)s autem in Asia plures ecclesias   Mt 16, 18
stabilivit tamquam unius capitis multa membra. Unde in Apocalipsi facit de
septem ecclesiis et earum angelis[h] mentionem, ut, sicut multa membra gu-   vgl. Apok 1,
20—3, 22
35 bernantur sub uno capite, ita multe particulares ecclesie sub una universali
regantur. Venit ergo Maria ad Petrum pariter et Ioh(ann)em, quia Sinagoga
per primitivos apostolos, qui ex ipsa crediderant, tam Latinis quam Grecis
verbum Evangelii predicavit. Nam in omnem terram exivit sonus eorum et
in[i] fines * orbis terre verba eorum et[i] ideo dicitur cucurrisse Maria, quia   * fol. 178ᵛ
Ps 18, 5; Röm 10, 18
40 velociter sermo predicationis currebat. Venit inquam et dicit eis: «Tulerunt   vgl. Jo 20, 2

        [d—d] *Getrennt durch je einen schrägen Strich ober- und unterhalb der Zeile.*   [e] *-s korr. aus dem*
zweiten Schaft eines -u.   [f] *Am Rande ein kurzer, waagrechter Strich.*   [g—g] *Fehlt bei Migne.*
[h] *Migne:* singulis.   [i—i] *Fehlt bei Migne.*

Jo 20, 2 Dominum de monumento et nescimus, ubi posuerunt eum», ac si diceret
manifestius: Scribe et Pharisei veritatem, que Christus est, occidentes sepe-
lierunt in Veteri Testamento, ut in eo nulla de illo secundum ipsos mentio
habeatur, et ita secundum expositionem ipsorum, ubi Christus in Veteri
Testamento sit positus, ignoratur.   5

Exiit ergo Petrus et ille alius discipulus et^{k)} venerunt^{k)} ad monumentum.
Currebant duo simul et ille alius discipulus precucurrit citius Petro et venit
primus ad monumentum et, cum se inclinasset, vidit posita linteamina^{l)}, non

Jo 20, 3—5 tamen introivit. Ad predicationem enim illius ecclesie, que de circumcisione
crediderat, audierunt gentes, que predestinate erant ad vitam, Greci videlicet 10
et Latini, et cucurrerunt certatim ad intelligentiam Veteris Testamenti, ut per
illud agnoscerent tantarum rerum, quam Deus ostenderat veritatem. Sed
quamvis Grecorum populus prius recepisset Vetus Testamentum sibi primitus
nuntiatum et ad eius se intelligentiam inclinasset atque humanitatis Christi
misteria prius intellexerit quam Latinus, quoniam ad eum prius et plures   15
apostoli pervenerunt, ut Paulus, Barnabas et Ioh(ann)es, non tamen monumentum intravit nec sudarium, quod seorsum erat involutum in unum

vgl. Jo 20, 7 locum, aspexit, quia doctores Grecorum ad plenam intelligentiam Veteris
Testamenti et profunda misteria deitatis nec hactenus nec nunc etiam pervenerunt nisi forte perpauci^{m, 3)}. Per linteamina enim, quibus corpus Iesu   20
fuerat involutum, humanitatisⁿ⁾ Christi misteria designantur, per sudarium,
quod fuerat super caput ipsius, intelligitur misterium deitatis. Nam secundum

vgl. 1Kor 11, 3 Apostolum: «Caput viri Christus, caput Christi Deus». Unde legitur in Ysaia,
quod duo Cherubin, qui sex alas habere scribuntur, duabus alis faciem et

Is 6, 2 duabus pedes velabant, duabus alis^{o)} volitantes^{p)}, quia misteria deitatis, que   25
per caput sive faciem designantur et ea, que ante mundi creationem fecit
Dominus Deus et que facturus est post iudicium, sunt occulta, sed media
magis patent et circa ea nos etiam volitamus.

Jo 20, 6 Venit ergo Symon Petrus sequens eum et introivit in^{q)} monumentum,
quia Latinus populus usque ad interiora et profundiora Veteris Testamenti   30
misteria penetravit et ideo vidit linteamina posita et sudarium, quod fuerat
super caput eius, non cum linteaminibus positum sed separatim involutum in

Jo 20, 6f. unum locum, quoniam inter humanitatis et deitatis sacramenta discrevit, ut,
sicut in Deo non distinguit naturam, sed distinguit personas, ita in Christo
non distinguat personam, sed distinguat naturas. Grecus ergo licet credat   35
tres in divinitate personas et unam in deitate substantiam, quod tamen

---

^{k—k)} *Auf Rasur nachgetragen, auch am Rande eine Rasur.*   ^{l)} *Tintenwechsel.*   ^{m)} p(er)- *über
der Zeile nachgetragen.*   ⁿ⁾ *Migne:* humanitas.   ^{o)} *Korr. aus* alii, -s *auf Rasur, darüber ein
kleines Kreuz wohl als Korrekturvormerkung.*   ^{p)} *Korr. aus* volu(n)tates; *zwischen* -i- *und* -t- *eine
Rasur, darüber ein kleines Kreuz, wohl als Korrekturvormerkung, ausradiert.*   ^{q)} *Darnach* mo-   40
durchgestrichen.

³⁾ Vielleicht ist hier an die in Petrus Lombardus, *Sentenzen*, I, 9, 2 (I 116f.) genannten
griechischen Theologen gedacht, die den Ausgang des Hl. Geistes auch vom Sohn lehrten.

Spiritus sanctus procedat a Filio, sicut procedit a Patre[4]), non credit. Unde
non ad iniuriam propriam, sed Grecorum opprobrium Ioh(anne)s de se ipso
subiungit: «Nondum enim sciebat Scripturam».   Jo 20, 9

Quid[5]) est autem, quod Iudeorum populus electus est prius ad culturam
5 unius Dei[r]), duo vero circa fines seculorum assumpti, nisi quod una est in
Trinitate persona, que a nullo mittitur, quoniam est a nullo, due vero, que ab
uno sunt et ab uno mittuntur? Quod si populus Iudaicus, qui est electus in
patribus, tipum gerit illius, a quo omnis potestas in celo et in terra[s]) nomina-   vgl. Mt 28, 18
tur, cuius tipum gerit Latinus, cui datus est Christi vicarius, nisi ipsius Filii,
10 qui traditur occurrisse beato Petro et tam ipsi quam pro ipso dixisse: «Venio
Romam iterum crucifigi»[6])? Quia vero Grecorum populo datus est beatus
Ioh(anne)s, a[t]) quo et incepit perfectorum[u]) religio monachorum, bene tipum
gerit illius Spiritus, qui querit et diligit filios[v]) spirituales[w]). Ceterum si est ita,
quid est, quod Greci nondum acceperunt posse credere procedere Spiritum
15 sanctum a Filio sicut a Patre, nisi quod humiliter quidem acceperunt doctrinam a populo Iudaico (qui gerit misterium Dei Patris, sed hactenus sprevit
humiliter recipere[x]) a Latino[x]), qui habet in hac parte similitudinem Dei
Filii), ut — quomodo idem Spiritus accipere dicitur a Filio, quod annuntiet   vgl. Jo 16, 14. 15
— ita Grecorum populus, qui doctrinam accepit aliquando ab Ebreo, accipi-
20 at tandem similiter a Latino[5])? Ideo namque[y]) Pater summe diligit Filium,
quia, quicquid habet Pater, totum contulit[z]) Filio et ideo Filius summe diligit   vgl. Mt 11, 27;
Jo 3, 35; 13, 3
Patrem, quia, quicquid habet Filius, totum accepit a Patre, pari ratione   vgl. Jo 16, 15; 17, 10
Pater et Spiritus sanctus summe se diligunt, quia, quicquid habet Pater,
totum Spiritui sancto dedit et, quicquid Spiritus sanctus habet, a Patre totum
25 accepit. Nisi ergo talis habitudo inter Filium et Spiritum sanctum existeret,
profecto non se summe diligerent et ita Filius magis diligeret Patrem quam
Spiritum sanctum et Spiritus sanctus magis diligeret * Patrem quam Filium,   * fol. 179ʳ
quod est inconveniens et absurdum et penitus impossibile. Nam cum ipsi tres
sint unum et idem in nullo varium vel diversum, non est aliquid amplius in

---

30   [r]) -i *auf Rasur.*   [s]) tra, *darnach eine kleine Rasur.*   [t]) *Am Rande ein kurzer, waagrechter*
Strich.   [u]) -o- *auf Rasur.*   [v]) *Fehlt bei Migne.*   [w]) spiritales.   [x—x]) *Durch Zeichen umgestellt*
aus a Latino recipere.   [y]) *Am Rande ein kurzer, waagrechter Strich.*   [z]) cotulit.

[4]) Die Frage der Zulässigkeit der späteren Einfügung des „Filioque" — des Bekenntnisses
des Ausganges des Hl. Geistes nicht nur vom Vater, sondern auch vom Sohn — in das Nicaeno-
35 Constantinopolitanische Glaubensbekenntnis durch die lateinische Kirche war einer der Haupt-
streitpunkte mit der griechischen Kirche. Vgl. auch die Vorwürfe des Patriarchen von Konstantinopel an Innocenz III. im Br. II 199 (208) Bd. 2 S. 381 Z. 17—S. 382 Z. 8.

[5—5]) Weitgehend wörtlich aus Joachim von Fiore, *Expositio in Apocalypsim*, fol. 143ᵛᵇ
Z. 15—144ʳᵃ Z. 1.

40   [6]) Die erstmals in den apokryphen Petrusakten (vgl. Lipsius–Bonnet, *Acta Apostolorum*, 7
Z. 26—8 Z. 9) und dann fast wortgleich bei Ambrosius, *Contra Auxentium*, c. 13 (Migne, *PL*, 16,
1053 BC) überlieferte Legende wird von Innocenz öfters erwähnt: Br. II 200 (209) Bd. 2 S. 385
Z. 32—35, Br. V 127 (128) Bd. 5 S. 253 Z. 33—S. 254 Z. 2; *Sermo de sanctis* XXII (Migne, *PL*,
217, 557 AB), *Sermo communis* I (*ebd.* 597 AB).

uno quam in alio diligendum, cum inequalitatem idemptitas non admittat[7]. Ut ergo summe se diligant adinvicem ipsi tres, oportet, ut Spiritus sanctus, sicut procedit a Patre, ita procedat a Filio, quatinus, sicut Pater a nullo est et duo alii sunt ab eo, ita Spiritus sanctus sit a duobus aliis et nullus ab eo, Filius[aa] autem ab uno sit et alius sit ab eo[aa] ac per hoc sit inter omnes[bb] 5 relativa distinctio in personis, sicut est inter omnes substantialis idemptitas in natura.

Hoc[8] plane misterium si fuisset intellectum a Grecis, iam cum Latinis in monumentum intrassent, scientes, quod non est Deus dissentionis sed pacis[cc]. At quia nesciebat adhuc Scripturam Ioh(anne)s, quod videlicet oporteret 10 Christum a mortuis resurgere, non est mirum, si Greci adhuc nesciunt mortuam esse litteram, ubi spiritus Christi vivit. Scient autem[dd] in proximo, sicut credimus et speramus, scient, utique scient et convertentur ex eis[ee] reliquie in toto corde suo et venient in Syon querentes Dominum et Dauid regem suum et adorabunt in altari, quod erectum est Rome in titulum 15 sempiternum, et ex tunc manus Domini erit cum eis[8]. Tandem enim implebitur et forte iam incipit adimpleri, quod Evangelista subiungit: «Tunc ergo intravit et ille discipulus, qui venerat primus ad monumentum et vidit et credidit»; et sic facti sunt primi novissimi et novissimi primi. Videbit enim, quod Petrus viderat, et credet, quod credit ecclesia Latinorum, ut ammodo 20 simul ambulent in domo Domini cum consensu.

Maria vero stabat ad monumentum foris plorans. Dum ergo fleret, inclinavit se et prospexit in monumentum et vidit duos angelos in albis sedentes, unum ad caput et unum ad pedes, ubi positum fuerat corpus Iesu. Populo quippe Grecorum intrante[ff] Sinagoga Iud(e)orum stat foris, quia exteriorem 25 littere corticem intuetur, necdum ad interiorem veritatis medullam atting(it); liber enim, quem manus missa ad Eizechielem expandit, scriptus erat intus et foris. Et ideo quasi famelica plorat, quia dum exteriorem corticem masticat[gg], nequaquam reficitur interiori medulla et, que externa sectatur, non apprehendit interna. Cum ergo sua se viderit expectatione 30 deceptam, in fine seculorum inclinabit se ipsam a cordis duritia et tamquam in monumentum prospiciens discutiet subtilius legem suam et videbit duos angelos sedentes in albis, unum ad caput et unum ad pedes, id est expositores tam Novi quam Veteris Testamenti concorditer et aperte[hh] de divinitate ac humanitate Christi loquentes, nec ipsa queret ab eis, sed illi increpabunt 35

Marginal references (left column):

vgl. 1Kor 14, 33

vgl. Jo 20, 9

vgl. Is 10, 22; Röm 9, 27

vgl. Os 3, 5

vgl. Lk 1, 66; Apg 11, 21

Jo 20, 8
vgl. Mt 19, 30; 20, 16; Mk 10, 31; Lk 13, 30

vgl. Ps 54, 15

Jo 20, 11f.

vgl. Ez 2, 9

vgl. Jo 20, 11f.

---

aa—aa) *Fehlt bei Migne.*   bb) *Davor ein Buchstabe, vielleicht* h-, *ausradiert: korr. aus* [h]o(min)es *(?).*   cc) *Korr. aus* paucis.   dd) *Über der Zeile nachgetragen.*   ee) *Darnach eine kleine Rasur.*   ff) *Zwischen* -t(ra)- *und* -n- *eine Rasur;* ra-*Kürzung nachgetragen.*   gg) *Korr. aus* misticat: -i- *durch Unterpungierung getilgt;* -a- *über der Zeile nachgetragen. Am Rande ein kurzer, waagrechter Strich.*   hh) *Darnach eine kleine Rasur.*   40

7) Vgl. Clarembald von Arras, *Tractatus,* V 4 (Ed. Häring 177): „In identitate vero nulla alteratio aut varietas esse potest."

8—8) Weitgehend wörtlich aus Joachim von Fiore, *Expositio in Apocalypsim,* fol. 144ra Z. 1 bis 14.

ipsam dicentes: «Quid queris[ii] viventem cum mortuis?» Quocirca mulierem   Lk 24, 5
illam appellant, que non intellectu[kk] virili sed sensu femineo meditatur et ideo   vgl. Jo 20, 13
dicit eis: «Tulerunt Dominum meum et nescio, ubi posuerunt eum». Paulatim   Jo 20, 13
progreditur ad intelligentiam veritatis, dum incipit intelligere, quod tulerunt
5 Iesum, qui salvator vel salutaris[ll] interpretatur, de Veteri Testamento, quia lex   vgl. Mt 1, 21
vetus neminem ad perfectum perduxit nec iustificabitur ex operibus eius quis-   vgl. Hebr 7, 19
quam[mm], sed adhuc nescit, ubi posuerunt eum, quia nondum Evangelio plene   vgl. Röm 3, 20; Gal 2, 16 u. ö.
credit, in quo Iesus reperitur. Tandem vero conversa retrorsum ad Evangelii[nn]
veritatem, Iesum stantem non quidem iacentem videbit, sed nec adhuc sciet eum   vgl. Jo 20, 14
10 esse Iesum, quoniam ipsum fuisse Messiam et venisse iam credet. Unde et
appellat eum dominum suum, sed non intelliget, quod sit Deus. Tunc vero Iesus
queret ab ea: «Mulier, quid ploras? Quem queris?», quia preveniet gratia Christi   Jo 20, 15
eam, sed illa eum[oo] existimans ortolanum dicit ei: «Domine, si tu substulisti
eum» et cetera. Non falletur[pp] in hac extimatione Maria. Nam Iesus illius orti   Jo 20, 15
15 cultor et custos existit, de quo legitur in Canticis canticorum: «Ortus conclu-   Hl 4, 12
sus, fons signatus». Demum Iesus eam vocabit ex nomine, quando convertet   vgl. Jo 20, 16
corda patrum in filios, ut reliquie Isr(ae)l salve fiant, et illa respondente: vgl. Mal 4, 6; Lk 1, 17
«Raboni», subiunget[qq], «Noli me tangere. Nondum enim[rr] ascendi[rr] ad Pa-   vgl. Is 10, 22; Röm 9, 27
trem meum. Vade autem ad fratres meos et dic eis: Ascendo ad Patrem meum
20 et Patrem vestrum Deum meum et Deum vestrum»; quasi diceret: Licet   Jo 20, 16f.
Messiam esse me credas a lege ac prophetis omnibus repromissum, tamen Deo
Patri me non credis equalem. Vade igitur ad fratres meos per consensum,   vgl. Jo 20, 17
videlicet ad predicatores evangelice veritatis, et dic eis, hoc est: clama et
crede cum eis, quoniam ascendo ad Patrem meum et Patrem vestrum Deum
25 meum et Deum vestrum, id est: in divinitate Deo Patri consubstantialis et   vgl. Jo 20, 17
equalis * existo.   * fol. 179[v]

Ecce iam, fratres et filii, colligere potestis aperte, quia Deus, quod ab
eterno previdit et in Evangelio presignavit, per vos tandem in nobis sacramentum adimplet superius prelibatum, ut intelligatis, quod non[ss] quasi casu
30 fortuito sed alto quidem consilio Deus hoc misterium per vestrum ministerium operatur, quatinus decetero sit unum ovile et unus pastor, provida nam-   vgl. Jo 10, 16
que dispensatione conditor temporum tempora distribuit universa, ut, cum
plenitudo gentium ad fidem intraverit, tunc etiam omnis Isr(ae)l salvus fiat.   vgl. Röm 11, 25f.

Monemus igitur universitatem vestram et exhortamur at(tentius) per
35 apostolica vobis scripta mandantes, quatinus ad accendendum devotionis
affectum, quem erga matrem suam Romanam ecclesiam habet exercitus
Christianus, prescripta ei fideliter exponatis et tam karissimum in Christo
filium nostrum B(alduinum), Constantinopolitanum imperatorem[9] illu-

---

[ii]) *Migne:* quaeritis.   [kk]) *Darnach eine Rasur von einem Buchstaben.*   [ll]) *Über dem zweiten*
40 *-a- eine Rasur; -ri- auf Rasur.*   [mm]) *-s- korr. aus einem anderen Buchstaben.*   [nn]) euag(e)lii.
[oo]) *Über der Zeile nachgetragen.*   [pp]) *Darnach eine kleine Rasur.*   [qq]) *Über dem -g- eine Rasur,*
darnach ein tironisches et *auf Rasur nachgetragen, korr. wohl aus* subiu(n)g(it).   [rr—rr]) *Durch*
Zeichen umgestellt aus ascendi enim.   [ss]) *Migne:* cum.

[9]) S. Br. VII 147 Anm. 2.

strem, quam maiores et minores in ipso exercitu constitutos inducere procuretis, ut regnum Grecorum in obedientia sedis apostolice studeant stabilire,
per quam utique[tt]) poterit et sine qua minime posset ab eis ipsius dominium
retineri.

Datum Rome apud sanctum P(etrum), Idibus Novembris.   5

155.

*Innocenz III. trägt dem Erzbischof (Andreas) von Lund auf, den Peterspfennig
für Dänemark und Schweden zu sammeln und nach Rom zu senden oder päpstlichen Bevollmächtigten auszuhändigen.*

Rom, St. Peter, (1204) November 6. 10

Reg. Vat. 5, fol. 179ᵛ ⟨Nr. 155⟩.

*Bréquigny, Diplomata, II/1 580, Nr. 155 = Migne, PL, 215, 461, Nr. 155; Krarup, Bullarium
Danicum, 37, Nr. 43; Bååth, Acta pontificum Suecica, I/1 9, Nr. 10; Skyum-Nielsen, Diplomatarium
Danicum, I/4 194, Nr. 94. — Potth. Reg. 2320; Suhm, Historie, IX 739; Regesta Historiae Danicae
I 77, Nr. 535.* 15

.. Lundensi archiepiscopo[a, 1]).

Ut tue fraternitatis devotio, quam expertam[b]) habemus in multis, nobis
sit semper[c]) obnoxior, tibi ducimus committenda, per que nobis et apostolice
sedi possis et debeas amplius[d]) complacere[d]). Ideoque fraternitatem tuam,
de qua plene confidimus, rogamus at(tentius) et monemus per apostolica 20
tibi scripta mandantes, quatinus istud onus pro nobis assumas, ut censum
beati Petri per regna Dacie ac Suetie[e, 2]) fideliter colligas et reserves, ipsum
nobis per fidelem nuntium transmissurus vel assignaturus eis, quibus per
litteras nostras tibi duxerimus iniungendum. Ut autem hoc plenius et liberius
possis efficere, plenam et liberam tibi concedimus facultatem, ut contradic- 25
tores, si qui fuerint, per censuram ecclesiasticam appellatione remota compescas.

Datum Rome apud sanctum P(etrum), VIII Idus Novembris.

[tt]) *Migne:* unique.

155. [a]) *Am Rande ein Kreuz.*   [b]) *Migne:* perpectam.   [c]) *Fehlt bei Migne.*   [d—d]) *Durch Zeichen* 30
umgestellt aus complacere amplius.   [e]) *Migne:* Sueviae.

155. [1]) Andreas Sunesen, EB. von Lund 1201—1223, gest. 1228. Vgl. WEIBULL, *Necrologium
Lundense,* 110, Nr. 7; *LMA* 1 (1980) 607; *LThK³* 1 (1993) 634.
    [2]) Dänemark und Schweden.

156.

Innocenz III. trägt dem Erzbischof (Andreas) von Lund auf, einen seiner Leute,
der einen Priester verstümmelt hat, zu absolvieren und ihm aufzuerlegen, das
Geld für die erlassene Romreise der Kreuzzugsunterstützung zukommen zu
5 *lassen.*

Rom, St. Peter, (1204) November 13.

Reg. Vat. 5, fol. 179ᵛ ⟨Nr. 156⟩.
Bréquigny, Diplomata, II/1 580, Nr. 156 = Migne, PL, 215, 461, Nr. 156; 217, 119, Nr. 85;
Krarup, Bullarium Danicum, 38, Nr. 44; Skyum-Nielsen, Diplomatarium Danicum, I/4 195, Nr. 95.
10 *— Potth. Reg. 2323; Suhm, Historie, IX 739; Regesta Historiae Danicae I 77, Nr. 536.*

Eidem[a, 1)].

Ex parte tua nostris est auribus intimatum, quod quidam sacerdos, dum
consuesceret cum uxore cuiusdam tui villici nephariam rem habere, captus
fuit a villico, qui ei nasum abscidit et lesit ipsum in lingua, nec tamen
15 loquelam amisit. Unde presbyter ipse ad otium se transtulit monachorum, ut
suam salvare posset animam inter eos. Verum cum villicus ipse super huiusmodi facto sibi petat absolutionem impendi, a nobis, ut eum possis absolvere,
postulasti. Quocirca fraternitati tue per apostolica scripta mandamus, quatinus, si res ita se habet, villicum ipsum, qui tamquam excommunicatus vita-
20 tur, communioni restituas, ita quod expensas, quas esset facturus in itinere
ad sedem propter[b)] hoc[b), 2)] apostolicam veniendi[c, 2)], mittat in subsidium Terre
sancte vel in Christianorum auxilium, qui laborant in partibus illis contra
perfidiam paganorum, et nichilominus laborem itineris redimat iuxta proprias facultates.
25 Datum Rome apud sanctum P(etrum), Idibus Novembris.

157.

Innocenz III. erteilt dem Erzbischof (Andreas) von Lund die Legatengewalt in
den Erzbistümern von Lund und Uppsala.

Rom, St. Peter, (1204) November 19.

30 *Reg. Vat. 5, fol. 179ᵛ ⟨Nr. 157⟩.*
Bréquigny, Diplomata, II/1 581, Nr. 157 = Migne, PL, 215, 462, Nr. 157; Krarup, Bullarium
Danicum, 38, Nr. 45; Skyum-Nielsen, Diplomatarium Danicum, I/4 195, Nr. 96. — Potth. Reg.
2326; Suhm, Historie, IX 739; Regesta Historiae Danicae I 77, Nr. 537.

---

156. [a)] *Am Rande ein Kreuz.*   [b—b)] *Über der Zeile nachgetragen.*   [c)] *-i korr. aus -o.*

35 **156.** [1)] S. Br. VII 155 Anm. 1.
[2)] Vgl. *Decretum Gratiani* C. 11 q. 3 p. c. 24 § 3; C. 17 q. 4 c. 29 (Friedberg, *CorpIC*, I 651,
822).

Eidem[a, 1].

Ad hoc nos honestas tue fraternitatis inducit, ut tibi benignius concedamus, que personis sunt ecclesiasticis concedenda. Eapropter, venerabilis in Christo frater, tue fraternitati concedimus, ut in[b] Lundensi et Vpsallensi[2] archiepiscopatibus[b] vice nostra evellas et destruas, disperdas et dissipes, 5

vgl. Ir 1, 10 edifices et plantes, sicut ad honorem Dei, exaltationem ecclesie ac salutem populi tibi commissi videris expedire. In hiis ergo et aliis te talem exhibeas[c],

vgl. Est 9, 4 ut fama tui nominis, que suavem diffundit odorem, per yemem tribulationum temporalium non marcescat, sed in actibus suis ver potius et estatem ostendat, que suo agricole vineam committenti fructum reddant uberrimum 10

vgl. Mt 21, 33—41; Mk 12, 1—9; Lk 20, 9—16 in autumpno.

Datum Rome apud sanctum P(etrum), XIII Kal. Decembris.

158.

Innocenz III. übersendet dem Erzbischof (Andreas) von Lund durch dessen Boten das Pallium für den Erzbischof (Olov) von Uppsala, welcher das seinige 15 *bei einem Brand verloren hat.*

Rom, St. Peter, (1204) November 20.

Reg. Vat. 5, fol. 179ᵛ—180ʳ ⟨Nr. 158⟩.

Bréquigny, Diplomata, II/1 581, Nr. 158 = Migne, PL, 215, 462, Nr. 158; Krarup, Bullarium Danicum, 39, Nr. 46; Skyum-Nielsen, Diplomatarium Danicum, 1/4 196, Nr. 97. — Potth. Reg. 20 *2327; Regesta Historiae Danicae I 77, Nr. 538.*

Eidem[a, 1].

Significasti nobis per litteras, quod venerabilis frater noster .. archiepiscopus Vpsallensis[2] per incendium palleum, quod habebat, amisit; unde pro ipso humiliter per litteras et nuntios postulasti, ut aliud illi mittere dignaremur, 25 cum ipse et ecclesia eius multa paupertate laborent, propter quod specialem non potuit nuntium ad sedem apostolicam destinare. Licet autem tibi per privilegium sedis apostolice sit concessum, ut Vpsallensi sede vacante, cum

---

157. [a]) *Am Rande ein Kreuz und die erste römische Briefzählung*: VᶜXXX.   [b—b]) *Migne:* in Lundensem et Upsallensem archiepiscopatus.   [c]) *Migne:* exhibeat. 30

157. [1]) S. Br. VII 155 Anm. 1.
        [2]) Erzbistum Uppsala.

158. [a]) *Am Rande ein Kreuz.*

158. [1]) S. Br. VII 155 Anm. 1.
        [2]) Olov, EB. von Uppsala 1198—1206. Vgl. Br. I 374; Skyum-Nielsen, *Diplomatarium* 35 *Danicum*, I/4 335 (Index).

aliquem ibi subrogari contingit, nuntiis tuis et ecclesie Vpsallensis ad sedem
apostolicam accedentibus palleum concedatur per te subrogato pontifici conferendum[3]), quia tamen sedes illa non vacat nec ipsum dandum de novo
requiritur et[b]) tu tantum pro petitione ipsius tuos destinasti nuntios et non
5 ille, de iure potuimus postulata[c]) negare. Verum, ut supplicationi tue, cui
volumus quantum possumus cum Deo[d]) deferre, gratiam faciamus, palleum
ipsum tibi per tuos nuntios duximus destinandum per te archiepiscopo
as*signandum eidem, ita tamen, quod hoc in posterum ad consequentiam   * fol. 180ʳ
non trahatur.
10   Datum Rome apud sanctum P(etrum), XII Kal. Decembris.

159.

Innocenz III. stellt dem Domkapitel von Esztergom in Aussicht, über seine Postu-
lation des Erzbischofs J(ohannes) von Kalocsa als Erzbischof von Esztergom und
den Widerstand der Suffraganbischöfe gegen dessen Transferierung persönlich in
15 *Rom zu entscheiden, und setzt ihm dafür einen Termin. Für den Fall, daß es auf*
die Postulation verzichtet, erlaubt er ihm eine Neuwahl. (Dem König
H[Emmerich] von Ungarn trägt er auf, die Bischöfe in dieser Sache nicht zu
behindern.)

Rom, St. Peter, (1204) November 22.

20   *Reg. Vat. 5, fol. 180ʳ—180ᵛ ⟨Nr. 159⟩.*
      Bréquigny, Diplomata, II/1 582, Nr. 159 = Migne, PL, 215, 463, Nr. 159; Knauz, Monumenta,
I 175, Nr. 165; Monumenta episcopatus Vesprimiensis I 14, Nr. 16. — Comp. III 1. 4. 5; Bern. 1. 6.
5; X 1. 5. 5. — Potth. Reg. 2328.

Capitulo Strigoniensi[a, 1)].

25   **P**ostulationi, quam celebrastis de venerabili fratre nostro I(ohanne), Colocensi archiepiscopo[2]), ad Strigoniensem metropolim trasferendo, venerabiles
fratres nostri eiusdem metropolis suffraganei, videlicet C(alanus) Quinquecle-

---

    [b]) *Migne:* ut.   [c]) *Migne:* postulato.   [d]) *Migne:* Domino.

    [3]) Papst Hadrian IV. erhob 1157 den EB. von Lund zum Primas von Schweden mit dem
30 Recht, dem EB. von Uppsala in Vertretung des Papstes das Pallium zu verleihen. Vgl. KOUDEL-
KA, *Neu aufgefundene Papsturkunden,* 125—127 (Anhang I); SEEGRÜN, *Papsttum und Skandinavi-*
en, 171—177. 1198 bestätigte Innocenz III. dieses Privileg (Br. I 419 Bd. 1 S. 628 Z. 21—27).

    159. [a]) *Am Rande das* Nota-Monogramm *und von einer Hand des 13. Jhs.:* hoc c(apitulum) est
Extra de postulatione prelatorum *(X 1. 5. 5).*

35 **159.** [1]) Domkapitel von Esztergom (Gran).
    [2]) S. Br. VII 126 Anm. 7.

siensis[3], B(oleslaus) Watiensis[4], K(alenda)[b] Vesprimiensis[5] et I(ohannes)
Nitriensis[6] episcopi, penitus contradicunt, per suas nobis litteras intimantes,
quod V(grino), bone memorie archiepiscopo[7] vestro[c], viam universe carnis
ingresso eis inconsultis vos habito adinvicem consilio[d] diligenti quosdam de
concanonicis vestris ad karissimi in Christo filii nostri H(emerici), Vngar(ie)   5
regis[8] illustris, presentiam destinastis et, quem vobis prefici volebatis, nomi-
netenus expressistis. Post dilationem vero non longam, cum ad festum beati
St(e)ph(an)i regis[9] idem episcopi sollempniter convenissent et super electione
Strigoniensis ecclesie unanimi deliberatione[e] tractarent, vos ab eisdem episcopis requisiti, quem illi sedi velletis eligi[f] ac preponi, taliter respondistis,   10
quod nullum auderetis eligere, nisi qui plenam regis gratiam obtineret, et
protinus prefatum Colocensem archiepiscopum, in quem iampridem cum rege
conveneratis predicto, nominare curastis, adicientes, quod in electione archiepiscopi suffraganei[g] nichil iuris haberent; quibus ipsi suffraganei responderunt, quod a prima Christianitatis institutione in regno Vngar(ie) usque ad   15
ista tempora nullus ad sedem Strigoniensem fuerat electus nisi suffraganeis
una cum canonicis eligentibus iuxta constitutionem canonicam et consuetudinem approbatam[10]. Dixerunt etiam, quod prius inquiri deberet, utrum de
gremio illius ecclesie posset utilis et idoneus repperiri[11], asserentes, quod in
ea multi sunt viri honesti, discreti et litterati, qui possent illi sedi[h] decentius   20
presidere. Illud insuper per easdem nobis litteras intimarunt, quod, cum
predictus Colocensis archiepiscopus usque ad hec tempora Colocensem ecclesiam Strigoniensi metropoli asseruerit[i] esse parem eique tam verbo quam
opere varias[g] et intolerabiles iniurias irrogarit[12], non modicum formidabant,
ne, si ad memoratam metropolim transferretur, proprie confessionis et asser-   25
tionis non immemor, quasi rubore perfusus, ne sibi ipsi contrarius videretur,

[b] *Migne:* R.   [c] -o *korr. aus* -a.   [d] *Am Rande ein kurzer, waagrechter Strich radiert.*
[e] *Außen am Rande ein kurzer, waagrechter Strich.*   [f] *Migne:* praefici.   [g] *Am Rande ein kurzer,*
waagrechter Strich.   [h] *Migne:* ecclesiae.   [i] er-*Kürzung nachgetragen.*

[3] Kalán, B. von Pécs (Fünfkirchen) (Suffr. von Esztergom) 1188—1218. Vgl. Sweeney,   30
Esztergom Election Dispute, 120, 126 (mit Anm. 43)—130.
[4] Boleslaus, B. von Vác (Waitzen) (Suffr. von Esztergom) 1188/1192—1212. Vgl. *ebd.*
120f., Anm. 22.
[5] Kalenda, B. von Veszprém (Suffr. von Esztergom) 1193—1209. Vgl. *ebd.*
[6] Johannes (II.), als B. von Nitra (Nyitra, Neutra) (Suffr. von Esztergom) bezeugt 1204   35
(Der Vorgänger Everardus stirbt 1198, der Nachfolger Jakob ist ab 1213 bezeugt). Vgl. *ebd.*
[7] S. Br. VII 57 (56) Anm. 1.
[8] S. Br. VII 6 Anm. 11.
[9] 20. August.
[10] *Decretum Gratiani* D. 63 c. 19 (Friedberg, *CorpIC*, I 240). Vgl. Sweeney, *Esztergom*   40
Election Dispute, 132, Anm. 64; Ganzer, *Beschränkung der Bischofswahl*, 43ff.
[11] Vgl. *Decretum Gratiani* D. 23 c. 1 § 4 (Friedberg, *CorpIC*, I 78).
[12] Zu den Streitigkeiten, die auf der Basis der althergebrachten Rivalität der Sitze Esztergom und Kalocsa seit dem Amtsantritt EB. Johannes' ausbrechen, s. Br. IV 135 vom August
1201 (*Potth. Reg.* 1457) und den Brief vom 5. Mai 1203 (*ebd.* 1897); vgl. Sweeney, *Esztergom*   45
Election Dispute, 118f. mit Anm. 16.

vgl. Jos 23, 14;
1Kg 2, 2

negotia Strigoniensis ecclesie minus efficaciter assumeret promovenda et
ipsos episcopos, qui eius verbis et actibus iuxta debitum suum dure quandoque restiterant, opprimere non cessaret, cum tamen iuxta canonicas sanctiones iudex aliquibus non debeat dari suspectus[13].

5   Porro dilecti filii .. abbas de Bucco(no)[14] et magister Petrus[15] pro rege
predicto necnon et[k] .. prepositus Posonensis[16] et .. thesaurarius ecclesie
vestre[17] pro vobis incontrarium allegantes asseruere constanter ea, que[g] ab
ipsis episcopis proposita fuerant, penitus esse falsa, firmiter proponendo, quod
per eundem prepositum et alios ante communem tractatum vocati fuerunt
10 sollempniter et venerunt eorumque de gratia multotiens fuit requisitus assensus,
sed cum super ecclesie vestre provisione consilium et auxilium vobis congruum
denegarent, vos, ipsi ecclesie desolate providere volentes, vocatis prefatis episco-
pis convenistis in unum et vota vestra in predictum Colocensem archi-   vgl. Ps 47, 5;
1Kor 11, 20 u. ö.
episcopum, ut ipsum postularetis a nobis, unanimiter eis presentibus contuli-
15 stis, suppliciter exorantes, ut nos suis litteris pro postulatione vestra ro-
garent, quod ipsi facere penitus recusarunt. Prenominatis autem nuntiis asse-
rentibus, quod translationem ipsius archiepiscopi urgens necessitas et evidens utilitas[18] exigebant, in ipsa disceptatione fuit propositum[g] coram nobis, quod memoratus archiepiscopus Colocensis in grave Strigoniensis ecclesie
20 preiudicium — vobis reclamantibus et confirmationes sedis apostolice osten-
dentibus — filium prefati regis coronavit in regem[19], cum non ad Colocensem
ecclesiam sed ad metropolim vestram coronatio regis Vngarie pertinere noscatur[20], unde tamquam alieni iuris invasor et apostolici statuti contemptor
debebat graviter castigari, poteratque verisimili coniectura presumi, quod,
25 cum ipse querelam contra se ipsum et contra factum proprium non esset
moturus, ius ecclesie vestre super hoc pretermitteret indefensum, per quod ei

---

     [k] et *und der erste Punkt auf Rasur.*

     [13] *Decretum Gratiani* C. 2 q. 6 c. 16; C. 3 q. 5 c. 15 (Friedberg, *CorpIC*, I 471, 518f.); vgl.
ferner Codex 3. 1. 16 (Ed. Krueger 122); Novellen 53. 3; 86. 2 (Ed. Schoell–Kroll 301f., 420).
30   [14] S. Br. VII 128 Anm. 8.
     [15] Magister Petrus. Die verschiedenen Identifizierungen der Person, die als Verfasser der
„Gesta Hungarorum" gilt, werden bei Sweeney, *Esztergom Election Dispute*, 122, Anm. 27,
diskutiert.
     [16] Propst von Bratislava (Pozsony, Preßburg). Vielleicht Ubaldus, bezeugt 1209, 1210.
35 Vgl. Knauz, *Monumenta*, I 662; Marsina, *Codex diplomaticus Slovaciae*, I, Nr. 160, S. 127 Z. 33;
Nr. 162, S. 128 Z. 22; Nr. 164, S. 130 Z. 18f.
     [17] Thesaurar von Esztergom (Gran). Im Br. VIII 139 (Migne, *PL*, 215, 719 B) beginnt sein
Name mit der Initiale M.
     [18] Vgl. *Decretum Gratiani* C. 7. q. 1 c. 34, 35 (Friedberg, *CorpIC*, I 579f.).
40   [19] Die Krönung Ladislaus' III. am 26. August 1204.
     [20] Das Krönungsrecht der EB. von Esztergom bestätigten die Päpste Clemens III. (1187 bis
1191, in dessen Register nach dem Zeugnis Papst Coelestins III. die entsprechende Urkunde
eingetragen war), Coelestin III. am 20. Dezember 1191 (*JL* 16773/74 und Zimmermann–Werner,
UB Dt. Siebenbürgen, I 1, Nr. 1) und Innocenz III. am 5. Mai 1203 (Br. VI 55). Mehrfach krönte
45 jedoch der EB. von Kalocsa den König, z. B. Bela III. (1173). Die entsprechende Urkunde ist im
Br. XII 42 (*Migne, PL*, 216, 50 D) inseriert.

grave posset preiudicium generari, quamvis e contrario fuerit replicatum, quod absque contradictione cuiuslibet et preiudicio alicuius prescripta coronatio ab universitate fuerat celebrata.

Licet ergo per postulationem huiusmodi nullum ius sit alicui acquisitum ideoque sine preiudicio alicuius postulationem potuissemus repellere 5
* fol. 180ᵛ memora*tam, ut tamen vobis, quantum cum Deo possumus, de speciali gratia consulamus, ita duximus providendum, quod, si prefati pontifices in contradictione perstiterint et vos ad postulationem institeritis obtinendam, quia nobis non constitit de premissis, usque ad Septuagesimam proximo venturam[21] per procuratores idoneos ad omnia sufficienter instructos nostro 10 vos conspectui presentetis, quatinus utraque parte presente, quod iustum fuerit, decernamus. Si autem illi duxerint a contradictione cessandum et vos insistere volueritis ad postulationis gratiam obtinendam, nichilominus infra prescriptum terminum personas idoneas ad nostram presentiam destinetis, que nobis fidem facere velint et valeant super hiis, que fuerint oportuna. 15 Quod si contradicentibus episcopis memoratis vos minus de iure videritis confidendum, ne incassum laborem subeatis pariter et dolorem, aliam vobis personam idoneam provideatis canonice in pastorem.

Datum Rome apud sanctum P(etrum), X Kal. Decembris.

Scriptum est super hoc regi, hoc addito: Monemus igitur celsitudinem 20 tuam, quatinus prefatos episcopos non impedias nec impediri permittas, quominus episcopi supradicti suam apud nos iustitiam libere prosequantur.

Datum ut in alia.

160.

Innocenz III. nimmt die Kirche der Hl. Maria Magdalena von Valle Fares in den 25
päpstlichen Schutz und bestimmt einen jährlichen Zins von 2 Pfund Wachs.

Rom, St. Peter, (1204) November 24.

Reg. Vat. 5, fol. 180ᵛ ⟨Nr. 160⟩.
Bréquigny, Diplomata, II/1 583, Nr. 160 = Migne, PL, 215, 465, Nr. 160. — Potth. Reg. 2330.

M., priori sancte Marie Magdalene de Valle fares[a, 1]. 30

(|) Sicut in autentico felicis memorie Cel(estini) pape, predecessoris nostri[2], perspeximus contineri, nobilis vir P. de Lacopessel' fundum de Valle

---

[21] 6. Februar 1205.

160. [a] *Am Rande ein Kreuz und von einer Hand des 13. Jhs.:* Census.
160. [1] Möglicherweise Sainte-Madeleine de Faronville, Priorat von Saint-Victor in Paris (Diöz. 35
Sens, ht. Meaux, Dép. Seine-et-Marne), welches allerdings schon 1134 (s. dagegen unten S. 277
Z. 1—3) gegründet wurde. Vgl. SAXER, *Culte*, 117, 197, Anm. 49.
[2] Papst Coelestin III. 1191—1198.

fares ecclesie Romane obtulit, in quo ecclesia beate Marie Magdalene con-
structa a bone memorie Alex(andro) papa, predecessore nostro[3], in ius fuit et
proprietatem beati Petri recepta. Nos igitur eorundem predecessorum nostrorum vestigiis inherentes eandem ecclesiam sub nostra protectione suscipi-
5 mus et cetera usque communimus. Ad indicium autem, quod eadem ecclesia
beati Petri iuris et proprietatis existat, nobis et successoribus nostris duas
libras cere singulis annis exolves.

Nulli ergo et cetera nostre protectionis [et cetera]. Si quis autem [et
cetera].

10 Datum Rome apud sanctum P(etrum), VIII Kal. Decembris.

161.

Innocenz III. kassiert die Verleihung einer Pfründe im Domkapitel von Novara
durch den Erzbischof (Philipp) von Mailand an M(ichael) Brusato, da die
Pfründe zum entsprechenden Zeitpunkt Streitobjekt zwischen dem Neffen M. des
15 *Kanonikers Guido und dem Joh(annes) Brusato vor delegierten Richtern war*
und die Vergabe nach dem Devolutionsrecht durch falsche Angaben erschlichen
wurde.

Rom, St. Peter, (1204) November 23.

Reg. Vat. 5, fol. 180ᵛ ⟨Nr. 161⟩.
20 *Bréquigny, Diplomata, II/1 584, Nr. 161 = Migne, PL, 215, 465, Nr. 161 (irrig 160). — Potth.*
Reg. 2329.

.. Episcopo et capitulo Nouarien(sibus)[1].

In litteris venerabilis fratris nostri .. Mediolanensis archiepiscopi[2] perspeximus contineri, quod dilectus filius M(ichael) Bruxuard(i)[3] ad presentiam
25 eius accedens ab eo humiliter postulavit, ut quandam prebendam, que in
Nouariensi ecclesia de iure vacabat et ad ipsum ex statuto Lateranensis
concilii[4] eius erat donatio devoluta, ipsi conferre misericorditer dignaretur.
Cumque multi eiusdem M(ichaelis) amici tam clerici quam laici[5] apud dictum

---

[3] Papst Alexander III. 1159—1181.

30 **161.** [1] Peter (IV.), B. von Novara (Suffr. von Mailand) 1196/1197—1208/1209. Vgl. Br. XII 15
(MIGNE, *PL*, 216, 25) an den gewählten Nachfolger und BESCAPÈ, *Novara Sacra*, 335f. mit
Anm. 334.

[2] S. Br. VII 90 Anm. 6. Zu seiner Befassung mit Pfründenstreitigkeiten im Domkapitel
von Novara vgl. Br. VI 121 a-pari.

35 [3] Michael Brusato, als Domkanoniker von S. Maria in Novara bezeugt 1218—1259. Vgl.
BEHRMANN, *Domkapitel*, 289, Nr. 49.

[4] S. Br. 71 (70) Anm. 4.

[5] Zur Familie der Brusati und ihrer Stellung in Novara vgl. BEHRMANN, *Domkapitel*, 302,
310f.

archiepiscopum institissent, asserentes concorditer ita esse, idem, ipsorum precibus fatigatus, dicto M(ichaeli) predictam concessit prebendam.

Verum dilectus filius magister Guido, Nouariensis canonicus[6], memorato archiepiscopo postmodum intimavit, quod ei fuerat falso suggestum — videlicet quod prebenda vacaret —, cum inter M. nepotem ipsius magistri et 5 Ioh(ann)em Bruxard(i)[7] patruum predicti M(ichaelis) super eadem prebenda coram iudicibus a sede apostolica delegatis eo tempore questio verteretur; unde dicebat donationem illam nullius esse momenti, cum fuerit tacita veritate surrepta, et multa insuper super predictis proponens ad sedem apostolicam appellavit, postulans, ut per litteras suas[a] nobis rei seriem nuntiaret; 10 cuius petitioni prebens assensum ipsi postulata concessit, predictis etiam delegatis per[b] suas litteras intimavit, quod ipse nemini voluit facere preiudicium, consulens illis, ut in dicta causa procederent secundum apostolici mandati tenorem. Nos igitur attendentes, quod fraus et dolus nulli debet patrocinium impertiri[8], concessionem memorate prebende ab eodem archiepiscopo 15 factam lite pendente decernimus irritam et inanem.

Datum Rome apud sanctum P(etrum), IX Kal. Decembris.

162.

Innocenz III. bestätigt der Benediktiner-Abtei von Montmajour nach dem Vorbild der Päpste Urban (II.), Paschalis (II.), Gelasius (II.), Calixt (II.), Eugen 20 *(III.) und Lucius (III.) den Besitz, verleiht die Zehentfreiheit von den selbstbebauten Gründen, verfügt, daß ohne die Zustimmung des Diözesanbischofs und der Abtei in ihren Pfarren keine neuen Kirchen errichtet werden dürfen, bestätigt das Präsentationsrecht für ihre Pfarren, das Sepulturrecht, die freie Wahl des Abtes und dessen Weihe allein durch den Papst oder dessen Legaten und die* 25 *Freiheit von Exkommunikation und Interdikt außer durch dieselben. Dafür setzt er einen jährlichen Zins fest.*

Rom, St. Peter, 1204 November 29.

Reg. Vat. 5, fol. 180*v*—181*v* ⟨Nr. 162⟩.

Empfängerüberlieferung: Original Marseille, Archives départementales Bouches-du-Rhône 2 H 1, 30 *Nr. 4.*

Bréquigny, Diplomata, II/1 584, Nr. 162 = Migne, PL, 215, 466, Nr. 162. — Potth. Reg. 2332; Chevalier, Regeste dauphinois, II 8, Nr. 5887.

---

161. [a]) *Über der Zeile nachgetragen.*   [b]) *Fehlt bei Migne.*

[6]) Magister Guido de Nomenonio (Lumellogno, südwestlich von Novara), als Domkanoni- 35 ker von Novara bezeugt 1172—1212. Vgl. BEHRMANN, *Domkapitel*, 285, Nr. 6; als Magister SCARZELLO–MORANDI–LEONE, *Carte*, III, Nr. 561, S. 107; Nr. 737, S. 322.

[7]) Johannes Brusato, als Kanoniker von S. Gaudenzio in Novara bezeugt ab 1204, als Domkanoniker ab 1209, gest. 1229. Vgl. BEHRMANN, *Domkapitel*, 297, Nr. 160.

[8]) Vgl. Br. VII 15 Anm. 5.   40

W(illelmo), abbati monasterii Montis maioris¹⁾, eiusque fratribus tam presentibus quam futuris regularem vitam professis in perpetuum.

(|) **Cum**ᵃ⁾ universis catholice ecclesie filiis debitores ex iniuncto nobis a Deo apostolatus officio existamusᵇ⁾, illis tamen locis atque personis propen-
5 siori nos convenit caritatis studio imminere, que ad sedem apostolicam nos-cuntur specialius pertinere. Eapropter, dilecti in Domino filii, vestris et cete-ra usque clementer anuimus et predecessorum nostrorum felicis memorie Urbaniᶜ⁾⁾ ², Pascalis³⁾, Gelasii⁴⁾, Calistiᵈ⁾ ⁵⁾, Eugenii⁶⁾ et Luciiᶜ⁾ ⁷⁾, Romanorum pontificum, vestigiis inherentes, prefatum monasterium, in quo divino et
10 cetera usque communimus; statuentes, ut quascumque possessiones, que-cumque bona et cetera usque exprimenda vocabulis: In comitatu Arelatensi⁸⁾ monasterium ipsum sancti Petri Montis maioris cum pertinentiis suis; Castel-letum⁹⁾ cum omni territorio suo; ecclesiam sancti Ysidori infra muros civita-tis Arelatensis sitam¹⁰⁾ cum parrochia et cimiterio; ecclesiam sancte Marie de
15 * Mari¹¹⁾ cum omnibus pertinentiis suis; castrum de Miramars¹²⁾ et ecclesias   * fol. 181ʳ
eiusdem castri cum omnibus pertinentiis suis; ecclesiam et villam sancti Genesii¹³⁾ cum pertinentiis suis; ecclesiam sancti Martini parrochialem de

---

162. ᵃ⁾ *Migne fügt hinzu:* nos.   ᵇ⁾ *Migne:* existimemus.   ᶜ⁻ᶜ⁾ *Die Papstnamen in verlängerter Schrift.*   ᵈ⁾ Calis- *auf Rasur; nach dem Wort ein überflüssiger Punkt.*

20 **162.** *Empfängerüberlieferung (kollationiert nach einer Photographie der Archives départementales Bouches-du-Rhône):*

1: W(illelmo)] Innocentius episcopus, servus servorum Dei, dilectis filiis Willemo.   3: a] *fehlt.*   6f.: et cetera usque clementer anuimus] iustis postulationibus clementer annuimus. 8: Urbani] Vrbani.   9f.: et cetera usque communimus] mancipati estis o[bsequi]o, sub beati
25 Petri et nostra protectione suscipimus et presentis scripti privilegio communimus.   11: et cetera usque exprimenda] idem monasterium inpresentiarum iuste et canonice possidet aut in futurum c[oncess]ione pontificum, largitione regum vel principum, oblatione fidelium seu aliis iustis modis Deo propitio poterit adipisci, firma vobis vestrisque successoribus et illibata permaneant. In quibus hec propriis duximus exprimenda.   13: Ysidori] Isidori.

30 **162.** ¹⁾ Wilhelm (II.) von Bonnieux, Abt von Montmajour (Ben.-Abtei, Diöz. Arles, Dép. Bou-ches-du-Rhône) 1204—1234. Vgl. *Gallia Christiana* I 608.
     ²⁾ Papst Urban II. am 30. Juli 1096: *JL* 5664.
     ³⁾ Papst Paschalis II. am 22. Oktober 1114: *JL* 6402.
     ⁴⁾ Papst Gelasius II. (1118—1119): *JL* 6675.
34   ⁵⁾ Papst Calixt II. am 9. April 1123: *JL* 7060; Dr.: Robert, *Bullaire*, II 183, Nr. 393.
     ⁶⁾ Papst Eugen III. am 7. April 1152: *JL* 9566.
     ⁷⁾ Papst Lucius III. am 17. Oktober 1184: *JL* 15095.
     ⁸⁾ Grafschaft Arles.
     ⁹⁾ Le Castellet-de-Montmajour, nordöstlich von Montmajour. Vgl. *Atlas Provence* II 169.
40   ¹⁰⁾ Saint-Isidor in Arles. Vgl. Beaunier–Besse, *Recueil*, II 87 mit Anm. 8.
     ¹¹⁾ Les Saintes-Maries-de-la-Mer, Arr. Arles, Dép. Bouches-du-Rhône. Vgl. *ebd.* 91 mit Anm. 5; *Atlas Provence* II 199.
     ¹²⁾ Miramas, Cant. Salon-de-Provence, Arr. Aix-en-Provence, Dép. Bouches-du-Rhône. Vgl. Beaunier–Besse, *Recueil*, II 90f. mit Anm. 8; *Atlas Provence* II 184.
45   ¹³⁾ Saint-Geniez, heute Martigues, Cant. Salon-de-Provence. Vgl. Beaunier–Besse, *Recueil*, II 90 mit Anm. 6; *Atlas Provence* II 182.

Lauria[14] cum omnibus pertinentiis suis; ecclesiam sancti Laurentii cum omnibus pertinentiis suis; ecclesiam sancti Romani[15] cum omnibus pertinentiis suis; ecclesiam sancti Iacobi de Moriers[16] cum omnibus pertinentiis suis; ecclesiam de Pellichana[17] cum pertinentiis suis; ecclesiam sancti Sereni[18] cum pertinentiis suis et ecclesiam sancti Petri de Mallan(a)[19] cum omnibus pertinentiis suis; in episcopatu Auinionensi[20] omnia iura et possessiones, quas in castro Tarasconis[21] et Bellicadri[22] habetis; omnia iura, que in villa et in territorio de Laurada[23] habetis; ecclesiam sancte Marie de villa sancti Remigii[24] cum medietate eiusdem ville et cum omnibus pertinentiis suis; ecclesiam sancti Genesii de Romanino[25]; omnia iura[e], que habetis[e] in villa de Cabannis[26] et eiusdem territorio; ecclesiam sancti Sepulchri de Verqueriis[27] cum pertinentiis[f] suis et cetera, que in eadem villa habetis; omnia iura et possessiones, quas habetis in villa sancti Andeoli[28] et eiusdem territorio; omnia iura et possessiones, quas habetis in villa de Moleges[29] et eiusdem territorio; ecclesiam sancti Verani, que est in territorio de Airaga[30], cum omnibus pertinentiis suis; omnia iura et possessiones, quas habetis in villa et territorio de Grauesons[31] et in villa et territorio de Lagoses[32]; in episcopatu

---

e—e) -ra ... ha- *zum Teil auf Rasur.*   f) p(er)tinetiis.

[14] Saint-Martin-de-Castillon, Comm. Paradou, Cant. Saint-Rémy-de-Provence, Arr. Arles, Dép. Bouches-du-Rhône. Vgl. Prou–Clouzot, *Pouillés Aix*, 405.

[15] Saint-Roman in Les Baux, Cant. Saint-Rémy-de-Provence. Vgl. *Atlas Provence* II 163.

[16] Saint-Jacques in Mouriès, Cant. Eyguières, Arr. Arles. Vgl. Beaunier–Besse, *Recueil*, II 91 mit Anm. 1; *Atlas Provence* II 186.

[17] Saint-Maurice in Pélissanne, Cant. Salon-de-Provence, Arr. Aix-en-Provence, Dép. Bouches-du-Rhône. Vgl. *ebd.* 189.

[18] Vielleicht Saint-Seren in der Camargue, Dép. Bouches-du-Rhône. Vgl. Masson, *Bouches-du-Rhône*, XIV 632.

[19] Saint-Pierre in Maillane, Cant. Saint-Rémy-de-Provence, Arr. Arles. Vgl. Beaunier–Besse, *Recueil*, II 90 mit Anm. 4; *Atlas Provence* II 181.

[20] Bistum Avignon.

[21] Tarascon, Dép. Bouches-du-Rhône.

[22] Beaucaire bei Tarascon.

[23] Daurade bei Tarascon.

[24] Saint-Rémy-de-Provence, Arr. Arles. Vgl. Beaunier–Besse, *Recueil*, II 144 mit Anm. 6.

[25] Romanil, Comm. Saint-Rémy-de-Provence. Vgl. Prou–Clouzot, *Pouillés Aix*, 455.

[26] Cabannes, Cant. Orgon, Arr. Arles. Vgl. *Atlas Provence* II 167.

[27] Verquières, Cant. Orgon. Vgl. Beaunier–Besse, *Recueil*, II 146 mit Anm. 1; *Atlas Provence* II 206.

[28] Saint-Andiol, Cant. Orgon. Vgl. Beaunier–Besse, *Recueil*, II 144 mit Anm. 3; *Atlas Provence* II 194.

[29] Mollégès, Cant. Orgon. Vgl. *ebd.* II 184.

[30] Saint-Véran in Eyragues, Cant. Châteaurenard, Arr. Arles. Vgl. *ebd.* 174f.

[31] Graveson, Cant. Châteaurenard. Vgl. Beaunier–Besse, *Recueil*, II 142 mit Anm. 5; *Atlas Provence* II 178.

[32] Vielleicht Lagoy, Comm., Cant. Saint-Rémy-de-Provence. Vgl. Prou–Clouzot, *Pouillés Aix*, 403.

Cauellicensi[33] ecclesiam sancti Petri de Menamenas[g, 34] cum omnibus pertinentiis suis; ecclesiam sancti Ioh(ann)is de Cleu[35]; omnia iura et possessiones,
quas in villa et territorio de Insula[h, 36], et omnia iura, que in territorio de
Auellonegues[37] habetis; in episcopatu Carpentoratensi[38] ecclesiam sancti
5 Petri de Pat(er)nis[39]; ecclesiam sancti Mauricii de Vennasca[40] cum pertinentiis suis; ecclesiam sancti Laurentii de Mormoren(e)[i, 41] cum pertinentiis
suis; ecclesiam sancte Fidei[42] cum pertinentiis suis; monasterium sancti Antonii[43] et medietatem castri de Bedonio[44] cum omnibus pertinentiis suis;
monasterium sancti Iacobi de Valle Saltus[45] cum pertinentiis suis; ecclesiam
10 sancti Michaelis de Anesca[46] cum pertinentiis suis; ecclesias sancti Martini et
sancte Marie de Montiliis[47] cum omnibus pertinentiis suis; in episcopatu
Vasionensi[48] ecclesiam sancte Marie de Forcas[49] cum omnibus pertinentiis
suis; ecclesiam sancti[k] Andree de Ramera[50] cum pertinentiis suis; ecclesiam de
Dolonn(e)[51] et villam cum[l] pertinentiis suis; ecclesiam sancti Andeoli de

---

15   g) -nas *auf Rasur; auch am Rande eine Rasur von zwei schrägen Strichen. Migne:* Menome-
nas.   h) *Migne:* Insulta.   i) *Migne:* Marmorem.   k) -i *korr. aus* -e.   l) *Migne fügt hinzu:*
omnibus.

10: Michaelis] Michahelis.

20   33) Bistum Cavaillon.
34) Ménemènes, ht. Saint-Antoine, Cant. L'Isle-sur-la-Sorgue, Arr. Avignon, Dép. Vaucluse.
Vgl. BEAUNIER–BESSE, *Recueil*, II 156 mit Anm. 1; BAILLY, *Dictionnaire Vaucluse*, 205.
35) Eine abgekommene Johanneskirche befand sich in der Comm. Le Thor nahe L'Isle-sur-
la-Sorgue. Vgl. BAILLY, *Dictionnaire Vaucluse*, 376.
25   36) L'Isle-sur-la-Sorgue. Vgl. *Atlas Provence* II 178.
37) Vellorgues, Cant. L'Isle-sur-la-Sorgue. Vgl. *Atlas Provence* II 178.
38) Bistum Carpentras.
39) Saint-Pierre in Pernes-les-Fontaines, Arr. Carpentras, Dép. Vaucluse. Vgl. BEAUNIER–
BESSE, *Recueil*, II 151 mit Anm. 3.
30   40) Venasques, Cant. Pernes-les-Fontaines. Vgl. *Atlas Provence* II 206.
41) Saint-Laurent in Mormoiron, Dép. Vaucluse. Vgl. *ebd.* 186.
42) Sainte-Foi, Comm. Méthamis, Cant. Mormoiron. Vgl. PROU–CLOUZOT, *Pouillés Aix*, 489.
43) Wahrscheinlich das Kloster Notre-Dame-du-Moustier, früher St. Antoninus, bei Bédoin,
Cant. Mormoiron. Vgl. BAILLY, *Dictionnaire Vaucluse*, 94.
35   44) Bédoin, Cant. Mormoiron. Vgl. BEAUNIER–BESSE, *Recueil*, II 149 mit Anm. 2; *Atlas
Provence* II 164.
45) Saint-Jacques-Sault, Cant. Sault, Arr. Carpentras, Dép. Vaucluse. Vgl. BEAUNIER–
BESSE, *Recueil*, II 151 mit Anm. 6; *Atlas Provence* II 199.
46) Saint-Michel-de-la-Nesque in Monieux, Cant. Sault. Vgl. *ebd.* 185; BEAUNIER–BESSE,
40 *Recueil*, II 150 mit Anm. 8.
47) Monteux, Cant., Arr. Carpentras. Vgl. BEAUNIER–BESSE, *Recueil*, II 150 mit Anm. 9.
48) Bistum Vaison.
49) Notre-Dame-de-la-Palud oder des-Fourches in Beaumont-Orange, Cant. Malaucène,
Arr. Carpentras, Dép. Vaucluse. Vgl. BEAUNIER–BESSE, *Recueil*, II 158 mit Anm. 1.
45   50) Saint-André-de-Ramières in Gigondas, Cant. Beaumes-de-Venise, Arr. Carpentras. Vgl.
Atlas Provence II 177.
51) Saint-Jean-d'Olonne bei Séguret, Cant. Vaison, Arr. Carpentras. Vgl. BEAUNIER–BESSE,
Recueil, II 160 mit Anm. 9.

Cairan(e)[52] cum pertinentiis suis et ecclesiam sancti Petri de Reuello[53] cum pertinentiis suis; in episcopatu Aurasicensi[54] ecclesiam sancti Marcelli de Sirinnan(o)[m, 55] cum pertinentiis suis; ecclesiam sancti Petri de Vellaicha[n, 56] cum pertinentiis suis; omnia iura et possessiones, quas in civitate Aurasicensi[o, 57] habetis; in comitatu Aquensi[58] ecclesiam sancti Petri de Aleno[59] cum 5 pertinentiis suis; ecclesiam sancti Michahelis de Malamort(e)[60] cum pertinentiis suis; ecclesiam sancte Marie de Roccarossa[61]; ecclesiam sancte Marie de Plano[62] cum omnibus pertinentiis suis; ecclesiam sancti St(e)ph(an)i de Ronnas[63]; ecclesiam sancti Ioh(ann)is de Salletas[p, 64]; ecclesiam sancti Petri de Mari[65]; ecclesiam sancte Marie de Chalichan(a)[66] cum omnibus pertinentiis 10 suis; monasterium sancti Honorati de Rocca fraudosa[67] cum pertinentiis suis; ecclesiam sancti Iuliani de Agulla[68] cum pertinentiis suis; ecclesiam de Vellaus[69]; ecclesiam de Cabrer[70] et ecclesiam sancti Petri de Pino[71] cum omnibus pertinentiis suis; quicquid iuris habetis in ecclesia de Oleras[72] et quartam partem eiusdem castri; ecclesiam sancte Marie de Sesols[73]; ecclesiam de 15

---

[m] *Migne:* Sirinnam.   [n] *Migne:* Velloricha.   [o] *Migne:* Auravicen.   [p] *Migne:* Salietas.

10: Chalichan(a)] Calichan(a).

[52] Saint-André in Cairanne, Cant. Vaison. Vgl. *ebd.* 158 mit Anm. 5; *Atlas Provence* II 167.

[53] Vielleicht Ravel, Comm., Cant. Valréas, Arr. Vaison. Vgl. PROU–CLOUZOT, *Pouillés Aix*, 238, 450.   20

[54] Bistum Orange.

[55] Saint-Marcel in Sérignan-du-Comtat, Cant. Orange-est. Vgl. BEAUNIER–BESSE, *Recueil*, II 116 mit Anm. 7; *Atlas Provence* II 200.

[56] Vielleicht Vellaye, Comm. Travaillon, Cant. Orange. Vgl. PROU–CLOUZOT, *Pouillés Aix*, 545.

[57] Orange.   25

[58] Grafschaft Aix-en-Provence.

[59] Saint-Pierre in Alleins, Cant. Eyguières, Arr. Arles, Dép. Bouches-du-Rhône. Vgl. *Atlas Provence* II 159.

[60] Saint-Michel in Mallemort, Cant. Eyguières Vgl. *ebd.* 181.

[61] S. Maria de Roccarossa, zerstört, bei Mallemort. Vgl. PROU–CLOUZOT, *Pouillés Aix*, 454.   30

[62] Notre-Dame-du-Plan, Comm. Mallemort. Vgl. *ebd.*

[63] Saint-Etienne-de-Conil in Rognes, Cant. Lambesc, Arr. Aix-en-Provence, Dép. Bouches-du-Rhône. Vgl. *Atlas Provence* II 192.

[64] Saint-Jean-de-la-Sale, Comm., Cant. Aix-en-Provence. Vgl. *ebd.* 195.

[65] Saint-Pierre-de-la-Mer in Istres, Arr. Aix-en-Provence. Vgl. *ebd.* 179.   35

[66] Calissanne, Comm. Lançon, Cant. Salon-de-Provence. Vgl. PROU–CLOUZOT, *Pouillés Aix*, 355.

[67] Saint-Honorat-de-Roquefavour in Ventabren, Cant. Besse-l'Étang, Arr. Aix-en-Provence. Vgl. *Atlas Provence* II 206.

[68] Saint-Julien in Eguilles, Cant. Aix-en-Provence. Vgl. BEAUNIER–BESSE, *Recueil*, II 13   40 mit Anm. 5.

[69] Velaux, Diöz. Arles, Cant. Besse-l'Étang. Vgl. *ebd.* 92 mit Anm. 2; *Atlas Provence* II 206.

[70] Cabriès, Cant. Gardanne, Arr. Aix-en-Provence. Vgl. *ebd.* 164.

[71] Saint-Pierre-du-Pin bei Calas, Cant. Gardanne. Vgl. BEAUNIER–BESSE, *Recueil*, II 12 mit Anm. 7.   45

[72] Ollières, Cant. Saint-Maximin, Arr. Brignoles, Dép. Var. Vgl. *ebd.* 16 mit Anm. 4; *Atlas Provence* II 187.

[73] Seaux, Comm., Cant. Saint-Maximin, Arr. Brignoles. Vgl. PROU–CLOUZOT, *Pouillés Aix*, 528.

Bolcod(e)nas^q, 74); ecclesiam de Balles^75) et ecclesiam sancte Marie de Tous^76) cum omnibus pertinentiis suis; ecclesiam sancti Iuliani, que est in territorio de Ioquas^77), cum pertinentiis suis; castrum de P(er)tusio^r, 78) cum omni villa adiacente et cum omni^s) territorio culto et inculto; omnes ecclesias in eodem
5 castro cum pertinentiis suis et cum omni dominio totius castri in omnibus intus et extra et portum Durentie^79); ecclesiam sancte Marie de Alneu^80) et ecclesiam sancti Laurentii de Robians^81) cum omnibus pertinentiis suis; monasterium sancte Marie de Caroloco^t, 82) cum omnibus pertinentiis suis; ecclesias de castro Rellan(a)^83) sancti Petri, sancte Marie et sancti Dionisii^u)
10 cum omnibus pertinentiis suis; in^v) episcopatu Atensi^84) ecclesiam sancti Petri de Vallibus^85) cum pertinentiis suis^v); ecclesiam sancte Crucis de Auribell(o)^86); ecclesiam sancti Steph(an)i de Crau, que est sita in territorio castri sancti Saturnini^87), cum omnibus pertinentiis suis; in^w) episcopatu Foroiuliensi^88) monasterium de Correns^89) cum omnibus pertinentiis suis; in
15 castro Ville piscis ecclesiam sancti Michaelis^90) cum parrochia sua; in castro Roca bruna^91) parrochiam; in castro Flachan(is)^92) ecclesias cum parrochiis

---

^q) *Migne:* Balcodenas.   ^r) *Migne:* Pertisio.   ^s) *Fehlt bei Migne.*   ^t) *Migne:* Carocolo.
^u) *Migne:* Donysii.   ^v—v) *Fehlt bei Migne.*   ^w—w) *Am Rande eine Klammer.*

6: Alneu] Alleneu.   15: Michaelis] Michahelis.

20   ^74) Belcodène, Cant. Roquevaire, Arr. Marseille, Dép. Bouches-du-Rhône. Vgl. *Atlas Provence* II 164.
     ^75) Vielleicht Le Val, Cant. Brignoles. Vgl. *Atlas Provence* II 205.
     ^76) Vielleicht Notre-Dame-de-Tousques, Comm. Vinon, Cant. Rians, Arr. Brignoles. Vgl. PROU–CLOUZOT, *Pouillés Aix*, 431.
25   ^77) Jouques, Cant. Peyrolles-en-Provence, Arr. Aix-en-Provence. Vgl. BEAUNIER–BESSE, *Recueil*, II 14 mit Anm. 6; *Atlas Provence* II 179.
     ^78) Pertuis, Dép. Vaucluse. Vgl. *ebd.* II 189.
     ^79) Fluß Durance.
     ^80) Notre-Dame-de-Liniens, Villelaure, Cant. Cadenet, Arr. Apt, Dép. Vaucluse. Vgl. BEAU-
30 NIER–BESSE, *Recueil*, II 20 mit Anm. 6.
     ^81) Cabrières-d'Aigues, Diöz. Apt, Cant. Pertuis. Vgl. *Atlas Provence* II 167.
     ^82) Carluc, in Céreste, Diöz. Apt, Cant. Reillanne, Arr. Forcalquier, Dép. Basses-Alpes. Vgl. *ebd.* 169.
     ^83) Reillanne. Vgl. *ebd.* 191.
35   ^84) Bistum Apt.
     ^85) Bei Deveaux, Comm., Cant. Bonnieux, Arr. Apt, Dép. Vaucluse. Vgl. PROU–CLOUZOT, *Pouillés Aix*, 56, 517.
     ^86) Sainte-Croix in Auribeau, Cant., Arr. Apt. Vgl. *Atlas Provence* II 162.
     ^87) Saint-Etienne in Saint-Saturnin-d'Apt, Cant. Apt. Vgl. BEAUNIER–BESSE, *Recueil*, II 29,
40 Anm. 8.
     ^88) Bistum Fréjus.
     ^89) Correns, Diöz. Aix-en-Provence, Cant. Cotignac, Arr. Brignoles, Dép. Var. Vgl. *Atlas Provence* II 172.
     ^90) Saint-Michel-de-Villepey, Comm. Fréjus, Arr. Draguignan, Dép. Var. Vgl. BEAUNIER–
45 BESSE, *Recueil*, II 44 mit Anm. 2.
     ^91) Roquebrune, Cant. Fréjus. Vgl. *ebd.*
     ^92) Flassans, Cant. Besse, Arr. Brignoles. Vgl. *ebd.* 40 mit Anm. 4; *Atlas Provence* II 175.

suis; quicquid iuris habetis in ecclesia sancte Marie de Aurete[93] et ecclesias de
Bersa[94] cum omnibus pertinentiis suis[w]; in episcopatu Regensi[95] monasterium sancti Petri de Stublon(e)[96] cum omnibus pertinentiis suis; ecclesiam
sancti Vincentii de Mesello[97]; ecclesiam sancti Petri de Priolas[x, 98]; ecclesiam
sancti Pontii de Castro nouo[99] cum pertinentiis suis; ecclesiam sancti Martini   5
de Bru*neto[100] cum pertinentiis suis; ecclesiam sancti Petri de Vileta[101] cum
pertinentiis suis; ecclesiam sancti Honorati de Pallarols[102] et ecclesiam
sancte Marie de Villa noua[103] cum omnibus pertinentiis suis; in episcopatu
Senescensi[104] castrum, quod dicitur Noranta[105], cum omnibus pertinentiis
suis; in episcopatu Sistericensi[106] ecclesiam sancti Petri de Saumana[107] cum   10
pertinentiis suis et ecclesiam sancti Saluatoris de Valbaines[108] cum pertinentiis suis; in episcopatu Vapincensi[y, 109] ecclesiam sancte Marie de Antonauas[110] cum omnibus pertinentiis suis et ecclesiam sancti Laugerii de
Iobia[z, 111] cum pertinentiis suis; in diocesi Viennensi[112] ecclesiam sancti
Antonii de Mota[113] cum parrochia sua et cum omnibus aliis pertinentiis suis   15

*fol. 181v (marginal left, line 6)

---

[x] *Migne:* Riolas.   [y] *Migne:* Vapicen.   [z] *Migne:* Jaubia.

[93] Sainte-Marie-la-Dorée, Comm. Luc, Arr. Draguignan. Vgl. LABANDE, *Chartes*, 17 mit
Anm. 3.

[94] Besse, Arr. Brignoles. Vgl. *Atlas Provence* II 165.

[95] Bistum Riez.   20

[96] Estoublon, Cant. Mézel, Arr. Digne, Dép. Basses-Alpes. Vgl. *Atlas Provence* II 174;
FÉRAUD, *Basses-Alpes*, 281.

[97] Saint-Vincent in Mézel. Vgl. *Atlas Provence* II 184.

[98] Ein Priorat von Montmajour befand sich in Gréoux-les-Bains, Cant. Valensole, Arr.
Digne. Vgl. *ebd.* 178.   25

[99] Saint-Pons in Chateauneuf-lès-Moustiers, Cant. Moustiers-Sainte-Marie, Arr. Digne.
Vgl. BEAUNIER–BESSE, *Recueil*, II 61 mit Anm. 9; *Atlas Provence* II 170.

[100] Saint-Martin in Brunet, Cant. Valensole, Arr. Digne. Vgl. BEAUNIER–BESSE, *Recueil*, II
62 mit Anm. 8; *Atlas Provence* II 166.

[101] Saint-Pierre-de-la-Villette, Cant. Mézel. Vgl. BEAUNIER–BESSE, *Recueil*, II 64 mit Anm. 9.   30

[102] Saint-Honorat in Paillerols, Comm. Mézel Vgl. *Atlas Provence* II 182f.

[103] Vielleicht Villeneuve, Cant., Arr. Forcalquier, Dép. Basses-Alpes. Vgl. FÉRAUD, *Basses-
Alpes*, 545.

[104] Bistum Senez.

[105] Chaudon-Norante, Cant. Barrême, Arr. Digne. Vgl. *Atlas Provence* II 171.   35

[106] Bistum Sisteron.

[107] Saint-Pierre in Saumane, Cant. Banon, Arr. Forcalquier. Vgl. BEAUNIER–BESSE, *Recueil*, II 73 mit Anm. 8; *Atlas Provence* II 199.

[108] Saint-Sauveur in Valbelle, Cant. Noyers, Arr. Sisteron, Dép. Basses-Alpes. Vgl. BEAU-
NIER–BESSE, *Recueil*, II 73 mit Anm. 11.   40

[109] Bistum Gap.

[110] Antonaves, Comm. Ribiers, Arr. Gap, Dép. Hautes-Alpes. Vgl. BEAUNIER–BESSE, *Recueil*, II 50f. mit Anm. 5.

[111] Saint-Léger-de-Loup, Comm. Saint-Geniès, Cant. Saint-Bonnet, Dép. Hautes-Alpes.
Vgl. PROU–CLOUZOT, *Pouillés Aix*, 505; ROMAN, *Hautes-Alpes*, XXXII, 143.   45

[112] Bistum Vienne.

[113] Saint-Antoine-la-Motte in Vienne. Vgl. BEAUNIER–BESSE, *Recueil*, IX 25—31; FILLET,
Colonies Dauphinoises, I 324.

et domum elemosinariam, que in eius parrochia sita est et proprietate, cum
omnibus pertinentiis suis; ecclesiam sancte Marie de Montanea[114]; ecclesiam
sancti Marcellini[115]; ecclesiam sancti Ioh(ann)is de Form(en)tal[116]; ecclesiam
sancti Martini de Viinai[aa, 117]; ecclesiam sancti Petri de Monteluser[118]; ec-
5 clesiam sancte Marie de Quinceu[bb, 119]; ecclesiam sancti Desid(e)rii de
Castro[120]; ecclesiam sancti Cipriani; ecclesiam sancte Marie Magdalene de
Baeu[cc, 121] cum omnibus pertinentiis suis; ecclesiam sancti Petri de Lausonna[122]; ecclesiam de Capreriis[123] cum omnibus pertinentiis suis; ecclesias
sancti Euodii[dd, 124], sancti Boniti[125], sancti Ylarii[126], sancti Saluatoris[127]
10 et sancte Marie de Lechis[128] cum omnibus pertinentiis suis; in episcopatu Grationopolitano[ee, 129] ecclesiam sancti Iusti[130]; ecclesiam castri de

---

aa) *Migne:* Vunai.   bb) *Migne:* Quincem.   cc) *Migne:* Baen.   dd) Euodiis; -s *durchgestri-*
chen.   ee) *Migne:* Gratianopolitan.

1: elemosinariam] helemosinariam.   9: Ylarii] Ilarii.

15   [114] Montagne, Cant. Saint-Marcellin, Arr. Grenoble, Dép. Isère. Vgl. CALMETTE–CLOUZOT,
Pouillés Besançon, 620; FILLET, *Colonies Dauphinoises*, II 55.
      [115] Saint-Marcellin, Arr. Grenoble, Dép. Isère. Vgl. *ebd.* I 315; II 55f.
      [116] Saint-Jean-de-Fromental, Comm. Dionay, Cant. Saint-Marcellin. Vgl. *ebd.* II 56; CAL-
METTE–CLOUZOT, *Pouillés Besançon*, 674.
20   [117] Vielleicht Saint-Martin-le-Vinoux, Diöz., Cant., Arr. Grenoble, oder Saint-Martin in
Vinay, Arr. Grenoble, Dép. Isère. Vgl. CALMETTE–CLOUZOT, *Pouillés Besançon*, 678; FILLET,
Colonies Dauphinoises, I 315; II 56.
      [118] Vielleicht Montailleur, Diöz. Grenoble, Cant. Grésy-sur-Isère, Arr. Albertville, Dép.
Savoie, oder Saint-Pierre de Montelaser. Vgl. CALMETTE–CLOUZOT, *Pouillés Besançon*, 621; FILLET,
25 *Colonies Dauphinoises*, I 315.
      [119] Quincieux, Diöz. Grenoble, Cant. Tullins, Arr. Grenoble, Dép. Isère, oder Sainte-Marie de
Quincivet. Vgl. MARION, *Cartulaire Grenoble*, 468, 540; FILLET, *Colonies Dauphinoises*, I 315, II 57.
      [120] Vielleicht Saint-Désirat, Cant. Serrières, Arr. Tournon-sur-Rhône, Dép. Ardèche, oder
Saint-Didier du Château. Vgl. CALMETTE–CLOUZOT, *Pouillés Besançon*, 669; FILLET, *Colonies Dau-*
30 *phinoises*, I 315.
      [121] Vielleicht S. Maria (!) de Biveu, Biviers, Diöz., Cant., Arr. Grenoble, Dép. Isère. Vgl.
CALMETTE–CLOUZOT, *Pouillés Besançon*, 682; vgl. aber FILLET, *Colonies Dauphinoises*, I 315, II 58.
      [122] Vielleicht La Sône, Cant. Saint-Marcellin, Arr. Grenoble. Vgl. CALMETTE–CLOUZOT,
Pouillés Besançon, 723.
35   [123] Chevrières, Cant. Saint-Marcellin. Vgl. FILLET, *Colonies Dauphinoises*, II 56; BEAU-
NIER–BESSE, *Recueil*, IX 37 mit Anm. 10.
      [124] Saint-Véon in Parnans, Cant. Romans, Arr. Valence, Dép. Drôme. Vgl. FILLET, *Colo-*
nies Dauphinoises, I 323f.; BEAUNIER–BESSE, *Recueil*, IX 41 mit Anm. 4.
      [125] Vielleicht Saint-Bonnet-de-Chavagne, Cant. Saint-Marcellin. Vgl. CALMETTE–CLOUZOT,
40 *Pouillés Besançon*, 668; FILLET, *Colonies Dauphinoises*, II 58.
      [126] Saint-Hilaire in La Sône, Cant. Saint-Marcellin. Vgl. BEAUNIER–BESSE, *Recueil*, IX 39
mit Anm. 5; FILLET, *Colonies Dauphinoises*, II 56.
      [127] Wahrscheinlich die Kirche Saint-Sauveur bei Saint-Marcellin. Vgl. FILLET, *Colonies*
Dauphinoises, I 315, II 58f.
45   [128] Vielleicht Sainte-Marie-de-Lêches, allerdings in der Diözese Grenoble. Vgl. FILLET,
Colonies Dauphinoises, I 315, II 59.
      [129] Bistum Grenoble.
      [130] Saint-Just-de-Claix, Cant. Pont-en-Royans, Arr. Grenoble, oder Saint-Just bei Seys-
sins, Cant. Sassenage, Arr. Grenoble, Dép. Isère. Vgl. BEAUNIER–BESSE, *Abbayes*, IX 103 mit
50 Anm. 3; FILLET, *Colonies Dauphinoises*, I 315, II 66f.

Rouo[131] et dominium eiusdem castri cum omnibus pertinentiis suis; ecclesiam sancti Romani de Granenco[ff, 132] cum omnibus pertinentiis suis; monasterium sancti St(e)ph(an)i de Nacon[133] cum pertinentiis suis; ecclesiam sancti Ioh(ann)is de Exarto[134]; ecclesiam de Rancurell(o)[gg, 135]; ecclesiam de Conniis[136]; ecclesiam sancti Iusti et ecclesiam sancte Marie de[hh] Albaripa[137] cum 5
omnibus pertinentiis suis; in episcopatu Diensi[138] monasterium sancti Ioh(ann)is de Roms[139]; ecclesiam sancti Martini de Coronel(o)[140] cum pertinentiis suis et quicquid iuris habetis in ecclesia sancte Marie de Auriolo[141]; in episcopatu Valentie[142] ecclesias[ii] sancti Petri de Mota[143], sancti Thome et sancte Marie de Iallans[144] cum pertinentiis suis; ecclesiam sancte Marie de 10
Maimanis[145]; ecclesiam de Cerna[146] et ecclesiam de podio Rigaudo[147] cum omnibus pertinentiis suis; in comitatu Vigintimiliensi[148] iuxta mare abbatiam beati Appellen(sis)[149] cum omnibus pertinentiis suis.

Sane novalium vestrorum, que propriis manibus aut sumptibus colitis, sive de nutrimentis animalium vestrorum nullus et cetera usque presumat. Presenti 15
nichilominus decreto prohibemus, ut nullus infra parrochias vestras absque diocesani episcopi et vestro assensu ecclesiam de novo edificare presumat; salvis

---

ff) *Migne:* Cranenco.   gg) *Migne:* Reneuvell.   hh) *Migne:* et.   ii) *Korr. aus* eccl(esia)m.

15: et cetera usque presumat] omnino a vobis decimas exigere vel extorquere presumat.

131) Rovon, Cant. Vinay, Arr. Grenoble. Vgl. CALMETTE–CLOUZOT, *Pouillés Besançon*, 662. 20

132) Granenc, Comm. Saint-Romains, Cant. Pont-en-Royans. Vgl. BEAUNIER–BESSE, *Recueil*, IX 103 mit Anm. 4.

133) Nâcon, Comm. Saint-Pierre-de-Chérennes, Cant. Pont-en-Royans. Vgl. *ebd.* 103 mit Anm. 2.

134) Saint-Jean-des-Essarts, Comm. Izeron, Cant. Pont-en-Royans. Vgl. CALMETTE–CLOU- 25 ZOT, *Pouillés Besançon*, 557.

135) Rencurel, Cant. Pont-en-Royans. Vgl. *ebd.* 656; MARION, *Cartulaire Grenoble*, 360.

136) Cognin, Cant. Vinay, Arr. Grenoble. Vgl. CALMETTE–CLOUZON, *Pouillés Besançon*, 375.

137) Auberives, Cant. Pont-en-Royans. Vgl. CALMETTE–CLOUZOT, *Pouillés Besançon*, 482.

138) Bistum Die. 30

139) Saint-Jean-en-Royans, Arr. Valence, Dép. Drôme. Vgl. BEAUNIER–BESSE, *Recueil*, IX 143f. mit Anm. 11.

140) Saint-Martin-le-Colonel, Cant. Saint-Jean-en-Royans. Vgl. CALMETTE–CLOUZOT, *Pouillés Besançon*, 678.

141) Oriol-en-Royans, Cant. Saint-Jean-en-Royans. Vgl. CALMETTE–CLOUZOT, *Pouillés Be-* 35 *sançon*, 483.

142) Bistum Valence.

143) Vielleicht La Motte-Fanjas, Cant. Saint-Jean-en-Royans. Vgl. CALMETTE–CLOUZOT, *Pouillés Besançon*, 627.

144) Jaillans, Comm. Beauregard, Cant. Bourg-de-Péage, Arr. Valence. Vgl. *ebd.* 587. 40

145) Vielleicht Meymans, Cant. Bourg-de-Péage. Vgl. *ebd.* 614.

146) Serne, Comm. Beauregard. Vgl. BRUN-DURAND, *Drôme*, 181.

147) Vielleicht Périchaud, Comm. Montclar, Cant. Crest-Nord, Arr. Die, Dép. Drôme. Vgl. BRUN-DURAND, *Drôme*, 261.

148) Grafschaft Ventimiglia. 45

149) Sant'Ampelio, Bordighera, Diöz. Ventimiglia, Prov. Imperia. Vgl. PASTOR, *Ventimiglia*, 217 mit Anm. 40, 222.

tamen privilegiis^kk) pontificum Romanorum. In parrochialibus autem ecclesiis, et cetera usque idonei fuerint, tantum ad representationem vestram animarum curam committat, ut de plebis quidem cura episcopo, vobis autem de temporalibus debeat respondere^ll). Sepulturam^mm) quoque et cetera usque obsistat;
5 salva tamen iustitia matricis ecclesie. Obeunte vero te, et cetera usque beati Benedicti regulam providerint eligendum, qui^nn) videlicet aut a Romano pontifice aut ab eo, cui permiserit, professione seposita ordinetur. Nulli etiam episcopo facultas sit sine Romani pontificis aut legati eius mandato idem monasterium excommunicationi vel interdicto subicere. Decernimus ergo et cetera usque pro-
10 futura; salva sedis apostolice auctoritate et diocesanorum episcoporum canonica iustitia in supradictis capellis. Ad indicium autem huius a sede apostolica percepte libertatis quatuor solidos Merguriensis^150) monete veteris nobis nostrisque successoribus annis singulis persolvetis^151).

Si qua igitur et cetera. Cunctis autem et cetera.

15 Datum Rome apud sanctum Petrum per manum Ioh(ann)is, sancte Romane ecclesie subdiaconi et notarii^152), III Kal. Decembris, indictione VIII^a, incarnationis Dominice anno M°CC°IIII°, pontificatus vero^oo) domni Innocentii^pp) pape III anno septimo.

---

^kk) -|- korr. vielleicht aus -c-.   ^ll) Auf Rasur nachgetragen, vielleicht von anderer Hand.
20 ^mm) -e- und der Schaft des -p- korr. vielleicht aus -u-.   ^nn) Darnach eine kleine Rasur.
^oo) Darnach eine kleine Rasur.   ^pp) In verlängerter Schrift.

2: et cetera usque idonei] quas habetis, liceat vobis sacerdotes eligere et diocesano episcopo presentare, quibus, si idonei.   4: et cetera usque obsistat] ipsius loci liberam esse decernimus, ut eorum, qui se illic sepeliri deliberaverint, devotioni et extreme voluntati, nisi forte excommu-
25 nicati vel interdicti sunt, nullus obsistat.   5: et cetera usque beati] nunc eiusdem loci abbate vel tuorum quolibet successorum, nullus ibi qualibet surreptionis astutia seu violentia preponatur, nisi quem fratres communi assensu vel pars consilii sanioris secundum Dei et beati.   9f.: et cetera usque profutura] ut nulli omnino hominum liceat prefatum monasterium temere perturbare aut eius possessiones auferre vel ablatas retinere, minuere aut aliquibus vexationibus
30 fatigare, sed omnia integra conserventur eorum, pro quorum gubernatione et sustentatione concessa sunt, usibus omnimodis profutura.   14: igitur et cetera] igitur in futurum ecclesiastica secularisve persona hanc nostre constitutionis paginam sciens contra eam temere venire temptaverit, secundo tertiove commonita, n[isi re]atum suum congrua satisfactione [correxerit], potestatis honorisque sui [dignitate] careat reamque se divino iudicio existere de perpetrata iniqui-
35 tate cognoscat et a sanctissimo corpore et sanguine Dei et Domini redemptoris nostri Iesu Christi aliena fiat atque in extremo examine districte ultioni subiaceat.   14: autem et cetera] autem eidem loco sua iura servantibus sit pax Domini nostri Iesu Christi, quatenus et hic fructum bone actionis percipiant et apud districtum iudicem premia eterne pacis inveniant. Amen, amen, amen.   17f.: Innocentii] Innocencii.

40   ^150) Münzen der Grafen von Melgueil, zeitweise die Hauptwährung Südfrankreichs. Vgl. SPUFFORD, Handbook, 137f.
   ^151) Vgl. FABRE–DUCHESNE, Liber Censuum, I 183b, Nr. 1, und II 117b; PFAFF, Liber Censuum, 234, Nr. 490.
   ^152) S. Br. VII 1 Anm. 10.

163.

Innocenz III. trägt dem Bischof (Obizzo) von Parma auf, die Aufhebung des Interdiktes zu verkünden, das über die Stadt Cremona wegen des Streites, den sie mit dem Kloster S. Sisto um die Orte Guastalla und Luzzara führte, ver-hängt worden war, und den Podestà, die Konsuln und den Rat von der Exkom- 5
munikation, der sie aus gleichem Grund verfallen sind, zu absolvieren, wenn sie sich eidlich verpflichten, den mit dem Kloster geschlossenen und hier inserierten Vergleich zu befolgen.

Rom, St. Peter, (1204) Dezember 6.

Reg. Vat. 5, fol. 181v—182r ⟨Nr. 163⟩. 10
Bréquigny, Diplomata, II/1 587, Nr. 163 = Migne, PL, 215, 470, Nr. 163. — Potth. Reg. 2338;
BFW *5913; Astegiano, Codex diplomaticus Cremonae, II 67, Nr. 27.
A-pari Briefe an die Kommune von Cremona: Dr.: Ficker, Forschungen, IV 261, Nr. 210; Reg.:
Astegiano, Codex diplomaticus Cremonae, II 66, Nr. 25; und an den Abt von S. Sisto: Reg.:
Astegiano, ebd. II 66, Nr. 26. 15

.. Parmensi episcopo[a, 1].

(|) **C**um dilectus filius G(andulfus), abbas sancti Sixti[2], nuper ad sedem apostolicam accessisset de Cremonensibus depositurus in presentia nostra querelam, pro cuius monasterio civitas fuerat interdicta et potestates et consules ac consiliarii vinculo excommunicationis astricti[3], dilectus filius 20

Folgende Kardinäle unterschrieben:
Petrus tituli sancte Cecilie presbyter cardinalis
Iord(anus) sancte Pudentiane tituli Pastoris presbyter cardinalis
Guido sancte Marie Transtyberim tituli Calixti presbyter cardinalis
Hug(o) presbyter cardinalis sancti Martini tituli Equitii 25
Ioh(anne)s tituli sancte Prisce presbyter cardinalis

Octauianus Hostiensis et Velletrensis episcopus
Petrus Portuensis et sancte Rufine episcopus
Ioh(ann)es Albanensis episcopus

Gratianus sanctorum Cosme et Damiani diaconus cardinalis 30
Gregorius sancti Georgii ad Uelum aureum diaconus cardinalis
Hug(olinus) sancti Eustachii diaconus cardinalis
Matheus s[ancti T]eodori diaconus cardinalis
Ioh(anne)s *(folgt getilgt:* di-*)* sancte Marie in Cosmidin diaconus cardinalis.

163. [a]) *Adresse am Rande vorgemerkt. Am Rande ein Kreuz.* 35
163. [1]) Obizzo (I.) Fieschi, B. von Parma (Suffr. von Ravenna) 1194—1224. Vgl. Allodi, *Vescovi di Parma*, I 315—370.
    [2]) Gandolf, Abt von S. Sisto (Ben.-Abtei in Piacenza) 1185—1230, gest. nach 1232. Vgl. Astegiano, *Codex diplomaticus Cremonae*, II 59, Anm.
    [3]) Der Konflikt des Klosters mit der Kommune Cremona um den Besitz der Festungen 40
Guastalla und Luzzara (s. unten Anm. 7) führte wegen der Weigerung der Cremonesen, vor den delegierten Richtern zu erscheinen, zum Interdikt und zur Exkommunikation des Magistrats. Vgl. das Instrument vom 1. September 1199 (Ficker, *Forschungen*, IV 257f., Nr. 205), die Briefe Innocenz' III. vom 7. Mai 1201 (*ebd.* 259f., Nr. 207), 28. Februar 1203 (Br. VI 13), 3. März 1203 (Astegiano, *Codex diplomaticus Cremonae*, II 66, Nr. 20). 45

Ioh(ann)es Bonus[4] pro ipsa civitate advenit, qui cum ipso abbate ad ammonitionem nostram amicabilem[b] curavit compositionem inire. Nos ergo postmodum ad postulationem utriusque partis interdictum, cui erat civitas ipsa
supposita, duximus relaxandum, fraternitati tue per apostolica scripta man
5 dantes, quatinus interdictum ipsum denunties relaxatum a nobis et ab excommunicatis iuratoria cautione recepta, quod nostris curent obedire mandatis[5], beneficium eis absolutionis impendas; iniungens eis sub debito prestiti iuramenti, * ut inviolabiliter predictam compositionem observent, quam   * fol. 182ʳ
tamen salvo in omnibus iure apostolice sedis volumus observari. Tenor autem
10 illius compositionis est talis:
In nomine Domini nostri Iesu Christi, Amen. .. Abbas monasterii sancti Sixti
Placentie[c] mediante domino papa et auctoritatem prestante propria voluntate et consensu prioris P(etri)[6] tale pactum iniit cum nuntio Cremonensi
Ioh(ann)e Bono, videlicet super facto Guastalle et Luciarie[7], scilicet, quod
15 ipse abbas nomine suo et monasterii sui promisit, quod nec ipse nec monasterium suum movebit aliquam questionem seu litem contra communitatem
Cremonensem super predictis villis, donec imperator fuerit a Romano pontifice coronatus, salvo sibi et ecclesie sue omni iure, quod habet in predictis
curtibus et in omnibus fructibus preteriti temporis, ita tamen, quod quicquid
20 usque modo actum est per dominum Reginensem[8] vel per dominum Mutinensem[9], delegatos domini pape, super predicta querela nichil noceat vel
preiudicet Cremonensibus in iure suo seu possessione, preterquam in temporis interruptione et actionis perpetuatione. Dicta vero testium productorum
ab abbate coram episcopo Mutinensi[10] tantum valeant, quantum de iure

---

25   b) *Migne:* amicalem.   c) *Fehlt bei Migne.*

4) Vielleicht Rodolfus Johannesbonus, 1206 als „massarius comunis" bezeugt (ASTEGIANO,
Codex diplomaticus Cremonae, II 182), 1213 als Gesandter bei König Friedrich II. (*ebd.* I 223,
Nr. 164).

5) Dieser Eid der Konsuln „Omnebonus de Ursolario, Iohannes de Summo, Wido Dodho
30 nus, Wilielmus Mastallius et Mariscottus de Burgo" und des Rates datiert vom 22. Dezember
1204. Dr.: ASTEGIANO, *Codex diplomaticus Cremonae*, II 67, Nr. 28.

6) Peter, Prior von S. Sisto, bezeugt 1205. Vgl. ASTEGIANO, *Codex diplomaticus Cremonae*, II
68, Nr. 30.

7) Guastalla und Luzzara am rechten Poufer (Prov. Reggio-Emilia), 877 von der Kaiserin
35 Angelberga dem Kloster S. Sisto geschenkt, seit dem 2. Viertel des 12. Jhs. Ziel der Aspirationen
Cremonas, das sich 1177 gewaltsam der beiden Orte bemächtigt. Vgl. ASTEGIANO, *Cremona*, bes.
216f.

8) Pietro Albriconi, B. von Reggio-Emilia (Suffr. von Ravenna) 1187—1210. Vgl. SACCANI,
Vescovi di Reggio-Emilia, 73f. Innocenz III. delegiert den Prozeß an ihn mit Br. vom 13. Februar
40 1199 (ASTEGIANO, *Codex diplomaticus Cremonae*, II 64, Nr. 2) und 8. Juni 1199 (*ebd.*, Nr. 3); vgl.
weiters *ebd.*, Nr. 4; 64f., Nr. 6; 65, Nr. 7, 9, 11, 15.

9) Egidio Gargione, B. von Modena, s. Br. VII 41 Anm. 6. Br. vom 24. Januar 1200 (ASTEGIANO,
Codex diplomaticus Cremonae, II 65, Nr. 11); vgl. *ebd.*, Nr. 13; 65f., Nr. 17, 19, 21—24.

10) Die Zeugenaussagen über die Inbesitznahme Guastallas durch Cremona, 1177, die am
45 15./16. Oktober 1204 in Modena aufgenommen (ASTEGIANO, *Cremona*, 218—227; DERS., *Codex
diplomaticus Cremonae*, II 66, Nr. 23) und mit einem Begleitbrief des Bischofs (ASTEGIANO,
Cremona, 227, Anm. 1; DERS., *Codex diplomaticus Cremonae*, II 66, Nr. 24) durch den Abt Gandolf
an die Kurie gebracht wurden.

valere debebunt, et pro hac dilatione et concordia accepit predictus abbas centum sexaginta libras Imperiales[11] a Cremonensibus et coram summo pontifice confessus est se recepisse predictam pecuniam, renuntians exceptioni non numerate pecunie, et preterea securitatem et cautionem recepit de viginti libris Imperialibus, quas singulis annis recipere debebit a Cremonen- 5 sibus in festo sancti Michaelis usque ad terminum supradictum.

Datum Rome apud sanctum Petrum, VIII Idus Decembris.

164.

Innocenz III. befiehlt den Bischöfen und Äbten im Kreuzfahrerheer in Konstantinopel, von den Griechen verlassene Kirchen in Konstantinopel mit lateinischen 10 *Klerikern zu besetzen und vom gesamten lateinischen Klerus einen Rektor wählen zu lassen, der vom Papst oder seinem Legaten bestätigt werden soll.*

Rom, St. Peter, (1204) Dezember 7.

Reg. Vat. 5, fol. 182ʳ ⟨Nr. 164⟩.

Bréquigny, Diplomata, II/1 588, Nr. 164 = Migne, PL, 215, 471, Nr. 164; Haluščynskyj, Acta 15 Innocentii, 283, Nr. 66. — Potth. Reg. 2339; Santifaller, Lateinisches Patriarchat, 168, Nr. 3.

Episcopis et abbatibus in exercitu Christiano apud Constantinopolim constitutis[a] [1]

Quia non minor est virtus, quam querere, parca tueri[2], ad meritum vobis credimus profuturum, Constantinopolitano imperio ad augmentum et gene- 20 rali ecclesie ad honorem, si ecclesias a Grecis relictas de Latinis clericis ordinetis ad cultum divini nominis sub orthodoxe fidei regula in devotione sedis apostolice conservandas. Turpe siquidem esset et in ultime discussionis examine ulciscendum, si sic Grecorum terminos exiretis, ut inordinatis ecclesiis regnum quasi sine sacerdotio remaneret nec esset, qui Latinorum populo 25 ibidem dante Domino perpetuo remansuro iuxta suum ritum divina rite celebrarent officia et exhiberent ecclesiastica sacramenta. Monemus igitur discretionem vestram et exhortamur in Domino et per apostolica vobis scrip-
vgl. Ps 47, 5; ta precipiendo mandamus, quatinus convenientes in unum in ecclesiis Con-
1Kor 11, 20 u. ö. stantinopolitane civitatis, in quibus Latini hactenus non fuerunt, auctoritate 30

---

[11]) Eine von Kaiser Friedrich I. in Italien eingeführte und dann von Mailand geprägte hochwertige Pfennigmünze. Vgl. Spufford, *Handbook*, 96f.

164. [a]) *Am Rande ein Kreuz, ferner am Rande ein senkrechter, gekrümmter Strich zwischen zwei Punkten.*

164. [1]) Bischöfe und Äbte im Kreuzfahrerheer in Konstantinopel. 35
[2]) Vgl. Walther, *Proverbia*, III 224, Nr. 18042; vgl. auch *ebd.* I 635, Nr. 5200, und VIII 752, Nr. 38941a2.

nostra suffulti Latinos clericos instituere procuretis, qui et dignum Deo impendant obsequium et ecclesiastica bona conservent et in apostolice sedis devotione persistant et parrochianis eorum in divinis officiis et ecclesiasticis provideant sacramentis.

5   Quia vero membra sine capite non subsistunt, ne idem clerici, si absque rectore fuerint, acephali videantur[3], volumus et mandamus, quatinus universis Latinis clericis cuiuscumque regionis et gentis apud Constantinopolim constitutis convocatis in unum de preficiendo eis idoneo provisore, viro videlicet Deum timente, tam etate maturo quam scientia reverendo, tractatum 10 cum[b] eis pariter habeatis et eum, in quem canonice concordarint, auctoritate nostra rectorem preficiatis eisdem a nobis vel legatis nostris, quos Constantinopolim in proximo destinare disponimus[4], confirmandum, ut per nos vel eos, quod defuerit, plenius suppleatur. Personam autem, que ad hoc onus fuerit nominata, ad suscipiendum, quod ei fuerit auctoritate nostra imposi- 15 tum, non solum inducere, sed monitione premissa per censuram ecclesiasticam appellatione post(posita) compellere procuretis, mandatum nostrum taliter impleturi, quod non de negligentia reprehendi sed de diligentia debeatis potius commendari.

   Quod si non omnes [et cetera], tres vestrum et cetera.

20   Datum Rome apud sanctum P(etrum), VII Idus Decembris[c].

165.

Rechtsauskunft Innocenz' III. an seine Legaten, die (Zisterzienser-)Mönche P(eter) von Castelnau und R(adulf) von Fontfroide, hinsichtlich der unkanoni- schen Vergabe von Pfründen, des Streites zwischen Klerus und Laien über die bei 25 *Begräbnissen verwendeten Bahren und der Absolution von „latae sententiae" Exkommunizierten.*

(*Rom, St. Peter, 1204 Dezember ca. 7*).

Reg. Vat. 5, fol. 182ʳ—182ᵛ ⟨Nr. 165⟩.

Bréquigny, Diplomata, II/1 589, Nr. 165 = Migne, PL, 215, 472, Nr. 165; Villemagne, Bullaire 30 *Pierre de Castelnau, 60, Nr. 18. — Comp. IV 1. 6. 2; Alan. 1. 4. 2, 1. 7. 3; Alan. K. 1. 4. 2, 1. 9. 4; Bern. 3. 10. 11, 1. 5. 6, 1. 22. 5; Coll. Fuld. 1. 4. 2, 1. 9. 6; X 1. 10. 4. — S. unten Abb. III. — Potth. Reg. 2337.*

---

[b] *Ursprünglich* i(n), *durch Unterpungierung getilgt,* cum *über der Zeile nachgetragen.*

[c] *Migne fügt hinzu:* anno septimo.

35   [3] Vgl. *Decretum Gratiani* D. 93 c. 8 (Friedberg, *CorpIC,* I 322).

  [4] Innocenz III. sendet im Sommer 1205 den KP. Benedikt von S. Susanna als Legaten nach Konstantinopel. Vgl. Maleczek, *Petrus Capuanus,* 191—193.

Magistro[a] P(etro) de Castro nouo[1] et R(adulfo)[b, 2], monachis Fontis frigidi, apostolice sedis legatis[c].

(|) Litteras vestre discretionis accepimus, quibus responsum apostolicum imploratis super hiis, que ambigua vobis existunt, videlicet quod, cum in quibusdam ecclesiis legationi vestre subiectis quedam beneficia et dignitates 5 tanto tempore vacavissent, quod tam prelati quam capitula secundum tenorem * Lateranensis concilii[3] essent iure instituendi privati, postquam vester adventus illis innotuit, in beneficiis illis personas minus idoneas instituere presumpserunt. Unde cum reciperetis consilium a viris peritis, ut tales institutiones ab hiis, quorum non[d] intererat et qui propria culpa iure instituendi 10 se privaverant, factas auctoritate apostolica cassaretis, nostrum prius in hoc consilium decrevistis habere.

Proposuistis preterea, quod consuetudo in quibusdam ecclesiis inolevit, ut lectisternia, in quibus corpora defunctorum ad ecclesias deferuntur, cedant in usus ecclesie ministrorum, nunc[e] autem refrigescente populi caritate ac devo- 15 tione cessante inter clerum et populum occasione lectorum sepe scandalum generatur.

Item cum multi, qui in sententie late canonem inciderunt et qui vobis legationis ratione non subsunt, ad vos pro beneficio absolutionis accedant volentes contra hereticorum pravitatem accingi, ac etiam cum quidam clau- 20 strales propter iniectionem[f] manuum violentam[g] in clericos seculares excommunicationis vinculo teneantur astricti[4] nec accingi[h] contra hereticos valeant nec habeant facultatem sedem apostolicam adeundi et postulent a vobis absolvi, quid vos super hoc oporteat facere requisistis.

Nos igitur inquisitioni vestre[i] breviter respondentes per apostolica vobis 25 scripta mandamus, quatinus, si beneficia vel dignitates ipsas noveritis personis idoneis assignatas, ea de patientia permittatis ab ipsis pacifice possideri. Alioquin personas ipsas amoventes prorsus ab illis ea de personis idoneis auctoritate nostra suffulti nullius contradictionis vel appellationis obstaculo non differatis quantotius ordinare, contradictores per censuram ecclesiasti- 30 cam compescentes.

Clericos autem diligentius moneatis, ne super lectis, qui ad eorum ecclesias cum defunctorum corporibus deferuntur, molestam exactionem aut inhonestam importunitatem exerceant, laicos quoque, ut in hiis laudabilem consuetudinem ex devotione fidelium hactenus observatam observent, monitione 35 curetis inducere diligenti, eos ad hoc, si necesse fuerit, per districtionem ecclesiasticam appellatione post(posita) compellentes.

---

165. [a] *Fehlt bei Migne.*   [b] *Migne:* Rodulpho.   [c] *Am Rande das* Nota-*Monogramm und von einer Hand des 13. Jhs.:* hoc c(apitulum) est Extra de supplenda negligentia prelatorum *(X 1. 10. 4).* [d] *Über der Zeile nachgetragen.*   [e] *Migne:* nec.   [f] *Migne:* interjectionem.   [g] *Fehlt bei Migne.* 40 [h] ac- *über der Zeile nachgetragen.*   [i] v- *auf Rasur.*

165. [1] S. Br. VII 76 (75) Anm. 2.
     [2] S. Br. VII 76 (75) Anm. 3.
     [3] S. Br. VII 71 (70) Anm. 4.
     [4] Vgl. Br. VII 77 (76, 77) Anm. 12.   45

fol. 182ᵛ (marginal, left)
vgl. Mt 24, 12 *(marginal, left)*

Ad hec, cum apostolica sedes consueverit legatis suis ex gratia speciali committere absolutionem illorum, qui pro iniectione manuum violenta vinculo sunt excommunicationis astricti[5], volumus et mandamus, ut super hiis procedatis, prout illorum saluti videritis expedire, nisi excessus eorum esset difficilis et
5 enormis, utpote, si sit ad mutilationem membri vel sanguinis effusionem processum aut violenta manus in episcopum vel abbatem iniecta, cum excessus tales et similes sine scandalo nequeant preteriri. Ceterum super hiis, de quibus nostrum consilium ultimo requisistis, videlicet contra illos, qui suorum privilegiorum obtentu ab omni legatorum correctione se[k] subtrahunt, nisi ad eos specialiter
10 fuerint destinati, cum infamia conversationis eorum et fidelibus scandalum et hereticis insultandi vobis prestet maximum argumentum, consulimus et monemus, ut super negotio vobis iniuncto vehementius intendentes non requiratis in aliis, que possint impedire commissa, ne unum, quod inevitabilem necessitatem inducit, per aliud, quod est tolerabile, impedimentum assumat.
15   Datum[l] ut in superiori[l].

166.

Innocenz III. trägt dem Erzbischof (Michael) von Arles auf, dem seit vier Jahren unheilbar erkrankten Bischof (Arnald) von Orange einen Koadiutor zu bestellen.

Rom, St. Peter, (1204) Dezember 2.

20   *Reg. Vat. 5, fol. 182ᵛ ⟨Nr. 166⟩.*
     Bréquigny, Diplomata, II/1 590, Nr. 166 = Migne, PL, 215, 474, Nr. 166; Gallia Christiana Novissima III: Arles 308, Nr. 768. — Comp. III 3. 6. un.; Bern. 3. 8. 2; Coll. Fuld. 3. 6. 4; X 3. 6. 5. — S. unten Abb. III. — Potth. Reg. 2335.

.. Arelatensi archiepiscopo[a, 1].

25   **E**x parte tua fuit propositum coram nobis, quod, cum venerabilis frater noster .. Aurasicensis episcopus[2] gravi et incurabili morbo fere iam per quadriennium laborarit, ita quod pastorale officium non potuit nec potest ullatenus exercere[b], nobilis vir .. de Bautio, princeps terre illius[3], consules ac cives[c] civitatis eiusdem a te postulant incessanter, ut tam ipsis quam Aura-

---

30   [k] *Fehlt bei Migne.*   [l—l] *Migne:* Rome, apud Sanctum Petrum, VIII Idus Decembris, anno septimo.

     [5] Vgl. Br. II 169 (178) Bd. 2 S. 329 Z. 1—5.

166. [a] *Am Rande von einer Hand des 13. Jhs.:* hoc c(apitulum) est Extra de clerico egrotante *(X 3. 6. 5). Darunter der Rest eines* Nota-Monogramms.   [b] *Ein Kürzungszeichen über dem* -x-
35 *durchgestrichen.*   [c] *Korr. aus* civitates.

166. [1] S. Br. VII 77 (76, 77) Anm. 14.
     [2] Arnald, B. von Orange (Suffr. von Arles) 1178—1204. Vgl. *Atlas Provence* II 115.
     [3] Wilhelm (I.) von Baux, Fürst von Orange 1182—1218. Vgl. *ebd.* 124.

sicensi ecclesie, cum sis metropolitanus eorum, studeas providere. Verum tu,
cum predictum episcopum ad cessionem compellere nec possis nec debeas ullo
modo nec afflicto afflictio sit addenda[4], immo potius sit ipsius miserie mise-
rendum, eo quod idem vir bonus extiterit et honestus et ecclesiam sibi commissam salubriter gubernarit, quid super hiis agere debeas, sedem duxisti 5
apostolicam consulendam. Nos igitur volentes tam prefato episcopo quam
ecclesie sue salubriter provideri, fraternitati tue taliter respondemus et per
apostolica scripta mandamus, quatinus illi coadiutorem associes[5] virum providum et honestum, per quem tam episcopo quam populo sibi commisso
salubriter consulatur.   10

Datum Rome apud sanctum P(etrum). IIII[d] Non. Decembris[e].

167.

Innocenz III. bestimmt aus gegebenem Anlaß, daß die Äbtissinnen der Nonnen-
klöster in der Stadt Rom Immobilien nur noch mit spezieller Genehmigung des
Papstes oder seines Vikars verkaufen, verpfänden, zu Lehen geben, verpachten 15
oder veräußern dürfen.

Rom, St. Peter, 1204 Dezember 7.

Reg. Vat. 5, fol. 182ᵛ ⟨Nr. 167⟩.
Bréquigny, Diplomata, II/1 591, Nr. 167 = Migne, PL, 215, 475, Nr. 167. — S. unten Abb. III.
— Potth. Reg. 2340.   20
Vgl. Maccarrone, Studi, 274f.

Universis has litteras inspecturis[a].

Quia[b] nonnulle abbatisse[c] cenobiorum Vrbis reverentia divina postposita, utpote proprie salutis oblite, super possessionibus et aliis bonis ad monasteria spectantibus, quibus presunt, alienationes faciunt in eorum gravis- 25
simam lesionem, nos eorum indempnitatibus, quorum nobis cura specialis
imminet, consulere cupientes, de communi fratrum nostrorum consilio[d] pre-

---

[d]) *Migne:* VI *(im Kopfregest richtig:* IV*).*   [e]) *Migne fügt hinzu:* pontificatus nostri anno
septimo.

[4]) Vgl. *Decretum Gratiani* C. 7 q. 1 c. 2; vgl. *ebd.* c. 1, 3 (Friedberg, *CorpIC*, I 566f.).   30
[5]) Vgl. Br. VII 17 Anm. 6.

167. [a]) *Der Brief wurde von der Hand M nach der Ausmalung der Initialen und der Rubrizierung der*
Adressen unter dem Schriftspiegel nachgetragen (vgl. Kempf, Register, 26). Die Adresse ist nur am
Rande vorgemerkt, nicht aber eingetragen.   [b]) *Die Initiale ist vorgemerkt, jedoch nur in schwarzer*
Tinte ausgeführt.   [c]) *-tisse z. T. auf Rasur nachgetragen; auch am Rande eine Rasur.*   [d]) *Migne:* 35
concilio.

senti constitutione decernimus, ut universe abbatisse Vrbis a potestate vendendi, obligandi, infeodandi atque locandi seu alienandi quocumque titulo[e)] res immobiles sint suspense, ita quod omnis venditio, obligatio, infeodatio, locatio seu alienatio rerum immobilium ab eisdem quomodolibet celebrata ipso iure irrita censeatur, nisi forsan Romani pontificis vel eius vicarii, qui pro tempore fuerit, licentia intervenerit specialis in publicam scripturam redacta[1)].

Nulli ergo et cetera hanc paginam nostre constitutionis et cetera usque incursurum.

Datum Rome apud sanctum Petrum, VII Idus Decembris, pontificatus nostri anno septimo.

168.

Innocenz III. teilt dem Erzbischof (Hubert) von Canterbury und den Bischöfen (Eustach) von Ely und (Mauger) von Worcester mit, daß er den König J(ohann) von England ermahnt hat, die Mitgift seiner Schwägerin B(erengaria), der Witwe seines Bruder (Richard), zu restituieren und sie für andere ihr entstandene Nachteile zu entschädigen. Im Weigerungsfall trägt er ihnen auf, den Fall zu untersuchen, die Ergebnisse nach Rom zu senden und den Parteien einen Termin vor dem Papst zu setzen.

Rom, St. Peter, (1204) Dezember 16.

Reg. Vat. 5, fol. 182ᵛ—183ᵛ ⟨Nr. 168⟩.
Bréquigny, Diplomata, II/1 591, Nr. 168 = Migne, PL, 215, 475, Nr. 168. — Potth. Reg. 2345; Bliss, Calendar, I 18; Cheney, Calendar, 580.

.. **Cantuariensi archiepiscopo**[1)] et[a)] .. **Eliensi**[2)] et .. **Wigorniensi**[3)] **episcopis.**

* **Si**[b)] iudex, qui nec Deum timebat nec hominem verebatur, commotus ad instantiam vidue conquerentis de adversario suo vindictam fecit eidem, quanto magis nos a clamoribus viduarum non debemus avertere aures nostras, qui licet immeriti eius locum tenemus in terris, qui omnibus iniuriam

* fol. 183ʳ

vgl. Lk 18, 2—5

[e)] *Migne:* modo.

167. [1)] Vgl. *Decretum Gratiani* C. 12 q. 2 c. 41 (Friedberg, *CorpIC*, I 701).

168. [a)] *Fehlt bei Migne.*   [b)] *Am Rande die erste römische Briefzählung:* VᶜXL.

168. [1)] S. Br. VII 29 Anm. 1.
    [2)] S. Br. VII 15 Anm. 1.
    [3)] S. Br. VII 61 (60) Anm. 2.

vgl. Dt 1, 17;
Jak 2, 1 u. ö.
vgl. Ps 102, 6; 145, 7
vgl. Is 1, 17
vgl. Ps 7, 10;
Ir 17, 10; Apok 2, 23
patientibus sine personarum acceptione facit iudicium et voce prophetica
subveniri iubet oppresso et viduam defensari.

Licet autem, ut novit ille, qui scrutatur renes et corda, I(ohannem), regem
Anglorum[4] illustrem, sicut karissimum filium diligamus, contra iustitiam
tamen magnitudini sue[c] deferre non possumus, cum gratia et timore postpo- 5
sitis eam non debeamus alicui[d] denegare, in ipsa facti sapientibus et insipien-
vgl. Röm 1, 14 tibus debitores ex suscepte officio servitutis. Plus enim serenitatem regiam
crederemus offendere, si ei parceremus aliquatenus in hac parte, quam gratiam impertiri, eo quod occasionem videremur prestare ipsius impediendi salutem, ad quam tenemur ipsum modis omnibus exhortari.   10

Cum igitur karissima in Christo filia B(erengaria), quondam Anglorum
regina[5] illustris, multiplicatis querelis pulsari fecerit aures nostras, quod rex
ipse dotalicium eius et alia quedam ad ipsam de iure[e] spectantia[6] pro sue
voluntatis arbitrio detineret, nos, quantum cum Deo potuimus, celsitudini
regie deferentes, per nostras eum curavimus litteras[7] commonere, ut eidem 15
regine[f] super hiis[f] satisfacere procuraret, eo quod in hiis divinam offenderat
maiestatem et in conspectu hominum reprehensibilis apparebat. At ipse clare
memorie A(linorem) matrem suam[8] dotalicium ipsum detinere proponens,
tandem post commonitiones nostras et preces multorum amicabilem compositionem[9] super predictis inivit cum ea, quam licet auctoritate impetraverit 20
apostolica confirmari[10], eam tamen inviolabiliter observare, prout constan-
tiam magnitudinis regie decuit, non curavit; redditus, quos in compositione
predicta assignarat[g] eidem, ipsi subtrahens universos. Cumque iterum
eadem super hiis nobis replicari fecerit questionem, nos per eundem hec
corrigi cupientes eum rogavimus et monuimus[11] in remissionem ei suorum 25
peccaminum[h] iniungentes, ut conquerenti[i] sic satisfacere non differret, quod
Altissimum, quem offenderat, complacaret et in conspectu hominum ex hoc

---

[c] *Auf Rasur; auch am Rande eine kleine Rasur.*   [d] *Migne:* alieni.   [e] *Am Rande ein
kurzer, waagrechter Strich.*   [f—f] *Durch Zeichen umgestellt aus* super hiis regine.   [g] *Am Rande
ein kurzer, waagrechter Strich.*   [h] *Migne:* peccatorum.   [i] *Migne:* conquerendi.   30

[4] S. Br. VII 43 (42) Anm. 4.
[5] Berengaria von Navarra heiratet 1191 König Richard I. von England (1189—1199), gest.
1230. Vgl. *Dict. BF* 5 (1951) 1502f.; GILLINGHAM, *Richard.*
[6] Die Verschreibung ihrer „dos" durch König Richard I. s. BALDWIN, *Registres Philippe
Auguste*, 469, Nr. 28, vgl. auch 471, Nr. 30; GILLINGHAM, *Richard*, 161f.   35
[7] Vielleicht Br. III 44 vom März/April 1200 (*Potth. Reg.* 998, CHENEY, *Calendar*, 218). Vgl.
auch Br. III 42, 43, 45 (*Potth. Reg.* 996, 997, 999; CHENEY, *Calendar*, 210, 217, 219).
[8] Eleonore von Aquitanien, heiratet 1152 König Heinrich II. von England (1154—1189),
gest. am 31. März 1204. Vgl. *Dict. BF* 1 (1936) 1—6. Zu ihren Ansprüchen vgl. GILLINGHAM,
Richard, 161f.   40
[9] Die Einigung wurde Anfang August 1201 in Chinon getroffen: HARDY, *Rotuli litterarum
patentium*, I 2f. (zum 2. August); BALDWIN, *Registres Philippe Auguste*, 488, Nr. 42 (zum 1.
August). Vgl. Br. VI 192 (194) Bd. 6 S. 328 Z. 8—10 und, abweichend, Roger von Hoveden,
Chronica IV (*RBS* 51/4 172f.).
[10] Vielleicht Br. IV 193 vom November 1201 (*Potth. Reg.* 1520, CHENEY, *Calendar*, 355).   45
[11] Br. VI 192 (194) vom 4. Januar 1204.

promereri posset gloriam et honorem. Et eius volentes potius saluti consulere
dilectis filiis .. Casemarii[12], .. Maioris monasterii Turonensis[13] et .. de Virson[14]
abbatibus nichilominus dedimus in mandatis[15], ut eum super dotalicio,
medietate mobilium, dampnis[k] et iniuriis regine illatis ad iustitie plenitudinem
5 exhibendam per districtionem ecclesiasticam appellatione remota cogere
procurarent. Verum licet predictus Casemarii abbas ipsum ad[l] id[l] monuerit
viva voce, idem tamen memorate regine adhuc satisfacere non curavit, sicut
ipsius ad nos querela indicat iterata, cum saltem illud eum movere deberet,
quod .. uxor quondam fratris eius, qui tantus extiterat, quasi paupercula et
10 abiecta apud nobilem mulierem B(lancam), comitissam Campanie, sororem
suam[16], cogitur mendicare. Ceterum cum supradicta mater regis eiusdem
viam sit universe carnis ingressa et dotalicium, quod detinebat, ad ipsius regis   vgl. Jos 23, 14;
manus sit in eius obitu devolutum, se decetero ex hoc non poterit rationabiliter   1Kg 2, 2
excusare, si sepedicte regine dotalicium ipsum non duxerit assignandum.

15   Quapropter magnificentiam regiam rogamus per nostras litteras[17] et
monemus et in remissionem ei suorum iniungimus peccatorum, ut divine
pietatis intuitu et nostrarum precum obtentu prememorate regine dotalicium ipsum assignare non differat, de dampnis et iniuriis eidem illatis et
questionibus aliis, quas adversus eum se proponit habere, satisfactionem
20 congruam impendendo. Alioquin, quia viduis et orphanis specialiter sumus in
sua iustitia debitores, fraternitati vestre per apostolica scripta districte precipiendo mandamus, ut tam super dotalicio quam aliis questionibus, quas
adversus eundem regem sepedicta regina duxerit proponendas, inquiratis
appellatione remota diligentius veritatem et usque ad calculum diffinitive
25 sentente procedentes gesta omnia fideliter redacta in scriptis sub sigillis
vestris nobis transmittere non tardetis et assignetis partibus terminum competentem, quo per responsales idoneos nostro se conspectui representent
sententiam recepture; contradictores censura ecclesiastica sublato appellationis obstaculo nichilominus compescentes. Volumus etiam nichilominus et
30 mandamus, ut, cum procurator et nuntii predicte regine propter maris et
viarum discrimina ad vos ac*cessum frequenter habere non possint, ipsis et   * fol. 183ᵛ
parti adverse uno edicto pro omnibus appellatione cessante terminum
peremptorium assignetis, spatii longitudinem attendentes.

---

k) *Davor eine kleine Rasur, am Rande zwei Punkte ausradiert.*   l—l) *Getrennt durch zwei*
35 *schräge Striche über und unter der Zeile; am Rande zwei Punkte radiert.*

12) S. Br. VII 43 (42) Anm. 16.

13) Gottfried (I.) von Courseul, als Abt von Marmoutier (Ben.-Abtei, Diöz. Tours, Dép.
Indre-et-Loire) bezeugt 1189—1210, gest. nach 1217. Vgl. *Gallia Christiana* XIV 223f.

14) Wilhelm (I.), als Abt von Vierzon (Dèvres) (Ben.-Abtei, Diöz. Bourges, Dép. Cher)
40 bezeugt 1185—1209. Vgl. *Gallia Christiana* II 138f.

15) Br. VI 192 (194) Bd. 6 S. 328 Z. 25—S. 329 Z. 5 und CHENEY, *Calendar*, 532.

16) Blanca von Navarra, heiratet 1199 Theobald (III.), Graf von Champagne, nach dessen
Tod 1201—1222 Regentin der Champagne, gest. 1229. Vgl. *Dict. BF* 6 (1954) 618.

17) Vgl. CHENEY, *Calendar*, 581.

Testes et cetera. Nullis litteris veritati et iustitie [et cetera]. Quod si non
omnes et cetera, duo vestrum [et cetera].

Datum Rome apud sanctum Petrum, XVII Kal. Ianuarii^m).

169.

Innocenz III. beantwortet dem Bischof (Eustach) von Ely verschiedene kirchen- 5
rechtliche Fragen über Regeln des Prozeßverfahrens, den Kirchenpatronat, die
Inkorporation, die Mitwirkung des Domkapitels bei der Vergabe von Pensionen
aus Pfarrpfründen durch den Bischof, die Berechtigungsgrundlage von Kirchen-
zehenten, das Verhalten gegenüber zweifelhaften Dekretalen und die Gültigkeit
einer formal fehlerhaften Diakonatsweihe. 10

Rom, St. Peter, (1204) Dezember 19.

Reg. Vat. 5, fol. 183^v—185^r ⟨Nr. 169⟩.

Bréquigny, Diplomata, II/1 593, Nr. 169 = Migne, PL, 215, 478, Nr. 169; Cheney–Semple, Selected
Letters, 69, Nr. 22. — Comp. III 1. 18. 7; 1. 20. 5; 1. 2. 3.; 2. 19. 11; 3. 30. 4; 5. 16. 9; 3. 11. 3; 3. 18.
4; 3. 23. 5; 2. 13. 3; 2. 16. 3; 1. 12. un.; Coll. Dunelm. II 139; Coll. Alcobac. II 36; Alan. 2. 16. 6; 3. 15
21. 2; 3. 8. 1; 3. 15. 5; 2. 10. 2; Anh. 94a; 94b—e; Anh. 94f, g; Anh. 94h; Anh. 94i, k; Anh. 94l, m;
Alan. K. 1. 17. 4; 2. 18. 9; 1. 19. 5; 5. 22. 7; 3. 21. 2; 3. 8. 1; 6. 9. 2; 3. 15. 5; 2. 13. 7; 2. 11. 3; 1. 22.
1; 6. 4. 1; Bern. 1. 21. 9; 1. 23. 12; 1. 4. 3; 2. 18. 13; 3. 35. 5; 3. 31. 1; 3. 13. 3; 3. 19. 4; 3. 24. 6; 2.
12. 3; 2. 10. 4; 1. 14. un.; Coll. Salm. 2. 8. 17; 5. 17. 9; 3. 19. 16; Rain. R. Anh. 3; Coll. Fuld. 1. 20.
12; 1. 2. 14; 1. 20. 13; 2. 24. 21; 3. 28. 6; 5. 18. 8; 3. 9. 4; 3. 20. 16; 2. 16. 4; 1. 20. 14; Coll. Valent. 20
II 1; X 1. 29. 28 pr.; 1. 29. 28 § 1; 1. 31. 11 pr.; 1. 29. 28 § 2; 1. 3. 14; 1. 29. 28 § 3; 1. 31. 11 § 1;
2. 28. 53; 3. 38. 29; 5. 33. 19; 3. 10. 9; 3. 24. 7; 3. 30. 28; 2. 22. 8; 2. 25. 4; 2. 1. 14; 1. 29. 28 § 4;
1. 16. 1 (zu Comp. III, Alan., Alan. K., Bern., Coll. Salm., Coll. Fuld., X siehe auch die Anmerkungen
zum Text). — Potth. Reg. 2350; Bliss, Calendar, I 18; Cheney, Calendar, 582.

.. **Episcopo Eliensi**^a, 1). 25

| **P**astoralis officii diligentia et sollicitudo, quam geris circa executionem
mandatorum nostrorum, et zelus tue rectitudinis nos invitant, ut quamvis
simus multiplicibus negotiorum occupationibus prepediti, eisdem tamen ad
horam subtrahamus nos^b) ipsos, in qua tuis intendamus consultationibus
responsuri. 30

Consuluit^2) etenim nos tue fraternitatis discretio, utrum, si delegatus a
principe causam sibi commissam alii delegare voluerit, nolentem delegatio-

---

^m) *Migne fügt hinzu:* anno septimo.

169. ^a) *Am Rande das* Nota-Monogramm *und von einer Hand des 13. Jhs.:* hoc c(apitulum) est
Extra de officio delegati *(X 1. 29. 28), und von einer Hand des 15./16. Jhs. hinzugefügt:* et de 35
iudic(iis) *(X 2. 1. 14). Letzterer Abschnitt beginnt jedoch erst unten S. 304 Z. 12. Vgl. Anm. pp.*
^b) *Fehlt bei Migne.*

169. ^1) S. Br. VII 15 Anm. 1.
^2) Ab hier Comp. III 1. 18. 7; Alan. Anh. 94a; Alan. K. 1. 17. 4; Bern. 1. 21. 9; Coll. Fuld.
1. 20. 12; X 1. 29. 28 pr. und § 1. 40

nem suscipere ad ipsam suscipiendam valeat coartare. Ad quod tibi de fratrum nostrorum consilio[c] taliter duximus respondendum, quod, cum delegato a principe iurisdictio dandi iudicem sit a lege concessa[3], dummodo idem exonerare se ipsum malitiose non querat, potest compellere renuentem, eo
5 quod iurisdictio illa nullius videretur esse momenti, si cohertionem aliquam non haberet. Debet tamen delegatus predictus sollicite providere, ut, si personis superioribus exigente necessitate negotium duxerit delegandum, in coactionibus inferendis dignitati deferat et persone.

Subsequenter[d] etiam quesivisti, utrum cui voluerit delegatus, cum vide-
10 rit expedire, possit iniungere, ut ad suam presentiam citet partes, et ei[e], si obedire contempserit, penam infligere pro contemptu. Ad quod tue fraternitati breviter respondemus, quod, cum totum negotium alii possit committere, sicut superius est expressum, citationis officium potest cuilibet discretione previa demandare ac punire merito contemptorem.

15 Ex[d] parte tua[4] fuit insuper requisitum, utrum, si aliqua causa fuerit ad archiepiscopum per appellationem delata, possit eandem[f] iure ordinarie potestatis[g] suffraganei sui subdito delegare vel animadvertere in eundem, si causam renuerit suscipere delegatam. Ad quod utique respondemus, quod archiepiscopus ipsum ad suscipiendam delegationem huiusmodi compellere
20 nequit invitum, cum in eum exceptis quibusdam certis articulis nullam habeat potestatem, licet episcopus suus eidem sit metropolitica lege subiectus.

Postulasti[d, 5] preterea per sedem apostolicam edoceri, si, cum a sententia lata litterarum auctoritate nostrarum, in quibus appellatio est inhibita, fuerit appellatum et littere post appellationem ad iudices alios emanarint, ad
25 mandatum posteriorum iudicum executio sententie a prioribus demandata debeat retardari, ut priores iudices ipsam neque per se neque per alios exequantur. Nos autem inquisitioni tue sic duximus respondendum, quod, cum nos appellationis causam ex certa scientia iudicibus aliis committimus cognoscendam, appellationem videmur recipere ac[h] iurisditionem priorum
30 iudicum revocare, ut interim executio sententie suspendatur, donec appellationis merita plenius sint discussa.

Preterea[i] quesivisti[6], quando de revocatione ambigitur litterarum, utrum[k] iudicum priores an posteriores cognoscere debeant, utrum per secundas sint prime littere revocate. Ad quod taliter respondemus, quod, nisi posteriores

---

35   [c] *Migne:* concilio.   [d] *Davor ein Paragraphenzeichen.*   [e] eis. *Bei Migne:* eis . . . contempserint.   [f] *Über der Zeile nachgetragen.*   [g] *Darnach eine Rasur.*   [h] *Über der Zeile nachgetragen.*   [i] *Davor ein Paragraphenzeichen, am Rande von einer Hand aus dem 15. oder vom Beginn des 16. Jhs.:* de rescriptis *(X 1. 3. 14).*   [k] utri.

[3] Vgl. Codex 3. 1. 5 (Ed. KRUEGER 120).
40   [4] Ab hier Comp. III 1. 20. 5; Alan. Anh. 94a; Alan. K. 1. 17. 4; Bern. 1. 23. 12; Coll. Fuld. 1. 20. 12; X 1. 31. 11 pr.
     [5] Ab hier Comp. III 1. 18. 7; Alan. 2. 16. 6; Anh. 94a; Alan. K. 2. 18. 9; 1. 17. 4; Bern. 1. 21. 9; Coll. Fuld. 1. 20. 12; X 1. 29. 28 § 2.
     [6] Ab hier Comp. III 1. 2. 3; Alan. Anh. 94b; Alan. K. 1. 17. 4; Bern. 1. 4. 3; Coll. Fuld. 1.
45 2. 14; X 1. 3. 14.

prioribus vel e converso duxerint deferendum, simul utrique cognoscant et, si
forte nequiverint in unam sententiam concordare, quamvis plures sint ex una
parte quam altera, per arbitros communiter electos a partibus huiusmodi
concertatio sopiatur. Quoniam autem sub huiusmodi forma, videlicet «Causam,
quam talis adversus talem et quosdam alios super hoc et quibusdam aliis se   5
proponit habere, duximus committendam», a nobis littere multotiens im-
petrantur, sollicite quesivisti, an[l] iudex ex delegatione huiusmodi ante personarum vel rerum expressionem super personis vel rebus exprimendis habeat
potestatem; adiciens, utrum, si, antequam persone vel res expresse fuerint
nominatim, super non expressis in commissione priori sed generaliter compre-   10
hensis speciales littere, que de priori commissione nullam faciant mentionem,
ad alios iudices a sede apostolica emanarint, hec[m] eedem[n] vigorem debeant
obtinere. Nos igitur ad hec duo taliter respondemus, quod, cum generali per
speciale proculdubio derogetur[7], iurisdictio per generales[o] litteras attributa
per speciales, quantum ad ea, que specialiter exprimuntur, penitus enerva-   15
tur, licet de prioribus non faciant mentionem. Unde superflua relinquitur
prima questio, etsi merito dici possit[p], quod, donec iurisdictio * revocetur,
eam super rerum vel personarum articulis exprimendis obtinet delegatus, sed
antequam exprimantur persone vel res delegatus nequit iurisdictionem
huiusmodi exercere.   20

Quia[d, 8] vero sepe contingit, quod executio sententie ordinario demanda-
tur, sedem duxisti apostolicam consulendam, utrum, si ordinarius ipsam
iniustam esse cognoverit, debeat eam executioni mandare, an sit ei potius
subsistendum. Attendentes itaque, quod non cognitio sed executio tantum
demandetur eidem, inquisitioni tue taliter duximus respondendum, quod,   25
cum ordinarius obsequi teneatur, etsi sciat[q] sententiam illam iniustam, exequi nichilominus tenetur eandem, nisi apud iudicem possit efficere, ut ab hoc
onere ipsum absolvat.

Edoceri[d, 9] preterea postulasti, an alicui liceat sine speciali mandato apostolice sedis — delegato, qui reum propter contumaciam manifestam excommuni-   30
cationis vinculo innodavit vel petitorem causa rei servande in possessionem
petitorum induxit, rebus humanis exempto — eidem volenti iuri parere absolutionis beneficium impertiri vel possessionem restituere infra annum sufficienti
recepta primitus cautione. Ad quod utique dicimus, quod, cum delegatus quantum ad illud maior sit ordinario, sine mandato summi pontificis excommunica-   35
tus ab huiusmodi delegato non potest per alium preterquam in mortis

[l] a- korr. aus einem anderen Buchstaben.   [m] h(ec), h- korr. aus b- oder e-. Das Wort fehlt bei
Migne.   [n] Migne: eumdem.   [o] Migne: speciales.   [p] -i- korr. aus -e-.   [q] Migne: sciant.

[7] Vgl. JL 12293 (Alexander III.) = Comp. I 1. 2. 1 = Comp. I 2. 20. 12 = X 1. 3. 1
(Friedberg, CorpIC, II 16); Digesten 50. 17. 80 (Ed. Mommsen 870).   40
[8] Ab hier Comp. III 1. 18. 7; Alan. Anh. 94c; Alan. K. 1. 19. 5; Bern. 1. 21. 9; Coll. Fuld.
1. 20. 13; X 1. 29. 28 § 3.
[9] Ab hier Comp. III 1. 20. 5; Alan. Anh. 94c; Alan. K. 5. 22. 7; Bern. 1. 23. 12; Coll. Fuld.
1. 20. 13; X 1. 31. 11 § 1.

* fol. 184[r]

articulo absolutionis gratiam obtinere, nisi forsan delegatus talis extiterit, cui alius succedat in onere ac honore. Nec per alium quam per summum pontificem recuperare poterit possessionem amissam; verumtamen ne alius post annum verus efficiatur possessor, coram ordinario vel, si eius copiam

5 habere nequiverit[s], coram publicis et honestis personis, ut quasi prescriptionem[t] interrumpat annalem, offerre ac prestare, quod iuri parebit, poterit cautionem, ut sic post annum recuperare possessionem per sedem apostolicam mereatur.

Quesivisti[u, 10] etiam diligenter, utrum, quando inhibetur appellatio in
10 rescripto, frustratoria tantum appellatio[11] inhibita videatur, ut ab omni gravamine liceat appellare, an omnis appellatio videatur exclusa, nisi tantum in casibus expressis a iure. Nos igitur attendentes, quod per appellationem frustratoriam, etiamsi non fuisset inhibita, negotium[v] non debeat impediri, diligentie tue breviter respondemus, quod quelibet provocatio intelligitur
15 removeri, que[w] a iure non indulgetur expresse, sed, si appellans fuerit gravatus iniuste, gravamen huiusmodi per superiorem poterit emendari. Verum quia multotiens quis ad tempus per appellationem legitimam a iudicis sui quoad aliquem certum articulum eximitur potestate, tue fraternitatis nos duxit discretio consulendos, utrum, si clericus excommunicationis sententia
20 innodatus ante denuntiationem ipsius ab ea tamquam minus rationabiliter promulgata in eo casu, in quo ante sententiam appellatio vires obtinuisse videtur, curaverit provocare, eo quod per appellationem interpositam excommunicantis videtur iurisditio dormitasse, ipse[x] denuntiare possit eandem et ad tempus ecclesiasticis beneficiis spoliare, cum per provocationem
25 taliter factam suo effectu excommunicatio non privetur. Nos itaque inquisitioni tue duximus respondendum, quod, cum executionem excommunicatio secum trahat et excommunicatus per denuntiationem amplius non ligetur, ipsum excommunicatum denuntiare non immerito potest, ut ab aliis evitetur, et illi nimirum proventus ecclesiastici merito subtrahuntur, cui ecclesie
30 communio denegatur.

Cum[y, 12] autem sepe contingat patronos ecclesiarum[z] laicos nunc unum, nunc alium ad vacantes ecclesias presentare, sollicite postulasti per sedem apostolicam explicari, an clericus ad aliquam ecclesiam a patrono laico pre-

---

[s] neq(ui)v(er)int.   [t] *Korr. aus* perescriptione(m).   [u] *Davor ein Paragraphenzeichen, am*
35 *Rande von einer Hand aus dem 15. oder vom Beginn des 16. Jhs.:* de appella(tionibus) *(X 2. 28.*
53).   [v] *Über dem n- ein Kürzungsstrich ausradiert.*   [w] *-e korr. aus -i; darnach eine kleine*
Rasur.   [x] *Migne:* tempore; ipse *in der Dekretalenüberlieferung.*   [y] *Davor ein Paragraphen-*
zeichen; am Rande ein hinweisender Strich und von einer Hand aus dem 15. oder vom Beginn des
16. Jhs.: de iure patro(natus) *(X 3. 38. 29).*   [z] *Darnach eine Rasur.*

40   [10] Ab hier Comp. III 2. 19. 11; Alan. Anh. 94d; Alan. K. 2. 18. 9; Bern. 2. 18. 13; Coll. Salm.
2. 8. 17; Coll. Fuld. 2. 24. 21; X 2. 28. 53.
    [11] Vgl. Digesten 22. 1. 41 (Ed. MOMMSEN 288).
    [12] Ab hier Comp. III 3. 30. 4; Alan. 3. 21. 2; Anh. 94e; Alan. K. 3. 21. 2; Bern. 3. 35. 5; Coll.
Fuld. 3. 28. 6; X 3. 38. 29.

sentatus, si diocesanus eius ipsum non duxerit admittendum, ex^aa) huiusmodi
presentatione aliquid iuris assequatur^bb) in illa, ut^cc), si forte idem ad sedem
apostolicam appellarit et post appellationem ab ipso interpositam idem patronus alium curaverit presentare ac episcopus secundo instituerit presentatum, idem ab ipsa merito debeat amoveri. Nos igitur bone memorie 5
Alex(andri) pape, predecessoris nostri, vestigiis pro sui reverentia inheren-
tes^13), qui inter presentatos a laico et clerico patronis distinguens in presentatis a laico conditionem possidentis censuit potiorem, dicimus, quod institutio
presentati secundo loco^dd) a laico patrono robur obtinet firmitatis. Verumtamen constituimus, ut episcopus, qui^ee) presentatum idoneum malitiose recu- 10
savit admittere, ad providendum eidem in competenti beneficio compellatur,
quatinus puniatur in eo, in quo ipsum non est dubium deliquisse.

    Interrogasti^ff, 14) preterea, utrum viris^gg) religiosis^gg), quibus a sede aposto-
* fol. 184ᵛ lica est in*dultum, ut ecclesias suas in proprios usus possint convertere,
decedentibus personis earum liceat auctoritate propria possessionem earun- 15
dem ecclesiarum intrare, vel per diocesanum in ipsam sint potius inducendi.
Ad quod utique respondemus, quod, nisi forte in indulgentia summi pontificis id contineatur expressum, suo episcopo inconsulto in possessionem
ipsarum eis non est licitum introire, quia per indulgentiam huiuscemodi
episcopali iuri^hh) non credimus derogari. 20

    Sollicite^d, 15) preterea quesivisti, cum auctoritate Dionisii^16) fuerint parro-
chie limitate, quatinus singularum parrochiarum proventus in usus ecclesie
cederent necessarios et stipendia ministrorum, si episcopo liceat sine auctoritate summi pontificis vel saltem absque sui capituli voluntate viris religiosis
conferre obventiones alicuius parrochialis ecclesie sustentatione vicarii reser- 25
vata; et, cum Lateranensis concilii statuta prohibeant ecclesiis novam imponi
vel augeri veterem pensionem^17), postulas edoceri, an episcopus valeat locis
religiosis consentiente patrono totam ecclesiam vel de novo conferre aliquam
portionem. Ad que breviter respondemus, quod salva constitutione canonica

---

    ^aa) *Migne:* et.   ^bb) *Darnach eine kleine Rasur.*   ^cc) *Migne:* et.   ^dd) lo- *auf Rasur.* 30
^ee) *Über dem* q- *ein Kürzungsstrich durchgestrichen.*   ^ff) *Davor ein Paragraphenzeichen, am Rande
von einer Hand aus dem 15. oder vom Beginn des 16. Jhs.:* de dona(tionibus) *(X 3. 24. 7). Der
entsprechende Abschnitt beginnt jedoch erst unten S. 303 Z. 4. Vgl. Anm. 19.*   ^gg—gg) viri religiosi.
Die Emendation schon bei Migne.   ^hh) -i korr. aus -ε.

    ^13) JL 14029 (Alexander III.) = Comp. I 3. 33. 30 = X 3. 38. 24; JL 14346 (Alexander III.) 35
= Comp. I 3. 33. 7 = X 3. 38. 5 (FRIEDBERG, *CorpIC*, II 617; 610f.).

    ^14) Ab hier Comp. III 5. 16. 9; Alan. Anh. 94f; Alan. K. 1. 19. 5; Bern. 3. 31. 1; Coll. Salm.
5. 17. 9; Coll. Fuld. 5. 18. 8; X 5. 33. 19.

    ^15) Ab hier Comp. III 3. 11. 3; Alan. 3. 8. 1; Anh. 94g; Alan. K. 3. 8. 1; Bern. 3. 13. 3; Coll.
Fuld. 3. 9. 4; X 3. 10. 9. 40

    ^16) Vgl. Decretales Pseudo-Isidorianae, Epist. Dionisii secunda c. 3 (Ed. HINSCHIUS 196) =
Decretum Gratiani C. 13. q. 1 c. 1 (FRIEDBERG, *CorpIC*, I 717f.). Vgl. Liber Pontificalis (Ed.
DUCHESNE I 157).

    ^17) Conc. Lat. III, c. 7 (COD³ 215) = Comp. I 3. 34. 7 = X 3. 39. 7 (FRIEDBERG, *CorpIC*,
II 623). 45

de concedenda piis locis quinquagesima portione[18] neque primum neque
secundum facere potest episcopus, nisi de licentia Romani pontificis, preter
sui capituli voluntatem.

Tua[19] insuper nos duxit discretio consulendos, si episcopus consentiente
patrono viris religiosis aliquam ecclesiam concedendo hac utatur simplicitate
verborum, «concedimus vobis illam ecclesiam», utrum eo ipso videatur ecclesia illa in eorum usus fuisse concessa vel ius tantummodo patronatus. Nos
autem tue inquisitioni duximus taliter respondendum, quod, si episcopus
ecclesiam illis conferat de consensu patroni, profecto patronus, quod suum
est, conferre videtur, ius videlicet patronatus, et episcopus confert illud, quod
ipse obtinet[ii] temporaliter in eadem, ut, si fructuum eiusdem ecclesie aliquam percipiat portionem, in eorum usus illa portio convertatur. Quod si ex
ipsius proventibus nullam debeat episcopus portionem habere, omnes proventus preter cathedraticum in eorum usus credimus convertendos. Sed ut
episcopi donatio sit legitima, consensus est sui capituli requirendus.

Explicari[20] preterea postulasti, utrum quis possit de molendinis et pisca-
riis necessarias expensas deducere, priusquam solvat decimas[kk] ex eisdem,
sicut est in negotiatione concessum. Ad quod sine preiudicio melioris sentente
respondemus, quod, licet circa res acquisitas vel factas de pecunia decimata,
cum ipse venduntur, credamus deducendas expensas et de residuo quasi de
lucro decimas persolvendas, ut si vendatur domus, ager, vinea, clibanus,
molendinum, grex aut quelibet merces, expensas tamen, que fiunt pro fructibus percipiendis ex illis, de quibus fructus proveniunt, non credimus deducendas, etiamsi fuerint decimate; quoniam salva decima fructus efficiuntur
eorum, qui faciunt ipsas expensas. Fructus autem ipsos alienari posse non
credimus nisi cum onere decimarum, nec pro restaurando detrimento qua-
rumlibet rerum, ex quibus decime persolvuntur, credimus deducendas expensas de proventibus decimandis, quia penes dominum res permanent restaura-
rate, ut si pars aliqua moriatur armenti, deterioretur vinea, portio mercis
depereat vel totus clibanus destruatur.

Quesivisti[21] etiam, quibus indiciis fides habenda sit decretalibus, de
quarum auctoritate iudex potest non immerito dubitare, cum plures inveniantur in compilatione scolarium et allegentur in causis, de quibus per bullam
non constitit nec ipse per metropoles insinuate fuerunt. Quia[d] igitur sepe
contingit, quod etiam coram nobis decretales huiusmodi proponuntur, quas
esse autenticas dubitamus, fraternitati tue benignius respondentes auctorita-

---

ii) -t korr. aus -e; darüber ein Kürzungsstrich durchgestrichen.   kk) Davor ex durch Unterpungierung getilgt. Am Rande ein kurzer, senkrechter Strich.

18) Decretum Gratiani C. 12 q. 2 c. 74 (FRIEDBERG, CorpIC, I 712).

19) Ab hier Comp. III 3. 18. 4; Alan. Anh. 94g; Alan. K. 6. 9. 2; Bern. 3. 19. 4; Coll. Fuld.
3. 9. 4; X 3. 24. 7.

20) Ab hier Comp. III 3. 23. 5; Alan. 3. 15. 5; Anh. 94h; Alan. K. 3. 15. 5; Bern. 3. 24. 6; Coll.
Salm. 3. 19. 16; Coll. Fuld. 3. 20. 16; X 3. 30. 28.

21) Ab hier Comp. III 2. 13. 3; Alan. Anh. 94i; Alan. K. 2. 13. 7; Bern. 2. 12. 3; X 2. 22. 8.

te presentium duximus statuendum, ut, cum aliqua decretalis, de qua iudex merito dubitet, allegatur, si eadem iuri communi sit consona, secundum eam non metuat iudicare[ll], cum[mm] non tantum ipsius quam communis iuris auctoritate procedere videatur[mm]. Verum si iuri communi dissona[nn] videatur[nn], secundum ipsam non iudicet, sed superiorem consulat super ipsa.   5

Quoniam[22] autem per dilatorias exceptiones[23] malitiose nonnumquam causarum terminatio prorogatur, inquisitioni tue respondendo decernimus, ut infra certum tempus a iudice assignandum omnes dilatorie proponantur, ita quod, si partes extunc aliquas voluerint proponere, quas non fuerint protestate, nullatenus audiantur, nisi forte de novo aliqua fuerit[oo] exorta vel   10
* fol. 185ʳ is, qui eam vo*luerit opponere, fidem faciat iuramento se postmodum ad illius notitiam pervenisse. Statuimus[pp, 24] preterea, ut principales persone non per advocatos sed per se ipsas[qq] factum proponant, nisi forte adeo fuerint indiscrete, ut earum defectus de iudicis licentia per alios suppleatur. Cum[d, 25] autem sepe contingat ad diem, quem iudex delegatus a nobis parti-   15
bus assignavit, earum altera procurante, ut negotium prorogetur, iudicem ipsum a rege vel archiepiscopo evocari, nos perversorum volentes malignitatibus oviare decernimus, ut, si delegato constiterit hoc fuisse alicuius partis malitia procuratum, ipsam puniat animadversione condigna et, ne aliquod lucrum ex huiusmodi fraude reportet, persone neutri parti suspecte quantum   20
ad diem illum committat ipsum negotium audiendum[rr], que in ipso appellatione remota procedat, nisi forte partes ipse consenserint negotium prorogari.

Preterea[d, 26] nos consulere voluisti, an permitti debeat ministrare, si quis sine impositione manuum fuit ad ordinem diaconatus assumptus, et si confirmationis sacramentum in eo debeat iterari, qui per errorem fuit non crismate   25
sed oleo delinitus. Ad que fraternitati tue breviter duximus respondendum, quod in talibus non est aliquid iterandum sed caute supplendum, quod incaute fuerat pretermissum.

Datum Rome apud sanctum P(etrum), XIIII Kal. Ianuarii.

[ll]) *Davor eine kleine Rasur.*   [mm—mm]) *Fehlt bei Migne.*   [nn—nn]) *Migne stattdessen:* sit disso-   30
na.   [oo]) *Migne:* fuerint.   [pp]) *Davor ein Paragraphenzeichen, am Rande von einer Hand aus dem 15. oder vom Beginn des 16. Jhs.:* de iudi(ciis) (X 2. 1. 14).   [qq]) -a- korr. aus -o-.   [rr]) *Migne:* audientium.

[22]) Ab hier Comp. III 2. 16. 3; Alan. 2. 10. 2; Anh. 94k; Alan. K. 2. 11. 3; Bern. 2. 10. 4; Coll. Fuld. 2. 16. 4; X 2. 25. 4.   35
[23]) Vgl. Digesten 44. 1. 2. 4 (Ed. Mommsen 706); Institutiones 4. 13. 10 (9) (Ed. Krueger 53).
[24]) Ab hier Comp. III 2. 16. 3; Alan. Anh. 94l; Alan. K. 1. 22. 1; Bern. 2. 10. 4; Coll. Fuld. 1. 20. 14; X 2. 1. 14.
[25]) Ab hier Comp. III 1. 18. 7; Alan. Anh. 94l; Alan. K. 1. 17. 4; Bern. 1. 21. 9; Coll. Fuld. 1. 20. 14; X 1. 29. 28 § 4.   40
[26]) Ab hier Comp. III 1. 12. un.; Alan. Anh. 94m; Alan. K. 6. 4. 1; Bern. 1. 14. un.; X 1. 16. 1.

170.

Innocenz III. trägt dem Bischof (Bertrand?) von Le Puy auf, den Kantor P. zum Priester zu weihen, falls die gegen diesen erhobene Beschuldigung, durch eine Mißhandlung eine Fehlgeburt herbeigeführt zu haben, nicht bewiesen werden
5 *könne.*

Rom, St. Peter, (1204) Dezember 16.

Reg. Vat. 5, fol. 185ʳ ⟨Nr. 170⟩.
Bréquigny, Diplomata, II/1 597, Nr. 170 = Migne, PL, 215, 484, Nr. 170. — Potth. Reg. 2347.

.. Aniciensi episcopo[1].

10   **E**x litteris tue fraternitatis accepimus, quod, cum Aniciensis ecclesia sacerdotibus indigeret, dilectum filium P., cantorem eiusdem ecclesie, virum litteratum et moribus insignitum, ordinare in presbyterum voluisti, sed ipse respondit, quod non fieret nisi de nostra permissione sacerdos, eo videlicet, quod olim quedam mulier dixit ei, quod eam cum pede percusserat semel in
15 tergo, quare fecit aborsum, et cantor ipse credebat, quod hanc vel aliam cum pede semel in dorso percusserit, sed eam numquam aborsum fecisse credebat. Mulierem quoque, ut quereret plenius veritatem ab ea, ad penitentiarium Aniciensem adduxit, qui quesitis attentius, que super hiis fuerant inquirenda, nichil certum potuit ab ipsa percipere, sed credebat, quod mulier ipsa
20 talia fingeret, ut extorqueret pecuniam a cantore; qua de causa ad ordinationem ipsius procedere noluisti, donec super hoc apostolicum responsum haberes. Quocirca fraternitati tue per apostolica scripta mandamus, quatinus inquiras super hiis diligentius veritatem et, si assertionem prefate mulieris non constiterit esse veram, cantorem ipsum, si alias habetur[a] idoneus et
25 super hoc non fuerit infamatus[b] ac eum conscientia non[c] remordet, ad presbyteratus cures officium promovere.
    Datum Rome apud sanctum P(etrum), XVII Kal. Ianuarii[d].

171.

Innocenz III. ermahnt den König J(ohann I.) von England, für das dem ver-
30 *bannten Erzbischof (Johannes) von Dublin zugefügte Unrecht innerhalb zweier Monate nach Erhalt des Briefes Genugtuung zu leisten. Widrigenfalls sollen der Erzbischof (Hubert) von Canterbury und der Bischof (Eustach) von Ely das Interdikt über alle der Jurisdiktion des Königs unterstehenden Bistümer, solange*

---

170. [a] *Korr. aus* habeatur.   [b] infa- *auf Rasur; auch am Rande eine Rasur.*   [c] *Auf Rasur.*
35 [d] *Migne fügt hinzu:* anno septimo.

170. [1] B. von Le Puy, wahrscheinlich Bertrand (I.) von Chalançon, bezeugt 1198—1213. Vgl. *Gallia Christiana* II 707f.; *ebd.* ist aber auch ein Odilo 1197—1202 genannt.

sich dieser in ihnen aufhält, verkünden oder notfalls die Kirchenprovinz Dublin
mit dem Interdikt belegen.

Rom, St. Peter, (1204) Dezember 13.

Reg. Vat. 5, fol. 185ʳ—185ᵛ ⟨Nr. 171⟩.

Bréquigny, Diplomata, II/1 597, Nr. 171 = Migne, PL, 215, 484, Nr. 171; Sheehy, Pontificia 5
Hibernica, I 131, Nr. 62. — Potth. Reg. 2344; Bliss, Calendar, I 18; Dunning, Letters, 242, Nr. 34;
Cheney, Calendar, 578.

I(ohanni)ᵃ⁾, regi Anglorumᵇ⁾ ¹⁾ illustriᵃ⁾.

Non tam miserabilis quam miseranda conquestio venerabilis fratris nostri
.. Dublinensis archiepiscopi²⁾ graviter propulsavit sepius aures nostras nec 10
adhuc propulsare desistit, clamorem suum lacrimosis inculcans gemitibus et
amaris, ita ut magnitudinem clamoris ipsius ad aures Domini Sabaoth ascen-
disse credamus, qui utinam, si deliquimus, parcat nobis, quod tantum pepercimus homini, qui in suis ei non deferens tamdiu ministrum eius afflixit et
adhuc afflicto non parcit. 15

Novit enim regia celsitudo et satis potest memoriter retinere, quotiens
suavibus verbis et blandis eam pro ipso archiepiscopo duxerimus commonen-
dam et per alios fecerimus commoneri et quot et quantas porrexerimus tibi
preces³⁾, ut eum, quem per septem annos extra regnum exulare fecisti⁴⁾ et in
afflictione non modica et officii erubescentia pastoralis per partes ignotas 20
aliorum suffragia mendicare, inᶜ⁾ gratiam tuam reciperes et ei ablata restitui
faceres universa. Quid autem super hoc nostre valuerint monitiones et preces,
subsequens rerum effectus evidenter ostendit, cum exauditi non simus sed
indecedenter potius obauditi et — quod peius est — Creator offensus, qui
suam non dimittet offensam inultam, quin iniuriam servi sui ex parte vin- 25
dicet in presenti et etiam reservet sibi vindictam aliam in futuro. Sane ne
super litterarum inculcatione nostrarum, quas tibi sepenumero super hoc
curavimus destinare, plurimum immoremur, cum tibi de ipsis — ut credimus
— plene constet, nuper cum te dilectus filius G(eraldus)ᵈ⁾, abbas Casemarii⁵⁾,
ex parte nostra monuerit coram multis et magnis viris⁶⁾ et etiam corripuerit, 30

vgl. Jak 5, 4

vgl. Mt 18, 23—35

---

171. ᵃ⁾ *Fehlt bei Migne.* ᵇ⁾ *Am Rande drei Punkte und ein Kreuz.* ᶜ⁾ *Auf Rasur; darnach eine*
größere Rasur. ᵈ⁾ *Migne: N.*

171. ¹⁾ S. Br. VII 43 (42) Anm. 4.
² ⁾ Johannes Cumin, EB. von Dublin 1182—1212. Vgl. Fryde–Greenway–Porter–Roy,
Handbook, 350. 35
³⁾ Br. I 367 (noch an Johann, Grafen von Mortain, als Statthalter von Irland adressiert), V
159 (160), VI 64 (63, 64).
⁴⁾ EB. Johannes geht 1197 nach einem Konflikt mit dem königlichen Justiziar Hamo von
Valognes ins Exil (vgl. Roger von Hoveden, Chronica IV [RBS 51/4 29f.]), gerät, nachdem er sich
einige Jahre immer wieder am englischen Königshof aufhielt, in Gegensatz zu König Johann und 40
wird von diesem 1202 verbannt. Vgl. Sheehy, *Pontificia Hibernica*, I 131, Anm. 1.
⁵⁾ S. Br. VII 43 (42) Anm. 16.
⁶⁾ Vielleicht auf einer königlichen Ratsversammlung in London im März 1204. Vgl. Cheney, *Innocent III and England*, 289.

quia mandatum nostrum non adimpleveras in hac parte, tu ei emendaturum
omnia te[e] firmiter promisisti. Sed cum idem archiepiscopus de tua promissione[7] confidens reverti vellet ad propria et tecum fe*cerit per aliquot dies   * fol. 185ᵛ
moram ac tu ipsum de die in diem protraxeris vanis verbis nec velles ei, quod
5 promiseras, adimplere, tristis ac vacuus a spe sua coactus est Parisius[8]
remeare; cuius plage, cum suavitatis oleum superponere debuisses, asperitatis
vinum apponere[f] curavisti, ut calamum conquassatum omnino confringeres   vgl. Is 42, 3
et senectutem ipsius cogeres deficere[g] paupertate. A procuratoribus enim
eius centum libras Sterlingorum, quas ad solutionem debitorum eius cum
10 labore multo collegerant, — sicut dicitur — extorsisti et mandasti etiam
archiepiscopo Cassellensi[9], ut amministrationem susciperet diocesis Dublinensis.

Ut igitur regia celsitudo, que fuit in nostrarum precum exauditione tam
dura, paternas super hoc monitiones recipiat licet tarde, serenitatem tuam
15 rogamus, monemus et hortamur in Domino in remissionem tibi pec(caminum) iniungentes[h], quatinus ad Dominum Iesum Christum, qui carnem
nostre mortalitatis assumpsit, ut nos suos in Patris gloria faceret coheredes,   vgl. Röm 8, 17
Romanam ecclesiam insuper, quam in beato Petro apostolorum principe
stabilivit, et nos etiam, quos in agendis tuis, si bene recolas, invenisti favo-   vgl. Mt 16, 18
20 rabiles et benignos[10], habens debita consideratione respectum prefatum
archiepiscopum in gratiam tuam liberali benignitate recipias et ei ablata
restitui faceres universa, taliter, quod ex officio pastorali mandamus et pleno
cordis affectu monemus, adimpleturus hac vice, quod tua super hoc vel sera
correctio preteritorum offensam valeat expiare. Alioquin cum in hoc deinceps
25 parcere tibi nolimus, qui eo, quod tantum pepercimus, incurrisse timemus
Creatoris offensam, noveris nos venerabilibus fratribus nostris .. Cantuariensi
archiepiscopo[11] et .. episcopo Eliensi[12] dis(tricte) precipiendo mandasse,
quos etiam propter prioris mandati nostri[13] neglectum graviter redarguimus,
ut, si forsitan eidem archiepiscopo infra duos menses post receptionem pre-
30 sentium a te non fuerit congrue satisfactum, episcopatum ad quemcumque[i]
tue iurisditioni subiectum[k] deveneris, quamdiu fueris ibi presens, auctoritate
nostra sublato appellationis obstaculo denuntient interdictum; quod si nec
sic ad hoc induci potueris, totam etiam provinciam Dublinensem interdicto

---

e) *Über der Zeile nachgetragen.*   f) *Migne:* opponere.   g) *Darnach eine Rasur.*
35 h) i(n)iungetes.   i) quecumque. *Die Emendation schon bei Migne.*   k) *Migne fügt hinzu:* locum.

7) Vgl. den Br. König Johanns an den EB. von Dublin vom 10. Februar 1204, HARDY,
Rotuli litterarum patentium, I 38b.
8) Paris.
9) Muirgheas (Matthäus) ÓhÉanna, EB. von Cashel 1186—1206. Vgl. FRYDE–GREENWAY–
40 PORTER–ROY, *Handbook,* 336.
10) Gemeint ist vielleicht die Friedensvermittlung im Krieg mit dem König von Frankreich.
Vgl. Br. VI 162 (163, 164)—165 (167), VII 43 (42), 45 (44).
11) S. Br. VII 29 Anm. 1.
12) S. Br. VII 15 Anm. 1.
45 13) Br. VI 64 (63, 64) a-pari.

concludant; pro certo sciturus, quod, si mandatum huiusmodi pertransieris aure surda et durum te nobis ostenderis, ubi te benignum invenire debemus, causam ecclesie immo Dei non dimittemus adeo indefensam, quin cognoscere tibi demus, quid manus vicarii Iesu Christi valeat operari. Quod si vellemus ulterius quasi tibi deferendo differre, proculdubio videremur te non diligere 5 sed odire, quia pater filium, quem diligit, corripit et Deus, quos amat, arguit et castigat.

vgl. Spr 13, 24;
Hebr 12, 7
vgl. Hebr 12, 6;
Apok 3, 19

Datum Rome apud sanctum P(etrum), Idibus Decembris[l].

172.

Innocenz III. befiehlt dem Dekan und dem Kapitel von Nesle, die halben Pfründ- 10
den der Kanoniker Renelmus und Robert bei erster Gelegenheit auf ungeteilte zu
ergänzen, anstatt dem Magister W. aufgrund eines erschlichenen päpstlichen
Mandats eine Pfründe zu verleihen. Widrigenfalls bestellt er den Abt (Hugo) von
Saint-Aubert und die Magister P. von Saint-Symphorien und R. de Bekerel,
Domkanoniker von Cambrai, zu Exekutoren der Provision. 15

Rom, St. Peter, (1204) Dezember 1.

Reg. Vat. 5, fol. 185ᵛ—186ʳ ⟨Nr. 172⟩.
Bréquigny, Diplomata, II/1 599, Nr. 172 = Migne, PL, 215, 486, Nr. 172. — Potth. Reg. 2333;
Wauters, Table chronologique, III 229.

.. Decano et capitulo Nigellen(sibus)[1]. 20

| **A**ccedens ad presentiam nostram dilectus filius Renelmus, canonicus ecclesie vestre, sua nobis insinuatione monstravit, quod, cum ipse et Rob(er)tus auctoritate apostolica in eadem ecclesia canonici fuerint instituti utrique dimidie prebende beneficio assignato, tam auctoritate litterarum nostrarum quam concilii Turonensis[2], quod beneficiorum inhibet sectionem, 25 ut vos suas eis integraretis prebendas, cum instantia postularunt; quibus vos benignum prebentes assensum, sicut etiam vestre littere continebant, promisistis eisdem, quod, quamcito se facultas offerret, eorum prebendas curaretis sine interpositione alterius integrare. Verum magister W. de litteris nostris, quas idem Renelmus super conferenda sibi prebenda integra et Rob(er)tus 30 super integratione prebende sue obtinuerant a nobis, non habita mentione ad vos nostras litteras reportavit, ut eidem in aliqua prebendarum ecclesie

---

[l]) *Migne fügt hinzu:* anno septimo.

172. [1]) Wahrscheinlich das Kollegiatstift Notre-Dame in Nesle, Diöz. Noyon, Dép. Somme. Vgl. Wauters, *Table chronologique*, III 758 (Index). 35

[2]) Konzil von Tours, 16. Mai 1163, c. I: Comp. I 3. 5. 10 = X 3. 5. 8 (Friedberg, *CorpIC*, II 466).

vestre studeretis liberaliter providere. Ceterum cum dictus Renelmus ad nostram presentiam accessisset et pro se et prefato Rob(er)to nobis humiliter supplicasset, ut per litteras illas integrationem[a)] prebendarum suarum non sineremus aliquatenus impediri, dictus magister eidem se super hoc opponere
5 procuravit. Nos igitur eis dilectum filium nostrum H(ugolinum), sancti Eustachii diaconum cardinalem[3)], concessimus auditorem, qui auditis hinc inde propositis et habito prudentum virorum consilio super contradictione integrationis prebendarum illorum[b)] de mandato nostro eidem magistro duxit silentium imponendum, cum magis esset consentaneum rationi eorum inte-
10 grari prebendas, qui iamdudum canonici fuerant instituti, quam ei conferri, qui eam ex rigore iuris petere non valebat.

Quocirca universitati vestre per apostolica scripta mandamus atque precipimus, quatinus prebendas[c)] * eorum divisas[d)] contra statuta concilii[e)] Tu- * fol. 186ʳ
ronensis contradictione et appellatione ces(santibus) integrare, cum se facul-
15 tas obtulerit, iuxta promissionem vestram minime differatis; cautius provisuri, ut propter integrationem eorum prebendas alias dividere non temptetis, ne sic semper aliqua prebenda ibidem existente divisa mandatum possit apostolicum impediri. Alioquin dilectis filiis .. abbati sancti Aub(er)ti[4)] et magistris P. de sancto Si(m)phoriano[5)] et R. de Bekerel[6)], canonicis Camera-
20 censibus, precipiendo mandavimus, ut vobis in executione mandati nostri cessantibus illud sublato appellationis obstaculo studeant effectui mancipare. Contradictores et cetera. Nullis litteris veritati et cetera.

Datum Rome apud sanctum P(etrum), Kal. Decembris[f)].

173.

25 *Innocenz III. befiehlt dem Erzbischof (Philipp) von Mailand und seinen Suffraganen, über die wegen ihres Streits mit ihrem Bischof (Grimerius) und dessen Klerus exkommunizierten Bürger von Piacenza eine Verkehrssperre zu verhängen und deren Güter zu beschlagnahmen, bis sie Genugtuung leisten.*

Rom, St. Peter, (1204) Dezember 16.

30 *Reg. Vat. 5, fol. 186ʳ ⟨Nr. 173⟩.*
Bréquigny, Diplomata, II/1 599, Nr. 173 = Migne, PL, 215, 487, Nr. 173. — Potth. Reg. 2346.

---

172. [a)] *Migne:* integrationes.   [b)] *Migne:* illarum.   [c)] p(re)bedas.   [d)] *Migne:* diversas.
[e)] *Migne:* consilii.   [f)] *Migne fügt hinzu:* anno septimo.

[3)] S. Br. VII 102 Anm. 14.
35 [4)] S. Br. VII 49 (48) Anm. 1.
[5)] Magister P. von Saint-Symphorien (Brabant), Domkanoniker von Cambrai. Vgl. Wauters, *Table chronologique*, III 229.
[6)] Mag. R. de Bekerel, Domkanoniker von Cambrai. S. auch Br. X 4, XI 237 (Migne, *PL*, 215, 1105 C, 1549 A).

.. Mediolanensi archiepiscopo[1] et suffraganeis[2] eius[a].

(|) **C**um olim fumus iniquitatis Placentinorum civium[3] oculos apostolice speculationis offenderit nec potuerimus illum in pluvia paterne monitionis supprimere, quin fortius elevaretur in altum, ita quod partes inficeret vicinas pariter et remotas, modum alium cogimur invenire, ut, qui pluviam non 5 admittit, corruat sub procella, quia forsitan evaporare desistet, ubi non invenerit, quo respiret.

Satis siquidem audivistis, ad quantam miseriam episcopum[4], clerum et ecclesiam Placentin(os) adduxerint et sub quantis afflictionibus et erumpnis eos vivere potiusque[b] deficere, quod sine cordis amaritudine non possumus 10 proferre, compellant. Ne igitur vapor iniquitatis eorum se ad parietes vicinos extendat[c], fraternitati vestre per apostolica scripta mandamus et in virtute obedientie districte precipimus, quatinus cives iamdictos, ad quemcumque locum provincie Mediolan(ensis) devenerint, in colloquiis, hospitiis atque contractibus tamquam excommunicatos faciatis artius evitari et teneri etiam 15 bona illorum, ubicumque illa contigerit inveniri, donec per satisfactionem condignam reconciliari ecclesie mereantur; sic mandatum apostolicum impleturi, ne illius videamini contemptores.

Datum Rome apud sanctum P(etrum), XVII Kal. Ianuarii.

174.   20

Innocenz III. befiehlt den Äbten, Prioren und anderen Prälaten in der Lombardei (und in der Kirchenprovinz Ravenna), dem aus seiner Stadt vertriebenen Bischof (Grimerius) von Piacenza, falls er darum ansucht, den dem apostolischen Stuhl schuldigen Zins zu überlassen und seine Boten mit allem Notwendigen zu versorgen. 25

Rom, St. Peter, (1204) Dezember 18.

Reg. Vat. 5, fol. 186ʳ ⟨Nr. 174⟩.
Bréquigny, Diplomata, II/1 600, Nr. 174 = Migne, PL, 215, 488, Nr. 174. — Potth. Reg. 2348.

---

173. [a]) *Am Rande ein Minuskel-*f.   [b]) *Migne:* potius quam.   [c]) *Über* -at *Kürzungsstrich durchgestrichen.* 30

173. [1]) S. Br. VII 90 Anm. 6.

[2]) Suffragane von Mailand: Acqui und Alessandria, Alba, Asti, Bergamo, Brescia, Cremona, Ivrea, Lodi, Novara, Tortona, Turin, Vercelli.

[3]) Codagnello (Annales Placentini [*MGH SS rer. Germ.* (23) 30 Z. 22—31 Z. 2]) engt den wohl schon länger schwelenden Konflikt zwischen Bischof und Kommune von Piacenza — 1192 ver- 35 langte die Kommune ein Mitspracherecht bei der Bischofswahl; vgl. Falconi–Peveri, *Registrum*, I, S. LXVI und 410, Nr. 188 — auf das Jahr 1204 ein: Ursache der „seditio" ist die Weigerung des Bischofs und Klerus, einen Beitrag zur Schuldenrückzahlung der Kommune zu leisten.

[4]) Grimerius della Porta, B. von Piacenza 1199—1210, befand sich ca. drei Jahre lang im Exil in Cremona und Castro-Arquato. Vgl. Campi, *Piacenza*, II 92.   40

Abbatibus, prioribus et aliis ecclesiarum prelatis per Lombardiam[1] constitutis.

Compatientes laboribus et pressuris, quas venerabilis frater noster .. episcopus Placentinus[2] ad presens extra ecclesiam Placentinam a suis civibus
5 cogitur sustinere, ipsi, cum de suo sustentari non possit, volumus providere[a] nostro. Ideoque per apostolica vobis scripta mandamus atque precipimus, quatinus censum apostolice sedis, quem de vestris debetis ecclesiis, cum ab ipso fueritis requisiti, ei[b] assignare curetis, quamdiu extra ecclesiam suam coactus fuerit exulare; nuntiis eius, quos propter hoc destinaverit, tam in
10 necessariis quam securo conductu liberaliter providentes.

Datum Rome apud sanctum P(etrum), XV Kal. Ianuarii.

In eundem modum abbatibus et cetera per Rauennat(ensem) provinciam constitutis[3].

175.

15 *Innocenz III. bevollmächtigt den Bischof (Grimerius) von Piacenza für die Dauer seines Exils, vakante und in Zukunft vakant werdende Pfründen seiner Diözese zu seinem und der Kleriker jener Kirchen Unterhalt einzubehalten.*

(Rom, St. Peter, 1204 Dezember ca. 18).

Reg. Vat. 5, fol. 186ʳ ⟨Nr. 175⟩.
20 *Bréquigny, Diplomata, II/1 600, Nr. 175 = Migne, PL, 215, 488, Nr. 175. — Potth. Reg. 2349.*

.. Episcopo Placentino[1].

Compatientes tuis afflictionibus et pressuris, quas ad presens extra ecclesiam Placentinam a civibus tuis cogeris sustinere, auctoritate tibi presentium indulgemus, ut tam vacantes in tuo episcopatu prebendas quam etiam
25 vacaturas, dum fueris in exilio, ad sustentationem tuam et clericorum ecclesiarum illarum tibi liceat retinere, ita tamen, ut postmodum ille, que ad donationem tuam pertinent, per te, alieque per illos, qui eas conferre tenentur, personis idoneis conferantur.

Nulli ergo et cetera nostre concessionis [et cetera]. Si quis et cetera.
30   Datum ut in[a] alia[a].

---

174. [a]) *Migne fügt hinzu:* de.   [b]) *Migne:* et.

174. [1]) Lombardei.
    [2]) S. Br. VII 173 Anm. 4.
    [3]) Kirchenprovinz Ravenna.

35 **175.** [a—a]) *Migne:* supra.

175. [1]) S. Br. VII 173 Anm. 4.

176.

Innocenz III. bestätigt das Urteil, welches die delegierten Richter, der Prior J(ohannes) von S. Frediano (in Lucca), der Archipresbyter (Donus) von Florenz und der Kanoniker I(ldebrandus) von Pisa, im Prozeß zwischen dem Grafen Guido (von Tuszien) und der gewählten Äbtissin (Agatha) und den Nonnen des Klosters von Rosano gefällt haben.

Rom, St. Peter, (1204) Dezember 20.

Reg. Vat. 5, fol. 186ʳ ⟨Nr. 176⟩.
Bréquigny, Diplomata, II/1 601, Nr. 176 = Migne, PL, 215, 489, Nr. 176. — Potth. Reg. 2351.

Nobili viro Guidoni comiti[a, 1].

Ex parte tua et .. electe et sororum monasterii de Rosan(o)[2] nuntii ad nostram presentiam destinati humiliter postularunt, ut eis audientiam concedere dignaremur, quibus dilectum filium Hu(golinum), sancti Eustachii diaconum cardinalem[3], dedimus auditorem. In cuius presentia cum aliquamdiu fuerit litigatum[4] hinc inde, tam per instrumenta quam per litteras constitit evidenter, quod super causa, que inter te et electam predictam adinvicem vertebatur, per dilectos filios I(ohannem), priorem sancti Fridiani[5], et .. archipresbyterum Florentinum[6] et I(ldebrandum), Pisanum canonicum[7], quibus fuerat de utriusque partis assensu commissa, diffinitiva fuerat sententia promulgata[8]. Nos autem per assertionem cardinalis ipsius super promulgatione ipsius sententie certiores effecti eam, sicut iusta est, auctoritate apostolica confirmamus et cetera usque communimus; salva questione proprietatis alteri parti, si tamen super possessione tantum sententiam ipsam constiterit promulgatam.

Nulli ergo et cetera.

Datum Rome apud sanctum P(etrum), XIII Kal. Ianuarii.

---

176. [a]) *Adresse am Rande vorgemerkt. Am Rande ein Verweiszeichen zur Adressenvormerkung.*

176. [1]) Guido Guerra (IV.), Graf von Tuszien, gest. nach 1213. Vgl. Davidsohn, *Geschichte*, I, II ad indicem; *Enciclopedia Dantesca* III 320f.

[2]) Agatha, Äbtissin von S. Maria di Rosano (Pontassieve) (Benediktinerinnen-Abtei, Diöz. Fiesole, Prov. Florenz) 1203—1228. Vgl. *Santa Maria di Rosano* 219.

[3]) S. Br. VII 102 Anm. 14.

[4]) Bekannt ist nur ein Prozeß um den Anspruch der Grafen Guidi, auf Grund ihres Patronatsrechts die Äbtissinnenwahlen zu bestätigen. Graf Guido hatte die ohne seine Zustimmung erfolgte Wahl Agathas angefochten. Vgl. die Zeugenaussagen zugunsten des Grafen: Stra, *Documenti*, 242—274, und zum gesamten Prozeß: Passerini, *Monaca*; Davidsohn, *Monaca*.

[5]) S. Br. VII 20 Anm. 6.

[6]) Donus, Archipresbyter von Florenz. Vgl. Stra, *Documenti*, 238.

[7]) Ildebrandus, Kanoniker von Pisa. Vgl. *ebd.*

[8]) Vgl. „Abreviatura litis" *ebd.* 274—286 vor denselben päpstlichen delegierten Richtern, die über das Patronatsrecht zugunsten des Grafen entschieden.

177.

Rechtsauskunft für den Bischof (Wilhelm) von Vich: Kleriker oder Laien, die
Briefe vorweisen, in denen sie und ihre Besitzungen in den päpstlichen Schutz
genommen werden, sind von der Jurisdiktion ihrer Bischöfe nicht exemt.

5   *Rom, St. Peter, (1204) Dezember 13.*

Reg. Vat. 5, fol. 186ᵛ ⟨Nr. 177⟩.
Bréquigny, Diplomata, II/1 601, Nr. 177 = Migne, PL, 215, 489, Nr. 177; Mansilla, Documen-
tación, 342, Nr. 309. — Comp. III 5. 16. 8; Alan. 2. 18. 3; Alan. K. 2. 20. 3; Bern. 5. 17. 5; Coll.
Salm. 5. 17. 8; X 5. 33. 18. — Potth. Reg. 2342.

10   *** .. Episcopo Ausonensi**ᵃ, [1].   * fol. 186ᵛ

Ex parte tua fuit quesitum a nobis, utrum clerici vel laici, qui litteras
protectionis ostendunt, in quibus personas suas ex nomine cum omnibus
rebus suis sub apostolica protectione consistere declaratur, a iurisditione
diocesani episcopi sint exempti. Nos autem inquisitioni tue super[b] hoc taliter
15 respondemus, quod per litteras huiusmodi, quas quandoque aliquibus personaliter indulgemus, ab episcoporum suorum potestate minime subtrahuntur.
Datum Rome apud sanctum P(etrum), Idibus Decembris.

178.

Innocenz III. trägt dem Bischof (Gerhard) von Padua auf, Zisterziensermönche,
20 *die als Einsiedler in der Provinz Venedig leben, unter Androhung geistlicher*
Strafen zur Rückkehr in ihre Klöster zu zwingen.

                                               Rom, St. Peter, (1204) Dezember 23.

Reg. Vat. 5, fol. 186ᵛ ⟨Nr. 178⟩.
Bréquigny, Diplomata, II/1 601, Nr. 178 = Migne, PL, 215, 490, Nr. 178. — Potth. Reg. 2354.

25   **.. Paduano episcopo**ᵃ, [1].

(|) **A**d audientiam nostram dilecto filio[b] .. abbate de Columba Cistertien-
sis ordinis[2] significante pervenit, quod quidam monachi eiusdem ordinis

---

177.ᵃ) *Am Rande das* Nota-Monogramm *und von einer Hand des 13. Jhs.:* hoc c(apitulum) est
Extra de privilegiis *(X 5. 33. 18).*   ᵇ) Migne: per.
30 **177.** ¹) Wilhelm (III.), B. von Vich (Suffr. von Tarragona) 1195—1233. Vgl. *DHEE* IV 2753;
Ubieto Arteta, *Listas,* II 421.

178. ᵃ) *Am Rande die erste römische Briefzählung:* VᶜL.   ᵇ) *Migne fügt hinzu:* nostro.
178. ¹) Gerardo Pomedella, B. von Padua 1165—1214. Vgl. *Serie cronologica dei Vescovi di*
Padova 81—86.
35   ²) Abt von Chiaravalle della Colomba (Zist.-Abtei bei Fiorenzuola, Diöz. und Prov. Piacenza). Bajamond Visconti, bezeugt 1186; Rainer, bezeugt 1229. Vgl. Bertuzzi, *Badia,* 44; *Dict.*
HGE 13 (1956) 312.

claustrum non[c] expetita suorum abbatum licentia exeuntes in provincia
Venetorum sibi reclusoria prepararunt non artioris religionis obtentu, sed ut
vitam transigant laxiorem. Unde nos venerabili fratri nostro .. Castellano
episcopo[3] dedimus in mandatis, ut eos compelleret ad claustra relicta per
censuram ecclesiasticam remeare, sed ipse, quod mandavimus, exequi preter- 5
misit. Quocirca fraternitati tue per apostolica scripta mandamus, quatinus,
si res ita se habet, predictos inclusos[d], ut ad claustra redeant derelicta,
monitione premissa per censuram ecclesiasticam appellatione remota compellere non omittas.

Datum Rome apud sanctum P(etrum). X Kal. Ianuarii.   10

179.

Innocenz III. bevollmächtigt den Bischof Odo von Paris, zur Sicherung des
Gottesdienstes in der Kirche von Champeaux aus elf dortigen Kanonikerpfrün-
den 22 neue zu machen, die zwölfte weiterhin ungeteilt dem Kapitel von Saint-
Victor in Paris zu belassen und aus dem gleichen Grund den Kanonikern von 15
Champeaux und denen von Saint-Marcel, Saint-Germain-l'Auxerrois und
Saint-Cloud (in Paris) Residenzpflicht aufzuerlegen.

Rom, St. Peter, (1204) Dezember 30.

Reg. Vat. 5, fol. 186[v] ⟨Nr. 179⟩.
Bréquigny, Diplomata, II/1 602, Nr. 179 = Migne, PL, 215, 490, Nr. 179; Dubois, Historia 20
ecclesiae Parisiensis, II 230. — Potth. Reg. 2356.

Odoni, Parisiensi episcopo[1].

Cura suscepti regiminis nos hortatur, ut ecclesiarum utilitatibus intendentes paterna curemus sollicitudine providere, ne ipse debito ministrorum cultu
fraudentur. Cum igitur in ecclesia de Campell(is)[2] duodenus tantummodo sit 25
numerus prebendarum, quarum quelibet valentiam fere quinquaginta librarum excedit, et ipsius canonici, eo quod sit villa campestris, vix umquam
faciant residentiam in eadem, ne ipsa diutius divinis obsequiis defraudetur,
fraternitati tue auctoritate presentium indulgemus, quatinus cum consilio
capituli tui, si res ita se habet, ex illarum undecim [facias] viginti duas 30
prebendas appellatione remota canonicis totidem perpetuis temporibus assi-
gnandas, duodecima ecclesie beati Victoris[3], sicut eam nunc canonice possi-

---

[c]) *Der erste Schaft des* n- *korr. aus* i-.   [d]) *Migne:* reclusos.
[3]) Marcus de Nicolai, B. von Castello (Suffr. von Grado) 1182—1225.

179. [1]) Odo (I.) von Sully, B. von Paris (Suffr. von Sens) 1197—1208. Vgl. *LMA* 8 (1996) 301. 35
[2]) Champeaux, Diöz. Paris, Cant. Mormant, Arr. Melun, Dép. Seine-et-Marne. Vgl.
Guérard, *Cartulaire*, IV 358.
[3]) Kollegiatkapitel Saint-Victor in Paris.

det, in integrum reservata, salvisque fructibus prebendarum integraliter hiis,
qui nunc eas possidere noscuntur, nisi forte ipsi consentire voluerint, ut eis
viventibus medietas fructuum aliis conferatur[a]. Preterea, ne propter canonicorum absentiam predicta ecclesia de Campell(is) et sancti Marcelli[4], sancti
5 Germani Altisiodorensis[5] et sancti Clodoaldi[6] ecclesie, in quibus collatio
prebendarum ad te dinoscitur pertinere, debita divinorum celebratione
priventur, devotioni tue duximus indulgendum, quatinus in memoratis ecclesiis de consilio et consensu capituli Parisiensis ecclesie necnon capitulorum
ecclesiarum dictarum appellatione[b] cessante constituas, ut canonici debitam
10 faciant residentiam in eisdem, sicut cum ipsis capitulis vel maiori et saniori
parte ipsorum deliberatione provida duxeris ordinandum, salvo semper in
omnibus apostolice sedis mandato.

Nulli ergo et[c] cetera[c] nostre concessionis [et cetera].

Datum Rome apud sanctum Petrum, III Kal. Ianuarii[d].

15 # 180.

*Innocenz III. bestätigt dem Benediktiner-Priorat Lenton seine namentlich ge-
nannten Besitzungen.*

Rom, St. Peter, (1205) Januar 7.

Reg. Vat. 5, fol. 186ᵛ—187ʳ ⟨Nr. 180⟩.
20 *Bréquigny, Diplomata, II/1 603, Nr. 180 = Migne, PL, 215, 491, Nr. 180. — Potth. Reg. 2365;
Bliss, Calendar, I 18f.; Cheney, Calendar, 594.*

.. Priori et monachis de Lentun(a)[1].

(|) **I**ustis petentium desideriis et cetera usque assensu, ecclesiam de Fal-
maresham[a, 2] cum capellis de Pabeham[b, 3] et de Radewell'[4] et omnibus

---

25 **179.** [a]) *Migne:* conferentur.   [b]) *Darnach* re(mota) *durchgestrichen.*   [c—c] *Migne:* hanc paginam.
[d]) *Migne fügt hinzu:* anno septimo.

[4]) Kollegiatkapitel Saint-Marcel in Paris.
[5]) Saint-Germain-l'Auxerrois, Kollegiatkapitel und Pfarre in Paris.
[6]) Kollegiatkapitel Saint-Cloud in Paris.

30 **180.** [a]) *Migne:* Falmarchsam.   [b]) *Migne:* Papecha.

180. [1]) Peter, Prior von Lenton (Ben.-Priorat von Cluny, Diöz. York, Nottinghamshire) 1200
bis 1214, als Abt von Bardney (Ben.-Abtei, Diöz. Lincoln, Lincolnshire) bezeugt 1214—1217.
Vgl. Knowles–Brooke–London, *Heads of Religious Houses*, 27, 119.

[2]) Felmersham, Bedfordshire. Vgl. Mawer–Stenton, *Bedfordshire and Huntingdonshire*, 31.
35 1206 legt der Prior von Lenton anläßlich einer Auseinandersetzung mit Gilbert von Malperteshal
(Meppershall) eine Urkunde B. Roberts von Lincoln (s. unten Anm. 31) über den Besitz dieser
Kirche vor. Vgl. Smith, *EEA I: Lincoln 1067—1185*, 93, Nr. *154.

[3]) Pavenham, Bedfordshire. Vgl. Mawer–Stenton, *Bedfordshire and Huntingdonshire*, 32.
[4]) Radwell, bei Felmersham. Vgl. *ebd.* 32.

earum[c] pertinentiis; ecclesias de Map(er)teshal'[5], de Hecham[d, 6], de Rassend(e)n'[7], de Hirencest(e)r[8], de Curtenhal'[9], de Herleston'[10], de Wichingestun'[e, 11], de Fostun'[f, 12] et de Bruchton'[g] cum omnibus earum pertinentiis; capellam sancti Edmundi de Bruchton'[13]; ex dono Ricc(ardi) de Daiuill' duas carrucatas terre in Alebi[h, 14]; ex dono Ricc(ardi) Bussel[i] duode-   5 cim bovatas terre in Bruchton'[15] et quandam partem gardini sui et quindecim acras terre et unam acram prati et dimidiam intra Lelund[16]; tres virgatas terre et tres homines vobis a W(illelmo) Peuerell'[k, 17] intuitu pietatis concessos; decimas in Blidesword'[18], in Neubothle[19], in Duston'[20], in Ernesbi[l, 21], in Bareswrd'[22], in Cothis[23], in Hochtun'[m, 24] et in Piria[25] decimam molendini,   10

---

[c] *Migne:* eorum.   [d] *Migne:* Hecha.   [e] *Migne:* Wichingestum.   [f] *Migne:* Fostum.
[g] -h- *über der Zeile, teilweise auf Rasur, nachgetragen.*   [h] *Migne:* Abebi.   [i] *Migne:* Buissel.
[k] *Migne:* Poverell.   [l] *Migne:* Ernebi.   [m] *Migne:* Hottun.

---

[5] Meppershall, Bedfordshire. Vgl. *ebd.* 170f.; PHILLIMORE, *Rotuli Hugonis de Welles*, III 27.   15

[6] Higham Ferrers, Northamptonshire. Vgl. GOVER–MAWER–STENTON, *Northamptonshire*, 191; DAVIS, *Rotuli Roberti Grosseteste*, 178.

[7] Rushden, Northamptonshire. Vgl. GOVER–MAWER–STENTON, *Northamptonshire*, 195f.; PHILLIMORE, *Rotuli Hugonis de Welles*, II 152, 234, 250.

[8] Irchester, Northamptonshire. Vgl. GOVER–MAWER–STENTON, *Northamptonshire*, 192f.;   20 PHILLIMORE, *Rotuli Hugonis de Welles*, II 150.

[9] Courteenhall, Northamptonshire. Vgl. GOVER–MAWER–STENTON, *Northamptonshire*, 145f.; DAVIS–FOSTER–HAMILTON THOMPSON, *Rotuli Ricardi Gravesend*, 114.

[10] Harlestone, Northamptonshire. Vgl. GOVER–MAWER–STENTON, *Northamptonshire*, 83f.; PHILLIMORE, *Rotuli Hugonis de Welles*, II 139, 227.   25

[11] Great Wigston, Leicestershire. Vgl. GOVER–MAWER–STENTON, *Northamptonshire*, 185; PHILLIMORE, *Rotuli Hugonis de Welles*, II 312.

[12] Foston, Leicestershire. Vgl. PHILLIMORE, *Rotuli Hugonis de Welles*, I 239; EKWALL, *Dictionary*, 185.

[13] Dem Patronat Lentons unterstanden sowohl Broughton als auch Nether Broughton,   30 Leicestershire. Vgl. PHILLIMORE, *Rotuli Hugonis de Welles*, I 270, III 287; DAVIS, *Rotuli Roberti Grosseteste*, 396, 390, 419; EKWALL, *Dictionary*, 169.

[14] Welby, Leicestershire. Vgl. EKWALL, *Dictionary*, 504.

[15] Zur Stiftung Richard Buissels vgl. DUGDALE, *Monasticon*, V 112f.

[16] Lund (welches?). Vgl. EKWALL, *Dictionary*, 307.   35

[17] Wilhelm Peverell, gründet zwischen 1102 und 1108 das Priorat Lenton. Vgl. DUGDALE, *Monasticon*, V 111; KNOWLES–HADCOCK, *Medieval Religious Houses*, 100; BURTON, *EEA V: York 1070—1154*, 74, Nr. *92, Anm.

[18] Blisworth, Northamptonshire. Vgl. GOVER–MAWER–STENTON, *Northamptonshire*, 143f.

[19] Nobottle, Northamptonshire. Vgl. *ebd.* 80; EKWALL, *Dictionary*, 343.   40

[20] Duston, Northamptonshire. Vgl. GOVER–MAWER–STENTON, *Northamptonshire*, 82.

[21] Arnesby, Leicestershire. Vgl. EKWALL, *Dictionary*, 13.

[22] Husbands Bosworth, Leicestershire. Vgl. EKWALL, *Dictionary*, 54; PHILLIMORE, *Rotuli Hugonis de Welles*, I 266.

[23] Cotis, Leicestershire. Vgl. *ebd.* I 255.   45

[24] Hoton, Leicestershire. Vgl. *ebd.* I 255.

[25] Vielleicht Paulerspury oder Potterspury, Northamptonshire. Vgl. GOVER–MAWER–STEN-TON, *Northamptonshire*, 103, 105; EKWALL, *Dictionary*, 359, 372.

quod vocatur Tuigrest'[n]); decimas in Molentun'[26]), in Desburch[27]), in Blaculuesle[28]), in Au(er)sham[29]) et in territorio de Empingeham[30]) a bone memorie
Rob(er)to, Lincolniensi episcopo[31]), monasterio vestro pia liberalitate concessas, sicut in eiusdem autentico plenius continetur et vos ea omnia iuste ac
5 pacifice possidetis, vobis et per vos eidem monasterio auctoritate apostolica
* confirmamus et presentis scripti pa(trocinio) communimus.   * fol. 187ʳ

    Nulli ergo et cetera. Si quis et cetera.

    Datum Rome apud sanctum P(etrum), VII Idus Ianuarii.

181.

10 *Innocenz III. bestätigt dem Benediktiner-Priorat Lenton die Besitzungen, die ihm*
der Erzbischof W(ilhelm) von York übertragen hat.

Rom, St. Peter, (1205) Januar 7.

Reg. Vat. 5, fol. 187ʳ ⟨Nr. 181⟩.

Bréquigny, Diplomata, II/1 603, Nr. 181 = Migne, PL, 215, 492, Nr. 181. — Potth. Reg. 2366;
15 *Bliss, Calendar, I 19; Cheney, Calendar, 595.*

Eisdem[1]).

    (∣) **S**olet annuere et cetera usque assensu, ecclesias[a]) sancte Marie de
Notingham[b, 2]), sancti Petri et sancti Nicolai eiusdem ville cum omnibus
pertinentiis suis; ecclesias de Radeford[3]), de Langare[4]), de Torluaueston'[5]), de
20 Lindebi[6]) et de Barton'[7]) et de Oscington'[8]) cum omnibus earum pertinentiis;

---

180. [n]) *Migne:* Tuigrisl.

[26]) Wahrscheinlich Moulton, Northamptonshire. Vgl. GOVER–MAWER–STENTON, *Northamp-*
tonshire, 134.

[27]) Desborough, Northamptonshire. Vgl. *ebd.* 111f.

25 [28]) Blakesley, Northamptonshire. Vgl. *ebd.* 39f.

[29]) Vielleicht Averham, Nottinghamshire. Vgl. GOVER–MAWER–STENTON, *Nottinghamshire,*
181.

[30]) Empingham, Leicestershire. Vgl. EKWALL, *Dictionary,* 166.

[31]) Wahrscheinlich Robert Chesney, B. von Lincoln (Suffr. von Canterbury) 1148—1166.
30 Vgl. oben Anm. 2.

181. [a]) *Migne:* ecclesiam.   [b]) *Migne:* Nothingha.

181. [1]) S. Br. VII 180 Anm. 1.

[2]) St. Mary in Nottingham. Vgl. GOVER–MAWER–STENTON, *Nottinghamshire,* 13.

[3]) Radford, ht. Stadtteil von Nottingham. Vgl. *ebd.* 150, Anm. 1.

35 [4]) Langar cum Barnstone, Nottinghamshire. Vgl. *ebd.* 227.

[5]) Tollerton, Nottinghamshire. Vgl. *ebd.* 242f.; *Register of Walter Giffard* 68.

[6]) Linby, Nottinghamshire. Vgl. GOVER–MAWER–STENTON, *Nottinghamshire,* 12f.

[7]) Barton in Fabis, Nottinghamshire. Vgl. *ebd.* 244.

[8]) Ossington, Nottinghamshire. Vgl. *ebd.* 195.

quicquid iuris habetis in ecclesiis de Aedingburc[9] et de Cotgraue[10]; decimas, quas habetis in Chillewell'[11], in Watenho[c, 12], in Aspele[13], in Suthon'[14], in Baseford[15], in Torph[d, 16], in Gunolueston'[17], in Stapelfort[18], in Langeleia[19], in Rudington'[20] et in Boneia[21], sicut ea omnia ex concessione bone memorie W(illelmi), Eboracensis archiepiscopi[22], iuste ac pacifice possidetis et in eius litteris plenius continetur[23], vobis et per vos monasterio vestro auctoritate apostolica confirmamus et cetera.

Nulli ergo et cetera. Si quis et cetera.

Datum Rome apud sanctum P(etrum), VII Idus Ianuarii.

182.

Innocenz III. bestätigt den gewohnheitsmäßigen Vorrang des Bischofs von London vor den anderen Bischöfen der Kirchenprovinz (Canterbury) bei Sitzungen, Prozessionen, Responsionen und Unterschriften.

Rom, St. Peter, (1204) Dezember 13.

Reg. Vat. 5, fol. 187ʳ ⟨Nr. 182⟩.

Bréquigny, Diplomata, II/1 604, Nr. 182 = Migne, PL, 215, 492, Nr. 182. — Potth. Reg. 2343; Bliss, Calendar, I 19; Cheney, Calendar, 577.

.. Londoniensi episcopo[1].

(|) **C**um longa consuetudine temporis ecclesia Londoniensis, sicut oblata nobis petitio continebat, ea prerogativa usa sit hactenus libertatis, ut episco-

---

c) *Migne:* Watinho.   d) *Migne:* Jorph.

9) Attenborough, Nottinghamshire. Vgl. *ebd.* 142f.

10) Cotgrave, Nottinghamshire. Vgl. *ebd.* 233.

11) Chilwell, Nottinghamshire. Vgl. *ebd.* 142.

12) Watnall, Nottinghamshire. Vgl. *ebd.* 146.

13) Asply Hall, bei Nottingham. Vgl. *ebd.* 150.

14) Wahrscheinlich Sutton Passeys (abgekommen) bei Wollaton, Nottinghamshire. Vgl. *ebd.* 154.

15) Basford, Stadtteil von Nottingham. Vgl. *ebd.* 138.

16) Thorpe, Nottinghamshire. Vgl. *ebd.* 218.

17) Gonalston, Nottinghamshire. Vgl. *ebd.* 166.

18) Stapleford, Nottinghamshire. Vgl. *ebd.* 151.

19) Lambley, Nottinghamshire. Vgl. *ebd.* 171.

20) Ruddington, Nottinghamshire. Vgl. *ebd.* 248f.

21) Bunny, Nottinghamshire. Vgl. *ebd.* 245.

22) Wilhelm FitzHerbert, EB. von York 1143—1147, 1153/1154. Vgl. Fryde–Greenway–Porter–Roy, *Handbook*, 281.

23) Eine die meisten hier genannten Besitzungen betreffende Urkunde wird vom Prior von Lenton am 17. Juni 1308 vorgelegt. Vgl. Burton, *EEA V: York 1070—1154*, 74, Nr. *92.

182. 1) Wilhelm von Sainte-Mère-Église, B. von London (Suffr. von Canterbury) 1198—1221, gest. 1224. Vgl. Fryde–Greenway–Porter–Roy, *Handbook*, 258; Turner, *Men*, 20—34, bes. 29.

pus, qui pro tempore resedit ibidem, inter comprovincialium episcoporum
conventus in sessionibus, processionibus, responsionibus et suscriptionibus
tamquam dignitate primus obtinere consueverit primum locum, a nobis humiliter postulasti, ut dignitatem huiusmodi eidem dignaremur ecclesie confirmare. Nos autem tuis iustis postulationibus annuentes dignitatem ipsam,
sicut eam eadem ecclesia ex antiqua consuetudine approbata[a] hactenus et
obtenta sine[b] contradictione possedit, tibi et per te ipsi ecclesie auctoritate
apostolica confirmamus et cetera. Decernimus ergo et cetera.

Datum Rome apud sanctum P(etrum), Idibus Decembris.

183.

*Innocenz III. trägt dem Archipresbyter von Autun, dem Prior (Guido ?) von
Saint-Symphorien in Autun und dem Magister R. von Denceuoi, Kanoniker von
(Saint-Étienne? in) Dijon, auf, im Prozeß zwischen den Abteien Clairvaux und
Saint-Benigne in Dijon um das Gut Morins(-sur-Monterie) das von den delegier-
ten Richtern zugunsten von Clairvaux gefällte Urteil nach nochmaliger Untersu-
chung des Falles zu vollstrecken.*

Rom, St. Peter, (1205 Januar erste Hälfte)[1].

Reg. Vat. 5, fol. 187ʳ ⟨Nr. 183⟩.

Bréquigny, Diplomata, II/1 604, Nr. 183 = Migne, PL, 215, 493, Nr. 183; Manrique, Annales,
III 428. — Potth. Reg. 2376.

**.. Archipresbytero Eduensi[2], .. priori sancti Simphoriani, Eduensis diocesis[3],
et magistro R. de Denceuoi, canonico Diuionensi[4], Lingonensis diocesis.**

| **E**x litteris dilectorum filiorum P(etri), monasterii Cellensis[5], et D(rogonis),
sancti Lupi Trecensis[6], abbatum, accepimus, quod, cum eis et venerabili fratri

---

182. [a]) ap(ro)pbata.   [b]) *Fehlt bei Migne.*

183. [1]) Der Brief beginnt mit einem Neuansatz, und die drei folgenden, mit ihm gemeinsam
eingetragenen und ebenfalls an Adressaten in Frankreich gerichteten Briefe VII 184—186
datieren vom 9., 13. und 16. Januar. Er dürfte daher ebenfalls in die erste Hälfte des Januar zu
datieren sein.

[2]) Archipresbyter von Autun.

[3]) Prior von Saint-Symphorien (Ben.-Abtei in Autun). 1195 ist ein Guido bezeugt. Vgl.
Gallia Christiana IV 440.

[4]) Mag. R. von Denceuoi (vielleicht Diancey, Cant. Liernais, Arr. Beaune, Dép. Côte d'Or.
Vgl. Roserot, *Côte d'Or*, 140), wahrscheinlich Kanoniker von Saint-Étienne in Dijon (Augustiner-Chorherrenabtei, Diöz. Langres, ht. Dijon).

[5]) Peter (II.), als Abt von Montier-la-Celle (Ben.-Abtei, Diöz. Troyes, Dép. Aube) bezeugt
1191—1206. Vgl. *Gallia Christiana* XII 545.

[6]) Drogo, als Abt von Saint-Loup (Augustiner-Chorherrenstift in Troyes) bezeugt 1196 bis
1206. Vgl. Lalore, *Cartulaire de Saint-Loup*, 160—194.

nostro .. Trecensi episcopo[7] causam, que inter .. abbatem et monachos Clareuallenses[8] ex una parte et .. abbatem et monachos sancti Benigni Diuionen(sis)[9], Lingonensis diocesis, ex altera super domo de Moreins[10] vertebatur, commiserimus terminandam, ipsi partes debita citatione voca- runt et Clareuallenses miserunt in possessionem causa rei servande pro Diuio- 5 nensium contumacia vel defectu. Postmodum vero nobilem mulierem .. do- minam Suessifont(is)[11], que ex parte Diuionensium intraverat domum ip- sam, denuntiaverunt excommunicationi subiectam, quamdiu in ea domo presumeret commorari. Interim autem ipso episcopo viam sue peregrinatio- nis aggresso[12] Diuionenses — bienio iam elapso — venerunt[a] ad ipsos abba- 10 tes eis querimoniam deponentes, quod Clareuallenses illos super iam dicta domo presumerent molestare, asserentes se probare paratos, quod litteras, quas eis de possessione Clareuallen(ses) destinaverant, recepissent tunc primo, cum preterito biennio essent facte. Proponebant autem Clareuallenses econ- tra se per testes idoneos posse probare, quod abbas Diuionensis eas infra duos 15 menses, ex quo facte fuerant, propriis manibus recepisset et prior etiam domus ipsius. Cumque Diuionenses, quoquomodo rei veritas se haberet, suf- ficientem, quod starent iuri, cautionem offerrent, idem abbates, cum episco- pus absens esset, cui erat specialiter causa commissa, utpote qui cum illorum altero poterat in causa procedere et ipsi non poterant sine ipso, se super hoc 20 deinceps intromittere noluerunt. Quocirca discretioni vestre per apostolica scripta mandamus, quatinus predictam sententiam, sicut est iusta, faciatis inviolabiliter observari et inquisita de premissis diligentius veritate, si pre- dictos Diuionenses vobis constiterit adeo contumaces[b], ut etiam[c] infra an- num nullam obtulerint cautionem, Clareuallenses constituatis auctoritate 25 apostolica possessores adversariis super iure proprietatis defensione legitima reservata. Nullis litteris veritati et cetera. Quod si non omnes et cetera, duo vestrum [et cetera].

    Datum Rome apud sanctum Petrum[d].

---

183. [a] *Das erste* -n- *korr. aus* -u-.   [b] cotumaces.   [c] *Über der Zeile nachgetragen.*   [d] *Migne* 30 *fügt hinzu:* anno septimo.

    [7]) S. Br. VII 152 Anm. 28.

    [8]) Guido, Abt von Clairvaux (Zist.-Abtei, Diöz. Langres, ht. Troyes, Dép. Aube) 1193 bis 1213; gest. 1214. Vgl. *Dict. HGE* 12 (1953) 1053f.

    [9]) Nivard von Sombernon, Abt von Saint-Benigne in Dijon (Ben.-Abtei, Diöz. Langres, ht. 35 Dijon, Dép. Côte d'Or) 1204—1205, gest. 1213. Vgl. Annales S. Benigni Divionensis (*MGH SS* V 47 Z. 27—31); ROUSSEL, *Langres*, III 85; SCHWENNICKE, *Stammtafeln*, XV, T. 60A; SCHAMPER, *S. Benigne*, 193.

    [10]) Morins-sur-Monterie, Comm. Monterie, Cant. Juzennecourt, Arr. Chaumont, Dép. Hau- te-Marne; vgl. ROSEROT, *Haute-Marne*, 115. Morins wird 1207 Grangie von Clairvaux; vgl. 40 PRÉVOST, *Clairvaux*, 13f. Zur Auseinandersetzung zwischen Saint-Benigne und Clairvaux um Morins unter Papst Alexander III. vgl. PRÉVOST, *Clairvaux*, 33, Nr. 146, und Annales S. Benigni Divionensis (*MGH SS* V 45 Z. 35—43).

    [11]) Sexfontaine, Cant. Juzennecourt, Arr. Chaumont, Dép. Haute-Marne. Vgl. ROSEROT, *Haute-Marne*, 165f. Zur Familie vgl. SCHWENNICKE, *Stammtafeln*, XV, T. 100.   45

    [12]) B. Garnerius nimmt am 4. Kreuzzug teil. Vgl. Br. VII 152 S. 258 Z. 1.

184.

Innocenz III. nimmt die Abtei Saint-Vincent in Le Mans in den päpstlichen Schutz und bestätigt ihre namentlich genannten Besitzungen.

Rom, St. Peter, 1205 Januar 9.

5   *Reg. Vat. 5, fol. 187ʳ—188ʳ ⟨Nr. 184⟩.*
       Bréquigny, Diplomata, II/1 605, Nr. 184 = Migne, PL, 215, 494, Nr. 184 (irrig 180). — Potth. Reg. 2370.

W(illelmo)ᵃ⁾, abbati monasterii sancti Vincentii Cenomanensis¹⁾, eiusqueᵇ⁾ fratribus tam presentibus quam futuris regularem vitam professis in
10   **perpetuumᵇ⁾.**

Religiosam vitam eligentibusᶜ⁾ et cetera usque mancipati estis obsequio, ad exemplar felicis recordationisᵈ⁾ Eugeniiᵉ⁾ pape, predecessoris nostri²⁾, sub beati P(etri) et nostra protectione suscipimus et presentis scripti privilegio communimus; statuentes, ut quascumque possessiones, quecumque bona
15   idem monasterium et cetera usque vocabulis exprimenda: ecclesiam de Contiliaco³⁾; * ecclesiam sancti Lenogisili⁴⁾ cum capella sancti Ioh(ann)is Leprosorum et capella sancti Martini de Fossart⁵⁾; ecclesiam de Sagonia⁶⁾ cum capella sancti Karilephi⁷⁾; ecclesiam de Curgaamᶠ,⁸⁾; ecclesiam de Noento⁹⁾; ecclesiam de Doscella¹⁰⁾; ecclesiam sancti Cornelii de Balniolo¹¹⁾; ecclesiam

* fol. 187ᵛ

20   ᵃ⁾ *Fehlt bei Migne.*   ᵇ—ᵇ⁾ *Fehlt bei Migne. Adresse am Rande vorgemerkt.*   ᶜ⁾ *Migne fügt hinzu:* apostolicum convenit adesse praesidium.   ᵈ⁾ *Darnach eine Rasur von einem Buchstaben.*   ᵉ⁾ *In verlängerter Schrift.*   ᶠ⁾ *Migne:* Curgaa.

       ¹⁾ Wilhelm (IV.), als Abt von Saint-Vincent in Le Mans (Ben.-Abtei, Dép. Sarthe) bezeugt 1200—1220/1221. Vgl. *Gallia Christiana* XIV 461f.
25   ²⁾ Papst Eugen III. am 10. April 1153: *JL* 9715; Dr.: Ramackers, *PU in Frankreich*, V 164, Nr. 82.
       ³⁾ Contilly, Cant., Arr. Mamers, Dép. Sarthe. Vgl. Vallée–Latouche, *Sarthe*, 265; Charles–Menjot d'Elbenne, *Cartulaire*, XIXf., 36 (Index).
       ⁴⁾ Saint-Longis, Cant. Mamers. Vgl. Vallée–Latouche, *Sarthe*, 840f.; Beaunier–Besse,
30   *Recueil*, VIII 186, Anm. 5; Charles–Menjot d'Elbenne, *Cartulaire*, LIV—LVI.
       ⁵⁾ Vielleicht Saint-Martin in Saint-Longis. Vgl. *ebd.* LVI, 121 (Index).
       ⁶⁾ Saosnes, Cant. Mamers. Vgl. Vallée–Latouche, *Sarthe*, 857f.; Charles–Menjot d'Elbenne, *Cartulaire*, LXf.
       ⁷⁾ Vielleicht Saint-Calez-en-Saosnois, Cant. Mamers. Vgl. Vallée–Latouche, *Sarthe*, 823;
35   Charles–Menjot d'Elbenne, *Cartulaire*, 120 (Index).
       ⁸⁾ Courgains, Cant. Marolles-les-Brault, Arr. Mamers. Vgl. Beaunier–Besse, *Recueil*, VIII 173, Anm. 3; Charles–Menjot d'Elbenne, *Cartulaire*, XXIIIf.
       ⁹⁾ Nouans, Cant. Marolles-les-Brault. Vgl. Beaunier–Besse, *Recueil*, VIII 181, Anm. 11; Charles–Menjot d'Elbenne, *Cartulaire*, XLIIIf.
40   ¹⁰⁾ Doucelles, Cant. Beaumont-sur-Sarthe, Arr. Mamers. Vgl. Vallée–Latouche, *Sarthe*, 329; Charles–Menjot d'Elbenne, *Cartulaire*, XXVI, 41 (Index).
       ¹¹⁾ Saint-Corneille-de-Bagnole (de-Bignolas), Cant. Montfort, Arr. Le Mans, Dép. Sarthe. Vgl. Longnon, *Pouillés Tours*, 530; Charles–Menjot d'Elbenne, *Cartulaire*, LIIf., 19 (Index).

sancti Petri de Tufeio[12]; capellam sancti Hilarii prope Tufeium[13]; ecclesiam sancti Petri de Soldaio[14]; ecclesiam de Tricione[15]; ecclesiam sancti Vincentii de Laboratorio[16]; ecclesiam de Sartiaco[17]; capellam sancti Geruasii de Belino[18] et in hiis omnibus sinodalia et circadalia; ecclesiam de Curcismonte[g, 19]; ecclesiam de Maceriis[20]; ecclesiam sancti Petri de Laboratorio[21] et in hiis   5 tribus medietatem sinodalium et circadalium; capellam sancte Marie de abbatia[22]; capellam sancti Flocelli[23]; capellam de Campaniaco[24]; ecclesiam de Coneraio[25] cum duabus partibus oblationum altaris in quinque sollempnitatibus et duabus partibus primitiarum totius anni; ecclesiam de Cels[26]; ecclesiam sancte Marie de Curte dominica[27]; ecclesiam sancte Marie de Villana 10 iuxta Luceium[28]; capellam sancti Petri de Valenceliis[29]; ecclesiam de

---

g) *Migne:* Crucis Monte.

12) Tuffé, Arr. Mamers. Vgl. VALLÉE–LATOUCHE, *Sarthe*, 914; CHARLES–MENJOT D'ELBENNE, *Cartulaire*, LXIX—LXXIII.

13) Saint-Hilaire-le-Lierru, Cant. Tuffé. Vgl. VALLÉE–LATOUCHE, *Sarthe*, 835; CHARLES–MEN- 15 JOT D'ELBENNE, *Cartulaire*, LIV, 119 (Index).

14) Souday, Cant. Mondoubleau, Arr. Vendôme, Dép. Loire-et-Cher. Vgl. BEAUNIER–BESSE, *Recueil*, VIII 188, Anm. 5; CHARLES–MENJOT D'ELBENNE, *Cartulaire*, LXVIf., 125 (Index).

15) Tresson, Cant. Bouloire, Arr. Saint-Calais, Dép. Sarthe. Vgl. BEAUNIER–BESSE, *Recueil*, VIII 189, Anm. 7; VALLÉE–LATOUCHE, *Sarthe*, 908; CHARLES–MENJOT D'ELBENNE, *Cartulaire*, 20 LXVIIIf., 130 (Index).

16) Saint-Vincent-du-Lorouer, Cant. Le Grand Lucé, Arr. Saint-Calais. Vgl. PIOLIN, *Église du Mans*, III 151; BEAUNIER–BESSE, *Recueil*, VIII 187, Anm. 9; CHARLES–MENJOT D'ELBENNE, *Cartulaire*, LIXf., 122 (Index).

17) Sarcé, Cant. Mayet, Arr. La Flèche, Dép. Sarthe. Vgl. BEAUNIER–BESSE, *Recueil*, VIII 25 187, Anm. 10; VALLÉE–LATOUCHE, *Sarthe*, 858f.; CHARLES–MENJOT D'ELBENNE, *Cartulaire*, LXI, 122 (Index).

18) Saint-Gervais-en-Belin, Cant. Ecommoy, Arr. Le Mans, Dép. Sarthe. Vgl. BEAUNIER–BESSE, *Recueil*, VIII 185, Anm. 11; CHARLES–MENJOT D'ELBENNE, *Cartulaire*, LIII, 119 (Index).

19) Courcemont, Cant. Ballon, Arr. Le Mans. Vgl. *ebd.* XXf., 38 (Index).   30

20) Mézières-sous-Ballon, Cant. Marolles-les-Brault, Arr. Mamers. Vgl. BEAUNIER–BESSE, *Recueil*, VIII 180, Anm. 5; VALLÉE–LATOUCHE, *Sarthe*, 850f.; CHARLES–MENJOT D'ELBENNE, *Cartulaire*, XXXVIf., 81 (Index).

21) Saint-Pierre-du-Lorouer, Cant. Le Grand Lucé, Arr. Saint-Calais. Vgl. VALLÉE–LATOUCHE, *Sarthe*, 850f.; CHARLES–MENJOT D'ELBENNE, *Cartulaire*, 77 (Index).   35

22) Wahrscheinlich die dem Kloster benachbarte Pfarrkirche. Vgl. *ebd.* 60, Nr. 83, Anm. 3.

23) Kapelle Saint-Flaceau in Le Mans. Vgl. PIOLIN, *Église du Mans*, III 375; CHARLES–MENJOT D'ELBENNE, *Cartulaire*, XXXIIf., 119 (Index).

24) Champagné, Cant. Montfort-le-Rotrou, Arr. Le Mans. Vgl. VALLÉE–LATOUCHE, *Sarthe*, 28, 188; CHARLES–MENJOT D'ELBENNE, *Cartulaire*, XVIIf., 28 (Index).   40

25) Connerré, Cant. Montfort-le-Rotrou. Vgl. BEAUNIER–BESSE, *Recueil*, VIII 172, Anm. 5; CHARLES–MENJOT D'ELBENNE, *Cartulaire*, XIX, 36 (Index).

26) Sceaux-sur-Huisne, Cant. Tuffé, Arr. Mamers. Vgl. BEAUNIER–BESSE, *Recueil*, VIII 188, Anm. 3; VALLÉE–LATOUCHE, *Sarthe*, 864; CHARLES–MENJOT D'ELBENNE, *Cartulaire*, LXIVf., 31 (Index).   45

27) Courdemanche, Cant. Le Grand Lucé, Arr. Saint-Calais. Vgl. LONGNON, *Pouillés Tours*, 438; CHARLES–MENJOT D'ELBENNE, *Cartulaire*, XXIf., 38f. (Index).

28) Villaines-sur-Lucé, Cant. Le Grand Lucé. Vgl. LONGNON, *Pouillés Tours*, 589; CHARLES–MENJOT D'ELBENNE, *Cartulaire*, LXXIIIf., 118, 134f. (Index).

29) Saint-Pierre de Varencières, Comm., Cant. Le Grand Lucé. Vgl. VALLÉE–LATOUCHE, 50 *Sarthe*, 928; CHARLES–MENJOT D'ELBENNE, *Cartulaire*, XXIXf., 122 (Index).

Toreio[30]); ecclesiam de Flaeio[h)] prope castrum Ligeris[31]); capellam sancti Petri[32]), ecclesiam sancti Germani[33]), ecclesiam sancte Marie de Nouiomo[34]); ecclesiam de Colungiaco[i, 35)] cum duabus partibus oblationum altaris in quinque festivitatibus[k)] et[l)] cum duabus partibus primitiarum totius anni; ecclesiam de
5 Pilimilio[36]) cum tertia parte decime de Chenseles[37]); medietatem decime et primitiarum de Malmissestere; ecclesiam sancti Maximi de Mosteriolo[m, 38)] cum capella de Paleis[39]); ecclesiam sancti Victuri de Basogeriis[40]) cum capella sancte Marie[41]); ecclesiam de Altanoisia[42]) cum duabus partibus oblationum altaris in septem sollempnitatibus et cum duabus partibus primitiarum totius anni; ecclesiam de Nuiliaco[43]); ecclesiam de Ham[44]) cum duabus partibus oblationum altaris in sex sollempnitatibus et cum duabus partibus decime et primitiarum totius anni; ecclesiam de Meuldin[45]); ecclesiam sancti Patricii[46]);

---

h) -a- *über der Zeile nachgetragen; am Rande eine Rasur. Migne:* Flacio.   i) *Über* -u- *Kürzungsstrich durchgestrichen.*   k) *Auf Rasur; anstelle des* -b- *nochmals Rasur.*   l) *Das tironische et*
15 *wurde nachträglich eingefügt.*   m) *Migne:* Mosterioto.

30) Thoiré-sur-Dinan, Cant. Château-sur-Loir, Arr. Le Mans. Vgl. Beaunier–Besse, *Recueil*, VIII 189, Anm. 1; Charles–Menjot d'Elbenne, *Cartulaire*, LXVIII, 129 (Index).

31) Flée, Cant. Château-sur-Loir. Vgl. Vallée–Latouche, *Sarthe*, 366; Charles–Menjot d'Elbenne, *Cartulaire*, XXVI, 48 (Index).

20 32) Saint-Pierre in Noyen-sur-Sarthe, Cant. Malicorne, Arr. La Flèche. Zu dieser und den beiden folgenden Kirchen von Noyen vgl. Charles–Menjot d'Elbenne, *Cartulaire*, XLIV bis XLVI.

33) Saint-Germain, Pfarre in Noyen-sur-Sarthe. Vgl. Vallée–Latouche, *Sarthe*, 658.

34) Noyen-sur-Sarthe. Vgl. *ebd.* 658.

25 35) Coulongé, Cant. Mayet, Arr. La Flèche. Vgl. *ebd.* 281; Charles–Menjot d'Elbenne, *Cartulaire*, XX, 35 (Index).

36) Pirmil, Cant. Brulon, Arr. La Flèche. Vgl. Beaunier–Besse, *Recueil*, VIII 182, Anm. 9; Charles–Menjot d'Elbenne, *Cartulaire*, XLIXf., 101 (Index).

37) Vielleicht Le Chesnay, Cant. Ballon, Arr. Le Mans, Dép. Sarthe. Vgl. Charles–Menjot
30 d'Elbenne, *Cartulaire*, 33 (Index).

38) Montreuil-en-Champagne, Comm. Joué-en-Charnie, Cant. Loué, Arr. Le Mans. Vgl. Beaunier–Besse, *Recueil*, 175, Anm. 6; Charles–Menjot d'Elbenne, *Cartulaire*, XL—XLII, 92f. (Index).

39) Palais, Comm. Joué-en-Charnie. Vgl. Beaunier–Besse, *Recueil*, 175, Anm. 6; Charles–
35 Menjot d'Elbenne, *Cartulaire*, XLf., 99 (Index).

40) Bazougers, Cant. Meslay, Arr. Laval, Dép. Mayenne. Vgl. Beaunier–Besse, *Recueil*, VIII 169, Anm. 3; Angot, *Mayenne*, I 184—186; Charles–Menjot d'Elbenne, *Cartulaire*, XVI, 20 (Index).

41) Kapelle Notre-Dame bei Bazougers. Vgl. Angot, *Mayenne*, I 185.

40 42) Chapelle-Athenaise, Cant. Argentré, Arr. Laval. Vgl. Longnon, *Pouillés Tours*, 429; Maître, *Mayenne*, 70; Charles–Menjot d'Elbenne, *Cartulaire*, XIV, 14 (Index).

43) Nuillé-sur-Vicoin, Cant. Laval-Est, Arr. Laval. Vgl. Longnon, *Pouillés Tours*, 499; Maître, *Mayenne*, 237; Charles–Menjot d'Elbenne, *Cartulaire*, XLVIf., 95 (Index).

44) Le Ham, Cant. Horps, Arr., Dép. Mayenne. Vgl. Longnon, *Pouillés Tours*, 459; Maître,
45 *Mayenne*, 165; Charles–Menjot d'Elbenne, *Cartulaire*, XXVII, 62 (Index).

45) Méhoudin, Cant. La Ferté-Macé, Arr. Alençon, Dép. Orne. Vgl. Longnon, *Pouillés Tours*, 486.

46) Saint-Patrice-du-Désert, Cant. Carrouges, Arr. Alençon, Dép. Orne. Vgl. *ebd.* 542; Charles–Menjot d'Elbenne, *Cartulaire*, LVIII, 121 (Index).

ecclesiam sancti Karilephi de Curia Dode[47]; ecclesiam sancti Leonardi[48]; ecclesiam sancte Marie de Ace[49]; ecclesiam de Piace[50]; ecclesiam de Iulia-co[51]; ecclesiam de sancto Marcello[52]; capellam sancti Domnoli iuxta Segrei-um[53]; ecclesiam sancte Marie de Ceueneio[54]; capellam sancti Audoeni[n] de Ponte Baladonis[55]; iuxta[o] pontem Baladonis terras, prata et aquam ad 5 piscandum usque ad medium amnis, quanta est longitudo earundem ter-rarum et pratorum, que de iure suo dedit ecclesie vestre Odo de Aleriis pro centum solidis Cenoman(ensis) monete[56], et decimam partis predicti Odonis de moltura molendini de Cace[p, 57] et ibidem cimiterium; ecclesiam sancti Martini de Dongolio[58] cum capella de Magneniis[59]; ecclesiam sancte Marie de 10 Mairoliis[60]; ecclesiam de Auenis[61]; ecclesiam sancti Martini de Bellifagio[62]; capellam sancte Trinitatis de Nouemfontibus[63] cum duabus partibus decime ac primitiarum de terra et animalibus vestris; ecclesiam de Sabla[64]; capellam

---

[n]) *Migne:* Andoeni.   [o]) i- *ist ein Großbuchstabe und korr. aus einem Minuskel-*i-.   [p]) *Migne:* Cuce. 15

[47]) Saint-Calais-du-Désert, Cant. Couptrain, Arr. Mayenne. Vgl. BEAUNIER–BESSE, *Recueil*, VIII 185, Anm. 1; CHARLES–MENJOT D'ELBENNE, *Cartulaire*, LII, 38, 120 (Index).

[48]) Saint-Léonard-des-Bois, Cant. Fresnay, Arr. Mamers, Dép. Sarthe. Vgl. BEAUNIER–BESSE, *Recueil*, VIII 186, Anm. 4; CHARLES–MENJOT D'ELBENNE, *Cartulaire*, LIV, 120 (Index).

[49]) Assé-le-Boisne, Cant. Fresnay. Vgl. BEAUNIER–BESSE, *Recueil*, VIII 168, Anm. 2; 20 CHARLES–MENJOT D'ELBENNE, *Cartulaire*, XIVf., 118 (Index).

[50]) Piacé, Cant. Beaumont-sur-Sarthe, Arr. Mamers. Vgl. VALLÉE–LATOUCHE, *Sarthe*, 703; CHARLES–MENJOT D'ELBENNE, *Cartulaire*, XLVIIIf., 101 (Index).

[51]) Juillé, Cant. Beaumont-sur-Sarthe. Vgl. VALLÉE–LATOUCHE, *Sarthe*, 517; CHARLES–MEN-JOT D'ELBENNE, *Cartulaire*, XXVIIIf., 76 (Index). 25

[52]) Saint-Marceau, Cant. Beaumont-sur-Sarthe. Vgl. VALLÉE–LATOUCHE, *Sarthe*, 841; CHARLES–MENJOT D'ELBENNE, *Cartulaire*, LVII, 120 (Index).

[53]) Saint-Eloi, Comm. Vernie, Cant. Beaumont-sur-Sarthe. Vgl. VALLÉE–LATOUCHE, *Sarthe*, 829.

[54]) Chevaigné, Comm. Saint-Jean-d'Assé, Cant. Ballon, Arr. Le Mans. Vgl. VALLÉE–LATOU- 30 CHE, *Sarthe*, 237; CHARLES–MENJOT D'ELBENNE, *Cartulaire*, XVIII, 31, 33 (Index).

[55]) Saint-Ouen-sous-Ballon, Cant. Ballon. Vgl. VALLÉE–LATOUCHE, *Sarthe*, 847; CHARLES–MENJOT D'ELBENNE, *Cartulaire*, LVIIf., 118 (Index).

[56]) Die in Le Mans geschlagene, hochwertige Münze. Vgl. DIEUDONNÉ, *Monnaies*, 289f.

[57]) Chassé, Comm. Ballon. Vgl. VALLÉE–LATOUCHE, *Sarthe*, 211. 35

[58]) Saint-Martin in Dangeul, Cant. Marolles-les-Brault, Arr. Mamers. Vgl. *ebd.* 318; CHARLES–MENJOT D'ELBENNE, *Cartulaire*, XXVf., 41 (Index).

[59]) Maignane, Comm. Dangeul. Vgl. VALLÉE–LATOUCHE, *Sarthe*, 551; CHARLES–MENJOT D'ELBENNE, *Cartulaire*, 418, Nr. 736, Anm. 3, und 81 (Index).

[60]) Marollettes, Cant. Mamers. Vgl. VALLÉE–LATOUCHE, *Sarthe*, 583; CHARLES–MENJOT 40 D'ELBENNE, *Cartulaire*, XXXVf., 82 (Index).

[61]) Avesnes, Cant. Marolles-les-Brault. Vgl. BEAUNIER–BESSE, *Recueil*, VIII 168, Anm. 7; CHARLES–MENJOT D'ELBENNE, *Cartulaire*, XV, 18 (Index).

[62]) Beaufay, Cant. Ballon. Vgl. VALLÉE–LATOUCHE, *Sarthe*, 50; CHARLES–MENJOT D'ELBENNE, *Cartulaire*, XVIf., 21 (Index). 45

[63]) Vielleicht Neufontaines, Comm. Thoiré-sous-Contensor, Cant. Saint-Paterne, Arr. Ma-mers. Vgl. VALLÉE–LATOUCHE, *Sarthe*, 648; CHARLES–MENJOT D'ELBENNE, *Cartulaire*, 365, Nr. 630, Anm. 5.

[64]) Sables, Cant. Bonnétable, Arr. Mamers. Vgl. VALLÉE–LATOUCHE, *Sarthe*, 815.

sancti Remigii prope Tufeium[65] cum duabus partibus oblationum in quinque
festivitatibus et primitiarum totius anni; ecclesiam sancte Marie de Marcilia-
co[q, 66]; ecclesiam de Reneio[67]; ecclesiam de Toreio super Blane[68]; ecclesiam
sancte Marie de Paruencheriis[69]; capellam sancti Georgii de Castello[70];
5 capellam de Vizaio[71]; capellam de Erableio[r, 72] cum decimis et omnibus
pertinentiis suis; prebendam, quam habetis in ecclesia sancti Iuliani
Cenoman(ensis)[73]; ecclesiam sancte Marie de Berchiuini[s, 74] et ecclesiam
sanctorum martirum Vincentii et Laurentii de Landa Patric[t] cum earum
pertinentiis; ius, quod habetis in ecclesia de Geure[75]; ius, quod habetis in
10 ecclesia de Monte Betonis[u, 76]; ius, quod habetis in ecclesia sancti Rigomeri
de Soliniaco[77]; in[v] ecclesia sancti Iuliani de Tanet sextam partem decime; in
ecclesia sancti Martini de Soliniaco prope Baladon(em)[78] sextam partem
oblationum altaris in IIII[or] festivitatibus; in eadem parrochia decimam
Hug(onis) de Curtahen[79]; decimam Gauterii de Valle[80] et decimam Pagani
15 de Soliniaco[81] atque decimam Haimonis iuxta montem Dublelli[82]; decimam

---

q) *Migne:* Morciliaco.   r) *Migne:* Grableio.   s) *Migne:* Berthivini.   t) *Migne:* patriae.
u) *Migne:* Bretonis.   v) i- *ist ein Großbuchstabe und korr. aus einem Minuskel-i-.*

65) La Chapelle-Saint-Rémy, Cant. Tuffé, Arr. Mamers. Vgl. *ebd.* 205; CHARLES–MENJOT
D'ELBENNE, *Cartulaire*, XVIII, 122 (Index).

20   66) Marcilly, Comm. Igé, Cant. Bellême, Arr. Montagne-au-Perche, Dép. Orne. Vgl. *ebd.*
XXXV, 83 (Index).

67) René, Cant. Marolles-les-Brault, Arr. Mamers. Vgl. VALLÉE–LATOUCHE, *Sarthe*, 776f.;
oder Réveillon, Comm. Courcemont, Cant. Ballon. Vgl. CHARLES–MENJOT D'ELBENNE, *Cartulaire*,
LI, 111f. (Index).

25   68) Thoiré-sur-Dinan, Comm., Cant. Sainte-Suzanne, Arr. Laval, Dép. Mayenne. Vgl. *ebd.*
LXVIII, 129 (Index).

69) Pervenchères, Arr. Montagne-au-Perche, Dép. Orne. Vgl. *ebd.* XLVIII, 100 (Index).

70) Vielleicht Château-du-Loir, Arr. Le Mans, Dép. Sarthe. Vgl. *ebd.* XVIII, 30 (Index).

71) Vielleicht Vicé, Vissay, Comm. Courcemont, Cant. Ballon, Arr. Le Mans. Vgl. *ebd.* 134
30 (Index).

72) L'Erablay, Comm., Cant. Pervenchères, Arr. Montagne-au-Perche, Dép. Orne. Vgl. *ebd.*
43 (Index).

73) Saint-Julien, Kathedralkirche von Le Mans.

74) Abergavenny, Gft. Gwent (Wales). Vgl. CHARLES–MENJOT D'ELBENNE, *Cartulaire*,
35 LXXV, 22 (Index).

75) Gesvres, Cant. Villaines-la-Juhel, Arr., Dép. Mayenne. Vgl. ANGOT, *Mayenne*, II 293;
MAÎTRE, *Mayenne*, 147; CHARLES–MENJOT D'ELBENNE, *Cartulaire*, XXVII, 52 (Index).

76) Béthon, Cant. Saint-Paterne, Arr. Mamers. Vgl. VALLÉE–LATOUCHE, *Sarthe*, 76;
CHARLES–MENJOT D'ELBENNE, *Cartulaire*, XVII, 91 (Index).

40   77) Souligné-sous-Vallon, Cant. La Suze, Arr. Le Mans. Vgl. VALLÉE–LATOUCHE, *Sarthe*, 874;
CHARLES–MENJOT D'ELBENNE, *Cartulaire*, LXVIII, 127 (Index).

78) Souligné-sous-Ballon, Cant. Ballon. Vgl. *ebd.* LXVII, 125 (Index).

79) Hugo von Courtoin (Comm. Nouans, Cant. Marolles-les-Brault, Dép. Sarthe), gegen
1080 bezeugt. Vgl. *ebd.* LXVII, 39 (Index).

45   80) Vielleicht Gauterius de Valle, bezeugt 1148/1178. Vgl. *ebd.* 76, Nr. 112.

81) Paganus von Souligné, Mönch in Saint-Vincent, bezeugt gegen 1080. Vgl. *ebd.* LXVII,
99 (Index). Die Schenkung *ebd.* 207, Nr. 346; 452, Nr. 799.

82) Vielleicht aus der Schenkung Mondoubleaus (s. Anm. 92) durch Hamelin von Langeais.
Vgl. *ebd.* XXXIX und 105, Nr. 175.

de Musalaio[w, 83] in parrochia sancte Marie de Nouauill(a)[84]; de terra Garini Morant[85] duas partes decime et primitiarum; de terra Fulconis de Chaneueroliis[86] duas partes decime ac primitiarum; de terra Heruei de sancto Lenogisilo[x, 87] duas partes decime ac primitiarum; de terra Pagani de Nouauill(a)[88] duas partes decime; de terra W(i)ll(el)mi de Tusca[89] medietatem decime et * primitiarum; de terra W(i)ll(el)mi Faucillum duas partes decime et primitiarum; de terra Villane[90] duas partes decime et primitiarum; de terra de[y] Allandreis[z, 91], que est monasterii vestri, decimas omnes et primitias; ecclesiam[aa] sancte Marie de Monte Dublello[92] cum appendiciis suis; in ecclesia sancti Supplicii[bb] de Mosteriolo[93] duas partes decime; in parrochia sancti Martini de Lamanai[94] de terra Raginandi[cc] de Nuisement duas partes decime; in parrochia de Buisseio[95] sextam partem decime ecclesie et quandam vineam iuxta cancellum ecclesie; in eadem parrochia de terra de Roacheria[dd, 96] duas partes decime et primitiarum; in parrochia de Wlureio tertiam partem decime de terra de Piro[97] et decimatorem; in parrochia de Dunel[98] tertiam partem decime de feudo de Dunel; in eadem parrochia de

fol. 188ʳ (margin, line 6)

---

w) *Das zweite -a- korr. aus -d-; Migne:* Musaldio.   x) *Migne:* Denogisilo.   y) *Über der Zeile nachgetragen.*   z) *Migne:* Allendreis.   aa) *Darnach* de, *durch Unterpungierung getilgt.*   bb) *Migne:* Sulpitii.   cc) *Migne:* Reginandi.   dd) *Migne:* Roucheria.

83) Vielleicht Teil von Neuville-sur-Sarthe, Arr. Le Mans. Vgl. *ebd.* 474, Nr. 840, Anm. 5, und 93 (Index).

84) Neuville-sur-Sarthe, Arr. Le Mans. Vgl. VALLÉE–LATOUCHE, *Sarthe*, 649; CHARLES–MENJOT D'ELBENNE, *Cartulaire*, 95 (Index).

85) Vielleicht Warinus Morellus, bezeugt gegen 1100, dessen Schenkung bei Saint-Longis (s. Anm. 87) zu lokalisieren ist. Vgl. *ebd.* LVI, und 357, Nr. 620.

86) Chenevrolles (Comm. Neuville-sur-Sarthe). Vgl. *ebd.* 33 (Index).

87) Herveus von Saint-Longis (Cant. Mamers). Mindestens zwei Personen dieses Namens sind bezeugt. Vgl. *ebd.* 120 (Index).

88) Neuville(-sur-Sarthe). S. Anm. 84.

89) Wilhelm von La Touche (Comm. Neuville-sur-Sarthe; oder Touche-des-Planches, Comm. La Guerche, Cant. Ballon), bezeugt um 1100. Vgl. *ebd.* XLIII, 131 (Index).

90) Villaines-sous-Lucé, Cant. Le Grand Lucé. Vgl. VALLÉE–LATOUCHE, *Sarthe*, 955; CHARLES–MENJOT D'ELBENNE, *Cartulaire*, LXXIIIf., 134 (Index).

91) Aillandres, Comm. Neuville-sur-Sarthe. Vgl. VALLÉE–LATOUCHE, *Sarthe*, 3f.; CHARLES–MENJOT D'ELBENNE, *Cartulaire*, 14 (Index).

92) Mondoubleau, Arr. Vendôme, Dép. Loir-et-Cher. Vgl. *ebd.* XXXIXf., 90f. (Index).

93) Montreuil-le-Chétif, Cant. Fresnay, Arr. Mamers. Vgl. VALLÉE–LATOUCHE, *Sarthe*, 624; oder Montreuil-le-Henri, Cant. Le Grand Lucé, Arr. Saint-Calais. Vgl. CHARLES–MENJOT D'ELBENNE, *Cartulaire*, 93 (Index).

94) Lamnay, Cant. Montmirail, Arr. Mamers. Vgl. VALLÉE–LATOUCHE, *Sarthe*, 521; CHARLES–MENJOT D'ELBENNE, *Cartulaire*, XXIX, 77 (Index).

95) Boessé-le-Sec, Cant. Tuffé, Arr. Mamers, Dép. Sarthe. Vgl. VALLÉE–LATOUCHE, *Sarthe*, 521.

96) La Rongère, Comm. Courcemont, Cant. Ballon. Vgl. *ebd.* 797; CHARLES–MENJOT D'ELBENNE, *Cartulaire*, 116 (Index).

97) Vielleicht Les Poiriers, Comm. Bazougers, Cant. Meslay, Arr. Laval, Dép. Mayenne. Vgl. *ebd.* 102 (Index).

98) Duneau, Cant. Tuffé, Arr. Mamers. Vgl. VALLÉE–LATOUCHE, *Sarthe*, 333.

terra Hub(er)ti Espechel[99], que dicitur Landas, duas partes decime et primitiarum; in ecclesia de Madre[100] nonam partem decime; in ecclesia de Quinta[101] tertiam partem oblationum in quinque sollempnitatibus et primitiarum
totius anni et decime cum iure, quod habetis in cimiterio, quandam plateam
5 eidem ecclesie iunctam; in ecclesia de Attanay duas partes oblationum in
tribus sollempnitatibus et primitiarum et cimiterium[ee] libere et oscham
Fredeb(er)ti[ff, 102]; in parrochia sancti Aniani[103] duas partes decime de terra
Pagani de Tiron[104] et de una parte terre Albini; decimam pasture porcorum
in foresta Pagani de Monte Dublelli, que dicitur Tiron[105]. Preterea necessita-
10 ti vestre in posterum providere volentes, apostolica auctoritate statuimus, ut
nec vobis nec successoribus vestris aliquando liceat obedientiam de Campaniaco[106] aut alias possessiones ecclesie vestre donare, vendere aut quomodolibet ab ipsa ecclesia alienare.

Decernimus ergo, ut nulli et cetera usque profutura; salva sedis apostolice
15 auctoritate et diocesanorum episcoporum canonica iustitia. Si qua igitur et[gg]
cetera[gg]. Cunctis autem et[gg] cetera[gg].

Datum Rome apud sanctum Petrum per manum Ioh(ann)is, sancte
Marie[hh] in Vialata diaconi cardinalis[107], V Idus Ianuarii, indictione VIII[a],
incarnationis Dominice anno M°CC°IIII°, pontificatus vero domni Inno-
20 centii[ii] pape III anno septimo.

---

ee) cimit(er)iu(er).   ff) *Über dem zweiten -e- vielleicht ein Kürzungsstrich ausradiert.*
gg—gg) *Migne ergänzt die gesamte Formel.*   hh) Ma- *auf Rasur.*   ii) *In verlängerter Schrift.*

99) Mehrfach bezeugt in der zweiten Hälfte des 11. Jahrhunderts. Vgl. CHARLES–MENJOT
D'ELBENNE, *Cartulaire*, 45 (Index).
25   100) Madré, Cant. Couptrain, Arr., Dép. Mayenne. Vgl. ANGOT, *Mayenne*, II 746.
101) La Quinte, Cant. Conlie, Arr. Le Mans. Vgl. VALLÉE–LATOUCHE, *Sarthe*, 765; CHARLES–
MENJOT D'ELBENNE, *Cartulaire*, 107 (Index).
102) Athenay, Comm. Chemiré-le-Gaudin, Cant. La Suze-sur-Sarthe, Arr. Le Mans. Vgl.
VALLÉE–LATOUCHE, *Sarthe*, 22f.; CHARLES–MENJOT D'ELBENNE, *Cartulaire*, 18 (Index). Vgl. die
30 Schenkung gemeinsam mit der „olca(m) ... Frederberti" *ebd.* 278, Nr. 482. Zu den Wortformen
„olca", „oscha" vgl. DU CANGE, *Glossarium*, VI 40f.
103) Saint-Aignan, Cant. Marolles-les-Brault, Arr. Mamers. Vgl. VALLÉE–LATOUCHE, *Sarthe*,
818f.; CHARLES–MENJOT D'ELBENNE, *Cartulaire*, 118 (Index).
104) Unter dem Namen Paganus von Tiron (Comm. Courcemont, Cant. Ballon) sind im 11.
35 und 12. Jahrhundert mehrere Personen bezeugt. Vgl. *ebd.* 129 (Index); VALLÉE–LATOUCHE,
Sarthe, 898.
105) Wald Tyron bei Courcemont. Vgl. CHARLES–MENJOT D'ELBENNE, *Cartulaire*, 389,
Nr. 676, Anm. 2. Die Schenkung durch (Hildebertus) Paganus von Mondoubleau vom Ende des
11. Jahrhunderts *ebd.* 389, Nr. 676; 411, Nr. 726, vgl. 42, 91 (Index).
40   106) Champagné, s. oben Anm. 24.
107) S. Br. VII 1 Anm. 10.

185.

Innocenz III. bestätigt dem exemten Kloster Cluny Besitz, Rechte und Freiheiten,
besonders des Klosterbezirkes und der darin befindlichen Kirchen. Dem Abt
verleiht er liturgische Ehrenvorrechte und bestätigt ihm die bleibende Unterstel-
lung der Priorate und Zellen, das Patronatsrecht in den dem Kloster gehörigen 5
Kirchen und das Recht der Abteinsetzung in genannten, Cluny gehörigen Klö-
stern. Ferner gewährt er das Recht, in Laienhand befindliche Zehente zurückzu-
erwerben, Münzen zu prägen, beschränkte Freiheit vom allgemeinen Interdikt
sowie allen Mönchen des cluniazensischen Klosterverbandes Freiheit von nicht
durch den Papst oder päpstliche Legaten verhängten Kirchenstrafen. 10

Rom, St. Peter, 1205 Januar 13.

Reg. Vat. 5, fol. 188ʳ—189ʳ ⟨Nr. 185⟩.
Empfängerüberlieferung: Abschrift (14. Jh.) des Originals Paris, Cod. BN lat. 5458 fol. 42ʳ—45ʳ.
Dr.: Bibliotheca Cluniacensis 1492—1496; Bullarium Cluniacense 97—99.
Bréquigny, Diplomata II/1 607, Nr. 185 = Migne, PL, 215, 497, Nr. 185. — Potth. Reg. 2371; 15
Wauters, Table chronologique, III 325; Bréquigny, Table chronologique, IV 356; Bernoulli, Acta
pontificum Helvetica, I 26, Nr. 36; Bernard–Bruel, Chartes de Cluny, V 790, Nr. 4414; Chevalier,
Regeste dauphinois, I 9, Nr. 5890; Cheney, Calendar, 598.

Hug(oni), abbati sancti Petri Cluniacensis[1], eiusque[a] fratribus tam presen-
tibus quam futuris regularem vitam professis in perpetuum[a]. 20

Religionis monastice modernis temporibus speculum et in Galliarum partibus documentum, beati Petri Cluniacense monasterium, ab ipso sue funda-
tionis exordio sedi apostolice in ius proprium est oblatum[2]. Proinde predecessores nostri Romani pontifices locum ipsum singularis dilectionis ac libertatis prerogativa donarunt et universa ei pertinentia privilegiorum suorum 25
sanctionibus munierunt. Eapropter, dilecti in Domino filii, vestris iustis
postulationibus clementer annuimus et prefatum Cluniacense[b] monasterium[b], quod specialiter beati Petri iuris existit, sub eiusdem beati Petri et
nostra protectione suscipimus et presentis scripti p(rivilegio) communimus;
in primis siquidem statuentes, ut ordo monasticus, qui secundum Deum et 30
beati Benedicti regulam ac institutionem Cluniacensium fratrum in eodem
loco institutus et cetera usque observetur. Preterea quascumque possessiones

---

185. [a—a] *Fehlt bei Migne. Adresse am Rande vorgemerkt, z. T. weggeschnitten. Am Rande ein Kreuz.*
[b—b] *Durch Zeichen umgestellt aus* monasterium Cluniacense.

185. *Empfängerüberlieferung (kollationiert nach der Abschrift im Cod. BN lat. 5458 [1] und den* 35
Drucken in der Bibliotheca Cluniacensis [2] und im Bullarium Cluniacense [3]):

19: Hug(oni)] Innocentius episcopus, servus servorum Dei, dilectis filiis Hugoni *1, 2, 3.*
19: eiusque] suisque *2.*   24: ac] et *1, 2, 3.*   26: munierunt] muniverunt *2.*   28: existit] extitit *3.*
29: p(rivilegio)] privilegio *3.*   32: et cetera usque] esse dinoscitur, perpetuis ibidem temporibus
inviolabiliter *1, 2, 3.* 40

185. [1] Hugo von Anjou, Abt von Cluny (Diöz. Mâcon, Dép. Saône-et-Loire) 1199—1207. Vgl.
Dict. HGE 13 (1956) 77—79.
[2] Schon 910 durch den Gründer Wilhelm den Frommen, Herzog von Aquitanien und
Grafen von Auvergne. Vgl. zuletzt Rosenwein, *Question.*

et cetera usque vocabulis exprimenda: locum ipsum, in quo prefatum vestrum monasterium situm est, cum omnibus pertinentiis suis; in Burgundia[3]
Karumlocum[4], Marciniac(um)[5], Pared(um)[6], sanctum Marcellum Cabi-
lonen(sis)[7], Virgiac(um)[8], Troald(um)[9] et omnes alios prioratus et cellas,
5 possessiones et iura, que habetis in provincia Lugdunensi[10]; ultra Ararim[c, 11]
Nantuac(um)[12], Ginniac(um)[13], monasterium de Vallibus poliniaci[d, 14],
monasterium de Alta petra[15], Vallemclusam[16]; ultra iugum[e] Romanum
monasterium[17], Pat(er)niacum[18], Insulas[19] et omnes prioratus et cellas,
possessiones et iura, que in illa parte Burgundie sive in Teutonia possidetis;
10 in provincia Viennensi[20] sanctum Victorem Gebennen(sis)[21], Con-
damin(am)[22], Burget(um)[23], Dominam[24], Lauard(um)[25] et omnia loca et
iura, que in ipsa Viennensi provincia possidetis; in Prouincia[26] sanctum

---

c) *Korr. aus* Aararim.   d) *Korr. aus* Polliniaci.   e) *Migne:* vigum.

1: et cetera usque] quecumque bona idem monasterium impresentiarum iuste ac canonice
15 possidet aut in futurum concessione pontificum, largitione regum vel principum, oblatione
fidelium seu aliis iustis modis Deo propitio poterit adipisci, firma vobis vestrisque successoribus
et illibata permaneant; in quibus hec propriis duximus *1, 2, 3.*   3: Karumlocum] Carumlocum *3.*
3: Marciniac(um)] Martiniacum *1.*   4: Virgiac(um)] Virgracum *1,* Vergiacum *3.*   6: Ginniac(um)]
Gigniacum *3.*   6: poliniaci] Poliniacum *2,* supra Poliniacum *3.*   10f.: Condamin(am),
20 Burget(um)] Condaminam, Borgetum *3.*   11: Lauard(um)] Alavardum *3.*   12: ipsa] praesentia
in *2.*

3) Burgund.
4) Charlieu, Diöz. Mâcon, ht. Lyon, Dép. Loire.
5) Marcigny, Diöz. Autun, Dép. Saône-et-Loire.
25 6) Paray-le-Monial, Diöz. Autun, Dép. Saône-et-Loire.
7) Saint-Marcel bei Chalon-sur-Saône, Dép. Saône-et-Loire.
8) Saint-Vivant-sous-Vergy, Diöz. Autun, ht. Dijon, Dép. Côte-d'Or.
9) Trouhaut, Diöz. Langres, ht. Dijon, Dép. Côte-d'Or.
10) Kirchenprovinz Lyon.
30 11) Saône.
12) Nantua, Diöz. Lyon, Dép. Ain.
13) Gigny, Diöz. Lyon, Dép. Jura.
14) Vaux-sur-Poligny, Diöz. Besançon, Dép. Jura.
15) Mouthier-Haute-Pierre, Diöz. Besançon, Dép. Doubs.
35 16) Vaucluse, Diöz. Besançon, Dép. Doubs.
17) Romainmôtier, Diöz. Lausanne, Kanton Vaud.
18) Peterlingen (Payerne), Diöz. Lausanne, Kanton Vaud.
19) Vielleicht die St. Petersinsel (Ile-Saint-Pierre) im Bieler See (Diöz. Lausanne, Kanton
Bern), für welche die Pluralform allerdings ungebräuchlich ist. Vgl. Utz Tremp, *St. Petersinsel,*
40 707.
20) Kirchenprovinz Vienne.
21) Saint-Victor in Genf.
22) Contamines-sur-Arve, Diöz. Genf, ht. Annecy, Dép. Haute-Savoie.
23) Le Bourget(-du-Lac), Diöz. Grenoble, Dép. Savoie.
45 24) Domène, Diöz. Grenoble, Dép. Isère.
25) Saint-Pierre-d'Allevard, Diöz. Grenoble, Dép. Isère.
26) Provence.

Saturninum[27], Tornac(um)[28], Podium de Canagobia[29], extra Montem Pesulanum Cluniset(um)[30] et cetera loca vestra in Prouincia constituta; in Guasconia[31] Karenacum[32], Moriac(um)[f, 33], Sanctum Montem[34] et omnia loca vestra, que in Guasconia possidetis; preterea Siluiniac(um)[g, 35], monasterium Celsimense[36], * sanctum Florum[37], Voltam[38], sanctum Eutropium[39], Mogon(um)[40], Agiam[41], monasterium de Caritate[42] cum omnibus pertinentiis suis, sanctum St(e)ph(anu)m[43], sanctum Saluatorem Niu(er)nen(sis)[44], sanctum Martinum de Campis[45], Longum pontem[46], Gaiam[47], sanctam Margaritam in Campania[48] cum grangiis de Macricuria[49] et de sancta Petronilla et omnibus pertinentiis suis, Crispiac(um)[50], Consiacum[51], Lehunum[52] cum prioratibus sancti Laurentii[53] et sancti Nycholai[54],

* fol. 188ᵛ (margin, line 5)

... line 5
... line 10

---

f) *In der Empfängerüberlieferung folgt* S. Orientium *(Saint-Orens de Lavedan, Diöz. Tarbes, Dép. Hautes-Pyrénées).*   g) *Das erste* -i- *korr. aus* -e-.

1: de Canagobia] et Canagabia *1,* et (de *3*) Ganagobia *2, 3.*   1f.: Pesulanum] Pessulanum *3.* 2: loca vestra] vestra loca *2, 3.*   2f.: Guasconia] Wasconia *1,* Vvascovia *3.*   3: Karenacum] Karenascum *1, 2,* Karennacum *3.*   3: Moriac(um)] Moriac(um), S. Orientientium *1,* Moriacum, sanctum Orientientium *2,* Moyracum, S. Orientium *3.*   4: Guasconia] Vvasconia *3.*   5: Celsimense] Celsiniense *3.*   6: Mogon(um), Agiam] Mogonium, Ajam *3.*   9: Gaiam] Gayam *1.* 9: Macricuria] Maricuria *3.*   11: Nycholai] Nicholai *1,* Nicolai *3.*

27) Saint-Saturnin-du-Pont-sur-le-Rhône, Sernin-du-Port, Pont-Saint-Esprit; Diöz. Uzès, Dép. Gard.
28) Tornac, Diöz. Nîmes, Dép. Gard.
29) Ganagobie, Diöz. Sisteron, ht. Digne, Dép. Basses-Alpes.
30) Clunesel (Clunizet) bei Montpellier.
31) Gascogne.
32) Carennac, Diöz. Cahors, Dép. Lot.
33) Moirax, Diöz. Condom, Dép. Lot-et-Garonne.
34) Saint-Mont, Diöz. Auch, Dép. Gers.
35) Souvigny, Diöz. Clermont, Dép. Allier.
36) Sauxillanges, Diöz. Clermont, Dép. Puy-de-Dôme.
37) Saint-Flour, Dép. Cantal.
38) La Voulte (Lavoûte), Diöz. Clermont, ht. Le Puy, Dép. Haute-Loire.
39) Saint-Étienne-et-Saint-Eutrope in Saintes.
40) Mougon, Diöz. Poitiers, Dép. Deux-Sèvres.
41) Ile-d'Aix, Diöz. Saintes, Dép. Charente-Inférieure.
42) La Charité-sur-Loire, Diöz. Auxerre, Dép. Nièvre.
43) Saint-Étienne in Nevers.
44) Saint-Sauveur in Nevers.
45) Saint-Martin-des-Champs in Paris.
46) Longpont-sous-Monthléry, Diöz. Paris, ht. Versailles, Dép. Seine-et-Oise.
47) Sainte-Marie-de-Gaye, Diöz. Troyes, ht. Châlons, Dép. Marne.
48) Sainte-Marguerite-en-Champagne, Mergey, Diöz. Troyes, Dép. Aube.
49) Vgl. Bernard–Bruel, *Chartes de Cluny,* V 729, Nr. 4373; 730, Nr. 4374.
50) Crépy-en-Valois, Diöz. Senlis, ht. Beauvais, Dép. Oise.
51) Coincy, Diöz. Soissons, Dép. Aisne.
52) Lihons-en-Santerre, Diöz. Amiens, Dép. Somme.
53) Saint-Laurent-au-Bois, Comm. Ribemont, Cant. Corbie, Dép. Somme. Vgl. Longnon, *Pouillés Reims,* II 993.
54) Saint-Nicolas-de-Regny, Comm. Jumel, Cant. Ailly-sur-Noye, Dép. Somme. Vgl. *ebd.* II 997.

quos .. prior Lehun(i)[55] monasterio suo cum eorum pertinentiis noviter acquisivit; sanctam Margaritam in Codun(o)[56], Mondiderium[57], Abbatis uillam[58], sanctum Lupum[59], monasterium sanctorum Cosme et Damiani[60], Froewill(am)[61], Rena(n)gias[h, 62] et quicquid in Bituricensi, Burdegalensi,
5 Senonensi, Remensi, Treuerensi et Rothomagensi provinciis[63] possidetis; monasterium Lewense[i, 64], Lenton(am)[65], Montem acutum[66], Tesford[k, 67], Lebdecumbam[l, 68], Opeford'[m, 69] et Tikesore[70] villas cum omnibus appenditiis earum, sanctam Mariam de Nagera[71], sanctum Zoilum de Carrion(e)[72], Villam francam[73], sanctam Columbam de Burgis[74], Cornelian(am)[75], mona-
10 sterium Pontidense[76], monasterium sancti Maiolis Papien(sis)[77], sancti Gabrielis Cremonen(sis)[78] et monasterium sancti Pauli de Argon'[79], cellam de Bertreis[80] et cellam de Namachia[n, 81] et quicquid in Anglia, Hispania, Lombardia et in Leodiensi diocesi[82] possidetis; in Tuscia iuxta Criptas sanctam

---

h) *Oder* Ren(er)agias, *so auch Migne.*   i) *Migne:* Lowen.   k) *Migne:* Testord.   l) *Migne:*
15 Labdecumbam.   m) *Migne:* Apeford.   n) *Migne:* Namarchia.

1: .. prior] prior *2.*   2: Codun(o)] Elincuria *3.*   4: Froewill(am)] Froeuil *3.*   4: Rena(n)gias] Reneragias *1,* Renangias *2, 3.*   6: Lewense] Leuvense *3.*   6: Tesford] Tesfordum *1,* Teffordum *2, 3.*   8: Zoilum de Carrion(e)] Coilum de Quarrium *1.*   11: Argon'] Argona *3.*
12: Namachia] Namachis *3.*   12: Hispania] Ispania *1.*

20   55) Aconis, Prior von Lihons-en-Santerre; vgl. *Bullarium Sacri Ordinis Cluniacensis* 99 (Br. Innocenz' III. vom 17. Juni 1204).
     56) Élincourt-Sainte-Marguerite, Diöz. Beauvais, Doyenné Coudun, Dép. Oise.
     57) Sainte-Marie-de-Montdidier, Diöz. Amiens, Dép. Somme.
     58) Saint-Pierre-d'Abbeville, Diöz. Amiens, Dép. Somme.
25   59) Saint-Leu-d'Essérent, Diöz. Beauvais, Dép. Oise.
     60) Saint-Côme-du-Mont, Diöz. Coutances, Dép. Manche.
     61) Froville, Diöz. Toul, ht. Nancy, Dép. Meurthe-et-Moselle.
     62) Relanges, Diöz. Toul, Dép. Vosges.
     63) Kirchenprovinzen Bourges, Bordeaux, Sens, Reims, Trier, Rouen.
30   64) Lewes, Diöz. Chichester, Sussex.
     65) Lenton, Diöz. York, Nottinghamshire.
     66) Montacute, Diöz. Bath, Somerset.
     67) Thetford, Diöz. Norwich, Norfolk.
     68) Letcombe Basset, Berkshire. Vgl. CHENEY, *Calendar*, S. 297 (Index).
35   69) Offord Cluny, Cambridgeshire. Vgl. *ebd.*, S. 301 (Index).
     70) Tixover, Leicestershire. Vgl. *ebd.*, S. 305 (Index).
     71) Santa María la Real, Najéra, Diöz. Calahorra, Prov. Logroño.
     72) San Zoilo de Carrión de los Condes, Diöz. Palencia, Prov. León.
     73) Santa Maria de Cluniaca, Villafranca, Diöz. Asturga, Prov. León.
40   74) Santa Coloma in Burgos.
     75) San Salvador de Cornellana, Diöz. Oviedo, Prov. Asturias.
     76) Pontida, Bergamo.
     77) S. Maiolo in Pavia.
     78) S. Gabriele in Cremona.
45   79) S. Paolo d'Argon, Bergamo.
     80) Bertrée, Diöz. u. Prov. Lüttich (Liège), Belgien.
     81) Namêche, Diöz. u. Prov. Lüttich (Liège).
     82) Diözese Lüttich (Liège).

Mariam de Aqua uiua[83]; in civitate Tuscanensi sanctum Ioh(ann)em de Podio[84], sanctum Petrum de Alian(o)[85]; in episcopatu Tusculanensi sanctam Mariam de Pesclo[o, 86] et in Sicilia prioratum de Sacco[87] cum omnibus pertinentiis[p] suis.

Sane laborum vestrorum decimas, pro quibus tam vos quam alios monastice religionis viros inquietare episcopi consuerunt, illorum videlicet, quos dominicaturas[q] appellant, [que][r] vestro sumptu a monasterii et cellarum vestrarum clientibus excoluntur, sine omni episcoporum et episcopalium ministrorum contradictione deinceps habeatis quietius, qui vestra peregrinis fratribus et pauperibus erogatis. Liceat quoque vobis clericos vel laicos liberos[s] et cetera. Prohibemus insuper et cetera. Discedentem vero absque[t] communium litterarum vestrarum cautione nullus audeat retinere. Quod siquis forte et cetera usque promulgare. Ad hec etiam prohibemus, ne aliquis monachus et cetera usque domus vestre utilitatem. Quod si facere forte[u] presumpserit, et cetera usque respondere[v]. Licitum preterea sit vobis in causis propriis et cetera usque deperire. Insuper auctoritate apostolica inhibemus, ne ullus episcopus vel alia quecumque persona ad sinodos vel conventus vos ire compellat nec ad domos vestras et cetera usque convocandi vel missas etiam celebrandi, nisi ab[w] abbate fuerit invitatus, accedat.

Statuimus etiam, ut ecclesie omnes, cimiteria, monachi, clerici et laici universi infra terminos habitantes, qui sunt a rivo de Salnai[88] et ab ecclesia

───────────

°) *Migne:* Peselo.   ᵖ) *Darnach eine kleine Rasur, wohl eines Punktes.*   q) *Das letzte -a- korr. aus -o-.*   ʳ) *Migne:* et.   ˢ) *li- korr. vielleicht aus* u- *und* z. *T. auf Rasur.*   t) *ab- auf Rasur, auch davor eine kleine Rasur.*   ᵘ) *Fehlt bei Migne.*   ᵛ) *Migne:* reddere.   ʷ) *Darnach eine Rasur.*

2: Alian(o)] Altan *1, 2, 3*.   5f.: monastice religionis] religionis monastice *3*.   7: [que] vestro] qui vestro *1, 2, 3*.   8: omni] omnium *3*.   11: et cetera] et absolutos e seculo fugientes ad conversionem recipere et eos absque contradictione aliqua retinere *1, 2, 3*.   11: et cetera] ut nulli fratrum vestrorum post factam in monasterio vestro professionem fas sit absque abbatis sui licentia de Cluniacensi claustro discedere *1, 2, 3*.   13: et cetera usque] retinere presumpserit, licitum sit vobis in ipsos monachos vel conversos regularem sententiam *1, 2, 3*.   14: et cetera usque] sive conversus sub professione vestre domus astrictus sine consensu et licentia abbatis et maioris partis capituli vestri pro aliquo fideiubeat vel ab aliquo pecuniam mutuo accipiat ultra pretium capituli vestri providentia constitutum nisi propter manifestam.   14: forte] *fehlt 1, 2, 3*.   15: et cetera usque] non teneatur conventus pro his aliquatenus *1, 2, 3*.   15: sit vobis] vobis sit *1, 2, 3*.   16: et cetera usque] sive civilem sive criminalem contineant questionem, fratrum vestrorum testimoniis uti, ne pro defectu testium ius vestrum in aliquo valeat *1, 2, 3*.   17f.: conventus] conventus forenses *1, 2, 3*.   18: et cetera usque] causa ordines celebrandi, causas (causa *3*) tractandi vel conventus aliquos publicos *1, 2, 3*.   21: universi] *fehlt 1, 2*.   21: Salnai] Salna *1*, Salnay *2, 3*.

⁸³) Im Privileg Papst Clemens' III. vom 26. Februar 1188 (*JL 16157*; Dr.: *Bullarium Sacri Ordinis Cluniacensis* 91) S. Maria de Aqua Mala, in der Diöz. Orvieto. Vgl. L'Huillier, *Priorati*, 20.
⁸⁴) S. Giovanni in Tuscania. Vgl. Battelli, *RD Latium*, Nr. 2920, 2956, 2966.
⁸⁵) „Sanctus Petrus de Aliano" in Tuscania. Vgl. *ebd.*, Nr. 2920, 3005, und Privileg Clemens' III. von 1188 (s. Anm. 83); L'Huillier, *Priorati*, 20 mit Anm. 1.
⁸⁶) In der Diöz. Frascati (vorher Tusculum) gelegen. Vgl. *ebd.*
⁸⁷) S. Maria de Gimara, außerhalb von Sciacca, Diöz. und Prov. Agrigent.
⁸⁸) Fluß Sonnay. Zum Bannbezirk um Cluny vgl. Ragut, *Cartulaire Saint-Vincent de Macon*, CXC—CXCIV; Constable, *Abbot and Townsmen*.

Rufiaci[x, 89)] et cruce de Lornant[90)], a termino quoque molendini de Tornasach[91)] per villam, que dicitur Varenna[92)], cum nemore Burserio[y, 93)], a termino etiam, qui dicitur Perois[94)], usque ad rivum de Salnai, sub apostolice
tantum sedis iure ac tuitione permaneant. Neque ipsius Cluniacensis loci
5 presbyteri aut etiam parrochiani ad cuiuslibet nisi Romani pontificis vel eius
legati et Cluniacensis abbatis cogantur ire sinodum vel conventum. Sane pro
abbatis, monachorum seu clericorum infra predictos terminos habitantium
ordinatione, pro crismatis confectione, pro sacri olei, ecclesiarum et altarium
consecratione[z)] et cimiteriorum benedictione Cluniacense monasterium,
10 quem maluerit, antistitem convocet gratiam et communionem apostolice
sedis habentem. Cluniacenses vero monachos ubilibet habitantes nulla omnino persona preter Romanum pontificem et legatum, qui ad hoc missus fuerit,
excommunicet aut etiam interdicat, ita tamen, ut circa legatos apostolice
sedis obedientia vel reverentia debita per hoc nullatenus minuatur. Tibi
15 etiam, fili abbas, et per te monasterio Cluniacensi concedimus, ut in processionibus missarumque sollempniis tam tu quam successores tui mitra, anulo,
cirothecis, sandaliis et aliis pontificalibus insigniis uti possitis benedictionem-
que sollempnem super populum facere ad divini nominis gloriam et monasterii Cluniacensis honorem. Illud autem districtius inhibemus, ne quis posses-
20 siones, iura vel bona monasterii vestri[aa)] preter sedis apostolice conscientiam,
cui specialiter est subiectum, quolibet modo alienare vel antiquas et rationabiles ipsius monasterii consuetudines et hactenus observatas violare presumat. Si que vero donationes et cetera usque censemus. Decimas preterea et
possessiones ad ius ecclesiarum vestrarum spectantes, * que a laicis detinen- * fol. 189ʳ
25 tur, redimendi et legitime liberandi de manibus eorum et ad ecclesias, ad quas
pertinent, revocandi libera sit vobis de nostra auctoritate facultas. Percus-
suram quoque proprii nummismatis vel monete, sicut hactenus est obten-

---

      x) *Migne:* Lufiaci.   y) *Korr. aus* Bureserio.   z) *Am Rande ein kurzer, waagrechter Strich.*
aa) *Darnach eine kleine Rasur.*

30   1: cruce] curte *3.*   1: molendini] *fehlt 1, 2.*   1f.: Tornasach] Tornesalh *1, 2.*   2: Varenna]
Varenga *3.*   2: Burserio] Burserto *1.*   3: Perois] Perrois *1, 3.*   3: Salnai] Salnay *1, 3.*   6: ire]
ire ad *1.*   8: crismatis] s(ancti) crismatis *1,* scismatis *3.*   22: et] *fehlt 3.*   23: et cetera usque]
aut alienationes aliter, quam dictum est, facte fuerint, eas irritas esse *1, 2, 3.*

      89) Ruffey (abgekommen), Comm. Cluny. Vgl. DE VALOUS, *Domaine,* 157f.; BOIS, *Mutation,*
35 103.
      90) Lournand, Cant. Cluny, Arr. Mâcon, Dép. Saône-et-Loire. Das Kreuz ist 1079 genannt.
Vgl. CHAVOT, *Mâconnais,* 171.
      91) Vielleicht Le-Moulins-Thury, Comm. Marille, Cant. Cluny. Vgl. DE VALOUS, *Domaine,*
156.
40   92) Varenne, ht. Dagonneaux, Cant., Arr. Mâcon. Vgl. RAGUT, *Cartulaire Saint-Vincent de
Macon,* CXCII, Anm. 1; CHAVOT, *Mâconnais,* 131.
      93) Wald von Boursier. Vgl. RAGUT, *Cartulaire Saint-Vincent de Macon,* CXCI.
      94) Vielleicht La Raverotte. Vgl. *ebd.* CXCII, Anm. 2.

tum, vobis auctoritate apostolica confirmamus[95]. Ad hec adicimus, ut in
omnibus prioratibus et cellis, que nunc sine proprio abbate vestro regimini
sunt subiecte, nullus futuris umquam temporibus abbatem ordinare presumat, sed tam prioratus ipsi et celle quam et cetera in quibuslibet locis omnia,
quibus Cluniacensis ecclesia tempore Aru(er)nensis concilii, quod per felicis   5
memorie Urbanum[bb] papam, predecessorem nostrum, celebratum est[96], in-
vestita erat, de quibus tunc nulla questio mota est, tam tibi, fili abbas, quam
successoribus tuis in pace semper et quiete serventur[97]; illis dumtaxat exceptis, que per auctoritatem sedis[cc] apostolice[cc] sunt ab illo statu mutata. Pro
altaribus et ecclesiis sive decimis vestris nulli episcoporum facultas sit grava-   10
men vobis indebitum irrogare, sed sicut eorum permissione quedam ex parte,
quedam ex integro habuistis, ita futuris temporibus habeatis. Ceterum omnes
ecclesie, que ubilibet posite sunt, seu capelle vestre et[dd] cimiteria[ee] libera
sint et omnis exactionis immunia, preter consuetam episcopi paratam et
iustitiam canonicam in presbyteros, qui adversus ordinis sui offenderint   15
dignitatem.
      In parrochialibus vero ecclesiis, quas habetis, liceat vobis seu fratribus
vestris sacerdotes eligere et diocesano episcopo presentare, quibus, si idonei
fuerint, episcopus curam animarum committat, ut ei de spiritualibus, vobis
vero de temporalibus debeant respondere; quam si committere[ff] illis — quod   20
absit — ex pravitate noluerint, tunc presbyteri ex apostolice sedis benignitate officia celebrandi, dummodo sint idonei, licentiam consequantur.
Ecclesiarum vero seu altarium consecrationes, si diocesani episcopi gratis
noluerint exhibere, a quolibet catholico suscipiatis episcopo gratiam et communionem apostolice sedis habente. Nec cellarum vestrarum ubilibet posi-   25
tarum fratres pro qualibet interdictione vel excommunicatione divinorum
officiorum suspensionem aliquatenus patiantur; sed tam monachi ipsi quam
et famuli[gg] eorum et qui se[hh] professioni monastice devoverunt clausis

---

    bb) Urbani, *in verlängerter Schrift.*   cc—cc) *Durch Zeichen umgestellt aus* apostolice sedis.
dd) *Fehlt bei Migne.*   ee) *Darnach* sunt, *durch Unterpungierung getilgt.*   ff) *Am Rande ein kurzer,*   30
waagrechter Strich.   gg) -uli *ab dem zweiten Schaft des* -u- *auf Rasur.*   hh) *Z. T. auf Rasur,*
nachgetragen. Am Rande ein schräger Strich und darunter ein Punkt.

    20: illis] illi *3.*   21: noluerint] noluerit *3.*

    95) Die Münzprägung Clunys ist im 12. und 13. Jh. tatsächlich nachweisbar. Vgl. DE
BARTHÉLEMY, *Numismatique clunisienne,* 14—21; DIEUDONNÉ, *Monnaies,* 110f.; vgl. auch die   35
Interpolation im Privileg Papst Johannes' XI. von 931 (ZIMMERMANN, *Papsturkunden,* I 108, Nr.
⟨64, Z. 13f. mit Anm. 7) und die Privilegien Papst Stephans IX. von 1058 (*JL* 4385; Dr.: MIGNE,
PL, 143, 884 B) und Papst Calixts II. von 1120 (*JL* 6821; Dr.: MIGNE, *PL,* 163, 1166 B).
    96) Konzil von Clermont-Ferrand (in der Auvergne) 18.—28. November 1095 unter Papst
Urban II.   40
    97) Vielleicht ein Bezug auf den erst nach Ausstellung eines Privilegs für Cluny (*JL* *5583)
in Clermont unter Beteiligung Urbans II. beigelegten Streit Clunys gegen La Chaise-Dieu um
mehrere Kirchen. Vgl. BERNARD–BRUEL, *Chartes de Cluny,* V 43, Nr. 3693; SOMERVILLE, *Council,*
85f., Nr. 8, 9. Zu den Papsturkunden für Cluny und dessen Dependenzen, die Urban auf seiner
Frankreichreise meist für den Abt von Cluny ausstellte, vgl. BECKER, *Urban,* II 435—457.   45

ecclesiarum ianuis, exclusis excommunicatis et interdictis, non pulsatis
campanis suppressa voce divina officia celebrent[ii] et peragant debita sepulture.

Ceterum abbatias, quas predecessores nostri, Romani pontifices, vestris
5 predecessoribus concesserunt, nos quoque vobis et successoribus[kk] vestris duximus concedendas, ut per industriam vestram religionis status in eis auctore
Domino conservetur, videlicet abbatias sancti Martialis Lemouicen(sis)[98], Monasterii novi Pictauen(sis)[99], sancti Ioh(ann)is Ang(e)liacen(sis)[ll, 100], monasterii Lesaten(sis)[101], Moisiacen(sis)[102], Figiacen(sis)[103], Mauziacen(sis)[104],
10 Tiernen(sis)[105] et sancti Germani Autisiodoren(sis)[mm, 106]; illud nichilominus
statuentes, ut in eis sine abbatis Cluniacensis consilio abbas nullatenus eligatur.

Paci quoque et tranquillitati vestre paterna in posterum sollicitudine
providere volentes auctoritate apostolica prohibemus, ut infra terminos sacri
15 banni, quos supradictus Urbanus[nn] papa distincxit[107], seu infra clausuras
locorum vel grangiarum vestrarum nullus homo, cuiuscumque conditionis
aut potestatis existat, invasionem, predam aut rapinam vel furtum facere,
ignem apponere, sanguinem fundere, hominem temere capere seu homicidium perpetrare presumat. Preterea omnes libertates et immunitates et cetera
20 usque communimus. Decernimus ergo et cetera usque profutura; salva sedis
apostolice auctoritate et diocesanorum episcoporum canonica iustitia in ec-

---

ii) -ent *auf Rasur, über dem* -b- *eine Rasur.*   kk) su- *und ein Teil des ersten* -c- *auf Rasur.*
ll) *Migne:* Angliacensis.   mm) *Migne:* Antissiodorensis.   nn) *In verlängerter Schrift.*

9: Lesaten(sis)] Lezatensis *2, 3.*   9: Moisiacen(sis)] Moysiacensis *1, 3.*   9: Figiacen(sis),
25 Mauziacen(sis)] Maziacen(sis), Ffigiacen(sis) *1,* Maziacensis, Figiacensis *2.*   19f.: et cetera usque]
a predecessoribus nostris Romanis pontificibus ordini vestro concessas, necnon et libertates et
exemptiones secularium exactionum a regibus et principibus vel aliis fidelibus rationabiliter
vobis indultas auctoritate apostolica confirmamus et presenti (praesentis *2, 3*) scripti privilegio
1, 2, 3.   20: et cetera usque] ut nulli omnino hominum liceat prefatum monasterium temere
30 perturbare aut eius possessiones auferre vel ablatas retinere, minuere seu quibuslibet vexationibus fatigare, sed omnia integra conserventur eorum, pro quorum gubernatione ac sustentatione
concessa sunt, usibus omnimodis *1, 2, 3.*

98) Saint-Martial in Limoges.
99) Montierneuf in Poitiers.
35 100) Saint-Jean-d'Angély, Diöz. Saintes, Dép. Charente-Inférieure.
101) Lézat, Diöz. Toulouse, ht. Pamiers, Dép. Ariège.
102) Moissac, Diöz. Cahors, ht. Montauban, Dép. Tarn-et-Garonne.
103) Figeac, Diöz. Cahors, Dép. Lot.
104) Mozac, Diöz. Clermont, Dép. Puy-de-Dôme.
40 105) Thiers, Diöz. Clermont, Dép. Puy-de-Dôme.
106) Saint-Germain in Auxerre.
107) Anläßlich der Weihe des Hauptaltars am 25. Oktober 1095. Vgl. *Bibliotheca Cluniacensis* 518f. Zum Umfang dieses — erweiterten — Bannbezirks vgl. RAGUT, *Cartulaire Saint-Vincent
de Macon,* CXC—CXCIV.

clesiis non exemptis. Si qua igitur in futurum et cetera. Cunctis autem et cetera.

Datum Rome apud sanctum P(etrum) per manum I(ohannis), sancte Marie in Vialata diaconi cardinalis[108], Idibus Ianuarii, indictione VIII[a], incarnationis Dominice anno M[o]CC[o]IIII[o], pontificatus vero domni Innocentii[nn] 5 pape III anno septimo.

186.

Innocenz III. ermahnt den König Ph(ilipp II. August) von Frankreich, gegen die Anmaßungen der Juden in seinem Königreich einzuschreiten und Mißbräuche, insbesondere hinsichtlich Wuchers, christlichen Dienstpersonals, Aussagen 10

---

[108]) S. Br. VII 1 Anm. 10.

1: et cetera] ecclesiastica secularisve persona hanc nostre constitutionis paginam sciens contra eam temere venire tentaverit, secundo tertiove commonita, nisi reatum suum congrua satisfactione correxerit, potestatis honorisque sui careat dignitate (dignitate careat *3*) reamque se divino iudicio existere de perpetrata iniquitate cognoscat et a sacratissimo corpore et sanguine 15 Dei et Domini redemptoris nostri Iesu Christi aliena fiat atque in extremo examine districte subiaceat ultioni (ultioni subiaceat *3*) *1, 2, 3*.   1f.: et cetera] eidem loco sua iura servantibus sit pax Domini nostri Iesu Christi, quatinus et hic fructum bone actionis percipiant et apud districtum iudicem premia eterne pacis inveniant. Amen, amen, amen *1, 2, 3*.   4: Idibus] Idus *1*. 6: septimo] VII *2*.   20

Folgende Kardinäle unterschrieben:
Petrus tituli sancte Cecilie presbyter cardinalis
Guido sancte Marie Transtiberim tituli Calixti presbyter cardinalis
Hugo presbyter cardinalis sancti Martini tituli Equitii (Equiacii *3*)
Ioannes tituli sancti Stephani in Celiomonte presbyter cardinalis   25
Cencius sanctorum Ioannis et Pauli presbyter cardinalis tituli Pamachii
Benedictus tituli sancte Susanne presbyter cardinalis

Octauianus Hostiensis (et Velletrensis *1*) episcopus
Petrus Portuensis et sancte Rufine episcopus
Ioannes Albanensis episcopus   30
Ioannes episcopus Sabinensis
Nicolaus Tusculanensis (Tusculanus *2, 3*) episcopus

Garcianus *(!)* sanctorum Cosme et Damiani diaconus cardinalis
Gregorius sancti Georgii ad Uelum aureum diaconus cardinalis
Hug(olinus) (Hugo *1, 2, 3*) sancti Eustachii diaconus cardinalis   35
Matthaeus sancti Theodori diaconus cardinalis
Ioannes sancte Marie in Cosmedin diaconus cardinalis
Guido sancti Nicolai in carcere Tulliano diaconus cardinalis
Petrus sancti Angeli diaconus cardinalis
Gualla sancte Marie in Porticu diaconus cardinalis   40
Rogerius sancte Marie in Domnica diaconus cardinalis.

vor Gericht und Störung der christlichen Religionsausübung, abzuschaffen. Er fordert ihn ferner auf, die Häretiker in Frankreich zu bekämpfen.

Rom, St. Peter, (1205) Januar 16.

Reg. Vat. 5, fol. 189^r—189^v ⟨Nr. 186⟩.

5   Bréquigny, Diplomata, II/1 610, Nr. 186 = Migne, PL, 215, 501, Nr. 186; Grayzel, The Church and the Jews, 104, Nr. 14; Simonsohn, The Apostolic See and the Jews, 82, Nr. 79. — Potth. Reg. 2373; Villemagne, Bullaire Pierre de Castelnau, 176, Nr. 45; Balladore Pallieri–Vismara, Acta pontificia, 212, Nr. 241.

Vgl. Schreckenberg, Adversus-Judaeos-Texte, 408—411.

10   **Ph(ilippo)**$^{a)}$**, illustri**$^{a)}$ **regi Francorum**$^{b,\ 1)}$.

Etsi non displiceat Domino, sed ei potius sit acceptum, ut sub catholicis regibus et principibus Christianis vivat et serviat dispersio Iudeorum, cuius tunc tandem reliquie salve fient, cum in diebus illis salvabitur Iuda et Isr(ae)l habitaverit confidenter, vehementer tamen oculos divine maiestatis offen-
15 dunt, qui crucifigentium filios, contra quos adhuc sanguis clamat in Patris auribus, crucifixi Christi coheredibus preferunt et, tamquam ancille filius cum$^{c)}$ filio$^{c)}$ libere possit * et debeat heres esse, Iudaicam servitutem illorum libertati preponunt, quos Filius liberavit.

Sane ad nostram noveris audientiam pervenisse, quod in regno Franco-
20 rum Iudei adeo insolescunt, ut sub specie usurarie pravitatis, per quam non solum usuras sed usuras usurarum extorquent, ecclesiarum bona et possessio-nes Christianorum usurpent sicque illud impletum in Christianorum populo videatur, quod in Iudeorum persona Propheta deplorat: «Hereditas», inqui-ens, «nostra versa est ad alienos, domus nostre ad extraneos». Preterea, cum
25 in Lateranensi concilio sit statutum, ut Iudei nec sub alendorum puerorum obtentu nec pro servitio nec alia qualibet causa in domibus suis habere permittantur mancipia Christiana, sed excommunicentur, qui cum eis presumpserint habitare$^{2)}$, ipsi et servos Christianos habere non dubitant et nutrices, cum quibus eas interdum abhominationes exercent, quas te potius
30 punire convenit quam nos deceat explicare. Insuper, cum idem concilium testimonium Christianorum adversus Iudeos in communibus causis, cum et illi adversus Christianos testibus Iudeis utantur, censuerit admittendum et anathemate feriri decreverit, quicumque Iudeos Christianis in hac parte preferret$^{3)}$, usque adeo eis defertur in regno Francorum, ut non credatur

vgl. Is 10, 22;
Röm 9, 27

Ir 23, 6

vgl. Gn 4, 10;
2Makk 8, 3
vgl. Röm 8, 17
* fol. 189^v
vgl. Gn 21, 10;
Gal 4, 30f.

Klgl 5, 2

---

35 **186.** $^{a—a)}$ *Fehlt bei Migne.* $^{b)}$ *Adresse am Rande vorgemerkt. Am Rande drei Punkte und ein Kreuz; ferner von einer Hand des 16. (?) Jhs.:* pri_vileg(ium ?) pro Iudeis. *Längs des Briefes am Rande — auf fol. 189^r auf beiden Seiten — ein senkrechter, z. T. gewellter Strich.* $^{c—c)}$ u(m) *(ab dem zweiten Schaft des* -u-*) bis* fili- *auf Rasur.*

186. $^1)$ S. Br. VII 30 Anm. 2.
40        $^2)$ Conc. Lat. III, c. 26 (COD^3 223 Z. 30—224 Z. 2) = Comp. I 5. 5. 5 = X 5. 6. 5 (FRIEDBERG, CorpIC, II 773).
$^3)$ Conc. Lat. III, c. 26 (COD^3 224 Z. 2—5) = Comp. I 5. 5. 5 = X 2. 20. 21 (FRIEDBERG, CorpIC, II 322).

Christianis testibus contra ipsos, sed ipsi contra Christianos ad testimonium
admittantur. Quod si aliquando hii, quibus suam credunt pecuniam sub
usuris, Christianos testes super facta solutione producant, plus creditur instrumento, quod apud eos per negligentiam aut incuriam debitor reliquerat
indiscretus, quam testibus introductis, immo non recipiuntur etiam testes in 5
hoc articulo contra eos; usque adeo etiam — quod cum rubore referimus —
insolescunt, ut Senon(is)[4] iuxta quandam ecclesiam veterem novam constru-
xerint[d] sinagogam ecclesia non modicum altiorem, in qua non, sicut olim —
priusquam fuissent eiecti de regno[5] — demissa voce, sed cum magno clamore
secundum ritum Iudaicum sua officia celebrantes divinorum celebrationem 10
in eadem ecclesia non dubitant impedire; quinimmo nomen Domini blasphe-
mantes publice Christianis insultant, quod credant in rusticum quendam
suspensum a populo Iudeorum, quem quidem nec nos pro nobis suspensum
ambigimus, cum peccata nostra ipse tulerit in suo corpore super lignum, sed
rusticum moribus aut genere non fatemur, immo nec ipsi diffiteri valerent, 15
quin ipse secundum carnem de sacerdotali stirpe descenderit ac regali et
mores eius preclari fuerint et honesti. In die quoque Parascheues Iudei contra
veterem consuetudinem per vicos et plateas publice discurrentes, concurrentes iuxta morem undique Christianos, ut adorent Crucifixum in cruce, deri-
dent et eos[e] per improperia sua student ab adorationis officio revocare. 20
Patent quoque latronibus usque ad noctem dimidiam hostia Iudeorum nec,
siquid furto sublatum inventum fuerit apud eos, quisquam de illis potest
iustitiam obtinere[6]. Abutuntur ergo Iudei patientia regia[7] et[f] inter Christianos positi remunerant[g] hospites suos male[8], cum oportunitate captata Christianos latenter occidant[h], sicut nuper dicitur accidisse, cum quidam pauper 25
scolaris in eorum latrina mortuus est repertus.
    Ne igitur per eos nomen Domini blasfemetur, ne deterior sit Chri-
stianorum libertas quam servitus Iudeorum, monemus serenitatem regiam et
exhortamur in Domino et in remissionem iniungimus pec(catorum), quatinus
sic Iudeos super hiis et similibus a sua presumptione compescas, sic abusiones[i] 30
huiusmodi de regno Francorum studeas abholere, quod habere zelum Dei
secundum scientiam videaris et, cum leges etiam seculares[9] gravius animad-
vertant in eos, qui nomen Domini blasfemant, sic animadvertas in blasphe-

Marginal notes (left):
vgl. Lv 24, 16
vgl. Röm 5, 8; 1Kor 15, 3; 1Thess 5, 10
1Petr 2, 24
vgl. Röm 1, 3
vgl. Lv 24, 16
vgl. 1Makk 2, 54; Röm 10, 2
vgl. Lv 24, 16

---

    d) -nt *vielleicht auf Rasur.*   e) eas.   f) *Migne fügt hinzu:* cum.   g) *Migne:* remaneant.
h) *Migne:* occidunt.   i) ab usiones.   35

    4) Wahrscheinlich Sens, Dép. Yonne.
    5) S. Br. VII 30 Anm. 4.
    6) Vgl. LOTTER, *Talmudisches Recht*, bes. 38—53; SCHRECKENBERG, *Adversus-Judaeos-Texte*,
340, 344.
    7) Vgl. Cicero, *In Catilinam* I, 1.   40
    8) Wahrscheinlich ein Anklang an das Sprichwort „mus in pera, ignis in sinu, serpens in
gremio male suos remunerant hospites". Vgl. Br. VII 36 S. 62 Z. 11f. mit Anm. 4.
    9) Novellen 77. 1. 1 (Ed. SCHOELL–KROLL 382).

mos huiusmodi, quod aliquorum pena metus sit omnium[10] nec facilitas venie incentivum tribuat delinquendi[11].

Ad eliminandos insuper hereticos de regno Francorum potenter insurgas nec lupos ad perdendas oves sub ovina pelle latentes in terra sua latere vgl. Mt 7, 15 permittat regia celsitudo, sed in eorum demonstret persecutione favorem[k], quo fidem prosequitur Christianam.

Datum Rome apud sanctum Petrum, XVII Kal. Februarii[l].

187.

Innocenz III. bestätigt dem Bistum Feltre die Zahl von zehn Kanonikaten.

Rom, St. Peter, (1205) Januar 9.

Reg. Vat. 5, fol. 189ᵛ—190ʳ ⟨Nr. 187⟩.
Bréquigny, Diplomata, II/1 611, Nr. 187 = Migne, PL, 215, 503, Nr. 187. — Potth. Reg. 2368.

.. Episcopo et canonicis Feltren(sibus)[a, 1].

| Solet annuere et cetera usque impertiri. Ex parte siquidem vestra nobis fuit humiliter supplicatum, ut canonicorum denarium numerum, quem iuxta facultates ecclesie vestre, cum octo canonici[b] fuerint hactenus in eadem, deliberatione provida statuistis, dignaremur vobis auctoritate apostolica confirmare; presertim cum hoc ipsi * ecclesie videatur plurimum expedire. * fol. 190ʳ Nos igitur vestris postulationibus annuentes constitutionem ipsam, sicut ad utilitatem Feltrensis ecclesie provide facta est, auctoritate vobis apostolica confirmamus et presentis scripti pa(trocinio) communimus, nisi facultates eiusdem ecclesie in tantum excreverint, quod merito idem sit numerus augmentandus; salvis tamen in omnibus apostolice sedis mandatis.

Nulli ergo et cetera. Si quis et cetera.

Datum Rome apud sanctum P(etrum), V Idus Ianuarii.

188.

Innocenz III. bestätigt dem Bistum Feltre seine Freiheiten, Immunitäten und Gewohnheitsrechte.

(Rom, St. Peter, 1205 Januar ca. 9).

---

[k] *Migne:* fervorem.   [l] *Migne fügt hinzu:* anno septimo.

[10] Vgl. Codex 9. 27. 1 (Ed. KRUEGER 384).

[11] *Decretum Gratiani* C. 23 q. 4 c. 33 (FRIEDBERG, *CorpIC*, I 915).

187. [a] *Adresse am Rande vorgemerkt.*   [b] cano(n)icis.

187. [1] Torrentino Corte, B. von Feltre und Belluno 1204—1208.

Reg. Vat. 5, fol. 190ʳ ⟨Nr. 188⟩.
Bréquigny, Diplomata, II/1 612, Nr. 188 = Migne, PL, 215, 504, Nr. 188. — Potth. Reg. 2369.

.. Episcopo[a)] et canonicis Feltren(sibus)[a, 1)].

Solet annuere et cetera usque impertiri. Eapropter vestris iustis precibus inclinati libertates et immunitates ecclesie vestre concessas necnon antiquas ⁵ et rationabiles consuetudines tam vobis et servientibus quam possessionibus vestris hactenus observatas ratas habentes, eas futuris temporibus illibatas decernimus permanere.

Nulli ergo et cetera nostre concessionis [et cetera]. Si quis et cetera.

Datum ut in alia.   10

189.

Innocenz III. ermahnt den König (Leo) von (Klein-)Armenien, für dem Templerorden zugefügte Schäden Genugtuung zu leisten und in Zukunft nichts gegen diesen zu unternehmen oder unternehmen zu lassen. Andernfalls sollen die Bischöfe von Byblos und Balanea den Streit entscheiden.   15

Rom, St. Peter, (1205) Januar 18.

Reg. Vat. 5, fol. 190ʳ ⟨Nr. 189⟩.
Bréquigny, Diplomata, II/1 612, Nr. 189 = Migne, PL, 215, 504, Nr. 189; Haluščynskyj, Acta Innocentii, 284, Nr. 67. — Potth. Reg. 2374; Röhricht, Regesta, 214, Nr. 801.

.. Illustri regi Armenie[a, 1)].   20

Gravem in presentia nostra dilecti filii .. magister[2)] et fratres militie Templi deposuere querelam, quod tu quedam casalia eorum sine rationabili causa succendens bestias et bladum suum ipsis per violentiam abstulisti, dampnum eis ad valens quinquaginta milia Bisantiorum[3)] pro tue voluntatis arbitrio inferendo. Preterea quosdam de fratribus suis rebus propriis spoliatos et ²⁵ verberibus ac plagis afflictos carcerali fecisti custodie mancipari; duobus insuper castris eorum, Rupi videlicet W(i)ll(elm)i et Rupi Ruissoli[4)], que

---

188. [a—a)] *Migne:* Eisdem. *Am Rande die erste römische Briefzählung:* VᶜLX.

188. [1)] S. Br. VII 187 Anm. 1.

189. [a)] *Am Rande drei Punkte und ein Kreuz.*   30

189. [1)] Fürst Leo (II.) von (Klein-)Armenien 1187—1219; seit 6. Januar 1198 König Leo I.

[2)] Philipp von Plessis, Großmeister des Templerordens 1201—1209. Vgl. Bulst-Thiele, *Magistri*, 147—158.

[3)] Vgl. Br. VII 80 Anm. 2.

[4)] Roche-Guillaume, dessen genaue Lage unbekannt ist, und Roche-de-Roissel (ht. Çalan?) ³⁵ bei Darbsāk, beide am Weg durch das Amanus-Gebirge nördlich von Antiochia im gleichnamigen Fürstentum, wahrscheinlich unweit voneinander. Vgl. Cahen, *Syrie du Nord*, 143f.; Bulst-Thiele, *Magistri*, 152f. mit Anm. 17; Edwards, *Fortifications*, 99, 102, Anm. 6.

hostili obsidione vallaras, grave dampnum tam in personis quam rebus et iacturam non modicam irrogasti[5].

Volentes igitur in hac parte anime tue saluti consulere et honori ac fame serenitatis regie nichilominus providere, rogamus excellentiam tuam et ex-
5 hortamur in Domino, quatinus super dampnis et iniuriis memoratis fratribus irrogatis satisfactionem ipsis exhibeas competentem et ab eorum gravamine manum pariter et animum retrahas nec patiaris eos ab aliis, quantum in te fuerit, molestari. Alioquin noveris nos venerabilibus fratribus nostris .. Bibliensi[6] et .. Valaniensi[7] episcopis in mandatis dedisse, ut partibus convocatis
10 causam audiant et appellatione remota iustitia mediante decidant et faciant, quod decreverint, per censuram ecclesiasticam firmiter[b] observari.

Datum Rome apud sanctum P(etrum), XV Kal. Februarii.

190.

Innocenz III. gestattet dem Abt Ric(hard) von (Saint-Corneille in) Compiègne
15 *den Gebrauch von Mitra und Ring.*

Rom, St. Peter, (1205) Januar 18.

Reg. Vat. 5, fol. 190[r] ⟨Nr. 190⟩.
Bréquigny, Diplomata, II/1 612, Nr. 190 = Migne, PL, 215, 504, Nr. 190; Morel, Cartulaire Saint-Corneille, I 381, Nr. 261. — Potth. Reg. 2375.

20   **Ricc(ardo), abbati Compendiensi**[1].

Solet annuere et[a] cetera usque[a] assensu, usum mitre ac anuli tibi personaliter de benignitate sedis apostolice indulgemus.

Datum Rome apud sanctum P(etrum), XV Kal. Februarii[b].

———————

[b] *Migne:* inviolabiliter.
25   [5] Es handelt sich bei den Ende 1203/Anfang 1204 stattgefundenen Angriffen um Repressalien des Königs von (Klein-)Armenien gegen die Templer, die — im antiochenischen Erbfolgestreit auf der Seite von Leos Gegner Bohemund I. (IV.) von Tripolis stehend — im November 1203 einen Handstreich des Königs gegen Antiochia verhindert hatten. Vgl. Br. VIII 119 (MIGNE, *PL*, 215, 689f.; HALUŠČYNSKYJ, *Acta Innocentii*, 584f., Nr. 19); CAHEN, *Syrie du Nord*, 605f.;
30 RILEY-SMITH, *Templars*, 102f.; zum Gegensatz zwischen König Leo und den Templern s. auch Br. V 42 (43) Bd. 5 S. 81 Z. 6—82 Z. 17.
        [6] B. von Byblos (Gibelet, Ǧubayl, Ǧebēl, Suffr. von Tyros) 1198—1205; der Name ist unbekannt. Vgl. FEDALTO, *Chiesa latina*, I 174, II 59.
        [7] B. von Balanea (Suffr. von Apamea) 1197—1208; der Name ist unbekannt. Vgl. FEDALTO,
35 *Chiesa latina*, 1 176, II 236.

190. [a—a] *Migne ergänzt die gesamte Formel.*   [b] *Migne fügt hinzu:* anno septimo.

190. [1] Richard (I.), als Abt von Saint-Corneille in Compiègne (Ben.-Abtei, Diöz. Beauvais, Dép. Oise) bezeugt 1197—1216. Vgl. *Gallia Christiana* IX 437; MOREL, *Cartulaire Saint-Corneille*, I 453, Nr. 324.

191.

Innocenz III. trägt dem Prior (Martin) von Camaldoli und dem Magister Gua-
landus, Domkanoniker von Pisa, auf, gemeinsam mit dem Bischof (Rainer) und
dem Domkapitel von Fiesole und dem Podestà, den Konsuln und dem Rat von
Florenz über einen für die Transferierung des Bischofssitzes von Fiesole geeigne- 5
ten Ort in der Diözese Florenz zu beraten und ihm darüber zu berichten.

Rom, St. Peter, (1205) Januar 20.

> *Reg. Vat. 5, fol. 190ʳ ⟨Nr. 191⟩.*
> *Bréquigny, Diplomata, II/1 613, Nr. 191 = Migne, PL, 15, 505, Nr. 191. — Potth. Reg. 2379.*

.. Priori Camaldulensi[1] et magistro Gualando, canonico Pisano[a, 2]. 10

Cum super translatione Fesulane sedis ad locum magis comodum facienda
sit multotiens laboratum[3], nos paci et utilitati tam ecclesie Fesulane quam
Florentine civitatis intendere cupientes, discretioni vestre per apostolica
scripta mandamus, quatinus vocatis episcopo[4] et capitulo Fesulan(is), potestate[5], consulibus et consiliariis Florentinis habeatis cum ipsis diligentem[b] 15
tractatum et, si locum idoneum in ipsa diocesi ad translationem Fesulane
sedis utiliter faciendam cum assensu dictorum episcopi et capituli et pace
predictorum potestatis, consulum et consiliariorum valueritis invenire, per
vestras nobis litteras intimetis, ut[c] per vestram relationem instructi in ipso
negotio melius procedere valeamus. 20
Datum Rome apud sanctum P(etrum), XIII Kal. Februarii.

192.

Innocenz III. trägt dem Bischof (Robert) von Olmütz auf, dem Presbyter P., der
wahrscheinlich, ohne in gültiger Weise zum Diakon ordiniert worden zu sein, die
Priesterweihe empfangen hat, eine angemessene Buße aufzuerlegen, ihn zum 25
Diakon zu weihen und ihn als Priester zuzulassen.

Rom, St. Peter, (1205) Januar 21.

---

191. [a] *Adresse am Rande vorgemerkt:* Gualando] Gualando subdiacono nostro.   [b] *Migne:* diligenter.
[c] *Fehlt bei Migne.*

191. [1] Martin (II.), Prior von Camaldoli 1189—1205. Vgl. *Dict. HGE* 11 (1939) 522.   30
  [2] Magister Gualandus, Domkanoniker von Pisa, päpstlicher Subdiakon, bezeugt 1190 bis
1205. Vgl. VOLPE, *Istituzioni comunali a Pisa*, 83; *IP* III 345, Nr. 75; Br. VIII 165 (MIGNE, *PL*,
215, 746 C).
  [3] Zum Projekt der Transferierung des Bischofssitzes von Fiesole nach Florenz s. Br. VII
20, 21.   35
  [4] S. Br. VII 20 Anm. 1.
  [5] Rudolf von Capraia, Sohn des Grafen Guido Burgognone, als Podestà von Florenz
bezeugt 1205. Vgl. SANTINI, *Documenti*, XLVIII; DAVIDSOHN, *Geschichte*, I 645.

Reg. Vat. 5, fol. 190ʳ—190ᵛ ⟨Nr. 192⟩.

Bréquigny, Diplomata, II/1 613, Nr. 192 = Migne, PL, 215, 505, Nr. 192; Friedrich, Codex Bohemiae, II 44, Nr. 49. — Comp. III 5. 13. un.; Bern. 5. 15. 2; Coll. Salm. 5. 15. 4; X 5. 29. un. — Potth. Reg. 2381.

5
.. Olomucensi episcopo[a, 1].

  | **Tue** nobis presentate littere continebant, quod, sicut ex relatione quorundam bonorum virorum acceperas, P. presbyter, lator presentium, diaconatus ordine pretermisso se fecit ad gradum sacerdotii promoveri. Cumque super hoc ab ipso quesisses diligentius veritatem, ipse tibi secreto humi-

10 liter est confessus se pro certo nescire, si res taliter se haberet. Sed ex quo boni viri hoc asserebant, inter quos fuerat conversatus, credebat assertioni eorum, eo quod ipse tempore, quo ordines inferiores suscepit, infra annos discretionis fuerat constitutus. Tu igitur ipsum ad apostolicam sedem transmittens nobis humiliter supplicasti, ut cum eo misericorditer agere dignare-

15 mur. Nos igitur eius miserie condolentes fraternitati tue per apostolica scripta mandamus, quatinus condignam penitentiam pro huiusmodi negligentia iniungas eidem et ea peracta, quia non intelligitur iteratum, quod factum esse nescitur[2], ipsum in diaconum ordinare procures et sic de misericordia eundem ministrare permittas in ordine sacer*dotis.   * fol. 190ᵛ

20   Datum Rome apud sanctum P(etrum), XII Kal. Februarii.

193.

Innocenz III. trägt dem Bischof (Robert) von Chalon-sur-Saône und dem Abt (Hugo) von Cluny auf, bei der strittigen Abtwahl im Augustiner-Chorherrenstift Saint-Martin(-ès-Aires) in Troyes die Wahl des Kaplans des Erzbischofs von

25 *Sens, P(eter), zu bestätigen, auch wenn dieser, im Gegensatz zu den päpstlichen Privilegien, zur Zeit seiner Wahl nicht Kanoniker von Saint-Martin(-ès-Aires) oder des Mutterklosters Saint-Loup war.*

Rom, St. Peter, (1205) Januar 20.

Reg. Vat. 5, fol. 190ᵛ ⟨Nr. 193⟩.

30 *Bréquigny, Diplomata, II/1 614, Nr. 193 = Migne, PL, 215, 506, Nr. 193. — Potth. Reg. 2377.*

---

192. [a] *Am Rande von einer Hand des 15./16. Jhs.:* hoc c(apitulum) est de clerico per saltum promo(to) *(X 5. 29. un.).*

192. [1] S. Br. VII 56 (55) Anm. 2.

  [2] Vgl. *Decretum Gratiani* De cons. D. 1 c. 16 § 1 (Friedberg, *CorpIC*, I 1298).

.. Cabilonensi episcopo[1] et .. abbati Cluniacensi[2].

Olim pro dilecto filio P(etro), capellano[3] venerabilis fratris nostri .. Senonensis archiepiscopi[4], et M(anasse), canonico sancti Lupi Trecen(sis)[5], quorum uterque ad regimen ecclesie sancti Martini Trecensis canonice se dicit electum, O., P. et H. ad nostram presentiam destinatis et petentibus sibi 5 audientiam exhiberi, dilectum filium M(attheum)[a], sancti Theodori diaconum cardinalem[6], dedimus auditorem, qui cum ea, que coram ipso fuere proposita, nobis fideliter retulisset, vobis per scripta nostra dedimus in mandatis, ut inquireretis super omnibus diligentius veritatem et, si quam de duabus electionibus inveniretis de persona idonea canonice celebratam, con- 10 firmaretis eandem appellationis diffugio non obstante, contradictores censura ecclesiastica appellatione postposita compescentes. Alioquin utraque cassata faceretis eidem ecclesie per electionem canonicam de persona idonea provideri; ante[b] omnia provisuri, ut, nisi vobis constaret prefatum capellanum fuisse canonicum ecclesie sancti Lupi vel sancti Martini Trecensis, quan- 15 do fuit[c] in abbatem electus, eius electionem auctoritate nostra suffulti nullius contradictione vel appellatione obstante irritaretis omnino, ne per illam tenori[d] privilegiorum apostolice sedis[7] posset preiudicium generari, in quibus habetur, quod altera illarum vacante electio aliunde non fiat nisi de fratribus earundem, donec ibidem aliquis idoneus reperitur. Licet igitur ec- 20 clesie sancti Lupi huiusmodi privilegium sit concessum ea videlicet ratione, quoniam de monasterio sancti Martini descendit[8], quia tamen simile privilegium Cantamerulensi ecclesie[9] pari potuit ratione concedi, cum ab eodem monasterio sancti Martini fuerit derivata, nos paritatem in similibus attendentes discretioni vestre per apostolica scripta mandamus, quatinus 25 electionem predictam[e], si alias fuerit inventa canonica, non obstante pre-

---

193. [a]) *Über der Zeile nachgetragen.*   [b]) *A- auf Rasur; auch davor eine Rasur.*   [c]) *Über -i- eine Rasur.*   [d]) *-o- auf Rasur.*   [e]) *-t- auf Rasur nachgetragen.*

193. [1]) Robert, B. von Chalon-sur-Saône (ht. Autun, Suffr. von Lyon) ca. 1185—1216. Vgl. *Dict. HGE* 12 (1953) 299.

[2]) S. Br. VII 185 Anm. 1.

[3]) Peter, Kaplan des EB. von Sens, als Abt Peter (II.) von Saint-Martin-ès-Aires (Augustiner-Chorherrenstift in Troyes) bezeugt 1207—1222. Vgl. *Gallia Christiana* XII 581f.; Br. IX 164 (MIGNE, *PL*, 215, 991—994) und XI 138 (*ebd.* 1451f.).

[4]) S. Br. VII 46 (45) Anm. 3.

[5]) Manasse, Kanoniker von Saint-Loup (Augustiner-Chorherrenstift in Troyes); Br. IX 164, MIGNE, *PL*, 215, 991 A. Vielleicht identisch mit Manasse, der als Abt von Saint-Loup 1208—1210 bezeugt ist; vgl. LALORE, *Cartulaire de Saint-Loup*, 202—211; *Gallia Christiana* XII 588.

[6]) S. Br. VII 98 Anm. 10.

[7]) Vgl. Br. VI 3 Bd. 6 S. 10 Z. 12—15 mit Anm. 50.

[8]) Saint-Martin-ès-Aires wird 1104 von Saint-Loup aus gegründet; die Augustinerregel wird 1135 von Saint-Martin aus in Saint-Loup eingeführt. Vgl. LALORE, *Cartulaire de Saint-Loup*, XIIf.

[9]) Chantemerle, Augustiner-Chorherrenstift, Diöz. Troyes, ht. Châlons-sur-Marne, Dép. Marne.

dicto[f] privilegio[f] confirmetis[g]), cui tamen[h] per hoc mandatum nolumus in posterum derogari, cum ex predicta similitudine non declarandi ius, sed faciendi gratiam traxerimus argumentum.

Datum Rome apud sanctum Petrum, XIII[i] Kal. Februarii[k].

5

194.

Innocenz III. ermächtigt den Priester Peter der Kirche von Sainte-Colombe (?), Christen seiner Pfarre. die als Gesinde mit Juden zusammenwohnen, unter Androhung der Exkommunikation zu zwingen, diesen Dienst aufzugeben.

Rom, St. Peter, (1205) Januar 20.

10   *Reg. Vat. 5, fol. 190[v] ⟨Nr. 194⟩.*

     Bréquigny, Diplomata, II/1 614, Nr. 194 = Migne, PL, 215, 507, Nr. 194; Grayzel, The Church and the Jews, 110, Nr. 15; Simonsohn, The Apostolic See and the Jews, 84, Nr. 80. — Potth. Reg. 2378; Balladore Pallieri–Vismara, Acta pontificia, 213, Nr. 242.

     Vgl. Schreckenberg, Adversus-Judaeos-Texte, 411f.

15   **Magistro Petro, presbytero de sancta Columba**[a, 1].

Non decet eos, quos unda baptismatis regeneravit in Christo et adoptavit in filios vere lucis, ut cohabitent illis, quos duritia cordis ab agnitione veri luminis excecavit, ne in eorum obtenebrentur errore, quos vera fides introdu-xit ad lucem. Eapropter, dilecte in Domino fili, qui zelum Dei secundum

20 scientiam videris habere, devotioni tue auctoritate presentium indulgemus, ut sublato cuius(libet) contradictionis et appellationis obstaculo Christiana mancipia, que in parrochia tua presumpserint cohabitare Iudeis, a presump-tione possis huiusmodi per excommunicationis sententiam coercere secun-dum canonicas sanctiones[2], ut sic a tali servitio retrahantur, quos a gratia

25 libertatis in servitutis obprobrium redigere nititur Iudaismus.

Nulli[b] ergo et cetera. Si quis et cetera[b].

Datum Rome apud sanctum P(etrum), XIII Kal. Februarii.

(Randglossen:)
vgl. 1Thess 5, 5
vgl. Mt 19, 8; Mk 10, 5; Jo 12, 40
vgl. 1Makk 2, 54; Röm 10, 2

     [f—f] *Durch Zeichen umgestellt aus* privilegio predicto.   [g] c- *auf Rasur.*   [h] *Migne:* tam. [i] *Migne:* VIII.   [k] *Migne fügt hinzu:* anno septimo.

30 **194.** [a] *Längs des Briefes am Rande ein senkrechter, z. T. gewellter Strich.*   [b—b] *Fehlt bei Migne.*

194. [1] Vielleicht in der Diözese Sens gelegen. Vgl. Grayzel, *The Church and the Jews,* 111, Anm. 1.

     [2] S. Br. VII 186 Anm. 2. Vgl. auch *Decretum Gratiani* D. 54 c. 18 (Friedberg, *CorpIC,* I 212).

195.

Innocenz III. ermächtigt den Bischof (Reginald) von Chartres auf dessen Bitten, die Übergabe von Schenkungen Verstorbener an Kirchen oder Kleriker seiner Diözese, welche von den damit betrauten Personen hinausgezögert wird, selbst vorzunehmen. 5

Rom, St. Peter, (1205) Januar 24.

Reg. Vat. 5, fol. 190^v ⟨Nr. 195⟩.
Bréquigny, Diplomata, II/1 615, Nr. 195 = Migne, PL, 215, 507, Nr. 195. — Potth. Reg. 2388.

.. Carnotensi episcopo^{a, 1)}.

Solet annuere et^{b)} cetera usque^{b)} impertiri. Sane sicut ex tua relatione 10 didicimus, quamplures tue diocesis viri, cum eis aliqui decedentes pro suorum remedio peccatorum bona sua distribuenda committunt, per annum et amplius eorum solutionem protendunt plurimique insuper fideicommissarii suis usibus presumunt applicare legata. Eapropter et^{b)} cetera usque^{b)} assensu, auctoritate tibi presentium indulgemus, ut, si huiusmodi fideicommissarii ad 15 monitionem tuam iuxta legitimas decedentium voluntates ecclesiis et clericis noluerint impertiri legata, ex tunc tibi liceat sublato cuius(libet)^{c)} contradictionis et appellationis diffugio previa ratione pias adimplere morientium voluntates.

Nulli ergo et cetera. Si quis et cetera. 20
Datum Rome apud sanctum P(etrum), IX Kal. Februarii^{d)}.

196.

Innocenz III. trägt dem Erzbischof (Hubald) von Pisa auf, den Prozeß zwischen den Bewohnern von Massa e Cozzile und Buggiano allein zu entscheiden, wenn eine Befangenheit seines Kodelegaten, des Priors von S. Alessandro in Lucca, 25 *nachgewiesen werden kann.*

Rom, St. Peter, (1205) Januar 26.

Reg. Vat. 5, fol. 190^v—191^r ⟨Nr. 196⟩.
Bréquigny, Diplomata, II/1 615, Nr. 196 = Migne. PL, 215, 508, Nr. 196. — Potth. Reg. 2392.

---

195. ^{a)} *Die Adresse fehlt bei Migne.* ^{b—b)} *Migne ergänzt die gesamte Formel.* ^{c)} *Über der Zeile* 30 *nachgetragen.* ^{d)} *Migne fügt hinzu:* anno septimo.

195. ¹⁾ Reginald von Mouçon, B. von Chartres (Suffr. von Sens, ht. Paris) 1183—1217. Vgl. *Dict. HGE* 12 (1953) 548.

.. Pisano archiepiscopo[1].

Causam, que inter homines de Massabuiani[2] ex una parte ac Bugianenses[3] ex altera super plebe ipsius loci noscitur agitari, tibi et .. priori sancti
Alexandri[4] Lucan(i) dicimur commisisse. Verum quia pars altera memora-
5 tum priorem se dicit habere suspectum, eo quod fautor et advocatus fuerit
partis adverse, fraternitati tue per apostolica scripta mandamus, quatinus
inquisita plenius veritate, si rem inveneris[a] ita esse, remoto priore predicto
tu * solus in eadem causa secundum formam priorum[b] litterarum appellatio-   * fol. 191ʳ
ne postposita previa ratione procedas. Testes et cetera.
10   Datum Rome apud sanctum P(etrum), VII Kal. Februarii.

197.

*Innocenz III. trägt dem Domdekan und dem Domkapitel von Beauvais auf, ihrem
Bischof (Philipp) zu gehorchen und die wegen dessen angeblicher Kontumaz
verhängte Gottesdienstsperre zu beenden, solange er bereit ist, sich vor Gericht zu
15 verantworten, und der Fall nicht notorisch ist.*

Rom, St. Peter, (1205) Januar 23.

Reg. Vat. 5, fol. 191ʳ ⟨Nr. 197⟩.
*Bréquigny, Diplomata, II/1 616, Nr. 197 = Migne, PL, 215, 508, Nr. 197. — Potth. Reg. 2384;
Bréquigny, Table chronologique, III 374.*

20   ## .. Decano et capitulo Beluacen(sibus)[1].

(|) **C**um vigor districtionis ecclesiastice ad puniendam inobedientiam con-
tumacium sit repertus, sic illum convenit moderari, ut sublata[a] de medio
contumacia pena quoque contumacibus debita relegetur, ne, si vel bonum
malum vel malum bonum dicatur, impietatem contingat fieri sub specie   vgl. Is 5, 20
25 pietatis.
     Sane referente venerabili fratre nostro .. episcopo vestro[2] nostris est
auribus intimatum, quod in ipsius contemptum ea presumitis attemptare,
que penitus oviant rationi, ut, quamdiu paratus est stare iuri, organa contra

---

196. [a]) -s *auf Rasur; auch darnach eine Rasur.*   [b]) *Fehlt bei Migne.*
30 **196.** [1]) S. Br. VII 109 Anm. 1.
    [2]) Massa e Cozzile, Diöz. Lucca, Prov. Lucca. Vgl. GUIDI, *RD Tuscia*, I 339 (Index).
    [3]) Buggiano, Diöz. Lucca. Vgl. *ebd.* 324.
    [4]) Prior des Kollegiatstiftes S. Alessandro in Lucca. Vgl. *IP* III 409.
197. [a]) -a *korr. aus* -o.
35 **197.** [1]) Domdekan und Domkapitel von Beauvais (Suffr. von Reims). Als Dekane sind bezeugt:
Walerannus (Galerannus) 1194—1204, Johannes (I.) 1205—1218. Vgl. *Gallia Christiana* IX 770.
    [2]) S. Br. VII 116 Anm. 4.

vgl. Ps 136, 2 ipsum ecclesiastica suspendatis, quod in odium contumacium est admissum. Ne igitur idem[b] episcopus, quem speciali caritate diligimus, a vobis super huiusmodi decetero contra iustitiam pregravetur, universitati vestre per apostolica scripta precipiendo mandamus, quatinus ei tamquam patri et pastori vgl. 1Petr 2, 25 animarum vestrarum devotam obedientiam et debitam reverentiam impen- 5 dere procuretis et, quamdiu iuri parere voluerit, a divinis contra episcopum neque vos ipsi cessetis nec cessare alios faciatis, nisi talis sit causa, que iudiciarium ordinem non requirat. Alioquin, cum nolimus eum contra iustiti- vgl. Röm 1, 14 am pregravari, qui singulis in iure suo existimus debitores, interdictum huiusmodi precipimus non servandum[c]. 10

Datum Rome apud sanctum P(etrum), X Kal. Februarii[d].

198.

Innocenz III. ermächtigt den Bischof (Philipp) von Beauvais, Laien seiner Diözese mit geistlichen Strafen zu zwingen, den Zehent von Wolle, Lämmern, Feldfrüchten und Heu an Kirchen und Personen, denen sie diesen schuldig sind, 15 *zu leisten.*

Rom, St. Peter, (1205) Januar 24.

Reg. Vat. 5, fol. 191ʳ ⟨Nr. 198⟩.

Bréquigny, Diplomata, II/1 616, Nr. 198 = Migne, PL, 215, 509, Nr. 198. — Comp. III 3. 23. 4; Bern. 3. 24. 5; Rain. R. Anh. 5. — Kempf, Zu den Originalregistern, 137, T. IIa (teilweise). — 20 *Potth. Reg. 2389.*

.. Beluacensi episcopo[a, 1].

Ex parte tua fuit propositum coram nobis, quod quamplures laici tue diocesis decimas lanarum, agnorum, fructuum et feni ecclesiis et personis, quibus debentur, solvere contradicunt, ad sui excusationem illud solummodo 25 allegantes, quod nec in Beluacensi diocesi fuerunt huiusmodi decime hactenus requisite nec in vicinis diocesibus requiruntur. Cum igitur talis exceptio immo potius excusatio in peccatis eos non debeat a decimarum ipsarum prestatione tueri, ut ipsos ad prefatas decimas ecclesiis et personis, quibus debentur, sine contradictione solvendas possis per censuram ecclesiasticam 30 appellatione remota compellere, auctoritate tibi presentium indulgemus.

Nulli ergo et cetera[b].

Datum Rome apud sanctum P(etrum), IX Kal. Februarii[c].

---

[b] *Fehlt bei Migne.*　[c] *-d- korr. aus -r-.*　[d] *Migne fügt hinzu:* anno septimo.

198. [a] *Adresse am Rande vorgemerkt, z. T. weggeschnitten. Längs des Briefes am Rande eine* 35 *Klammer.*　[b] *Migne fügt hinzu:* Si quis autem etc.　[c] *Migne fügt hinzu:* anno septimo.

198. [1] S. Br. VII 116 Anm. 4.

199.

Innocenz III. nimmt das Hospital von S. Jacobus de Colle Bertanni und dessen Zugehörungen in den päpstlichen Schutz und setzt einen jährlichen Zins von einem Bezant fest.

₅   *Rom, St. Peter, (1205) Januar 27.*

Reg. Vat. 5, fol. 191ʳ ⟨Nr. 199⟩.

Bréquigny, Diplomata, II/1 617, Nr. 199 = Migne, PL, 215, 509, Nr. 199. — Kempf, Zu den Originalregistern, 137, T. IIa. — Potth. Reg. 2393.

Fratribus hospitalis sancti Iacobi de Colle Bertan(n)i[a, 1)].

₁₀   Solet annuere et cetera usque assensu, personas vestras et hospitale ipsum cum pertinentiis suis sub beati Petri et nostra protectione suscipimus et presentis scripti pa(trocinio) communimus. Ad indicium autem huius a sede apostolica protectionis obtente Bisantium[2)] unum gratis oblatum solvetis nobis nostrisque successoribus annuatim. Decernimus ergo et cetera.

₁₅   Datum Rome apud sanctum P(etrum), VI Kal. Februarii.

200.

Innocenz III. trägt dem Bischof (Huguccio) von Ferrara auf, dem Elekten (Benedikt) von Grado nach Untersuchung der gegen ihn erhobenen Vorwürfe entweder die Bischofsweihe zu erteilen oder ihm über ein etwaiges Hindernis zu berichten.

₂₀   *Rom, St. Peter, (1205) Januar 28.*

Reg. Vat. 5, fol. 191ʳ—191ᵛ ⟨Nr. 200⟩.

Bréquigny, Diplomata, II/1 617, Nr. 200 = Migne, PL, 25, 509, Nr. 200. — Kempf, Zu den Originalregistern, 137, T. IIa (teilweise). — Potth. Reg. 2394.

.. Ferrariensi episcopo[a, 1)].

₂₅ | Licet dilectus filius .. Gradensis electus[2)] per dilectum filium P(etrum), tituli sancti Marcelli presbyterum cardinalem[3)], apostolice sedis legatum, fuerit confirmatus, quia tamen infra tempus a canonibus diffinitum consecra-

---

199. [a)] *Adresse am Rande vorgemerkt:* Bertan(n)i] Bertran(n)i. *Am Rande ein Kreuz und von einer Hand des 13. Jhs.:* Census.

₃₀ **199.** [1)] Vielleicht die ecclesia S. Iacobi de Colle Bertarii (Diöz. Lucca). Vgl. Guidi, *RD Tuscia*, I 253, Nr. 4890.

[2)] Vgl. Br. VII 80 Anm. 2.

200. [a)] *Adresse am Rande vorgemerkt. Am Rande ein Kreuz. Auf fol. 191ʳ längs des Briefes am Rande ein senkrechter, z. T. gewellter Strich.*

₃₅ **200.** [1)] Huguccio, B. von Ferrara 1190—1210, der bekannte Dekretist. Vgl. Müller, *Huguccio*.

[2)] S. Br. VII 75 (74) Anm. 1.

[3)] Petrus Capuanus (s. Br. VII 18 Anm. 14) während seines Aufenthaltes in Venedig im Sommer 1202. Vgl. Maleczek, *Petrus Capuanus*, 136.

tionis munus postulare neglexit[4], nos consecrationem ipsius non solum differre potuimus, verum etiam omnino negare, ut pretereamus Venetorum
excessus, qui Romanam ecclesiam multipliciter offenderunt, tum quia legatum predictum accedentem ad ipsos noluerunt recipere ut apostolice sedis
legatum[5], tum etiam quia Iaderam contra inhibitionem nostram sub inter-   5
minatione anathematis factam evertere presumpserunt[6]. Verum quia eius
locum licet immeriti tenemus in terris, qui, cum iratus fuerit, misericordie
recordatur, etsi graviter offensi fuerimus, nolentes tamen in ira misericordi-
am continere, ipso tandem ad nostram presentiam accedente ita duximus
disponendum[b], ut correctionem Venetorum interim expectantes possemus in   10
posterum gratiam impertiri, quatinus idem electus in eo statu maneret, quem
ex sua electione fuerat et confirmatione pariter assecutus. Quia igitur dilectus
filius nobilis vir .. dux Venetorum[7] ad mandatum ecclesie rediens — sicut per
suas nobis litteras[8] intimavit — per .. nuntium legati[9] predicti absolutionis
beneficium est adeptus, fraternitati tue per apostolica scripta mandamus,   15
quatinus Venetias personaliter adiens, quoniam contra personam ipsius electi
quedam sinistra dicuntur, inquiras super hiis diligentius veritatem, cum
secundum Apostolum nemini debeat ci*to manus imponi, et, si nichil eidem
videris obviare[c] de canonicis institutis, ne idem electus ad nos iterum laborare cogatur, Gradensis ecclesie suffraganeis[10] convocatis ipsi vice nostra mu-   20
nus consecrationis impendas. Quod si canonicum aliquid propositum fuerit
contra eum, audias, que fuerint utrinque proposita, et ea nobis studeas
fideliter intimare.

Datum Rome apud sanctum P(etrum), V[d] Kal. Februarii.

vgl. Hab 3, 2
vgl. Ps 76, 10
* fol. 191[v]
1Tim 5, 22

201.   25

*Kaiser Balduin von Konstantinopel bittet Papst Innocenz III., die Verträge, die
vor der Eroberung Konstantinopels zwischen den Kreuzfahrern und dem Dogen
(Heinrich) von Venedig und den Venezianern geschlossen wurden, zu bestätigen,*

---

[b]) *Am Rande ein rotes Kreuz.*   [c]) *Über der Zeile nachgetragen.*   [d]) *Migne:* IV.

[4]) *Decretum Gratiani* D. 100 c. 1 § 1 (FRIEDBERG, *CorpIC*, I 352).   30

[5]) S. Br. VII 18 Anm. 15.

[6]) Die Zerstörung Zadars vor der Abfahrt des Kreuzfahrerheeres nach Konstantinopel im
März/April 1203. Vgl. HAGENEDER, *Eroberung Zadars*, 212 mit Anm. 81; vgl. auch Br. V 160 (161)
Bd. 5 S. 317 Z. 14—16, VII 18 S. 38 Z. 8—10.

[7]) S. Br. VII 18 Anm. 1.   35

[8]) Br. VII 202.

[9]) Petrus Capuanus sandte den Thesaurar von Nikosia. Vgl. *Gesta Innocentii*, c. 90 (MIGNE,
PL, 214, CXLI; GRESS-WRIGHT 196 Z. 19f.).

[10]) Suffragane von Grado: Caorle, Castello, Chioggia, Iesolo, Torcello.

und betont die Notwendigkeit der engen Zusammenarbeit mit den Venezianern.
(Konstantinopel, 1204 zweite Jahreshälfte)[1].

Reg. Vat. 5, fol. 191ᵛ ⟨Nr. 201⟩.

Bréquigny, Diplomata, II/1 618, Nr. 201 = Migne, PL, 215, 510, Nr. 201; Raynaldus, Annales,
5 *I 204; Tafel–Thomas, Urkunden, I 520, Nr. 127; Baronius–Theiner, Annales ecclesiastici, XX 187;*
Prevenier, Oorkonden, 609, Nr. 278. — Hendrickx, Régestes, 26, Nr. 22.

Sanctissimo[a] patri et domino I(nnocentio), Dei providentia summo pontifici,
B(alduinus)[2], eadem gratia fidelissimus in Christo Constantinopolitanus imperator a Deo coronatus, Romanorum moderator et semper augustus, Flandrie
10 Ayneque comes, cum debita subiectione obedientiam humilem et devotam.

Statum et processum exercitus Christiani et nostrum nuntiis nostris[b] et
litteris[3] paternitati vestre plenius explanasse meminimus. Nunc autem conventiones[4] inter nos et peregrinos ex una parte et .. ducem Venet(orum)[5] et
Venetos ex altera ante expugnationem regie civitatis[6] habitas sigilli nostri
15 munimine roboratas vobis curavimus destinare, sanctitatem vestram, sicut
tenemur, attentius rogantes, ut dictas conventiones ratas habeatis et eas auctoritatis apostolice munimine confirmetis. Sanctitatem etenim vestram nosse
volumus, quod cum memorato duce et Venetis societatem bonam et fidelem
insimul habuimus et eos cooperatores probissimos et efficaces ad honorem Dei
20 et sancte Romane ecclesie et imperii nostri, sicut ipsa opera demonstrant,
invenimus et in futuro habere[c] desideramus[c], cum et ad regimen imperii nostri
et ad subventionem Terre sancte et ad unitatem ecclesie conservandam societas eorum utilis sit et necessaria nec sine eorum societate et amore imperium
nostrum ad honorem Dei et vestre sancte sedis regi valeat competenter.

25   **202.**

Der Doge H(einrich) Dand(olo) von (Venedig,) Dalmatien und Kroatien teilt
Papst Innocenz III. mit, daß er von dem Kardinallegaten P(etrus) von S.
Marcello von der wegen der Eroberung Zadars inkurrierten Exkommunikation

---

201. [a] *Am Rande ein Kreuz und drei Punkte.*   [b] *Über der Zeile nachgetragen.*   [c—c] *Durch*
30 *Zeichen umgestellt aus* desideramus habere.

201. [1]) Der im März 1204 abgeschlossene Vertrag zwischen den Venezianern und dem Kreuzfahrerheer (Br. VII 205) und die Begleitschreiben wurden wohl einige Zeit nach der Siegesmeldung
vom Mai 1204 (Br. VII 152) abgesandt. Die Abmachungen waren dem Papst am 7. Dezember
1204 (Br. VII 164) noch unbekannt.
35   [2]) S. Br. VII 147 Anm. 2.
        [3]) Br. VII 152, durch den Templer Barrochius übermittelt.
        [4]) Br. VII 205 vom März 1204.
        [5]) S. Br. VII 18 Anm. 1.
        [6]) Konstantinopel.

absolviert wurde, berichtet von der Eroberung Konstantinopels und bittet den
Papst, den von seinen Boten überbrachten Bitten Gehör zu schenken.
                    (Konstantinopel, 1204 zweite Jahreshälfte)[1].

Reg. Vat. 5, fol. 191ᵛ—192ʳ ⟨Nr. 202⟩.

Bréquigny, Diplomata, II/1 618, Nr. 202 = Migne, PL, 215, 511, Nr. 202; Pray, Annales, I 189 5
(teilweise); Katona, Historia, IV 700; Wenzel, Codex diplomaticus Arpadianus, VI 298, Nr. 184;
Fejér, Codex diplomaticus Hungariae, II 424; Tafel–Thomas, Urkunden, I 521, Nr. 128; Theiner,
Monumenta Slavorum meridionalium, I 38, Nr. 59; Baronius–Theiner, Annales ecclesiastici, XX
188; Smičiklas, Codex diplomaticus Croatiae, III 42, Nr. 40. — Kukuljević-Sakcinski, Regesta, 13,
Nr. 47.   10

Venerabili[a] in Christo patri et domino I(nnocentio), Dei gratia sancte Romane ecclesie summo pontifici, H(enricus) Dand(ulus), Dalmatie atque Croacie
dux[2], vester humilis et devotus cum omni devotione servitium.

Notum facio sanctitati vestre, quod, cum crucem assumpserim pro servitio Iesu Christi et sancte Romane ecclesie [et][b] transmeandi gratia de Vene- 15
tiis iter arripuerim, necessitate temporis yemalis ingruente oportuit me cum
stolio meo et peregrinorum apud Iad(e)ram yemare[3], que cum [esset][c] rebellis michi et Veneticis longo tempore iniuste per proditionem contra iuramenta prestita[4], de civitate et civibus, secundum quod moris est invicem se[d]
inimicantium, iuste — ut existimavi — sumpsi ultionem. Verum quia, ut 20
dicebatur, in vestra erat[e] protectione, quod ideo non credebam[f], quia non
existimo vos nec antecessores vestros illos sub protectione recipere, qui crucem accipiunt tantum, ut eam portent, non etiam iter perficiant[5], propter
quod peregrini solent crucem accipere, sed[g] et aliena inveniant et iniuste[g]
detineant, paternitati vestre contra me et Venetos sententiam excommunica- 25
tionis placuit promulgare[6], quam patienter et humiliter sustinuimus, usque
quo per dominum P(etrum), tituli sancti Marcelli presbyterum cardinalem et
sancte Romane ecclesie legatum[7], prestita condigna satisfactione meruimus
absolutionem[h] secundum ordinationem vestrorum nuntiorum; et [per] scrip-
torum paginam vestre poterit sanctitati clarius innotescere.   30

---

202. [a]) *Am Rande ein Kreuz und drei Punkte. Auf fol. 191ᵛ längs des Briefes am Rande ein*
senkrechter, z. T. gewellter Strich.   [b]) *So schon bei Migne.*   [c]) *So schon bei Migne.*   [d]) *Über der*
Zeile nachgetragen.   [e]) *Migne:* erant.   [f]) *Migne:* credebant.   [g–g]) sed … i(n) *vielleicht auf*
Rasur.   [h]) *Migne ergänzt* sicut.

202. [1]) Der Brief wurde vielleicht gemeinsam mit Br. VII 201 abgesandt.   35
        [2]) S. Br. VII 18 Anm. 1.
        [3]) Das Kreuzfahrerheer hatte nach der Eroberung von Zadar, am 24. November 1202, dort
überwintert.
        [4]) Die Stadt Zadar, seit Beginn des 12. Jhs. Streitobjekt zwischen Venedig und Ungarn,
war 1118 gezwungen worden, die Oberhoheit Venedigs anzuerkennen, hatte sich jedoch 1180 40
dem ungarischen König unterstellt. Vgl. SWEENEY, *Papal-Hungarian Relations*, 74f.
        [5]) König Emmerich von Ungarn (s. VII 6 Anm. 11) und sein Bruder Andreas (s. VII 18
Anm. 4).
        [6]) Zur Exkommunikation der Venezianer durch den Papst vgl. Br. VI 99, 100, 101.
        [7]) S. Br. VII 18 Anm. 14.   45

Superveniente autem inspiratione divina magis quam humano, ut opi-
namur, consilio, superveniente[i) Alexio filio quondam Ysachi, imperatoris
Constantinopolitani[8)], eundi in Romaniam iter arripuimus et ipsum, sicut[k)]
Domino placuit, prestita ab eo cautione de obedientia sancte Romane eccle-
5 sie[9)], expulso Alexio avunculo suo[10)] captaque Constantinopolitana civitate
cum magno periculo et labore[11)], obtinere curavimus, prius[l)] ab Ysachio patre
ipsius et parentibus eius et pluribus aliis magnatibus civitatis eadem securitate
accepta; qui cum in dicta promissione mendaces et fallaces existerent, ipsos
tamquam inimicantes sancte Romane ecclesie et Christianitatis proditores
10 diffidavimus, quibus scilicet patre et filio per Grecorum proditionem extinctis
aliisque Greculis sublimatis[12)] Grecorum sustinentes molestias et infestationes
assiduas, tam per mare mittentium ad nos na*ves accensas, ut nostrum navigi-   * fol. 192ʳ
um comburerent[13)], et diuturna bella inferentium quam per terram multis
variisque modis: communicato consilio omnium clericorum et laicorum exer-
15 citus, conventionibus[m)] quibusdam inter nos et ipsos premissis, sicut ex
tenore exempli dictarum pactionum[14)] sanctitas vestra poterit clarius cognoscere, civitatem Constantinopolitanam ad honorem Dei et sancte Romane ecclesie et Christianitatis subventionem decrevimus debellandam, quod et
Christi suffragante misericordia vestroque merito nostroque laborioso studio
20 precipue pre ceteris viventibus contra omnium opinionem perfectum est.
Capta igitur civitate multaque strage Grecorum interveniente Marcoflus[15)],
qui tunc erat imperator, cum suis sequacibus de civitate aufugit, et secundum inter nos scriptum constitutum et sacramentum adimplevimus.
    Cognoscat igitur sanctitas vestra, quod ego una cum Ven(etorum) populo,
25 quicquid fecimus, ad honorem Dei et sancte Romane ecclesie et vestrum
laboravimus et nostre[n)] voluntati habemus similiter laborare. Unde supplico
sanctitati vestre, quatinus petitiones, quas nuntii mei, viri nobiles et discreti,
scilicet Leonardus Naugaiosus dilectus meus nepos[16)] et Andreas de

---

i) *Fehlt bei Migne.*   k) *-c- vielleicht auf Rasur.*   l) *Über der Zeile nachgetragen.*   m) *Migne:*
30 convenientibus.   n) *Migne:* in nostra.

    8) S. Br. VII 152 Anm. 7 und 8. Zu den Versuchen Alexios' IV., das Kreuzfahrerheer für
seine eigene Restitution in Konstantinopel zu gewinnen, vgl. Br. V 121 (122) Bd. 5 S. 241 Z. 13
bis 22.
    9) S. Br. VII 152 Anm. 24.
35   10) S. Br. VII 152 Anm. 6.
    11) Der erste Angriff der Kreuzfahrer auf Konstantinopel am 17. Juli 1203 führt zur Flucht
Alexios' III. und zur Restitution Isaaks II., der am 1. August die Krönung Alexios' IV. zum
Mitkaiser folgt.
    12) S. Br. VII 152 S. 255 Z. 11—15 mit Anm. 18, 19.
40   13) S. Br. VII 152 S. 256 Z. 16—19 mit Anm. 21.
    14) Br. VII 205.
    15) S. Br. VII 152 Anm. 15.
    16) Leonardo Navagaioso, venezianischer Richter 1196, 1197, 1200, 1202, 1203, iudex
examinatorum 1213 und 1214. Vgl. Rösch, *Adel*, 95f., 214, vgl. 271f. (Index) zur Familie; *DBI* 32
45 (1986) 456.

Mulin(o)[17], quos ad pedes vestre[o] sanctitatis[o] transmittimus, fecerint, benigne exaudire dignetur vestra sanctitas et effectui mancipare.

203.

Innocenz III. erklärt den Bischöfen, Äbten und Klerikern im Kreuzfahrerheer in Konstantinopel die heilsgeschichtlich-ekklesiologische Bedeutung der Rückkehr 5
der dortigen Kirche unter die römische Obödienz, kassiert die vom venezianischen
Domkapitel der Hagia Sophia auf Grund eines im Kreuzfahrerheer getroffenen
Übereinkommens vorgenommene Wahl des päpstlichen Subdiakons T(homas
Morosini) zum Patriarchen als unkanonisch und bestellt denselben von sich aus
zu diesem Amt. 10

Rom, St. Peter, (1205) Januar 21.

Reg. Vat. 5, fol. 192ʳ—193ᵛ ⟨Nr. 203⟩.
Bréquigny, Diplomata, II/1 619, Nr. 203 = Migne, PL, 215, 512, Nr. 203; Haluščynskyj, Acta
Innocentii, 285, Nr. 68; Seibold, Livland, 15, Nr. 6 (teilweise). — Potth. Reg. 2382; Santifaller,
Lateinisches Patriarchat, 168, Nr. 4. 15

Episcopis et abbatibus ceterisque clericis apud Constantinopolim existentibus[a, 1].

Evangelica docente Scriptura didicimus, quod ascendens Iesus in unam navem, que erat Symonis, rogavit eam reducere a terra pusillum et sedens
Lk 5, 3 docebat de navicula turbas. Sicut per mare seculum ita per navem ecclesia et 20 per rete predicatio designatur. Navis ergo Simonis[b] est ecclesia Petri, que bene dicitur una, quia catholica ecclesia una est, quam Christus commisit
vgl. Mt 16, 18f. Petro regendam, ut unitas divisionem excludat. Ascendit autem Iesus per
vgl. Lk 5, 3 effectum in navem Symonis, cum ecclesiam Petri fecit ascendere, quod a tempore Constantini apparuit evidenter: et ex tunc rogare[c] dignatus est, 25 qui[d] poterat imperare, ut dulcius per preces quam per preceptum induceret,
vgl. Lk 5, 3 quatinus reducerent pusillum navim a terra, hoc est paulatim transferrent ecclesiam a terrena consuetudine ad celestem vel potius a litterali ad spiritua-
Lk 5, 3 lem doctrinam. Et sedens docebat de navicula turbas, quia ex tunc fecit Petrum stabilem sedem habere sive in Laterano sive in Vaticano fecitque 30

[o—o] *Durch Zeichen umgestellt aus* sanctitatis vestre.

[17] Zur der venetianischen Führungsschicht angehörenden Familie da Molino vgl. RÖSCH, *Adel*, 270 (Index).

203. [a] *Adresse am Rande vorgemerkt. Am Rande drei Punkte und ein Kreuz, links am Rande ein senkrechter, gekrümmter Strich zwischen zwei Punkten. Auf fol. 192ʳ längs des Briefes am Rande ein* 35 *senkrechter, z. T. gewellter Strich.*   [b] S- *korr. aus dem Ansatz eines anderen Buchstabens.*
[c] *Migne:* regnare.   [d] *Über der Zeile nachgetragen.*

203. [1] Klerus im Kreuzfahrerheer in Konstantinopel.

illum docere, quia ex tunc in ecclesia Petri ceperunt multiplicari doctores, ut
Leo, Gregorius, Gelasius, Innocentius[2] et alii multi post eos. Cessavit autem
ad tempus loqui, cum sermo predicationis[e] in ecclesia Petri cessavit, non tam   vgl. Lk 5, 4
forte propter indignitatem presulum quam propter malitiam subditorum,
5 iuxta quod Dominus inquit Prophete: «Linguam tuam adherescere faciam
palato tuo et eris mutus nec quasi vir obiurgans, quia domus exasperans est;
cum autem loquutus fuero tibi, aperiam os tuum». Et ideo, ut cessavit loqui,   Ez 3, 26f.
dixit ad Symonem: «Duc in altum et laxate[f] retia in capturam». Tunc ducitur   Lk 5, 4
navis in altum, cum ecclesia in sublimem doctrinam attolitur vel in statum
10 provehitur meliorem.

Utrum autem diebus istis navis sit in altum adducta, malo tacere, ne me
ipsum videar commendare, sed hoc unum audacter affirmo, quia laxavi retia
in capturam. Symon ergo, qui tamquam verus[g] obediens preces magistri
reputat esse preceptum, respondens dixit ad illum: «Preceptor, per totam
15 noctem laborantes nichil cepimus, in verbo autem tuo laxabo rete». Certe nox   Lk 5, 5
adversitatis nimium impedivit, ut, licet predecessores mei plurimum laborarint, ipsi tamen pene penitus nichil ceperint, sed ubi ego in verbo Dei laxavi
rete, conclusimus ego[h] et fratres mei piscium multitudinem copiosam, sive in   vgl. Lk 5, 6
Liuonia convertendo paganos per predicatores illuc directos ad fidem[3], sive
20 in Bulgaria[i] et Blachia reducendo divisos[k] ad unitatem[4], seu etiam in Armenia requirendo diutius derelictos per legatos ad hos populos destinatos[5].   vgl. Lk 5, 6
Quid est autem, quod subditur, «quia rumpebatur eorum rete», nisi * quod   * fol. 192ᵛ
heretici moliuntur predicationem apostolicam enervare, ita quod aliqui pisces de retibus elabuntur? Sed licet aliquantulum invaluerint, non tamen ad
25 ultimum prevalebunt, quia[l] porte inferi non prevalebunt[l] adversum[m] eam.   vgl. Mt 16, 18
Cum autem conclusissent multitudinem piscium copiosam, annuerunt sociis,   vgl. Lk 5, 6
qui erant in alia navi, ut venirent et adiuvarent eos. Alia navis erat Grecorum   Lk 5, 7
ecclesia, que fecit se aliam, cum ab unitate universalis ecclesie se alienare
presumpsit. Et illis quidem innuimus, cum eos per litteras et nuntios nostros
30 monuimus, ut venirent et adiuvarent nos, id est, ut revertentes resumerent
partem sollicitudinis nostre tamquam coadiutores dispensationis nobis iniuncte[6]. Venerunt[n] autem per Dei gratiam, quia postquam diebus istis Con-   vgl. 1Kor 9, 17;
stantinopolitanum imperium a Grecis translatum est ad Latinos, ecclesia   Eph 3, 2; Kol 1, 25
quoque Constantinopolitana rediit ad obedientiam apostolice sedis tamquam

---

35   e) *Migne:* praedictionis.   f) *Migne:* laxa.   g) *Migne:* servus.   h) (er)g(o) *durchgestrichen,
darüber ego. Migne:* ergo.   i) *Über dem* -a *ein Kürzungsstrich ausradiert.*   k) *Migne:* diversos.
l—l) *Fehlt bei Migne.*   m) -s(us) *korr. vielleicht aus* -i.   n) *Am Rande ein Paragraphenzeichen.*

2) Leo I. (440—461), Gregor I. (590—604), Gelasius I. (492—496), Innocenz I. (401—417).
3) Zur Mission in Livland vgl. Br. VII 139 und Roscher, *Innocenz III.*, 198—207; Maccar-
40 rone, *Papi.*
4) S. Br. VII 1—12.
5) Petrus Capuanus und Soffred (s. Br. VII 18 Anm. 14, 222 Anm. 2). Vgl. Maleczek, *Petrus
Capuanus*, 163—171, bes. 166f., 178f.
6) Br. I 353, 354, II 200 (209), 202 (211), V 121 (122).

ad matrem filia et membrum ad caput, ut inter nos et illos societas indivisa
vgl. 1Makk 14, 40 decetero perseveret[7]. Sane fatemur illos fratres, socios et amicos, quia, licet
super eos prelationis officium habeamus, hec tamen prelatio non inducit
dominium sed potius servitutem, iuxta quod Dominus inquit apostolis:
«Principes gentium dominantur eorum et, qui potestatem habent super eos, 5
benefici vocantur; vos autem non sic sed, qui maior est inter vos, erit omnium
Lk 22, 25f. servus et, qui precessor, tamquam[o] ministrator». Unde beatus Petrus aposto-
vgl. 1Petr 5, 3 lus ait: «Non quasi dominantes in clero sed forma facti gregi ex animo».
Venientes ergo socii nostri venerunt et adhuc sunt veniendo venturi, ut
impleatur, quod sequitur: «Et impleverunt ambas naviculas, ita ut pene 10
Lk 5, 7 mergerentur». Certe utraque navicula est implenda, quoniam et ad sedem
Romanam et ad Constantinopolitanam ecclesiam revertentur, qui[p] se[p] ab
utriusque obedientia subtraxerunt, et tunc pene mergetur utraque, quia
vgl. Mt 18, 7 necesse est, ut scandala veniant, sed fidelis est Deus, qui fideles suos temptari
vgl. 1Kor 10, 13 non patitur supra vires. Cum autem hoc viderit Symon Petrus, procidet ad 15
genua Iesu dicens: «Exi a me, quia homo peccator sum, Domine». Stupor
Lk 5, 8f. enim circumdabit eum et omnes, qui erunt cum illo.

Et ego videns, quod iam incipiunt ista compleri, procidere debeo per
vgl. Lk 5, 8 humilitatem et devotionem ad genua Salvatoris, ut pro tanta gratia gratiarum ei[q] referam acciones. Dicere quoque possum, quod, cum sim homo 20
vgl. Lk 5, 8 peccator, indignus sum frui eius presentia tam preclara. Magno quippe stupo-
vgl. Lk 5, 9 re circumdor cum omnibus, qui sunt mecum pro tanti miraculi novitate,
quod diebus istis evenit. Sed ne forte pre[r] nimio stupore confundar, notare
debeo diligenter, quod Iesus inquit[s] ad Symonem: «Noli timere, quoniam ex
Lk 5, 10 hoc iam homines eris capiens», quasi dicat: Pro certo confide, quia postquam 25
ceperis pisces, id est postquam reduxeris Christianos, ex tunc homines ca-
pies, id est Iudeos et paganos convertes. Pisces enim, qui vivunt in aqua,
vgl. Jo 3, 5 Christianos designant, qui ex aqua et spiritu renascuntur; homines autem,
qui vivunt in terra, Iudeos et paganos significant, qui terrenis inhiant et
vgl. 1Kor 15, 47f. inherent. Sed postquam ad obedientiam apostolice sedis omnes omnino re- 30
versi fuerint Christiani, tunc multitudo gentium intrabit ad fidem, et sic
vgl. Röm 11, 25f. omnis Isr(ae)l salvus fiet. Ecce ergo socii nostri veniunt, ut adiuvent nos,
vgl. Lk 5, 7
quia Grecorum ecclesia redit ad obedientiam apostolice sedis, ut eorum ad-
iuta subsidio liberet duas eius sorores, Alexandrinam videlicet et
Ier(oso)limitanam ecclesias, que captive tenentur sub iugo regis Egipti et 35
invite serviunt Pharaoni[8]. Ceterum licet quinque sint patriarchatus in orbe,
Romanus scilicet, Constantinopolitanus, Alexandrinus, Antiochenus et
Ier(oso)limitanus[9], hic tamen tres tantum apostoli nominantur, videlicet

---

[o]) taqua(m).   [p—p]) *Getrennt durch einen Strich ober- und unterhalb der Zeile.*   [q]) *Am Rande
eine Rasur.*   [r]) *Migne:* pro.   [s]) -t *korr. vielleicht aus* -d.   40

[7]) Br. VII 152, 153, 154.
[8]) Seit der Eroberung Jerusalems durch Saladin am 2. Oktober 1187.
[9]) Vgl. *Decretum Gratiani* D. 22 c. 6, 7 (FRIEDBERG, *CorpIC*, I 76).

Petrus, Iacobus et Ioh(anne)s, qui simili perhibentur[t] stupore correcti[t], quia   vgl. Lk 5, 9f.
nimirum tres ex illis specialiter spectant ad Petrum, qui Antiochenam et
Romanam ecclesias consecravit presentialiter per se ipsum, Alexandrinam
vero per Marcum discipulum suum, quem illuc personaliter destinavit. Con-   vgl. 1Petr 5, 13
5 stantinopolitana vero ecclesia specialiter pertinet ad Ioh(ann)em, qui et Grecis predicavit in Asia et apud Grecos fuit Ephesi * tumulatus[10]; ecclesia vero   * fol. 193ʳ
Ier(oso)limitana proprie spectat ad Iacobum sive filium Zebedei, qui primus   vgl. Mt 4, 21; 10, 3;
  Mk 1, 19; 3, 17; 10, 35;
inter apostolos interfectus Ier(oso)limam suo martirio dedicavit, sive filium   Lk 5, 10
  vgl. Apg 12, 2
Alphei, quem apostoli Ier(oso)limorum episcopum ordinarunt. Et ob hoc   vgl. Mt 10, 3; Mk 3,
  18; Lk 6, 15
10 forte[u] tres istos apostolos Iesus assumpsit in montem excelsum seorsum et
transfiguratus est ante eos, nec alienum a ratione videtur, quod, cum propter   vgl. Mt 17, 1f.; Mk 9, 1;
  Lk 9, 28f.
causam predictam Romanus pontifex habeat quinque patriarchales sedes in
Vrbe[v, 11], apud tres tantum illarum sollempniter coronatur[12].

Patet igitur ex premissis, quod socii nostri veniunt, ut adiuvent nos,   vgl. Lk 5, 7
15 quoniam ubi dextera Domini, que glorificata est in virtute, Constantinopoli-   vgl. Ps 117, 16;
  Sir 36, 7
tanum[n] imperium a Grecis transtulit ad Latinos, volentes hii, qui fuerant in
exercitu Latinorum, imperio ipsi de persona idonea providere, de principibus[w] Galliarum imperatorem concorditer elegerunt[13]. Ut autem Veneti, qui
fuerant laboris participes, essent pariter consortes honoris, placuit laicis in
20 communi, ut de clero Venetiarum assumeretur vir idoneus et[x] preferretur
Constantinopolitane ecclesie patriarcha. Cum[n] ergo quidam clerici Uene-
torum fuissent ecclesie sancte Sophie servitio deputati[14], ne acephali sine
capite viderentur[15], de proficiendo sibi pastore tractantes convenerunt in
unum et dilectum filium T(homam), subdiaconum nostrum[16], in patriar-   vgl. Ps 47, 5;
  1Kor 11, 20 u. ö.
25 cham unanimiter elegerunt et confirmationem electionis sue per nuntios
proprios a nobis humiliter postularunt nobili viro .. duce Venetorum[17] per

---

    ᵗ⁻ᵗ) *Migne:* prohibentur stupore correpti.   ᵘ) -t- *korr. aus* -i-.   ᵛ) *Migne:* orbe.   ʷ) -b-
korr. aus einem anderen Buchstaben.   ˣ) e- *auf Rasur, auch davor eine Rasur.*

    10) Vgl. Br. VII 154 S. 265 Z. 28—30 und ebd. Anm. 2.
30   11) S. Giovanni in Laterano, S. Pietro, S. Maria Maggiore, S. Paolo fuori le mura, S. Lorenzo
fuori le mura. Vgl. etwa die Aufzählung in den Digesta pauperis scolaris Albini X 29 (Ed. Fabre–
Duchesne, *Liber Censuum,* II 92a).
    12) Nach dem im Liber politicus des Benedikt von St. Peter (Ed. Fabre–Duchesne, *Liber
Censuum,* II 165a) und, auf diesen zurückgehend, bei Petrus Mallius, *Descriptio Basilicae Vatica-*
35 *nae,* c. 54 (ed. Valentini–Zucchetti 433f.) sowie in den Digesta pauperis scolaris Albini X 1 (Ed.
Fabre–Duchesne, *Liber Censuum,* II 90a) überlieferten Verzeichnis der Feste, an denen der
Papst gekrönt den jeweiligen Gottesdienstort aufsucht oder verläßt, handelt es sich um S.
Giovanni in Laterano, S. Pietro und S. Maria Maggiore.
    13) S. Br. VII 152 Anm. 31.
40   14) Die Venezianer, denen gemäß den Märzverträgen die Patriarchenwahl zustand (s. unten
Anm. 19 und Br. VII 205 S. 362 Z.10—12), richteten zunächst in der Hagia Sophia ein Domka-
pitel ein. Vgl. Santifaller, *Lateinisches Patriarchat,* 114f.
    15) Vgl. *Decretum Gratiani* D. 93 c. 8 (Friedberg, *CorpIC,* I 322).
    16) Thomas Morosini, Mönch in Porto bei Ravenna, 1205—1211 lateinischer Patriarch von
45 Konstantinopel. Vgl. Santifaller, *Lateinisches Patriarchat,* 25—28, und über die Wahl: 26,
Anm. 1; Fedalto, *Chiesa latina,* I 244, 251—254.
    17) S. Br. VII 18 Anm. 1.

sollempnes nuntios suos[18] idem cum instantia requirente. Imperialis quoque
sublimitas per suas nobis litteras[19] supplicavit, ut conventiones[20] inter eum
ac peregrinos ex una parte ipsumque ducem et Venetos ex altera initas ante
debellationem regie civitatis suique sigilli munimine roboratas nos ratas
dignaremur habere ac eas auctoritatis apostolice munimine roborare; scire   5
nos volens, ut eius verbis utamur, quod cum memorato duce ac Venetis
bonam societatem habuerat et fidelem et eos cooperatores probissimos et
efficaces ad honorem Dei et sancte Romane ecclesie ac imperii Constantinopolitani, sicut eorum opera testabantur, invenerat et in futuro desiderabat
habere, cum ad imperii regimen et subventionem Terre sancte ac unitatem   10
ecclesie conservandam utilis et necessaria esset societas eorundem nec sine
societate ipsorum pariter et amore ad honorem Dei et apostolice sedis regi
posset idem imperium competenter. Idem quoque nobis sub verbis eisdem
nobiles viri B(onifatius), marchio Montis ferrati[21], L(udouicus) Blesensis[22]
et .. sancti Pauli[23] comites per suas litteras intimarunt.   15

Nos ergo scriptum conventionum ipsarum eiusdem imperatoris et ipsorum marchionis et comitum sigillis munitum coram nobis perlegi facientes
contineri perspeximus in eisdem, ut clerici partis illius, de qua non contingeret imperatorem assumi, libere sibi eligerent patriarcham. Cum ergo huiusmodi nobis fuisset electio presentata, licet de persona electa ex mora diutina,   20
quam apud sedem apostolicam fecit olim, nos et fratres nostri sufficientem
notitiam haberemus, utpote quam noveramus genere nobilem, honestam
moribus, providentia circumspectam et competenter litteris eruditam, electionem tamen examinavimus iuxta morem et eam invenimus contra formam
canonicam attemptatam, non tam ex eo, quod a multis extitit contradictum   25
et ab aliquibus etiam appellatum[24], etsi postmodum fuerit a contradictione
pariter et appellatione recessum, quam pro eo, quod, cum laicis quantumcumque religiosis disponendi de rebus ecclesiasticis nulla sit attributa facultas[25], auctoritate alicuius principis secularis in Constantinopolitana ecclesia
nec debuerat nec potuerat eligi patriarcha. Sed nec clerici Venetiarum, qui   30
ecclesie sancte Sophie se canonicos electos appellant, in eadem ecclesia ius
habuerant eligendi, cum in ea neque per nos neque per legatos aut delegatos

---

[18] S. Br. VII 202 Anm. 16, 17.

[19] Br. VII 201.

[20] Vertrag vom März 1204: Br. VII 205.   35

[21] S. Br. VII 152 Anm. 17.

[22] Ludwig I., 1191 Graf von Blois und Chartres, vor 1198 Graf von Clermont-en-Beauvaisis, 1204 Herzog von Nicaea, gest. 14. April 1205 vor Adrianopel. Vgl. LONGNON, *Compagnons*,
79—84; *Dict. BF* 6 (1954) 686.

[23] Hugo (IV.), 1174 Graf von Saint-Pol (Saint-Pol-sur-Terroise, Dép. Pas-de-Calais, Picar-   40
die), 1204 Fürst von Demotica, gest. 1205. Vgl. LONGNON, *Compagnons*, 195—197.

[24] Zur Appellation des fränkischen Klerus gegen die Wahl Morosinis vgl. ANDREA, *Devastatio*, 148f.; FEDALTO, *Chiesa latina*, I 244.

[25] Vgl. *Decretum Gratiani* D. 96 c. 1 pr., c. 1 § 6, C. 16 q. 7 c. 24 (FRIEDBERG, *CorpIC*, I 335,
337, 807).   45

nostros fuerint instituti, propter quod electionem ipsam de communi fratrum nostrorum consilio curavimus in publico consistorio reprobare[26]. Verum cum personarum delictum in dampnum ecclesiarum non debeat redundare[27] nec idem subdiaconus in aliquo deliquisset, utpote qui absens fuerat et irrequisi-
5 tus electus, memores precum iamdicti imperatoris, que non solum utilitatem, verum etiam necessitatem innuere videbantur, et eidem ecclesie, cuius ad nos ordinatio specialiter perti*nebat, providere volentes ac sub ea spe Venetis   * fol. 193ᵛ
gratiam exhibere, ut ad obsequium crucis Christi fortius accingantur, ex collata nobis plenitudine potestatis eundem subdiaconum nostrum tamquam
10 membrum apostolice sedis elegimus et confirmavimus eidem ecclesie patriar-cham[28]. Monemus igitur universitatem vestram at(tentius) et per apostolica vobisʸ⁾ scripta mandamus, quatinus, quod nos provida deliberatione statui-mus, vos prompta devotione servetis.

Datum Rome apud sanctum Petrum, XII Kal. Februarii.

15 ## 204.

Innocenz III. ermahnt den Kaiser B(alduin) von Konstantinopel (und den Dogen [Heinrich] von Venedig), den Patriarchen (Thomas) bei seinem Eintref-fen in Konstantinopel zu empfangen, zu ehren und zu schützen.

(Rom, St. Peter, 1205 Januar ca. 21).

20 *Reg. Vat. 5, fol. 193ᵛ ⟨Nr. 204⟩.*
Bréquigny, Diplomata, II/1 622, Nr. 204 = Migne, PL, 215, 517, Nr. 204; Gesta Innocentii, c. 96 (Baluze I 59f.; Gress-Wright 226—229). — Potth. Reg. 2383; Wauters, Table chronologique, III 235; Santifaller, Lateinisches Patriarchat, 168, Nr. 5, 6; Haluščynskyj, Acta Innocentii, 499, Nr. 5.

B(alduino), illustri Constantinopolitano imperatoriᵃ⁾ [1].

25 **P**ostquam dextera Domini, que glorificata est in virtute et cetera utᵇ⁾   vgl. Ps 117, 16;
supraᵇ⁾ usque confirmavimusᶜ⁾ eidemᵈ⁾ ecclesie patriarcham[2]. Monemus igi-   Sir 36, 7

ʸ⁾ *Über der Zeile nachgetragen.*

[26] Über das Unkanonische der Bestimmung über die Patriarchenwahl in den Märzverträ-gen vgl. Santifaller, *Lateinisches Patriarchat*, 112 mit Anm. 1.
30 [27] Vgl. *Decretum Gratiani* C. 16 q. 6 c. 2, p. c. 7 (Friedberg, *CorpIC*, I 798—800).
[28] Innocenz III. weiht Morosini in Rom im März 1205 zum Diakon, Priester und Bischof und verleiht ihm das Pallium. Vgl. *Gesta Innocentii*, c. 98 (Migne, *PL*, 214, CXLIII; Gress-Wright 230f.). Zur Bestätigung Morosinis vgl. den Br. an Ranieri Dandolo vom 8. Februar 1205: *Potth. Reg.* 2407; Dr.: Tafel–Thomas, *Urkunden*, I 534—538.

35 **204.** ᵃ⁾ *Am Rande ein Kreuz und drei Punkte.*   ᵇ⁻ᵇ⁾ *Über der Zeile nachgetragen.*   ᶜ⁾ *Br. VII 203 S. 357 Z. 15—S. 359 Z. 11.*   ᵈ⁾ *Über ei- eine Rasur.*

204. [1] S. Br. VII 147 Anm. 2.
[2] S. Br. VII 203 Anm. 16.

tur imperatoriam dignitatem, consulimus et hortamur, quatinus patriarcham ipsum[e], cum ad Constantinopolitanam accesserit civitatem, benigne
recipias et honores et tamquam episcopum et pastorem anime tue humiliter
venereris et in iustitiis suis et ecclesie sibi commisse manuteneas et defendas,
taliter in terris honoraturus eundem, ut ab eo, cuius minister existit, merearis 5
in celestibus honorari.

Datum ut in alia.

In eundem modum scriptum est nobili viro duci Venetorum[3].

vgl. 1Petr 2, 25

205.

Markgraf B(onifaz) von Montferrat und die Grafen Bald(uin) von Flandern 10
und Hennegau, L(udwig) von Blois und Clermont und H(ugo) von Saint-Pol
schließen mit dem Dogen H(einrich) Dandolo von Venedig, Dalmatien und Kroa-
tien angesichts des bevorstehenden Angriffs auf die Stadt (Konstantinopel) eine
Übereinkunft: über die Verteilung der Beute; die Restituierung aller Vorrechte
und Besitzungen der Venezianer im Kaiserreich; die Wahl eines Kaisers und die 15
Aufteilung des Landes; die Wahl eines Patriarchen und die Aufteilung des
Kirchenbesitzes; die Verpflichtung aller Kreuzfahrer, ein Jahr lang zu bleiben,
um den Bestand des neuen Kaiserreichs zu sichern; die Verteilung und den
rechtlichen Status der Lehen; das Verbot, Feinde der Venezianer innerhalb des
Reiches aufzunehmen; die Verpflichtung beider Parteien, beim Papst darum 20
einzukommen, daß über Zuwiderhandelnde die Exkommunikation verhängt wer-
de; die Beeidung des Vertrags durch den Kaiser und die Möglichkeit seiner
Abänderung nur durch eine vom Dogen und vom Markgrafen zu bestellende
Kommission; die Befreiung des Dogen von jeder eidlichen Verpflichtung gegen-
über dem Kaiser und dem Reich. 25

Im Kreuzfahrerheer vor Konstantinopel, 1204 März.

Reg. Vat. 5, fol. 193ᵛ—194ʳ ⟨Nr. 205⟩.

Bréquigny, Diplomata, II/1 623, Nr. 205 = Migne, PL, 215, 517, Nr. 205; Gesta Innocentii, c. 92
(Baluze I 55f.; Gress-Wright 208—212); Raynaldus, Annales, I 205; Duchesne, Scriptores, V 801f.;
Lünig, Codex Germaniae, II 1911, Nr. 20; RHF XVIII 460; Tafel–Thomas, Urkunden, I 444, Nr. 30
119; Michaud, Histoire des croisades, II 492; Prevenier, Oorkonden, 553, Nr. 267; Hendrickx, πολιτικοὶ
καὶ στρατιωτικοὶ, 28—31; Carile, Storia, 265—268. — Wauters, Table chronologique, III 218;
Haberstumpf, Regesto Monferrato, 52, Nr. 52; Hendrickx, Régestes, 11, Nr. 1.

Vgl. Carile, Partitio, 125—131; ders., Storia, 148—159; Jacoby, Venetian Presence.

---

[e]) ip(su)m *korr. aus* ip(s)am.   35

[3]) S. Br. VII 18 Anm. 1.

In[a] nomine Dei[b] eterni[c], Amen. Nos quidem B(onifatius), Montis ferrati marchio[1], et Bald(uinus) Flandr(ie) et Ayne[2], L(udouicus) Blesen(sis)[3] et Clarimontis, H(ugo) sancti Pauli[4] comites pro parte nostra vobiscum, vir inclite domine H(enrice) Dandule, Venet(ie)[d], Dalmat(ie)[d] atque Crouatie
5 dux[5], et cum parte vestra ad hoc, ut unitas et firma inter nos possit esse concordia, et ad omnem materiam scandali evitandam ipso cohoperante, qui est pax nostra et fecit utraque unum, ad eius laudem et gloriam talem $\qquad$ vgl. Eph 2, 14 duximus ordinem observandum utraque parte iuramento astricta.

In[e] primis omnium armata manu Christi invocato nomine civitatem ex- $\qquad$ vgl. Apg 22, 16
10 pugnare debemus et, si divina auxiliante potentia civitatem intraverimus, sub eorum regimine debemus manere et ire, qui fuerint super exercitum preelecti, et eos sequi[f], secundum quod fuerit ordinatum. Totum quidem avere, quod in civitate inventum fuerit a quolibet, duci debet et poni in commune eo loco, quo fuerit ordinatum, de quo tamen avere vobis et homi-
15 nibus Venet(is) tres partes debent solvi pro illo avere, quod Alexius quondam imperator vobis et nobis solvere tenebatur[6]. Quartam vero partem nobis retinere debemus, donec fuerimus in ipsa solutione coequales. Si autem aliquid residuum fuerit, debemus per medietatem inter vos et nos dividere, donec fueritis apacati. Si vero minus fuerit, ita quod non possit sufficere ad
20 memoratum debitum persolvendum, undecumque fuerit prius avere acquisitum, ex eo debemus dictum[g] ordinem observare; salvis tamen victualibus, que debent observari et dividi tam vestris quam nostris equaliter, ita quod utraque pars possit inde congrue sustentari. Quod autem residuum fuerit, partiri debet in alio avere iuxta ordinem prenominatum.

25 Vos etiam et homines Venet(i) libere et absolute absque omni controversia per totum imperium habere debetis omnes honorificentias et possessiones, quas quondam consuevistis habere, tam in spiritualibus quam in temporalibus, et omnes rationes sive consuetudines, que sunt in scripto[7] et sine scripto.

Debent etiam sex homines eligi pro parte vestra et sex pro nostra, qui
30 iuramento astricti eam personam eligere debent de[h] exercitu, quam credent[i] melius scire tenere et melius posse tenere et melius scire ordinare terram et

---

205. [a]) I- radiert, davor Initiale in Schwarz. Am Rande ein gekrümmter Strich zwischen zwei Punkten, ein Kreuz und drei Punkten. Auf fol. 193[v] längs des Briefes am Rande ein senkrechter, z. T. gewellter Strich.   [b]) -ei auf Rasur, auch darnach eine Rasur: Der Schreiber wollte d(omi)ni p[atris]
35 schreiben. Migne: domini.   [c]) Vor dem e- ein p- radiert (siehe oben Anm. b).   [d]) Die Auflösung der Endung folgt der venezianischen Überlieferung (s. Einleitung XVIIf.). Vgl. Prevenier, Oorkonden, 555, Anm. e.   [e]) Darnach ein -s- radiert.   [f]) se- über der Zeile nachgetragen.   [g]) diccu(m).
[h]) Migne: in.   [i]) Migne: credant.

205. [1]) S. Br. VII 152 Anm. 17.
40 [2]) S. Br. VII 147 Anm. 2.
[3]) S. Br. VII 203 Anm. 22.
[4]) S. Br. VII 203 Anm. 23.
[5]) S. Br. VII 18 Anm. 1.
[6]) Vertrag von Zadar zwischen Alexios IV. und den Kreuzfahrern, Dezember 1202/Januar
45 1203. Vgl. HENDRICKX, Chartes de Baudouin, 68—75, Nr. 2.
[7]) Vgl. POZZA–RAVEGNANI, Trattati con Bisanzio.

imperium ad honorem Dei et sancte Romane ecclesie et imperii et, si fuerint in uno concordes, illum debemus imperatorem habere, quem ipsi concorditer elegerint. Si vero sex in una parte et sex in alia concordaverint, sors mitti debet et, super quem sors ceciderit, debemus pro imperatore habere et, si plures consenserint in una parte quam in[k] alia, illum imperatorem habebimus, in quem maior 5 pars consenserit. Si vero plures partes fuerint quam due, super quem maior pars concordaverit[l], sit imperator. Debet vero iste imperator habere universam quartam partem acquisiti imperii et palatium Blacherne[8] et Buccam leonis[9]. Relique vero tres partes per medietatem inter nos et vos dividantur.

* fol. 194r Sciendum etiam, quod * clerici, qui de parte illa fuerint, de qua non fuerit 10 imperator electus, potestatem habebunt ecclesiam sancte Sophie ordinandi et patriarcham eligendi ad honorem Dei et sancte Romane ecclesie et imperii. Clerici vero utriusque partis illas ecclesias ordinare debent, que sue parti contigerint. De possessionibus vero ecclesiarum tot et tantum clericis et ecclesiis debent provideri, quod honorifice possint vivere et sustentari. Reli- 15 que vero possessiones ecclesiarum dividi et partiri debent secundum ordinem presignatum.

Insuper enim iurare debemus tam ex nostra parte quam ex vestra, quod ab ultimo die instantis mensis Martii morari debemus usque ad annum expletum ad imperium et imperatorem manutenendum ad honorem Dei et 20 sancte Romane ecclesie et imperii. Deinde vero inantea omnes, qui imperio remanserint, ipsi imperatori astringi debent iuramento secundum bonam et rationabilem consuetudinem, et illi, qui tunc imperio remanserint, ut predictum est, iurare debent, quod firmas et stabiles partes et[m] partiones[n], que facte fuerint, habebunt. 25

Est autem et sciendum, quod a nostra et[o] vestra parte duodecim homines vel plures pro parte eligi debent, qui iuramento astricti feuda et honorificentias inter homines[p] distribuere[q] debent[q] et servitia assignare, que ipsi homines imperatori et[r] imperio[r] facere debent, secundum quod illis bono videbitur et conveniens apparebit. Feudum vero, quod unicuique assignatum[s] 30 fuerit, libere et absolute possidere debent de herede in heredem tam in masculo quam in femina et plenam habeant potestatem ad faciendum inde quicquid sue fuerit voluntatis, salvo tamen iure et servitio imperatoris et imperii. Imperator vero reliqua servitia facere debet, que fuerint facienda, preter ea[t], que ipsi facient, qui feuda et honorificentias possidebunt, secun- 35 dum ordinem sibi iniunctum.

---

k) *Über der Zeile nachgetragen.* l) *Davor eine Rasur von zwei Buchstaben (vielleicht* ex). m) *Darnach* r(ati)o(n)es *durch Unterpungierung getilgt.* n) *So auch die Ausfertigung für die Venezianer. Dandulus, Chronicon (RIS XII 327):* pactiones. *Migne:* partitiones. *Vgl. Prevenier, Oorkonden, 558, Anm. b, nach der Abschrift im Archivio di Stato di Venezia, Pacta, I, fol. 151r bis* 40 *152v.* o) *Fehlt bei Migne.* p) *Darnach* i(n)strue(re) *durch Unterpungierung getilgt.* q–q) *Durch Zeichen umgestellt aus* debent distribuere. r–r) *Fehlt bei Migne.* s) -t- *und der erste Schaft des* -u- *korr. aus* -n-. t) preterea.

8) S. Br. VII 152 Anm. 16.
9) Bukoleon, Kaiserresidenz in Konstantinopel. Vgl. JANIN, *Constantinople*, 120f. 45

Statutum est etiam, quod nemo hominum alicuius gentis, que communem guerram vobiscum et successoribus vestris vel populo Venet(orum) habuerit, recipiatur in imperio, donec guerra illa fuerit pacificata.

Teneatur etiam utraque pars ad danda opera bona fide, ut hoc a domino
5 papa possit impetrari, ut, si aliquis contra hanc institutionem ire temptaverit, sit excommunicationis vinculo innodatus^{u)}. Insuper imperator iurare debet, quod firmas et stabiles partitiones et dationes, que facte fuerint, irrevocabiliter habebit secundum ordinem superius dixtinctum. Si vero aliquid in istis omnibus fuerit addendum vel minuendum, in potestate et discre-
10 tione vestra et vestrorum sex consiliatorum et domini marchionis et eius sex consiliatorum consistat.

Sciendum est etiam, quod vos, prefate domine dux, non debetis imperatori, qui fuerit electus, vel imperio ad aliqua servitia facienda iuramentum prestare propter aliquod datum vel feudum sive honorificentiam^{v)}, que vobis
15 debeat assignari; tamen illi vel ille, quem vel quos loco vestro statueritis super hiis, que^{w)} vobis fuerint assignata, debeant iuramento teneri ad omne servitium imperatori^{x)} et imperio faciendum iuxta omnem ordinem superius declaratum.

Datum anno Domini millesimo CC°IIII°, mense Martii, indictione VII.

20   **206.**

Innocenz III. teilt dem Dogen (Heinrich Dandolo) von Venedig mit, daß er dessen mit dem Kaiser B(alduin) von Konstantinopel und den Franken geschlossenen Vertrag nicht bestätigen und dessen Übertretung mit der Exkommunikation belegen könne, da der darin enthaltene Passus über die Aufteilung der Kirchen-
25 *güter (des [Ost-]Römischen Reiches) und die Möglichkeit einer nachträglichen Abänderung des Vertrages durch eine Kommission von Laien für den apostolischen Stuhl unannehmbar sind; weiters lehnt er die Bitte des Dogen, wegen seines Alters von der Erfüllung seines Kreuzzugsgelübdes entbunden zu werden, ab, und trägt ihm auf, die Kirche und ihre Diener zu ehren und zu schützen.*

30   *Rom, St. Peter, (1205) Januar 29.*

Reg. Vat. 5, fol. 194^r—194^v ⟨Nr. 206⟩.
   Bréquigny, Diplomata, II/1 624, Nr. 206 = Migne, PL, 215, 519, Nr. 206; Gesta Innocentii, c. 97 (Baluze I 60f.; Gress-Wright 229f.); Haluščynskyj, Acta Innocentii, 290, Nr. 69. — Potth. Reg. 2398; Bréquigny, Table chronologique, IV 368; Wauters, Table chronologique, III 236; Santifaller,
35 *Lateinisches Patriarchat, 168, Nr. 7; Balladore Pallieri–Vismara, Acta pontificia, 116, Nr. 8; 612, Nr. 403.*

---

^{u)} *Über -o- eine Rasur.*   ^{v)} honorificentia. *Emendiert nach der Ausfertigung für die Venezia-ner. Vgl. Prevenier, Oorkonden, 559, Anm. e.*   ^{w)} *Über dem q- zwei Kürzungsstriche.*   ^{x)} i- korr. *vielleicht aus* -x.

Nobili viro .. duci Venetorum[a, 1].

Venientes ad apostolicam sedem dilectos filios L(eonardum)[b] et
A(ndream), nobiles cives Venetorum, nuntios tuos[2], benigne recepimus et,
que coram nobis proponere curaverunt, audivimus diligenter. In nostra igitur presentia constituti conventiones[3] quasdam inter te ac Venetos ex una 5
parte et karissimum in Christo filium nostrum B(alduinum), Constantinopolitanum imperatorem[4] illustrem, et Francos ex alia[c] concorditer initas asserebant, quas, ne quis violare presumeret, petebant sub pena excommunicationis per sedem apostolicam inhiberi, ut quicumque videlicet veniret decetero contra eas, excommunicationis sententie subiaceret. 10

Super hac autem prima petitione cum fratribus nostris habito diligenti
tractatu tria invenimus, que ipsi petitioni penitus contradicunt. Hoc enim in
conventionibus ipsis capitulum est expressum, ut inter Venetos et Francige-
nas possessiones ecclesiastice dividantur reservata clericis portione, de qua
possint honorifice sustentari. Sane cum ecclesiarum thesauros non sine 15
    * fol. 194ᵛ Crea*toris offensa manus diripuerit violenta, maiorem culpam incurrerent,
qui spoliatas thesauris ecclesias suis possessionibus mutilarent, nec deceret
apostolicam sedem illos hoc modo defendere, qui sic ecclesiasticam offende-
rent dignitatem. Preterea cum ad honorem ecclesie Romane huiusmodi sint
inite pactiones et fere in singulis capitulis hoc expressum, ut ad honorem eius 20
omnia provenirent, nec[d] debuimus nec potuimus[d] confirmare[e], quod contra
iuramentum ab utraque parte communiter prestitum honori sedis apostolice
derogaret. Insuper cum in[f] te ac in sex de consiliariis tuis et nobilem virum
.. marchionem Montis ferrati[5] ac sex de consiliariis suis addendi vel minuendi
sit collata facultas, qualiter in laicorum arbitrio nostram sententiam poneremus 25
mus, ut illi sententiam excommunicationis incurrerent, qui nobis ignotas et
sacris forsan canonibus inimicas constitutiones laicas non servarent? Cumque
dilectus filius T(homas), Constantinopolitanus electus[6], in proximo Constantinopolim sit venturus, non fuerat de possessionibus ecclesie Constantinopolitane ante adventum ipsius aliquid disponendum a laicis vel confirmandum 30
a nobis, quod posset in iuris eius iniuriam et ecclesie sue dispendium redundare[7].

Secundo vero idem nuntii a nobis ex parte tua humiliter postularunt, ut,
vgl. Dt 25, 18; Rt 1, 12 cum sis confectus senio et labore confractus, a voto peregrinationis assumpte

---

206. ᵃ) *Adresse am Rande vorgemerkt. Am Rande drei Punkte und ein Kreuz.*   ᵇ) *Migne:* E. 35
ᶜ) *Migne:* altera.   ᵈ⁻ᵈ) *Auf Rasur nachgetragen.*   ᵉ) co(n-) *über der Zeile nachgetragen.*   ᶠ) *Über
der Zeile nachgetragen.*

206. ¹) S. Br. VII 18 Anm. 1.
   ²) S. Br. VII 202 Anm. 16, 17.
   ³) Br. VII 205. 40
   ⁴) S. Br. VII 147 Anm. 2.
   ⁵) S. Br. VII 152 Anm. 17.
   ⁶) S. Br. VII 203 Anm. 16.
   ⁷) Vgl. *Decretum Gratiani* D. 96 c. 1 pr., § 4; C. 16 q. 7 c. 23, 24 (FRIEDBERG, *CorpIC*, I 335, 337,
807). 45

te absolvere dignaremur, cum nichilominus velis et possis efficaciter procurare, ut ad Terre sancte succursum exercitus naviget signatorum. Nos igitur
attendentes, quod tue circumspectio probitatis, subtilitas vivacis ingenii et
consilii maturitas[g] sanioris exercitui Christiano multum sit imposterum pro-
5   futura, cum imperator predictus et crucesignati studium et sollicitudinem
tuam vehementer extollant[8] et inter homines de tua presertim discretione
confidant, petitioni huiusmodi ad presens non duximus annuendum, ne vel
nobis imputaretur ab aliquo, si hac occasione dissolveretur exercitus in Terre
sancte subsidium preparatus, vel tibi posset ab aliquo derogari, quod non in
10 obsequium Crucifixi assumpseris signum crucis, si tuam et tuorum iam ultus
iniuriam non ulciscereris opprobrium Iesu Christi et debellatis hostibus tuis
hostes fidei negligeres debellare. Verum cum, sicut credimus, crucesignati
adhuc peregrinationis propositum differre proponant et ad solidandum imperium remanere amplius in partibus Romanie[9], circa statum tuum et necessi-
15 tatem exercitus cogitabimus amplius et statuemus dante Domino, quod
viderimus expedire.

Monemus igitur nobilitatem tuam et exhortamur in Domino et per apostolica tibi scripta mandamus, quatinus, cum mundo servieris hactenus et ex
hoc non modicam gloriam fueris assecutus, decetero Domino fideliter servias
20 et non tibi sed eius nomini des honorem, honorans ministros ipsius et ecclesias   vgl. Ps 113, 9
in sua ratione defendens, ut ab eo defendi et protegi merearis, qui nullum
bonum irremuneratum relinquit et nullum malum deserit impunitum; sciturus pro certo, quod, quantum cum honestate nostra poterimus, ad honorem
tuum efficaciter intendemus.

25 Datum Rome apud sanctum Petrum, IIII Kal. Februarii.

207.

*Innocenz III. nimmt die durch den Kardinalpresbyter P(etrus) von S. Marcello
vorgenommene Absolution des Dogen H(einrich Dandolo) von Venedig und der
venezianischen Kreuzfahrer von der Exkommunikation zur Kenntnis.*

30   *(Rom, St. Peter, 1205 Januar ca. 29).*

Reg. Vat. 5, fol. 194ᵛ ⟨Nr. 207⟩.

*Bréquigny, Diplomata, II/1 625, Nr. 207 = Migne, PL, 215, 521, Nr. 207. — Potth. Reg. 2399;
Santifaller, Lateinisches Patriarchat, 168, Nr. 8; Haluščynskyj, Acta Innocentii, 499, Nr. 4; Balladore Pallieri–Vismara, Acta pontificia, 54, Nr. 221.*

---

[g] *Auf Rasur nachgetragen.*

35 [8] S. Br. VII 152 S. 262 Z. 7—10, VII 201 S. 351 Z. 18—24.
[9] S. Br. VII 205 S. 362 Z. 19—21.

Nobili viro H(enrico), duci Venetorum[a, 1].

Per tuas nobis litteras[2] intimasti, quod de mandato dilecti filii P(etri), tituli sancti Marcelli presbyteri cardinalis[3], apostolice sedis legati, tu[b] cum[c] tuis absolutionis beneficium es adeptus. Nos igitur fidem dictis litteris adhibentes te ac tuos reputamus ab excommunicationis vinculo absolutos et, si 5 solita forma ecclesie in vestra fuit absolutione servata, gratum gerimus et acceptum. Alioquin, quod defuit, suppleri volumus et mandamus, ne in persona tua videamur aliquid omisisse, quod in ecclesie preiudicium possit in posterum allegari. Super hoc autem ex responsione cardinalis eiusdem expectamus effici certiores.   10

Datum[d] ut in alia[d].

208.

Innocenz III. teilt dem Kaiser B(alduin) von Konstantinopel mit, daß er die in dem ihm übermittelten Vertrag zwischen den Kreuzfahrern und dem Dogen H(einrich) von Venedig und den Venezianern enthaltenen Bestimmungen über 15 *die Aufteilung der Kirchengüter verwirft, und ermahnt ihn, diese Aufteilung weder vorzunehmen noch zuzulassen. (Er verbietet dem Dogen [Heinrich] von Venedig, dem Markgrafen [Bonifaz] von Montferrat und allen Grafen des christlichen Heeres unter Androhung kirchlicher Strafen, diese Aufteilung vorzunehmen oder zuzulassen, und trägt den Bischöfen und Äbten im Kreuzfahrerheer bei* 20 *Konstantinopel auf, sie mit kirchlichen Strafen daran zu hindern.)*

Rom, St. Peter, (1205) Februar 8.

Reg. Vat. 5, fol. 194[v]—195[r] ⟨Nr. 208⟩.

Bréquigny, Diplomata, II/1 626, Nr. 208 = Migne, PL, 215, 521, Nr. 208; Haluščynskyj, Acta Innocentii, 291, Nr. 70 (teilweise). — Potth. Reg. 2406, 2408; Wauters, Table chronologique, III 237; 25 Santifaller, Lateinisches Patriarchat, 168, Nr. 9; 169, Nr. 10, 11, 13; Haberstumpf, Regesto Monferrato, 53, Nr. 59.

B(alduino), illustri Constantinopolitano imperatori[a, 1].

Qualiter circa negotium dilecti filii T(home), Constantinopolitani electi[2], duxerimus procedendum, per alias litteras[3], quas tue imperiali sublimitati 30

---

207. [a]) *Adresse am Rande vorgemerkt. Am Rande ein Kreuz und drei Punkte.*   [b]) *Korr. aus* cu(m).
[c]) *Außerhalb des Schriftspiegels, wahrscheinlich nachgetragen.*   [d—d]) *Fehlt bei Migne.*

207. [1]) S. Br. VII 18 Anm. 1.
[2]) Br. VII 202 S. 352 Z. 27—29.
[3]) S. Br. VII 18 Anm. 14.   35

208. [a]) *Adresse am Rande vorgemerkt. Am Rande ein Kreuz und drei Punkte.*

208. [1]) S. Br. VII 147 Anm. 2.
[2]) S. Br. VII 203 Anm. 16.
[3]) Br. VII 204.

transmisimus, plenius tibi poterit elucere. Verum quia inter te et peregrinos
ex una parte ac nobilem virum H(enricum)[b] ducem[4] et Venetos ex altera
quasdam pactiones[5] fuisse initas et iuramento firmatas, in scripto conventionum ipsarum tuo et nobilium virorum B(onifatii), marchionis Montis ferra-
5 ti[6], .. Blesensis[7] et .. sancti Pauli[8] comitum sigillis munito, quod coram
nobis perlegi fecimus, perspeximus contineri, per quas, si firmiter servarentur, Constantinopolitana ecclesia non modicum lederetur et derogaretur apostolice dignitati, cum caput expers esse non possit doloris membrorum nec
idem dole*re, quin compatiantur et membra, nos eidem ecclesie, sicut tene-   * fol. 195ʳ
10 mur, volentes[c] adesse[c], supplicationem, quam pro eisdem pactionibus con-
firmandis nobis porrigere procurasti, non duximus admittendam[9]. In eis
namque continebatur expresse, quod inter Francos et Venetos dividi debent
possessiones ecclesiastice reservata clericis portione, de qua possint honorifice sustentari[10]. Cum igitur hoc attemptari non posset sine iniuria Creatoris,
15 iuramentum super hoc prestitum illicitum penitus appareret et posset periurium potius appellari, nisi «salvo apostolice sedis honore» in eodem iuramento fuisset adiectum[d].

Quia ergo honor ecclesie Romane non servaretur illesus, si Constantinopolitana ecclesia, que membrum est sedis apostolice speciale, in[e] mutilatione
20 possessionum suarum sustineat detrimentum, serenitatem tuam rogamus
at(tentius) et monemus et in remissionem tibi tuorum iniungimus peccatorum, quatinus illius intuitu, qui te ad imperium sublimavit, ipsius sponsam
habens propensius commendatam ad divisionem possessionum suarum ullatenus non procedas et ipsas ab aliis dividi non permittas, ut iure ipsius
25 ecclesie illeso, sicut convenit, conservato ab eo preter remunerationem celestem merearis in imperii solio confirmari, cuius sponsam curaveris honorare.
Id autem tanto debes libentius observare, quanto in coronatione tua ex
maiori devotione iurasti, quod in iure suo manuteneres ecclesias et in suis eas
rationibus defensares.

30 Datum Rome apud sanctum P(etrum).

In eundem fere modum nobili viro .. duci Venetorum usque monemus[f],
per apostolica tibi scripta in virtute Dei districtius inhibentes, quatinus ad
divisionem possessionum ecclesiarum procedere non attemptes nec permittas, quantum in te fuerit, id ab aliis attemptari. Alioquin, quia hoc non
35 possumus nec debemus in patientia tolerare, episcopis et abbatibus in exerci-

---

[b]) *Auf Rasur.*   [c—c]) *Durch Zeichen umgestellt aus* adesse volentes.   [d]) *Migne:* abjectum.
[e]) *Über der Zeile nachgetragen.*   [f]) *Oben Z. 21.*

[4]) S. Br. VII 18 Anm. 1.
[5]) Br. VII 205.
40 [6]) S. Br. VII 152 Anm. 17.
[7]) S. Br. VII 203 Anm. 22.
[8]) S. Br. VII 203 Anm. 23.
[9]) S. Br. VII 206.
[10]) Br. VII 205 S. 362 Z. 14f.

tu Christiano apud Constantinopolim existentibus dedimus firmiter in mandatis, ut tam te quam alios, qui ad divisionem ecclesiasticarum possessionum intenderint, ab huiusmodi presumptione[g] cessare per censuram ecclesiasticam sublato cuiuslibet contradictionis et appellationis impedimento compellant et, si fuerit attemptatum, illud faciant per districtionem eandem in statum pristinum revocari.

Datum Rome apud sanctum P(etrum), VI Idus Februarii.

Scriptum est episcopis et abbatibus ipsis super hoc.

In eundem modum nobilibus viris .. marchioni Montis ferrati et universis comitibus exercitus Christiani.

209.

Innocenz III. bestätigt die im Zuge eines von den päpstlichen Legaten, den (Zisterzienser-)Mönchen R(adulf) und P(eter) von Castelnau aus Fontfroide, gegen den Bischof (Nikolaus) von Viviers geleiteten Verfahrens erfolgte Abdankung des Bischofs und befiehlt dem Domkapitel, innerhalb von 8 Tagen einen Nachfolger zu wählen. Andernfalls sollen die Legaten eine geeignete Person bestimmen.

Rom, St. Peter, (1205) Januar 20.

Reg. Vat. 5, fol. 195ʳ—195ᵛ (Nr. 209).

Bréquigny, Diplomata, II/1 627, Nr. 209 = Migne, PL, 215, 523, Nr. 209; Gallia Christiana XVI, Instrumenta 228, Nr. 12; Bernoulli, Acta pontificum Helvetica, I 27, Nr. 37; Villemagne, Bullaire Pierre de Castelnau, 219, Nr. 55. — Potth. Reg. 2380; Bréquigny, Table chronologique, IV 374; Chevalier, Regeste dauphinois, II 9, Nr. 5891.

Capitulo Viuariensi[a, 1].

Accepta[b] Moyses minister Domini cura et sollicitudine totius Isr(ae)litici populi, quia solus laborem non poterat sustinere, de omni populo Isr(a)h(e)l viros[c] Deum timentes elegit, quos principes populi constituit et tribunos, centuriones, quinquagenarios[d] et decanos, ut faciliora tantummodo iudicantes ad Moysen deferrent[e], quod erat gravius vindicandum. Ad illius sane similitudinem vicarius Iesu Christi accepta in Petro plenitudine[f] ecclesiastice potestatis et ecclesiarum omnium sibi sollicitudine incumbente, ut in hiis,

vgl. Ex 18, 18—26; Dt 1, 15—17

vgl. 2Kor 11, 28

---

[g] presuptio(n)e.

209. [a] *Vivar- auf Rasur. Adresse am Rande vorgemerkt. Am Rande drei Punkte. Auf fol. 195ʳ längs des Briefes am Rande ein senkrechter, z. T. gewellter Strich.* [b] *Migne:* Scripta. [c] *Davor eine Rasur.* [d] *Über -ri- eine Rasur.* [e] *Das erste -e- vielleicht auf Rasur.* [f] *Über dem -e Kürzungsstrich ausradiert.*

209. [1] Viviers (Suffr. von Vienne).

que ad Deum pertinent, melius valeat interesse, quosdam in partem sollicitu-   vgl. Ex 4, 16; 18, 19
dinis convocavit iudicio sibi difficilium reservato. Verum quia^{g)} sepe contin-   vgl. Ex 18, 22. 26;
Dt 1, 17
git, quod hii, qui ad regendum et corrigendum alios sunt assumpti, offendunt
graviter et aliis prebent materiam delinquendi, et clamor iniquitatis eorum
5 ad ipsius aures ascendit, cum per se ipsum non possit descendere ac videre,   vgl. Gn 18, 20f.
suos angelos mittit, qui vitia evellant^{h)} et destruant, virtutes edificent atque
plantent quasi membra capiti obsequentes.   vgl. Ir 1, 10

Nos igitur, licet immeriti ad huiusmodi onus disponente Domino evocati,
officii nostri debitum exequi cupientes, quoniam provinciam Viennensem et
10 quasdam alias infectas esse accepimus scabra rubigine vetustatis, dilectos
filios fratrem R(adulfum)²⁾ et fratrem P(etrum) de Castronouo³⁾, monachos
Fontis frigidis, apostolice sedis legatos, ad eas duximus destinandos, ut vice
nostra corrigerent corrigenda, que secundum Deum ordinanda cognoscerent
statuentes. Ipsi vero, sicut per suas nobis litteras intimarunt, ad vestram
15 ecclesiam accedentes, ut iuxta mandati nostri tenorem tam in capite quam in
membris appellatione remota corrigenda corrigerent⁴⁾, a .. quondam episcopo
vestro⁵⁾, vobis et clericis civitatis receperunt corporaliter iuramentum, ut
plenam de ipsius * episcopi et vestris excessibus tam vos quam illi dicerent   * fol. 195^v
veritatem. Tunc vero, cum quidam canonicorum vestrorum multa gravia
20 contra episcopum proposuissent eundem et de eis tum per confessionem ipsius
tum per depositionem testium iuratorum pro parte non modica constaret
eisdem, venerabilis frater noster .. archiepiscopus Viennensis⁶⁾ ad ecclesiam
vestram accedens ipsis legatis humiliter supplicavit, ut non ad depositionem
dirigeretur ipsorum intentio, sed ad ipsius episcopi potius cessionem. At ipsi
25 considerantes, quod hoc utilitati Viuariensis ecclesie potius expediret, cum
dictus episcopus potens esset et nobilis et episcopatus totus periclitari sub ipsius
posset potentia et per eum expensis gravibus onerari causamque in longum
protrahere non sine gravi dampno ecclesiastice honestatis, preces duxerunt
memorati episcopi admittendas, et idem episcopus eiusdem acquiescensⁱ⁾ consilio
30 loco cessit pontificali sibi officio reservato. Eo^{k)} vero cedente, cum vos ad eligendum vobis pastorem velletis in capitulo convenire, ipsi vobis auctoritate apostolica inhibere curarunt, ne in electione attemptaretis procedere, donec per litteras
nostras constaret nos^{l)} approbasse ipsius episcopi cessionem, sicut viri providi et
discreti ardua iudicio sedis apostolice reservantes, eo quod nullus episcoporum
35 loco vel officio potest cedere nisi de licentia sedis apostolice^{m)} speciali⁷⁾.

---

g) *Migne:* quin.   h) *Migne:* evellent.   i) -s *auf Rasur; darnach eine Lücke, mit einem Strich*
ausgefüllt.   k) E- *ist graphisch hervorgehoben.*   l) *Migne:* non.   m) *Am Rande eine Rasur.*

2) S. Br. VII 76 (75) Anm. 3.
3) S. Br. VII 76 (75) Anm. 2.
40 4) Zur religiösen Lage in der Diözese vgl. PONTAL, *Albigéisme*, 270f.
5) Nikolaus, B. von Viviers 1174—1205. Vgl. BABEY, *Pouvoir temporel*, 301.
6) Aynard von Moirans, EB. von Vienne 1195/1196—1204. Vgl. GALLAND, *Archevêchés*, 88f.
7) Vgl. *Decretum Gratiani* C. 6 q. 3 c. 3 (FRIEDBERG, *CorpIC*, I 562); *JL* 14008 (Alexander
III.) = Comp. I 1. 5. 2 = X 1. 9. 1 (*ebd.* II 102).

Verum quia ex pastoris absentia ecclesie vestre periculum non modicum[n]) noscitur imminere, ne tiranni terre ipsius[8]) in patrimonium eiusdem ecclesie libere valeant debachari, nobis humiliter supplicarunt[o]), ut[o]) concedere dignaremur vobis virum idoneum in pastorem.

Nos igitur eorum sollicitudinem et zelum rectitudinis in Domino commen- 5 dantes et, quod ab eis pro utilitate ecclesie vestre super cessione[p]) ipsius factum est, ratum habentes, universitatem vestram per apostolica scripta vgl. Ps 53, 5 precipiendo[q]) mandamus, quatinus solum Deum habentes pre oculis cum consilio predictorum legatorum nostrorum infra VIII dies virum idoneum, qui non tam preesse quam prodesse velit et possit, vobis concorditer ac 10 canonice in pontificem eligatis. Alioquin legatis eisdem nostris damus litteris in mandatis, ut ipsi[r]) ex tunc vobis personam idoneam appellatione remota preficiant in pastorem. Contradictores et cetera.

Datum Rome apud sanctum P(etrum), XIII Kal. Februarii[s]).

210.
15

Innocenz III. trägt dem Legaten P(eter) von Castelnau auf, seinen Auftrag, auch wenn er bisher wenig Erfolg hatte, weiterhin mit Geduld und Ausdauer auszuführen.

Rom, St. Peter, (1205) Januar 26.

Reg. Vat. 5, fol. 195ᵛ—196ʳ ⟨Nr. 210⟩.   20
Bréquigny, Diplomata, II/1 628, Nr. 210 = Migne, PL, 215, 525, Nr. 210; Villemagne, Bullaire Pierre de Castelnau, 64, Nr. 19. — Potth. Reg. 2391; Bréquigny, Table chronologique, IV 374.

Fratri P(etro) de Castro nouo[1]), apostolice sedis legato[a]).

vgl. 1Kor 13, 5 | **D**ebitum caritatis, que non, que sua sunt, querit, exposcit, ut is, qui Rachelem amplectitur contemplationis speculam[b]) ascendendo, in necessita- 25 tis articulo Lie quamvis lippe non refutet amplexus actionis onera subeundo, vgl. Gn 29, 17 quia licet illa sit pulcra, hec tamen est utilis propter gratiam filiorum, sibi et vgl. Gn 29, 31 aliis comodum afferens et profectum. Licet enim Mariae sedenti secus pedes

---

[n]) *Über dem -o- eine Rasur.*   [o—o]) *-r(unt) ut auf Rasur.*   [p]) *Davor eine Rasur von ca. drei Buchstaben.*   [q]) *Über der Zeile nachgetragen.*   [r]) *Migne:* ipsis.   [s]) *Migne fügt hinzu:* anno 30 septimo.

[8]) *Zur Auseinandersetzung der Bischöfe von Viviers mit den großen Adelsfamilien der Gegend, insbesondere den Poitiers-Valentinois, Mcntlaur und Anduze, auf welche sich dieser Passus bezieht, vgl.* BABEY, *Pouvoir temporel, 70—75; Histoire du Vivarais 60—62.*

210. [a]) *Adresse am Rande vorgemerkt. Am Rande ein Kreuz, darüber mit anderer Tinte ein kleiner* 35 *Kreis.*   [b]) *Migne:* speculum.

210. [1]) S. Br. VII 76 (75) Anm. 2.

Domini otium Marthe ministerio preferatur, eo quod sit status ille securior, vgl. Lk 10, 39f.
utpote a secularium strepitu segregatus, activa^{c)} tamen potest utilior iudicari, eo quod sibi prodens^{d)} et aliis tribulationes sustinet et pressuras, per quas
virtutes suscipiunt incrementum, quoniam, sicut ait Apostolus: «Tribulatio
5   patientiam operatur, patientia probationem, probatio spem, spes^{e)} non con- vgl. Röm 5, 3—5
fundit», et plerumque contingit, quod, sicut virtus in infirmitate perficitur et vgl. 2Kor 12, 9
auditui prebet vexatio intellectum, sic eadem ex tranquillitate tepescit. Nam vgl. Is 28, 19
Abel esse renuit^{f)}, quem Chaym non exercet^{g, 2)}, et Dauid, quem bella non vgl. Gn 4, 3—8
vicerant, otium superavit. vgl. 2Sam 11, 1—27
10   Cum igitur exigente neccessitate te a contemplationis otio, quod^{h)} ele-
geras, ad tempus duxerimus evocandum, ut in ministerium missus pro nobis
immo pro Christo legatione fungaris, quatinus obsecres eos reconciliari Domino, quorum mentes angelus tenebrarum excecans a cognitione veri luminis
reddidit alienos, non debes recusare laborem, licet gens, ad quam missus es,
15   dura et incorrigibilis videatur, quia potens est Dominus ex lapidibus Abrahe vgl. Dt 32, 5 u. ö.
filios suscitare. Licet autem adhuc in gentem illam secundum tuam non vgl. Mt 3, 9; Lk 3, 8
profeceris voluntatem, non tamen minorem potes expectare mercedem, quia
Deus non profectum remunerat sed laborem³⁾, iuxta quod Scriptura testatur:
«Reddet Deus mercedem laborum sanctorum suorum», labori non profectui vgl. Weish 10, 17
20   premium repromittens; unde Apostolus non se profecisse plus omnibus glo- vgl. 1Kor 15, 10
riatur, sed plus omnibus laborasse. Quia igitur firmiter speramus in Domino, vgl. 1Kor 3, 6f.
cuius est incrementum prebere, quod labori tuo dabit profectum, devotionem
tuam monemus et exhortamur in Domino per apostolica tibi scripta mandantes, quatinus opportune importune instans, arguens et obsecrans increpando
25   in omni patientia et doctrina opus evangeliste ac ministerium tibi commis- vgl. 2Tim 4, 2
sum studeas adimplere, firmiter sperans in Domino Iesu Christo, quod ipse, vgl. 2Tim 4, 5
* fol. 196ʳ
qui affec*tum tibi prestitit laborandi, ne tuus labor inutilis habeatur, effec- vgl. 1Kor 15, 58;
1Thess 3, 5
tum tribuet et profectum.
    Datum Rome apud sanctum P(etrum), VII Kal. Februarii.

30

211.

*Innocenz III. bevollmächtigt den Abt (Hugo) von Cluny nach dem Vorbild Papst
Coel(estins III.), die von Cluny abhängigen Abteien zu reformieren. Von ihm
über Zuwiderhandelnde verhängte Urteile sollen Gültigkeit haben.*

Rom, St. Peter, (1205) Januar 29.

---

35   ^{c)} *Darnach ein waagrechter Strich als Verbindung zum nächsten Wort.*   ^{d)} *Migne:* profici-
ens.   ^{e)} *Migne fügt hinzu:* autem.   ^{f)} *Migne:* desinit.   ^{g)} *Darnach ein überflüssiger Gemi-*
punctus.   ^{h)} *Migne:* quo.

     ²⁾ Vgl. *Decretum Gratiani* C. 7 q. 1 p. c. 48 § 3, C. 23 q. 4 c. 15 (Friedberg, *CorpIC,* I 587,
903).

40   ³⁾ *Decretum Gratiani* De pen. D. 1 c. 30 § 1, p. c. 87 § 2 (Friedberg, *CorpIC,* I 1165, 1185).

Reg. Vat. 5, fol. 196ʳ ⟨Nr. 211⟩.

Bréquigny, Diplomata, II/1 629, Nr. 211 = Migne, PL, 215, 526, Nr. 211. — Potth. Reg. 2397; Bréquigny, Table chronologique, IV 357; Bernard–Bruel, Chartes de Cluny, V 791, Nr. 4419.

.. Abbati Cluniacensi[a, 1].

(|) **S**olet annuere et cetera usque inclinati, ad exemplar felicis recordatio- 5
nis Cel(estini) pape, predecessoris nostri[2], ut in abbatiis ad Cluniacense monasterium pertinentibus[3] liceat tibi, que secundum Deum et beati Benedicti
regulam et statuta ordinis videris corrigenda, corrigere et ibidem statuere
statuenda liberam tibi contradictione et appellatione ces(santibus) auctoritate presentium concedimus facultatem. Sententiam quoque, quam in contu- 10
maces et rebelles duxeris canonice promulgandam, ratam habentes et
firmam, ipsam faciemus auctore Domino inviolabiliter observari.

Nulli ergo et cetera nostre concessionis [et cetera]. Si quis autem et cetera.
Datum Rome apud sanctum Petrum, IIII Kal. Februarii[b].

212.   15

*Innocenz III. ermahnt den König Ph(ilipp II. August) von Frankreich, gegen
die Häretiker in seinem Königreich entweder selbst vorzugehen oder dieses seinem
Sohn Ludwig oder einer anderen geeigneten Person zu übertragen; Barone
und Grafen zu veranlassen, Proskription und Konfiskation der Güter gegen
Häretiker anzuwenden, und falls irgendein Baron, Graf oder Bürger Häretiker* 20
*aus seinem Bereich nicht vertreibt oder sie gar begünstigt, dessen Besitz einzuzie-
hen und der königlichen Domäne zuzuschlagen; weiters die päpstlichen Legaten,
den Abt (Arnald) von Cîteaux und die (Zisterzienser-)Mönche P(eter) und
R(adulf) aus Fontfroide, zu unterstützen. Dafür gewährt er ihm den Kreuz-
fahrerablaß.*   25

Rom, St. Peter, (1205) Februar 7.

Reg. Vat. 5, fol. 196ʳ—196ᵛ ⟨Nr. 212⟩.

Bréquigny, Diplomata, II/1 629, Nr. 212 = Migne, PL, 215, 526, Nr. 212; Villemagne, Bullaire Pierre de Castelnau, 177, Nr. 46. — Potth. Reg. 2404.

---

211. [a] *Adresse am Rande vorgemerkt. Am Rande die erste römische Briefzählung:* VᶜLXXX. 30
[b] *Migne fügt hinzu:* anno septimo.

211. [1] S. Br. VII 185 Anm. 1.

[2] Papst Coelestin III. am 5. August 1196: *JL* 17420; Dr.: *Bullarium Sacri Ordinis Cluniacensis* 95 = MIGNE, *PL*, 206, 1179, Nr. CCLXXIV.

[3] S. Br. VII 185 Anm. 98—106. Vgl. HOFMEISTER, *Cluny*; PFAFF, *Abteien*, 168—172.   35

Ph(ilippo)[a], illustri[a] regi Francorum[b, 1].

| Ne populus Isr(ae)l in Ier(usa)l(e)m ascenderet Dominum oraturus, Ieroboham filius Nabath in Bethel vitulum aureum statuit adorandum, fanum et altare construens in excelsis compellendo[c] predictum populum ad
5 peccandum. Cum autem sollempnitatem, prout in corde finxerat, fecisset filiis Isr(ae)l et ascendisset super altare, ut adholeret incensum in sermone Domini, vir Dei accessit ad eum, ut ipsum ab huiusmodi scelere revocaret, sed quia idem per prophetam commonitus corrigere noluit, quod commisit, suscitavit postmodum Dominus spiritum Iosie, regis Iuda, qui altare, quod
10 Ieroboam fecerat in Bethel, omnino destruxit et lucum[d], quem plantaverat, ex toto succidit[e].

Ieroboam siquidem imitantes vestigia quidam filii Belial, cum sint lupi rapaces, regnum tuum in vestimentis ovium intraverunt, qui, ut populus renatus fonte baptismatis exuat, quem in ipso baptismate induit Iesum
15 Christum, et in Ier(usa)l(e)m decetero non ascendat, vitulum in Bethel in eos videlicet, quos inhabitaverat Dominus, constituunt adorandum perverso dogmate quasi altari constructo per superbiam in excelsis, super quo immolant oves Christi, quas extrahunt ab ovili. Nos[f] igitur affectu paterno compatientes eisdem et ad lucem ipsos volentes a tenebris, prout ad nostrum
20 officium pertinet, revocare, dilectos filios .. Cist(er)tiensem abbatem[2], P(etrum)[3] et R(adulfum)[4], monachos Fontis frigidi, apostolice sedis legatos, ad illos in sermone Domini duximus destinandos, ut instantes oportune importune arguerent, obsecrarent et increparent eosdem in omni patientia et doctrina. Verum sicut dicti legati per suas nobis litteras intimarunt, idem
25 sanam doctrinam nequaquam[g] recipiunt, sed ad sua desideria coacervantes sibi magistros auribus prurientes a veritate auditum avertunt, in ovile Christi tanto licentius debachantes quanto sibi amputari dextram[h] auriculam non formidant, eo quod gladium, quem Petrus per se ipsum exercet, non metuunt, qui sunt extra ovile Domini constituti. Quia igitur hii, qui laniant
30 vestem inconsutilem Iesu Christi, deteriores[i] sunt Pilati militibus[i], qui tunicam ipsam scindere minime attemptarunt, obturantes quasi aspides aures suas, ne voces sapienter audiant incantantum, expedit quidem[k], ut secularis gladius potestatis, qui ad malefactorum vindictam[l] a regibus et principibus

Marginalia:
vgl. 1Kg 12, 26—13, 34
vgl. 2Kg 23, 15
vgl. Dt 13, 13
vgl. Mt 7, 15
vgl. Gal 3, 27
vgl. 1Kg 12, 27—29
vgl. Job 13, 4
vgl. Jo 10, 1
vgl. 2Tim 4, 2
vgl. 2Tim 4, 3f.
vgl. Jo 10, 12
vgl. Mt 26, 51; Mk 14, 47; Lk 22, 50; Jo 18, 10
vgl. Jo 10, 16
vgl. Jo 19, 23f.
vgl. Ps 57, 5f.
vgl. Lk 22, 38
vgl. 1Petr 2, 14

---

212. [a—a] *Fehlt bei Migne.* [b] *Adresse am Rande vorgemerkt. Am Rande drei Punkte und ein Kreuz,*
35 *über diesem mit anderer Tinte ein kleiner Kreis; außen am Rande ein schiefliegendes Kreuz.*
[c] *copellendo.* [d] *Migne:* locum. [e] *Davor ein Buchstabe (-e-, -c- mit einem kleinen* x *darunter; oder Buchstabe mit Unterlänge) ausradiert.* [f] *Davor ein kleines Paragraphenzeichen.* [g] *Vor der Unterlänge des ersten -q- eine Rasur.* [h] *Korr. aus* dext(er)a(m). [i—i] -s ... militibus *von anderer Hand nachgetragen.* [k] *Fehlt bei Migne.* [l] *Über der Zeile nachgetragen, von anderer Hand (?).*

40 **212.** [1] S. Br. VII 30 Anm. 2.
  [2] S. Br. VII 76 (75) Anm. 1.
  [3] S. Br. VII 76 (75) Anm. 2.
  [4] S. Br. VII 76 (75) Anm. 3.

baiulatur, ad vindicandam evaginetur iniuriam Salvatoris et, qui Domini est,
vgl. Ex 32, 26f.;
Ps 44, 4 accingat gladium super femur, ut cum Iosia evertere properet altare a Iero-
vgl. 2Kg 23, 15 boam inique[m]) constructum et excidere lucum contra prohibitionem Domini
vgl. Dt 16, 21 complantatum. Ut igitur gladium, quem Dominus tibi tradidit, a quo est
vgl. Röm 13, 1 omnis potestas, non videaris sine causa portare, sed patienti capiti compati te   5
vgl. 1Kor 12, 26
vgl. Ps 34, 2 demonstres, oportet, ut apprehensis armis et scuto causam Dei alleges gladiis
apud eos, qui habentes[n]) caudas quasi vulpecule colligatas messes in regno
vgl. Ri 15, 4f.
vgl. Mich 7, 6; Mt
10, 35; Lk 12, 53 Francorum comburere inceperunt, dum pugnant quasi filii contra matrem.

Monemus igitur serenitatem regiam et exhortamur in Domino in remissionem tibi pec(caminum) iniungentes, quatinus, si fieri poterit, per te ipsum 10
vel per carissimum in Christo filium nostrum Lodoicum[o]) natum tuum[5])
aut etiam alium virum idoneum contra prefatas belvas potenter assurgas,
quantum[p]) filiam regis assistentem ad dexteram[q]) sponsi varietate circumad-
vgl. Ps 44, 10 mictam[r]) ut catholicus filius sinceritatis brachiis amplexeris, per exhibitionem operis manifestans; tam comites quam barones, ut illorum bona con- 15
fiscent et proscribant personas, potestate tibi celitus tradita compellendo.
Quoniam autem facinus quos coinquinat equat[s, 6]), cum error, cui non resisti-
* fol. 196ᵛ tur, approbetur, ut par pena facientibus et consentientibus infli*gatur[7]), si
qui comitum vel baronum vel etiam civium huiusmodi sani dogmatis perver-
sores de terra sua noluerint expellere aut eos receptare presumpserint vel 20
fovere, confiscare bona ipsorum et totam terram demanio regio applicare
nullatenus verearis. Ut autem defectus gladii spiritualis per materialem[t])
vgl. Lk 22, 38 accipiat supplementum, memoratis legatis tua regalis sublimitas auxilium
potenter exhibeat et favorem, ut preter hoc, quod ex tam commendabili
opere apud homines consequeris gloriam et honorem, eam obtinere pecca- 25
torum veniam merearis, quam euntibus in Terre sancte subsidium duximus
indulgendam[8]).

Datum Rome apud sanctum Petrum, VII Idus Februarii[u]).

---

m) -q(ue) *auf Rasur, auch darnach eine Rasur von zwei Buchstaben, der zweite ein* -e.   n) *Am
Rande ein kurzer, waagrechter Strich.*   o) *Migne:* Ludovicum.   p) *Migne:* quatenus. 30
q) detera(m).   r) circumadmittam. *Die Emendation schon bei Migne.*   s) *Migne:* aequa.
t) matiale(m).   u) *Migne fügt hinzu:* anno septimo.

5) S. Br. VII 77 (76, 77) Anm. 8.
6) Vgl. *Decretum Gratiani* C. 15 q. 3 c. 4 (FRIEDBERG, *CorpIC*, I 752); Codex 1. 3. 30. 6
(Ed. KRUEGER 22). 35
7) Vgl. *Decretum Gratiani* D. 83 c. 3, C. 2 q. 1 c. 10 (FRIEDBERG, *CorpIC*, I 293, 443).
8) Vgl. Br. I 302 Bd. 1 S. 432 Z. 29—32; I 336 Bd. 1 S. 503 Z. 6—10; II 244 (254)
Bd. 2 S. 469 Z. 9—11; II 258 (270) Bd. 2 S. 496 Z. 13—17; II 259 (271) Bd. 2 S. 500 Z. 30—501
Z. 3.

213.

Innocenz III. trägt dem Bischof (Goswin) von Tournai auf, gegen Kleriker seiner Diözese, die Wucher treiben oder einen anstößigen Lebenswandel führen, gegebenenfalls mit geistlichen Strafen vorzugehen.

5   *(Rom, St. Peter, 1205 Februar ca. 7).*

Reg. Vat. 5, fol. 196ᵛ ⟨Nr. 213⟩.
Bréquigny, Diplomata, II/1 631, Nr. 213 = Migne, PL, 215, 528, Nr. 213. — Potth. Reg. 2402;
Wauters, Table chronologique, III 237.

.. Tornacensi episcopo[a, 1].

10   **D**iligens debet esse cura pastoris, ut in grege sibi commisso morbida non
sit ovis, per quam contagium immineat toti gregi, quia, cum sanguis sanguinem tangat trahatque cortina cortinam[2], sepe prodit malum ex malo et
virtus incrementum[b] recipit a virtute. Accepimus autem, quod in diocesi tua
multi clerici multipliciter sunt infames, quia quidam usuras vel lucrum turpe
15 sectantur, quidam adulterari non timent, quidam in domibus suis publice
focarias secum habent et alia multa committunt, que honestati sunt contra-
ria clericali. Ne igitur mercenarius iudiceris ab illo, cuius gregis sollicitudinem
accepisti, si per negligentiam tuam maculosus appareat, quem a macula   vgl. Jo 10, 12f.
mundare teneris, fraternitati tue presentium auctoritate mandamus, quati-
20 nus ad huiusmodi corrigendos excessus te talem exhibeas, quod in tuo com-
proberis officio circumspectus. Ut autem mandatum apostolicum plenius
exequaris[c], auctoritate tibi presentium indulgemus, ut eos, qui se tibi super
hoc temere duxerint opponendos, per censuram ecclesiasticam valeas coher-
cere.

25   Nulli ergo et cetera nostre concessionis [et cetera]. Si[d] quis autem et
cetera[d].

Datum et cetera ut in alia.

214.

Rechtsauskunft für den Bischof (Goswin) von Tournai: Kirchweihen darf er an
30 *Sonn- und Wochentagen vornehmen.*

                                            (Rom, St. Peter, 1205 Februar ca. 7).

---

213. ᵃ) *Adresse am Rande vorgemerkt.*   ᵇ) i(n)cremtu(m).   ᶜ) *Migne:* exsequeris.   ᵈ⁻ᵈ) *Fehlt*
bei Migne.

213. ¹) Goswin, B. von Tournai (Suffr. von Reims) 1203—1218. Vgl. *Gallia Christiana* III 216f.
35   ²) S. Br. VII 3 Anm. 9.

Reg. Vat. 5, fol. 196ᵛ ⟨Nr. 214⟩.
Bréquigny, Diplomata, II/1 631, Nr. 214 = Migne, PL, 215, 528, Nr. 214. — Comp. III 3. 31.
1; Bern. 3. 37. 1; X 3. 40. 2. — Potth. Reg. 2403; Wauters, Table chronologique, III 237.

Eidem[a, 1].

Tua fraternitas requiri fecit a nobis, utrum tibi dedicationes ecclesiarum
tam diebus Dominicis quam privatis celebrare liceret, super quo tibi breviter
respondemus, quod in diocesi tua tam diebus Dominicis quam privatis ecclesiis dedicationes impendere tibi licet.
Datum et cetera ut in alia.

215.

*Innocenz III. trägt (dem Abt [Hulricus] von Montierneuf, dem Prior von Sainte-
Radegonde und dem Magister G., Domkanoniker von Poitiers,)[1] auf, den Prozeß
zwischen den Johannitern und der Äbtissin (Hersendis) von Notre-Dame(-le-
Ronceray) in Angers um eine domus elemosynaria zu entscheiden.*

Rom, St. Peter, (1205) Februar 8.

Reg. Vat. 5, fol. 196ᵛ ⟨Nr. 215⟩.
Bréquigny, Diplomata, II/1 631, Nr. 215 = Migne, PL, 215, 528, Nr. 215; Delaville le Roulx,
Cartulaire, II 47, Nr. 1212. — Potth. Reg. 2405.

Significaverunt nobis dilecti filii fratres hospitalis Ier(oso)limitani[2], quod,
cum dilecta in Christo filia .. abbatissa sancte Marie And(e)gauensis[3] eos
domo elemosinaria[4], quam per donationem bone memorie R(iccardi), regis
Anglorum[5], fuerunt adepti et aliquamdiu pacifice possederunt, post appellationem ad nos interpositam spoliari fecisset per potentiam laicalem[6] et illam

---

214. [a]) *Adresse am Rande vorgemerkt:* .. Tornacensi episcopo.

214. [1]) S. Br. VII 213 Anm. 1.

215. [1]) Die Adressaten sind dem Br. X 193 (Migne, *PL*, 215, 1297 BC) zu entnehmen: Hulricus,
als Abt von Montierneuf (Cluniazenser-Abtei bei Poitiers) bezeugt 1199—1233 (vgl. *Gallia
Christiana* II 1268); der Prior des Kollegiatkapitels von Sainte-Radegonde in Poitiers; Magister
G., Domkanoniker von Poitiers.
  [2]) Die Johanniter.
  [3]) Hersendis von Sablé, als Äbtissin von Notre-Dame-de-Charité oder le-Ronceray (Benediktinerinnen-Abtei in Angers) bezeugt 1196—1220. Vgl. *Gallia Christiana* XIV 700.
  [4]) „Domus Elemosynaria", von Stephan von Marchais (gest. nach 1187), Seneschall König
Heinrichs II. von England, mit der Augustiner-Chorherrenregel gegründet, von König Richard I.
zur Zeit seiner Gefangenschaft (1193/1194) den Johannitern übertragen. Vgl. Br. X 193 (Migne,
PL, 215, 1298 AB); Delisle, *Actes de Henri II*, Introduction 461.
  [5]) Vgl. Br. VII 43 (42) Anm. 14.
  [6]) Die Äbtissin wendet sich an König Johann von England, dessen Seneschall in Angers,
Wilhelm von Roches, 1200 zugunsten des Klosters entscheidet: Boussard, *Comté d'Anjou*, 183,
Nr. 10.

detineret illicite occupatam, dilectis filiis .. cancellario[7], .. archidiacono[8] et
.. preposito de Armeliaco[9], Carnoten(sibus), scripsimus in hac forma, ut, si res
taliter se haberet, domum ipsam cum fructibus perceptis ex ea amoto exinde
quolibet illicito detentore per censuram ecclesiasticam sublato appellationis
5 obstaculo nominatis fratribus mediante iustitia restitui facerent, in statum
pristinum reducentes, quicquid post appellationem ad nos legitime interpositam invenirent temere attemptatum. Quia vero processum iudicum predictorum, cum post appellationem ad nos legitime interpositam lite non contestata processerint, duximus irritandum, causam ipsam de communi assensu
10 partium vobis duximus committendam[a] per apostolica scripta mandantes,
quatinus partibus convocatis et rationibus hinc inde plenius auditis et cognitis causam eandem appellatione remota fine debito terminetis, facientes et
cetera. Testes et cetera. Nullis litteris veritati et iustitie et cetera. Quod si
non omnes et cetera, duo vestrum [et cetera].
15 Datum Rome apud sanctum P(etrum), VI Idus Februarii.

216.

*Innocenz III. trägt dem Bischof (Wilhelm) von Avranches und den Äbten
(Ansgotus) von La Lucerne und (Tualdus ?) von Montmorel auf, den Prozeß
zwischen Prior und Kapitel von Sainte-Barbe-en-Auge und dem (Groß-)Käm-*
20 *merer W(ilhelm) von Tancarville um einen Gutshof zu entscheiden, falls letzterer
an den Papst appelliert, der befangene ordentliche Richter unrechtmäßig einen
Termin zu seinen Gunsten festgesetzt und sein Bote einen Papstbrief erschlichen
hat.*

Rom, St. Peter, (1205) Februar 10.

25 Reg. Vat. 5, fol. 196ᵛ—197ʳ ⟨Nr. 216⟩.
Bréquigny, Diplomata, II/1 632, Nr. 216 = Migne, PL, 215, 529, Nr. 216. — Comp. III 2. 19.
8; Coll. Dunelm. II 131; Bern. 2. 18. 10; Add. ad Dunelm. IV 67; Coll. Fuld. 2. 23. 12; X 2. 28. 50.
— Potth. Reg. 2412.

---

215. [a] com(m)itteda(m).

30 [7] Vielleicht Peter von Roissy, als Kanzler von Chartres bezeugt 1205—1208. Vgl. MERLET–
MERLET, *Chartres*, 105.
[8] Heinrich von Dangeau, als Archidiakon von Chartres bezeugt 1194—1221. Vgl. *ebd.* 129f.
[9] Hugo von Montmirail, als Propst von Amilly (Dignität des Domkapitels von Chartres)
bezeugt seit 1183, 1194—1202 als Propst von Ingré, zum Teil jedoch noch nach der 1193
35 aufgehobenen Propstei Amilly tituliert. Vgl. *ebd.* 233, 237.

Abrincensi episcopo[1] et .. de Luc(er)na[2] et .. de Montemorell(o)[3] abbatibus, Abrincensis diocesis[a].

Ex insinuatione dilectorum filiorum .. prioris et canonicorum sancte Barbare[4] nobis innotuisse[b] noscatis, quod, cum inter ipsos ex una parte et W(illelmum) camerarium de Tankaruill(a)[5], Rothomagensis diocesis, ex altera super mainerio de Monuill(a) coram .. iudice ordinario[6] non ex delegatione nostra questio verteretur et idem camerarius ad nostram audientiam appellaverit ab eodem, sue appellationi terminum aliquem non prefigens, idem ordinarius, qui causam eiusdem camerarii fovere videbatur latenter, eo quod quidam clericus commensalis suus iamdicti camerarii in eadem causa fuerat advocatus, deceptorie et contra consuetudinem hunc terminum appellationi prefixit, ut ad festum Purificationis beate Marie[7] utraque pars esset ab appellationis prosecutione reversa, licet nobis non potuerit legem imponere, ut eum teneremur infra dictum terminum expedire, cum et secundum * legitimas sanctiones[8] lis, que in consistorium principis speratur inferri, absque dampno more intacta permaneat, donec ipse faciat introduci et a proceribus dirimi iuxta morem. Interim autem nuntius camerarii supradicti preveniens nuntium eorundem nec ipso usque ad legitimum terminum expectato impetravit litteras et recessit. Quia vero fraus et dolus alicui patrocinari non debent[9], discretioni vestre per apostolica scripta mandamus, quatinus, si ita est, partibus convocatis et auditis hinc inde propositis, causam super hiis appellatione remota mediante iustitia[c] terminetis, facientes et[d] cetera[d]. Testes et cetera. Nullis litteris veritati et iustitie [et cetera]. Quod si non omnes hiis exequendis et cetera, tu, frater episcope [et cetera].

Datum Rome apud sanctum P(etrum), IIII Idus Februarii[e].

* fol. 197[r] (margin, line 14)

5 (margin, line 5)
10 (margin, line 10)
15 (margin, line 15)
20 (margin, line 20)
25 (margin, line 25)

---

216. [a] *Adresse am Rande vorgemerkt:* Abrincensi] .. Abrincensi. *Am Rande von einer Hand des 13. Jhs.:* hoc c(apitulum) est Extra de ap(pellatione) *(X 2. 28. 50).*   [b] -sse *vielleicht teilweise auf Rasur.*   [c] *Migne:* iuramento.   [d-d] *Migne ergänzt die Formel.*   [e] *Migne fügt hinzu:* anno septimo.

216. [1] Wilhelm Toloom (Foulon), B. von Avranches (Suffr. von Rouen) 1197—1210. Vgl. *Dict. HGE* 5 (1931) 1248.
[2] Ansgotus, als Abt von La Lucerne (Prämonstratenser-Abtei, Diöz. Avranches, ht. Coutances, Dép. Manche) 1157—1204 bezeugt. Vgl. *Gallia Christiana* XI 558; Backmund, *Monasticon Praemonstratense*, III 28; Ardura, *Abbayes*, 361.
[3] Vielleicht Tualdus, als Abt von Montmorel (Augustiner-Chorherrenstift, Diöz. Avranches, ht. Coutances, Dép. Manche) um 1200 bezeugt. Vgl. *Gallia Christiana* XI 537.
[4] Prior von Sainte-Barbe-en-Auge (Augustiner-Chorherrenstift, Diöz. Lisieux, ht. Bayeux, Dép. Calvados). Als Prioren sind bezeugt: Galterus ca. 1195, Wilhelm (II.) 1209—1210. Vgl. *Gallia Christiana* XI 859.
[5] Wilhelm (III.), Graf von Tancarville (Dép. Seine-Inférieure), Großkämmerer der Normandie, aus der Familie der Gründer des Stiftes (*RHF* XIV 498—506; vgl. Sauvage, *Chroniques Sainte-Barbe-en-Auge*). Vgl. Deville, *Histoire*, 130—135.
[6] Sehr wahrscheinlich der Erzbischof von Rouen, damals Walter von Coutances (vgl. Br. VII 31 Anm. 1).
[7] 2. Februar.
[8] Novellen 23. 2 (Ed. Schoell–Kroll 188); *Decretum Gratiani* C. 2 q. 6 c. 41 § 2 (Friedberg, *CorpIC*, I 481).
[9] Vgl. Br. VII 15 Anm. 5.

217.

Innocenz III. trägt dem Abt (Galcherus) von Molesme auf, ihm unterstehende Mönche, welche Papstbriefe über ihre Betrauung mit Prioraten auf Lebenszeit vorweisen, wegen der Fälschung oder Erschleichung von Papsturkunden zu be-
5 *strafen.*

Rom, St. Peter, (1205) Februar 9.

Reg. Vat. 5, fol. 197ʳ ⟨Nr. 217⟩.
Bréquigny, Diplomata, II/1 633, Nr. 217 = Migne, PL, 215, 530, Nr. 217. — Comp. III 1. 2. 1;
Bern. 1. 4. 1; Coll. Fuld. 1. 2. 15; X 2. 30. 6. — Potth. Reg. 2409.

10 **.. Abbati Molismensi**[a, 1].

Porrecta nobis ex parte tua petitio continebat, quod plures ex monachis tuis, qui prioratibus presunt, a nobis super ipsis prioratibus, coad vixerint, possidendis confirmationis litteras se asserunt impetrasse, quarum occasione bona ipsorum prioratu(um) distrahunt et consumunt, asserentes se tibi coad 15 prioratus illos nulla ratione subesse. Cum igitur a cancellaria nostra non credamus huiusmodi litteras emanasse, discretioni tue per apostolica scripta mandamus, quatinus illos, qui tales litteras exhibuerint, in quibus prioratus tamquam monachis confirmantur eisdem, punias tamquam falsitatis[b] actores[c]. Si vero in eis non sit mentio prioratus vel monachatus, illas tamquam 20 tacita veritate surreptas denunties non valere.

Datum Rome apud sanctum Petrum, V Idus Februarii.

218.

Innocenz III. bestätigt dem neugegründeten Priorat Val-des-Choux die Regel und nimmt es mit seinen Besitzungen in den päpstlichen Schutz.

25 *Rom, St. Peter, (1205) Februar 10.*

Reg. Vat. 5, fol. 197ʳ ⟨Nr. 218⟩.
Bréquigny, Diplomata, II/1 633, Nr. 218 = Migne, PL, 215, 531, Nr. 218. — Potth. Reg. 2410;
Bréquigny, Table chronologique, IV 358.

---

217. [a] *Adresse am Rande vorgemerkt. Am Rande von einer Hand des 13. Jhs.:* hoc c(apitulum) est 30 Extra de confirmatione utili *(X 2. 30. 6).* [b] *Auf Rasur.* [c] ac- *und* -or- *auf Rasur. Migne:* auctores.

217. [1] Galcherus (I.), Abt von Molesme (Ben.-Abtei, Diöz. Langres, Dép. Côte d'Or) 1197 bis 1209. Vgl. Roussel, *Langres*, III 36.

.. Priori et fratribus Vallis Caulium[a, 1)].

Solet anuere et cetera usque impertiri. Ex litteris sane venerabilis fratris nostri G(uidonis), electi Remensis[b, 2)], accepimus, quod, dum transiret per diocesim Lingonensem[3)], vos invenit in Valle caulium novellam institutionem ordinis assumpsisse, de cuius meritis diligenter inquirens, nil in eo nisi religio- 5 sum comperit et honestum. Invenit siquidem, prout heedem littere contine- bant, quod inter vos unus monachorum, quem vos, filii monachi, eligetis, debeat esse prior, cui omnes monachi videlicet et conversi, quorum societas vicesimum numerum non transcendet, tamquam[c)] spirituali patri reverenti- am et obedientiam curabitis exhibere. Nullus vestrum proprium possidebit. 10 In conventu singulis diebus missa et hore canonice cantabuntur. Privatas quoque missas[d)], qui voluerint, celebrabunt. Capitulum tenebitis omni die, facturi duodecim lectiones temporibus constitutis. Simul laborabitis et simul in refectorio comedetis carnibus et sagimine non utentes. Prior vobiscum in eodem refectorio comedet simili cibo et veste contentus. A festo Resurrectio- 15 nis Dominice usque ad Exaltationem sancte Crucis bis comedetis in die, residuum temporis sub ieiuniorum abstinentia[e)] transcursuri, pane, aqua et uno pulmento contenti sexta feria existentes. In die Nativitatis Dominice non ieiunabitis nec sexta feria in estate, ubi festum intervenerit[f)] duodecim lectionum. Vivetis de redditibus silentium servaturi, femine interiores termi- 20 nos non intrabunt nec vos exteriores excepto priore nisi causa ordinis trans- cendetis. Prior tamen, si occupatus fuerit vel egrotans et urgens necessitas vel evidens utilitas postularit, poterit unum, quem voluerit, destinare. Cilicia induetis ad carnem, eos, qui ferre non poterunt, non cogentes. Lineas et canabinas vestes nullatenus induetis, grosse lane vestes non tinctas et pelli- 25 cias habituri. Cum tunicis, cingulo et caligis omnes iacebitis et preter hec vos, filii monachi, cum cuculla nusquam et numquam super culcitris quiescentes. Erunt[g)] novitii vestri in probatione per annum, et vos, filii monachi, a matu- tinis[h)] usque ad horam laboris et a vesperis usque ad occasum solis lectioni, orationi et contemplationi vacabitis exceptis, quos prioris discretio pro ali- 30 qua certa et necessaria causa duxerit retrahendos.

Nos autem vestris iustis postulationibus annuentes personas vestras et locum, in quo divino estis obsequio mancipati, cum omnibus, que impresen- tiarum rationabiliter possidetis aut in futurum concessione pontificum, largi- tione regum et cetera usque suscipimus. Specialiter autem ordinem ipsum 35

---

218. [a)] *Adresse am Rande vorgemerkt. Am Rande ein Kreuz.* [b)] *Darnach eine Rasur eines Buch- stabens.* [c)] taq(u)a(m). [d)] *Über dem* m- *vielleicht ein Kürzungszeichen durchgestrichen.* [e)] *Über dem* a- *eine Rasur.* [f)] *Migne:* intervenit. [g)] E- *korr. vielleicht aus* S-. [h)] *Das zweite* -i- *korr. aus* -t-.

218. [1)] Guido, Viard, Konverse aus der Kartause Lugny, gründet 1193 das Priorat Val-des- 40 Choux (Diöz. Langres, Dép. Côte d'Or); Prior bis ca. 1210, gest. 1213. Vgl. ROUSSEL, *Langres,* III 62f.

[2)] S. Br. VII 46 (45) Anm. 15 und Br. VII 116.

[3)] Langres.

provida deliberatione de assensu episcopi diocesani statutum auctoritate apostolica confirmamus et cetera usque communimus.

Nulli ergo et cetera nostre protectionis et confirmationis [et cetera]. Si quis autem et cetera.

5 Datum Rome apud sanctum P(etrum), IIII Idus Februarii[i].

219.

Innocenz III. befiehlt dem Bischof (Gregor) von Aquino, im langwierigen Rechtsstreit um die Güter des verurteilten Ehemannes der R. aus S. Germano zwischen dieser und ihrem Schwager R. de Georgio eine neuerliche Untersuchung 10 *durchzuführen und gegebenenfalls den Ansprüchen der Frau stattzugeben.*

Rom, St. Peter, (1205) Februar 12.

Reg. Vat. 5, fol. 197ᵛ ⟨Nr. 219⟩.

Bréquigny, Diplomata, II/1 634, Nr. 219 = Migne, PL, 215, 532, Nr. 219. — Comp. III 3. 17. 2; Bern. 3. 18. 3; Coll. Fuld. 3. 15. 2; X 3. 21. 5. — Potth. Reg. 2414.

* fol. 197ᵛ

15 ### * .. Episcopo Aquinati[a, 1].

Ex litteris tue fraternitatis accepimus, quod, cum causam, que vertitur inter R. de Georgio et R. mulierem de sancto Germano[2], tibi duxerimus committendam, cum fere per biennium studuisses, ut eadem causa concordia finiretur, partibus non acquiescentibus ascitis viris prudentibus predicte cau- 20 se meritis diligentius examinatis idem negotium de prudentum consilio ad nostram duxisti presentiam remittendum, ea maxime ratione, quia videtur hoc ad regium iudicium specialiter pertinere[3].

Siquidem probatum est evidenter, quod pro facinore a marito predicte mulieris commisso eo fugam petente tam frater mariti — prefatus videlicet 25 R. — quam ipsa mulier licet minus iuste ab R(oberto), comite Cas(er)tano[4], tunc regio iustitiario, capti fuerint et de ipsius mandato omnium bonorum[b] delinquentis[c] fuit facta[d] distractio et soluta est pecunia mercatori, qui a

---

[i]) *Migne fügt hinzu:* anno septimo.

219. [a]) *Migne:* Aquitani. *Adresse am Rande vorgemerkt:* .. episcopo] episcopo. *Am Rande von einer* 30 *Hand des 15./16. Jhs.:* hoc c(apitulum) est Extra de pigno(ribus) *(X 3. 21. 5).* [b]) *Migne:* hono- rum. [c]) *Kürzungsstrich über dem ersten -i- vielleicht durchgestrichen.* [d]) f- *nachträglich eingefügt.*

219. [1]) Gregor, als B. von Aquino (Suffr. von Capua) bezeugt 1195—1205. Vgl. Kamp, *Kirche und Monarchie,* I 145f.

[2]) S. Germano, ht. Cassino, Prov. Frosinone.

35 [3]) Des Königs von Sizilien, vielleicht mit einem Hinweis auf die Dekretale Papst Alexanders III. *(JL 14002)* = Comp. I 4. 18. 7 = X 4. 17. 7 (Friedberg, *CorpIC,* II 712). Der Papst fungiert hier demnach als Verweser des Königreichs Sizilien.

[4]) Robert de Lauro, Graf von Caserta 1163—1183, Großjustiziar von Apulien und der Terra di Lavoro 1171—1183. Vgl. Kamp, *Kirche und Monarchie,* I 186f.

marito dicte mulieris vulneratus fuerat et rebus propriis spoliatus. Per predictum autem R. illorum bonorum venditio facta fuit de mandato tamen
iustitiarii antedicti, sed quedam possessiones penes eundem R. mulieris[e]
sororium remanserunt, quas idem R.[e] de mandato curie retinuit, soluta pro
eis pecunia mercatori, quia[f] emptor alius, sicut dicit, propter possessionum 5
minutias non extabat. Pars vero mulieris firmiter allegabat, quod, cum dos
omnibus creditoribus preferatur[5] et omnia bona mariti eidem mulieri propter dotem fuerint obligata, cum mulier in hoc non fuisset culpabilis, dotem
suam admittere non debebat, propter quod estimationem eius instantius
petebat sibi conferri vel in possessiones, que mariti fuerant, ex officio delega- 10
tionis induci, asserens culpam viri sui nequaquam sibi de iure debere nocere[6].
Pars autem viri econtrario respondebat, se non debere ipsi super hiis aliquo-
modo respondere, quia nichil voluntate vel auctoritate sua distractum fuerat[g] de bonis mariti mulieris ipsius, sed fiscus ea capi fecerat et mandaverat
distrahenda, quod et testium assertione probavit. Sane cum pars mulieris 15
diceret de possessionibus viri sui aliqua remansisse, que distracta non fuerant, et ex eis sibi satisfieri postularet, ab utroque studiosius inquisisti, quanta fuisset pecunia, que soluta fuerat mercatori, et ex confessione tibi constitit[h] utriusque, quod de immobilibus usque ad viginti quatuor uncias auri
alienatum extiterat, sed prescriptus R. dicebat se decem et otto uncias illis 20
viginti quatuor unciis addidisse et quadraginta duarum unciarum auri com-
plevisse numerum mercatori. Allegabat quoque predictus R., quod, cum
quinque filii essent unius patris et omnes in bonis paternis succederent, facta
estimatione totius hereditatis non proveniebat ad maritum mulieris ipsius de
hereditate paterna, quod ultra viginti quatuor uncias auri valeret. 25
    Quia vero ad nos eadem causa remissa non fuit sufficienter instructa nec
nobis constitit, utrum decem libras Tarenorum[i, 7], quas petebat[k], mulier
dedisset[l] in dotem aut idem R. aliquid possideat de bonis pertinentibus ad
fratrem suum, virum mulieris predicte, nec potuissemus examinationi cause
insistere, tum quia in presentia tua renuntiatum fuerat allegationibus et 30
probationibus, sicut dicis, tum quia idonei et sufficientes ad nostram presentiam non venerant responsales, eandem causam tuo duximus examini remit-
tendam, per apostolica tibi scripta precipiendo mandantes, quatinus, si tibi
constiterit ex hiis, que in presentia tua fuerunt proposita et probata, quod
mulier, quantum dicit, viro dedisset in dotem et predictum R. de bonis fratris 35
aliqua possidere, cum mulieribus favor multus in recuperandis dotibus de-

---

[e—e] *Am Rande nachgetragen. Auslassungszeichen zuerst irrtümlich vor* R. *begonnen und*
ausradiert. [f] *An der Unterlänge des* q- *Kürzungsstrich ausradiert.* [g] *Korr. aus* fuerit.
[h] *Migne:* consistit. [i] -a- *korr. aus einem anderen Buchstaben.* [k] *Migne:* patebat. [l] -t *über*
der Zeile nachgetragen. 40

[5] Vgl. Codex 8. 17. 12. 1, 4 (Ed. KRUEGER 343).
[6] Vgl. Codex 4. 12. 2 (Ed. KRUEGER 154).
[7] Eine süditalienische Goldmünze, von der dreißig auf die Unze gerechnet wurden. Vgl.
SPUFFORD, *Handbook*, 59.

beatur[8]) et cautum etiam[m]) sit in iure, quod propter maleficium viri mulier
remanere non debeat[n]) indotata[9]), cum etiam bona viri mulieri pro dote tacite
obligata cum suo onere transiverint ad quemlibet possidentem[10]), predictum
R. eidem mulieri ad restitutionem dotis eatenus appellatione remota con-
5 dempnes, quatenus de bonis prefati fratris sui noscitur possidere.

Datum Rome apud sanctum P(etrum), II Idus Februarii.

220.

Innocenz III. stellt fest, daß der Fürst L(lywelyn) von Nord-Wales die Tochter
des Fürsten (Reginald) der Insel (Man) nicht heiraten dürfe, da sie bereits mit
10 *seinem Onkel R(hodri) vermählt war, und trägt den Bischöfen (Eustach) von*
Ely, (Johannes) von Norwich und (Rainer) von St. Asaph auf, eine etwa bereits
geschlossene Ehe zu trennen.

Rom, St. Peter, (1205) Februar 17.

Reg. Vat. 5, fol. 197^v—198^v ⟨Nr. 220⟩.

15   Bréquigny, Diplomata, II/1 635, Nr. 220 = Migne, PL, 215, 534, Nr. 220. — Potth. Reg. 2416;
Bliss, Calendar, I 19; Storm, Regesta Norvegica, I 32, Nr. 187; Cheney, Calendar, 600; Gunnes,
Regesta Norvegica, I 316, Nr. A28.

.. Eliensi[1]), .. Norwicensi[2]) et .. de sancto Asaph[3]) episcopis[a]).

Cum olim dilectus filius nobilis vir .. princeps Norwalie[4]) a nobis humiliter
20 postulasset, ut de nostra sibi permissione liceret filiam nobilis viri .. principis
Insularum[5]), quam se asseruit subarasse, ducere in uxorem non obstante,
quod .. patruo eius[6]) eadem mulier infra nubiles annos fuerat desponsata,
cum neuter eorum transduxisset eandem, bone memorie .. Mannensi episcopo[7]) et dilectis filiis .. archidiacono Bangorensi[b, 8]) et .. priori de Insula

25   ^m) *Über der Zeile nachgetragen.*   ^n) *Migne:* debet.

^8) Vgl. Codex 8. 17. 12. 8 (Ed. Krueger 344).

^9) Vgl. Codex 4. 12. 2, 8. 17. 12. 3 (Ed. Krueger 154, 343).

^10) Vgl. Codex 8. 27. 12 (Ed. Krueger 346).

220. ^a) *Adresse am Rande vorgemerkt:* Eliensi] Heliensi.   ^b) *Fehlt bei Migne.*

30 **220.** ^1) S. Br. VII 15 Anm. 1.

^2) Johannes von Gray, B. von Norwich (Suffr. von Canterbury) 1200—1214. Vgl. Fryde–
Greenway–Porter–Roy, *Handbook*, 261.

^3) Rainer, B. von St. Asaph (Suffr. von Canterbury) 1186—1224. Vgl. *ebd.* 295.

^4) Llywelyn ap Iorwerth, Fürst von Gwynedd (Nord-Wales) 1195—1240. Vgl. *ebd.* 51.

35   ^5) Reginald I., König der Insel Man 1187—1226, 1228, ermordet 1229. Vgl. *ebd.* 63.

^6) Rhodri ap Owain, Fürst von West-Gwynedd 1175—1195, Onkel Llywelyns. Vgl. *ebd.* 51;
Lloyd, *Wales*, II 766.

^7) Michael, B. von Man (Suffr. von York) ca. 1193—1203. Vgl. Munch, *Chronica Regum*
Manniae, 15, 141.

40   ^8) Archidiakon von Bangor (Diöz. Bangor, Gft. Gwynedd, Wales).

*fol. 198ʳ Glannoc^c, 9) sub certa forma causam ipsam commisimus terminandam^10). *
Partibus itaque in predictorum iudicum presentia constitutis, sicut ipsi per
suas nobis litteras intimarunt, per testes eius constitit evidenter, quod prefata puella octo annis expletis ab L(ewelino), principe Norwalie, tam suo quam
suorum assensu^d) parentum fuerat subarrata, sed eo ex neccessitate ipsam^e) 5
transducere differente eiusdem L(ewelini) patruus ipsam sine consensu eius
postmodum desponsavit^f), qui ea nequaquam carnaliter cognita viam fuerat
vgl. Jos 23, 14; universe carnis ingressus. Iudices ergo prefati communicato prudentum vi-
1Kg 2, 2 rorum consilio predicto Norwalie principi auctoritate apostolica concesserunt, ut puellam desponsaret eandem, ne discordia inter ipsum et parentes 10
puelle olim exorta et tunc sopita iterum oriretur.

Nos igitur eorundem sententiam, nisi aliud rationabile quid obstaret, volentes firmitatem debitam obtinere, dilectis filiis .. abbati de Hab(en)tun'^g, 11),
.. priori de Henli^12) et magistro M. canonico de Derlicton'^h), Bangorensis dioce-
sis^13), dedimus in mandatis^14), ut ipsam facerent appellatione remota per 15
censuram ecclesiasticam firmiter observari. Abbas vero predictus et coniudices sui propter conditionem in litteris nostris expressam super matrimonio
illo^15), sicut in eorum litteris perspeximus contineri, studiose ac sollicite receptis testibus veritatem inquirere curaverunt. Habitis ergo quatuor produc-
tionibus testium et redactis in scriptis depositionibus eorundem ea, que ad 20
decisionem cause credebant sufficere, de utriusque partis assensu nobis transmittere curaverunt, ut nobis rei veritas eluceret et consuleretur conscientie
principis supradicti, qui priores iudices et presertim archidiaconum et priorem dicebat iuris ignaros et litteras nostras per falsam suggestionem obten-
tas; nec se credebat cum eadem puella posse salvari, que patruo eius tradita 25
in uxorem in uno lecto sepius fuerat cum eodem^16).

---

c) *Migne:* Glannav.   d) *Über -u Kürzungsstrich durchgestrichen.*   e) *Über der Zeile
nachgetragen; am Rande ein kurzer, schräger Strich.*   f) *Mit anderer Tinte korr. aus
dispensav(it).*   g) *Zur Schreibweise vgl. Br. VI 47 Anm. a. Migne:* Abenton.   h) *Migne:
Berlinton.* 30

9) Prior der Isle of Glannach (Priestholme, ht. Puffin Island, Ynys Seiriol, Gft. Gwynedd).
Vgl. Knowles–Hadcock, *Medieval Religious Houses,* 171.

10) Br. II 224 (233).

11) Abt von Aberconwy (Zist.-Abtei, Diöz. Bangor, Gft. Gwynedd, Wales). Vgl. Cheney,
Calendar, 469; Knowles–Hadcock, *Medieval Religious Houses,* 107. 35

12) Prior von Bardsey (Ben. [?]-Priorat, Diöz. Bangor, Gft. Gwynedd). Zu unbekanntem
Zeitpunkt, vielleicht im 13. Jh., wurde Bardsey ein Augustinerpriorat. Vgl. Cheney, *Calendar,*
469; Knowles–Hadcock, *Medieval Religious Houses,* 126.

13) Kanoniker von Beddgelert (Augustinerpriorat von Chertsay, Diöz. Bangor, Gft.
Gwynedd). Vgl. Cheney, *Calendar,* 469; Knowles–Hadcock, *Medieval Religious Houses,* 127. 40

14) Br. VI 47.

15) Wohl die Klausel „nisi aliud rationabile quid obsistat". S. Br. VI 47 Bd. 6 S. 70 Z. 18
und oben Z. 12.

16) Bereits vor dem 15. Oktober 1204 hatte König Johann von England Llywelyn die Hand
seiner Tochter Johanna versprochen (Hardy, *Rotuli litterarum clausarum,* I 12a), welche dieser 45
im Frühjahr 1205 heiratete (vgl. Lloyd, *Wales,* II 616f.); er war daher nunmehr an einem
gegenteiligen Ausgang des Verfahrens interessiert. Vgl. Pryce, *Native Law,* 84—86.

Nos igitur depositionibus testium diligenter inspectis probatum invenimus per easdem, quod idem L(ewelinus) puellam ipsam ducturum se iuraverat in uxorem, sed nec ipsam transduxerat nec probabatur[k] per testes, quod benedictus fuerit aut in una terra fuerit cum eadem, utpote quorum terras mare medium
5 dividebat. In actis quoque iudicum perspeximus contineri, quod sufficientibus testimoniis probatum fuerat coram ipsis octo annorum fuisse puellam, quando idem L(ewelinus) eam iuraverat se ducturum. Cumque pater puelle filiam suam in Norwaliam ad statutum terminum ducere distulisset, idem L(ewelinus) sororem nobilis viri .. comitis Cestrie[l, 17] sine contradictione qualibet circa finem
10 illius anni duxerat in uxorem et R(othericus) patruus eius puellam desponsaverat memoratam et post annum in facie ecclesie cum illa contraxerat et a principio Maii usque ad festum beati Viti martiris[18], quotiens ei placuit, in eodem lecto iacuerat cum eadem et in Waliam fuerat elapso tempore aliquanto reversus. Ceterum transacto secundo anno a tempore desponsationis, primo
15 vero a tempore nuptiarum, in Manniam rediens pacifice cohabitavit uxori et eam secum per terram et mare deduxit, sed ea tandem sub parentum cura relicta in Waliam rediit ibique fuit viam universe carnis ingressus. Ex dictis vgl. Jos 23, 14; 1Kg 2, 2 igitur testium collegerunt iudices supradicti, quod predictus R(othericus) puellam eandem a tempore desponsationis habuerat per triennium et tres
20 menses, sed per biennium duos menses et dies quindecim a tempore nuptiarum. Fuit autem diversitas inter testes, cum quidam ex eo, quod puella erat tunc temporis macilenta, quod non fuisset carnaliter cognita, extimarent, licet esset etate nubilis et thoro matura, quidam autem nescire se dicerent, si carnaliter cognita extitisset, quidam vero crederent, quod cognita
25 non fuisset, quidam vero ab ipso R(otherico) assererent se audisse, quod eam carnaliter non cognovit, licet adicerent se nescire, utrum postmodum fuerit cum eadem. Verum predictus episcopus Mannie, sicut in scriptis eius et suorum coniudicum secundo delegati perspexerant[m] contineri, coniudicibus eius absentibus tam ex ipsius puelle quam parentum, nutricis et familiarum[n]
30 eius didicit iuramentis, quod predictus R(othericus) puellam ipsam carnaliter non cognovit. Patruo ergo viam universe carnis ingresso, cum predictus vgl. Jos 23, 14; 1Kg 2, 2 L(ewelinus) a rege Mannie iuniorem filiam in coniugem postulasset nec id obtinere potuisset ab eo, utpote cum ipsa fuisset alii copulata, sepedictam puellam de assensu priorum iudicum sibi postmodum copulavit. Constitit
35 igitur ex predictis, quod inter sepedictum L(ewelinum) et prefatam puellam, cum[o] octo esset annorum, cuius tamen consensus non invenitur * expressus, * fol. 198ᵛ antequam cum ipsa eiusdem L(ewelini) patruus contraxisset[p], tantummodo per verba de futuro fuerunt sponsalia celebrata, ita quod nec idem

---

          [k] *Migne:* probatur.   [l] *Migne:* Castriae.   [m] persp(er)ex(er)ant.   [n] *Migne:* famularum.
40 [o] *Migne:* dum.   [p] *Über dem* -x- *Rasur.*

          [17] Ranulf (III.) de Blundeville, Graf von Chester, bezeugt 1188, gest. 1232. Vgl. Frydе–
Greenway–Porter–Roy, *Handbook,* 454.
          [18] 15. Juni.

L(ewelinus) transduxerat aut[q] subarrarat eandem nec cum[r] ipsa fuerat benedictus, quinimmo nec in eadem fuerant terra simul, utpote quorum terras, sicut superius est expressum, mare medium dividebat. Unde presumi non potest, quod aliquid attemptarint, quod non potuerint consumare[s]. Constitit etiam per predicta, quod puella ipsa in[t.] nono[t] anno sepedicto R(otherico) 5 desponsata fuerat et in decimo ab ipso transducta et ultra biennium in uno lecto frequenter fuerat cum eodem. Unde colligitur manifeste, quod prime littere per falsam fuerunt suggestionem obtente, cum contineatur in illis, quod neuter eorum transduxit eandem[19]. Cumque tamdiu simul in uno lecto

vgl. Gn 2, 24;
Mt 19, 5 u. ö. fuissent, de iure presumitur, quod facti fuerint una caro, cum etiam in 10 duodecimo anno, in quo liberum et legitimum habet in huiusmodi puella consensum, voluntarie fuerit cum eodem, patet eam in eius matrimonium legitime consensisse nec potuisse contrahere postmodum cum nepote. Unde[u] idem L(ewelinus) ducere ipsam de iure non potuit et, si de facto ipsam sibi post mortem patrui copulavit, ab ea[v] est[v] merito separandus[20].   15

Ideoque fraternitati vestre per apostolica scripta mandamus, quatinus vocatis, qui propter hoc fuerint evocandi, causam ipsam secundum prescriptam formam appellatione postposita terminetis, facientes et cetera.

Datum Rome apud sanctum P(etrum), XIII Kal. Martii.

221.   20

Innocenz III. nimmt das Kloster La Charité-sur-Loire in den päpstlichen Schutz und bestätigt seinen gesamten Besitz. Weiters verleiht er ihm das Patronatsrecht über seine Kirchen und eine beschränkte Befreiung von Exkommunikation und Interdikt durch Bischöfe, bestimmt, daß sich in seinen Pfarren kein anderer Orden als der seine niederlassen darf und daß dort gegen den Willen des Priors 25 *und des Konvents keine neuen Kirchen und Friedhöfe angelegt werden dürfen, außer mit päpstlicher Erlaubnis; er gestattet den Besitz der Zehente, die sie von Laien erwerben, die Vornahme von Weihehandlungen nur durch den Diözesanoder einen beliebigen, in Gemeinschaft mit dem Papst stehenden Bischof und verbietet bischöflichen Zugriff auf Altäre, Kirchen und Zehente des Klosters.* 30

Rom, St. Peter, 1205 Februar 16.

Reg. Vat. 5, fol. 198ᵛ—199ʳ ⟨Nr. 221⟩.

Bréquigny, Diplomata, II/1 637, Nr. 221 = Migne, PL, 215, 537, Nr. 221. — Potth. Reg. 2415; Cheney, Calendar, 599.

---

q) *Auf Rasur; auch am Rande eine Rasur.*   r) c- *korr. vielleicht aus* t-.   s) -su- *auf Rasur;* 35 *auch am Rande eine Rasur.*   t—t) *Migne:* non non.   u) *Über dem* -n- *Kürzungsstrich ausradiert,* -de *auf Rasur.*   v—v) *Migne:* eo.

19) Br. II 224 (233) Bd. 2 S. 430 Z. 6f.

20) Vgl. *Decretum Gratiani* C. 35 q. 2. 3 c. 7, 16, q. 5 c. 3 § 1 (Friedberg, *CorpIC*, I 1265, 1268, 1275).   40

S.^{a)}, priori monasterii beate Marie, quod de Caritate dicitur¹⁾, eiusque fratribus tam presentibus quam futuris regularem vitam professis in perpetuum^{a)}.

(|) Quotiens a filiis nostris, quos pro sua religione et honestate speciali
5 prerogativa diligimus caritatis, aliquid a nobis devotione debita postulatur, quod religioni et honestati non oviat, ad concedendum, quod petitur, tanto facilius debemus concurrere, quanto magis id ex iniuncto nobis officio dinoscitur convenire. Cum enim licet indigni auctoritatem geramus apostolice sedis, sic omnium ecclesiarum utilitati compellimur providere, sic de ipsarum
10 quiete attentius cogitare, ut earum iura illesa serventur et, que a predecessoribus nostris acta sunt, firma et inconvulsa stabilitate debeant permanere.

Eapropter, dilecti in Domino filii, vestris iustis petitionibus gratum impertientes assensum, monasterium beatissime Marie semper virginis de Caritate, cui largiente Domino deservitis, ad exemplar felicis memorie Urbani^{b, 2)},
15 Pascalis³⁾, Lucii⁴⁾ et Adriani^{b, 5)}, predecessorum nostrorum, Romanorum pontificum, sub beati Petri et nostra protectione suscipimus et presentis scripti privilegio communimus; statuentes, ut quascumque possessiones, quecumque bona et cetera usque vocabulis exprimenda: in Autisiodorensi^{c)} episcopatu⁶⁾ apud Boniac(um)⁷⁾ ecclesiam sancti Petri et sancti Aniani cum
20 omnibus possessionibus et appenditiis suis, apud Dompnam Mariam⁸⁾ sancte Marie et sancti Amatoris, apud Balbiniac(um)⁹⁾ sancti Steph(an)i, apud Septem fontes¹⁰⁾ sancti Petri, apud Conam¹¹⁾ sancti Aniani, ecclesiam de Nouo uico, apud Poliac(um)¹²⁾ sancti Petri, apud Meuam¹³⁾ sancti Iuliani, apud Beluciac(um)¹⁴⁾ sancti Martini, apud Nartiac(um)¹⁵⁾ sancti Marcelli, apud

25 **221.** ^{a—a)} *Migne:* Priori monasterii beate Mariae de Charitate eiusque fratribus.   ^{b—b)} *Die Papstnamen in verlängerter Schrift.*   ^{c)} *Migne:* Antissiodorensi.

221. ¹⁾ La Charité-sur-Loire, Ben.-Priorat von Cluny, Diöz. Auxerre, ht. Nevers, Dép. Nièvre.
²⁾ Papst Urban II. 1088: *JL* *5748.
³⁾ Papst Paschalis II. am 16. März 1107: *JL* 6127; Dr.: DE LESPINASSE, *Cartulaire*, 361—363.
30 ⁴⁾ Papst Lucius II. am 14. April 1144: *JL* 8572; Dr.: DE LESPINASSE, *Cartulaire*, 364—367.
⁵⁾ Papst Hadrian IV. am 24. April 1156: WIEDERHOLD, *PU in Frankreich*, V (1910) 65—67, Nr. 34.
⁶⁾ Bistum Auxerre.
⁷⁾ Bonny-sur-Loire, Cant. Briare, Arr. Montargis, Dép. Loiret. Vgl. DE LESPINASSE, *Cartu-*
35 *laire*, 80, Anm. 2.
⁸⁾ Dammemarie, Cant. Briare. Vgl. *ebd.* 80, Anm. 3.
⁹⁾ Vielleicht Bouy-le-Tertre bei Entrains-sur-Nohain, Cant. Varzy, Arr. Clamecy, Dép. Nièvre. Vgl. *ebd.* 80, Anm. 4.
¹⁰⁾ Sept-Fonds, Cant. Saint-Fargeau, Arr. Joigny, Dép. Yonne. Vgl. *ebd.* 80, Anm. 5;
40 QUANTIN, *Yonne*, 123.
¹¹⁾ Cosne, Dép. Nièvre. Vgl. DE LESPINASSE, *Cartulaire*, 81, Anm. 1; DE SOULTRAIT, *Nièvre*, 55.
¹²⁾ Bulcy, Cant. Pouilly, Arr. Cosne. Vgl. DE LESPINASSE, *Cartulaire*, 81, Anm. 1; DE SOULTRAIT, *Nièvre*, 28.
¹³⁾ Mêves, Cant. Pouilly. Vgl. DE LESPINASSE, *Cartulaire*, 81, Anm. 1; DE SOULTRAIT, *Nièvre*, 115.
45 ¹⁴⁾ Pouilly. Vgl. *ebd.* 150.
¹⁵⁾ Narcy, Cant. La Charité-sur-Loire, Arr. Cosne. Vgl. DE LESPINASSE, *Cartulaire*, 81, Anm. 2; DE SOULTRAIT, *Nièvre*, 133.

Varenam[16] sancti Martini, iuxta Varennam sancti Siluani[17], apud Do(m)num Petrum[18] sancti Petri, apud Murliac(um)[19] sancti Martini, in bosco Brittanie sancti Vincentii[20], apud Castrum nouum[21] sancti Simphoriani, apud Sulliac(um)[22] sancti Simphoriani, iuxta Sulliac(um) apud Virgultum[23] sancti Germani et sancti Aniani, apud Manniac(um)[24] sancti Petri, apud Aonam[25] sancte Marie, apud Cren[26] sancti St(e)ph(an)i, apud Colongias super Iouiam[27] sancte Marie, ecclesiam de Curcum, apud Nannai[28] sancti Simeonis, apud Alniac(um)[29] sancti Saturnini, apud Festiniac(um)[30] sancti Cirici, ecclesiam de Vi[31] sancti St(e)ph(an)i, apud Mannas[32] sancti Martini, apud Cellam sancti Iuliani[33]; in episcopatu Niu(er)nensi[34] ecclesiam sancti Aniani de Albiniaco[35] cum omnibus pertinentiis suis, ecclesiam sancti Sulpicii de capella super Ligerim[36], de Partiaco[37], sancti Victoris de

---

[16]) Varenne-les-Narcy, ebd. 187.

[17]) Kapelle Saint-Silvain-les-Narcy. Vgl. DE LESPINASSE, Cartulaire, 387.

[18]) Dompierre-sur-Nièvre, Cant. Prémery, Arr. Cosne. Vgl. DE LESPINASSE, Cartulaire, 81, Anm. 3; DE SOULTRAIT, Nièvre, 65.

[19]) Murlin, Cant. La-Charité-sur-Loire. Vgl. DE LESPINASSE, Cartulaire, 81, Anm. 4; DE SOULTRAIT, Nièvre, 133.

[20]) Saint-Vincent-dans-la-Bertrange, Comm. Murlin. Vgl. DE LESPINASSE, Cartulaire, 81, Anm. 5; DE SOULTRAIT, Nièvre, 170.

[21]) Châteauneuf-Val-de-Bargis, Cant. Donzy, Arr. Cosne. Vgl. DE LESPINASSE, Cartulaire, 81, Anm. 6; DE SOULTRAIT, Nièvre, 43.

[22]) Suilly-la-Tour, Cant. Pouilly, Arr. Cosne. Vgl. DE LESPINASSE, Cartulaire, 81, Anm. 7; DE SOULTRAIT, Nièvre, 176.

[23]) Verger, Vergers, Comm. Suilly-la-Tours. Vgl. DE LESPINASSE, Cartulaire, 81, Anm. 8; DE SOULTRAIT, Nièvre, 191.

[24]) Vielmanay, Cant. Pouilly. Vgl. DE LESPINASSE, Cartulaire, 81, Anm. 9; DE SOULTRAIT, Nièvre, 193.

[25]) Ouanne, Cant. Courson, Arr. Auxerre, Dép. Yonne. Vgl. DE LESPINASSE, Cartulaire, 81, Anm. 10; QUANTIN, Yonne, 94.

[26]) Crain, Cant. Coulanges-sur-Yonne, Arr. Auxerre. Vgl. DE LESPINASSE, Cartulaire, 81, Anm. 16; QUANTIN, Yonne, 42.

[27]) Coulanges-sur-Yonne. Vgl. DE LESPINASSE, Cartulaire, 81, Anm. 11; QUANTIN, Yonne, 40.

[28]) Nanvigne, ht. Menou, Cant. Varzy, Arr. Clamecy, Dép. Nièvre. Vgl. DE LESPINASSE, Cartulaire, 81, Anm. 13; DE SOULTRAIT, Nièvre, 113.

[29]) Alligny, Cant., Arr. Cosne. Vgl. DE LESPINASSE, Cartulaire, 81, Anm. 14; DE SOULTRAIT, Nièvre, 2.

[30]) Festigny, Cant. Coulanges-sur-Yonne. Vgl. DE LESPINASSE, Cartulaire, 81, Anm. 15; QUANTIN, Yonne, 52.

[31]) Vielleicht Neuvy-sur-Loire, Cant. Cosne. Vgl. DE LESPINASSE, Cartulaire, 81, Anm. 17; DE SOULTRAIT, Nièvre, 134.

[32]) Myennes, Cant. Cosne. Vgl. DE LESPINASSE, Cartulaire, 82, Anm. 1; DE SOULTRAIT, Nièvre, 133.

[33]) La Celle-sur-Nièvre, Cant. La Charité-sur-Loire, Arr. Cosne. Vgl. DE LESPINASSE, Cartulaire, 82, Anm. 2; DE SOULTRAIT, Nièvre, 31.

[34]) Bistum Nevers.

[35]) Aubigny-sur-Loire, Comm. Marseilles-les-Aubigny, Cant. Sancergues, Arr. Sancerre, Dép. Cher. Vgl. BOYER–LATOUCHE, Cher, 10.

[36]) Saint-Sulpice, Cant. Saint-Saulge, Arr. Nevers, Dép. Nièvre. Vgl. DE LESPINASSE, Cartulaire, 473.

[37]) Parzy, Comm. Garchizy, Cant. Pougues, Arr. Nevers. Vgl. DE SOULTRAIT, Nièvre, 141.

Niu(er)nis[38], de Bischis[39], de Tancuriaco[d, 40], de sancto Sulpicio[41], de Bello-
monte[42], de Roi[43], de Patingiis[44], de Monteniac(o)[45], de Sauiniac(o)[46], de
Cerciac(o)[47], de Colongiis super castrum Certiac(um)[48]; in archiepiscopatu
Bituricensi[49] ecclesiam de Monastello[50] cum burgo et cum omnibus pertinentiis suis, de sancta Montana[51], de Argento[52], cuius castellum et cetera in
terra monachorum sunt, de Partiaco, ecclesias de sancto Celso[53] cum burgo et
omnibus pertinentiis suis, de campo Faraldi[54], de sancto Florentio[55], de Cyolio,
item de Orolio[e, 56], de Valeniaco[57], de Bardai[58], de Zanconio[59], de Vlmeria-
co[60], de Fonteniaco[61], castro sancti Cirici[62], de Blec[63], de Neru(n)da[f, 64],

---

  d) *Migne:* Jancuriaco.   e) *Migne:* Brolio.   f) *Migne:* Neruda.

  38) Saint-Victor in Nièvre.

  39) Biches, Cant. Châtillon-en-Bazois, Arr. Château-Chinon, Dép. Nièvre. Vgl. De Lespinasse, *Cartulaire*, 48, Anm. 1; De Soultrait, *Nièvre*, 43.

  40) Tintury, Cant. Châtillon-en-Bazois. Vgl. De Soultrait, *Nièvre*, 180.

  41) Saint-Sulpice, Cant. Saint-Benin-d'Acy, Arr. Nevers. Vgl. *ebd.* 170.

  42) Vielleicht Beaumont-la-Ferrière, Cant. La Charité-sur-Loire. Vgl. *ebd.* 11.

  43) Rouy, Cant. Saint-Saulge, Arr. Nevers. Vgl. *ebd.* 161f.

  44) Patinges, Comm. Torteron, Cant. La Guerche-sur-l'Aubois, Arr. Saint-Amand-Mont-
  Rond, Dép. Cher. Vgl. Boyer–Latouche, *Cher*, 271.

  45) Montigny-sur-Canne, Cant. Châtillon-en-Bazois, Arr. Château-Chinon. De Soultrait,
  Nièvre, 122.

  46) Savigny-sur-Canne, Comm. Saint-Gratien-Savigny, Cant. Fours, Arr. Nevers. Vgl. *ebd.*
  173.

  47) Cercy-la-Tour, Cant. Fours, Arr. Nevers. Vgl. *ebd.* 31f.

  48) Coulonges, Comm. Cercy-la-Tour. Vgl. *ebd.* 57.

  49) Erzbistum Bourges.

  50) Menetou-Ratel, Cant., Arr. Sancerre, Dép. Cher. Vgl. De Lespinasse, *Cartulaire*, 180,
  Anm. 1; Boyer–Latouche, *Cher*, 238.

  51) Sainte-Montaine, Cant. Aubigny-sur-Nère, Arr. Sancerre. Vgl. De Lespinasse, *Cartulaire*, 180, Anm. 3; Boyer–Latouche, *Cher*, 316f.

  52) Argent-sur-Sauldre, Arr. Sancerre. Vgl. De Lespinasse, *Cartulaire*, 181, Anm. 4; Boyer–
  Latouche, *Cher*, 8.

  53) Saint-Céols, Cant. Aix-d'Angillon, Arr. Bourges, Dép. Cher. De Lespinasse, *Cartulaire*,
  180, Anm. 2; Boyer–Latouche, *Cher*, 315.

  54) Champfraud, Comm. Saint-Caprais, Cant. Levet, Arr. Bourges. Vgl. *ebd.* 87.

  55) Saint-Florent-sur-Cher, Cant. Chârost, Arr. Bourges. Vgl. *ebd.* 317.

  56) Ourouèr-les-Bourdelins, Cant. Nérondes, Arr. Saint-Amand-Mont-Rond, Dép. Cher.
  Vgl. *ebd.* 268; De Lespinasse, *Cartulaire*, 467 (Index).

  57) Valigny-le-Monial, Cant. Cérilly, Arr. Montluçon, Dép. Allier. Vgl. De Lespinasse,
  Cartulaire, 476 (Index).

  58) Vielleicht Bardais, Comm. Isle-et-Bardais, Cant. Cérilly. Vgl. Font-Réaulx, *Pouillés
  Bourges*, 604.

  59) Sancoins, Arr. Saint-Amand-Mont-Rond. Vgl. Boyer–Latouche, *Cher*, 327.

  60) Osmery, Cant. Dun-sur-Auron, Arr. Saint-Amand-Mont-Rond. Vgl. *ebd.* 267.

  61) Fontenay, Comm. Fendron, Cant. Nérondes. Vgl. *ebd.* 163.

  62) Vielleicht Saint-Cyr, Comm. Blet, Cant. Nérondes. Vgl. *ebd.* 315.

  63) Blet, Cant. Nérondes. Vgl. *ebd.* 40.

  64) Nérondes.

de Perci[g, 65], de Birriaco[66], ecclesias sancte Marie * et sancti Martini apud Montem Falconis[67] de Coola[68]; in episcopatu Eduensi[69] in suburbio ecclesiam sancti Rozi[70], ecclesias de Rocta[71], de Monte Ansb(er)ti[72] cum villa de Brazi[73], de Viu(er)io[74], de sancto Onorato[h] de Lamaneia[h, 75]; in episcopatu Aurelianensi[76] ecclesias in suburbio sancti Laurentii[77] cum omnibus perti- 5 nentiis suis et de Orolio[i, 78]; in Carnotensi episcopatu[79] ecclesias in suburbio sancte Marie[80], Belli loci[81], apud Moruillam sancti Ioh(ann)is; in diocesi Turonensi[82] ecclesias sancti Michaelis[83], sancti Medardi, de Ewra[84]; in diocesi Senonensi[85] ecclesias sancte Marie de Porta Leo(n)is[86] cum omnibus pertinentiis suis, de Curtiniac(o)[87] sancti Petri cum omnibus pertinentiis suis, 10 de Dictiaco[88], de Castro Rainardi sancti Nicolai[89], ecclesias de Monte boio[90]

---

g) *Migne:* Pera.   ʰ⁻ʰ) *Migne:* Honorio, de Larneneia.   ⁱ) *Migne:* Bolio.

65) Précy, Cant. Sancergues, Arr. Sancerre, Dép Cher. Vgl. FONT-RÉAULX, *Pouillés Bourges*, 744; BOYER–LATOUCHE, *Cher*, 290.

66) Berry, Comm. Villequiers, Cant. Baugy, Arr. Bourges. Vgl. DE LESPINASSE, *Cartulaire*, 15 330, Anm. 2; BOYER–LATOUCHE, *Cher*, 33.

67) Montfaucon, Comm. Villequiers. Vgl. *ebd.* 247.

68) Coola S. Sulpitii, an der Loire. Vgl. DE LESPINASSE, *Cartulaire*, 450 (Index).

69) Bistum Autun.

70) Saint-Racho, in einem Vorort von Autun. Vgl. DE LESPINASSE, *Cartulaire*, 422, Anm. 4. 20

71) Vielleicht dieselbe Kirche. Vgl. *ebd.*

72) Montambert, Cant. Fours, Arr. Nevers. Vgl. DE SOULTRAIT, *Nièvre*, 119.

73) Brassy, Cant. Lormes, Arr. Clamecy, Dép. Nièvre. Vgl. *ebd.* 24.

74) Vielleicht Le Viviers, Comm. Brassy. Vgl. *ebd.* 198.

75) Lamenay, Cant. Dornes, Arr. Nevers. Vgl. DE LESPINASSE, *Cartulaire*, 102, Anm. 1; DE 25 SOULTRAIT, *Nièvre*, 96.

76) Bistum Orléans.

77) Saint-Laurent-des-Orgerils in Orléans, Dép. Loiret. Vgl. DE LESPINASSE, *Cartulaire*, 472 (Index).

78) Vielleicht Ozouer-sur-Loire, Cant., Arr. Gien, Dép. Loiret. Vgl. DE LESPINASSE, *Cartulai-* 30 *re*, 467 (Index).

79) Bistum Chartres.

80) Vorort Notre-Dame von Chartres.

81) Petit-Beaulieu, bei Chartres, Dép. Eure-et-Loir. Vgl. MERLET, *Eure-et-Loir*, 12.

82) Bistum Tours. 35

83) Saint-Michel-de-la-Guerche, Cant. Langeais, Arr. Chinon, Dép. Indre-et-Loire. Vgl. DE LESPINASSE, *Cartulaire*, 472.

84) Vielleicht Esvres, Cant. Montbazon, Arr. Tours, Dép. Indre-et-Loire. Vgl. LONGNON, *Pouillés Tours*, 446.

85) Erzbistum Sens. 40

86) Notre-Dame-du-Charnier oder de-la-Porte-Saint-Léon in Sens. Vgl. BEAUNIER–BESSE, *Recueil*, VI 47f.

87) Courtenay, Arr. Montargis, Dép. Loiret. Vgl. DE LESPINASSE, *Cartulaire*, 450.

88) Dicy, Cant. Charny, Arr. Joigny, Dép. Yonne. Vgl. QUANTIN, *Yonne*, 45.

89) Saint-Nicholas in Châteaurenard, Arr. Montargis. Vgl. DE LESPINASSE, *Cartulaire*, 45 449.

90) Mont-Béon, Comm. Saint-Agnan, Cant. Pont-sur-Yonne, Arr. Sens. Vgl. DE LESPINASSE, *Cartulaire*, 421, Anm. 11; QUANTIN, *Yonne*, 85.

cum omnibus pertinentiis suis, de Castellione[k], de Chauennis[91], de Ioueniaco[92] cum omnibus pertinentiis suis, de sancto Sidronio[93] cum omnibus pertinentiis suis, de Bra(n)chiis[94], de Contentione[k, 95], de Ladit[96], de castello Beliot[97], de Venesiac(o)[98], de Cruce[99] cum omnibus pertinentiis suis, de Iouisuilla[100], de
5 Iulliac(o)[101], de Capella Fagi; in Trecensi episcopatu[102] ecclesias sancti Se-pulchri[103] cum omnibus pertinentiis suis, de sancto Iusto de Sezan(n)ia[l, 104] cum omnibus pertinentiis suis; in episcopatu Suessionensi[105] ecclesias de Bren(a)[106] cum omnibus pertinentiis suis, de Villeriis[107] cum omnibus perti-nentiis suis; in episcopatu Cathalaunensi[108] ecclesiam de Monte mauro[109]; in
10 episcopatu Meldensi[110] ecclesias de Rodolio[111] cum omnibus pertinentiis suis, de Firmitate Ansculfi[112], de Calli[113], de Chamini[114], de Bussei[115], de

---

[k]) *Am Rande ein kurzer, waagrechter Strich.*   [l]) *Kürzungsstrich über dem -e- durchgestrichen.* *Migne:* Senzannia.

[91]) Vielleicht Chevannes, Cant., Arr. Corbeil-Essonnes, Dép. Seine-et-Oise. Vgl. LONGNON,
15 *Pouillés Sens*, 503.

[92]) Joigny, Dép. Yonne. Vgl. QUANTIN, *Yonne*, 69.

[93]) Saint-Cydroine, Cant. Joigny. Vgl. *ebd.* 113.

[94]) Vielleicht Branches, Cant. Aillant, Arr. Joigny. Vgl. LONGNON, *Pouillés Sens*, 563; QUAN-TIN, *Yonne*, 19.

20 [95]) Coutençon, Comm., Cant. Donnemarie-en-Montois, Arr. Provins, Dép. Seine-et-Marne. Vgl. STEIN–HUBERT, *Seine-et-Marne*, 310.

[96]) Lady, Comm., Cant. Mormant, Arr. Melun, Dép. Seine-et-Marne. Vgl. *ebd.* 160.

[97]) Châteaubleau, Comm., Cant. Nangis, Arr. Provins. Vgl. *ebd.* 110.

[98]) Vénizy, Cant. Brienon, Arr. Joigny. Vgl. QUANTIN, *Yonne*, 136f.

25 [99]) La Croix-en-Brie, Cant. Nangis, Arr. Provins, Dép. Seine-et-Marne. Vgl. BEAUNIER–BESSE, *Recueil*, VI 58 mit Anm. 6.

[100]) Jonville, Comm. Saint-Fargeau, Cant. Melun. Vgl. STEIN–HUBERT, *Seine-et-Marne*, 304.

[101]) Jeuilly, Comm. Merry-la-Vallée und Saint-Martin-sur-Ocre, Cant. Aillant, Arr. Joigny. Vgl. QUANTIN, *Yonne*, 68.

30 [102]) Bistum Troyes.

[103]) Saint-Sépulchre, ht. Villacerf, Cant. Troyes, Dép. Aube. Vgl. BOUTIOT–SOCARD, *Aube*, 180.

[104]) Sézanne, Cant. Épernay, Dép. Marne. Vgl. LONGNON, *Marne*, 258f.

[105]) Bistum Soissons.

35 [106]) Braine-sur-Vesle, Arr. Soissons, Dép. Aisne. Vgl. MATTON, *Aisne*, 37; Vgl. DE LESPINAS-SE, *Cartulaire*, 446 (Index).

[107]) Villers-sur-Fère, Cant. Fère-en-Tardenois, Arr. Château-Thierry, Dép. Aisne. Vgl. *ebd.* 296.

[108]) Bistum Châlons-sur-Marne.

40 [109]) Montmort, Arr. Épernay, Dép. Marne. Vgl. LONGNON, *Marne*, 176.

[110]) Bistum Meaux.

[111]) Reuil-en-Brie, Cant. La-Ferté-sous-Jouarre, Arr. Meaux, Dép. Seine-et-Marne. Vgl. DE LESPINASSE, *Cartulaire*, 8, Anm. 1; STEIN–HUBERT, *Seine-et-Marne*, 478f.

[112]) La Ferté-sous-Jouarre. Vgl. DE LESPINASSE, *Cartulaire*, 9, Anm. 2; STEIN–HUBERT,
45 *Seine-et-Marne*, 201.

[113]) Chailly-en-Brie, Cant. Coulommiers, Arr. Meaux. Vgl. DE LESPINASSE, *Cartulaire*, 9, Anm. 8; STEIN–HUBERT, *Seine-et-Marne*, 34.

[114]) Chamigny, Cant. La-Ferté-sous-Jouarre. Vgl. DE LESPINASSE, *Cartulaire*, 9, Anm. 3; STEIN–HUBERT, *Seine-et-Marne*, 89.

50 [115]) Boissy, Comm. Chenoise, Cant. Provins, Dép. Seine-et-Marne. Vgl. *ebd.* 46.

Bellouid(er)e[116] et sancti Christofori in suburbio[117]; in episcopatu Parisiensi[118] ecclesiam sancti Yonii[119] cum omnibus pertinentiis suis; in episcopatu Beluacensi[120] ecclesiam sancti Christofori[121] cum omnibus pertinentiis suis; in diocesi Rothomagensi[122] ecclesiam de Longa uilla[123] cum pertinentiis suis; in Venetia ecclesiam sancte Crucis[124] cum pertinentiis suis; in Hispania ecclesiam sancti Petri de Arratis[125] cum pertinentiis suis; in Anglia in episcopatu Wintoniensi ecclesiam sancti Saluatoris de Bermundeseia[126] cum pertinentiis suis; in episcopatu Lincolniensi ecclesias sancti Andree de Norhanton'[127] cum pertinentiis suis, ecclesiam de Daue(n)treia[128] cum pertinentiis suis; in episcopatu Herefordensi ecclesiam sancte Milburge in Weneloc[129] 10 cum tota villa et aliis pertinentiis suis; in archiepiscopatu Eboracensi ecclesiam de Ponte fracto[130] cum pertinentiis suis; alias quoque ecclesias et capellas et decimas de Laurento[131] et de Meua[m, 132] et ceteras omnes, quas canonice possidetis, vobis nichilominus auctoritate apostolica confirmamus.

Liceat preterea vobis in ecclesiis vestris presbyteros eligere, qui, si idonei 15 fuerint, ab episcopis gratis et absque ulla pravitate curam suscipiant animarum eisque de spiritualibus, vobis vero de temporalibus debitam subiectionem impendant. Presenti quoque decreto districtius inhibemus, ut nulli episcopo liceat in vos et in[n] locum vestrum, qui videlicet de Caritate nominatur, excommunicationis vel interdicti sententiam nisi de mandato sedis apostolice 20 promulgare. Ad exemplar etiam felicis memorie predecessorum nostrorum Innocentii[b, 133] et Adriani[b, 134], Romanorum pontificum, concedimus vobis

---

m) *Migne:* Mena.   n) *Über der Zeile nachgetragen.*

[116] Beauvoir, Cant. Mormant, Arr. Melun, Dép. Seine-et-Marne. Vgl. De Lespinasse, *Cartulaire*, 444.   25

[117] Saint-Christophe in Meaux.

[118] Bistum Paris.

[119] Mont-Saint-Yon-sous-Monthléry, Cant. Dourdan, Arr. Rambouillet, Dép. Seine-et-Oise. Vgl. De Lespinasse, *Cartulaire*, 422, Anm. 5; Lebeuf, *Histoire Paris*, IV 158—164.

[120] Bistum Beauvais.   30

[121] Saint-Christophe-en-Halatte, Comm. Fleurines, Cant. Sainte-Maxence, Arr. Senlis, Dép. Oise. Vgl. Vattier, *Saint-Christophe.*

[122] Erzbistum Rouen.

[123] Longueville, Arr. Dieppe, Dép. Seine-Inférieure.

[124] Santa Croce in Luprio in Venedig.   35

[125] In Portugal, in der Diöz. Braga, zwischen den Flüssen Douro und Minho gelegen; die genaue Lage ist unbekannt. Vgl. De Lespinasse, *Cartulaire*, 106—109, 107, Anm. 3.

[126] Bermondsey, Diöz. Winchester, Gft. Surrey.

[127] St. Andrews in Northampton, Diöz. Lincoln.

[128] Daventry, Diöz. Lincoln, Northamptonshire.   40

[129] Wenlock Priory, Diöz. Hereford, Salop.

[130] Pontefract, Diöz. York, Yorkshire.

[131] Saint-Laurent, ehem. Abtei, Cant. Pouilly, Arr. Cosne, Dép. Nièvre, oder Saint-Laurent, ehem. Kapelle, Comm. Vielmanay, Cant. Pouilly. Vgl. De Lespinasse, *Cartulaire*, 82, Anm. 4.

[132] S. oben Anm. 13.   45

[133] Papst Innocenz II. 1130—1143. Das Privileg ist in jenem Hadrians IV. (s. Anm. 5) erwähnt.

[134] S. o. Anm. 5.

vestrisque successoribus in perpetuum, ut in parrochiis pertinentibus ad ius vestrum nullus futuris temporibus ordo seu religio nisi vestra ponatur. Prohibemus insuper, ut infra parrochias ad ius vestri monasterii pertinentes absque prioris et capituli vestri assensu nullus ecclesiam vel capellam seu
5 cimiterium salvis privilegiis apostolice sedis edificare presumat. Decimas etiam ecclesiarum vestrarum, que a laicis obtinentur, si secundum Deum eorum potestati subtrahere vestre religionis reverentia poterit, ad vestram et pauperum gubernationem vobis liceat possidere°). Consecrationes vero altarium seu ecclesiarum vestrarum, ordinationes etiam clericorum et cetera usque
10 exhibere. Alioquin quemcumque malueritis et cetera usque impendat. Pro altaribus vero et ecclesiis sive decimis vestris nulli episcoporum facultas sit gravamen indebitum vobis aut molestias irrogare, sed, sicut eorum permissione quedam ex parte, quedam ex integro canonice habuistis, ita etᵖ) in posterum habeatis. Decernimus ergo et cetera usque profutura; salva sedis
15 apostolice auctoritate et in supradictis capellis diocesanorum episcoporum canonica iustitia. Si qua igitur et cetera. Cunctis autem�q) et cetera.

Datum Rome apud sanctum Petrum per manum Ioh(ann)is, sancte Marie in Vialata diaconi cardinalis¹³⁵), XIIII Kal. Martii, indictione VIII, incarnationis Dominice anno MᵒCCᵒIIIIᵒ, pontificatus vero domni Innocentiiᵇ) pape
20 III anno septimo.

222.

Innocenz III. ermahnt den Bischof (Albert) von Vercelli, die Wahl zum Patriarchen von Jerusalem anzunehmen.

Rom, St. Peter, (1205) Februar 17.

25   *Reg. Vat. 5, fol. 199ʳ—199ᵛ ⟨Nr. 222⟩.*
Bréquigny, Diplomata, II/1 639, Nr. 222 = Migne, PL, 215, 540, Nr. 222; Gesta Innocentii, c. 88 (Baluze I 48—50; Gress-Wright 183—189). — Potth. Reg. 2418; Haluščynskyj, Acta Innocentii, 500, Nr. 6.

.. Vercellensi episcopo¹).

30 Ut lapsum humani generis et cetera, ut in ea, que mittitur Siff(redo), tituli sancte Praxedis presbytero cardinali²), apostolice sedis legato, in regesto sesti

---

°) *Auf Rasur; auch am Rande eine Rasur.*   ᵖ) *Korr. aus* et(iam).   �q) a- *vielleicht teilweise auf Rasur.*

¹³⁵) S. Br. VII 1 Anm. 10.

35 **222.** ¹) Albert von Castro, B. von Vercelli 1185, Patriarch von Jerusalem 1205—1214. Vgl. Fedalto, *Chiesa latina,* I 137f.; Minghetti, *Alberto di Vercelli; DBI* 1 (1960) 750f.
²) Soffred, KP. von S. Prassede 1193—1208/1210. Vgl. Maleczek, *Papst und Kardinalskolleg,* 73—76.

anni[3]), in eundem modum usque elabores[a]). Accedentes enim ad presentiam
nostram dilecti filii .. prior[4]) et .. canonici Sepulchri Dominici tam viva voce

* fol. 199ᵛ quam per litteras, quas * tulerunt, nobis humiliter intimarunt, quod, cum
dilectus filius noster S(offredus), tituli sancte Praxedis presbyter cardinalis,
apostolice sedis legatus, non potuisset induci, ut electioni[b]) facte de ipso ad 5

vgl. Ps 47, 5;
1Kor 11, 20 u. ö. Ier(oso)limitanam ecclesiam consentiret[5]), convenientes in unum te in patriarcham unanimiter postularunt, quorum postulationi et karissimus in Chri-
sto filius noster A(imericus), illustris rex Ier(oso)limitanus[6]), assensum prestitit et archiepiscopi et episcopi consenserunt, per suas nobis litteras supplicantes, ut te[c]) non solum inducere sed et cogere dignaremur, ut postulationi 10
eorum humiliter consentires. Idem quoque sancte Praxedis et dilectus filius
noster P(etrus), tituli sancti Marcelli[7]), presbyteri cardinales, apostolice sedis
legati, per suas nobis litteras intimarunt, quod, cum suffraganei ecclesie
Ier(oso)limitane[8]) in electione vocem assererent se habere, prior autem et
canonici Sepulchri Dominici hoc negarent, factum est tandem, ut nominatis 15
duabus personis vices et voces suas in eos devote conferrent, ut[d]) ex illis quam
magis idoneam crederent eis eligerent patriarcham. Similiter etiam prelati
provincie in eos, si quid iuris in electione habebant, concorditer contulerunt.
Ipsi ergo deliberatione prehabita de duabus nominatis personis te potius
eligentes nominarunt eidem ecclesie in pastorem. 20

Licet autem valde nobis necessarius sis in partibus Lombardie, utpote cui
secure in arduis etiam negotiis committimus vices nostras[9]), propter urgentem tamen necessitatem non solum ecclesie Ier(oso)limitane sed totius orientalis provincie et cetera usque proventuros[e]). Taliter igitur pro Deo et propter
Deum super hoc mandatum apostolicum exequaris, quod manum districtio- 25
ris severitatis nos non oporteat adhibere. Nam etsi secundum statuta canonica nullus invitus crescere compellatur[10]), tamen[f]) iuxta[f]) legitimas etiam[g])
sanctiones aliqui[h]) ad publica munera trahuntur inviti[11]). Interest autem tam

---

[a]) *Br. VI 129 Bd. 6 S. 217 Z. 4.*   [b]) *Migne fügt irrtümlich hinzu:* de.   [c]) *Über der Zeile
nachgetragen.*   [d]) *Migne:* et.   [e]) *Br. VI 129 Bd. 6 S. 217 Z. 27—S. 218 Z. 16.*   [f—f]) *Durch Zeichen* 30
umgestellt aus iuxta tamen.   [g]) *Über der Zeile nachgetragen, fehlt bei Migne.*   [h]) *Migne:* aliquid.

[3]) Br. VI 129 vom 16. August 1203.
[4]) Prior des Hl. Grabes in Jerusalem. 1196—1199 ist ein Gaufridus bezeugt (vgl. HIESTAND,
Papsturkunden Hl. Land, 351, Nr. 172 = RÖHRICHT, *Regesta*, 194, Nr. 725; *ebd.*, Add. 50, Nr.
765a), 1206 ein R. (VINCKE, *Eheprozeß*, 164, Nr. 1). 35
[5]) Nach dem Tod des Patriarchen Monachus, wahrscheinlich im Herbst 1202, wird durch
einen Elektor, den EB. von Tyrus Clarembald von Broies, der EB. Peter von Caesarea zum
Patriarchen gewählt; die Wahl wird durch den Legaten Soffred kassiert, da er Clarembald wegen
Unstimmigkeiten über dessen Bischofsweihe suspendiert hatte (Br. VI 131). Darnach erst fällt
die Wahl auf Soffred selbst, der ablehnt. Vgl. HIESTAND–MAYER, *Nachfolge*, bes. 119f., 128. 40
[6]) Aimerich von Lusignan, König von Jerusalem 1197—1205 (April 1).
[7]) S. Br. VII 18 Anm. 14.
[8]) Suffragane von Jerusalem: Die Erzbistümer Tyrus, Nazareth und Caesarea (zu deren
Suffraganen s. Br. VI 129 Anm. 3), die Bistümer Bethlehem–Askalon, Hebron, Lydda.
[9]) Zu päpstlichen Aufträgen an B. Albert vgl. MINGHETTI, *Alberto di Vercelli*, 283—287. 45
[10]) Vgl. *Decretum Gratiani* D. 74 c. 2 (FRIEDBERG, *CorpIC*, I 262).
[11]) Vgl. Digesten 42. 7. 2. 3; 50. 1. 21 (Ed. MOMMSEN 677, 842).

apostolice sedis quam ecclesie generalis, immo etiam generaliter omnium et singulariter singulorum fidelium Crucifixi, ut eidem ecclesie persona[i] pre- ficiatur idonea in pastorem, nec tu tam ad honorem assumeris quam ad onus, cum ecclesia illa hodie plus habeat oneris quam honoris. Nec turberis in
5 aliquo vel causeris, quod predictus cardinalis sancte Praxedis factam de se postulationem a canonicis Sepulcri Dominici non admisit, quia forsan sicut Sarra Tobie, sic et ipsa viro fuit alii divino iudicio[k] reservata, vel[l] fortassis vgl. Tob 6, 11f. hoc eum ad[m] huius oneris recusationem induxit, ne, cum in partibus illis presens[n] existeret, videretur promotionem propriam procurasse, ac ex eo
10 presertim notam ambitionis incurreret, quod, cum ad remotionem cuiusdam perverse persone, que ad eandem ecclesiam fuerat improbe nominata[12], oportune ac importune, sicut ad eius pertinebat officium, institisset, amota vgl. 2Tim 4, 2 illa factam de se postulationem postmodum acceptaret.

Datum Rome apud sanctum P(etrum), XIII Kal. Martii.

15   **223.**

Innocenz III. tadelt den Kardinalpresbyter P(etrus) von S. Marcello, weil dieser und der Kardinalpresbyter S(offred) von S. Prassede, päpstliche Legaten im Hl. Land, sich eigenmächtig nach Konstantinopel begeben haben, erlaubt ihnen je- doch, bis zur Entsendung eines päpstlichen Legaten nach Konstantinopel dessen
20 *Aufgaben wahrzunehmen, und befiehlt, daß sich einer von ihnen um das Hl. Land kümmere.*

(Rom, St. Peter, 1205 Februar ca. 17).

Reg. Vat. 5, fol. 199ᵛ—200ʳ ⟨Nr. 223⟩.
Bréquigny, Diplomata, II/1 640, Nr. 223 = Migne, PL, 215, 541, Nr. 223; Haluščynskyj, Acta
25 *Innocentii, 292, Nr. 71. — Denifle, Specimina palaeographica, T. 5 (teilweise); s. unten Abb. IV. — Potth. Reg. 2419; Wauters, Table chronologique, III 237; Santifaller, Lateinisches Patriarchat, 169, Nr. 4.*

P(etro), tituli sancti Marcelli presbytero cardinali[1], apostolice sedis legato[a].

Accepimus ex relatione multorum et tuus nobis nuntius intimavit, quod
30 tu et dilectus filius S(offredus), tituli sancte Praxedis presbyter cardinalis[2], apostolice sedis legatus, a Ier(oso)limitana provincia Constantinopolim

---

[i] *Über dem* p- *der Ansatz eines Kürzungsstriches.* [k] iudio. [l] v- *korr. aus* u-. [m] *In eine freigelassene Lücke nachgetragen.* [n] *Migne:* praedictis.

[12] *Der EB. Peter von Caesarea durch Clarembald von Tyrus; vgl. oben Anm. 5.*

35 **223.** [a] *Am Rande ein Kreuz. Auf fol. 199ᵛ längs des Briefes am Rande untereinander drei senkrech- te, gewellte Striche; längs des rechten Randes ein senkrechter, z. T. gewellter Strich.*

223. [1] S. Br. VII 18 Anm. 14.
[2] S. Br. VII 222 Anm. 2.

accessistis[3]. Nos igitur distinguentes, utrum pro necessario Terre sancte succursu ad exercitum crucesignatorum, super quos legationis accepistis officium, accesseritis, an pro Grecorum ordinandis ecclesiis ad partes transieritis memoratas, in primo casu vestrum non reprobamus accessum, in secundo vero, ut salva pace vestra loquamur, ipsum temerarium reputamus non tam 5 nos quam etiam fratres nostri, cum super hiis nullam a nobis receperitis potestatem, nisi forte vos articulus insperate novitatis[4] excuset, presertim cum karissimus in Christo filius noster B(alduinus), Constantinopolitanus imperator[5] illustris, per litteras nobis et nuntios supplicaverit, ut ad partes illas mittere dignaremur a latere nostro legatos, quod et nos de fratrum 10 nostrorum consilio facere disposuimus tempore oportuno.

Ut autem de gratia speciali vestro provideamus honori, ne nimium confundamini, utque Constantinopolitane provincie per vestram sollicitudinem consulamus, ne diu careat provisore, concedimus vobis, ut interim operemini vice nostra, que ad divini nominis gloriam, apostolice sedis honorem et 15 salutem tam cleri quam populi videritis expedire; attentius provisuri, ne Ier(oso)limitanam provinciam, ad quam fuistis specialiter deputati, relinquatis quasi penitus desolatam, presertim cum in accessu vestro patriarcham ha*beret, qui pastoralem in ea sollicitudinem exercebat[6], in vestro vero recessu careat[b] patriarcha[7]; unde nullus remansit in illa, qui super eam 20 pastorale officium exequatur. Quocirca discretioni[c] tue per apostolica scripta precipiendo[d] mandamus, quatinus cum prefato legato diligenter efficias, ut, donec illi terre fuerit alio modo consultum, per alterum vestrum salubriter consulatur eidem nec ad reditum properetis[e], antequam super hoc mandatum receperitis[f] apostolicum speciale.   25

Datum ut in alia.

* fol. 200[r]

224.

Innocenz III. trägt den Bewohnern der Lombardei auf, die Bürger von Piacenza, auch wenn sie päpstliche Briefe mit der Grußformel erlangt haben, weiterhin als exkommuniziert zu betrachten.   30

Rom, St. Peter, (1205) Februar 21.

---

[b]) c- *korr. aus* r-.   [c]) de.   [d]) *Fehlt bei Migne*   [e]) -pe- *auf Rasur.*   [f]) *Migne:* recipiatis.

[3]) Die beiden Kardinallegaten reisten im Herbst 1204, von Kaiser Balduin gerufen, ohne päpstliche Erlaubnis nach Konstantinopel. Vgl. *Gesta Innocentii*, c. 95 (MIGNE, *PL*, 214, CXLII BC; GRESS-WRIGHT 222); MALECZEK, *Petrus Capuanus*, 191.   35

[4]) Die Eroberung Konstantinopels.

[5]) S. Br. VII 147 Anm. 2.

[6]) Der Patriarch Monachus von Jerusalem starb wahrscheinlich im Herbst 1202; Soffred befand sich seit Sommer oder Herbst 1202 im Hl. Land, Petrus seit April 1203. Vgl. MALECZEK, *Petrus Capuanus*, 157, 163f.   40

[7]) Vgl. Br. VI 129, VII 222.

Reg. Vat. 5, fol. 200ʳ ⟨Nr. 224⟩.
Bréquigny, Diplomata, II/1 641, Nr. 224 = Migne, PL, 215, 542, Nr. 224. — Comp. III 1. 2. 2;
Bern. 1. 4. 2; Coll. Fuld. Nachtrag De rescriptis c. 1; X 5. 39. 41. — Denifle, Specimina palaeographica, T. 5; s. unten Abb. IV. — Potth. Reg. 2421.

Universis Christi fidelibus per Lombardiam[1] constitutis[a].

Si aliquando forte contingit, quod eis, qui auctoritate apostolica sunt excommunicationi[b] subiecti, nostre littere cum salutationis alloquio destinentur, non propter hoc excommunicationis credatur sententia relaxata, cum per ignorantiam vel negligentiam aut occupationem nimiam vel etiam per surreptionem contingat huiusmodi litteras impetrari, sicut nuper in Placentinos[2] dicitur contigisse, qui, cum sint propter iniquitatem, quam in Deum et eius ecclesiam commiserunt[c], excommunicationis vinculo innodati, se quasi absolutos per huiusmodi litteras, quas eis pro Templariis misisse dicimur, gloriantur, quamvis non simus memores talium litterarum, cum, etsi eis iam excommunicatis[d] exhibite fuerint, forsan tamen prius fuerant impetrate. Quocirca universitati vestre per apostolica scripta mandamus, quatinus eos sicut excommunicatos artius evitetis, donec a suo resipiscant errore, in similibus, siquando forte contigerit, simile iudicium observantes.

Datum Rome apud sanctum P(etrum), IXe Kal. Martii.

225.

Innocenz III. ermächtigt die Bischöfe (Grimerius) von Piacenza und (Obizzo) von Tortona, die Bürger von Piacenza, falls sie bereit sind, Genugtuung zu leisten, (von der Exkommunikation) zu absolvieren.

(Rom, St. Peter, 1205 Februar ca. 21).

Reg. Vat. 5, fol. 200ʳ ⟨Nr. 225⟩.
Bréquigny, Diplomata, II/1 641, Nr. 225 = Migne, PL, 215, 542, Nr. 225. — Denifle, Specimina palaeographica, T. 5; s. unten Abb. IV. — Potth. Reg. 2420.

.. Placentino[1] et .. Terdonensi[2] episcopis.

Cum petentibus veniam claudi non debeant viscera pietatis, auctoritate vobis presentium liberam concedimus facultatem, ut, si Placentini, qui Deum *vgl. 1Jo 3, 17*

---

224. [a] *Am Rande von einer Hand des 13. Jhs.:* hoc c(apitulum) est Extra de sententia exco(mmunication)is *(X 5. 39. 41).* [b] excoicatio(n)i. [c] -s- *korr. aus* -i-. [d] *Migne:* excommunicationis. [e] *Migne:* XI.

224. [1] Lombardei.
[2] Piacenza, vgl. Br. VII 173—175.

225. [1] S. Br. VII 173 Anm. 4.
[2] Obizzo, B. von Tortona 1202—1220.

et eius ecclesiam graviter offenderunt[3], ad mandatum ecclesie redeuntes
satisfacere curaverint de commissis, vos eis secundum formam ecclesie absolutionis beneficium impendatis, ita quod propter paucos non rumpatur inter
multos nervus ecclesiastice discipline.

Datum ut in alia.   5

226.

*A(ndreas), Herzog von Dalmatien und Kroatien und Regent des Königreichs
Ungarn, bittet Papst Innocenz III., die Transferierung des Erzbischofs (Johannes) von Kalocsa auf den Sitz von Esztergom zu erlauben.*

(1204 November 30—1205 Februar)[1]. 10

Reg. Vat. 5, fol. 200[r] ⟨Nr. 226⟩.
*Bréquigny, Diplomata, II/1 642, Nr. 226 = Migne, PL, 215, 543, Nr. 226. — Denifle, Specimina
palaeographica, T. 5; s. unten Abb. IV.*

| Reverendo[a] in Christo patri I(nnocentio), Dei gratia sacrosancte Romane
ecclesie summo pontifici, A(ndreas), eadem[b] gratia Dalmac(ie)[c], Croac(ie) 15
dux et totius regni Vngarie gubernator[d, 2], salutem et filialem in omnibus
reverentiam.

Cum ex pie recordationis fratris nostri H(emerici), quondam Vngar(ie)
regis[3], dispositione ob teneram filii eius regis Ladezlai[4] etatem pueri curam
et regni regimen susceperimus, promptam gerimus voluntatem, que bene 20
constituta sunt observare et que per fratrem nostrum laudabiliter noverimus
inchoata, quantum in nobis est, feliciter effectui mancipare. Hinc est quod,
cum a benignitate sedis apostolice memoratus frater noster petierit, ut

---

[3]) S. Br. VII 173—175, 224.

226. [a]) *Es wurde eine Lücke von ca. zwei Zeilen für die Adresse gelassen. Am Rande drei Punkte und* 25
ein Kreuz, außen am Rande ein durchgestrichenes o (vgl. Kempf, Register, 18, Anm. 15).
[b]) *Vielleicht in eine Lücke nachgetragen.*   [c]) *Migne fügt hinzu:* et.   [d]) *Am Rande eine Krone,
unterschrieben:* regnum Vngar(ie), *und daneben die Büste eines jungen Mannes. Vgl. De Vajay,
Kamelaukion-Charakter, 114, mit Abb. S. 128.*

226. [1]) Zur Datierung: Der Brief wurde wohl bald nach der Übernahme der Regentschaft durch 30
Herzog Andreas (30. November 1204) verfaßt; er steht, in einer Phase kontinuierlicher Registerführung, jeweils durch Neuansatz getrennt, zwischen zwei Briefen vom ca. 21. (Br. VII 225) und
17. Februar (VII 227) und wurde wohl in der zweiten Februarhälfte 1205 ins Register eingetragen. Die Antwort Innocenz' III. datiert vom 25. April 1205: Br. VIII 36 (*Migne, PL,* 215, 595,
Nr. 36).   35
[2]) S. Br. VII 18 Anm. 4. Zur Regentschaft vgl Sweeney, *Problem of Inalienability,* 239 bis
244.
[3]) König Emmerich (s. Br. VII 6 Anm. 11) stirbt am 30. November 1204.
[4]) S. Br. VII 58 (57) Anm. 4.

archiepiscopus Colocensis[5]) in Strigoniensem transferretur archiepiscopum, nos id utriusque ecclesie utilitati cedere plenius agnoscentes a pia paternitate vestra petimus attentius, quatinus intuitu Dei et precum nostrarum obtentu sine dilatione, si nondum concessistis, concedatis, ut archiepiscopus Colocen-
5 sis ad Strigoniensem metropolim transferatur et ut, cum post susceptum regni gubernaculum hanc primam petitionem nostram noverimus exauditam, Romane ecclesie tanto simus in omnibus devotiores, quanto per hoc plenius intellexerimus, quod speciali quadam affectione nos amplectitur vestra benignitas. Quod autem sub sigillo fratris nostri presentes litteras vobis
10 transmittimus, novitati nostre non falsitati ascribatis.

227.

Innocenz III. befiehlt den Äbten (Hugo?) von La Cour-Dieu und (Radulf?) von L'Aumone sowie dem Domkantor von Orléans, im Eheprozeß zwischen dem Vizegrafen W(ilhelm) von Aunay und dessen Frau Eustachia die etwa vor der
15 *Litiskontestation und nach einer an ihn gerichteten Appellation über die (zu enge) Verwandtschaft beider gemachten Zeugenaussagen für ungültig zu erklären, Eustachia mit geistlichen Strafen zur Rückkehr zu ihrem Mann zu zwingen und darnach, sowie nach der Rückstellung des dem Vizegrafen entfremdeten Landes, den Fall zu entscheiden.*

20   *Rom, St. Peter, (1205) Februar 17.*

Reg. Vat. 5, fol. 200ʳ—201ᵛ ⟨Nr. 227⟩.
Bréquigny, Diplomata, II/1 642, Nr. 227 = Migne, PL, 215, 543, Nr. 227. — Comp. III 2. 3. 4;
Bern. 2. 3. 4; Coll. Fuld. 2. 6. 2; X 2. 6. 4. — Denifle, Specimina palaeographica, T. 5 (teilweise);
s. unten Abb. IV. — Potth. Reg. 2417.

25   **.. De Curia Dei**[1]) **et .. de Elemosina**[2]) **abbatibus**[a]), **Aurelianensis et Carnotensis diocesum, et .. cantori Aurelianensi**[b, 3]).

| Accedens ad apostolicam sedem dilectus filius nobilis vir W(illelmus), vicecomes Oenaici[c, 4]), humili nobis conquestione monstravit, quod, cum

---

[5]) S. Br. VII 126 Anm. 7. Über die Wahl zum EB. von Esztergom vgl. Br. VII 159.

30 **227.** [a]) *-i- korr. aus einem anderen Buchstaben.*   [b]) *Am Rande von einer Hand des 15./16. Jhs.:* hoc est c(apitulum) Accedens 2ᵃ, Ut lite non contes(tata) *(X 2. 6. 4).*   [c]) *Migne:* Benaici.

227. [1]) La Cour-Dieu (Zist.-Abtei, Diöz. Orléans, Dép. Loiret). Als Äbte sind bezeugt Herveus 1200, Hugo (II.), Wilhelm (I.) 1207. Vgl. *Dict. HGE* 13 (1956) 947.
[2]) L'Aumone (Zist.-Abtei, Diöz. Chartres, ht. Blois, Dép. Loir-et-Cher). Radulf (II.) ist
35 1203 als Abt bezeugt. Vgl. *Dict. HGE* 5 (1931) 681.
[3]) Domkantor von Orléans.
[4]) Wilhelm (V.), Vizegraf von Aunay (Dép. Charente Maritime). Vgl. Beauchet-Filleau, *Dictionnaire*, I 182; Schwennicke, *Stammtafeln*, III/4, T. 814.

nobilem mulierem Eustachiam[5] duxisset legitime in uxorem et duas filias
suscepisset ex ipsa, tandem ipsa nobilis suadente humani generis inimico
divertit ab ipso. Cumque a venerabili fratre nostro .. Pictauensi episcopo[6],
diocesano suo, non posset super hoc iustitiam obtinere, nos ad petitionem
nuntiorum ipsius et mulieris eiusdem causam, que inter ipsos super eorum 5
matrimonio vertebatur, dilectis filiis .. abbati * sancti Leodegarii[7], .. decano
sancti Petri[8] et .. priori sancti Hilarii de Cella[9], Pictauen(sibus), duximus
committendam, qui, sicut nobis suis litteris intimarunt, cum eis liquido
constitisset prefatam E(ustachiam) a viro suo, de quo duas susceperat filias,
auctoritate propria divertisse, habito prudentum virorum consilio[d] decreve- 10
runt eandem E(ustachiam) ad virum suum debere reverti reservata sibi
accusandi matrimonium post reversionem suam, si vellet, plenaria potestate.
Quod cum facere noluisset, excommunicationis eam vinculo astrinxerunt,
supponentes terram eius et familiam ecclesiastico interdicto.

Verum cum sententiam ipsam precepissemus postmodum, sicut rationa- 15
biliter lata erat, usque ad satisfactionem congruam inviolabiliter observari,
tandem eadem E(ustachia) ad suggestionem venerabilis fratris nostri .. Andegauensis episcopi[10] et dilectorum filiorum .. de Granateria[11] et .. de Bellofon-
te[12] abbatum causam ipsam venerabili fratri nostro .. episcopo[13] et dilectis
filiis G. archidiacono, Corisopiten(sibus), et magistro P.[e] de Buter', canonico 20
Andegauensi[14], sub hac forma obtinuit delegari, ut — si eis constaret, quod
eadem mulier, sicut nobis scripserant idem episcopus et abbates, loco sibi
prefixo nequiverit ad predictos iudices accedere propter guerras et quod in
confinio Pictauensis et Andegauensis episcopatuum securum adverse parti
conductum dare voluerit et prestare sufficientissimam cautionem, quod eos 25
servaret indempnes — in irritum revocato, quicquid in eius preiudicium post

---

[d] cosilio.   [e] P *korr. aus* B.

[5] Eustachia von Argenton, genannt von Chemillé, Erbin von Mortagne(-sur-Sèvre) (Dép.
Vendée), heiratete in zweiter Ehe um 1203 Guido von Thouars (s. unten Anm. 22), in dritter Ehe
um 1215 Renaud de Maulevrier, gest. nach 1234. Vgl. BEAUCHET-FILLEAU, *Dictionnaire*, II 373; 30
SCHWENNICKE, *Stammtafeln*, III/4, T. 814.

[6] Mauritius von Blason, B. von Poitiers (Suffr. von Bordeaux) 1198—1214. Vgl. *Dict. HGE*
9 (1937) 160.

[7] Arnald (II.), als Abt von Saint-Liguaire (Ben.-Abtei, Diöz. Saintes, Dép. Deux-Sèvres)
bezeugt 1187—1244. Vgl. *Gallia Christiana* II 1125. 35

[8] Domdekan von Saint-Pierre in Poitiers. Wilhelm (I.) ist 1201 bezeugt. Vgl. *Gallia
Christiana* II 1216.

[9] S. Br. VII 32 Anm. 4.

[10] Wilhelm (II.) von Beaumont, B. von Angers (Suffr. von Tours) 1202—1240.

[11] Johannes (I.), als Abt von La Grenetière (Ben.-Abtei, Diöz. Poitiers, ht. Luçon, Dép. 40
Vendée) bezeugt 1201—1246. Vgl. *Gallia Christiana* II 1430.

[12] Bellefontaine (Ben.-Abtei, Diöz. Poiters, ht. Angers, Dép. Maine-et-Loire). Johannes
(II.) ist als Abt bezeugt 1200. Vgl. *Dict. HGE* 7 (1934) 844.

[13] Wilhelm (I.), B. von Quimper (Suffr. von Tours) 1192—1218. Vgl. *Gallia Christiana*
XIV 878. 45

[14] Angers.

appellationem ad nos legitime interpositam invenirent temere attemptatum,
non obstante commissione predicta partes ante suam convocarent presentiam et rationibus hinc inde plenius auditis et cognitis causam appellatione
remota fine debito terminarent, facientes, quod decernerent, per censuram
5 ecclesiasticam firmiter observari. Ipsi vero, sicut in eorum litteris perspeximus contineri, cum partibus apud Vouentum[15] et postmodum apud
Lucion(um)[16] terminum assignassent, idem vicecomes se per litteras et procuratorem excusans asseruit, quod ad loca illa, cum inimici eius ibidem
haberent dominium[f], propter mortis periculum accedere non audebat; cui
10 adversa pars et barones, qui ibidem aderant, responderunt, quod ipsi eidem
vicecomiti litteras de conductu cum litteris .. vicecomitis Toarcii, senescalli
Pictauie[17], per nuntium destinarant; quibus procurator vicecomitis replica-
vit, quod propter litteras ad suspectum sibi locum non audebat accedere[18],
sed tutum locum assignari sibi et restitutionem uxoris[g] fieri postulabat,
15 quod si facere nollent iudices, dominum suum gravari dicebat, propter quod
ad appellationis remedium convolavit nec voluit postmodum, licet fu(er)it[h]
requisitus, coram ipsis iudicibus respondere, ipsos asserens manifeste suspectos[19], et innovavit appellationem emissam. Iudices autem credentes appellationem non esse legitimam et per testes postmodum cognoscentes, quod sententia
20 fuerat post appellationem in dictam mulierem prolata, eam denuntiaverunt
penitus non tenere. Tandem vero apud Pozaugias[20] peremptorio partibus assignato .. Turonensis decanus avunculus[i] eiusdem vicecomitis[21] se obtulit pro
ipso venturum, si securus eidem concederetur conductus, per litteras nichilominus contra iudices causas suspitionis allegans, videlicet episcopum ipsum esse
25 consaguineum nobilis viri G(uidonis) de Toarcio, comitis Brittanie, qui cause
ipsius mulieris se nimium immiscebat[22], et ipsius comitis subditum potestati,
archidiaconum vero clericum ipsius comitis commensalem et magistrum[k] P. de
Buter'[k] oriundum de terra mulieris ipsius. Iudices autem postmodum alio

---

f) *Migne:* dominum.   g) *Darnach* sibi *durchgestrichen.*   h) *Über -i- ein Loch im Pergament.*
30 i) avuc(u)l(u)s.   k—k) *Mit hellerer Tinte nachgetragen (vgl. Kempf, Register, 40, Anm. 16).*

15) Vouvant, Dép. Vendée.
16) Luçon, Arr. Fontenay-le-Comte, Dép. Vendée.
17) Aimerich (VII.), Vizegraf von Thouars 1173—1226. Vgl. IMBERT, *Notice*, 368—383; 1204
zum Seneschall von Poitou und Aquitaine ernannt. Vgl. *ebd.* 374; BALDWIN, *Government*, 195,
35 238, 433.
18) Vgl. Br. V 22 (23) = Comp. III 2. 19. 5 = X 2. 28. 47 (FRIEDBERG, *CorpIC*, II 428).
19) Vgl. *Decretum Gratiani* C. 2 q. 6 c. 16; C. 3 q. 5 c. 15 (FRIEDBERG, *CorpIC*, I 471, 518);
Codex 3. 1. 16 (Ed. KRUEGER 122); Novellen 53. 3. pr.; 86. 2 (Ed. SCHOELL–KROLL 301, 420).
20) Pousauges, Dép. Vendée.
40 21) Der Onkel Wilhelms von Aunay, Cadelo, ist in einer undatierten Urkunde als Thesaurar
von Tours genannt. Vgl. BEAUCHET-FILLEAU, *Dictionnaire*, I 182.
22) Guido von Thouars, Bruder Aimerichs (VII.), durch seine Heirat mit Konstanze, der
Mutter Arthurs von Bretagne (1199) Regent der Bretagne; er heiratete ca. 1203 Eustachia von
Argenton (s. oben Anm. 5); gest. 1213. Vgl. SCHWENNICKE, *Stammtafeln*, III/4, T. 810; BALDWIN,
45 *Government*, 195, 198f., 238.

peremptorio partibus assignato super consaguinitate testes receperunt mulieris eiusdem et alio termino apud Malleonium[23] partibus assignato attestationes publicari fecerunt, vicecomite se per suas[m] litteras excusante. Ad
ultimum vero, cum terminus ad recipiendam sententiam fuisset partibus
assignatus, nuntiis mulieris et[n] .. archidiacono Turonensi, fratre ipsius vice- 5
comitis[24], in ipsorum presentia constitutis, nuntiis ipsius mulieris sententiam postulantibus et ipso archidiacono pro fratre suo terminum requirente, de
prudentum consilio terminum partibus assignarunt, quo deberet secundum
iuris ordinem in causa procedi, sed nuntii mulieris contumaciter recedentes
altera die nostram audientiam appellarunt, dicentes domine sue gravamen 10
inferri, eo quod iudices non interfuerant apud Malleonium, ubi terminum
*fol. 201ʳ assignarant ad sententiam proferendam[o], et quia locum extra * provinciam
assignabant[25], cum ipsi essent de provincia Turonensi.

Iudicibus autem appellationi deferentibus nuntius mulieris ad apostolicam sedem accedens proposuit, quod, cum super causa ipsa iudices prelibati 15
eundem vicecomitem ad presentiam suam[p] pluries peremptorio ad loca com-
petentia et intervallis legitimis citavissent nec idem vicecomes muliere com-
parente prefata[q] venire voluerit vel sufficientem mittere responsalem, ipsi
testes mulieris receperunt; vicecomitem ipsum iterato per duo peremptoria
edicta citantes, ut coram ipsis dicturus contra testes vel dicta testium compa- 20
reret. Sed cum ipse nec venerit nec sufficientem nuntium destinarit, attestationibus publicatis ab ipsis et partibus citatis ad sententiam audiendam,
mulier eadem — dicto vicecomite se contumaciter absentante — sibi dari
sententiam postulavit, ad quam procedere licet requisiti sepius noluerunt,
propter quod pars mulieris sibi sentiens imminere gravamen ad nostram 25
audientiam appellavit. Nos[r] vero credentes, quod eadem mulier pro matrimonio laboraret, eisdem ad petitionem nuntii duximus iniungendum, ut in
eadem causa secundum attestationes receptas legitime procedentes ipsam
sublato cuiuslibet contradictionis, occasionis[s] et appellationis obstaculo fine
debito terminarent, dilectis filiis .. de Granateria, .. de Insula Calueti[26] et 30
.. de Alba corona[27] abbatibus dantes nichilominus in mandatis, ut, si prefati

---

[m] *Am Rande ein kurzer, waagrechter Strich.*   [n] *Migne:* etc.   [o] *Migne:* perferendam.
[p] *Migne:* tuam.   [q] -a *korr. aus* -i.   [r] *Am Rande ein kurzer, waagrechter Strich.*   [s] *Fehlt bei
Migne.*

[23] Chatillon-sur-Sèvre (ehemals Mauléon), Diöz. Poitiers, Arr. Bressuire, Dép. Deux- 35
Sèvres.

[24] G., als Archidiakon von Tours bezeugt 1206 und 1214, ist demnach nicht mit dem 1202
in diesem Amt bezeugten Gottfried von Plessis gleichzusetzen. Vgl. DE GRANDMAISON, *Cartulaire
Tours*, I 285, Anm. 2.

[25] Vgl. *Decretum Gratiani* C. 3 q. 6 c. 12—17; C. 6 q. 3 c. 2 (FRIEDBERG, *CorpIC*, I 522—524, 40
562).

[26] Vielleicht Wilhelm, als Abt von L'Ile-Chauvet (Ben.-Abtei, Diöz. Poitiers, ht. Luçon,
Dép. Vendée) bezeugt 1212. Vgl. *Dict. HGE* 25 (1995) 819.

[27] Johannes (I.), als Abt von Blanche-Couronne (Ben.-Abtei, Diöz. Nantes, Dép. Loire-
Inferieure) bezeugt 1189, 1197, 1213. Vgl. *Dict. HGE* 9 (1935) 98.   45

iudices in executione mandati nostri negligentes existerent vel remissi, ipsi
secundum attestationes receptas ab ipsis in eodem negotio ad diffinitivam
sententiam sublato appellationis obstaculo procedere non tardarent. Ceterum dictus vicecomes Oenaici^{c)} in nostra presentia constitutus gravem
5 coram nobis contra dictos iudices exposuit questionem, quod — cum dictus
Corisopitensis episcopus nobilem virum Guid(onem) de Toarcie^{t)}, comitem
Brittan(ie), proxima linea consaguinitatis attingat et archidiaconus eius sit
clericus commensalis, qui eidem vicecomiti est adversarius principalis, ut qui
uxorem suam et terram publice detinere presumit, et magister P. de Buter'
10 de terra uxoris^{u)} sue oriundus existat nimis favens eidem, et omnes sub
districtu et potestate ipsius G(uidonis) existant nec nisi per districtum ipsius
ei patuerit accessus ad eos — ipsi^{v)} numquam ei voluerunt nisi in terra
inimicorum suorum locum et terminum assignare, ubi sine mortis periculo
accedere non audebat et, licet litteras non habuerit de conductu, si tamen ei
15 misse fuissent, non debebat se credere suis capitalibus inimicis. Insuper cum
eis certam formam duxerimus prefigendam, ipsi post appellationem ad nos
legitime interpositam relinquentes formam, quam prefixeramus eisdem, de
appellatione tantummodo pretermisso iuris ordine inquirentes, cum non fuisset ostensum ipsam esse legitimam nec temere aliquid attemptatum nec de
20 aliis iniunctis sibi capitulis inquisissent, sententiam in ipsam mulierem rite
latam minus iuste irritam nuntiarunt et lite non contestata testes super
principali recipere²⁸⁾ presumentes et recusantes legitimas exceptiones ipsius,
allegationes eius pro maiori parte et maxime, que faciebant ad causam, in
suis litteris tacuerunt, pro adversa parte multa, que coram eis allegata non
25 fuerant, apponentes^{w)}. Preterea adversa pars, que per falsi suggestionem ipsis
causam obtinuerat delegari, fraudulenter intendens per testes reprobos ipsius
vicecomitis iustitiam enervare, sub frivole appellationis pretextu furtim ad
eosdem et predictos de Granateria^{x)}, de Insula calueti et .. de Alba corona
abbates super ferenda sententia litteras impetravit, ipso vicecomite super
30 prosequenda appellatione sua existente in itinere ad sedem apostolicam veniendi. Unde cum fraus adversariorum suorum eis patrocinari non debeat²⁹⁾
nec ipsi preiudicium generare cumque constet iudices ipsos in causa post
appellationem ad nos legitime interpositam preter formam mandati nostri
tamquam manifeste suspectos temere processisse, idem vicecomes petebat
35 instanter, ut revocato in irritum, quicquid post appellationem ad nos legitime interpositam per ipsos iudices vel alios in eius preiudicium fuerat attemptatum, revocatis etiam litteris, que ipso veniente ad nos fuerant per mendacium impetrate, uxorem suam reverti ad ipsum per excommunicationis sen-

---

^{t)} *Migne:* Toactae.   ^{u)} -x- *korr. vielleicht aus* -r-.   ^{v)} *Migne:* ipsis.   ^{w)} *Migne:* opponen-
40 tes.   ^{x)} *Migne:* Franateria.

²⁸⁾ Vgl. Br. I 362 Bd. 1 S. 547 Z. 3—5 = Rain. 24. 1 = Gilb. 2. 8. 1 = Comp. III 2. 3. 1 = X
2. 6. 1 (FRIEDBERG, *CorpIC*, II 259).
²⁹⁾ Vgl. Br. VII 15 Anm. 5.

* fol. 201ᵛ tentiam et interdictum terre compellere dignaremur, * detentores ipsius et terre eadem districtione cogentes ipsam et terram restituere cum fructibus perceptis ex ipsa, et^y⁾ faceremus sentencias singulis diebus Dominicis et festivis per Turonensem et Burdegalensem provincias³⁰⁾ publicari et firmiter observari usque ad satisfactionem condignam.   5

Cum igitur in matrimonialibus causis ad coniungendum quam disiungendum debeamus existere proniores, ne forte, quod Deus coniunxit, homo vgl. Mt 19, 6; Mk 10, 9 separare presumat, discretioni vestre per apostolica scripta precipiendo mandamus, quatinus, cum, sicut idem asserit vicecomes, propinquiores sitis terre nobilis iamdicte quam sue ac causa ipsa per vos comodius valeat terminari, 10 cum ad vos securus pateat accessus utrique, partes ad vestram presentiam convocetis et inquisita super premissis^z⁾ diligentius veritate, si vobis constiterit, quod ante litem legitime contestatam vel post appellationem rationabiliter interpositam testes super consaguinitate contra matrimonium recepti fuissent, vos attestationes huiusmodi decernatis irritas et inanes, appellatio- 15 ne cessante compellentes censura ecclesiastica predictam nobilem, ut revertatur ad virum, quem inconsulte dimisit, mandatum apostolicum sublato cuiuslibet contradictionis et appellationis obstaculo impleturi, ita quod, postquam ipse vir plenariam restitutionem habuerit^aa⁾ tam uxoris quam terre, causam super matrimonio audiatis eamque fine canonico terminetis. 20

Contradictores et cetera. Testes et cetera. Nullis litteris et cetera. Quod si non omnes et cetera, duo vestrum [et cetera].

Datum Rome apud sanctum P(etrum), XIII Kal. Martii^bb⁾.

228.

Innocenz III. befiehlt Podestà und Volk von Ancona, dem Kardinallegaten 25 *C(inthius) von S. Lorenzo in Lucina zu gehorchen und dem Usurpator des Erzbistums Mainz (, dem Reichslegaten Lupold,) Widerstand zu leisten.*

*(Rom, St. Peter, 1205 Februar)*¹⁾.

Reg. Vat. 5, fol. 201ᵛ—202ʳ ⟨Nr. 228⟩.

Bréquigny, Diplomata, II/1 646, Nr. 228 = Migne, PL, 215, 548, Nr. 228. — S. unten Abb. V. 30 *— Potth. Reg. 2425; BFW *5915.*

---

^y⁾ *Fehlt bei Migne.*   ^z⁾ -ssis *vielleicht auf Rasur.*   ^aa⁾ hu(er)it.   ^bb⁾ *Migne fügt hinzu:* anno septimo.

³⁰⁾ Kirchenprovinzen Tours und Bordeaux.

228. ¹⁾ Der Brief wurde mit Neuansatz nach einem Schreiben vom 21. Februar (Br. VII 224) 35 gemeinsam mit einem vom 17. Februar 1205 (Br. VII 227) eingetragen. Eine Datierung in den Februar 1205 fügt sich in den Ablauf vom Tätigwerden des Reichslegaten (s. unten Anm. 5) und den päpstlichen Gegenmaßnahmen.

.. Potestati et populo Anconitan(is)[a, 2].

Licet nefande memorie Marcualdus[b, 3] dives et potens, astutus et audax totius obtineret Marchie principatum, vos tamen et alii Marchiani iugum eius importabile cognoscentes non sine multis laboribus et expensis prudenter et
5 potenter illud de vestris cervicibus excussistis[4], ad naturale apostolice sedis   vgl. Gn 27, 40
dominium revertentes, que de se vere dicere potest: «Iugum meum suave est et onus meum leve».   Mt 11, 30

Miramur ergo non modicum et movemur, quod, etsi constantes in nostra fidelitate manseritis, negligentes tamen adversus illorum nequitiam extiti-
10 stis, qui venerunt vestram subvertere libertatem[5], immo verius extinguere vitam, ut vos in servitutem redigant viliorem[c], quin potius crudeliorem   vgl. 1Makk 8, 10
mortem adducant; nec vere potestis propter illorum potentiam de vestra vos impotentia excusare, cum revera potentia vestra sufficiat ad eorum impoten- tiam comprimendam, dummodo cesset inter vos livor invidie, que sola vos
15 poterit impedire; neque terreri debetis de vanis rumoribus ultra modum, quia — sicut frequenter estis experti — quidam, cum viribus nocere non possint, fraudibus superare nituntur, fingentes multa de paucis et magna de parvis, immo nonnumquam quedam de nullis, sed eorum mendacium sicut fumus penitus[d] evanescet.

20 Preterea cum ad defensionem vestram iustitia vos debeat amplius anima- re, de qua Scriptura sacra testatur, quod beati sunt, qui persecutionem propter iustitiam patiuntur, noveritis nos dilecto filio C(inthio), tituli sancti   Mt 5, 10
Laurentii in Lucina presbytero cardinali[6], apostolice sedis legato, quoddam insinuasse capitulum ex testamento imperatoris Henr(ici)[7] vobis fideliter
25 exponendum, quod vos de iustitia poterit reddere certiores; cumque due partes sint in imperio, utraque favorem nostrum desiderans Marchiam nobis dimittere vult[e] quietam[f, 8], cum neutra pars coronam imperii nisi per no-

---

228. [a] *Am Rande ein Kreuz.*   [b] *Migne:* Marculdus.   [c] *Migne:* viliorum.   [d] *Fehlt bei Migne.*
[e] *Über der Zeile nachgetragen.*   [f] *Davor eine Rasur.*

30   [2] Podestà von Ancona.
[3] Markward von Annweiler (s. Br. VII 130 Anm. 2) wurde 1195 zum Markgrafen der Mark Ancona bestellt. Über die dortigen Auseinandersetzungen vgl. auch Br. I 38 Bd. 1 S. 57 Z. 4—8.
[4] Das bezieht sich vielleicht auf das Bündnis, das Anfang 1198 von den Kommunen Ravenna, Rimini, Ancona, Fermo, Senigallia und Osimo gegen Markward geschlossen wurde.
35 Vgl. LEONHARD, *Ancona*, 91.
[5] B. Lupold von Worms (s. unten Anm. 9) erscheint im Herbst/Winter 1204 als Reichsle- gat Philipps von Schwaben in Italien. Vgl. TILLMANN, *Rekuperationen*, 354—356; LEONHARD, *Ancona*, 111—113.
[6] Cinthius, 1191 KP. von S. Lorenzo in Lucina, 1217 (K.-)B. von Porto und S. Rufina,
40 gest. nach 1217. Vgl. MALECZEK, *Papst und Kardinalskolleg*, 104—106.
[7] Zum angeblichen Testament Heinrichs VI. vgl. BAAKEN, *Reg. Heinrich VI.*, 248f., Nr. 614. Hier ist der Passus über den Rückfall der Mark an die Kirche nach dem erbenlosen Tod Markwards gemeint. Vgl. auch *Gesta Innocentii*, c. 27 (MIGNE, *PL*, 214, LII C; GRESS-WRIGHT 35 Z. 12—19).
45   [8] Das trifft allerdings nur für Otto IV. zu. S. *RNI* Nr. 77, Ed. KEMPF 210 Z. 2, 5f.; vgl. KEMPF, *Zwei Versprechen.*

strum favorem valeat obtinere. Unde si constantes et fortes in nostra fidelitate manseritis, profecto[g] nos libertati vestre sufficienter providere curabimus, quemcumque status imperii sortiatur eventum[h]. Alioquin merito formidare potestis[i], ne novissima vestra fiant deteriora[k] prioribus et error novissimus sit peior priore.

Quocirca devotionem vestram monemus at(tentius) et per apostolica
scripta precipiendo mandamus, quatinus prefato cardinali vice nostra efficaciter intendentes ad defensionem vestram contra Maguntinum intrusum[9]
vos viriliter accingatis, quia, quantumcumque se iactet, si vos, dum tempus
habetis, illum deicere studueritis, non adiciet ulterius, ut resurgat, nec alius
post * illum[l] accedet, cum eum[m] viderit sua intentione frustatum, et sic
optata poteritis perfrui libertate sollicita meditatione pensantes, quod iusto
iudicio sepe contingit, ut, qui nolunt cum possunt, cum velint, non possint[10].
Illius ergo vos mine non terreant et promissiones non fallant, quia, sicut
fulgura convertuntur in pluvias, ita promissiones ipsius in deceptiones ver-
tuntur, unde consultius est et melius, ut ad presens per minores labores et
pauciores expensas vestrum propositum impleatis, quam postmodum cum
multis laboribus et magnis expensis vestrum nequeatis periculum evitare,
quia sicut scriptura testatur: «Nocuit semper differre paratis»[11].

Datum et cetera.

Margin references:
vgl. Mt 12, 45; Lk 11, 26; 2Petr 2, 20
vgl. Mt 27, 64
vgl. Ps 40, 9; Is 24, 20; Am 5, 1
* fol. 202r
vgl. Dt 16, 18 u. ö.
vgl. Ps 134, 7; Ir 10, 13; 51, 16

Line numbers: 5, 10, 15, 20

229.

*Der Krönungsordo König Peters von Aragón schildert dessen am 11. November
1204 in Rom erfolgte Krönung und Schwertleite sowie die Übertragung seines
Reiches an die Römische Kirche samt der Verpflichtung zur jährlichen Zinszah-
lung. Der Treue- und Gehorsamseid sowie die Übertragungs- und Verpflichtungs-
urkunde sind inseriert.*

(1204 November 11).

Reg. Vat. 5, fol. 202ʳ—202ᵛ (Nr. 229).
Bréquigny, Diplomata, II/1 647, Nr. 229 = Migne, PL, 215, 550, Nr. 229; Gesta Innocentii, c.
120—122 (PL, 214, CLIX—CLXI; Gress-Wright 306—308); Zurita, Index, 61f.; Bzovius, Annalium tom. XIII, 119f. (Eid und Privileg); Duchesne, Scriptores, V 808f.; Gallia Christiana Novissima

---

[g]) *Darnach eine kleine Rasur.*　　[h]) *Migne:* effectum.　　[i]) *Migne:* potestatis.　　[k]) detiora.
[l]) *Davor* post *irrtümlich wiederholt.*　　[m]) *Fehlt bei Migne.*

[9]) Lupold von Scheinfeld, B. von Worms (Suffr. von Mainz) 1196—1217. Seine Wahl zum
EB. von Mainz wurde 1202 von Innocenz III. kassiert. S. Br. V 14 (14, 15). Vgl. SEIBERT,
Reichsbischof, 129—138.

[10]) Vgl. WALTHER, *Proverbia,* IV 161, Nr. 23985; 224, Nr. 24400; V 332, Nr. 31439 und öfter.
Vgl. auch unten Anm. 11.

[11]) Lucan, *De bello civili* I 281. Vgl. WALTHER, *Proverbia,* III 189, Nr. 17080b; IV 790, Nr.
27978; V 331, Nr. 31436, 31438 und öfter.

Line numbers (footnotes): 30, 35, 40

III: *Arles 308, Nr. 767 (teilweise); Vincke, Documenta, 3, Nr. 4 (Eid), Nr. 5 (Privileg); Villemagne,
Bullaire Pierre de Castelnau, 110, Nr. 30; Mansilla, Documentación, 339, Nr. 307. — S. unten Abb.
V. — Potth. Reg. S. 200; Bréquigny, Table chronologique, IV 373; Balladore Pallieri–Vismara, Acta
pontificia, 31, Nr. 131.*
5   *Vgl. Fried, Schutz, 207ff.*

Ordo coronationis Petri, regis Aragonum[a, 1].

|| **Anno**[b] septimo pontificatus domini Innocentii[c] tertii pape, mense
Novembris, Petrus[d], rex Aragonum, ad apostolicam sedem accessit, ut ab
eodem domino papa militare cingulum et regium acciperet diadema. Venit
10 autem per mare[2] cum quinque galeis et applicuit apud insulam inter Portum
et Hostiam[3], adducens secum Arelatensem archiepiscopum[4], prepositum
Magalonensem[5], cum quibus interfuit electus Montis maioris[6] et alii quidam
clerici nobiles et prudentes. Proceres[e] quoque secum adduxit Sanctium patruum suum[7], Vgonem de Baucio[8], Rozelinum de Marsilia[9], Arnaldum de
15 Fotian(o)[10] et alios multos nobiles et potentes. Missis autem ad illum equitaturis et somariis pene ducentis fecit eum apud sanctum Petrum ad presentiam[f] suam idem dominus papa venire, mittens in occursum ipsius quosdam
cardinales, senatorem Vrbis[11] et alios multos nobiles et magnates fecitque
illum apud sanctum Petrum in domo canonicorum[12] honorabiliter hospitari.

20 **229.** [a] *Am Rande drei Punkte und ein Kreuz und von einer Hand des 13. Jhs.:* pro iure Romane
ecclesie. *Auf fol. 202ʳ längs des Briefes am Rande ein senkrechter, z. T. gewellter Strich.*   [b] *Die
letzten drei Eintragungen des Jahrgangs stammen von Hand H.*   [c] *I- ist graphisch hervorgehoben.*
[d] *P- ist graphisch hervorgehoben.*   [e] *P- ist graphisch hervorgehoben.*   [f] *Migne:* potentiam.

229. [1] Peter II., König von Aragón 1196—1213, Graf von Barcelona, Herr von Montpellier.
25   [2] Von der Provence über Genua, vgl. FRIED, *Schutz*, 207 mit Anm. 109.
         [3] Zwischen Porto und Ostia.
         [4] S. Br. VII 77 (76, 77) Anm. 14.
         [5] Guido von Ventadour, als Dompropst von Maguelonne (ht. Montpellier, Suffr. von
Narbonne) bezeugt 1194—1205. Vgl. *Gallia Christiana* VI 825.
30   [6] S. Br. VII 162 Anm. 1.
         [7] Sancho, Graf von Roussillon und Cerdagne, gest. 1223, Onkel väterlicherseits König
Peters. Vgl. ISENBURG, *Stammtafeln*, II 45.
         [8] Hugo von Les Baux (Cant. Saint-Rémy-de-Provence, Arr. Arles, Dép. Bouches-du-
Rhône), gest. 1240. Vgl. *Atlas Provence* II 124.
35   [9] Roncelin, 1192 Abt der Ben.-Abtei Saint-Victor in Marseille, 1193 Graf von Marseille,
1211 Rückkehr als Mönch nach Saint-Victor, gest. 1215. Vgl. Br. X 111 (MIGNE, *PL*, 215, 1206f.),
XIV 40 (*ebd.* 216, 411), 95 (*ebd.* 457f.), 96 (*ebd.* 458f.); *Atlas Provence* II 128.
         [10] Vielleicht ist der Vizegraf Arnald von Castelbon (gest. c. 1226) gemeint, der ein enger
Verbündeter des Grafen Raimund Roger von Foix (in der Languedoc) war und 1203 mit ihm
40 gemeinsam dank der Vermittlung Peters von Aragón aus der Gefangenschaft des Grafen von
Urgel freigekommen war. Arnalds Tochter hatte im Ehevertrag mit dem Sohn des Grafen von
Foix das Recht erhalten, den Grafentitel bereits zu führen. Vgl. BAUDOIN DE MONY, *Relations*, I
125—128, 150.
         [11] Die Ablöse eines Kollektivs von 56 Senatoren im Herbst 1204 durch einen einzelnen
45 Senator, dessen Name unbekannt ist, muß somit vor dem 10. November erfolgt sein. Vgl.
BARTOLONI, *Per la storia*, 65; LACKNER, *Verwaltung*, 140f.
         [12] Das Haus der Kanoniker von St. Peter befand sich hinter der Basilika neben der Kirche
S. Stefano degli Etiopici.

Tertio vero die, in festo videlicet sancti Martini, prefatus dominus papa cum episcopis, presbyteris et diaconibus cardinalibus, primicerio et cantoribus, senatore, iustitiariis, iudicibus, advocatis et scriniariis multisque nobilibus ac populo copioso ad monasterium sancti Pancratii martiris prope Transtiberim[13] est profectus ibique prefatum regem per manum Petri, Portuensis 5 episcopi[14], fecit inungi, quem postmodum ipse manu propria coronavit, largiens ei regalia insignia universa, mantum videlicet et colobium, sceptrum et pomum, coronam et mitram[15], corporale ab eo recipiens iuramentum, cuius tenor est talis:

Ego[g] Petrus[h], rex Aragonum, profiteor et polliceor, quod semper ero 10 fidelis et obediens domino meo pape Innocentio eiusque catholicis successoribus et ecclesie Romane regnumque meum in ipsius obedientia fideliter conservabo, defendens fidem catholicam et persequens hereticam pravitatem. Libertatem et immunitatem ecclesiarum custodiam et earum iura defendam. In omni terra mee potestati subiecta iustitiam et pacem servare studebo, sic 15 me Deus adiuvet et hec sancta[i] Evangelia.

Deinde prefatus rex cum multo laudis preconio et favoris applausu[k] coronatus rediit iuxta dominum papam ad basilicam sancti Petri, super cuius altare sceptrum et diadema deposuit, et de manu eiusdem domini pape militarem ensem accepit regnumque suum beato Petro apostolorum principi 20 obtulit illudque sibi constituit censuale per privilegii paginam, quam eidem
*fol. 202ᵛ domino pape tradidit super[l] * ipsum altare, cuius tenor est talis:

Cum corde credam et ore confitear, quod Romanus pontifex, qui est beati Petri successor, vicarius sit illius, per quem reges regnant et principes princi-
vgl. Spr 8, 15f. pantur, qui dominatur in regno hominum et, cui voluerit, dabit illud. Ego 25
vgl. Dn 4, 14. 22. 29 Petrus, Dei gratia rex Aragonum, comes Barchinonie et dominus Montis Pesulani, cupiens principali post Deum beati Petri et apostolice sedis protectione muniri, tibi, reverentissime pater et domine summe pontifex Innocenti, et per te sacrosancte Romane apostolice sedi offero regnum meum illudque tibi et successoribus tuis in perpetuum divini amoris intuitu et pro remedio 30 anime mee et progenitorum meorum constituo censuale[m], ut annuatim de camera regis ducente quinquaginte Massemutine[n, 16] apostolice sedi reddan-

---

[g]) E- *ist graphisch hervorgehoben.*   [h]) P- *ist graphisch hervorgehoben.*   [i]) *Migne fügt hinzu:* Dei.   [k]) *Darnach eine Lücke und eine kleine Rasur.*   [l]) *Unten am Rand von einer Hand des späten 13. oder des 14. Jhs.:* Require formam secundum quam dominus Inno(centius) III mandat 35 coronari regem Arag(onum) per archiepiscopum Taraconensem in regesto eiusdem domini I(nnocentii) anni VIII mense Iulii *(Br. VIII 92: Migne, PL, 215, 665f.). S. Einleitung XII.* [m—m] *Am Rande eine Klammer.*   [n]) *Migne:* mussemutinae.

[13]) S. Pancrazio im Westen von Rom.

[14]) Petrus Gallocia, (K.-)B. von Porto und S. Rufina 1190—1211. Vgl. Maleczek, *Papst und* 40 *Kardinalskolleg,* 95f.

[15]) Vgl. zu den Insignien auch Br. VIII 92, IX 102 (Migne, *PL,* 215, 665f., 915).

[16]) Masmodina (Mazmudina, Massamutino), almohadische Goldmünze. Vgl. Spufford, *Handbook,* 159, 309.

tur[17]) et ego ac successores mei specialiter ei fideles et obnoxii teneamur. Hoc
autem lege perpetua servandum fore decerno, quia spero firmiter et confido,
quod tu et successores tui me ac successores meos et regnum predictum
auctoritate apostolica defendetis[m]), presertim cum ex multo devotionis affec-
5 tu me ad sedem apostolicam accedentem tuis quasi beati Petri manibus in
regem duxeritis sollempniter coronandum. Ut autem hec regalis concessio
inviolabilem obtineat firmitatem, de consilio procerum curie mee presente
venerabili patre meo .. Arelatensi archiepiscopo et Sanctio patruo meo et
Hugone de Baucio et Arnaldo de Fotian(o) baronibus meis sigilli mei feci
10 munimine roborari[o]).

Actum Rome apud sanctum Petrum anno Dominice incarnationis millesimo ducentesimo quarto, IIII Idus Novembris[p]), anno regni mei octavo.

Hiis omnibus rite peractis fecit eum dominus papa per Vrbem ad ecclesiam sancti Pauli deduci[18]), ubi galeas inveniens preparatas intravit et aposto-
15 lica benedictione munitus ad propria meruit cum prosperitate redire.

230.

König Kalojan der Bulgaren und Walachen berichtet Papst Innocenz III. über
seine Krönung durch den Kardinallegaten Leo (von S. Croce), betont seine
defensive Rolle in etwaigen Konflikten mit Ungarn und den Lateinern in Kon-
20 *stantinopel und fordert den Papst auf, letztere vor einem Angriff zu warnen. Er*
sendet dem Papst Geschenke und zwei Knaben, die die lateinische Sprache erler-
nen sollen.

(Trnovo, 1204 November 8—15 ?)[1])

Reg. Vat. 5, fol. 202ᵛ—203ʳ ⟨Nr. 230⟩.
25 *Bréquigny, Diplomata, II/1 648, Nr. 230 = Migne, PL, 215, 551, Nr. 230; Gesta Innocentii, c. 80*
(Baluze I 42; Gress-Wright 157—159); Assemanus, Kalendaria, V 147; Farlati, Illyrici sacri tom.
VIII 227; Katona, Historia, IV 733; Theiner, Monumenta Slavorum meridionalium, I 39, Nr. 60;
Fejér, Codex diplomaticus Hungariae, II 446; VII/5 163, Nr. 85; Wenzel, Codex diplomaticus
Arpadianus, VI 292, Nr. 181; Densuşianu, Documente Românilor, I 48, Nr. 34; Dujčev, Epistolae,
30 *65, Nr. 30; Haluščynskyj, Acta Innocentii, 576, Nr. 15.*

---

[o]) *Am Rande von späterer Hand* q(ui)d *und ein schiefliegendes Kreuz.*   [p]) *Am Rande ein*
Kreuz.

[17]) Vgl. Fabre–Duchesne, *Liber Censuum*, I 216b, Anm. 6; Pfaff, *Liber Censuum*, 340, Nr.
637; vgl. Pfaff, *Untersuchungen*, 339.
35 [18]) S. Paolo fuori le mura.

230. [1]) Zur Datierung: Der Kardinal vollzieht am 8. November die Krönung und tritt am 15.
November die Rückreise an (s. Br. VII 231 S. 412 Z. 16); die Gesandtschaft Kalojans wird wohl
mit ihm gereist sein.

[A] Caloioh(ann)e[a)], rege totius Bulgarie et Vlachie[2)], ad Deo promotum et sanctissimum et in Christo dilectum et honorificentissimum patrem regni mei tertium Innocentium et sacerrimum papam Rome et successorem principis apostoli Petri.

Legatus apostolice sedis, dominus Leo cardinalis[3)], sanctitatis tue scrip- 5
tum[4)] meo obtulit imperio, addiscens[b)] quoque de eius sanitate et incolumita-
te omnipotenti Deo et sanctissime matri sue glorificavi[c)]. Et utinam quod scriptum imperii mei inveniat sanctitatem tuam viventem et degentem cum omni gaudio et ylaritate; et imperium meum per gratiam omnipotentis Dei et beatissime Dei genitricis et per intercessiones sanctitatis vestre sanum est et 10 multum bene cum[d)] omni gaudio et exultatione.

Hoc autem notum sit sanctitati vestre, pater spiritualis[e)] regni mei, domine papa, quod dominus Leo legatus apostolice sedis venit ad imperium meum sibi afferens coronam et eam benedicens super caput imperii mei imposuit et[f)] in manibus[g)] meis dedit michi sceptrum atque vexillum. Et benedixit sanctissimo 15 patriarche[h, 5)] regni mei et totius Bulgarie ex precepto vestre sanctitatis, et valde Deo et beatissime Dei genitrici necnon et circumspectioni vestre sanctitatis glorificavimus, eo quod secundum petitionem imperii mei sanctitas vestra totum suum velle adimplevit. Et universa Bulgaria atque Blachia et omnis
* fol. 203[r] imperii mei pertinentia * valde glorificavit et vestram sanctitatem magnificavit. 20

Scribo autem vobis et de Vngaro[i, 6)], quoniam imperium meum non habet aliquam societatem regionum vel aliquam rem cum eo necque ei nocet, immo ipse parvipendit et nocet regionibus imperii mei. Et dominus L(eo) cardinalis vidit et vestre sanctitati annuntiabit iustum vel iniustum, quod est ab imperio meo, aut si ego parvipendo Vngarum vel si ipse meum imperium parvi- 25
pendit. Et scribat ei sanctitas vestra, quatinus distet a regno meo, quoniam imperium meum nec eum habet parvipendere nec contra terras eius abire. Si vero ipse venerit contra terras imperii mei et Deus adiuverit, ut vincatur, non habeat sanctitas vestra imperium meum suspectum, sed sim liber.

De Latinis quoque, qui Constantinopolim introierunt[7)], scribo sanctitati ve- 30
stre, ut eis scribatis, quatinus distent ab imperio meo et sic[k)] imperium meum

---

230. [a)] *Es fehlt die Präposition und Initiale* A *(vgl. Gesta Innocentii, c. 80 [Baluze I 42; Migne, PL, 214, CXXX A; Gress-Wright 157 Z. 14]); Migne dagegen: Calojannes rex. Am Rande ein Kreuz und drei Punkte. Längs des Briefes am Rande ein senkrechter, z. T. gewellter Strich.* [b)] *Migne:* addicens. [c)] *Migne:* glorificavit. [d)] *Fehlt bei Migne.* [e)] *Migne:* specialis. [f)] *Fehlt bei* 35
Migne. [g)] *Der zweite Schaft des -u- vielleicht auf Rasur.* [h)] *Das erste -r- vielleicht auf Rasur.*
[i)] *Migne:* Ungaria. [k)] *Migne:* sicut.

[2)] S. Br. VII 1 Anm. 1.
[3)] S. Br. VII 1 Anm. 5.
[4)] Br. VII 1, 12.   40
[5)] S. Br. VII 1 Anm. 7.
[6)] Vgl. VII 6 S. 20 Z.18—24, VII 126 S. 200 Z. 24—27, 127 S. 203 Z. 25—S. 205 Z. 13 zu den Konflikten mit Ungarn.
[7)] Das Lateinische Kaiserreich zu Konstantinopel. Zum die Konfrontation suchenden Verhalten der Führer des Kreuzfahrerheeres gegenüber Kalojan vgl. WOLFF, *Second Bulgarian* 45
Empire, 201f.

nullum malum eis facit neque ipsi nobis parvipendant. Si forte ipsi conati
fuerint contra imperium meum et parvipenderint eum et occidet[l]) ex eis, non
habeat sanctitas vestra imperium meum suspectum, sed sint universa libera.

Misi autem ad tuam magnam sanctitatem pueros duos, unus vero nomi-
5 natur Basilius[8]), alius Bithlehem[9]). Et dentur ex precepto eius, ut addiscant
in scolis litteras Latinas, quoniam hic gramaticos non habemus, qui possint
litteras, quas mittitis, nobis transferre; et postquam ipsi addiscerint, remit-
tantur ad imperium meum. Misi autem ad presens in signo parve recordationis examita duo episima dupla, unum est rubeum et aliud album, et[m]) came-
10 lum unum. Cum vero mittam legatos ad sanctitatem vestram, semper vestre
sanctitatis recordabor.

231.

Der Primas Basilius der Bulgaren und Walachen berichtet Papst Innocenz III. über
den Aufenthalt des Kardinallegaten Leo (von S. Croce) in Trnovo, die durch diesen
15 *an ihm vollzogene Salbung und Weihe zum Patriarchen, die anschließenden Sal-*
bungen und Weihen der Metropoliten und Bischöfe sowie die Pallienübergabe an
erstere und die Krönung und Weihe des Bulgarenzaren Kalojan; weiters kündigt er
die Übersendung zweier Knaben an, die die lateinische Sprache erlernen sollen.
(Trnovo, 1204 November 8—15 ?)[1]).

20   *Reg. Vat. 5, fol. 203ʳ—203ᵛ ⟨Nr. 231⟩.*
Bréquigny, Diplomata, II/1 649, Nr. 231 = Migne, PL, 215, 553, Nr. 231; Gesta Innocentii, c. 81
(Baluze I 42f.; Gress-Wright 159f.); Assemanus, Kalendaria, V 148; Farlati, Illyrici sacri tom. VIII
227; Katona, Historia, IV 732; Theiner, Monumenta Slavorum meridionalium, I 39, Nr. 61; Fejér,
Codex diplomaticus Hungariae, II 444; Wenzel, Codex diplomaticus Arpadianus, VI 294, Nr. 182;
25 *Densuşianu, Documente Românilor, I 49, Nr. 35; Dujčev, Epistolae, 66, Nr. 31; Haluščynskyj, Acta*
Innocentii, 577, Nr. 16. — S. unten Abb. VI.

Multas[a]) inclinationes et multas sanitates a me Basilio, humili Bulgarorum et
Blachorum primate[2]), erga patrem universorum et dominum et patrem
meum magnificentissimum et sanctissimum papam Innocentium.

30   Oramus omnipotentem Deum et sanctissimam Dei genitricem et beatissi-
mos apostolos Petrum et Paulum, ut cum sanitate et sospitate inveniat vos
scriptum mee humilitatis. Et per vestri dominii magnificentiam vivo et ego
per Dei gratiam, magnis involutus delictis.

---

[l]) *Migne:* occidetur.   [m]) *Fehlt bei Migne.*
35   [8]) S. Br. VII 231 Anm. 12.
[9]) S. Br. VII 231 Anm. 11.
231. [a]) *Es wurde davor eine Zeile für die Adresse freigelassen. Die Initiale ist am Rande zur*
Kolorierung vorgesehen, aber nur mit brauner Tinte ausgeführt. Am Rande drei Punkte und ein
Kreuz. Auf fol. 203ʳ längs des Briefes am Rande ein senkrechter, z. T. gewellter Strich.
40 **231.** [1]) *Zur Datierung s. Br. VII 230 Anm. 1.*
[2]) *S. Br. VII 1 Anm. 7.*

Notum sit ergo vestre magne sanctitati, quoniam Leo cardinalis[3] sanus et sospes pervenit delegatus a vestra sanctitate et apostolica sede et usque ad nostram magnam civitatem Trinou(um)[4] tetendit[b] quintodecimo die mensis Octubris et portavit universam plenitudinem patriarchalis dignitatis et paramenta omnia, que michi a vestra magna sanctitate fuerunt delegata, tradidit 5 similiter et anulum et privilegium et scripta et instructiones[5]. Et precepto vestre sanctitatis uncxit me crysmate michi benedicens et consecravit me in patriarcham mense Novembris septimo die, in festivitate scilicet sancti apostoli Iacobi fratris Domini[6], et ego illa die duos uncxi metropolitanos[7] et ceteros episcopos magno cum gaudio, et duobus de metropolitanis benedixit cardinalis et tradidit 10 illis palleum[8] atque mitras et reliquis in caput eorum mitras imposuit. Octavo vero die eiusdem mensis, in festivitate videlicet sancti Michaelis[9], coronavit et benedixit imperatori Caloioh(ann)i, domino omnium Bulgarorum atque Blachorum[10], et superposuit capiti suo regiam coronam et sceptrum suis manibus imponens. Omnia hec complevit et perfecit secundum sanctitatis vestre velle et 15 benedicens nobis segregatus est a nobis * mensis Novembris die quintodecimo.

*fol. 203ᵛ

Interea sciat vestra magna sanctitas, quod duos pueros ex precepto domini imperatoris vobis mitto, unus est presbyteri Constantini filius[11], alius vero regis[12], ut ex precepto vestre sanctitatis litteras Latinas addiscant; et, quicquid meditari valetis ad honorem imperatoris, faciatis. Manuteneat enim 20 Deus vestram sanctitatem per multa et longeva tempora[c].

---

[b] te- *und* -di- *auf Rasur.*   [c] *Am unteren Rande der Seite von einer Hand des 15. Jhs., die denselben Vermerk auch zu Beginn des 5. Jahrgangs anbrachte (vgl. Bd. 5 S. 1 Anm. a und ebd. VII mit Anm. 4):* In isto volumine continentur tres libri, videlicet quintus, VIᵘˢ et VIIᵘˢ Innocencii tercii. *Darunter:* Iste liber est de libre(ria) s(anctissi)mi d(omini) n(ostri) pape et ita conffiteor *(s.* 25 *Abb. VI) von der Hand des apostolischen Datars und Bischofs von Coria Franciscus von Toledo (gest. 1479); in ähnlicher Form findet er sich auch im Cod. Vat. lat. 698, fol. Iʳ. Diese Handschrift, die Innocenz' Meßkommentar De missarum mysteriis enthält, sowie mehrere Bände der Register Innocenz' III. und Honorius' III. hatte der Datar zwischen 1475 und 1479 aus der päpstlichen Bibliothek entlehnt. Vgl.* EGGER, *Benützer.*   30

[3] S. Br. VII 1 Anm. 5.

[4] Trnovo.

[5] Br. VII 2, 3, 7, 9—11.

[6] Es scheint sich um keines der in der Ostkirche gebräuchlichen Jakobsfeste zu handeln. Vgl. *Oxford Dictionary of Byzantium* II 1030f.   35

[7] S. Br. VII 5 Anm. 13 und 14.

[8] Vgl. Br. VII 7, 10.

[9] 8. November, eines der in der Ostkirche gefeierten Feste des Hl. Michael. Vgl. *TRE* 22 (1992) 719; *Oxford Dictionary of Byzantium* II 1360.

[10] S. Br. VII 1 Anm. 1.   40

[11] Vielleicht ein Sohn des Presbyters Constantinus, den der EB. an Innocenz III. gesandt hatte, s. Br. VII 5 Anm. 7.

[12] Er wurde verschiedentlich als Sohn Kalojans aufgefaßt, obwohl keine Kinder desselben bekannt sind und auch dieser selbst in seinem Brief keinen Bezug darauf nimmt. Vgl. DUJČEV, *Epistolae*, 102. Es dürfte vielmehr eine mißverstandene Übertragung des Namens des Knaben 45 Basilius (s. Br. VII 230 S. 411 Z. 5) vorliegen.

INDICES: VORBEMERKUNG

Die Indices entsprechen in der Anlage denen des 5. Jahrgangs, wo die nötigen Erläuterungen zu finden sind (Bd. 5, Indices, 7—9). Die Art des Verweises auf Briefnummern oder Seiten und — petit gesetzt — Zeilen ist in der jeweiligen Überschrift angegeben.

Im Namenregister sind Personen und Orte prinzipiell unter den in den Brieftexten verwendeten lateinischen Namensformen eingereiht, denen die modernen Namensformen beigegeben werden. Sämtliche erschlossenen und/oder modernen Namen sind kursiv, alle den Brieftexten entnommenen Wörter aufrecht gesetzt. Der wiedergegebene Buchstabenbestand entspricht dem der Quelle. (Orts-)Namen von Bistümern, Klöstern etc. werden daher, wie in den Briefen, überwiegend in adjektivischer Form angeführt. Die Casus-Endungen sind gekürzt. Im Fall von wiederholten Nennungen sind sämtliche Formen ausgewiesen. Eindeutige Kürzungen werden, von der jeweils vollständigsten Variante ausgehend, aufgelöst. Bietet der Text mehrere Formen desselben Namens, erfolgt die Einreihung stets unter der alphabetisch ersten Form. Jeweils gleich behandelt werden u und v bzw. i, j und y.

Die unter die Hauptbegriffe gestellten Sublemmata sind alphabetisch gereiht. Lediglich bei gleichlautenden Personennamen sind zuerst Heilige, dann Personen mit Beinamen in deren alphabetischer Reihenfolge, Personen ohne solche alphabetisch nach Dignitäten und als letzte Gruppe Ortsnamen bzw. Patrozinien angeführt.

Soweit zuzuordnen, wurden die Personen unter den Ortsnamen aufgenommen, nach denen sie benannt sind bzw. wo sie ihre Funktion ausübten. Personen, die im Brieftext nur durch eine Verwandtschaftsbeziehung charakterisiert sind, werden als Sublemmata zu den Bezugspersonen verzeichnet.

I. VERZEICHNIS DER BRIEFANFÄNGE

(Die Zahlen geben die Briefnummern an;
Einläufe sind in Klammern gesetzt)

II. VERZEICHNIS DER WÖRTLICH ODER IM ANKLANG ZITIERTEN BIBELSTELLEN

(Die Zahlen geben die Seiten und Zeilen an. Einläufe sind in Klammern gesetzt)

III. VERZEICHNIS DER DEKRETALEN, DIE AUS BRIEFEN DES SIEBTEN JAHRGANGS STAMMEN

(Die Zahlen geben die Briefnummern an)

Add. ad Dunelm.		94k	169	1. 5. 6	165	Coll. Alcobac. II	
IV		94l	169	1. 6. 5	159	28	67
67	216	94m	169	1. 12. un.	3	36	169
77	69			1. 14. un.	169	41	29
78	85	Alan. K.		1. 21. 8	29		
82	117	1. 4. 2	165	1. 21. 9	169	Coll. Dunelm. II	
		1. 9. 2	90	1. 22. 5	165	9	15
Alan.		1. 9. 4	165	1. 23. 12	169	51	90
1. 4. 2	165	1. 17. 3	29	1. 28. 3	85	131	216
1. 7. 2	90	1. 17. 4	169	2. 1. 3	43	139	169
1. 7. 3	165	1. 18. 1	43	2. 3. 4	227	149	28
1. 13. 3	29	1. 19. 5	169	2. 10. 4	169	190	29
1. 16. 1	43	1. 22. 1	169	2. 11. 13	117		
1. 18. un.	117	1. 22. 2	117	2. 12. 3	169	Coll. Fuld.	
2. 10. 2	169	2. 11. 3	169	2. 18. 8	69	1. 2. 14	169
2. 11. 9	117	2. 12. 9	117	2. 18. 10	216	1. 2. 15	217
2. 12. 3	28	2. 13. 3	28	2. 18. 13	169	1. 4. 2	165
2. 16. 6	169	2. 13. 7	169	2. 19. 2	96	1. 8. 5	10
2. 18. 2	96	2. 18. 9	169	3. 8. 2	166	1. 9. 5	90
2. 18. 3	177	2. 20. 2	96	3. 10. 9	90	1. 9. 6	165
3. 7. 5	97	2. 20. 3	177	3. 10. 10	97	1. 20. 12	169
3. 8. 1	169	3. 7. 5	97	3. 10. 11	165	1. 20. 13	169
3. 15. 5	169	3. 8. 1	169	3. 13. 3	169	1. 20. 14	169
3. 16. 3	67	3. 15. 5	169	3. 18. 3	219	1. 22. 5	43
3. 21. 2	169	3. 16. 3	67	3. 19. 3	28	2. 6. 2	227
4. 8. un.	38	3. 21. 2	169	3. 19. 4	169	2. 16. 4	169
4. 13. 1	92	4. 8. un.	38	3. 24. 5	198	2. 17. 12	117
5. 9. 2	73	4. 13. 1	92	3. 24. 6	169	2. 19. 6	28
5. 16. 6	27	5. 10. 4	73	3. 25. 7	67	2. 23. 12	216
6. 3	150	5. 17. 8	27	3. 31. 1	169	2. 24. 21	169
6. 9	3	5. 22. 7	169	3. 32. 4	150	3. 6. 4	166
6. 10	150	6. 2. 3	150	3. 34. 1	150	3. 8. 7	97
		6. 4. 1	169	3. 35. 5	169	3. 9. 4	169
Alan. Anh.		6. 4. 2	3	3. 36. 6	27	3. 15. 2	219
9	97	6. 5. 1	150	3. 37. 1	214	3. 20. 16	169
94a	169	6. 9. 2	169	4. 1. 6	38	3. 21. 10	67
94b—e	169			4. 13. 4	92	3. 28. 6	169
94f	169	Bern.		5. 9. 8	73	4. 13. 5	92
94g	169	1. 4. 1	217	5. 15. 2	192	5. 9. 8	73
94h	169	1. 4. 2	224	5. 17. 5	177	5. 18. 8	169
94i	169	1. 4. 3	169	5. 22. 15	140	6. 2. 2	150

IV. VERZEICHNIS DER EMPFÄNGER (UND ABSENDER)

(Die Zahlen geben die Briefnummern an;
Einläufe sind in Klammern gesetzt)

Abraham *s.* Priština
Adam s. Cambrai
Adolf s. Köln
Aegidius s. Hereford
Afflighem, Abt *Robert* 67
Aix, Erzbischof *Guido* 77 a pari. Suffragane
    77 a pari. Äbte, Prioren, Dekane, Archi-
    diakone und andere Prälaten der Kir-
    chenprovinz 77 a pari
Albaro, S. Maria *del Prato*, Propst *Columba-*
    nus? 92
Alberich s. Uzès
Albert s. Ravenna, Vercelli
Albrecht s. Magdeburg
Alexander s. Ashby
Alferius? s. Termoli
Anastasius *s.* Velbužd
Ancona, Podestà und Volk 228
Andreas, A(ndreas) *s.* Lund; Ungarn
Ansgotus s. La Lucerne
Aquileia, Kanoniker Karl 144
Aquino, Bischof *Gregor* 219
Ardericus s. Palencia
Ards, St. Andrews, Prior *Gilbert?* und Mön-
    che 86
Arezzo, Pieve *S. Maria*, Archipresbyter *Jo-*
    hannes und Kleriker 51
Arles, Erzbischof *Michael* 77 a pari. 166.
    Suffragane 77 a pari. Äbte, Prioren,
    Dekane, Archidiakone und andere Prä-
    laten der Kirchenprovinz 77 a pari
Armandus s. La Chaise-Dieu
Armenien, König *Leo* 189
Arnald s. Cîteaux; Limoges
Arsius? s. Saint-Sever-Cap-de-Gascogne?
Ashby, Prior *Alexander* 85
Assalitus, *Kanoniker von Saint-Front in Péri-*
    gueux 119
Assisi, Podestà *Ugolinus?* und Volk 83

Autun, Archipresbyter 183. Saint-Symphorien,
    Prior *Guido?* 183
Avignon, Bischof *Rostagnus* 101
Avranches, Bischof *Wilhelm* 216
Azzo s. Bologna, S. Stefano

***B**alduin*, Balduin *s.* Konstantinopel; Reims
Barkwith?, Rektor Magister A. de Wilna 85
Basilius *s.* Trnovo
Beauvais, Domdekan und Domkapitel 197.
    Bischof *Philipp* 198
Bechyně, Archidiakon *Wecemilus* 56
Benedikt s. Grado
Berengar s. Narbonne
B(ernhard), *Bernhard, Bernhard? s.* Arbo-
    rea; Oloron; Pavia; Split
Bertrand, Bertrand? s. Cavaillon; Le Puy;
    Saint-Paul-Trois-Châteaux
Blasius s. Torres
Bliardus von Écry? *s.* Reims
Böhmen, König *Otakar I. Přemysl* 50. 53. 55
Bologna, Domkanoniker Magister Lanfrank
    25. S. Stefano, Abt *Azzo* 25
Bonifaz s. Montferrat
Bonn, *St. Kassius*, Dekan *Christian* 71 a
    pari. Propst *Bruno* 72
Bonusioh(ann)es *s.* Vercelli, S. Maria *Mag-*
    giore
Boscodon, Abt *Wilhelm* 84
Botrano, Kloster S. Maria, Abt Matthäus
    und Brüder 148. 149
Bovino, Bürger 125
Bremen, Erzbischof *Hartwig* 139. Suffra-
    gane und sonstige Prälaten der Kir-
    chenprovinz 139
Briançay, Archidiakon 32
Bruno s. Bonn, *St. Kassius*
Bulgarien und Walachei, Fürst Kalojan 1.
    (4). (6). 8. 12. (230). Primas Basilius

Mantua, Bischof *Heinrich* 65
Marinus *s.* Skopje
Martin s. Camaldoli; Toledo; Zamora
Matthäus *s.* Botrano
Mauger s. Worcester
Michael s. Arles
Molesme, Abt *Galcherus* 217
Montalto *di Castro,* S. Agostino, Abt Hug(o) und Brüder 60
Montearagón, Kanoniker 78 a pari
Monte Sant'Angelo auf dem Gargano, Justiziar W. 42. Archipresbyter, Archidiakon und Kapitel 63
Montferrat, Markgraf *Bonifaz* 208 a pari
Montierneuf, Abt *Hulricus* 215
Montmajour, Abt W(ilhelm) und Brüder 162
Montmorel, Abt *Tualdus?* 216
Montpellier, Saint-Esprit *s.* Guid(o), Magister

Narbonne, Erzbischof *Berengar* 77 a pari. 78. Suffragane 77 a pari. Äbte, Prioren, Dekane, Archidiakone und andere Prälaten der Kirchenprovinz 77 a pari
Nesle, Dekan und Kapitel 172
Neuffontaines, Abt *Stephan?* 117
Nikolaus?, Nikolaus s. Chichester; Rimini, S. Giuliano *Martire*
Niš, Bischof Ciricus (5)
Norwich, Bischof *Johannes* 220
Novara, Bischof *Peter* und Domkapitel 161
Noyon, Bischof *Rainald* 46 a pari

Obizzo s. Parma; Tortona
Odo *s.* Paris
Olmütz, Bischof *Robert* 56. 192
Oloron, Bischof *Bernhard* 17
Oradea, Bischof *Simon* 48. 128 a pari
Orléans, Domkantor 227
Otakar s. Böhmen
Otto s. Genua

Padua, Domkanoniker Dionisius 98 a pari. Bischof *Gerhard* 178
Palencia, Bischof *Ardericus* 94
Palermo, Elekt P(eter) 136
Paris, Bischof Odo 179
Parma, Bischof *Obizzo* 163
Passau, Bischof *Wolfger* 99. Elekt Poppo 142. 143
Pavia, Bischof *Bernhard* 90. Archidiakon 90. 138

Périgueux, Saint-Front s. Assalitus
P(eter), Peter, *Peter s.* Coimbra; Compostela; Esztergom; Lenton; Novara; Palermo; *Rom*; Sainte-Colombe; Sens
P(eter) von Castelnau *s.* Fontfroide
Petrus de Maliano *s.* Pulchicauel.
Petrus de Parisio 80
Petschnitzen, Hospital, Magister und Brüder 64
Philipp, Ph(ilipp) *s.* Beauvais; Frankreich; Mailand
Piacenza, Bischof *Grimerius* 175. 225
Pilis, Abt *Demeter* 48
Pisa, Erzbischof *Hubald* 109. 196. Domkanoniker Magister Gualandus 191
Pleinselve, Abt *Fulcher?* 17
Poitiers, Domkapitel Saint-Pierre, Subdekan 32. Kanoniker Magister G. 215. Sainte-Radegonde, Prior 215
Poppo *s.* Passau
Prag, Bischof *Daniel* 56
Preslav, Erzbischof S(a)va (5). 7 a pari
Priština, Bischof Abraham (5)
Pulchicauel., Hospital, Rektor Petrus de Maliano 44

R(adulf), *Radulf, Radulf? s.* Fontfroide; Jedburgh; L'Aumone; Soissons
Raimund s. Embrun
Rainald s. Noyon
Rainer s. Fiesole; St. Asaph
Rámon s. Tarragona
Ravenna, Erzbischof *Albert* 41. Kirchenprovinz, Äbte, Prioren und andere Prälaten 174 a pari
Reginald s. Chartres; Laon
Reims, Domkapitel 46. 116. Suffragane 46. Domdekan *Balduin,* Succentor und Kanoniker Bliardus von Écry? 123 a pari
Ric(hard), *Richard s.* Compiègne, *Saint-Corneille*; Rouen
Richard *Conti,* Bruder Innocenz' III. 133
Riccus s. Cagliari
Rimini, Bischof Ventura 39. Kleriker 37. Kreuzherrenorden 37. S. Giuliano *Martire,* Abt *Nikolaus?* und Mönche 37.
Rivo Cenerente?, Hospital, Rektor Joh(ann)es und Brüder 146
Robert s. Afflighem; Chalon-sur-Saône; La Couronne; Olmütz
Rom, Papst Innocenz III. 4. 5. 6. 152. 201. 202. 226. 230. 231. Kardinaldiakon G(erhard) von S. Adriano 124. 135. Kardinalpresbyter L(eo) von S. Croce *in Ge-*

V. NAMENREGISTER

(Die Zahlen bezeichnen Seite und Zeile)

A

A. de Wilna rector *s.* Bareswrth
Aaron 4, 24. 9, 14. 10, 28. 123, 25
— filii 9, 14
Abaiamons de Montorio 166
— filius Oddo 166
Abbatis uilla, *Saint-Pierre-d'Abbeville* 331, 2f
Abel 371, 8
Abelmaula 11, 10
Aberconwy s. Hab(en)tun'
Abergavenny s. Berchiuin(i)
Abiron 123, 24
Abius(um) 240, 7
Abraham, Abrah(am), Habra(am), Habra-ham, *Abraham* 151, 20f. 226, 6. 265, 17, 21. 371, 15
— filii 265, 17f; *s. auch* Ysaac
Abraham episcopus *s.* Prisdian.
Abricen., *Avranches*
— diocesis 378, 2
— episcopus *Wilhelm Toloom* 378
Acconen., *Akkon*
— electus *Johannes Faicete* 259, 9f, 18f
Ac(e), *Assé-le-Boisne*
— Maria sancta, ecclesia 324, 2
Acerbus potestas *s.* Aretin.
Achadadall, *Aghowle* 233, 2
Achadarglaiss, *Agha* 232, 9
Aconis prior *s.* Lehunum
Acquaformosa s. Maria sancta de Formosa
Acqui s. unter Mediolanen., suffraganei
Acrei(um) *s.* Remen., canonici, Bliardus
Ada-Kaleh insula 200, 25
Adam 226, 3
Adam abbas *s.* Persenia
Adam canonicus *s.* Parisien.
Adam, Domdekan s. Cameracen.
Adolf archiepiscopus *s.* Colonien.
Adrianus, *Hadrian* papa *s.* Roma, ponti-fices Romani

Adrianus sanctus *s.* Roma, *Kardinalstitel-kirchen und -diakonien*
Aedingburc, *Attenborough*, ecclesia 318, 1
Aegidius episcopus *s.* Hereforden.
Ägypten s. Egiptum
Affligeim, *Afflighem*
— abbas *Robert* 104
Agapitus, *Papst s.* Roma, pontifices Roma-ni
Agapitus s. Pol(um), Odo, fratres
Agareni 38, 12
Agatha electa *s.* Rosan(um)
Agatha sancta, *St. Agatha, Hausleiten* 229, 23. 230, 2, 5
Agde s. unter Narbonen., suffraganei
Agha s. Achadarglaiss
Aghowle s. Achadadall
Agia, *Ile-d'Aix* 330, 6
Agnes mulier Lincolniensis diocesis 137f
Agulla, *Eguilles*
— Iulianus sanctus, *Saint-Julien*, ecclesia 282, 12
Ahade s. Athfadat
Aiasse, *Iassa*, flumen 239, 36. 240, 5f
Aillandres s. Allandre(is)
A(imericus), *Aimerich, Aimerico*
Aimerico potestas *s.* Mutinen.
A(imericus) rex *s.* Ier(oso)limitan.
Aimerich vicecomes, senescallus Pictauie *s.* Toarci(um)
Ayn(a), Hain(onia), *Hennegau*
— comes *s.* Constantinopolitan., impera-tor Baldoinus
Aynard archiepiscopus *s.* Viennen.
Airaga *s.* Veranus sanctus
Aix(-en-Provence) s. Aquen.
Akkon s. Acconen.
Al. de Bragantiis canonicus *s.* Vicentin.
Alanus, *Truchseß s.* Schottland
Alba s. unter Mediolanen., suffraganei
Alba corona, *Blanche-Couronne*
— abbas *Johannes (I.)* 402, 31. 403, 1, 28f

Albanen., *Albano s.* Roma, *suburbikarische Bistümer*

Albanus sanctus, *St. Albans*, monasterium 32, 10

— abbas *Johannes von Cella* 32—34

Albaripa, *Auberives*

— Iustus sanctus et Maria sancta, ecclesie 286, 5

Albari(um) *s.* Maria sancta de Albario

Albat(er)ren., *Aubeterre*

— abbas 193, 7f

Alberich prepositus *s.* Vticen.

Alb(er)tinus prepositus, nuntius 211, 3, 14. 212, 13. 221, 18, 23

Alb(er)tus, *Albert, Albrecht*

Albert archiepiscopus *s.* Rauennat.

Albert comes *s.* Aubroc

Al(bertus) episcopus *s.* Liuonia

Albert episcopus *s.* Vercellen.

Albrecht prepositus *s.* Magdeburgen.

Alb(er)tus scriptor *s.* Cusentin., archiepiscopus Lucas

Albini terra 327, 8

Albiniac(um), *Aubigny-sur-Loire*

— Anianus sanctus, ecclesia 388, 10f

Albrecht s. Alb(er)tus

Alebi, *Welby* 316, 5

Alen(um), *Alleins*

— Petrus sanctus, *Saint-Pierre*, ecclesia 282, 5

Aleri(is) *s.* Odo

Ales s. unter Arborea, suffraganei

Alesin., *Lesina* 248, 9

Alessandria s. unter Mediolanen., suffraganei

Alexander abbas *s.* Panormitan., Spiritus sanctus

Alex(ander) papa *s.* Roma, pontifices Romani, Alex(ander) II.

Alexander papa *s.* Roma, pontifices Romani, Alexander *III.*

Alexander prior *s.* Essebi

Alexander sanctus *s.* Lucan.

Alexandrin., *Alexandria*

— ecclesia, patriarchatus 356, 34—37. 357, 3

Alexios, Alexius imperator *s.* Constantinopolitan., imperator, *Alexios IV.*

Alexios tirannus *s.* Constantinopolitan., imperator, *Alexios III.*

Alexios Dukas s. Constantinopolitan., imperator, Marchuflus

Alexius, *Alexios* imperator *s.* Constantinopolitan., imperator, *Alexios IV.*

Alferius episcopus *s.* Termulan.

A⟨l⟩fons rex *s.* Castella

A⟨l⟩fons rex *s.* Legionen.

A⟨l⟩inor), *Eleonore s.* Anglia, rex I(ohannes), mater

Aikham s. Aukeham

Allandre(is), *Aillandres* 326, 8

Aileins s. Alen(um)

Ailigny s. Alniac(um)

Allophili 3, 28

Alniac(um), *Alligny*

— Saturninus sanctus, ecclesia 388, 8

Alnisien., *Aulnay-de-Saintonge*

— archidiaconus G., *päpstlicher* subdiaconus 214, 7f, 17, 19f, 28

A⟨l⟩ramus) de Rase, *von Rosegg* 102, 6

— uxor H. 102, 6

Altanoisia, *Chapelle-Athenaise*, ecclesia 323, 8

Alta petra, *Mouthier-Haute-Pierre*, monasterium 329, 7

Altisiodoren., Autisiodoren., *Auxerre; s. auch unter* Senonen., suffraganei

— episcopatus 387, 18f

— episcopus *Hugo von Noyon* 185, 2, 13

— Germanus sanctus, *Saint-Germain*, abbatia 335, 10

Amator sanctus *s.* Dompna Maria

Ambianen., *Amiens; s. auch unter* Remen., suffraganei

— archidiaconus 195, 9f

— decanus *Richard von Gerberoy* 195, 9f

— episcopus *Theobald (II.) von Heilly* 195, 2f, 19f

— prepositus *Peter* 195, 9f

Amilly s. Armeliac(um)

Ampulini flumen, *Ampollino* 244, 11f

Ampurias s. Empurien.

Anacletus, *Anaklet, Papst s.* Roma, pontifices Romani

Anastasia sancta *s.* Roma

Anastasius mitropolitanus *s.* Belebusdien.

Anathot 3, 24. 74, 18

Anconitan., *Ancona; s. auch* Marchia

— civis Bald(uinus) 44

— potestas et populus 405f

Andegauen., *Angers*

— canonicus P. de Buter' 400, 20f. 401—403

— episcopatus 400, 24

— episcopus *Wilhelm (II.) von Beaumont* 400, 17f, 22

— Maria sancta, *Notre-Dame-de-Charité (le-Ronceray)*

— — abbatissa *Hersendis von Sablé* 376f

Andeolus sanctus, *Saint-Andiol*, villa 280, 13

Andeolus sanctus *s.* Cairan(e)

Andreas Bulgaminum *s.* Roma, iudices dativi

Andreas de Mulin(o), *da Molino*, civis Venetorum, nuntius *des Dogen Enrico Dandolo von Venedig* 353, 27—354, 1. 358, 1. 364, 3, 33

Andreas Transtib(er)im *s.* Roma, iudices dativi

And(reas) archiepiscopus *s.* Cusentin.

Andreas archiepiscopus *s.* Lunden.

A(ndreas) dux, gubernator *s.* Hungaria, rex H(emericus), frater

Andreas sanctus de Arce, *St. Andrews in Ards*, monasterium 138, 22

— monachi 138f

— prior *Gilbert* 138f

Andreas sanctus de Du(n)cro, *Drumreagh*, ecclesia 138, 26

Andreas sanctus de Ramera, *Saint-André-de-Ramières in Gigondas*, ecclesia 281, 13

Andreas sanctus de Stokes, *St. Andrews in Stogursey*, monasterium 141f; *s. auch* Stokes

— monachi 141f

— prior 141f

Andreas sanctus *s.* Colonien.

Andreas sanctus *s.* Norhanton'

Andreas sanctus, porta *s.* Ariminen., porta sancti Donati

Andria s. Iacobus

Anesca *s.* Michael sanctus

Ang(e)lus sanctus de Besegne, *Villa S. Angelo*, ecclesia 181, 11

Angelus sanctus de Lupesclu, *S. Angelo in Lucoli*, ecclesia 183, 12

Ang(e)lus sanctus *s.* Botran.

Angelus sanctus *s.* Mons sancti Angeli

Ang(e)lus sanctus, serra 241, 11. 245, 3f

Angers s. Andegauen.

Anglia, *England* 153, 25. 331, 12. 392, 6

— regina Anglorum

— — B(erengaria) quondam regina, uxor *Richards I.* 296—298

— — — soror *s.* Campania, comitissa B(lanca)

— regnum 306, 19

— rex Anglorum

— — I(ohannes), *Johann I.* 73—76. 77. 220, 14f, 16. 296—298. 306—308

— — — mater A(linor), *Eleonore (von Aquitanien)* 296, 18. 297, 11

— — R(iccardus), *Richard I.* 75, 7. 297, 9. 376, 21f

Angl(us), silva 98, 16

Angoulême s. Engolismen.

Anianus sanctus, *Saint-Aignan*, parrochia 327, 7

Anianus sanctus *s.* Albiniac(um)

Anianus sanctus *s.* Boniac(um)

Anianus sanctus *s.* Cona

Anianus sanctus *s.* Virgult(um) iuxta Sulliacum

Anicien., *Le Puy*

— cantor P. 305

— ecclesia 305, 10

— episcopus *Bertrand* 305

— penitentiarius 305, 17f

Anselmus archiepiscopus *s.* Neapolitan.

Ansgotus abbas *s.* Luc(er)na

Antic(u)l(u)m, *Anticoli Corrado* 216, 9

Antiochen., *Antiochia*

— ecclesia, patriarchatus 356, 36f. 357, 2f

Antonauas, *Antonaves*

— Maria sancta, ecclesia 284, 12f

Antonius sanctus, *Notre-Dame-du-Moustier (St. Antoninus)*, monasterium 281, 7f

Antonius sanctus de Mota *s.* Viennen., Antonius sanctus

Aona, *Ouanne*

— Maria sancta, ecclesia 388, 6

Apostoli sancti *s.* Colonien.

Appellen(sis) beatus, *Sant'Ampelio*, abbatia 286, 12f

Apt s. Aten.

Apulia, *Apulien*, ducatus 242, 11

— dux

— — Raino, *Rainulf* 248, 13

— — Rob(er)tus Guiscardus 248, 12f

— — Rog(erius) filius *König Rogers II. von Sizilien* 162, 4

— — *s. auch* Sicilia, reges, Fred(er)icus; Rogerius

Ap(ulia) et Ter(ra) Lab(oris), *Apulien und Terra di Lavoro*

— magister iustitiarius *s.* Iacobus *von Andria*

Aquen., *Aix(-en-Provence)*

— archiepiscopus *Guido von Fos* 125, 25f

— comitatus 282, 5

— provincia 125, 8

— — abbates, priores, decani, archidiaconi, prelati 125, 26—126, 1

— — comites, vicecomites, barones 125, 2f

— suffraganei *Apt, Fréjus, Gap, Riez, Sisteron* 125, 25f

Aquilegen., *Aquileia*

— canonici 160, 3

— — Karolus 231

— — W. 160, 8

Arpa, Arpen., *Arpi*
— civitas 247, 23. 248, 1, 4, 11. 252, 22
— diocesis 248, 4, 18
Arras s. unter Remen., suffraganei
Arsius abbas *s.* Seuerus sanctus
Arte *s.* Arce
Artingenaeda, *Ardnehue* 232, 15
Aru(er)nen., *Auvergne*
— concilium *von Clermont(-Ferrand)* 334, 5
Asaph sanctus, *St. Asaph*
— episcopus *Rainer* 383—386
Ashby s. Essebi
Asia 265, 32. 357, 6
Asisinat., *Assisi*
— cives 135, 5
— civitas 134f
— — magister Barnabas 134, 17, 24
— — magister Michael 134, 18, 24
— — maiores et meliores 134, 13
— populus 134f
— potestas
— — Girardus Gilib(er)ti 134, 20f
— — *Ugolinus* 134f
Askalon s. unter Bethleemitan.
Aspele, *Asply Hall* 318, 2
Assalitus, Assalittus, *Kleriker* 191—193
Assé-le-Boisne s. Ac(e)
Asserece, *Assergi*, castellum 182, 9
Assisi s. Asisinat.
Astaldus scriniarius *s.* Roma, pontifices Romani, *päpstliche Familiaren und Amtsträger*
Asten., *Asti; s. auch unter* Mediolanen., suffraganei
— canonici, capitulum 143f
— ecclesia 143f
— episcopus *Bonifaz (I.)* 143f
Aten., *Apt; s. auch unter* Aquen., suffraganei
— episcopatus 283, 10
Athenay s. Attanay
Athfadat, *Ahade* 232, 15
Attanay, *Athenay*, ecclesia 327, 5
— oscha Fredeb(er)ti 327, 7
Attenborough s. Aedingburc
Auberives s. Albaripa
Aub(er)tus sanctus, *Saint-Aubert*
— abbas *Hugo* 83f. 195. 309, 18
Aubeterre s. Albat(er)ren.
Aubigny-sur-Loire s. Albiniac(um)
Aubroc, *Dagsbourg (Dabo, Dagsburg)*
— comes *Albert (II.)* 80. 84, 8
Auch s. Auxitan.
Audoenus sanctus de Ponte Baladonis, *Saint-Ouen-sous-Ballon*, capella 324, 4f
Auellonegues, *Vellorgues* 281, 4

Auen(is), *Avesnes*, ecclesia 324, 11
Au(er)sham, *Averham* 317, 2
Avesnes s. Auen(is)
Augustinus beatus
— regula 55, 24
Aug(ustinus) sanctus *s.* Monsaltus
Auinionen., *Avignon; s. auch unter* Arelaten., suffraganei
— episcopatus 280, 6
— episcopus *Rostagnus (IV.) Autorgat* 163f
Aukeham, *Alkham*, ecclesia 140, 5
Aulnay-de-Saintonge s. Alnisien.
Aunay s. Oenaic(um)
Avranches s. Abricen.
Aurasicen., *Orange; s. auch unter* Arelaten., suffraganei
— civitas 282, 4. 293, 29
— consules ac cives, populus 293, 28f. 294, 9
— ecclesia 293, 29—294, 1, 7
— episcopatus 282, 2
— episcopus *Arnald* 293f
— princeps *s.* Bauciu(m), *Wilhelm*
Aurelianen., *Orléans; s. auch unter* Senonen., suffraganei
— cantor 399—404
— diocesis, episcopatus 390, 4f. 399, 25
— Laurentius sanctus in suburbio, *Saint-Laurent-des-Orgerils*, ecclesia 390, 5
Auribell(um), *Auribeau*
— Crux sancta, *Sainte-Croix*, ecclesia 283, 11f
Auriol(um), *Oriol-en-Royans*
— Maria sancta, ecclesia 286, 8
Ausonen., *Vich*
— episcopus *Wilhelm (III.)* 313
Autisiodoren. *s.* Altisiodoren.
Autun s. Eduen.
Auvergne s. Aru(er)nen.
Auxerre s. Altisiodoren.
Auxitan., *Auch*
— archiepiscopus *Bernhard (IV.) von Montaut* 35
— canonicus G. Donati 35
Azael rex *s.* Siria
Azzo abbas *s.* Bononien., St(e)ph(an)us sanctus

B

B. de Denceuoi, *von Diancey s.* Diuion(a), canonicus
Bács s. unter Colocen.
Baeu, *Biveu*
— Maria Magdalena sancta, ecclesia 285, 6f

Bell(us)mons, *Beaumont-la-Ferrière*, ecclesia 389, 1f

Belsito s. Crepisciti nemus

Beluacen., *Beauvais; s. auch unter* Remen., suffraganei
— decanus et capitulum 347f
— diocesis, episcopatus 348, 23f, 26. 392, 2f
— episcopus *Philipp (I.) von Dreux* 184, 21, 25. 347f

Beluciac(um), *Pouilly*
— Martinus sanctus, ecclesia 387, 24

Benedictus beatus, regula 243, 28. 287, 5f. 328, 31. 372, 7f

Benedikt patriarcha electus *s.* Graden.

Benignus sanctus s. Diuion(a)

Berardus episcopus *s.* Furconen.

Berchiuin(i), *Abergavenny*
— Maria sancta, ecclesia 325, 7

Berengar s. Berengarius

B(erengaria) filia *s.* Castella, rex

B(erengaria) regina *s.* Anglia

Berengarius de Morian(o) canonicus *s.* Narbonen.

Berengar archiepiscopus *s.* Narbonen.

Bergamo s. unter Mediolanen., suffraganei

Bermundeseia, *Bermondsey*
— Saluator sanctus, ecclesia 392, 7

Bernardus, *Bernard, Bernhard*

Bernhard archiepiscopus *s.* Arborea

Bernhard archiepiscopus *s.* Auxitan.

B(ernardus) archiepiscopus *s.* Spalaten.

Bern(ardus) canonicus *s.* Cusentin.

Bernhard episcopus *s.* Oleren.

Bernhard episcopus *s.* Papien.

Bernardus presbyter 193, 9

Bernard-Gauscelin archiepiscopus *s.* Narbonen.

Berrech, *Barragh* 232, 14

Berry s. Birriac(um)

Bersa, *Besse* 284, 2

Berthold dux *s.* Zeringia

Bertram prior *s.* Dunelmen.

Bertrand episcopus *s.* Anicien.

Bertrand episcopus *s.* Cauellicen.

Bertrand episcopus *s.* Tricastren.

Bertre(is), *Bertrée*, cella 331, 11f

Bertuzi Contarini s. unter Venet., barones

Besegne *s.* Ang(e)lus sanctus

Besse s. Bersa

Bethel 264, 25. 373, 3, 10, 15

Bethleemitan., *Bethlehem–Askalon; s. auch unter* Ier(oso)limitan., suffraganei
— *Bischof Peter* 259, 7f, 10, 18f

Béthon s. Mons Betonis

Bezant s. Bisantius

Béziers s. Biterren.

Biblien., *Byblos (Gibelet, Ǧubayl, Ǧebēl)*
— episcopus 341, 8f

Biches s. Bisch(is)

Bydinen., *Vidin; s. auch unter* Trinouitan., suffraganei
— ecclesia Dei genitricis 18, 6
— episcopus Clemens 17f

Birriac(um), *Berry*, ecclesia 390, 1

Bisaccia s. Rog(erius) de Bisatiis

Bisantius, *Bezant, Währung* 130, 4. 245, 7. 340, 24. 349, 13

Bisarcio s. unter Turritan., suffraganei

Bisati(is) *s.* Rog(erius)

Bisch(is), *Biches*, ecclesia 389, 1

Biterren., *Béziers; s. auch unter* Narbonen., suffraganei
— archidiaconus W(ilhelmus) de Boian(o), Narbonen. canonicus 121, 14—17
— canonicus Berengarius de Morian(o) *s.* Narbonen., archidiaconus

Bithlehem puer, filius Constantini presbyteri 411, 4f. 412, 17f

Bituricen., *Bourges*
— archiepiscopatus 389, 3f
— archiepiscopus *Wilhelm von Donjeon* 75, 22f. 77, 17
— provincia 331, 4

Biveu s. Baeu

Biu(inu)m, *Bovino*, civitas 198
— homines 198

Byzantiner s. Greci

Blachern(e), *Blacherne s.* Constantinopolitan., palatia imperialia

Blachia, Vlachia, *Walachei s.* Bulgaria

Blaculuesle, *Blakesley* 317, 1f

Blakerna, *Blacherne s.* Constantinopolitan., palatia imperialia

Blakesley s. Blaculuesle

B(lanca) comitissa *s.* Campania

Blanche-Couronne s. Alba corona

Blandizuba, Brandizib(er)en., Branduziberen., *Braničevo; s. auch unter* Trinouitan., suffraganei
— episcopus Blasius, episcopus Bulgarus 5, 15. 9, 5f, 8f. 20, 13f, 25f. 27, 13. 200, 21. 201, 2, 4

Blasius archiepiscopus *s.* Turritan.

Blasius episcopus *s.* Blandizuba

Blec, *Blet*, ecclesia 389, 9

Blesen. et Clarimont(is), *Blois und Clermont-en-Beauvaisis*
— comes L(udouicus), *Ludwig (I.)* 358, 14f, 17. 361—363. 367, 5

Blet s. Blec

Bucca leonis palatium *s.* Constantinopolitan.

Buccan., Bucca(num), Bucco(num), *Zircz*
— abbas 210, 7, 10, 15. 275, 5, 9

Buda s. unter Hungaria, prepositure regales

Bugianen., *Buggiano*
— Bugianenses 347, 2f

Buissei(um), *Boessé-le-Sec*, parrochia 326, 12

Bukoleon s. Constantinopolitan., palatia imperialia, Bucca leonis

Bulcy s. Poliac(um)

Bulgamin(i) *s.* Roma, iudices dativi, Andreas Bulgaminum

Bulgaria, Bulguaria, et Blachia, Vlachia, Ulachia, regnum Bulgarorum, Uulgarorum et Blachorum, Bulgarica regio, Bulgarorum provincia, provincie, imperium, regnum, terra, terre, *Bulgarien und Walachei* 5. 7, 2f. 8, 4f, 17. 14f. 16, 12. 19f. 23, 15. 199, 26f. 200, 6, 11, 14, 19. 204, 17, 20. 205, 4, 9. 206, 12. 208, 19. 355, 20. 410, 16, 19, 26
— archiepiscopi, episcopi, clerus, populus 24
— archiepiscopus *s.* Trinouitan.
— Bulgari 205, 1
— ecclesia 28, 17, 34
— episcopus *s.* Blandizuba
— imperatores, reges 7, 11f. 15, 7. 19, 18. 26, 17. 205, 4
— — rex *Boris-Michael* 204, 19
— — imperator, dominus, princeps, rex Caloioh(ann)es, Iannitius, Ioh(annes), Kaloioh(ann)es, *Zar Kalojan* 3—6. 7, 1. 14f. 17, 1f, 16. 18—20. 21, 20. 22f. 27. 200, 24. 203—205. 207, 20f. 208. 223, 24f. 410f. 412, 13f, 17f, 20
— — — filius *s.* Basilius puer
— — — Petrus, *Peter I.* 14, 19. 19, 16f. 204, 18
— — — Petrus, *Peter II.* 205, 3
— — — Samuel 14, 19. 19, 16f. 204, 18
— — — Symeon, *Simeon* 14, 19. 19, 16f
— metropolitani *Preslav, Velbužd* 5, 22. 7. 13, 12. 15, 5. 412, 10
— patriarcha *s.* Trinouitan., archiepiscopus
— populi 5, 4. 22, 24. 28, 27
— primas *s.* Trinouitan., archiepiscopus
— *s. auch* Roma, sanguis Romanorum

Bulzia, *Vulci*
— Maria sancta, ecclesia 98, 18

Bunnen., *Bonn*
— *St. Kassius*
— — decanus *Christian* 112, 10f, 22f

— — prepositus *Bruno von Sayn* 113—115

Bunny s. Boneia

Burdegalen., *Bordeaux*
— archiepiscopus *Elias von Malemort* 193, 7
— provincia 331, 4. 404, 4

Burgen., *Burgos*
— Columba sancta de Burgis, *Santa Coloma* 331, 9
— episcopus *Fernando González* 105f

Burget(um), *Le Bourget(-du-Lac)* 329, 11

Burgos s. Burgen.

Burgundia, *Burgund* 329, 2
— sive Teutonia 329, 9

Bury St. Edmunds s. Edmundus sanctus

Burseri(um), *Boursier*, nemus 333, 2

Busse(i), *Boissy*, ecclesia 391, 11

C

C. clericus 46, 10

Cabann(is), *Cabannes*, villa 280, 10f

Cabilonen., *Chalon-sur-Saône* 329, 3f
— episcopus *Robert* 344f

Cabrer, *Cabriès*, ecclesia 282, 13

Cabrières-d'Aigues s. Robians

Cabriès s. Cabrer

Cac(e), *Chassé*, molendinum 324, 9

Cadelo decanus *s.* Turonen.

Caesarea s. unter Ier(oso)limitan., suffraganei

Cagliari s. Calaritan.

Cairan(e), *Cairanne*
— Andeolus sanctus, *Saint-André*, ecclesia 281, 14—282, 1

Calabria *s.* Sicilia

C(alanus) episcopus *s.* Quinqueclesien.

Calaritan., Kalaritan., Kalarritan., Kallaritan., *Cagliari*
— archiepiscopus *Riccus* 168. 178, 21f
— iudex *Wilhelm (von Lacon-Massa)* 169f. 173
— suffraganei *Dolianova, Suelli, Sulcis* 178, 22

Calissanne s. Chalichan(a)

Calistus, *Calixt* papa *s.* Roma, pontifices Romani

Call(i), *Chailly-en-Brie*, ecclesia 391, 11

Caloioh(ann)es imperator, rex *s.* Bulgaria

Calosub(er), *Colosuber, Bordò*, locus 244, 1

Camaldulen., *Camaldoli*
— prior *Martin (II.)* 342

Camarda, *Camarda*, castellum 182, 11

Château-sur-Loir s. Castrum Ligeris
Châteaubleau s. Castellum Beliot
Châteauneuf-lès-Moustiers s. Castrum no-
uum
Châteauneuf-Val-de-Bargis s. Castrum no-
uum
Châteaurenard s. Castrum Rainardi
Châtillon-sur-Sèvre s. Malleoni(um)
Chaudon-Norante s. Noranta
Chauenn(is), *Chevannes,* ecclesia 391, 1
Chemma archiepiscopus *s.* Colocen.
Chenevrolles s. Fulco de Chaneueroliis
Chenseles, *Le Chesnay* 323, 5
Cherentea, *Cerenzia* 244, 15
Chester s. Cestria
Chevaigné s. Ceuenei(um)
Chevannes s. Chauenn(is)
Chevrières s. Capreri(is)
Chiaravalle della Colomba s. Columba
Chichester s. Cicestren.
Chillewell', *Chilwell* 318, 2
Chioggia s. unter Graden., suffraganei
Christian decanus *s.* Bunnen., *St. Kassius*
Christianus exercitus, *Kreuzfahrerheer* 255,
  3. 256, 23. 263, 17f. 269, 36f. 290, 17. 351,
  11. 365, 4
— comites 368, 10
— episcopi et abbates 290f. 367, 35—368,
  1, 8
— *s. auch* crucesignati
Christophorus sanctus *s.* Melden.
Christophorus sanctus, *Saint-Christophe-
en-Halatte,* ecclesia 392, 3
Cicestren., *Chichester*
— decanus *Nikolaus von Aquila* 59f
C(inthius) presbyter cardinalis *s.* Roma,
  Kardinalstitelkirchen und -diakonien,
  Laurentius sanctus in Lucina
Cyoli(um), ecclesia 389, 7
Ciprianus sanctus, ecclesia 285, 6
Cirici sancti castrum, *Saint-Cyr,* ecclesia
  389, 9
Ciricus episcopus *s.* Nisu(m)
Ciricus sanctus *s.* Festiniac(um)
Cistercien., Cistertien., *Cîteaux*
— abbas *Arnald Amalrici,* apostolice sedis
  legatus 119—126. 129, 2f. 373, 20f. 24.
  374, 23
Cistertien., *Zisterzienserorden*
— ordo 187, 31. 256, 16. 313, 26f
— — monachi 226, 26. 313f
Cîteaux s. Cistercien.
Civate s. Clauat.
Civita s. Ciuitaten.
Ciuitas, *Civita di Bagno,* villa 180, 26

Ciuitaten., *Civita*
— episcopus 167, 22f. 168, 22f
Civitatomassa s. Forula civitas
Claholten., *Clarholz*
— prepositus *Friedrich* 113—115
Clareuallen., *Clairvaux*
— abbas *Guido* 188, 6f. 320
— monachi 320
Clarholz s. Claholten.
Clarimont., *Clermont-en-Beauvaisis s.* Ble-
sen.
Claromonten., *Clermont(-Ferrand)*
— abbas 189f
— archidiaconus G(erardus) de Cros 189f
— canonici, capitulum 189f
— — G. Dalmas 189f
— concilium *s.* Aru(er)nen.
— ecclesia 189, 4, 25
Clarus canonicus *s.* Vicentin.
Clauat., Mediolanen. diocesis, *SS. Pietro e
  Calocero, Civate*
— abbas 224, 25
Clauc(um), vallo 240, 6f, 11, 22; *s. auch*
  Ioh(ann)es sanctus
Clemens episcopus *s.* Bydinen.
Clemens, *Papst s.* Roma, pontifices Roma-
ni, Clemens *I.*
Clem(ens) papa *s.* Roma, pontifices Roma-
ni, Clem(ens) *III.*
Clermont(-Ferrand) s. Claromonten.
Clermont-en-Beauvaisis s. Blesen. et
  Clarimont(is)
Cleu *s.* Ioh(ann)es sanctus
Cliuiscauri monasterium *s.* Roma
Clodoaldus sanctus *s.* Parisien.
Cloydagh s. Glotach
Clonee East s. Cluaine(r)na
Clonenagh s. Cluam Eidnec
Clonmore s. Cluammormoedoc
Cluaine(r)na, *Clonee East* 232, 9
Cluam Eidnec, *Clonenagh* 231, 29
Cluammormoedoc, *Clonmore* 232, 19
Clunesel s. Cluniset(um)
Cluniacen., *Cluny,* monasterium beati Pe-
  tri, Petrus sanctus, ecclesia 328, 19, 22,
  27f. 329, 1f. 333. 334, 5. 372, 6f
— abbas Hug(o) *von Anjou* 328—336.
  344f. 372
— fratres 328—336
— locus 329, 1. 333, 4
Cluniset(um), *Clunesel (Clunizet)* 330, 2
Cockington s. Corniton'
Coelestin papa *s.* Roma, pontifices Romani,
  Cel(estinus)
Cognin s. Conni(is)

Gregor episcopus s. Aretin.

Gregorius, *Papst s.* Roma, pontifices Romani, Gregorius *I.*

Greg(orius) papa s. Roma, pontifices Romani, Greg(orius) *VIII.*

Gregor prepositus s. Aretin.

Grenoble s. Grationopolitan.

Gréoux-les-Bains s. Petrus sanctus de Priolas

Grimald(us), serra 241, 17

Grimerius episcopus s. Placentin.

Großwardein s. Waradien.

Guada(r)nolum, *Guadagnolo* 216, 10. 217, 8

Gualandus magister s. Pisan., canonici

G(ualterus), W(a)l(ter)us, *Walter*

Walter archiepiscopus s. Rothomagen.

Walter cancellarius *Siziliens s.* Troia, episcopus

G(ualterus) comes s. Brenen.

Walter episcopus s. Gurcen.

Walter episcopus s. Lunen.

W(a)l(ter)us, *Truchseß s. Schottland*

Guasconia, *Gascogne* 330, 2—4

Guastalla, *Guastalla*, villa, curtis 289, 14, 17, 19

Guast(um), *Il Vasto; s. auch* Maria sancta; Petrus sanctus

— castellum 182, 12

Ğubayl s. Biblien.

Guelfo episcopus s. Pop(u)lien.

Guido Guahan canonicus s. Lemouicen.

Gui(do) de Manfr(edo) canonicus s. Mutinen.

Guido abbas s. Clareuallen.

Guido archiepiscopus s. Aquen.

G(uido) archiepiscopus s. Senonen.

Guido canonicus s. Nouarien.

Guido canonicus s. Vicentin.

Guido comes, *Guido Guerra (IV.)*, *Graf von Tuszien* 312

Guid(o) comes Britannie s. Toarci(um)

G(uido) episcopus, electus Remen. s. Roma, *suburbikarische Bistümer*, Prenestin.

Guid(o) magister hospitalium s. Mons Pesulanus, Spiritus sanctus

Guido prepositus s. Magalonen.

Guido prior s. Vallis Caulium

Guifredottus potestas s. Ianuen.

Guil(lelmus), W(illelmus), *Wilhelm*

W(illelmus) Alboini s. Lemouicen., canonici

W(illelmus) de Boian(o) s. Biterren., archidiaconus

W(illelmus) Brunater(ii) magister, *Wilhelm Brunatier* 214f

W(i)ll(elm)us Caparon(us), Capparon(us) 212. 221, 16

W(i)ll(el)mus Faucillum 326, 6

W(illelmus) de Parisio 129, 21f. 130, 1

W(illelmus) Peuerell', *Peverell* 316, 8

W(illelmus) Porcus s. Ianuen., cives

Guil(lelmus) de Tabiaco, *von Tabiago* 224f

W(illelmus) camerarius de Tankaruill(a), Rothomagensis diocesis, *Wilhelm (III.) von Tancarville* 378

W(i)ll(el)mus de Tusca, *von La Touche* 326, 5

Wilhelm abbas s. Boscaudunen.

Wilhelm abbas s. Cenomanen., Vincentius sanctus

Wilhelm abbas s. Insula Calueti

W(illelmus) abbas s. Mons maior

Wilhelm abbas s. Virson

Wilhelm archiepiscopus s. Bituricen.

W(illelmus) archiepiscopus s. Eboracen.

W(illelmus) archiepiscopus s. Remen.

Wilhelm decanus s. Pictauen., Petrus beatus

Wilhelm episcopus s. Abricen.

Wilhelm episcopus s. Andegauen.

Wilhelm episcopus s. Ausonen.

Wilhelm episcopus s. Corisopiten.

Wilhelm episcopus s. Lincolnien.

Wilhelm episcopus s. Londonien.

Wilhelm episcopus s. Magalonen.

Wilhelm iudex s. Calaritan.

G(uillelmus) marchio, *Wilhelm Malaspina* 169, 25

Wilhelm precentor s. Hereforden.

Wilhelm prepositus s. Sistericen.

Wilhelm princeps s. Bauci(um)

W(illelmus) rex s. Sicilia

Wilhelm, Subdekan s. Lincoln

Wilhelm vicecomes s. Oenaic(um)

Gunolueston', *Gonalston* 318, 3

Gurcen., *Gurk*

— episcopus *Walter von Vatz* 161, 4, 6, 10

Gwynedd s. Norwalia

H

Hab(en)tun', Bangorensis diocesis, *Aberconwy*

— abbas 384, 13, 16. 385, 5, 18, 28

Habra(am), Habraham s. Abrah(am)

Hadrian papa s. Roma, pontifices Romani, Adrianus

Hagia Sophia s. Constantinopolitan., Sofia sancta

I, J, Y

K

33. 357, 16; *s. auch* Dyrrachium; Egidius sanctus de Vngaria, monachi
— clerici, presbyteri 194, 11. 290, 21. 291, 1, 5, 7
— ecclesia Latinorum 268, 20
— exercitus Latinorum *s.* crucesignati
— littere Latine 411, 6. 412, 19
— pontifices 257, 11
Latinitas 258, 24
Lauard(um), *Saint-Pierre-d'Allevard* 329, 11
Laudunen., *Laon; s. auch unter* Remen., suffraganei
— canonicus Hubaldus, *päpstlicher* subdiaconus 156f
— capitulum 156f
— ecclesia 156, 16, 19f
— episcopus *Reginald von Serdelle* 156f
Laugerius sanctus de Iobia, *Saint-Léger-de-Loup,* ecclesia 284, 13f
Lavoûte s. Volta
Laurada, *Daurade,* villa 280, 8
Laurenz abbas *s.* Sibeton'
Laurentius sanctus, ecclesia 280, 1
Laurentius sanctus *s.* Rellan(a)
Laurentius sanctus, *Saint-Laurent-au-Bois,* prioratus 330, 11
Laurentius sanctus de Mormoren(e) *s.* Mormoren(is)
Laurentius sanctus de Robians *s.* Robians
Laurentius sanctus de Saxa *s.* Saxa
Laurentius sanctus in Lucina *s.* Roma, *Kardinalstitelkirchen und -diakonien*
Laurentius sanctus in Pusciola *s.* Roma
Laurentius sanctus in suburbio *s.* Aurelianen.
Laurent(um), *Saint-Laurent,* ecclesia 392, 13
Lauria *s.* Martinus sanctus
Lausonna, *La Sône; s. auch* Hilarius, Ylarius sanctus
— Petrus sanctus, ecclesia 285, 7f
Le Bourget(-du-Lac) s. Burget(um)
Le Castellet-de-Montmajour s. Castelletum
Le Câteau s. Cambres(is)
Le Chesnay s. Chenseles
Le Ham s. Ham
Le Mans s. Cenomanen.
Le Moulins-Thury s. Tornasach
Le Puy s. Anicien.
Le Val s. Balles
Le Viviers s. Viu(er)i(um)
Lebdecumba, *Letcombe Basset,* villa 331, 7
Legionen., *León,* regnum 147, 15. 148, 2, 6, 28. 150, 25

— rex
— — *Alfons IX.* 105, 19. 106, 3. 147—150
— — — *Ehefrau* B(erengaria), filia *Alfons' VIII. von Kastilien s.* Castella, rex
— — *Ferdinand III. von Kastilien und León* proles 148, 28
Lehunum, *Lihons-en-Santerre* 330, 11
— prior *Aconis* 331, 1
Leighlin s. Lethglenen.
Leys, *Laois* parrochia 233, 4
Lelund, *Lund* 316, 7
Lemborc, *Limburg*
— dux *Heinrich (III.)* 79f. 84, 8
Lemouicen., *Limoges*
— canonici
— — Arnaldus de Montel 193, 23f, 27
— — Guido Guahan 193, 23f, 27
— — W(illelmus) Alboini, *päpstlicher* subdiaconus 193, 14
— cantor 193, 23f, 27
— episcopus *Johannes von Veirac* 189, 3, 14, 31. 193, 13f. 214f
— Martialis sanctus, *Saint-Martial,* abbatia 335, 7
Lenidruim, *Lorum* 232, 10
Lenogisilus sanctus, *Saint-Longis,* ecclesia 321, 16; *s. auch* Herueus
— Ioh(ann)es sanctus Leprosorum, capella 321, 16f
— Martinus sanctus de Fossart, *Saint-Martin,* capella 321, 17
Lenton(a), Lentun(a), *Lenton,* monasterium 317, 5. 331, 6
— monachi 315—318
— prior *Peter* 315—318
Leo presbyter cardinalis *s.* Roma, *Kardinalstitelkirchen und -diakonien,* Crux sancta
Leo, *Papst s.* Roma, pontifices Romani, Leo *I.*
Leo, *Papst s.* Roma, pontifices Romani, Leo *II.*
Leo rex *s.* Armenia
Leodegarius sanctus, *Saint-Liguaire*
— abbas *Arnald (II.)* 400, 6, 23
Leodien., *Lüttich (Liège); s. auch unter* Colonien., suffraganei
— diocesis 331, 13
León s. Legionen.
Leonardus Naugaiosus, *Navagaioso,* civis Venetorum, nuntius, nepos *des Dogen Enrico Dandolo von Venedig* 353, 28. 358, 1. 364, 2f, 33
L(eonardus) Pizulinus *s.* Roma, mercatores

Lukas archiepiscopus *s.* Strigonien.

Lucca s. Lucan.

Lucedi(um), *Lucedio*
— abbas *Peter* 259, 9f

Lucen. *s.* Lucan.

Luceria, Lucerin., *Lucera*
— civitas 248, 9. 252, 19
— diocesis, ecclesia 248, 5—7, 16—18, 20
— episcopus 248, 8, 18

Luc(er)na, Abrincen. diocesis, *La Lucerne*
— abbas *Ansgotus* 378

Lucia sancta, *S. Lucia in Rocca di Cambio*, ecclesia 181, 14

Luciaria, *Luzzara*, villa, curtis 289, 14, 17, 19

Lucion(um), *Luçon* 401, 7f

Lucius papa *s.* Roma, pontifices Romani, Lucius *II.*

Lucius papa *s.* Roma, pontifices Romani, Lucius *III.*

Lucoli s. Luculum

Luçon s. Lucion(um)

Luculum, *Lucoli; s. auch* Angelus sanctus in Lupesclu
— castellum 183, 5f

Ludolf archiepiscopus *s.* Magdeburgen.

L(udouicus), *Ludwig s.* Lodoicus

Lübeck s. unter Bremen., suffraganei

Lüttich s. Leodien.

Lugdunen., *Lyon*
— provincia 329, 5

Lukas s. Lucas

Lullinstoch', Lullinstoh', *Lilstock*, ecclesia 141, 4, 7

Lund s. Lelund

Lunden., *Lund*
— archiepiscopatus 272, 4f
— archiepiscopus *Andreas Sunesen* 270—273

Lunen., *Luni*
— capitulum, canonici 44f
— — Ph(ilippus) 45, 10f
— cathedralis, episcopalis sedes 44f
— civitas 44, 27
— clerus et populus 45, 9
— ecclesia 44f
— episcopus *Walter (II.)* 44f

Lupescl(u) *s.* Angelus sanctus

Lupold, Bischof von Worms s. Maguntin., intrusus

Lupus sanctus, *Saint-Leu-d'Essérent* 331, 3

Lupus sanctus *s.* Trecen.

Luzzara s. Luciaria

M

Maastricht s. Traiecten.

Maccollochan, *Tuath des Clann Breasail Mac Duileacháin* 141, 14

Maceri(is), *Mézières-sous-Ballon*, ecclesia 322, 5

Machelin, *Mauchline*, ecclesia 49, 27f

Macricuria, grangia 330, 9

Maddaloni s. Petrus sanctus de Magdalon(a)

Madianitidis 124, 2

Madre, *Madré*, ecclesia 327, 2

Magalonen., *Maguelonne*
— canonici 120, 20
— ecclesia 152, 30—32
— episcopus *Wilhelm (II.) von Fleix* 120, 18f
— prepositus *Guido von Ventadour* 407, 11f

Magdalon(a), *Maddaloni s.* Petrus sanctus

Magdeburgen., *Magdeburg*
— archiepiscopus *Ludolf* 180, 1, 7
— prepositus *Albrecht von Käfernberg* 179f

Magneni(is), *Maignane*, capella 324, 10

Maguelonne s. Magalonen.

Maguntin., *Mainz*
— archiepiscopus S(ifridus), *Siegfried (II.) von Eppstein* 89f. 91, 12f, 25. 92, 6
— capitulum, canonici 91, 26. 92
— civitas 91, 15
— ecclesia 89f. 90, 30. 91, 11f, 14. 92, 9, 18
— intrusus *Lupold von Worms* 406, 8—11
— ministeriales 92

Maignane s. Magneni(is)

Mailand s. Mediolanen.

Maillane s. Mallan(a)

Maimanis, *Meymans*
— Maria sancta, ecclesia 286, 10f

Maincoue, *Dromore*, castellum 139, 6. 141, 13

Mainz s. Maguntin.

Maiolus sanctus *s.* Papien.

Mairoli(is), *Marollettes*
— Maria sancta, ecclesia 324, 10f

Maius monasterium Turonensis, *Marmoutier*
— abbas *Gottfried (I.) von Courseul* 297, 2

Malamors, *Mallemort*
— Michahel sanctus, *Saint-Michel*, ecclesia 282, 6

Malaspina s. G(uillelmus) marchio

Malchus 123, 29

Mallan(a), *Maillane*
— Petrus sanctus, *Saint-Pierre*, ecclesia 280, 5

Maria sancta de Iallans *s.* Iallans

Maria sancta de Lechis, *Sainte-Marie-de-Lêches*, ecclesia 285, 10

Maria sancta de Maimanis *s.* Maimanis

Maria sancta de Mairoliis *s.* Mairoli(is)

Maria sancta de Marciliac(o) *s.* Marciliac(um)

Maria sancta de Mari, *Les Saintes-Maries-de-la-Mer* 279, 14f

Maria sancta de Montanea *s.* Montanea

Maria sancta de Monte Dublelli *s.* Mons Dublelli

Maria sancta de Montiliis *s.* Montili(is)

Maria sancta de Nagera, *Santa María la Real (Najéra)* 331, 8

Maria sancta de Nouauill(a) *s.* Nouauill(a)

Maria sancta de Paganica, *S. Maria di Paganica*, ecclesia 181, 5

Maria sancta de Paruencheriis *s.* Paruencheri(is)

Maria sancta de Pesclo 332, 2f

Maria sancta de Picentia *s.* Picentia

Maria sancta de Plano, *Notre-Dame-du-Plan*, ecclesia 282, 7f

Maria sancta de Porta Leo(n)is *s.* Senonen.

Maria sancta de Quinceu *s.* Quinceu

Maria sancta de Roccarossa 282, 7

Maria sancta de Sesols *s.* Sesols

Maria sancta de Tous, *Notre-Dame-de-Tousques*, ecclesia 283, 1

Maria sancta de Villa noua *s.* Villa noua

Maria sancta de villa sancti Remigii *s.* Remigius sanctus

Maria sancta de Villana iuxta Luceium *s.* Villana

Maria sancta de Vnda, *Onna*, ecclesia 181, 16f

Maria sancta in Cosmidin *s.* Roma, *Kardinalstitelkirchen und -diakonien*

Maria sancta in Planule *s.* Planul(e)

Maria sancta in Saxia *s.* Roma

Maria sancta in Vialata *s.* Roma, *Kardinalstitelkirchen und -diakonien*

Maria sancta noua *s.* Monspilosus

Maria sancta uetus *s.* Monspilosus

Maria sancta, suburbium *s.* Carnoten.

Maria Magdalena, Maria 264, 32, 34. 265. 268, 22. 269, 1, 12, 14

Maria Magdalena sancta de Baeu *s.* Baeu

Maria Magdalena sancta de Valle Fares, ecclesia 277

— fundus 276, 32

— prior 276f

Marianus filius *s.* Turritan., iudex *Comita*

Maricula, *Marecchia*, fluvius 65, 12

Marinus episcopus *s.* Scopia

Markward von Annweiler s. Marcualdus

Marmoutier s. Maius monasterium

Marollettes s. Mairoli(is)

Marron. *s.* Roma, mercatores, M(athias) Guidonis Marronis

Marseille s. Marsilia

Marsicanus, *päpstlicher* subdiaconus 217, 14f

Marsilia, Massilien., *Marseille; s.* Rozelinus de Marsilia; *s. auch unter* Arelaten., suffraganei

— prepositus *Raimund s.* Foroiulien., episcopus

Martha *von Bethanien* 57, 6. 371, 1

Martialis sanctus *s.* Lemouicen.

Martianus sanctus, *S. Marcianus de Rodio*, ecclesia 181, 20

Martigues s. Genesius sanctus

Martina sancta *s.* Roma

Martin archiepiscopus *s.* Toletan.

Martin episcopus *s.* Zamoren.

Martin prior *s.* Camaldulen.

Martinus sanctus *s.* Beluciac(um)

Martinus sanctus *s.* Mann(as)

Martinus sanctus *s.* Mons Falconis

Martinus sanctus *s.* Montili(is)

Martinus sanctus *s.* Murliac(um)

Martinus sanctus *s.* Sinicien.

Martinus sanctus *s.* Trecen.

Martinus sanctus *s.* Varena

Martinus sanctus de Bellifagio *s.* Bell(i)fagi(um)

Martinus sanctus de Bruneto *s.* Brunet(um)

Martinus sanctus de Campis *s.* Parisien.

Martinus sanctus de Coronel(o), *Saint-Martin-le-Colonel*, ecclesia 286, 7

Martinus sanctus de Dongolio *s.* Dongoli(um)

Martinus sanctus de Fossart *s.* Lenogisilus sanctus

Martinus sanctus de Ioue, *S. Martino di Monte Giove*, ecclesia 238, 7. 241, 2, 5

Martinus sanctus de Lamanai *s.* Lamanai

Martinus sanctus de Lauria, *Saint-Martin-de-Castillon*, ecclesia parrochialis 279, 17—280, 1

Martinus sanctus de Neto 245, 8

Martinus sanctus de Oruella, *S. Martino in Ocre*, ecclesia 181, 15

Martinus sanctus de Picentia *s.* Picentia

Martinus sanctus de Soliniaco *s.* Soliniac(um) prope Baladon(em)

Martinus sanctus de Viinai, *Saint-Martin-le-Vinoux*, ecclesia 285, 3f

Nîmes s. Nemausen.

Nis(um), *Niš; s. auch unter* Trinouitan., suffraganei

— ecclesia beati P(ro)copii, *Bischofskirche* 18, 4f

— episcopus Kiricus, *Ciricus* 17f

Nitrien., *Nitra (Nyitra, Neutra); s. auch unter* Hungaria, prepositure regales; Strigonien., suffraganei

— episcopus I(ohannes) *(II.)* 274—276

Nivard abbas *s.* Diuion(a), Benignus sanctus

Nivelo episcopus *s.* Suessionen.

Niuernen., *Niu(er)n(is)*, *Nevers* 330, 8. 389, 1; *s. auch unter* Senonen., suffraganei

— episcopatus 388, 10

— Saluator sanctus, *Saint-Sauveur* 330, 7f

— St(e)ph(anu)s sanctus, *Saint-Étienne* 330, 7

— Victor sanctus, *Saint-Victor*, ecclesia 388, 12—389, 1

Niweton', *Newington* 140, 6

Nobottle s. Neubothle

Noent(um), *Nouans*, ecclesia 321, 18

Nohe 4, 15

Noyen-sur-Sarthe s. Nouiom(um)

Noyon s. Nouiomen.

Nomurchen. *s.* Namurchen.

Noradus, *päpstlicher* subdiaconus 43

— fratres S. et S. 43

— — avunculus B. 43, 12

— — cognati R. et C. 43, 12f

Noranta, *Chaudon-Norante*, castrum 284, 9

Norhanton', *Northampton*

— Andreas sanctus, *Saint Andrews*, ecclesia 392, 8f

Normannia, *Normandie*

— I(e)r(oso)limitani hospitalis fratres, *Johanniterorden* 54f

Northampton s. Norhanton'

Northewode, *Northwood (Norwood)* 140, 6

Norwalia, *Gwynedd, Nord-Wales* 385, 8; *s. auch* Walia

— princeps L(ewelinus), *Llewellyn ap Iorwerth* 383—386

— — patruus R(othericus), *Rhodri ap Owain* 383—386

Norwicen., *Norwich*

— episcopus *Johannes von Gray* 383—386

Norwood s. Northewode

Notingham, *Nottingham*

— Maria sancta, Nicolaus sanctus, Petrus sanctus, ecclesie 317, 17f

Notre-Dame s. Basogeri(is), Maria sancta

Notre-Dame s. Carnoten., suburbium Marie sancte

Notre-Dame-de-Charité s. Andegauen., Maria sancta

Notre-Dame-de-la-Palud (des-Fourches) s. Maria sancta de Forcas

Notre-Dame-de-la-Porte-Saint-Léon s. Senonen., Maria sancta

Notre-Dame-de-Liniens s. Maria sancta de Alneu

Notre-Dame-de-Tousques s. Maria sancta de Tous

Notre-Dame-du-Charnier s. Senonen., Maria sancta

Notre-Dame-du-Moustier s. Antonius sanctus

Notre-Dame-du-Plan s. Maria sancta de Plano

Notre-Dame-le-Ronceray s. Andegauen., Maria sancta

Nottingham s. Notingham

Nouans s. Noent(um)

Nouarien., *Novara; s. auch unter* Mediolanen., suffraganei

— canonici, capitulum 277f

— — Guido *de Nomemonio (Lumellongo)* magister 278, 3

— — — M. nepos 278, 5

— — *s. auch* Bruxard.

— ecclesia 277, 26

— episcopus *Peter* 277f

Nouauill(a), *Neuville-sur-Sarthe; s. auch* Musalai(um); Paganus

— Maria sancta, parrochia 326, 1

Nouemfontes, *Neufontaines*

— Trinitas sancta, ecclesia 324, 12

Nouiomen., *Noyon; s. auch unter* Remen., suffraganei; *s. auch* F. de Canduetre

— canonicus magister R(obertus) de Corzon', *von Courson* 185, 3, 13

— diocesis 195, 4

— episcopus *Rainald* 81, 4f. 195, 12

Nouiom(um), *Noyen-sur-Sarthe*

— Germanus sanctus, *Saint-Germain*, ecclesia 323, 2

— Maria sancta, ecclesia 323, 2

— Petrus sanctus, *Saint-Pierre*, capella 323, 1f

Nouus vicus, ecclesia 387, 22f

Nuacongbail 232, 2f

Nuiliac(um), *Nuillé-sur-Vicoin*, ecclesia 323, 10

Nuntius sanctus, *Leuntius sanctus de Rocca de Medio, Rocca di Mezzo*, ecclesia 181, 13

Nurney s. Iurnaide

O

O. procurator 185, 17

Obizzo episcopus *s.* Parmen.

Obizzo episcopus *s.* Terdonen.

Ocre, *Ocre*, castellum 182, 19

Octauianus episcopus *s.* Roma, *suburbikarische Bistümer*, Hostien.

Oddo, Odo, *Otto, Ottone*

Odo de Aleriis 324, 7f

Oddo de Insula *s.* Roma, iudices dativi

Od(do) de Palumbaria, *Palombara Sabina* 166, 22

Oddo filius Abaiamontis *s.* Abaiamons de Montorio

Oddo Ioh(ann)is Tiniosi *s.* Roma, advocati

Odo *s.* Pol(um)

Ottone Querini s. unter Venet., barones

Otto advocatus *s.* Monasterien.

Otto archiepiscopus *s.* Ianuen.

Odo episcopus *s.* Parisien.

Otto prepositus *s.* Bremen.

Otto rex *s.* Roma

Odron, *Uí Drona*, parrochia 233, 5

Oenaic(um), *Aunay*

— vicecomes *Wilhelm (V.)* 399—404

— — avunculus *s.* Turonen., decanus

— — frater *s.* Turonen., archidiaconus

— — uxor *s.* Eustachia

Ofen s. unter Hungaria, prepositure regales

Offord Cluny s. Opeford'

Oleras, *Ollières*, ecclesia et castrum 282, 14f

Oleren., *Oloron*

— episcopus *Bernhard (I.)* 35f

Ollières s. Oleras

Olomucen., *Olomouc, Olmütz*

— episcopus *Robert* 94. 343

Oloron s. Oleren.

Olov archiepiscopus *s.* Vpsallen.

Onna s. Vnda

Onoratus *s.* Honoratus

Opeford', *Offord Cluny*, villa 331, 7

Oradea s. Waradien.

Orange s. Aurasicen.

orientalis ecclesia *s.* Constantinopolitan., ecclesia

orientalis provincia *s.* Terra sancta

Orientius sanctus, *Saint-Orens de Lavedan* 330, 16f

Oriol-en-Royans s. Auriol(um)

Orléans s. Aurelianen.

Oroli(um), *Ourouër-les-Bourdelins*, ecclesia 389, 8

Oroli(um), *Ozouer-sur-Loire*, ecclesia 390, 6

Orsara s. Vrsaria

Oruella *s.* Martinus sanctus

Oscington', *Ossington*, ecclesia 317, 20

Osmery s. Vlmeriac(um)

Osnabrück s. unter Colonien., suffraganei

Ossington s. Oscington'

Ostia s. Hostia; Roma, *suburbikarische Bistümer*, Hostien.

Otakar P(remizl) rex *s.* Boemia

Othmarus magister IIIf

Ottana s. unter Turritan., suffraganei

Otto, Ottone s. Oddo

Ottonello s. Pol(um), Odo, fratres

Ouanne s. Aona

Ourouër-les-Bourdelins s. Oroli(um)

Ozouer-sur-Loire s. Oroli(um)

P

P. de Buter' *s.* Andegauen., canonicus

P. de Lacopessel' 276, 32

P. de sancto Si(m)phoriano *s.* Cameracen., canonici

P. Haimerici Boiol magister 193, 10

P. presbyter 343

Pabeham, *Pavenham*, capella 315, 24

Paduan., *Padua*

— canonicus Dionisius 159, 12f, 17

— episcopus *Gerardo Pomedella* 313f

Paganica, *Paganica; s. auch* Iustinus sanctus; Maria sancta; Eufemia sancta

— castellum 182, 8

Paganus de Monte Dublelli, *von Mondoubleau* 327, 9

Paganus de Nouauill(a), *von Neuville(-sur-Sarthe)* 326, 4f

Paganus de Soliniaco, *von Souligné* 325, 14f

Paganus de Tiron, *von Tiron* 327, 8

Pag(anus) canonicus *s.* Cusentin.

Payerne (Peterlingen) s. Pat(er)niacum

Paillerols s. Pallarols

Paleis, *Palais*, capella 323, 7

Palentin., *Palencia*

— episcopus *Ardericus* 147, 20. 150

Palermo s. Panormitan.

Palestrina s. Roma, *suburbikarische Bistümer*, Prenestin.

Pallarols, *Paillerols*

— Honoratus sanctus, *Saint-Honorat*, ecclesia 284, 7

Palumbaria, *Palombara Sabina s.* Od(do) de Palumbaria

Pampebergen., *Bamberg*

— episcopus *Ekbert von Andechs* 143, 1

Pancratius sanctus martir prope Transtiberim *s.* Roma, Pancratius sanctus

Panormitan., *Palermo*
— electus P(etrus), episcopus *von Mazara del Vallo* 222f
— Spiritus sanctus, *S. Spirito*
— — abbas *Alexander* 131, 1f, 7. 132, 21. 237, 8, 12f, 31. 239, 13

Pantaleone Barbo s. unter Venet., barones

Pantanell' 240, 2

Papien., *Pavia*
— archidiaconus 143f. 224f
— episcopus *Bernhard* 143f
— Maiolus sanctus, *S. Maiolo*, monasterium 331, 10

Pared(um), *Paray-le-Monial* 329, 3

Parentius canonicus *s.* Roma, Petrus beatus

Parisien., Paris, *Paris* 307, 5; *s. auch unter* Senonen., suffraganei
— cancellarius *Peter von Poitiers* 157, 1f
— canonici, capitulum 314, 30. 315, 8
— — Adam 157, 2
— — Heluinus 157, 1f
— episcopatus 392, 1f
— episcopus Odo *(I.) von Sully* 314f
— Clodoaldus sanctus, *Saint-Cloud*, ecclesia 315
— — capitulum, canonici 315, 8—10
— Germanus sanctus Altisiodorensis, *Saint-Germain-l'Auxerrois*, ecclesia 315
— — capitulum, canonici 315, 8—10
— Marcellus sanctus, *Saint-Marcel*, ecclesia 315
— — capitulum, canonici 315, 8—10
— Martinus sanctus de Campis, *Saint-Martin-des-Champs* 330, 8
— Victor beatus, sanctus *Saint-Victor* 314, 32
— — abbas *Johannes (I.)* 188, 7

Parisi(us) *s.* Petrus; W(illelmus)

Parmen., *Parma*
— episcopus *Obizzo (I.) Fieschi* 288—290

Parnans s. Euodius sanctus

Partiac(um), ecclesia 389, 6

Partiac(um), *Parzy*, ecclesia 388, 12

Paruencheri(is), *Pervenchères*
— Maria sancta, ecclesia 325, 4f

Parzy s. Partiac(um)

Pascalis, *Paschal* papa *s.* Roma, pontifices Romani

Patauien., *Passau*
— ecclesia, episcopatus 160f. 229, 22. 230, 3, 21—23

— electus Popo, *Poppo* 229f
— — predecessores *Heinrich von Berg, Diepold von Berg* 229, 21. 230, 5
— episcopus Wolfferus, *Wolfger von Erla, Postulierter von Aquileia* 160f. 229, 21. 230, 5, 21
— Maria sancta, *Niedernburg* 230, 19f

Pat(er)niacum, *Peterlingen (Payerne)* 329, 8

Pat(er)nianus sanctus, *S. Patrignano*, plebs 65, 20

Pat(er)n(is), *Pernes-les-Fontaines*
— Petrus sanctus, *Saint-Pierre*, ecclesia 281, 4f

Patingi(is), *Patinges*, ecclesia 389, 2

Patricius sanctus, *Saint-Patrice-du-Désert*, ecclesia 323, 12

Pavenham s. Pabeham

Pavia s. Papien.

Paulerspury s. Piria

P(aulinus) rector hospitalis *s.* Eboracen.

Paulus apostolus, *Paulus* apostolus, beatus 5, 28. 10, 13f. 11, 12f. 12, 1. 25, 5. 27, 4. 74, 14f. 120, 12. 151, 12. 265, 5, 15f. 266, 16, 23. 350, 18. 371, 4, 20. 411, 31

Paulus Consolin(i) *s.* Roma, iudices dativi

Paulus sanctus *s.* Narbonen.

Paulus sanctus *s.* Roma

Paulus sanctus, *Saint-Pol*
— comes *Hugo (IV.)* 358, 15, 17. 361—363. 367, 5

Paulus sanctus de Argon', *S. Paolo d'Argon* 331, 11

Paulus sanctus iuxta mare, ecclesia 98, 15

Pečnica, Pečnice s. Bekeneiz

Pécs s. Quinquecclesien.

Pelis, *Pilis*
— abbas *Demeter Estorasi* 82f

Pellichana, *Saint-Maurice in Pélissanne*, ecclesia 280, 4

Perci, *Précy*, ecclesia 390, 1

peregrini *s.* crucesignati

P(eregrinus), *Pilgrim* patriarcha *s.* Aquilegen.

Périchaud s. Podium Rigaudum

Pernes-les-Fontaines s. Pat(er)n(is)

Perois, *La Raverotte* 333, 3

Persenia, *Perseigne*
— abbas *Adam* 185, 2f, 13

P(er)tusi(um), *Pertuis*, castrum 283, 3, 5

Pervenchères s. Paruencheri(is)

Péscia s. St(e)ph(an)us sanctus de Piscia

Pescu maiure, *Pescomaggiore*, castellum 182, 14

Peter s. Petrus

Peterlingen (Payerne) s. Pat(er)niacum
Petit-Beaulieu s. Bellus locus
Petronilla sancta, curia 330, 10
Petrus, Pedro, Peter, Pietro
Petrus apostolus, beatus, apostolorum
    princeps, Cephas, Simon, Symon, Sy-
    mon Petrus 3, 21. 4. 5, 1f, 28. 9, 15. 11, 25.
    12, 23. 14, 21f, 25. 15, 10, 12f. 16, 24. 20, 9.
    22, 17, 19. 23, 28. 24, 24. 25, 5. 26, 2. 27,
    15, 28. 74, 21, 24. 123, 5, 11, 28. 124, 33.
    226, 14. 259, 14. 260, 3. 265. 266, 6f, 29.
    267, 10. 268, 20. 307, 18. 354f. 356, 7f, 15,
    24. 356, 38—357, 1f, 10. 368, 30. 373, 28.
    408, 20, 23f, 27f. 409, 5. 411, 31
— basilica s. Roma
— census 270, 21f
— ecclesia 355, 1, 3
— ius 65, 21. 243, 25. 246, 9. 277, 2, 6. 328,
    28
— palleum de corpore beati Petri 7, 18. 21,
    28. 25, 6
— proprietas 243, 25. 277, 3, 6
— protectio 54, 1. 98, 5f. 129, 25. 153, 37f.
    180, 23. 243, 26. 263, 8f. 321, 13. 328, 29.
    349, 11. 387, 16
— reverentia 110, 12. 111, 18. 158, 11. 193,
    20. 196, 19
— sedes 16, 16. 18, 28. 19, 20. 354, 30
— successores 23, 6. 203, 2. 408, 23f. 410, 3f
P(etrus) de Castro nouo, von Castelnau s.
    Fons frigidis, monachi
Petrus de Malian(o) rector s. Pulchicauel.
Petrus de Parisio 129f
Petrus Ioh(ann)is Ade s. Roma, advocati
Petrus Malpilii s. Roma, iudices dativi
P(etrus) Menclotius s. Mediolanen., canoni-
    cus
P(etrus) abbas s. Cellen.
Peter abbas s. Lucedi(um)
P(etrus) abbas s. Narbonen., Paulus sanc-
    tus
Pedro archiepiscopus s. Compostellan.
Peter archiepiscopus s. Senonen.
Peter cancellarius s. Carnoten.
Peter cancellarius s. Parisien.
Pet(ru)s cantor s. Cusentin.
P(etrus) capellanus s. Senonen., archiepi-
    scopus Peter
P(etrus) presbyter cardinalis s. Roma, Kar-
    dinalstitelkirchen und -diakonien, Mar-
    cellus sanctus
Peter, Bischof s. Bethleemitan.
Pedro episcopus s. Colimbrien.
P(etrus) episcopus von Mazara del Vallo s.
    Panormitan., electus

Peter episcopus s. Nouarien.
Pietro episcopus s. Reginen.
Petrus episcopus s. Roma, suburbikarische
    Bistümer, Portuen.
Petrus episcopus s. Troia
Peter episcopus s. Ventien.
Petrus imperator   s. Bulgaria, imperator
    Petrus I.
Petrus imperator   s. Bulgaria, imperator
    Petrus II.
Peter iudex s. Arborea
Petrus magister 275, 5, 9
Petrus magister, presbyter s. Columba sancta
P(etrus) monachus s. Fons frigidis, P(etrus)
    de Castro nouo
Peter prepositus s. Ambianen.
Peter prepositus s. Strigonien.
Peter prior s. Lenton(a)
P(etrus) prior s. Placentin., Sixtus sanctus
Petrus rex s. Aragon.
Petrus sanctus s. Aretin.
Petrus beatus s. Cluniacen.
Petrus sanctus s. Curtiniac(um)
Petrus sanctus s. Do(m)nus Petrus
Petrus sanctus s. Florentin.
Petrus sanctus s. Manniac(um)
Petrus sanctus s. Mons maior
Petrus sanctus s. Notingham
Petrus sanctus s. Nouiom(um)
Petrus beatus s. Pictauen.
Petrus sanctus s. Poliac(um)
Petrus sanctus s. Rellan(a)
Petrus sanctus s. Septem fontes
Petrus sanctus de Aleno s. Alen(um)
Petrus sanctus de Aliano s. Tuscanen., civitas
Petrus sanctus de Arratis, ecclesia 392, 6
Petrus sanctus de Cann(ino) s. Cann(inum)
Petrus sanctus de Guasto, Il Vasto, ecclesia
    181, 7f
Petrus sanctus de Laboratorio, Saint-
    Pierre-du-Lorouer, ecclesia 322, 5
Petrus sanctus de Lausonna s. Lausonna
Petrus sanctus de Limignan', Petrus
    sanctus de Vinialibus, ecclesia 181, 12
Petrus sanctus de Magdalon(a), S. Pietro in
    Maddaloni, clerici 246f
Petrus sanctus de Mallan(a) s. Mallan(a)
Petrus sanctus de Mari, Saint-Pierre-de-la-
    Mer in Istres, ecclesia 282, 9f
Petrus sanctus de Menamenas s. Mename-
    nas
Petrus sanctus de Monteluser s. Monteluser
Petrus sanctus de Mota s. Mota
Petrus sanctus de Pat(er)n(is) s. Pat(er)-
    n(is)

Petrus sanctus de Pino, *Saint-Pierre-du-Pin*, ecclesia 282, 13
Petrus sanctus de Podio, ecclesia 98, 15
Petrus sanctus de Priolas, *Gréoux-les-Bains*, ecclesia 284, 4
Petrus sanctus de Reuello *s.* Reuell(um)
Petrus sanctus de Saumana *s.* Saumana
Petrus sanctus de Soldaio *s.* Soldai(um)
Petrus sanctus de Stublon(e) *s.* Stublon.
Petrus sanctus de Tufeio *s.* Tufei(um)
Petrus sanctus de Valenceliis, *Saint-Pierre de Varencières*, capella 322, 11
Petrus sanctus de Vallibus, ecclesia 283, 10f
Petrus sanctus de Vellaicha *s.* Vellaicha
Petrus sanctus de Vileta, *Saint-Pierre-de-la-Villette*, ecclesia 284, 6
Petrus sanctus, porta *s.* Ariminen., porta Gallica
Petrus sanctus et Anianus sanctus *s.* Boniac(um)
Petschnitzen s. Bekeneiz
Peuerell' *s.* W(illelmus)
Pharao *s.* Egiptum
Philipp archiepiscopus *s.* Mediolanen.
Ph(ilippus) canonicus *s.* Lunen.
Philipp comes *s.* Namurchen.
Ph(ilippus) dux *s.* Sueuia
Philipp episcopus *s.* Beluacen.
Philipp episcopus *s.* Dunelmen.
Philipp episcopus *s.* Marturanen.
Philipp magister *s.* Templarii
Ph(ilippus) rex *s.* Francia
Piac(e), *Piacé*, ecclesia 324, 2
Piacenza s. Placentin.
Pianula s. Planul(e)
Picentia, *Picenze; s. auch* Podium et villa de Picentia
— Maria sancta, ecclesia 181, 9
— Martinus sanctus, ecclesia 181, 10
Pictauen., *Poitiers*
— episcopatus 400, 24
— episcopus *Mauritius von Blason* 400, 3
— Hilarius, Hylarius sanctus de Cella, Pictauen., *La Celle-Saint-Hilaire*, ecclesia 55, 24. 56, 10f
— — fratres 55f
— — prior *Seguinus* 55f. 400, 7, 23
— Monasterium novum, *Montierneuf*, abbatia 335, 7f
— — *Abt Hulricus* 376f
— Petrus beatus, sanctus, *Domkirche Saint-Pierre*
— — *Domkanoniker Magister G.* 376f
— — decanus *Wilhelm (I.)* 400, 6f, 23
— — subdecanus 55f

— *Sainte-Radegonde*
— — *Prior* 376f
Pietauia, *Poitou*
— senescallus *s.* Toarci(um), vicecomes *Aimerich*
Pieve S. Maria s. Aretin., plebs
Pilatus 123, 28. 373, 30
Pile, *Pile*, castellum 183, 3
Pilgrim patriarcha *s.* Aquilegen.
Pilimili(um), *Pirmil*, ecclesia 323, 4f
Pilis s. Pelis
Piria, *Paulerspury* 316, 10
Pirmil s. Pilimili(um)
Pir(um), *Les Poiriers* 326, 15
Pisan., *Pisa*
— archiepiscopus *Hubald Lanfranchi* 172—174. 347
— canonici
— — Gualandus magister, *päpstlicher Subdiakon* 342
— — I(ldebrandus) 312, 18
— diocesis 43, 11
— ecclesia 173, 26. 174, 7
Piscia *s.* St(e)ph(an)us sanctus
Pizo, *Pitius* canonicus *s.* Vicentin.
Placentin., Placentia, *Piacenza*
— cives, Placentini 310, 2, 13. 311, 4, 23. 397f
— clerus et ecclesia 310, 8f
— ecclesia, episcopatus 311, 4, 8, 22—24
— episcopus *Grimerius della Porta* 310, 8. 311. 397f
— Sixtus sanctus, *S. Sisto*, monasterium, ecclesia 288, 19. 289, 15f, 18
— — abbas G(andulfus) 288—290
— — prior P(etrus) 289, 13
Plana Silua, *Pleinselve*
— abbas *Fulcher* 35f
Planul(e)
— Maria sancta, ecclesia 181, 18
Pleinselve s. Plana Silua
Ploaghe s. unter Turritan, suffraganei
Podium de Canagobia, *Ganagobie* 330, 1
Podium et villa de Picentia, *Poggio-Picenze*, castellum 182, 11f
Podium Rigaudum, *Périchaud*, ecclesia 286, 11
Podium sancte Marie, *Poggio S. Maria*, castellum 183, 5
Podpečnice s. Bekeneiz
Poggio S. Maria s. Podium sancte Marie
Poggio-Picenze s. Podium et villa de Picentia
Poitiers s. Pictauen.
Poitou s. Pictauia

Poli s. Pol(um)
Poliac(um), *Bulcy*
— Petrus sanctus, ecclesia 387, 23
Pol(um), *Poli* 216, 9
— Gregorius filius (Odonis) 217, 3, 7f, 11, 17. 219, 7
— Odo *(II.)* 216, 7, 12, 15. 217, 2f
— Odo *(III.)* filius (Gregorii) 217, 7f, 11, 17. 218f
— — filia 217, 18
— — fratres *Agapitus, Ottonello* 218f
Pons fractus, *Pontefract*, ecclesia 392, 11f
Pont-Saint-Esprit s. Saturninus sanctus
Pontecl(o) *s.* Nicholaus sanctus de Ponteclo
Pontefract s. Pons fractus
Pontiden., *Pontida*, monasterium 331, 9f
Pontius sanctus de Castro nouo *s.* Castrum nouum
Ponza s. Rainer(ius)
Popo, *Poppo s.* Patauien., electus
Pop(u)lien., *Forlimpopoli*
— episcopus *Guelfo Belmonte* 63, 22f
Porta Carceris *s.* I(acobus)
Porta Gallica *s.* Ariminen.
Porta S. Andrea s. Ariminen., porta sancti Donati
Porta S. Donato s. Ariminen., porta sancti Donati
Porta S. Pietro s. Ariminen., porta Gallica
Porte Cérès s. I(acobus) de Porta Carceris
Porto, Portuen. *s.* Portus; Roma, *suburbikarische Bistümer*, Portuen.
Portugalen., *Portugal*
— rex *Sancho I.* 147, 4
— — nata *Teresa* 147, 4
Portus, *Porto* 407, 10; *s. auch* Roma, *suburbikarische Bistümer*, Portuen.
Posonen., Posonien., *Bratislava (Pozsony, Preßburg); s. auch unter* Hungaria, prepositure regales
— castrum 95, 3f
— prepositura, *St. Salvator* 95
— prepositus 275, 6, 9
Pouilly s. Beluciac(um)
Pozaugi(e), *Pousauges* 401, 21
Pozsony, Bratislava s. Posonen.
Pragen., *Praha (Prag)*
— episcopus *Daniel (II.)* 94
Praxedis sancta *s.* Roma, *Kardinalstitelkirchen und -diakonien*
Précy s. Perci
P(remizl), *Otakar Přemysl* rex *s.* Boemia
Prenestin. *s.* Roma, *suburbikarische Bistümer*
Preßburg, Bratislava s. Posonen.

Preslav s. P(ri)sthlaua
Preziosa filia *s.* Turritan., iudex *Comita*
Prisca sancta *s.* Roma, *Kardinalstitelkirchen und -diakonien*
Prisdian., *Priština; s. auch unter* Trinouitan., suffraganei
— episcopus Abraham 17f
P(ri)sthlaua, Prosthlaua, Prosthlauen., Prostlaua, *Preslav; s. auch unter* Bulgaria, metropolitani
— mitropolitanus, archiepiscopus Sauas, *Sava* 17f. 21, 4. 23, 20. 412, 9f
Priština s. Prisdian.
P(ro)copius beatus *s.* Nisu(m)
Prosthlaua *s.* P(ri)sthlaua
Prouincia, *Provence* 329, 12. 330, 2
Puffin Island s. Insula Glannoc
Pugliano s. Iac(obus) de Pulian(o); Casale Pulian(um)
Pulchicauel., hospitale 76
— rector Petrus de Malian(o) 76
Pulian(um), *Pugliano s.* Iac(obus); Casale Pulian(um)

Q

Querini, Ottone s. unter Venet., barones
Quimper s. Corisopiten.
Quinceu, *Quincieux*
— Maria sancta, ecclesia 285, 4f
Quinqueclesien., *Pécs (Fünfkirchen); s. auch unter* Strigonien., suffraganei
— episcopus C(alanus), *Kalán* 273—276
Quinta, *La Quinte*, ecclesia 327, 2f

R

R. de Bekerel *s.* Cameracen., canonici
R. de Georgio 381—383
R. de Maregni 58, 21
R. mulier de sancto Germano, *S. Germano* 381—383
Rachel 370, 25, 27
Radeford, *Radford*, ecclesia 317, 19
Radewell', *Radwell*, capella 315, 24
Radford s. Radeford
Radmor, *Rathmore* 232, 18
Radulf abbas *s.* Elemosina
R(adulfus), *Abt s.* Gedewrd'
R(adulfus) monachus *s.* Fons frigidis
Radulf prepositus *s.* Suessionen.
Radwell s. Radewell'
Raginandus de Nuisement 326, 11

22f. 233, 10f. 246, 11f. 287, 15f. 327, 17f. 336, 3f. 393, 17f
— — Praxedis sancta, *S. Prassede*
— — — Siff(redus), *Soffred* presbyter cardinalis, apostolice sedis legatus 355, 21. 358, 32. 393, 30f. 394, 4f, 11. 395, 5, 30f. 396, 22
— — Prisca sancta, *S. Prisca*
— — — I(ohannes) presbyter cardinalis 47, 24—48, 1, 30
— — Theodorus sanctus, *S. Teodoro*
— — — M(attheus) diaconus cardinalis 158, 28f. 344, 6f
— — Vitalis sanctus, *S. Vitale*
— — — G(regorius) *de Crescentio* presbyter cardinalis 144, 8
— Capitolium, *Kapitol* 218, 22f
— Cecilia sancta, *S. Cecilia*
— — capitulum 117
— — sindicus 117, 7, 10
— Cliuiscauri monasterium, *SS. Andrea e Gregorio sul Celio* 217, 12
— — abbas 217, 6
— communitas 219, 5
— ecclesia Romana, (sacro)sancta Romana ecclesia 3, 20. 5, 12. 7, 20. 8, 5. 14, 21, 24f. 15, 5, 9. 18, 29f. 19, 3f, 20, 33. 20, 17. 23, 11, 32. 25, 5. 26, 15, 19f. 28, 24f, 32. 38, 9. 40, 20. 44, 8, 10, 12f. 65, 6, 13, 18f. 88, 22. 91, 1f. 92, 8, 12. 117, 8. 118, 4f. 136, 9. 152, 3, 5. 154, 39. 158, 9. 166, 16. 172, 30. 173, 3, 9, 11f. 199, 25. 201, 9, 26. 203, 27. 205, 24. 206, 2. 207, 20, 22. 213, 19. 216, 2—4. 217, 5, 10. 218, 28. 219, 7, 13, 21. 234, 25f. 245, 14. 257, 9, 21. 259, 17, 23f. 263, 4f. 264, 20. 269, 36. 277, 1. 307, 18. 350, 3. 351, 20. 352, 11f, 15, 28. 353, 4f, 9, 17f, 25. 357, 3. 358, 8. 362, 1, 12, 21. 364, 19. 367, 18. 398, 14f. 399, 7. 408, 12
— imperatores 93, 11. 110, 7, 26. 289, 17; *s. auch unten* rex
— — Carolus, *Karl der Große* 73, 30
— — Constantinus 354, 25
— — Henr(icus) imperator, quondam imperator, *Heinrich VI.* 230, 20f. 242, 1. 249, 25, 27. 250, 1, 4, 7. 405, 24
— — Lotharius, *Lothar III.* 248, 13
— — Theodosius 73, 30
— — Valentinianus 73, 25
— imperium Roman(um) 91, 1. 92, 7. 93, 14. 362, 1, 12, 21. 405, 26f. 406, 3
— iudices dativi
— — Andreas Bulgaminum 165, 8
— — Andreas Transtib(er)im, de Transtib(er)o 165, 8. 166, 20

— — Henr(icus) Transtib(er)im 165, 6f
— — Oddo de Insula 165, 7
— — Paulus Consolin(i) 165, 7
— — Petrus Malpilii 165, 7
— Lateranen., Lateranus, *Lateran* 354, 30
— — concilium 111, 30. 115, 23, 31f. 119, 28. 144, 1f, 11, 20, 25. 158, 5. 277, 26f. 292, 7. 302, 26. 337, 25
— — ecclesia, ecclesia primitiva, *S. Giovanni in Laterano* 87, 32. 88, 14, 21; *s. auch unten unter* patriarchales sedes
— — palatium 217, 15
— Laurentius sanctus in Pusciola, *S. Lorenzo in Piscinula*
— — archipresbyter M. 117
— — clerici 117
— — ecclesia 117
— — yconomus 117, 6, 10
— *S. Lorenzo fuori le mura s. unten unter* patriarchales sedes
— *S. Maria Maggiore s. unten unter* patriarchales sedes
— Maria sancta in Saxia, *S. Maria in Sassia, Santo Spirito in Sassia,* hospitale 151—155
— — fratres 151—155
— — magister Guid(o) *s.* Mons Pesulanus, Spiritus sanctus
— Martina sancta, *SS. Luca e Martina* 218, 1
— — palatium *Oktavians von Ostia* 218, 1
— mercatores
— — Herus Ioh(ann)is Pantaleonis 31—33
— — Ia(quintus) de Tosto 31—33
— — L(eonardus) Pizulinus 31—33
— — M(athias) Guidonis Marronis 31—33
— — Nich(olaus) Octouian(i) Deustegardet 31—33
— — Se. Ioh(ann)is Pantaleonis 31—33
— — S(tephanus) Bobonis de Maximo 31—33
— — S(tephanus) Capharellus 31—33
— moderator Romanorum *s.* Constantinopolitan., imperator Baldoinus
— Pancratius sanctus martir prope Transtiberim, *S. Pancrazio,* monasterium 408, 4f
— papatus Romanus 26, 8. 40, 21. 41, 2
— patriarchales sedes *S. Giovanni in Laterano, S. Lorenzo fuori le mura, S. Maria Maggiore, S. Paolo fuori le mura, S. Pietro* 357, 12f
— patriarchatus 356, 36f
— Paulus sanctus, *S. Paolo fuori le mura,* ecclesia 409, 13f; *s. auch oben unter* patriarchales sedes

Roma
— — — — Tiso subdiaconus *s.* Taruisin., canonicus
— — — — W(illelmus) Alboini subdiaconus *s.* Lemouicen., canonici
— populus 218, 22, 25f. 219, 2
— primicerius iudicum
— — Saxo 217, 13f
— primitiva ecclesia *s. oben* Lateranen., ecclesia
— rex
— — Otto rex, in Roman(orum) imperatorem electus, *Otto IV.* 77, 9. 85, 10f. 16. 93, 9f. 94, 7. 204, 7
— — Ph(ilippus) dux *s.* Sueuia
— sanguis Romanorum, *römische Abstammung Zar Kalojans und der Bulgaren* 22, 26. 23, 5
— Sauina sancta, *S. Sabina* 88, 9
— sedes Romana, apostolica sedes Romana, sacrosancta Romana apostolica sedes 15, 12, 15, 17. 26, 2f. 356, 11f. 408, 29
— senator Vrbis 217, 7. 218, 22. 407, 18. 408, 3
— senatus 218, 25
— *Tor de' Conti s. unten* turris
— Transtiberim, *Trastevere* 408, 4f; *s. auch oben* iudices dativi, Andreas Transtib(er)im; Henr(icus) Transtib(er)im
— turris, *Tor de' Conti* 219, 3
— Vaticanus, *Vatikan* 354, 30; *s. auch oben* Petrus beatus, basilica
Romainmôtier s. Romanum monasterium
Roman(i) *s.* Ioh(ann)es Oddonis
Romania *s.* Constantinopolitan., imperium
Romanin(um), *Romanil*
— Genesius sanctus, ecclesia 280, 10
Romanum monasterium, *Romainmôtier* 329, 7f
Romanus sanctus, *Saint-Roman in Les Baux*, ecclesia 280, 2
Romanus sanctus de Granenco *s.* Granenc(um)
Romei *s.* Greci
Romoaldus magister *s.* Cusentin., canonici
Roncelin s. Rozelinus de Marsilia
Ronn(as) *s.* St(e)ph(an)us sanctus
Roquebrune s. Roca bruna
Rosan(um), *Rosano*
— electa *Agatha* 312
— sorores 312
Rosegg s. A(lramus) de Rase
Rostagnus episcopus *s.* Auinionen.
R(othericus) *s.* Norwalia, princeps L(eweli)nus), patruus

Rothomagen., *Rouen*
— archiepiscopus *Walter von Coutances* 54f
— decanus *Richard (I.) von Malpalu* 54f
— diocesis 378, 5. 392, 4
— provincia 55, 5f. 331, 5
Rouy s. Roi
Rou(um), *Rovon*, castrum 285, 11—286, 1
Rozelinus de Marsilia, *Roncelin von Marseille* 407, 14
Rozus sanctus *s.* Eduen.
Rublano, *Rogliano s.* Ioh(ann)es
Rudington', *Ruddington* 318, 4
Rudolf potestas *s.* Florentin.
Ruesperra
— priorissa et moniales 39
Rufiac(um), *Ruffey*, ecclesia 333, 1
Ruf(us) canonicus *s.* Cusentin.
Rup(i) W(i)ll(elmi) castrum, *Roche-Guillaume* 340, 27
Rup(i) Ruissoli castrum, *Roche-de-Roissel* 340, 27
Rushden s. Rassend(e)n'

S

Sabla, *Sables*, ecclesia 324, 13
Sabuti flumen, *Savuto* 244, 10
Sacc(um), *S. Maria de Gimara bei Sciacca*, prioratus 332, 3
Sagonia, *Saosnes*, ecclesia 321, 17
Saint, Sainte, Saintes, San, Sancta, Sanctus, Sankt, Sant', Santa, Santi, Santo
— *Adriano s.* Roma, *Kardinalstitelkirchen und -diakonien*, Adrianus sanctus
— *Agatha s.* Agatha sancta
— *Agostino s.* Monsaltus, Aug(ustinus) sanctus
— *Aignan s.* Anianus sanctus
— *Albans s.* Albanus sanctus
— *Alessandro s.* Lucan., Alexander sanctus
— *Ampelio s.* Appellen(sis) beatus
— *Anastasia s.* Roma, Anastasia sancta
— *Andiol s.* Andeolus sanctus
— *André s.* Cairan(e), Andeolus sanctus
— *André-de-Ramières s.* Andreas sanctus de Ramera
— *Andrea e Gregorio sul Celio s.* Roma, Cliuiscauri monasterium
— *Andreas s.* Colonien., Andreas sanctus
— *Andrews s.* Norhanton'
— *Andrews in Ards s.* Andreas sanctus de Arce
— *Andrews in Stogursey s.* Andreas sanctus de Stokes

Saint
— *Angelo in Lucoli s.* Angelus sanctus de Lupesclu
— *Antoine s.* Menamenas
— *Antoine-la-Motte s.* Viennen., Antonius sanctus
— *Antoninus s.* Antonius sanctus
— *Aposteln s.* Colonien., Apostoli sancti
— *Asaph s.* Asaph sanctus
— *Aubert s.* Aub(er)tus sanctus
— *Barbe-en-Auge s.* Barbara sancta
— *Benigne s.* Diuion(a), Benignus sanctus
— *Bonnet-de-Chavagne s.* Bonitus sanctus
— *Calais-du-Désert s.* Karilephus sanctus de Curia Dode
— *Calez-en-Saosnois s.* Karilephus sanctus
— *Cecilia s.* Roma, Cecilia sancta
— *Céols s.* Celsus sanctus
— *Chapelle s.* Diuion(a), capella ducis
— *Christophe s.* Melden., Christophorus sanctus
— *Christophe-en-Halatte s.* Christophorus sanctus
— *Cydroine s.* Sidronius sanctus
— *Cyr s.* Cirici sancti castrum
— *Cloud s.* Parisien., Clodoaldus sanctus
— *Coloma s.* Burgen., Columba sancta
— *Côme-du-Mont s.* Cosmas et Damianus sancti
— *Corneille-de-Bagnole s.* Cornelius sanctus de Balniolo
— *Cosma e Damiano s.* Roma, *Kardinalstitelkirchen und -diakonien*, Cosmas et Damianus sancti
— *Croce in Gerusalemme s.* Roma, *Kardinalstitelkirchen und -diakonien*, Crux sancta
— *Croce in Luprio s.* Venet., Crux sancta
— *Croix s.* Auribell(um), Crux sancta
— *Croix s.* Stamp(as), Crux sancta
— *Demetrio nei Vestini s.* Sinicien., Demetrius sanctus
— *Désirat s.* Desid(er)ius sanctus de Castro
— *Donato extra moenias s.* Aretin., Donatus sanctus
— *Edmunds s.* Ro(gerius) de sancto Edmundo
— *Eloi s.* Domnolus sanctus
— *Esprit s.* Mons Pesulanus, Spiritus sanctus
— *Étienne s.* Niuernen., St(e)ph(anu)s sanctus
— *Étienne s.* Steph(an)us sanctus de Crau
— *Étienne-de-Conil s.* St(e)ph(an)us sanctus de Ronnas
— *Étienne-et-Saint-Eutrope s.* Xanctonen., Eutropius sanctus

— *Eufemia di Paganica s.* Eufemia sancta de Paganica
— *Eusanio Forconese s.* Eusanius sanctus
— *Eustachio s.* Roma, *Kardinalstitelkirchen und -diakonien*, Eustachius sanctus
— *Felice s.* Felix sanctus de Monte
— *Flaceau s.* Cenomanen., Flocellus sanctus
— *Florent-sur-Cher s.* Florentius sanctus
— *Flour s.* Florus sanctus
— *Foi s.* Fides sancta
— *Frediano s.* Lucan., Fridianus sanctus
— *Gabriele s.* Cremonen., Gabriel sanctus
— *Geniez s.* Genesius sanctus
— *Gereon s.* Colonien., Gereon sanctus
— *Germain s.* Altisiodoren., Germanus sanctus
— *Germain s.* Nouiom(um), Germanus sanctus
— *Germain-l'Auxerrois s.* Parisien., Germanus sanctus
— *Germano s.* R. mulier de sancto Germano
— *Gervais-en-Belin s.* Geruasius sanctus de Belino
— *Giorgio in Velabro s.* Roma, *Kardinalstitelkirchen und -diakonien*, Georgius sanctus ad Uelum Aureum
— *Giovanni s.* Monsaltus, Ioh(ann)es sanctus
— *Giovanni s.* Tuscanen., civitas, Ioh(ann)es sanctus de Podio
— *Giovanni di Collimento s.* Ioh(ann)es sanctus de Colimentis
— *Giovanni in Lamis s.* Ioh(ann)es sanctus in Lamis
— *Giovanni in Laterano s.* Roma, Lateranen., ecclesia
— *Giuliano Martire s.* Ariminen., Iulianus sanctus
— *Giusta s. unter* Arborea, suffraganei
— *Giusta di Bazzano s.* Iusta sancta
— *Giustino di Paganica s.* Iustinus sanctus de Paganica
— *Hilaire s.* Hilarius, Ylarius sanctus
— *Hilaire-le-Lierru s.* Hilarius sanctus prope Tufeium
— *Honorat s.* Pallarols, Honoratus sanctus
— *Honorat-de-Roquefavour s.* Honoratus sanctus de Rocca fraudosa
— *Yrieix-la-Perche*
— — *Dekan Girardus* 192f
— — *Kapitel* 192f
— *Isidor s.* Arelaten., civitas, Ysidor(us) sanctus

Saint
— *Jacques s.* Moriers, Iacobus sanctus
— *Jacques-Sault s.* Iacobus sanctus de Valle Saltus
— *Jean-d'Angély s.* Ioh(ann)es sanctus Ang(e)liacen(sis)
— *Jean-d'Olonne s.* Dolonn(e)
— *Jean-de-Fromental s.* Ioh(ann)es sanctus de Form(en)tal
— *Jean-de-la-Sale s.* Ioh(ann)es sanctus de Salletas
— *Jean-des-Essarts s.* Ioh(ann)es sanctus de Exarto
— *Jean-en-Royans s.* Ioh(ann)es sanctus de Roms
— *Julien s.* Agulla, Iulianus sanctus
— *Julien s.* Cenomanen., Iulianus sanctus
— *Just-de-Claix s.* Iustus sanctus
— *Kassius s.* Bunnen.
— *Kunibert s.* Colonien., Cunib(er)tus sanctus
— *Laurent s.* Laurent(um)
— *Laurent s.* Mormoren(is), Laurentius sanctus
— *Laurent-au-Bois s.* Laurentius sanctus
— *Laurent-des-Orgerils s.* Aurelianen., Laurentius sanctus in suburbio
— *Léger-de-Loup s.* Laugerius sanctus de Iobia
— *Leonard's Hospital s.* Eboracen., hospitale
— *Léonard-des-Bois s.* Leonardus sanctus
— *Leu-d'Essérent s.* Lupus sanctus
— *Liguaire s.* Leodegarius sanctus
— *Longis s.* Lenogisilus sanctus*; s. auch* Herueus
— *Lorenzo fuori le mura s. unter* Roma, patriarchales sedes
— *Lorenzo in Lucina s.* Roma, *Kardinalstitelkirchen und -diakonien,* Laurentius sanctus in Lucina
— *Lorenzo in Piscinula s.* Roma, Laurentius sanctus in Pusciola
— *Loup s.* Trecen., Lupus sanctus
— *Luca e Martina s.* Roma, Martina sancta
— *Lucia in Rocca di Cambio s.* Lucia sancta
— *Maiolo s.* Papien., Maiolus sanctus
— *Mamiliano al Ponte s.* Mamilianus sanctus
— *Marceau s.* Marcellus sanctus
— *Marcel s.* Marcellus sanctus Cabilonen(sis)
— *Marcel s.* Parisien., Marcellus sanctus
— *Marcel s.* Sirinnan(um), Marcellus sanctus
— *Marcellin s.* Marcellinus sanctus

— *Marcello s.* Roma, *Kardinalstitelkirchen und -diakonien,* Marcellus sanctus
— *Marco s.* Roma, *Kardinalstitelkirchen und -diakonien,* Marcus sanctus
— *Marguerite-en-Champagne s.* Margarita sancta in Campania
— *Maria s. auch Notre-Dame*; Dei genitricis ecclesia
— *Maria s.* Aretin., plebs
— *Maria s.* Monsaltus, Maria sancta
— *Maria de Acquaformosa s.* Maria sancta de Formosa
— *Maria de Albario s.* Maria sancta de Albario
— *Maria de Cluniaca s.* Villa franca
— *Maria de Gimara s.* Sacc(um)
— *Maria di Paganica s.* Maria sancta de Paganica
— *Maria in Aquiro s.* Roma, *Kardinalstitelkirchen und -diakonien*
— *Maria in Cosmedin s.* Roma, *Kardinalstitelkirchen und -diakonien,* Maria sancta in Cosmidin
— *Maria in Sassia s.* Roma, Maria sancta in Saxia
— *Maria in Via Lata s.* Roma, *Kardinalstitelkirchen und -diakonien,* Maria sancta in Vialata
— *María la Real s.* Maria sancta de Nagera
— *Maria Maggiore s. unter* Roma, patriarchales sedes
— *Maria Maggiore s.* Vercellen., Maria sancta
— *Maria Nuova s.* Monspilosus, Maria sancta noua
— *Maria Vecchia s.* Monspilosus, Maria sancta uetus
— *Marie-de-Gaye s.* Gaia
— *Marie-de-Lêches s.* Maria sancta de Lechis
— *Marie-de-Montdidier s.* Mondiderium
— *Marie-la-Dorée s.* Maria sancta de Aurete
— *Maries-de-la-Mer s.* Maria sancta de Mari
— *Martial s.* Lemouicen., Martialis sanctus
— *Martin s.* Brunet(um), Martinus sanctus
— *Martin s.* Dongoli(um), Martinus sanctus
— *Martin s.* Lenogisilus sanctus, Martinus sanctus
— *Martin-de-Castillon s.* Martinus sanctus de Lauria
— *Martin-des-Champs s.* Parisien., Martinus sanctus de Campis

Saint
— *Martin-ès-Aires s.* Trecen., Martinus sanctus
— *Martin-le-Colonel s.* Martinus sanctus de Coronel(o)
— *Martin-le-Vinoux s.* Martinus sanctus de Viinai
— *Martino di Monte Giove s.* Martinus sanctus de Ioue
— *Martino in Ocre s.* Martinus sanctus de Oruella
— *Massimo di Forcone s.* Maximus sanctus
— *Maurice s.* Pellichana
— *Michel s.* Malamors, Michael sanctus
— *Michel-de-la-Guerche s.* Michael sanctus
— *Michel-de-la-Nesque s.* Michael sanctus de Anesca
— *Michel-de-Villepey s.* Michael sanctus in castro Ville piscis
— Mons *s.* Mons Sanctus
— *Mont s.* Mons Sanctus
— *Montaine s.* Montana sancta
— *Mullins s.* Techmolling'
— *Nicholas s.* Castrum Rainardi, Nicolaus sanctus
— *Nicolas-de-Regny s.* Nycholaus sanctus, prioratus
— *Orens de Lavedan s.* Orientius sanctus
— *Ouen-sous-Ballon s.* Audoenus sanctus de Ponte Baladonis
— *Paolo d'Argon s.* Paulus sanctus de Argon'
— *Paolo fuori le mura s.* Roma, Paulus sanctus
— *Pancrazio s.* Roma, Pancratius sanctus
— *Patrice-du-Désert s.* Patricius sanctus
— *Patrignano s.* Pat(er)nianus sanctus
— *Paul s.* Narbonen., Paulus sanctus
— *Paul-Trois-Châteaux s.* Tricastren.
— *Pedro de Théza s.* Tessous
— *Peter s.* Roma, Petrus beatus
— *Peter's Hospital s.* Eboracen., hospitale
— *Petersinsel s.* Insule
— *Pier Maggiore s.* Florentin., Petrus sanctus
— *Pierre s.* Alen(um), Petrus sanctus
— *Pierre s.* Mallan(a), Petrus sanctus
— *Pierre s.* Nouiom(um), Petrus sanctus
— *Pierre s.* Pat(er)n(is), Petrus sanctus
— *Pierre s.* Pictauen., Petrus beatus
— *Pierre s.* Saumana, Petrus sanctus
— *Pierre-d'Abbeville s.* Abbatis uilla
— *Pierre-d'Allevard s.* Lauard(um)
— *Pierre-de-la-Mer s.* Petrus sanctus de Mari

— *Pierre-de-la-Villette s.* Petrus sanctus de Vileta
— *Pierre de Varencières s.* Petrus sanctus de Valenceliis
— *Pierre-du-Lorouer s.* Petrus sanctus de Laboratorio
— *Pierre-du-Pin s.* Petrus sanctus de Pino
— *Pietro e Calocero s.* Clauat.
— *Pietro in Maddaloni s.* Petrus sanctus de Magdalon(a)
— *Pietro in Vaticano s.* Roma, Petrus beatus
— *Pietro Maggiore s.* Aretin., Petrus sanctus
— *Pol s.* Paulus sanctus
— *Pons s.* Castrum nouum, Pontius sanctus
— *Prassede s.* Roma, *Kardinalstitelkirchen und -diakonien*, Praxedis sancta
— *Frisca s.* Roma, *Kardinalstitelkirchen und -diakonien*, Prisca sancta
— *Facho s.* Eduen., Rozus sanctus
— *Fadegonde s.* Pictauen.
— *Rémy-de-Provence s.* Remigius sanctus
— *Roman s.* Romanus sanctus
— *Rufina s. unter* Roma, *suburbikarische Bistümer*, Portuen.
— *Sabina s.* Roma, Sauina sancta
— *Salvador de Cornellana s.* Cornelian(a)
— *Salvator s.* Posonen., prepositura
— *Saturnin-d'Apt s.* Saturninus sanctus
— *Saturnin-du-Pont-sur-le-Rhône s.* Saturninus sanctus
— *Sauveur s.* Niuernen., Saluator sanctus
— *Sauveur s.* Saluator sanctus
— *Sauveur s.* Valbaines
— *Sépulchre s.* Sepulchrum sanctum
— *Seren s.* Serenus sanctus
— *Fever-Cap-de-Gascogne s.* Seuerus sanctus
— *Silvain-les-Narcy s.* Varena
— *Symphorien s.* Cameracen., canonici, P. de sancto Si(m)phoriano
— *Symphorien s.* Eduen., Si(m)phorianus sanctus
— *Sisto s.* Placentin. Sixtus sanctus
— *Spirito s.* Panormitan., Spiritus sanctus
— *Spirito in Sassia s.* Roma, Maria sancta in Saxia
— *Stefano s.* Bononien., St(e)ph(an)us sanctus
— *Stefano in Palude s.* Fanen., Steph(an)us sanctus
— *Stefano in Rocca S. Silvestro s.* Steph(an)us sanctus de Rocca
— *Sulpice s.* Sulpicius sanctus

Scopia
— episcopus Marinus 17f
Se. Ioh(ann)is Pantaleonis *s.* Roma, mercatores
Seaux s. Sesols
Seguinus prior *s.* Pictauen., Hilarius sanctus de Cella
Séguret s. Dolonn(a)
Semigari, *Semigala,* locus 244, 2
Sempringham s. Sep(re)pingham
Senecen., Senescen., *Senez*
— episcopatus 284, 8f
— episcopus *Raimund* 136, 1, 6
Senlis s. Siluanecten.
Senonen., Senon(e), *Sens* 338, 7
— archiepiscopus
— — G(uido) *(I.) von Noyers* 53, 24
— — *Peter von Corbeil* 78—81. 129, 9. 188, 6. 344, 2f
— — — capellanus P(etrus), electus ecclesie sancti Martini Trecensis 344, 2, 14f
— diocesis 390, 8f
— Maria sancta de Porta Leo(n)is, *Notre-Dame-du-Charnier (de-la-Porte-Saint-Léon),* ecclesia 390, 9
— provincia 331, 5
— suffraganei *Auxerre, Chartres, Meaux, Nevers, Orléans, Paris, Troyes* 78—81. 129, 9
Sep(re)pingham, *Sempringham*
— canonici et moniales 138
Septem fontes, *Sept-Fonds*
— Petrus sanctus, ecclesia 387, 21f
Sepulchrum Dominicum, *Kanoniker vom Heiligen Grab, Jerusalem*
— prior et canonici 394, 2, 14f. 395, 6
Sepulchrum sanctum, *Saint-Sépulchre (Villacerf),* ecclesia 391, 5f
Sepulchrum sanctum *s.* Verqueri(is)
Serbien s. Saruia
Serenus sanctus, *Saint-Seren,* ecclesia 280, 4f
Sergius, Konnetabel 16, 28
Sérignan-du-Comtat s. Sirinnan(um)
Serne s. Cerna
Sernin-du-Port s. Saturninus sanctus
Seruia *s.* Saruia
Sesols, *Seaux*
— Maria sancta, ecclesia 282, 15
Seuerus sanctus, *Saint-Sever-Cap-de-Gascogne*
— abbas *Arsius* 35f
Sexfontaine s. Suessifont.
Sezan(n)ia, *Sézanne*
— Iustus sanctus, ecclesia 391, 6

Shrule s. Sruthar
Sibeton', *Sibton*
— abbas *Laurenz* 58, 7, 13
Sibiu s. unter Hungaria, prepositure regales
Sibton s. Sibeton'
Sicilia, Sicilia et Calabria, *Sizilien und Kalabrien,* regnum, terra 62, 18. 153, 25. 162, 5, 13. 211. 212, 17, 22. 213, 21. 221, 25. 222, 3. 248, 20, 25. 249, 1, 7, 26. 332, 3
— archiepiscopi, episcopi, abbates, comites, barones, clerus et populus 61f
— cancellarius
— — Rob(er)tus *von Selby* 162, 16
— — *Walter* episcopus *s.* Troia
— civitates 249, 7
— comites, magnates et barones 162, 4f
— iustitiarius regius *s.* Casertan., comes R(obertus); Mons sancti Angeli, iusticiarius W.; Thomas de Gaieta
— reges 248, 21. 250, 5. 251, 2
— — Fred(er)icus, *Friedrich (II.),* rex Siciliae, ducatus Apulie et principatus Capue 62, 18. 198, 9f, 24, 29. 211. 212, 17, 22. 213, 20. 222, 3. 242, 11f
— — — protonotarius regius L. 213
— — Rogerius, *Roger II.,* rex Sicilie, ducatus Apulie et principatus Capue 161f. 248, 14
— — — filius Rog(erius) *s.* Apulia, dux
— — — notarius Rob(er)tus 162, 15
— — Tancredus, *Tankred* 249, 19. 251, 31
— — W(illelmus), *Wilhelm II.* 248, 26f
Sidronius sanctus, *Saint-Cydroine,* ecclesia 391, 2
Siff(redus), *Soffred* presbyter cardinalis *s.* Roma, *Kardinalstitelkirchen und -diakonien,* Praxedis sancta
S(ifridus) archiepiscopus *s.* Maguntin.
Sila, Syla, *La Sila* 131, 13. 238, 3, 6. 239, 26. 241, 5
Silua maior, *La Sauve-Majeure, La Grande Sauve*
— abbas 103
— conventus, monasterium 103
Siluanecten., *Senlis; s. auch unter* Remen., suffraganei
— episcopus *Gottfried (II.)* 81, 5
Siluanus sanctus *s.* Varena
Silu(est)er beatus, *Papst s.* Roma, pontifices Romani
Siluiniac(um), *Souvigny* 330, 4
Symeon imperator *s.* Bulgaria
Simeon sanctus *s.* Nannai
Simon, Symon *s.* Petrus apostolus
Simon decanus *s.* Eboracen.

Simon episcopus *s.* Waradien.

Si(m)phorianus sanctus *s.* Cameracen., canonici, P. de sancto Si(m)phoriano

Simphorianus sanctus *s.* Castrum nouum

Si(m)phorianus sanctus Eduensis diocesis *s.* Eduen.

Simphorianus sanctus *s.* Sulliac(um)

Sinicien., Sinicium, *Sinizzo* 162, 10. 182, 15

— Demetrius sanctus, *S. Demetrio nei Vestini* 182, 15

— Ioh(ann)es sanctus 182, 15

— Martinus sanctus 182, 16

— Maurus sanctus 182, 16

Sinispella uxor iudicis *Comita s.* Turritan.

Sinizzo s. Sinicien.

Syon, mons Syon, *Zion* 261, 16. 264, 25. 268, 14

Sipontin., Sipontus, *Siponto* 248, 4

— archiepiscopus *Hugo von Troia* 64

Siria

— rex Azael 11, 8f

Sirinnan(um), *Sérignan-du-Comtat*

— Marcellus sanctus, *Saint-Marcel*, ecclesia 282, 2f

Sistericen., Sistoricen., *Sisteron; s. auch unter* Aquen., suffraganei

— canonici, capitulum 163f

— civitas 163, 12

— ecclesia 163, 27

— episcopatus 284, 10

— prepositus *Wilhelm Brunelli* 163f

Sixtus sanctus *s.* Placentin.

Sizilien s. Sicilia

Skopje s. Scopia

Slebre, *Sletty* 232, 7

Sodoma, Sodomorum terra 68, 26—69, 1. 75, 2. 151, 22

Soffred presbyter cardinalis *s.* Roma, *Kardinalstitelkirchen und -diakonien*, Praxedis sancta, Siff(redus)

Sofia sancta *s.* Constantinopolitan.

Soissons s. Suessionen.

Soldai(um), *Souday*

— Petrus sanctus, ecclesia 322, 2

Soliniac(um), *Souligné s.* Paganus

Soliniac(um), *Souligné-sous-Vallon*

— Rigomerus sanctus, ecclesia 325, 10f

Soliniac(um) prope Baladon(em), *Souligné-sous-Ballon*

— Martinus sanctus, ecclesia 325, 12

Somogyvár s. Egidius sanctus

Sonnay s. Salnai

Sophia sancta *s.* Constantinopolitan.

Sorres s. unter Turritan., suffraganei

Souday s. Soldai(um)

Souligné s. Paganus de Soliniaco

Souligné-sous-Ballon s. Soliniac(um) prope Baladon(em)

Souligné-sous-Vallon s. Soliniac(um)

Southwell s. Suellen.

Souvigny s. Siluiniac(um)

Spalaten., *Split (Spalato)*

— archiepiscopus B(ernardus) 209f

Spanien s. Hispania

Sparnac(um) *s.* Remen., canonicus Hug(o)

Spernay s. Remen., canonicus Hug(o) de Sparnaco

Spiritus sanctus *s.* Mons Pesulanus

Spiritus sanctus *s.* Panormitan.

Spiš s. unter Hungaria, prepositure regales

Split s. Spalaten.

Sruthar, *Shrule* 232, 5

Stadelow, *Stadlau* 229, 23. 230, 2, 5

Staghreel s. Statherole

Stamp(as), *Étampes*

— Crux sancta, *Sainte-Croix*, ecclesia 53f

— — canonici 53f

— — decanus 53f

— Iudei 53, 25. 54, 3, 5

Standene, *Standen* 140, 7

Stapelfort, *Stapleford* 318, 3

Statherole, *Staghreel*, ecclesia 139, 2

S(tephanus) Bobonis de Maximo *s.* Roma, mercatores

S(tephanus) Capharellus *s.* Roma, mercatores

S(tephanus) magister scolarum *s.* Aquilegen.

St(e)ph(an)us megaiuppanus *s.* Saruia

Steph(an)us rex *s.* Hungaria

Steph(an)us sanctus *s.* Balbiniac(um)

St(e)ph(an)us sanctus *s.* Bononien.

St(e)ph(an)us sanctus *s.* Cren

Steph(an)us sanctus *s.* Fanen.

St(e)ph(anu)s sanctus *s.* Niuernen.

St(e)ph(an)us sanctus *s.* Vi

Steph(an)us sanctus de Crau in territorio castri sancti Saturnini, *Saint-Étienne in Saint-Saturnin-d'Apt*, ecclesia 283, 12f

St(e)ph(an)us sanctus de Nacon *s.* Nacon

St(e)ph(an)us sanctus de Piscia, *Péscia*, ecclesia 98, 18

Steph(an)us sanctus de Rocca, *S. Stefano in Rocca S. Silvestro*, ecclesia 182, 4

St(e)ph(an)us sanctus de Ronnas, *Saint-Étienne-de-Conil in Rognes*, ecclesia 282, 8f

Sterlingi, *Währung* 307, 9

Stisia, *Stiffe*, castellum 182, 16

U, V

NACHTRÄGE ZUM 6. UND 7. BAND

Nachtrag zu Br. VI 51
S. 74 nach Z. 31:
Empfängerüberlieferung: Druck in Chronicon insigne monasterii Hirsaugiensis, ordinis S.
Benedicti, per Ioannem Tritehemium. Basileae 1559, 214f.

S. 75 nach Z. 34:

51. *Empängerüberlieferung (kollationiert nach dem Druck im Chronicon monasterii Hirsaugi-*
ensis 241f.):
1: Universis — inspecturis] Innocentius episcopus, servus servorum Dei, universis Christi
fidelibus has litteras inspecturis salutem et apostolicam benedictionem.
2: piaculare] peculiare.
5: libet potius] potius libet.
7: sed ut] sed magis ut.
10: Dei] fehlt.
11: quam — penitentia] & c(etera).
13: denegare] praecludere.
14: prophetam] prophetas.
14: Quacumque] In quacumque.
15: recordabor] recordabor amplius.
15f.: Fuson(em)] quoque.
16: Enrodo] Heroldo.
16: Corrado] Conrado.
19: pententiam — nobis] sibi poenitentiam a nobis pro tanti sceleris immanitate.
20: misericordie] indulgentiae. *Vgl. Anm. d.*
21: H(ugutioni)] Hugoni.
23: in bracis — nobis] coram nobis in bracis, tortas habentes in collo.
26: sue] fehlt.
27: contrahant] contrahant matrimonium.
30: duos — unum] unum saltem. *Vgl. Anm. h.*

S. 76 nach Z. 39:

2: arripiant] arripiunt.
5f.: nativitatem — Pentecosten] resurrectionem, Pentecosten et nativitatem Domini. *Vgl.*
Anm. m—m.
6f.: sollempnitatibus] festivitatibus.
7f.: fuit episcopus interfectus] episcopus fuit occisus.
10: nisi — recipere] accipere, nisi in ultimo mortis articulo.
13: commedant] comedent.
15: Alamannie civitatem] civitatem Alemanicam.
15: intrare secure] secure intrare.
16: procedant] procedent.
18: se hoc] hoc se.
18: perpetratione iamdicti] perpetrati iam dicti satisfactione.

19: poterint] poterunt.
20: Pentecosten] Pentecoste.
21: civitatem] civitate.
21: inde nudi] nudi inde.
22: in — celebratione] et ad missae celebrationem.
23f.: se — prosternentes] ante episcopum et canonicos prosternentes se.
27: Maii] Maii, pontificatus nostri anno sexto, domini vero 1204.

Zu Br. VI 9 Anm. 10:

Der Archidiakon Theobald von Reims gehörte offenbar nicht der gräflichen Familie von Le
  Perche an, vgl. THOMPSON, *Counts*, Stammtafel nach S. 14.

Zu Br. VI 33 Anm. 2:

Vgl. die korrigierte genealogische Einordnung Theobalds von Le Perche bei THOMPSON, *Counts*,
  Stammtafel nach S. 14.
K. H. THOMPSON, The Counts of the Perche, c. 1066—1217. Ph. D. thesis, University of Sheffield
  1995.

Zu Br. VI 197 (198) S. 334 Z. 9f. „non coacta":

4) Vgl. *Decretum Gratiani* C. 15 q. 6 c. 1 (FRIEDBERG, *CorpIC*, I 754f.).

Zu Br. VI 222 (223)—224 (225) S. 380—382:

Der genannte Bischof ist bereits der ehemalige Domdekan Lukas, der Domdekan bereits
  Radulf. Vgl. MÜLLER, *Delegationsgerichtsbarkeit*, Reg. Nr. 134, gegen Br. VI 222 (223) Anm.
  1 und 224 (225) Anm. 4.
H. MÜLLER, Studien zur päpstlichen Delegationsgerichtsbarkeit in der Normandie im 12. und
  beginnenden 13. Jahrhundert. Phil. Diss., Aachen o. J. (1996).

Zum 7. Band:

Zu Br. VII 68 (67) S. 105:

In Z. 15 „misereri" und Z. 16 „desiderant" sind die Anm. 4 bzw. 5 aus dem mutatis
  mutandis weitgehend textgleichen Br. VII 94 S. 150 zu übernehmen.

Zu Br. VII 116 Anm. 3 und 11:

Der Archidiakon Theobald von Reims gehörte offenbar nicht der gräflichen Familie von Le
  Perche an, vgl. THOMPSON, *Counts*, Stammtafel nach S. 14.
K. H. THOMPSON, The Counts of the Perche, c. 1066—1217. Ph. D. thesis, University of Sheffield
  1995.

Zu Br. VII 210 S. 371 Z. 14:

Die Wendung „non debes recusare laborem" geht zurück auf die Martinsvita in Sulpicius
  Severus, Ep. III, 11 (*CSEL* 1, 148 Z. 16f.); in Br. XII 15 (MIGNE, *PL*, 216, 27A) wird sie
  in ihrem Kontext und mit ausdrücklichem Bezug auf den hl. Martin zitiert. Unmittel-
  bare Quelle könnte auch die Liturgie des Martinstages sein, in der der Satz mehrfach
  als Responsorium Verwendung fand. Vgl. HESBERT, *Corpus Antiphalium*, IV 96, 117f.,
  131, 313, Nr. 6377, 6463, 6513, 7258; vgl. auch VAN DIJK, *Ordinal*, 451–453, bes. 452
  Z. 1f.

Zu Br. VII 216 S. 377 Z. 28:

Müller, Delegationsgerichtsbarkeit, Reg. Nr. 262.

H. Müller, Studien zur päpstlichen Delegationsgerichtsbarkeit in der Normandie im 12. und beginnenden 13. Jahrhundert. Phil. Diss., Aachen o. J. (1996).

Zu Br. VII 220 Anm. 7:

Zu B. Michael vgl. D. E. R. Watt, Bishops in the Isles before 1203. Bibliographical and Biographical Lists. *The Innes Review* 45 (1994) 99—119, hier 118f.

Incipit liber septimus Regestorum domini Innocentii pp. tercii
Caloiohanni illustri Bulgarorum et Blachorum Regi eiusque posteris et tam in regno
quam in devotione sedis apostolice successuris in perpetuum.

Rex regum et dominus dominantium Ihesus Christus sacerdos in eternum secundum ordinem Melchisedech, cui dedit omnia pater in manum, pedibus eius subiciens universa, cui est tanta et plenitudo potestatis, orbis terre et orbis habitantes in eo, immo cui flectitur omne genu, celestium, terrestrium et infernorum, summam apostolice sedis et ecclesie Romane pontificem, quem in beato Petro sibi vicarium ordinavit super gentes et regna constituit, evellendi, destruendi, disperdendi et dissipandi, edificandi et plantandi ea conferens potestatem. loquens ad eum in ipso qui fuit de sacerdotibus Anathot. Ecce constitui te super gentes et regna, ut evellas et destruas et disperdas et dissipes et edifices et plantes. Ut autem id expressius demonstraret, non per alium sed per se ipsum, cum probibus curie assumpsisset humana, et calciamentum suum extendisset in Idumeam ut se allophili subicerent, et oues suas que de hoc ouili non erant adduceret, ut fieret unum ouile et unus pastor. in se qui est super omnia benedictus deus in secula, universalis ecclesie posuit fundamentum, eoque apostolorum principi Petro magistrum committens et pignus, dixit ad eum. Tu es Petrus et super hanc petram hedificabo ecclesiam meam et porte inferni non prevalebunt adversus eam, et tibi dabo claues regni celorum. Ybi consequenter adiecit. Quodcumque ligaueris super terram, erit ligatum et in celis, et quodcumque solueris super terram, erit solutum et in celis. post passionem quoque sua ascensione in celum, ouile suum, uidelicet ecclesiam ei commitens, ter commendauit in ouibus dicens ei. pasce oues meas. uocabulo trino repetito, per hoc patenter ostendens, quod ab eius ouili non ponit oues ille, que se commissas suburbicas de beato petro committi denegarint, et tam nolueint eius audire doctrina, et magistro subiacere. Siquidem ecclesia est archa illa in qua paucae anime pereuntibus ceteris in diluuio sunt saluate. Unde sicut omnes quos archa non cepit, in diluuio perierunt, sic omnes qui extra ecclesiam inuenti fuerint in iudicio damnabuntur. Archa enim ecclesiam, cathaclismus iudicium, et pastore ecclesie Petrum, Noe rectore archa figurat. Ille enim cum domino legens ambulasse, hic autem super undam maris quod huic mundum significat ad dominum scribitur peruenisse. In quo et expresse notatur, quod Petro non specialiter aliqua specialis ecclesia, sed toti mundo commissus fuit, et ecclesia generalis. Nam sic aque multe sunt ipsi multi, sic mare magnum et spatiosum mundus significa uniuersum. Unde uocatus ceteris in partem sollicitudinis, huius assumpsit dominus in plenitudine potestatis, cui inquit ad eum. Tu uocaberis cephas, quod petrus interpretatur et caput. ut petrum caput ecclesie demonstraret, qui sicut unguentum quod a capite Aaron descendit in barbam in membra diffunditur, ut nichil sibi penitus deperiret, quia in capite uiger sensui plenitudo. Ad membrum uero pars eorum aliqua censuatur. Insuper querenti petro si quotiens peccaret in eum frater diuitter in usque septies, dominus legitur respondisse, non dico tibi usque septies, sed usque septuagies septies. Sane cum omne tempus septe dierum numero concludatur, multiplicat in se septenarium, in hoc loco notat uniuersorum uniuersa peccata, cum solus petrus nonsolum omnia sed omnium possit crimina relaxare, sicut enim et non alii dicitur, domino dicente. Tu me sequere, id est in uere pastoris officio et potestatis ecclesie plenitudine imitare, quia cum in officio uicarii sibi substituat dominus, in magistro successore sic heredare in cuius pedaris sines eum concedit transferre in eadem, ut alius post eum et sub eo qui partialia facere de hereditate legitta. Cum igitur licet immeriti eius uices geramus in terris, qui dominatur in regno hominum et cui uoluit dabit illud, utpote per quem Reges regnant et principes dominantur. cum petro successoribus eius nobis in eo notum esse dictum, Ego pro te rogaui petre ut non deficiat fides tua, et tu aliquando conuersus confirma fratres tuos. cum ex precepto domini oues eius pascere teneamur, ipsis Bulgarorum et Blachorum qui multo iam tempore ab ubertatis ubere aliennati fuerint in spiritualibus, et specialibus panem sollicitudine, pietate uolentes, eet auctoritate consilii per que Samuel domino in Rege inunxit. Regem te statuimus super eos, et per dilectum filium L. tituli sancte crucis presbiterum Cardinalem, a sanctae Romane ecclesie uiru prouido et honestum, nob inter ceteros fratres nostros acceptum, septrum Regni ac Regni tibi mittimus diadema, eius qui missi tibi manibus imponendum recipiendo a te

Rex bulgarorum et [...]

Abb. I: fol. 134ʳ, Br. VII 1, Hand D2; vgl. S. 1—5.

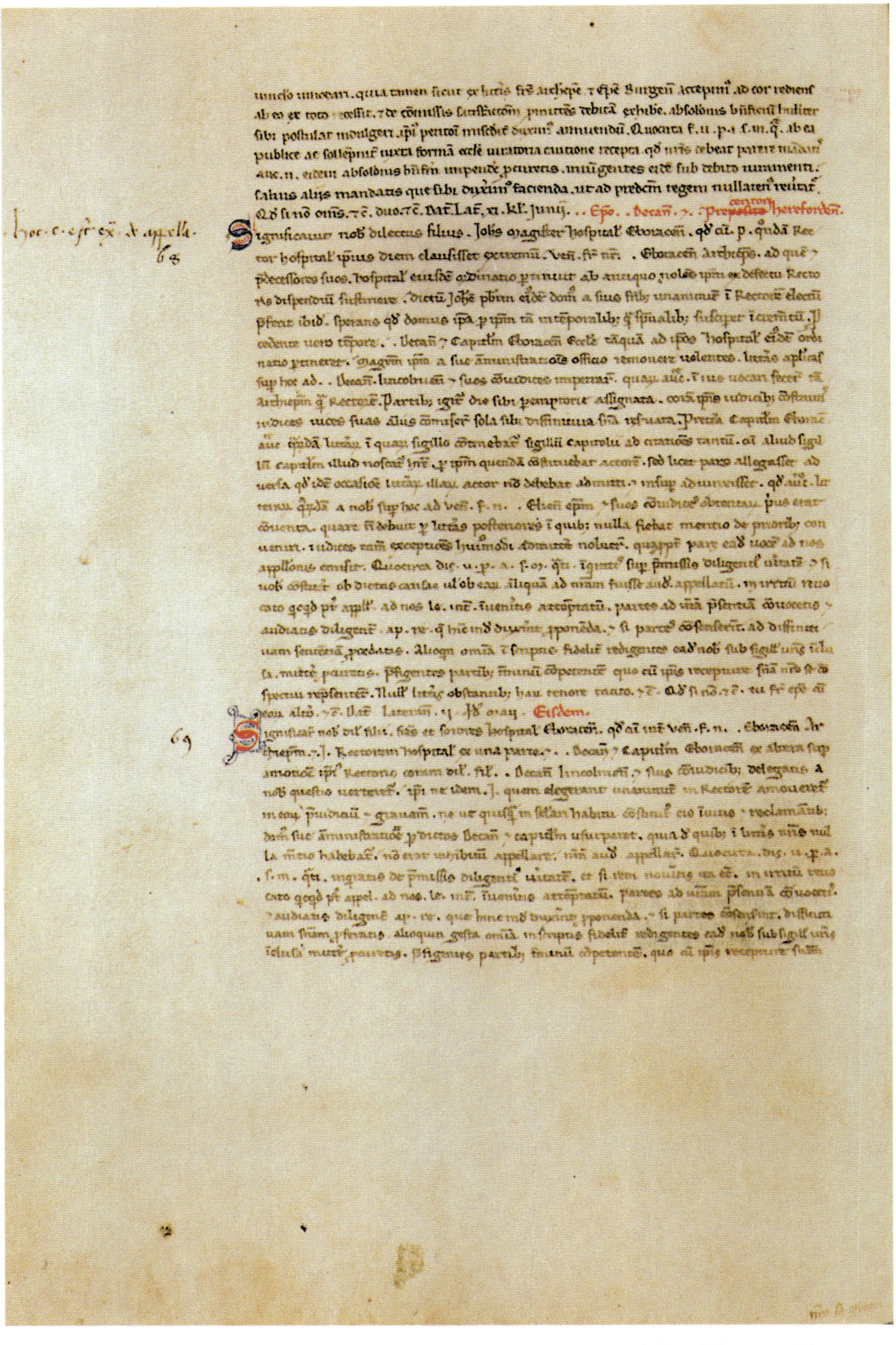

Abb. II: fol. 149ᵛ, Br. VII 68 (67), 69 (68), 70 (69), Hände D2 und G; vgl. S. 105—109.

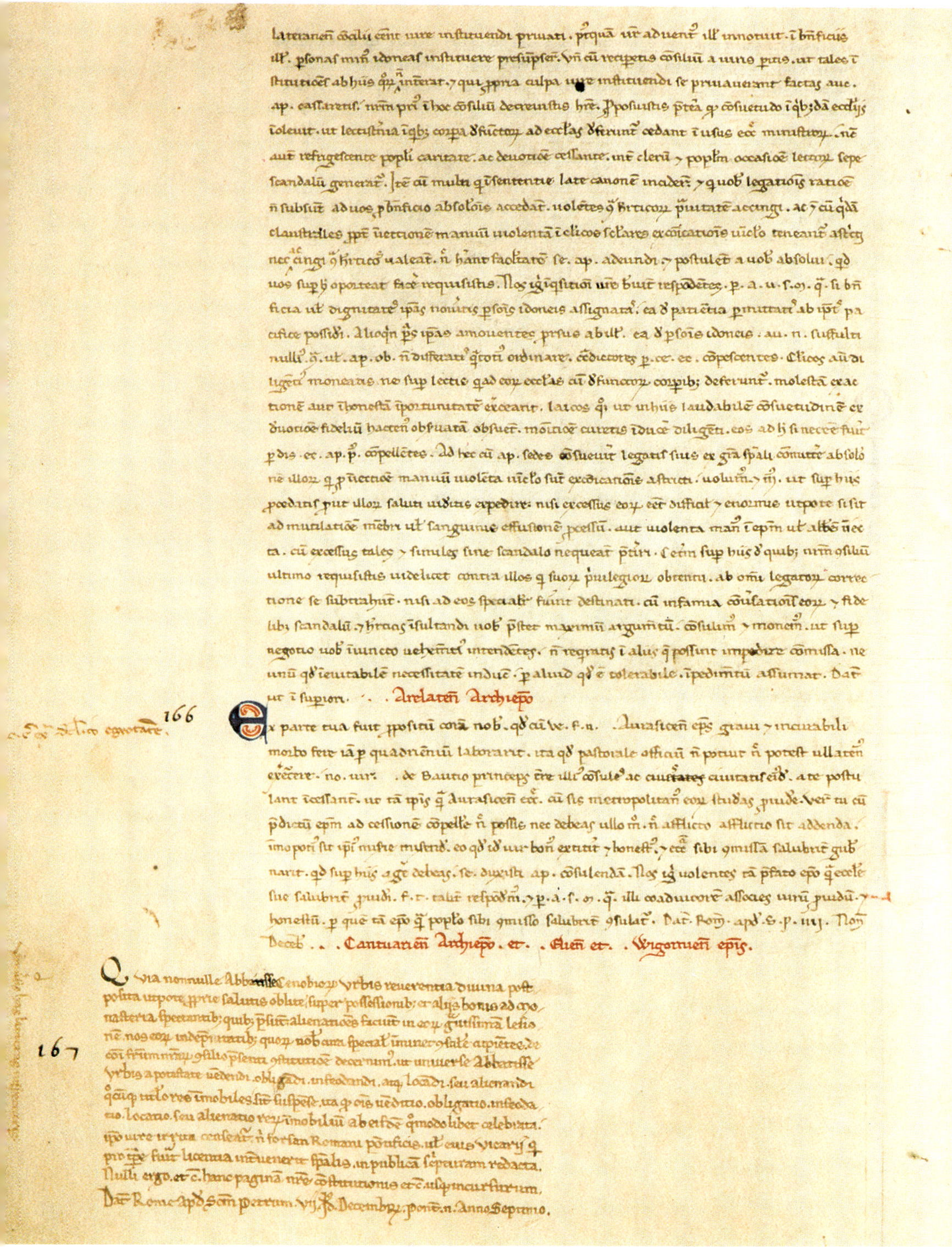

166

Arelaten Archiepo

167

Cantuarien Archiepo. et. ... Alien et. ... Wigornien epis.

Abb. III: fol. 182ᵛ, Br. VII 165, 166, 167, Hände G und M; vgl. S. 292—295.

Abb. IV: fol. 200ʳ, Br. VII 223, 224, 225, 226, 227, Hand G; vgl. S. 396—400.

pt illu accedit. cu eu uident sua intentione frustari ⁊ sic optata potiti spiritu libitate
sollicita meditatiōe pensantes. qd iusto iudicio sepe cōtingit. ut qui nolunt cu possut
cu uelint nō possint. Illi g̱ uos nune n̄ terreant. ⁊ pmissiōes n̄ fallāt. q̱ sic fulgura
cōtinunt ⁊ pluuias ita pmissiōes ipi in deceptiōes utunt. un ꝯsultii ē ⁊ melī ut ad p̱-
sens p minores labores ⁊ pauciores expensas ur̄m ꝓpositu ipleatis. q̱ primo cu multis la-
buribz ⁊ magnis expensis ur̄m nequeatis pictm euitare. quia sic septa restat. Nocum̄
ē semp differre paratis. hāc. ⁊c. Ordo coronationis petri Regis aragonum

Anno septimo pontificatus dn̄i Innocentii tertii p̱p̱ mense Nouemb. Petrus
Rex Aragonum ad aplicam sedem accessit ut ab eodem domino p̱p̱ militare cingulum et Regnum acciperet Diadema Venit aut p mare cum quinq; Galeis.
et applicuit ap̄d Insulam inter portum et hostiam adducens secum Arelaten
Archiep̱m. Prepositum Magalonen cum quib; int̄fuit Electus montis maioris
et alii quidam clerici nobiles et prudentes. Proceres quoq; secum adduxit
Sancium patruum suum Ygonem de Baucio Rogelinum de aursilia. Arnaldum de fonan. et alios multos nobiles et potentes. Missis aut ad illum
equitaturis et Somariis pene ducentis. fecit eum ap̄d scm petrum ad presentiam suam idem dn̄s p̱p̱ uenire. mittens in occursum ipius quosdam cardinales. Senatorem urbis. et alios multos nobiles et magnates. fecitq; illum
ap̄d scm petrum in domo canonicoꝝ honorabiliter hospitari. Tertio uero
die in festo uidelicet scī Martini prefatus dominus p̱p̱ cum epis. pbris ⁊ diaconibus cardinalib; primicerio et cantorib; Senatore. Justinariis. Judicibus
Aduocans et Scriniariis multisq; nobilib; ac ip̄o copioso ad Monasterium
scī Pancratii martiris prope transtiberim est profectus. ibiq; prefatum Regem p manum Petri Portuen̄ epi fecit inungi. quem postmodum ipe manu
propria coronauit. largiens ei regalia insignia uniuersa. mantum uidelicet
et Colobium. Sceptrum ⁊ pomum. Coronam et mitram. corporale ab eo recipiens iuramentum cuius tenor est talis. Ego Petrus Rex aragonum profiteor et polliceor quod semp ero fidelis et obediens domino meo p̱p̱ Innocentio. eiusq; catholicis successoribus et ecclē Romān. Regnumq; meum in
ipius obedientia fideliter conseruabo. defendens fidem catholicam et pse-
quens hereticam prauitatem. Libertatem et immunitatem ecclēaꝝ custodiam. et eaꝝ iura defendam. In omni terra mee potestati subiecta iustitiam
et pacem seruare studebo sic me deus adiuuet. et hec scā euangelia. Deinde prefatus Rex cum multo laudis preconio et fauoris applausu. coronatus rediit iuxta dn̄m p̱p̱ ad Basilicam scī petri. sup cuius altare sceptrum et Diadema deposuit et de manu eiusdem dn̄i p̱p̱ militarem Ensem
accepit. Regnumq; suum beato petro apl̄oꝝ principi obtulit. illudq; sibi
constituit censuale p priuilegii paginam quam eidem dn̄o p̱p̱ reddidit sup

Exquire formā secd̄m qua s̄c̄s Inno. iij. mandat coronari regē aineg̱
p Archiep̄m tarraconen. iv. kal. augusto custom dn̄i. j. anno viij. niss Jul.

Mensis Nouembris die quintodecimo. Interea sciat ura me qna scias qd duos pueros ex precepto dni Imparoris uobis mitto. unus est pbri Censtantii filius. alius
uero Regis. ut ex pcepto ure sciutatis litteras latinas addiscant. e quecqo mediari
ri ualeris ad honorem Imparoris faciatis. Manuteneat enim ds ueram sciutate
per multa et longeua tempora;

In isto volumine gmentur tref libry bry qmij vj q∼x
vij fmoruny ferry

iste litoz est de libro gmij d vi ypo et vin gffiteoz

Abb. VI: fol. 203ᵛ, Br. VII 232, Hand H und Vermerke; vgl. S. 412.